# Else Lasker-Schüler
# Werke und Briefe

*Kritische Ausgabe*

Im Auftrag
des Franz Rosenzweig-Zentrums
der Hebräischen Universität Jerusalem,
der Bergischen Universität Wuppertal und
des Deutschen Literaturarchivs
Marbach am Neckar
herausgegeben von Norbert Oellers,
Heinz Rölleke und
Itta Shedletzky

*Band 3.1*

Jüdischer Verlag

# Else Lasker-Schüler
# Prosa

*1903-1920*

Bearbeitet von
Ricarda Dick

Jüdischer Verlag

Erste Auflage 1998
© dieser Ausgabe
Jüdischer Verlag im Suhrkamp Verlag
Frankfurt am Main 1998
Satz: Hümmer GmbH, Waldbüttelbrunn
Druck: Wagner GmbH, Nördlingen
Printed in Germany

**978 3 633 541485**

## Inhaltsübersicht

Prosa 1903 bis 1905 .............................. 7

Das Peter Hille-Buch (1906) ....................... 27

Die Nächte Tino von Bagdads (1907) ............... 67

Prosa 1907 bis 1911 .............................. 99

Briefe nach Norwegen (1911/1912) ................. 177

Prosa 1912 bis 1913 .............................. 263

⟨Briefe und Bilder⟩ (1913-1917) ................... 297

Prosa 1913 bis 1914 .............................. 361

Der Prinz von Theben (1914) ...................... 375

Prosa 1915 bis 1919 .............................. 409

Der Malik (1919) ................................. 431

Prosa 1920 ....................................... 523

Editorische Nachbemerkung ....................... 529

Alphabetisches Titelverzeichnis ................... 533

Inhalt ........................................... 539

# Prosa 1903 bis 1905

## Peter Hille.

»Es dauert höchstens zwanzig Minuten, Peter!«

Er nickte lächelnd – aber er vergaß auch sofort wieder, daß er den Kopf nicht hin- und zurückbiegen durfte, von der Zeitung auf und nieder, und so kam's, daß ich entweder das rechte oder das linke Auge nicht an seinem Platz oder die Nase zu lang im Verhältnis zur Stirn zeichnete. Und manchmal nahm er noch seinen Bleistift und beschrieb andächtig den weißen Rand des Zeitungsblattes.

»Du kannst gleich weiterzeichnen, schrecklicher Tyrann Du!« sagte er und las mühsam entziffernd sein eigenes Schreiben.

Es waren einige steinige Einfälle, die er seinem Myrdin und der Viviane ferner vermachen wollte. Und er zog die große vergilbte Papierrolle aus seiner Manteltasche und las von den beiden Menschen, die älter waren als Adam und Eva, von seinem Menschenpaar Myrdin und Viviane. Die sprachen eine Sprache, mit der am ersten Schöpfungstage sich Himmel und Erde erzählten, – sie waren mit der Erde zugleich erschaffen – gewachsen mit der Erde – aus der Erde. Ja, das fand auch Peter....

»Da magst Du recht haben.«

Und er saß, den Kopf herabgesenkt, auf dem großen Lehnstuhl nahe dem Ofen in seinem olivfarbenen Mantel, als ob er die Wärme mit sich nach Hause nehmen wollte.

*

Eines Abends klingelte es um halber Mitternacht – das sah Peter ähnlich.

Seine Augen lachten mutwillig wie Knabenaugen, die einen Streich hinter sich hatten.

»Der Verleger hat mir Vorschuß gegeben – Tino, toller Kerl, komm' mit! Wir sitzen alle in der Weinrebe.«

Und Peter sah aus wie ein Bacchus, und seine Seele war aufgeblüht wie einer der Weinberge in Alt-Athen.

Und wir saßen um ihn im Kreise und sangen wie die fahrenden Schüler, wie die Jünger des Weines aus der bacchantischen Szene seines Werkes »Des Platonikers Sohn«. Wir waren der Most, der

Lenz des Weines, das Leben, das wildsüße Auf- und Niederbrausen.

> O Wein, Du lieber, dummer Wein,
> Was willst Du da im Kerker sein?
> Hervor, Du rieselnde Sonne,
> Und laß die alberne Tonne!

*

> Weißt Du denn nicht, Du dummer Wein,
> Bin Bruder Lustig, frisch vom Rhein,
> Ein Kenner erlesener Tropfen,
> So laß mich nicht harren und klopfen!

Am Morgen in meinem Halbschlaf sah ich Peter; durch seinen langen Bart guckten blaue und gelbe Weinaugen mutwilliger kleiner Dionysinnen mit roten Pausbäckchen und kecker Faunbuben mit frechen Schwänzchen. Und die neckten ihn und zupften ihn an seinen langen Kraushaaren, jauchzten und sprangen um den großen Bacchus, und ein ganz kleines, ängstliches Bacchüschen kroch in seine weite, weite Ohrmuschel. Und wir alle saßen zu seinen Füßen, und er erzählte von seiner Frühjugend, von seinen vielen Liebchen – ja, ja, Bacchus mußte verliebt sein!

*

Einmal an einem Wintermorgen kam Hugo, der Landsknecht, wie ihn Peter seines rauhen Organs und seiner kecken Launen wegen nannte.

»Kommen Sie mit, Prinzessin! Peter ist krank, wir wollen ihn besuchen.«

»Und wissen Sie auch, Hugo, daß heute sein Geburtstag ist?«

Davon wußte er nichts, der Ungläubige.

Und wir zogen gen Norden, und als wir durch das Tor seines Hauses traten, lagen vor uns Treppen, zu besteigen wie künstliche Gebirge aus Brettern.

»Na, det is man scheene, dat Se sich bis her verstiegen han –

denken Se so wat, er is mir jestern dot in de Arme jeblieben!...«

Und Peters gemütliche Wirtin drückte mich an ihren Busen, aus dem der dicke Atem jammerte. Und sie geleitete uns durch die Küche bis an Peters Kammertür, drückte diese behutsam auf und blickte zunächst vorsichtig durch die Spalte.

»Nu kommen Se sachte rin!« –

Und da lag der Peter wirklich in seinem Nest halb aufgerichtet wie ein kranker grimmiger Geier. Der Kragen seines Mantels hing wie ein dunkler Fittich über dem Bettgestell, und einer der Füße, mit dem Stiefel angetan, scharrte ungeduldig an der senfgelben tapezierten Wand. Als er uns sah, war es, als ob er uns nach und nach erst erkannte, und er fuhr durch seinen Bart wie ein reißender Herbststurm.

»Setzt Euch, wenn Ihr Platz findet, Ihr Einbrecher, Ihr Störenfriede, setzt Euch!«

Und wirklich, nicht allein der Boden, sondern auch das tausendjährige Sofa waren begraben unter großen gelben Papierflocken. Wir setzten uns auf das kleine Fensterbrett und stellten unsere Füße sündhaft auf die großen Säcke, die, wie wir später hörten, die Manuskripte der Dramen Peters enthielten.

»Du, Peter, ich will Dir den Doktor holen,« sagte der Landsknecht besorgt.

O, und das klang so lächerlich, und die dicke Wirtin hatte »et ooch jewollt, er will aber nich.«

»Der Doktor soll mir wohl Sonne oder Maienregen für meinen Katarrh verschreiben?«

Und Peter lächelte wieder wie Frühlingsanfang, und auf einmal begann er laut zu reden.

»Heute Abend muß ich noch ins Theater.«

Da fiel seine alte dicke Wirtin vor Schreck auf das tausendjährige Sofa.

»Sie wollen im Thiater jehn, Sie?«

»Na gewiß,« antwortete Peter und machte die Bewegung, aus dem Nest zu fliegen.

In der Küche seufzte die Gute und meinte:

»Na, so nötig hat er det Schreiben doch ooch nich, wo er bei uns is.«

Und sie brachte ihm zur Fürsorge die dampfende Hafergrütze und zwei Schmalzstullen ins Zimmer.

Und dann sich vor uns entschuldigend, sagte sie:

»Er ist so reene wie eene Jungfer, ick seh schon, wie se ihm später in de Kirche uffbahren als Heiligen.«

\*

Es war ein kalter Nachmittag; der Mond blähte sich auf zwischen seinen Sternen wie ein goldener Bauch, wie ein wohlbeleibter Dukatenmillionär.

Peter und ich wanderten, wanderten wohl schon stundenlang durch die Straßen Berlins, durch die Bleiluftgegenden mit den kahlen, grauen Häusern, in denen der Hunger mit seinen Tausenden Kindern wohnt. Und über dieser Gegend spazierte behaglich durch das weite Land der Wolken der fette Mond, der satt an Gold getrunkene Mond.

»Aber, Tino, ich wußte ja garnicht, daß Du ein kleiner Bebel bist.«

»Ja, ich denke an die armen, blassen Kinder, die nie in die Sonne sehen, und an Dich, Peter, an Dich, dem die Welt ihr jubelndstes, tiefstes Spiel schenkte und das Leben eine Stiefmutter ist.«

»O Du Mutter!« sagte Peter leise zu mir.

Nach einer Weile blieb er unter einer Laterne stehen, nahm ein kleines schwarzes Heftchen aus der großen Manteltasche und schrieb. Das tat er oft, und ich ging gemächlich des Weges weiter.

Wir kamen über einen großen Platz. Vielleicht gaben die schloßartigen Bauten mit den gegossenen Toren, die eisernen Hüter der königlichen Gärten Peter den Anlaß, mir zu erzählen, daß sein Vater der Fürst S. aus Westfalen sei und seine Mutter eine Leibeigene.

Ich war garnicht verwundert darüber, als ich seine schlanken Hände betrachtete.

»Meine Mutter«, erzählte er weiter, »war eine stille, blasse Frau. Ich kann mich kaum an den Ton ihrer Stimme erinnern; aber als ich meine »Brautseele« dichtete, hörte ich ihr Blut aus meinem Herzen singen, sanft und dann sehnsuchtswild, wie eine einsame Spätherbstblume.«

Und dann schwiegen wir beide lange Zeit, über Erinnerungen wandelnd, bis es Abend läutete, und die Glocken uns erweckten.

Wir fragten einen Mann, der an uns vorübereilte:

»Wie kommen wir aus dem Tiergarten wieder auf die Straße?«

Und wir bogen und wendeten uns, bis wir glücklich den Weg wiederfanden.

»Sieh', Tino, hier tief im Dickicht habe ich Wochen zugebracht und Dunkelheiten getrunken! O, das waren einzige Gottnächte!«

Aber ich sah schmerzlich auf seine eingefallenen Wangen.

\*

Ich ging, meiner Ahnung vertrauend, voraus. Peter studierte indessen noch die Hausnummern gegenüber dem großen Gebäude, in das ich eintrat. Und wirklich, hier wohnte Gerhart Hauptmann. Er kam mir schon im Treppenflur entgegen, ja, er war es.

»Herr Hauptmann! Ich bringe Ihnen den Peter Hille lebendig hier, er hätte sicherlich wieder die verabredete Stunde versäumt.«

»Ja, ich sah ihn von meinem Fenster aus,« antwortete Gerhart Hauptmann, »und ich möchte ihn selbst heraufholen.«

Zuvor aber geleitete er mich mit einem lieben Lächeln in sein Arbeitszimmer, wo ich harren sollte. Und es kamen die Beiden nach einigen Minuten, und Peter sagte zu Hauptmann, mir schelmisch zunickend:

»Die ist mein Kamerad. Tino nenne ich sie.«

Wir setzten uns, nachdem Hauptmann zärtlich den Mantel von Peters Schultern genommen.

Und sie sprachen miteinander; ich hörte kaum ihre Worte, doch ich fühlte ihre Stimmungen sich mächtig gestalten. Hauptmanns stolzes Gesicht mit den Reiheraugen neigte sich forschend Peter zu, die Quelle, den Puls seiner Seele zu fassen. Und wie aus Stein gehauen saß dieser Mann da, sein Bart wallte ungeheuer, wie steinerne Wellen. Und es breitete sich ein Gedenken von ihm aus, ein Gedenken an ein wachendes, ewiges Glühen, an eine

Welt, die im Zauber lag hinter dunklen Wolken, in deren Paradies das Rautendelein, Hauptmanns erlöste Sehnsucht, blühte. Und ich lauschte andächtig....


⟨Gab meine Menschengestalt...⟩

Gab meine Menschengestalt in einer feuergefährlichen Stunde für den kühligen, schuppigen Leib einer Schleie hin und floß in Dill weiter. Verliebte mich jedoch in mehrere Karpfen, namentlich in einen changeant-blauen, der aber meine Liebe mit Flossen trat. Ja, da begann ich zu dichten Wellensturmflut, brausende Gesänge! Und da mehrere Hechtinnen untergingen, stieß man mich schleunigst aus der Tiefe des Wasserlands an die Oberfläche, wo ich mich in ein Netz verstrickte.

Styx nannte ich mein Buch aus Dankbarkeit zu meinem Erzonkel Charon, von dem ich einige seiner Schatten erbte. Sonst bin ich arm und zerrissen wie ein geschlitzter Dudelsack ohne Töne.


Emmy Destinn.

Ich schrieb ihr am Schluß meines Briefes: Semiramis, hinter den düsteren Gängen Deines Palastes vermute ich hängende Gärten. Worauf sie ans Ende ihrer Zeilen setzte: Meine liebe Dichterin, meine Gärten sind diesen Abend wilde, verschwiegene Schluchten, kommen Sie und hören Sie mich die Carmen singen. –

Manchmal versteckte ich den Kopf in das Sammetgehang der Loge, um den dunklen Strom ihrer Stimme einsam über mich rauschen zu lassen. Ueber die ungeheuren Schwingungen ihrer Leidenschaft tanzten wiegende Schmiegungen wie spielende Winde. Sie war der Trieb selbst, das unabänderliche Fort- und Ueberschreiten!

Der Soldat Don José sitzt abseit der Ausgelassenen und

schmiedet seine zerissene Säbelkette; versunken in Mutter, Heimat und Liebchen, dem frischen blonden Blümchen der treuherzigen Provence.

.... Und der schleichende Trieb hat schon seinen rosigen Rachen nach ihm aufgesperrt. Carmen!!

Da steht sie hoch auf der Brücke, lauernd, brünstig, gierig, hungrig – o, Du gewaltige Carmenkatze! Den Oberkörper weit nach vorwärts gebeugt, schleicht sie bestienmajestätisch über die Treppe, die zu ihrem Opfer führt. – Es durchgreift den Soldaten eine peinigende Unruhe, er vertieft sich gewaltsam in seine Arbeit, aber seine Finger zittern in wollüstiger Angst.

»Ei, Du süßer Kettenschmied«! Und ein Strauß roter Blumen fallen zu seinen Füßen nieder – und er bebt zurück vor der lockenden Schwere ihres Liedes, aber die Töne überwellen ihn – überströmen sehnsuchttoll, überschauern – der singende Duft ihres Blutes. –

Und dann Carmens grausames Begegnen mit Don Josés Liebchen, Carmens zum Sieg gerüstetes Entgegenziehen der fremden Rasse, aus der sie ihr Opfer geraubt hat, das sie lieben wird und peinigen muß und zerstören wird. »Sieh, ich nehme Dich, ich verschlinge Dich!« Und ihr Gesang und ihr Spiel bekommen Tatzen, die den Geliebten umkrallen, den Kampf seines Soldatenherzens zerreißen und ihn ihr zu eigen machen. Bravissimo, Carmen! Bravissimo, Emmy Destinn!

Und nun das Schwärzerwerden ihrer Stimme vor dem verstoßenen, verhöhnten Geliebten, die trübe Todesangst, die heranschleicht.... aber der rote Trieb besiegt sie lachend, und wie er sie jauchzend schwingt und über tausend Höhen wirft!

Und leise klingt die Hochzeitmusik, beben die Weisen, die Zauberweisen, die den Soldaten gelockt haben in die Netze ihrer furchtbaren Seele. Carmen! Nun windet sie sich wie ein schillernder Schlangenleib durch Don Josés brennenden Haß, durch seine wütende Liebe. Feierlich singt das Cello und flehentlich die Geigen. Draußen harrt Escamillo, und der Trieb öffnet seine sehnsuchtvollsten Blicke, offenbart sich noch einmal in seiner Nacktheit: Carmen zerreißt die Hüllen von weißer Hochzeitsseide, und dann verglüht sie, noch ehe Don José ihr treuloses Herz gefunden hat.

> Blaß werden die Töne in der Ferne.....
> Die Lieb', die von Zigeunern stammt,
> Fragt nicht nach Recht, Gesetz und Macht;
> Liebst Du mich nicht, bin ich entflammt,
> Und lieb' ich Dich, nimm Dich in acht!

\*

Als ich am Tage nach der Vorstellung Emmy Destinn besuchte, saß sie auf ihrer Bank von Seide aufrecht, den Kopf düster gesenkt, wie die Blüte der Pharaonenblume. Sie trug ein Kleid aus bunten Farben, wie wohl die assyrischen Königinnen solche trugen. In ihren Ohren hingen Gehänge von durchsichtigen gelben Steinen.

»Habe ich Ihnen gestern gefallen?« fragte sie mich. Und ehe ich antworten konnte, pochte es leise, und eine ältere Frau trat ins Gemach mit einer Tasse süßen Duftes und flüsterte ihrer Königin mit besorgtem Augenrollen und Kopfschütteln einiges ins Ohr. Als sie draußen war, sagte Emmy Destinn zu mir: »Sie war meine Amme und ist immer noch um ihr herangewachsenes Baby in besorgnis.«

Wir setzten uns an einen kleinen Rosenholztisch.

Der monumentale Ausdruck ihres Gesichts schied wie ernstes Abendrot. Es strahlte plötzlich aus ihr, von ihr, und ihre Hände bewegten sich ganz ohne Anlaß, schlugen jauchzend ineinander wie Kinderhände. Sie möchte immerzu spielen, ewig Lenz trinken. Beinahe hätte ich zu ihr gesagt: Komm, wir wollen um die Rosenholztische Fangen spielen.

An der Wand mir gegenüber hängen die verschiedenartigsten Instrumente, wohl an zehn Geigen. Meine Blicke begannen fast zu spielen.

»Und der kleine Flügel dort ist der Flügel Webers gewesen,« erzählte sie lebhaft. »Sehen Sie Sich auch einmal diese Wand dort an. Wissen Sie, ich habe eine mächtige Verehrung für Napoléon I.«

In jedem Lebensalter hingen die Bilder des ehernen Kaisers Frankreichs da, Briefe, die er geschrieben hatte, in zärtlichen Rahmen, Waffen, die er geschwungen hatte, umzäunt mit Lorbeeren. Als ich Emmy Destinn erzählte, daß meine Mutter ebenfalls ein heiliges Staunen für den Kaiser gehabt habe, glänzten ihre Augen eine Nuance dunkler, düster wie die Eifersucht. Ich ließ ihn ruhen..... Katzen, Hunde, Hasen, Hähne, Enten von leuchtendem weißen Porzellan, Venetianische Vasen, vielarmige Leuchter stehen auf stolzen Säulen, Elfenbeintischen. Plötzlich sah ich mich zu meinem Leidwesen drei, vier, immer noch mehrere Male in großen Spiegelwänden. Die schöne Königin hatte, ohne daß ich es bemerkte, die Türen der folgenden Gemächer geöffnet. Ich kam mir geradezu in meiner Hilflosigkeit wie eine tragische Burleske vor inmitten des Paradieses aus blühenden Seltenheiten und Seiden. –

»Besuchen Sie mich bald wieder,« sagte sie, und ihr hinrichtender Blick lehnte sich lächelnd an den braunen Sammet ihrer tausendjährigen Augen.

## Der tote Knabe.

Und seine Lippen sind geformt, als ob sie Blut saugen möchten...

Sie sagt zu ihm: »Ich fürchte mich vor Dir, aber ich werde Dich niemals verlassen, denn in Dir ist etwas, das ich bemitleide«. Und er antwortet: »Ja, Liebste, Du bist mein Nachleid, Mitleid wäre mir Schande«. Er dachte an seine trübe Kinderzeit. – Und als sie verheiratet waren, hatten sie Reue, da sie sich gegenseitig quälen mußten. »Du kannst nicht spielen, ohne weh zu tun«, klagte sie, und er höhnte gleichmütig, daß ihn das Katzenartige charakterisiere. »Der Philosoph muß Tatzen haben um zerreißen zu können.« Da dachte sie an das Glutblau ihres Himmels, den er zerriß und der niemehr wieder aufblühen würde.

Manchmal packte ihn ein eigenartiges Gefühl, sie zu zerren, und dann sprang er, um seinen Trieb auf Umwegen zum Ziel zu führen, über die kleinen Tische und niedlichen Rosenholzstühle ihres Zimmerchens. Damit entfachte er ihren Unwillen, durch den er vorgab, sich zu Handgreiflichkeiten habe hinreißen zu lassen. – Nach solchem Geschehn trat eine bleischwere Stille ein; sie wagten beide eine zeitlang kaum zu atmen. Er saß auf dem niederen Sessel neben dem Ofen und brütete Grimm; und ihr tiefer Groll entlud sich plötzlich in heftigen Worten, die ihn der drollig wirkenden Begeisterung wegen auflachen ließen. »Ich mag Deine Philosophie nicht, sie ist ein Schacht, in dem man ersticken muß.« Dann weinte sie leise, was ihn peinigte, da Tränen ihn an Schwäche erinnerten. Er ging in irgend eine fade Gesellschaft von Spielern und spielte bis zum Morgen, und sie indessen dachte über ein Rätsel nach, das hinter blinden Fenstern auf Lösung harrte. – Einmal lag sie krank zubett, da kam er ins Zimmer geschlichen, und seine Augen funkelten unheimlich, und als er sah, wie erschrocken sie war, schurrte er, um sie zu belustigen; aber sie entsetzte sich, und in der Nacht bebte sie unter seinen Lippen, denn sie waren kalt wie die Grausamkeit und voller Gelüste. – Im ersten Frühlicht des Morgens sagte er zu ihr: »Du, wenn ich tot bin, dann wirst Du selbstredend einen blondlockigen Schwärmer heiraten, und Ihr werdet Euch freuen, daß der hartherzige Reinhold aufgehoben in der kühlen Erde liegt.« Und das klang so eigentümlich, wie er dieses spielerisch sagte, wie eine unterdrückte Klage, wie die Wehmut selbst. Und daß er es wiederholte, geschah, um ihren entrüsteten Widerspruch zu hören, aber sie schwieg aus Ergriffenheit, und da wünschte er, eine kleine Biene zu werden, damit er ihr Honig schenken könne. Als sie ihn erstaunt ansah, hielt er die Augen weit geöffnet, und sie blickten wie Kinderaugen, die erstarrt waren, weil sie nie in die Sonne gesehen haben. Nach einer Weile schlummerte er wieder ein, und sie wunderte sich, wie ruhig sich seine Brust auf- und niedersenkte.

Die verschnörkelten Arabesken der Tapete begannen in ihrer Phantasie menschliche Formen anzunehmen, es glotzten sie furchtbare Augen an, deren Tiefe sie zu verschlingen drohten. Der Morgen trat immer mehr ins leben, und sie blickte in den Garten hinaus, sich selbst von den Geistern ihrer Einbildung zu erlösen. Auf der Mauer saß lauernd eine greise, abscheuliche Katze, auf den üblichen Zucker wartend. »Daß er die Katzen so liebte.« Sie schloß die Augen, aber sie schlief nicht. Es erzählte etwas in ihr; und ihre Phantasie malte seltsame, schmerzliche Bilder – sie sah einen kleinen Knaben an Hunger sterben, und wie er zum letztenmal die Augen aufschlug, umfaßten sie alles Leid.

Kein Stern blickte vom Himmel, und die Engel verirrten sich in den dunklen Wolken. Die kleine Seele, die sich mühsam aus dem abgezehrten Knabenkörper rang, weinte, denn sie war zu schwach, um allein in den Himmel zu schweben, und sie erkaltete und nahm gestalt an. Da kam eine junge, graue Katze in das armselige Kämmerchen geschlichen und spielte mit dem frierenden Seelchen des toten Knaben, wie mit einem Mäuschen, und saugte ihm die Süße aus. –

Da schlug sie die Augen auf und stöhnte, als ob sie Schmerzen hätte; das Rot am Horizont glühte wie Himmelsbrand, und alle Blumen, selbst die Nachtschatten, strahlten. Es kam über sie, daß das Etwas, das sie in Reinhold liebte, der tote Knabe sei. Und das große Mitleiden strahlte von ihr aus, das das Böse liebkost, und sie begann seine Grausamkeiten zu streicheln – aber die Katze in ihm fraß ihre Liebe auf.

Es war wieder einmal an einem Morgen, er schlief fest an ihrer Seite, und sie starrte tief in sich, wie die Schwermut. Auf dem Tischchen neben ihrem Bette stand die Wasserflasche, und das Morgenlicht färbte das frische Quellwasser blaßlila. Ja, es war eine seltsame Farbe, wie ein trüber Gedanke, wie ein bleiches Herzeleid. Und dann fühlte sie ihre Gedanken verbrennen in der glühenden Wunde des Kopfes. O, dieses Wasser wird den Tod locken! – und dann hörte sie eine Stimme, der sie folgen mußte. Sie benetzte die Lippen seines geschlossenen Mundes mit der blaßlila Flüssigkeit, damit der tote Knabe in ihm Ruhe fände.

Die Fenster standen weit geöffnet, wie zwei Arme ausgestreckt, o, sie dürsteten beide nach Luft, nach frischem Odem.

Mit starrem Grauen betrachtete sie den Mann neben sich, wie er die Muskeln seines Gesichtes verzog und dann den Kopf mit plötzlicher Wucht nach vorwärts streckte, ganz nach Raubtierart.

Draußen jammerte ungeduldig seine greise, abscheuliche Lieblingskatze. Ihr war es, als ob die schaurigen Töne sich aus seiner Brust preßten und eine lebende Knabenseele zum Himmel schwebte.

Als Reinhold erwachte, blickten seine Augen kahl.

## Im Zirkus.

### Momentbilder.

Die junge Reitkünstlerin Miß Ella kehrt in die Manege zurück und schlägt die ausgelassensten Purzelbäume. Und dann kommen Paolo, Luigi und Alberto, die drei Gigerln, und treiben an einander Gymnastik mit der markigen Beweglichkeit großer Leonharderhunde. Vier braune ungarische Pferdeprinzen, deren Haut unter dem Schein der vielen Kristallsterne wie Gold glänzt, tanzen mit wilder Anmut und königlicher Grandezza. »Als ob sie Musik in den schlanken Waden haben!« sagt mein Begleiter zu mir.

Und nun das Intermezzo der beiden Clowns. »Er ist mein Bruder« kreischt Aujust, der blöde Aujust, der amüsante Idiot. Wie ein Gänserich watschelt er in seinen sackweiten Hosen quer durch die Manege. Fräulein Marinka, die sanfte, graziöse Erzieherin auf einem ihrer zwei artigen Pferde sitzend – ringelrangelreihe singen die Geigen – und ihre beiden Zöglinge springen vor Vergnügen.

Und wieder ertönt die Musik hoch oben vom Zirkus, das sind heiße Carmentöne, walzerartig in rundem Klingen geblasen. »Hier ist die Verunstaltung erträglich«, sagt mein Begleiter zu mir, »es paßt zum Milieu.«

Und immer bunter werden die Klänge... in schimmernde, mattfarbene Stoffe gehüllt kommen reizende Spanierinnen geritten und feurige, spanische Kavaliere. Immer heißer und tollkühner wird der tanzende Ritt; die bacchantischen Donnas sausen, wie Feuerstürme über den Sand, auf dem Rücken ihrer Zauberrosse liegend – indessen die Señores mit liebenswürdiger Höflichkeit aufrecht zu Pferde, dem Winke ihrer Damen harren.

Aujust! Aujust! Wo bist de, Aujust? Da steht er ja, versteckt hinter der niedrigen Brüstung der Manege und heult in Trompetentönen, daß alle Herzen Purzelbäume schlagen und immer höher wächst er, immer höher. »Det hat keenen juten Anbejinn und een langet Uffwehen«, quietscht Aujusten sein Bruder mit den wulstigen Mehlbacken und der Haardüte auf dem spitzen

Kopf, indessen Aujust die Manege in Melancholie, langsam, wie ein wandelnder Turm durchschreitet. »Det˛Luder is maschuche jeworden, weil der kleene Cohn sinn Vater is!«

Schon harren die drei blonden englischen Reiterinnen in blauer Seide. Lovely Girls! Drei holde Mädchenenzianen! Hei, wie sie springen, herauf und herunter von dem Rücken ihres wiehernden Vogels. Nun trägt er sie alle drei über den Sand in tausende Märchen, weithin, in blaue Gärten ... Ich entwand meinem Begleiter die weiße Rose, die über seinem Herzen blühte. »Miss here! catch it!«

10 Minuten Pause!

»Wie gefällt es Dir!« »Es ist wie ein blühendes Abenteuer. Es ist, als ob ich brausenden dunklen Wein trinke und ich vergesse alles, was grau ist und hinkt. Ich sitze in einem bunten, jauchzenden Schoß und um ihn herum wachsen ragende Gefahren, die aber lustige Kleider tragen.« Wir gehen durch die weiten Korridorhallen. Galawagen auf Goldrädern, Riesendrachen aus Papier-Maché, zusammengeklappte Bretterhäuser, Fässer, allerlei Gerümpel, Kostüme mit Silberfransen Steinen und Perlen liegen in übermütiger Unordnung zwischen dem Mobiliar. Wir treten in die Ställe ein: da stehen die herrlichen Schimmel mit der silberschimmernden Haut und den Seidenschweifen, wie helle Rosen des Frühfrühlings. Und dort die finsteren Rappen mit den großen Feueraugen. Eine kleine Treppe führt uns abwärts in die Stallungen der Elephanten – diese grauen, schweren Gebäude aus Fleisch und Knochen mit den winzigen Guckaugenfensterchen. Als wir wieder auf unseren Plätzen saßen, war die Manege mit eisernen Gittern umzäunt. Zwei mächtige Löwen schreiten in den Käfig und hinter ihnen die anderen Könige der Kraft. »Nero! Herkules! Agamemnon! Odysseus! Hektor! Kambyses! Hierher! Dorthin: Willst Du! Vite, Vite! Ah mon cher« – und dann wieder im gebrochenen Deutsch: »Aben Sie die Güte, mein Freund.« Mademoiselle Claire, Du grausamste Braut! Mit erhobenem Arm, mit drohender Liebenswürdigkeit beugt sie den Willen ihrer grimmigen Sklaven. Ihr weißer Hals lockt wie Küsse, ihr blendender Hals, das Ideal ihrer brüllenden Verehrer. »Ah, messieurs Hektor, Agamannon, Kambyses, dînez, s'il vous plaît«. Und sie tafelt ihnen blutende Leckerbissen. Das gierige Brüllen und

Knurren dröhnt durch die weiten Räume des Zirkus in aufwachender Wildheit. Hastig eilt der Diener herein und wieder heraus aus dem Käfig, Gerätschaften bringend, Kugeln, Stangen, Fässer holend, Stühle und Tische – aus Gauklern besteht die gefährliche Truppe. »Genug Madame Claire!« Nero muß sich noch auf dem Seil produzieren. Gewandt, wie ein Seiltänzer dreht er sich, in der Mitte des Seiles angelangt, um sich selbst. »Brav gemacht!« Seine Brüder sind schon alle wieder gefangen in der kleinen Nacht ihrer Wagenherberge und er allein liegt noch ausgestreckt, wie im Sande der Wüste, und schlummert. »Nero wache auf! Nero, ich muß bitten« – aber Nero rührt sich nicht, er öffnet zwar seine gelben Augen – und ihn auf den Schultern nach Hause tragend, wie ein müdes Baby, durchschreitet die furchtbare Heilige, die heilige Kriegerin, eine Siegerin das Eisentor.

Als der Direktor seine zwei Perserhengste vorführte, sah ich zwischen den Tönen der tanzenden Musik noch die grimmige Pranke Agamemnons, die nach seiner Schönen ausholte und das schwärmerische Anschmiegen Neros.

Im Eingang der Manege stehen zwei Riesenelefanten, zwei Schulräte an Ruhe und Würde. Etliche helle und dunkle Pferdchen springen wie fleißige Schulbuben hinter einigen größeren Apfelschimmeln, die ernst und gravitätisch in der Mitte des Zirkus Halt machen. Aber in fauler Gemütsruhe spazieren die kleinen Elefanten herbei, und dann ungeduldig die mutwilligen Zebras mit den glänzenden Streifen auf der Haut. Und nun laufen sie allesamt in verschiedenem Tempo, als ob sie kanonartig das A B C singen.

Tatrata tönen die Trompeten und die Hörner, Reiter und Reiterinnen in ziegelroten Tuchanzügen, galoppieren auf ihren schlanken Rennern über Zäune und Hecken, dem Edelwild nach, den Hirschen und leichtfüßigen Gazellen – und da läuft ja auch der Aujust in rasender Angst durch den weiten Manegenraum und hinter ihm ein Wild mit einer vielästigen Geweihkrone. Die Puste jeht Aujusten aus. Er stöhnt, er schreit und gestikuliert mit allen Vieren. »Herr Stallmeister, retten Sie mir!!!« Und zum Schluß: Mr. Bob, the little gentleman mit seiner kleinen, sechsjährigen Dame auf dem Pferde.....

Noch in Hut und Mantel stehen die Zuschauer vor ihren

Plätzen – Es kann doch eigentlich noch gar nicht aus sein – tuuht! tuuht! Über die Manege senkt sich schwer von der Decke des Zirkus eine Riesenfeuerglocke. Aujust ist durchgebrannt!! Rotumhüllte Clowns, wie in Glut gebadet, wandeln knurrend über den Sand, immer auf und ab; die Anführer tragen Aujustens Herz aus kariertem Zucker auf einem roten Kattunkissen. Aber da steht er ja oben auf dem Olymp: »Aujust, sollst mal runter kommen!« schallen tausend Stimmen durcheinander – aber Aujust steht drohend aufgerichtet, seine Nase ist weiß und spitz wie eine Nadel, seine Augen sind wutrot aus den Höhlen getreten. Düstere Zettel fliegen auf das Publikum. Er streikt, er beansprucht im Namen der Clowngesellschaft mit beschränkter Haft erhöhten Lohn – er droht mit juten Witzen. Und mit einem langen Purzelbaum setzt er über unzählige Köpfe lachender Hörer hinweg durch eine der Ausgangstüren. – Die vielen Lichter werden trübe, wie müde Augen – ich und mein Begleiter sind die letzten der Aufbrechenden – der große Zirkus ist ganz allein.

## Bei Julius Lieban.

Ich bitte Herrn Lieban mir einen Nachtigallenspaß aus seinem Leben zu erzählen. Wir sitzen in seinem kleinen Gemach auf gemondeten und gestreiften Diwans, Herr Lieban, sein Töchterchen Eva und ich. Herr Lieban erzählt von seinen Wanderzügen nach dem Süden. Wunderbar ahmt er die Begeisterung des temperamentvollen Publikums nach; eine ganze Reihe verschiedener Mienen huschen auf seinem Gesicht vorüber. Noch heute spricht man in Florenz davon, wie er eines Tages angeflogen kam und gesungen und es hinausgejubelt hat das feurige Lied an die Teure seiner Heimat: »Dein ist mein Herz und soll es ewig bleiben!!« Und wieder zarter einsetzend: »Dein ist mein Herz und soll es ewig bleiben....« Und bei seiner Abreise haben sie auf dem Bahnsteig, auf dem Trittbrett und im Waggon gestanden. Jedes trug ein leuchtendes Herz am Busen geheftet. »Arivederla, Signor Giulio, arivederla!« Ein halbes Kind war er damals noch, aber Herr Lieban ist noch heute neunzehnjährig mit seinen kurzen Ringelrangellocken und den dunkeln Schalkaugen – mutwillig, sturmwillig über die weichen Teppiche – hin und her flattern die Portieren. »Hab im eignen Hause keine Ruhe – hören Sie, da klingelts wieder.« In diesem Salon unterschreibt Maëstro ein Engagement, in jenem erwarten ihn bittende Lippen. Einige Damen in Pelz und Federhüten sehe ich durch den Perlenvorhang auf niedlichen Rokokostühlen sitzen. Herr Lieban soll in einer Wohltätigkeitsvorstellung singen, Herr Lieban kann nicht abschlagen, das wissen alle schon. Mit zugehaltenen Ohren eilt er plötzlich wieder an uns vorbei; aus dem Studierzimmer dringen schmerzliche Töne einer harrenden Schülerin. »Sie stimmt ihre Kehliatur«, flüstert mir schelmisch Eva ins Ohr. Und Herr Lieban weiß garnicht, was er zuerst erledigen soll. Klein Eva und ich sind ganz alleine – klein Eva hat ebenfalls einen Kobold im Auge sitzen und Goldflatterhaare hat sie; sie will nicht zur Bühne gehen – der Vater hat ihr zu viel Schlimmes von dort erzählt. Und als Herr Lieban sich uns wieder widmen kann, bitte ich ihn, auf sein Töchterchen zeigend, mir auch etwas Schlimmes von dort zu erzählen. Er nickt einigemale ernsthaft mit dem Kopf, er nickt seinem Liebling zu; der scheint zu wissen, was seinen Vater so verwundet hat. »Ja, ich kanns nicht verschmerzen«, sagt Herr Lieban, »genau fünfundzwanzig Jahre sinds her, ich spielte den Mime in der Premiere des »Siegfried« im berliner Viktoriatheater. Wagner stand hinter der Bühne, und es geschah, daß man mich nach dem zweiten Akte verlangte und den Schöpfer vergaß. Wagner stürmte fort und ließ sich am Abend nicht mehr sehen. Aber das, was ich nicht verschmerzen kann, ist das: als wir am andern Tag den Erfolg des Meisterwerks feierten und wir Mitwirkenden uns am Eingang des Theatersaals aufgestellt hatten, Wagner unsre Ehrfurcht in Form einer Gabe zu Füßen zu legen, daß er da jedem von uns lebhaft die Hand drückte, an mir aber vorüberschritt, meinen Gruß nicht beachtete und mir zurief: »Sie haben mir ja den gestrigen Abend umgeschmissen«. Sehen Sie, das habe ich nie verschmerzen können, gerade weil er ein Gottkünstler ist«. Eva sagt: »Vater hats gedruckt im Buch stehen« – sie springt aus der Türe und holt das vergilbte Buch vom Schreibtisch. Herr Lieban muß lächeln. Aber seufzend mit der Puppe im Arm begleitet mich Eva die Treppe hinunter. Durch die Villenallee nach Hause zu lese ich im Vorübergehen an der Litfassäule Julius Liebans Namen. Er singt heute Abend den David, den finsterulkigen Schusterjungen. Den David kann eben kein andrer singen, und wer ihn singen hörte, dem ist es offenbar. Seine Stimme sind Saiten einer Leier, die uns einmal an einem Freudentage ein Gott erschaffen hat. Seine Lieblingslieder rauschen durch Seidengärten, und mit Silberglocken behangen klingen seine Schelmengesänge und tragen bunte Tracht. »Er ist zum Küssen«.....einer sagts dem andern unter den großen Lichtsternen entzückt ins Ohr.

# Das Peter Hille-Buch

## Petrus der Felsen

Ich war aus der Stadt geflohen und sank erschöpft vor einem Felsen nieder und rastete einen Tropfen Leben lang, der war tiefer als tausend Jahre. Und eine Stimme riss sich vom Gipfel des Felsens los und rief: »Was geizst du mit Dir!« Und ich schlug mein Auge empor und blühte auf und mich herzte ein Glück, das mich auserlas. Und vom Gestein zur Erde stieg ein Mann mit hartem Bart- und Haupthaar, aber seine Augen waren samtne Hügel. Und kleine Kobolde kletterten über seinen Rücken und beklopften ihn mit ihren Hämmerchen und nannten ihn Petrus. Und wir stiegen ins Tal herab und der Mann mit dem harten Bart- und Haupthaar fragte mich, von wo ich käme – aber ich schwieg; die Nacht hatte meine Wege ausgelöscht, auch konnte ich mich nicht auf meinen Namen besinnen, heulende hungrige Norde hatten ihn zerrissen. Und der mit dem Felsennamen nannte mich Tino. Und ich küsste den Glanz seiner gemeisselten Hand und ging ihm zur Seite.

## Petrus und ich auf der Wanderung I

Als wir auf die Landstrasse kamen, begegnete uns ein Mann mit kurzem schwarzen Bart, der trug ein grosses Buch auf dem Rücken und er sagte, seine Seele trüge er also bei sich. Und als er das grosse Buch aufschlug, war es voll von eitlen Buchstaben, die sich reimten. Und da Petrus wieder stehen blieb und mit den jungen Bäumen sprach, die an beiden Seiten der Chaussee standen, geschah es, dass der Mann mit der eitlen Seele mich verleiten wollte, Petrus nicht zu folgen. »Er kennt die Wege dieser Erde nicht und haltloser ist er noch tausendmal mehr, wie Du es bist, und zwei Herumtreiber wird man Euch aufhalten an der nächsten Ecke.« Aber ich hielt meine Blicke fest auf den Gefundenen gerichtet, wie auf ein leuchtendes Land, wie auf ein Himmelreich mit blauen Gärten. Und als der Mann sah, dass er nichts ausrichten konnte, begann er mich zu schmähen, bis er von einem Graben verschlungen wurde.

## Petrus und ich auf der Wanderung II

Vor einem Häuschen bei der Stadt wollte ich mich von Petrus eine Weile trennen – dort wohnte meine Schwester. Aber er trat durch das kleine Zauntor in den Garten. Und es kamen uns zwei liebliche Mädchen entgegen – das Bübchen in ihrer Mitte hatte sich von ihren Händen losgerissen, kletterte wie ein Wiesel auf einen Birnbaum, munteren Spatzen nach, von einem Ast zum andern. Es war mein Bübchen. Und Petrus fragte die beiden Mädchen, wie sie hiessen. »Sage und Haidekraut«. Es sind meiner Schwester Kinder. Und zu Sage sagte Petrus: »Dein Gesichtchen ist ein schöner Blumenstrauss«. Denn Sage hatte Augen wie silberne Aehren und einen Malvenblütenmund und wie Rosen glühten ihre Wangen. Und Haidekraut hob fragend ihr Gesichtchen: »Und Du, erzähle Deiner Mutter, bist ein sonnenfarbenes Prinzesschen.« Und als ich in den Flur des Häuschens trat, sprangen die beiden lieblichen Mädchen hinter mir her: »Mutti, Mutti, der liebe Gott ist draussen im Garten!« Aber meine Schwester hatte uns kommen sehn und war sehr nachdenklich. Ich wusste, dass die Majestät Petrus sie beängstigen würde – und sie erfasste sorgenvoll meine Hände: »Willst Du nicht bei uns bleiben?«

Aber Petrus wandte sein Antlitz, und plötzlich war es hell über dem kleinen Blumengarten. Doch meine Schwester senkte betrübt den Kopf; ich riss mich los, streichelte Sage und Haidekraut, küsste meinen kleinen Wildfang und ging dem Herrlichen nach. Als ich mich umwandte, sah ich meine Schwester am Fenster stehen, ihre Augen waren verwundert aufgetan, sie blickte noch lange, lange hinter unsern Flug.

## Petrus und ich auf der Wanderung III

Dann standen wir vor einem Herrenhaus. »Hier wohnt Onit von Wetterwehe«, sagte Petrus, und ich ging ihm nach durch das knarrende Tor. Ausgestreckt in der heissesten Sonne fanden wir den jungen Fürsten mitten im hohen Grase liegen, und vor ihm kauerte sich ein runder, zusammengeballter, rotköpfiger Schläfer; der hielt im Traume Possengespräche und dem jungen Fürsten rannen die Tränen über die Wangen. »Nun, was meinst Du zu solch einem Tyrannen, dessen Narr sich am hellichten Tage schlafen legen muss, um ihm die Langeweile mit blödsinnigem Kauderwelsch zu vertreiben.« Und Onit von Wetterwehe sprang auf, als er Petrus' Stimme hörte, umarmte ihn und betrachtete mich neugierig. »Wer ist sie?« »Ja, das möchtest Du gerne wissen – gefunden habe ich sie – irgend ein fremder, gebräunter Stern hat sie wol aus der Hand fallen lassen.« Und von der andern Seite des Gartens näherten sich drei Gestalten, die waren gross und schlank und Petrus nannte den schönsten der beiden Jünglinge Antinous und den andern Grimmer von Geyerbogen und Najade hiess der Brüder blauäugige Schwester. Und wir verwunderten uns und waren uns gut.

## Petrus und der Mond

Wir standen auf einem kleinen Hügel in der Nähe der Stadt und blickten in unsere Fernen. Auf die silberdunkle Linie zeigte Petrus, die Himmel und Erde vereinte. Er sagte: »Von dort bin ich gekommen.« Und es war mir offenbar: eine wandernde Landschaft ist er, die ersehnte Heimat der Jubelnden. Und als ich zu ihm reden wollte, erreichten ihn meine Augen nicht, höher war er gewachsen wie der Mond – und er hielt ihn in der Hand, den grössten goldenen Reichsapfel. Ich rief. Da kamen alle die Knaben, die Petrus liebten, und die Mädchen, die um ihn wie um eine steinerne Urgestalt Tänze tanzten und blickten zu ihm auf. Aber er hatte den glänzendsten Stern zurück in die Wolken geworfen, und ein heftiger Regen ergoss sich. Wir stiegen den Hügel herab und traten unter breitlaubige Baumriesen. Die andern sahen wir fliehen zurück in die Stadt.

## Petrus-Poseidon

»Ich würde mich garnicht wundern, wenn ich eines Tages die Füsse in Goldpantoffeln trage und eine Krone von Rubinen in meinen Haaren liegt. Und in den bunten Spiegelgallerien meines Palastes spiegele ich tausend und ein Mal mein strahlendes Geschmeide.« Und Petrus gütig: »Erzähle noch mehr, Prinzessin!« Aber mein Blut zeigte aus allen Poren auf mich da ich noch an Nichtigkeiten dachte neben der Herrlichkeit, an deren Seite ich strömen durfte. Und Petrus-Poseidons Gesicht kam und ging und sein Bart war wie Schaum. »Warum sollst du nicht von Flittergold träumen,« sagte er, »manchmal dünkt es mich, Du bist noch zu jung, um ins Meer zu fliessen.« Aber ich eilte zu ihm und erfasste stürmisch seine Hand.

## Petrus und ich
## beim Prunkmahl Onits von Wetterwehe

Als wir kamen, eilten uns schwarze Diener in farbigen Festgewändern entgegen. Aber Petrus wehrte ihrer Beflissenheit: »Ihr wollt mich doch nicht meiner letzten Haut berauben?« Also betrat er in seinem grauen Mantel den goldenen Prunksaal und ich lehnte an seiner Seite. Musikanten in bunten Vogelmasken zwitschern zwischen blühenden Palmenbäumen auf ihren Zauberflöten und Spassmacher springen behende über die Galaschleppen der schönen Frauen, ihre Kautschukglieder verrenken sich zu allerlei drolligen Figuren. Und Tabak, der Narr sitzt auf der Tafel in einer grossen Kristallschüssel, sein grüner Mund unzählige Male im Tausendschliff gewulstet. Und als wir in der Mitte des Saales standen, wo die vielen fremden Fürstlichkeiten sich paarten, senkte sich eine fremde Wolke schwer auf seine üppige Laune. Die schönen Prinzessinnen verbargen ihre verdutzten Gesichter in den Spitzen ihrer Seidenärmel, indessen sich die Kavaliere um den erblassten Gastgeber drängten; der aber eilte uns entgegen. »Ich habe meinen Hermelin zu Hause gelassen!« sagte Petrus lächelnd und Onit von Wetterwehe wandte sich zu seinen Gästen: »Er hat ihn vergessen anzulegen vor lauter goldenem Träumen.« Und Antinous und Grimmer von Geyerbogen und Najade umringten uns, und riefen die Zagenden herbei; dem rotäugigen Zwillingspaar mit den weissen Atlashaaren war Petrus schon im Traume erschienen und auch dem jungen König Otteweihe war also geschehn, seine schüchternen Augen blühten wie Knospen halb erschlossen. Aber einen Freudenschrei stiess der Häuptling Bugdahan aus – Petrus kannte seine wilden, blutigen Schlachtengesänge wohl. Und Raba kam, Bugdahans Schwester, und umarmte mich. Und von den Jerusalemitern traten einige zu uns heran; Onit liebte die dichtenden Söhne Zebaoths. Sie hatten blasse Wangen und schwermütige Lider und der älteste mit den tröstenden Augen nannte sich Ben Ali Brom. Und Petrus zur Rechten sass Antinous und ich an der Seite seines Herzschlags. Und über uns gebärdete sich einer von den Musikanten unbändig, als er Petrus erblickte, sprang über die bunten Vogelköpfe, über das Gelände der Gallerie herunter in den Saal und spielte Petrushymnen auf seiner Bratsche, am Rosenholz seines Stuhles gelehnt. Und Negerknaben mit langen Ohrgehängen reichen Edelspeisen auf goldenen Tabletts, Paradiesvögel mit blauen Früchten. Und Wein aus Königstrauben gewonnen, giessen sie aus Smaragdkrügen in Prunkbecher – auf dem Grunde formen sich Perlen. Und neben Onit von Wetterwehe sass Weissgerte, die schönste der Prinzessinnen; ihr weisser Hals – Alpenschnee. Und rosige und blaue Libellen, die durch die Taumellüfte des Raumes schwebten, setzten sich auf ihre Flechten, sanken in ihre kleinen, zitternden Stirnlocken und nippten Süsse. »Du fragst mich,« antwortete Onit von Wetterwehe, »wer der vergötterte Bettelmann und sein Kind sind? Du wirst es mir bald selbst sagen.« Aber Weissgerte kräuselte ihre schlanken Prinzessinnenlippen, bog sich mit schillernder Tanzlustigkeit zu ihm über die blaue Seide der Tafel: »So stoss mit mir auf die Liebe an, Meister, wenn Du Dich nicht über sie erhoben hast.« Und Petrus schwang seinen Pokal, dass er in wilden Strömen überrann, aus seinem Barte lockten knisternde Sterne. Und Tabak, der Narr, hatte sich auf den Rand der Kristallschüssel gesetzt – er schielte unaufhörlich auf ihn – sein Blick stank. Aber Onit entführte mich dem seltsamen Mahle in seine weissen Rosengärten; dort zeigte er mir die Hecke, hinter der Dornröschen hundert Jahre im Zauberschlaf gelegen hatte. Und ein winziger, verrunzelter Zwerg spazierte über die glitzernden Kieswege, es war der Kleinste, der um Schneewittchen war. Bimbam machte immer sein bemooster Kopf und er sagte zu allem, was man ihn fragte, schon »ja«. Und den grossen goldenen Schlüssel zu Onits Märchensammlung trug er um den Hals und ich musste das Kleid Scheherezadens anlegen. Und als wir zurück in den Prachtsaal traten, erkannten mich die Gäste nicht. Aber um Petrus knieten all die stolzen Prinzessinnen, und Weissgerte küsste den Saum seines schlichten Mantels, und die Kavaliere kredenzten selbst einen Becher. Und Petrus erfüllte den Wunsch der Lauschenden und erzählte ihnen, warum er unvermählt geblieben sei. Und als er am Vorabend der Herzensfeier seine Auserwählte vor ihrer Burg begehrte, – stolz blickte der blaue See – »und in der Schlinge ihres Halses erstickte meine sündige Ungeduld. Sie war eine Schwanenjungfrau, Weissgerte. Aber als ich durch Arabien kam, trieb ich dem Kalifen die bösen Teufel aus, die sein Gehirn mit glühenden Nadeln pickten; und wie ein mächtiger Palmenbaum umfing mich seine Gunst. Aus einem Morgenschlummer holten mich seine Sklaven auf einer Karawane weisser Kamele, Brautschau zu halten unter seinen Töchtern. Ihre Schönheit wurde im Lande gepriesen; aber als sie im Geschmeide den Kalifensaal betraten und ihre Schleier lüfteten, fiel ich in eine vierzigtägige Ohnmacht. Sie hatten alle Totenköpfe. Und meine dritte Flamme war ein träumendes Prinzesschen, goldblond, wie Du bist, Weissgerte. Das bat mich in der Zeit der Brautschaft, es nur alle dreissig Tage zu besuchen. Aber die Sehnsucht trieb mich, einmal vor der Zeit seine Lippen zu küssen – da hatte mein Prinzesschen nur ein halbes Gesicht – es war ein Mondmädchen.«

Und als Petrus seine Liebesabenteuer zu erzählen beendet hatte, versteckten sich die schönen Prinzessinen hinter den Säulen und Nischen des Saales, die Kavaliere lächelten beklommen und selbst seinen Lieblingen bangte. Und Weissgerte sagte zu Onit von Wetterwehe: »Satan ist er .. Ich fürchte mich vor ihm.« Und sie verlangte Busse zu tun für ihre übermütige Rede bei der Tafel; als sie nicht nachliess, in Petrus-Satan zu drängen, sagte er: »Wohlan, wenn dich zu büssen sehnt, schöne Fürstin, magst du mit deiner kleinen, goldenen Zahnbürste die Zinnen deines Palastes putzen.« Und dann setzte Petrus den funkelnden Pokal noch einmal an den Mund, der Wein lohte auf in bunten, zischenden Flammen und er schwang den Kragen seines Mantels um mich: wir schwebten über die Kronen der Gäste hinweg.

## Petrus und der Nazarener

Und der Silberstern hing am Morgenhimmel und viele von den Jünglingen begleiteten uns, auch Onit, der fürstliche Gastgeber, und sein Leibarzt Kraft und auch der rundliche Tafelnarr und Antinous und Grimmer von Geyerbogen, und dicht hinter uns schritten Goldwarth, der unbändige der Musikanten, und der stille junge König Otteweihe, der wandte sich zu Petrus: »Alle hast du mit deinen leuchtenden Reden beschenkt, Meister, willst du mich nicht auch reich machen?« »Das will ich tun, König Otteweihe,« und Petrus sagte ihm: »Dein Herz ist ein Wald von blühendem Geschweige.« Und leise verhallten die Schritte hinter uns, aber jubeln hörten wir die Jünglinge, und das waren goldene Klänge. Und als wir uns nach einer Weile nach ihnen umsahen, konnten wir sie garnicht unterscheiden. »Echte Müssiggänger sind's, diese sorglose Bande.« Und wie eine bunte Schleife waren sie in der Ferne, die sich auflöste, verwickelte und sich wieder band. »Wie eine spielende Schleife...« sagte Petrus und lächelte. Und ich war so müde – ging mit geschlossenen Augen weiter, aber meine Gedanken konnten nicht schlafen. Und frische Winde kamen und tanzten mit meiner Müdigkeit dem Morgenläuten entgegen, und aus Petrus' Palmsonntagaugen standen selige Erinnerungen auf – ich hob mich andächtig auf meine Zehen, hineinzuschaun. Und als wir vor der Kirche standen, öffnete er das schwere Portal. Mütter beteten zur Mutter, und Kinder legten Blumen nieder vor dem Sternenknaben, und ich sah zum ersten Male Männer aus Stein, die Petrus ähnelten, sie hatten auch rauhes Haupthaar und trugen lange Bärte und hielten den Kopf gesenkt, aber sie hatten keinen Gipfel, wie er. Und am

Kreuz harrte der Nazarener, er litt unendlich, so festgenagelt, so blutgenagelt, so hergegeben ... »Nimm ihn vom Kreuz, nimm ihn vom Kreuz!« – Und draussen betete die Erde zur Sonne, und auf der Treppe standen die Jünglinge und erwarteten uns, schön waren sie, und selbst der rundliche Narr glich einer schnurrigen Groteske eines seltenen altheidnischen Schmuckes aus kaiserlichem Schatze.

## Petrus und der Schäfer

Der Himmel füllte sich mit Blau. Die Kühle duftete, es war Mai. Petrus und ich liessen uns über den kleinen Fluss setzen, und als wir am andern Ufer waren, kam uns ein junger Schäfer entgegen mit seinen mäenden Zöglingen: »Na, das schwarze, was Du auf dem Rücken trägst, ist wohl Dein Lieblingsschäfchen?« Und der Knabe nickte ... »Es ist meins, die andern Lämmer sind dem Gutsherrn seine.« »Verzeihlich wie eine Mutter handelt er,« sagte Petrus und der zärtliche Hirte schaute sich noch lange Zeit neugierig um nach dem Knecht Ruprecht mit dem wilden Grimmbart. Und ich zeigte ihm zum erstenmal mein Kind. Es sass wie ein kleiner Reiter auf meiner Schulter. Petrus hatte es nie gesehen, aber nun, da er es in die Höhe hob, sagte er: »Deines Kindes Auge ist ein klarer Stern,« und er wusste auch nun, warum ich so oft um Abendzeit allerlei flüstere und singe: Wurzel-Purzellieder.

## Petrus-Geburtstag

Am folgenden Tage .. war der Petrus-Tag, da er an ihm geboren war. Und in der Frühe schon kamen seine Lieblinge und brachten ihm Geschenke, und auch die andern Knaben und Mädchen bekränzten ihn mit Rosen und goldenem Laub. Und wir setzten uns alle im Kreise um ihn, nur Klein-Pull fehlte. Der war von meiner Schulter heruntergeklettert und wir hörten ihn leise mit einem kleinen Bürschchen murmeln hinter einem grossen Eichenstamm. Und das kleine Bürschchen sah in seiner weiten Kapuze aus, wie ein Erdmännchen, und niemand von uns hatte es kommen sehn. »Wenn Du mir Deinen Himbeerstrauch für Petrus sein Geburtstag schenkst, so schenke ich Dir ein Döschen mit einem kleinen Döschen darin.« Aber das Erdmännchen schüttelte das Köpfchen und ass eine rote süsse Himbeere von seinem Strauch! »Ich schenke Dir ein Döschen,« rief Klein-Pull ungeduldig, »mit einem kleinen Döschen darin, und in dem kleinen Döschen ist noch ein kleineres Döschen, und in dem kleineren Döschen ist noch ein ganz, ganz kleineres Döschen darin und ein ganz kleines Döselinken ist in dem ganz, ganz ..« Auf einmal fing er laut an zu schreien, denn das Erdmännchen hatte in der Zeit alle die süssen roten Himbeeren aufgegessen, sprang auf und lief in den Wald hinein.

## Am Nachmittag vor der Geburtstagsfeier ereignete sich folgendes:

Die Jünglinge waren noch nicht erschienen, aber Raba und Najade bestellten den Tisch mit Schüsseln voll Näschereien und Krügen mit rotem und goldenem Wein und schmückten mit Guirlanden das Waldhäuschen. Und vor seiner Epheupforte wandelten auf und ab das herrliche Geburtstagskind und ich. Seine braunen Augen waren zwei Himmel, daher kam es auch, dass alle, die ihn sahen, – glaubten. Und wir bemerkten eine Schar Müssiggänger kommen, die waren in heftigem Wortwechsel. Und als sie uns gewahrten, beschleunigten sie ihre Schritte und ich erkannte unter ihnen Jene, die sich dünkten mit mir verwandt zu sein, und sie baten mich, ihnen meinen Sohn zu zeigen. Aber Raba guckte aus der kleinen Luke des Waldhäuschens und lächelte ob ihrer List. Und da ich mich also weigerte, wurden sie jähzornig und bewarfen meine Scham. Und Petrus schritt grimmig unter ihnen, sein Bart ballte sich. Und es geschah, dass Klein-Pull den Jünglingen vorausgeeilt war und Petrus setzte ihn auf seine Hand und hob ihn über die Köpfe der

Hämischen: »Ihr fragt nach dem Stern und kennt die Höhe nicht ... aber hier seht ihn Euch an, ihrer Schulter entstiegen ist er!« Die Jünglinge schlugen die lästigen Feinde – nur Antinous blieb gläubig an meiner Seite. Und dann kehrte die Sonne heim mit silberner Armbrust, und wir tranken im Waldhaus den roten und goldenen Wein und assen die süssen Bäckereien. Und Petrus trank aus einem schweren Riesenbecher, der sang immer Schelmenlieder, ein Geschenk seiner Lieblinge; und zwei der stärksten Negerknaben Onits von Wetterwehe mussten ihn jedesmal an seine Lippen setzen, wenn Petrus durstete.

## Petrus setzt Klein-Pull in die Sonne

Und Klein-Pull hatte alle schäumenden Reste aus den Bechern getrunken und schlich heimlich wieder unter den Haselnussstrauch und holte tief Atem und knurrte, als ob er schliefe. Aber in der Nacht hörte ihn Raba wimmern und weckte mich, und sie legte ihre stillen Hände auf meines Sohnes Stirn – die taten Wunder. Und ich musste mich an seine Seite setzen neben Rabas Schoss und ihm Geschichtchen von allen Tieren erzählen, und namentlich immer wieder die drollige eine von der Pavianmutter mit ihrem Kind. Auf der Kiste im Käfig sitzen sie beide – die Pavianin hält ihr schönes Paviänchen im Arm und singt:
>    Schlafe, schlafe,
>    Mein Rosenpöpöchen,
>    Mein Zuckerläuschen,
>    Mein Goldflöhchen,
>    Morgen wird die Kaiserin aus Asien kommen
>    Mit Zucker, Chokoladen und Bombommen,
>    Schnell, schnell,
>    Hase Hase machen,
>    Sonst kriegt Blaumäulchen nichts von den Sachen.

Und morgens setzte Petrus den blassen kleinen Pull auf einen bunten Blumenhügel und die Sonne spielte mit ihm in ihrem kurzen, goldpunktierten Fransenkleidchen Fangeball.

## Der Häuptling Bugdahan besucht uns in der Kalkfelsenschlucht

Und wir sassen in der Kalkfelsenschlucht, wie in einem weissen Riesensessel und erwarteten Bugdahan. Und Petrus rief ihm entgegen, indessen sich der Häuptling quälte, die steile Wand zu erklimmen: »Willkommen, Sam Bugdahan, wir machen es unseren Gästen nicht leicht, zu uns zu gelangen.« Aber des Häuptlings Wangen glänzten, seine knolligen Augen waren aus den Höhlen getreten und von seiner Dichterstirn perlte die Freude. Gold hat sein Vater in den Urwäldern gegraben und die Lust an Abenteuern hat sich in seinem Sohne vergeistigt. Und als er uns seine Kriegsgesänge vorgetragen hatte, meinte Petrus, er habe ganz deutlich gerostete Speere knarren und den Bumerang durch die Lüfte sausen hören. Und ich reichte unserm Gast einen frischen Trunk, ihm zur Ehre in einem Becher aus australischem Holz geschnitzt. »Unter seinen blühenden Schatten haben deine Väter Menschenhühnerfleisch gegessen, Häuptling Bugdahan.« Und er lachte so heftig über meinen kanibalischen Einfall, dass Petrus und ich ebenfalls in Lachlust verfielen, der kein Ende abzusehen war. »Mädchen, du gefällst mir, willst du nicht meiner Schwester Raba Gesellschaft leisten?« Ich steckte ihm meine Zunge heraus, die wurde immer breiter und röter, und ich habe Petrus nie sich so herzlich freuen sehen, zumal Bugdahan mich für einen Freudengötzen seines Glaubens hielt. »Mit dem muss man zu spassen verstehen!«

Und er begann seine steifen Glieder für den Heimweg zu üben, pustend purzelte er über die Felslehne – ich formte in der Zeit Bälle aus Erde und Lehm und bombardierte ihn, bis er auf der Landstrasse war.

## Petrus und ich im Tempel Jehovas

Von der Chaussee steil auf stiegen viele Männer und Frauen mit ihren Kindern. Auf der Höhe steht der Sternentempel. Heute ist der Versöhnungstag des Jehovahvolkes. »Ehern und weich ist unser Tempel, süss und schwermütig seine Gesänge.« Und Petrus sagte: »Wir wollen auf die Höhe steigen.« Und die Wangen der Männer und Frauen wurden blass und freudezitterten, als sie ihn sahen mit den leuchtenden Feiertagaugen und dem ewigen Barte. Und der Priester sang und tausend Stimmen antworteten: unendlich wie die Wellen der Flüsse Babylons. Leise las Petrus die hebräischen Gesänge der Bibel: »Wundervoll ist die Gestalt dieser alten Sprache, wie Harfen stehen die Schriftzeichen und etliche sind gebogen aus feinen Saiten.« Ich berührte seine Hand und zeigte auf die vielen Silbersterne des weissen seidenen Vorhangs: er verbarg Allerheiligstes. Schweigend gingen wir nebeneinander über die rissigen Steinstufen des Tempels hinaus in die wehende Wärme. Die Birken der Chaussee berührten sich innig mit den Aesten. Und ich pflückte Petrus die Blumen, die am Wege standen.


## Petrus in der Höhle

Auf den Bergen konnten wir nicht mehr sein und auch nicht auf den Wiesen, und die Bäume der Wälder glichen mächtigen Eissäulen. Und wir froren und waren ohne Obdach. Und die Jünglinge hatten sich entzweit mit ihren Angehörigen, die sie ihres säumenden Wandels wegen schalten. Und Onit von Wetterwehe war mit seinem Leibarzt Kraft und seinem Tafelnarr über die Meere gefahren. Aber eines Tages kam Bugdahan, der Häuptling, er hatte eine Höhle entdeckt, nahe seinem Zelte. Und wir machten uns auf – Bugdahan an der Spitze, dann kamen Petrus und ich, uns folgten Antinous, Najade und Grimmer von Geyerbogen und ihnen: Goldwarth und sein Freund, der Jerusalemiter mit den tröstenden Augen. Und es gesellten sich noch viele von den anderen Jünglingen zu uns, die obdachlos waren und die von unserer Unterkunft wussten. Und wir zimmerten für Petrus einen Sessel aus weissem Birkenholz und polsterten ihn mit Farren und Moos. Und in der Frühe losten wir unter einander, wer tagsüber auf Raub ausgehen werde. Und wir brachten süsse Sahne und Weizenbrode heim, die wir vor den Türen reicher Häuser fanden, plünderten grosse Kaufläden und Grimmer raubte für Petrus einen Pelz, der wog einen Zentner schwer. Und die Abende wurden gefeiert, wir sassen um kleine Feuer, rauchten aus Pfeifen und tranken von den eroberten Weinen und Petrus lehrte uns Zigeunerlieder.

## Petrus und der Arzt

Durch den blanken, grauen Himmel sahen wir deutlich Lenzblau spriessen. Petrus liegt am Rande eines Waldes, unter ihn haben wir seinen grossen Mantel gebreitet. Und noch immer waren die Jünglinge nicht zu sehen, die um den Fiebernden wussten. Nur der eine sass an seiner Seite und ich zu seinen Füssen und wir betrachteten ihn mit Sorgen. Von der rotleuchtenden Arzenei reichte ihm Antinous, Südwein, den er so liebte. Aber wenn er hustete, suchten wir ängstlich unsere Hände und lächelten uns scheu an über den gewaltigen Körper herüber, wie über ein hochatmendes Meer. Petrus schlief, »Ich liebe Dich,« sagte Antinous, »und ich möchte Deine Augen küssen, die sind wie Brombeeren.« Zaghaft näherten wir uns und verbargen uns hinter dem Schlafenden, hinter dem harten Gekrause seines Hauptes. Aber als wir wieder nachdenklich an unsern Plätzen sassen und die Augen auf zu Petrus hoben, erschraken wir heftig über seine Blässe. Und ich lief achtlos über die hohe Weizensaat, zu Raba wollte ich, dass sie mich ihr zauberblaues Sprüchlein lehre. Unermüdlich werde ich es hersagen, unzählige Male auf jeder Perle meiner Kette, bis das Wolkenfenster droben aufspringt und sich Tausendwärme über Petrus neigt. Aber der Weg, der zu den steilen Felsgehängen führte, war versperrt, umkehren musste ich, aber ich freute mich, als ich sah, dass alle seine

Lieblinge ihn umgaben. Und der Leibarzt Onits von Wetterwehe war es, der sich über seine wogende Brust unter den Tannenzweigen beugte und hin und her wankte vom heftigen Stoss des mächtigen Petrusherzens: »Euer rauher Nordsturm ist mit keinem Kraut zu vertreiben und nicht mit bitteren Pillen zu bombardieren, aber Mairegen will ich Euch verschreiben und Sonne!«

Und Onits Negerknaben trugen Petrus auf ihren Schultern in einer goldenen Sänfte in den weissen Rosengarten. Dort grünten schon die Zweige und seidige Vögelinen sangen. Und um Mittag kam im Strahlenkleid die wiegsame, goldene Frau und reichte Petrus den leuchtenden Pokal.

## Petrus-Noah

Fleissige Engeljungfrauen spinnen feinen Seidenregen und sie gönnen sich keine Feierstunde. Wir sitzen zwischen alten, zusammengezimmerten Brettern am Ufer eines Flusses – Petrus hebt die Hand und zeigt auf die schwere Finsternis. Zwei schwarze Märzwolken hebt die nächtliche Frau des Westens aus ihrem schwärzesten Keller, die sehen aus wie grosse Wasserkessel und ein Heulen beginnt und das furchtbare Kreischen und Toben in der Höhe. »Das sind die Teufelchen,« erklärt Petrus, »und es wird nicht mehr zu lange dauern und wir haben, plumps, die Bescherung hier unten.« Und wirklich, die kleinen Teufelchen gossen die grossen Wolkenkessel rücksichtslos auf die Erde und die wilden Wasser überschwemmten die Wiesen und Wälder und der Fluss unter uns erwachte und träumte nicht mehr. Und seine Stille schäumte und wir waren so hoch mit den Fluten gewachsen bis zu den Tannenkronen der Wälder ringsum. Das schwankende morsche Dach über uns begann einzustürzen, und meine Kleider waren durchfeuchtet, aber Petrus sass und dichtete von singenden Blüten im Sonnenschein. Kein Tropfen nässte seine Hand und sein Bart lag wie eine stille Welle: »Meine wilde, schwarze Taube, die ich mit mir nahm,« sagte Petrus und lächelte. Und die Tage und Nächte vergingen und der spielende

Streit nahm kein Ende. Aber wenn die Teufelchen müde waren und die Jungfrauen wieder ihre zarte Regenseide spannen, schwang ich mich über das eingesunkene Dach unserer Arche und pflückte die jungen grünen Tannenzäpfchen, die assen wir; aber wenn die Lärmmacher wieder an die Reihe kamen mit ihrem Wassergeplätscher, hüllte ich mich in den grossen Mantel von Petrus ein und lehnte mich an seinen Schoss. Und dann kam ein Morgen, der war sonnig und selig wie ein grosses Brautgemach. Die Auen glitzerten von Demanttropfen und der Fluss genas und träumte wieder, und die Wälder dufteten, trugen neue, grüne Kleider und Petrus-Noah erzählte: dass der Frühling der Glaube Gottes sei, der immer wieder zurückkehre in die Welt!

## Petrus und die Weide

Er setzte sich unter eine verkrüppelte Weide. »Wie jung Du bist –« sagte ich zu ihm und betrachtete unter dem Gegrau der Baumhexe den Unaussprechlichen. Wie jung er ist in seiner Ewigkeit – Baldur ist er, der Gott mit den jubelnden Hellen! »Warum kommst Du nicht näher?« fragte er mich. Aber ich wartete auf etwas nie Geschehenes. Ein rotwangiger Sturm sprang über den Weg und weckte die schlafende Wurzelgreisin und ihre zwei haarigen, knorpeligen Aeste legten sich über braunleuchtende Locken. »Frühling, Frühling, der Frühling der ist da!« Mädchen wie schimmernde rote und blaue Libellen kamen und helläugige Kinder mit silbernen Glockenspielen, junge mutwillige Lämmer, so sprangen sie und feierten Frühlingsgeburtstag. Blau wehten die Himmelsfahnen.

## Petrus und der Mai

Es ist Mai, da blüht ein Silberstrauch, und dort einer mit rosa Blüten, und Petrus muss mir immer sagen, wie sie heissen. Und auf einmal war ich ihm weit vorangegangen – er stand mitten auf der Wiese und dichtete. »Ich werde mich nie von ihm trennen,« sagte ich ganz laut zum hellen Himmel, aber er hörte es garnicht in seinem Lenzübermut. Aber die Jünglinge hatten es gehört, aus einem Versteck schallte ihr vierlauniges Lachen. Und sie hoben mich über den Dorn und banden mich mit Bastfäden. »Du musst uns jetzt sagen, wen Petrus von uns am liebsten hat.« Ich weigerte mich, da verbanden sie mir die Augen und greifen sollte ich den Liebling seines Herzens. Und ich konnte nur noch ein kleines Tröpfchen Morgenschein sehn und darunter Antinous, und ich ergriff ihn und er klatschte in die grossen, schlanken Hände und tanzte mit mir einen ungestümen Tanz. »O Du herzige Petrusbotin!« Und er küsste mich unzählige Male. Und dann setzten wir uns alle nebeneinander auf das frische Grün, und sie drangen unbändig in mich, zu gestehen, wen ich von ihnen am liebsten hätte – und ich zeigte nach der Reihe auf jeden von ihnen. »Euer Leben spielt in Tönen vor mir hin und ich liebe Euer Lied, wie das hohe Lied, das alle tausend Jahre wieder aufklingt.« Und die Jünglinge riefen: »Sie hat zu viel von den grünen Lüften getrunken,« – aber ich war tief bewegt, und um meine Rührung zu verbergen, sprach ich salbungsvoll, wie ein Prediger. Und hinter dem Zaun stand Petrus und lachte und schwang seinen Riesenbleistift über unsere Köpfe! »Eine Quelle ist Eure Freundin, die nicht mündet, eine Quelle, die aufsteigt und Euch plötzlich überströmt.«

## Petrus und meine Liebe

Wir wandelten immer um die Rotdornhecken eines Wundergartens. Ich fühlte auch mein Herz duften. Und Petrus nickte versonnen und ich dachte: Er ist ein Schöpfer, wie er so hinwandelt lächelnd, lächelnd .... Ein Schöpfer und er sammelte in seinen grossen Güten den Honig meines Glückes für eine neue Welt, die er auf der Schulter trug. Manchmal schweiften seine Gedanken hinauf wie eine Schar junger Vögel und ruhten auf einer schmalen Weisswolke, und seine Augen weiteten sich, Sonne zu trinken, frisch von der Natur. Aber wenn ich eine Weile schwieg, dann sah er auf meine Lippen und sie jubelten: »Ich liebe den schönen Antinous und Onit von Wetterwehe mit den seidenen Augen und dem Starrwuchs um den Herzen, und den kecklaunigen Grimmer von Geyerbogen, und Goldwarths Lenzhaare liebe ich, das Sonnengefunkel auf seiner Stirn. Aber nachdenklich machen mich oft diese heftigen Strahlen der Untreue.« Und Petrus legte meine Hand in die seine und sagte: »Freue Dich über Deine springende Liebe, sie ist ein Kind und will spielen.«

## Bei der Zauberin Hellmüte

»Man muss sie gesehn haben, wie der Schiffer auf dem Meer den Leuchtturm gesehn haben muss,« sagte Petrus zu mir, und wir schritten durch eine lange, verwitterte Halle in den runden, kühlen Vorhof. Ich habe immer nur von zarten Zauberinnen mit goldenen Haaren gehört; aber Hellmüte war nicht zart und goldgelockt, wie schwere Taue fiel ihr silberdunkles Haar herab zu beiden Seiten ihres stolzen Angesichts. »Hier bringe ich Dir meinen Kameraden, Tino nenne ich sie, es ist die grünrote Ausstrahlung ihres Blutes – oder weisst Du mir ihren älteren Namen zu sagen, Zauberin?« Und Hellmüte küsste mich auf beide Wangen, und als ich ihr meinen Sohn zeigen wollte, sass er nicht mehr auf meiner Schulter. Alle die Seltsamkeiten, die von der Decke hingen und die vielen ungetümen, verzerrten Fratzen an den Wänden – klein Pulls Köpfchen guckte furchtsam aus Petrus' grosser Manteltasche. Aber die Zauberin holte ihn aus seinem Versteck, zeigte ihm ihren Marabu, der beleidigt in einem Winkel stand. Er hatte grüne Teichnäschereien zu seinem heutigen Namenstag erwartet und glücklicherweise hatte Pull seinen Zuckerfrosch vom Jahrmarkt bei sich, und indessen sich beide anfreundeten, bewirtete uns ein Indianerknabe im Blätterrock mit weissen Burgunderwein. Und Hellmütens irrende Meeraugen waren auf Petrus gerichtet, aber er hielt den Kopf abgewendet und erzählte von keimenden Inseln. Und immer dazwischen die stumpfe Klappermusik – der Marabu unterhielt sich köstlich mit meinem Pull; und Hellmüte bat mich, ihr den Pull zu schenken! Sein Fez mit der Silberquaste war dem putzigen Gespielen vom Kahlkopf auf den morschen Schnabel gerutscht. Und als auch die Sonne zu spielen begann, entführte mich die Zauberin unbemerkt über Wendeltreppen in einen weiten Raum. »Ich möchte Deinen älteren Namen wissen.« Dort strahlte durch tausendkantig geschliffenen Fenstern unzähliges Licht. Einen Tropfen Blut meines Herzens entwand sie, zwischen Licht und Licht klärte er sich, wie ein Rätsel. Und Hellmüte sann.

Als wir wieder auf der Landstrasse waren, sagte Petrus zu mir: »Vordunkel ist Dein Blut; die Zauberin mag nach Deinem ältesten Namen sinnen.« Und wir sprachen zusammen die blaue Sprache, in der sich Himmel und Erde erzählen. Und vor uns die vielen Felder, mit Mairegen überschwemmt! Und wir hatten alle drei den gleichen Wunsch – zogen uns die Schuhe aus, fassten uns an die Hand und wateten durch den warmen Trunk.

## Die Zauberin Hellmüte
## sendet uns Geschenke

Und als Petrus meine finstere Stirn sah, wunderte er sich, da der Tag ein buntes lustiges Kleid trug und aus schelmischen Blauauge guckte. Ich dachte an die Zauberin Hellmüte. »Mich ärgert es, dass sie nicht vor dem Schuh deines Fusses verharrt und ihre heimlichen Träume fiebernde Meeresnächte um dich weben.« Aber Petrus lächelte: »Du bist eine gar strenge Priesterin.« Wir setzten uns auf eine Bank und über uns hingen unzählige Aeste mit geöffneten weissen Dolden. Und Petrus erzählte, dass dieser Strauch ein Fremdling sei und aus dem Lande der Wunderhimmel stamme. Und er nahm seinen Stift und aus seiner Manteltasche die grosse weisse Papierrolle und dichtete, aber ich blickte über die weiten, grünen Schosse der Wiesen auf zu den Vögeln. Wie silberne Wirbelwinde kreisten sie durch die Lüfte – wer so spielen könnte! Auf einmal stand der Indianerknabe der Zauberin Hellmüte vor uns, er kam durch die Lüfte gesaust, der rothäutige Vogel mit dem bunten Federschmuck in dem schwarzen Glanzhaar, gelbe, rote und grüne Federn. Und er warf sich zu unsern Füssen nieder und Petrus begrüsste ihn mit allerlei Hurrare seiner Muttersprache. Und der junge Wildling jauchzte: Kulaia, wiwua, malibam! Und von seinem Gürtel löste er einen blühenden Rosenstrauch. »Herr, den sendet dir Hellmüte, die Zauberin!« Zwischen den Rosen lag ihr stolzer Ring mit den weissen Opalen, aber in den Steinen irrte ein schmerzliches Fieberlicht. Und mir schenkte sie Sandalen aus Löwinnenhaut mit Silberschnallen. Und auch Klein-Pull-Pascha hatte sie nicht vergessen – der Marabu sollte fernerhin sein Spielgefährte sein. »Aber am Zügel musst du ihn halten, Master Pull, damit er dir nicht durchgeht wie mir, der Herumtreiber, der Leckerschnabel«; da kam er endlich bedächtig über den Wiesengraben geschritten. »Ihn lockten Froschsirenen,« sagte Petrus, und wir gingen ihm entgegen und Pull setzte sich sofort auf den weichen Federrücken und ritt voran durch die lauschigen Baumwege, sich glückstrahlend umwendend nach allen Seiten, ob wir ihn auch sähen! Und wir kamen auf ein grosses borsthaariges Feld; eine

Schar Jungens mit roten Apfelbäckchen liessen ihre Drachen fliegen und Pull schoss mit seinem Pfropfengewehr auf die weissen und roten Papierdrachen bis sie alle tot waren. Und die Jungens staunten über den sonderbaren, grossen Vogel und küssten den mutigen kleinen Jägersmann. Petrus freute sich und sagte: »Schliesse nie hinter ihm das Tor, die Illusion ist der getreuste Lehrer und die Natur das weiteste Schulzimmer.« Und die ganze Erde lachte und lauter Blumen aus Sonnenschein fielen vom Himmel. Das war ein herrlicher Tag! Und Pulls Augen strahlten. Und als es dunkel wurde, schlief der Marabu zu seinen Füssen ein, aber ich musste ihm noch das kleine Lampenliedchen singen:

      Lampe Pampe Rampe
      Kämmchen Flämmchen Lämmchen Du
      Döschen Klöschen Röschen
      Kleinchen Meinchen Du.


## Petrus und mein Kind

»Morgen gehe ich nach den Rheinlanden,« sagte Petrus zu mir, »was wirst Du so lange treiben?« »Ich werde mit meinem Kind durch die Strassen spazieren gehen, wo Zuckerläden sind.« Und also spazierten wir Hand in Hand durch die warme Luft und still gingen die Menschen aneinander vorüber. Nur mein Kindchen sprang an meiner Seite wie ein junges, braunes Zieglein. Zuerst fragte es mich, wohin Petrus gegangen sei, so ganz allein, ob er vielleicht den grossen Sturm wieder aufdrehe und alle die Kreiselwinde. Dann blieben wir vor einem Zuckerladen stehen; Schornsteinfeger, Pferde, Hunde aus Chokolade und Zucker standen im Schaufenster und alle die roten und die grünen und die gelben und die lila Bonbons immer .... Und als wir am Abend heimgingen, schwebte am Himmel droben ein grosser Wolkenmann mit langem, langem, flockigen Wolkenbart, Pull erkannte ihn sofort – und einen grauen Mantel trug er – und nickte uns zu und holte aus einer grossen Wolkendüte den Mond, der war rot und rund, wie ein dickes Himbeerbonbon.

## Petrus unter den Arbeitern

Wir gingen durch den Nordosten der Stadt, wo der Lenz nicht blühen kann und erstickt wird zwischen Häuserengen. Und auf den Höfen spielen die Kinder, die armen mit Greisengesichtern und krummen Gelenken, aber ihre kleinen Herzchen sind rot und wollen spielen und jauchzen. Balken haben sie quer übereinander gelegt, es macht ihnen grosses Quietschvergnügen so hoppsasa in den Himmel zu fliegen. Aber als sie Petrus gewahrten, plumpsten sie unsanft auf den harten Asphalt zurück und Lottchen und Lieschen heulten – für den schwarzen Mann hielten sie Petrus. Ich glaube, er war stolz darauf. Und vor dem Eingang des schmucklosen, grauen Hauses erwartete uns Sennulf, der Kämpfer, er stürmte Petrus entgegen, wie ein Sehnender seinem Gott. Aber die versammelten Arbeiter murrten, als sie ihn gewahrten mit den segnenden Augen und dem leuchtenden Barte. »Wir wollen uns nicht vertrösten auf den Himmel der Toten, wir wollen ihn wie die Reichen schon auf Erden haben!« Und ich fürchtete um Petrus, denn manche von ihnen hatten die derben Hände geballt und drohten. Aber er sagte zu mir: »Ans Kreuz schlagen nur die Heimlichen und die erreichen mich nicht.« Und unter Sennulfs Schritt verdampften die letzten Flüche. Eine gebietende Keuschheit ging von seiner heissen Knabengestalt aus. »Er ist eine dunkle Birke,« – und seine Worte wirbelten über das freiheitshungrige Volk, wie Frühfrühlingslaub vor dem Gewitter. Und am Schluss des Abends traten einzelne an Petrus heran, unter ihnen ein dichtender Handwerker, er hiess Damm. Und viele Jünglinge waren des hohen Gastes wegen gekommen: Ludwill, der Misstrauische mit den mürrischen Veilchenaugen und sein Freund, der dürr aufgeschossene Heiligenmaler mit dem Glockenherzen und Gorgonos der Starre. Der hatte schillerndes Haar und einen toten Vipermund, und zögerte, sich dem Herrlichen zu nähern, und neben ihm stand sein Tänzer und spielte mit dem Armband.

## Petrus erprobt meine Leidenschaft

(Ich lege einen Kranz aus Rosen
nieder auf das Grab eines Propheten)

Zwei Ochsen ziehen unseren Karren, und auf dem Rücken des Gescheckten sitzt der Bauernbursch. Er hatte uns mitgenommen. »Kommt man ruff ohne lange Fisematenten!« Wir waren müde von unserer Wanderung und lagen ausgestreckt auf den knarrenden, harten Brettern. Und als wir am Ziel waren, reichte Petrus dem jungen Knecht eine grosse Cognacflasche: »Tu er einen tüchtigen Schluck zum Dank!« – »Der da sein woll der Herr Pankratius von den gestrengen Herren eener? Mit seen Sturmbart fuhr er im Mai über de uffschiessende Saat.« Streng genug sah Petrus aus; und er zeigte auf den stillen Garten des Propheten; weisse Maulbeerbäume und Tragantsträucher umschlossen den Kuppeltempel, wie eine rauschende Mauer. »Die Berge des Hochlands von Iran durchstreiften seine Vorfahren,« sagte Petrus, »und er formte in den Wolken den neuen Menschen aus der lachenden Mittagssonne seiner Heimat. Ein göttlicher Bildhauer fürwahr – und wer sich spiegeln möchte im Auge seiner Schöpfung, muss schon Flügel haben wie er selbst.« Ich lauschte andächtig, denn Petrus Worte klangen, wie eine Feier. Und den Kranz aus roten Rosen legte er um meinen Arm, wir liessen ihn binden in einer Gärtnerei am Wege, er glänzte noch hell nach Freudenschein des Mittags. Und einen Dolch steckte er in meinen Gürtel – ich wusste nicht, warum das geschah. Aber als ich durch das goldne Tor in die Stätte kam, schwollen mir süssliche Eitelkeiten entgegen, statt herber, eingesteinter Lüfte tausendjähriger Königsgräber – über ihre Säume schleichen Katzen, wie lichtverlorene Schlummer. Und mich überkam Ekel und Zorn, da ich des Propheten Katzin sah, sie kauerte auf seinem toten Herzen, behaglich, wie auf einem Seidenkissen – ihr Rücken war seiner müden Füsse Schemel gewesen. Und als ich zu Petrus zurückkehrte, brannte mein Leib und er zog den Dolch aus meinem Gürtel, der blutete. Und da meine Hände keine Spuren zeigten, sagte er: »Du wirst meinem Andenken einen Thron bereiten.«

## Petrussehnen

Wie die Rasenplätze eingeheckt sind, sie können sich nicht breiten und die jungen Wasser sind von Dämmen gefangen. »Aehnlich wie ihnen geht es mir, Petrus, darum bin ich betrübt. Aber einmal an einem Herbstabend, Du leertest mit den Jünglingen schäumendes Gold aus Himmeln – ich lag abseits hinter den Gärten, im freien Wiesenschoss. Und die Stürme riefen wie Wildvögel und meine Seele riss alles Lahme von sich, und ich schnellte hin, über Dein Haupt, über die Meere Deiner Ehrfurcht durch die Rosenreiche Deiner Milde, bis ich rastete auf Deines Herzens Gipfel. Du Gotttrinker, so war ich einmal der Trank Deiner Trunkenheit.«

## Petrus erinnert mich

»Nun sind wir ein Sternenleben zusammen gewandert,« – erinnerte mich Petrus – »und Du hast mir nie meinen Namen genannt.« Und ich sagte: »Jeder Nachtwolke, jedem Tag habe ich Deinen Namen genannt und die Sonne hat ihm einen Altar gestickt ... und einmal wird mich ein Leben Menschen wie Mauern umschliessen, die Deinen Namen hören wollen. Und meine Stimme wird ein Ozean sein. Du heisst, wie die Welt heisst!« Petrus nickte, und als ich zu ihm aufsah, strahlten unzählige Firmamente aus seinem Angesicht und es war grenzenlos, und ich musste mich abwenden, um nicht blind zu werden. Aber ich fühlte meine Kraft, die sich losstiess, und ich bäumte mich und streckte mich, und meine Augen blieben weit vor all der Majestät.

## Petrus legt einen Bauernsohn
## in die Erde zurück

Der Himmel glitzert, wie ein reifes Aehrenfeld. Petrus und ich
liegen im Schatten eines Ahornbaumes. Frühherbst ist es, und die
Lüfte versieden noch auf dem Sommerherd. Wir denken beide an
das Erntefest, und ich schwenke mich, wie das flotteste Schunkel-
paar tausendmal im Kreis. Und den Gevattern Bauern muss ich
nachahmen, wie sie sich die Kartoffelnasen schnäuzen. »Aber
kernig sind diese fluchenden Pflügetiere, die haben keine Seele,
die ihnen zu schaffen macht.« Männer kamen den schmalen
Feldweg geschritten, sie trugen Heugabeln, Sensen und andere
Gerätschaften auf dem Buckel und vor ihnen schnüffelte ein
zottiger Hund. »Na, fluchen könnt ihr probabel an diesem herrlichen Abend, das muss man Euch lassen.« Der Derbste hatte
schon wieder zum Vermaledeien seinen grossen Heuschober
aufgesperrt, aber der olle verrunzelte Bauer drohte. »Mang de
Rippen komm ick Dir,« und dann geheimnisvoll: »Det is eener
von de Apostels.« Und weiter meinte er, »der mit'm jrossen Bart
könne ihm wohl seggen,« er zeigte auf seine sechs Söhne, »wo
der siebente von de sechse herumflaniere. Sin Kopp nämmlich
hat er immer vor sich jehabt, det hat er von Muttern jeerbt, die
hat alle Pflanzens jekennt und alle Vögels, aber von de Männers
und de Weibsleut hat se nischt wissen jewollt und ihre Arbeit
ging immer so sachteken weg. Vorichte Nacht is se vor men Bette
jeschlichen, so janz dichte ran mit det Sargjesichte, wie ne Heilje
hat se jejickt und jesegt hett se: Justav is dot. Drimol hett set
jesegt un da muss 's doch wahr sint.« »Allerdings muss das
wahr sein!« betonte Petrus, und de sechs Söhne verkrochen sich
hinter dem Laubwerk des Ahornbaumes. Aber er rief sie und
schritt ihnen voran. Die Garben standen wie goldene Säcke
aufrecht, nur einige lagen umgestülpt auf dem borsthaarigen
Getreidebogen. »Bauer, Du bist fürwahr ein Krösus,« rief Petrus, und die sechs Söhne bemühten sich plötzlich, hochdeutsch
zu sprechen, und immer dazwischen wie'n verschlissener Dudelsack det Ollen Fistelstimme: »Justav, Justav min Küken, kluck,
kluck, kluck, kluck!« »Wie ihm sein Gewissen zusetzt, er wird

schon sein Teil Schuld dran han.« Und als wir das dritte Feld betraten, überrannte der zottige Hund einige Garbensäcke, beschnüffelte die goldblasse, beleckte sie und jammerte wie ein Kind. Und Petrus beugte sich über den goldblassen Körper. »Bauer, hier ist Dein siebenter Sohn. Gold zwischen dem Golde des Herbstes.« Und ich bat Petrus ihn zu erwecken. Aber er schüttelte ernsthaft den Kopf. »Bauer, Dein Sohn ist tot,« – und zu den Sechsen sich wendend: »Euer Bruder war ein Dichter.« Und der zitternde Hauch, der noch über dem Toten schimmerte, zerfloss. »Sag uns doch, wie heisst der Mann mit dem harten Bart?« Petrus nickte mir abwehrend zu, aber ich sagte den Brüdern: »**Der heisst wie die Welt heisst.**« Und der olle Bauer mit dem Wackelkopf meinte: »Ick hews Euch anfänglich gesegt, det is keener von de unsrige.« Petrus erbat sich den toten Knaben, er liess ihn noch unter dem scheidenden Tage liegen. Aber als es dunkel wurde, nahm er ihn auf die Schulter, bedeckte seinen Leib mit dem Kragen seines Mantels und schritt den Berg des Dorfes herab. Zwischen der Falte seiner Stirn schlief der Abend und ich folgte dem grossen Erzengel, der unter seinem Flügel den Unverstandenen barg. Nach drei Tagen legte ihn Petrus selbst in die Erde zurück.

## Petrus und der Smaragd

Vor uns schimmerte der See in grünen Strahlensplittern. Wir sitzen auf einem niederen Hügel aus Kies und lassen die kleinen Dinger durch unsere Finger gleiten. »Sieh, was ich hier gefunden habe!« rief Petrus und in der Hand hielt er einen durchsichtigen Stein und prüfte seine Reine. »Einen Smaragd habe ich gefunden! Du glücklicher, kleiner Schelm, ich lasse ihn Dir in Strahlen fassen.« Aber ich machte Petrus den Vorschlag, lieber für seinen Ertrag den Sonnenwendtag eichenmethgolden zu feiern. Und wir eilten in die Stadt. Petrus hatte vorher den Edelstein zwischen meine beiden Hände gelegt, sorglich, wie in ein Schmuckkästchen. Im Schaufenster funkelten Diademe und Ketten aus bunten Lichtern und liebliche, weisse Perlenringe und ich schritt zagend

hinter ihm in den Juwelenladen und wurde befangen, als die
Verkäufer uns neugierig nach unsern Wünschen fragten. Triumphierend aber legte Petrus den kostbaren Fund auf die Oberfläche seiner Hand. »Zwischen Kiesel habe ich ihn gefunden, wie
ich ihn nicht strahlender dichten könnte in der Krone einer
Königin. Aber Euren Herrn will ich selbst fragen, ob er ihn
erstehen will.« Der hatte ihn schon von ferne leuchten sehen und
stellte mit ihm eine regelrechte Prüfung an. Von dem braunen
Samt seines Aermels hob er sich herrlich ab. »Ihr bringt mir da
einen kostbaren Juwel, Meister, wenn Ihr mit zehn Goldstücken
zufrieden seid, so wären wir einig?« Hinter den Glasschränken
und hinter den Ladentischen gebückt, versuchten die Verkäufer
ihr Lachen zu verbergen, indessen ihr Herr sich immer von
neuem freute über das Feuer des Smaragds. Und als wir wieder
vor dem Schaufenster standen, legte Petrus die zehn Goldstücke
lächelnd in meine Hände, »für den eichenmethgoldenen Sonnenwendtag.« Aber als ich mich noch einmal vor der Biegung der
Strasse umwandte, sah ich den galanten Goldschmidt umringt
von heiteren Gesichtern vor der Türe seines Goldladens stehen.


## Wir feiern eichenmethgolden
## den Sonnenwendtag

Ueber dem Waldboden liegt ein wolliger Moosteppich, mit
blauen und roten Beeren bestickt, und die Sommerkrone hat sich
der letzte nordische Frühlingssprössling aufgesetzt. Männer,
halb entblösst, schleppen auf ihren breiten Nacken Fässer voll
Meth herbei und an Stangen junge Eberböcke aus Onit von
Wetterwehes Jagden und beflanzen mit Spiessen und Gerätschaften unsern grünen Saal. Und Raba und Najade sitzen, eine
schwarze Fee und eine blonde Fee, am Rand des Waldes und
weben aus Farren und seidenen Gräsern Gewänder und binden
aus Eichenlaub und wilden Rosen Guirlanden und einen mächtigen Kranz für Petrus-Wotans Haupt; wie Sonnengehege hängt
sein Bart über seine kantige Brust. Und auf meiner Schulter sitzt
Klein-Pull und ruft den Jünglingen lauter bunte Einfälle entge-

gen. Ueber Bäche und Hecken setzend, nahen sie mit Bärenhäuten bekleidet. Antinous sieht aus: ein verzauberter Sagenkönig, gelb strotzen die Locken seines Bruders und Onits Augen eilen voraus, wie schlanke Jagdhunde. Und vor der Schar der Hornbläser schreitet Goldwarth und zu beiden Seiten über die Waldwege zerstreut, springen Waldschrats, lachende Elfen im Arme tragend, und auch Tabak ist unter ihnen, aber die kleinen Waldfräuleins sträuben sich vor seiner Umarmung, er ist unrein und sie tragen alle zauberweisse Morgenseide. Aber teilnahmlos blickt Gorgonos der Starre – sein Tänzer in Zitronenfalteratlas umtänzelt ihn, in seinen Ohren glitzern kostbare Ringe. Und ihm folgen die Adalinge, Ritter und Ritterinnen auf herrlichen Rossen und das rubinenäugige Zwillingspaar singend nebeneinander im Silbersattel. Weissgertens Lider sind geheimnisgross geöffnet. Doch Bugdahans ungeschickte Füsse stolpern über die buckligen Baumwurzeln und neben ihm auf dem Stier reitet sein Vater, der greise Häuptling. Sein linker Arm hängt schlaff über dem Nacken des markigen Tieres. Feindliche Stämme hielten den gefürchteten Krieger als Geissel zurück, an einem Kokusbaum gebunden. Und als er Petrus-Wotan sah, weinte er vor Wonne. Und Petrus-Wotan bat ihn, mich zu segnen. Und Goldwarth hatte seine Mutter mitgebracht, die war von mädchenhafter Anmut und Petrus sagte zu ihr: »Frouwe Emmelei, du bist so vil jung, ich wähn du seist mit deim son in der wiegen gelegen.« Und immer, wenn Petrus-Wotan die Arme zum Sturm anhob, schmetterten die Fanfaren. Und die Jünglinge bauten Altäre aus gefällten Stämmen und Aesten und liessen Opferrauch aufsteigen. Und die Elfen spielten um Petrus-Wotan Ringelkranz und die Waldschrats trieben ihre Neckereien. Und ich musste mit dem Tänzer in Schmetterlingsgelb tanzen – wir waren nur Atem. Und in den mächtigen Humpen schäumte der goldträufelnde Honigtrank und wir assen das am Spiess gebratene Wild. Aber Petrus-Wotan vermisste Ben Ali Brom, den Jerusalemiter, und Raba die Häuptlingsschwester, fing bitterlich an zu weinen: Bugdahan habe ihm die bleichen Wangen zerschlagen und ihm den Bart ausgerissen, weil seine Väter damals in Jerusalem die Schmach dem Tode vorzogen. Und der ganze Wald schüttelte sich mit uns vor Heiterkeit und Gorgonos der Starre lachte, wie es an ihm die Schelmereien seines Tänzers nie vermocht hatten.

Und als der Tag vorübergerauscht war, erzählte uns Petrus-Wotan die Sagen des Nordens und weissagte und es geschah: indessen eines seiner Augen vom Dunkel ausgelöscht wurde, sich das andere füllte und zwiefach strahlte – eine Mitternachtssonne. Und wir legten uns alle um ihn auf den weichen Waldboden und schliefen.

## Mein Traum

Am Morgen, als Petrus-Wotan und die Ritter und die Edeldamen und ihre Knappen, die Elfen und Waldschrats in tiefem Methschlummer lagen, fielen auch meine Augen zu und ich zerfloss in allerlei Grüngold. – Und über den Boden des Waldes lag er hingestreckt, ein Eichenriese mit sternenjährigem Laubhaupt. Kichernde Elfen tanzten zweigereigeneige um ihn und zupften an seinem Strahlenbart und eine Horde Waldschrats hatte sich auf seiner Brust versammelt und führte dort Bockskämpfe auf und ein ganz kleines Waldschrätchen, es trug vornehmer ein Butterblümchen um sein rosiges Stengelchen gewunden, versteckte sich in Petrus-Wotans grosser Ohrmuschel – es war mein Pull.

## Petrus und die Jerusalemiter

Einige Tage nach dem grossen Wotanfeste besuchten uns Ben Ali Brom und die andern Jerusalemiter, sie waren wieder in ihrer Heimat gewesen und brachten Petrus und mir Geschenke, Feierkleider und seidene Tücher, geschnitzte Kästchen und Schmuck aus Cedernholz und verzuckerte rote Rosen und andere Näschereien. Und barfuss kamen sie, wie zur Pilgerfahrt. Und Petrus redete viele sonnige Worte mit ihnen. Aber vom Walde her eilten die Jünglinge herbei, die hatten die Wünsche der Juden vernommen und fürchteten, Petrus würde sie erfüllen und ihnen voranziehen ins verlorene Land ihrer Väter. Aber er antwortete ihnen: »Wer seine Heimat nicht in sich trägt, dem wächst sie doch unter den Füssen fort.« Aber der jüngste der Fremdlinge setzte mir seinen Turban auf und eine Trauer kam über mein Leben, wie die Schwermutwolke über den Goldhimmel, und meine Hände sehnten sich, mit Sternen zu spielen. »Sieh, Deiner Freundin Augen stehen gen Osten,« riefen die Jerusalemiter. Und Petrus schwankte, aber seine Lieblinge lachten über ihre göttliche List – und sie nahmen heimlich ihre Harfen und spielten darauf Misstöne statt der Lieder lieblicher Zebaothländer. Und Petrus schalt sie. Und wir beide zogen auf die Berge und sassen auf den Gipfeln, wie auf dem Buckel grosser Dromedare. Sein Bart wehte – eine Königsfahne. Und in der Ferne sahen wir die Jünglinge trotzigen Hauptes heimwärts ziehen, ihnen zur Rechten und Linken gingen die Dichter mit den Turbanen, ihre Gebärden erzählten von Wundern.

## Petrus und ich auf den Bergen II

Am andern Morgen waren wir in Wolken gehüllt. Und unten am Fusse der Berge gewahrten wir die Jünglinge und die beiden Mädchen Raba und Najade. Aber Petrus spielte mit einem kleinen Tautröpfchen, es glitzerte auf der Oberfläche seiner Zeushand, wie ein Käferchen aus Perlmutter; wie ein süsses Seelchen, eine zitternde Tänzerin – immer traumleise ... ein kleines Goldfüsschen zierlich verschwebend. »So hat's doch etwas vom Leben gehabt, wenn es sich auch fürchtete auf meiner grausamen Hand,« – tröstete mich Petrus, denn es lag auf den harten Steinen und war tot. Aber im Innern der Berge donnerte es zu den blauen zeusblitzenden Adern seiner Stirn. Und um die Berge lagen hingestreckt die müden Jünglinge und die beiden Edelmädchen, wie junge Liebesgötter und Göttinnen.

## Petrus und ich auf den Bergen III

Unten am See an der Felswand lehnte Goldwarth und spielte auf seiner Geige, die anderen waren mit dem scheidenden Tag gegangen. »Er liebt Dich,« sagte Petrus, »ein Knabe ist er in Rüstung und trotzen wird er allen Deinen Stürmen.« Und der erste Stern ging auf, wie ein silberzitternder Ring und um den Abendwind gewunden schwebte des treuen Geigers sehnsüchtiges, duftiges Spiel zu uns empor. Und dann war es, als ob er plötzlich versänke in den See.

## Petrus und ich auf den Bergen IV

Ueber uns blutete die Abendröte, wie ein Schlachtfeld gefallener Kämpfer, aber die sanfte Nacht beugte sich tröstend über die roten, sterbenden Wolken und ihr grosses Goldauge suchte Gott. »Warum schuf er sich gestaltlos, warum tat er das?« »Damit er sich nicht beenge und begrenze,« sagte Petrus, »und er breitet über alles sich.« Und wir stiegen die Wolkenstufen hinan und Petrus lehrte mich die Namen vieler Sterne, die gross aufleuchteten, wenn er auf sie zeigte. Und ich rief helle Jubeltöne zur Erde – mein Menschenkleid verwehte. Und ich wurde unbändig, als Petrus wieder mit mir zur Erde steigen wollte. »Ich mag nicht mehr unter die Herzen gehen.« Aber er erinnerte mich an Antinous und an seine Liebe zu mir und an die blonden, rosenlockigen Schalklaunen Grimmers. »Und was würde der fürstliche Gastgeber sagen und Goldwarths Geigenspiel klagen. Tausend Hände musst Du ihnen zum Rosenreigen um den Tag reichen, und Dich in den Nächten nach Fluren sehnen. Nichts soll an Dir ungeblüht bleiben, willst Du wie ich, einmal gestillt das Leben trinken.« Und ich erfasste seine Hand und versteckte mein Gesicht. Gottwünsche waren die jubelnden Knaben, und wie ich ein Tropfen seiner Ewigkeit. Die Auen und Wälder schlummerten in ihrer Grüne, dahinter die hungernde Stadt, ein furchtbares Gebiss von spitzgetürmten, grauen Häusern. Und Petrus zeigte auf die hungernde Stadt und betonte: »Sie wird Dich nicht zerreissen um meinetwillen.«

## Petrus und ich auf den Bergen V

In der Stadt ging die Kunde, Petrus sei mit dem Knaben (sie nannten mich also) in der Nacht oben auf den Bergen vom Blitz erschlagen worden. Und es versammelten sich alle, die um ihn wussten, und noch viele, die ihn zu sehen begierig waren. Und als sie ihn lebend auf der Höhe erblickten, stiessen sie in grosse Hörner und liessen Raketen zum Himmel steigen, die aufklangen unter dem Blau in bunten Sternen. Aber Petrus' Antlitz wurde immer verfaltigter und abgewandter und es war, als wüchse es in den Himmel hinein und sein Bart hob sich über die Welt. Und ich lag wie ein Ring um seinen Fuss, der war wie Stein. Und Petrus redete zu den Lärmenden, aber ich hörte seine Worte nicht vor dem Dröhnen seiner Stimme, aber das Volk da unten an den Wassern horchte gebannt und die Wälder ringsum rauschten noch lange und finster:

 Der Abend ruht auf meiner Stirne,
 Ich habe dich nicht murmeln gehört, Mensch,
 Dein Herz nicht rauschen gehört –
 Und ist dein Herz nicht die tiefste Muschel der Erde
 O, wie ich träumte nach diesem Erdton.
 Ich lauschte dem Klingen deiner Freude,
 An deinem Zagen lehnte ich und horchte,
 Aber tot ist dein Herz und erdvergessen.
 O, wie ich sann nach diesem Erdton....
 Der Abend drückt ihn kühl auf meine Stirne.

## Petrus und ich auf den Bergen VI

Schon drei Tage und drei Nächte sassen wir da oben und manchmal flogen Scharen von wilden Gänsen an uns vorbei und Stürme vertauschten sich über uns; wohin sie wohl rauschen mögen? Und wir spürten keine Sehnsucht nach dem Tal, aber braunverbrannt war unsere Haut und dörr hing unser Haar über die Schultern herab und nach Regen sehnten wir uns mit dem Boden, auf dem wir sassen. Und Petrus legte zum erstenmal seinen grauen Mantel ab und ich sah wie schmal seine Schultern waren, aber wie gewaltig sein Haupt stieg, wie ein Ruf aus der Höhe über die Erde. »Mit wem redest Du, Petrus?« Seine Lippen bewegten sich leise gegen Westen. »Ich rede mit dem Fernsten, der mich geleiten wird.« Und dann fragte er mich: »Was wirst Du tun, wenn ich auf einem andern Stern wandle?« Und als Petrus sah, wie traurig ich wurde, senkte er den Kopf und erzählte mir Träume und Märchen aus den Städten der Goldmutter.

## Petrus und ich auf den Bergen VII

Am liebsten hörte ich von der Lagunenstadt, der Lieblingsstadt meiner Mutter, dann stiegen Wohlgerüche auf, die mich einwiegten. Schon ihre Vorfahren mit dem Zeichen Davids waren die Gäste der Dogen gewesen. »Manchmal dünkt es mich«, sagte Petrus, »Du hast dieselben Augen meines tiefsten Traumes.« Auf seinem Herzen stand er geschrieben mit den Sternenlettern meiner Mutter und die Gondolieri erzählen ihn den fremden Fahrgästen, wenn sie am St. Marcusplatz vorbeigondeln. Vor seinem Dome steht St. Marco. Die golddurchäderte Marmorpalme zu seinen Füssen entfiel seiner Hand, als er aus seiner Nische trat und die fremde Signora segnete. Wie ein blauer Samtbaldachin hing der Himmel über dem Schalkwillen der Stadt. »Und die Sterne haben es sich am Abend erzählt«, sagte Petrus, »per omnia saecula saeculorum«. Und sein Blick versank in Tausendtiefen. Harte Falten umhüllten seinen Leib und er war

nur Gestalt und kein Körper mehr. Ich hatte ihn schon einmal so
gesehen in meiner ersten Blüte Blut, ihn nur gefühlt unter lau-
schendem Herzschlag zwischen zärtlicher Nacht von seidiger
Haut umwebt. Und ich fürchtete mich, er war ein Zauberer und
ich stürzte die Berge herab, mir voraus mein Herz, über die
Wiesen und Hecken, und ein Turm war mein Kopf, ich konnte
mich nicht wiederfinden – – – – – – – – – – – – – – – – – – – – – –
– – – – – – – – – – – – – – – – – – – – – – – – – – – – – – – – – – – – –

   Es war im Spätfrühmonat 1903, als mich die Furcht vom
Erdältesten vertrieb.


## Die Jünglinge finden mich an der Hecke

Vor einer Hecke lag ich und die Jünglinge standen im Kreise um
mich und flüsterten und wunderten sich, dass Petrus nicht bei
mir war. Und als ich die Augen aufschlug, sah ich in blasse
Gesichter. »Weshalb sind Deine Haare zerzaust und Dein Kleid
zerrissen?« Und da ich nicht antwortete, legte Goldwarth seinen
Samtrock unter meinen Kopf und bettete mich und streichelte
meine zitternden Hände. Und Antinous weinte. Und da kam
Bugdahan, der Räuber, und sagte zu ihnen: »In Schwermut ist sie
gefallen, fest geschlossen sind ihre Lippen, die am Sonnenwendtag geöffnet standen. Eilt zu dem Leuchtenden und sagt ihm,
dass er nicht zögern solle, denn die Seele seiner Freundin sinke in
die furchtbarste Schlucht.« Unterdessen ging er und holte seine
Schwester Raba, die brachte mir einen Tee aus heilenden Wun-
derkräutern ihrer Heimat und legte mir einen Stern von Metall
auf die Brust und er alles Böse verbanne. Und Najade kam,
Antinous Schwester, und ihre Arme wiegten mich, wie seidene
Maiwinde. Aber mein Blut blieb taub und mein Herz blind. Und
der Abend blickte mit verschleiertem Auge auf die Erde, und endlich sahen wir die Jünglinge nahen, die gegangen waren, Petrus
zu holen, aber sie brachten ihn nicht und ihre Köpfe hingen wie
welke Früchte herab auf der Brust.

## Goldwarth tröstet mich in der Schwermut

Es hat eingeschlagen! Und ich erkannte die Stimme von Petrus, noch rollte das Donnerwort kugelab über den Rücken der Welt. Und die Jünglinge jauchzten, da sie wieder in meine Augen sahen. Graue Leinwand hing, wie ein Schirm über uns gebreitet und Scheite von kleinen Aesten brannten, denn die Nacht war nackt und ihr Atem kühl! Najade erhob sich und erinnerte Antinous: »Die Schwestern bangen sich um uns und weit liegt der Weg noch hinter den Auen.« Und Raba sprach von ihrem alten, besorgten Vater, der nicht schlafen könne, »und schon singt der Frühstern sein Glockenlied.« Und die weissen Fahnenarme winkten von der Burg Onits von Wetterwehe. Die Fürstin Weissgerte steht vor dem Tor und stösst in ihr goldenes Jagdhorn. »Lebe wohl, Tino, grüsse den Leuchtenden!« Und die andern Jünglinge folgten ihm. Und als Bugdahan, der Räuber sah, dass mein Blick sie nicht gehen lassen wollte, sagte er: »Mädchen, Freundschaft ist ein Froschwort!« Aber Goldwarth sass still an meiner Seite. »Hast Du Niemanden, der Dich ruft?« Und er küsste meine Wange und sagte: »Ich höre ihr Rufen nicht vor Deinem Schweigen!« Aber Bugdahan warnte ihn und sah schmerzlich auf uns beide. »O, Jüngling, wenn Dir Dein goldenes Haar nicht leuchtet, so steht es schlimm um Dich!« Ich fühlte mich wieder von Grüften verschlungen.

## Ich suche ihn

Aber als es Morgen wurde und Goldwarth in einen fremden Garten eindrang, mir Blumen zu pflücken, raffte ich mich auf und flüchtete über die weiten Wiesen. Und ich rastete nicht, bis ich die Berge sah und ihn auf dem Gipfel. Ich rief, aber es schallte dumpf zurück, und ich fühlte plötzlich, dass ich ihn nie mehr erreichen würde. Immer wenn ich auf den Bergen stand, wandelte er im Tal, und manchmal glaubte ich, das Tal wandle um ihn, und wenn ich über die spitzen Steine talwärts schritt, stand er oben auf der Höhe. Und ich suchte nach seiner Stimme, denn meine Füsse bluteten schon. Endlich in einer späten Abendstunde hörte ich meinen Namen rufen – und dann: »Mädchen, das mich sucht, meines Herzschlags tiefster, es liegt eine schwere Wanderung hinter mir, von Welt zur Welt, ich habe nicht mehr weit bis zum himmlischen Stern.« Ich lauschte noch lange, aber immer dichter sank der Nebel zwischen uns.

## Zwei grosse Engel tragen Petrus ins Tal

Ich sass am Wasser und benetzte mein Gesicht und die kleinen Kräuselwellen spielten mit meinen müden Händen und Füssen. Ich hatte Petrus schon tagelang nicht gesehen und ich wusste, dass er am blauen Strand gelandet sei. Und zwei Männer fragten mich nach dem nächsten Weg zur Stadt, sie trugen eine Bahre und hatten ernste, schwebende Augen. Ich ahnte, wen sie trugen, und neigte mich vor dem Verhüllten. Aber als ich die Bahrenträger in der Ferne sah, schrie ich so laut – und der See stand still, die Frühlingswinde erstarrten und der Himmel fiel auf die Welt herab in wilden Tränen. Und ich zerriss mein Gewand und verbarg mein banges Gesicht in die Erde.

## Am Mittag

Und mein Herz war wie ein grosser Sarg, aber ein Sturm erhob sich und zerriss das junge Laub der Wälder und schüttelte an die Felsen und ihre Gipfel schwankten furchtbar. Und meine Haare flogen wie Trauerschleier über den See, immer weiter, bis über die Dächer der Stadt. Da legten sich zwei Arme tröstend um mich, sie trugen zerrissene Ketten – Sennulf der Kämpfer war es. Er hatte vom Kerkerfenster aus die Männer mit den ernsten, schwebenden Augen vorüber schreiten sehen und durch das dichte Linnen das schlafende Antlitz des Herrlichsten erkannt. Und in der Ferne sah ich die Jünglinge haneilen, sie hatten mich nicht am Fuss der Berge vermutet. Und wir küssten uns Alle auf den Mund und weinten.

## Am Abend

Zwei rotbäckige Kinder kamen am Abend über die Berge den See entlang geschritten. Der Knabe trug einen grossen, grossen Bleistift und das Mädchen eine starke Papierrolle und freuten sich über ihren schönen Fund. Ich liess ihnen beides, denn Petrus liebte die Kleinen.

## Ich erschlage Tabak

Am Morgen des Begräbnisses begegnete mir Tabak der Narr, er grinste und seine Lippen waren gritzegrün. Und in der Hand hielt er einen Kranz und statt der Rosen waren kleine Kerzen zwischen den Blüten angebracht. »Den soll Petrus zur Wallfahrt in den Himmel um den Hals tragen, denn für den Abend ist eine Mondfinsternis prophezeit.« Die Jünglinge, die langsam des Weges hinter mir gegangen waren, hatten seine lose Rede gehört und erblichen, aber sie neigten sich stumm vor dem wehmütigen Morgen. Ich aber schritt hastig weiter, dem Grünmaul voran. Hinter die Büsche lockte ich ihn, wutrot brannte der Himmel zwischen dem Laub und ich erhob meine Faust, die war vom Wetterleuchten gestählt, und erschlug ihn und verscharrte ihn unter Erde und Aesten.

## Petrus Grab

Und von allen Richtungen kamen Scharen herbei, Männer, die Petrus kannten, und solche, die ihn nur gesehen hatten, und Frauen, die ihm begegnet waren – sie trugen alle Trauer. Aber wir hatten unsere Feierkleider angelegt, denn Petrus wusste nur vom heiteren Tod zu erzählen, der Hand in Hand mit dem Leben geht. Und seine Lieblinge standen auf dem Erdhügel vor seiner Gruft und hinter ihnen Kraft der Leibarzt und Bugdahan mit seinem greisen Vater. Und andächtig auf ihren Knieen lagen die Mädchen und Knaben, die um ihn, wie um eine steinerne Urgestalt, Tänze getanzt hatten. Und die Kavaliere kamen und die Fürstinnen vom Prunkmahle Onits von Wetterwehe; Weissgerte und die Zwillingsprinzessinnen weinten. Und König Otteweihe war zurückgekehrt vom Ozean, er hatte die ahnende Wolke am Himmel vorbeiziehen sehen. Und Gorgonos der Starre lehnte an seinem Tänzer und Ben Ali Brom und die andern Jerusalemiter beteten. Und Ludwill und den Heiligenmaler mit der läutenden Einfalt und Damm den Handwerker erkannte ich und noch viele aus dem schmucklosen, grauen Hause im Südosten der Stadt, die gemurrt haben, als sie Petrus gewahrten. Ich aber stand fern vom Grabe. Und immer neue Wanderer, Reiche und Arme an Krücken betraten den stillen Garten mit den grossen Denkmälern, mit den steinernen Stämmen, die nicht blühen und verblühen. Und ich dachte: Wie oft er wohl schon verblüht sein mag, da er so voll von leuchtendem Leben bis in den Himmel hinein blühte. Ich hatte die Augen tief geschlossen, aber Rabas Hand fühlte ich auf der meinen und Najades warmen Atem. Und Hellmüte die Zauberin hielt mich umschlungen und forschte bang in meinen Zügen. Ich hörte gläserne Engel singen über dem kühlen Garten, bis seine Hülle im Grabe lag.

## Er heisst wie die Welt heisst

Und als die letzten den kühlen Garten verlassen hatten und durch das lächelnde Petruswetter heimwärts wandelten, nahm ich von den Jünglingen Abschied: »Soll Dich nicht Einer von uns begleiten?« Sie wussten, mich zog es nach dem Thron der Berge zurück. Und ich blieb drei Tage und drei Nächte. In den Nächten blickte ich in den grössten Stern, in den seligen, goldenen Tempel, und am Tage wartete ich auf die Nacht. Und nur einmal näherte sich einer den Bergen (ich kannte ihn nicht), aber als er mich fand, bat er, meine Stirne küssen zu dürfen, da sie sein Bild trug. Aber ich zeigte auf den moosigen Stein der Höhe, auf dem Petrus so oft geruht hatte. Vor dem fiel der Fremdling nieder und betete in der Sprache seiner Heimat. Und am Morgen des vierten Tages schritt ich die Berge herab und mir nach viel schwer Geröll und ich bog noch einmal den Pfad zu seinem Grabe ein. Unter dem weissen Traumkleide der Frühe umkreiste eine Schar tanzender Teufel sein Grab und sie versuchten sich zu verbergen, als sie mich gewahrten. Aber ich winkte ihnen, ihre Totenfeier zu beenden, es waren die treuen Negerknaben Onits von Wetterwehe. Auf dem Grabe blühten noch die Kränze der Trauernden und die Blumen Rabas und Najadens standen voll von Tränen und wie ein Beet duftete der Kranz seiner Lieblinge – er trug eine weisse Seidenschleife – darauf in Goldbuchstaben: Dem jubelnden Propheten. Und ich schrieb in die Erde:

    Er heisst wie die Welt heisst.

# Die Nächte Tino von Bagdads

Meiner Mutter der Königin
mit den goldenen Flügeln
in Ehrfurcht

## Mein Lied

Schlafend fällt das nächtliche Laub
O, du stiller dunkelster Wald....

Kommt das Licht mit dem Himmel
Wie soll ich wach werden?
Überall wo ich gehe
Rauscht ein dunkler Wald;

Und bin doch dein spielender Herzschelm, Erde,
Denn mein Herz murmelt das Lied
Moosalter Bäche der Wälder.

## Ich tanze in der Moschee

Du musst mich drei Tage nach der Regenzeit besuchen, dann ist der Nil zurückgetreten und grosse Blumen leuchten in meinen Gärten und auch ich steige aus der Erde und atme. Eine sternenjährige Mumie bin ich und tanze in der Zeit der Fluren. Feierlich steht mein Auge und prophetisch hebt sich mein Arm, und über die Stirne zieht der Tanz eine schmale Flamme und sie erblasst und rötet sich wieder von der Unterlippe bis zum Kinn. Und die vielen bunten Perlen klingen um meinen Hals ..... o, machmêde macheiï ..... hier steht noch der Schein meines Fusses, meine Schultern zucken leise – machmêde macheiï, immer wiegen meine Lenden meinen Leib, wie einen dunkelgoldenen Stern. Derwi, Derwisch, ein Stern ist mein Leib, ein Stern ist mein Leib .... Machmêde macheiï, meine Lippen schmerzen nicht mehr .... rauschesüss tröpfelt mein Blut und meine Schultern beben Düfte und immer träumender hebt sich mein Finger – geheimnisvoll, wie der Stengel der Allahblume ..... Machmêde macheiï, fächelt mein Antlitz hin und her – streckt sich viperschnell und in den Steinring meines Ohres verfängt sich mein Tanz. Machmêde macheiï, machmêde machmêde ....................

## Das blaue Gemach

Und seit einigen Tagen beginnt meine Krone zu zittern, ich fühle ein leichtes Brennen auf der Stirn, und meine Augen sind halb geschlossen. Ich bin grenzenlos traurig, es ist, als ob sie mich überschütte die Traurigkeit, wie dumpfes Nebelweinen eine Stadt. Meine dunkelhäutigen Sklavinnen standen wie schwarze Marmorsäulen um mich und immer verharrte die Liebe vor meiner Seele, wie vor einem Tempel. Um mich zu belustigen, feiert der Khedive Freudenfeste ... Dudelsackpfeifer und Flötenspieler machen helle, grüne Musik, Gaukler mit zerzausten Flachsperrücken springen katzenbehende über schmale Stufen, klettern auf schwankende Bambusrohre und schwingen sich über die Bogengeländer des Palastes. Die Weinschänken und Speiseträger tragen Krokodilmasken und Spassmacher mit buntgeschminkten Händen und Füssen drehen Kreise mit ihren wilden, weiten schellenbehangenen Röcken. Aber meine Augen sind halb geschlossen und die harten roten Steine meiner Krone zerfliessen – und meine schlanken Sklavinnen biegen sich wie Pinienstämme und lauschen heimlich dem Fieber meines tausendjährigen Herzens. Und wenn Du wieder hier in der Heimat bist, Senna Pascha, so wirst Du auf der Stirne der grossen Pyramide in Hieroglyphen meinen Namen lesen.

Senna Pascha – – – ich sitze auf dem Rosenbeet hinter den silbernen Dachfirnen des Palastes und blicke hinüber – – über einen Wald von Pharaonenbäumen ... – – unter der grossen leuchtenden Kuppel lag der Harem, und ich starre auf das Fenster meines verlassenen Gemachs mit seinen blauen Wänden. Neben der stolzen, leuchtenden Kuppel erhebt sich die schwere Fahne des Botschafters, wie eine fremde, abwehrende Hand. Ich bin endlos traurig – – es ist als ob ich ersticke unter der Traurigkeit wie unter einer Wüste von Sandtropfen. Ich habe nie eine Prinzessin oder einen Prinzen so geliebt, wie mein blaues Gemach. Wie eine Mutter hat mich sein wiegender, blauer Arm umschlungen und tiefere, blaue Augen hat nie ein König des Abend gehabt, wie mein, hehres, blaues Gemach. Ein blauer Schwan war es, auf dem ich gleitete – – eine Wunderblume war

mein süsses blaues Gemach – – hei, eine Tänzerin … immer in
seidenen, blauen Schritten … zauberleise … und mit der Sonne
hat es hellen Schattenschein getanzt und blaue Träume um die
Sterne geschlungen und hast Du schon einmal ein Gemach gesehn, das blaue Haare hatte, Senna Pascha? O, ein Kuss war mein
blaues Gemach und ich sterbe an diesem blauen, blauen Kuss.
Und meine scheuen Sklavinnen umfassen sich im Schlaf – – ich
singe Lieder aus tötlichen Tönen. Alle Sterne bedecken mein
Gesicht...... – – –
     O, du mein blauer Rauschegarten,
     O, du meine verlorene blaue Nacht…
Beim grossen Propheten, Senna Pascha, halte mein Geheimnis in
Deinem Herzen ................................................

## Plumm Pascha

Als Plumm Pascha nach Bagdad kam, sah er meinen Sohn Pull im
Vorhof des Palastes auf einem weissen Elefanten reiten und hinter
ihm seine Gespielen, immer längs der Mauer-Mosaik, immer
rund über die grünen und blauen Steine des Vorhofs. Aber als Pull
den Fürsten erblickte, sprangen seinem Winke gehorchend, die
kleinen Beduinen von den Rücken ihrer Riesen und warfen sich
dem hohen Gast zu Füssen. Plumm Pascha ist der liebenswürdig-
ste Fürst Egyptens, ihm gefiel das stolze Spiel meines Sohnes,
näherte sich ihm mit allerlei Zeremonien, wie vor dem Khediven
selbst. Mein Sohn legte ihm huldvoll seine Kette aus jungen Kro-
kodilzähnen um den Hals, liess sich von dem lächelnden Fürsten
aus dem Sattel heben, der ihm auf beide Wangen küsste. »Seine
Glieder sind aus Elfenbein. Ich möchte ihn bei mir haben in der
Blumenzeit in meinem Palaste an den Katarakten.« – Nach einiger Zeit erhalten wir eine Einladung Plumm Paschas. Ich lasse
Pull ein Feierkleid anfertigen aus gelber Indien-Seide mit perlen-
gestickter Borde und auf seinen braunen Haaren trägt er einen
dunkelblauen Fez mit langer Silberquaste. »Seine Glieder sind
aus Elfenbein« hat Plumm Pascha gesagt und Pull quält mich,
weil sie nicht aus Zucker sind. Aber kleine Segelschiffe mit lauter

Süssigkeiten beladen, sendet der liebenswürdige Fürst uns zum Willkomm entgegen und er steht selbst vor dem Tore seines Gartens, meinen Sohn zu empfangen. Durch die weiten Räume des Palastes trägt er ihn auf seiner Schulter und wiehert, wie einer der Hengste der Ställe. Er lässt sich von ihm die flatternden Haare zerzausen, unternimmt allein mit ihm Fahrten auf dem Nil und füttert zu seiner Belustigung die grossen Khedivenfische mit bunten Bonbons. Aber die jungen Prinzen im Harem fürchten sich vor Pulls Tyrannei; er schlägt sie, wenn sie nicht seines Willens sind und die lieblichen Prinzessinnen weinen. Hinter Nischen hat er wieder alle ihre Puppen versteckt. Plumm Pascha wehrt ihm nicht und die Haremsdamen betrachten meinen Sohn mit missbilligen Blicken. Und seit gestern trägt er an seiner Brust den goldenen Elefanten-Orden mit dem Rubinenauge und das bedeutet, dass ihm Alle die Ehren eines Paschas entgegentragen müssen. Und verlobt hat ihn der liebenswürdige Fürst mit seinen Zwillingsprinzessintöchtern, die sind ein und ein halbes Jahr alt und haben noch keine Haare. Aber sie wollen immer mit Pulls langer Silberquaste spielen. – In Bagdad hängen schon zu unserer Ankunft buntbemalte und befranste Teppiche von den Dächern und die Stadt ist mit Guirlanden geschmückt. Und Plumm Pascha wird täglich schwermütiger und ich werde mich wohl entschliessen müssen, in seinem Palast an den Katarakten zu bleiben und seine neunundsiebzigste Frau zu werden ..........................

## Ached Bey

Ached Bey ist der Kalif und ich bin Tino – Prinzessin – und weile im Palaste meines Oheims. Von einem kleinen Kuppelfensterchen aus kann ich ihn betrachten, wenn er auf seinem Dache liegt und die Nacht erwartet. Ueber Bagdad ruht sein Bart und mit jedem Stern der aufsteigt am Himmel entschwindet eine Falte seiner faltenschweren Stirn. Müde Wüstenreisende reiten auf Dromedaren am Palaste vorbei – cha machalâa!! ... im schläfrigen Karawanenton. Mein Oheim der Kalif grüsst mit seiner grossen Hand. Indessen ich durch heimliche Gänge über verwitterte Steinböden schleiche an vergessenen Götzengebilden vorbei – ich möchte kämpfen mit ihren schaurigen Krallen, aber der Duft der schwarzen Naëmirose seines Daches schwelgt mir entgegen. Naëmi .... es wissen alle am Hofe von der Jüdin seiner Jugend. – Mein Oheim der Kalif hebt seine grosse Hand: die schwarzen Fächerträger und Sudanneger gehorchen, nur der greise unter den Palastdienern nähert sich demütig seinem Ohre (ich bin unverschleiert) aber mein Oheim der Kalif wehrt ihm mit seiner grossen Hand. Wir rauchen aus samtumspannten Pfeifen Opium und trinken blaue Getränke aus Diamantkrügen und ich beuge mich über die Hieroglyphen seiner grossen Hand. Am andern Morgen müssen mir meine Sklavinnen Knabenkleider anlegen und seinen Dolch mit dem smaragdbesetzten Griff trage ich im Gürtel und wir reiten auf grauen Tierriesen nach den Vorhöfen, dort werden die Verräter des Landes enthauptet ..... Mein Oheim der Kalif ruht zwischen zwei Marmorsäulen auf einem Kissen, das ist rot wie ein Mal und er hebt und senkt die grosse Hand blutstrafend in den Tod. Enthauptete Söhne edler Mohamedanergeschlechter lehnen an Ungläubige, nur der Kopf des jungen Fremdlings sitzt noch trotzig im Nacken. Dreimal holten sie ihn und dreimal brachten sie ihn – die knurrenden Henker – zurück in die vergitterte Nacht. Die grosse Hand meines Oheims flattert in meinen Schoss, aber ich kann den sich aufbäumenden Hieroglyphen im Pochen seines Pulses nicht deuten. Er senkt endlich seine grosse Hand. Durch die Risse der Steintore tropft des Fremdlings Blut über die rauhen, breiten Steine der Höfe hinweg bis vor die Füsse des Kalifen. Nie hörte ich einen ewigeren Fluss. Er singt, wie die Jehovahpriester an ihren Feiertagen, wie der Mosegipfel des Sinai.

Mein Oheim der Kalif liegt im Palast tot auf seiner grossen Hand.

In den Moscheen beten die Derwische und drehen sich in ihren funkelnden Trauerkleidern – dunkle Sterne, die um seine Seele kreisen. Und morgens kommen die Totenweiber und heulen und vor dem Palaste stehen schwarzvermummte Frauen und bieten heilige Ware feil, Katzen mit goldglänzenden Fellen (für das Grab des Kalifen), die schläfrigen Augen der Tiere sind von der Farbe der Naëmirose. Und Juden ziehen gen Bagdad, Knaben mit schwermütigen Augen und Mädchen, wilde schwarze Tauben, und sie werfen Steine auf des Fremdlings Grab – ziehen fluchend die Strassen entlang, ballen die Fäuste vor dem Palaste meines Oheims des Kalifen. Er weilt bei Allah aber den Juden sehe ich überall wandeln... ... wie der Stein unter ihm ist sein Schritt, aber seine Lippen sind geöffnet, rosige Dichterlippen, wie des Tyrannen Lippen, wenn er auf dem Dache lag und an Naëmi dachte, der Jüdin seiner Jugend.

Alle meine schwarzen Perlen sind eingesunken wie Höhlen – von meinem Stirnreif hängen die dunklen Häupter meiner Vorfahren. Meine Lippen sind tot, aber aus meinen Augen steigen Feuersäulen, die drängen aller Sterne Spur nach, seinem singenden Blute nach – ich tanze, tanze einen unendlichen Tanz, der zieht sich wie eine finstre Wolke über Bagdad, ich tanze über die Wellen der Meere, wirble den Sand der Wüste auf und vor dem Palaste lauscht das Volk und die jüdischen Knaben und Mädchen verstummen ..................................................

## Der Tempel Jehovah

Und ich zog meine goldenen Schuhe von den Füssen und meine Schritte waren unverhüllt. Und ich bestieg den Gipfel des Berges, der herabblickt auf die trunkene Stadt. Und da ich zu den Nächten sang, fiel in meinen Schoss das Gold der Sterne – und ich baute Jehovah einen Tempel vom ewigen Himmelslicht. Erzvögel sitzen auf seinen Mauern, Flügelgestalten und suchen nach ihren Paradiesliedern. Und ich bin eine tanzende Mumie vor seiner Pforte ............................................

## Minn, der Sohn des Sultans von Marokko

Der Sultan von Marokko trägt einen Mantel von weisser Seide, der ist über der Brust von einem Smaragd in der Grösse eines Taubeneis gehalten. Aber sein Sohn kommt barfuss und im staubigen Kamelfell gehüllt, ein Bettler neben seinem königlichen Vater. Mein Vetter im Kamelfell ist sechzehn Jahre alt, Ali Mohamed könnte sein älterer Bruder sein, er ärgert sich nicht, er ist stets zu Scherzen aufgelegt, er hat schöne Zähne, Perlmutter, liebliche Frauenzähne und er belächelt seines Sohnes mürrische Laune. Auch die Furche zwischen seinen Brauen ist nur ein seltener, huschender Schatten, sieben Häute tiefer schlummert die Nacht in seines Sohnes Stirn. Bei der Tafel weigern sich die Hofleute neben diesem zu sitzen und auf dem Dache sein Kissen ist ängstlich gezeichnet. Unter dem lieblichen Himmel des weissen Rosengartens wandelt er auf verbotenen Wegen; das Wandeln durch den weissen Duft ist nur uns Frauen gestattet. Aber ich bitte meinen Vater den weissbärtigen Pascha mit meinem Vetter in Kamelshaar am Krontag tanzen zu dürfen. Und ich tanze mit Minn, dem närrischen Sohne des Sultans. Meine Hände liegen quer übereinander, fingergespreizt, ein goldblasser Stern gegen seine zottige Brust gestemmt. »Nun muss ich vom Feste eilen«, klagt traurig mein Vetter, »denn du wirst nicht noch einmal mit mir tanzen wollen.« Ich meine ärgerlich. Er glaube wohl, ich leide auch an so närrischen Launen wie er? folge ihm auf den Spitzen meiner beringten Zehe bis an das grosse Becken im dunklen Sultanshof. »Minn, siehst Du mich, ich bin Deine Tänzerin«? Und da er schweigt, sage ich verächtlich: Ich möchte wohl wissen, ob Du Heldenschultern unter Deinem Bettelmantel versteckst, oder ob mich gar meine Träume necken und Deine Arme nicht einmal ein Kätzchen zu bändigen vermögen? »O, ich bin noch tausendmal stärker wie Deine Träume Dirs schildern, meine stolze Prinzessin, da ich dieses ärmliche Kleid trage und gegen alle stiere Verachtung gleichmütig bleibe. Mich dünkt, ich bin der stärkste Held im ganzen Land.« Er zerrt an die zottige Naht seines Mantels, eine Masche zerreisst und das ganze Fell sinkt zu Boden. Der Abend färbt seine Glieder zart und sanft.

»Wirst Du noch einmal mit mir tanzen zum Lohne, da ich meine Rüstung abwarf? Horch, Flötentöne singen die Rosen des weissen Gartens zu unserer Feier.« Sklaven finden uns – und zaudern – auf dem Rand des grossen Beckens setzen sich die Frauen, die Gesichte gestreckt und hinter der Palme stehen unsere Väter, der Sultan Ali Mohamed und Mohamed Pascha sein älterer, weissbärtiger Bruder. Wir tanzen bis unsere Füsse eins sind im Drehen. Dann lässt mein Vater den schwarzen Dienern die also gesehen haben mit ihren nackten Augen unseren nackten Tanz, meinen Leib und vor allen Dingen mein Angesicht, er lässt ihnen ihre Zungen durchbohren und die edlen Hofleute blenden im Vorhof des Palastes; den Prinzessinnen geschieht nichts übles, sie haben nur auf den Prinzen geschaut. Täglich empfängt er von ihnen Geschenke, Armspangen, Gürtel und auf dem Dache liegen für seine Träume seidengestickte Kissen. Die Frau des Fruchtveredlers reichte ihm ein durchsichtiges Feigenblatt aus Mondstein geschliffen. Aber der huschende Schatten auf der Stirn seines königlichen Vaters krallt sich tief ins Fleisch, finster umschleicht er den Palast bis zur Lichtstunde. Man vermutet, er habe sich vor Schreck in jener Nacht an einer Säule einen seiner Perlmutterzähne ausgeschlagen. Die Frauen des Harems schmachten nicht mehr hinter den Fenstern ihrer Gemächer nach seinem Anblick, aber sie bestechen die Eunuchen seines Sohnes wegen, die ihnen Mannstrachten verschaffen und so ihre Anwesenheit bei der Abendtafel ermöglichen. Ich halte die Augen gesenkt über den trauernden Rosengarten, Minn hat die heilige Tanznacht vergessen zwischen schillernden Schmeicheleien. Nur mein Vater lässt manchmal seinen weissen Bart über meine Hände gleiten und schweigt. Er glaubt, ich habe das alles nur für einen Traum gehalten. Aber die Rosen im weissen Garten sind grau geworden. Zerbissen unter geknickten Ästen liegt Minn. Aber die Gärtner meinen »nur eine eifersüchtige Prinzessinn konnte so grausam gewesen sein.« Ich weiss wer seine zarten, sanften Glieder zerrissen hat – mein Gemach war grün beschient vom Smaragd des vorüberschleichenden Seidenmantels – seines Vaters des Sultans von Marokko ................................

## Der Fakir von Theben

Priester in weissen Gewändern gingen über die Landstrasse die nach Theben führt; ich beugte mich vor ihrem heiligen Leben und bat sie, mich in ihrer Mitte zu nehmen. Und die frommen Männer lächelten gütig nur der Fakir, er war schon einige Male begraben gewesen und hatte die Kräfte der Erde gesammelt, runzelte die Stirn als ich meine Bitte aussprach. Er hasste die Frauen, sie zu vertilgen war eines seiner frommen Werke. Aber er gewahrte meinen Ring am Finger mit dem seltenen Caelumstein. Er entstammte dem Schatze eines besiegten Kriegers aus Latinien. Der Caelum wechselte seine Farbe mit der Zeit des Himmels. In der Frühe schien er traumhaft silbergetönt, am Mittag voll Lilaschwermutsüsse und dann umfing er die Dämmerung und dunkelte mit der Nacht in unzähligen Sternen. Der Fakir blickte unverwandt auf meinen Ring und murmelte unverständliche Worte. Mir bangte. Als wir Theben erreicht hatten und die Frauen ihren Fakir unter den anderen Priestern bemerkten, bebten ihre Leiber wie zur Kindsstunde. Viele von ihnen liessen ihre Krüge fallen und eilten zurück in ihre Wohnungen. Denn die Frau, welche der Fakir mit seiner fleischlosen Hand berührte, blutete vierzig Tage lang. Und das war wie eine Seuche, wenn er sich blicken liess; es blutete bald ein Viertel der blühendsten Frauen der Stadt. Mich, die in der Gesellschaft der Priester blieb, neben ihm ging, verschonte der grausige Heilige – er blickte auf meinen Ring in seinen Stein; der freute sich, er glänzte hell wie der Himmel über Theben. Ich aber war sehr betrübt über das Geschick der Stadt und da keiner ihrer Bewohner wagte, sich dem Fakir zu nähern, fiel ich vor ihm nieder, umklammerte seinen kalten Fuss und bat ihn, meine Schwestern nicht weiter seinem frommen Werke zu opfern. Er blicke gierig auf meinen Ring, in den herrlichen Stein, in dem ich den Himmel trug. Den verlangte er für seine Gnade. Ich schüttelte trotzig den Kopf und am selben Tage bluteten alle Frauen der Stadt. Und das war wie ein grausiges Meer über Theben, von dem üppigen Grün der Wälder alle die Menschentropfen!!! Und es stand kein Haus, was nicht rot gefärbt war von Blut seiner Frau und auf zum Himmel

schrie. Der Caelum an meinem Finger drohte mir, eine rote Nacht! Und ich fiel vor dem Fakir nieder, küsste seinen kalten Fuss und bat ihn flehentlich auch mich zu berühren mit seiner fleischlosen Hand. Die liess sich langsam auf meine Schulter
5 nieder, ich fühlte nicht einmal ihren Moderhauch, sie erstarb im Herabsinken. Er aber wandte sich verächtlich von mir, die ich unwert seines frommen Werkes ................................

## Der Khedive

Indessen Tino, die Dichterin Arabiens, Einlass begehrte vor dem
10 Tore des Palastes, sassen die Lieblingsfrauen des Khediven um den Springbrunn im Vorraum und freuten sich ihrer Ränke. Und als nach Jahren Mohamed Pascha der Weissbärtige zum Rosenfeste nach der Nilhauptstadt reiste, erzählte ihm seine Tochter Tino auf dem Wüstenwege, wie sie verspottet wurde von dem
15 Torwächter des Khediven. Noch in derselben Nacht weckte Mohamed Pascha sein Gefolge. Auf seinem schweren Elephanten sitzt er und reitet über die ruhenden Leiber der Würdenträger und Sklaven und sie nicht vergessen sollen diese Stunde. Und sie mussten bis zur Mondneige immer sein Gebot sprechen und es
20 drehte sich schon in ihrem Munde, ein heiliger Tanz. Und als die grosse Karawane in die grüne Stadt einzog und das Volk auf den Strassen befragte, wie die Prinzessin mit den schillernden Augen heisse, sprachen sie nach ihres Herrn Gebot. Aber die Lieblingsfrauen des Khediven hatten schon für ihren Gast ein Bad bereitet
25 und es getränkt mit duftenden, giftigem Oel. Und als sie hörten: Tino ist tot – und die fremde Prinzessin, des Paschas Bruders-Tochter, ihrer Freundschaft warte, schmückten sie ihre Schultern mit Ketten und Gehängen und legten sie auf ein Ruhebett von Seide; da träumte sie, ihr Name sei verklungen wie der Ruf des
30 Wüstenvogels. Und als die funkelnde Goldhand am Morgen das blühende Kairo segnete, hatte sie ihren Namen vergessen und alle die wussten ihn nicht zu nennen, welche gezogen waren mit ihr und ihrem Vater nach Egypten. Aber die jungen Knospengärten unter ihrem Fenster füllten sich, wenn sie ihnen zur Märchenstunde von Farben singender Erden erzählte.

Und die grossen Feste begannen, da die Frauen teilnahmen einmal im Jahre. Des Weissbärtigen Tochter sass neben dem Herzen des Khediven und ihre Lippen murmelten immer süsse Gesänge ... um seine Stirne zog sich ein leuchtendes Liebesband. Und am letzten Tage des Festes erhob der Khedive des Weissbärtigen Tochter zu seinem Gemahl über alle Frauen seiner Liebe und seines Palastes. Und immer wenn er sie fragte über ihrer Lippen süsses Gemurmel, verbarg sie ihr Angesicht in den Spitzenkelch ihres Schleiers. Und ihre Glieder glühten von den rauschenden Farben ihrer Gedanken. Ein Feuerberg war sie, der an seinem Feuer verdorrt, eine bunte Quelle, die nicht von ihrem Schäumen erzählen darf und in ihrem eigenen Gesprudel ertrinkt. Und den Khediven erfüllten die ruhlosen Schatten ihrer Seele mit Sorgen und er schenkte ihr um sie zu ermuntern, fünfhundert tanzende Zwerginnen zum Spielzeug – liess ihnen vor ihrem Fenster ein kleines Städtchen bauen. Und Gärtner sandte er in ihre Heimat, die Blumen von den Ufern des roten Meeres brachten. Schimmel und Esel aus den Ställen ihres Vaters, und den schweren Elefanten liess er kommen, der sie und Mohamed Pascha in sein Land getragen hatte.

Und als die Prinzessin ihre Heimatfreuden nahen hörte, das Wiehern ihres Lieblings-Pferdes, die Rufe der mutwilligen kleinen Eseltreiber und das schwere Getrampel des Elefanten vernahm, eilte sie dem köstlichen Zuge entgegen. Und der Khedive gab ein grosses Fest; von Dudelsackpfeifern und Flötenspielern waren die Höfe um den Palast gefüllt. Nach ihrer Musik tanzten die Prinzen und Prinzessinnen und Alle im Palast tanzten bis zu den Ziegenknechten. Und die Mauern der Gärten begannen sich zu drehen und die ganze Stadt tanzte bis zum Ufer des Flusses. Und als der Khedive seine Herzallerliebste zum Tanze holen wollte, lag sie am Rücken des schweren Elefanten gelehnt – Tino ist tot! Und der Goldfinger der Sonne zeigte auf ihren eingeschnittenen Namen in der Haut des Riesentieres. – Von den Gipfeln der Pyramiden sprechen Priester zu allen Rosenmonaten ihre Märchen und es ist bald Niemand mehr im Lande, der sie nicht kennt. Aber die lachenden Locken des Khediven hängen starr um sein Angesicht und wer ihn ansieht, stirbt an seinem Schmerz ..........................

## Mein Liebesbrief

Durch den goldenen Himmel blicken blau die Sterne, aber die Fenster des Harems sind schon dicht verhangen. Meinen schwarzen Perlenohrreif trägt der Eunuche am Daumen – dafür läutet er zeitiger zum Schlaf. Die Frauen träumen schon von ihrem neuen Naschwerk, von verzuckerten, roten Rosen; und der Schlummer liegt auf den Wangen der kleinen Prinzen und Prinzessinnen wie Tauben. Und ich bin heimlich durch den Vorraum des Harems entkommen, die herrlichen Türen des grossen Sultanssaal schliessen sich hinter mir, eherne schützende Arme. Und meine andächtige Freundin wartet auf mich, die schlanke Kerze auf dem Marmortisch; sie ist bereit, für mich ihr Leben zu lassen. – O, Abdul, Deine Augen schweifen immer über die Dämmerung und mein Herz ist blau geworden, dunkelblau wie der Garten des Jenseits. Auf dem Gipfel des Balkons sehe ich Dich herannahn, wie auf dem Buckel eines Dromedars. Abdul, ich bin verliebt in Dich und das ist viel rauschender als wenn ich Dich lieben würde. Wie der Frühling ist es verliebt zu sein . . . . . Immer kommen grosse Stürme über mein Blut; ich fürchte mich vor ihnen, aber sie überjubeln mich mit tausend blühenden Wundern. Und der Schleier vor meinem Antlitz ist zerrissen, zu stürmisch dachte ich an unser Wiedersehn. Aber die Stunde unseres Glückes muss stumm sein – nicht reden Abdul . . . . Und die Augen geschlossen halten, unsere Liebe selbst darf nichts ahnen, dass sie sich zwischen unsern Lippen verfing. Der grosse Prophet mag die Ungläubigen Deiner neuen Heimat und ihre Lehren nicht, und er könnte aus einer heimlichen Spalte der Nacht lauschen. Aber ich habe einen dunklen Stern auf meine Stirn gemalt und es wird alles nur ein unsichtbares Keimen sein und unsere Lippen werden Knospen bleiben, Abdul . . . . . . . . . . . .

## Der Magier

Vor Bor Ab Balochs Blick stürzten die Tore der feindlichen Städte und vom zackigen Dolch einer Gewitterschlacht fiel der jüdische Feldherr jehovahgesegnet. Tief im Antlitz senkt sich seines Sohnes Abduls herbes Knabenauge, aber seine Wange lächelt seiner Mutter Lächeln. Unter der Goldrose der Frühe wandelt Abdul Antinous an den Bächen vorbei, darin sich die Königskinder spiegeln. Bagdads Prinzessin blickt ihm entgegen – ein goldenes Samtsegel ist ihre beschattende Hand –

Abdul Antinous.....

Alle Sonnen singen vor ihrer Seele, Psalme, die nach seinem ehernen Blute stehn und duften nach dem Lächeln seiner Wange.

Deine Schlankheit fliesst wie dunkles Geschmeide.
O, du meine wilde Mitternachtssonne
Küsse mein Herz meine rotpochende Erde.

Wie gross aufgetan deine Augen sind
Du hast den Himmel gesehn
So nah so tief.

Und ich habe auf deiner Schulter
Mein Land gebaut –
Wo bist du?

Zögernd wie dein Fuss ist der Weg –
Sterne werden meine Blutstropfen....
Du ich liebe dich, ich liebe dich.

## Ich frage nicht mehr

Ich weiss wer auf den Sternen wohnt...

Mein Herz sinkt tief in die Nacht.
So sterben Liebende
5   Immer an zärtlichen Himmeln vorbei.

Und atmen wieder dem Morgen entgegen
Auf frühleisen Schweben.
Ich aber wandele mit den heimkehrenden Sternen.

Und ich habe viele schlafende Knospen ausgelöscht,
10  Will ihr Sterben nicht sehn,
Wenn die Rosenhimmel tanzen.

Aus dem Gold meiner Stirne leuchtet der Smaragd,
Der den Sommer färbt.
Ich bin eine Prinzessin.

15  Mein Herz sinkt tief in die Nacht
An Liebende vorbei.


## Aber ich finde dich nicht mehr......

Ich gleite meinen lallenden Händen nach
Die suchen überall nach dir.

20  Aber ich finde dich nicht mehr
Unter den Dattelbäumen
Unter den Zweigen der Träume.

Alle meine starren Kronen sind zerflossen
Vor deinem Lächeln
25  Und zwischen unseren Lippen jauchzten die Engel.

Ich will meine Augen nicht mehr öffnen
Wenn sie sich nicht
Mit deiner Süsse füllen.


## Heimlich zur Nacht

Ich habe dich gewählt
Unter allen Sternen.

Und bin wach – eine lauschende Blume
Im summenden Laub.

Unsere Lippen wollen Honig bereiten
Unsere schimmernden Nächte sind aufgeblüht.

An dem seligen Glanz deines Leibes
Zündet mein Herz seine Himmel an –

Alle meine Träume hängen an deinem Golde
Ich habe dich gewählt unter allen Sternen.


## Wenn du kommst –

Wollen wir den Tag im Kelch der Nacht verstecken,
Denn wir sehnen uns nach Nacht.
Goldene Sterne sind unsere Leiber
Die wollen sich küssen – küssen.

Spürst du den Duft der schlummernden Rosen
Über die dunklen Rasen –
So soll unsere Nacht sein.
Küssen wollen sich unsere goldenen Leiber.

Immer sinke ich in Nacht zur Nacht.
Alle Himmel blühen dicht von funkelnder Liebe.
Küssen wollen sich unsere Leiber, küssen – küssen.


## Ich träume so leise von dir – – –

Immer kommen am Morgen schmerzliche Farben,
Die sind, wie deine Seele.

O, ich muss an dich denken
Und überall blühen so traurige Augen.

Und ich habe dir doch von grossen Sternen erzählt,
Aber du hast zur Erde gesehn.

Nächte wachsen aus meinem Kopf,
Ich weiss nicht wo ich hin soll.

Ich träume so leise von dir –
Weiss hängt die Seide schon über meinen Augen.

Warum hast du nicht um mich
Die Erde gelassen – sage?......


## Ich glaube wir......

Ich glaube wir werden uns niemehr wiedersehn –
Der Morgen versteckt sein Auge vor mir.

Ich habe zu lange auf Knieen gelegen
Vor deinem dämmernden Schweigen.

O, unsere Lippen sehnen sich nach Spielen –
Wir hätten uns blühend geküsst unter den grossen
                                                           Sternen.

Totenschleier umhüllen
Die goldglänzenden Glieder des Himmels.
Ich glaube wir werden uns niemehr wiedersehn.

## Der Grossmogul von Philippopel

Der Grossmogul von Philippopel sitzt im Garten des Reichspalastes in der Sultanstadt; kommt ein fremdes Insekt von Abend her und sticht ihn auf die Spitze seiner Zunge. Er hat nämlich die Angewohnheit, sie beim Nachdenken auf der Unterlippe ruhen zu lassen. Und trotzdem die Ärzte dem Unfall keine weitere Bedeutung beilegen, geschieht es dennoch, dass der erhabene Herr sich einbildet, nicht mehr reden zu können. Und auf andere Weise sich verständlich zu machen, lehnt er mit Finsternis ab; das ist ein unabsehbarer Schaden für das Land. Züge von kasteienden Priestern ziehen durch die Strassen Konstantinopels, und auf den Knieen vor Allah liegt der Sultan. Seine beiden Söhne ruft er zu sich in sein Privatgemach: »Buben, Ihr müsst ein Handwerk erlernen!« –

Könige mit spitzen Krummschnäbeln drohen schon lange den Balkan aufzufressen und allein die Geschicklichkeit des Grossmoguls verschanzte die Beute. Und von den Dächern der Häuser und öffentlichen Gebäude, von der Kuppel der grossen Moschee rufen nackte Knaben Berichte aus über das Befinden des verstummten Ministers. –

Meine Tante schüttelt behäbig den Kopf, sie sitzt auf ihrem Dach und heisst Diwagâtme. Sie ist eine der dreissig Frauen meines reichen Oheims gewesen, er aber und ihre Nebenfrauen sind an ihrer Klugheit gestorben, neunundzwanzig Mumien um das Grabmal meines Oheims. Ich weile bei ihr ihres wunderherrlichen Sohnes Hassan wegen, denn ich bin eine Dichterin. Hassan und ich weinen immer abends heimlich unter grossen Sternen – wir können uns nicht heiraten; Diwagâtme will uns keinen Palast bauen. Aber sie giebt mir den Rat, einen wundertätigen Trost zu erdichten, da es sich nur um das rechte Wort handle, die behexte Zunge des Grossmoguls von Philippopel zu lösen. »Ein Honigstrom möge seine Gunst dich umfliessen, mein Kind.« Und Krüge mit abendländischen, sündigem Getränk füllt die kluge Tante für die lechzenden Kehlen der grimmigen Türhüter des Reichspalastes. – Fremdgekleidete Weise und Ärzte wandeln zwischen den Säulen der Höfe auf und ab, reissen an ihren Bärten, beraten und streiten sich einander, und dazwischen die näselnden Schreie der Esel aus den Ställen. Und ich gelange unbemerkt zu dem schweigenden Grossmogul; und über Kreuz liegen meine Arme auf der Brust und mein Schleier zittert. Aber der erhabene Herr hebt das rotumbartete Haupt näher meinen zaubernden Lippen und seine Stimme erschallt dröhnender wie je zu seinen Redezeiten. Auf sein Quastenkissen zieht er mich neben sich und er betastet meine Wangen, meine Augen, meine Stirne, und der Schleier zerreisst und mein Atem flattert nur noch unter seiner schweren Freude. »Wir sind jetzt ein Staat, ein Volk!« ruft er. Aber als die Weisen und Ärzte und die Bürger von den Strassen und der Sultan auf der Schulter seines Schnellläufers in den Garten des Reichspalastes stürmen, senkt der Grossmogul von Philippopel abermals sein Haupt und verfällt in Stummheit. Ich aber muss seines schwarzen Dieners Bericht bestätigen. In den grossen Saal des Reichspalastes werde ich geführt, dort nehmen Schreiber vom Amte meine erdichteten, wundertätigen Worte auf, und die Staatsmänner bilden einen Chor um mich, und der Sultan nickt dazu immer herablassend mit dem Kopfe, und ich bin schon ganz müde vom Wiederholen meines erdichteten wundertätigen Trostes. Und in eine Glasurne auf blauem Purpursamt bestattet man das fremde Insekt vom Abend, das ich kühn ergriff, als es mich zur selben Stunde wie den Grossmogul von Philippopel auf die Spitze meiner Zunge stach und meine Sprache raubte. »Und o Herr, lass mich schweigen mit Dir!« Und ich muss mit ihm aus seiner goldenen Schüssel speisen, aus seinem Pokal trinken, und ein orangegelbes, seidenes Beinkleid und einen Mantel feuerfarbig, wie ihn der Grossmogul von Philippopel trägt, ist man im Begriff mir anzufertigen. Und über uns blühen die Bäume gold und wenn der erhabene Herr schlummert, denke ich an den wunderherrlichen Hassan. Aber in den kühlen Hallen des Reichspalastes warten die Landesvertreter auf mich. Ich muss ihnen heimlich seine Gutachten ihrer Entwürfe

## Die Nächte Tino von Bagdads

übermitteln, sie geschickt dem Gespräch beimischen, was wir abendlich eng aneinandergeschmiegt zur Insektenstunde führen. Aber ich vergesse des so hochgeschätzten Ministers Entgegnungen ihrer vielen politisch gewürzten Ausdrücke wegen und von der Brüstung des Reichspalastes wiederhole ich gegenwärtig der versammelten hohen Gesellschaft der Staatsmänner entstellt die neue Steuerfrage betreffend die Zollerhebung von Spezereien fremder Länder. »Aber der erhabene Herr hat sich wiederholt bei mir doch für die zollfreie Einfuhr der Muscatnus lebhaft ausgesprochen.« Und schon läutet der erhabene Herr, ich bin an seine Anhänglichkeit gefesselt. Und eine Stunde vor dem Monde naht der Sultan, dem Staatsmann den stummen Mund zu küssen und mich beschenkt er mit seltenen Gaben und einen Orden hat er für mich erfinden lassen: den wundertätigen Stern mit dem Diamant. Denn der Kredit des Landes ist beträchtlich gestiegen und die Könige mit den Krummschnäbeln ergriffen schleunigst die Flucht, nachdem sie Bekanntschaft mit den höchst wertvollen, neuen Sprenggeschossen gemacht hatten. – Ich aber höre nichts mehr von dem wunderherrlichen Hassan – freue mich nicht mehr über die Pracht ringsum und nicht mehr über die mir dargebrachten Ehren und es zerstreut mich die verdutzten Gesichter der Staatsmänner zu sehen, wenn ich ihnen die Weisheiten meines erhabenen Bruders bringe. Das Todesurteil der Rotte herrenloser Hunde auf den Strassen Konstantinopels trage ich in meinem Herzen – ich aber freue mich schon auf die morgige Sitzung im Reichstagsgebäude. Was der Grossmogul von Philippopel geruht zu entfalten, ist heilig wie die Worte des Korans. Also baut man im byzantinischen Stil, Wohnstätten für die verwahrlosten, bellenden Geschöpfe. Neger und auch abendländische Arbeiter bezahlt der Staat für die Ausführung der Bauten. Und unter der Angabe berühmter Architekten wachsen kleine Paläste aus den wertvollsten Grundstücken der Hauptstadt. Dass den verlotterten Tieren blaues Blut durch die Adern strömt, bezweifeln die Balkanbewohner keineswegs länger. Die heruntergekommenen Hundearistokraten werden Mode, reiche Haremsdamen kaufen sich zottige Hundeprinzessinnen für tausende Piaster als Schossspielzeug. Und in allen Erdteilen schon spricht man von dem Luxus der Bosporusstadt, von seinen verborgenen Goldfeldern und Diamantbergen. – Zweimal am Tage küsst Ali Rasmâr nun den stummen Mund. Ich aber rede nur noch in Versen, bis der erhabene Herr in Schlummer verfällt. Acht Stunden hat sein Vortrag über das Projekt der Kanalisation gedauert, das er mir ohne Pause vortrug. O, Hassan du Wunderherrlicher... Und es strahlte die Mondsichel mit dem ersten Stern über Konstantinopel, als die Weisen und die Ärzte und die Bürger und der Sultan auf der Schulter seines Schnellläufers in den Garten des Reichspalastes eilen durch die kühlen Hallen in den Grossen Saal – wohin sie der erhabene Herr zu seinem Vortrag geladen hat. Und ich muss des schwarzen Dieners Bericht bestätigen, ich habe dem Grossmogul von Philippopel gesagt, dass ich wieder reden könnte. Aber seine gelben Kuppelaugen, die noch eben dankerfüllt zum Himmel leuchteten, sind aus den Höhlen getreten, seine roten Haare stehen wie wilde Blitze gezückt, als er die Urkunden des Reichsbuches zu durchblättern beginnt. Den Ministern schneidet er mit donnernden Flüchen das Wort ab, sie müssen flüchten und hinter der Schulter des Schnellläufers hält sich der Sultan verborgen. Leise schleicht die Kunde durch die Sternenstadt: Der Grossmogul von Philippopel sei tobsüchtig geworden. Man reisst mir das Gewand vom Körper, den Schleier vom Antlitz, schneidet meine langen Locken ab und der Sultan hat den Zorn über mich gesprochen – und vertrieben werde ich aus dem Garten des Reichspalastes. Nur einer von den weissen Eseln der Ställe folgt mir. Ich wandle schüchtern neben ihm durch die Nacht – über den Platz – dort wohnt der wunderherrliche Hassan – aber er erkennt mich nicht und höhnt mich, und meine kluge Tante Diwagâtme spreitzt ihre Hände abwehrend von ihrem Dache aus. – Und ein Abendländer kommt und fragt mich nach dem Preis eines Eselrittes am Ufer des Bosporus. Eseltreiber bin ich geworden, mein geschorener Kopf bedeckt ein alter Fez, ich fand ihn im Sand am Ufer. Und abends liegen wir unter dem grossen Mondhaupt, mein Esel und ich, und ich deute mein Geschick, die eingeschnittenen Bilder seiner haarigen Haut!..............................................

## Tino an Apollydes

Tino von Bagdad hat schon zweiundfünfzig Monde nicht unverschleiert die Erde gesehn und sie war müde der blinden Blicke und sie verwünschte ihre braunen, langen Haare und alles, was sie von Eva geerbt hatte. An Apollydes schrieb sie, der war ein schöner Griechenknabe – auf den Plätzen ihrer Stadt pries er die Liebe ............................................................

## Du es ist Nacht –

Wir wollen unsere Sehnsucht teilen,
Und in die Goldgebilde blicken ..

Auf der Strasse sitzt immer eine Tote
Und bettelt um Almosen.

Und summt meine Lieder
Schon einen weissgewordenen Sommer lang.

Über den Grabweg hinweg
Wollen wir uns lieben,

Tollkühne Knaben,
Könige, die sich nur mit dem Szepter berühren.

– Frage nicht – ich lausche
Deiner Augen Rauschehonig.

Die Nacht ist eine weiche Rose
Wir wollen uns in ihren Kelch legen,

Immer ferner versinken,
Ich bin müde vom Tod.

Wenn ich nicht bald eine blaue Insel finde....
Erzähle mir von ihren Wundern!!

## Apollydes und Tino sind Zagende und träumen unter der Mondscheibe

Stille Lichte scheinen durch die gläsernen Wände der Säle, und wir sind ganz allein im gläsernen Schloss, und unsere schlanken Körper sind durchsichtig, sind zart und singen. Aber in unseren Schläfen sickert ein kleiner, roter Blutstropfen auf und nieder und dehnt sich wie ein fliessender Reif um unsere Stirnen. Wir sprechen klingende Dinge, aber unsere Lippen bewegen sich kaum, sie sind von heimlicher Farbe, und unsere Augen sind aus Süsse zuckender Sommernächte. Wir wissen nicht in welchem Lande wir sind, heiss ist es und in der Ferne steigen schwarze Feuer auf, die prangen oben tief in schillernden Rosen. Wir berühren kaum unsere Hände, aber wenn der Blutstropfen hoch steigt in unseren Schläfen, dann drängen sich unsere Lippen zusammen, aber sie küssen sich nicht, sie drohen zu zerbrechen im Wunsch. Nachts liegen wir auf weissen Teppichen und träumen von grausamen Farben – oder Lustgestalten kommen und spielen mit unseren zarten, kühlen Körpern wie mit toten Kindern. Unsere Locken aber sind verbrannt von der Glut des kleinen Blutstropfens, und unsere Lippen stehen geöffnet und schmerzen. Das Laub in den Gärten summt, und an den Randen der Teiche sitzen seltsame Tiere, Eingeweide, bläuliche, graufahle und nicken immer mit ihren Zungen; wir stehen auf dem gläsernen Turm des Schlosses und warten auf die Morgenwinde und wanken nur noch, die Seide unserer Gewänder zittert – wir möchten unsere Hände berühren, unsere Lippen küssen, und unsere Augen sind gespannt wie Gewitteräther. Die gläsernen Wände der Säle krampfen sich – wir suchen etwas – zwei kühle Blicke richten sich spitz auf unsere Herzen – Glasdolche sind es, wir sehen sie immer wieder durch verschimmernde Spiegel – sie haben goldblasse Griffe, zarte Hände – die bewegen sich, sie winken uns – wir möchten uns küssen … uns küssen! Sie winken – in unseren Schläfen lauscht der Blutstropfen, er streckt seinen Kelch ins Unendliche ............................................

## Apollydes und Tino kommen in eine morsche Stadt

Und als wir aufwachten, stand ein grosser Finger am Himmel und zeigte wo wir gehen sollten. Und wir kamen in eine morsche Stadt, die von einem allahalten Palmenhaupt beschattet war. Und da wir nach ihrem Namen fragten, lachten die greisen Torhüterinnen und der elephantenhäutige Stadtpfeifer dudelte und schnitt dazu spassige Geistergrimassen. »Chabâah! Bâah!!« Aber die Mädchen der morschen Stadt nennen sich mit Königinnennamen ihrer Mumien und duften nach dem heiligen Fluss; tanzen alle denselben unermüdlichen Tanz in staubfälligen Tüchern, chabâah ... bâah...... nur das Auge inmitten ihres Leibes, das wurzelliebesverschlungene blickt....................

## Tino und Apollydes

»Nun küsse mich!« bat Apollydes – »ich weiss nicht zu küssen, denn unsere Rosengöttin in Hellas war meinem Vater böse, da er der Kriegerin opferte.« Ich verwunderte mich und sagte: »Keiner sprach so schön von der Liebe wie Du und solltest nicht küssen können?« Ich selbst zagte, ihn zu küssen. Und er: »Immer träumen meine Lippen von Deinem flatternden Taubenmund«......

## Im Garten Amri Mbillre

Und als es dunkel wurde, setzten wir uns auf das Seidenbeet im Garten Amri Mbillres des Königs der namenlosen Stadt. Da begannen meine Augen zu singen, lauter goldene Tränen, Liebeslieder, indes wir uns küssten. Amri Mbillre wandelt dem Monde nach; wie die schlafenden Pfade des Gartens schweben seine Füsse um das Seidenbeet unserer Liebe. Ich warne Apollydens geöffnete Lippen – aber schon haben sie ihn angerufen. An eine

Säule seines Palastes bindet der König den Griechenknaben und schwelgt in seinem blühenden Schmerz. Ich habe meine Krone der rachsüchtigen Liebesgöttin von Hellas, sie zu versöhnen, geweiht. Und auf den Plätzen meiner Heimat, wo der schöne Griechenknabe die Liebe pries, versammeln sich die Sterndeuter, aber Niemand weiss wo er geblieben ist, die namenlose morsche Stadt kann Keiner nennen; ich habe den Sand des Weges dorthin verstreut mit meinem bangen Atem ...........................

## Der Sohn der Lîlame

Als Lîlame die Gemahlin des Grossveziers noch in ihrem Schoss den kleinen Mehmed trug, geschah es, dass unter ihrem Fenster eine Gauklerbande mit hellblauen Flachsperrücken ihre Spässe trieben. Und als Mehmed auf die Welt kam, ringelten sich mitten auf seinem Kahlköpfchen zwei ganz kleine hellblaue Wollhärchen. Seine Mutter Lîlame soll schwermütig darüber geworden sein, und sein Vater der Grossvezier liess alle Friseure des Landes in den Palast rufen, aber die standen ratlos um den hellblaukeimenden Haarboden seines Sohnes. Und Mehmed wurde der Welt böse, als er zum erstenmal mit seinem Gouverneur durch die Strassen von Konstantinopel spazierte. Die reichen und die armen Leute hielten sich die fetten und die hageren Bäuche vor Lachen. Und einige von ihnen wurden sogar handgreiflich und zupften an den Spitzen seiner hellblauen Locken. Aber als Mehmed älter wurde, gewährte es ihm einen unerklärlichen Reiz durch die lachende Volksmenge zu schreiten. Seiner Locken Blau hob sich grell ab von der Zitronenfarbe seines Turbans. Und in jedem Jahre einmal kam der Tag des grossen Köpfens. An dem wurden alle die sich des Lachens bei seinem Anblick nicht enthalten konnten, in den weiten Vorhof seines Palastes geladen. Der Sohn des Grossveziers sass dort auf einem steinernen Stuhl und zwang seine Opfer sich noch einmal so ungebührlich zu gebärden, wie sie sichs vor ihm auf den Strassen Konstantinopels haben zu Schulden kommen lassen. Aber die Leute zitterten vor Nöten und namentlich die Kinder heulten, denn auf einer Wetzbank lagen krummgebogene Schlachtmesser wie blitzende Mondsichel, in jeder Grösse, für jeden Hals passend. Aber es ist noch nie eines von ihnen blutig geworden, denn Mehmed erlöste die Qual der Schuldigen, indem er sie vor der Hinrichtung wieder in ihre Wohnungen schickte. Und man betrachtete den Sohn des Grossveziers bald mit scheuen Blicken. Die Lachlustigen verbargen ihre Gesichter, wenn sie ihn von ferne herannahen sahen. Und die alten Weiber auf den Plätzen, die Spezereien und Kräuter feilboten, tuschelten sogar von der Wunderkraft seiner heiligen, hellblauen Haare. Aber Mehmed war der Welt böse. Doch weil er sie so liebte, begann er seine aussergewöhnlichen Haare mit flüssigem Kalk zu weissen. Und als ich ihn eines Abends also tun sah, trat ich in den Garten zu ihm, er sass am Rand des Spiegelsees, und sein Haupt war wie ein Stückchen Himmel, das in das kleine Wasser gefallen war. »Was beginnt Mehmed, mein lieber Vetter?« Und ich wehrte ihn sein Vorhaben weiter auszuführen, denn ich empfand Allahs Willen im Leuchten seiner hellblauen Haare. »Mehmed, Du bist ein Weiser und bist ein Narr, da Du es nicht weisst. Und wenn Du auch die schwarzen Haare Deines Vaters oder die goldbraunen Locken Lîlames Deiner Mutter trügest, Dich hätte das gleiche Geschick ereilt.« Ich zeigte in den See. »Deine Stirne ist mit Gold beschrieben, wie sollten die Unwissenden ihre Sprache deuten können, und Deine Augen blicken in eine andere Welt.« Und wir stellten noch am Abend eine Probe an, er verbarg seine hellblauen Haare tief im Turban und ich sah recht deutlich durch meinen Schleier, wie sich die Vorüberschreitenden neugierig anstiessen und ihre Lachsucht ihm galt. Aber Mehmed wandelt seitdem nur noch vor meinem Gitterfenster des Harems auf und ab, bis ich zu ihm in den Garten trete. Seine hellblauen Locken liess er sich nicht mehr nach Landessitte beschneiden, sie hatten schon seine Lenden erreicht und eines Abends am Spiegelsee offenbarte er mir, ihn beseele die tiefe Erkenntnis, er sei tatsächlich ein Weiser und grösser als alle seine Nebenmenschen, als Mond und Sterne. Und er könnte seine unumstössliche Erleuchtung nur damit begründen, dass er ein Zwilling Allahs sei. Auch würde er ferner nicht mehr über die Strassen Konstantinopels schreiten und die winzigen Menschenhaufen zertreten, das liefe nicht mit seiner Weisheit parallel. Aus verschiedenen Ländern lässt er Geometer kommen, welche die Höhe der Granitsäulen feststellen sollen, auf denen das Dach seines Palastes ruht. Er geht Wetten ein, natürlich gewinnt er immer. Er ist ja beträchtlich grösser als die steinernen Träger. Und die Pyramide jenseits des Ufers hat er selbst mit Klötzen aus den Baukästen der Haremskinder aufgebaut. Und die mächtige Moscheekuppel ist ein Punkt gegen seinen Kopf. Und sein Vater der Grossvezier, erbaut sich an der heiteren Laune seines sonst so schwerbrütenden Sohnes; übersteigen seine Spässe doch die Sprünge der Gaukler vor dem Palast. Aber ich werde täglich schwermütiger wie Lîlame seine Mutter. Und es war in aller Frühe, die Priester hatten noch nicht die Gebete verrichtet, als ich Mehmeds Stimme vor meinem Fenster höre; er schwenkt eine Zeitung triumphierend wie eine Siegesfahne durch die Luft. Und er lässt mir kaum Zeit die grosse Neuigkeit zu lesen. Es handelte sich um ein Elephantenriesenmonstrum aus Ost-Indien. Augenblicklich weilte es in der Kaiserstadt der Deutschen, im Abendland. – Fünfundzwanzig Schwarze und fünfundzwanzig Diener seiner Haut müssen sich zur Reise bereit halten und ausserdem die Hochgestelltesten im Palaste, und ich seine Base, die ich seine Weisheit zuerst erkannt habe. Auf der Fahrt über die Gewässer verhielt sich Mehmed auffallend schweigend, nur manchmal steigt ein Siegeslächeln jäh wie auf Meileneile über sein Antlitz und verklärt seine hellblauen Haare. – Umzäunt von drei Eisengittern gewahrten wir Goliathofoles das Riesenmonstrum und in den Nebenkäfigen die anderen Elephanten, die ihn kopfschüttelnd begaffen. Er war gerade im Begriff zwei Kessel Wasser auszuschlürfen. Auf eine Eingabe hat die Hauptstadt die Kessel der Gasanstalt dem hohen Gaste zur Verfügung gestellt – und der Westen war ohne Beleuchtung. Goliathofoles war so gross – um gewissenhaft zu berichten: auf seinem Kopf lag Schnee. Aber nichtsdestoweniger verstand er mit seinem Rüssel die Orgel zu drehen und namentlich die Trommel zu schlagen. Heute aber weigerte er sich entschieden seine Kunststücke dem Publikum vorzutragen, trotz der vielen Zuckerhüte, die für ihn zur Belohnung in Bereitschaft standen. Mehmeds schmächtige Glieder krampften sich vor Ungeduld und die fünfundzwanzig Schwarzen und die fünfundzwanzig

Diener seiner Haut spannten ihre volle Kraft an um das Vorhaben ihres Herrn zu verhindern in den Käfig einzudringen. Mit zugespitzten Lippen, girrende Töne flötend, versuchte er das unfolgsame Riesentier zu ermutigen. Bisquitkrümel warf er in sein höhlenaufgesperrtes Mäulchen. Er duckte sich immer kleiner, damit Goliathofoles auch den aufmunternden Trommelwirbel seiner Hände auf dem Gesäss eines seiner Diener vernehmen könne. »Gutes Kiehnd, gutes Kiehnd........!«

Einen so köstlichen Prinzen hat das Publikum in seiner Hauptstadt noch nicht empfangen. Mir aber rannen schmerzende Tränen über das Herz.............................................

## Der Dichter von Irsahab

Neunhundertneunundsechzig Jahre war Methusalem alt als er starb. Noch am Mittag stand er auf dem grossen Marktplatz in Irsahab und liess seine Finger herabhängen, die Zweige seiner langen Armäste und hielt den bemoosten Kopf trauernd zur Erde gesenkt. Und die Knaben und Mädchen, die sich in seinem lauschigen Versteck küssten und die Kinder, die ihre Spiele unter seinem Schatten spielten, fürchteten sich vor seiner Düsterkeit. Und dann kam sein Sohn Grammaton und tröstete ihn. Sein Jüngster war es, der Einzige seiner letzten hundertsten Gemahlin, die sich aus Neugierde mit dem himmelalten Greis vermählt hatte. Und so kam es, dass Grammaton aus blauem Auge schaute, weil Methusalem der blauen Ferne näher war, wie der Erde. Und Methusalem sagte zu seinem Sohne Grammaton: Ich werde heute noch sterben, denn ich kann nicht weiter leben ohne Mellkabe meine Amme. Mellkabe war am Morgen bestattet worden und ihre Wiegenlieder schläferten immer aus ihrem Grabe zu Methusalem auf. Und er hörte allerlei Schmeichelnamen und Methusalem sank also ins Grab neben ihr. Und ein alter Rabe setzte sich auf den Rand seiner Stätte, der hiess Henoch und war Methusalems Vater. Nach finsterer Seelenwanderung kam er endlich wieder in Rabengestalt auf die Welt; weil er Wischnu den Gott des Nachbarvolkes beleidigt hatte. Und ausser diesem hinterliess der Himmelalte drei Söhne und eine unzählige Kindeskinderbrut. Und die beiden ältesten Söhne waren Zwillinge und fünfhundert Jahre alt und Grammaton, sein später Sprössling, der so viel himmliche Güte im Gesicht trug, war zu gleicher Zeit mit dem neuen Sternbild Pegasus geboren. Und Grammaton war ein Dichter und das war sein Unglück, denn er konnte nicht zwei von drei unterscheiden, auch hatte er sich nie mit dem Ein- und Verkauf der Ländereien und Viehherden seines Vaters abgegeben. Und es leuchtete ihm ein, als sein fünfhundertjähriges Brüderpaar ihm auseinandersetzte, dass die Hinterlassenschaft ihres Vaters sich wohl in zwei, aber nicht in drei Teile teilen lasse und Grammaton verzichtete mit Edeltränen in seinem blauen Auge. Aber seitdem liess ihn sein Grossvater in Rabengestalt keine Ruhe. Er setzte sich auf seine Schulter auf seinen träumenden Lockenkopf und einmal hörte ihn Grammaton, der keine Ahnung von der nahen Blutsverwandschaft des Vogels hatte, in warnendem Tone sprechen. Aber des Schwarzen Verdächtigungen entfachten sein Herz grimmig, bis seine Seele aufging unter Morgenleuchten und sich füllte mit Gold. Und er dachte, ich kann meine goldenen Gedanken nur prägen in Sternen und Zeichen in die Säule, die das Dach meines Vaterhauses trägt. Aber das schlaue Brüderpaar schimpfte ihn einen Heimlichen, der sich vergriff an ihr Eigentum und vertrieben wurde er aus Vater Methusalems reichem Garten. Und da die Säule, die das Dach seines Vaterhauses trug, der Tempel seiner Kunst war, begann er seine Brüder zu hassen und er konnte nicht den Tag erwarten, bis einer den andern erschlug, wie Kain den Abel.

Und sein Hass dehnte sich aus auf die Kinder und Kindeskinder und er streute kranke Saat unter ihnen und Eines riss das Andere vom Erdboden fort. Aber ebenso schnell wuchsen sie wieder auf, von Kindeskindeskind aus Kindeskindeskindeskind und starb der Vater, so ersetzte ihn ein Sohn in der Nacht. Und Grammaton sah ein, die ganze Stadt war mit ihm verwandt und sein Hass wuchs von Glied zu Glied und er zertrat das mutwillige Zieglein was ihm in den Weg lief – ehe es wiederkehre einmal auf zukünftigem Sterne als irgend eines kommenden Urneffen Sohnes Sohn. Und es gelang ihm das Geschlecht Methusalem auszurotten und das waren alle Einwohner der Stadt und selbst

seinen Tempel, die Säule die das Dach seines Vaterhauses trug, verschonte er nicht. Und nur der Rabe, er konnte nicht mehr sterben, hockte in den Höhlen seiner Schulter, und er, Grammaton, sass auf dem Schwanz eines steinernen Affen und sang:
i! ü! hiii è!!
i! ü! hiii è!!


## Die sechs Feierkleider

Sechs Feierkleider aus Traumseide gesponnen, rauschen in meinem Nachtgemach auf goldenen Bügeln in Glasschränken. Ich bin die Prinzessin von Bagdad und wandele in der Grossmondzeit durch helle Rosengärten um heimliche Brunnen. Der aufgeblühte Vollstern duftet zwischen Wolkenschwarz – ich lege mich schlummern in seinem Schoss ....................................


## Das Lied meines Lebens

Sieh in mein verwandertes Gesicht....
Tiefer beugen sich die Sterne
Sieh in mein verwandertes Gesicht.

Alle meine Blumenwege
Führen auf dunkle Gewässer,
Geschwister, die sich tötlich stritten.

Greise sind die Sterne geworden.....
Sieh in mein verwandertes Gesicht.

# Prosa 1907 bis 1911

# S. Lublinski

S. Lublinski ist von Geburt Ostpreusse. Er hat mir oft von seiner Heimat erzählt: dort sind noch die Wälder so finster und verwachsen wie kleine Urwälder. Zwischen knolligen Wurzeln und Stämmen ist sein Nest; knollig ist auch er an Leib und Seele, ein Knollengewächs, aus dem jäh eine leuchtende Blüte aufsteigt. Zusammengekauert in seinem Korbstuhl sitzt er, wie in einem grossen Pflanzenkübel, und grübelt, ob er den Entschluss, den er zunächst erst in einiger Perspektive wohlwollend betrachtet, wirklich fassen soll oder nicht ... Wir beide haben manchen Abend bei schweigender Dunkelheit zusammen auf der Veranda des Kaffeehauses gesessen. Die Gäste sehen nach der Richtung unsers Tisches und lachen über das Holpern seiner Stimme; jedoch die Kellner, vom allerdicksten bis zum blasswangigen Groom, haben sich schon an die eigentümliche, stossende Hornsprache S. Lublinskis gewöhnt; sie harren aufmerksam seinem Wink und entreissen raubtierartig den lesenden Gästen Journale und Zeitschriften, die er verlangt. S. Lublinski schiebt seine Brille vorsichtig höher auf den Nasenrücken – der kleine Literat und der phlegmatische Baccalaureus-Referendarius nähern sich unserm Tisch. Mit aussergewöhnlicher, liebenswürdiger Handgebärde fordert er die beiden jugendlichen Opfer auf, sich an unsrer Seite niederzulassen. Ich weiss: S. Lublinski ist in Kampfstimmung, er hat tagüber Aufsätze schreiben müssen und ihn ärgert die Erde mit den vielen Tintenfässern; und ohne jede Veranlassung, oder auf eine geringfügige Bemerkung hin, überfällt er den Nachbar – sein Herz jedoch schlägt Kobolz dazu. Mich interessiert die Strategie seines Angriffs – der arme Gegner, der an den Zorn seiner rollenden Augen glaubt und ihn gutmütig besänftigen will. Ihn reizt der bequeme Widerstand. Worte werden Kugeln, Bomben explodieren, der Kampf wird ernst. S. Lublinski schlägt mit der Faust dröhnend auf den Tisch; seine Augen bluten ... Gold hat sein Vater in der Jugend aus Kanadas Gefilden gegraben ... und die Lust nach Abenteuern hat sich in S. Lublinski vergeistigt. Aber der Freund kennt ihn auch im Zelt; er hat seine träumende Stirn gesehen mit dem poetischen Schneehauch. Und jauchzen möchte S. Lublinski! – selten sehnt sich ein Zweiter tiefer nach dem bübischen Lenztag, hinter dem Horizont auf der blauen Wiese, nach dem fröhlichen Ringelrangelspiel, wie er. Aber der grosse Ungeschickte fürchtet, zu stolpern; und es ist ihm nichts beschämender, als lächerlich zu wirken – er würde eher mit einem Gänsekiel Verse schreiben. Unschönheit ist S. Lublinskis Kinderkrankheit ... Wie auf gerosteten Geleisen bewegt er sich vorwärts; seine Arme schleudern beim geringsten Aussertaktkommen. So ist auch der Rhythmus seiner Seele, seiner Novellen und Dramen. Ich würde jede andre Fassung für unecht betrachten ... »Ich habe Prinzessin mein neues Buch: ›Gescheitert‹ mitgebracht« ... S. Lublinski beobachtet mich misstrauisch unter seiner Brille – er weiss, mich interessieren eigentlich nur meine eigenen Dichtungen; aber ich bitte ihn auf seine stumme Voraussetzung, mir selbst eine Novelle seines Buches vorzulesen. Er liest die Geschichte des gehänselten Knaben – er öffnet seine Seele. Schwerer als jedes Kind, dessen Eigenart sich abhebt vom Durchschnitt, hat er gelitten – aber aus der dumpfen, beklemmenden Nacht seiner Leiden recken sich eiserne, kleine Fäuste, grauenhaft verzerrte Fratzen, aus denen klagende Kinderaugen blicken. Endlich von seinen peinigenden Altersgenossen befreit, den folgenden Schultag vergessend, führt er Kriegsspiele auf, allein, hinter den Hecken seines Gartens. In Reih und Glied tausend gehorchende Soldaten –: »Vorwärts marsch!« Und er an ihrer Spitze, als Befehlshaber, als Feldherr! Aus kleinen Steinen besteht in Wirklichkeit das tapfere Heer...

Wieder angelehnt im Sofapolster, das Buch zugeklappt auf dem Tisch, beginnt S. Lublinski in cynischster Weise seine Nachteulenähnlichkeit zu verspotten. Selten sehnte sich ein Zweiter schmerzlicher und unerfüllter nach Liebe wie der da ... Hannibal (eines seiner wuchtigen Dramen), der schwermütige, schwerwütige Krieger, der erwachsene Feldherr seiner Spiele hinter den Hecken seines Gartens. Peter Hille sagte einmal: »Den Hannibal hat er aus gerostetem Eisen geschmiedet.« Aber nicht minder hart ist der zweite Akt seines Königindramas: Elisabeth und Essex. Ich habe oft S. Lublinski durch die durchsichtigen, grossblumigen Gardinen seiner Fenster dichten sehen und hören. Die Kissen fliegen von den Sesseln, die Beine der

Stühle und Tische knaxen und ein Ertappter sitzt er nun wieder vor seinem Schreibtisch, die reine Stirn in die Hand gestützt. Leise fällt vom Himmel ein feiner Regen – gesponnenes Seiden –, mir ist, als ob auch seine Seele weine ... S. Lublinski aber gibt sich nicht lange weichen Stimmungen hin – er rafft sich auf: »Frau Thormann, ich will noch fortjehen, ich habe ein wenig Kopfdruck.« »Aber Herr Lublinski, bei dem Regen?« ... »Da ist mir nicht bange; aber ich fürchte, der letzte Akt des Zaren ist mir was in die Breite jejangen« ... Frau Thormann, seine hübsche, muntere Wirtin, hat mir mal ganz vertraulich gesagt: »Mucken haben sie ja alle; aber er sieht immer wieder sein Unrecht ein, das muss man ihm lassen.« Und sie würde mich wahrscheinlich für eine Verleumderin halten, wenn ich ihr erzählen würde, dass ihr grosser Pflegling gestern auf dem Rücken der Sphinx, am Eingang des Cafés, gesessen hat und den Vorübergehenden, im jubelnden und schwärzesten Pathos, den Schiller deklamierte: »Der See kann sich, der Landvogt nicht erbarmen!« Aber in der Frühe brachte mir die Post einen Brief von ihm; die gotischen, getürmten Buchstaben seiner Schrift drohten über meine erschreckten Augen zu fallen: »Prinzessin, ich habe von meinem Freund, nachdem wir uns von Ihnen gestern abend verabschiedet hatten, erfahren, dass Sie noch immer mit dem Schwätzer nachmittags im Café sitzen – ich fordere Sie zum wiederholten Male auf, den Verkehr abzubrechen, andernfalls ich meine Freundschaft zurückziehen werde. Ausserdem weiss ich, dass mein Freund unter Ihrer neuen Acquisition leidet. S. Lublinski.«

Noch am selben Tag begegnen wir uns. S. Lublinski will an mir in zierlichem Bogen vorbeischlürfen – wir lachen – ich bemühe mich, ihm die Schweigsamkeit des Kaukasiers zu beweisen: »Ich rieche zu gerne Steppe, Herr Lublinski; aber Sie wissen doch, nichtsdestoweniger liebe ich Ihren Freund, den prinzlichen Tondichter; – und bringen Sie ihm meine tiefblonde Verehrung.« – S. Lublinski: »Scheusal!!« –

Alle Passanten haben es gehört – bis nach Hause haben mich die Strassenjungen begleitet. S. Lublinski muss sterben! .. Ich trage meinen siebenläufigen, ungeladenen Revolver unter dem Mantel versteckt, und der Mond am Himmel ist wie eine bren-

nende Kanonenkugel. Die Mamsell hinter dem Buffet ruft, als sie mich erblickt, Moloch, den Oberkellner, den unersättlichen Götzen (seine Augen sind blanke Taler). »Wo ist S. der Lublinski?!«
»Herr Doktor sind soeben fortgegangen, haben aber für Sie einen Brief hinterlassen...« Und, seine Aussage noch bestätigend, weist er auf den Tisch hin, an dem Herr Doktor zu sitzen pflegt: etliche Zündhölzer schwimmen, zerbrochen, im Wasserbad auf dem Silbertablett.

... »Sehr geehrte Frau, ich gebe zu, dass ich mich in der Erregung heute morgen im Ausdruck hinreissen liess, und ich sehe es gern ein und bitte Sie um Entschuldigung; jedoch die Tatsache selbst bleibt trotzdem unverändert bestehen. S. Lublinski.«

Zwei Jahre sinds nun her, als ich vor dem Riesenfenster des Kaffeehauses sass und S. Lublinski in grossen, feierlichen Buchstaben antwortete:

Sire, ich erkläre hiermit unsre freundschaftlichen sowie diplomatischen Beziehungen für aufgehoben...

## Künstler

Herr von Kuckuck sitzt immer auf dem Fenstersims und schnappt mit seinem zugespitzten Mund alle meine tottraurigen Worte auf, die sonst im Zimmer liegen blieben und ich würde schliesslich in der Ueberschwemmung von Tottrauer ertrinken. Auch sieht er so spassig bei der Fütterung aus, ich muss manchmal hell auflachen. Mein Mann kann von Kuckuck nicht ausstehn. »Er ist eine Beleidigung neben dir«. Aber ich muss immer einen Hofnarr haben, das ist so ein uraltes erbübertragenes Gelüste. Er folgt mir überall hin – auf dem Salzfass sitzt er in der Küche, wenn ich am Herd stehe und mit dem Quirl dem Feuer behilflich bin – ich meine wegen des Weichwerdens der Erbsen. – Ich trage goldene Pantoffel aber in meinen seidenen Strümpfen sind schon Löcher. Herr von Kuckuck wird merkwürdig düster, immer wenn er auf dem Salzfass sitzt und meinem Kochen zusieht. Er erzählt von Prinzessinnen die in Goldpantoffeln und Seidenstrümpfen kochen und scheuern müssen und sich die Hände blutig reiben und aber der Himmel ihnen alle Sterne schulde. Ich glaube, ich bin im Anfang aus einem goldenen Stern, aus einem funkelnden Riesenpalast auf die schäbige Erde gefallen – meine leuchtenden Blutstropfen können vor Durst nicht ausblühen, sie verkümmern immer vor dem Tage der Pracht und mein Mann erzählte mir dasselbe und darum haben wir uns geheiratet. »Wenn sich mein Budget besser gestaltet«, sagt Herr von Kuckuck, »so braucht Prinzessin keine Erbsen mehr kochen«. Er verspricht es feierlich, zwei grosse Tropfen fallen aus seinen Augen, die sind lila und die Feierlichkeit kleidet ihm so: Eine Burleske, die plötzlich auf graden rabenschwarzen Beinen steht. Ich rieche zu gern Ananas – ich glaube, wenn ich mir täglich eine Ananas kaufen könnte, ich würde die hervorragendste Dichterin sein. Alles hängt von Kuckucks Budget ab. Mein Mann der wünscht sich gar nichts mehr, er denkt morgens schon heimlich an seine Zigarette die er im Bett rauchen wird. Die Lampe zuckt, es ist alles so dünn im Zimmer. »Herein!« Eine Erbse klopfte an meinen Magen. Kleine Beinchen bekommen die Erbsen und wackeln mit ihren dicken Wasserköpfen – eine plumpst den Berg herunter. »Bist du aufgewacht?« Mein Mann fragt und hebt den Zigarrenbecher vom Boden auf – dann streichelt seine Ananashand mein Gesicht – die Finger tragen alle Notenköpfe – sie singen – und immer wenn das hohe C kommt sägt mein Arm über seine Brust und seinen Leib – ich nehme die Gedärme hervor – eine Schlangenbändigerin bin ich – dudelsack ladudelludelli lii..!!!! Ich schiebe die Schlangen vorsichtig wieder in seinen Körper, die kleinste hat sich fest um meinen Finger gesogen, aber sie ist die hauptsächlichste Schlange, sonst kann er keine indischen Vogelnester mehr essen. Ich gleite die Kissen herab, mein Kopf liegt in einem weissen Bach, alle Fische tragen Ketten von Erbsen um den Hals und schwimmen hinter mir über die flaue Matratze. Mein Mann wartet schon im Sessel. Im Rahmen über den Schrank hängt von Kuckuck und über ihm sein Onkel Pancratius einer der gestrengen drei Herren und zählt – Budget lauter goldene Schnäbel. Es wird alles so grau – ich habe solche Angst, ich verkrieche mich in die Achselhöhle meines Mannes. Auf dem Sofa sitzt ein Jüngling, er hat grosse, braune, spöttische Augen, die lächeln schüchtern. »Wer bist du!« ruft mein Mann. »Ich bin der Schatten Ihrer Frau und habe Theologie studiert.«

## Daniel Jesus

Ein grosser kantiger Vampirflügel mit Apostelaugen schwebt Paul Leppins Roman: »Daniel Jesus« vor mir auf. Hier wandelt nicht das Werk auf Füssen und ich suche nicht nach seiner Erde. Paul Leppins Roman ist eine Flügelgestalt, Himmel und Hölle schöpfen Atem aus ihrem rauschenden Brunnen. Hat Paul Leppin »Daniel Jesus« oder hat Daniel Jesus »Paul Leppin« erschaffen? Die Vieraugen des grossen, kantigen Romans sind vom gleichen, tiefen Wachen. Aber Paul Leppin ist gewachsen, ungekrümmt, eine Linde und sein Haar duftet nach dem sanften Blond ihrer Blüten, und Daniel Jesus hat einen Buckel und unersättlich ist sein fahler Durst. Auf deine müde Hand, Daniel Jesus, tropft traumleise ein Goldtröpfchen, Martha Bianca tritt barfuss aus dem Herzen durch die Paulpforte. Voll Sonnenbangen ist Paul Leppin wie der Gipfel goldbedrängt und er formt schwermütig aus goldenen Träumen, die bis in die Wolken ragen, bleierne Buckel. Mit gläubiger Gebärde aber schaufelt die Frau des Schusters das Martyrium von Daniel Jesus Rücken... – »Prinzessin«, sagt Paul Leppin zu mir, »wir wollen auf einen wilden Ball gehen«; aber wir finden nur klingelbehangene Tanzböden. Paul Leppin sehnt sich nach der Orgie seines Romans; die dreht sich aber hinter Sternenvorzeiten seiner Dichtung, spöttisch hisste sie Satan dann auf Babelhöhe, Satan Daniel Jesus, Paul Leppins Geschöpf, von dem er sich losträumte. Inmitten der Tanzenden sitzt Satan Daniel Jesus zwischen nackten Eingeweiden, die sich verwickeln, verknoten nach seinem Scepter. Rasende Weiber taumeln sich im weichen, pochenden Raume und wachsen zu Lawinen über lüsterne Rücken. Und auf dem brandigen Haupt der Schustersfrau steht eine Mauer auf, eine leuchtende Krone, wie die des heiligen Landes – in ihrem Riesenleib tanzen alle die blutzerrissenen Leiber und ihre Teufel, wie in einer weissen Hölle; denn Daniel Jesus hat sie erhoben zu seiner

Rechten. Es heisst im Buche: »Andächtig küsst sie seinen Buckel, wie ein Kruzifix«. Paul Leppin, ich grüsse dich.

## Coranna, Eine Indianergeschichte gestaltet von Slevogt

Mein Junge trägt einen Indianerschmuck in den Haaren, grüne, gelbe, blaue, lila und rote Federn, und um seine Lenden einen Gurt aus Vogelbeeren und harten Muscheln. Aber er weiss nichts von den Menschen in Wild-West. Ich kaufe ihm aus Furcht, er könne eines Tages nach Drüben durchbrennen, keine Indianergeschichten. Der kupferne Gott ist der Fanatismus der Knaben. Seine Legenden sind gefährlich, sie kommen über einen, ihre Bilder machen Mut, stählern; grüngelbblaulilarot! Meine Brüder machten sich in nächtlicher Frühe mit ihren Freunden auf und davon – der Skalpgott rief sie aus dem Elternhaus. Sie hatten sich schon Wochen vorher für ihr Sonntagsgeld Pfeifchen, Taback, Zigarren und dergleichen mehr für den Tausch am Lande besorgt. Manche von ihnen stahlen ihren Schwestern Ohrringe, Broschen, Ketten für die Häuptlingsfrauen und Indianermädchen. Aber die Reise ging nur bis Bremen, die strafenden Väter liessen die Durchbrenner grausam wieder in die Heimat transportieren. Mein Vater jedoch war im Grunde seines Herzens stolz darauf; er liess meinen Brüdern im Garten ein Indianerzelt aufschlagen, kaufte Speere und andere Mordwaffen und Gürtel, deren Skalpflachshaare fast bis zur Erde reichten ... Es ist schon lange, lange her, ich habe seit Indianerjahren kein Indianerbuch mehr aufgeschlagen. Nun liegt ein grosses in der Farbe der Kupferhaut auf meinem Schoss. Slevogt hat gezaubert, als er die Gestalten des Werkes erschuf nächtlich auf weisser Prairie; seine schwarze Feder zeichnete kupferrotes Leben. Ich muss die wilden Wild-Westmenschen festhalten, sie laufen, galoppieren meinen Blick entlang, über meine Hände hinweg in die Freiheit. Tänze, Kämpfe, Ritte führen sie auf, ich vernehme Pferdegetrampel, höre Kriegsrufe, werde eingehüllt vom aufwirbelnden Nebel flüchtender, feindlicher Stämme. Mich ergreift die Sehnsucht meiner Brüder.

## Mschattre-Zimt, der jüdische Sultan.

Mein Vater hat mir schon oft die Geschichte aus dem Leben meines Urgroßvaters erzählt, ich glaube nun, ich habe sie selbst erlebt ... Nicht einmal der Insektenabwehrer durfte hinter dem großen Straußenwedel dem Gespräche lauschen, daß mein Urgroßvater, der Scheik, allabendlich führte mit seinem Freund, dem türkischen Sultan Mschattre-Zimmt. Vom schlichten Dach des jüdischen Sultans führt eine Wolke (erzählte sich das Volk) herüber zum gastlichen Dach meines Urgroßvaters des Scheiks, des obersten Priesters aller Moscheen. Oft vergaß der Scheik sein Abendgebet zu sprechen vor Ungeduld nach seinem Freund. Der schritt nicht verspätet, nicht verfrüht über die göttliche Brücke. Sie spielten: Ente. Durch kleine Kanäle liefen die Kugeln und fielen in die Rinnen des goldenen Spieles; oder gewannen bei geschicktem Wurfe, indem sie vorher Halt machten in dem ersten, zweiten oder dritten Kreis des Bretts. Das Haften der Kugel im dritten Kreis gehörte zum Ausnahmeglück; wenn also geschah, wußte es der ganze Palast. Die Ueberraschung meines Urgroßvaters machte sich in einem Lachen Luft (namentlich wenn er der Gewinnende war), welches die Wände der Säle unter ihnen erschüttern ließ. Um Mondaufstieg brachten zwei Sudanneger den beiden königlichen Freunden Getränke und übliches Rauchwerk. Der Scheik rauchte den Opium unverdünnt und Mschattre-Zimt rügte immer schärfer den Schaden des Giftes auf seines Freundes Leib. Mschattre-Zimt besaß in seiner Sammlung außer den Blöcken der Gesetztafel des Sinaï, auch unter andern eines der Bücher Mose, ein medizinisches, naturwissenschaftliches Werk in althebräischer Schrift. Diesem verdankte er seine medizinischen Kenntnisse, mit denen er sich aber nur im äußersten Falle hervortat. Denn der jüdische Sultan war kein Menschenfreund. Und selbst über seinen Freund dem Scheik äußerte er sich in gleichgültigster Weise, was aber nur aus übergroßer Vorsicht geschah. – Mein Urgroßvater hatte dreiundzwanzig Söhne, unter ihnen ein Zwilling. Der jüngste der dreiundzwanzig Söhne war mein Großvater und hieß: Schû. Der setzte sich heimlich vor dem Eingang des Daches; er war Geschichtsschreiber und erhielt der Nachwelt in Bildern und Sternen, was die zwei Bärtigen miteinander sprachen. Ob Allah oder Jehovah der einzige Gott der Erde sei – wurde zum streitenden Amen ihres Abends. Wie die Kugeln des goldenen Spiels überstürzten sich schließlich ihre Worte und Gebärden. Der Scheik vergaß sich in seiner Würde so weit, daß er die Krüge der Getränke wie ein unerzogener Knabe über die Zinnen seines Daches warf, bis die Tränen vor Erschöpfung aus seinen Augen rannen. Aber Mschattre-Zimt stand aufgerichtet auf meines Großvaters Dach, seine großen, braunen Augen lächelten schüchtern. Mit einem Schweigen, über das mein Urgroßvater das Ende der Dunkelheit mit Kümmernissen sann, verließ der jüdische Sultan vor Mitternacht das Dach. Und wenn Schû am Morgen, von seinem Vater bewogen, den jüdischen Sultan schon bei der ersten Waschung überraschte, kam es nicht selten vor, daß dieser sich verschwor, niemals wieder seinen Vater zu besuchen; heimlich aber dachte er: In ganz Bagdad findet Jehovah keinen jüdischen Knecht, auf den er mit größerem Wohlgefallen blicken würde wie auf den mohamedischen Priester aller Moscheen. Denn Mschattre-Zimt bewunderte heimlich den ungezähmten Eifer seines Freundes. – An einem Feiertage der Juden zerriß mein Urgroßvater, der Scheik, der oberste Priester aller Moscheen, seine Kleider; schüttete Asche auf sein glänzendes Haar ... Mschattre-Zimt war am Morgen gestorben. Der Scheik folgte zu Fuß, inmitten seiner dreiundzwanzig Söhne, dem schlichten Sarge seines Freundes, der zur Ruhe bestattet wurde nach seines Gesetzes Gerechtigkeit wie der ärmste der Gemeinde. Der Scheik sprach dreiundzwanzig Gebete und eins, dreiundzwanzig am Grabe des jüdischen Sultans nach seiner Söhne Zahl und eins in hebräischer Sprache zu Ehren seines Freundes. Dann wurde er schweigsam und blickte trübe wie der Himmel zur Regenzeit. Und Schû, der jüngste seiner dreiundzwanzig Söhne, saß an seines Vaters Seite, vor seiner Lippe, wie vor einem verschlossenen Tor. – – Es war ein Jahr nach Mschattre-Zimts Tod, als es ganz geheimnisvoll an die Wand des Palastes klopfte. Mein Urgroßvater saß an der Tafel, um ihn seine dreiundzwanzig Söhne, und speiste. Die schwarzen Diener, die gegangen waren den Gast einzulassen, sahen Niemand, der

Einlaß begehrte; es klopfte unaufhörlich – aber sie brachten denselben Bescheid. Da erhob sich Babel, er war der älteste Sohn der Dreiundzwanzig, aber er brachte den späten Gast nicht, der die Ruhe seines Vaters störte. Und es gingen alle die dreiundzwanzig Söhne, einer nach dem andern, durchsuchten den Palast, zerstörten das dichte Laub der Sträucher und lauerten vor der Mauer des Gartens wie Spürhunde. Aber der Scheik, mein Urgroßvater, legte sein Feierkleid an und er ließ seine Füße mit dem Oele des Tigris beträufeln. Seine Söhne folgten ihm in die unterirdischen Gewölbe der Stadt; aber die Königsmumien schliefen. Und in den Moscheen opferten ahnungslos die Priester und weihten Allah ihre Nacht. Und sie beugten sich vor dem Scheik und küßten seine geheiligten Füße. Durch die Straßen von Bagdad wehte ein klagender Wind, der kam von der Richtung des jüdischen Friedhofs her; aber die Söhne weigerten sich, auf ihres Vaters Wunsch ihm zu folgen. Er zwang sie. Denn der Pförtner des Friedhofs war ein Schläfer und die dreiundzwanzig Söhne meines Urgroßvaters mußten eine Leiter bilden von der äußeren bis herab zur Erde der inneren Friedhofmauer und über die lebendigen Stufen seiner Söhne: Babel, Mohamed, Ingwer, Bey, Nessel, Hassan, Bôr, Abdul, Hafid, Schâl, Neu, Ismael, Jildiz, Amre, Säuel, Nachod, Asra, Gyl und Gabel, Abel, Bab, Haman, Schû, gelangte der Scheik in den stillen Garten. Mschattre-Zimt war aus seinem Grabe gestiegen, um seine feinblitzende Stirne den Turban Mose – und die Hand hatte er erhoben wie er sie erhob gläubig zu seinem Gotte, wenn er den Freund vor Mitternacht erzürnt zu verlassen pflegte. Seine braunen schüchternen Augen waren aus den Höhlen getreten, verwitterte Kuppeln, rissige Synagogen. Ein Schauer ergriff den Leib des Scheiks. Versöhnend legte er den Freund zurück in seine Gruft.

In dem Tore von Bagdad ruhen eingeschnitten die Bilder meines Urgroßvaters, des Scheiks, des obersten Priesters aller Moscheen, und seines Freundes, des jüdischen Sultans Mschattre-Zimt.

## Charlotte Berend: Die schwere Stunde

> Ich wollte ein Schmerzen rege sich
> Und stürze mich grausam nieder
> Und riß mich je an mich!
> Und es lege eine Schöpferlust
> Mich wieder in meine Heimat
> Unter der Mutterbrust.

Ein sorglos abgetanes Urteil las ich dieser Tage über die ungeheure Schöpfung: Die schwere Stunde von Charlotte Berend. Die Wirkung des Bildes auf den Kritiker hat mich zwar nicht überrascht; viele seiner kritisierenden Vorfahren verwechselten schon die Erzkraft eines Kunstwerks mit der entblößten Brutalität. Es gehört schon ein Jahrtausendblick dazu, gerade den Wert dieses gottalten Bildes der Charlotte Berend zu erkennen – sein Allvatername heißt das Gesetz. Ich hoffe nicht, daß die Künstlerin aus Bescheidenheit den königlichen Namen fälschte. Sie hat ihre Schöpfung aus dem Mark aller Farben erschaffen. Es nahte ihre selige, schwere Stunde selbst. Das Wunder der Inspiration schlug sie zur Riesin.

Ich sehe zunächst kühl und sachlich eine Mutter, die ein Kind zur Welt bringt. Die weise Frau am Fußende des Bettes wartet hilfebereit. »Herr, gestehen Sie es, und auch Sie, Frau Ehegattin, Sie vermißten den besorgten Hausvater zwischen dem Spalt der Türe vorsichtig lauschend. Das wäre wenigstens noch gefühlvoll gewesen« ... Gerade das Nichtfamiliäre verleiht dem Bild das Unpersönliche, baut das Werk mit kosmischen Knochen auf. – Was soll das kleine Mädchen am Bett der Mutter? »Es ist ja erst zwölf Jahre alt.« Es ist vielleicht noch jünger, und es tat mir wirklich furchtbar leid, wenn beim Betrachten der kleinen Gegenwart des unschuldigen Wesens, gefühlvollen Damen eine schmerzhafte Entrüstung anging, aber ich sage: die Kleine gehört zu der ungeheuren Landschaft des Leibes; auf dem Rand des Lebenskelches sitzt sie, das schwebende Auge zurückgelehnt, voll Grauen und Wunder gelähmt. Ein Seraph – aber gleich wird er seine Lippen öffnen und die ernste Melodie der Dichtung über den sich bäumenden, felsgeöffneten Leib der Mutter singen. – Und die

Vorsehung, wie man die Wartende am Fußende des Lagers nennen könnte, wendet die letzte Nüchternheit des Vorganges mit einem Tuch, wie mit einer Wolke ab. – Eine Heilige hätte nicht keuscher gedichtet, das Problem des Odems gestaltet. Ich habe nie in Wirklichkeit ein kindtragendes Weib mit solcher Ehrfurcht betrachtet, wie diese Riesenmutter, von einer Riesin gemalt, auf ihrem Riesenbilde. Sie hauchte nicht nur über den lebengeöffneten Vorgang die Scham, sie nahm dem Prangen auch jede Fessel der Sklaverei, die mich anwidert beim Anblick einer begnadeten Frau.

Charlotte Berend hat ein Historienbild des Naturgesetzes gemalt; es müßte neben Michelangelos Moses im Tempel der Galerien hängen.

## Der Fakir

Die drei Lieblingstöchter des Emirs von Afghanistan heißen Schalôme, Singâle, Lilâme. Ihre Gesichter sind wie Milch; Sklaven verscheuchen die Sonne vom Dach der Frauen wie einen lästigen Vogel. Um die Abendstunde wandeln die drei Emirstöchter unter Tamarisken und Maulbeerbäumen, oder sie werden in geschnitzten Sänften zum Zeitvertreib an Goldbasaren vorübergetragen; der Emir könnte reiche Schwiegersöhne gebrauchen. Er ist ein Vetter meiner Mutter, aber ich bin zum ersten Male an seinen Hof geladen. Wir Träumerinnen aus Bagdad haben von altersher schlimmen Einfluß gehabt auf die Töchter fremder Paläste. Wir schleifen einen bösen Stern hinter uns; meint mein Großoheim, und Schalôme, Singâle, Lilâme weisen die gläsernen Spielereien zurück, die ich ihnen mitbrachte. Aber ich weiß mich zu rächen. »Wo ist euer Oheim, Schalôme, Singâle, Lilâme?« Denn sie schämen sich seiner Verkommenheit; ein Flecken liegt er auf dem milchweißen Hals ihrer Mutter, der Emirsgattin. Die alte Sklavin meldet ihr vertraulich, daß der Fakir wieder auf dem Hofe stehe; ob sie ihren Bruder dudeln höre? Aus seinem Schlangensack kriecht eine junge Viper, schleichender Schleim um seinen schmutzigen Oberkörper.

Aber Singâle wirft ihm einen Königinnentropfen, ein kleines
Ehrengoldstück, mit dem Kopf ihrer Mutter geprägt, in den
Schuh, den sich der bettelnde Oheim von seinem eitrigen Fuß
gezogen hat. Singâle ärgert gerne ihre Mutter, sie hat ihre altsyrische Nase geerbt, die schon einen der jüdischen Stämme
verunglimpfte. Beschnüffeltes, übergelassenes Futter, setzt man
dem dudelnden Fakir in einem irdenen Becken der Hunde vor.
Manchmal übernachtet er gesättigt zwischen den Säulen des
Haremshofes auf seinem lebendigen Sack, dessen Schlangen aufständig werden, sich zu einem Hügel bäumen, um von der Last
ihres Schläfers wieder einzusinken in nachgiebiges Dehnen.
Schalôme steht am Fenster im Mond, wie auf rundem Goldgrund. Und ihre Schwestern fallen: angerufene Schlafwandlerin-
nen in ihre Kissen zurück. Der Geruch, der aus den Poren des
Fakirs dringt, weckt das Blut auf, wie die pochende Beere, das
verbotene Getränk des Korans. Die Eingeweide der Jünglinge
quälen sich und die Töchter der Stadt nippen heimlich an seinem
Geruch; ihre Leiber gehen auf wie braune und gelbe Rosen.
Lilâme, die zweite Tochter des Emirs von Afghanistan, trägt seit
Monden in ihrem Schoß ein atmendes Spielzeug, der türkische
Prinz vergaß heute seinen Turban unter dem Lebensbaum im
Frauengarten. Und Singâle liebt Hascha-Nid, der ist der Sohn des
Chân, des Weißbarts eines wilden Stammes; seine Haut schimmert in süßerlei Farben. Aber seine Tracht ist herb, er vergißt
jeden Schmuck anzulegen, wie es sonst Sitte ist beim Kriegstanz
oder bei den Zeremonien ihrer Götzenfeste. Ich habe meine
Augen, seitdem Singâle ihn mir gezeigt hat, noch nicht geschlossen. Immer starren sie herüber über die Zuckerfelder weiter nach
der Richtung der wilden Waffengesänge. Und ich erschrak, als
ich beim Schminken in meinem Spiegel den Fakir sah; er saß auf
der Mauer des Hofes und küßte seine Schlangen. Die eine, die
sich ihm wild ergab, steckte er zur Hälfte in seinen grauen,
kriechenden Mund. Seitdem blicke ich mich in der Nacht ängstlich zu den drei Schwestern um, ob sie mein Brüllen nicht
erschrecke. Manchmal schreit Schalôme auf; Lilâme tändelt mit
ihrem Kissen, das ist silbern, wie der Turban des Prinzen. Und
Singâle blickt eifersüchtig auf meine Lippen, sie stehen krampfhaft geöffnet. Ich höre die wilden Kriegsweiber heulen –

Hascha-Nid, der Sohn des Chân liegt im Sterben. Ueber die Abendwege der süßen Pflanzungen schlängelt sich der Fakir, er soll ein Wunder verrichten an des Weißbarts Sohn. Schalôme steht am Fenster im Mond, sie streichelt sanft meine Haare, der Wind reißt sie aus ihren Händen und weht sie über die lächelnden Aecker. Ich möchte ihre Hände küssen, aber meine Lippen färbt noch ein Tropfen Blut, meiner nächtlichen Speise. Immer warte ich zwischen den hohen Rohren und halte seine Glieder in meinem Rachen versteckt, und bald feiert Schalôme Hochzeit; eine Karawane von indischen Elefanten bringt ihr Geschenke, und auf dem Rüssel des Riesen sitzt der Gekrönte, der sie holen wird in sein Haus. »Schalôme, wie träumst du von ihm in der Nacht?« »Immer kommen die Schlangen meines Oheims und erwürgen meinen Traum.« Und wenn Lilâme den Oheim gewahrt, versteckt sie ängstlich ihr weißes, aufgeblühtes Paradies unter den Lebensbäumen. Nur Singâlens wolkige Seide hebt sich von ihren weißen Hängen, der sterbende Häuptlingssohn aber verschmäht ihre gesprenkelten rosa Nelken. Ich darf nicht mehr im selben Gemach mit Schalôme, Singâle, Lilâme schlafen; meine Großtante, die Emirsgattin hat mein Freudengebrüll gehört. Schalômens sanfte Hände zittern, sie lassen alles auf den Teppich fallen, was sie ergreifen, sie hat den Veitstanz. Jeden Abend dudelt der Fakir auf dem Hof. Schalômens Mienen tanzen nach seinen Tönen. Ich irre, nur von Spinnengeweben der alten Wände behangen, durch die Erdgewölbe des Palastes. Von dort, erzählt mir Singâle, entkommt ihr Prinz. Und ich habe über mein Kinn einen glühenden Streif gezogen, mein Spiegel dudelte dazu Hochzeitsmusik. Auch trage ich die langen goldenen Ohrgehänge, die mir Schalôme geschenkt hat. Die Schwestern sagen, ich habe einen goldenen Körper, und sie wollen die verschüchterte Sonne wieder anlocken. Hascha-Nid hat auch einen goldenen Körper, wenn wir uns kreuzten, würden wir ein goldener Palmenbaum sein. Ich bin müde, ich möchte mich begraben lassen, wie der verkommene Oheim es tut, einige Male im Jahr. Der Vater der Würmer sehnt sich nach seiner Erde zurück. Dann atmet die Emirsgattin bis zum andern Ende der Ufer auf, und ihr Atem hält das Flüstern der jungen Lippen an, und bringt Nüchternheit über die Söhne und Töchter der Stadt. Ich stolpere über

aufgeworfene Erde und greife in ein bereitgehaltenes Grab. Kleine, blitzende Gerätschaften liegen auf dem geöffneten Erddeckel, die dienen zur Ablösung des Häutchens, das die Zunge mit dem Unterkiefer verbindet. Ich sah es im Spiegel: man steckte sie ihm zum Luftabschluß wie einen Pfropfen in den Schlund. Ich muß so traurig summen: Schalôme kriecht ihm nach ins Grab. Und kann mich gar nicht mehr finden. Der Streif über meinem Kinn zieht sich durch meinen ganzen Körper, teilt ihn in zwei Hälften. Hascha-Nid ist tot. Ich höre die wilden Weiber wie Besessene toben, ihre Stimmen vermehren sich ungeheuerlich, im wuchernden Widerhall des Gewölbes. Ich wollte, mein Vater wäre da, ich schwebte auf seinem langen Bart in den Palast zurück in Schalômes Schoß, der wiegt sich wie eine tanzende Schlange. Und ihre ruhelosen, sanften Hände kriechen über den Staub der Böden. Unser Gemach mit den vier seidenen Kissen dudelt und ist angefüllt vom lockenden Narden des Fakirs. Schalôme erhebt sich eine Stunde vor Mitternacht und lächelt wieder im Mond. Dann sah die alte Sklavin sie über die letzten Stufen der Haremstreppe schnellen. Ich schneide meine Adern auf mit meinen gläsernen Spielereien. Der Palast ist taubstumm, Lilâme und Singâle sind wie zwei alte Götzenbilder. Der Emir von Afghanistan läßt alle Wälle in den Gegenden der Stadt aufgraben. Leichen liegen ihrer Erdhemden entblößt auf den Steinen des Friedhofs. Die Luft ist schauerlich. Unter den Wassern des Flusses schaufeln die Taucher. Manchmal streift mich forschend des Emirs Blick. Wir Mädchen aus Bagdad schleifen einen bösen Stern hinter uns; aber ich werde Schalôme nicht verraten; und ich wollte, mein Vater wäre da, sein langer Bart wehte der Gassenmäuler leichtfertige Melodie aus der Stadt. Ich habe sie an ihrem dunkelbereiteten Palast schwermütig erdacht..
Schalôme kriecht ihm nach ins Grab.

## Der Derwisch

Die englischen Damen reiten jeden Abend auf ihren Eseln die heiße Gräberstraße entlang, die heiligen Katzen hinter den Gittern der Gräber blicken schon weltlich. Der Derwisch tanzt. Die Ladies mit den hellen Augen like the spring hören auf zu zwitschern, aber die blauen Schleier ihrer Hüte zittern. Mein Herz wird täglich magerer in der Brust, wie die Mondhälfte in den Wolken. Die zarten Hälse der Abendländerinnen heben sich aus dem Rand ihrer durchsichtigen Kleider, darinnen ihre Leiber wie in gläsernen Vasen stehen. Ich aber trage den lammblutenden Hirtenrock Jussufs, wie ihn seine Brüder dem Vater brachten. Und die jungen Dromedare und Kamele weide ich, tränke sie mit dem Wasser der Brunnen. Und abends, wenn der Derwisch tanzt vor der kleinen rissigen Moschee, schenke ich den jungen Hökkertieren meine Datteln und Feigen, daß sie nicht nach mir schreien. Nie hat ein Sohn oder eine Tochter der Stadt in die Augen des Derwischs gesehn, es warteten heimlich die Prinzessinnen Cairos vor seiner Wimper finsterer Sonne. Alle goldenen Bilder küßten die Moschee, da sie den Derwisch gebar. Ich reiche ihm Labung im Kelch der Derwischlilie und blase den aufgewirbelten Sand, Ismael Hamed zu, der lehnt am Dorn der Oase und hat das Jenseits verloren. In einer Sänfte tragen Priesterknaben den erschöpften Priester schaumgeronnen in das Priestertum. Auf ihren Eseln reiten die englischen Damen die heiße Gräberstraße bergab an glänzende Pupillengitter vorbei, der buntbetenden Nacht zu. Kostbare, allahgeweihte Teppiche fallen von den Dächern der Häuser bis auf die Steine der Straße und erwarten die roten Füße des Feiertags Jom 'âschûrâs. Der treibt am 10. des Monats Muharram das Blut der Stadt; den Enkel Mohammeds, der an diesem Tage bei Kerbela getötet wurde, lebendig zu halten. Ich jage meine Dromedare hintereinander und Kamele nach Karawanenart. Durch die Straßen springen schon in tollen Sprüngen Männer, ihre Schultern schaukeln auf und ab, wie die irdenen Krüge des Brunnens. Christenhunde flüchten vor Steinwürfen, den Juden ist das Menschvergießen ein Greuel. Vornehme Araber, Staatsleute, Priester in gestickten Satteln ziehen auf hochmütigen Pferden vorbei. Unter die Hufe unzähliger Tierbeine werfen sich unzählige Leiber. Mir klebt das Blut schon schwarz auf den Lippen. Blutweihrauch entströmt den Poren der Stadt. An die geöffneten Haremsfenster drängen sich die Frauen. Sichelaugen, mandelgoldene, zimmtfarbene, Schwärme von schillernden Nilaugen, schweben über den tötlichen Zug. Mit Peitschenhieben züchtigen sich die jungen Heiligen, Andere wetzen Waffen an der Säule ihres Rückens. Waghalsig über die Gelände des Daches beugen sich die englischen Ladies, werfen halbaufgeblühte Nachtschleierknospen und Mondschatten über den Derwisch. Der sitzt auf einem Kamel, allahtrunken und trägt die weiße Taube Mohammeds, das Licht des Jenseits auf dem goldenen Ast seines beringten Fingers. Ich schreie. Der Derwisch winkt. Ein junger Edelmohamedaner wirft sich unter seinen frommen Reiterschritt; aber ich besteige den hinteren Buckelteil seines Tieres und halte mich am Schwanze fest, da es zu stolpern droht über zermalmte Leichen. Manchmal wendet der Derwisch seine goldene Stirne leise gegen meine. Von Gold sind die feinen Flügel seiner Nase. Meine Glieder halten den Odem ein und lauschen Melodieen nach: Am Tigris steht ein Palast, der gehört meinem Vater und meiner Mutter, die schlummern schon sieben Jahre im Gewölbe. Meiner Mutter Hände sind zwei einbalsamierte Sterne, und der Bart des weißbärtigen Paschas fiel: ein silberner Vorhang über stolze Vorfahren. Und ich vertauschte den Prinzessinnenschleier mit dem armseligen Rock der Weide. Nun bindet Ismael-Hamed die jungen Lasttiere. »Bocknäsig ist Abba sein langhaariges Kamel, und Rebb wirft mit dem Schwanzwedel meinen Fez vom Kopf, und meine Kamelin liebt Amm, ein Dromedar aus Ismael-Hameds Herde.« Der lächelnde Derwisch beugt den Oberkörper feierlich im Wandel: Nacht und Tag – die glitzernden Perlenquasten des königlichen Sattels klingen über Beduinenhände, wie über braune Teppichfransen. Unser Tier sinkt in eine Blutlache, warm tröpfelt es von meinem Gesicht, es sind lebendige Regentropfen, bald naht die Zeit des segnenden Himmels; Allah begießt die Welt mit seinem Saft. Aber Ismael-Hamed wird die duftenden Wunder, die wachsen werden, nicht sehn, er hält den Kopf in seinem Nacken versteckt. Schmächtige Knaben wetteifern um den schnellen Weg ins funkelnde Jenseits, aber unser Kamel will nicht über ihre verhungerten Körper traben. Der Kinder Lockrufe übertönen die wilden Gebete der Halbpriester. Mich beschnüffelt schon die Plattnase eines Einhöckers und drängt mit seiner Gurgel ungeduldig nach meinem Rücken. Der Derwisch gibt den kleinen Bettlern ein Zeichen, sich zu entfernen. »Herr, warum verschließt du ihnen das Tor zum goldenen Garten? Und weißt doch, daß ihre Väter sich auflehnen wider den Koran. Sollen sie büßen wie Ismael-Hamed der Hirte? Er trägt statt dem Lichte das finstere Bild seines ungläubigen, geschlagenen Vaters in der Brust und schämt sich, mich anzublicken, weil er so arm ist. Und ich verträumte ein verklärter Grund, hinter deiner frommen Schönheit, ihm ein Jenseits zu suchen im Damast des reichen Zuges. Herr, verzeih' mir den bösen Gedanken, ich hoffte, daß einer der Geweihten verlöre seine Seligkeit vor der dämmernden Stufe des Todes!« Nach der Richtung der zerlumpten Kinder tastet fürsorglich der erschrockene Derwisch. Die bauen ihr Leben auf, Kopf auf Kopf, und spielen Pyramide. Ich hänge über den Rücken des Tieres allem Blute nach, aber die Wimper des Priesters ergreift mich; der Schatten seiner leeren Augenhöhlen fällt über die blutende Stadt. In Allah ruht sein frommsüchtiger Vater, der ihm die runden Lichte ausgestochen hat. Wir waten rot über aufspritzendes Grellrot. Wir reiten in einem Gemälde. Der Nil ist rot gemalt. Ich zerschlage mir die Stirne an den harten Säulen der Häuser, ich bin im Finstern, meine Augen frieren. Ich habe im Grauen seiner heimlichen Gräber mein Jenseits verloren, es fiel in Ismael-Hameds des Hirten Schoß. In der warmen Milch einer Kamelkuh badet er meine erstarrten Füße, aber mein Gesicht legt sich schon im Wind zur Seite. Blumen blühn; in Wasserfalten gehüllt schwemmt der Nil die verwesten Leiber jenseitsweilender Seelen ans Ufer. Ich erkenne die drei Beduinen an ihrer Schlankheit und den Edelmohammedaner an seinem Gürtel wieder. Die armseligen, spielenden Kinder zerstampfte ein tanzender Pferdehuf; es fehlen ihnen die bettelnden Händchen. – Ueber Cairo schwebt der Gebetschein des Korans.

## Im Zirkus Busch

»Wann fängt es an? Daß wir nur pünktlich dort sind!« Ich will lieber den ersten Aufzug einer Theaterpremiere versäumen als die Reiterin im Quastensattel. Es hieße eine Erinnerung schießen lassen. Erstaunte, großaufgetane Augen bekommt man im Zirkus und die Lippen werden rot und runden sich. Und alle Menschen, die zukucken, sind Kinder. Das ist es: Zukucken soll man.

Nach dem Steppenritt die liebenswürdige Schulreiterin im blauen Tuchkleid; ihr folgen weißbegossene Pudel, zwei Clowns. Beim Müller waren sie und wollen nun zum Bäcker in den Ofen. Hinter ihnen hilflos der wirkliche August in spitzen, amerikanischen Lackschuhen, gentlemanlike gekleidet. Auf einmal öffnet sich der Vorhang der oberen kleinen Bühne. An stählernen Rekken strecken sich schmiegsame Menschenleiber, wie Katzen hin und her auf Samthänden und leisen Füßen. Aber unten in der Manege stampfen schon die schwarzen Zigeunerpferde. Ich liebe die Pferde. Es sind gestaltgewordene Sagen, Legenden, Märchen aus Tausendundeiner Nacht. Wann setzen die wiehernden Paschas über den Bankzaun in die Mitte des Zirkus, im Kreis den Sand aufwirbelnd zur Wolke! Ihre Nacken schmückt der Halbmond mit dem Stern. Oben vom Gipfel des Zirkus braust ein Marsch. Ich hörte ihn schon am Bosporus; Abdul, Abdul Hamids Sohn hat ihn vertont. – Die Krystallkronen senken sich majestätisch, der bunte Riesenraum wird zu einem Krönungssaal. Die Ringer warten schon vor der Halle. Schlanke Königssöhne aus dem Norden, ihre Schultern sind dunkelvergoldet von der Mitternachtssonne. Dichtungen werden Wahrheiten. Johannes Josefsson, ein isländischer Achill, er führt den Heroentanz der Kraft auf. Ich muß an den schönen Halbgott denken, noch zwischen den Indianern, Farmern und Cowboys. Eine interessante Häuptlingspantomime. Man bekommt Lust, mitzupantomimen. Ich halte die übliche verzuckerte Nußstange noch unberührt in der Hand. – Morgen Mittwoch, acht Uhr, Große Galavorstellung.

## Der Alpenkönig und der Menschenfeind

Wer den Kulissenmantel des Alpenkönigs trug, vernahm ich beim ersten Ton der Rauschestimme. Albert Heine, der Herodes, ist zu viel für diese Papiermaché-Rolle. Ich habe vergessen, mir einen Theaterzettel zu kaufen, außerdem sitze ich vor einer Säule und vor dieser pflanzt sich wild ein Herr auf mit einem Wasserkopf. Aber auch die übergroße Vegetation, die mir den Blick zur Bühne hemmt, vermag keineswegs meine Stimmung zu trüben, ich kam, um von dem romantisch-komischen Märchen Honig aus goldgeblümter Heiterkeit zu naschen. An meine Nachbarin mit dem künstlichen Busen wende ich mich mit behutsamer Frage, ich erfahre: Hinter den ältlichen Stirnfalten des Menschenfeindes verbirgt sich der Direktor selbst – Carl Meinhard. Es ist fast nicht zu glauben, gestern hörte ich ihn noch lachen im Café des Westens wie ein achtzehnjähriger und vorigen Winter trug er eine Knabenpelzmütze, die stand ihm (es gehört zwar nicht hierher) hervorragend. Nun steigt er aus dem Altbrunnen, ein greiser, grotesker Wolf (Bastard) – man erkennt ihn nicht wieder; und doch ist es Carl Meinhard, der Fagottspieler unter den Darstellern, er spielt heute abend die grimmige Polka seiner Rolle mit Meisterfertigkeit. – In der Reihenfolge den Inhalt des romantisch-komischen Märchens zu erzählen, möchte ich dem Leser vorenthalten; selbst hören und sehen! Selbst ins Berliner Theater gehen. Ich hole nur die Hauptgestalten, die mir so sehr gefallen haben, hinter dem Vorhang hervor und stelle sie auf meine Hand, eine Miniaturbühne, ich, die Regisseurin aus Privatvergnügen. Rappelkopf, der reiche Gutsbesitzer (Carl Meinhard), sein Bedienter Habakuk (Oskar Sabo) und du, Josefine Dora, wo steckst du? Mögen die Leute denken, was sie wollen. Du singst ja selbst: Aber er denkt..... Habakuk, der Bediente des Herrn Rappelkopf, erinnert mich leise daran, daß er zwei Jahre in Paris gewesen ist, nichtsdestoweniger verleugnet sein Radieschengesicht »Läutemichels« berühmte Gemüsegärten. Er, ein dienernder Ungeschickter, ein tragischer August im allerkünstlerischsten Unsinn. Zwei Jahre war er in Paris gewesen. Das hebt ihn in den Augen des Personals vom Souterrain bis in den Salon der Herrschaft. Dieser soll das bedeutungsvolle Motto eine zarte Mahnung sein, für ihn selbst wird es zum Schild seines untergebenen Joches. Er war zwei Jahre in Paris gewesen, das macht Habakuk keck und überlegen und bringt wie eine Zauberformel einigen Glanz über seinen Dieneralltag. Jäh wird ihm der Spruch vor der dürftigen Kammer seines Herzens gestrichen, er darf nicht mehr seinen Lippen hochmütig entschlüpfen, sein menschenfeindlicher Herr, zweiter Teil, hat es ihm verboten. Der Alpenkönig nämlich hat sich, um den Menschenfeind von seinem Wahn zu befreien, in dessen Gestalt und Wutausbrüche verwandelt. Und heimlich vertraut sich der stumme Bediente dem gemütlichen Onkel an, arglos dem wirklichen menschenfeindlichen Rappelkopf, der in seinem eigenen Hause im verträglichen Wesen des Onkels porträttreu zu Gast weilen muß. In keinem üblichen Brief, keiner knisternden Zeitung, in keiner unerwarteten Depesche steht es geschrieben, aber auf dem riesengroßen Taschentuch Habakuks, ehrfurchtsvoll seiner Hosentasche entzogen. Wir lesen es alle: er war zwei Jahre in Paris gewesen – und der mitleidige Onkel gestattet es ihm, herauszuschreien – endlos – endlich. Es kommt der erlösende Augenblick: Ich war zwei Jahre in Paris gewesen! Das macht ihm niemand nach, ich kann den Humor nicht schildern, es ist nicht nachzulachen. Tröste dich Habakuk, beraubte Dienerseele, ich war auch gewesen, ich war sechs Jahre in »Konstantinopel« gewesen – ich möchte es jedem an den glorreichen Kopf werfen, jedem in seine dicke Stirn schneiden – wers glaubt wird selig. Um Himmelswillen, Liesl (Josefine Dora) hörst du denn nicht, dein Herr ruft nach dir. Rappelkopf hat sämtliche Möbel zerschmettert. Das Liesl wagt sich mit Todesverachtung, wackelnd mit dem allerwertesten Vollmond in des Menschenfeinds Gemach – »aber er denkt« – Sie muß immer wieder das Lied singen mit dem Refrain: Bassab, »aber er denkt« – und immer bassiger und spaßiger: aber er denkt......

Der Beifall will nicht enden. Ich stürme noch einmal in Mantel und Hut auf meinen Platz zurück.

## Apollotheater

Der Kohinoor meines Nachbars tanzt hin und her, macht Sprünge auf seinem Zeichenblock wie die Clowns dort auf dem Rade. Jetzt nascht er von der Chansonette im honiggelben Frack. Einige von den Umrissen leben auf dem weißen Untergrund, neckisch, eckisch hingeworfen, namentlich der eine von der Clowniade ist very fine getroffen. Ein Klatschwirbel holt the english artist auf die Bühne zurück. Was ist mit ihm geschehen! Seine Stirn nach allen Richtungen hin zur Unförmigkeit aufgedunsen. Zweifellos hat er die englische Krankheit mit herüber gebracht. Es gibt keinen Spaß, den der nicht da gedacht hat, und ich muß ehrlich auch in diesem Essay gestehn, es kommt nun noch dazu, daß ich die Brüder aus London besonders mag, »ich hab noch nie so gelacht wie heute!« Der Kohinoor meines Nachbars lauscht zugespitzt; die zwei ehrwürdigen Bordellmatronenwirtinnen vor mir erinnern sich gegenseitig ihres Amtes. Geliebter und Geliebtin blicken sich zu in der Loge wie die schillernden Demi Monde auf dem Vorhang, der sich weltenseufzend spaltet und das Gemach der Sultana enthüllt. Nackte Frauen steigen (obere, kleine Bühne) aus ihrem Brunnenbade wie im wirklichen Harem eines Sultans. Am Fuß der Treppe, die zum eigentlichen Gemach der Herrin führt, wacht der Wächter armverschränkt. Endlich nahen die erfrischten Schönen, aber ihre Haare duften nicht nach Pharaonenblüten, auch sind ihre Glieder keineswegs ungelöste Geheimnisse. Und statt Sultana betritt Frau Betty das Gemach, die Freundin des amüsanten Frauendoktors, ihres wohlsituierten Mannes treue Tennispartnerin. Sie liest auch Romane – schwüle mit Betthimmelpointen und Daunenliederbordüren, und ich fürchte, daß die Halbmonde der Dekoration vor Begierde rein zu Glotzmonden werden. Die Freundinnen beginnen endlich, indes Sultana ihren Leib dem Divan und dem Kissen gibt, mit ihren Tauchtänzen (kein Druckfehler), Schleier-Eiertänzen; man vernimmt Arm- und Beingegackel. Der Wächter tritt vor, er ist nicht »Asra,« er schreit nicht ia, furchtbar kracht sein Wort, sein Antlitz bleich, sein Turban – Blut. Die Tänzerinnen vertanzen in den Keller. Jäh springt Sultana von ihrem Lager auf und stößt auf Jargon von sich: Was willst du von mir, Hund! »Der Sultan, dein Gebieter hat es so befohlen.« Betty du mußt sterben.. Und deine Tändelei hört auf im Mondenscheinvorhang. Leise nähert sich der Wächter ihrem Ohre, aber Sultana wählt lieber den Tod als daß sie sich, Sultana bleibe stark, dem intriganten Schuften schenken mag. Diese temperamentvolle Charakterfeste, warum gastiert sie nicht bei Gebrüder Herrnfeld? Die zwei greisen Leopardinnen vor mir schnurren, der Kohinoor meines Freundes fällt bleischwer zu Boden. Männer ergreifen auf die Gebärde des Wächters erbarmungslos die Geprüfte. Arme chicke Betty, tipptopp, peitschensiebenhiebenspaltig! Ob wir paar Geschworene im Zuschauerraum auch von deiner Unschuld überzeugt sind – es nützt nichts. Markerschütternd verenden deine Hilferufe. Aber in weißen Tennisschuhen und weißem Flanellhemd steht die Taube von Gatte am Fußende des Ruhebetts. Statt der zunehmenden, goldenen Viertel- und Halbkugeln – Tapetengeknospe. Wärter: »Sultana«.... und wieder ihr Name leise verbettelnd: Ein Tropfen des Turbans klebt auf der aufgeschlagenen Seite des Romans.

Wie eine Erlösung nun das Konzert auf dem Banjo der lovely, sweet Miß, ihr Spiel verbreitet hellen, herben Zauber. Und nach ihr der musikalische Clown mit der Entennase, er verabreicht kurzweg ein Konzert auf den Messingknöpfen eines Schirmständers, ich habe mich in der Zeit verliebt in ihn, – mein Herz sprach immer schon für einen August, über den man sich totlacht. Und Euch sparte ich mir bis zuletzt auf, edle, blonde Señora Fornarina, ich möchte Euch etwas besonders Schönes sagen, goldene Traube Spaniens.

## Adolf Loos

Von der Seite betrachtet, erinnert sein Kopf an den Totenschädel eines Gorillas; wendet mir Loos langsam das Gesicht zu, prüfen mich scharf des Gorillas runde, hellbraune Augen. Die sind gefährlich, greifen aus einem andern Denken, aus einem fremden, geschwinden Grund. Die Blicke der Gäste strafen mich für meinen Ausspruch, Loos selbst aber scheint nichts gehört zu haben. Ist er schwerhörig? Auf mich wirkt sein Unvernehmen geisterhaft, wundersam wund; für den unverstandenen Sprecher – unverständlich. Senkt Loos den Kopf, neigen sich seinem Ohre die Lippen zu; o, wie sanft er die Lider hängen läßt – man hat ihn dann lieb, die Lotosseele unter den Gorillen. Schielende, deren Züge etwas Rührendes erhalten, und Hinkende, die im verlorenen Gleichgang süße Interessantheit hinschaukeln – zehnfach tönt Loos das Wort wieder, ruft man es in ihn hinein. Dann wird er ein reißender Geist, den man im Echo heraufbeschwor, ein affenböser Künstler, reißt er dem die Perücke vom Kopf, setzt ihm den Skalp wieder an, daß er mit seiner Person vernarbe. Ein handgreiflicher Philosoph ist er, dem die Verschnörkelung der Architektur ein eitler Greuel, ein verwirrtes Knäuel ist, das er rücksichtslos löst. Loos will Ordnung schaffen in den Welten hier unten, in der Welt, die sich der von sich abstrebende Mensch erschaffen läßt vom Architektenmenschen und nicht hineinpaßt. Wie viele sitzen und schwitzen in fremden vier Häuten, denn die Wände unseres Gemaches sollen unser passendstes Kleid sein, sie sollen die Schrift unseres Atems tragen. Die Seuche der Einrichtung hat sich schon in die Schlösser der Fürsten begeben, auf Altären liegen »stilvolle« Decken und durch die Tempel der Künstler flutet das elektrische Licht der Birnen aus neuerfundenen Kelchen. Wollte man mir sogar auf den Rücken meines Zigeunerkarrens, meines grünen Holzvogels, die sogenannte aufsteigende Kurve (ich weiß gar nicht was das ist) und langweilige kühle Linien ziehen, die große Klassikerlinie weimarer Spätgeburt van de Veldisch architektiert. Man sehnt sich rein nach dem Buckel. Die Wände meiner Rast sind auch die Wände meiner Last, sind mit mir verwachsen, aufgewachsen. Meine Behausung gleicht mir auf ein Haar. Darum springe ich gerne aus meiner Haut mal, am liebsten in das mir vermählte Zimmer. Ist sein Bewohner auch meist nicht in seiner Hauptperson anwesend, sein Heim aber spricht für ihn. Kühlritterblau empfängt mich das Tapetengesicht; ich setze mich vor den Schreibtisch, vor Rhodopes farbige Statuette, meines auserwählten Zimmers heimliche Liebe. Über den Flügeldeckel kehren Lieder heim und legen sich auf die Tasten – schlummern und träumen laut; hingezaubert sitzt ja ihr Schöpfer auf dem runden Stuhl und spielt. Ich denke an meine Prinzessinnenzeit .... Wer salbt meine toten Paläste, sie trugen alle die Kronen meiner Väter, – Ich hasse die Tische, Stühle, Sessel und so weiter, die sich verkuppeln ließen, mit ihrem Plebejerbesitzer; das sind Mesallianzen. – Ich helfe dir räumen, Loos, aber wehe dir, wenn ich nach Wien komme, und du sitzt nicht auf einem australischen Urwaldast zurückgezogen hinter Gedanken tausendgittrig.


## Ruth

Sie müßte eine Patronesse haben – etwa die Kaiserin von Island oder eine reiche Eskimotochter; vielleicht wird es eine Inger auf Östrot sein. Ruth ist eine Tragödin. Schon seit zwei Jahren spielt sie mit Vorliebe Partien aus Ibsens Werken. Ihre Dreijahrärmchen heben sich zürnend zum Himmel: »Götter!« Ich habe Ruth nie lachen sehn und auch weinen nicht, wie andere Kinder. Ruth lacht mit Vorsicht, plötzlich hält ihr Gesichtchen wie eine kleine Sonne zu leuchten inne – und weinen tut Ruth um wieder zu lachen. Und am Abend dauert es eine Weile bis sie einschläft, gerne läßt sie einen schmalen Guckspalt offen für den Morgen, ob auf der Heizung ein Schokoladencakes liegt, von einem verkleideten Onkel als Nikolas oder einer Zuckerhäuschentante gespendet. Ruth gastierte zum ersten Mal im Vorgarten des Cafés des Westens, sie war damals zwei Jahre alt und trug ein weißes Kleid über glänzendem Stoff von der Farbe ihres Mündchens, das auf einmal zum Mund wurde, wie gehext, strenge Furchen zog; ich erschrak.. Und noch dazu der finstere Ibsenblick, der mich furchtbar einschüchterte. Immer tiefer sank Ruths Lockenköpfchen auf die Strohröhre herab, die vor ihm im Glase steckte: »So tinkt Er Limonade«. »Er« hängt im mächtigen Rahmen im Zimmer ihrer Muttertragödin (Bess Brenk) und immer steht Ruth vor seinem Angesicht und besieht es sich, ob es auch noch so macht wie »sie«. In Klein-Ruth schlägt das große Ibsenherz, und als Ibsen sein Puppenheim schuf, pochte sicher ein kleines Anhängsel an seinem schweren Schlag, ein Goldherzchen, in dessen Mitte ein himmelblaues Perlchen rauschte. Ruth springt vom Stuhl, tanzt in ihren niedlichen Goldkäferstiefelchen, die Röcke nach unten geglättet – nun hat sie ein langes Kleid an. Sie tanzt einen herablassenden, zurückhaltenden Tanz; da, als ob ein Sausevogel durch ihren Kopf fliegt – fort will ihre kleine Seele – ihre Beinchen sind ganz nackt; über Stühle und Tische hinweg – Ruth, Ruth! Ich glaube, sie sitzt oben auf dem Ast des jungen Baumes vor dem Caféhaus. Was soll man dazu sagen – Genie? Fort mit dieser alten Denkmalhülle, sie tut dem Kind weh, aber in ein Wunder wollen wir die wundervolle, kleine Ruth kleiden; in einem goldenen Bettchen soll Ruth schlafen und von einem goldenen Tellerchen und einem goldenen Löffelchen essen und auf dem Becher, aus dem Ruth fürder trinken soll, steht in Goldbuchstaben geschrieben: Ruth. Sie schüttelt den Kopf wie eine Herrscherin, ich glaube, sie ist beleidigt, nicht um der vielen goldenen Sachen wegen, der Ober hat ihr Zucker schenken wollen; sie gleitet schwerfällig vom Stuhl, streckt den Leib wie eine Kugel vor, ihr Engelsgesichtchen bekommt Runzeln – »dicke Frau is satt«.

## Frau Durieux

Ich würde für sie auch im Privatleben das Eboligewand wählen, den zackigen, weißen Kragen, der ihr Angesicht, ein Bouquet von Lichtwende und Herzschatten, wie mit einer Atlasmanschette umgiebt. Frau Durieux spielt im Theater Reinhardts die Eboli; die schlummernde Saitenspielerin ist auferstanden aus ihrem Sarkophage. Es tut wohl, sie in »prinzeßlicher« Wirklichkeit wiederzusehen, in ihrem eifersüchtigen Herzen zu erleben den Kampf mit der Kabale. Den schnöden Verrat an die Königin verabreicht sie dem lauernden Pater noch mit traumhaften Fingerspitzen. Keineswegs hysterisch gehässig – historisch wie ihr Kleid wirkt das intrigante Frauenspiel in der Kapelle steinerner Nacht, an der blutgenagelt Gottes Sohn hängt. Frau Durieux' verzweifelte Gebärde, nachdem ihre Königin sie verstößt, erinnert an das Gemälde der büßenden Magdalene. – Als ich sie vor einiger Zeit in ihrem Gemach erwartete, suchte ich unwillkürlich nach der Laute. Da kam mir entgegen Rhodope, ihre Hände hingen herab wie Myrthen. Diese himmelweiße Syrierin ist der Glorienschein ihrer Eingebung, das keusche Geschmeide ihrer Begabung. Beweglich ist die Verwandlungskunst der Frau Durieux, denn wer vermutet nach der bräutlichen, geduldigen Königin und der verwöhnten Lautenspielerin, »Sie« in der bitteren Haut der eigensinnigen Spielverderberin der ältlichen Schwester der Brüder im Friedensfest. Krummrückig zum Fußaufstampfen, hartnäckig widersetzend, den Angehörigen eine giftige Augenweide. – In »Gott der Rache« von Schalom Asch spielte Frau Durieux die junge Kupplerin des Bordells. Ich sehe sie noch keck in der Mitte des Sofas sich hinflegeln mit der Frechheit einer freigewordenen Sklavin, mit dem Machtbewußtsein, vernichten zu können je nach Berechnung. Das scheußliche Verbrechen ihres früheren Bordellchefs zappelt auf ihrem Knie, sie läßt es kichernd über ihrem Strumpfband hängen, sie braucht nur den lockeren Vorhang aufheben. Tilla Durieux spielte skandalös hervorragend. Hier nenne ich die Schauspielerin, die Charakteristik ihres Zivils vergessend, kurzweg »Tilla« Durieux; aber wer sie in ihrem Privatgemach je sah, umgeben vom Staat schützender Tore und mächtiger Bequemlichkeiten, sie selbst zum Empfang der Gäste sich liebenswürdig ermannend, wird mit mir empfinden, daß sie keineswegs eine Bohêmin ist, zu treu dem Einen außerdem, auch daß ihr die seelische Leichtigkeit der Umgebenheit fehlt, und ich nenne sie »Frau« Durieux nicht etwa wie man die Spießerin zu nennen pflegt, aber weil sie die Hofdame der Schauspielerinnen ist; jeder Tag muß ihr »d'orjour« sein. – Auf dem Sezessionsfest im Februar teilte sich die Menge in zwei Flittergitter, als sie den Saal betrat. Sie trug ein dunkles Spitzenkleid und eine hängende Nelke im Haarknoten. Ich fragte den Rektor in »Frühlingserwachen« an unserm Tisch, wer die schwarze Leopardin mit dem Blutstropfen am Nacken sei. Prangende Schlichtheit, geschmeidige Charme, in ihrem Herzen blühen feine Nerven schmerzvoll auf. Aber als es Mitternacht war, tanzte sie, auf einer Perle des Sekts rollend, mit leuchtenden Augen im bunten Spiele der Masken. Dieses Jahr gibt es wieder ein Fest; ich hoffe, daß Frau Durieux auf Erden weilt, sie hält sich nämlich ab und zu mit Vorliebe oben in den Wolken verborgen, in ihrem Luftballon, und was wird sich Prinz Karneval ärgern, wenn sie ihm nur eine lange Nase machen wird. – Die Maschen des Netzes, das den Ballon umhüllt, lockerten sich schon einmal. »Ein Punkt in der Ewigkeit« kommt man sich im Raume vor, erzählt Frau Durieux. Sie ist ohne Furcht und Zaudern. Zwischen Leere und Leere, Vogel sein, nur Atem, so folge ich in Gedanken den Schilderungen der Luftschifferin in die Lüfte. Da nimmt ihr Terrierhund einen Anlauf aus salonansalongereihter Ferne, springt mir auf die Schulter, ich falle vor Schreck aus allen Himmeln.

## Peter Baum

Er versäumt den Tag, und die Dunkelheit erreicht er, wenn es zu spät ist. Aber er träumt noch schnell unter dem verschwindenden Mond. Einmal kam Peter Baum barhäuptig im Januar ins Theater gegangen, draußen waren 15 Grad Zer–fahrenheit. Einmal steckte er seine brennende Zigarre in die Hosentasche, später meinte Peter Baum – daß es nicht die Kartoffeln auf dem Feld gegenüber wären, aber daß seine Lende versenge. Und doch hat St. Peter Hille einmal gesagt: Peter Baum sei der sensibelste Mensch, den er je kennen gelernt habe. Peter Baum ist ganz blau. Das heißt übersetzt: Er ist ein Dichter. Sternenpsalme hat er gedichtet für die Harfe Davids, für das Herz Salomos, des Dichterkönigs von Juda. Und doch ist Peter Baum der leibliche Sohn und Erbe des Evangeliums. Seine Väter waren die Herren von Elberfeld im Wupper-Muckertale. Sie beteten zu Luther und wachten auf in Sonntagsfrühe beim ersten Schrei des Kirchenhahns. Manchmal erscheinen sie ihrem Urenkel im Schlafe, weniger der jüdischen Psalme, aber seines abtrünnigen Romans »Spuk« wegen. Es ist ein Roman im Kaleidoskop; die Bilder kommen buntartig und schwinden blendend wie teuflische Spiegel. Ein flackerndes Fleckenspiel hinter geschlossenen Augen. O, und seine wundervollen Novellen »Im alten Schloss« brachte er mir eines Abends, seine große Tannengestalt erschien mir noch

eine Krone höher, so aufwärts wie der Graf seines Buches, ein
wetternder Weihnachtsbaum, der seinen Schmuck abgeschüttelt
hat. Die Wochenschrift »Sturm« wird Peter Baums neuestes
Werk bringen, das spielt zur Rokokozeit und ist in geblümter
Seidensprache geschrieben. Wie tief seine Dichtungen doch ihn
erleben und er sich an ihnen verwandelt!

## Der Amokläufer

Tschandragupta ist siebenzig Jahre alt. Am frühen Morgen wird
ihn sein Sohn erschlagen. So ist es Sitte im Stamm. Und vor ihren
Zelten schreien die Weiber und ihre Söhne klatschen mit ihren
Händen einen wilden Freudentaumel. Der neue Häuptling zerbeißt
das Genick eines Elefantenkalbes, springt dreimal über
seinen Stamm, der steht aufgerichtet, ein Haupt, da er trägt
seines Königs Dach. Und Tschandragupta, des erschlagen greisen
Tschandraguptas Sohn, liebt des Melechs Tochter. Sie lockt
ihn übers Meer. Und an einem Gebettag des Jehovavolkes nimmt
der junge Häuptling heimlich sein Weib, bringt es in sein heidnisches
Land. Und die Tochter des Melechs schenkt ihm einen
Sohn, den nennt Tschandragupta: Tschandragupta und nach
seines Weibes Vater, dem Melech. Und Tschandragupta, der
Abtrünnigen Sohn, hat Sehnsucht nach den Juden. Die Heidenmädchen
lieben ihn, eine opfert ihm ihr Federkleid. Er fliegt an
allen Sternen vorbei zu den Juden. Und die Leute von Jericho
glauben, ein Engel sitze vor dem Tor und bringen den Schlafenden
auf ihren Händen in die Stadt. Gehen in das Haus des
obersten Priesters und holen ihn nach dem Hügel, worauf Jehovas
Tempel steht. Denn sie haben den heiligen Fremdling unter
der Balsamstaude auf weichem Moos gebettet, und die Tochter
des obersten Priesters wäscht seine Füße mit der Quelle. Da
spaltet der Wind des Fremdlings Federkleid, – er erwacht – und
die Leute sehen, daß er kein Gottgesandter ist und sie höhnen
ihn. Aber ein Deuter ängstigt die Enttäuschten: Der dort ist
Schaitân. Der Oberpriester nimmt den verhöhnten Gast in sein
Haus. Der sehnt sich nach den Juden, beschenkt die Männer auf

den Plätzen und schlichtet ihren Streit und gewinnt so der Juden
Herz. Und den Frauen hilft er die Rosen pflücken. Nur Schlôme,
seines gastlichen Hauses Tochter, gewahrt er nie, und doch ist sie
die früheste an den Hecken. Und Tschandragupta schnitzt Räucherbecken aus Elefantenzahn für den Altar Jehovas. Aber der
oberste Priester verschmäht sie sanft. Da wird Tschandragupta
traurig und mit ihm Schlôme, des obersten Priesters einziges
Kind. Und sie bittet ihren Vater, die fromme Gabe seines Gastes
nicht zu verachten; der ehrwürdige Knecht Jehovas aber wendet
sein Angesicht. Da geht Tschandragupta und fällt die Stämme
der schwarzen Rosen, Jehova einen Altar zu bauen, aber der
oberste Priester wehrt ihm schmerzlich. Nun weint des Häuptlings Tschandraguptas Sohn und heimlich in ihren Schleiern
Schlôme, des treuen Knecht Jehovas einzige Tochter. Und sie
schilt ihren Vater seines Hochmuts. In der Dämmerung bestieg
sie den Hügel, auf dem der Tempel Gottes steht, entfaltete ihr
Angesicht und ließ ihre Haare spielen wie Eva vor dem Schöpfer.
Und weil des Oberpriesters Tochter den Sternenvorhang, der die
heiligen Gerätschaften bewahrt, leuchten sah, begann sie ihrem
Gotte zu schmeicheln, erinnerte ihn an den Schmerz der Liebe, da
er noch Zebaoth hieß und das blinde Weib im Paradies ihn
hinterging und da Schlômes Stirne brannte, sahen ihre Augen
nicht, daß die Sterne des Vorhangs sich verfinsterten und ihre
Gebete wurden Liebkosungen, und so versündigte sich des obersten Priesters einziges Kind. Den Hügel herab stieg sie, stolperte
über ihres Hauses Gast, der saß unter der Balsamstaude und
sehnte sich nach den Juden. Glieder waren aus seiner Glieder
Glieder gewachsen, die sich sehnsüchtig verschlungen hielten,
wie die vielarmigen Götzen seiner Heimat. Seitdem Tschandragupta in der Stadt weilt, bieten alte, fratzenhafte Weibchen in
den Winkeln der Straße oder in den Gruben hinter ihren Häusern
heimlich verbotene Spielereien, den stillen Mädchen von Jericho
feil. In Urnen halten die Freundinnen Schlômes die kleinen Heidenliebesgötter gefangen und lächeln so eigen im Schlaf mit
ihnen. Aber Tschandragupta sinnt, das hartherzige Herz des
Priesters zu gewinnen. Mühsam gräbt er nach Gold in den
Wäldern der Oase und belegt den Hügel, auf dem der ersehnte
Gottestempel steht, mit seinem Fleiß. Prägt ein Stück Leben

seines Nackens nach der edelsten Münze des Judenlandes und
legt das atmende Gold zu dem verglommenen. Und die Leute der
Stadt sehen von ihren Dächern den strahlenden Hügel. Eilen in
des Oberpriesters Haus: »Die Sonne ist vom Himmel gefallen!«
Aber der weiß, wer alles die Pracht gesäet, verbirgt sein Angesicht; denn er hat den Fremdling lieb. Und Schlôme hängt sich an
ihres Vaters Schoß, bittet ihn, den frommen Wunsch des Jünglings zu erfüllen. Aber er sendet ungeduldig von den ehrlichen
Hirten zwei zu dem Hügel, daß sie sammeln sollen das Gold in
Säcken und nicht ein Stäubchen verloren gehe. Ist doch die
lebendige Münze aus goldenem Fleisch und Blut schon abhanden gekommen. Da pocht der Deuter an das Haus des fürsorglichen Priesters, warnt ihn des beleidigten Volkes wegen: Der
Enkel des Melechs wird dein einziges Kind töten. Aber der
zuversichtliche Priester erinnert ihn an den Morgen, da er den
sanften Heiden seines Hauses beschimpfte und die Leute beängstigte. Die sammeln sich auf den Plätzen in murrenden Scharen
und ziehen vor ihres Oberpriesters Haus. Die Männer reißen an
seinen starken Wurzeln und die Weiber springen wie Katzen um
seine Balken. Und sie fordern von ihm, daß er den friedfertigen
Fremdling zu Jehova führe. Beschimpfen ihren obersten Priester
einen Dieb an Jehovas Gaben. Und Schlôme steht auf dem Dach,
die Stadt sieht zum erstenmal ihr nacktes Angesicht. Wie eine
lechzende Flamme seufzt ihre Stimme und schürt das Volk gegen
ihren Vater auf. Vor seines ehrwürdigen Raumes Pforte lauscht
Tschandragupta, seine Augen sind eingesunken und sein Atem
hungert. Da kommt über ihn das Fieber seines Stammes nach
verlorener Schlacht. Mit geöffnetem Rachen irrt der Fremdling
an die Wände der Häuser vorbei. Die verscheuchten Rosen der
Hecken flattern auf, sein Atem peitscht die Bäume und Sträucher
um. Ueber die tobende Menge setzt er, wer wagt Schaitân zu
bezwingen! Bis zu den Knieen waten die bebenden Hirten heimwärts ihren Lämmern voraus, die sind von Menschensaft
bespritzt. Um den Hügel, worauf der Tempel steht, kreist
Tschandragupta, ein böser Stern, ihm rinnt das Blut schwarz aus
den Poren. Und die Leute gedenken des Deuters und kriechen auf
Knieen, auf dem Leibe kriechen sie über die Dächer und dringen
so in des Oberpriesters Haus. Fordern sein Opfer, hat er doch

soviel Unglück gebracht über die blühende Stadt. Und Schlôme salbt ihre Glieder wie zur Hochzeit, sie hatte des Deuters Warnung vernommen. Und sie schwingt sich herab, eine zarte Wolke von der Höhe ihres Hauses und wandelt lächelnd immer näher dem tödlichen Kuß. Es finstern die Sterne wie das Haupt des Häuptlings; das drohte ihr unzählige Male auf dem Vorhang der heiligen Gerätschaften. Ueber die Namen der Wildväter, die in heidnischen Zeichen und Bildern geprägt sind in Tschandraguptas Fleisch, fließt Schlômes geweihte Süßigkeit, über seine goldenen Lenden hinab, wie rosenfarbener Honigseim. Zwischen seinen Zähnen trägt er verzückt sein letztes Opfer, ihren Leib hin über Jericho. Die schmeichelnde Dunkelheit beleckt die Straßen und Plätze, die Brunnen bluten nicht mehr. Und aus des Oberpriesters Haus, in den Schleiern Schlômes tritt Tschandragupta wie die Frauen der Stadt. O und sein Wesen so liebevoll tastend, wie ein kindtragendes Weib. Zwischen den schaudernden Frauen, hinter den Gittern setzt er sich in den Tempel und seine Gebete tönen zwischen seinen Lippen, sanftes Gurren der Taube. Niemand hemmt den Wandel des Melech's Enkel. Auch im ergrauten Feierkleid der tempelalte Knecht nicht.

## Der Eisenbahnräuber

Vielleicht gehe ich selbst noch einmal in den Schwank, sein Humor hat doppelte Lebenskraft, man kann sich zweimal totlachen. Es fällt mir gar nicht ein, den Inhalt des kleinen Lustspiels zu verraten, nur möchte ich seinen famosen Darstellern für den schönen Abend und vor allen Dingen den Autor Fritz Gräbert für den lustigen Streich danken. Arthur Winckler spielte den ehemaligen Bäckermeister August Pickenbach mit Rosinen und Korinthen und allen außergewöhnlichen Zutaten. Emmy Dittmar, allerdings eine Schulreiterin, in die man sich verlieben kann. Frau Meyer (Rosa Schäffel), man soll sich noch so eine gute Wirtin suchen! Es war ein lachendes Zusammenspiel, ein Tanz, leichtfüßig, ein Walzer: An der blauen Donau, wenn auch der erste Aufzug in Ostende an der Nordsee spielt und der Herr Rentier

Bäckermeister Pickenbach auf Berliner mir und mich der neuen Bekanntschaft beim Sekt sein Mehlherz ausschüttet. Man kommt nicht aus dem Lachen heraus, der traurigen Jungfrau Sentimentalität ist der Eintritt verboten, der Autor hat die banale Tochter zu Hause gelassen, er ironisiert selbst den Kuß. Er mag nicht eines Kusses wegen einen Augenblick Lachen einbüßen. »Skool!« ruft mein Nachbar. Er ist Schwede. Ein Liebespaar, zwei Turteltauben, stehn doch sonst immerwo im dritten Akt, gefüllt oder ungefüllt, am Nischenfenster und girren im frischesten Lustspiel geheuchelte Sehnsucht. Meine Angst war also hier vergebens. Und mich belustigt ungestört der ungeschlachte, wollige Liebhaber Maler Hans Wegemann (Carl Wessel), es blieb ihm jedes Wort im Hals stecken, bis er zum beißenden Hammel ausreifte unter der Leitung seiner Backfischbraut Marie, der Tochter Pickenbachs (Grete Kroll). Die vielen Hände, die einen Wirbel klatschten, waren nicht zu übersehen.

## Zirkuspferde

Der Tempel der Pferde ist der Zirkus, ich meine, jedes Pferd will spielen und das heißt auf die Sprache des Wieherns, beten; alle Tiere wollen spielen, aber welche Tieraugen brennen vor Begeisterung so tief wie die des Rappen; die Schimmel sind fromme Pilger oder Heilige; Päpstinnen, wie Santa Anna, Leo ritt auf ihren unbefleckten, weißen Rücken zwischen fromme Hecken seiner päpstlichen Gärten. Ich gehe jeden Monat in den großen Zirkustempel Busch, zu jedem Feiertag der Pferde, zu ihrem Galadienst. Am liebsten sind mir ihre Feier ohne vielerlei Aeußerlichkeiten, wenn sie ungesattelt ohne Reiter oder Reiterinnen sich tanzend im Kreise bewegen, ihr eigenes Blut feiern nach Herzenslust. Gefallen lasse ich mir die drei Geschwister Fillis im Zirkus Busch, des berühmten, französischen Reiters Reitlinge. Die stören den Rhytus des Pferdespiels nicht; ihre Gestalten sind selbst schlankgeweiht dem Ritt. Mademoiselle Filis, die Schwester der beiden jungen Chevaliers ist verwachsen, wie ihre Brüder, mit dem Rücken ihres wiehernden Priesters. – Mein

Vater und meine Mutter ritten durch die Akazienchausseen meiner Heimat; meiner Mutter Edelstute wallfahrtet oft durch meine Erinnerung und trägt mir dichterische Gedanken zu und meines Vaters Hengst setzt über mein Blut und läßt es aufschäumen. Ich liebe euch, ihr Pferde mit den langen Seidenschweifen, Atlas ist eure Haut und feuerfarbener Samt eure Augen. Solche Schönheit ist die Frömmigkeit der Pferde, gezüchtet, spielfähig und buntgebenedeit. Ich wüßte keine andere Stätte, die den Namen Tempel der Pferde verdiente, wie den Zirkus. Etwa der Rennstall? Prostituiertes Pferdepriestertum. »Beten« heißt »Spielen« der Pferde und gibt es einen lustigeren, weihevolleren Sandtempel, als der Zirkus. – Hochmütig ihrer Zucht bewußt, schütteln die Herrenpferde ihre Mähnen, kehren verächtlich dem Liebesäugeln einer dreisten Lastpferdin oder einer brünstigen Dickschenkelin ihres Pferdevolkes den Rücken. Sie gehen keine Mesalliance ein. Glücklich macht mich der Anblick eines Reiters, paßt er sich dem Denken seines Trägers an. Wie denkt sein Pferd, sein wohlgepflegtes Pferd? Trabweise, sprungweise, gallopierend, immer in Gedanken, treu seiner Bewegung. Und das überträgt sich dem Kavalier und seiner Dame, Halbpriester der da oben, Halbpriesterin, die auf des Pferdes Rücken. Voll Spiellust sind die Füllen; jeden Morgen wartete ungeduldig so ein Nimmermüdes auf mich und meine Schulkameradin. Ueber den Zaun auf seine Wiese sprangen wir schulvergessend – wer von uns Drei wohl am liebsten Zeck spielte! Darum empfinde ich schmerzlich jede Mißhandlung der Karrenpferde. Bang wie Regen fließen die dunklen Lider über ihre trüben Augen. Wie denkt so ein Pferd? Kummer bedrückt sein Herz und beugt seinen verhärmten Kopf. Manchmal tröstet der Braune den Schwarzen oder der Apfelschimmel die müde Apfelschimmelin. – Wie futterfreudig hingegen an ihren fetten Trog denken die markigen Erntepferde; an den Seiten des Kopfes tragen sie den blanken Messingschmuck. Zwei, vier Kinderhände, vom reichen Schulzen die Buben, halten sich an den Strähnen der Mähne des schnaubenden vierbeinigen Bauern fest und einige Plumssäcke liegen auf dem Hinterviertel seines stampfenden, drallen Pferdeweibs. Ich liebe euch alle ihr Pferde, auch die Zwergpferdchen aus Gullivers Zwerglande im Zirkus Busch.

## Johann Hansen und Ingeborg Coldstrup

### Zur Kindertragödie in Kopenhagen

Ingeborg, seine kleine Königin ist tot – Johann Hansen lebt noch; an seinem Bettchen sitzt eine barmherzige Schwester und betet, daß der arme, verirrte Knabe bald genesen möge. Der Stationsarzt hat ihm das Tor des Todes verriegelt, sein Herz, das Ingeborgs Namen trägt, kann nicht zu ihr ins Himmelreich. Nun wird das Kinderspiel erst eine Kindertragödie. Die Beiden wollten ja nur zum Tod, weil der einen Himmel besitzt in dem sie sich vor allen Engeln ohne Furcht vor Strafe herzen könnten. Nicht diese Heimlichkeiten der Freude, ihre Gesichter schienen durch die Spalte der Türen durch das Eisen der Tore. Immer bauten sie auf ihren Händen gläserne Schlösser, darin sie sich tausendbunt spiegelten bis ans Ende der Welt, wo der Himmel anfängt. Dort wohnt der Tod. Johann Hansen hob Ingeborg mit seinen Knabenarmen die Treppe zum Einlaß des Todes empor. Der öffnete und ließ die kleine Königin ein, Johann stolperte rücklings ins Leben zurück. Diese beiden feinen Kinder ergreifen meine Seele. Das Leben ließ sie aus der Haft, der Tod schmückte ihnen rosig sein Tor. Ich möchte der Engel aus Andersens Märchen käme und trüge den verwundeten Knaben zu Ingeborg ins Himmelreich. Wie bösmütig sind die Menschen, die immer helfen wollen ins Leben zu befördern. Es ist Nacht, überall blüht ein Stern. An der Decke im Krankensaal stehen viele Sterne, rotgoldene, süßgelbe, wie Honig, und auch mattfunkelnde Immortellen. Alle pflückt der kleine, heldenmütige Bräutigam für seine Braut, wenn er im Himmel mit ihr Hochzeit feiert. Auf einmal schlägt er die Augen auf: »Ingeborg, ich halte mein Wort!« Hast du es gehört, großer Engel aus Andersens Märchen? Oder soll er aufwachen aus seinem Traum des Himmels – und die Erde ist wieder da, das Himmelreich verschwunden wie fortgezaubert und Ingeborg liegt im Grabe. Ein Keller wird dann die Welt sein, kahl, viel kahler wie seines Hauses Keller. Alt ist er, wenn er aufwacht, jung, wenn seine Augen sich schließen. Was bietet das Leben? Nicht das Kind braucht den Eltern dankbar sein; wie können die Eltern aber das Nichtgeborensein dem Kinde ersetzen!!? Solch zwei Kindern vor allen Dingen, zwei Engel, die nicht auf die wankelmütige Erde gehören. Flügel wuchsen ihnen; die Pistole, die sich der Knabe vom Erlös seiner Geige kaufte, war Vortäuschung. Denn es geschah hier ein Todeswunder. Nicht mehr wäre ich überrascht gewesen, wenn dieselben Kinder anstatt für ewig zu schlummern, auferstanden wären aus einem Grabe. Wie will der Lazarus, der den Knaben auferweckt, ihm ein Himmelreich ersetzen? Es werden keine Landeserholungsheime die »festgestellte« Neurose (Edelneurose) fortkurieren. Aber ich denke an Selma Lagerlöf die herrliche Menschin, an Karin Michaelis das liebe große Kind, sie könnten dem Knaben den himmelblauen Verlust ersetzen. Sie tragen die Bilder des Himmels in ihren Dichterinnenherzen – halten sie zwischen ihren Händen. Ich bin keineswegs sentimental, ich bin traurig. Man vergleiche nur nicht die unaufgeblühte Liebe dieser Engel mit den Tändeleien koketter Schulmädchen und greisenhafter Zwerge auf den Spazierwegen am Sonntagmittage. Diese beiden Kinder ergreifen meine Seele, ihre Lippen sind Himmelsschlüsselchen.

## Der Kreuzfahrer

### Eine Kriegsgeschichte

Die Kreuzfahrer bringen Geläut in die Stadt Jerusalem und die Sünde überwuchert die stolzen Muselblumen der Wege. Ich zerblättere die Sünde wo ich sie finde, die heimlichen Knospen des Christen, der mich einlud zu seinen Töchtern in den Garten. Die haben blaue Augen und gelbe Haare und sie sagen, der Schnee ist auch gelb. Und es wird schneien in ihrem Garten, denn Bäume mit kühlem Laub stehen darin: wie nennen doch die Schwestern die Blumen auf den Beeten? Es läutet wieder, immer wenn neue Kreuzfahrer durch das Tor in die Stadt ziehen. Schön sind die und groß, wie Türme aufgerichtet. Auf ihren Helmhauben steht das Kreuz. Ich trage, seitdem ich in Jerusalem im Garten des reichen Kaufmanns bin, das heilige Kriegskleid meiner Heimat, im Gürtel den Dolch, der ist gebogen und unentwendbar, wie die Mondsichel. Die Schwestern meinen, so sei es Sitte bei uns in der

Stadt. Sie schwärmen für mich und bedauern, daß ich kein Prinz bin; streuen Vergißmeinnicht den Kreuzfahrern über den Pfad, die sehen die kleinen himmlischen Tropfen nicht; manchmal jedoch streifen ihre Blicke die Engelsgesichter mit tapferer Andacht. In Betten schlafen die beiden Blauäugigen in der Nacht und sie lachten über mich, als ich sie fragte, zu was die wären. Ueber ihre Betten schwebt ein Vergißmeinnichthimmel – – – unser Jenseits ist verschleiert. Wenn ich eine der Töchter des Christen wäre, ich schenkte dem Kreuzfahrer, der am Morgen durch das Tor in die Stadt zog, ein Bett aus atmendem Holz, wie ihre Haut so weiß, denn er fror in der milden Frühsonne. Ich drohe mir mit meiner blitzenden Sichel, seitdem er über den Zaun in den Garten blickte, und mähe das süße Gegold meines Herzens. Seinen Namen weiß ich zu nennen, die Schwestern lasen ihn im Kirchenbuch über seiner Schulter hinweg – getürmt und steil ist seine Schrift – ich folge den Ungläubigen in die Kirche. Seitdem dämpfen Wölbungen der Moscheen meine aufgerichteten Träume. Es sind nur zehntausend Christen in Jerusalem, wollen die Sünde ausrotten – – es kann nicht soviel wachsen. Und Kreuze sticken des Kaufmanns Töchter auf zarten Liebesbändern, die keimen auf, wie die glatten Wege der Heimlichkeit. Aber die Kreuzfahrer küssen der Engelhände Kreuzarbeit mit siegreichem Lächeln. Ihn sehe ich nie unter den Beschenkten; sucht er doch meinen Mund im Frühstern. Das heilige Kriegskleid meiner Heimat trägt nun mein Vetter Ichneumon von Uesküb, aber seine Arme zittern vor Liebe und können sich nicht gegen den Feind halten. Sein ganzes Heer rauscht, wie ein Herz, wie mein Herz und sie alle sind geliefert den Christenhunden. Ich liege unter dem Himmel der beiden Schwestern, ich habe die asiatische Distel; Stacheln sitzen in meinen Gliedern, und die unbarmherzigste bohrt sich in mein Herz. Engel, zwei – – sehen blau über mein Angesicht und kämpfen mit der Taube Mohameds, die will meinen Schleier zerpflücken. Ich mag aber die Engelguten nicht leiden, weil sie Christinnen sind. Und steige doch in der Nacht heimlich über den Zaun des Gartens in das Kirchenschiff. Dort auf dem Balkon sitzt der Ritter und spielt die Orgel, im langen, feierlichen Hemd, Choräle, Totenbalsam dringt aus den sterbenden Tönen. »Ritter, die Könige von Sinai ließen Klageweiber für ihre Toten heulen und zu den Freudenfesten ihrer Harfen färbten sich die Lippen der Greise rot und ungeborene Knaben pochten an leibgoldene Tore. Als ich vor dem Kirchenaltar anhub nach deinem Choral zu tanzen, sank mein Leib ein: grämige Mondscheibe, der eben noch der spielendste Stern war inmitten der Sterne.« Da fiel Schnee auf die Wangen des Ritters und ich sah, daß der Schnee weiß war, nicht der Schwestern Haarfarbe gleich. Stehn immer am Zaun mit ihren gefärbten Schneehaaren und bescheeren die Kreuzfahrer mit süßer Frömmigkeit. Und sie möchten ihnen ein Bett bereiten aus atmendem Holz, wie ihre Haut geglättet. Du aber Ritter sollst auf einem tanzenden Stern schlafen in der Nacht! Und ich klettere mühsam über den Zaun des Gartens, aus meinem Zeh wächst ein kleiner Distelstrauch. Und der Krieg wütet in Bagdad. Die Wüste ist unserer Krieger Schild. Aber mein Vetter verliert jede Schlacht. Eine Abtrünnige ist das heilige Gewand der Stadt, sein Kriegskleid dem Feinde zugetan. Ich werde halbgenesen in meine Heimat getragen, Bagdad des heiligen Kleides wegen Rede zu stehen. Mein Vater hält meine beiden Hände umschmeichelt, ihre Finger sind wie müde Strahlen. Aber Kriegslust blendet meine Augen. Ichneumon von Ueskub steht schon vor unserem Palast. Ich ziehe den letzten Distelsplitter aus meinem Zeh – – abbarebbi, lachajare, lachajare! Begeisterte Kriegsmusik trägt mich auf ihren Schultern durch die Straßen. Ich schlage die Christenhunde noch in derselben Nacht. Mein Vater hütet meinen Mut und meine Tapferkeit, wie zwei Enkelkinder. Nie zog eine Prinzessin von Bagdad in die Schlacht. Nur der Vetter läßt seine schnüffelnde Lippe hängen: er habe sich im Zitronenwald aufgehangen und konnte nur morgens den Baum nicht wiederfinden. Wenn der Mond rund ist, wollen wir nach Jerusalem. Aber die hohen Krieger im Kriegsgebäude sind nicht einverstanden mit den Aufzeichnungen meiner Feldpläne. Ihre Sinne verwirren sich auf der Tafel; doch der Großwesier belehrt sie: Allah's Geist sei über mich gekommen. – Manchmal fühle ich, meine Blicke sind blau und fliehen meines Vaters Angesicht. In meinem Auge steht der junge Kaiser Conradin in der Helmhaube und dem Kreuz. Aber mein Vater prüft täglich meine Ausrüstung und die Fußgelenke meines Dromedars: alt ist er geworden.

Ismael Hamed der Sohn des Großwesiers wird ihm, in der Zeit, wo wir die Eindringlinge der Hauptstadt vertreiben werden, Gesellschaft leisten. Der versteht seine Sonderlichkeiten zu verzärteln. Und mein Vater wünscht, daß ich vor der großen Schlacht mit Ismael Hamed Hochzeit feiere. Ich erkläre aber meinem ehrwürdigen Pascha, die Mumien im Gewölbe seines jungen Freundes entsprächen nicht der Zahl, die einer Prinzessin von Bagdad zukämen. Meine Dienerin hatte einen Traum, ich saß hochzeitlich gekleidet in der Prachtsänfte Ismael Hamed-Mordercheis, Ismael Hamed sein Sohn lag im Gewölbe. Der Großwesier wüßte schon meine ringende Seele um die Schulter zu tragen, aber meine Küsse schließen sich vor Spätsommerlichem. Er beschenkt mich mit den eigenartigsten Geschenken: Einen Ring, in seinem Stein spiegelt sich der Sinai und Ohrgeschmeide, in ihrem Gehang läutet eine winzige Uhr alle zwei Stunden zum Gebet. Und zwei Albinoneger, die mich in den Krieg begleiten sollen, daß mich die Schwermut nicht befalle. Immer wenn mich die vier weißäugigen Augäpfel mit den roten Punkten anglotzen, lache ich, daß meines Dromedars Buckel wackelt. Abbarebbi, abbarebbi, lachajare! Mein Träger setzt mit mir über die weitesten Schluchten, trabt dem Heere voraus über frühbeschienene, üppige Pfade, über Lippen rotentlang. Schon sehen wir die Tore der Stadt. Meine Krieger fallen zur Erde und murmeln Sprüche des Korans. O, wie ich den schlichten Turm des Kreuzes hasse! Die frommen Muselmänner aus Mekka und Medina, die Leute aus Jemen, aus Tyrus, Beduinen, die Bewohner von Ninive und den anderen Eufratländern, die Egypter, die Philister, die Edominiter, Amoniter, Hethiter, die Stämme der Juden: Chaldäer, Saduccäer, Judäer, die Urenkel Davids, die Söhne der Leviten und ihre Väter, die hohen Jehovapriester, Talmudgelehrte aus Damaskus stehen auf mit mir wider das Christentum. Ich blicke über mein stolzes Heer, abbarebbi, lachajare — — — — — — auch Ismael Hamed Morderchei folgt meinem Zuge — — — — Lachajare!

Die beiden Töchter des reichen Kaufmanns werfen sich vor die Füße meines Dromedars, beschwören mich um Christi willen. Ihre Vergißmeinnichthimmel bluten, wie die Wunden der Ritter. Hinter den Hügeln der Stadt kam es zum Kampf. Wir

drangen in die lästigen Kirchen der Ungläubigen ein. Ich und meine Krieger zerschmetterten die Altare und Heiligtümer; oben auf des Turmes Kreuz spießte Ichneumon von Uesküb den Knappen des jungen Kaisers auf. Ließ dem Vetter zur Strafe für
5 seine Grausamkeit den Turban nehmen. Ich träume des Nachts verborgen hinter der Wimper des Ritters; ich hörte ihn Choräle spielen in der Zeit seines Gottes Häuser starben, stand unermüdlich mit dem Rücken an der kleinen Pforte des Balkons gelehnt, hinter der er im langen feierlichen Hemde saß. Ich
10 küßte ihm die Kniee, ich die Prinzessin von Bagdad – – – blutige Zeichen hinterließen meine Küsse. Ich muß so sanft weinen, ich, Allah's Kriegerin; auf toten Worten legte ich meine Hand zum Schwur. Ismael Hamed Morderchei tritt in mein prunkendes Zelt, er ist europäisch gekleidet wie die Herren des fremden
15 Amtes unserer Stadt; streicht er über die erwägende Stirn, tritt eine höfliche Erkühlung zwischen ihm und dem Sprecher ein. Sein Bart ist keine Wolke, wie der meines Vaters; durch den Scheitel seines Kinnhaars leuchten Steine aus Edeltrunk. Mit wohlgepflegter Gebärde nimmt er aus meiner Hand das Schrei-
20 ben des jungen Kaisers Conradin entgegen, der um Frieden bittet. Seine beiden Abgesandten halten sich staunend umschlungen. Sie glauben, ich bin aus Tausend und einer Nacht. Den Großvesier ergötzt es, ihre Vorstellungen zu bestärken. Auf das Gefunkel meiner Stirne weist er, auf meine Hände, die
25 Bilder des Mondes sind; nichts destoweniger den Speer zu werfen verstehen. Mich überrascht sein Spott, mit dem er das königliche Schreiben durchfliegt, ich kann es nicht glauben, daß die hellockigen Boten von meinem Vetter bestochen sind, aber der Großwesier liefert sie nach abendländischer Sitte wieder
30 dem feindlichen Heere aus. Vielleicht sind sie am Abend schon tot. Ichneumon von Uesküb meldet sich krank. Des Feindes Schwert zerspaltete an seinem eigensinnigen Gesäß; aber ich höre durch das Schreien des vergossenen Blutes seine Lockrufe und ich vermisse meine glotzäugigen Scheusäler; die lieben ihn,
35 er läßt sie zur Belustigung wie zwei Hunde über seinen Arm springen. Er weiß, ohne sie kann ich das Herz des Kaisers nicht durchbohren. Der naht in der vordersten Reihe des Feindes. Das heilige Kriegskleid umhüllt mich, wie eine erstickende

Sonne, meine Arme beginnen zu vertrocknen, und mein Atem qualmt in die Augen meiner Krieger. Mag doch der Sinai zerrinnen dem Sande gleich. Meine Sterne trat ich tot, will ihre Blässe streicheln .... Aber wie nie Dagewesenes öffnet sich mein Angesicht über späte Tanzleiber und Tempel; in meiner Schläfe stirbt ein Gott. Wider mich stehn seine Meere aus ihren Betten auf, aber ein Tropfen meines Blutes färbt ihr Rauschen verwirrt. Könige und Königinnen zittern vor meinem bangen Reichtum. Meine beiden Neger trillern ihren gellenden Kriegsschrei, immer wenn mein Speer die Brust eines Ritters durchbohrt. Der Großvesier treibt die Spaßmacher vor meinem Dromedar her, sie schlagen mit ihren Zähnen harte betäubende Musik, und tanzen dazu: Abbarebbi, abbarebbi, abbarebbi, abbarebbi, lachajare! Hu hu u u u u u u u

Als Conradin der junge Ritter und Kaiser begraben war, kam seine Mutter zur Pilgerfahrt nach Jerusalem, und wie sie meinen Negern begegnete, lachte sie über die Unnatur. Ich küßte ihr Gewand – – abbarebbi lachajare, lachajare......... abbarebbi!!


## Tigerin, Affe und Kuckuck

### Tierfabel

Zirkus Busch ist in seinem Extrazug von Berlin abgereist. Ich bin zu seinem Abschied auf die Bahn gekommen, früh am Morgen; der Komet stand noch über der Sternwarte, aber die Zirkussterne, Schulreiterinnen, Jongleure, Auguste, der Riese mit dem Zwerg, der große Bär, die Elephantin, das Dromedar, der glitzernde Galawagen, alle waren sie im Lauf und bald im vollsten Zuge. Noch lange hörte ich das Brüllen der Tigerinnen, nie haßte ein Mann so wütend das Weib wie der Bändiger dieser gestreiften Katzenleiber. Der Puls des Zirkus blieb stehn, trat der unerschrockene Sultan in das Gittergemach seiner brüllenden Sklavinnen. Er mißbraucht sie nicht zu Kunststücken, läßt er auch die Kunstreiterin seiner Tigerinnen durch einen Papierreifen springen. Wollust bereitet ihm, seine wutschäumenden

Tigerweiber mit Stangen und Schüssen bis zur Wutekstase zu reizen und sie zu bezwingen. Schschschschschsch – sch – die beiden eleganten Brüder Fillies und ihre graziöse Schwester werfen noch einen kurzen Blick auf den Perron, der Clown mit der genialen Ungeschicklichkeit verlangt auf idiotisch vom Zeitungsträger den »Ulk« – Sch .... Berlin hat sein größtes Kind eine Weile verloren, den Zirkus; wo geht man nun hin, um zuzugukken? Wie ein Mensch soll der Affe sich im Wintergarten benehmen. Herr Darwin, der Enkel des großen Zoologen, wird mich ins Variété begleiten. Es ergreift ihn, so einen gebildeten Vorfahren seiner Baumzeit zu sehen. Ich bin ebenfalls von dem fletschenden Erzurgroßvater entzückt. Ein Gourmet ist der greise Herr, keineswegs lebt er von Luft und Erkenntnis. Der verwandte Künstler da oben verzehrte ein Menu von Dressel und regalierte sich an Heidsieck-Monopol. Mit Verbindlichkeit raucht er die Zigarette, die ihm ein Bewunderer verehrte. »Es ist Zeit« noch prüft er die Zeiger auf seiner Uhr. – Ich möchte mich auch in ein solches Prachtbett legen – ich bin müde – die Nacht vorher brachte ich, mich verirrend, in der Kolonie Grunewald zu; im Rieselregen auf einer runden Sommerbühne, worauf die Gärtner Kiesel legen. Nasse Nacht, kein Komet mehr. Ich war trostlos. Plötzlich rief der Kuckuck – ich bezog es zuerst persönlich, aber so unhöflich sind nur die Kuckucksuhren. Dieser da zwischen jungem Grün, zwischen April und Mai, ist ein vortragender Künstler, ein wundervoller Komiker. Also gibt es wirklich Kuckucke? Ich dachte immer, es sei eine Fabel.


## Karl Kraus

Im Zimmer meiner Mutter hängt an der Wand ein Brief unter Glas im goldenen Rahmen. Oft stand ich als Kind vor den feinen pietätvollen Buchstaben wie vor Hieroglyphen und dachte mir ein Gesicht dazu, eine Hand, die diesen wertvollen Brief wohl geschrieben haben könnte. Darum auch war ich Karl Kraus schon wo begegnet – – in meinen Heimatjahren, beim Betrachten der kostbaren Zeilen unter Glas im goldenen Rahmen. Den Brief hatte ein Bischof geschrieben an meiner Mutter Mutter, ein Dichter. Blau und mild waren seine Augen, und sanftbewegt seine schmalen Lippen und sein Stirnschatz wohlbewahrt, wie bei Karl Kraus; der trägt frauenhaft das Haar über die Stirn gekämmt. Und immer empfangen seine Augen wie des Priester- dichters Augen gastlich den Träumenden. Immer schenken Karl Kraus' Augen Audienz. Ich sitze so gerne neben ihm, ich denke dann an die Zeit, da ich den Schreiber des Briefes hinter Glas aus seinem goldenen Rahmen beschwor. Heute spricht er mit mir. Ich bewundere die goldgelbe Blume über seinem Herzen, die er mir mit feierlicher Höflichkeit überreicht. Ich glaube, sie war bestimmt für eine blonde Lady; als sie an unseren Tisch trat, begannen seine Lippen zu spielen. Karl Kraus kennt die Frauen, er beschaut durch sie zum Denkvertreib die Welt. Bunte Gläser, ob sie fein getönt oder vom einfachsten Farbenblut sind, behut- sam behütend, feiert er die Frau. Verkündet er auch ihre Schäden dem Leser seiner Aphorismen – wie der wahre Don Juan, der nicht ohne die Frauen leben kann, sie darum haßt – im Grunde aber nur die Eine sucht. Ich begegne Karl Kraus am liebsten unter »kriegsberatenen Männern«. Seine dichterische Strategie sind Strophen feinster Abschätzung. Ein gütiger Pater mit Pranken, ein großer Kater, gestiefelte Papstfüße, die den Kuß erwarten. Manchmal nimmt sein Gesicht die Katzenform eines Dalai- Lama an, dann weht plötzlich eine Kühle über den Raum – Allerleifurcht. Die große chinesische Mauer trennt ihn von den Anwesenden. Seine chinesische Mauer, ein historisches Wortge- mälde, o plastischer noch, denn alle seine Werke treten hervor, Reliefs in der Haut des Vorgangs. Er bohrt Höhlen in den Samt des Vorhangs, der die Schäden verschleiert schwer. Es ist ge- schmacklos, einen Papst zu hassen, weil sein Raunen Flüsternde stört, weil sein Wetterleuchten Kerzenflackernden heimleuchtet. Karl Kraus ist ein Papst. Von seiner Gerechtigkeit bekommt der Salon Frost, die Gesellschaft Unlustseuche.

Ich liebe Karl Kraus, ich liebe diese Päpste, die aus dem Zusammenhang getreten sind, auf ihrem Stuhl sitzen, ihre abge- streifte Schaar, flucht und sucht sie. – Männer und Jünglinge schleichen um seinen Beichtstuhl, und beraten heimlich, wie sie den grandiosen Cynismusschädel zu Zucker reiben können. O, diese Not, heute rot – – morgen tot! Unentwendbar inmitten seiner Werkestadt ragt Karl Kraus ein lebendiges, überschauendes Denkmal. Er bläst die Lufttürme um und hemmt die Schnelläufer, den Königinnen mit gewinnendem Lächeln den Vortritt lassend. Er kennt die schwarzen und weißen Figuren von früher her von Neuem hin. Mit ruhiger Papsthand klappt er das Schachbrett zusammen, mit dem die Welt zugenagelt ist.

## Ein Amen

Einmal, als ich sie besuchte, malte jemand ihre Hand – eine schmale Dolde am Ast, eine Seele, die blühte. Ellen Neustädter spielt nicht zur Schau; ihr Spiel ist eine tiefe Dichtung. Die Bühne fängt die Geschehnisse ihres Herzens auf und reicht sie dem Besucher, ein vielköpfiges Ganzes. Sie gibt dem Gemach oder der Landschaft die Farbe und ihr Odem ist überall. Die Damen vom künstlerischen Theater in Moskau könnten ihre Schwestern sein; die haben allerdings ihre Partner, ihre Zugehörigkeit. Ellen Neustädter hat nur einen gleichwertigen Bruder in Berlin: Oskar Sauer. Warum trennt man das rechtmäßige Spielerpaar? Klein Eyolfs Eltern sind sie. Schwere, hehre Paradiesstimmung, düstere Ernte. Eine Engeline: Ellen Neustädter; der Erzengel unter den Schauspielern ist Oskar Sauer. Was ihre Lippen bringen, ist Kunst aus Segen gewölbt. Sein Spiel straft, ihr Spiel belohnt; ist ihr Wesen aus Glas, sein Wort aus Stahl. Immer erzwingt die Gabe der beiden Wunderkünstler ehrfürchtige Anbetung. Es schneite draußen weiße Sterne. Oskar Sauer war seinen Leiden erlegen in »Nora«. Stand noch lange nach Schluß der Vorstellung am Theatertor – ich bildete mir ein, er sei wirklich gestorben. Auch heute wagte ich mich nicht stürmisch zu begeistern. Ellen Neustädters Seele ist eine zagende Dolde. Durch die lange Theaterabendstraße ging ich auf Zehen heimwärts, denn mein Herz träumte noch. Genial ist das Unantastbare, erzengel ist alles Genie, es erlöst vom Täglichen, bringt Verlorenheit und Seligkeit zugleich.

## Die rotbäckige Schule.

### Ein Bildchen.

Ich möchte etwas von der rotbäckigen Schule erzählen, die liegt zwischen lauter Weihnachtsbäumen im Spreewald und die Jungen und Mädchen, die in die fröhliche Schule gehen, sind lauter Sonntagskinder. Mein Junge heißt Paul, der möchte gar nicht mehr von dort fort, selbst Soldat will er bei Frida Winkelmann lernen, »denn Mutter, mir sind die Stunden dort lieber wie Ferien«. Frida Winkelmann ist eine Künstlerin, eine Bildhauerin, mit Fleisch und Blut modelliert sie. Die Kinder, die sie in ihre Hand nimmt, werden Menschen. Als kleines Mädchen schon besuchte sie das Pestalozzihaus und es geht die Sage, sie ist die Urenkelin des gütigsten Pädagogen gewesen. Zwischen Wald und Wald hat Frida Winkelmann in dem kleinen, grünen Städtchen ein Raubritterschloß erobert; früher hausten die gepanzerten Herren darin und sangen wilde Trinklieder, nun ist der letzte der Bande vertrieben worden, nicht einmal ein Gespenst spukt um Mitternacht durch die weiten Räume. Aber glückliche Träumlinge liegen in ihren Betten und morgen können sie ihre Purzelbaumherzen wieder so recht austoben; über die Treppen, in den Keller, wo die Karnickels sind, und wieder herauf, hast du nicht gesehn! Mit einem Sprung, hintereinander die Jungens und Mädchens auf den Rumpelboden. Dort stehen die merkwürdigsten Dinge, Wagen, die allein fahren können, Rollschuhe, Stelzen, alte Wiegen, darin die Raubritterkinder gewiegt wurden von den Raubritterinnen. Helme, lange Stöcke, Puppen, Bücher mit bunten Bildern. Und jedesmal, wenn die Unterrichtsstunde, die hier nur 40 Minuten dauert, zu Ende ist, dann fängt das Getrampel der Heinzelmännchen und Waldkobolde wieder an.

Angezogen in blaue, rote, und weiße Kittel, wie im Fidusalbum alle im Kreise; zwei von den ältesten Kindern spielen mit: Hähnchen und Böhmchen, Lehrerinnen sind die beiden, zwei Weihnachts-Mädchen, immer bescheeren sie Liebe. Viele Kinder kommen aus dem Städtchen in die rotbäckige Schule zu Frida Winkelmann und beneiden die Jungen und Mädchen, die im alten Schloß auch wohnen dürfen, und immer unten im Schloßhof am Barren oder an den anderen Turngeräten sich schwingen können. Und was lernen die Jungen und Mädchen alles in der rotbäckigen Schule? An den Klassenwänden hängen ganz goldene Bilder, die stimmen glücklich im Schauen. Auf der Tafel ist ein buntes Land gemalt; heute ist Geographie. Wie langweilig ist die Stunde oft in der wirklichen Schule – hier reist die begeisterte Gesellschaft von Stadt zu Stadt, von Land zu Land übers Meer; sie könnten jeder ganz alleine meinetwegen nach Indien fahren. Die kleinen Gehirne machen keine Mastkuren durch mit Zahlen und Buchstaben und weiten sich doch, ohne daß man sie mit trockenen Weisheiten stopft. Etliche Spielhändchen fangen die Fragen stürmisch auf, und jedes Jahr wundert sich der Herr Schulrat, was nicht alles diese Kinder gelernt haben.

Die Kindeskindeskinder der Raubritter wissen selbst, sie sind den Kameraden und Kameradinnen der höheren Schulen sogar voraus. Und dabei gehen sie eigentlich gar nicht zur Schule, in das kalte, steinerne Haus; sie sind eben bei Frida! Sie nennen sie alle Frida, auch die großen 16jährigen langzöpfigen Mädchen und Knaben mit den Ritterköpfen. Sie lernen bei Frida, sie essen bei Frida – lauter schöne gesunde Speisen; Milch und Kakao, soviel sie trinken wollen, ist da. Manchmal gibt Frida eine Chokoladenvisite; dazu werden die Kinder des Städtchens eingeladen. Bunte Reihe, sitzen Jungen und Mädchen im großen Raubrittersaal und das Chokoladengeplätscher hört nicht auf. Und in jedes Fenster des Raubrittersaales guckt eine Tanne. Später sind sie allesamt eingeladen zum Grammophonkonzert in Fridas Zimmer – da sitzen sie gruppenweise auf dem Teppich und von einer Ecke des Raumes her aus einer schweren Eisentulpe kommt eine lustige Musik herausmarschiert, 10000 Trompeter. Und zum Schluß des Abends: Ein friedliches Schlummerlied.

Die jüngste von den Kindern ist Frida Winkelmann selbst, sie hat in den Lenz gesehen, nie fühlte ich solche keusche Freiheit, wie von ihrem großen Mädchenherzen ausgeht. Dem Kinde sieht sie ebenso intim und pietätvoll ins Auge wie das Kind ihr. Dem Mädchen schenkt sie ihre Blüte, dem Knaben ihr Mark. Eine Feldherrin, den Oberkörper vorwärts geneigt, sie muß viele

junge Löwen und Löwinnen schützen. Sie dürfen zwar tun, was sie wollen – allerdings, sie bekommen keine Käfige gebaut und wissen doch, wie weit sie sich tummeln können. –
Drebkau bei Kottbus ist in zwei Stunden von Berlin vom Görlitzer Bahnhof aus zu erreichen. Die Landeserziehungsschule von Frida Winkelmann ist das letzte Gebäude im Städtchen zwischen Tannen und Fichten, hinter dem Marktplatz. Früher hausten die Raubritter hinter den Bogenfenstern, nun ruhen in der Veilchensonne des März Kinder mit roten Backen auf den weiten Rasenplätzen. Es sind so viele scheue, geplagte Kinder in Berlin mit verängstigten Schulherzen, immer müssen sie an den Morgen denken, ob sie die Aufgaben können oder nicht – und essen wollen sie nicht zu Mittag, die gehören alle in die rotbäkkige Schule.

## Oskar Kokoschka

Wir schreiten sofort durch den großen in den kleinen Zeichensaal, einen Zwinger von Bärinnen, tappischtänzelnde Weibskörper aus einem altgermanischen Festzuge; Meth fließt unter ihren Fellhäuten. Mein Begleiter flüchtet in den großen Saal zurück, er ist ein Troubadour; die Herzogin von Montesqiou Rohan ist lauschender nach seinem Liede als das Bärenweib auf plumpen Knollensohlen. Denn Treibhauswunder sind Kokoschkas Prinzessinnen, man kann ihre feinen Staub- und Raubfäden zählen. Blutsaugende Pflanzlichkeiten alle seine atmenden Schöpfungen; ihre erschütternde Aehnlichkeitswahrheit verschleiert ein Duft aus Höflichkeit gewonnen. Warum denke ich plötzlich an Klimt? Er ist Botaniker, Kokoschka Pflanzer. Wo Klimt pflückt, gräbt Kokoschka die Wurzel aus – wo Klimt den Menschen entfaltet, gedeiht eine Farm Geschöpfe aus Kokoschkas Farben. Ich schaudere vor den rissig gewordenen spitzen Fangzähnen dort im bläulichen Fleisch des Greisenmundes, aber auf dem Bilde der lachende Italiener zerrt gierig am Genuß des prangenden Lebens. Kokoschka wie Klimt oder Klimt wie Kokoschka sehen und säen das Tier im Menschen und ernten es nach ihrer Farbe. Liebesmüde läßt die Dame den schmeichelnden Leib aus grausamen Träumen zur Erde gleiten, immer wird sie sanft auf ihren rosenweißen Krallen fallen. Das Gerippe der männlichen Hand gegenüber dem Frauenbilde ist ein zeitloses Blatt, seine gewaltige Blume ist des Dalai Lamas Haupt. Auch den Wiener bekannten Architekten erkenne ich am Lauschen seiner bösen Gorillenpupillen und seiner stummen Affengeschwindigkeit wieder, ein Tanz ohne Musik. Mein Begleiter weist mit einer Troubadourgeste auf meinen blonden Hamlet; in ironischer Kriegshaltung kämpft Herwarth Walden gegen den kargen argen Geist. Auf allen Bildern Kokoschkas steht ein Strahl. Aus der Schwermutfarbe des Bethlehemhimmels reichen zwei Marienhände das Kind. Viele Wolken und Sonnen und Welten nahen, Blau tritt aus Blau. Der Schnee brennt auf seiner Schneelandschaft. Sie ist ehrwürdig wie eine Jubiläumsvergangenheit: Dürer, Grünewald.

Oskar Kokoschka ist eine junge Priestergestalt, himmelnd seine blauerfüllten Augen und zögernd und hochmütig. Er berührt die Menschen wie Dinge und stellt sie, barmherzige Figürchen, lächelnd auf seine Hand. Immer sehe ich ihn wie durch eine Lupe, ich glaube, er ist ein Riese. Breite Schultern ruhen auf seinem schlanken Stamm, seine doppelt gewölbte Stirn denkt zweifach. Ein schweigender Hindu, erwählt und geweiht – seine Zunge ungelöst.

## Am Kurfürstendamm

### Was mich im vorigen Winter traurig machte

Blumen werden bald blühen an beiden Seiten des Reitwegs am Kurfürstendamm. Wenn die lieblichen Reiterinnen an all dem Duft vorbeigaloppieren werden, dann ist es zu spät, ihnen zu sagen, daß die buntlachende Allee gesprengt wurde mit Schweiß und Blut Peitschender und Gepeitschter. Die Pferde vornehmer Landauer tanzen, ihre schwarzen Augen zünden vor Leuchten. Ich beginne sie mit ihren geplagten wiehernden Brüdern zu beneiden. Die können nicht weiter durch den Hügel an Hügel aufgeworfenen Erdboden; ihre Hufen mußten sich selbst den Schmerzensweg bereiten. Da gibt es kein Pardon! Auch kein Mitleid der Spaziergänger, niemand will was mit den Fuhrleuten zu schaffen haben; in den neumodischen, wogenden Busen der Damen pocht kein Herz. Sie verhindern sogar ihre Männer, sich in Straßenangelegenheiten zu mischen. Manchmal stellen sich Kinder auf zur rechten und linken Seite des Dammes. Für sie ist es eine Unterhaltung, ein wirklicher Kientopp. Heute besah sich ein Schutzmann den unerhörten Vorgang. Aus einem Bäckerladen schickte eine Käuferin für die Pferde alte Semmeln. Ich sah über dem Gesicht des uniformierten Mannes eine kräftige Freude marschieren. Und ich bat ihn, ob er nicht eingreifen wolle. Er erklärte mir, die Fuhrleute sind nicht so schlimm, wie ihre Brotgeber. Weigert sich einer der Angestellten wegen der nicht genügenden Anzahl Pferde an seinem Karren loszufahren, verliert er seine zwanzig Mark per Woche. »Da lauern schon immer genug Brotlose vor der Türe.« Für die zwanzig Mark. – Sie leben, sie peitschen, sie fluchen dafür. Ihre Roheit besteht das Examen. »Dämlich Vieh, windelweich hau ick dir, faulet Luder!« Die Wut rinnt den Unmenschen über die Backen, den entblößten Hals hinab. Die Rücken der Tiere bluten vor Hieben. Wie sollen sie es anders machen? verteidigt sie der Schutzmann. Denn es dauern ihm die Treiber ebenso wie die Pferde. Die Treiber, die nur zwanzig Mark verdienen pro Woche und sich so plagen müssen mit dem Vieh. »Es ist doch mal Vieh, es ist doch zum Ziehen da!« Ein paar Bürger stimmen ein in den bequemen Sang. Röhren sollen gelegt werden zum Ablauf des Wassers. Die Blumen, die bald auf beiden Seiten der Allee wachsen, müssen bewässert werden. Gibt es denn keine Maschinen, die die Erde schließlich aufwälzen können? meint ein sechsjähriger kleiner altkluger Ingenieur. Er hält auch eine Maschine im kleinen aus einem Spielwarengeschäft in der Hand. Die Männer toben. Wilde Australneger sind Engel dagegen mit ihrem Schlachtgeschrei. Ich aber fühle ebenfalls die schwere Schuld, die die Besitzer dieser Fuhrunternehmen treffen. Vorwurfsvoll schielen seine Knechte über die gefräßigen Pferde auf uns: Sie hätten selbst Hunger. Endlich aber entschließen sie sich, nach all den vergeblichen Peitschenhieben, die Pferde umzuspannen. Zu sechsen geht es doch besser über die holprige Strecke. »Ich hab das gleich gedacht«, gesteht der Schutzmann. »Aber sagen Sie mal was zu den Leuten!« Wenn die lieblichen Reiterinnen im Sommer auf ihren verwöhnten Schimmeln durch die Allee des Kurfürstendamms reiten, wird der Geranium zu ihren Seiten rot wie die vergossenen Blutstropfen der armen Pferde blühen. Sie hatten alle traurige Augen und ließen die Köpfe hängen.

## In der Morgenfrühe

Ich gehe an Mandelbäumen vorbei, aber die blühen in den Gärten fremder Häuser und die Fenster sind noch geschlossen hinter Spitzengeweben. Ich bin unendlich müde, gewohnheitsmäßig bewegen sich meine Füße vorwärts, Maschinen sind es und sie müßten eigentlich unverhüllt in blauen Sandalen gehen, denn sie sind von goldzagem Wandel, wie die Sonne, die aufstieg. Ich kenne die Menschen nicht, die mir begegnen, ich weiche ihrem Dünkel aus und ich brauchte nur meinen grauen Mantel abzulegen, um König zu sein. Ich bin unendlich müde, ich glaube, ich bin im tiefsten Leben erkrankt, aber die Vorübergehenden merken es nicht, sie heben auf, was lärmend auf den Straßen liegt, aber sie hören nicht das schmerzliche Murmeln, das tötliche Verrauschen einer Seele. Da liegt ein Nachtfalter vor mir – er stirbt – wie dürftig seine Flügel sind, ein Lumpenhändler war es, ein Vagabund, der sich nachts auf den Straßen herumtrieb und am Feuerrausch der Lampen endete. Er stirbt – ich trete ihn tot. Ich denke an ihn – wenn es für ihn doch einen Himmel, einen blauen Strand gäbe – er würde dort ein schöner Schmetterling sein. Ich bin unendlich müde – wenn ich nun auch eines Morgens so daliege, wie der graubraune Strolch – welcher Fuß würde mich zertreten. Es kommen Männer an mir vorbei in weißen Sportschuhen und Frauen schreiten hastig über den Damm. Ich mag diese Frauen nicht im Ornat, derbgewordene Philisterinnen sind sie – was wissen sie von der Knabenzeit. Aber das kleine Mädchen mit der Bubenbluse, es wird mich übermütig zertreten im Scherzwort, im Frühlingslachen. Ich bin unendlich müde und es beginnt der rücksichtslose Tag. Der Mann aus Glas mit der Vollstreckungsmappe unterm Arm wartet vor der Haustür auf mich, heute klebt er die Siegel. Ich muß ihn zart am Henkel fassen – so ganz vorsichtig, liebevoll, daß er nur keinen Sprung bekommt. Draußen an dem fremden Hause blühen die Mandelbäume: der Falter ist tot, ich vergaß ihn vom Weg in einen der Gärten zu werfen.

## Elberfeld im dreihundertjährigen Jubiläumsschmuck

»Lott es doot, Lott es doot, Liesken leegt om Sterwen, dat es god, dat es god, gäwt et wat tu erwen!« Ich bin verliebt in meine buntgeschmückte Jubiläumsstadt; das rosenblühende Willkomm gilt mir, denn ich bin ihr Kind, die flatternden Fahnen auf den Dächern, aus den Fenstern winken mir zu, lange Rotschwarzweißarme, die mich umfangen wollen. Ich soll überall hereinkommen. Ich bin in Elberfeld an der Wupper in der Stadt der Schieferdächer. Hohe Ziegelschornsteine steigen, rote Schlangen herrisch zur Höhe, ihr Hauch vergiftet die Luft. Den Atem mußten wir einhalten, kamen wir an den chemischen Fabriken vorbei, allerlei scharfe Arzeneien und Farbstoffe färben die Wasser, eine Sauce für den Teufel. Aber nach Newiges zu, wo die Maschinen ruhen, wie frische Drillingsbäche fließt die Wupper zwischen Wiesen und Waldalleen. Aber ich bin verliebt in meine zahnbröckelnde Stadt, wo brüchige Treppen so hoch aufsteigen, unvermutet in einen süßen Garten, oder geheimnisvoll in ein dunkleres Viertel der Stadt. Ich mag die neuen Bauten nicht – wer aber war die Urpatrizierin des Rokokohauses aus der Friederizianischen Zeit? Es lebt noch einbalsamiert zwischen jüngst zur Welt gekommenen Fabrikanten- und Doktorhäusern. Denn jeder etwas wohlhabende Bürger der Stadt besitzt ein Wohnhaus, worüber er Herr ist. Portiersleute gibt es in Elberfeld nicht, frechgewordne Sklaven, die nach Belieben ein- und heraus lassen. Selbst viele Arbeiter leben im Eigentum ihrer Mütter. Gequacksalbert hat die Alte an der grünen Pumpe, noch heute

heilt sie Krampfadern und Beingeschwüre. Und das berühmte Geheimmittel gegen die Cholera hat der sterbende Großvater Willig dem Vater ins Ohr gelallt und der hat es wieder dem Sohn anvertraut und nun weiß es der Enkel, der wahrscheinlich seiner
5 gesprächigen Mutter wegen taubstumm zur Welt kam. Und überhaupt so seltsame Dinge gingen in der Stadt vor; – immer träumte ich davon auf dem Schulweg über die Au. Manchmal lief ich durch graue, lose Schleier, Nebel war überall; hinter mir kamen schauerliche Männer mit einem Auge oder loser Nackt-
10 heit; auch an Ziethens Häuschen mußte ich vorbei, der seine Frau erschlagen haben sollte, »ewwer en doller Gesell wors gewäsen«. Oft ließ ich vor Angst die Bücher fallen oder der Ranzen hing mir nur noch halb auf der Schulter. Nun grünt nicht mehr die von Zäunen umgrenzte Au; Tore verschließen Häuser;
15 kein Schulkind kann mehr auf dem Wege zur Schule träumen, jedes Fenster zur Rechten und zur Linken weckt es auf. Lebt der greise Direktor Schornstein noch, der nicht wie die roten Schornsteine rauchte, aber vor Zorn so oft fauchte? Ich bin verliebt in meine Stadt und bin stolz auf seine Schwebebahn, ein Ei-
20 sengewinde, ein stahlharter Drachen, wendet und legt er sich mit vielen Bahnhofköpfen und sprühenden Augen über den schwarzgefärbten Fluß. Immer fliegt mit Tausendgetöse das Bahnschiff durch die Lüfte über das Wasser auf schweren Ringfüßen durch Elberfeld, weiter über Barmen zurück nach Sonn-
25 born-Rittershausen am Zoologischen Garten vorbei. Mein Vater mußte an den Sonntagen mit mir dorthin gehen, der bemerkte nicht den Sekundaner mit der bunten Mütze. Auf dem Hügel im Tannenwäldchen am Bärenkäfig versprachen wir uns zu heiraten. – Ich muß an alles denken und stehe plötzlich wie hingehext
30 vor meinem Elternhaus; unser langer Turm hat mich gestern schon ankommen sehen; ich fall ihm um den Hals wahrhaftig. Leute am Fenster des Hauses bemerken, daß ich weine – sie laden mich ein auf meine Bitte, einzutreten. Schwermütig erkenne ich die vielen Zimmer und Flure wieder. Auf einmal bin ich ja das
35 kleine Mädchen, das immer rote Kleider trägt. Fremd fühlte ich mich in den hellen Kleidern unter den andern Kindern, aber ich liebte die Stadt, weil ich sie vom Schoß meiner Mutter aus sah. Von jeder Höhe der vielen Hügel schwebt noch ihr stolzer Blick

wie ein Adler; und meines Vaters lustige Streiche stürmen eben um die Ecke der Stadt. »Wat wollt öhr van meck, eck sie jo sing Doochter.« Das rettet mich vor der schon erhobenen Faust eines besoffenen Herumtreibers. Das verwilderte Jahrmarktgesindel rings um mich schwenkt meine Kindheit immer wieder von neuem wie in einer vielseitigen Luftschaukel auf und nieder. Das Geklingel der Karussellmusik, begleitet von Flüchen rauher Mäuler und Kreischen frivoler Weibsbilder ist zärtlich meinem Ohr. Denn ich bin verliebt in die Stadt der Messen und Karussells. Mein Begleiter versucht mich zu überreden, mit ihm den Riesenjahrmarktplatz zu verlassen. Aber ich muß noch einige Male Karussel fahren. »Lott es doot, Lott es doot«, ich fahr für mein Leben gern; gerade die altmodischen Holztiere sind am fröhlichsten und drehlichsten. Mein Leopard springt auf Raub. Zwischen Aujust und Aujuste die Bewußte, hinter Caal und Caaroline Alma, Luischen, Amanda. Gar nicht stolz bin ich – sie beginnen mich zu lieben. Ich bin verliebt in meine Stadt, manchmal schrei ich ganz laut auf, das überzeugt das rohe, arme Gesindel. Den Härrn Schüler haben viele gekannt, er hat sie umsonst wohnen lassen in seinen Häusern. – Wir gehen durch das Tor ins Elberfeld vor »dreihundert« Jahren. Mina singt gerade im Tingeltangel ihre Liebeslieder. In rosanen Atlaspantoffeln stecken ihre Klumpfüße, ein knappes Röckchen bedeckt ihren Allerweltsleib. Diese Undame charakterisiert das Chantant einer ganzen Zeit. Ich entgehe ihrem Spotte nicht, aber ich weiß ihr Achtung einzuflößen. Ist ihr Hals etwa nicht wie Milch? Und zuguterletzt erkundige ich mich angelegentlich, wo man genau solche Pantoffeln bekommt in der Stadt, wie die ihren sind. »Die sinn ut Engeland bei Paris.« – Nun hinein ins Kölner Hännesken! Gewaltsam zerre ich den Dichter zwischen die Clowns ins Innere des Brettertheaters. »Sie werden noch gestochen werden wie Ihr Vater einmal.« Durch seine Uhr ging die Spitze des Metzgermessers. Am anderen Morgen führten die jammernden Eltern den heulenden Sohn vor das fieberknarrende Bett meines Vaters. Er wußte, daß sie kommen würden und drei Gläser und eine Flasche Rotwein standen zum Empfang auf dem Nachttisch. Aber er ächzte vor Schmerz, namentlich, als die fette Metzgersmutter begann, dat et där wackere Här Schüler verzeehen mödd .... Ich bin verliebt in meine Stadt, aber schon muß ich Abschied nehmen wie von einem alten, düsteren Bilderbuch mit lauter Sagen. Niemand hat mich wiedererkannt, auch in Weidenhof der Wirt nicht, der immer einen ganz kleinen Kellner für mich herbeischaffen mußte am Festtag, wenn wir dort Forellen aßen. Und die Einkehr in meine Heimat habe ich einem Dichter in Elberfeld zu verdanken, der kam dorthin lange nach mir. Paul Zechs feine künstlerische Gedichte duften morsch und grün nach der Seele des Wuppertals.

## Marie Böhm

Ecke Französische und Charlottenstraße lachen aus einem der Glaskästen schöne, weiße Zähne, zwischen frischen Lippen in Mädchengesichtern. Manche von den jungen Schauspielerinnen offenbaren ihre ureigene Begabung, denn ihre Perlmutterhecken sind gar nicht erschaffen, am Abend hinter zuckenden Lippen versteckt zu schimmern. Ueber dem Atelier von Marie Böhm scheint auch der Himmel zu heiter; die wundervolle Photographin kann nicht genug Vorhänge über die Sonne ziehen, die macht immerfort ein freundliches Gesicht. Marie Böhm ist die Eigentümerin des kunstphotographischen Ateliers Becker und Maass. Man kann sich ohne Gefahr vor Entstellung vor ihren Apparat begeben. Marie Böhm weiß im richtigen Augenblick den Blick vom Auge zu nehmen. »Der nichtssagendste, ausdruckloseste Mensch hat einen Augenblick, den muß man eben festhalten.« Ihre lieben, blauen Augen strahlen, als sie das antwortet. Ich verstecke mich unter einem Tisch hinter langen Laubgewächsen, um aus meiner Froschperspektive einige Aufnahmen zu beobachten. Daß das nicht angehe, meint Fräulein Böhm – schon naht das Brautpaar, ich rufe ihr aus meiner Lage zerstreut zu, sie soll sagen – im Fall – ich bin Arzt und interessiere mich für neuartige Operationen. Diese Ideenverwirrung stammt von meinem Vater her, er verwechselte immer das Zahnziehen mit dem Photographierenlassen. Beides hat so was mit dem Herausholen zu tun – und – »der eine Augenblick«. Marie Böhm aber hat keine Zange in der Hand. Bräutigamundbrautumschlungen sitzen die beiden auf der Bank und drehen ihr den Rücken zu; ihre Gesichter blicken sich auf einmal nach etwas um. Ob sie mich quaken hören! – »Danke!« Zweite Aufnahme. – Für die Photographien müßte es auch eine Welt geben aus gediegenem Silberoxyd im Krinolin. Das Album ist aus der Mode gekommen, darin sich das photographierte Onkeltantengeschlecht zum Aufblättern befand; es stirbt nicht aus. In Schalen liegen all die Pietäten, Frauen, die sich auch schon Löckchen drehten, Nun sind unsere Kleidersäcke zugebunden, Auf den spätverwandten Bildern Stehen die Röcke weit in Runden. Ihre Augen aufgetan in Todesangst – den Augenblick zu greifen, heute hascht ihn die Photographie wie einen Schmetterling vom zwanglosen Sichgehenlassen. Und gerade meine liebe Marie Böhm ist eine so große Photographin – sie photographiert auch ohne Apparat gerade mitten in der Sonne mit geschlossenen Augen, wie der Maler malt ohne Pinsel im Spazierengehen, im Anblick, im Nachsinnen. Wenn ich ihr gegenüber sitze, wartet sie auf die Falte zwischen meinen Brauen.

## William Wauer

Als das Café Kutschera noch seinen adligen Namen »Secession« trug, hielt in dem oberen Raum des Cafés William Wauer einen Vortrag über Theaterkunst. Ein junger Schauspieleleve nahm mich mit herauf; viele Eleven und Elevinnen schritten vor mir in den Saal der grauen Sammetsofas und Sessel; ich war die einzige unter den Zuhörern, die Wauer noch nie gesehen und doch ihn sich genau so vorgestellt hatte mit der eigenartig schmerzlichen Sicherheit in den Augen und in den Gebärden. Ein großer Geiger, der nicht die göttliche Geige findet. Ein großer Dirigent – ist nicht sein Vortrag ein Zusammenspiel vielerhand Instrumente gewesen. Lebendige Violinen, seine Schauspieler; er mag nicht die erste Violine zwischen ihnen, die den Ton angibt, kein Genie, das sich abtönt, hervortönt von den anderen Tönen. Das Zusammenspiel seiner Leute, eine Genieleistung soll sie sich heben aus der Fertigkeit seiner Hand. Als das künstlerische Theater aus Moskau in Berlin gastierte, gedachte ich der Worte William Wauers. Der Zar bis zum Onkel Wanja und die Frauen all, glichen seinen Idealgeschöpfen. Wandelnde Töne, schreitende Melodien, unbezahlbare Instrumente mit tausendtiefem Ton. Aus Spielläden und Kotillongeschäften liefert man William Wauer, Spaßgeigen, Trompeten, Kriköhs: Dilettanten und Tantinnen. Sie essen ihre Rolle, um sie ganz im Leib zu haben. Sie muß ihnen auf den Leib passen. Aber der Schauspieler soll den Duft seiner Rolle einatmen, meint William Wauer, »Ueber solch trunkene Seele zu streichen mit seinem Bogen«. – Seine Regie steht auf Füßen, das Milieu gleicht dem Bewohner des Schauspiels. Erster Aufzug: Veranda, von Säulen umstanden. Zweiter Aufzug: Wohnzimmer der gräflichen Familie. Man kann sich gar kein anderes Innere vorstellen nach dem Wuchs der Villa. William Wauers Regie ist anatomisch. Sein Blut möchte fließen durch die Adern seiner Schauspieler wie ein Strom durch das Spiel. Das soll keimen und aufgehen aus seiner Gestalt in vielen Gestalten. Kein Asiate ist er, dem die Tragödie nur eine einzige Kriegsgebärde wird. Er meint, zu den Wilden gehöre ich, und mit der eigenartig schmerzlichen Sicherheit im Auge betrachtet er mich wie ein fremdes Instrument aus Bambus.

⟨Ich bin zwischen Europa und Asien geboren...⟩

Ich bin zwischen Europa und Asien geboren, hütete bis zu meinem 14. Jahre die Kamelherden meines Urgroßvaters zum Zeitvertreib, der Scheik in Bagdad war. Später hörte ich den Weisheiten eines Indiers zu, verstehe mich nun auf Mond und Sterne und Traumdeuterei. Meine linke Seite ist vollständig aus krystallisiertem Wasser des heiligen Flusses.

Else Lasker-Schüler.
(Türe von Bagdad.)

## Im neopathetischen Cabaret

Tausend und Einer. Ich habe mich nicht verzählt, las auch, während ich die Köpfe zählte, Arnim Wassermann Verse seiner Herzensdichter. Weich und herb, reich und superbe ist seine Sprache; dazu sein schwärmerisches, knabenhaftes Savoyardengesicht! – Ich suche nach einem Stuhl, der im Verborgenen blüht – endlich finde ich so ein Veilchen abseits am Tapetenrand; ich setze mich. Meine Tänzerin Zobeïde, die sehr neugierig auf das Cabaret der Neopathetik ist, ruht schon lange müde zwischen weißen, lilagelben, roten und himmelblauen Mädchen; ein Dichter mit Honiglippen und zwei Augen, naschhafte Bienen, als einziger Tasso neben ihr und ihren bräutlichen Schwestern. Es betritt jemand den Oelberg des Saals und predigt über Kunst. Der Vortrag ist geistvoll, wenn man sich auch durch Mimik und Brille in die Schule zurückversetzt glaubt. Noch immer höre ich keine Gedichte von mir – warum lud man mich ein, zumal ich keineswegs objektiv bin? Auf einmal flattert ein Rabe auf, ein schwarzschillernder Kopf blickt finster über die Brüstung des Lesepults. Jakob van? Er spricht seine kurzen Verse trotzig und strotzend, die sind so blank geprägt, man könnte sie ihm stehlen. Vierreiher – Inschriften; rund herum müßten sie auf Thalern geschrieben stehn in einem Sozialdichterstaat. Ich muß immer ans Geld denken; wie man so runterkommt – wenn Zobeïde, meine Tänzerin, ein Portemonnaie bei sich hätte, würde ich zu der Menschenhitze ein Glas Limonade trinken. Ich höre, wie ein Vortragender mit triumphierendem Gesicht Stefan Georges Dichtungen als Ruhepunkt bezeichnet. Das muß ich wiederlegen. Stefan Georges Gedichte wandeln allerdings, ohne müde zu werden; nicht bunte Karawanen über Sandwege; aus ihnen weht die Kühle endloser Prozessionen zwischen frommen Schlössern und himmelhohen Domen. Die Orthographie der Georgeverse erinnert in ihrer Gleichtönigkeit leicht an englische Sonntagsruhe. Wars das, lieber Vortragender? Gern hätte ich die Rede von Kurt Hiller, dem Präsidenten des neopathetischen Cabarets, gehört.

Zobeïde, meine Tänzerin, will noch nicht mit nach Hause kommen.

## Handschrift

> Für den Künstler der Handschrift ist
> der Inhalt seines Schreibens nur ein
> Vorwand, wie für den Maler das Motiv seines Bildes.

Ich habe beobachtet, daß Kinder und Große so recht in Gedanken versunken, mit der Feder, mit dem Bleistift an zu kritzeln fingen, dann ganz unbewußt bemüht waren, schöne oder verschnörkelte Buchstaben und Worte zu schreiben; sich dann später selbst über die Bedeutung des Geschriebenen wunderten. Auf einmal steht auf dem weißen Rand der Zeitung ein Name im Arabeskenschmuck oder blumenverziert. Dort ist ein Zeitwort auf dem Kopf gestellt, ich meine ein xbeliebiges Wort in Spiegelschrift geschrieben. Ich habe dasselbe fesselnde Gefühl beim Ansehen einer interessanten Handschrift wie bei einer guten Federzeichnung oder einem Gemälde. Und doch möchte ich darum die Handschrift nicht mit der Malzeichenkunst in einen Farbentopf oder in ein Tintenfaß werfen. Aber der, welcher sich verzweifelt nach einem Talent sehnt, möge es zunächst in seiner Handschrift suchen. Oft hat schon der Lehrer sie im Keim erstickt. Den meisten bleibt die Schrift nichts wie Inhalt – die Nachricht erfreut ihn, ärgert ihn, namentlich wenn sie noch dazu undeutlich geschrieben ist. Warum hörte ich nie jemand sagen: Erklären Sie mir diese oder jene Handschrift. Ich meine nicht des sprachlichen Verständnisses wegen, auch nicht aus graphologischem Grunde; rein künstlerisch! Wie ja so oft die Frage aufgeworfen wird vor einem Bildnis. Es hat noch nie jemand von einer Handschrift den alltäglichen Ausruf getan: »Die ist mir zu hoch!« Und doch gibt es gerade Meister dieser Schulmeisterkunst. Diejenigen sinds, die sich im Klassenzimmer Strafe holten ihrer Klaue wegen. Es geht ihnen wie dem Genie, welches die Kunstschule ausspie. Handschrift ist erblich wie jedes Talent. – Für mich kommt kaum der Inhalt eines Briefes in Betracht; ich kann mich für den Schreiber nur seiner Buchstaben wegen interessieren. Und es geschah schon, daß ich ganz entzückt einen unverschämten Brief beantwortete und umgekehrt. Die Schrift ist ein Bild für sich und hat nichts mit dem Inhalt zu tun. Jeder lernt schreiben, eine Menge Menschen haben es in ihrer Handschrift zur Kunst gebracht. Und darum auch gibt es in keiner Kunst so viele Epigonen, wie in der Kunst der Buchstaben. Für diese Nachahmer ist jeder Buchstabe ein Gestell, dem sie einen Mantel umhängen, den ein anderer gewebt hat, sie verstehn eben ihre Blöße zu bemänteln. Die ursprünglichen Epigonen sind reichgewordene Frauen, die sich bemühen ihre so oft charakteristische Ladenmädchenschrift zentimeterhoch heraufzuschrauben direkt zu hochmütigen Gänsehälsen. Der Mann möchte Bedeutung in seine Schrift legen und ahmt der Hand des ihm Geistigüberlegenen nach. Ungemein sympathisch berührt mich die sogenannte Tatze, die Schrift der Knaben wenn sie den Aufsatz ins Diarium schreiben. Hier diese Zeilen hat ein Mädchen vorsichtig und sanft geschrieben. Manchmal lachen auch Briefe oder sind erbittert, die Schrift riecht fast nach Galle. Meines Freundes Brief blinzelt, eine Faunlandschaft. Dein Onkel schreibt eine kleine, rundliche, gleichmäßige Handschrift wie Taler. Geizhals ist er, aber kein Handschriftkünstler wie mein Freund der Faun. Interessant sind die spitzauslaufenden Buchstaben auf dieser Seite, jedes Wort ein Wolfsgebiß. Und doch kein Tiergemälde. Interessant wirkte auf mich die Korrespondenz, die ich erbrach zugunsten der Kunst, zwischen Karl Kraus und Herwarth Walden. Alte und neue Meisterstücke. Ich sprach schon einmal in meinem Essay über die Pietät in Karl Kraus Buchstaben. Seine Handschrift ist ein Dürergemälde. Meine Handschrift hat als Hintergrund den Stern des Orients. Oft sagten mir Theologen, ich schreibe deutsch wie hebräisch oder arabisch. Ich denke an der späten Aegypter Fetischkultur; ihnen ging aus dem Buchstaben schon die Blüte auf. Der Zwischenduft der Handschrift mit Zeichenmalkunst verbindet. Mir fallen noch die Schriften der Chinesen und Japaner ein. »Die Mitternacht zog näher schon, in stummer Ruh lag Babylon« – die plötzliche Geisterschrift an der Wand entsetzte die berauschten Gäste nicht des Inhalts wegen, das furchtbare Schriftbild war es. Sie erblickten den Inhalt des Fluches. Darum ist auch das Verständnis zur Kunst ein Seltenes und Erhabenes – es liegt uns im Gesicht und geht uns vom Gesicht aus. – Die Kaufmannshandschrift –

ich möchte noch vorher fragen, hat schon einer der Leser einmal ein Lebenszeichen vom Dichter Peter Baum bekommen? Nämlich gerade bringt mir der Postbote so ein Sommerbildchen, Buchstaben: Mückenschwarm, der vergnügt in der Sonne tanzt. Seine Karte blendet. Ich bin bei der Kaufmannshandschrift – phantasielos, nüchtern, sie liegt bewegungslos auf dem Papier. Kühle Tatsache. Der kaufmännische Reisende dreht seinen Buchstaben eitel den Schnurrbart. Stutzig machen mich Briefe, die vom Geschäftsmann geschrieben sind und von der Buchführung doppelt abweichen. In dem Schreiber steckt sicherlich das Handschrifttalent. Es gibt auch Launen der Schrift. Kinder, die erst morgen dem Christkind schreiben wollen, da sie heute nicht schön schreiben können. Meiner Mutter Briefe waren schwermütige Cypressenwälder, meines Vaters Schrift reizte zum Lachen, humoristische Zeichnungen aus dem Struwelpeter. Kohlrabenpechschwarze Mohren oder der böse Nicolas steckt die Jungens ins Tintenfaß. Gelungene, amüsante Ueberschwemmungen von Tinte waren die Briefe meines Vaters. – Es gibt auch Schriftinspirationen, viele Menschen berauschen sich an ihrer Schrift, und den Inhalt, den sie aufschreiben, ist nur Vortäuschung. Ich schreibe oft, um mich durch meine Schrift zu erinnern, mein Vater um sich zu ergötzen. Meine Schwestern schreiben zweierlei: die älteste: Reisebilder, die andere: Kinderbilder. Der einzige Plastiker der Handschrift, den ich kannte, war St. Peter Hille, Petrus – er schrieb Rodins. Wie viel deutlicher gemalt ist das tiefsinnigste Bildnis, als die ausgeschriebene Handschrift (rein künstlerisch verstanden). Aber auch die kann dilettantisch sein, wenn sie ohne Tiefe und Geist und nur aus Ausübung entstanden ist. Manche sogenannte schöne Schrift allzudeutlich, Oelbilder nach Sichel. Lieber ist mir schon die Pfote von Aujuste. Ihr Brief und die Antwort vom Schatz, geben sich einen Schmatz. Derbe Genrebilder. Vielerlei gibts davon. Aehnlich wie die Köchin schreibt das Dienstmädchen, die Kellnerin, das kleine Mädchen, die kecke Hure. Aber loser geheftet, unordentlicher ihr Brief, ein leicht schaukelndes Gerippe. Weit eher ist die Demimonde eine Epigonin. Sie stiehlt lächelnd und liebkosend die Buchstaben der Originale oder versteht wie die Sprache auch die Schrift ihres in Fessel gelegten Herrn zu kopieren und belecken. – Habe ich schon gesagt, daß es auch Stilleben in der Handschrift gibt, zehnseitenlange Briefe, die schlafen, aber deren Inhalt voll Leben sprudeln; Handschriftkünstler, die schulakademisch erzogen und erwogen sind. – Manche Buchstaben gucken neugierig; gewissenhafte Schriften, wo die Buchstaben getrennt auseinanderstehen. Er war sehr niedergeschlagen, als er diesen Brief schrieb, seine Handschrift war dünn aufgelegt. Hochbeglückt, glänzen die Vokale – glückliche Handschrift. Ich habe ein kleines Laboratorium von Schreibkaninchen, die ich anrege, mir Briefe zu schreiben. Sie können sich also schon auf meine Erfahrung verlassen, lieber Sturmleser; es tut mir unendlich leid, daß mein Manuskript dieses Aufsatzes nicht in Ihre Hände gelangt. Trotzdem es mit schwarzer Tinte geschrieben ist, wirkt es blau, tiefblau, liebesblau. Den wissenschaftlichen, langweiligen Inhalt müssen Sie schon in Kauf nehmen – seine Handschrift ist ein Liebesbildnis. Ich dachte nämlich, indem ich über »Handschrift« schrieb, an drei schöne Königssöhne. In Wirklichkeit schrieb ich drei Briefe; den ersten an Zeuxis, den griechischen Maler, der nun in Berlin wohnt. Er sei mein Ideal, aber ich ginge nicht an ihm zugrunde. Ich schrieb dem guten Prinzen von Afghanistan, daß er mein Typ sei und daß wir ineinander verwachsen wären. Ich schrieb Wilhelm von Kevlaar, daß er mein Symbol war, daß ich am Sterben läge, denn ich hätte an die große Treue geglaubt, an seine Treue zu mir, und er habe sie gebrochen.

Das Manuskript liegt dem interessierten Leser zur Verfügung in der Direktion.


## Max Brod

Das Volk wird nie nach ihm schrein; er sättigt nicht, er ist überhaupt nicht zum essen, man kann höchstens eine seiner Hände streicheln oder seinen Mund küssen – er hat einen schüchternen Kindermund. Der erzählt immer von sich, immer so hübsche Geschichten, die sich am Ende des Pfades reimen und viele, viele Wege geht er mit den Mädchen in seinen Gedichten. In

Grimms Märchen ist er gemalt, wie er als Kind aussah, in Hänsel und Gretel. Ich habe Max Brod eine Nelke mitgebracht, die trug er in der Hand, als er in den Saal kam und ich bildete mir ein, er lese mir ganz alleine vor inmitten der königlichen Gemälde; ringsum an den Wänden: Van Gogh. Ich weiß den Namen seines Schauspiels nicht, aus dem er erzählte. Aber immer war es die Liebe, die über seine Lippen kam – mein Herz ging blau auf unter den vielen lauschenden Herzen. Max Brod ist ein Liebesdichter. Auch der andere Aufzug seines Schauspiels war ein Liebesgedicht, ein vielstimmiges, ein streitendes. Ich glaube, man kann nur Liebesgedichte in »Prag« schreiben, wo so viele Bögen und Wälle sind; und lauter graue Figuren treten aus den alten Häusern hervor – die Steingespenster führen die Herzen bange zusammen. Ich habe manchmal Sehnsucht nach Prag, schon um mit Max Brod durch die Gewölbe seiner Heimat zu wandeln, wo die alten Häuser wie Mumien stehn, zur Rechten und Linken.

## Sterndeuterei

Soll Ihr Leib noch länger mit seinen Sternen in der Hand Ihres Arztes liegen und wie lange überlassen Sie ihm noch Ihren Verstand? Fragen Sie einmal so im Vorübergehen den Doktor, ob er von Ihrem Sternensystem eine Ahnung hat. Oder wenden Sie sich an einen Irrenarzt, der am gründlichsten Bescheid wissen müßte von der Astronomie des Menschen; sitzt er doch an seinem Pol, wie ein falscher Gott am Scheidewege, wo sich der Stern vom Chaos trennt. Es gibt gar keinen Irrsinn im Sinne der Eisenbärte, aber wer wird mich nicht verspotten, wenn ich behaupte, es gibt eine Veränderung im Sternensystem, es gibt eine Veränderung im Chaos des Menschen. Darum sind Ihre Leiden aus keinem anderen Grunde entstanden, als aus all zu wuchtigen Sternenvorgängen. Senkte sich unerwartet Ihre Sonne in eins Ihrer Meere? Jedwede Behandlung Ihres Arztes ohne genaue astronomische Kenntnis Ihres Planeten ist ein Vergehen. Unbeschreiblich friedlich stimmt es, einen Mond in sich zu fühlen, und wer ihn in sich trägt, steht im verwandtschaftlichen Verhältnis mit dem Groß-

gehenden da oben. Nach einem Schwächezustand, den ich
überwand, meine Tore standen noch unbefestigt, fühlte ich den
Durchgang des Vollmonds dicht an dem meinen vorbei, wie ein
leichtes Beben. Nicht dieser Vorgang war ein krankhafter, aber
durch die Kraft des Vorgangs erlitt ich Sternenschaden. Ich war
noch lange nach diesem Ereignis eingehüllt in schwermütigen
Wolkengedanken. Glauben Sie, die Erde leide etwa nicht noch
durch die kürzlich erlittene, erduldete Kometkraft? Denken Sie
an Maria, durch die Gott schritt. Das wird noch einmal geschehen, noch ewigkeitsmal, immer nach Gottesdrehung, er wendet
sich durch Maria. Sie leidet das höchste Fest durch das Gottwillkommen, sieben Schwerter krankt ihr Herz. Wir sind das feinste
Werk aus Sonne, Mond und Sternen und aus Gott. Wir sind seine
Inspiration, seine Skizze zur großen Welt. Ich spreche nicht in
Symbolen, obschon Symbole die Schatten großer Wahrheiten
sind, Milderungsgründe: wenn etwas Ihren Horizont übersteigt.
Sie setzen das allzuklare Licht mit gewisser Überlegenheit gern
ins Dunkle. Ich möchte aber die Nacht von Ihnen nehmen,
wachen Sie auf durch meine Raketensterne! Ich bin ja keine
Gelehrte. Aber wenn ich Menschen medizinisch behandelte,
würde ich sie »regnen« lassen, Luft in weiten Kreisen »atmen«
lassen. Mancher Menschplanet erstickt an Dürre. Ich würde die
verwandtschaftlichen Sterne ausfindig machen, die mit meinem
Planetpatienten in irgend einem Zusammenhang stehen könnten; namentlich, wenn es sich um eine epidemische Ursache
handelte. Den kleinen Mars des Menschen kann man nur mit
dem gröberen, großen Mars der Welt impfen. Ich kenne Leute,
die unter dem Zusammenstoß ihrer Fixsterne leiden. Es sind
schlechte Pächter ihrer Welt. Jeder Schlaganfall ist ein Zerbersten
zweier vom Wege geirrter Sterne. Die Folge dieser Folge erst ist
der Tod. Ich bitte Sie nicht, an sich herauf und herunter zu
suchen; Sie sehen Ihre Sterne nicht, das was Sie betasten können,
ist Chaos. Und weil ich vom Unantastbaren des Menschen spreche, glauben Sie nicht an meine Medizin und halten mich für eine
Kurpfuscherin. Aber wer an meine Dichtungen glaubt, die man
auch nicht in die Hand nehmen kann, und doch vorhanden sind,
wird auch nicht zweifeln an den Sternen der Menschen, wovon
ich ihnen erzähle. Sind Sie nicht reicher, als Sie glauben? Ich

spreche von Ihrem Unsichtbarsten, von Ihrem Höchsten, das Sie nicht greifen können, wie die Sterne über Ihnen. Sind Sie nicht reicher, als Sie fassen können! Oder haben Sie schon einmal ein Stück Mond gegessen? Sie würden immer nur sein Chaos greifen, wie der Arzt Ihr Fleisch, daraus er keinen Stern formt. Der Doktor hat mich längst überführt, indem er mit dem Messer diese Leiche sezierte: »Der Tote ist an Schwindsucht gestorben, am Zerbersten der Lunge«. Ihr Doktor hat doch keine blasse Ahnung von meiner Medizin. Allerdings ist dieser Tote an Tuberkulose gestorben, an der Folge seiner und des Arztes Unkenntnis seines Sternensystems. Und was ich von einer Epidemie halte? Die ist die Folge der Sintflut im Massenmenschsternensystem, ein Bacchanale tausender Sterne, daran alle Bruchteile, alle ungeordneten, unberufenen Fleischchaosse zersplittern. Ich glaube darum an Wunder, an ungestaltete Medizin. Wer aber kann sie mischen! Jesus von Nazareth tat Wunder, er ergriff die keimenden Sterne und trennte sie von den faulen, und erweckte die Erblaßten an ihrer noch verglühenden Sternschnuppe. Der Nazarener wandelte durch das Sternensystem des Menschen und erlebte die Welt so tief und ging in Gott ein, und Gott in ihn, darum man ihn verwechselt noch auf den heutigen Tag mit Gott. Moses der Prophetarzt erkannte den Gott seines Volkes, heilte es und machte es stark. Eine Sage meiner Bücher sagt von einem Derwisch, der sein Herz in die Hand nehmen konnte und doch lebte durch die Kraft seiner Sterne. Wir sind das glühendste Werk von Mond und Sternen, nach unserm Modell hat Gott die große Welt erschaffen, in der wir: Ureigentum in unserer erweiterten Kopie leben...

Ureigentum noch unverblaßt zu begegnen, erlebe ich überraschend oft. Diese testamentarischen Sehenswürdigkeiten, Übertragungen, die an Wert nicht einzuschätzen sind! Ich meine nicht die gemütlichen Hausväter aus der alten, guten Zeit oder den Waldmenschen, oder den aus der nackten Körperkultur oder den Zwiebelasketen. Merkwürdig, daß man gerade in den Irrenanstalten Gesichte erblickt aus allererster Sternzeit; Bilder, alte Meister, Menschen, die erstarrt sind in der Vision. Und kein Arzt weiß sie aus dem Augenblick der Erscheinung zu führen, wie aus engem Rahmen. Ich besuche diese scheintoten Gallerien; mich lieben die unverstandenen, verfangenen Gesichte. Etwa weil ich ihnen den richtigen Platz zu geben vermag? O, ihre Angstgefühle! Die andern testamentarischen Gestalten unterscheiden sich von den irrenden Denkmalbildern ihres ungestörten Sternenlaufs wegen. Solchen Sterngeschöpfen geschehn Wunder. Wie St. Peter Hille, er hatte noch mit Moses und Jesus von Nazareth gesprochen und mit Buddha, und erzählte von ihnen, wie der Urenkel etwa von seinem Großvater Goethe. Das war der unumstößliche Beweis von der ersten Leuchtkraft Gottes in St. Peter Hille. Ich gehöre nicht zu den Spiritisten; Spiritismus ist Epigonentum, Nachahmung, gewalttätige Wunder. Um wirkliche Visionen zu erleben, muß man noch in der ersten Leuchtkraft Gottes sein. So ein gotterhaltener Mensch ist fromm und selbst Inspirationen fähig. Aus Isaaks weitem Munde seh ich viel im Traum Sterne aufsteigen, die er benennt nach Gottes Einverständnis.

Die hungrige Zeit fraß meine Leuchtkraft goldweise. Aber ich kann erzählen von der Astronomie des Menschen, wenn ich auch in meinen ersten zehn Jahren noch zwischen weichem Dunkel, zwischen ungeordneter Nacht, im Chaos lag. Ich war wie ungeboren neben meiner Mutter, noch ganz Chaos.

Das Kind ist nicht fromm, es ist dumpf. Dieser Irrtum! Fromm kann nur der wissende Mensch sein, aber nicht jeder macht die sechs Schöpfungstage in seiner Hülle durch und wird Stern, und wenige nur den Sonntag. Wieviele Heilige gibt es und doch ist jeder Andächtige oder Lauschende, jeder Staunende oder Liebende ein Heiliger. Wenn Jesus von Nazareth die Kinder rief, so fühlte er Verantwortung mit ihnen, mit dem Chaos, das sich entfalten werde. Er wußte, wie weit der Weg zum Sterne war. Die Kinder sind wie die Lämmer so dumpf. Darum beleidigt mich das irrige Wort: Jesus das »Lamm« Gottes. Solche Unschuld ist eine Chaosunschuld und der Nazarener war der Sonntag der Schöpfung. Der Jude hat sich mit ihm der vollendetsten Welt entledigt. Sagte der Sonntägliche doch zu einem der Mörder am Kreuztag: »Wahrlich, ich sage Dir, heute wirst Du mit mir im Paradiese sein.« Der Jude, der den Himmlischen verstößt, beweist, daß er ein Bürger ist, um nichts weniger der Mensch des Abendlandes, der den verlornen Gott der Juden aufnahm, ihn sich erzog und erwog nach seinem lammblutenden Wort. Im Menschen bereitet sich immer Fleischdumpfheit, Chaos, Fleischsehnsucht; Gott aber ist ungestaltet, ungerahmt und breitet über alles sich. Wir reden immer zu dem Chaos des Menschen, wollen wir ihn gewinnen, denn der Stern ist böse, darum sind wir alle einmal krampfhaft enttäuscht in Gott. Wir finden in ihm kein Chaos, keinen faßbaren Schlupfwinkel. Er sandte darum seinen Sohn, das heißt, er kam in Menschgestalt zur Erde. Solcher Umgestaltung Demut vom Stern zum Chaos ist nur ein Gott fähig. Nie war solche Dunkelheit je auf Erden und am Himmel und im Menschen wie in der Zeit des Gottbesuchs. Dem Priester und Pharisäer flößte seine Betastbarkeit Mißtrauen ein, der Armselige umklammerte den vertriebenen Götzen aus Fleisch und Blut wie einst am Fuß des Mosesberges das goldene Kalb.

Sie wollen noch wissen, wie lange sich der Menschplanet erhält. Die meisten Menschen werden nicht älter und nicht jünger als sechzig Jahre. Jesus von Nazareth ist gottalt wie die Ewigkeit. Moses war zehntausend Jahre, als die Tochter Pharaos ihn im Korbe fand. Und von dem Propheten St. Peter Hille möchte ich sagen: Niemand wußte um seinen Geburtstag. Meine Mutter war dreimal sechzehn Jahre alt, mein Vater erlebte sechsmal seine tollsten Knabenstreiche. Wie schätzen Sie mich ein? Ich bin David und tue Simsontaten, ich bin Jakob und deute die Träume der Kühe und Ähren. (Oder zweifeln Sie daran, daß mich meine Brüder verkauft haben, daß Bürgermillion!) So verwirrt sich die Zeit der Vergangenheit im Menschen. Heute bin ich eine Dichterin und ich bitte Sie, mir zu verzeihen, daß meine Dichtung keine Gehirnkarte geworden ist mit Farben, lila, grün, rot gefärbt. Meine Bekenntnisse nehmen sie als ein Luxusgeschenk hin, denn ich bin verschwenderisch, das liegt in meinem Sternsystem. Es kommt mir selbst nicht darauf an, einige Monde meines Planeten fallen zu lassen. Auch mit meinem Chaos, ohne das Chaos kommt kein Mensch davon, hat es eine besondere Bewandtnis. Darüber möchte ich schweigen, aber eines kann ich Ihnen sagen, wir Künstler sind einmal bis ins tiefste Mark und Bein Aristokraten. Wir sind die Lieblinge Gottes, die Kinder der Marien aller Lande. Wir spielen mit seinen erhabensten Schöpfungen und kramen in seinem bunten Morgen und goldenen

Abend. Aber der Bürger bleibt Gottes Stiefsohn, unser vernünftiger Bruder, der Störenfried. Er kann nicht heimisch werden mit uns, er und seine Schwester nicht. Verwechselt die lärmende Bürgerin oder die zur Hure gewordene Magd nicht mit dem spielenden Sternenmädchen, die den Tanz aus nackter Scham tanzt! – – Wohin mir doch heute alle meine Sterne geleuchtet haben! Immer muß ich wiederholen, der Arzt sollte sich auf die Astronomie des Menschen verstehen. Welcher von Ihren Hausärzten wäre im Stande, eine Sonnenfinsternis in Ihnen herbeizuführen, geschweige den Stillstand Ihres Planeten?

Ich sehe Ihre Kanäle, Ihre Berge auf Ihren Sternen und Ihren Mond aufgehen hinter Ihrer Stirn. Jeder Schmerz und jedes Freudegefühl, Vernichtung oder Erhebung ist ein neues Bild Ihres Sternensystems. Sie sterben eigentlich an zerborstenen Sternen oder Erkaltung Ihrer Sonne oder an Finsternis. Wenn nur Ihr Leben den Höhepunkt erreicht hat vor dem Zerfall Ihres Chaos: den Himmel. Aber wenn er Ihnen nicht auf den Kopf paßte? Vom Blitzstrahl getroffen, das Chaos gespalten, einzugehen in die Allmacht ist Seligkeit. So lausche ich auf mich. Aber der Bürger belauert sich, der Kranke in Arzthand betrauert sich, weil er keine Achtung vor dem Schmerz hat. Ich bin müde – wie ich mir entkomme, ein Schatten aus Mond und Sternen, riesengroß fiel ich um Mittag und sinke nun ein in meinen eigenen Planeten. Ich habe einen kritischen Tag hinter mir, manche Menschen wichen mir furchtsam mit den Augen aus. Einem kleinen Mädchen bohrte ich im Anblicken ein Loch in die Brust. Solche Kraft macht traurig. Ich sehne mich nach Glück, nach ihm, nach Hascha-Nid, dem goldhäutigen Sohn des Häuptlings. Der spielt mit sich, treibt und lockt die Sterne über seine Grenzen, ein göttliches Spiel, Wirbel und Wüstenwind. Ich liebe ihn, weil er so reich und rein an Sternen ist und ich staune vor solch' verschwenderischen Launen ... Aber das geht Sie nichts an. Gern hätte ich Ihnen noch vom Himmel erzählt. Später, wenn ich ihn erreiche und Gott –

    Gott, wo bist du?
    Ich möchte nah an deinem Herzen lauschen
    Mit deiner fernsten Nähe mich vertauschen,

Wenn goldverklärt in deinem Reich
Aus tausendseligem Licht
Alle die frühen und die späten Brunnen rauschen.

## Alfred Kerr

Sylvester 1908 bin ich Alfred Kerr begegnet unter künstlichen Balkansternen, zwischen schleierverhüllten Angesichten schöner Haremsfrauen und fezbedeckten Häuptern weissgekleideter Muselmänner. »Wissen Sie, wer der Beduinenfürst war?« (Wir grüssten uns nach des Bosporus Zeremoniell und Sitte.) »Reissen Sie mich nicht immer aus meinen morgenländischen Illusionen«, antwortete ich meiner Begleiterin. Später hörte ich, der Araber mit dem Seidenmantel sei Alfred Kerr gewesen. Am besten gefallen mir seine Gedichte, sie sind humorsüss und fallen ihm in die Hand. Aber seine allerschönste Dichtung war ein spanischer Essay; jedes Wort trug eine Abendrotrose im Haar, jedes Wort war eine Sennora, erhob sich und tanzte.

Ueber den Kurfürstendamm sehe ich ihn manchmal nach der Kolonie heimwärts gehen. Dort wohnt Alfred Kerr in einer Villa, die beneidet wird, sonst pflegt man die meisten Kolonisten ihrer Villa wegen zu beneiden. Hainlich birgt dieses nachtumheckte Schlösschen seinen Dichter. Spät muss der Kritisierende die Kritiken niederschreiben, die sind blaunervig wie er selbst und duften nach melancholischer Ironie. Wir haben uns beide nur immer das schönste gesagt, wir kennen uns nur im Gruss. Mich dünkt, er träumt von »Heinrich« wie ein einziger Sohn, der sich einen Bruder wünscht. Er träumt immer von seinem Bruder Heinrich Heine. Bald gleicht er ihm auf einen Nerv. Alfred Kerr müsste durch die Strassen Paris wandern wie der tote Bruder, mich stört des Lebenden chevaleresker Mantel, sein abgestäubter Hut. Warum denke ich so? – Morgen lese ich im Tag seine gedichtete Kritik über Hauptmanns Première.

## Franziska Schultz

In Berlin gibt es eine Fraue, die die Schmerzen Marias leidet, sieben Schwerter im Herzen; und die doch gnadenreich herablächelt auf die Armen und Kranken. Jeder Mensch, der sich ihr nähert, ist ein Jesuskind. Einen Tempel müsse man um diese Mutter bauen, einen Garten pflanzen, der ihr blühender Mantel seie. Ich kann mich nicht der Fraue nahen, ohne an meine eigene Mutter zu denken, wie die Katholiken bringt die Andacht ihres Herzens Marias Altar. Verirrte Magdalenen treten durch ihres Hauses Pforte ein und rasten; ruhen aus und besinnen sich unter der Liebe ihres Mutterdachs. Franziska Schultz ist die Mutter des Mutterschutzes. Man könnte fast das gefallene Mädchen ihrer Patronin wegen beneiden. Mit fürsorglicher Liebe lullt die höchste Fraue der Gnade die verstossene Mutter und ihr pochendes Spielzeug mit ihren beiden Armen zärtlich ein. Kein Vorwurf trifft die Tragende, ihres Kindes wegen, das noch auf seinem rechtmässigen, heiligen Muttererbe blüht. Alle Mütter aber lieben die Eine.

Eine Dame, die den Glanz irdischer Glänze ausdrehte und durch die dunkle Strasse schreitet, wo das Elend wuchert. Nun wohnen keine verwöhnten Gäste mehr in ihrem Hause, aber solche die ein Herz voll Liebe beanspruchen. Tragende und Beladene treten durch ihres Herzens geöffnete Pforte ein. Maria!

## Ein Brief meiner Base Schalôme

Liebe
  Im Hafen von Konstantinopel liegen goldene Bote – Sterne ..... Ich bin im Palaste meines Grossoheims; wir Basen aus Bagdad duften nach altem Gemäuer, wir Prinzessinnen vom Tigris tanzen mit stummen Gliedern. Und ich verstehe die Sprache der Frauen des Harems nicht. Weiss nicht, was sie veranlasst, sich zu freuen oder sich gegenseitig zu überwerfen. Sie sprechen

nicht ihre Sultanssprache: »Wir sprechen parisisch«, erklärt mir die Kleinste; ihre Haare sind rot, chik. Manchmal summt sie hüpfende Lieder, Ich hungere, schwebe über die bunten Mosaikbilder der Böden; ich fürchte mich vor den bösen Speisen und Getränken, die heimlich in die Frauengemächer geschafft werden. Verbotene Fleische essen sie und rote und gelbe murmelnde Getränke trinken wir, unsere Köpfe schaukeln immerzu. Auch schäme ich mich vor dem Eunuchen, seine Augen stehen vornüber, kranke Greise. Wenn ich an unsern Eunuchen denke – runde Mannakuchen sind seine Backen und seine Stimme dudelt lustig wie Gauklerflöten. Ich wollte, ich wäre wieder in Bagdad. Hier sitzt auf dem schönsten Kissen der Eunuche. Meine Tante und ihre Töchter knieen um ihn, ein Kranz von bunten Farben, sie tragen alle weite Hosen und meine älteste Tante eine weite weite aus geblümtem Brokat. Mich langweilt ihr Lachen und ihre entblössten Gebärden, ich möchte ins Bad steigen, aber ich schäme mich vor der kriechenden Stimme des Eunuchen meinen Schleier vom Antlitz zu heben. Meine älteste Tante in der überweiten Brokathose beginnt sich zu entkleiden; neugierig folgen die anderen Frauen den Belehrungen des Eunuchen. Ein grosses Buch mit grausamen Bildern breitet er auf dem Teppich hin. Seine Stimme schlängelt sich ein lüsterner Bach um die fiebernden Sinne der Frauen. Hinter dem Vorhang unter der Taube Mohammeds, die sanfte Behüterin des Harems, stehen scharfe und zackige Gestelle, Peitschen und Pechfackeln. Meine Tanten und Basen haben mich heute Abend ganz vergessen; ich weiss nur, dass sie so spitz wie Dolchstiche durch meine Träume schreien wie Mütter, deren tote Kinder ihre Leiber zerfleischen. Ich bebe, der Eunuche ergreift eine der vielfältigen Peitschen; in Bleikugeln endet jeder Riemen; er wetzt sie einige Male wagerecht in der Luft, lässt sie dann langsam herab auf den weiten überweiten allerwertesten Vollmond meiner ältesten Tante prallen, die ihn, ich schwöre es bei Allah, nach allen Seiten hin ihm zuwendet, mörderisch aufschreiend, kokett die Zähne zeigend. Auf dem Divan sitzen ihre Töchter; neidisch entblössen sie ihre Brüste, die blühen in gesprenkelten Goldnelken. Der Eunuche entnimmt dem Vorhang kleine spitze Nadeln. Ich schleiche leise auf Vieren über den Teppich aus dem Frauengemach und stehe hinter dem Fenster des Vorraums. Ich möchte in eins der kleinen Sternbote steigen, auf dem Bosporus – der Himmel ist ein einziger grosser Stern.

## Wauer via München, weiter und so weiter

O, wie wohl ist mir im Herzen zwischen den vielen scherzenden Herzen; alle sind bunt und brennen, aber mein Herz ist blau und glüht. Am Morgen hänge ich es an einen sorglosen Blumenbaum und lasse es zwitschern. Wie ich so dahinlebe, ich bin einer der fahrenden Schüler aus St. Peter Hilles Platonikers Sohn. Im Tanzschritt ziehen wir durch das Grün der Stadt hintereinander mitten im Mondpolka. Die Strassen und Plätze duften noch nach Marienbalsam der Dome. Wir schweben, wir kennen die Sünde nicht, an der Welt vorbei, mit München der Südstadt Deutschlands im Arme. Ich muss München immer küssen, schon, weil ich Berlin hinter mir habe; wie von einer langweiligen Kokotte geschieden fühle ich mich. Meine Freunde spielen Harmonika, wir ziehen an Schaufenstern pietätvoller Läden vorbei; Meisterbilder, frommer Schmuck, wilde Waffen aus den Gräbern der Bibelfürsten und überall die blauen Königludwigaugen! Eine alte Riesenkommode ist München aus einem bayerischen Alpenknochen gehauen. Man kann so andächtig kramen in München und ausruhen auf gepolsterten Erinnerungen. Hier freut man sich seiner selbst, man findet sich in seinem glücklichsten Augenblick oben auf dem Berge der Stadt. Im Vorbeischreiten an den Gärten Obersendlings, flüchtet vor mir das prahlerische Häuserregiment Berlins. Es steigt die Erde, ich sitze auf ihrem Rücken in einem der Schlösser. Ich bleibe hier für ewig! Man sagt das so leicht. Ein Paradies ist München, aus dem man nicht vertrieben wird, aber Berlin ist ein Kassenschrank aus Asphalt; der ihn zum Labsal benutzt, hängt sein Herz engherzig als Schloss davor. Ich soll mich so ganz erholen in der bayerischen Hauptstadt. Giebt's auch Cafés hier? Da winkt schon eins von Ferne. Sei mir gegrüsst, oder wie der Bayer sagt »Gott grüss dich Café Bauer!« Von einem Altan herab ladet es den vorbeiwandelnden einzutreten, manchmal sogar holt der luftschöpfende Ober den Gast in sein Caféhaus nach südlicher Sitte. Ich stelle eine gewisse Aehnlichkeit zwischen dem Café Bauer mit unserem Café des Westens fest, unserer nächtlichen Heimat, (grinst nur verfluchte Somaliphilister und Sudanproleten) unserer Oase, unserem Zigeunerwagen, unserem Zelt, darin wir ausruhen nach dem alltäglichen schmerzvollen Kampf. Die Frau Wirtin ist sanft, sie pflegt unsere Launen, die uns der Bürger schlug. Vom Oberober bis zum Unterunter passen die sich dem Rhytmus der Gäste an. Herr Rattke hat wieder ein neues Buch geschrieben in Kochäen über Servieren, verrät mir Richard, der Zeitungsverweser, der Journaltruchsess. Er liest mir mit Pathos mein Gedicht im Sturm vor über München; ich beginne zu seufzen. Was fangen nun die spielenden Strassen dort ohne mich an und die vielen gaukelnden Herzen? Dass die gesund bleiben, dafür sorgen die Aerzte, namentlich der unvergleichliche Doktor Arthur Ludwig. Alle seine Patienten kommen, weil er der unvergleichlichste Mensch noch dazu ist, nie zur angeschlagenen Zeit in die Sprechstunde, wegen der süssen Speisen und der Marmeladen, die zum Mittag aufgetragen werden von seiner emsigen, lieben Haushälterin. Und die bettlosen Patienten und Freunde nahen gewöhnlich mit dem Dietrich und der Zahnbürste im Gewande, sie kommen vom Rande ihres Lebens und der Doktor, ein heiliger Wirt, wie auf dem Bilde in seinem Sprechzimmer, zu sehen ist: »Fräulein Haushälterin, besorge für den Fremdling nun eine Lagerstatt«. Er ist direkt ein Engel. »Ein starkfühlender, intelligenter Engel«, betont ein Kollege von ihm, Doktor Max Nassauer, der dichtende Arzt in München.

Wir gehen alle in den Simplizissimus, in Kati Kobus ihrer berühmten Künstlerkneipe. Heute kommen die Kegler! Ich meine die Leute vom Kegelabend. Ludwig Scharf trägt mit starkem Ton seine Verse vor, jedes Wort ist an das andere geschmiedet. Sein Gesicht ist eine diabolische Arabeske. Dazwischen tönt die fahrende Stimme des Guitarrenspielers und die liebenswürdigen, drolligen Bemerkungen Max Halbes; er gefällt mir sehr. Und all die kleinen summenden Mädchen mit den braunen und blonden Liedern. Und die Hauptsache bleibt die Kati Kobus, die Simplizissimusherrscherin mit dem Kronmal auf der Stirn. Sie ist die Herzogin des Rausches, sie ist eine Regierende. Wer so zu unterscheiden vermag wie sie! Eine Juwelierin, wer so das Angesicht auf sein Geistkarat zu werten vermag. Das Scheiden aus ihrem Nachtgarten, wo das Lachen blüht zwischen Bilderhekken, tut mir besonders weh. »Frau Helene«, sage ich mich ermannend eines Morgens zu meiner Wirtin, es muss geschieden sein!!! Berlin! Vom Waggon aus steige ich sofort die Stufen des Kleinen Theaters hinan zur Generalprobe der Vier Toten der Fiametta. Morgen zur selbigen Stunde werde ich Jacobsohn wiedersehen – ich werde Jacobsohn wiedersehen!

Direktor Wauer fundiert noch seinen letzten Fusstapfen, er ist ein Baumeister und umreisst die Gebärden der Spielenden. Fest und sicher bewegt sich nun das ungeheure Pantomimendrama und ballt sich wieder zur Einheit. So wohlgeformt und nicht ein Abweichen, nicht ein überflüssiges Zureichen. Allerlei Grauen führen des Schneiders (William Wauer) Klauen die Schneidernadel unentwegt. Grandios ist die Bewegung seines Mundes, die nicht ein stummes Reden, aber ein drohendes Auftun seines Gesichtes bedeutet. In grossen teuflischen Zeichen nicht minder, wie ihr Direktor, spielt Rosa Valetti, die Schneidersfrau, und rotangefüllt, ein Blutbezechter, ein wankender Bär, tappt der Lastträger (Guido Herzfeld) auf den Ruf der verzweifelten Fiametta über die Stufen der Treppe, in das Trauerspiel. Das Harlekintrio. Ein Gemälde, das im Anschaun mit dem Körper des Bewunderers verwächst. Und die ungeheure Last Trauerspiel, rollt sich auf einer Musik aufwärts hochmütig über die Leiche verdutzter höhnender Kritik. Herwarth Walden, ein Hodler der Musik, der alles süssliche zerreisst im Siegeskrampf und Kampf. Morgen ist die Première der Vier Toten der Fiametta, ich werde Jacobsohn wiedersehen –, ich werde den kleinen Jacobsohn wiedersehen! »Wer kommt noch mit ins Café?«

## Friedrich von Schennis

Der Baron ist eine Schöpfung aus Genie; er ist bereitet aus Himmel und Satan, aus Fegefeuernuancen und gottblau. Mein Bruder nannte ihn den Marquis; ich dachte immer, könnte ich den Marquis sehn. Eines Tages sah ich den Marquis in gepuderter Perücke, in blauem Sammtrock, die Rokokohände zwischen feinen Spitzen, lustwandeln über die Wege von Sanssouci auf seinem Bild in der Nationalgalerie. So überall im Rahmen atmet er mit seinen Farben vermischt; zwischen ocker und bleu liegt er auf seiner Palette. Und aus den Rosen des Parkes steigt sein Duft und die Stirn des Schlosses bescheint seine Andacht. Friedrich von Schennis ist ein Andächtiger. Noch zwischen losen Frauenlippen und seinem wilden Zynismus lauscht er nach Gott. Sein Zynismus schluchzt. Der Baron ist schön, sein Angesicht ist feierlich, immer liegt ein Schleier auf seiner feinen Haut. Die fältet sich schmerzlich dann, wenn sein Auge die Wirklichkeit erblickt, die Wirklichkeit ohne Zeremonie. Ich wundere mich nicht, dass er den Philister hasst, den Sonntags- und Alltagsphilister, noch eindringlicher aber empfinde ich seine Verachtung gegen den freigewordenen Bürgersohn, den Studenten der Kunst. »Die Kunst kann man nicht erlernen, nicht wahr, Herr Baron, Herr Marquis, König aller Könige?« Ich sitze neben ihm und bin der Prinz von Theben. Und zu seiner Linken versteht ein Arzt des Rausches die unbekümmerten Launen des Barons zu beschwichtigen. Aber der Baron liebt das Gaukelspiel des Herzens. Wir müssen mit ihm Champagner trinken, er will Begleiter zur Vergessenheit haben. Aber ich weiss, der Baron kann nicht vergessen, er kann wohl trunken, doch nicht betrunken werden. Ich vergiesse den schäumenden Luxus, der herrliche Mundschenk zersplittert, mich zu ehren, meinen gläsernen Kelch. Das hätte Friedrich der Grosse auch in seiner Flötenlaune getan; der Baron stammt aus der Zeit der Flötenkonzerte. Er hat kein Alter, er ist wandelbar wie die Zeit, die einmal Lenz und einmal Herbst zum Zeitvertreib ist. Trägt der Marquis nicht seine Perücke wie auf der Schlosslandschaft in der Galerie, so ist sein Haar aschblond, sein Auge ist aus Merveillieuxseide, und seine Hand bewegt sich immer wie zum Holen einer Schönen zum Menuett. Seine Freude und seine Schwermut sind Jünglinge, und darum hasst er den Tod und möchte ihn vergessen im Wein. Sein Esprit erinnert an Voltaire, lauter Blitze, die treffen und Brände werden. Wenn der Mond gegangen ist über den Garten, dann werden wir auch nach Hause gehn, ich will noch über Friedrich von Schennis einen Essay dichten. Seine Bilder sind adlig und blaublütig. Liszt, der Musikpapst, Wagner und der Grossherzog von Weimar sind seine stolzesten Werke und die vielen Liebeslandschaften hängen in Nischen minniglicher Schlösser.

# Briefe nach Norwegen

⟨I⟩

Liebe Jungens

Dass Kurtchen Dich mitgenommen hat nach Schweden, Herwarth, ist direkt eine Freundestat. Kurtchen wird erster Staatsanwalt werden und Euch kann nichts passieren. Aber mir kann was passieren, ich hab Niemand, dem ich meine Abenteuer erzählen kann ausser Peter Baum, der aber aus der alten Wohnung in die neue Wohnung zieht. Im Wirrwarr hat er statt seines Schreibtischsessels seine Matja in den Möbelwagen getragen und sie den Umzugleuten besonders ans Herz gelegt, dass die Quasten nicht abreissen. Am Abend erzählte ich ihm erst meine neue Liebesgeschichte. Ich habe nämlich noch nie so geliebt wie diesmal. Wenn es Euch interessiert: Vorgestern war ich mit Gertrude Barrison in den Lunapark gegangen, leise in die egyptische Ausstellung, als ob wir so etwas süsses vorausahneten. Gertrude erweckte dort in einem Caféhaus die Aufmerksamkeit eines Vollbartarabers; mit ihm zu kokettieren, auf meinen Wunsch, schlug sie mir entsetzt ab, ein für alle mal. Ich hätte nämlich gerne den Lauf seiner sich kräuselnden Lippen beobachtet, die nun durch die Reserviertheit meiner Begleiterin gedämmt wurden. Ich nahm es ihr sehr übel. Aber bei den Bauchtänzerinnen ereignete sich eines der Wunder meines arabischen Buches; ich tanzte mit Minn, dem Sohn des Sultans von Marokko. Wir tanzten, tanzten wie zwei Tanzschlangen, oben auf der Islambühne, wir krochen ganz aus uns heraus, nach den Locktönen der Bambusflöte des Bändigers nach der Trommel, pharaonenalt, mit den ewigen Schellen. Und Gertrude tanzte auch, aber wie eine Muse, nicht muselhaft, wie wir, sie tanzte mit graziösen, schalkhaften Armen die Craquette, ihre Finger wehten wie Fransen. Aber Minn und ich verirrten uns nach Tanger, stiessen kriegerische Schreie aus, bis mich sein Mund küsste so sanft so inbrünstig, und ich hätte mich geniert, mich zu sträuben. Seitdem liebe ich alle Menschen, die eine Nuance seiner Hautfarbe an sich tragen, an sein Goldbrokat erinnern. Ich liebe den Slawen, weil er ähnliche braune Haare hat, wie Minn; ich liebe den Bischof, weil der Blutstein in seiner Krawatte von der Röte des Farbstoffs ist, mit der sich mein königlicher Muselmann die Nägel färbt. Ich kann gar nicht ohne zu brennen an seine Augen denken, schmale lässige Flüsse, schimmernde Iris, die sich in den Nil betten. Was soll ich anfangen? Die Verwaltung des Lunaparks hat mir verboten, wahrscheinlich hat sie Verdacht bekommen, den Park zu betreten. Ich brachte nämlich gestern morgen meinem herrlichen Freund einen grossen Diamant – Deinen, Herwarth; bist Du böse? – und eine Düte Kokusnussbonbons mit. Wenn ich überhaupt jetzt Geld hätte! Und ich habe an den Lunapark einen energischen Brief geschrieben, dass ich diese mir angetanene Beleidigung der Voss mitteilen würde, dass ich Else Lasker-Schüler heisse und Gelegenheitsgedichte dem Khediven lieferte beim Empfang europäischer Kronprinzen. Was nützt mirs, dass sie mich wieder einlassen – immer geht ein Detektiv hinter mir, aber Minn und ich treffen uns bei den Zulus, die leben schwarz und wild am Kehrricht der egyptischen Ausstellung wo kein Weisser hinkommt. Die ganze Geschichte hat mir der Impresario eingebrockt, der behandelt die Muselleute wie Sklaven und ich werde ihn ermorden mit meinem griechischen Dolch, den ich mir erschwang im Lande Minns. Er ist der Jüngste, den der Händler nach Europa brachte, er ist der ben ben ben ben, ben des jugendlichsten Vaters im egyptischen Lunagarten. Er ist kein Sklave, Minn ist ein Königssohn, Minn ist ein Krieger, Minn ist mein biblischer Spielgefährte. Er trägt ein hochmütiges Atlaskleid und er träumt nur von mir, weil er mich geküsst hat. Kurtchen, Freund Herwarths, wärst Du doch hier, kein Mensch will mit mir nach Egypten gehn, gestern war eine Hochzeit dort angezeigt an allen Litfasssäulen. Sollt er sich verheiratet haben!

Denkt mal, ich habe in den Mond gesehn auf der Weidendammerbrücke für zwanzig Pfennige. Ich habe aber nur sehr schattenhaft die Menschen durch das Fernrohr erkannt. Ein Mann hatte die Haare so wie Du geschnitten, Herwarth, oder vielmehr nicht abgeschnitten. Ob die Mondproleten auch immer rufen: lass dir das Haar schneiden? Und einen Herrn mit einer Aktenmappe habe ich ein Brot mit Roastbeef essen sehn, der glich Dir Kurtchen. Und wahrhaftig ein Cafe giebts auch auf dem Mond, es war Nacht, ich hörte aus seinem Innern eine Stimme wie Dr. Caros Stimme singen: »so lasst uns wieder von der Liebe reden, wie einst im Mai«.

Ich habe mich endgültig in den Slawen verliebt – warum – ich frage nur immer die Sterne. Ich liebe ihn ganz anders wie den Muselmann, sein Kuss sitzt noch, ein Goldopaschmetterling, auf meiner Wange. Den Slawen aber möchte ich nur immer anschaun, wie ein Gemälde auf Altmeistergrund. Eine Feuerfarbe hat sein Gesicht, ich verbrenne im Anschaun und muss immer wieder hin. Du brauchst gar keine Angst zu haben, Herwarth, er hat mir auf meinen Liebesbrief gar nicht geantwortet. Ich schrieb ihm: Süsser Slawe, würdest Du in Paris im Louvre gehangen haben, hätte ich Dich statt der Mona Lisa gestohlen. Ich möchte Dich immer anschauen, ich würde gar nicht müde werden; ich würde mir einen Turm bauen lassen, ohne Türe. Ich möchte am liebsten zu Dir kommen, wenn Du schläfst, damit Deine Wimper nicht zuckt im Rahmen. Ich denke gar nicht mehr, als Dich und nur Dich und nie anders, als ob Du in einem Rahmen ständest. So schön wie Du gestern Abend warst, Du warst so schön, man müsste Dich zweimal stehlen, einmal der Welt und einmal Dir selbst; Du weisst am schlechtesten mit dir umzugehen, du hängst Dich immer ins falsche Licht. Ich versichere Dir nochmals, lieber Herwarth, Du brauchst Dir darum keine Sorgen machen, er reichte mir gestern Abend nicht einmal die Hand. Es verriet mir Jemand im Vertrauen, er will sich mit Dir nicht entzwein, er ist Literat. Was sagst Du zu solch einer Feigheit? Du hättest mir in seiner Lage wiedergeschrieben, nicht? Ihr braucht also noch lange nicht kommen; vorgestern Nacht träumte ich sogar, ein Eisbär sei Euch beiden Nordpolfahrern begegnet, und hätte Euch gefragt, ob Ihr Euch bei ihm photographieren lassen wolltet.

Was ich ein ausgesuchtes Unglück in der Liebe habe, Ihr auch? Habt Ihr schon Ibsen gesehn und die Hedda Gabler? Und habt Ihr Euch schon eine andere Landschaft betrachtet, wie ein Cafe? Es giebt wohl da oben nur Schneefelder und weisse Berge und was weiss was noch. Die Lappen halten wohl nicht, schick mir aber ein paar Krönländer.

Ihr könnt lachen, ich hab aber die ganze Nacht nicht geschlafen, einmal war es kalt, einmal heiss, dann stürmte es Herbst, und dazwischen glühte Eure Mitternachtssonne. Als ob der September mir alles nachäffe. Ich weiss nämlich gar nicht genau, wen ich liebe: den Slawen oder den Bischof? Oder sollte ich mich noch immer nicht von Minn trennen können? Der Bischof ist seit gestern von mir zum Erzbischof ernannt worden. Aber der Slawe wird wohlweislich bald seinen Abschied einreichen, seine diplomatischen Experimente mit mir sind demokratisch. Ich bat ihn meinen Liebesbrief mir wiederzugeben, zum Donnerwetter. Ich hab doch zum Donnerwetter Ehre im Leib. Er hat ihn mir noch nicht zurückgesandt – ob er mir ein paar Worte dazu schreiben wird! Aber was hilft das nur, der Erzbischof spricht wie ich träume, ganz genau so, auch versteht er unausgesprochen meine Wünsche zu erfüllen. Er wandelt mit mir durch schwermütige Wälder über Rosenpfade, oder wir suchen mitten in der Gespensterstunde rissige Strassen auf, die auf die Spree blicken, finster wie das Auge des Arbeiters. Und jeden Tag bekomme ich vom Bischof einen Brief, es sind die schönsten Briefe, die ich je gelesen habe, ich lese sie laut mit der Stimme des Slawen. Und wie geht es Euch? Ihr seid wohl schon am Wendekreis des Schneehuhns angelangt? Erkälte Dich nur ja nicht, Herwarth. Vor allen Dingen bekomme keinen Schnupfen, ich werde wahnsinnig vom Rauschen der Nase. Kommt Ihr bald nach Hause? Der Erzbischof und der Bischof sind heute vor elf Uhr schon aufgestanden und verliessen das Cafe. Ich wäre gern so sans facon mit ihnen fortgegangen, aber Ihr kennt die Leute noch nicht im Cafe. Wenn sich nun der Erzbischof und der Slawe alles sagen! Der dicke Cajus-Majus blieb bei mir am Tisch sitzen, Cajus-Majus, Cäsar von Rom; wenn er nur nicht immer von Literatur redete. So lange es von meinen Versen handelt, geht es ja noch, aber fängt er von Dante und Aristophanes an zu quatschen, soll ihn Dantes Hölle holen. Er vertraute mir an, er liebe Lucrezia Borgia. Als ich ihn fragte wer das Frauenzimmer sei, bekam er einen Lachkrampf. Ohne Dich, Herwarth, geht es hier doch nicht. Du hilfst mir immer in der Geschichte, auch genier ich mich Jemand zu bitten, mir die Kommas zu machen. Auf einmal kam gestern Dein Freund, der Doktor, wieder ins Cafe mit der Marie Borchardt und ihrer Freundin der Margret König. Die ist auch Schauspielerin, wusstest Du das? Du, sie ist reizend. Ich schickte ihr im ausgerauchten Zigarrenschächtelchen des Slawen einen Chokoladencaces und eine Zigarette. Sie ist eine süsse Silhouette. Immer steht sie, ein goldenes Nymphchen, zwischen meinen bunten, plätschernden Gedanken. Darum ging ich auch heute Abend in den Vortrag der Marie Borchardt, nicht um meine Gedichte zu hören, der Margret wegen. Aber ich war sehr überrascht von der Vorlesung der Marie, die ist eine italienische Sprecherin, in ihrer Stimme tönen venezianische Glasblumen, und echte Spitzen aus den Palästen knistern unter ihren Worten. Ausgesehn hat sie in ihrem Terrakottakleid und in ihrem Turban mit der Goldfranse wie eine kleine Dogenprinzessin. Wenn ich einen Dogen wüsste, ich liess sie entführen in einer Gondel. Es kann doch nicht alle Tage dasselbe ausser mir passieren. Du sagst zwar immer, ich soll mich nicht um andere Menschen bekümmern, aber mich ärgern ebenso sehr die unkünstlerischen, wie die künstlerischen Vorgänge mich im Leben erfreuen. Ich glaube, es ist schon zwölf Uhr, ich bin tatsächlich zu bange heute den Flur meiner Wohnung alleine zu betreten. Ich bin nervös. Ich werde Dir mein Wort nicht halten können und vor Morgen schon in meinem Bett liegen. Ich werde bei dem Billetfräulein am Halenseer Bahnhof schlafen auf ihrem blutlosen, alten Kanape. Sie erzählt mir den Rest der Dunkelheit von ihren Liebhabern. Gute Nacht Herwarth, liebes Kurtchen.

Ich bin nun zwei Abende nicht im Cafe gewesen, ich fühlte mich etwas unwohl am Herzen. Dr. Döblin vom Urban kam mit seiner lieblichen Braut, um eine Diagnose zu stellen. Er meint, ich leide an der Schilddrüse, aber in Wirklichkeit hatte ich Sehnsucht nach dem Café. Er bestand aber darauf, mir die Schilddrüse zu entfernen, die aufs Herz indirekt drücke; ein klein wenig Cretin könnte ich davon werden, aber wo ich so aufgeweckt wäre, käm ich nur wieder ins Gleichgewicht. Ich hab ihm nämlich gebeichtet, dass ich mir ausserdem das Leben meiner beiden Freunde wegen hätte nehmen wollen am Gashahn, der aber abgestellt worden sei; der ganze Gasometer ist geholt worden. Ich konnte die Gasrechnung nicht bezahlen, auch in der Milch kann ich mich nicht ersäufen,

Bolle bringt keine mehr. Wie soll ich nun, ohne zu erröten, wieder ins Cafe kommen? Ein Mensch wie ich müsste sein Wort halten. Ich werde den beiden, dem Bischof und dem Slawen, vorschwindeln, du wirst Dich zu sehr erschrecken.

⟨II⟩

Liebe Jungens

Rat nur, die beiden waren gar nicht mehr da, als ich um zwölf Uhr lebendig ins Café kam, aber Dein Freund der Doktor sass und sang für sich, manchmal so laut, er vergass schier den Ort. Seine Stimme ist mythenhaft, olympisch, auch Krater raucht darin und dröhnen kann sie wie Zeuswort. Dass wir beide uns böse sind, ist direkt unkünstlerisch.

Wisst Ihr, wer heute in aller Früh angeklingelt hat – Fridolin Guhlke. Er habe sich verliebt, er habe seine erste Liebe getroffen; damals sei sie dreizehn gewesen vor drei Jahren. Und er zeche nicht mehr, seine Flamme trüge einen Heiligenschein um den Kopf. Auch ins Cafe käme er nicht mehr, ich sollt ihm dieselbe Askese versprechen. Heimlich halten wir alle das Cafe für den Teufel, aber ohne den Teufel ist doch nun mal nichts. Ich bin neugierig, wie lange der Guhlke es ohne Teufel aushält. Manchmal gehts ja dort auch etwas zu heiss her, wenn einen so eine aufgetakelte Plebejerin anranzt, man soll ihr aus dem Weg gehn, ihr Vollmond könnt nicht vorbei mit dem Spitzenüberwurf. Ich wollt ihr eine Backpfeife geben, als sie auch schon oben aus dem Billardraum ihren Mann holte, der in Begleitung von galizischen Saduzäern und Chaldäern sich mir näherte. Aber ich verhielt mich stumm; hasse es, mich mit lauten schreienden Weibern einzulassen. Nach einiger Zeit, kamen dann zwei Polizisten, mich zu vernehmen. Aber Richard versteckte mich zwischen den Zeitungen, das bleibt jetzt mein Fach. Dann kam unser Direktor W., er hätte gerne die Scene gesehn. Ich entschädigte ihn. Er kannte wirklich noch nicht die Schauspieler im egyptischen Lunapark. Gerade trabte das Dromedar am grossen Fenster des Cafes vorbei, es kam vom Tierarzt, es leidet an seinen Mägen. Ich sehne mich nach Hassan, er war es nicht, der Hochzeit hatte. Was mir noch einfällt, Kurtchen, Herwarth hat seine Taschentücher vergessen, leihe ihm von Deinen. Du kriegst sie gewaschen zurück. Es ist vier Uhr, es ist noch ganz hell. Direktor W. fährt in einem Wagen unserer kleinen Karawane voraus.

Lieber Herwarth und liebes Kurtchen, bleibt noch so lange wie es Euch gefällt, ich freue mich ja so, dass Ihr Euch schon erholt habt, auch über Eure schönen, interessanten Ansichtspostkarten. Wie vornehm ist Ibsens Grabmal gehalten, eine Säule in der Sprache der Hieroglyphen, eine nordische Pyramide. Gestern zeigte mir der Erzbischof auch mein Denkmal. Der indische Turm des Lunaparks müsste einmal auf meinem Leibe stehn. Es überkam mich ein Grauen, aber zu gleicher Zeit senkte ich erhaben den Kopf vor der mir angetanenen Ehre. Der Bischof ist der Gärtner des Worts, er spricht mit einer gleichmässigen Ruhe, die mir wohltut. Er behauptet zwar, er spräche nur mit mir so gleichmässig und vorsichtig, und ich weiss nicht, ob er mich für eine zarte Pflanzenart oder für einen Tiger hält. Als wir am Abend den Slawen begegneten, ging er an uns vorbei; er spielt altmodisch den Erhabenen, er ist eben ältlich im jugendlichen Alter. Wenn man ältlich ist, kann man keine Jahreszeit des Herzens erleben, selbst den Winter nicht, ebenso wie der kindische nichts vom Frühling weiss. O, und alles bedeutet der Wandel im Menschen; der Bischof und ich, wir spielen augenblicklich Lenz. Peter Baum giebt mir auch vollständig recht, er sei nur zu faul zum Wandel. Er lässt Euch grüssen, sein Roman aus der Rokokozeit sei fast fertig, vor einem halben Jahr war er beinah fertig. Lebt wohl, liebe Kameraden.

Cajus-Majus, der Cäsar, setzte sich geheimnisvoll an meinen Tisch, als sich Peter Baum für einen Augenblick entfernte, Cajus möchte mich etwas fragen. Ich möchte Sie etwas fragen, Else Lasker-Schüler, passen Sie mal auf! Es handelt sich um meine literarische, wie um meine materielle Zukunft. Würde es mir Herr Walden übel nehmen, falls ich bei Capuletti in Florenz in den Verlag einträte? Kraus ist ja erhaben über dergleichen, aber

Walden hat zur Zeit Herrn D. schon einmal bei einer solchen Gelegenheit die Alternative gestellt. Ich habe ihm geantwortet, Herwarth, dass er meine Stellung zu Dir überschätze. Ich wäre noch nicht mal als Laufbursche unten im Bureau angestellt, ich bewürbe mich aber um den Sekretariatsposten und würde seine Angelegenheit zur Sprache bringen. Bin ich nun so dumm? Offen gestanden, ich mag Cajus-Majus schrecklich gern leiden, er ist ein drolliger, erwachsener Pausbackenengel, ein frommgewordener Bacchant im Bacchantenzug; sein Humor hat sich frisch erhalten, aber statt der Trauben trägt er einen weissen Kragen um den Hals. Was sich doch die Menschen verändern, was die Literatur aus einem Menschen macht. Aber allen Ernstes, Herwarth, wirst Du es ihm übel nehmen? Eins will ich Dir sagen, druckst Du nichts mehr von ihm, schreib ich nicht eine Bohne mehr. Die einzigen Sachen, die mir Vergnügen machen, sind Cajus-Majus Sachen. Als Peter Baum wieder an unseren Tisch trat, kamen durch die Caféhaustüre die Signorina Marie und die Margret. Ich sagte, die Margret sieht heute aus wie ein Glühwürmchen, und Peter Baum schnappte danach. Aber Cajus-Majus schwamm weiter durch die literarische Seligkeit wie ein Wallfisch. Aus seinem Kopf floss über Kreuz ein Springbrunn. Wir gingen zeitig nach Haus, Herwarth, auf Ehrenwort! Wieder ist ein Brief vom Dalai Lama aus Wien gekommen, ich habe ihn zu den anderen Briefen und Karten und Drucksachen in deine fife o clock Hose gesteckt.

Lieber Cook und lieber Peary, ich muss Euch ein Geheimnis anvertrauen: Gestern in der Nacht, der Himmel war eine Mischung von taubenblau und stern, gingen der Bischof und ich in eine kleine Kneipe in die Mommsenstrasse. Aber ich hatte kein Geld mehr bei mir, als gerade noch für ein Glass Wasser, das Trinkgeld kostet. Der Bischof verträgt aber wahnsinnig viel Alkohol; er wollte durchaus Burgunder trinken, weissen Burgunder. Er beteuerte mir, dass durch sein Herz weisser Burgunder ströme, er wollte mich, durch die Blume des Weins, von seiner reinen Liebe verständigen. Aber ich sagte ihm, ich hätte kein Geld. Und er war sehr niedergeschlagen, dass ich von ihm nichts annehmen wollte. Meint Ihr, ich hätte mit ihm den Burgunder

trinken sollen? Oder Goldwasser? Ich will Euch offen sagen, wir
haben Goldwasser getrunken; ich habe mich zum ersten Mal von
einem Menschen freihalten lassen; es lag eine Zärtlichkeit in
seinem Geben, manchmal reichte er das kleingeschliffene Glas
bis an meine Lippen, wie mans bei einem Kind tut. Ich liebe
seitdem den Bischof und ich habe ihm erlaubt, meine Haare zu
küssen, er sagt sie duften nach Lavendel.

⟨III⟩
Liebe Jungens

Ich habe hier nun keinen Menschen, dem ich das alles erzählen
kann, kommt bald wieder! Der Peter Baum ist ein Schaf, er grast
immer auf der Wiese bei seiner Mutter und immer kann er nicht
loskommen von Hans oder von einem anderen Cousin des Wuppertals. Oder seine Schwester lässt ihn nicht fort, oder Maja, sein
Weib, ist zurückgekehrt von der Reise. Ohne Peter Baum kann
ich nicht leben. Er rügt mich nie, er findet, alles passt zu mir, was
ich tu. Aber vor Dir hab ich Angst, lieber Herwarth, eine Backpfeife wäre mir lieber als dein strenges Gesicht. Den Geschmack
habe ich noch von der Schule her. Und ich werde lieber in Deiner
Abwesenheit diese Briefe an Dich und Kurtchen an deine Drukkerei schicken. Du sagst ja doch, es geht nicht, aber es geht alles,
was man will. Peter Baum findet auch nichts dabei. Den ganzen
Tag hab ich gestern auf ihn gewartet, ich schrieb dreimal denselben Brief an ihn, einen sandte ich an seine erste Wohnung, den
zweiten an seine neue Wohnung und den letzten an seine Mutterwohnung nach Friedenau. Auf Wupperthaler Platt. »Lewer
Pitter Boom, dat letzte Mol, dat eck Deck schriewen tu: kömm
oder kömm nich, ollet Mensch. Eck han Deck so völl tu verzählen, eck wees jo nich, wat eck met all die Liewe donn soll. Eck
weess nich, wän eck vön de dree Arbeeter liewe, den Frederech
oder den Willem oder den Ost-Prösen. Du söllst meck helpen tu
sinnen, dommet Rendveeh. För wat böss De denn geborn? On
leih meck een Kastemännecken, eck han verdeck keene Kartoffel
mähr em Hus, on necks tu freten. Eck gew et Deck weher, so wie
ming Gelägenheetstrauerspeel, Pastor Kraatz, opgeföhrt wörd.

Der Derektör han et meck versproocken optuföhren; wenn meck ens nur der olle Grossvatter em erschten Akt vörher nich sterben dut; hä leid on die Luft. Det weest De jo. On de Döktor Rodolf Blömner vom dütschen Triater söll emm speelen, ewwer wat söll eck anfangen, wenn hä sinne spassegen Opern makt, on eck kann nich henkicken, weel wir bös sinn. Du gönnst et meck wohl nich, fiser Peias. Kömmst De nu, oder nich? Kömm ens wacker! Ding Amanda«.

Denkt mal, er ist abgereist mit seiner Schwester Julie nach Hiddensee, am Hohenzollerndamm wohnt seine Frau, die Matja, mit ihrer Freundin Jenni, in der alten Ringbahnstrasse hat Peter Baum seinen Roman liegen lassen. Die Tapezierer haben die Hälfte Blätter schon mit Kleister beschmiert, um sie unter die neue Tapete zu kleben. Aber was geht das uns an. Hast Du Dir den Brief von der Post in Kristiania abgeholt, lieber Herwarth? Was sagst Du dazu, dass Deine Pantomime in ganz Luxemburg angenommen worden ist? Ich singe immer seitdem, ich bin der Graf von Luxemburg und hab mein Geld verjuxt, verjuxt.

Liebe Kinder, ich habe Euch schnell was furchtbar schmerzliches zu sagen, der Marrokaner ist entführt worden von einer Undame.

Herwarth, gestern war ein Monstrum im Cafe mit orangeblonden, angesteckten Locken, und wartete scheints bis Mitternacht auf Dich, Herwarth. Leugne nur nicht, Du kennst sie; sie sprach genau so im Tonfall wie Du, überhaupt ganz in Deiner Ausdrucksweise. Nachher ging sie in die Telephonzelle; ich und Zeugen hörten sie unsere Nummer rufen, aber Deine Sekretärin musste wohl schon gegangen sein, denn das Monstrum stampfte so wütend mit dem Fuss, dass die gläserne Tür des kleinen Kabinetts klirrte. Und so stampfen nur Verhältnisse. Es wäre doch eine Gemeinheit von Dir, wenn Du mir untreu wärst. Jemand hat hier im Café gesehn, wie sie Dir unter dem Tisch eine ihrer künstlichen orangefarbenen Locken schenkte. Aber was wollt ich noch sagen, heute Morgen war Minn bei mir in der Wohnung, auf seiner stolzen Schulter trug er einen grossen

Reisekorb, mich darin sofort einzupacken nach Tanger. Ich will es mir noch überlegen mit dem Bischof; natürlich wenn der mich wirklich liebt, kann ich ja nicht weg. Aber eins, Niemand schwärmt so für Deine Pantomime wie der Erzbischof und der Slawe. Also bleibe noch ruhig am Nordpol, Du und Kurtchen.

Lieber Herwarth, zum Wohlsein Kurtchen, gestern sind meine Grete und ich fast überfallen worden!! Sie flickte mir gerade meinen Rock. Ihr Willy war es, der doch so ungefährlich aussieht. Sie hat ihm in der letzten Zeit dieselben Briefe geschrieben, die ich ihr an Dich und Kurtchen vorlas. Was wir so alles durchmachen, auch geht es mir materiell schlecht. Im Café habe ich grosse Schulden, beim Ober vom Mittag: ein Paradeishuhn mit Reis und Apfelkompott; beim Ober von Mitternacht: ein Schnitzel mit Bratkartoffeln und Preisselbeeren und ein Vanilleneis, ein ganzes zu fünfzig Pfennig. Martha Hellmuth, die Zauberin Hellmüthe in meinem St. Peter-Hille-Buch, lieh mir einen Groschen fürs Nachhausekommen, sonst hätte ich Dir wieder mein Wort nicht halten können. Und nachher kam Rechtsanwalt Caro, er ist direkt ein gentleman, er gab mir für dich zehn Mark; er sei Dir das schuldig. Als ich dann Lachs mit Buttersauce gegessen hatte, fiel mir ein, es war eine elegante Ausrede von ihm. Was man doch an Keingeld zu Grunde geht, zwar Kleingeld vertrag ich noch weniger, ich bin von Hause nicht en miniature gewöhnt. Macht Euch keine Sorgen um mich, so lang ich noch, im Fall einer Mobilmachung, was zu versetzen hab – Euer Krösus.

⟨IV⟩

Liebe Jungens

Höxter ahnt was von meiner Schwärmerei zu Hassan, er hat mir zwei Ansichtspostkarten der egyptischen Lunaausstellung mitgebracht. Auf dem Kamel der einen Palmenlandschaft sitzt mein Sultan. Wo ihn die Diebin wohl hingeschleppt hat? Hast Du übrigens von der Zeichnung, die Höxter von mir gemacht hat, ein Cliché anfertigen lassen, Herwarth? Sie kommt doch in den Sturm? Ich bin darauf wirklich der kriegerische Prinz von Theben, dafür ist die Sphinx im Vordergrund ein richtiges Weib. (Ich schreib sonst kein Wort mehr für den Sturm). Höxter und ich sitzen heut ganz allein im Vorgarten des Cafés, wir knobeln in der Sonne aus, dass wir beide von Beduinen stammen, er sitzt immer wie ich auf einem edlem Araberpferd, darum können wir nie ganz verkommen. Wir sind vom Stamm der Melechs und ziehen in Gedanken immer gegen andere Rassen. Ich bin Höxter dankbar, er erzählte mir ein Wunder, seine Schwester heisse Schlôme.

Wisst Ihr, wer gestern bei mir war, die Exkaiserin Eugenie. Ich öffnete mit Zagen die Korridortüre wegen des Gerichtsvollziehers. Ihre Majestät versprach mir, an meine Tante zu schreiben, die ist Zwillingsmillionärin.

Lieber Herwarth, edles Kurtchen, ich habe mir seit einigen Tagen vorgenommen, Karl Kraus, der Dalai-Lama in Wien, soll Minister werden. Ich sehe ihn überhaupt nicht mehr anders, als auf einem mächtigen Stuhl sitzen. Wie langweilig und langsam alle Menschen sind, er wäre schon längst Minister. Ob ich wohl Hofdichterin werden würde mit einer Apanage? Aber daran denke ich erst in zweiter Linie. Ich hätte die Angelegenheit Dalai-Lamas längst zur Sprache gebracht, aber die Leute wie gesagt lächeln immer langwierig, wenn ich was sage, auch verstehen sie nicht meinen gaukelnden Worten ein Seil zu spannen. Nur der Minister freut sich meiner Sprünge, er ist ernst genug.

Der kleine Jakobsohn hat dreiundzwanzig Nummern der Fackel bestellt, ich habe Dir sofort gesagt, Herwarth, er ist gar nicht so schlimm, es wird ihn auch noch der Sturm umreissen. Seid vergnügt, beide, macht Euch keine Sorge wegen meines Mitbruchs, ich hab Diamanten und Perlen und – ein Heer Verse – auf Dich gedichtet.

Ich kann Euch heute nur eine Postkarte schreiben, der Bischof
telephoniert eben, ob wir gleich etwas in Sibirien spazieren gehen
wollen? Wir nennen nämlich die Gegend am Lützowerplatz in
Charlottenburg Sibirien. Wir haben überhaupt viel gleiche Empfindungen beim Anschaun der Welt. Auch sehen wir dieselben
Tiere im Menschgesicht. Die Katzen liebt er, ich nicht. Ich werde
ihn heute fragen, ob er die Katzen mehr liebe wie mich. Solche
Fragen berühren ihn glücklich. Ich frage ihn vieles Verhängnisvolle auf französisch, als wäre er mein Gouverneur. Es ist so
aufatmend, wenn einem auf einmal alle die verantwortlichen
Gedanken und eingenisteten Gefühle von der Schulter gleiten
und man eine Marionette ist, am feinen Seidenfaden geleitet.
Aber manchmal bin ich sein goldener Ball, den er liebevoll in
Kinderhände wirft. Oder ich schlummere vom Rausch seiner
Worte, er hat etwas Rebenartiges. Ich lehne, seitdem ich ihn
kenne, oft an schwarzangestrichenen Wänden der Häuser und
werde süss. Wenn er nicht mit mir spielen würde; ich müsste
verdorren in der Nüchternheit von Berlin. Unter Asphalt ist
sogar hier die Erde begraben; einen grossen Baldachin wie des
Wintergartens dumpfer Sternenhimmel wollen sie jetzt über die
Hauptstadt bauen; wo soll man hin dann blau sehn. Der Westen
unserer Stadt ist mir am verhasstesten, die Arbeitergegenden
haben wenigstens etwas kriegerisches. Kürzlich standen wir auf
der Brücke, die zur Siemens-Fabrik führt, in der Nacht. Wir
hätten uns fast geküsst, aber ich entschwand seinen Lippen ohne
es zu wollen, wir sind auch beide zu weiss, wenn wir erröteten im
Küssen, wäre wie Blut, vielleicht wie Mord. Ich muss Euch das
alles sagen, liebet mich dafür.

Liebe Jungens, als ich heute ins Café kam, sassen der Slawe und
der Bischof wo versteckt. Der Slawe findet es scheints politischer
in Deiner Abwesenheit, Herwarth, sich nicht mit mir zu befassen, er spielt den Ehrenmann. Auf die Idee, dass er sich aus mir
nichts macht, bin ich noch nicht gekommen, aber ich habe ihn
satt, er ist auch gar nicht so schön, wie ich ihn zuerst sah, er hat
ein enges Mienenspiel. Und er freut sich immer, wenn jemand
Verlust der Phantasie erleidet, da er keine besitzt. Ich habe
Hassan verloren, alle marokkanischen Träume und den täto-

wierten Halbmond an seinem vibrierenden Nasenflügel. Der Bischof sah mich von Ferne weinen, er küsste schon dreiundzwanzig Mal mitleidig seiner kleinen, heiligen Katze den Kopf.

Heute stellte ich dem Bischof eine Sängerin vor, weil sie der Talismanphotographie ähnlich sieht, die er in seinem Portefeuille trägt. Nun soll er in Wirklichkeit seinen Typus Angesicht vor Angesicht sehn. Ich glaube zwar, er ärgert mich nur mit ihm, aber ich will mich lustig rächen. Felicitas summt immer meine Melodien auf berliner Jargon, die ich aus dem Morgenland weiss, sie ist mein verwässerter Nil abwechselnd mit einer Schüssel Tigriswasser, darin sie ihre Strümpfe wäscht. Aber sie trägt seidene Strümpfe; mit Wohlgefallen bemerkte das der Erzbischof, auch stellte er Vergleiche an zwischen mir und ihr. Das nehme ich ihm übel, ich glaube, ich mag ihn nicht mehr leiden. Meine ganze Psyche ist eine Weile eingekracht. Eine feine ganz goldene Stadt ist meine Seele, lauter Wandelgänge von Palast zu Palast. Und ihre Landschaften übersteigen die Schönheiten aller Länder. Ich soll wieder erkrankt sein, aber wo? Es ist kein Mosaik mehr da, und mich behandelt man auf Backsteine. Ich gab dem Bischof lächelnd die Hand zum Abschied, leben Sie wohl, Herr Erzbischof, Sie behaupteten, die Kultur der Egypter über alles zu lieben und vergassen, dass man eine pharaonische Prinzessin nicht (wenn auch in Gedanken) neben einem deutschen Porzellangänschen stellen darf. So sagte ich ihm.

Herwarth, heute gabs wieder Aufschnitt bei mir, dabei esse ich so gern Ente mit Mirabellen. Ich hatte geradezu Sehnsucht nach Kempinski, trotz der gierigen Philister an den Nebentischen. Warum sind wir beide dort so unverheiratet? Bin weder in dem Lokal Deine Verehrerin, noch Deine Kameradin, noch Deine Angetraute. Du bist dort mein Liebhaber, erster Liebhaber, und ich fühlte wohl in den beiden Malen, wo wir dort sassen, dass auch in Dir verborgen wie in allen Männern das Talent zum Bonvivant steckt; aber ich auch nicht alleine die Dichterin und die Tino von Bagdad bin, nicht nur der Prinz von Theben, zu guterletzt nicht nur als Jussuf der Egypter existiert habe, sondern ich auch ein ganz kleines Mädchen sein kann, das zum ersten

Mal von einem Herrn zu Kempinski zum Abendbrot mitgenommen wird und Geschmack an Kaviar und Ente mit Mirabellen findet, sich aber noch schüttelt entsetzt vor der Schnecke in der geöffneten Muschel. Weisst Du noch unsere Angst, dass Jemand uns von Bekannten sehen würde, – unser Verhältnis. Ich trank aus Deinem Glas, Rotwein, und Du machtest mir Komplimente meiner schmalen Fussgelenke wegen. Und versprachst mir seidene Strümpfe zu kaufen und eine weisse Feder für meinen grossen Strohhut. Du hast so emsig süss zu mir gesprochen, namentlich wie ich mich genierte, noch etwas von der Auswahl der Konfitüren zu wählen. Und ich vergass wirklich, dass ich Deine Frau war und machte mich über Deinen Drachen lustig, über ihre finstere Stirn. Aber ich werde nie Dein stutziges Gesicht vergessen; da wusste ich, dass Du schon öfters mit kleinen Mädchen bei Kempinski soupiert hattest, die Deine Frau Ihrer fanatischen Galiläerstirn wegen verspotteten. Das hatte Dich immer wieder von den Leckermäulern abgebracht, denn Du wurdest barsch und unmutig zu mir, weil ich Deine »Frau« beleidigt hatte. Und wie ich erfahren habe, bist Du erst neulich in einer kleinen Gesellschaft dort gewesen, dein Freund, der Doktor brachte seine lachende Kleine mit. Warum hast Du nicht Kurtchen veranlasst, den Doktor auch zu der Reise nach Norwegen einzuladen? Er sieht abgearbeitet und verärgert aus. Es giebt keinen Menschen, der aufmerksamere Liebe nötiger hat, als der Doktor, als »unser« Doktor, sind er und ich auch schuss für ewig. Ich habe jahrelang Jünglingen, die ihm ähnlich sahen, Blumen gesandt.

Liebe Nordpolforscher, Direktor Wauer hat heute Morgen ein Telegramm aus Elberfeld bekommen. Die Stadt Elberfeld hat ihn verständigt, dass der Wupperthalergesangverein ihm ein Ständchen bringen wird, weil er ming Stöcksken aufführen tät. Was mich meine Einwohner doch gut leiden mögen! Und eine Deputation Färwer, Knoppmaker on Suttaschdreher on zweihundert Weberslüte werden unserm Direktor ein Album mit bergischen Photographien überreichen. Ich schwärme wahnsinnig für Direktor Wauer.

Liebe Beide. Wieso weiss Richard Weiss von der Aufführung meines Schauspiels? Er schickte mir heute Rosen. Ich möchte ihn einmal sehen. In seiner Schrift dehnt er sich und geht wieder ein; in seiner Schrift stehen alle seine Gedichte gemalt, manche sind gebeugte Bäume, aber auch herrliche Kuppelbauten erheben sich an Ufern. Ja, seine Schrift hat Ufer und Flüsse, heilige Wellen, die nach Gebeten duften. Seine Schrift duftet. Es hat mir Jemand verraten, dass er schlank ist, dass er braune Haare habe und schmerzlich der Blick seiner Augen sei, und dass er den Scheitel an der Seite, wie ich, trüge. Ich denke an ihn immer sehr bewegt: ich wollte, ich wäre ein Spassmacher und er eine Schlange, ich würde ihm das Tanzen beibringen.

Lieber Herwarth und lieber Kurt, ach, ich hab diese Nacht so sonderbar geträumt! Ich lag auf einer Bahre mitten auf einem Platz. Ich lag gehüllt in einem weiten, stillen Tuch, wie in einem Meer – und war tot. Manchmal tratst Du zu mir, Herwarth, und hobst das Meer von meinem Angesicht und wiesest auf meine Stirn. Und es verhöhnten sie so viele Menschen, wie ich Tage gelebt hatte. Ich begann mich schon wegen Deiner Arglosigkeit zu ärgern, denn ich habe immer den neugierigen, dreisten Tag gehasst. Aber als die Nacht kam, bat ich Dich, drei Prinzessinnen meiner Liebe zu beschenken. Du verprachst mir feierlich, der Venus von Siam das Armband zu senden, das ich beim Aufschreiben meiner Gedichte trug. Du wiederholtest mir mit reiner Stimme, meinen Ring mit dem eingefassten Abendrot, Ruth der Frau des gentlen Rechtsanwalt, der immer vom Mai singt, zu reichen. Du schworst mir treu, dass Du Nora von Indien, dem weissen Panther, meinem treuen Absalon, meinem frommen Spielgefährten, mein Rubinherz selbst um den Nacken legen würdest. Ich weinte, ich weinte so wild, ich hörte das Meer um mich aufstehn. Und ich fürchtete Dein Finger würde erfasst werden, der über den Platz wuchs, auf dem ich gebettet lag, der klare Wegweiser, der auf meine Stirn wies. Es wurde immer auf etwas gewartet – Zeuxis Kokoschka schlenderte hinter dem Dalai-Lama; und Loos der Gorillaarchitekt, trug auf seinen Händen, mein Gewölbe, wie es sich für mich geziemt, aus weissem Libanonholz, schlicht, aber zu reich für den eitlen Geschmack der

Leute. Und es brach ein Kampf um das Haus meines Leibes aus; Stuckvolants und Einsätze setzten sie an meines Tempels Fassade. Aber ich konnte nicht mehr streiten, ich hatte mich schon aller Täglichkeit abgewandt und spielte mit der runden Zeit. Des Dalai-Lamas Augen, blaue, milde Myrrhen balsamierten mich ein, Zeuxis malte mich endlich im Tode. Und Du, Herwarth, küsstest meine Stirn, eine Orgelsymphonie stieg zu mir empor; ich bin nie mit anderen Menschen zu messen gewesen; ich konnte nur immer so sein, wie man zu mir heraufblickte, denn meine Stirne war der Nachthimmel. Du wusstest es.

⟨V⟩

Liebe Renntiere. Ich freu mich so auf Euer Geweih! Aber ich dachte mir gleich, dass Ihr so leicht nicht von der Schlittengegend fortkämet. Und habe also zu früh Schluss mit meinen Briefen an Euch gemacht. Uebrigens empfing ich schon viele bedauernde Anfragen deswegen, also bleibt noch, friert ein ein bischen. Ganz recht, ich werde anfangen, meine Briefe an Euch zu sammeln und sie später unter dem Titel »Herzensbriefe, alleinseligmachender Liebesbriefsteller, Gesetzl. gesch.« herausgeben. Vorwort: Alle bis dahin vorhandenen Stellen hinterlassen Uebelkeit und Magendruck. Und den Deckel muss mir ein Porzellanfabrikant zeichnen, ein Pärchen zwischen bunten Zwiebelmustern. Oesterheld und Cohn sagen, das ist meine erste vernünftige Idee, nur ihr Lektor Knoblauch war empört darüber. Der Verlag hat sich aber noch nicht erholt von dem Reinfall in meine Wupper. Und was meint Ihr – Müller Mahle Mühle hat mir mein Manuskript Essays aus München wiedergesandt, »sie seien ja sehr hübsch, aber das Publikum interessiere sich nicht für die Namen.« Ich meine doch, Julius Lieban, Emmy Destinn, Tilla Durieux, William Wauer, Peter Baum, St. Peter Hille, Karl Kraus, Adolf Loos, Oskar Kokoschka, Dr. Alfred Kerr, Maupassant etcetera sind nicht zu unbekannte Leute. Ausserdem erschienen alle meine Essays in den ersten Zeitschriften und Zeitungen, das müsste Herrn Müller doch massgebend gewesen sein. Mahle Mühle Müller.

Euer Pechvogel

Herwarth und Kurt! Ich muss Euch heute Nacht noch etwas ganz Seltenes erzählen, Stefan George ist mir in der Dunkelheit eben begegnet. Er trug einen schwarzen Samtrock, liess die Schulter hängen, wie müde von der Last des Flügels. Ich schrie ganz laut. Ich bin einem Erzengel begegnet, wie er gemalt ist auf den Bildern Dürers.

Lieber Herwarth und guter Kurt, ich habe das Café satt, aber damit will ich nicht behaupten, dass ich ihm Lebewohl für Ewig sage, oder fahre dahin Zigeunerkarren. Im Gegenteil, ich werde noch oft dort verweilen. Gestern ging es Tür auf, Tür zu, wie in einem Bazar; nicht alles dort ist echte Ware: Imitierte Dichter, falsches Wortgeschmeide, Similigedanken, unmotivierter Zigarettendampf. Der Rechtsanwalt kommt schon lange nicht mehr hin. Warum es einen so ins Café zieht! Eine Leiche wird jeden Abend dort in die oberen Räume geführt; sie kann nicht ruhen. Warum man überhaupt in Berlin wohnen bleibt? In dieser kalten unerquicklichen Stadt. Eine unumstössliche Uhr ist Berlin, sie wacht mit der Zeit, wir wissen, wieviel Uhr Kunst es immer ist. Und ich möchte die Zeit so gern verschlafen.

Kinder, ich langweile mich furchtbar, die ganzen Geliebten sind mir untreu geworden. Ich komme mir vor wie eine Ausgestossene, trete ich in den Vorhof unseres Cafés. Den Slaven kann ich ja nicht mehr ausstehen. Und der Bischof ist mir zu wertvoll zum Spiel; wenn er das Spiel ertragen könnte! Wer verträgt aber den Kopf- und Herzsprung! Minn ist herabgekommen durch die Undamen, ich weiss garnicht mehr, ob er hier in Berlin ist. Ich bin inwendig wie ein Keller, wie Sibirien ohne Duft. Ich bin so allein, wäre ich wenigstens einsam, dann könnte ich davon dichten. Ich bin die letzte Nuance von Verlassenheit, es kommt nichts mehr danach. Wenn mir doch jemand was Süsses sagte! Wäre ich doch eine Biene und könnte mir Honig machen. Was nützen mir Deine lieben Briefe und lieben Postkarten. Ich kenn Dich und Du kennst mich, wir können uns nicht mehr überraschen, und ich kann nur leben von Wundern. Denk Dir ein Wunder aus, bitte.

Gestern Abend war ich im Wintergarten mit dem Maler Gangolf.
Ich gehe so gern mit ihm gerade in die Varietés. Er spöttelt nicht,
er kann grossgucken wie ein Kind. Manchmal überkommt uns
auch Romantik – dann schielt er leise nach der Nelke oder Rose
oder Georgine, mit der meine Hand spielt. Ich schiebe sie dann
ganz grundlos auf seinen Schoss. Am besten gefielen uns die
beiden musikalischen Clowns, der eine in der weissgetünchten
Maske Kubeiks, dem Spiel nach war er selbst darunter versteckt.
Der zweite, verkleidet als Rubinstein, spielte, wie der gespielt
haben muss. Ja ja, man muss Clown werden, um sich mit dem
Publikum zu verständigen, und – damit man dran kommt. Ich
habe Dir schon lange gesagt, Herwarth, ich trete auf als Aujuste
und spreche so mit dem Gänseschnabel meinen Fakir und meinen
Ached-Bey und meine Gedichte. Gangolf war bewegt
darüber – er zeigte mir am Abend noch zur Zerstreuung sein
Puppentheater. Er hat eine Stadt voll von Miniaturmenschen
geschaffen. Auch seine Gemälde sind wirklich geformt vom
bunten Blut der Farben. Leid tat mir, dass er sein hervorragendes
Selbstbildnis zerstört hat, den Mann hinter dem Fenster, der über
die Türme der Stadt blickt. Sie hat ihn verloren und er die Stadt.
Wir wollen jetzt öfters zusammen wieder in die Varietés gehen.
Du hast doch nichts dagegen, Herwarth. Ich grüsse Dich!

⟨VI⟩

Liebe Skiläufer. Oder läuft Ihr nicht Ski? Wie ich noch so oberflächlich
fragen kann, und bin in der größten Besorgnis, wo ich
mein Manuskript unterbringe. Ich muß doch eine Familie ernähren,
ich meine meinen Paul in allen Schmeichelnamen. Er will
nun endlich eine Lokomotive mit vier oder vierzig Volt elektrischer
Kraft haben oder einen Dampfkessel, der täglich hundert
Kubikmeter verträgt, fünfzig Pferdekraft stark ist. Ich bitte ihn
gar nicht mehr um Einschränkung seiner Wünsche, er wird
wütend über meine Unwissenheit in technischen Dingen. Ich
glaube, er ist Edison und er wartet nur noch einen Monat
höchstens, dann soll ich mir einen Laden aufmachen und alles
einen Pfennig billiger verkaufen. Vielleicht hat er recht! Auch

verwirft er meine Bücher und mein Schauspiel habe ich von
Schiller abgeschrieben. Ihr müßt nur seine Modelle für ein neues
Luftschiff sehen, er erklärt mir unermüdlich von Propellern.
Morgen muß ich alles auswendig wissen. Ich hab' mir was
geboren!! Wo bring ich nun schnell mein Manuskript unter?
Erkundigt Euch doch mal in Norwegen nach einem blutmutjungen Verleger. Heut Nachmittag geht Paul mit Hüne Caro aus, sie
haben beide zusammen eine Braut.

Liebe Jungens. Ich habe Frau Franziska Schultz besucht. Ihr
Schutzhaus für die Neugeborenen ist so osterlich. Lauter kleine
rosarote Zuckerostereier gucken nebeneinander versteckt aus
weißen Kissen. So reizend ist das anzusehen, und ein Negerküken liegt auch dazwischen – geradezu Schwarzweißkunst. Ich
wollt, ich wär auch noch einmal klein. Manchmal wünscht ich
mir wirklich, jemand führte mich spazieren und ich wär erst vier
Jahre alt. Die Zeit drückt; die meisten sterben an der Zeit.
Darum sollte man sich viel in seine Kindheit zurückversetzen.

Ich möchte Euch heute Abend nur sagen, Berlin ist eine kleine
Stadt, täglich schrumpft sie mehr und mehr ein. Groß ist eine
Stadt nur, wenn man von ihr aus groß blicken kann. Berlin hat
nur ein Guckloch, einen Flaschenhals, und der ist auch meist
verkorkt, selbst die Phantasie erstickt. Gute Nacht.

Liebe Brüder. Ich bin außer mir, der Pitter Boom, den ich berühmt im Sturm gemacht habe, schreibt mir folgende wörtliche
Ansichtskarte: Liebe Tino. Herwarth hat recht. Wenn ich auch
finde, daß zu Ihnen alles paßt, so paßt mir doch nicht alles. Sehr
muß ich bitten, endlich meine Familie aus dem Spiel zu lassen. Ich
lese wöchentlich den Sturm. Großen Dank für den plattdeutschen Brief darin. Ich bleibe noch etwas hier, fern von der
Caféhausglocke. Die norwegischen Briefe sind ja wunderschön.
Herzliche Grüße aus Hiddensee. Peter Baum.
    Habt Ihr Worte – vielleicht irgendwelche Nordpollaute? Ich
brauche sie, meinen Zorn abzukühlen. Aber ich weiß etwas, was
Ihr nicht wißt. Aber ich habe einen Eid geleistet, es nicht wiederzusagen, trotzdem es mich eigens betrifft. Warum verteidigt man

sich selbst eigentlich, man sollte doch gegen sich nicht argwöhnen. Ich bin ganz unglücklich, daß ich es keinem Menschen sagen darf. Wenn mich doch ein Geschöpf dazu zwingen würde! Oder wenigstens Peter Baum käme, und ich es in die Natur schreien könnte. Seid Ihr nicht neugierig?

Liebe Kameraden. Mein Eid wurde eine Zwangsidee, oder vielmehr ich konnt ihn nicht bezwingen. Der verdammte Cajus-Majus kam mir heute am Spittelmarkt entgegen, wo der Krögel ist, und sagte, ich sähe aus, als ob ich an Depressionen leide. Seine Mutter aber fand, (Dr. Hiller hat doch eine ganz jugendliche, reizende Mutter) ich sehe ganz munter aus. »Das bin ich ja gerade, selig bin ich, und kann keinem Menschen sagen warum. Meine Kusine Therese aus der Tiergartenstraße hat mir vorige Woche zweihundert Mark geschickt. Ich sollt mir einen Mohrenmantel kaufen!« Mutter und Sohn haben mir versprochen, es Niemandem wiederzusagen. Ich setzte mich dann erleichtert, noch dazu mit dem Rest der zweihundert Mark, an die Spree hin. Alle diese praktischen, unnotwendigen Sachen, die ich für meine Millionen bezahlt habe – den Mohrenmantel besäße ich wenigstens noch! Müßten mir nicht die Leute alle Tribut zahlen? Der Krögel ist ein gerechter Ort, der Krögel ist der schönste Aufenthalt in Berlin; so denk ich mir die Fjorde von Norwegen, wie der Blick auf die plötzlich unerwartete, daliegende Spree mit einem Schuß am Ende des schmalen, alten, zerschlissenen Gassenarms. Nur Fahnen wehen wohl an den Ufern der Fjorde – hier stehen über Nacht die kleinen blau und weiß gestreiften Eiswagen, die gefrorenen Himbeer- und Maikrautsaft für die armen Kinder enthalten. Wenn Ihr eine Rose seht, sagt, ich laß sie grüßen.

Warum ich Euch nichts mehr vom Bischof erzähle? Ich spräche nur immer von mir, sagt er. Ich glaub, er hat es über. Dabei entdeckte er nur in mir ein kleines Dorf, nicht einmal eine meiner Städte hat er erobert. Hunderttausend Meilen war er immer von Bagdad entfernt. Aber wer weiß von meinem Herzen? Alle nur immer auf der Landkarte. Ich liege zwischen Meer und Wüste, ein Mamuth. Mein Bau ist furchtbar und vornehm. Erschreckt bitte nicht. Aber ich muß mir wirklich abgewöhnen, immer von mir zu sprechen, wie Kokoschka in Wien, der spricht darum gar

nicht. Denk mal, Herwarth, das Plakat der Neuen Sezession war im Café. Das ist ja Pechsteins Frau. Eine Indianerin ist sie wirklich, des roten Aasgeiers wunderschöne Tochter; sie ist malerisch wildböse, sie trug ein lila Gewand mit gelben Fransen. Und noch
5 viele Maler waren heute im Café: Berneis, Ali Hubert, der Himmelmaler, und Fritz Lederer. Der ist der Sohn von Rübezahl. Er und seine nagelneue Frau zeigten mir ihre junge Wohnung; ich mußte mit ihnen Thee trinken. Aus seinem Atelier kams immer so frostig durch die Ritzen der Türe. Er malt nur Schneebilder.
10 Du kannst Schneebälle machen von dem Schnee, der auf dem Riesengebirge seiner böhmischen Heimat liegt. Ich trink jetzt abends immer Tee dort.

Depesche. Walden-Neimann. Norwegen. Hôtel Seehund. Hiller, Kurtz, Hoddis sind wieder ausgesöhnt. Else.

15 Liebe Kinder. Ich kam ins Café, ich traute meinen Augen kaum, saßen alle wieder ausgesöhnt beisammen. Auch Blaß war unter ihnen und Golo Ganges. Ich schlich schnell an der versammelten Literatur vorüber. Rudi Kurtz sprach gerade vom wilden Mythos meiner Wupper. Wie konnte ich je auf ihn schimpfen! Da
20 hört sich doch alles bei auf! Soll noch einmal ein Mensch ein böses Wort auf ihn sagen. Addio!

⟨VII⟩

Heute ist St. Peter Hilles Namenstag. Mich fragte ein Fremder, wie St. Peter Hille ausgesehn habe? Der Frager war ein Astronom
25 und machte sich den wahren, strahlenden Begriff von ihm. Warum ich nicht an seinen Feiertagen zu seinem Grabe pilgere – wenn ich Maria oder Magdalene wäre – aber zwischen uns war selbst nicht die Intimität der Träne. Ich warte ehrfürchtig bis der Prophet mir erscheint. Ebenso, meinte der Astronom, wie ich
30 dieser Himmelserscheinung harre, erwarten sie den Kometen.

Aber daß St. Peter Hille einmal ein Engel begegnete auf dem Felde, das weißt Du wohl nicht, Herwarth? Wie er mir das sagte, waren seine braunen Augen himmelblau und ein Blinder, der unserm Gespräch lauschte, vertraute mir später verzückt, er habe sehen können, während der Prophet die Geschichte des Engels erzählte.

Ich möchte etwas darum geben, wenn er die Melodie, die du zu seinen Gedichten geschrieben hast, vernehmen würde; er konnte sich freuen; und meine Bibel, das Peter Hille-Buch, hätte er immer in seiner großen Manteltasche getragen und immer nachgeschlagen, wenn er etwas über sich vergessen konnte. Manchmal vergaß er wahrhaftig, daß er ein Prophet war. Wir müssen St. Peter Hille einen Tempel bauen, wer hätte so ein mächtiges Herz, ihn darin ganz zu gedenken. Deine Tempelerbauerin. Grüße Kurtchen.

Der Sezessionsmaler Hernstein glaubt wahrhaftig, er ist der Bischof. Ich habe selbst schuld, nannte ich ihn doch stets den feinen, jüdischen Kardinal. Er findet außerdem, meine Korrespondenz schwäche ab, ich schreibe gar nichts mehr zum Lachen. Nun weiß ich aber wieder was zum Lachen. Der »wirkliche Bischof« fragte mich, ob er mir seine Freundin vorstellen dürfe? Als meine Erkundigungen nach ihren Vermögensverhältnissen ungünstig ausfielen, antwortete ich meinem Bischof, daß ich mir diesen Luxus nicht erlauben könnte. Ich bringe direkt ein Opfer, meine Freunde, denn seine blonde Lacherin dünkt mich eine Schelmin, aber ich kann doch nicht alle Menschen in meiner bösen, finanziellen Lage umsonst kennen lernen. Ist das nicht zum Lachen?

Rudolf Kurtz schrieb mir heute morgen einen Brief im Zeitstil Kleists. Aber ich las deutlich eine Unzufriedenheit aus seinen Zeilen deswegen auf Umwegen meiner Depesche, die ich Euch sandte des Bündnisses Hiller Hoddis Kurtz etc., etc. wegen. Und dabei war sie doch kurz gehalten, ganz in seiner enganliegenden Schreibweise. Sein letzter Aufsatz (ich glaube in der Gegenwart) war direkt inhaltlich ein geistvolles Buch von zwei Seiten. Aber destomehr hat die Versöhnungs-Depesche Max Fröhlich gefallen, verehrte Pelzvermummte. Er malt wie ich dichte. Ich liebe ihn dafür unaussprechlich, meine Liebe überträgt sich auch auf seine Frau, die ist Bildhauerin, das wißt Ihr doch? O, seine mannigfaltigen Buntheiten an den hellen Wänden! Wer denkt da an Linie; ebensowenig, wie man der Sonnenflecke Umrisse nachspürt. Alle die spielenden Farben wirft die strahlende Phantasie seiner Kunst. Die Kete Parsenow, die Venus von Siam, liegt auf seidenem Grund, eine Kostbarkeit im goldenen Etui des Rahmens!

Wißt Ihr, wer plötzlich in den Saal trat, als Gertrude Barrison tanzte, Minn! Aber er versteht die Tänze des Abendlandes nicht, wie ich, nur bei Gertrude mache ich eine Ausnahme. Die letzte Schöne der Tänzerinnen Barrison bewegt sich interessant und anmutig, und ihre Gewänder sind seidene Geheimnisse weißer Marquisperückenzeiten. Alle Schauenden waren entzückt.

Heute traf ich den Bischof auf der Spreebrücke. Ich war von seinem plötzlichen Erscheinen sehr beglückt, ich hatte den ganzen Tag wieder die unbegreifliche Angst, und mein Herz zuckte kaum mehr. Und ich sah schon Farben, die nicht vorhanden waren. Freute mich, daß der Bischof keine lehrreiche Methode anwandte, mich zu beruhigen oder zu beunruhigen. Er besitzt einen sanften Willen, den er ähnlich wie Du, Herwarth, auf mich zu übertragen vermag. Zwar begreift er nicht, daß zwischen vorsintflutliches Mammuth eine flatternde Taube bangen kann. Wie kommt wirklich meine Seele zu der rührenden Hilflosigkeit. Ich habe nämlich bemerkt, daß selbst der roheste Mensch bewegt wird von meiner Angst. Nun spiel ich oft die Angst, wenn ich mir zu schwer werde. Ich muß doch etwas von den Stunden meiner Pein haben. Und wir stiegen herauf in des Bischofs Einsiedlerklause. An den Wänden hängen düstere Gedanken, schwermütige Gebilde. Ich setzte mich in einen großen Stuhl und versuchte, noch nicht ganz beruhigt zu sein, und betrachtete meinen Retter zwischen halbgeschlossenen Augen. Der Bischof hat Züge aus warmgetöntem Stein, seine Augen sind hartblau und manchmal stählern sich seine Brauen. Er begann meine Hand zu streicheln, er weiß, ich liebe Zärtlichkeit, beantwortete ich sie auch mit verlegenen Rauhheiten. »Wo sind Sie jetzt augenblicklich?« fragte mich der Bischof. Ich saß nämlich gerade am Ende einer rissigen Straße in Cairo – vier Jahre zähl ich – im zerrissenen Kittel auf dem unfrisierten, geschorenen Kopf trage ich einen verschossenen Fez und meine Augen sind verklebt von tausendabertausend winzigen Insekten. Diese kleinen geplagten Kinder habe ich so oft gesehen am Graben der Straßen sitzen und betteln; süßer Bischof, seitdem bin ich auch oft so ein verwahrlostes Eselstreibers-Kind. Er schenkte mir einen Piaster, es war in Wirklichkeit ein goldener Pfennig, einen Glückspfennig, ich ließ ihn tanzen auf der Innenfläche seiner Hand; da wurde er eine kleine glühende Erdkugel, bis sie zur Erde fiel. Da haben wir uns geküßt, Herwarth; findst Du das schlimm? Ich war dabei schrecklich traurig, dachte an die vielen pochenden Heimate, die ich schon im Leben verlassen hatte, die alle die Farbe meiner Liebe trugen. Ueberall ruft mich ein Tropfen meines Bluts zurück. Nun aber hier in der kleinen Einsiedelei, im höchsten Stockwerk, komm ich wieder zu mir, ich strahle zusammen unbeengt. Der Bischof meint zwar, (er vergißt manchmal seine neue Würde), er sei strafbar, daß er mich küßt. Du könntest ihn anzeigen und es stände Gefängnis darauf, betonte er energisch, da er wahrscheinlich meine Offenheit fürchtet. Ich antwortete? Und wenn –! Und dachte dabei, Herwarth, diese abkühlende Antwort habe ich von dir.

Ob ich mir das nur einbilde – Dein Doktor möchte mir eine Falle legen. Dabei kann ich doch nicht offenherziger sein, als in den Briefen an Dich und Kurt. Aber schon einige Male setzte sich ein Bekannter des Doktors in die nächste Nähe meines Tisches. Das wäre ja noch kein Beweis meiner Vermutung, aber der Bekannte sieht aus wie ein Hase und einer seiner Löffel ist schon abgenutzt vom Lauschen. Wie mystisch ist es doch, mit einem Menschen ehrfürchtig böse zu sein. Es liegt eine tote Stelle zwischen uns, darauf nichts mehr blühen kann, aber wir bringen der Grabstätte unserer Feindschaft Pietät dar – manchmal in Form von bunten Immortellen. Ob der Doktor auch schon mal etwas ähnliches gedacht haben mag. Es bringt mir niemand von ihm Kunde. So muß es nach dem Tode sein, wir sind uns im Leben schon gegenseitige Geister geworden. Er erscheint mir oft in Rollen, manchmal als überlegener, höherer Geist, der verneint. Als Samiel erschreckte er mich neulich am Ufer der Spree, als ich heimlich auf den Bischof wartete. Schlank ist er, gemmenhaft sein Schatten, überrascht er mich als einer der ermordeten Könige Richards im Traum. Habe ich Aehnlichkeit im Wesen mit dem Bluthund? Nun ist der Winter meines Mißvergnügens – ich habe sogar die schlimmen Sommer auch alle durchgemacht. Euer Shakespeare.

Liebe Beide. In einem Restaurant der Friedrichstraße saß unser Doktor, Herwarth. Ich wollte dort nur telephonieren, aber da ich ihn bemerkte, schlich ich auf die Gallerie und betrachtete ihn aus der Vogelperspektive. Er war allein, sonst nur abgedeckte Tische. Drum begann er wieder zu summen und es war seine Stimme, die bald an den Säulen des Saals brandete. Ich begreife nicht, was ihn noch von den Konzerten abhält? Er ist natürlich kein Heimatsänger, wie die dekorierten Vögel alle, zwitschernder, musizierender Blätter-Wälder. Des Doktors Stimme ist stellenweise noch ungeheftet, ich konnte manche von den schwarzen Perlen in die Hand nehmen. Wüllners Töne sind alle schon geordnet auf Golddrähten, die Meeresstimme des Doktors wäre auf Taue zu reihen. Diese Erkenntnis sollte sein Lehrer besitzen. Du mußt ihm die letzten Zweifel nehmen, Herwarth.

⟨VIII⟩

Lieber Herwarth, ich habe den Pitter Boom gemalen für den Sturm. Seitdem er sich den ganzen Hiddenseesommer nicht um mich bekümmert hat, sieht er gar nicht mehr aus wie ein Großfürst, sondern wie ich ihn in der Katerstimmung als Langohr gemalen hab. Ich zeigte ihm sein Bild, aber er weigerte sich das Cliché zu bezahlen. Nun wende ich mich mit diesem Brief an seinen Vetter. Bitte, Herwarth, mach du die Kommas; der ist gebildet, er schrieb ein mathematisches Buch über Geburten und Todesfälle.

»Geschätzter Herr. Sie sind doch der Johannes, dem Peter Baum sein Kusin? Ich bin seine Freundin Amanda und geh in die Knopffabrik auf Arbeit, und bin nicht wie sie in die höhere Töchterschule gegangen in Elberfeld und das hochdeutsch macht

mich Kopfjucken. Sie sind einer von den Vornehmen und darum spenden Sie wacker zwei Thaler für das Kliche Ihres Cusins Peter; sonst kann seine Visage nicht abgekleckst werden. Der Peter hat mir im Vertrauen in der Lämmerstunde auf Ihnen aufmerksam gemacht, Herr Johannes. Und ich grüße Ihnen freundlich und schaffen Sie sich einen Bullenbeißer weniger an und füttern Sie Ihre Wachteln mit Teufelsbeeren, und trinken Sie sich einen Schoppen auf mein Wohlsein. Ihre Amanda Wallbrekker, aus Elberfeld Grüne Pumpe an der Klotzbahn 86.«

Lieber Junge, den ganzen Tag erwarte ich den Geldbriefträger, daß er nicht mit den zwei Talern in Dein Bureau rennt. Ich hab nämlich vor, in den Zirkus zu gehn und ein guter Platz kostet drei Mark; und den Slaven will ich dazu einladen, damit er sieht, daß es nicht nur Rindvieh gibt auf der Welt, er ist nämlich verbohrt in sich. Ich bin mißlaunt, die Menschen, die ich für Menschen hielt, sind auch keine Menschen; die Liebe erdrosseln sie mit ihrem Ehrgeiz. Und die Liebe, Herwarth, Du weißt doch, was ich von der Liebe halte, wäre sie eine Fahne, ich würde sie erobern oder für sie fallen. Gute Nacht.

Herwarth, denk mal, die zwei Taler sind eingetroffen und noch ein Abonnement auf den Sturm dazu. Siehst du, ich bin ein Großkaufmann. Stell mich an, Du wirst ja nie den Handel verstehn, und ich möchte nicht warten, bis der Sturm alles niedergefällt hat. Ich hab meinem Pitter Boom noch ein Wörtchen zu seinem Gemälde dazu geschrieben:

»Pitter, dat De so een dommer Moolesel böß, nä, dat han eck nich gedacht. Wie kannst De meck nu so eene alberne Karte schriewen ut Hiddensee! Doför möss De bestraft wörn. Eck wörd nu all Dinne Extravaganzen on Hokospokos on Dinne ganze heelege Familie en usse Vorwärts brengen, on Dinne Neegongen on Dinne Settlechkeetsverbrechen. Ook Dän artegen Bruder Hugo wörd eck entlarven. Dat glöw eck Önk, dän Sommer on dän Herbst en die Badeörter herömflanieren, on die Portemaries dän Lüten ut de Mäntels kiebitzen, on eck sitt hier biem leeren Kochpott. Van wäm häst De dann dat Geld all? Völleecht van Ding Tante ut die Waffelbude or van die Riesendame? Die Erbschaft Dinnes Urgroßvatters, däm Derektor on Professor vom Olympiaflohtriater häst De doch opgefreten on Deck heemlich doför eene nüe Bochse on eenen Schabbesdeckel gekauft? Genau wie een Pastor stehst De met der longen Piepe im Muhl vor die Thöre van Dinne Filla op die Groschenskarte on de Hugo kickt ut däm Fenster wie Ding Hilfsprädeger. On eene Eölsharfe steht ook op däm Dach; wer speelt die? Dinne tröhe Amanda.«

Liebe Jungens. Cajus-Majus hat mir gesagt, er habe Wilhelm Haas aus Prag zum »Gnu« eingeladen. Im Café Austria findet der Cabaret-Abend statt. Es wäre wirklich nett, wenn Willy Haas käme. Er erinnert mich an den Primaner, den meine älteste Schwester gnädig, wie ihre Kleider mit den vielen Bändern, meiner zweiten Schwester vererbte, bevor sie ins Pensionat kam. Der hatte, wie der Prager Student, große, kluge Augen und war kein Spielverderber und hieß auch genau wie er.

Ich bin mit dem Auto ins Cabaret gefahren, ich fühle mich ernstlich krank. Aehnlich wie Känguruh hört sich »Gnu« an. Aber interessant war es dort, tausend Menschen kamen und immer wieder tausend, die Einlaß begehrten, und da war kein Platz mehr zu finden. Ich erklomm die Bühne und setzte mich in einen erhabenen Sessel. Mit meinem Kolossalsaphir am Finger, (höherer blauer Glasscherben), präsentierte ich Leo den Siebenundzwanzigsten. Das meinte auch Cajus-Majus. Alsbald begann die Lyrik.

Herwarth, Kurtchen, Zeppelin kommt wieder über unserm Haus vorbei. Ich sitz eingeschlafen am Schreibtisch, wird plötzlich die Erde aufgerollt – modernes Gewitter, die Welt geht unter, ich hab keine Zeit mehr die Koffer zu packen. Wahnsinnige Stimmung in der Luft; Meer rauscht über unsern Dächern und Häusern – wo ist Himmel geblieben, wo will der Wallfisch da oben hin gemächlich durch die Wolkenfluten. Adieu, adieu, ich lauf rasch hinunter auf die Wiese.
                                                    Else

Heute nur ein paar Neuigkeiten!
    Erstens: Dr. Alfred Döblin hat sich als Geburtstagshelfer und noch für »alles« niedergelassen. Auf seinem Schild in der Blücherstraße 18 am Halleschen Tor steht geschrieben, daß er Oberarzt am Urban war. So eine Reklame!
    Zweitens: Leonhard Frank hat wieder einen himmelblauen Mädchenleib gemalt, nun glaube ich wirklich an seine Satanerie.
    Drittens: Scherl will mich für die Verbreitung der Gartenlaube in Tripolis anstellen. Ich wohne bei Enver Bey im Krieg.
    Viertens: Der unvergleichliche Baron von Schennis war gestern Nacht wieder im Café.
    Fünftens: Alle Jungfrauen Berlins hat Poiret eingeladen zu seiner Ausstellung bei Gerson. Die sammelten sich, eine Mauer zur rechten und linken des Durchgangs. Zwischen blond und schwarzem Frauenhaar, ein Spalt der noch zu haben war, sah ich die Mannequin wundersam. Sie war nicht in der Stadt geboren, man wußte nicht woher sie kam.
    Sechstens: Das Café und alles was drum und dran liegt, Berlin und Umgegend, grüßt Euch Möwen!

Hört nur, Kokoschka wird steckbrieflich verfolgt in der neuen, freien Presse; er wirkte doch immer schon rührend, fing er von der Villa an zu simulieren, die er seinen Eltern schenken würde. Er aß sich nur immer objektiv satt aus dem Idealzweck. Tut mir wirklich leid! Wenn er mich auch nicht leiden mag. So bin ich ja gar nicht! Ein Modell, ein Holzhäuschen, soll er in der Nacht vom fünfzehnten auf den sechzehnten Oktober einfach gestohlen haben. Ich schneide Euch hier sein Bild aus, es ist dilettantisch gezeichnet und gerade seine charakteristischen Verbrecherzüge sind gemildert. Ob er sich auch in einer guten Pension versteckt hält, die für ihn sorgt? Rattke, der Ober vom Café, bei dem er hier in Berlin gewohnt hat, meint auch, wenn er nur gut wo gepflegt wird.

⟨IX⟩

Lieber Herwarth, ich habe dem Dalai-Lama in Wien für die Fackel ein Manuskript geschickt. Hier die Abschrift.

Wertester Dalai-Lama, sehr geehrter Minister, ich möchte ihnen etwas vom Himmel erzählen, den ich meiner Mutter widme.

## Vom Himmel

In sich muß man ihn suchen, er blüht am liebsten im Menschen. Und wer ihn gefunden hat, ganz zart noch, ein blaues Verwundern, ein seliges Aufblicken, der sollte seine Blüte Himmel pflegen. Von ihr gehen Wunder aus; unzählige Wunder ergeben Jenseits. Könnte ich nur immer um mich sein, der himmlischen Beete möchte ich ziehen. Wie man versöhnt mit sich sein kann, und Eigenes sein Ewiges küßt. Hätte ich je einen Menschen so unumstößlich erlebt, wie ich mich! Zweitönig Pochen, vertrautes Willkomm. Rundeilen meine Gedanken um mich, um alles Leben – das ist die große Reise um aller Herzen Schellengeläute und Geflüster, über Wälle, die Jubel aufwarf, über Gründe der Versunkenheit; und falle in Höhlen, die der Schreck grub – und immer wieder seine Herztapfen wiederfinden, seinen Blutton, bis man den ersten Flügelschlag in sich vernimmt, sein Engelwerden – und auf sich herabblickt – süße Mystik. Und irrig ist, den Himmelbegnadeten einen Träumer zu nennen, weil er durch Ewigkeit wandelt und dem Mensch entkam, aber mit Gott lächelt: St. Peter Hille. – Was wissen die Armen, denen nie ein Blau aufging am Ziel ihres Herzens oder am Weg ihres Traums in der Nacht. Oder die Enthimmelten, die Frühblauberaubten. Es kann der Himmel in ihnen kein Licht mehr zum blühen finden. Aber Blässe verbreitet der Zweifler, die Zucht des Himmels bedingt Kraft. Ich denke an den Nazarener, er sprach erfüllt vom Himmel und prangte schwelgend blau, daß sein Kommen schon ein Wunder war, er wandelte immerblau über die Plätze der Lande. Und Buddha, der indische Königssohn, trug die Blume Himmel in sich in blauerlei Mannichfaltigkeit Erfüllungen. Und Goethe und Nietzsche (Kunst ist reden mit Gott) und alle Aufblickende sind Himmelbegnadete und gerade Heine überzeugt mich, Himmel hing noch über ihn hinaus und darum riß er fahrläßig an den blauen Gottesranken, wie ein Kind wild die Locken seiner Mutter zerrt. Hauptmanns Angesicht und auch Ihres, Dalai-Lama, wirken blau. Den Himmel kann sich niemand künstlich verdienen, aber mancher pflückt die noch nicht befestigte, junghimmlische Blüte im Menschen ab. Das sind die Teufel. Ihr Leben ist ohne Ausblick, ihr Herz ohne Ferne. Der Nazarener am Kreuz wollte dem Teufel neben sich noch eine sanfte Wolke, einen Tropfen Tau seines Himmels schenken. Doch eher ist ein Taubstummer zu überzeugen, als ein Glaubdummer. Der ist ein Selbstverbrecher.

Man kann nicht in den Himmel kommen, hat man ihn nicht in sich, nur Ewiges drängt zur Ewigkeit. Es öffnet sich dem Himmelblühenden nicht wegen seiner guten Taten der Himmel, verdammen ihn auch nicht seine schlechten Handlungen zum Staube. Der Himmel belohnt und verdammt nicht. Aber Wertewiges bedingt den Himmel. Der spiegelt sich gerne im Menschen, unbegreiflich, wie Gott selbst. Reich und besonnen ist der himmlische Träger. Die Wunder der Propheten, die Werke der Künstler und alle Erleuchtungen, auch die unberechenbare Spiellust im Auge steigen aus der Ewigkeit, der bleibenden Bläue des Herzens. Manchmal überkommt mich eine schmerzliche Verantwortung, aber man kann nicht tief genug in sich schauen und zum Himmel aufblicken.

Die Gottheit Himmel ist nicht zu greifen, sie wäre bald vergriffen – die Ewigkeit ist nicht einmal zu verkürzen. Die Gottheit Himmel im Menschen ist Genie.

Leben Sie wohl, sehr verehrter Minister, mein Himmel macht mich nicht glücklich im irdischen Sinne, ich kann ihn nicht teilen. Wunderbar aber spielen sich die tiefsten Erinnerungen meines Blutes in dem Glanze meines Blaus wieder. Fata-Morgana. Spätes Verwundern, seliges Aufblicken, – Tragen Sie den Saphir meiner blauen Abendstunden zum Andenken an Ihrer grübelnden Hand.

⟨X⟩

Herwarth, Kurtchen, Kameraden, Brüder, habt Ihr an alle Direktoren der Theater im Pan den Kriegsaufruf von Rudolf Kurtz gelesen? Er hat über meine eingetrocknete Wupper eine Flut gebracht – ich hatte mich auch schon zu Bett gelegt. Aber nun trage ich meinen krummen Samtsäbel an der Seite, den ich meinem Neger Tecofi zur Theaterstatisterei lieh. Wa kadâba kabinâhu hinâma raga utu dalik, lia nahu jakrah anisâ a wahalakuhunna!!!

Der Pitter Boom hat mir sechs Honiggläser (Gühler und Biene) für sein Bild gesandt. Ich summe nun den ganzen Tag für mich hin. Aber Kokoschka läßt kein Wort von sich hören. Ueberhaupt, ich bin des Lebens müde. Ruth machte mir den Vorschlag, für mich an Kokoschka zu schreiben, er habe so reiche Gönner (?). Aber ich kenne ja ihren Stil und nahm ihr die Mühe ab.

Sehr geehrter Herr Kokoschka. Eigentlich sollt ich Ihnen böse sein, denn Sie haben es nicht einmal der Mühe wert gehalten, nachdem Sie stets die größte Gastfreundschaft in unserem Hause genossen hatten, sich zu verabschieden. Aber man kann Ihnen nicht böse sein. Das sagte ich gestern noch zu Frau Lasker-Schüler, die sehr krank im Bett liegt. Schreiben Sie ihr doch eine Zeile, daß Ihnen Ihr Bild Freude gemacht hat – sie ist doch ein so geliebtes, armes Geschöpf und hat so für Sie geschwärmt. Es geht ihr sonst auch gar nicht gut. Von mir weist sie jeden Happen zurück, sie ist ja so eigensinnig. Aber könnten Sie nicht in zarter Weise etwas für sie bei Ihren Freunden erzielen? Ich bitte herzlich um Diskretion, geehrter Herr Kokoschka, Sie wissen doch, wie empfindlich sie ist. Und verbleibe mit freundlichen Grüßen Ihre Ruth Elfriede Caro

Internationale Postkarte
   »Schweigt mir von Rom –«

Liebe Eiskühler. Der Bischof und ich sind entzweit, er behauptet, ich habe ihn mißbraucht. Wie mißbraucht man Jemand? Ich möchte so gern wieder mit ihm gut werden und ihn am besten selbst fragen. Herwarth, schreib Du ihm ein Wort! (?) Herrn Architekt Gregor Münster, Hildebrandstraße 11. – Er wollte mich ja auch hauen, ich meine in Stein als Freske. Vielleicht komm ich wo an ein Haus. – Gestern setzte ich mich an seinen Tisch, er trank Kümmel und Syphon. Ich rief Otto, der brachte mir auch ein Glas, als ich es mit dem fremden Syphon füllte, mußte der Bischof sich das Lachen verbeißen. Aber er sprach nicht mit mir. Er erzieht mich reizend. Oder er hat Charakter; wie man so sagt, wenn man seine Eigenschaften eingeschachtelt mit sich trägt. Also er ist berechenbar; ich bin unbequemer und schwieriger. Ist das eigentlich nicht vornehmer? Oder er tut nur so mir gegenüber, und verfolgt Deine Taktik, Herwarth, wenn du den Beleidigten spielst. Du weißt, Brüche werden mir schwer. Was man so alles durchmacht!

⟨XI⟩

Ich war heute als Petz verkleidet im Cafe. Ein Autolenker hatte mir sein Fell geliehen. In dem hinteren Raum saßen die Theaterheimkehrenden, der Doktor Loeb mit seiner jungen Frau Desdemona. Auf ihrem holden Mädchenangesicht spielt schelmische Dämonie. Am Nebentische debattierten die Oberlehrer; bei Professor Cohn würde ich noch heute Latein lernen. In der kleinen Sofaecke aber schlummerte Höxter, er läßt lässig die Fransen über die Augen hängen. Sein antiker Rock zerbröckelt schon, aber grünseidene Strümpfe trägt er in Lackschuhen. Neben ihm saß Frau Spela leise, eine heimliche Schnecke, fein zusammengeballt. Mondscheinfarbene Parkstimmung. Aus dem Zentrum des Cafés lacht Fritz Lederer-Rübezahl mit seiner Frau, die hat einen kühlen, vornehmen Spürsinn und Augentulpen, die blau sind. Und denke, Otto Freundlich aus Paris ist hier wegen der Neuen Sezession, er betrat mit Gangolf zusammen das Café, der kommt immer aus Italien, ob er von Friedenau oder Florenz anlangt. Cajus Majus brummte ich einige Male aus meiner Bärenhaut an. Auch Pechstein mit seinem Indianermädchen sah ich und M. Richter mit seiner Römerin. Und die vielen, die ein- und ausgingen, zuletzt kam unser lieber Direktor Wauer, der erkannte mich in meinem Gezott, ich schwitzte aber auch eine ganze Wupper.

Internationale Postkarte
    Schweigt mir von Rom!

Lieber Herwarth und Kurtchen.
    Daniel Jesus, der König von Böhmen, ist hier; ich meine Paul Leppin. Er hat einen neuen Roman gedichtet, er widmet ihn mir; er schrieb es schon von Prag aus: Liebe, liebe, liebe, liebe Tino. O, welch eine liebe Ueberschrift, ein Lied. Ich möchte viele Leute nun so singen lehren.

Sehr edle Gesandte

Ich, die Dichterin von Arabien, Prinzessin von Bagdad, Enkelin des Scheiks, ehemaliger Jussuf von Aegypten, Deuter der Aehren, Kornverweser und Liebling Pharaos, verleihe dem großen Essayisten Rudolf Kurtz den Elephantenorden mit dem Smaragd und die schwarze Krokodilzähnenkette erster Klasse.

Cohn reitet, Oesterheld hat sich eine Frau geheiratet, alles für meine Wupper. Dabei wies Cohn, (Oesterheld hätte gern meine Essays genommen) mein neues Manuskript ab. Er könne sich dafür keinen Apfelschimmel zu dem Rappen kaufen. Ich stand vor seinem Gärtchen wie ein herausgeworfener Handlungsreisender mit der Rolle Muster unterm Arm. »Man soll so einen Kerl lebendig braten, oder das Genick soll er!« – Trotzdem er hübsch ist; jedenfalls sandte ich ihm abends einen Abschiedsvers, daran er sich hoffentlich die Zunge zerriß:

> Reiter und Reichsritter,
> Bitter riß ich im Gewitter
> Im Ginster vor Ihrem Gitter
> Mein Manuskript in Splitter.
>                    Brigitte

Heute bekam ich mit der ersten Post einen Brief aus dem Mäuseturm bei Bingen. Dort scheint ein Bewunderer Peter Baums zu wohnen. Aber, daß der Mensch keinen Spaß versteht!! Fragt mich dieser Mäusetürmer an, ob Herr Peter Baum wirklich ein Herumtreiber ist, er könne sich das gar nicht zusammenreimen bei der Großzügigkeit und Großfürstlichkeit seiner Romane und Schloßnovellen. Ich hab ihm seiner verständnisvollen Kritik wegen geantwortet: Mein Herr, es ist mir kein Zweifel, Sie befinden sich in der Mause. Haben Sie denn noch nicht bemerkt, daß meine norwegische Briefschaft ein Massenlustspiel ist – allerdings mit ernsten Ergüssen, die bringt so der Sturm mit sich. Peter Baum hat mich besonders gebeten, die Rolle des Herumtreibers in meinem Werk zu spielen, um ganz unerkannt zu bleiben: Ich selbst, mein Herr, knüpfte ihm ein rotgemustertes Taschentuch um den Hals und steckte ihm eine Schnapspulle in die zerschlissene Manteltasche. Im wirklichen Leben ist er viel langweiliger, es schmerzt mich, Sie etwa zu enttäuschen, er sitzt nämlich den ganzen Tag oben in seinem Zimmer und arbeitet. Ich verachte das an ihm, auch seine Genügsamkeit, aber er ist ein lieber, lieber, lieber, lieber Mensch, auch seine Mama; nur der Johannes, sein Kuseng, spielt den Baron auf meiner Drehbühne und ist von Beruf: Hundefänger.

Hurrah, lieber Herwarth, liebes Kurtchen!!! Hurrah!
Meine Zwillingskusinen-Theresen, Therese Tiergarten, Therese Mattäikirchplatz schenken mir zu Weihnachten einen Pelzmantel. Mein heißester Wunsch. Im Sommer werde ich ihn versetzen, schon der Hugemotten wegen.

Jakob van Hoddis der Rabe, ist mit einer Puppe durchgebrannt. Immer saß er schon im Sommer auf dem Sims vor dem Schaufenster bei Friedländer in der Potsdamerstraße 21, und schmachtete zwischen turmhohen Hüten und Rosenkapotten das süße Marquisechen an in den Pfauenpantöffelchen. Eine Seele, die für sechzig Mark zu kaufen war.

Herwarth, ich glaube, daß ich dir keinen Brief mehr schreiben kann. Als ich heute draußen vor dem Café saß, überfiel mich ein wildfremdes Individuum im drohenden Mantel, ganz dicht kam es an mich heran, beinah rannte es die Stühle um an meinem Tisch vor Schwung. Ich hörte den Mann atmen wie Karl von Moor: ich sei eine bodenlose Schwindlerin, ich berichte über mich historisch falsch, ich treibe Blasphemie mit meinem Herzen – denn unter den vielen, vielen Liebesbriefen im Sturm verbärge ich nur den Ungeschriebenen. Ich war zu gerecht, den Mann von meinem Tisch zu weisen, ich ließ ihm sogar eine Zitronenlimonade kommen und legte ihm sogar von der Platte eine Schillerlocke auf den Teller. Er beruhigte sich, aber ich nicht, das kannst Du mir glauben, Du und Kurtchen, Ihr beiden kühlen Skagerraktencharaktere. Ich hasse Dich plötzlich, lieber, guter Herwarth, und Dich, Kurtchen auch und die vielen Leute im Café und die vielen lieb- und hassenswerten Menschen in der Welt! Steht Ihr nicht alle wie eine lebende Mauer zwischen ihm und mir. Und den wildfremden Räuber haßte ich auch, dem ich meinen »ungeschriebenen« Liebesbrief diktierte, bis er unter seiner bebenden Hand versengte.

⟨XII⟩

Heute war der Bischof bei mir; wir flüstern bei jedem Zusammensein leiser. Ich bin so empfindlich am Herzen, ich höre mit meinem Herzen und das sanfte Sprechen tut ihm wohl. Er saß an meinem Lager, (Du Herwarth, ich habe mir direkt ein Zelt eingerichtet mitten im Zimmer,) und spielte mit seinem Muschelbleistift; ich zeichnete mit dem Kohinoor den Mond auf, bis er schwebte – so:

Zwischen der weißen Nacht des Papiers ganz alleine ohne Sterne und ohne Erde. Wie grausam man zeichnen kann, aber ich bat den Bischof, mit seinem rauschenden Bleistift ein Meer unter den Mond zu setzen. So geht es mir aber auch mit Nasen, die ich hinsetze oder Mündern oder halben Gesichtern, ich muß sie vervollständigen, damit ihnen nicht ein Sinn fehlt und dabei versäumt man sich selbst so oft, und das Herz liebt so selten bis zu Ende. Herwarth, Du mußt auch flüstern lernen, man hört das Echo der Welt ganz deutlich. Wenn der Bischof und ich flüstern, werden die Wände leise und die Möbel erträglich, ihre Farben mild. Und die Spiegel der Schränke sind Bäche, und unsere Liebe ist ein Heimchen oder eine Grille, eine Pusteblume, daraus sich die Kinder Ketten machen.

Liebe Jungens, heut bekam ich eine Massenpostkarte aus dem Rheingold in Berlin: Liebe, beste Frau L.-Sch., Sie werden von uns allen vermißt!!! Loos.

Liebe, unbekannte Frau! Herr Loos hat über Ihnen solche Lobdudeleien gemacht, daß ich beinahe fürchte, Sie kennen zu lernen. Keine Dichterin in ganz Deutschland schrieb Verse wie die Frau L.-Sch., das ist das wenigste, was er sagt, und dann zitiert er den Tibet-Teppich von Morgen bis Abend. Aber hoffentlich sind Sie doch, wie er sagt. Und einmal werden wir uns doch begegnen. Viele Grüße Karin Michaelis.

Arnold Schönberg. Webern. Beste Grüße Ludwig Kainer. Ada und Emil Nolde. Kurtchen. Bestens grüßt Albert Ehrenstein. Herwarth Walden. Döblin – immer mal wieder. Erna Reiß. Gustav Wallascheck. Hede von Trapp. William Wauer. Lene Kainer.

Also seid Ihr beide doch wieder in Berlin; ich habe das ganz vergessen, laßt Euch ja meine Briefe aus Norwegen zurückschikken.

Else

Der Dalai Lama meint, einige meiner Modelle haben nicht den Anspruch auf meine Kunst. Anders kann ich mir nicht des Ministers Worte deuten. Aber es kommt ja nur darauf an, wie ich die Modelle zum Ausdruck bringe. Ich habe weiter nichts mit ihnen zu tun. Und meine Dichtung werde ich später verkaufen, meine Seele an einen Verleger verschachern, und dennoch hat der Dalai Lama mir die Augen geöffnet; ich empfinde seitdem mein Dichterinnensein für ein Pfandleihtum, immer bewerte ich die Menschen, fast ohne Ausnahme, zu hoch. O, diese Verluste!

Lieber Herwarth, willst Du im Sturm veröffentlichen lassen, daß sich alle Vertreter unseres gemeinschaftlichen Cafés melden mögen, die den Wunsch hegen, nicht mehr in den Briefen an Euch erwähnt zu werden. Ich gewähre ihnen freien Abzug.

⟨XIII⟩

Lieber Herwarth und lieber Kurt. Manchmal sieht Cajus-Majus aus durch das Telephon wie ein Posaunenengel, namentlich zur Ausposaunenstunde in der Dämmerung. Er sitzt mit zwei Flügeln an seinem Schreibtisch, dabei fliegt ihm so alles ins Fenster herein, wie aus dem literarischen Schlaraffenland. Immer gerad, wenn er eine ausgezeichnete Humoriade schreibt, komm ich dazwischen mit meinem verdammten Klingeln. Ich trage noch dazu ein Glöckchen um den Hals. Ich kann direkt manchmal ein Schaf sein. Was brauch ich ihn zu fragen, ob den Leuten meine Norwegischen Briefe gefallen? Er wird immer jemand wissen, der streikt. Gestern hat sich Dein Doktor stirnrunzelnd bei ihm beklagt über sein Vorkommen in meinen Briefen an Euch. Da war ich ja nun platt. Ferner will sich ein Urenkel Bachs das Leben nehmen, (er hat es Cajus-Majus versprochen), falls ich ihn erwähnte in meiner Korrespondenz. Schade um ihn, er hat ein rosiges glorreiches Lächeln um den Mund. Er wird sich nun in die Wellen des heiligen Antonius stürzen, weil eine Dichterin ihm ein Ständchen brachte verwegen mitten im Sturm.

Lieber Kurt. Er drohte mir gestern selbst. Ist meine Antwort juristisch einwandsfrei? Mein Herr. Sie wollen sich das Leben nehmen, falls ich Sie im Sturm erwähne, oder haben Sie vor, mich indirekt auf die Idee zu bringen? Zumal Sie annehmen konnten, daß ich nicht sentimental bin, ich jedem seine Neigungen lasse, vor allen Dingen mirs nicht auf so ein Menschenleben ankomme. Aber bis jetzt kämen Sie für mich noch nicht als Modell in Frage weder als Portrait noch als Karikatur. Zwar ist es mir schon gelungen aus einer prüden Null ein Wort zu formen. Aber gedulden Sie sich, seien Sie guten Mutes. Hochachtungsvoll.

Herwarth, Loos ist kein einfacher Gorilla er ist ein Königsgorilla. Er fragte mich, ob er sich auch mal wieder selbst begegnen würde im Sturm? Weißt du schon, er trägt vorübergehend einen Backenbart, der wirkt milde bei ihm, zur Schonung seiner reinen

Gesichtszüge. Die meisten, die Bartbast tragen, wollen damit
Männlichkeit markieren, oder breite Mäuler oder lange Kinne
überwältigen. Adolf Loos erzählte mir Geschichten aus den
afrikanischen Wäldern, seine Augen blickten voll ernster Anmut.
O, er ist gütig und das ist Gotteigenschaft, das höchste was man
von einem Menschen sagen kann.

Liebe Kinder, ich habe Karin Michaelis geantwortet: Karin. Ich
werfe zuerst ein Sternchen in das K deines Vornamens und
grüße dich! Deine Bücher sind verschiedenfarbene Tauben,
weiße blaue, aber auch rote, dämonische Tauben und goldene
und silberne Wirbelwindtauben sind darunter. Deine Bücher
setze ich darum nicht in den Bücherschrankkäfig. Tino von
Bagdad.

Herwarth, du kannst folgendes im Sturm veröffentlichen:
   Unter blinder Bedeckung Heinrich Manns, reichte der Abbé
Max Oppenheimer den Kritikern Münchens das Blut Kokoschkas.

Abbé Maler Oppenheimer muß heute meine Zeilen empfangen
haben: Lieber Max Oppenheimer. Ihre ostentative Kleidung hat
mir Freude gemacht dem eingefleischten Publikum gegenüber.
Es lag nicht nur Mut, auch Geschmack darin. Ich ging doppelt
gerne mit Ihnen nach München in Ihre Bilderausstellung, aber es
hingen nicht Ihre Bilder an den Wänden, sondern lauter Oskar
Kokoschkas. Und da mußten Sie gerade mich mitnehmen, die Ihr
Original kennt. Hielten Sie mich für so kritiklos – oder gehören
Sie zu den Menschen, die Worte, Gebärden des Zweiten anzunehmen pflegen, darin sie verliebt sind? Sie sind, nehme ich an, in
Kokoschka verliebt und Ihre Bilder sind abgepflückte Werke,
darum fehlt ihnen die Wurzel. Das Bild Heinrich Manns hat mir
ausnehmend gefallen wie eine glänzende Kopie und ich sah in
seinen Farben und Rhythmen außer dem Schriftsteller auch den
Maler Oskar Kokoschka, nicht Sie. Steckt etwa Max Oppenheimer in Kokoschkas Bildern? Man kopiert doch ehrlich in den
Museen die alten Meister und setzt nicht seinen Namen darunter. Kokoschka ist ein alter Meister, später geboren, ein furchtba-

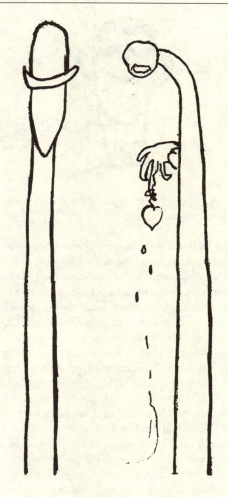

res Wunder. Und ich kenne keine Rücksicht in Ewigkeitsdingen, Sie sollten auch pietätvoller der Zeit gegenüber sein. Bin Ihnen sonst ehrenwörtlich wie immer gut gesinnt, Max Oppenheimer, lieber Abbé

7. Dezember 1911

Else Lasker-Schüler

Wer zweifelt an seiner Urwüchsigkeit? Er nimmt gern seine erste Gestalt an als bäurischer Engel.

Ich ging heute in Begleitung meines Dienstmädchens durch die Friedrichsruherpeterbaumstraße in Halensee an den Bahnschienen entlang. Mein Dienstmädchen ist mein Galleriesonntagspublikum zu halben Preisen. Ich kann mich nie so recht, neben ihr gehend, meiner Gedanken freuen oder daran zu Grunde gehn, sie bringt mich immer aus meinen Inspirationen. Sie tut nämlich nur so, in Wirklichkeit ist ihr alles langweilig, aber sie hat sich schon an den Rhythmus der Bahnlinien meiner Sprache gewöhnt, wenn auch mit Hindernissen; manchmal entgleist sie, doch immer kommt sie über mich hinweg zu ihrem Schatz; an ihn denkt sie irdisch, unterirdisch, sie wühlt, wenn ich ihr vom Himmlichsten erzähle. Warum habe ich ihr von St. Peter Hille erzählt, vom Angesicht Stefan Georges? Welches Ausnahmeglück es für mich bedeuten würde, in sein Angesicht eine lange Stunde blicken zu dürfen, und noch einige Menschen möchte ich wohl betrachten, wie die Gottwerke alter Dome und Tempel. »Nur St. Peter Hille konnte man nicht anblicken, er war unsichtbar, er war eine Sonne, die anblickte.« Ich erzählte sicher ohne Pathetik, ich sprach wie zu einem Kind und dennoch schäme ich mich seitdem vor dem Geschöpf; so habe ich mich in der Schule schon geschämt meiner schönsten Geschenke wegen; die Welt ist angefüllt von Dienstmädchen und Knechten (von armen und reichen, von gebildeten und rohen); der Deutsche verwechselt immer Roheit mit Urwuchs; und doch würde mich eine Kartoffelknolle eher verstehn wie so ein urwüchsiger Mensch. Ich hasse die Liebe unter den Alltäglichen, wenn der Prophet noch lebte, ich würde an ihn einen Hirtenbrief schreiben, daß er die Liebe verbiete. St. Peter Hille war Aesthet. Lieben dürfen sich Tristan und Isolde, Carmen und Escamillo, Ratcliff und Marie, Sappho und Aphrodite, der Mohr von Venedig und Desdemona, Wilhelm von Kevlaar, Du, Herwarth, und Gretchen, Romeo und Julia, Faust und Margarete, Mephisto und die Venus von Siam, der weiße Panther und Joseph der Egypter, Sascha der gefangene Prinz und Scheheresade – »er« nannte mich Scheheresade. Gute Nacht.

Liebe Kinder, heute besuchte mich der Bildhauer Georg Koch und brachte mir Chokoladenbonbons mit. Ich aß alle die süßen Dinger mit Marzipan und Zuckerfüllung hintereinander auf. Die waren in silbergrünes Papier eingewickelt mit Goldsternen. Ich spielte die ganze Nacht damit; erst trug ich einen Mantel aus dem seligen Märchenschein, dann standen meine Füße in silbergrünen Schuhen mit Sternen, eine Krone glänzte in meinen Haaren, ich saß plötzlich im Zirkus mit Lorchen Hundertmark, die durfte mich begleiten, – das kleine Kutscherkind, – ihr Vater fährt die Wagen spazieren von meiner allerliebsten Tante Johanna. Lorchen und ich sind beide zehn Jahre alt und schwärmen heimlich für Joy Hodgini; wir stoßen uns großblickend an und nennen ihn Traumbild. Es hat kein Mensch gehört, alles guckt in die große runde Manège und viele, viele Hände klatschen. Lieschen Hundertmark hat eine Kommode, darauf stehen: ein Muschelkästchen, in seinen Spiegel starrt der goldene Porzellanengel vom Sockel. Ein kleiner, blauer Glasleuchter mit einer gelben, gerippten Weihnachtskerze und ein Wachsherz auf einer Karte liegt neben einem glitzernden Osterei, man sieht darin das Feenreich. Und daneben liegt ein Gebetbuch aus grünem Samt, aus ihm hing ein Buchzeichen aus silbergrünen Glanzstaniol mit goldenen Sternen.

Weißt du schon, Herwarth, daß Paul Zech aus Elberfeld nach Berlin zieht? Ich riet ihm zu dem Stadtwechsel, er braucht Dir nicht erst immer seine Verse schicken. Aus seinem letzten Gedicht qualmen Schornsteine, Ruß liegt auf jedem Wort. Er ist der einzige Heimatdichter im großen Stil.

Lieber Herwarth, ich habe diese Nacht wieder verbummelt geträumt. Ich schlenderte über den Kurfürstendamm wie ein Strolch angezogen, in zerlumpten Hosen und grünlich, abgetragenem Rock, ich dachte nur stumpfe Dinge, auch war ich angetrunken – aus – Traurigkeit. – Der Wind heulte meine rote Nase an. Du kennst doch so einen Zustand – gemildert – bei mir, wenn Du verreist warst und wiederkamst, und mich hier oben am Henriettenplatz trafst, als ob ich obdachlos sei. Diesmal kam mir im Traum Kete Parsenow entgegen, die Venus von Siam. Sie sann nach irgend einem Wort, dann ergriff sie mich mit ihren Händen aus Elfenbein, aber mit der Energie eines Gensdarms –
»Tino!«

Herwarth, Kurtchen, ich vergesse immer seinen Namen – er ist aus dem sächsischen Tirol, schrieb ein Buch über gemalte Irdenkochtöpfe, angehender Direktor der Museen hier. Mehr weiß ich nicht von ihm. Uebrigens besitzt er eine eigene Möblierung von

der Urgroßtante geerbt; und eine ländliche Base der Mona Lisa hat er an der geblümten Tapete hängen, das Gemälde erbte er auch von seiner Erztante Isabella.

⟨XIV⟩

Liebe Jungens, warum fragt Ihr mich nie an, was ich mit dem geheimnisvollen: Schweigt mir von Rom gemeint hab? Ich wollte mir nämlich einen Wahrsagesalon eröffnen, »Schweigt mir von Rom« – aber da Ihr beide stillschweigend darüber hinweggegangen seid, wie sollen da die Fremden hereinfallen. Ich gehe nun lieber hausieren.

Denk mal an, Herwarth, eben kommt unsere Grete und kündigt mir; muß ich nun aus dem Haus oder sie? Sie hat heimlich über Leipzig den Sturm abonniert und bezieht den Spaziergang mit mir durch die Friedrichsruherpeterbaumstraße auf sich. Ihr Ehrgefühl ist angegriffen; sie fühlt sich verletzt, und ich muß mir nun meine Wohnung wieder selbst reinigen oder nicht reinigen, ich bin zu Staub geworden zwischen Staub. Ihr Willy würde sie nun nicht heiraten, was meinst Du, wenn ich ihr verspreche, ihre Hochzeit bei uns zu feiern?

Peter Baum sieht schlecht aus, er sehnt sich nach Elberfeld, selbst an seine Amme denkt er noch mit großer Anhänglichkeit. Er trägt sie an seiner Uhrkette in einem Herzenveloppe. Sie hat seine Vorfahren schon gesäuget und stammt aus Remscheid. Sie war es ja, die ihn eigentlich auf die Verse gebracht hat. Nicht?

Liebe Reisende, ich habe mir in Hieroglyphen-Schrift ein für allemal eine Antwort drucken lassen auf die vielen Briefe, die ich empfange, auf jeden Brief ohne Ausnahme von wem er kommen mag. »Krabbeln Sie mir den Buckel herauf!« Was werden Richard Weiß in Wien und Paul Leppin in Prag, beide, die ich so gerne habe, zu der Unhöflichkeit sagen! So eine Unhöflichkeit kann direkt eine Zwangsidee werden, sie wird dann plastisch ein Feind, der Feinde bereitet. Wenn mir nun in diesen Tagen die Venus von Siam einen Brief schreibt und ich ihr die Antwort in Hieroglyphen übersende. Oder Ramsenith? Wißt Ihr wer Ramsenith ist – in München wohnt er seit dem Testament und trägt eine Pyramide auf dem Kopf und ist schön, seine Augen reichen bis in den Himmel. Er ist der einzige Mensch, der historisch nachweisen kann: Ich bin Jussuf der Egypter, denn ich lebte an seinem Hof.

Lieber Herwarth. Mein Herz ist sehr krank oder fühlt es übergroß? Wenn es übergeht, glaubt man ja immer so kleinlich, man ist krank. Das hat man noch so von den Aerzten überliefert.

Herwarth, gestern abend war mein Herz granatrot, ich konnte die Farbe im Munde vernehmen, kosten. Mein Herz war das Abendrot und ging unter. Draußen kann es in der trüben Winterstimmung nicht mehr geschehn; ich starb am Abendrot. Kannst du das fassen, konnte je ein Mensch fassen, wenn ich von den Sternen sprach, wie von meinen Brüdern, den Mond geleitete durch die Wolken, er ein lustiger, alter Herr ist und heimlich goldenen Wein trinkt, Berncastle Doktor, edele Auslese? O, ich scherze nicht, ich will Dich und Euch nicht amüsieren, aber mich immer retten mit Tyll Eulenspiegel Spielen. Ich wäre Clown geworden, Herwarth, wenn ich Dich nicht dadurch beleidigt hätte.

Internationale Postkarte
   Lieber Herwarth, ich bin sehr traurig, ich höre den ganzen Tag weinen in der Stadt. – Wie ich mich umdrehte, war ich es. Ich weine, Herwarth, weil mir jemand böse ist.

Gute Kinder, ich bin tief ergriffen, meine Seele hat sich aufgelöst, es fließt an ihr herunter, Smaragd, und Rubin und Saphir, auch Mondstein wie bunte Quellen. Und ich sage immer zwei Worte, die Ueberschrift meines versengten, »ungeschriebenen« Liebesbriefs, der an Sascha adressiert war nach Sankt Petersburg Zitadelle: Himmlischer Königssohn

Ich habe nun kein Geheimnis mehr, mein Herz kann keines bewahren, es steht im Amt der Welt. Meere kommen und spülen seine Heimlichkeiten ans Land, es erwacht mit dem Morgengrauen und stirbt am Sonnenuntergang. Aber immer ist mein Herz von Seide, ich kann es zuschließen, wie ein Etui. Weißt du ein Geheimnis oder frag Kurtchen, das meiner Diskretion wert wäre?

⟨XV⟩

Lieber Herwarth, liebes Kurtchen, sollte ich wirklich die Briefe vorgestern verwechselt – den an Euch Peter Baum, den Brief an Peter Baum Euch etwa geschickt haben? Oder sollte sich die Post den Streich geleistet haben, der Postbeamte mit dem Ziegenbart guckt mich so faunisch immer an.

Pitter, wenn De dän Breef bekommen häst, han ech meck ermordet, Du bruchst ewwer nich nachkicken. Pitter, eck han meck dötmal werklech verknallt! Rot ens en wäm! Du glöbst meck nich mähr, Pitter, ewwer et is werklech war, on eck kan nich mähr op Arbeet gon en die Fabrik. Pitter Boom, en die Fröh han meck der Prinzipal gekönndegt, weil eck ömmer wie eene Taube op däm Taubenschlag en die Loft kicke, on die Knöppe op die verkehrte Siet öwerspannen tu. On freten kann eck ook nich mähr, on eck berg ömmer minne Liebesschmerzen em Herzen en ming kariertes Koppkissen; oder die Konterfeis on die Wände kick eck on, usse Beld, wo wir eingesegnet worn sind met die riecken Kender tusammen. Weeßt Du et noch? Wie häst De Deck verändert, Pitter, on eck erscht, ewwer wir sinn uss trö gebliewen en Früd on Leed, on Du weeßt ganz genau, dat eck wacker ömmer tu Deck gekömmen bön, on Deck allet gebeechtet han. »Arbeet macht dat Lewen sös« hat Deck dann der Pastor Krummacher en Ding Poesiealböm geschriewen, on meck hätt hä eene empfendleche Rede gehalten, weel eck ömmer gelacht ham, en der Konfermantenstonde onter ming Polt. Ewwer dat es allet vorbee, nur lach eck nech mähr, eck modd ömmer hülen, van wegen öhmm. Kennst De »Öhmm«? Du kennst öhmm! Rot ens »Öhmm«. On klatsch et nich Herwarth weher, Pitter, on sei gegrößt

van Dinne Frönden Amanda

Unglücklicher Herwarth, der Pitter hat mir hier auch den Brief, den ich an Dich schrieb, zurückgesandt: Lieber guter Herwarth, bleib nur noch ruhig und wohlgemut im Eis. Du kommst desto frischer nach Haus. Du kennst mich doch, Du kannst ganz ruhig sein, ich bin überhaupt den ganzen Tag über zu Haus und mache

Weihnachtsbaum und abends zünd ich schon die Kerzen an und singe Lieder, himmelhochjauchzend zu Tode betrübt. Ich bin wahnsinnig glücklich, Du siehst daraus, wie treu ich Dir bin. Grüße Kurtchen, unsern Engel.

Else

Herwarth, wo Dus nun mal weißt, ich bin heut zur Ruth-Elfriede gerannt – wie ein Primaner. Einer »Frau« wollte ich mein Herz ausschütten. Aber sie glaubt mir nicht mehr, erst wenn ich in vier Wochen zu ihr käme mit dem gleichen Gefühl für »ihn«. Merk Dir und Kurtchen bitte den Tag, es war gestern, den neunzehnten Dezember. Ich bin ja fest überzeugt, daß mein Herz mich nicht betrügt, ich kann im Grunde bauen auf mein Herz, aber, wenn mich das hier im Stich läßt, dann werde ich oberflächlich.

Ich habe an Tristan geschrieben: Süßer Tristan, nachts versammeln sich alle meine Vorfahren in meinem Zelt, Kalifen und Derwische und Paschas in hohen Turbanen. Und auch ein Häuptling, der mir das Tanzen beibrachte über die Leiber der Ungläubigen, droht mir nun mit Allahs Zorn. Tristan, du bist ein Ungläubiger. Aber ich liebe dich, Tristan, und mit dem Golde deiner Locken blende ich das Auge des Gesetzes im Koran. Und meine Paläste und meine Dromedarherden schenke ich dir, die werden vor dir niederknien, zottige Sklaven, wenn du sie besteigen willst. Und die Schnüre meiner wilden, blauen Perlen sollst du um deinen Nacken tragen und meinen Ring nimm mit der Sinthflutperle. Und ich schenke dir mein Herz, das kannst Du in die Hand nehmen und damit gaukeln. In ihm spiegelt sich der brennende Dornenstrauch des heiligen Berges und die Nacht und ihre unsäglichen Sterne. Ich liebe dich, Tristan.

Tino von Bagdad

Lieber Herwarth und liebes Kurtchen, daß eine Karte ironisch lächeln kann, hat mir Eure bewiesen, auch eine gewisse zuschauende Väterlichkeit geht von den abgeklärten, temperamentlosen Buchstaben aus, lauter Greisenhaare. Ihr habt sie wohl zusammen angefertigt? Abgeklärtheit muß kolossal schwer sein, mir wenigstens. Dein Handschriftsbild, Herwarth, ist doch sonst ein

Symphoniekonzert oder eine Pantomime und Kurtchen präsentiert sein Selbstporträt, jeder Haarstrich seiner Zeilen ist er. Vor allen Dingen ist es eine Frechheit von Euch beiden, Euch so erhaben über mein Geständnis zu benehmen.

Else

⟨XVI⟩

Lieber Herwarth, Tristan selbst will mir auch nicht glauben, daß ich ihn liebe, aber er war sehr milde, als wir uns begegneten; wir gingen Hand in Hand, und er erzählte mir die Geschichte von dem Wolf, ohne zu wissen, daß die Geschichte eine wahre Begebenheit ist, ich selbst war damals der Knabe, der atemlos durch die Stadt schrie: »Der Wolf ist da, der Wolf ist da!« Und zweimal heulte ich die Leute an, versetzte sie in Schrecken, und als der Wolf wirklich einmal aus einer Menagerie ausgebrochen war, wollte es mir niemand glauben. »Er« will mir nun auch nicht glauben, daß ich ihn liebe, und ich werde vom Kummer zerfressen werden und sicher die ganze Stadt.

Herwarth, bitte, laß diese Gedichte im Sturm drucken, sie sind an Tristan – vielleicht glaubt er's dann – bei Gedichten kann man nicht lügen.

        Wenn wir uns ansehn
        Blühn unsere Augen.

        Und wie wir staunen
        Vor unseren Wundern – nicht?
        Und alles wird so süß.

        Von Sternen sind wir eingerahmt
        Und flüchten aus der Welt.

        Ich glaube wir sind Engel.

*

Auf deiner blauen Seele
Setzen sich die Sterne zur Nacht.

Man muß leise mit dir sein,
O, du mein Tempel,
Meine Gebete erschrecken dich;

Meine Perlen werden wach
Von meinem heiligen Tanz.

Es ist nicht Tag und nicht Stern,
Ich kenne die Welt nicht mehr,
Nur dich – alles ist Himmel.

\*

Gar keine Sonne ist mehr,
Aber dein Angesicht scheint.

Und die Nacht ohne Wunder,
Du bist mein Schlummer.

Dein Auge zuckt wie Sternschnuppe –
Immer wünsche ich mir etwas.

Lauter Gold ist dein Lachen,
Mein Herz tanzt in den Himmel.

Wenn eine Wolke kommt –
Sterbe ich.

\*

Ich kann nicht schlafen mehr
Immer schüttelst du Gold über mich.

Und eine Glocke ist mein Ohr,
Wem vertraust du dich?

So hell wie du,
Blühen die Sträucher im Himmel.

Engel pflücken sich dein Lächeln
Und schenken es den Kindern.

Die spielen Sonne damit
Ja ..

Herwarth, Tristan hat mir gesagt, er habe eine Braut, ich will nun nie mehr über ihn sprechen –

Ich gehe jetzt so oft allein in die Stadt, fahre mit all den Maulwürfen Untergrundbahn. Ich hab schon eine Erdfarbe bekommen. Ich soll schlecht aussehen. Daß mir das gerade auf hypochondrisch Jemand gesagt hat! Denn erst jetzt fällt es mir auf, daß einen alle Menschen fragen: »Wie gehts?« Ich such nun immer suggestiv nach der hypochondrischen, erdfarbenen Linie in meinem Gesicht – über Knie-Görlitzer Bahnhof. Aber ich bin allen Ernstes krank, es glaubt mir nur dann erst Jemand, wenn ich ihn anstecke mit meiner Schwermut. Aber die Menschen haben ja von Natur alle so verkalkte Gesichter, Eier; wenn es hoch kommt Ostereier; ich freu mich immer, wenn ich ein lachendes Plakat unten im Erdfoyer der Hochbahn entdecke. Das wilde Bengelchen von seinem Vater Ludwig Kainer gezeichnet, ich hab's sofort wieder erkannt; morgens lacht es auf der großen Hand seiner Dienerin kühn reitend mich aus der Zeitung an, wie aus einem Marstall. Ich möchte dem allerkleinsten Sezessionsmaler ein grünes Zwergpferdchen bringen, es müßte wie ein Baum so grün und sprühend sein, das wäre das Lustigste, was ich mir vorstellen könnte. Schon lange steht nun Natur auf der Asphalttafel der Stadt; das steinerne harte Herz Berlins rührt sich. Tannendüfte färben das Blut in den Adern und die Gesichter sehen frischer aus. Aber was geht es mich an, ich habe kein Interesse für das Wohlergehen dieser Welt mehr, schwärme nur noch für ihren ärmsten Tand; Schaumglaskugeln in allen sanften Farben, manche sind wie kleine Altäre geformt, in ihrer Nische leuchten verborgene Schimmerblumen der Maria. Ich glaube schon, ich spüre die gläsernen Blüten in der Brust. Diese Offenbarung! Und bin doch keine Christin; wo könnte ich an mir Christin werden? Das hieße sein Blut verstoßen. Diese Erkenntnis sollte des Jehovavolkes hochmütigster Reichtum sein.

Gulliver hat hier eine Stadt gebaut. Der ist ja Architekt; das erzählte mir schon Adolf Loos. Tausend Zwerge, so groß wie Streichhölzer, trampeln durch die Straßen über den Marktplatz von Midgesstown. Wir waren zu fünf Riesen dort und haben uns geradezu unserer Größe geschämt – und gingen behutsam gebeugt. Und doch hatten wir Unglück, einer von uns, der Schauspieler Mornau, hat einen Zwerg zertreten. Habt Ihr's gelesen? Und Peter Baum hat sich einen zehn Zentimeter hohen Feuerwehrmann in die Tasche gesteckt in Gedanken. Lauter Detektive und Kriminalpolizisten laufen dort herum. Cajus Majus, der Doktor Hiller sah aus, wie ein gutmütiger Menschenfresser, mit seinem runden Bauch. Und Hans Ehrenbaum-Degele hat doch die Zwerge eingeladen zur Bowle Sylvester; ich glaub, er will sie hineinschütten.

Herwarth und Kurtchen, Ihr kennt doch Chamay Pinsky, er ist mit Beate nach Jerusalem gezogen, das Land säuern. Der Schelm! Er weiß ganz genau, zum gelobten Land gehören gelobte Leute. Und nicht jüdische Bourgeois, die von posener Berlin in das Land der Könige ziehen; ihre Frömmigkeit besteht aus bröckelnden Matzen, kräftigen Fleischbrühen. Vierzig Jahre lehrte Moses seinem Volk die Freiheit der Wüste und das Brüllen der Schakale, und das Gesetz vom göttlichen Angesicht lesen, bevor er sie durch das Tor Jerusalems führte.

Ich denke jetzt viel an Religion, aber zur Religion gehört eine Welt: Alleinsein. Nicht ein Idyll mit einem Haus, das still. Ich war dazu bestimmt, Tempeldienst auszuführen, ich hätte Gott Heilige gepflückt von den Ufern leiser Ströme Und das Licht der Seele blau erhalten.

Auch lege ich fromme Bilder mit den Sternen, die über das Allerheiligste schweben und immer wüßte ich vor Gott zu knien, daß es ihm kein Zorn entfacht. Ich sage zu Gott: du; sie duzen sich mit ihm.

⟨XVII⟩

Lieber Herwarth und liebes Kurtchen, meine religiöse Stimmung muß also einen Grund haben. Ihr meint wohl, mich plagt die Reue? Die Sünde ist mir erschienen, meint Ihr wohl, mit dem Fegefeuer in der Hand, oder die Schlange hat doch endlich Einfluß über mich gewonnen. Pfui Teufel, Ihr traut mir zu, daß ich eine religiöse Stimmung auf Pfählen baue, irgendwo in die Sinthflut hinein. Ich habe Vertrauen zu meinen guten und bösen Handlungen. Ich kenne keine Sünde, mag sein, daß ich sie oft von außen her mit Süßigkeiten mir greife, ich hab noch nie etwas davon gemerkt. Lebe das Leben ja tableaumäßig, ich bin immer im Bilde. Manchmal werde ich unvorteilhaft hingehängt, oder es verschiebt sich etwas in meinem Milieu, auch bin ich nicht mit der Einrahmung zufrieden. Einrahmungen sind Einengungen, Unkunst, Grenzen, die sich kein Gott, aber ein Gottdilettant zieht. Die runden Rahmen haben noch etwas Kreisendes, aber die viereckigen, neumodischen, sind so ganz menschlich aus dem Kosmos getreten. Ich sehe also aus dem Bilde das Leben an; was nehm ich ernster von beiden? Beides. Ich sterbe am Leben und atme im Bilde wieder auf.
Hurrah!

Liebe Nordländer. Ich fühle mich ergraut, wie der Tag plötzlich, bald ist es Nacht; soll ich wachen oder schlafen. Lohnt es sich zu leben oder zu versäumen. Alles sollte sich lohnen, auch das Nichtvorhandene. Ich weiß, irgendwo sehnt sich ein Hadrian oder ein Pharao nach mir. Ist das nun wahr oder ist das nicht wahr? Aber ich finde so ein Gedanke lohnt sich. Allerdings, der Bürger verliert nie etwas, mich kostet vielleicht so einen Gedanken zu haben das Leben. Meint Ihr mein Leben ist zu ersetzen? Lohnt es sich, mein Leben zu ersetzen? Ich will diesen Gedanken von Euch beantwortet haben. Aber ich sprach vom Hadrian, ich sprach vom egyptischen König, der eine Pyramide als Krone trägt, wir ziehen zusammen in den Krieg auf Dromedaren. Ich sitze hinter ihm, an seinem Rücken gelehnt, und meine Pfeile fliegen an seinem Herzen vorbei in die Leiber der Feinde. Nachts schminkt er meine Lippen mit seinen Küssen.

Herwarth, Karl Kraus, der Dalai Lama, weilt in Wien, aber unten in Deinem Arbeitszimmer hängt seine Hand in Marmor. Ich stand wieder vor dem schwarzen Brett, darauf sie gespannt abwärts greift, sie bewegte sich, als ob sie mir etwas erklären wollte. Diese Hand, eine sichere Ministerhand, eine gütige Diplomatenhand, eine züngelnde Hand, sie kann eine Stadt anstekken. Meine Augen tanzen um ihre Randung – Polka. Lieber noch ringe ich mit dieser Hand zum Zeitvertreib. Sollte dieser vornehmste Kampf unterlassen bleiben! Ich träume oft in der Nacht von den Kriegen unserer Hände und staune, daß Du die seine noch immer in der Frühe erhalten am Brett hängend vorfindest. Sie lächelt sogar seit kurzem. Des Ministers Hand, eine ernste, mongolische Dolde, eine Hand, jeder seiner Pfade endet. Was er wohl von meiner ziellosen Hand aus Spiel und Blut denkt?

Lieber Herwarth, was ist das Leben doch für ein eitler Wettbewerb gegen das Aufschweben zur Ewigkeit. Ich bin erregt, ich hatte schon einige Male heute das Gefühl, ich muß sterben. Wenn ich auch im Bilde lebe, Bild bin, aber meine Eindunklung Dir gegenüber macht mir schon lange Schmerzen. Wir können uns beide kaum mehr sehen, Herwarth; alle die Leute, die uns wieder zusammenbringen wollen, sind nichts weiter als Oelschmierer oder Terpentinwäscher, uns auffrischen wollen sie; über die echten Farben unechte, gezwungene schmieren. Fälschung! Verkitschte Auferstehung! Man sollte lieber die Menschen, über die die Nacht kam, einbalsamieren. Es klopft heute schon einigemale an meiner Tür, es geschieht etwas Schreckliches in der Welt, lauter Fälschung, dafür geben die Leute ihr Geld aus. Das sag ich Dir, ich wollte, ich besäße eine Brücke, es müßte mir Jeder – Zoll bezahlen – Brückenzoll. Da ich doch tot bin, hab ich mir wenigstens vorgenommen, reich zu werden.

Herwarth, vorher schick ich dir noch ein Gedicht für den Sturm. Ich bin rasend verliebt in Jemand, aber Näheres sag ich nicht mehr. So kann es immer an Dich gerichtet sein.

> Du bist alles was aus Gold ist
> In der großen Welt.

Ich suche deine Sterne
Und will nicht schlafen.

Wir wollen uns hinter Hecken legen
Uns niemehr aufrichten.

Aus unseren Händen
Süße Träumerei küssen.

Mein Herz holt sich
Von deinem Munde Rosen.

Meine Augen lieben dich an,
Du haschst nach ihren Faltern.

Was soll ich tun,
Wenn du nicht da bist.

Von meinen Lidern
Tropft schwarzer Schnee;

Wenn ich tot bin,
Spiele du mit meiner Seele.

Ludwig Ullmann habe ich das Gedicht An Jemand für sein Flugblatt geschickt:

Lieber Ludwig Ullmann. Es war Nacht, als Ihr Brief kam, ich hatte mich gerade aufgehängt, konnte nur morgens den Baum nicht wiederfinden. Ob das ein Glück für Ihr Flugblatt ist, kann ich nicht beurteilen. Denn ich bin noch sehr angegriffen von der Aufhängerei und von allem Drum und Dran. Machen Sie die gute Stimmung für mich, mir fehlt jede. Auch ist Berlin so langweilig, es ist weder interessant zu leben, noch zu sterben, was ich nun beides beurteilen kann. Ihre Karte war mir eine Labung, so frisch geschrieben; wie Quellwasser sind Ihre Buchstaben, nicht etwa verwässert. Sie müssen immer von Wäldern dichten, das wäre charakteristisch für Sie. Jedenfalls begleiten Sie mich in den Prater, wenn ich nach Wien komme. Ihre E. L. Sch.

Liebe Jungens, ich habe vor, regierender Prinz zu werden. Müßten mir nicht alle Menschen Tribut zahlen? Ich habe gestern Dr. Ernst R. W. Frank geschrieben: Sire. Sie haben ganz recht empfunden, ich bin der Prinz von Theben. Sie wollen mir eine Klinge zum Geschenk überbringen lassen. Ich bitte Sie mir zweihundert Silberlinge, das sind auf Deutsch zweihundert Mark, beizulegen, damit ich ihrem Diener den ihm zukommenden Lohn entrichten kann. Kann ich seinen Herrn höher schätzen? Ich traue diesem Doktor zu, daß er meinen Brief mit allem Respekt erfüllen wird, er ist Nierenarzt, er hat den Zug eines Bohémiens in sich, er behandelt mit Vorliebe Wandernieren.

Soeben kam eine Dame aus Prag, ich soll in ihrem Verein sprechen. Wo ich soviel umsonst schreibe, muß ich doppelt so viel für mein Sprechen beanspruchen. Willy Haas hat sie aus Prag zu mir ins Haus gesandt. Ich habe tausend Mark verlangt; für meine Liebesgedichte zweihundert Mark besonders. Die Dame war ergriffen, aber sie will mit ihrem Verein über meine Forderung sprechen. Auch war ich äußerst pathetisch, zog meinen Königsmantel einige Male über die Schultern in Falten, in wilde Falten. Ich spreche überhaupt nicht mehr ohne Bezahlung, nur Bindewörter; könnt ich doch eins finden, das mich binden würde.

Herwarth, Ludwig Kainer will meine Kalifengeschichte illustrieren, aber hier können wir uns nicht besprechen, ob ich ihm vom Angesicht meines Vaters Mohamed Pascha oder von Ached Bey dem Kalifen, oder vom Fakir erzähle, immer kommt ein anderes Gesicht dazwischen; so viel Bekannte haben wir nun in Berlin. Und bei mir kann ich keinen Menschen mehr empfangen, überall liegen fußhoch norwegische Briefe an Euch. Aber mein erlauchter Illustrator geht nach München, wir reisen dann auch dorthin, einige Tage; übrigens hat mir mein Freund Antoni aus München geschrieben, der Prinz von Polen, mein Geist wär gestern im Café Bauer in Galla allen erschienen. Ich war schon immer neugierig, meinen Geist kennen zu lernen, meinen Astralleib, er soll reich sein, ich werde ihn anpumpen.

Prinz von Theben, schrieb mir der Maler Schmidt-Rottluff: Ich will Sie malen mit ihrem schwarzen Diener Ossmann. Ich wollte, er malte mich im Hintergrund seiner Handschrift, mitten hinein. Lauter Schlangengrotten, Urwaldgewächse, Kokospalmen, menschengroße Affenkörper. Man kann nicht durch seine Handschrift in die Ferne blicken, man erstickt in dieser Handschrift. Er und Richard Dehmel trinken aus denselben dunklen Quellen. Ich werde ihm Geschichten aus meinem Leben erzählen. Ihr wißt doch, mein hinterurwäldlicher Urahn war Häuptling; seine Enkel zogen dann gen Egypten und manche avancierten zu Pharaonen. Dieser hinterurwäldliche Ahne ist der einzige Mensch, der nicht von Affen stammt. Ich habe noch unseren Stammbaum in Blüte. Ihr wollt es nicht glauben, aber der Maler mit der ungeheuren Handschrift wird mir glauben, daß ich von der Ananas stamme. O, dieser berauschende, wilde Fruchtkopf mit dem Häuptlingsblattschmuck! Ich habe noch nie davon probiert, nicht einmal genascht, aus Pietät, und dabei könnt ich meine pflanzliche Abkunft auffressen, wie ein Menschenfresser.

Herwarth, weißt du, daß Lukas Cranach schon die Venus von Siam als Kete Parsenow gemalt hat. Also nicht ich alleine weiß, daß Kete Parsenow die Venus ist, die wirkliche Venus. Ich sah die Venus lächeln, ich spiegelte mich in den Thränen der Venus, ich sah die Venus tanzen, ich sah die Venus sterben. Ich, ich, ich, ich kann mich kaum mehr berühren vor Ehrfurcht.

⟨XVIII⟩

Lieber Herwarth, Paulchen will endgültig nicht mehr in den Kino gehen, er hätt die Nacht nicht schlafen können, ein Mensch sei irrsinnig im Stück gewesen und kein Junge will mehr hingehen. Die Unglücke sehe er ja sonst gern. Er war noch ganz erregt am Morgen und erzählte mir folgendes: Es war ein Mann der hieß Marius der hatte eine Braut bekommen beim Tanzen und da schrieb die Braut dem Marius ein helles Fenster sollt ihm in der Nacht zeigen wo sie wär. Im selben Haus war ein Hotel, das

Haus war ein Hotel überhaupt davor ein Irrenhaus für die Geisteskranken von Doktor Russel wo die Leute mit Strahlen geheilt werden von Doktor Russel. Herr Marius hatte sich in der Dunkelheit verirrt und ging in das Irrenhaus in eine Zelle. Da kommt plötzlich mit dem Auto ein Geisteskranker her und er wird von einem Diener durch Strahlen zum Schlafen gebracht und schläft. Da wird er wieder wach und wollte aus dem Fenster flattern aber sinkt vors Bett und auf einmal kommt Marius rein sieht den irren Mann und sofort vor lauter Angst hinter die Wand aber der Geisteskranke packt ihn an die Kehle und würgt ihn fast ganz tot aber nicht ganz tot auf einmal hört das ein Wärter der nachts rumgeht macht die Tür auf und man kann da plötzlich reinsehn in Doktor Russel sein Zimmer der sitzt mit Marius seiner Braut auf dem Bett und poussiert.

Liebes Kurtchen, morgen komme ich in Dein Bureau, Potsdamerstraße 45, mit der Rechnung vom Cliché Deines Bildes – hoffentlich hast Du Dich getroffen gefühlt.

Nota: Cliché sechs Mark. Zwei Mark zwanzig das Auto in die Clichéfabrik; drei Mark fünfzig mit Trinkgeld das Diner bei Kempinski und für fünfzig Pfennig Fachinger. Bei Kranzler trank ich Schokolade für fünfzig Pfennig und aß für fünfundsiebzig Pfennig Törtchen, die alt waren. Nahm dann wieder ein Auto in die großen Rosinen. (Meinhard spielte famos.) Dreißig Garderobe, sechzig Foyer (Lachsbrödchen). Nahm dann ein Auto, raste ins Café des Westens, dich und Herwarth abholen; traf Euch nicht, fuhr schließlich im selben Auto heim, kam aber zu spät, mußte den Portier herausklingeln für fünfundzwanzig Pfennig. Bitte zähle die Summen zusammen, irre Dich nicht nicht. Laß Dein Gemälde einrahmen in Watte, Dich einsalzen wo der Pfeffer wächst.

        Ich grüße Dich! Else L.-Sch.

Lieber Herwarth, liebes Kurtchen, ich bin Adolf Lantz begegnet; er trägt, seitdem er Direktor ist, einen Zylinder, der blaakt.

Ich gehe jetzt seltener ins Café, ich kann es nun auswendig. Es ist ja nicht allzu schwer zu lernen; internationale Cafés sind schwerer zu behalten. Ich plaudere wieder so vor mich hin wie Verblühn. Ich habe alles abgegeben der Zeit, wie ein voreiliger Asket, nun nimmt der Wind noch meine letzten herbstgefärbten Worte mit sich. Bald bin ich ganz leer, ganz weiß, Schnee, der in Asien fiel. So hat nie die Erde gefroren, wie ich friere; woran kann ich noch sterben! Ich bin verweht und vergangen, aus meinem Gebein kann man keinen Tempel mehr bauen. Kaum erinnerte ich mich noch an mich, wenn mir nicht alle Winde ins Gesicht pfiffen. O, du Welt, du Irrgarten, ich mag nicht mehr deinen Duft, er nährt falsche Träume groß. Du entpuppte grauenvolle Weltsagerin, ich habe dir die Maske vom Gesicht gerissen. Was soll ich noch hier unten, daran kein Stern hängt.

Ich bin nun ganz auf meine Seele angewiesen, und habe mit Zagen meine Küste betreten. So viel Wildnis! Ich werde selbst von mir aufgefressen werden. Ich feiere blutige Götzenfeste, trage böse Tiermasken und tanze mit Menschenknochen, mit Euren Schenkeln. Ich werde aber mit der Zeit mich besänftigen können, ich muß Geduld haben. Ich habe Geduld mit mir.

Schmidt-Rotluff hat mich im Zelt sitzend gemalt. Ein Mandrill, der Schlachtengesänge dichtet. Schmidt-Rotluff hat mich als Mandrill gemalt, und ich stamme doch von der Ananas ab. Ihr habt den Affen überwunden; man kann sich doch von nichts in der Geburt vorbeimachen! Bin entzückt von meiner bunten Persönlichkeit, von meiner Urschrecklichkeit, von meiner Gefährlichkeit, aber meine goldene Stirn, meine goldenen Lider, die mein blaues Dichten überwachen. Mein Mund ist rot wie die Dickichtbeere, in meiner Wange schmückt sich der Himmel zum blauen Tanz, aber meine Nase weht nach Osten, eine Kriegsfahne, und mein Kinn ist ein Speer, ein vergifteter Speer. So singe ich mein hohes Lied. O, Herwarth, Ihr könnt es mir ja alle nicht nachfühlen – was blieb Euch vom Affen übrig? Herwarth, du brauchst es ja nicht wiedersagen, Herwarth, ich schwöre es dir bei dem Propheten Darwin, ich bin meine einzige unsterbliche Liebe.

Lieber Herwarth, ich höre, Du hältst einen musikalischen Vortrag bei Cajus-Majus im Cabaret Gnu. Ich weiß noch nicht, ob ich kommen kann. Das Gnu hat so viel Junge geworfen, die sicher nicht blind für deine Musik bleiben. Es hat jemand herumgebracht, seitdem Du eines Deiner Lieder einer Anderen gewidmet hast, als mir, interessieren mich Deine Vertonungen nicht mehr. Jemand hat nicht ganz Unrecht. Subjektiv nicht mehr! Ich glaubte immer, Du könntest nur meinen Glanz aushalten, daß keine blasse Sehnsucht in Dir stecke.

Lieber Herwarth, ich gehe doch in das Cabaret von Dr. Hiller, schon um der kleinen Martha Felchow Pralinées zu bringen. Sie sitzt vor der Eingangstür an der Grenze zwischen Prolet und Gnu und nimmt die Zölle immerzu.

Ich hörte, Ludwig Hardt habe wieder so großartig im Choralionsaal vorgetragen – er ist der einzige Liliencron-Interpret. Er gab mir mal alleine einen Liliencron-Abend, in einem der Erkerviertel des Cafés. Sein Vortrag trägt die weiche Seele Liliencrons, das Stahl seines Herzens. Ludwig Hardts Stimme marschiert mit Sporen durch des Dichters Kriegsgedichte. Ludwig Hardt ist ein lyrischer Soldat, er ist adelig, wie Liliencron. Sein Elternhaus lag, eine Löwin, an goldener Kette.

Heute kommt Ludwig Kainer und zeichnet mich für den Sturm als Prinz von Theben. Meine zwei Neger, Ossman und Tecofi, der Häuptlingssohn, werden ihn im Vorhof meines Palastes empfangen. Ich trage mein Feierkleid und meinen Muschelgürtel und den Islamstern des Sultans über meinem Herzen, und werde nach »ihm« aussehn.

Lieber Herwarth, liebes Kurtchen, ich habe vor, eine große Festlichkeit zu veranstalten; meine Gemächer sind nicht geräumig genug, und ich begab mich heute morgen ins neue Schloßviertel hier zu der Marquise Auguste Fürst-Foerster, der ich die Valenciennehand mit Ehrfurcht küßte. Sie war wie immer von ausgesuchter Delikatesse und stellte mir auf meine Bitte ihre Salons zur Verfügung. Daß sie hoffe, auch als Gast erscheinen zu dürfen, auf meiner hohen Festlichkeit, erfreut sie unendlich. Dann geleitete sie mich zwischen Rosentapeten ihrer Korridore; »Allerhöchste Marquise«. – Marquise (gnädig lächelnd zu mir): »Hoheit«...

Herwarth, ich habe noch eine Zeichnung von S. Lublinski gefunden, wie ich ihn heimlich zeichnete über lauter Köpfe im Café hinweg, da wir uns vorher gehauen hatten. Er war ein Charakter. Die einzige Eigenschaft, die einen ganzen Charakter ausmachen kann, ist Mut. Also war er n o c h  m e h r wie ein Charakter, er war ein rostiges Gefüge.

Herwarth, ich schreibe hier einen offenen Brief an Paul Cassirer.

Sir, es war für mich keine Ueberraschung, in ihrem vornehmen Salon die Werke Oscar Kokoschkas zu bewundern. Manche von den Betrachtern hielten sich sicher ihr Lachen ein, in Erinnerung an Sie, Sir, des unumstößlichen Glaubens wegen an Sie, Sir, Ihres kunstverständigsten Namens wegen, Sir, Ihrer Sicherheit in den Farben und Werten und Zeitwerten wegen, Sir; Sie haben sich am Tage, da Sie Oskar Kokoschka in Ihren Salons ausstellten, selbst hundert Jahre voraus in die Zukunft gesetzt, indem sie als erster Kunsthändler in Berlin den Ewigkeitswert seiner Schöpfungen erkannten. Ich hörte mit nicht geringem Erstaunen, daß Sie eine zweite Ausstellung von Kokoschka in Ihren Sälen veranstalten wollen, Kopieen seines Genies. Warum das schon bei seinen Lebzeiten? Warum echten Wein verwässern, wenn schwachbefähigte Besucher Herzklopfen bekommen! Oder besoffen werden und taumeln oder ausfahrend werden. Ich fordere Sie allerhöflichst auf, Sir, diese Ausstellung zu unterlassen. Oskar Kokoschka ist kein Zwilling, er hat noch nicht einmal einen Vetter, aber einen Meuchelfreund. Ich rechne darauf, Sir, und mit mir zeichnen noch ernste Bewunderer der Oskar Kokoschkabilder, Sie unterlassen eine Ausstellung der Kopieen, die Max Oppenheimer in Ihren Sälen zu beabsichtigen gedenkt. Und genehmigen Sie meine hochachtungsvollen, verbindlichsten Grüße, Sir.

                                              Else Lasker-Schüler

Oppenheimer hat auch Anhänger – jawohl, bitte – an seiner Uhrkette hängen. Max Oppenheimer, Abbé. Sie wollten mich rücklings in die Beichte stecken ... Denn Niemand weiß so genau wie ich, daß Sie farbige Wechsel ausschreiben mit der Unterschrift Oskar Kokoschkas. (Dieses schrieb ich ihm im Café, er glaubt, ich le prince de Theben, bin das Werkzeug einer Partei.)

⟨XIX⟩

Ich schrieb:

Heute Mittag aß ich die Erstgeburt, zwar nicht Linsen, aber dicke Erbsen. Es schwammen Bröckchen darin und die Ueberreste eines Schweinsohrs. Ich bin aufgebläht, aber Ihr Antlitz, Cajus, hat Monderweiterung bekommen. Wie dürfen Sie Sich erlauben, uns, vor allen Dingen mich, in Ihrem Vortrag mit Idioten anzureden; zumal Sie genau wissen, ich bin Idiot. Aber erinnern brauchen Sie mich nicht daran, das ist unzart, das ist direkt ordinär von Ihnen. Ich komme nicht mehr ins Gnu, ich hab gnug.

Herwarth, gestern ist mein Onkel, der süddeutsche Minister, sofort mit mir ins russische Ballet gefahren. Hinter uns saßen strahlende Petersburgerinnen, zwischen ihnen Herr Barchan, der Hexenmeister. Einige Male hat er bei uns in der Wohnung frische Fische gezaubert und nachher verschlungen, lebendig; er hat Dich auch einmal verschwinden lassen wollen, Herwarth, weißt Du's noch? Ich meine, Dich verleugnet; aber sein Aermel war nicht weit genug.

Ich schreibe nun schon drei Monate oder noch länger norwegische Briefe. Verreist Ihr beide nicht wieder bald? Vielleicht regt mich eine zweite Reise auch so an, wie Eure Nordpolfahrt. Ich habe zwar verlernt, mit Sonne zu schreiben; meine Vorfahrengeschichten verlangen Morgenland. Auch dem historischen Stil habe ich Schlittschuh angeschnallt, und ihn so mit fortgerissen, es kam mir nicht darauf an. Ich schrieb also den größten Teil meiner Briefe mit dem großen Zeh; die Historie aber, kann man nur mit dem Herzen schreiben; das Herz ist Kaiser. Womit schreibe ich eigentlich meine Gedichte? Was glaubt Ihr wohl? Die schreibe ich mit meiner unsichtsbarsten Gestaltung, mit der Hand der Seele, – mit dem Flügel. Ob er vorhanden ist – Sicher! Aber gestutzt vom böswilligen Leben. (Mystik.)

Lieber Herwarth, außerdem habe ich Direktor Cajus-Majus = Dr. Hiller in seinem Gnutheater am Vortragstisch auf der Bühne sitzend gezeichnet. Er spricht vom gescheckten Mondgnukalb – in seinem Hirne – elektrisch spiegelt sich die Birne.

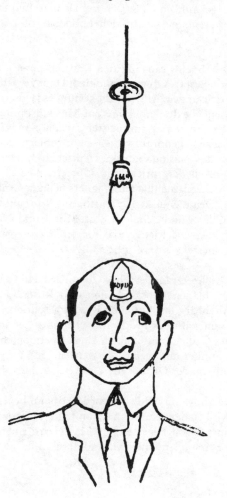

O, Herwarth, o, Kurtchen, wie sich die Welt verändert hat; früher war die Nacht schwarz, nun ist sie goldblond.

Liebes Kurtchen, weißt Du's schon, eine Deiner Klientinnen hat den Sturm aufgekauft und läßt sich mit Deinem Bild ihr Schlafzimmer tapezieren: Sie singt: »Ich hab dein Bild im Sturm gesehn!«

Jungens, nun hab ich's raus mit den Künsten: man muß zeichnen, wie man operiert. Ob man ein Stück Haut zuviel skalpiert oder einen Strich länger zieht, darauf kommt es ja gar nicht an! – Und die Massenliebe des Publikums zur Musik, ist mir auch klar geworden. Die Zunge hat am meisten zu tun beim Hören, sie wächst sozusagen gehöraufwärts, sie probiert; namentlich schmeckt ihr die Nationalmusik: Deutschland, Deutschland über alles, Volkslieder, prickelnde Operettenlieder; Carmen, glänzendes Hochzeitsmahl; auch Wagners heiliger Gral ist nicht zu verachten. Deine Musik, Herwarth, aus Tanz und Schwertern, aus Frühlenz und Schäfern, aus Mond und Nacht und Sternen frißt auch die Menge mal für Schildkrötensuppe und indische Vogelnester – hoffe ich!

Abends trinke ich jetzt immer Thee Chambard, ein Getränk aus Goldkamillen, blauen Glockenblüten und Rosenblättern. Ich habe Peter Altenberg das duftende Rezept geschrieben für eine Fortsetzung seines Buches Prodromus. Ich hörte, er spucke auf mein erlesenes Gedicht, auf meinen alten Tibetteppich, er kann nur dadurch antiker und wertvoller werden.
    Peter Altenberg, der Dichter der Oestreicher, hurrah!!!

Lieber Herwarth, wenn ich Professor Herrmann begegne, muß ich an tiefe Wolken denken; wenn ich an Julius Hart denke, weiß ich, wo ich einst Engeln begegnet bin! Max Herrmann und Julius Hart sind (fort mit allem Hirn-Maché) durchrankt von Seele.

⟨XX⟩

Lieber Herwarth, liebes Kurtchen, ich habe meine beiden Ringe verschenkt; es tut mir so leid, aber ich habe mir einen großen, braunen Käfer aus Glas in Messing fassen lassen; er sitzt auf meinem Mittelfinger wie auf einem kahlen Herbstast und sehnt sich nach Sommer und Sonne, nach Blüten und Silberblättern und wahrscheinlich nach einem Glühwürmchen.

Herwarth, wir sind nur auf dem Wege, das Leben ist nur Weg, hat keine Ankunft, denn es kommt nicht woher. Wohin soll man da? Immer in sich Zuflucht nehmen! Darum sind ja die Menschen so arm, ihre Herzen sind Asyle, sie fühlen sich sicher in ihren geselligen Heimstätten. Wohin soll man da? Mein Herz ist zerfallen; o, diese Einsamkeit zwischen gebrochenen Säulen! Kennst Du ein luxuriöses Herz – und wenn es aus Marmor ist?

Meine Lieben, ich bin sehr neugierig geworden; ich beginne mich zu fragen, ob ich intellektuell bin oder stumpf? Manchmal denk ich was, das geht über meine Grenzen; über Eure Horizonte habe ich wohl lange schon gedacht. Aber wo komme ich hin, wenn ich über meinen Mauern und Zäunen hänge, wo sich noch nicht Land vom Meer getrennt hat? Wer wird mir Schöpfer sein!! Werde ich meinen Schöpfer lieben oder ihn anbeten in Ehrfurcht?

Wenn ich ernstlich krank bin, dann hole ich keinen Arzt, Herwarth, aber einen Astronomen, jedenfalls einen Sterndeuter oder einen Fakir, meinetwegen einen Gaukler. Eher stellt »der« fest, wie weit mein Sternbild Corpus von dem Sternbild Psyche entfernt ist, als der anerkannteste Professor.

Herwarth, ich habe meine medizinische Arbeit gedichtet (nicht geschrieben), darum werde ich wohl den Doktorhut bekommen, aber ihn nur Carneval aufsetzen dürfen.

Lieber Herwarth, ich habe im Berliner Tageblatt einen Ruf nach dem Simplizissimusmaler Ludwig Kainer und seiner Frau, der Malerin, ergehen lassen. Beide sind plötzlich verschwunden. Ich hänge aber eingeschlossen einigemale in ihrer Wohnung. Wie es mir gehn mag, meinen verschieden aufgefaßten Ichs?

Kurtchen, steht Gefängnis auf Schweinehund? Oder Geldstrafe? Oder verjährt nach zwei Jahren ein Schimpfwort, wie zum Beispiel Schweinehund? Ich habe vor zwei Jahren mal jemand so genannt; ich möchte endlich von der Kette los.

Ich muß manchmal an die Schwärmerin denken vom Sylvester im Café des Westens. Sie kniete vor mir (eine mir höchst unsympathische Stellung), aber sie kniete im Blut, denn der Wein inselte unseren Tisch. Ich trug mein Kriegsgewand und alle meine Dolche, und nie war ich so vornehm der Prinz von Theben, wie an der Grenze zwischen Alt und Neujahr. Ich habe der Schwärmerin versprochen, nicht mehr Platt zu sprechen in meiner norwegischen Korrespondenz; liegt auch im Grunde nur Brüderschaft in der ollen Omgangssprake twischen Pitter Boom on mek.

⟨XXI⟩

Lieber Herwarth. Es hilft Dir nichts, ich sende Dir diesen Brief solange, bis Du ihn im Sturm veröffentlichst. Ich glaube Dir schon, daß es Dir oft weh tut, Zeilen meines Herzens prägen zu lassen, aber da ich mich nicht zu beherrschen gelernt habe, verlange ich es von anderen. Dir wurde es gewiß nicht leicht, Deine Löwen zu bändigen, Pudelhunde gehorchen eher; ich sagte Dir schon einmal, die wüsten Temperamente bellen oder jammern nur, manche kläffen auch.

Motto: Die Sonne bringt es an den Tag.

Bei mir, Herwarth, richtet die Sonne weniger aus, aber in Kunstdingen kann ich nicht lügen. Meine Kunst bringt es an den Tag. Ich war nämlich in Jedermann oder heißt es Allerlei? Ich glaube, es heißt Allerlei für Jedermann oder Jedermann für Allerlei: Herein meine Herrschaften ins Riesenkasperle, ins Berliner Hännesken! Ein evangelisch Stück wird gespielt für die »getauften« Juden, namentlich, sehr anschauend und erbaulich. Alle getauften Juden waren in der evangelischen Vorstellung-Schaustellung gewesen und waren erbaut namentlich von dem blonden Germaniaengel in Blau und Doppelkinn. Ich dachte sofort, nun ist Moissis-Jedermann gerettet!? Rechts ein Fleckchen, links ein Fleckchen Mensch oder Engel an der Kasperlewand und wie das Gewissen an zu heulen anfing: Jedermann, hier Jedermann, dort Jedermann. Wo kam das her – ich denke aus den Ställen, Herwarth. Nein, da wollen wir lieber auf die Kirmes gehen in Cöln am Rhein und ein Cölner Heinerkentheater aufsuchen, von dort sollte Dichter Reinhard die Naivität herholen, nicht sich welche anfertigen lassen von dem Hoffmannsthaler in Wiener Styl oder übertünchen lassen, ein britisch-evangelisches Mysterium, charakteristisches Gähnen mit noch entsetzlicheren, gelangweilten, unechten Reimereien eines »Verbesserers«. Denk mal an, wenn er sich auf Bildhauerei verlegt hätte, an der Skulptur geflickt hätte, und der Venus von Milo die beiden Aermel angesetzt hätte!

Was grub er doch alles Litterarische aus: Zuerst den Oedipus von Sophokles und nährte ihn mit Wiener Blut; die Elektra machte er zur dämonischen »Lehrerin«. Ihm gebrichts an Phantasie. Immer sagen dann die Leute, Herwarth, weil sie stutzig werden: Ja, haben Sie denn noch nicht das Gedicht von ihm gelesen: Kinder mit großen Augen? – Ich habe sogar Tor und Tod und den Tod des Tizian von ihm gelesen; glänzende Dichtungen allerdings aber in Granit Goethes oder Georges gehauen. Wenn Jedermann wüßte, was Jedermann wär usw – eine Blasphemie, eine Verhöhnung einer alten Pietät, einer religiösen Verfassung. Das Leben und der Tod, die Sünde und die Strafe, Himmel und Hölle, alles wird zur Schaustellung herabgewürdigt, wie die Elephanten und Araberpferde mit Bändern und Kinkerlitzchen geschmückt allerdings nicht einmal wie hier den Kindern zur Freude, dem reichen sensationslustigen Publikum zur Erbauung, pfui Teufel, daß der Sekt besser mundet.

Ein paar Tage vor Weihnachten forderte Direktor Reinhardt mein Schauspiel die Wupper ein. Sie liegt noch nicht zwei Monate in seinem Haus; mein Schauspiel hat Leben, meine Geschöpfe möchten weiter leben. Nun wird mein Schauspiel eine Geisel sein in Reinhardts Händen, er wird meine Dichtung ins Feuer werfen oder sie mir mit ein paar Phrasen seiner Sekretäre wiedersenden lassen. Gleichviel, ich will keine Rührung noch Sentimentalität aufkommen lassen, Herwarth, ich muß meine Dichtung opfern der Wahrheit, dem Ehrgeiz zum Trotz. Denke, der Prinz von Theben wirft die letzte Fessel von sich. Ich kann mich nur wieder erreichen, wenn ich seinem Herrn Direktor Reinhard die Wahrheit hier sage: Die Aufführung des Jedermann ist eine unkünstlerische Tat, eine schmähliche – von ihm zumal; er gilt im Publikum für künstlerisch unfehlbar. Wenn Dichter Reinhard Geld nötig hat, sollen seine Sekretäre es rauben, die Kassenschränke kann man nicht unterbilden, aber Unkunst für Kunst den Zuhörern einflößen, solche Geschenke sind Diebstähle.

Draußen tobten die Sozialdemokraten, es war am Tag der Wahl – in mir stürmte eine stärkere Revolution, es fiel am Abend meine letzte Hoffnung, die Aufführung meines Schauspiels unter der künstlerischen Regie Reinhardts, die ich in so vielen Aufführungen bewunderte. Ich fordere mit diesem Buch meine Nummer ein. Hat er sie schon gelesen? Sie muß ihm imponiert haben.

⟨XXII⟩

Liebe Beide. Als ich heute Morgen aufstand, kroch eine kleine Sonne auf meinen Fuß und spielte mit ihm wie eine bunte Eidechse Ringelrangel. Ich bin sehr glücklich heute, mein Zimmer ist süß, die kalte Luft, die durchs Fenster dringt, schmeckt süß und mein Schrank enthält lauter süße Feierkleider: ein goldenes, ein palmenfarbenes und ein Kleid aus Kristallseide, es klingt. Und meine Kriegsgewänder sind friedlich, die weite schwarzseidene Hose schmücken süße Perlenborden und aus den Muscheln meines Gürtels begegnen sich Schnecken und strecken ihre kleinen Korallenhörnchen entgegen: Allah machâh – Es sind alles Muscheln, die ich am Strand des Nils auflas. Und in der Kriegstasche aus wilden Schalen harter Früchte, finde ich verzuckerte Rosen, die süß zu essen sind. Ich bin verliebt. –

Herwarth, Kurtchen, er sagt, er hätte breite Hände. Ich finde seine Hände wundervoll und rührend, kleine Kinderhände, aber durch die Lupe gesehn, als ob sie durchaus groß sein wollten. Ich spiele den ganzen Tag mit seinen Händen; jedem Finger habe ich einen Ring aufgesetzt, jeder trägt einen anderen, seltenen Stein. Der an seinem kleinen Finger erzählt die Geschichte meines Urgroßvaters, des Scheiks, des obersten Priesters aller Moscheen. Am Goldfinger sitzt ihm die Sage des Fakirs, des Bruders der Gemahlin des Emirs von Afghanistan, der war der Vetter meiner Mutter. Am Daumen droht ihm der blutigste Krieg, ein rissiger, tiefer Stein mit dem Bilde Konstantins des Kreuzritters, dem ich den Kopf abschlug in der Schlacht bei Jerusalem. »Er« ist selbst ein Kreuzritter, ich befinde mich in verliebter Verzweiflung.

Wollt Ihr mir beide telegraphisch mitteilen, ob es stillos ist, daß ich mich in einen Ritter verliebt habe?
Tino von Bagdad.

Statt mir telegraphisch zu antworten, fragt Ihr mich, wer »er« ist. Aber ich hab schon einmal betont, ich sag nichts genaueres mehr. Er ist groß und schlank und wenn seine Augen sich glücklich auftun, blühen sie wie ein Kornblumenfeld. Ich habe ihm gesagt, jedes Mal wenn er seine Augen lächelnd öffnet, schenke ich ihm einen Palast, oder einen goldenen Palmenbaum, oder eine Hand voll schwarzer Perlen oder ganz Asien. Ich muß Euch noch etwas merkwürdiges erzählen: er bat mich, er drängte mich, nicht mehr ins Café zu gehen. Es war mir so zärtlich zu gehorchen, ich ging am selben Abend nicht mehr ins Café. Am anderen Abend war ich wieder dort; er war sehr traurig, als er da sagte, er hätte eine Schlacht verloren. Mich bekümmerts, er sollte alle Schlachten gewinnen, und wenn ich ihm helfen sollte, mir den Kopf abzuschlagen. Oder meint Ihr, ich ginge auch ohne Kopf ins Café? Nur mit dem Rumpf, dumpf stumpf in den objektiven Sumpf! O, wie pathetisch, nicht? Aber, es gibt ja nichts objektiveres, wie das Café, nachdem man in seiner Literatur am Schreibtisch zu Haus die Hauptrolle gespielt hat. Entzückend, sich abzuschütteln, seine intensiveste Last. Sagt, Ihr beide, kann mir das Café schaden oder nicht schaden? Herwarth, Du behauptest ja immer, ich bin ein Genie, das ist Deine Privatsache. Soll ich mich nun von ihm trennen und ins Café zurückkehren oder soll ich bei ihm bleiben? »Kehre zurück, alles vergeben!« Pfui! ... Er hat das schönste Profil, das ich je gesehen habe, wem soll ich es anvertrauen – Dir, Herwarth: Er ist der Konradin, den ich tötete in Jerusalem, den ich haßte in Jerusalem und alle seine Kreuzchristen in Jerusalem. Wem soll ich es anvertrauen wie Dir, Herwarth; die andern sind ja alle Philister. Wir sind ganz lila, wenn wir uns lieben, wir sind Gladiolen, wenn wir uns küssen, er geleitet mich in die Himmel Asiens. Wir sind keine Menschen mehr. Du erzählst mir nie etwas, Herwarth, oder laß ich dich nicht zu Worte kommen, oder hast du noch immer nicht vergessen, daß wir verheiratet sind?

Ich habe nun nur ihn. Aber ich bin so begierig, wie es meiner Bleibe und meiner Sterbe geht, dem Café des Westens? Es ist genau so, als ob ich einen Ohrring verloren hab, ich beginne, mich nicht mehr zu fühlen. Ein Säufer muß in seine Kneipe, ein Spieler in seine Hölle, nur ich bin abnorm. Aber er meint es ja gut, er sagt, die Leute verstehen mich nicht. Aber das Café ist das einzige Geheimnis zwischen uns; (selbst Dich kennt er, Herwarth,) das Café liegt wie eine Küste zwischen uns. Gibt es nun einen Ort auf dem so eine Bazarbuntheit ist, wie in unserem Café? Und eine nettere, liebenswürdigere Circe wie unsere Frau Wirtin?

                                  Euer Odysseus

Lieber Herwarth, Kurt, wißt Ihr das Neueste? Cajus-Majus ist verschollen, er darf nicht mehr ins Café kommen, er soll sich das Leben genommen haben, teilweise wenigstens. Ich habe es selbst gehört im Café, ich war verkleidet als Poet, nur der Kokoschkasammler, Herr Staub, erkannte mich, er ist ein Eigener; es war gestern am ersten Februarlenztag, der Schnee lag bescheiden auf dem Hag ... Ich bin Poetin!! Aber lauter Leute kamen ins Café mit lauter seltsamen Tiergesichtern, ich wollte, ich hätt manchmal so eins zum Bangemachen. Ich hätte gern mit dem Kokoschkasammler gesprochen; einmal lachte er auch, aber ich wollte, ich hätte zum Teufel – wenn ich wüßte, was ich wollte.

Herwarth, ich muß viel denken, ich hab auch wieder viel Angst. Und mein Herz spür ich immer so komisch, ich kann nachts nicht schlafen und träume mit offenen Augen Wirklichkeiten. Es gibt einen Menschen in Berlin, der hat dasselbe Herz, wie ich eins habe, dein Freund der Doktor. Sein Herz ist kariert: gelb und orangefarben mit grünen Punkten. Gallienhumor! Und manchmal ist es schwermütig, dann spiegelt sich der Kirchhof in seinem Puls. Das muß man erleben! Aber meins ist manchmal doppelt vergrößert, oder es ist purpurblau. Wenn er wenigstens Schwärmerei des Herzens kennen würde; aber die Unruhe fühlt er manchmal. Ich erlebe alle Arten des Herzens nur den Bürger nicht. O, die Herzangst, wenn das Herz versinkt in einen Wassertrichter oder zwischen Erde und Himmel schwebt in den Zähnen des Mondes oder es einsinkt – o, der Augenblick, wenn meine

Stadt Theben-Bagdad einsinkt. Sieh Dir die Bilder an, Herwarth, wie klar alle Dinge und Undinge des Herzens gezeichnet sind. Sollte man nicht an die Wirklichkeit glauben, ist die zu verwerfen? Ist dieser kleine Abschnitt der Herzstimmungen meiner medizinischen Dichtung wertlos?

Leb wohl, ich will noch an den Dalai-Lama schreiben.

Ich werde so lange an das rote Tor Ihrer Fackel rütteln, bis Sie mir öffnen. Ich habe ein neues Gedicht, ein neues Gedicht habe ich gedichtet. Ich habe es mir in den Kopf gesetzt, es muß in Ihre Fackel herein, es hilft mir kein Himmel, es muß in Ihrer Zeitschrift gedruckt werden. Ob Sie die jetzt alleine schreiben oder nicht, ich lasse mich darauf nicht ein, – es muß sein. Ihre Fackel ist mein roter Garten, Ihre Fackel trug ich als Rose über meinem Herzen, Ihre Fackel ist meine rosenrote Aussicht, mein roter Broterwerb. Sie haben nicht das Recht, allein die Fackel zu schreiben, wie soll ich mich weiter rot ernähren?

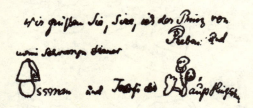

Ich habe bald nichts mehr zu sagen, Herwarth und Kurt. Uebrigens seid Ihr ja so lange wieder in Berlin schon, und meine norwegischen Briefe neigen sich dem Ende zu. Ich habe bald überhaupt nichts mehr zu sagen, dünkt mich; wer wird ferner meine Gedichte sprechen? Nur der Prinz Antoni von Polen kann sie sprechen, seine Mondscheinstimme ist durchsichtig und alle Gesichte, die horchen, werden sich in meinen Gedichten spiegeln. Ich kann bald nicht mehr leben unter den Menschen, ich langweile mich so überaus, über alle hinaus und hin, ich seh kein Ende mehr und weiß nicht wo es aufhört sich zu langweilen und traurig zu sein. Er, der Prinz, spricht meine Gedichte, daß sie über alle Wege scheinen, immer allen Gestalten, die da wandeln, ins Blaue oder ins Ungewisse voraus.

⟨XXIII⟩

Lieber Herwarth, es hilft Dir nichts, ich sende Dir diesen Brief solange, bis Du ihn im Sturm veröffentlichst. Ich glaube Dir schon, daß es Dir weh tut, diese Zeilen meines Herzens prägen zu lassen, aber da ich mich nicht zu beherrschen gelernt habe, verlange ich es von Dir. In meinem Interesse würdest Du hier gerne Deine Löwen bändigen – Pudelhunde gehorchen eher; ich sagte Dir schon einmal, die meisten Temperamente bellen oder jammern oder kläffen nur.

Ich war nämlich in Jedermann oder heißt es Allerlei? Ich glaube, es heißt Allerlei für Jedermann oder Jedermann für Allerlei: Herein meine Herrschaften ins Riesenkasperle, ins Berliner Hännesken! Ein evangelisch Stück wird gespielt für die »getauften« Juden, namentlich, sehr anschauend und erbaulich. Alle getauften Juden waren in der evangelischen Vorstellung-Schaustellung gewesen und waren erbaut namentlich von dem blonden Germaniaengel in Blau und Doppelkinn. Rechts ein Fleckchen, links ein Fleckchen Mensch oder Engel an der Kasperlewand und wie das Gewissen an zu heulen anfing: Jedermann, hier, dort Jedermann. Wo kam das her – ich denke aus den Ställen, Herwarth. Nein, da wollen wir lieber auf die Kirmes gehen in Cöln am Rhein und ein Cölner Hänneskentheater aufsuchen, von dort sollte Direktor Reinhardt die Naivität herholen, nicht sich welche anfertigen lassen von dem Hofmannsthaler in Wiener Stil oder übertünchen lassen, ein britisch-evangelisches Mysterium, charakteristisches Gähnen mit noch entsetzlicheren, gelangweilten, unechten Reimereien eines »Verbesserers«. Denk mal an, wenn er sich auf Bildhauerei verlegt hätte, an der Skulptur geflickt hätte, und der Venus von Milo die beiden Arme angesetzt hätte!

Was grub er doch alles Literarische aus: Zuerst den Oedipus von Sophokles und nährte ihn mit Wiener Blut; die Elektra machte er zur dämonischen »Lehrerin«. Ihm gebrichts an Phantasie. Immer sagen dann die Leute, Herwarth, weil sie stutzig werden: Ja, haben Sie denn noch nicht das Gedicht von ihm gelesen: Kinder mit großen Augen? – Ich habe sogar Tor und Tod und den Tod des Tizian von ihm gelesen; glänzende Dichtungen allerdings, aber in Granit Goethes oder Georges gehauen. Wenn Jedermann wüßte, was Jedermann wär usw. – eine Blasphemie, eine Verhöhnung einer alten Pietät, einer religiösen Verfassung. Das Leben und der Tod, die Sünde und die Strafe, Himmel und Hölle, alles wird zur Schaustellung herabgewürdigt, wie die Elephanten und Araberpferde mit Bändern und Kinkerlitzchen geschmückt, allerdings nicht einmal wie hier den Kindern zur Freude, dem reichen sensationslustigen Publikum zur Erbauung, pfui Teufel, daß der Sekt besser mundet.

Ein paar Tage vor Weihnachten forderte Direktor Reinhardt mein Schauspiel die Wupper ein. Sie liegt noch nicht zwei Monate in seinem Haus; mein Schauspiel hat Leben, meine Geschöpfe möchten weiter leben. Nun wird mein Schauspiel eine Geisel sein in Reinhardts Händen, er wird meine Dichtung ins Feuer werfen oder sie mir mit ein paar Phrasen seiner Sekretäre widersenden lassen. Gleichviel, ich will keine Rührung noch Sentimentalität aufkommen lassen, Herwarth, ich muß meine Dichtung opfern der Wahrheit, dem »Ehrgeiz« zum Trotz. Der Prinz von Theben wirft die letzte Fessel von sich.

Mit einer goldenen Schaufel will ich der Sage meiner Stadt einen Weg ebnen oder sie begraben, indem ich Direktor Reinhardt die Wahrheit sage. Die Aufführung des Jedermann ist eine unkünstlerische Tat, eine schmähliche – von ihm zumal, der im Publikum für unfehlbar gilt und in Wahrheit mit Bewußtsein nicht fehl greifen **kann**. Wie soll man sich diesen Zynismus erklären! Hat Reinhardt Geld nötig? Warum rauben es nicht seine Leute für ihn: **Sie sollen den Westen der Stadt plündern für ihren Kaiser!!** Kassenschränke sind nicht zu unterbilden, wohl aber eine Zuhörerschaft (es sind talentvolle Zuhörer darunter) wackelköpfig durch ein Irrspiel zu machen. Solche Geschenke darf sich Reinhardt nicht erlauben. Draußen tobten die Sozialdemokraten, es war am Tag der Wahl – in mir stürmte eine stärkere Revolution, es fiel am Abend meine letzte Hoffnung, die Aufführung meines Schauspiels unter dem Können Reinhardt, das ich in so vielen Aufführungen bewunderte. Ich fordere mit diesem Brief meine Arbeitersage, die Wupper, ein. Hat er sie schon gelesen? Sie muß ihm imponiert haben.

Unglaublich, Herwarth, glaub ich endlich zu Ende zu sein, läßt mich der deutsche Dichter Hans Ehrenbaum-Degele fordern zum Duell. Wegen der deutschen Sage und des hohen Lieds. Sein Sekundant wird der Schauspieler Wilhelm Murnau sein und der Arzt van't Hoff kommt wegen der Wunden mit. Aber mir zur Aufmunterung wird mein Neger Tecofi-Folifi Temanu seinen Menschenknochentanz während des Kampfes tanzen.

Telegramm:

Herwarth Walden, Halensee, Katharinenstraße 5.
 Meine rechte Hand vom Rapier lebenslänglich durchbohrt!

Lieber Herwarth, ich habe meiner Stadt Theben große Schmach angetan. Für einen Krieger ist es schon eine Schande krank zu sein, aber eine nie wieder gutzumachende Schmach bedeutet es für mich, im Zelt verwundet zu liegen, getroffen von einem abendländischen Sieger. Meine beiden Neger heulen wie Weiber, schleichen im Vollmond, listige Katzen um sein Haus; ich bin schlimm gelaunt.

Der Prinz.

Gestern schloß ich mich im Privatgemach meines Palastes ein und betete. Ich habe die Gebete fast zu sprechen vergessen, die wie Harfen eingeschnitten sind. Ich habe in Gedanken meiner Mutter Füße geküßt; wie man fromm werden kann, ich war im Augenblick dieser goldenen Demut sündlos. Du meinst, es gibt keine Sünde, aber ich zweifle nun nicht mehr daran, da ich noch im Gebet steh und vom frommen Kuß weiß bin. Soll ich mein Herz öffnen?

Herwarth, wie man sich nie findet! Das hat immer indirekt einen kosmischen Grund. Ich wandle ruhelos von einem Stern zum andern; wenn ich nicht Luzifers Schwester wär, so wär ich der ewige Engel. Du stehst augenblicklich, ganz genau nach der Sternwarte berechnet, im Wendekreis des kämpfenden Sturmhahns. Bravo!

Lieber Herwarth, ich habe Richard Dehmel gezeichnet, ich habe ihn blutrot gezeichnet als orientalisches Stadtbild; nicht im Bratenrock, in dem er zu verkehren pflegt mit der Außenwelt, aber im altmodischen Stadtturban. Richard Dehmels Gedichte fließen wie Blut, jedes ein Aderlaß und eine Transfusion zugleich. Er ist der Großkalif aller Dichtung.

Ihr beiden Freunde, was ist das? Wart Ihr schon dort, Ecke Kurfürstendamm und Wilmersdorferstraße, im Café Kurfürstendamm? Ich bin zum Donnerwetter dem Café des Westens untreu geworden; wie einen Herzallerliebsten hab ich das Caféhaus verlassen, dem ich ewige Treue versprach. Das Café Kurfürstendamm ist eine Frau, eine orientalische Tänzerin. Sie zerstreut mich, sie tröstet mich, sie entzückt mich durch die vielen süßerlei Farben ihres Gewands. Eine Bewegung ist in dem Café, es dreht sich geheimnisvoll wie der schimmernde Leib der Fatme. Verschleierte Herzen sind die sternenumhangenen, kleinen Nischen der Galerien. O, was man da alles sagen und lauschen kann – leise singen Violinen, selige Stimmungen. Das Café ist das lebendiggewordene Plakat Lucian Bernhards. Ich werde ihm einen Mondsichelorden, der ihn zum thebanischen Pascha ernennt, und meine huldvollste Bewunderung übermitteln lassen.

Herwarth, Kurtchen, ich schreibe heute selbst die »ungeschriebenen« Zeilen an Sascha nach der Zitadelle in Rußland. Lasse meinen flammenden Myrtenbrief nicht veröffentlichen.

Telegramm.

Eben regierender Prinz in Theben geworden. Es lebe die Hauptstadt und mein Volk!!

Ich werde in meiner Stadt erwartet, kostbare Teppiche hängen von den Dächern bis auf die Erdböden hernieder und rollen sich auf und wieder zusammen. Meine Neger liegen schon seit Sonnenaufgang vor mir auf den schwarzen Bäuchen und werden am Abend unter die Leute gehen, sie das Wort »Hoheit« lehren, bis das Wort tanzt in ihren Mündern. Ich bin Hoheit. Merkt Euch das, betont es Jedem, der Euch in den Weg läuft. Aber mich schmerzt diese Ehrung, denn ich kann nicht in meine Stadt zurück, ich habe kein Geld. Und die Morgenländer lieben den Glanz; sie greifen Sterne aus den Wolken, und ihre Herzen sind aufgespeichert mit dem goldenen Weizen des Himmels. Hier gibt es keine Sterne, kleine Streukörnchen glitzern zur Erde. O, wie arm diese Abendlande, hier wächst kein Paradies, kein Engel, kein Wunder.

Wie hat mich diese Armut so beschämt, Eure Armut; ich habe nicht einmal einen Damastmantel; meine elenden Schuhe sind zerrissen – ich sehe selbst mit Verachtung auf meine eigene Hoheit herab. Aber die Neger sind feinfühlig, sie haben ein Spiel erfunden, wir spielen zur Probe hier schon Volk und König. Sie stellen sich zu meinen beiden Seiten scharenweise auf, hunderttausendabermillionen Köpfe in Turbanen, die schreien und kreischen, Allah, machâh! Und trampeln mit den Füßen und klatschen in die Hände – ich lächle mit meiner Hand, werfe gnädige Küsse unter das Volk. Ich bin ganz in Gold gekleidet wie der allerleuchtendste Mond, meine Haare funkeln, die Nägel meiner Finger sind Perlen; ich werde in den Palast getragen und gebe meinem teuren Volk die Verfassung.

Ich hoffe, Dich haben meine Briefe nicht gelangweilt, oder hat Kurtchen oft gegähnt? Lies noch einmal meinen Brief, Herwarth, der mit den Worten endet: ich bin das Leben. Wie stolz! Nun bin ich wie ein durchsichtiges Meer ohne Boden, ich hab keinen Halt mehr. Du hättest nie wanken dürfen, Herwarth. Was helfen mir nun Deine bereitwilligen Hände und die vielen anderen Finger, die mich bang umgittern, durch die meine Seele grenzenlos fließt. Bald ist alles zu Tode überschwemmt, alles ist in mir verschwommen, alle meine Gedanken und Empfindungen. Ich habe mir nie ein System gemacht, wie es kluge Frauen tun, nie eine Weltanschauung mir irgendwo befestigt, wie es noch klügere Männer tun, nicht einmal eine Arche habe ich mir gezimmert. Ich bin ungebunden, überall liegt ein Wort von mir, von überall kam ein Wort von mir, ich empfing und kehrte ein, so war ich ja immer der regierende Prinz von Theben. Wie alt bin ich, Herwarth? Tausend und vierzehn. Ein Spießbürger wird nie tausend und vierzehn, aber manchmal hundert und vierzehn, wenn er es »gut« meint. Herwarth, warst Du mir treu? Ich möchte aus Geschmacksgründen in Deinem Interesse, daß Du mir treu warst. Nach mir durftest Du Dich nicht richten, ich hab den Menschen nie anders empfunden wie einen Rahmen, in den ich mich stellte; manchmal, ehrlich gesagt, verlor ich mich in ihm, zwei waren aus Gold, Herwarth, an dem einen blieb mein Herz hangen. Herrlich ist es, verliebt zu sein, so rauschend, so überwältigend, so unzurechnungsfähig, immer taumelt das Herz; gestern noch stand ich vor dem Bilde des stolzen Medici, er ist lebendig geworden und wollte mich in der Nacht entführen. Wie bürgerlich ist gegen die Verliebtheit die Liebe, oder Jemand müßte mich geliebt haben. Hast Du mich geliebt, Herwarth? Wer hat mich geliebt?

Ich würde mich im selben Augenblick zu seinen Füßen niederwerfen wie vor einem Fels, wie vor einem kostbaren Altar, ich, der Prinz von Theben. Ich würde den Liebenden mit mir tragen in den Tod wie die egyptischen Königsmenschen ihre Kostbarkeit, ihren goldenen Krug mit sich ins Gewölbe nahmen, und den letzten Rest aus ihm tranken, den sie verachteten. Ich flüchte in das Dickicht, Herwarth, ich ertrage das Leben nicht mehr, ich habe mich begnadigt. Ich flüchte in das Dickicht, Herwarth, ich habe immer das Haus gehaßt, selbst den Palast; wer auch nur ein Gemach sein Eigentum nennt, besitzt eine Häuslichkeit. Ich hasse die Häuslichkeit, ich hasse drum auch die letzte Enge, den Sarg. Ich gehe in den tiefsten Wald, Herwarth; was ich tu, das ist wohlgetan, ich zweifelte nie an mir. Kann man ein gläubigeres Wort aussprechen ohne ein Lächeln hervorzurufen? Oder hüpft wo eine Heuschrecke? Ich lege mich unter die großen Bäume und strecke mich mit ihren Wurzeln, die sich immer umhalten, wie knorpliche Schlangen. Ich höre nicht mehr das Schellengeläute in meinen Ohren; jeder Herzschlag war ein Tanz. Ich kann nicht mehr tanzen, Herwarth; ich weine – Schnee fällt auf meine weinenden Augen. Grüße Theben, meine Stadt, vergiß wie ich nicht den Propheten Sankt Peter Hille, er schrieb voraus: mir brach die Welt in Splitter. Ich richte mich noch einmal auf, stoße meine wilden Dolche alle in die Erde, eine Kriegsehrung zu meinem Haupte. Hier und nicht weiter!

⟨XXIV⟩

Olvenstedt bei Magdeburg

L. H.

Als ich heute Morgen Deine Reisetasche vom Schrank holte, Herwarth, lag darin ein unveröffentlichter Brief von mir eingeklemmt, den ich Dir und Kurtchen einst nach Norwegen sandte – und mein Selbstbildnis in Seidenpapier gewickelt; das ist direkt ein Diebstahl an den Kunsthistorikern. Denn ich habe keine Zeichnung von mir gemacht, auch kein Gemälde, ich habe ein Geschöpf hingesetzt. Ich will Dir schnell die verlorenen Zeilen senden und mein Selbstbildnis von ungeheurem Wert. Es kostet höchstens fünf bis sechs Mark zu klichieren. Gehe zwei Abende nicht ins Café, bringe meinem Bildnis das Opfer. Unter mein Bett stellte ich die Kiste mit meinen Liebesbriefen, damit Du was zu tun hast. Ich ruhe mich indessen aus hier auf dem Lande; zwischen Richard Fuchs und Otto Fuchs gehe ich spazieren durch ihre Treibhäuser und sehe zu, wie die Nelken wachsen. Aber kalt ist es ungeheuer und die Bäume rauschen zum Wahnsinnigwerden. Ich werde sie heute Nacht alle abschneiden zum Donnerwetter!

Ich grüße Dich Deine E

mein Selbstbildniß
(Prinz von Theben.)

Liebe Gesandte! Wenn Ihr wieder in Berlin seid, bin ich voraussichtlich in Theben zur Einweihung meines Reliefs in der Mauer. Aber ich bin nicht gespannt darauf, mich zu sehen, denn ich habe mich nie wiedererkannt weder in Plastik, noch in der Malerei, selbst nicht im Abguß. Ich suche in meinem Portrait das wechselnde Spiel von Tag und Nacht, den Schlaf und das Wachen. Stößt nicht mein Mund auf meinem Selbstbilde den Schlachtruf aus?! Eine egyptische Arabeske, ein Königshieroglyph meine Nase, wie Pfeile schnellen meine Haare und wuchtig trägt mein Hals seinen Kopf. So schenk ich mich den Leuten meiner Stadt. Oßmann und Tekofi Temanu meine schwarzen Diener werden mein Selbstbildnis auf einer Fahne durch die Straßen Thebens tragen. So feiert mich mein Volk, so feiere ich Mich.

Euer Prinz von Theben

# Prosa 1912 bis 1913

## Wenn mein Herz gesund wär –
### Kinematographisches

Wenn mein Herz gesund wär, spräng ich zuerst aus dem Fenster; dann ging ich in den Kientopp und käm nie wieder heraus. Es ist mir genau so, als ob ich das große Los gewonnen hab und noch nicht ausbezahlt bin, oder auf einer Pferdelotterie einen Gaul gewonnen hab und keinen Stall »umsonst« auftreiben kann. Das Leben ist doch eigentlich ein Wendeltreppendrama, immer so rund herauf und wieder hinunter, immer um sich selbst wie bei den Sternen. Ich bin in freudiger Verzweiflung, in verzweifelter Freudigkeit; am liebsten machte ich einen Todessprung oder einen Jux. Meine Freundin Laurentia zecht wie ein Fuchs, sie studiert die Sprache der alten Herren, ich meine Griechisch und Lateinisch und macht gute Fortschritte. Aber was geht mich das alles an; ich will nichts wissen, nichts. Wenn es nur nicht klopfen würde!

Das Gehirn wird rein aufgewühlt, es klopft nicht allein unten jeden Freitag und Sonnabend, jedes Stäubchen wird aufgewirbelt, es klopft auch an den anderen Wochentagen, denn ich wohne zwischen Haus und Haus und muß die Brutalität aller Höfe ertragen. Ich sitze immer bei geschlossenen Fenstern und werde gar nichts von dem Sommer haben; ausgehen kann ich nicht, ich schreibe Geistergeschichten; ich habe Schulden. Dabei ziehts, wenn ich die Türen rechts und links und hinter mir auflasse. Ich trage seit dieser Wohnung ein Katzenfell; wenn ich abends wo eingeladen bin, überkommt mich eine furchtbare Angst, ich könnte anfangen zu miauen. Ich hab gar keine Lust zum Leben mehr, wenn noch die Menschen gerne meine Lyrik lesen wollten; wer sie gern liest, der soll mir doch mal einen netten Brief schreiben. Ich muß nämlich wegen meiner englischen Krankheit, in Kleesalz baden, damit man nicht über mich ausrutscht. Ich habe dann immer so eine Langeweile in der Badewanne, und lese gerne schmeichelhafte Briefe an mich. Was einen schlechte Kritiken ärgern! Man hat doch sofort Jemand gern, der einem schöne Worte schreibt. Es gibt wirklich sympatische Geschöpfe auf der Welt. Ich kann nur Weißgesichter nicht leiden, ich habe einen Argwohn gegen Licht. Darum nehme ich mir auch nur schwarze Mägde und Diener. Ich habe zwei Neger und zwei Indianerinnen; Tecofis Vaterhäuptling kommt manchmal nach Berlin und tritt dort mit seiner Truppe im Chât noir auf. Tecofi fragt mich, wenn sein Vater nach Berlin kommt, ob er bei mir auf dem Balkon wohnen könne. Ich hab nichts dagegen. Mein Somalineger ist königlicherer Abstammung, sein Vater besitzt bei Teneriffa Hammelheerden. Manchmal schickt er mir ein paar abgezogene Hammel, die kommen als Hautgoutragout hier an. Osmann, mein jüngerer Neger, sieht aus, wie ein sinnender Gorilla im Pflanzenkübel. Böse Spezies, herrlich zu schauen, aber man muß ihn in Ruhe lassen; seit kurzem pfeif ich auch nicht mehr, wenn er jemandem den Kopf abbeißen soll, er ist zu schade, zu wertvoll, um zu gehorchen, selbst mir. Meine beiden Indianerinnen sind emsige Mädchen, sie sind angestellt von mir, die Fäden meiner Logik zu suchen, die Logik meiner Unterhaltung zu finden. Manchmal suchen sie die ganze Nacht, ich fürchte sie werden sich einmal in einem Augenblick an meinem Leidfaden aufhängen. Das muß man in Kauf nehmen, dunkle Leute sind schlechte Spürhunde, sie können nichts finden in der Nacht ihrer Haut. Halloh, was tät ich wenn mein Herz gesund wär? Habe ich denn ein Herz oder wenigstens so was ähnliches? Bei dieser Einlage im Programm muß ich weinen – gut, daß es Nußstangen gibt, die trösten, auch die Pfeffermünz in Holzschächtelchen. Ich glaube nicht, daß mein Herz aus Fleisch und Blut ist, rissig sind seine Wände; es hat weniger Augenblickswert als Ewigkeitswert, darum bin ich vollständig unbrauchbar für den Vorbeipassierenden, ich bin nur interessant für den Forscher. Immer klingelt es in den effektvollsten Stellen. »Hier 35,24 wer dort?« »Doktor Nikito Ambrosia, sind Sie Else Lasker-Schüler?« »Leider«. »Frohlocken Sie nicht, verzweifeln Sie nicht, meine Dame, ich frage Sie an ganz ergebenst, würden Sie ein Engagement am Wintergarten annehmen, monatlich mit einer Gage von 10000 Mark? das macht im Jahr rund 100000 Mark?« »Sie spaßen wohl, Herr, es ist doch nicht üblich, am Varieté länger, als einen Monat die Artisten zu beschäftigen.« »Aber uns liegt daran meine Gnädigste, Sie an unser Varieté zu fesseln.« »Es handelt sich wohl um meine arabische Szene, Herr

Dr. Ambrosius?« »Ganz recht! Da Sie hoch zu Kamel über Theben sitzen.« »Herr ich kenne Sie, so einen ungeschminkten Baß gibt es nicht am Varieté. Sie sind Professor Gellert, der letzte Hohenzollerndämmer.« Schluß! Mein Brief: Herzallerliebster in Adrianopel! Er fragte mich nämlich an, ob er ihn noch liebe, bittet mich, ihn nicht zu belügen. Ich werde ihm doch keinen Stoff zur Lyrik geben, (er ist Dichter), »ich liebe ihn also! Basta!« Könnte ich doch auch ein bischen nach der Türkei, zumal meine Vorfahren alle in Sänften getragen wurden. Das Gehen wird mir darum schwer. Wo bei Euch die Sohlen schon erkaltet sind, sind sie bei mir noch Glut. Wenn mein Herz gesund wär, was tät ich dann? Einen Augenblick bitte! Ich würde mich pudelnackt ausziehen und mich in ein Süßwasser werfen, wo die sanften Fische leben, aber Schuppen kann ich nicht leiden. Oder ich ging nach dem Südpol und wärmte mich mal ganz tüchtig ein, oder ich ließ jedenfalls in der Eiszone einen Anthrazitofen setzen. Was soll ich noch machen? Ich blieb gerade am Wendekreis stehen zum Trotz. Den Sternbildern würde ich Schnurrbärte malen. Ist es nicht himmelschade, daß mein Herz nicht gesund ist? Vom Mond kommen die Herzkrankheiten, namentlich die Neurosen. Alle Krankheiten kommen von oben. Hier unten ist es ganz nett. Darum stürzen auch so viele Aviatiker vom Himmel herab; das Fahrzeug platzt ja gar nicht, die Fallsucht kriegen sie alle, je höher sie die Bazillen der Gestirne einsaugen. Wie die Aviatiker aussehn: Wie die Vögel ihre Nasen sind Schnäbel und die Köpfe strecken sie in die Höhe. Ein neues Menschengeschlecht. Einmal aß mit mir ein Luftsegler zu Mittag, der hackte wie ein Habicht am Fleisch herum, riß am Schnitzel wie ein Aasgeier. Karl Vollmöllers herrliche Katharine von Armignac ist die erste Aviatikerin der Welt. Im Uniontheater der Luftschiffahrtausstellung am Zoo fliegen sie alle. Ich kann umsonst zusehen, ich versprach über alles zu schreiben. Ich hab kein Geld, aber darum kann ich mich doch nicht von der Welt abschließen. Und soll sogar die Regierung in Theben übernehmen, ich regiere sogar schon pro forma. Die Leute in Berlin sagen, ich habe eine fixe Idee. Fixe Idee ist was Natürliches: Natur die das Gesetz zum Sklaven macht. Ich bin der Prinz von Theben. Nur Kaiser Wilhelm kann mir in Deutschland nachfühlen, was Regieren heißt. Ich habe dabei ein bunt' Volk. Nachts liege ich auf dem Dach und bei Tage sitze ich unter meiner Palme und regiere. Ich bin für alles verantwortlich; mein Volk schielt noch vor Ungewißheit, es meint ich mache Ulk, aber auch der Ulk ist mir bitterer Ernst. Ich bevorzuge nichts – nur Menschen. Bin ungerecht, weil ich Geschmack habe, künstlerischen Sinn habe; meine Rede ans Volk bedient sich nicht des Punktes, weil ich mich nicht binden will. Ich bin am tolerantesten gegen mich, ich bin gnädig gegen mich, ich bin einig mit mir, aus Diplomatie, weil sich mein Volk an mich halten muß. Ich denke nur viel, sehr arg, unmittelbar, ich lasse alle meine Gedanken ganz nah an mich herankommen, damit sie das Fürchten verlernen. Wenn ich nur nicht schon in der Frühe von so vielen muselmännischen Babieren gestört würde, die mich tätowieren wollen, von abendländischen Malern die mich porträtieren wollen. Nachts werde ich immer im Schlummer auf meinem Dach gestört von meinen Paschas, die vor Begeisterung meines Regierungsantritts nicht ruhen können. Sie haben immer in der Audienz, die ich ihnen erteilte, eine Frage unaufgeworfen vergessen, die sie treibt. Seitdem ich als regierender Prinz in Theben gewählt bin, bewegen sich viele Ehrgeizige in derselben Tracht und Gebärde in den Straßen der Stadt, die mir zu gleichen trachten. Meine Epigonen! Denn regieren ist auch eine Kunst, eine Eigenschaft, wie die Malerei, die Dichtkunst und die Musik. Die Epigonie aber ist eine Tätigkeit, darum bringt die Epigonie was ein, wie die Arbeit. Ich arbeite nie, ich hasse den Schreibtisch – zwar hab ich selbst einen – aber er ist nie ganz gewesen. Heute Nacht, da meine Neger schliefen, erbrachen die Paschas gewaltsam die Pforte, die zu meinem Dache führt wegen der Freimarken. Ich wurde in der Nacht noch im Profil (Seite steht mir besser wie en face), im Turban und Regierungsmantel photographiert in allen Farben; auf allen Posten meiner Stadt verbreitet man Mich Allerhöchst.

## Lasker-Schüler contra B. und Genossen

Seitdem einige Tageszeitungen um mein lyrisches Gedicht: »Leise sagen«, soviel Lärm geschlagen und mich für geisteskrank erklärt haben, hat sich eine Partei um mich erhoben, die es sich zum Lebenszweck angedeihen läßt, diese gefährliche Behauptung mit allen gerichtlichen Gegenbeweisen aus der Welt zu schaffen. Das Resultat ist: Ich werde beobachtet, nicht allein von einem Psychiater, auch von mir selbst – (ich wollte, ich könnte mir was dafür anrechnen –). Ich kann den ganzen Tag nicht auf einen Namen kommen, auf den Namen meines Urgroßvaters, der Scheik in Bagdad war. Dieser Zustand ist unsäglich unerträglich, als ob man gähnen muß und kann nicht, als ob man in eine Posaune blasen muß und findet die Oeffnung nicht. Ich war heute schon überall, wo irgend etwas von Asien zu spüren ist. Auch im orientalischen Seminar war ich beim Rektor, der dachte freundlich über den Namen meines ehrwürdigen Urherrn nach, und alle seine Schüler taten das, und Schülerschüler, Muselmänner, Chinesen, Japaner, Studenten aus Vampur, Koreaner, Sudanesen; es dachten Siamesen, Indier, Serben, Türken, Montenegriner, Talmudisten, Zionisten, auch die beiden Söhne einer Kaffernfamilie dachten, und denken wahrscheinlich jetzt noch nach. Ich habe kein Gedächtnis mehr, seitdem bei mir Gehirnerweichung in Frage genommen ist. Rechts vom Gehirn steht mein Heer – links der Feind. Ich fühle seitdem auch nicht mehr richtig, ich taste; die Sternwarte meines Herzens ist getrübt – und mein Horizont liegt hinter dem Rubikon – und der Sturm – verweht meinen Geist. Wie soll ich mich beschäftigen? Ist mein Psychiater nicht bei mir, fahr ich zu ihm heraus und bringe ihm einen Kloß meines Gehirns. Ich muß immer meckern, wenn ich bei ihm bin; er hat einen roten Ziegenbart. Ich konnte mich schon als Kind nicht beschäftigen, meist habe ich mit Knöpfen gespielt, aber ich habe alle verloren oder wo angenäht, und wenn der Psychiater nicht eindringlicher mich beobachtet, werde ich es den Redaktionen der Zeitungen mitteilen, die mich bei der Gehirnerweichung ertappten; sie haben ihn doch für mich engagiert, und er muß seine Pflicht tun.

Ich laufe jetzt so gern über Wiesen; Knaben gewähre ich mit Vorliebe mein Gehirn, solange es noch einigermaßen hartköpfig ist, zur Zielscheibe ihrer Gewehre. Das Sprechen wird mir schwer; wenn ich singen könnte! Dann könnte ich viel besser alles sagen. Aber ich habe zu jung gesungen, die frühe Blüte meines Kehlkopfs war noch nicht befestigt. Sprechen lernte ich schon beim Milchtrinken, aber das Singen hätte ich unterdrücken müssen, Talente sollte man mindestens fünfzehn Jahre im Steckkissen herumtragen. Dabei wird man immer kleiner und schläfriger. Ich bat heute den Psychiater, er solle mich ein bißchen in seinem Kinderwagen herumfahren. Er hat nämlich einen im Nebenzimmer stehn, darin seine Frau ihre Hoffnungen spazierenfährt, schon zwei Jahre, damit er sie nicht verstößt. Von seinem zukünftigen Sohne lasse er sich die Fesseln der Ehe gefallen, aber nicht von seiner Frau, die geht immer in blau, weil sie den Himmel auf Erden vermißt. Er aber hat mir ein Rasselchen geschenkt, ich hätte viel lieber die Gummipuppe gehabt, für in den Mund zu nehmen. Ich habe einen Brief von mir selbst von früher gefunden, an meine britische Busenfreundin, den lese ich dem Psychiater vor. Seitdem ich diesen Brief geschrieben habe, ist mein Herz grau meliert, und Dr. Ziegenbart sagt: »Lesen Sie!« Dear Mabel! Manchmal hab ich so Sehnsucht, ich säß wieder nachmittags an einem großen, runden Tisch neben meiner Mama und so zwischen meinen Schwestern und Brüdern, und oben sitzt mein Papa, und wir trinken zusammen um vier Uhr Kaffee aus der silbernen Kaffeemaschine durch Filtrierpapier – und so ganz zusammengerückt sitzen wir, wie eine Insel, aus einem Stück. Nichts Fremdes mehr, aber wir fließen ineinander, trotzdem wir Geschwister alle anders waren, und fürchten uns nicht vor dem Tode, weil einer den andern ersetzt. Das ist lange her, ich weiß auch nicht, warum ich daran so oft denke, zumal ich doch Robinson wurde, durchbrannte in die Welt, weil ich dem Robinson auf dem Deckel seiner Geschichte so ähnlich sah. Und ich liebte das Abenteuer, das hat nichts mit der Stube zu tun, und wenn es auch eine herrliche ist. Aber dreimal im Leben hatte ich eine große Sehnsucht, wieder in einer Stube neben Mama und Papa und Geschwistern zu sitzen. Als ich mich zum ersten Male vermählte. Aber ich fiel ins Haus und verletzte mir die Knie, die bluten seitdem. Und das zweite Mal, das war noch trauriger; da folgte ich meinem Verlobten in seine Heimatstube. Ich saß neben seiner Schwester; mein Verlobter saß neben seiner Mama, und oben am Tischanfang trank sein Papa den Nachmittagskaffee, und auf einmal sah ich, daß die fremde Mama meinem Verlobten ein großes Stück Kuchen auf den Teller legte, ein Stück Torte mit einer Frucht darauf; und ich bekam ein schmales Stück Torte ohne eine rote Kirsche; da war ich plötzlich ganz klein wie zu Haus und weinte. Und zum dritten Male überkam mich die Sehnsucht, mit meinen Verehrern in ihr Haus zu gehen. Das erinnerte mich am wirklichsten an zuhaus. So viel Geschwister, die sprachen wie meine Schwestern und Brüder und waren schön, aber dann kam ein großer Hund und schnüffelte um den Tisch herum, bis er mich fand; denn einem von den drei Brüdern hatte ich das Herz gefressen. Ich sehne mich nun nicht mehr nach einer Stube, wo eine Mama und ein Papa und Geschwister um den Tisch sitzen und eine Insel sind. Mein Angebeteter verspottet mich und meint, ich ziere mich wie ein Backfisch. Ich habe kein Verlangen mehr nach der heiligen Nachmittagsstube, und ich bin wirklich der Robinson auf dem Deckel seiner Abenteuer. Aber ich möchte noch die ganze Nacht so traurig erzählen. Many greetings, dein Robinson. – Wer mich alles in die drei ersten Stuben geführt habe, meint der Psychiater, sei für ihn nicht schwer zu enträtseln, aber den Angebeteten möchte er kennen lernen, der eine Ausnahme bilde, da ich seiner Eltern Stube nicht heimsuchte. Ich verstehe; des Doktors ironische Weise ist mir sympathisch. Der Psychiater nickt mit dem Kopf; er ist Schriftsteller nebenbei, und hat Momente der Psyche aufzuweisen, die bei Doktoren ohne Drum und Dran nicht vorhanden sind. Sein Ton ist mitleidig, wäre er eine Frau, spräche er wehleidig. Ich habe das Glück, daß er keine Frau ist. Zwischen ihm und seiner Frau fällt ein schwarzer Vorhang, aber über seinem Schreibtisch hängt unverschleiert, aber zahm verblümt, ein deutscher Gelehrter mit einem Bart aus Eichenlaub; sein früherer Universitätsprofessor; den muß er zum Aufreizen seiner Nerven haben. Auch steht in seinem Sprechzimmer eine Lampe, deren Birne streikt, weil sie kein Apfel ist. Der Waschtisch seiner medizinischen Hände läuft nicht, er steht auf Plattfüßen. Mein Zimmer funktioniert viel besser, es liegt am See, an der Waschschüssel. Und dabei spreche ich immer vom Tigris, nicht wahr? Verhöhnt mich nur liebwerte, wahrhafte Leser; o, diese Welt mit ihren Flüssen, Nebenflüssen und Ueberflüssen! Es hat jemand dem Psychiater gesagt, ich sei abnorm eifersüchtig. Das könnte allenfalls ein Symptom von Gehirnerweichung sein. Aber was soll ich mit meinem Mann sprechen, wenn er in der Nacht nach Haus kommt, als Eifersucht. Der Leser soll mir die Frage ganz aufrichtig beantworten, bitte. Ich lehne an seinem Rücken wie vor einem blinden Fenster. Uebrigens ist meine Eifersucht nicht subjektiv, sie ist eine Landeigenschaft, ein Kostüm, eine Nationaltracht der Seele. Meinem Psychiater leuchtet die landläufige Logik wirklich ein; ich bin ein für allemal von ihm als gesund entlassen, und brauche mich nicht mehr seinen Beobachtungen zu unterziehen. Der Feind ist verurteilt vom hohen Gerichtshof zu 10 Mark Schadenersatz; hätte er nicht schon Berufung eingelegt, so hätte ich es ihm geraten, denn er soll in schlechten Verhältnissen sein – ich bin zu weich...! Was soll ich nun tun, als über den Namen meines Urgroßvaters nachdenken? Im Augenblick, wo ich glaube, ich habe ihn, kugelt er noch schwerer als Blei in meinen Rachen zurück. Wie ein einbalsamierter Leib. Dabei höre ich den Namen meines Urgroßvaters auf meiner Zunge, eine Melodie, einen Psalm. Ich muß mich zerstreuen, ich werde die Redaktionen, die so lange nun mit mir in Konnex standen, um Verzeihung bitten; ich kann doch nicht dafür, daß ich keine Gehirnerweichung habe! Der Psychiater glaubt doch nicht daran! Das Leben ist was furchtbar Schmerzliches; alle meinen, daß es nur was Enttäuschendes ist. Ich meine beides und gaukle mit Geschicken. Und wie das Leben vom Milieu abhängt, wenigstens meins. Läge zum Beispiel das Fenster meines Zimmers statt nach gegenüber, seitwärts mit dem Blick nach dem Westhimmel, wo abends der Mars aufmarschiert, hätte ich Freude am Leben gehabt und wüßte, warum ich lebe – aber so! Ich kann mich nicht mehr sehen, ich ertrage in den Spiegeln mein Gemälde nicht mehr, wenn nun mein Angebeteter kommt und hat meine Augen? Und darum gerade wegen seiner hellen Lichter liebe ich ihn, gelbe Rosen, und wenn sie traurig sind, fallen sie wie Goldregen. Er ist ein Sonntagskind, ich bin ein Feiertagskind, das nicht gehalten wird; er findet keine Ruhe in mir. Wir lieben uns, wie die verschiedenen Liebenden auf Erden und im Himmel. Wie selige Engel mit der Pose des Flügels, wie die ersten Menschen, die noch glühend waren, wie zwei große Blumen hinter der Hecke, die nichts wiedersagt, wie zwei Rubinen im Reichsring eines Kaisers und manchmal früh am Morgen wie zwei Schakale. Ich mache mir gar kein Gewissen daraus; alle Romane der Ehe sind Unwahrheiten! In Wirklichkeit gibt es kein Gewissen. Aber, daß ich den Namen meines Blutpächters, meines Urgroßvaters, vergessen habe, darüber mache ich mir heftige Gewissensbisse.

## Die Odenwaldschule.

In den Bergen zwischen Laub und Wiesen stehen fünf bemalte Waldschlößchen; jedes ist einem Dichter gewidmet, und drinnen lachen Knaben und Mädchen mit ihren Lehrern und Lehrerinnen. Und unter ihnen lebt der Rübezahl mit seinen gütigen nußbraunen Augen und dem langen Weihnachtsbart. Paul Geheeb, der Schöpfer der Odenwaldschule, ist ein Rübezahl, er zaubert Freude durch die Hallen und Säle seiner Gnomenhäuser, und überall ist es hell, wohin seine sonnigen Augen scheinen. Immer steigt sein Fuß, ob er auf die Gipfel will oder über die Ebene schreitet. Von Rübezahl sprechen die Bauern im Tal, wenn sie den Direktor oben meinen, den die Kinder alle so lieb haben. Jedem Müden schenkt er ein tröstendes Wort, und den verirrten Wanderer beherbergt er und seine Gnomen für die Nacht: die sitzen in bunten Spielreihen beim Vesper und trinken Milch aus großen Kannen.

Heute macht die blonde Adi den Vorschlag, alle Jungen müssen einen Stoffaffen und alle Mädchen einen Stoffbären mit zum Sonntagsmahl bringen; die zwei vorhandenen hat die Schelmin dem lieben Rübezahl in die Brusttaschen seines Rockes gesteckt, daß die beiden wulstigen Tierköpfe zur Belustigung aller Kinder hervorgucken zur Rechten und zur Linken.

Paul Geheeb versteht das junge Herz des Kindes wie einen Kaleidoskop zu drehen, er weiß die bunten Bilder zu würdigen.

Aber auch seine Lehrer sind Künstler; sie haben alle noch Knabenherzen wie ihre Zöglinge und führen mit ihnen manchen Indianerstreich aus. Die Knaben tragen alle Sweater, und die Kleider der Mädchen sind durch Bänder über der Achsel gehalten, echte Kindertracht; sie paßt zu roten Backen und leuchtenden Augen. Und alle haben gesunde Lungen, die atmen wie die starken Bäume das Leben ein und aus. In der Frühe müssen die Odenwaldkinder ins Luftbad, sich viel, viel Luft holen, und es gibt keinen Südwind und keinen Nordsturm, dem die Rübezahlbande nicht gewachsen wäre. Die verzärteltsten Kleinen trotzen dort der Welt mit den allerhand Erkältungen. Aber Vernunft liegt in jeder Anordnung Paul Geheebs; seine ihm anvertrauten Lieblinge bewegen sich in wohlgewärmten Räumen in der Winterzeit. Die Korridore, die Lesehallen, die Schlafgemächer sind mollig temperiert.

Jedes Kind besitzt sein Heim, oder es müßte dicke Freundschaft geschlossen haben und den Wunsch aussprechen, sein Eigentum mit irgendeinem Spielgefährten zu teilen. Mein Paul und der Bruno Tillehsen; was der Torquato Tasso dichtet, illustriert mein Junge. Auch der Peter ist oben beim Rübezahl, vom Bildhauer Gaul der kleine Sohn; der ißt so gern Nüsse; überall kracht es nur so zwischen den Zähnen. –

Nachmittags ist immer frei; die saftigen Aepfel werden von den Aesten geschüttelt, oder die kleinen Gnomen helfen den Bauern in den Scheunen, in der Zeit, da die emsigen Gnominnen Blumen pflücken oder Himbeeren und Brombeeren sammeln für den Tisch ihrer großen Freundinnen. Liebe, erwachsene Schulmädchen sind die Lehrerinnen: in den Frühstunden lauschen die Kinder mit offenem Munde ihren Lehrwundern. Jede Lehrerin und jeder Lehrer versteht es, auf spannende Art die jungen Zuhörer zu fesseln. Die freuen sich auf jeden Morgen wie auf den Geburtstagstisch, immer bietet der Unterricht neue, überraschende Gaben.

Plätschernde Bäche, goldene Gärten begleiten den Ankömmling die Bergstraße hinauf von Heppenheim bis oben ins Gnomenstädtchen; holde Landschaft, befreite Erde – kommt man aus der Großstadt dorthin, wo Rübezahl seine Odenwaldschule erbaut hat!

## Egon Adler

(Seinem Vater zu Widmung)

Meine Spelunke verwandelt sich zum türkischen Café, wenn er und ich zusammen Zigarretten rauchen und wir von den Wänden für unsere Häupter die beiden Fez herunterholen, die auf die Griffe meiner Dolche gestülpt sind.

Einer der Söhne des gefangenen Abdul Hamed, der begabteste jedenfalls, ist der Maler und zur Mokkastunde der Gast meiner Palastspelunke. Wir sprechen (in der Zeit der Abendhimmel alle seine goldenen Bilder aufs Dach stellt) von roten, blauen, grünen und lila Dingen. Ich rate Egon Adler: ›Sie müssen immer nur Ihr Selbstbildnis malen.‹

Er ist so ganz Eigen, ganz Sich, und sein Herz in einem Rahmen. Aber in seinem Herzen liegt sein jungverstorbener Bruder begraben, und innige Gestalt schafft des Malers Hand, wenn der Engel seiner Erinnerung aufersteht.

Zwischen den Farben liegt er dann plötzlich – Stern zwischen Zinnober und Marin auf der Palette für die großen Pinsel. Alle Bilder Egon Adlers sind Spiele, sind süß, haben großgeöffnete Augen, sind ganz in Gottes Vaterhand und rufen.

Sein Mariengemälde holte ich mir aus einer dunklen Ecke des Ausstellungssaals ans Licht: ›Träume, säume Marienmädchen, überall bläst der Rosenwind die schwarzen Sterne aus; wiege im Arme dein Seelchen – alle Kinder kommen auf Lämmern zottehotte geritten, Gottlingchen sehen und die schönen Schimmerblumen und den großen Himmel da im kurzen Blaukleide.‹

\* \* \*

Aber auch die drei Könige sind gekommen; einer sitzt auf des anderen Schulter, der höchste trägt ein Krönchen, ist des Malers Bruder und will Mariens heiliges Spielzeug haben.

Auf Egon Adlers unvergleichlichem Schöpfungsbilde steht sein Brüderchen verzaubert als Mantelkranich mitten auf der Wiese und macht den frechen, kleinen Vögeln bange. Als Reiter reitet er auf dem langausschreitenden Reiterpferd durch den Wald über die Wege aus bunten Fahnenstreifen.

Immer muß Egon Adler die Geschichte des unvergeßlichen Bruders in Farben erzählen, der ist der Memed seines Mohamedherzens.

Hinter den Paradiesbäumen, in den Schornstein seiner Stadtbilder, überall hat sich der kleine Bruder versteckt; er ist es, der den Glorienschein um die Heiligenlocken der Jüngergestalten seines älteren, malenden Bruders anzündet.

Das sich wiegende Blatt der Palme, auf dem Treibhausgemälde ist der Kleine, seine Seele leuchtet im Stein des Ringes am Finger des japanischen Schauspielers.

Elfjährige Kinderaugen gucken unter der Stirn des Selbstbildnisses von Egon Adler und erhöhen es zum Selbstantlitz. Und in den Wolken tummelt er sich als Mond.

Ewig ist Egon Adlers Malerei, ein Engel lebt in seinem Herzen und hängt seinen Schöpfungen Flügel an.

⟨Offener Brief an das »Berliner Tageblatt«⟩

Ich bitte Sie, einige Worte von mir über die Art und Weise der Sammlung für mein Wohlergehen zu bringen. Ich habe keineswegs den Aufruf in der Fackel zu verhindern gesucht, zumal diese Bitte unter der Güte Karl Kraus' steht. Aber es handelt sich weniger um mich, als um meinen Knaben, dem ich dieses Opfer, das größte meines Lebens, bringe, indem ich meine Fahne streiche. Wie man mich jedoch in einigen Zeitungen zu Markte trägt, empört mich aufs Grenzenloseste; ich danke für dergleichen bettelnde Wohltaten und ich möchte nur noch einen kleinen Briefwechsel erwähnen, den ich mit dem zartfühlendsten Menschen, der Kete Parsenow, in Wien führte:

»Meine liebe Dichterin, Sie dürfen sich nicht grämen – Sie zu erhalten, sind wir verpflichtet, wie man ein wertvolles Bild zu erhalten sucht.«

Ich antwortete: »Principessa, ich muß Geduld mit mir haben und lernen, Tribut zu nehmen.«

## Doktor Benn

Er steigt hinunter ins Gewölbe seines Krankenhauses und schneidet die Toten auf. Ein Nimmersatt, sich zu bereichern an Geheimnis. Er sagt: »tot ist tot«. Dennoch fromm im Nichtglauben liebt er die Häuser der Gebete, träumende Altäre, Augen, die von fern kommen. Er ist ein evangelischer Heide, ein Christ mit dem Götzenhaupt, mit der Habichtnase und dem Leopardenherzen. Sein Herz ist fellgefleckt und gestreckt. Er liebt Fell und er liebt Met und die großen Böcke, die am Waldfeuer gebraten wurden. Ich sagte einmal zu ihm, sie sind allerlei herb, lauter Fels, rauhe Ebene, auch Waldfrieden, und Buchäckern und Strauch und Rotrotdorn und Kastanien im Schatten und Goldlaub, braune Blätter und Rohr. Oder Sie sind, Erde mit Wurzeln und Jagd und Höhenrauch und Löwenzahn und Brennesseln und Donner. Er steht unentwegt, wankt nie, trägt das Dach einer Welt auf dem Rücken. Wenn ich mich vertanzt habe, weiß nicht, wo ich hin soll, dann wollte ich, ich wäre ein grauer Samtmaulwurf und würfe seine Achselhöhle auf und vergrübe mich in ihr. Eine Mücke bin ich und spiele immerzu vor seinem Gesicht. Aber eine Biene möcht ich sein, dann schwirrte ich um seinen Nabel. Lang bevor ich ihn kannte, war ich seine Leserin, sein Gedichtbuch – Morgue – lag auf meiner Decke: Grauenvolle Kunstwunder, Todesträumerei, die Kontur annahm. Leiden reißen ihre Rachen auf und verstummen, Kirchhöfe wandeln in die Krankensäle und pflanzen sich vor die Betten der Schmerzensreichen an. Die kindtragenden Frauen hört man schreien aus den Kreissälen bis ans Ende der Welt. Gottfried Benn ist der dichtende Kokoschka. Jeder seiner Verse ein Leopardenbiß, ein Wildtiersprung. Der Knochen ist sein Griffel, mit dem er das Wort auferweckt.

## Arme Kinder reicher Leute

### Der kleinen Hedwig Grieger

Und wo die ganze Erde im grünen Lachen steht und ein großer Spielplatz ist, fallen mir die vielen lieblichen Kindergesichtchen um so schmerzlicher auf, die da weinen im Sonnenschein. Ihre Löckchen flattern zwar lustig aus den feinen Spitzenhäubchen hervor, und viele von den Kleinen stecken in seidenen Tanzkleidchen. Aber sie dürfen sich an der Hand ihrer Begleiterinnen nicht recht freuen, und ihre runden Herzchen möchten hüpfen. Baby hat ein Knöpfchen von seinem Schuh abgerissen, es hat sich so gelangweilt – aber Detta muß ihn am Abend wieder annähen, dafür gibt's eine Saftige. Auf dieselbe Bank setzt sich ein sogenanntes Fräulein, allerdings, sie trägt einen Federhut und hat die Allüren ihrer Dame abgesehen ... Sie rückt, den Abstand zwischen ihrer Person und ihren dienenden Kolleginnen zu wahren, vorsichtig an das äußerste Ende der Bank. Wie schon angedeutet, ist sie nicht aus der Gattung der gemeinen Kuhblume (s. Caltha), sie straft gebildeter. Mit einem Roman von Emile Zola schlägt sie ihre kleine Schutzbefohlene auf den Mund, auf die weißen Zukkerzähnchen. Und nur selten rügen Vorübergehende die brutale Eigenmächtigkeit dieser Donnas.

Lottchen wird über die Straße geschleift, es ist so heiß, seine zweijährigen Beinchen können nicht mehr ausschreiten. »Ick soll dir woll tragen, olle Pute.« Keine der Mütter erbarmt sich seiner, und nur einige Mädchen mit der Schulmappe am Arm oder dem Ranzen auf dem Rücken bleiben entrüstet stehen und versuchen, die Kleine von der Hand ihrer Peinigerin zu befreien, die aber schlägt kreischend um sich – ein Volksauflauf entsteht und nimmt sich der armen dienenden Person an – ich und meine kleinen Verbündeten sind das Gespötte der Straße.

Am Nachmittag begegnen mir die tapferen Schulmädchen wieder, sie führen ihre kleinsten Geschwister spazieren und tummeln sich mit ihnen über die Wiesen; wie zärtlich sie mit den langen Zöpfen ihrem Brüderchen die Patschklatschhändchen und das bestaubte Gesichtchen säubert! Und welche Wonne, durch den kühlen Wiesenbach zu waten! Viele von ihnen brauchen nicht erst ihre Füße entblößen – heirassassa wie das Wasser aufspritzt. »Das nur nicht die neuen Kleider naß werden!« erinnert die Älteste mit den langen Zöpfen. Sie steht noch im Pflichtgefühl zur Puppe. Vierzehn Jahre wird sie nächsten Monat; »ich komme«, erzählt sie mir, »in den Dienst nach der Einsegnung.« Sie hat keine Erfahrungen gemacht, und was sie von Hörensagen getrübt weiß, ist noch zu verwischen. Ich habe immer solch eine Puppenmutter bei meinem Bengel, für seine sechs Jahre weiß er genug Streiche, ich lache ob seiner Ausgelassenheit, die auch von seiner Kameradin ungezüchtigt bleibt. Sie balgen sich und springen miteinander über die Wege, mutwillige Ziegenböcke. Aber auch besonnen kann seine junge Begleiterin sein. Auf jeden Fall befolgt sie noch schulgewohnt meine Worte und streikt nicht heimlich wie manche ausgewachsene Personen, die schon aus Oppositionslust das Gegenteil ausführen.

Ja, diese Allzufreien. Arm machen sie manchmal die Kinder der reichen Leute mit ihren gehässigen Launen und niederen Liebeleien. Allerdings gibt es auch noch musterhafte Pädagoginnen unter den Kindermädchen oder »Fräuleins« – ich meine nicht solche, die unter jeden Schritt des Kindes ein Rechenexempel oder ein Abc legen, nein, ich meine jene, die zu spielen verstehen, und die müßten doppelt besoldet werden – welche ungeheuren Summen werden für den Magen ausgegeben, warum nicht für die Seele seines Kindes? Nichts fordert Technik in solch feinem Maße wie die Kunst des Kindes, »das Spiel« – die bunten Gedanken zu drehen im Krausköpfchen, wie in einem Kaleidoskop. Ja, es gibt vortreffliche »Bonnen«, besorgte und doch heitere Freundinnen der Kinder. Aber wäre es nicht ratsam, weibliche Detektivs anzustellen, verheiratete Frauen, die die Überschreitungen der – minder Trefflichen draußen auf den Wegen beurteilen könnten? Mütter und Väter, sucht einmal euer Kind draußen in der sorglosen Natur statt nur im Spielzimmer auf, dort werdet ihr die Hüterinnen eurer Kleinen ungeschminkt kennen lernen.

## Die beiden weißen Bänke vom Kurfürstendamm
### Meinem lieben Freunde Andreas Meyer

Morgens standen sie plötzlich auf dem Kurfürstendamm wie vom Himmel gefallen in Mondsichelfasson. Die eine weiße Bank winkte den Leuten, die aus der Friedrich-Wilhelm-Gedächtniskirche kamen, freundlich zu, die andere weiße Bank lud eine blonde Schöne ein in aschgrünem Samt. Ich bin seitdem öfters an den weißen Bänken vorbeigegangen; gestern setzte ich mich zum erstenmal auf die eine, den Damm weiter, auf die andere. Guckte ich geradeaus, bot sich mir ein Kreuz- und Querbild. Man sieht es vielen Vorbeieilenden an am Operngucker in ihrer Hand, wohin sie wollen – zur Hochbahn –, in einer halben Stunde fangen die Theater an. Andere kommen aus der Stadt, biegen um die Joachimsthaler Straße und kehren ein in das heimatliche Café des Westens. Kommen da zwei kleine, arme Mädchen; in ihrer Mitte ihren lebendigen, rotbäckigen Hampelmann, der sprechen kann. »Zwei Jahre ist er,« erzählen sie mir und streiten sich, wer ihn aufwarten, das heißt, wer mir von ihnen seine Kunststücke zeigen wird. »Wir sind keine Schwestern,« antworten die beiden gernegroßen Mütter, sie lassen schon behäbig das Kinn hängen, fürsorglich sind sie um ihren kleinen Kasperle. »Wir sind jede für uns allein.« Sie meinten damit, sie sind nicht einmal verwandt. Lieschen ist in Pflege, ihr Pflegevater ist Nachtwächter – manchmal legt er sich vor Müdigkeit, wenn er morgens nach Haus kommt, mit dem Bund Schlüsseln und der Laterne ins Bette. Das andere Lieschen, sie heißen beide ganz gleich, erzählt: Sein Vater helfe einem Zauberer. »Ein schwarzer Neger ist sein Papa!« Es ruft mich jemand von der Haltestelle der Elektrischen, ein Dichter im Florentiner, er will in die Kolonie fahren. »Reisen Sie alleine, Torquato Tasso, ich will mich noch auf die weiße Schwesternbank setzen.« Ich sehe mich nach ihr um, sie glänzt viel bräutlicher wie diese, von der ich mich erhebe; und ich zögere, mich auf die myrtenweiße niederzusetzen. Aber die beiden Verliebten da bemerken es nicht. Aus der Kirche treten schon die ersten Sonntaglinge, die Sonne spielt Orgel um das Haus mit ihren schlanken Strahlen. Ich verstecke mein Gesicht in dem großen Glockenturm – sehe, höre und denke nichts, und doch findet man sich auf den weißen Bänken wieder, wenn man sich verloren hat.

## Bei Guy de Maupassant
### Eine Phantasie

Dir allein will ich mein interessantestes Geheimnis anvertrauen, aber du mußt dies als meine Beichte betrachten und bewahren wie ein Amtsgeheimnis.

Paris!

Ich stehe an den Türpfeiler eines Magazins gelehnt und weine, als wollte ich mich in Tränen auflösen. Am Himmel standen schwarze Gewitterwolken, und der Boulevard war nicht allzu überfüllt von Spaziergängern; aber auch unter den wenigen Menschen, die mich erstaunt betrachteten, litt ich unsäglich. O, petite, o, was fehlt Ihnen, Mademoiselle? Sehen Sie doch, Madame, wie blaß die Kleine aussieht, und die großen Augen.

Ich war damals ungefähr sechzehn Jahre alt, und noch in beständigem Kontakt mit meinem Gotte. Ich bildete mir nämlich ein, daß, als plötzlich ein furchtbarer Donnerschlag erdröhnte, der liebe Herrgott aus besonderer Freundschaft zu mir es gewittern ließe, über den Menschen, inmitten derer ich litt. Die auffällige Kritik über meine Person, die sich in diesem lauten Bedauern aussprach, entfachte auch schließlich meinen Zorn. So hielt ich dafür, daß die zwei Passanten, die plötzlich vor mir haltmachten, kein anderes Motiv leitete, als die Lust zur Neckerei. Namentlich erbitterte es mich, da der helläugige der beiden seinem Begleiter zurief: »Mon cher, sehen Sie doch einmal den kleinen Teufel!« Der große Herr runzelte die Stirn, dabei murmelte er ein paar leichte Worte; ich verstand sie wohl, aber ich möchte sie im Interesse meiner Person lieber verschweigen; wieder fielen große Regentropfen aus meinen Augen, dann meinte der dunkle Herr in milderem Ton: »Es handelt sich hier wieder um eine Bettelnovellette,« und reichte mir ein Geldstück hin. Ich war sehr betroffen und konnte mich nicht enthalten zu rufen:

»O, Monsieur, ich bin keine Komödiantin und keine Bettlerin.« Er schämte sich und versuchte durch allerhand Reden sich zu entschuldigen. »Pardonnez, Mademoiselle, pardonnez, aber da Sie, wie ich aus Ihrer Aussprache entnehme, keine Französin sind, werden Sie sich schwerlich eine Vorstellung von der Schauspielkunst unsrer Nichtdamen machen können. Und möchte ich Sie bitten, sich mir anzuvertrauen.« »Ich bin so allein, Herr,« sagte ich; ich glaube, sonst erwiderte ich nichts mehr, denn ich war ermattet bis zum Tode. Während wir noch beisammen standen, trat ein dritter zu den beiden und klopfte dem dunklen auf die Schulter: »Na, mon ami, schon wieder im Dienste der Frauen?« Der Helläugige, den ich trotz meiner tragischen Stimmung heimlich seiner Schönheit halber bewunderte, schob seinen Arm in den des hinzukommenden Herrn – ich glaube auf ein paar leise gesprochene Worte des Dunklen hin – und zog ihn, leise auf ihn einredend, mit sich fort. Dann wandte sich der Bleibende mir zu, und es war eine eigentümliche Mischung von Erkühnen und Güte in seinem dunklen Auge, das mich in Furcht jagte und zu gleicher Zeit mir Mut machte. »Hier ist kein Platz für Auseinandersetzungen, mein kleines Fräulein, und ich bitte Sie, mir zu folgen.« Der energische Ton meines Beschützers wirkte suggerierend auf mich, und ich folgte ihm. Er schwieg, bis wir die gegenüberliegende Seite des Boulevards erreicht hatten; dann faßte er meine Hand und sagte, jedes einzelne Wort betonend: »Mademoiselle, wenn Sie in mir einen Freund gewinnen wollen, so fürchten Sie sich nicht und vertrauen Sie mir Ihr Schicksal an.« Ich war sehr glücklich über seine lieben Worte und atmete auf und wünschte mir nichts sehnlicher im Augenblick, als seine Hand zu drücken. Wir nahmen Platz im Garten eines Restaurants; der Fremde bestellte zunächst Bouillon und dann ein Hühnchen, welches er mir wie einem Baby vorschnitt. Dabei flüsterte er mir zu: »Grade so ein kleines Hühnchen wie Sie, Mademoiselle.« Dann mußte ich ihm meine Lebensgeschichte erzählen, wie ich an der Hand Apollos aus meiner Heimat durchgebrannt bin. »Und warum gerade nach Paris, kleiner Robinson?« Zögernd und fast tonlos entgegnete ich: »Ich wollte in ein Meisteratelier.« Dann fragte der Fremde: »Haben Sie schon an eines angeklopft?« »Nein,« sagte ich verlegen, »ich habe mich mit meinem Gelde verrechnet und wollte mir erst etwas verdienen, um wenigstens für einen Monat die Kosten zu erschwingen.« »Und was dann?« fragte er nachdrücklich. »Ja, dann, hoffe ich, Stipendien zu bekommen.« Hierbei holte ich einen Zettel aus der Tasche, worauf die Adresse jenes Kleidermagazins stand, in dem ich engagiert war. Mein Beschützer begann zu lachen und meinte: »Eine Direktrice können Sie doch sicher mit Ihrem schlanken Figürchen nicht abgeben.« »Aber eine Kostümzeichnerin.« »Ah, Sie wollen mit Stilleben Ihre Karriere beginnen.« Wir lachten beide. – Nach einer Weile fragte ich ihn, ich glaube sehr scheu:

»Herr, wer sind Sie?«

»Ich bin ebenfalls ein Kunstjünger.«

»Maler?« fragte ich.

»Nein, aber Schriftsteller.«

Ich atmete auf in der unklaren Empfindung, mich in verläßlichen Händen zu befinden.

»Nun werde ich Ihnen einen Vorschlag machen, kleiner Robinson, zumal ich Sie nicht Ihrem Schicksal überlassen werde, bis Sie Ihre geschäftliche Angelegenheit geordnet haben. Ich bringe Sie zu einer Freundin, die mir lieb und teuer ist, zu einer Madame L. T., die wird Sie mit Vergnügen aufnehmen.«

Wir erhoben uns.

»Allons, Mademoiselle!«

Beim Verlassen versuchte ich, meinem Begleiter seine Auslagen zurückzuerstatten, obgleich dies meine letzte Barschaft war. Ich durfte die Bitte gar nicht zu Ende sprechen, als er schon den Kopf schüttelte: »Aber Mademoiselle, Sie sind mein Gast.« – In der Rue de R. hielt das Kabriolett vor einem villenartigen Hause. Ein zierliches Mädchen in Rosa öffnete die Tür und sagte, ohne meinen Begleiter zu Worte kommen zu lassen, fast vorwurfsvoll: »O, Monsieur, Madame hat bis vor einer halben Stunde auf Sie gewartet, nun ist sie allein in den Bazar gefahren.« Betreten murmelte mein Begleiter: »Mon Dieu, wie konnte ich das vergessen!« Ich fühlte mich als die Schuldige, dieses mochte der Fremde empfinden, da er beruhigend sagte: »Ich nehme die Schuld auf mich.« Ich hörte ihn leise vor sich hinsagen: »Eine liebe Person ist Madame L. T.« Dann wandte er sich wieder zu mir: »Nun, ich werde Sie gegen Abend hinbringen, und Sie werden sie schätzen lernen, wie ich.« – »Gefällt Ihnen mein Heim?« fragte Guy de Maupassant, der mir unterwegs endlich seinen Namen genannt hatte, von dessen Bedeutung ich damals noch keine Ahnung hatte. »Jetzt wollen wir uns ruhig überlegen, was wir zu tun gedenken. Kommen Sie doch aus Ihrem Winkel hervor und fürchten Sie sich nicht vor mir! Haben Sie auch schon daran gedacht, falls Sie noch Eltern haben, daß die in Besorgnis sein werden, und daß ich eigentlich verpflichtet bin, ihnen Nachricht zukommen zu lassen?« Er mochte wohl meinen Schreck bemerken, denn er fügte schnell hinzu: »Nun, wir sind ja Kollegen, außerdem bin ich kein Moralprediger, und Ihr Unternehmen rüge ich keineswegs, im Gegenteil, es imponiert mir, aber na, diesen Punkt wollen wir gemeinsam mit Madame L.T. überlegen. Für den Augenblick bin ich dafür, daß der kleine Robinson von den Strapazen seines Abenteuers sich etwas ausruht. Ich werde unterdessen ein wenig ausgehen und frühzeitig wieder erscheinen.« Er war fort, und ich allein, mutterseelenallein im fremden Hause. Zunächst betrachtete ich die Gegenstände des Zimmers. Auf dem Schreibtisch standen einige Photographien, unter denen ich auch den helläugigen Herrn von heute morgen fand. Zu meiner großen Freude, denn er gefiel mir schon wegen seiner blonden Locken sehr gut. Dann aber spürte ich die so lange zurückgehaltene Müdigkeit, legte mich auf eines der Kanapees und deckte mich mit den Decken zu, die Maupassant für mich bereitgelegt hatte. Aus traumlosem Schlaf, wahrscheinlich durch das Geräusch einer aufgehenden Tür aufgewacht, mußte ich meine Gedanken erst mühsam sammeln. »Herr Gott, wo war ich denn eigentlich?« Ich eilte ans Fenster, und mir schoß plötzlich angesichts der fremdartigen Uniformen auf der Straße unten der Gedanke durchs Hirn: »Wie kam's doch noch, daß ich in Paris bin.« Mich überkam plötzlich die Angst eines Gefangenen, der keinen Ausweg weiß. »Herr Gott, wenn nun der fremde, dunkle Mann ein Verbrecher wäre?« Mir wurden plötzlich alle Sensationsgeschichten meines Lebens grauenvoll lebendig. Um mich zu orientieren, um gleichsam die Waffen meines Feindes kennen zu lernen, ging ich an den Schreibtisch. »Was, Goethe!« Nun fühlte ich mich in Sicherheit. Und was mich am meisten interessierte, da lag ja auch Petöfi. Der Dichter, der mir gefiel in seiner ungarischen Studentenuniform. »Ach, Monsieur!« rief ich erstaunt und erschreckt. Maupassant stand nämlich vor mir, ich mußte sein Klopfen überhört haben. »Nun, mein kleiner Robinson, Sie sehen ja so frisch aus, wie ein Dijonknöspchen; jetzt wollen wir weitere Dispositionen treffen. Übrigens öffnen Sie einmal die beiden Schachteln, mit deren Inhalt bald zwei kleine Buben spielen werden.« In der einen Schachtel lagen schonungsvoll Bleisoldaten geschichtet, mit dunklen Waffenröcken und roten Hosen. In der Mitte der Schachtel aber lag, umgeben von seinen Getreuen, Napoleon III., hoch zu Roß. Aus der andern Schachtel glotzten mich porzellanene Froschaugen an, Enten mit gelben Schnäbeln, Reptilien aller Arten – ein ganzes Aquarium. Ich richtete die Soldaten parademäßig. Maupassant hatte währenddes eine Waschschüssel herbeigeholt, und wir ließen nun die Ungeheuer auf den Fluten, die wir zu künstlichen Stürmen erregten, nach Herzenslust austoben.

Wir, Maupassant und ich, waren auf einmal intim wie zwei Gespielen. Das fand auch Maupassant. »Wir würden uns, glaube ich, sehr gut vertragen,« sagte er plötzlich und klopfte mir auf die Backe. Dann aber begann er ernstlich über meine Situation zu reden. »Ich habe eben Erkundigungen eingezogen über das Magazin. Der Chef steht keineswegs in gutem Leumund. Ich rate Ihnen davon ab, dort einzutreten aber vielleicht haben Sie noch andere Fertigkeiten, die sich verwerten ließen?«

»Ach ja, Herr Maupassant, ich tanze sehr gut.«

»So, dann wäre ja der Zirkus oder das Ballett gar nicht übel!« meinte er nicht ohne Ironie. »Und welcher Tanz wäre denn Ihre Spezialität?«

»Danse de ventre.«

»So?« Maupassant lächelte erstaunt. »Da müssen Sie mir gleich eine Probe Ihrer Fertigkeit ablegen.«

»Eh bien!« rufe ich in heller Begeisterung: »Sie werden der Pascha sein, vor dem ich mich mit meinem Kostüm produziere.«

»So hätten wir auch das Lokalkolorit,« ergänzte er. Ich war indessen schon so eingebürgert in der gastlichen Wohnung, daß ich die Türe öffnete und Maupassant bat, so lange meine Toilette währte, zu verschwinden. Eine golddurchwirkte Decke, die auf einem der Tischchen lag, nahm ich und wand sie um meine Lenden bis zu den Füßen herab. Ich löste meine Haare und entnahm einer Vase einige Nelken, die ich mir kreuzförmig um den Kopf flocht. Ich muß ausgesehen haben wie eine Wilde.

»Entrez, Monsieur le Pascha, s'il vous plaît.«

Maupassant trat ein, auf dem ausdrucksvollen Kopfe einen Fez und um den Hals eine reiche Münzenkette, mit majestätischem Ernst nahm er auf einem zum Thron umdrapierten Sessel würdig und feierlich Platz, und die Vorstellung begann.

»Charmant, drôle, superbe!« rief er ein über das andere Mal, und seine Würde vergessend, begann er taktmäßig den Kopf hin- und herzuwiegen bei jedem, Kastagnettenschlag markierenden, Schnippen meiner Finger. Die Nelken aus den Haaren nehmend, kniete ich zum Schluß vor ihm nieder. »Mein Fürst und Gebieter, hat deine Prinzessin Gnade vor deinen Augen gefunden?«

»Was begehrst du?« rief der Pascha mit Pathos.

»Deine Freundschaft, Herr.« – Wir fuhren am Abend noch, da Maupassant sich dagegen sträubte, mich in das obskure und für mich gänzlich ungeeignete Hotel »Maison Bohème« zu bringen, in dem ich bei meiner Ankunft, da es mir wie ein Wahrzeichen erschien, abgestiegen war, zu Madame L. T. – Unterwegs bat er mich, ihn zu küssen, da er doch mein Gespiele sei. Ich war im Begriff, meinen Kopf in die Höhe zu recken und ihn zu küssen, da ich seinen Wunsch ganz natürlich fand – doch nein, – plötzlich senkte ich meinen Kopf wieder in die alte Lage zurück, denn in diesem Augenblick fiel mir ein, was Maupassant mir gesagt: »Ich verachte die Frauen, weil ich sie nötig habe.«

»Nun, plötzlich anders gewillt?« rief er erstaunt und gekränkt.

»Ah so,« meinte er lächelnd. – – –

Madame L. T. empfing mich liebenswürdig und küßte mich nach französischer Sitte auf beide Wangen. »Hier bring' ich Ihnen einen kleinen Robinson,« erklärte Maupassant. »Und vor allen Dingen une belle fille,« sagte Madame L. T. weiter. »Das finde ich keineswegs,« warf Maupassant ein, »apart – ja – ein Mädchen mit Knabenaugen.«

Mit gedämpfter Stimme unterhielten sich die beiden, wahrscheinlich über meine Zukunft, hinter der Portiere, und dann empfahl sich mein Beschützer, nicht ohne mich nochmals ausdrücklich zu beruhigen: »Mein liebes Fräulein, seien Sie unbesorgt, Sie befinden sich in den besten Händen!« Madame führte mich in ein kleines Boudoir, wo wir den Tee einnahmen. Sie hörte nicht auf mit Liebkosungen; und noch mehr wie meine Leidensgeschichte interessierte sie mein Renkontre mit Maupassant.

Meine Wangen glühten im Gespräch, und ich machte ihr das Geständnis, daß Maupassant mir sehr gut gefiele, daß er mich habe küssen wollen, was ich aber stolz abgelehnt. Als ich schwieg, begann die Dame, die während meiner begeisterten Aussprache erblaßt war, mir klar zu machen in der delikatesten Weise, daß man die Liebe eines Mannes wie Maupassant sich am besten bewahre durch Zurückhaltung. Und dann verstand sie in rührender Weise mich aufmerksam zu machen, wie besorgt meine Angehörigen nun wohl um mich sein würden. Sie brachte mich zu Bette wie ein Kind, und ich konnte nicht unterlassen, meine Arme um sie zu schlingen wie instinktiv, um ihr Abbitte zu leisten dafür, daß ich ihr Schmerzen bereitet hatte. Ich weinte bitterlich diese Nacht, nicht ohne das wohltuende Gefühl einer gewissen Hochachtung vor mir selbst – denn ich faßte den Entschluß, eine heroische Tat zu vollbringen, Paris zu verlassen – Maupassant nie wiederzusehen.

Morgens früh klopfte ich an die Tür der Dame und teilte ihr meinen Entschluß, daß, falls sie mir das Geld zur Rückreise borgen wolle, ich Paris verlassen würde. Ich glaube, im Grunde plagte mich das Heimweh, das durch das Wort Madame L.T., noch geschürt wurde.

»O, meine liebe Madame L.T., nicht wahr, Sie grüßen Monsieur Maupassant von mir?«

## Paul Lindau

Manchmal sitzt Paul Lindau abends im Café des Westens und freut sich über die bunten Jünglinge und zwitschernden Mädchen. Er ist nicht hochtrabend, er tut mit. Seines Herzens leuchtende Farbe ist nicht eingetrocknet. Meine Eltern hatten Paul Lindau furchtbar lieb. Er war Redakteur in der Elberfelder Stadt. Ich habe Paul Lindau eines Tages gesagt, Herr Doktor, ich bin Else Schüler. Da meinte er, er habe meine Eltern nicht vergessen. Und wenn wir uns nun begegnen, denken wir an ein Haus am Wupperstrand, darin die Feste ein und aus tanzten. Paul Lindau hat Temperament, er kann keine Maske anlegen, sie würde nicht lange dauern vor seinem Herzen. Er ist ewig jung. Aber auf allen Tischen und Vorsprüngen seiner Gemächer liegen antike Sammlungen, rissige Geschenke aus allen Erdteilen. Ich muß Paul Lindau aus meinem Leben erzählen; er versteht zuzuhören; diamantisch strahlt seine Liebenswürdigkeit. Mutter und Großmütter, Vater und Urväter hängen eingerahmt in goldenen Rahmen über seinem Schreibtisch; er selbst als Knabe blauäugig und rosengelockt. Nicht viel älter war ich, als ich seinen wundervollen Barmer-Roman las, von seinem alten Pfarroheim und den beiden süßen Kusinen. No leckern Äppeln rukt sinne Liebesgeschechte on dat ganze Hus von sing heelegen Onkel bis bowen op die Rompelkammer, wo die Äppels em Wenter leegen. Ich erinnere ihn an die Sitte. Paul Lindau weiß alles noch ganz genau. Diabolisch sind die schwarzen Täler der Schornsteine – denkt seine ernste Stirne, aber die Sonne spielt dazu ganz bunt auf seinen schlanken Händen.

## Rudolf Blümner

Den Mephisto spielt er jeden Abend, eine Privatvorstellung im Freundeskreis. Ohne witzelnde Fußspitzenpose – der Doktor hat Humor, der im Kranichschritt mit dem Schwermutflügel einherschreitet. Wenn er nicht kommt, sind wir alle belämmert; die gretchenblondesten Mädchenköpfe freuen sich, wenn der Mephisto endlich doch kommt. Er versteht Greisengesichtern lächelnde Jünglingsaugen einzusetzen, wenn er bei Laune ist und sein Herz mit übersprudelndem Schalkwillen vorträgt. Wehe aber, wenn er durch die Türe kommt, und sein Hut sitzt schief in die Stirne gedrückt – es regnete –, er konnte heute kein Luftbad nehmen, ein paar Sätze von der Galle, mehr hören wir nicht. Aber seine Galle ist kariert. Nie war ein Hut so mit seinem Kopf verwandt, wie Doktor Blümners Hut. Der ist ein Mime, durchblutet mit den Eigenarten seines Trägers. Unter Hunderten würde ich den Hut des Doktors herausfinden, namentlich aber dann, wenn der Rand seines Panamas lacht; er sitzt rund hinten im Genick. Etwas muß der Doktor heut' ausführen, ich warte am liebsten mitten im Zimmer, wenn er Klavier spielt, ich kann dann so mit seinen Späßen laufen – er spielt eine eigenvertonte Polonäse, er führt sie an. Seine Finger springen wie ungezogene Jungen über die Tasten, schlagen Kobolz, zanken sich; plötzlich steht er gravitätisch auf: »Der Schlaf erwartet mich!« Aber in Wirklichkeit steht der Vollmond vor seinem Fenster, hinter dem Ohr einen Federkiel. Der Doktor muß noch einen Essay schreiben. Seinen Lehrer im Frühlingserwachen – wer kann ihn je vergessen und die Grazie des Ricco in Minna von Barnhelm. Er ist der Aristokrat des großen Schelmenspiels. Aber auch sehr oft beliebt es dem Doktor, sein ernstes Wesen dem Publikum zu schenken; es steht ihm am besten; kehrt es ein – kommt es hervor aus seinem tiefsten Herzensschatten. In diesem Monat hält der Doktor wieder einen Vortrag, es sind die schönsten Abende, goldene Atrappen mit überraschendem Inhalt. Als er die Geschichte der Schneider von Keller vorlas, glaubte ich die drei bis zum Schluß verschwinden zu sehn aus dem Saal. Er machte nämlich auch ein Gesicht, als ob sie ihm weggelaufen wären. In seinem feinen Profil ist seine schöne Nase tragisch geschnitten nach Gemmenart. Das Leben fällt gelassen vor ihm.

## Kete Parsenow

Die Venus von Siam, ist die Kete Parsenow. Feingebogene Dolche sind ihre Augen, wie die der Göttinnen in goldenen Tempeln.

Peter Altenberg gab vor einigen Jahren eine Zeitschrift heraus, auf jeder Seite stand »sie« in blonden Farben. Die Kete Parsenow spielte damals in Wien am Theater; nun wird sie hier spielen, und doch sollte solche Schönheit verborgen bleiben, im heiligen Haus zwischen geopferten, schweigenden Blumen. Im Sommer begeisterte sie hier als Ophelia die Zuhörer. Blutschwarz sank Hamlets Kopf in den Schnee ihres Schoßes. Immer wird sie die Jungfrau der Schauspielerinnen bleiben; sie ist unbetastete Skulptur. Einmal legte sich vor ihr nieder eine weiße Steppenhündin und wurde ihr ähnlich. Als sie vom Strauch eine Rose pflückte, blühte die höher in ihrer Hand. Sie ist selbst ein Wunder. In der Frau vom Meere erschrak sie vor dem Überschwang ihres Herzens. Und Ibsen, was hätte er gesagt, wenn er der Kete Parsenow begegnet wäre, seiner Generalstochter Hedda Gabler. Kete Parsenow ist sich ebenbürtig, sie ist ebenso schön wie großherzig. Elfenbein ist ihre Haut; immer singt ihr Gesicht. Einmal wurden die Sicheln der Venus zu Monden, als sie böse war. Ich sah die Venus von Siam lächeln, ich sah die Venus von Siam sterben.

## Unser Café

### Ein offener Brief an Paul Block

Sire, Sie möchten etwas aus unserem Café wissen, aber unser Café ist schon seit ungefähr Pfingsten nicht mehr unser Café. Gestern las ich in einer Chicagoer Zeitung, die mir meine Schwester aus Amerika sandte, schwarz auf weiß, warum unser Café nicht mehr unser Café ist, bitte hören Sie, Sire. »Früher war das Stelldichein all dieser »Radikalen« das Café Größenwahn. Aber eines Tages verbot der Besitzer der Dichterin Else Lasker-Schüler, die zu diesem Kreise gehört, das Lokal, weil sie nicht genug verzehre. Man denke! Ist denn eine Dichterin, die viel verzehrt, überhaupt noch eine Dichterin? Sie empfand das mit Recht als eine unerhörte Beleidigung, als schimpfliches Mißtrauen gegenüber ihrer dichterhaften Echtheit. Ebenso dachten die anderen. Daher verließen sie empört das Lokal.«

Ob das alles nun wortgetreu wiedergegeben ist, – jedenfalls begab sich die Schreckenstat an einem Sonntag, meine Seele wurde Werktag, bäumte sich auf und sehnte sich nach Revolution. Kein Vers, keine Stimmung, kein Pathos, nicht der schäumendste Überschwang hatte unsere Gemeinschaftlichkeit so fädenverstrickt zusammengerollt, wie diese unerhörte Begebenheit; Herr Café-des-Westens hatte mir, uns allen, das Betreten seines Cafés ein für allemal untersagt. Ungeheuer! Allerdings, wenn ich auch nichts verzehrt hätte. Aber dem war nicht so, ich war gerade im Begriff, meine zweite Bestellung zu entrichten, Schokolade mit Sieb (da ich die Haut nicht mag), als Herr Café-des-Westens aus einer Ecke auf mich Lesende losstürmte und rief, es geht nicht, daß Sie hier sitzen bleiben, ohne etwas zu verzehren!!! Neben mir saß mein Reichskanzler Bisam O. Er ist feig, aber seine rosa Haare standen Hügel, wurden brandrot und sprühten Feuer. Dann kamen hintereinander meine verehrten Freunde, die Paschas, und die Schlacht begann.

Soll ich Ihnen nun noch über die früheren Ereignisse dieses Cafés erzählen oder genügt es, wenn ich Ihnen sage, Sire, daß wir dort die schönsten Abende, namentlich zu Zeiten Lublinskis, erlebten; den haben wir alle kolossal verehrt, und er lachte selbst herzhaft, wenn ihn der »Blümmner« nachahmte. Unser Zorn liegt nun über dem Café des Westens wie über einem verlorenen Paradies, in dem wir nicht sündigten, aber das an uns sündigte. Als wir auf der Straße standen, gedachten wir mit Wehmut des Gründers unseres verlorenen Cafés. Herr Rocco hatte es sich als besondere Freude angerechnet, daß wir Künstler in seinen Räumen verkehrten; wir Künstler haben sozusagen das Café des Westens mit auf die Welt gebracht, wir Künstler haben ihm das erste Feierkleid geschenkt, wir Künstler haben es zur Königin aller Cafés erhoben! Einer von uns hielt diese Rede in die Nacht hinaus, ich glaube, ich war's, und den Chor gaben meine tiefergriffenen Kameraden und Kameradinnen. Allerdings war Rocco kein Bär, noch nicht einmal ein Tanzbär, keinesfalls ein Brummbär. – – –

Nur einmal in der Woche treffen wir uns nun im Café Josty am Zoo, wir wollen keine Kaffern mehr sein. Auf einer Erhöhung sitzen wir an zwei Tischen, und Sonnabend halten wir Geheimsitzung. (Unter Diskretion bitte.) Wir wollen Herrn Café-des-Westens zwingen, sich zu entleiben, ich schlage vor, mit dem Cafélöffel. Bitte, hochverehrter Sire, kommen Sie doch unverhofft einmal, aber machen Sie sich keine Illusionen. Wir sind ganz leise und flüstern, scheint's, nur so von Mund zu Mund, lauter Spielereien. Wäre doch einmal nur einer größenwahnsinnig. Hysterisch sind nur Dilettanten. Manchmal aber reißt einer unseres Stamms schnaubend die Türe des Cafés Josty um Mitternacht auf, den Tubutsch im Gewande. Doch unsere größte Überraschung bleibt, wenn unser Sänger kommt, der Dresdener Hofopernsänger Franz Lindner. Aus der Liedertafel holte ihn mein Heimatfreund Paul Zech. Noch sitzt überfließender Tenor in seiner Kehle, er muß uns den Rest weich über den Tisch herüber singen. Dann kommt eine innige Freude des Beisammenseins über uns, denn wir Künstler sind Kinder.

## Kabarett Nachtlicht – Wien

### Der lieben Malerin Lene Kainer

Die Straßen enden in Rundungen, tanzumschlingende Arme. Wir wandeln wie in einem endlosen Saal durch Wien. Es ist Nacht – die Mondkrone mit den vielen tausend Sternenkerzen brennt lustig über der Stadt der Walzer. Aber nur wenige Menschen begegnen uns, vom Vergnügen kehren die letzten heim, und ihre Gedanken drehen sich noch mit den blauen Donauklängen leichtfüßig über das spiegelblanke Leben. Aber die Wiener sind höflich gegen ihre Fremdlinge (wir suchen nämlich das Kabarett Nachtlicht), noch im Tanztaumel besinnen sie sich nach dem entferntesten Winkel, begleiten sogar den Suchenden bis an Ort und Stelle. Da steht's ja: »Kabarett Nachtlicht« – Erich Mühsam trägt gerade seine »Amanda« vor. Er sieht noch lebensässiger aus, wie in Berlin. Zwar sitzt sein Rock heute ohne Tadel, und seine Mähne, löwengelb, ist gepflegter wie an der Spree. Aber er bangt sich nach Ruhe, und auch die Jungfern seiner Verse mit dem nächtlichen unrechtlichen Geschick sind müde, sich hier weiter zu produzieren. »Ein Kunststück, seien Sie mal Schlußnummer – komme erst um 5 Uhr morgens in die Klappe.« Nichtsdestoweniger will er uns noch ins Kasino begleiten. Dort tanzt eine schwarze Blondine, »Spaniens Madonna«, sagt Peter Altenberg im Vorübergehen. Er ist im Begriff, gestützt auf seinen Knüppelstock, das Kabarett zu verlassen – ihm folgt die kleine Künstlergesellschaft.

Am anderen Abend sind wir zeitiger da. Es treten uns einige von den Mitwirkenden entgegen: Jener mit dem Monokle im Auge kommt mir bekannt vor. »Gewiß, Frau Lasker-Schüler, wir haben uns schon oft im Café Kurfürstendamm in Berlin gesehen.« Er ist Roda Roda, der humoristische Schriftsteller. In eine der kleinen Logen setzen wir uns, seine scharmanten Humoresken zu hören. Das Publikum applaudiert, bevor er beginnt; es weiß, nun gibt's was zu lachen. Im Kakaduton schäkert er mit ihnen wie mit einer Schar hörlustiger Kinder. Junge und alte Geschäftsleute, kleine Mädchen, Damen der Gesellschaft, Offiziere, selbst die Erzherzöge kommen, das Nachtlicht morgens auszublasen. In einer Rumpelkammer spinnwebgrau sitzen wir, unwillkürlich sucht man nach allerlei altmodischem Gerümpel. Bestaubte Figuren und Porträts, näher betrachtet von neuen Künstlern ausgeführt, hängen an den Wänden, und auf der Konsole über dem blonden Kopf eines Leutnants steht die Statuette von Madame Delvard, der Scharfrichterin. Sie ist die einzige, die den elf Scharfrichtern in München zur Hand ging. »Ich werde extra einige Chansons für Sie singen.« Sie spricht zu mir – ich liebe ihre graziöse Stimme, dunkler vergrößern sich ihre graublauen Augen zwischen zitternden Lidern. Ihre Nervosität duftet. Sie ist eine erwachte Klimtblume aus dem magischen Farbentraum des Meisters. Blasse Lichtchen werfen einen Schleier auf ihre beringten Hände, die schlaff herabhängen an ihrem überschlanken Samtstengelleib, wie weiße tauschimmernde Blätter. Und Wedekinds rotäugige Straßenlieder singt sie mit der Schüchternheit eines Kindes. So leicht kommt sie nicht von der Bühne herunter: ein Lied und immer noch eins – »Der Bauer wollt' fahren ins Heu!« Unwiderruflich das letzte – aber sie singt es mit frischer Kraft, sie singt es bedeutend, stößt es von sich, wie aufschießende Saat. Da steht keine ätherische Prinzessin mehr im Lichtschaum; Acker liegt unter ihrer Zunge, Peter Altenberg nickt zustimmend und setzt sich neben mich in die kleine Loge. Monsieur Henry, Madame Delvards Gatte, begleitet ihre Lieder am Klavier, aber auch er ist ein Vortragsmeister. Ich werde nie seine Ballade vom »Heiligen Nicolas« vergessen, seine rauschige Schwermutsstimme. Monsieur Henry ist der gewandteste unter den blutigen Elfen in München gewesen, und ein Kavalier ersten Ranges. Wir wollen uns wieder vom Zuschauerraum an den Künstlertisch zurückziehen; doch Peter Altenberg hält mich auf meinem Platz zurück. »Das Meißnerfigürchen müssen Sie noch sehen und die drei Handwerksburschen.« Sie stehen schon auf der Bühne in altfränkischen, goldknöpfigen Röcken, die Mützen geschmückt mit Eichenlaub. Ihr Wanderlied beglückt mich ebenso immer wieder wie meinen Nachbar. Er ist nächtlich Gast des Kabaretts; die Umgebung dieser Künstlerkinder tut ihm wohl, der Aufenthalt auf der kleinen Künstlerinsel unter dem guten grünlich flackernden Miniaturstern. Ein kostbares Spitzengewebe ist seine Seele, jedes holprige Wort bleibt in ihren Seidenmassen hängen. Aber wen der gute Blick seines Schelmenauges trifft, der möchte ihn wohl ergreifen können und in ein Enveloppe als Andenken legen. Und sollte er sich nicht ärgern über die Breitheit der Menschen – »nichtsdestoweniger zerstreut es mich, nachmittags am Graben im Café zu sitzen und die bunte Bewegung anzusehen«. Ich möchte manchmal zu ihm sagen, so ganz unmotiviert: »Lieber Peter Altenberg.« – – – Es ist gleich Morgen – wir wollen alle noch einmal Carmen tanzen sehen – – und dann lebt wohl, ihr lieben Künstler, so ball kemma ma nöt wieda zsamm.

⟨Briefe und Bilder⟩

⟨I⟩
# Briefe und Bilder

**Maler Marc und seine Löwin**

### 1. Brief

Mein lieber, lieber, lieber, lieber blauer Reiter Franz Marc.
 Du willst wissen wie ich alles zu Hause angetroffen habe? Durch die Fensterluke kann ich mir aus der Nacht ein schwarz Schäfchen greifen, das der Mond behütet; ich wär dann nicht mehr so allein, hätte etwas zum Spielen. Meine Spelunke ist eigentlich ein kleiner Korridor, eine Allee ohne Bäume. Ungefähr fünfzig Vögel besitze ich, zwar wohnen tun sie draußen, aber morgens sitzen sie alle vor meinem Fenster und warten auf mein täglich Brot. Sag mir mal einer was auf die Vögel, es sind die höchsten Menschen, sie leben zwischen Luft und Gott, wir leben zwischen Erde und Grab. Meine Spelunke ist ein langer, banger Sarg, ich habe jeden Abend ein Grauen, mich in den langen, bangen Sarg niederzulegen. Ich nehme schon seit Wochen Opium, dann werden Ratten Rosen und morgens fliegen die bunten Sonnenfleckchen wie Engelchen in meine Spelunke und tanzen über den Boden, über mein Sterbehemd herüber und färben es bunt; o ich bin lebensmüde. Feige und armselig sind die Kameraden, kein Fest, keine Schellen. Alle meine Guirlanden

hängen zerrissen von meinem Herzen herab. Ich bin allein auf
der Welt lebendig, auf der Hochzeit des leichtlebigen Monat mit
der Blume, und ich werde täglich allein begraben und ich weine
und lache dazu – denn meine Traurigkeit ist weißer Burgunder,
mein Frohsein roter Süßwein. Wenn man die Augen zumacht,
weiß man nicht, ob man froh oder traurig ist, da irrt sich der
beste Weinkenner. In der Nacht spiele ich mit mir Liebste und
Liebster; eigentlich sind wir zwei Jungens. Das ist das keuscheste
Liebesspiel auf der Welt; kein Hinweis auf den Unterschied,
Liebe ohne Ziel und Zweck, holde Unzucht. Die vergilbte Photographie über meinem Bett grinst dann, sie weiß, daß ich wirklich
einmal einen Liebsten hatte, der mit mir Katz und Maus spielte.
Einmal aber schenkte er mir eine kleine Krone aus Elfenbein und
Tribut für meine Stadt Theben: fünf blanke Markstücke in einem
Kästchen auf hellblauer Watte. Ich habe nun keine Stadt mehr,
ich will auch nicht mehr Kaiser werden, es gibt keinen Menschen
über den ich regieren möchte, keinen Menschen, den ich zur
Krönungsfeier einladen mag. Ich weine auch nicht mehr, damit
das kichernde Hurenmonstrum über meinem Bett nicht mehr
mitleidig sein kann. Ich wär der arme Heinrich – sie meint nicht
den König Heinrich, aber ihren versoffenen Stiefbruder, der
jedes Jahr die Krätze bekommt. Mir fehlt was anders; einer
meiner Freunde lauert schon immer auf meine Leiche – meinen
Nachlaß zu ordnen. Er grrratuliert sich schon den ganzen Tag
und zur Uebung geht er auf alle Geburtstage und gratuliert den
Sonntagskindern. Morgen hab ich Geburtstag; die Tante Amalie
im Krinolin im Rahmen über meinem Bett stopft mir meine
Strümpfe und gibt mir einen heimlichen Rat – wie ich die Miete
ihrer Nichte nicht bezahlen brauch. Die tut immer so aufgeblasen, und kassiert dazu ein. Wenn sie naht, flattere ich von einer
Ecke in die andere, wie ein halberstarrter Nachtfalter – bis sie
mich einfängt...

Früher war ich in meinen Träumen bei meinem Oheim in
Vampur und trug einen Palmenzweig in der Hand. Auch besaß
ich viele, viele Feierkleider, die trägt jetzt meine Wirtin immer;
wenn ich keine Miete hatte, nahm sie sich eins dafür; die hängen
nun alle in ihrem Schrank und sind alle grau geworden. Aber ich
muß ihr dankbar sein, denn sie will mir einen Kuchen backen

und einen Spruch für meine Spelunke schenken unter Glas, damit ich zufriedener werde. Und dabei bin ich viel zufriedener als früher, ich sehne mich wenigstens jetzt manchmal, wenn auch nur – nach einem – bösen – Menschen. Mein Liebster hat mich nie etwas gefragt, weil meine Lippen so gern tanzen wollten. Aber viel gehen mußte ich, weil ich so schwer vorwärts kam und wäre doch so gern einmal gefahren mit dem Auto oder in einer Sänfte. Ich kannte aber vor ihm noch einen böseren Menschen, der ließ mich immer barfuß über Nägel gehen; seitdem hängen viele Narben unter den Sohlen, die tun weh – so viel weh. Ich kann noch so manche traurige Geschichte erzählen; (die Tante im Rahmen summt aber immer dazu ihr Lieblingslied: »Amalie was hat man dir gepufft!«) Hör nur die Geschichte von dem kleinen Knaben, der am fremden Tisch saß und sich nicht laut freuen durfte über die süßen Speisen. Oder die Geschichte von einem anderen fremden Kind – das von der fremden Mutter spazieren geführt wurde, ihr eigenes Kind aber unter dem Herzen trug. Lieber, lieber, lieber, lieber, blauer Reiter – amen.

## 2. Brief

Lieber, blauer Reiter, ich soll keinen so traurigen Brief mehr schreiben – wie sollt ich es auch nur können, da die Sonne so lieblich und aufmunternd scheint und ich gehe doch mit dem Wetter parallel; auch liegt in allen Buchhandlungen mein neuestes Buch aus, meine Gesichte – diesmal nicht Gedichte. Ich lächle wie Schimmer über meine eigene Winteridylle. Ich bin sogar stellenweise grün gestimmt mit rosaroten Pfingstrosen. Dazu nehme ich seit einigen Tagen Neura-Lecithin, Ersatz fürs Gehirn, (echt nur mit dem Rhinozeroskopf im Ring) immer trage ich davon bei mir und wenn ich stocke in der Unterhaltung, antwortet der Rhinozerosgehirnsauerstoff geradezu erstaunlich vernünftig, fast unangenehm intelligent – kein Mensch glaubt mehr, daß ich eine Dichterin bin – die Redaktionen geben mir Aufträge. Und Höllriegel aus der Kiebitzzeit wird nicht mehr schreiben können, ich kreische hysterisch im Café; zwar wisse er das vom Hörenhören. Ich gab ihm einen Rippenstoß, seitdem sind alle Teufel los, sie machen mir viel Freude, die Schäfchen auf der Heide. Wär ich doch eine Drehorgel und mich drehe ein Krüppel, ihm wüchsen vor Tanzlust die Beine wieder an. Und Tummelskopf möchte ich schlagen, blauer Franz, weil wir »du« sagen und weiß nicht was ich noch alles tun möcht wenn morgens Deine wunderherrlichen Postkarten ankommen!! Großkatzen sind die souverainen Bestien. Der Panther ist eine wilde Enziane, der Löwe ein gefährlicher Rittersporn, die Tigerin eine wütende, gelbschimmernde Ahornin. Aber deine glückseligen, blauen Pferde sind lauter wiehernde Erzengel und galoppieren alle ins Paradies hinein, und deine heiligen, geheiligten Lamas und Hirschkühe und – und Kälber – sie ruhen in geweihten Hainen. Viele Deiner Priestertiere riechen nach Milch. Du ziehst sie selbst im Rahmen groß. Ehrwürdiger, blauer Großgeistlicher!

## 3. Brief

Mein sehr geliebter Halbbruder. Es ist kein Zweifel, Du warst Ruben und ich war Joseph, Dein Halbbruder zu Kanazeiten. Nun träumen wir nur noch Träume, die biblisch sind. Manchmal narrt mich so ein Traum, wie heute Nacht. O, ich hatte einen boshaften Traum; allerdings mein sehnlichster Wunsch erfüllte sich – ich war plötzlich König, in Theben – trug einen goldenen Mantel, einen Stern in Falten um meine Schulter gelegt, auf dem Kopf die Krone des Malik. Ich war Malik. Als unsere Muselkinder wie kleine Kamelkälber meinem großen Prachtkamel nachtrabten, und dazu kreischten in allerlei verzwickten Quitschtönen, (es war eigentlich zum Totlachen)! »Rex–Klecks, Rex–Klecks, Rex–Klecks! Klecks!!!« Wenn ich daran denke! Ich bin überhaupt heute etwas unglücklich – ich weiß niemand, wodrin ich mich verlieben könnte. Weißt Du jemand? Dein verraten und verkaufter Jussuf.

## 4. Brief.

Mein blauer Reiter, ich möchte eine Brücke finden, darüber eine Seele zu meiner käme, so ganz unverhofft. Eine Seele so ganz allein ist doch was Schreckliches!!! O, ich könnte direkt meine Seele (meinetwegen) mit Syndetikon an eine zweite kleben. Syndetikon klebt auch Glas und Metall. Wenn doch Jemand seine Lieblingsblume neben meinem Herzen pflanzen würde, oder einen Stern gießen würde in mein Herz oder – mich ein weltentrückter Blick träfe –. Sei nicht bös, blauer Reiter, daß ich wieder sentimental werde, ich brauch mir ja jetzt nur Deine Karte ansehn mit dem Spielpferdchen; genau so eins, wie dieses steht noch auf dem Krimmskrammsboden oben in meinem Palast in Theben: Aus drolliger Spielfarbe, aus Herzkarminrot.

Aber ich habe nun auch eine Karte gezeichnet, Dich und Deine Mareia. Denk mal, Du bist ja selbst ein Pferd, ein braunes, mit langen Nüstern, ein edles Pferd mit stolzem, gelassenen Kopfnikken, und Deine Mareia ist eine goldgelbe Löwin. Dein lieber Jussuf.

## 5. Brief.

Blauer Reitersreiter. Die Redaktion: Sturm hat sich eine Filiale angeschafft von meinen Gedichten: Isidor Quanter oder Quantum liefert erstaunliche Nachahmungen. Wie kommt so was? Ich, die gar nichts von einer Lehrerin an mir habe, mache Schule. Mir graut davor! Außerdem hat die Jury der Ausstellung: Sturm dieses Porträt abgewiesen, das seine vier Vorsitzenden in einem Trauakt darstellt. – O, blauer Reiter, wie die Liebe herabwürdigt, wie die Liebe herabgewürdigt wird, wie die Liebe sich besaufen kann!! Ich bin doch auf die Idee gekommen, daß nur bedeutendes Blut sich vermischen darf mit Wein, mit Rausch, mit der Liebe. Nun ist es Nacht – überall – o, wir, wir wollen, Du, Mareia und ich, furchtbar zärtlich miteinander sein … Wir haben nicht verlernt, unsere Haut herabzureißen wie ein Feierkleid. Was ist denn noch anders los, als wie die Liebe; blauer Reiter, können

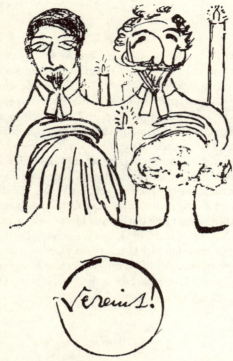

wir von anderem leben wie von der Liebe, von Blut und Seele – ich will lieber ein Menschenfresser werden als Nüchternheit kauen, wiederkauen; blauer Reiter, ich bin alleine fromm in der fremden Stadt. Kein Mensch kommt hier in den Himmel. Bitte gehe einmal über den Kurfürstendamm, bieg in die Tauentzienstraße ein, kannst Du Dir denken, vorstellen, daß ein Dirbegegnender in den Himmel kommt? Sag mir blauer Reiter, komm ich in den Himmel?

Du blauer Reiter, ich möcht' Dir noch privatim was erzählen, aber sag es Niemand wieder, auch Mareien nicht. Ich hab mich doch wirklich wieder verliebt. Wenn ich mich tausendmal verliebte, ist es immer ein neues Wunder; eine alte Natur der Sache – wenn sich ein anderer verliebt. Du, er hatte gestern Geburtstag. Ich schickte ihm eine Schachtel voll Geschenke. Er heißt Giselheer. Er ist aus den Nibelungen. Meine Stadt Theben ist nicht erbaut davon. Meine Stadt Theben ist ein islamitischer Priester. Meine Stadt Theben ist ein Bureaukrat. Meine Stadt Theben ist mein Urgroßvater. Meine Stadt Theben paßt mir auf bei jedem Schritt. Meine Stadt Theben ist ein – Ekel. Ich schickte dem ungläubigen Ritter lauter Spielsachen, als ob er mein Brüderchen sei – weil er ein rot Kinderherz hat, weil er so ein Barbar ist, weil er noch ein heimatliches Spielzimmer haben möchte: einen Gralsoldaten aus Holz, eine Chokoladentrompete, eine Spielfahne meiner Stadt Theben, einen Becher, einen silbernen Federhalter, zwei Seidentücher, eine Pettschaft aus Achad und viel, viel Siegellack. Ich schrieb dazu: Lieber König Giselheer, ich wollte, Du wärst aus Kristall, dann möchte ich Deine Eidechse sein, oder Deine Koralle oder Deine fleischfressende Blume. – Aber ich darf mich jetzt gar nicht so viel mit der Liebe befassen, ich muß – deklanieren! Bald im Gnutheater lesen: St. Peter Hille, dann meine teuren Pragerkameraden: Paul Leppin, Otto Pick und Franz Werfel, den Wiener Schwärmer: Richard Weiß, die verehrten Berliner Paschas: den Gnudirektor, Kurt Cajus Majus Hiller, den Peter Baum, Ernst Blaß, Albert Ehrenstein, Paul Zech, Hans Ehrenbaum-Degele, Rudolf Kurtz, den Blutkalifen Richard Dehmel und Gottfried Benn. Der ist Frauenarzt, nebenbei kuriert er die zehn Musen und hätte mich und Ritter Boom wohl ein paar Tage in seinem Krankenhaus aufnehmen können, wir hätten uns so schön ausgeruht bei ihm, er konnte ganz gut ein Auge zudrükken; nämlich der Pitter und ich haben am Abend die bunten Stifte verwechselt mit denen wir uns die Rödeln beibrachten, er hatte lila Rödeln und ich grüne. Nun hab ich Dir nix mehr zu schreiben, lieber Reiter, auch kann Franz Pfemfert nichts mehr drucken in der AKTION; andere Leute wollen auch dran. Die Neurosenpathetiker laufen alle herum, als ob sie eine Blindschleiche im Blinddarm haben, wir kommen gar nicht mehr ans Ziel. Aber Cassirer will meine Illustrationen ausstellen unter schwarzes Glas – da sieht man doch nix! Der Oppenheimer hat Schuld, zwischen uns sitzt die Kabale. Gestern ist er von seinem Schaukelpferd gestürzt, gerade vor dem Café des Westens, den Pressianern die Schilderung der Katastrophe nahe zu legen. – Lieber, lieber, lieber, lieber, blauer Reiter, grüße Campendonk, er ist eines der fünf Heimonskinder, grüße Listle den Franzosen und seine Frau, grüße den adeligen Straßenjungen, die große Malerin Marianne von Werefken und ihren Pfalstaff von Jablenky, Grüße deine wilden und zahmen Tiere, und alle Pferde in den Ställen der Bauern und an den Karren draußen, und Deine Magd und Deinen Knecht und Deinen Hund den Russel und aber vor allen Dingen Deine schöne Königin die Mareia grüße, die mich aufnahm in Euer Haus. Ich umarme Dich, o, blauer Reiter! Ewig Dein Jussuf.

⟨II⟩
Briefe

Mein lieber, blauer Reiter.

Du freust Dich über meine »neue Liebe« – Du sagst das so leicht hin und ahnst nicht, daß Du eher mit mir weinen müßtest – denn – sie ist schon verloschen in seinem Herzen, wie ein bengalisches Feuer, ein brennendes Rad – es fuhr mal eben über mich. Ich erliege ohne Groll, dieser schweren Brandwunde. Könnte ich mich doch in mich verlieben, ich liege mir doch so nah – man weiß dann, was man hat. Ich werde eine Zeitschrift gründen, die wilden Juden; eine kunstpolitische Zeitschrift und ich schreib an Karl Kraus einen Brief, ungefähr so, hör: Lieber, verehrter, venezianischer Cardinal. Wie kommts, daß ich so oft Lust habe politische Briefe an Sie zu schreiben! Aber da ich es ausspreche, hört jede Diplomatie auf. Oder es wäre eine diplomatische Diplomatie. Ich bin wieder in Berlin wo ich hingehör denn ich setze mich immer wieder dorthin. Unbegreiflich! Von hier aus reist man im Gedanken oft nach anderen Städten, hier will man wenigstens fort; wo anders aber findet man Pendants, ich meine ähnliche Menschen wie man selbst ist, wenn auch verkitschte im prunkenden Rahmen. Ich bin lebensmüde und will abenteuerlich sterben. Ich habe alles satt, selbst das Laub an den Bäumen. Immer grün und immer grün. Wenn mir doch einmal zaubernde Menschen begegneten, ich meine solche, die große Wünsche hätten, sie sind alle ernsthaft, nur ich bin ernst. Ich bin so einsam – wer mich lange ansieht, fällt in einen Schacht. Sie sind glücklich, Cardinal; alle Menschen mit blauen Augen sind glücklicher als die, welche unbegreiflich in sich sehen, wie durch schwarz Seidenpapier. Ich wollt jemand schenkte mir einen Stern, mit dem ich mich ab und zu sichtbar machen könnte. Ich bin ruhlos aus banger Langweile geworden, was ich tue, wird zur Eigenschaft und gähnt. Sie verstehen mich und darum richte ich an Sie diesen Brief; vielleicht den letzten Brief, den ich überhaupt schreibe, mein endgültiges Abenteuer. Ich liebe keinen Menschen mehr auf der Welt, ich will auch von denen nichts wissen, die mir gut taten. Böstaten stacheln wenigstens an. Also wenn Sie mir meinen Wunsch nicht erfüllten, würde ich Ihnen im Grunde dankbarer sein; wohlwissend – Sie verschmähen die Dankbarkeit. Früher war ich Schauspielerin; nun sitz ich in der Garderobe und verbrenne den Zuschauern die Mäntel und Strohhüte. Ich bin eben enttäuscht. Ich habe immer nach der Hand gesucht, und was lag in meiner Hand – wenns gut ging – ein schwedischer Handschuh. Mein Gesicht ist nun wie Stein, ich habe Mühe es zu bewegen. Soll man stolz darauf sein; es braucht einem kein Denkmal mehr gesetzt werden. Wenn ich wenigstens an Festtagen geschmückt würde. Je mehr Angst ich habe, desto enormer wächst meine Furchtlosigkeit. Aber Angst habe ich immer; wo flattert ein Vogel in mir, kann nicht mehr aufsteigen. Wenn ich tot bin, wird eine Dame ihn am Hut tragen. Das tiefste und das schiefste Vermächtnis, das jemand hinterließ. Oder wollen Sie ihn haben im Glaskasten über Ihren Schreibtisch? Vielleicht fängt er morgens zu singen an. Auf dies Lied wartete ich ein Lebenlang. Also endlich mit der Sprache heraus, heil Dir im Siegerkranz – ich hat einen Kameraden – nun das österreichische Nationallied; den Marsch der Schellen und Dudelsäcke zu Theben – wollen Sie mein Journal die wilden Juden so unter Hand mitdrucken lassen; die Fackel merkts gar nicht und ich habe eine Existenz. Ihr

                        Sie bewundernder Jussuf, Prinz.

Meinst Du er täts Franzlaff?

⟨III⟩
# Briefe

Mein einziger Bruder.
 Ich dachte mit Entzücken an dich gestern und heute und schon den ganzen Tag. Die Zigeunerpferde, die du meinem Kinde maltest, hat es mir zum Aufbewahren gegeben und ich stellte die kostbare Karte neben dem Bildnis des Königs von Montenegro; in seinem Stall sollen auch ein blaues, ein lila und ein brandrotes Pferd für zum so »Indiewelthinausreiten« sein. Unter seinen schwarzen Hämmeln ist ein grünes; du Franz mal mir einen grünen Hammel. So was Ausgefallenes gibt es gar nicht mehr außer ich.

Depesche. Grüße deinen neuen Gaul, nenne ihn Saul.

Lieber Ruben aus der Bibel. Du meinst, meine tollen Briefe klängen etwas nach Galgenhumor. Giselheer meinte auch immer, ich könnte nicht so ganz traurig sein. Ich sagte ihm damals, mein link flink Aug heiße Aujust und sei blau geschlagen, und wenn es weine, sähe es am komischsten aus. Ich werd nun gar nicht mit mir fertig, ich bin entweder zu viel oder zu viele; setz ich mich wohin, greif ich immer die rechte Serviette, aber die gebrauchte, wahrscheinlich schon von mir. Wie schön war es, als wir am Gibon lebten, da war ich noch ganz konzentriert und einfältig – du holtest mich oft aus der Grube; um mein Herz lag ein Blutkranz. Der ist noch nicht verblüht. Ich bin immer schwermütig; keine Landschaft kann mich trösten, aber über die Linien einer Hand möchte ich wandeln, jede ihrer Wege müsse zum Himmel führen, hunderttausendmal würde ich entschlummern in einer solchen Hand. Kennst du so eine ewige Hand? Dein frommer Bruder Jussuf.

Lieber blauer Reiter. Ich denke jetzt nur noch an Euch und an mein Zimmer. Das weint, wenn ich abends ausgehen will, durch die Straßen willenlos irren muß. Es kocht mir coffeinfreien Haag und bäckt mir Anisplätzchen. Ich übe mich in der Zeit in den

Waffen, die überall bei mir an den Wänden hängen. Also ich versäum nix, wenn ich zu Haus bleib (so lang es dauert?) Ich denk manches, matchiche feif ich, Matche wett ich; bin mit einem Wort ansäßig geworden in meines Zimmers Colonie und warte auf das Kornfeld meiner flachen Hand. Zieht doch zu mir! Jussuf.

Franz, ich habe gestern gehört, du seist ein Christ, du, deine Mareia, dein ganz Haus; also nun bin ich denn hier der einzige vorsinthflutliche Jude noch; mein Skelett fand man neben einem versteinerten Ichtiosaurusohr und einem Skarrabäus in einer Felsspalte vor für die Nachwelt. Ich hab Geld nötig, ich wart den ganzen Tag auf die Nachwelt. Dein Mamuth.

Mein guter Halbbruder, ich schenk dir Grönland zu deinem Geburtstag. Denn wenn ich so recht an Euch denke, ist dein braunes Haar nur die Nacht zu deines Weibes Blond. Herrlich bist du zu schauen und deine Mareia, trägt sie den pelzverbrämten Hut, seid Ihr beide von Cana ins Eis versetzt. Aber Cana war doch überwältigend, ich habe meine neue Stadt Theben ganz in ihrer Bauart errichtet. Ich habe immer vier Dinge im Leben geliebt, den Mond den Kometen, Rosengärten und bunte Brunnen. Die dunklen Arbeiter sprachen, als sie das Fundament zu meiner Stadt legten, immerzu von diesen meinen vier Süßigkeiten. Euer Jussuf König.

⟨IV⟩
## Briefe und Bilder

Lieber blauer Reiter. Du meinst noch immer meine Lustigkeit sei eine erzwungene? Nicht doch, ich lass mich nur ungehindert strömen, frisch regnen, wilder Niederfall, Hagel und Schnee, ich bin gar kein Mensch, ich bin Wetter. Aber mein Herz tut mir weh, es ist rotgestreift, blutende Tigerhaut. Wer wühlt noch in meinen Wunden? Viel Leid macht Tiger. Und arm bin ich geworden, da ich ihn verlor. Ich starb an ihm, sterben ist verarmen vor

Gott, sich ganz ausgeben vor Gott. Besitz kann der Himmel nicht gebrauchen, nicht eine Pore; wie würde er einem so leicht werden! Aber die Hölle tut weh, die Sünde ist fleischig und setzt sich fest an die Seele. Ich habe ihn fromm geliebt. Immer trug ich seine Augen im Ring, böse, verschleierte Steine; meine Gebärden wurden hart. Als ich ihn sah, bin ich zum ersten Mal aus meinem Relief getreten; ich war hochmütig, ich war nie vor die Welt hervorgetreten. Nun lieg ich wie geboren von einer Magd zum Verkauf auf dem Markt. Dein Tiger, Dein Bruder und König in Theben.

Sieh nur, lieber, blauer Franz, ich hab unseren famosen Rechtsanwalt Caro gezeichnet. Den Ehescheidungsparagraphen trägt er auf der Wange und heitert uns mit seinem Maigesange. Er sitzt zwischen uns im Café und singt von der Liebe. Mit wertvollen Menschen soll man nur von der Liebe reden, damit das Gespräch nicht zum Fleissknäuel wird. Ich spreche nur noch von der Liebe, die meisten sind zum Zynismus übergetreten. So wahr ich der Prinz bin, Lieber Halbbruder, es gibt niemand in der Stadt hier,

der mit mir über die Liebe reden kann. Ich küsse Dich, Deine Hand.

Hast Du noch nichts gemerkt, blauer Reiter, in München ist die Revolution ausgebrochen im Verlag Heinrich F. Bachmair. Ich hab vom Schlächter Blut geschickt. In der neuen Zeitschrift die Revolution erscheint von mir ein Kriminalroman: Renate und ihre zehn Liebhaber. An den Leiter der Revolution, Herrn Leibold, schrieb ich: Robespierre. Unser lieber, armer, guter Heinrich F. Bachmair wird direkt unerhört von Ihnen Allen geplündert. Ich finde das Vorgehen aller seiner Autoren herzlos. Aber bitte sagen Sie ihm, wenn er reflektiere auf meinen Roman, dass er mir sofort telegraphisch, 300 Mark Vorschuss schicken soll, den er mich an Tinte kosten wird. Ich kann noch immer nicht darüber hinweg, wie brutal man mit unserem lieben, gutmütigen Heinrich F. Bachmair verfährt, das sind ja Gewaltsakte!! Ich rüge das sehr, sagen Sie das allen seinen Autoren in München, hier hab ich es allen schon zum Vorwurf gemacht, aber ich hoffe dass ich mein Geld in diesen Tagen von ihm bekomme, ich brauche Geld, ich brauche sehr viel Geld, ich brauche sehr, sehr viel Geld. Denn mein Kriminalroman handelt von kein Geld ihr Herz der Erde. Eines Tages kam Jemand an ihrem Kopf lag Schnee, sie sah immer höher über die Stoppeln der Köpfe hinweg, Sie hasste die Erde in jedem Menschen und jeden Menschen auf der Erde. Eines Tages kam Jemand an ihrem Fenster vorbei, der pfiff. Sie hatte so gerne Fensterpromenade, aber sie war unmusikalisch, und sie trat immer dann erst vor die Gardine wenn der Pfiff schon um die Ecke gebogen war. Pass auf, der Roman geht wie Hintertreppen. Ich werde reich werden. Dein vermögender Bruder Jussuf.

Franz, du! Gestern hatte ich eine grosse Freude, der Cyklop Dr. Gottfried Benn hat mir seine neuen Verse: Söhne, gewidmet, die sind mondrot, erdhart, wilder Dämmer, Gehämmer im Blut. Jussuf.

⟨V⟩
# Briefe

Lieber Ruben. Ich merke, du hast mich bei der Treue ertappt! Seit ich Giselheer verlor, kann ich nicht mehr weinen und nicht mehr lachen. Er hat ein Loch in mein Herz gebohrt. Das blutet nicht, das steht offen wie der Grund eines ausgelaufenen Auges. Ich schrieb ihm: »Gisel, König, ich weiß nicht, ob ich schlafe oder wache, ich glaub, ich weiß gar nichts mehr.« Wenn er mich so sähe, er würde mich lieben, er mag alles was tot ist, was er wegschaffen kann. So ein Barbar! Ich war der jähe Hügel der Weinreben, pochende Beeren trug ich im Haar, wenn er sich die Eber briet gaar, gauckelte ich über sein Leben. Du lieber, blauer Reiter, ich schrieb darum eine ganze Woche nicht, ich war krank. Den Doktor Benn rief ich, der meinte, das Loch in meinem Herzen könnte man mit einem einzigen Faden zunähen. Ich vertraute ihm die Geschichte meiner Liebe an, zeigte ihm Giselheers Briefe und sagte ihm alles. Ich habe Vertrauen zum Doktor Benn; was er sagt, ist gesagt. Er behauptet, ich habe meine Welt in G. hineingelegt, denn der habe keine Ahnung von mir. Wenn ich daran denke, wie er einen Strich zog unter meinem Mantel wie unter die Lackschuhe einer Puppe – Wenn das je meine Stadt erführe, meine verehrten Paschas, die Minister und mein glaubseliges Volk erst, – nie würde ich Kaiser werden. Hätte ich nur meine Geschenke wieder, die ich »Ihm« sandte: meine Mondsichel, den Rosenkometen, meinen lila Brunnen und meine silberne Levkoje. »Er« schenkte mir eine Enttäuschung. Ich bin morgens bleich, um Mittag schluchze ich, aber am Abend lodere ich in allen düsteren Farben. Ich habe dem Doktor Benn ehrenwörtlich versprochen, nicht mehr an den armen König zu denken, der noch nicht einmal ein Herz besitzt zum Verschwenden.

                                Dein treuer Bruder.

Franz, ich war gestern im Synagogentempel, aber ich wandelte bald wieder heim. Man sollte nicht länger im Gottespalast bleiben, wie das Gebet des Herzens dauert. Ich liebe den Versöhnungstag, mich dünkt, ihn feierten schon die ersten Könige der Juden. Das Blut braucht keinen Trank an diesem Tag, es rauscht zu Gott. Mein Vater feierte und fastete das ausbleibende Mahl, er war der Juden Tyll Eulenspiegel und sein Gebet zu der Hochzeit mit Gott, riß sich von seinen Lippen los wie ein Trinkspruch. Er hatte nie an den Wassern zu Babel gesessen und geklagt, er war nie durch den Trauerregen der Straßen des Ghettos gebeugt geschlichen. Alles war hell in ihm und sprudel. Die Stadt gehörte ihm und jedes Haus, und jeder Mensch und jedes Vermögen zum Verschenken. Und er baute Türme, die bedrohten alle Dächer, wenn der Sturm kam. Die Uhr mochte er nicht, da sie die Zeit controllierte. Sein Motiv war sein ganzes Lebelang die Großschauergeschichte seines Großvaters, der Oberpriester war in Rheinland und Westfalen. Der saß am Abend des Versöhnungstages an der Tafel und speiste, um ihn seine 23 Söhne und deren unzählige Söhne und Töchter und Enkel und mein Vater, der der jüngste der 12 Brüder des 23. Sohnes meines Urgroßvaters war. Als es leise an das Thor seines Hauses klopfte, aber kein Fremdling ihn zu sprechen wünschte. Da erhob sich Babel, der älteste Sohn meines Urgroßvaters, aber er brachte den späten Gast nicht, der Einlaß begehrte. Und erhoben sich hintereinander die 23 Söhne meines Urgroßvaters und die 12 Söhne seines jüngsten Lieblingssohnes, mein Vater bewaffnet mit seiner Gabel und alle die anderen Enkel und Enkelinnen und alle die Knechte und Mägde und seine Bernhardinerhunde, und der graue Esel kam aus dem Stall, und meines Vaters rote Katze, die für ihn alles ausfressen mußte, und die 10 ärmsten der Armen der Gemeinde, die am Abend des Festes an der Tafel ihres hohen Priesters speisten. Und mein Urgroßvater erhob sich selbst, aber sie fanden den Gast nicht, der die Feier des Festes störte. Und mein Urgroßvater ließ sich seine Füße waschen und eilte mit seinen Kindern und Kindeskindern und Kindeskindeskindern und seinem ganzen Hausstand und den auserlesenen Armen – auf den Friedhof; dort lag sein innigster Gefährte von den Christen ausgegraben, seinem letzten Hemde entblößt, die Augen aufgetan wie er sie öffnete im Leben, wenn sein geweihter Freund ihn besuchte.

         Dein tiefbewegter Jussuf.

Du goldblauer Reiter. Ich soll Dir auch von meiner Mutter erzählen. Sie ging immer verschleiert; niemand war ihrer Schönheit und Hoheit wert. Aber Dir will ich von ihr erzählen, bis sich mein Herz über ihr Angedenken schließt. Mein Herz blüht auf, wenn ich an meine Mutter denke. Ich habe kein Geheimnis vor ihr, sie nahm mich mit sich von der Erde fort, sie blieb in meinem Herzen hier auf der Welt; ich bin Leben und Grab; darum wechselt meine Stimmung vom Traurigsten bis zum Jubel so unvermutet oft.

         Dein einsamer Jussuf.


## ⟨VI⟩
## Briefe und Bilder

Franz. Ich sende Dir für Dein Museum wieder zwei Dichter, einen aus Berlin, den Peter Baum, und den zweiten, den Albert Ehrenstein, der den Tubutsch schrieb. Ich grüße Dich und Dein Oberland.

         Jussuf.

Mein Halbbruder, Dein neues Bild, die alte Stadt Theben steht in dem Vorraum meines Palastes zum Anschaun für mein ganzes Volk. Des Bildes Farben beleuchteten die abendliche Stadt bunt,

als meine Somalis es durch die Straßen trugen. Morgen feiern wir Dein Fest, den Tag des blauen Reiters; prunkvolle Teppiche hängen schon von den Dächern herab und die Plätze sind mit Rosenblättern bestreut.

  Mein lieber, lieber, lieber, lieber, lieber, lieber, lieber, lieber, lieber, lieber Bruder, ich weiß heut nichts anderes zu schreiben.
Dein treuer Jussuf.

Ruben, verstandst Du meinen Brief? Ich war einen Augenblick weich gestimmt – ich muß in den Krieg gegen einen der wilden Stämme ziehen. Ich selbst werde mein Heer anführen, in der vordersten Reihe kämpfen; man erschlafft – ich will wieder Ehrfurcht vor mir bekommen. Gedenke meiner! Unser Blut steht gleich hoch im Stern. Marei gib meine Liebe.
Dein Krieger.

⟨VII⟩
## Briefe und Bilder

Mein lieber blauer Reiter.

Gestern hielt der Kampf an bis in der Nacht. Drei gefangene Menschenfresser spielen nun mit meinen Soldaten Würfel und sehnen sich nach ihrem jungen Fleisch. Ich habe offen gestanden Mitleid mit ihnen und beschenke sie mit allerlei Waffenzeug, Perlengurte und glitzernden Steinen. Dem Herausfordernsten steckte ich meinen schwarzen Diamantring an den Finger. Diese Menschen sind anspruchsvoller wie wir; wir begnügen uns mit Hasenfleisch und Lämmerkeulen, die aber hungern namentlich nach meinem Herzen; mein Herz und meinen Magen in ihrer Bouillon zu kochen. Du würdest die drei Gourmées sofort malen, grün, gelb und lila. Du würdest sie verklären, frommer Halbbruder, sie fräßen dann nur noch Engel. Ich scherze und tauche den Schreibstift in Blut. Ich kämpfte wie im Gemälde; meine Lippen sind noch schwarz vor Blutdunst. Ich lag dann den

Rest der Nacht wach mitten unter meinen schnarchenden, tapferen Soldaten; nur mein Somali Oßman starrte gradeaus in mein Gesicht, das dichtete Rosen nach all dem Kriegsgräuel. Dein Jussuf.

Ruben, ich bin mitten in der Schlacht. Ruben denke an mich; o liebe mich, daß ich nicht einsam bin.

Du, die Soldaten sind begeistert, wir nahmen Irsahab ein, die Goldstadt. Ich gab am selben Abend ein Fest, auf dem mußten sich meine Soldaten duzen mit den Einwohnern. Sie tanzen nun durch die Straßen und bringen mir Fackelzüge. Wer sich der Freimut meiner Befehle widersetzt, wird aufgespießt. Über uns geht ein neues Sternbild auf; es soll Ruben benamet werden. Dein beseligter Prinz.

Depesche: Wenn der Mond rund ist, ziehen wir weiter nach Osten. Ich bin leicht an der Schläfe verwundet. Jussuf.

O, Ruben ich liebe nur noch die Schlacht, die Kriegsdudelsäcke, Cocostrommeln, meine Krieger und Mich im Schlachtschmuck. Ich kannte im Leben nur einen Neid – wenn Soldaten vorbeimarschierten, die Mir nicht gehörten. Dein Bruder.

Denke Dir in meinem Heer herrscht Schreck und Verrat; ein unzufriedener Soldat hat sich nachts in mein Zelt geschlichen und mir meuchlings diesen Brief entwendet, den ich auf meiner Brust seit meiner Kindheit trage: Lieber kleiner Gisel. Wir sitzen beide auf dem Spielboden im alten Palast in Theben; und spielen zusammen mit Gerümpel, Holzbeinen und Wedeln der zertrümmerten Schaukelpferde. Verstaubte Fez und zerrissene Turbane und lauter Libanonhölzer liegen kreuz und quer überall bis zum Ausgang. Wir rennen uns nach über die Wendeltreppe, die kracht schon, morsch sind ihre Stufen und wackeln wie alte Zähne der Eunuchen. Du bist das Liebste, das ich kenne, du bist aus lauter Honig; wenn nur kein Bär kommt und Dich aufleckt. Ich bin auch noch ganz klein, ich spiele immer verstecken mit meinen Händen oder schimmern mit den Fingern in der Sonne. Du haust immer, aber meistens sind wir zwei Igel und kugeln über die rissigen Steine – oder zwei Regenwürmer wenn wir Stimmen hören und kriechen in einen Winkel. Du hast Augen gelb wie die Sonne, wer bist Du eigentlich? Und Zucker hast Du immer im Mund; einmal wolltest Du mir einen Deiner Zähne schenken zu meinem Geburtstag, aber der Babier lachte Dich aus. Weißt Dus noch? Ich hätte ihn an einer Kette um den Hals getragen. O, ich möchte auch so helle Haare haben wie Du, so nichtsnutzige, nichtgläubige Augenwimpern wie Du, o, ich möchte auch eine Grube im Kinn haben wie Du – und auch mal in Deine Heimat fahren wo der Schnee wächst; o, du lieber Giselfendi – Dein Memedjussuf.

Ruben ich hab mich lächerlich gemacht unter meinen Soldaten, wenn sie auch nicht wagen nur eine Miene in meiner Gegenwart zu verziehen; ich habe mich verraten; glaube manchmal die Hunde knurren zu hören: Ich sei kein treuer Thebetaner und bevorzuge alle Nichtgläubige und liebe den Erdteil im Norden. Oßman mein treuer Neger bedeckt mich nachts mit seinen Kleidern, er fürchtet einen Überfall. Ich soll Kaiser werden. Mein Volk will Ehrfurcht vor mir haben; denn solchen Liebesspielereien sind selbst die Leute aus Theben nicht gewachsen. Dein armer Spielprinz.

Mein Halbbruder. Ich warf den Speer und fing des Feindes Waffe auf mit entblößter Brust. Wir bekriegten uns wie wahnsinnige Bestien. Ich führte meine Soldaten durch den Fluß Pison; die Wälder jenseits des Stroms sind blau und die Tiere im Dickicht sind zahm. Ich bringe Dir zwei lebendige Leoparden mit, die Dich und Dein Weib Mareia bewachen sollen. Wir durchschritten die Schluchten und Höhlen der Gebirge Gibon und nahmen die wilden Bergbewohner gefangen; die zeigten uns die Pfade durch die Landschaft Eden in die Ebene zurück. Wir bringen viel fremde Kräuter mit und harte Steine und Heldenherzen. Erschrick nicht, ich komme als Kaiser heim. Bis zum Lichtwerden schrieen meine Krieger und die gefangenen Feinde, mit denen meine Soldaten ihre Kleider teilten, durch die Straßen meiner neuen Hauptstadt Mareia: Es lebe unser großer Abigail der Erste!

Mein Ruben. Alle Liebe, alle Spielerei ist in mir versunken. Oßman mein Neger hat meine schweren Thränen fallen sehn. Kaiser sein – heißt atmendes Denkmal sein; unter ihm liegt des Kaisers Persönlichkeit begraben. Ich bin zum Anschaun, ich bin zum Geschmücktwerden mitten in Anderer Leben; das meine hab ich dafür gegeben.

         Abigail Jussuf Basileus.

⟨VIII⟩
## Briefe

Ruben, mein Halbbruder.
    Ich sitze fast den ganzen Tag auf dem Dach des Palastes. Mein Volk will immer seinen Kaiser sehn. Mein Volk blickt aus einem Aug zu Mir empor, ruft nach Mir aus einem Mund. Ich habe nicht das Recht, Mich in Meine Gemächer zurückzuziehn, da Mein Volk nach Mir hungert. Meine Verantwortung wuchs über Nacht vom Prinzsein zum Kaisertum grenzenlos. Dein Jussuf.

Mein fürstlicher Bruder. Du fürchtest, Ich erkranke von der vielen neuen Arbeit der Staatsgeschäfte und entziehe Mich der Rast. Wenn Ich erst krank bin, vermindert sich Mein Interesse an Mir, aber nun durch die neue Kaisersonne betrachte Ich die Erhaltung meiner jungerwärmten Kräfte, als Mir anvertrautes Reichsgut. Ich will Dirs allein gestehn, Ich freue Mich darüber, wenn Mein Volk sich vor Meinem Palast aufpflanzt. Die Stadt schenkte Mir eine Leibwache von hundert Soldaten, die tragen blaue Perlengurte um die Lenden und verstehen wie die wilden Stämme den Bumrang zu werfen. Sie standen zu Meiner rechten und zu Meiner linken Seite bei der ersten Kaisertafel. Ich saß auf einem goldenen Tafelthron, den Mir ein reicher Muskatplantagenbesitzer bei Theben schenken durfte. Höre, Ruben, noch eine Albernheit – ich dichtete während der Speisengänge ein Liebesgedicht –. Ruben, höre, noch eine Unbesonnenheit. Ich habe Mich mit Meiner ganzen Leibwache geduzt. Dein taumelnder Kaiser und Bruder.

Depesche: Meine Krönungsfeier findet am dritten Muharam, drei Tage nach der Broternte statt. Du und Dein Weib Mareia erwarte Ich. Abigail Jussuf.

Ruben, ich versammelte alle Kinder der Stadt um Mich in meinem Palast. Mein Neger Oßman brachte Mir jedes einzelne herbei auf seinem blanken Rücken.
    Ich trug einen langen Mantel voll Sterne und viel, viel Zacken

um den Kopf und beschenkte die Kinder mit Spielzeug und Leckereien. Und jedes durfte sich zu seinem Namen noch einen wählen. Fast alle wollten sie Ruben heißen nach Dir, mein teurer Bruder, ich weine noch vor Ergriffenheit. Manche nur wünschten sich Abigail zu nennen, da ihnen der Name noch zu neu klang und sie nicht wußten, wie sie ihn sich nehmen sollten. Aber wie der Spielprinz von Theben heißen nun viele kleine Knaben und legen sich den Jussuf wie einen Federgürtel um den Leib. Und Mareia heißen alle die kleinen Mädchen nun in Meiner Stadt. Einer der Knaben wollte nach Meinem Neger Oßman benamet werden, seiner spitzgepfeilten Zähne wegen.

Seltsam berührte es Mich, daß der Sohn des Soldaten, der Mir einst im Zelt heimlich den Brief entwand – Giselheer heißen wollte.

Ruben, Ich habe vor, Dichter der verschiedenen Länder zum Fest Meiner Krönung einzuladen. Meinen wundervollen Freund, den König von Böhmen und den Prinzen Benjamin, den dichtenden Waldfürsten Richard und Meinen jüngsten Spielgefährten Wieland Herzfelde aus Wiesbaden. Was sagst Du zu Meinem Vorhaben? ... Die Krönungsrede habe Ich schon zu Zeiten Meiner Prinzenwürde gedichtet, geschrieben, gefühlt, gedacht. Sei ohne Besorgnis, Ruben. Ich – Ich – Ich zeige sie Dir vorher. Dein Abigail.

Lieber Ruben. Ich lud auch die großen Söhne und Töchter in Mein Haus. Sie hatten alle ein Lied auf den Lippen, als sie Mich verließen; draußen ertönte es durch die Nacht und seitdem ist Meine Stadt süß und jung. Ruben, Ich habe auch Meinen treuen Neger Oßman bedacht. Ich erfüllte damit den unerfüllbarsten Gedanken seines Lebens. Er soll einen Tag im Jahr Kaiser sein, Kaiser über Theben! Ich selbst werde des Dunkelhäutigen Untertan sein inmitten seines Eintagsvolks. Ich darf Mich dieser Demut und dieser Gnade erfreun.

                                Abigail der Erste von Theben.

⟨IX⟩
## Briefe und Bilder

Mein herzlieber Bruder
   Ich konnte die ganze Nacht nicht schlafen. Ich wache, seitdem
Ich Kaiser bin, oft mit dem Mond, manchmal zusammen mit den
Paschas für das Wohl meines Volkes. Du weißt, Ich habe immer
die Nacht geliebt und sehnte Mich in der Sonne nach den Stern-
bildern. Gestern aber dachte Ich nur an Dich, mein herzlieber
Ruben, und malte Dein Brudergesicht an die Decke zwischen
Mosaik meines Gemachs. Langhaariges, lichtes Fell um Deine
Schulter – fern schweifen Deine braunen Augen und Deine Hand
greift nach dem ersten Morgenstreif des Himmels, sich einen
Hirtenstock zu schnitzen. Du Großhirte unter den Fürsten, Du
Emir, Du Messias aller Tiere der bräutlichen Haine, der finstern
Urwälder. Du blauer Rosselenker, Du goldbrauner Schakal, der
sich die Gazell holt vom Fels. Du lehrtest Mich das Wort vom
keuschen Totschlag. Du bist Ruben, der noch unberührte
Mensch der Bibel. Dein Bruder Jussuf.
   Bruder. Die Modelle der Basileuskrone sind im Stadthaus
aufgehängt, unter Glas, zum Anschaun für meine Thebetaner.
Basileus.

Höre Bruder, Mein Oßman verrieth Mir, daß die Stadt Theben
Mir zur Feier Meiner Krönung eine Privatsumme von Dreißig
Millionen Mamuththalern überweisen lassen wird. Ich werde
Meinem Theben drei Tempel erbauen, den Tempel der Ehr-
furcht, den Tempel des Gebets, den Tempel der Liebe. Ich werde
die Venus von Siam bringen lassen in Meine Stadt; sieh, Ruben,
und wenn Ich ganz Siam hinmorden müßte im Kampf. Was der
Basileus begehrt, gehört Ihm. Ich weiß, Du zweifelst nicht an
Mein reiches Wort und nicht einmal der Ärmste der Ärmsten
dürfte daran zweifeln. Und noch dieses mußt Du hören, Bruder,
Mein Volk beschäftigt sich täglich stürmischer mit der Vermählung ihres Basileus und die verehrten Paschas beraten sich im
Gewölbe Meines Palastes mit der Werbung. Auf der Tafel treten
in engere Wahl der neue Kaiser Lidj Jassu von Abessinien, der

Prinz Sascha von Moskau, der neue, türkische Kriegsminister Enver Bey. Ich habe gegen alle drei Fürsten nichts einzuwenden, hoffe aber, daß mein teures Volk, dem ich die Wahl überlassen werde, sich für Enver Bey entscheidet. Ich habe eine ganz besondere Sympathie für ihn. Abigail Jussuf.

⟨X⟩
Briefe und Bilder

Lieber Bruder, Ich sende Dir die Bilder der zwei abendländischen Dichter, die Mir wert sind. Den Dichter Richard Dehmel werde ich zu Meiner Krönung den Kalifenstern, den Dichter Franz Werfel, die goldene Rose überreichen lassen. Der venezianische, österreichische Cardinal weilt seit einigen Tagen in meiner Stadt Theben. Seine milden, blauen Augen sind zwei Sehenswürdigkeiten. Abigail.

Richard Dehmel

Mein Bruder, Ich und die ganze Stadt sind in außerordentlicher Festlaune. Du wunderst Dich, daß Ich Mir einen Kandidaten für die Ehe wählen lasse. Ich muß doch einigermaßen zuvorkommend meinem Volke gegenüber sein. Zur Kaiserheirat gehört weiser Beirat. Ich betrachte die Ehe eines Kaisers als eine politische Angelegenheit, die Verantwortung wäre ja sonst ungeheuer. Meine Würde, als unfehlbarer Priester, die Ich am Tage meiner Krönung bekleiden werde, erfüllt Mich mit Sternen und Sonnen. Du, wie denkst Du Dir das, Ruben – unter uns zwei – Ich darf nun tun, was ich will!!! Du siehst, Ich bin ausgelassen in Meiner doppelten Unfehlbarkeit wie einer der streichlustigsten, kleinen Memedsiddis auf dem Weg zum Flußbad. Von Meinem Dach aus sehe ich eine Anzahl brauner Beine durch die Wasser waten. Heiß ist es – 40 Grad Thebenhitze im Schatten. Aber Ich liebe die goldene Rose des Himmels ganz in Üppigkeit entfaltet. Wenn nur die Brunnen nicht faulten und die Leute Mein Gebot hielten, sich vom Fels das Quellwasser zu schöpfen. Mein Volk ist lässig, lieber holt es sich die Augenkrankheit, als daß es sich aus der Stadt zu gehn bequemt. Es ist ja auch jetzt namentlich interessant um Mich und Ich kann nicht ernsthaft zürnen. Wenn nur mein Koch nicht rotentzündete Lider hätte, und mir der Genuß all der süßen Gerichte einigermaßen Widerwillen bereiteten – indem ich mir vorstelle, seine blöden Wimpern blicken auf die Macronen oder streuen den Zimmt oder den Anis auf die Speisen. Mein Neger Ossman ist weniger empfindlich. Dein Bruder.

⟨XI⟩
Der Malik

Mein frommer, starker Halbbruder, Ich war Dir gram, Ich will lieber sagen, Ich kann Dir nicht gram sein im Grunde Meines Malikherzens. Du stelltest Dich auf Seiten Meines Volkes, schürtest seinen Ungehorsam gegen Mich auf in der Zeit, Ich vor dem Tor Meiner Stadt Theben mit dem Huf stampfte, ein wildes, wieherndes Pferd. Aber Mein treu Volk ist voll Reue, ist ein einziger Malik mit Mir, Du!! Mein Volk ist süß wie die Himbeer, Mein Volk in Theben ist bunt und gesegnet wie eine Feuerblüt. Sieh, Bruder, mit Siam steht's in Unterhandlung ihrer Venus wegen, die Du Mich hindertest vor Meiner Krönung zu erkämpfen. Augenblicklich treiben sich Meine Thebetaner mit Goldlaub und Jubel geschmückt durch die Straßen und über die Plätze der Stadt und üben Lieder zu Meiner Krönungsfeier. Ruben, Du aber wolltest Mich zwingen. Auf Meiner Stirn beginnt sich ein Hieroglyph einzugraben, der Mir fremd ist. Jussuf.

Geliebter Bruder! Mein hoher Freund Daniel Jesus Paul Leppin der König von Böhmen bezog gestern die Gemächer im ersten Vorraum Meines Palastes. Für sein schlankes Weib pressen Meine Negerinnen Oel aus Rosen. Ich bin dem böhmischen königlichen Dichter gut; uns verbindet die Freundesader. In Meiner zweiten Hauptstadt Mareia werden nur seine Bücher gelesen, unvergleichliche Begebenheiten, Thebens Menschen sind fast alle des Lesens unkundig, Mir selbst machte jedes Studium Kopfschmerzen. Man feiere Meine Unwissenheit!! Dein Jussuf Abigail der Wildstämmige.

Ich ernannte den König von Böhmen Daniel Jesus Paul zum Statthalter Meiner hochbeglückten Stadt Mareia.

Ruben, mit Meiner dritten Hauptstadt Irsahab kann ich keine Fühlung gewinnen. Diese vorsichtigen, leisen, gelehrten Hebräer erfüllen allerdings, wenn Ich, ihr Melech, in Irsahab weile, die Mir zukommenden Zeremonien, aber der Wein ihrer Adern strömt Mir nicht entgegen, wie das kostbare Blut Meiner teuren Menschen aus Theben und Mareia. Argwohn und Verlegenheit, und Erröten und Furcht empfangen Mich unter dem Bogen dieser goldreichen Stadt. Ich bin das Meer, gar die Sinthflut, die ihre Geborgenheit verheert. Mein Wort ertönt diesen verscheuchten Menschen wie Jägerruf. (Ich bringe nie Hasen um; das traust Du Mir doch nicht zu?) Mit Kummer vernehmen die bebenden Leutchen das Rauschen der vielen Muscheln und Perlen um Meinen Hals und gewahren spöttisch lächelnd die Nasenknöpfe in Meinen beiden Flügeln und gutmütig lispeln sie über die Sterne und Monde Meiner Wangen. Mir sind die Leute unsympathisch ihrer unangenehmen Ueberlegenheit wegen. (Sie wissen außerdem nichts von Meinen Gedichten und Balladen.)

⟨Briefe und Bilder⟩

Mein Oßman ist viel elementarer als Ich, sein Kaiser. Er riß sein dunkel Maul auf, die Irsahabhälse mit seinen spitzgepfeilten Zähnen zu zerreißen. Der Prophet gilt nichts in seinem Vaterlande! Jussuf.

Ich habe Martin Buber die Statthalterei in Irsahab angeboten. Er soll versuchen die Irsahabaner Meinem Herzen näher zu führen. Auch gab Ich dem Maler John Höxter aus dem alten spanischen Geschlechte, senor ben Levy Abarbanello Montejar, den Auftrag Mir für Meine Palastvorräume einige Landschaften und Städteschaften Irsahabs zu malen, Ich mag, so lang noch ein Mensch in der Stadt lebt, sie nur noch im Bild besitzen. Dein Bruder.

Geliebter fürstlicher Bruder. Mein Dromedar Amm ist krank und Meine Kamelin Rebb hat ein ganz kleines Kamelchen zur Welt gebracht. Im Palastgarten dürfen die kleinsten Kinder darauf reiten. Und Ich hole es Mir zum Schrecken Meiner Dienerschaft in Mein Privatgemach und spiele mit ihm. Dein kleiner Spielkaiser Jussuf.

Ruben, denke Dir, es fehlen zwei Smaragden im Kaisermantel. Glaubst Du das falle auf? Außerdem fleht Mich Mein Neger Oßman an, daß Ich nicht barfuß auf den Hügel, nach alter Islamsitte, zur Krönungsfeier steige. Die Muschel Meines kleinen Zehs ist durch ein spitzes Steinchen beschädigt. Das Unglück geschah, als Ich zum Baden in den Fluß trat. Jussuf.

Bruder, ich träume grausam von Dir in der Dunkelheit. Du bist der Alb Meiner Nächte. Vor dem Hügel stehst Du zwischen Meinem Volk: Ich halte die Krönungsrede. Meine lauschenden Menschen versinken um Mich; Du aber wächst, eine Welt so groß und hoch, und erstickst Mein Wort. O, Ich weiß wie Dich dieser Tag beunruhigt, aber darum sende Mir doch unbekümmerte Zeichen. Ich malte Dein stolzes, feines Rubenangesicht neben dem Meinen auf die Stadtfahne. Die weht von allen Dächern zum Willkommen. Mein Halbbruder Mein!

Lieber. Unter den geladenen Gästen werden Mir die Maler der Modelle Meiner Kronen die Ehre schenken. Die Spielkrone, die Du Mir zeichnetest, ist bunt getrieben mit allerlei Steinen besäet. Ludwig Kainers Festkrone trage Ich zu den Palastfeierlichkeiten. Heinrich Campendonk zeichnete Mir die Krone zur Jagd. John Höxter den Hebräischen Reif, Egon Adler die hohe Priesterkrone. Fritz Lederer die Krone seiner Berge. Ich möchte das Riesengebirge, wenn auch einmal nur von ferne schauen! Und Richter sandte mir die Indianerkrone. Und weißt Du, wer Mir den Kriegshut für die wilden Stämme entwarf? Unser Vetter, der junge Menelik von Abessinien, der beschäftigt sich mit Malerei. Dein vielfach reich gekrönter Bruder Jussuf.

Lieber Ruben, gestern beriet Ich Mich wieder mit dem österreichvenezianischen Kardinal Karl Kraus. Von seinem Gemach aus freute ich Mich über Mein begeistertes Volk und warf ihm Kußhände zu und jubelte mit ihm eine Weile. Der Kardinal sagte, Ich bin leutselig, er meinte, Ich bin zu allerleutselig. Meine Unerfahrenheit aber in Leutseligkeiten tat seinem gütigen Herzen wohl. Seine letzte Haut ist ein Ornat.

⟨Briefe und Bilder⟩

Ruben, am Abend sah Ich endlich Enver Bey (Enver Pascha). Wir gefielen uns, wir lachten unaufhörlich wie bürgerliche Verliebte; dann speisten wir zusammen im Palast. Du hör, wir speisten ganz allein, prüften unsere Arme nach der Tafel! seine sind eherner! Er war aber höflich genug, Mich nicht niedersinken zu lassen bei unserem Wetthandkampf! Mir erzählte Oßman, er habe zu seinem General gesagt von Mir: Tucktacktei umbrahallâh! Zu Mir hat er auch so was tucktacktürkisches zärtlich gesagt – »Malik, manchmal siehst Du aus wie ein Straßenjunge!« Sonst spricht er eigentlich nur vom Krieg; vielleicht wollte er Mir imponieren? In Friedenszeiten immer vom Krieg. Noch dazu wenn man sich mit ihm vermählen will. Ich hab Mir da was eingebrockt! (Auch gefallen mir Schnurrbärte nicht). O Dein gefesselter Jussuf Abigail I.

Ruben, die Venus von Siam trifft morgen verschleiert in Theben ein. Ich fürchte aber, ihre Schönheit vermag kein Gewebe zu verhüllen. Bewaffnete Soldaten erwarten sie am Eingang der Stadt. Den Jünglingen schlagen die Herzen andächtig; Ich höre sie alle wie ein einziges gegen Mich pochen hoch im Traum.

Ruben, ein schreckenerregender Zwischenfall, eine Kabale eines Eifersüchtigen Meiner Stadt. Ein bestochener Soldat ereilte Mich, als Ich auf Meinem Araberhengst der Sternenfrau entgegeneilte, stammelte Mir lieblich ins Ohr: Der Arier Giselheer halte sich versteckt in der Stadt. Ich zerriß vor unermeßlichem Glück den falschen Botenbringer in Fleisch und Knochen. So belohnte ihn tödlich die Freude und der Haß hätte ihn zerfetzen müssen. Also hat man Mir den Abendländer, der Mein Herz eroberte, noch nicht vergessen. Ich glaubte, Ich besäße keinen Feind in Meiner süßen Stadt. Dein armer Bruder.

Mein Bruder. Die Feierlichkeiten sind vorbei, aber noch verbinden Guirlanden die Häuser mit dem Palast. Meine Krönungsrede wird ausgegeben in den Straßen. Ich sah Dich am Fuße des Hügels stehen und weinen. Daniel Jesus Paul und Du küßtetest

⟨Briefe und Bilder⟩

Euch – Ich wußte, daß Ihr entbrennen würdet in Wohlgefallen. Bei der Tafel aber ärgertest Du Dich einigemal über Deinen gekrönten Bruder. Ich vernachlässigte Meine Minister, um der Künstler willen, und gab den Frauen mutwillige Ratschläge. Sie sollten sich mit nichts anderem beschäftigen, als für ihren Malik zu schwärmen. Auch schien es Dir, Ich tanzte zu viel, und zu unbändig für einen Basileus. Aber Du kennst doch Meine Thebenmenschen noch nicht. Die freuen sich aller Ausgelassenheit und da nun Meine beiden Kaiseraugen auf »ernst« gestimmt sind, verbüße Ich keineswegs von ihrer Hochachtung. Volk darf sich nicht langweilen, Ruben. Dein Tiervolk sind eben andere Menschen ... Auch der Kardinal verließ die Stadt befriedigt, und kehrte nach Wien zurück. Grüße Mir Meinen neuerwählten Vicekaiser Daniel Jesus Paul, er möge Dich, Mein geliebter Bruder, und Dein lieb Weib noch lange in Meiner Zweithauptstadt Mareia süß beherbergen. Dein Jussuf Abigail.

Ruben, morgen halte ich Gericht. Jussuf.

Ruben, auf demselben Hügel, von dem Ich der Basileus die Krönungsrede hielt, richtete Ich die drei Verbrecher Meiner Stadt Theben. Ich fragte den Brudermörder wie ihn sein erschlagener
⁵ Bruder im Jenseits richten würde, worauf der arme Kerl so heftig mit seinem Arm ausholte, als ob er die Axt mit seines Opfers Rache auch gegen sich erhöbe. Ich fragte ihn, wie mag Dein Vater Naphtalie, wär der der Basileus, Dich richten und Deine arme Mutter Bekki Dich?? Ich sprach, ich will Dich richten nach
¹⁰ Deiner Mutter Herz. Da entstand unermeßliche Freude in Meinem Volk; das mochte den erschlagenen, griesgrämigen, spielverderbenden Bruder nicht. (Du, Ich auch nicht.) Den zweiten armen Kerl richtete Ich nach dem Ersten so mild; aber den dritten, Ruben, der war ein Stadtverräter, den ließ Ich in einen
¹⁵ Turm sperren; an den Wänden rings herum überall hängt Mein Bild. Damit er immer in die ernsten, gläubigen Augen seines Kaisers sieht. Jussuf Abigail I.

Einige Fragen legten Mir die Thebenältesten nach alter Islamsitte vor: Was Mich in der letzten Zeit beleidigt hätte, Ich sagte, die
²⁰ albanische Fürstenfrage, daß Ich nicht zu Meinen drei Städten noch die albanische Regierung anvertraut bekommen habe. Mit bunt Volk muß man gold und lila sein, nicht schwarz, weiß, ziegelrot, das sind zu harte Farben.

Sehr delikat berührte man Meine in Aussicht gestellte Vermäh-
²⁵ lung mit Enver Pascha. Ich erörterte die Bedenken des verehrten Kardinals von Wien gegen die Heirat mit Bey, und wir einigten uns, indem wir Aussicht nahmen auf eine eventuelle Verbindung Meiner kaiserlichen Hoheit und der abessinischen Hoheit des Menelik unseres Vetters von Abessinien. Ich finde ihn, unter uns
³⁰ Zwein, traut, sanft kindlich, mausgrau und levkojenfarbig getönt und hinreißend verliebt in Mich. Dein Jussuf.

Ruben. Ich habe Meinem Volk die Erlaubnis zur Gründung dreier Vereine gegeben. »Die Jehovaniter«, die Väter der Stadt. »Die roten und gelben Adame«, die Viehhüter Thebens und
³⁵ seiner Umgebung. »Die Zebaothknaben« nennt sich der Bund

der Söhne. Aus diesen wählte Ich sieben Häuptlinge und setzte Mich über sie als ihr Oberhaupt. Wir acht wilde Juden bilden nun eine Vereinigung, Ruben. Mit diesen wilden Meinen Juden ziehe ich über die Alpen nach Rußland. Sascha der Prinz von Moskau liegt dort in Ketten.

Die Krönungsrede.

Karl Kraus dieses kaiserliche Schreiben in Verehrung

Mein süß Volk! Die großselige Mumie Meines Urgroßvaters, des Scheiks, liegt nun 100 Jahre im Gewölbe. Er konnte sein Herz in die Hand nehmen und es strömen lassen wie einen bunten Brunnen. Ich aber werfe es unter Euch, Meine süßen, bunten Menschen und Ihr werdet es pochen hören und Ihr sollt Euch spiegeln in seinem Glanz. Mein Herz wird Euch ein Garten sein, ruht unter seiner Palme Schatten. Mein Herz ist ein Weinberg, ein Regenbogen Eures Friedens nach dem Sturm. O, Mein Herz ist der Strand der Meere, Mein Herz ist der Ozean: Ich will den Gaukler tanzen fühlen über Mein rotes Rauschen und den Gestrandeten untergehn in Meiner Welle. Aber den Heimgekehrten wird Mein Herz einlassen durch sein Korallentor und dem Liebenden will es ein Mahl bereiten von seiner Beere. Mein Herz möchte sich aufrollen dem Frommen, ein Teppich der Gnade und Demut; dem Betsüchtigen soll Mein warmer Tempel eine Heimat sein. So lieb Ich Euch, Ihr Brüder und Schwestern Meiner Stadt Theben, und Ich bin Euer Vater, Eure Mutter, Euer Bruder und Euer König und Euer Knecht. Denn wer nicht gehorchen kann, kann nicht regieren und wer nicht regieren kann, rühme sich der Demut nicht. Ich, der Malik, bin das Schloß zu der Kette, die Ihr bilden sollt; daß Ihr Mir den Malik ehrt! Und er das goldene Amen Eurer Rede ist. Aber auch in Kriegszeiten soll »das Blutfließen einer Ader« bedeuten, den Schauer der Schlacht laßt uns einen Mantel um unsere Schultern legen. Wer seinen Freund verläßt, ist ein Fahnenflüchtiger, aber wehe dem, der sich dem Feinde des Sieges rühmt. Ich will Kaiser sein über Kaiser. Jeder von Euch, und ist's der Aermste, heißt Mein Kaiserlicher Untertan. Wir wollen uns küssen auf den Mund. Ich, der Malik, einen jeden, jeder von Euch den zweiten. So pflegt Mir die Worte Meiner Liebe zart, daß sie zwischen dem Brot Eurer Aecker blühen. Immer sah Ich auf zum Himmel, o, Ihr müßt Mich lieb haben, und Ich bringe Euch Mein Herz ganz sanft wie eine Großnarzisse. Abigail Jussuf I. Basileus.

⟨XII⟩
## Briefe an den Blauen Reiter

Als der Malik hörte, daß sein verschollener Liebesfreund schon acht Jahre im Kerker von Metscherskoje im Lande des Pogroms schmachtete, strich er das Gold von seinem Augenlide. Er vergaß zu regieren in Theben, sann den teuren Gefangenen zu befreien. Und er beschäftigte sich ausschließlich nur noch mit der Ausrüstung seines Heeres und nahm die von ihm zu Häuptlingen erwählten Jünglinge aus der Vereinigung der Zebaothknaben. Fußhoch lag der Schnee auf der Ebene nach dem Kerker bei Moskau. »Und in Schakalfellen gehüllt, werden wir den Bauern der weißen, unerbittlichen Gegenden Schreck einjagen.« So schrieb der Malik seinem fürstlichen Bruder, dem Ruben Marc von Cana. »Du müßtest meinen Oßman sehen, der flößt mir selbst in seinem wilden Mantel Furcht ein. Oh, mein Bruder mein, du und Ich und der Prinz Sascha von Moskau sind die einzigen Menschen in der Welt, die mit ihr Fangen spielen konnten. Nun ist sein Herz gebrochen vor Spielsehnsucht, nun lächelt es wie Greisenlachen und leidet Jugendnot.«

Der Fürst von Cana sandte seinem Bruder dem Basileus und seinem Heer, das aus der kleinen Zahl der Häuptlinge bestand, seine herzlichste, brüderliche Teilnahme. Ihn schmerzte, den kaiserlichen Bruder nicht vertreten zu können, in der Zeit seines kriegerischen Pilgerzuges. Auch der Kardinal Karl von Östreich sprach sich zwar gerührt über das Vertrauen des Maliks aus, aber empfahl seine gottalte Stadt der Obhut des jungen Herzogs Hans Adalbert von Leipzig. Und der Malik erklärte sich einverstanden mit dem abendländischen Vertreter aus wohlgerechten Gründen. Denn es gab in ganz Theben kein Atmender, der nicht Malik genug gewesen wäre, den Malik zu vertreten. – Die weltmännische, liebenswürdige Art des Herzogs von Leipzig gewann bald das Herz des Kaisers und die Laune seiner bunten Stadt. Seinem Bruder Ruben, dem blauen Reiter, teilte der Malik wörtlich mit: »Ich bin dem Kardinal Karl im höchsten Maße für den Anteil, den er an Meiner Stadt liebevoll nahm, verpflichtet. Ich und Mein Volk sind des Lobes voll über Hans Adalbert, dem Vizekönig von Theben. Er wird in der Zeit, in der Ich und Meine Häuptlinge den Schneeweg überschreiten, Meine Stadt würdig regieren, süß belustigen und sie bescheeren mit meinem Angedenken. Meinen treuen Knecht Somali Oßman habe ich im Verdacht des ganz kindlichen Schachers. Er wollte dem Herzog heimlich seine Würde als Kaiser verkaufen, die Ich ihm einmal im Jahre abzutreten versprach. Siehst du, so ernst nimmt er es damit. Aber was man so täglich vor Augen hat! Und du legtest Meiner Freigebigkeit so ernste Bedenken bei!«

Der Malik und der Herzog von Leipzig ritten alle Abende auf Kameelen durch die Straßen Thebens, und der Kaiser freute sich immer wieder über die zärtliche Art, mit der sein hoher Gast die Frauen seiner Stadt ehrerbietig begrüßte, die Männer in kunstvolle Gespräche zog und die Knaben mit Neckereien beglückte. Aber die Leute, die den Herzog von Leipzig begleiteten, lagen lange im Magen des Flusses. Sie rümpften ihre Nasen und höhnten über die Bilder, die sich die Menschen in Theben auf ihre Wangen zu malen pflegten. Am Abend wurden die abendländischen Fremdlinge im Wasser ersäuft. Der Malik und sein schöner Gast saßen auf dem Dach unter der Sichel und plauderten. Indem der Kaiser keinen Widerspruch erhob, nahmen die Leute Thebens an, daß ihre gerechte Handlung auch mit dem Einvernehmen ihres Vizekönigs geschehe. So rettete der Kaiser dem Herzog die Vizekrone.

Auch freute sich Jussuf Abigail sehr über die vornehme Klugheit seines feinen Stellvertreters. Nicht selten traf er ihn mitten auf dem Marktplatz, wo er von den großen Eigenschaften ihres großen Kaisers erzählte. »Ruben, Mein Volk liebt mich, Ich bin sein Tor; nicht ein Spalt führt sonst zu ihm.« Tagsüber versicherte der edle Gast dem Malik, er freue sich, nun endlich Jussuf Abigail von Angesicht zu Angesicht zu sehen.

»Ruben, wenn der Mond rund ist, ziehen wir nach Rußland. Aber gestern feierten wir noch den Oßmanstag. Ich und der Herzog hatten unsere helle Freude an den fressenden, braunen Basileus. Er saß auf Meinem Dach in Meinem Mantel mit der Spielkrone, die du mir schenktest, auf dem Oßmanhaupte, und fraß einen schwarzen Hammel mit der Wolle und dem Schwanz auf. Die Frauen Thebens sandten ihm alle zuckerfarbene Süßig-

*Senna Hoy, dem Prinzen von Moskau in Bewunderung*

*Jussuf zieht mit seinen jüdischen Häuptlingen im Morgengrauen über Moskau nach Metscherskoje*

keiten, und in den glitzernden Läden der Basare ließ ich die überladensten Ringe auslegen, die sich mein zum Kaiser erhobener schwarzer Diener erstand. Und die ganze Stadt und meine Bürger werden diese meine Laune mir nie vergessen. Die Schwermütigen wurden vor Lachen gesund, den Krüppeln wuchsen die Glieder wieder; alle wollten sie den schmausenden Basileus sehen.«

Dein ausgelassener Bruder<br>Jussuf Abigail von Theben.

⟨XIII⟩
## Der Malik
(dem blauen Reiter Franz Marc)

Mein Ruben, lebe wohl! Der Rücken Meines Dromedars dient Mir als Pult, dir noch einen frommen Abschiedsgruß zu senden. Oben am Himmel glüht gezückt der gebogene, goldene Monddolch. Wir werden den Prinzen von Moskau aus seiner Gefangenschaft befreien, so wahr Ich Jussuf Abigail der Malik bin.

Das waren die letzten Worte, die der Basileus von Theben seinem Halbbruder, dem blauen Reiter Marc von Cana schrieb.

Seitdem schimmerten seine Augen bunt wie der Fluß, an dem
seine Stadt lag. Nachts verbrachte er in seinem Lieblingsgarten,
reihte die roten Beeren der Astrantsträucher auf Schnüre oder
bog wie ein Kind die Stengel der Pusteblumen wilder Wiesen zu
Ringen und fertigte Ketten an. Lauter Spielerei. Osman holte
dann den lächelnden Kaiser noch vor Sonnenaufgang in den
Palast zurück, weil er einmal einen Stadtalten zu einem Stadtalten flüsten hörte von des Maliks plötzlicher Verblödung. Aber
des Kaisers strahlendes Gesicht bürgte für seine Unbrüchigkeit.
Für ihn regierte schon der Herzog von Leipzig, sich an das hohe
Amt zu gewöhnen, das ihm der Basileus in seiner Abwesenheit, in
der Zeit seiner großen Wallfahrt übertrug. Daß kindliches Spiel
»schlummern« bedeute, äußerte der hohe Freund seinem feinen
Gast. Und er müsse viel, viel schlummern vor seiner Reise, deren
Sonne nicht untergehen dürfe. Nicht oft genug konnte Jussuf
seinen treuen Neger befragen, ob er wohl (der Malik) dem feinen
Gast gefalle? Über das Wasser des Brunnens seines Schlafgemachs neigte sich Jussuf Abigail oft heimlich auf Zehen, um
manchmal enttäuscht zu brüten. Aber gläubig hingen seine Gedanken an dem Pilgerzuge, den er noch im selbigen Monat am
Siebten des El Aschura zu unternehmen gedachte. Osman, der
unersetzliche schwarze Knecht, verkürzte dem Kaiser die Zeit,
indem er ihn belustigte, einen Kosaken nach dem andern, die sich
ihnen auf der Wanderung feindlich in den Weg stellen würden,
auffraß. Jedesmal eilte dann der Kaiser durch die Vorräume und
Gemächer seines Hauses, den Hans Adalbert zu holen; so, daß er
ihn oft in seinen Regierungsgeschäften störte. Der Herzog von
Leipzig schrieb dann von der Spiellust seines thebetanischen,
kaiserlichen Freundes ganz ergriffen dem Kardinal von Östreich.
Der Malik ist mir der liebste Freund, den ich je besessen habe,
darum bitte ich Eure Eminenz Ihren Einfluß geltend zu machen,
den Malik an seiner todbringenden Expedition zu hindern. Der
östreichische Kardinal warnte dann einige Male vergebens den
Malik in seiner Sorge um ihn. Aber Abigail Jussuf antwortete
dem Kardinal, indem er ihm die wundervolle Geschichte David
und Jonathans in alttestamentarischen Buchstaben aufzeichnete,
die aussahen wie lauter Harfen. Ergriffen von der Treue des
asiatischen Herrschers, sandte Carl große Geldspenden für die

fromme Reise. Damit war der Punkt erfüllt, den der junge, diplomatische Herzog, der Vizekaiser von Theben im Auge hielt; der hegte keinen Zweifel an Abigails Entschluß und er litt unsäglich unter der Tatsache, daß dem kaiserlichen Unternehmen ausreichende Barschaft fehle. Jussuf jedoch war heimlich enttäuscht, daß sich der Herzog mit der Reise nun über die kalte Schneeebene zufrieden zeigte! Seinem teuren Halbbruder hätte er jeden Einspruch in diesem Kriegszuge als Unterschätzung seiner Kraft übel genommen, auch die Liebesvenus von Siam, die er einst den Siamesen raubte, vertraute dem goldnen Stern seiner Wallfahrt. Es versammelten sich die Häuptlinge Stambul, Mêmed, Asser, Mâr, Calmus, Mordercheii, Gâd und Salomein vor dem Palast und schlugen auf ihren Kriegstrommeln eine Musik, die die schlummernde Stadt aufweckte. Auf ihre Dächer stiegen die Einwohner Thebens, sangen des Kaisers Namen, daß er anschwoll zu einem Konzert. Der Kaiser bestieg mit verhülltem Angesicht sein mächtig Tier, das Ossman führte bis vor die Tore der Stadt. Aber als die sich schlossen, wandelte Jussuf Abigail, der kaiserliche Häuptling barfuß zwischen seinen Häuptlingen, bis sie an den Fluß Abba kamen. Dort wusch sich die fromme Karawane den Staub von den Zehen. Marc von Cana, des Maliks teurer Halbbruder traf gerade in Theben ein, als Jussuf die Stadt verlassen hatte. In des Basileus Gemach saßen die beiden Fürsten Ruben Marc der blaue Reiter und der Herzog am liebsten und sprachen von dem kleinen Kaiser, der das große Theben morgens aus einer Schachtel nahm und es abends von seinem Ossman wieder hineinlegen ließ. Ruben war gemessener und milder; und gleichmäßiger pochte sein Emirherz, als das seines Bruders Jussuf. Auch äußerlich war Ruben von hohem Wuchs und stiller zärtlicher Majestät und gewaltiger, sonniger Schönheit. Seine Augen vom Brauholz der süßen Baumrinde. Und immer wieder erfreute es den Emir wie der junge Herzog das Spielherz seines Bruders verehrte. Die Leute im Palast erzählten Ruben, der Herzog sei immer um Abigail gewesen, als ob er ihn umspülte wie eine Insel. Solche Erzählungen trösteten den canaanitischen Fürsten, denn er glaubte, sein Bruder habe einsam vor seiner Wallfahrt gelebt. Eine ihm unerklärliche Ahnung weissagte ihm, daß er und sein Jussuf sich niemehr wiedersehen würden.

⟨XIV⟩
## Der Malik
(dem blauen Reiter Franz Marc).

Das kleine Pilgerheer unter Jussuf Abigail hatte fast das Tal von Irsahab erreicht, als die wilden Juden und ihr Kaiser ein Wolkengebild auf sich zukommen sahen von dem Gipfel der Berge herab. Es waren einige tausend Jünglinge der Althebräerstadt, die Jussuf ihrer eingebissenen Väter wegen haßte. Deren Söhne aber säumten ihres Maliks Bild mit ihren goldenen Träumen und liebten den Kaiserschelm, der einmal im Jahr seinem Neger die Krone aufs wollige Haar setzte, Sich Selbst zu einem Seiner Untertanen machte. Diese Freigebigkeit hatte das junge Herz von Irsahab erobert. Und in keinem Haus der Althebräerstadt wurde nicht einer der Brüder vom Vater gemieden. Es geschah, daß Väter ihren fanatischen Söhnen, und hatten sie zehn an der Zahl, den Einlaß ihres Hauses verschlossen. Davon hörte erst Abigail, als die Knaben sich von Ihm und den Häuptlingen getrennt hatten. Ihr Anführer schritt dem stürmenden Zuge voran und es berührte den Malik wohltuend die Andacht seiner Redeweise. Als der Kaiser ihn fragte wie er heiße, nannte er sich Zwi ben Zwi, und der kaiserliche Häuptling betrachtete seinen Anstand mit Wohlgefallen. Und er ließ sich von den glücklichen Irsahabanern vom Rücken seines Kamels heben, daß er wieder vom Flusse Abba aus bestiegen hatte, und beschenkte jeden der Knaben mit einem Schmetterling seiner bunten Augen und hinderte die Jubelnden nicht, Ihn ein Stück durch das Sandmeer zu begleiten.

Der edle Fürst Ruben Marc von Cana saß wieder in seinem Lande und der Herzog von Leipzig regierte in Jussufs Lieblingsstadt. Endlich empfing diese eine kurze Nachricht ihres Maliks:

Theben, meine süße Braut. Die Häuptlinge, mein Leib, meine Spielgefährten sind alle durch die Schmerzen der großen Kälte des Zarenreiches erkrankt. Nicht einen Gruß sendet die Goldmutter auf die frostigen Ebenen zum Willkomm zur Erde. Mir aber schlägt das Herz für den Freund und wärmt mein Blut.

⟨Briefe und Bilder⟩

Einsam in Begleitung Meines treuen Ossmans, dem statt der spitzgefeilten Zähne, Eiszapfen aus dem Maule hängen, ziehe ich weiter über Moskau nach Metscherskoje den Prinzen Sascha aus seiner schweren, achtjährigen Haft zu überführen nach Tiba.

Der Malik wurde von der Zarewna in Audienz empfangen; in ihren ernsten Kaiserinnenhänden lagen Jussufs Liebesgedichte in weißem Brokat. Vom Glücksstern der sanften Großfrau von Rußland geleitet, erreichte der Malik nach kurzen Gepflogenheiten mit der Justiz die Aushändigung seines unschuldigen, himmlischen Spielgefährten, aber der starb am Abend noch in seiner schmachvollen Zelle in den Armen des erschütterten Freundes. Abigail Jussuf sprach so lange er lebte nie seines Liebesgefährten Namen aus, ohne sich zu besternen. – Bewacht von einer Anzahl Kosaken im obersten Gewölbe des russischen Towers zu Metscherskoje fand der Malik den Freund. Der gefangene, heilige Feldherr richtete sich sterbend von seinem Lager auf, als er Jussuf erblickte und rügte ihn zärtlich besorgt seiner Unvernunft. Aber ein verblutendes Morgenrot überzog zum letzten Male das wundervolle Antlitz Saschas, und Jussuf Abigail, der weinende Malik, schämte sich über den kleinen Splitter Gefahr, der er sich ausgesetzt hatte neben der bedrohten ehernen Geduld seines liebsten Gespielen, dessen Glieder zum Gerippe abgemagert waren; in seinen Lungen fraß der Bazill.

In der Nacht noch ließ ihn der Malik einbalsamieren. »Tüsa goya min enti Tiba« waren die letzten Worte des sterbenden thebetanischen Kambyses; Jussuf trug ihn Selbst mit dem schwarzen Knecht in einem Sarge auf den Schultern über die Ebene nach der alten Zarenstadt; von dort schlossen sich die aufgetauten wilden Juden dem frommen Totenzuge an. Als die Leute in Theben ihren Malik und seine Häuptlinge kommen sahen, hißten sie schmeichelnde Trauerfahnen auf ihren Dächern, warfen sich zu Boden und verhüllten ihre Gesichte; die Totenweiber klagten dreißig Tage und Nächte und Südraben flogen über die Stadt, die sangen die Melodien gottalter Psalme. Jussuf Abigail saß im Palast und weinte. Seine Häuptlinge vermochten ihn nicht zu trösten, auch schlug er launisch die Einladung des Ramsenith von Gibon aus, der eine Vorliebe für den spielerischen Jussuf empfand. Dieser schöne, eitle König fühlte sich persönlich von der kurzen Art der Absage getroffen und kündigte dem Malik die freundschaftlichen Beziehungen seines Landes, darin sich Abigail der künstlerischen Bestrebungen wegen gerne aufhielt. Diese kleine Ursache gab Anlaß zu einem späteren Kriege. Den Kaiser verlangte es nur nach Ruben, seinem teuren Halbbruder, der aber war in seiner Abwesenheit in die Schlacht gezogen, mit den Ariern gegen die Romanen und Slaven und Britten. Daß er ihm, dem kaiserlichen Bruder das antun konnte; Jussuf nahm in seinem kaiserlichen Egoismus das Rüsten seines Bruders fast persönlich auf, darüber vermochte der verlassene Malik sich nicht zu trösten. Den heiligen Leib seines himmlischen Freundes bestattete er im Königsgewölbe bei Theben, und das thebetanische Volk fürchtete um die Gesundheit seines Kaisers, der sich selten noch unter sie auf den Straßen oder auf den Plätzen mischte, sich nicht einmal mehr beschauen ließ in seinen Gärten. Um die Abendzeit wandelte Jussuf manchmal dicht verschleiert durch die Gänge der Vorräume seiner Gemächer. Er war tief mit sich im Gespräch, oft hörten die Neger ihn fluchen wie die Baumfäller im Walde, und die Wände des Palastes wankten dann wie beim Erdbeben. Rubens Weib, die Mareia, beschuldete er ungerechterweise, eiferte wider ihre weiße Abstammung, die seinen stolzen, friedliebenden Bruder veranlaßte, mit den abendländischen Völkern zu kämpfen; vergaß, daß sein starkwilliger Ruben einen ebenso selbstständigen wie edlen Eigenwillen besäße. Am vierten Tage nach der Broternte erhielt Jussuf Abigail eine rührende Botschaft seines fürstlichen Bruders aus dem Kriege. Seine Anschuldigungen vergessend, entsandte der Malik Treiber nach Cana, die dem Weibe Rubens mit Geschenken beladene Kamele führen mußten und der Emirin die Kunde brachten, daß der Fürst sich auf dem Wege zur Heimat befände. Zu gleicher Zeit wurden aus dem arischen Heere Soldaten gewählt und ausgerüstet zur Reise nach dem ägyptischen Theben, den Malik Abigail Jussuf, der des Bumerangwerfens gefürchtetster Krieger war, gegen die Indier ins Feld zu werben.

Die Hirten, die Abigail zu seines Bruders Weibe gesandt hatte, ihr die Freudenbotschaft zu bringen, daß Ruben auf Cana zuschreite, erzählten bei ihrer Rückkehr den Leuten Thebens, daß

⟨Briefe und Bilder⟩

sie abendländische Krieger gesehen hätten an den Goldfeldern singend vorbeimarschieren auf Irsahab zu und daß man ihre Helme sicher schon von der großen Kuppel des Palastes aus glitzern sehen müsse. Die älteren Leute gedachten des Kampfes, den sie unter der Anführung des noch damaligen Prinzen Jussuf gegen eine Arierschar erfahren mußten. Umschlungen auf einem Weizenfelde sah ein verwundeter Thebetaner die beiden Fürsten der feindlichen Heere im silbernen Brote stehn und sich inbrünstig küssen. Durch Theben aber tönte die Siegeskunde, der Prinz habe die Christenhunde in die Flucht geschlagen. In Wirklichkeit jedoch hatten sich die beiden verliebten Anführer ihrer Heere geeinigt. – Dem Herzog von Leipzig war schon in den ersten Tagen seiner Viceregentschaft dieses Kriegsgeheimnis zu Ohren gekommen; nicht die ungeheure Begebenheit erboste ihn, aber die Leichtfertigkeit, mit der dieser arische Giselher, dessen Herz in Thebens Sonne süß geworden war, seinen schwärmerischen kaiserlichen Freund verlassen konnte. Der herzogliche Hans Adalbert, der es sich zur Aufgabe anheischte, alle Erdteile mit einander zu verbrüdern, eine internationale Welt schon im Interesse der Kunst zu schaffen, bemühte sich in seiner klugen, liebevollen Weise die beträchtige Anzahl der älteren Menschen von der Vereinigung der Jehovaniter für den Malik wieder zu gewinnen. Die waren vermutlich von den Vätern der Irsahabaner aufgestachelt worden; es schien dem diplomatischen Stellvertreter des Throns von Theben gelungen zu sein, einen Aufruhr von Jussuf Abigail fern zu halten. Der hatte seinen kleinen Bruder Bulus nun bei sich in seiner Stadt und lehrte ihn jeden einzelnen Menschen seines blauen Theben zu lieben, die er mal regieren sollte nach seines Malikherzens frommer Fackel.

⟨XV⟩
# Der Malik
(dem blauen Reiter Franz Marc).

Abigail Jussufs zweite Stadt, die Er nach Rubens Weibe Mareia benamet hatte, beabsichtigte Abigail nach Seinem Sterben selbständig zu der Kaiserstadt Seines treuen, hochverehrten Dichterfreundes Daniel Jesus zu erheben, der gegenwärtig schon dort Seines kaiserlichen Gefährten Thron vertrat. Jussuf Abigails dritte Stadt aber, die Goldstadt Irsahab, sollte, nach der Väter Aussterben, Tibas Tempelvorstadt werden, Zebaoth geweiht dem Gottjüngling, den Jussuf inbrünstig anbetete. – Die Knaben von Irsahab, die die arischen Ritter auf ihre Tore zukommen sahen, bewaffneten sich und zogen ihnen entgegen im Glauben, die hellen Krieger kämen feindlich wider Jussuf Abigail. Aber Zwi ben Zwi, der Oberbefehlshaber der jungen Irsahabaner, der schon einmal die Knaben durch die Wüste zu ihrem Malik gebracht hatte, erkannte, daß es sich um einen freundschaftlichen Besuch handele, die abendländische Regierung ein persönliches Anliegen durch seine Ritter an den thebetanischen Kaiser zu stellen gedenke und Männer der Kunst zu diesem Zwecke, Abigails Neigungen zu schmeicheln, wohlweislich erwählt hatte. Und die tapferen Juden von Irsahab verbargen ihre Waffen und bewillkommneten die fremden Krieger, die ihre Zeremonien erwiderten. Zwi lud sie ein in das Haus seines Vaters mitten in der Stadt im Interesse Abigails. Zwis Eltern beide, Tamm und Miëne, waren fromme Leute; sein Vater hatte sein Herz mit dem Lesen der Tora bereichert, aber Miëne lehrte ihrem Sohne das feierliche Schreiten, daß er immer nur wandele, wohin auch, zum Altar. Es war das einzige Elternpaar in Irsahab, das den Bestrebungen ihres Sohnes kein Hindernis in den Weg stellte. Am Abend lagerten die müden Arier zwischen den Freunden Zwis in festlicher Laune im kühlen Vorhof seines Elternhauses und tranken von dem Trunk, den Miëne aus Mais und Zimtstauden zu bereiten verstand. Zwi, der Gastgeber, mußte den abendländischen Soldaten von dem Malik erzählen, von seinen Taten, seinen Hoffnungen und seinen Lieblingsbeschäftigungen. Dieser feine Sohn Tamms und der Miëne hatte sein ganzes Leben hindurch nichts anderes getrieben wie den Malik von Tiba studiert, und schon dem jugendlichen Prinzen Jussuf führte er, von Diesem ungeahnt, Sein blaues Tagebuch. Zwi kannte also Jussuf Abigail wie ein Astronom sein nächstes Sternbild. Später stellte sich auch der Urheber der rätselhaften Schreiben heraus, die immer dann an den Malik gelangten, wenn er der Warnung bedurfte. Diese zarten, aber willensstarken Äußerungen, die den jähen Basileus von einem zu unbedachten Schritt bewahren sollten, kamen also von dem Sohn des Tamm und der Miëne. – Welchen Zauber alte Heldensagen auf Abigail Jussuf ausübten, davon konnte Zwi der Irsahabaner einiges den lauschenden Soldaten erzählen. Ob sich der Malik aber wohl bewegen ließ, auf seiten der Verbündeten Mächte gegen die anderen Länder zu ziehen, darüber verweigerte Zwi, vielleicht aus Anstand der thebetanischen Antwort nicht zuvorzukommen, seine Meinung. Auch die Ritter vermieden, an die strenge irsahabanische Anhängerschaft jede weitere Frage zu richten, wie sie auf Abigails günstigen Entschluß wirken könnten. Doch als die abendländische Botschaft sich wieder unterwegs befand, auf Theben zuschritt, einigten sich die künstlerischen Krieger untereinander, Abigail Jussuf einen Streich zu spielen, der Sein buntes Herz

erobern würde. Wieland Herzfelde, dem jüngsten der dichtenden Kürassiere, der den Plan ausgehäckt, saßen zwei leuchtende blaue Schelme im Gesicht, denen man nie böse sein konnte; das wußte er. Dieser kecke Herzschelm pflegte den Kaiser von Theben kurzweg »der Jussuf« zu nennen. »Was meint Ihr, wenn wir uns dem Jussuf als seine Lieblingsgestalten alter Sagen repräsentierten?« Daß es sich in Theben um einen gänzlich wilden Kaiser handele, der sogar seine Ungelehrsamkeit als besondere Bevorzugung feiern ließ, sie ab und zu als Vorbild der gelehrten Goldstadt Irsahab langbärtigen Vätern unter die schlaffen, ungeschmückten Nasen zur Beriechung hielt, hatten die Abendländer aus den begeisterten Erzählungen Zwis geschöpft. Und die Soldaten fürchteten in dem Wagnis ihrer launigen Kriegslist keinerlei Gefahr. Ihren Kameraden Wieland, den auferstandenen Roland von Berlin, trugen sie abwechselnd auf ihren Schultern wie einen Sieger ungehindert durch die singenden sieben Säulen in die bekränzte Stadt Theben. Denn Zwi, der treue Anhänger aus Irsahab, hatte dem Malik verkünden lassen, daß die Ritter die Gastfreundschaft seines Elternhauses genossen hätten und in kriegsfreundlicher Absicht auf Theben zuschritten, Ihn, den großen Basileus, zum Kampf gegen die indischen Stämme zu gewinnen. Jussuf Abigail hatte sich schon in seiner frühsten Jugend geübt im Wurf des Bumrangs, und es bemächtigte sich in jedem Feindesheer eine Furcht, wenn man des Maliks sichelförmige Holzwaffe über die Köpfe sausen hörte, bis sie den Gehaßten traf. Oft flog der besiegte abgerissene Rumpf geschnellt vom stumpfgebogenen Holzmond durch die Lüfte vor Abigails Füße. Aber Er, der liebende, knabenhafte Kaiser litt unter der Sicherheit seiner Urwaffe, oft schluchzte er noch lange seinem siegreichen Wurfe nach. Die Häuptlinge wußten schon, wenn Ossman, der ewige Knecht, sie, die wilden Juden, beim Sonnenaufgang in das Gemach ihres Maliks rief, Ihn zu trösten. – Eine Weile bevor die Arier die süße Stadt erreicht hatten, hing Bulus, des Kaisers zwölfjähriger Bruder, Sich schmeichelnd an Ismaël, des auserlesenen Negers greisen Oheim. Der ehrwürdige, alte Palastdiener hatte den kaiserlichen Großknaben wie einen Enkel lieb, und Bulus Herz schaukelte gern an der starken Rippe lauschiger Geborgenheit des Nachtsomalis, dessen Haupt

fast die Breite der Palmenkrone überbot. Dem jungen Mïr plagten wieder nationale Fragen des Palastes. Ganze Tage hatte er in einer Kammer im Erdgeschoß zugebracht, in alten, eingebauten Schränken nach abendländischen Kleidungsstücken gekramt. Er fand dann endlich einen Ulanenhelm, der sein halbes Gesichtchen verschwinden ließ, und einen verrosteten Säbel, den er sich an seinem Perlgurt befestigte, und in ein Paar grauen Lederhandschuhen, die von dem Leipziger Herzog herrührten, ertranken nun seine Kinderhände. Inständig bat Bulus seinen alten Freund Ismaël, legte seinem Namen Koserei um den Hals. Ismaëlmemed versprach dem geliebten, kleinen Mïr auf seines Bruders Sohn den Ossman zu wirken, wenn er am Morgen dem kaiserlichen Herren die Nasensmaragden einschraube und mit Perlen sein Haar schmücke, Abigail anzuraten, beim Empfang der abendländischen Krieger, abendländische Tracht anzulegen. Bulus schämte sich aller weichen Zierde, und in den goldverbrämten Mänteln und Ohrgehang und Muschelgürteln seines regierenden Bruders und der Häuptlinge, und der Kleider aller Männer und

Jünglinge des Morgenlandes empfand der kleine kaiserliche Auflehnende beschämende Schwäche. Der greise Ismaël teilte des Knaben Sympathie für die Sitten des Abendlandes, da er an seinen Weinen gerochen hatte in der Zeit, als der heitere Vicemalik, der Maltzahner von Leipzig, in Theben regierte. Der hatte sich in Fässern den Rebensaft aus dem Mosellande kommen lassen und betreute den friedvollen Ismaël mit dem Abzapfen des Weins. Die verbotene, pochende Beere war beider Privatgeheimnis und einzige Sünde gewesen wider die Gesetze des Morgens. Wenn nun alle schliefen im Palast, schlich sich der unverbesserliche Somalizecher in das unterirdische Gewölbe des großen Vorraums und zechte manchmal bis zum Morgen vom verbotenen Inhalt der noch lagernden Fässer. – Vor dem Fenster des Malikgemachs zwischen hohen, feinen Gräsern saß Bulus auf den gepolsterten Schultern des treuen, alten Freundes, das Erwachen des Basileus zu erwarten. Der lag gebogen wie die Mondsichel auf seiner Kissen schwerer Wolkenseide. Er war nach durchwachter Nacht im lebhaften Gespräch mit seinen wilden Juden fest eingeschlummert. Stambul seines Bruderhäuptlings Rat vermißte Jussuf schwer bei der Beratung der Art der Ablehnung seiner Stellungnahme an dem Weltkrieg. Abigail Jussuf war fest entschlossen, unter keiner Bedingung sich an dieser Menschenschlacht zu beteiligen. Auch fühlte der Kaiser irgend eine spielerische Verwandtschaft mit dem König der schwarzen Berge, der den Frieden hatte herbeiführen wollen aus väterlicher Liebe für sein Volk und darum auch aus väterlichem Verständnis für die fremden Völker. Diese Meinung teilte Morderchëi Theodorio, des Maliks zweiter Großhäuptling, der Sohn seines Turiner Vaters. Ein Weinberg auf Rollen bewegte sich dieser wilde Jude ungeheuer süß vor dem Thron Thebens und stark in der Blume. Abigail verehrte ihn unbändig. Dieser Morderchëi Theodorio und Calmus Jezowa, ein Mann mit gütigen Priesteraugen und milder Freudigkeit, waren die letzten der Häuptlinge, die den Malik in der Frühe verließen. Gad, Asser, Mêmed und Salomein wandelten schon kurz nach Mitternacht auf Raten Jussuf Abigails heim. Asser trug eine Verwundung durch einen Dorn der Rose auf der Wange, die den Kaiser im Anblick der Schönheit Assers störte. Den herrlichen Jüngling beschenkte der

Malik mit Haarperlen und allergold Damast. Nur daß Assers Herz am Wesen der Frauen hing, verargte vielfach die Freude des Kaisers an seinem Häuptling. Denn Jussuf Abigail verbarg seine Abneigung gegen alles Weib, schon als Prinz von Theben, nie. Und die geraubte Venus von Siam betrachtete er nur wie ein unvergleichliches Kunstwerk. »An dem Kultus, den der Malik um seine Mondfrau baut,« so nannten die Menschen in Theben die siamesische Venus, »wird sie zu Alabaster werden.« Gad hatte Verständnis für des Kaisers Abneigung gegen Eva; trotzdem gerade das Himbeerträumerische in Jussuf, die Farbe der Prinzessinnenseele, ihn entzückte, und er durchschaute Seinen Kaiser, wagte die Beeren der Sträucher Seiner Seele zu pflücken. Manchmal begleitete er Ihn alleine auf den Hügel der Stadt; dort betete Jussuf Abigail so gern zu Gott. Die großen Vögel setzten sich dann zu Ihm. Sie verstanden die abgebrochenen, wilden Laute Seines Flehens. Er selbst ein goldener Geier unter ihnen. Am Abend aber begleiteten den Kaiser außer Gad noch seine beiden jüngsten Gespielen, die Häuptlinge Mêmed und Salomein auf eine Wiese, die hinter dem Garten des Palastes lag. Mêmed legte sich immer einen Kranz ins Haar, und Salomein, Jussufs treuster Häuptling, trug in seinen dunklen Augen dem Malik ewig sein blaues Herz schwärmerisch entgegen. Seiner Stirne Mitten schmückte ein Stern. Die vier hohen Menschen spielten sorglos wieder Spiele ihrer Kindheit. Auf Brettern, kreuz und quer gelegt, schaukelten sie auf und nieder und übten sich im Bogen und Pfeil, die sie selbst aus Bambusrohren schnitzten.

⟨XVI⟩
## Der Malik
(dem blauen Reiter Franz Marc).

Als der kleine Kaiserliche Bulus, Jussuf Abigail wieder mit Bitten bedrängte, Ihn an Seine hohe Gastfreundschaft erinnerte, die Ihn zwinge, die Farbe der fremden Soldaten bei ihrem Empfang anzulegen, befahl der erregte Malik Seinem Knecht, der auf den Augenblick gelauert hatte, da ihm das Grau des Abendlandes mißfiel, den jungen Mir gewaltsam zu entfernen. An diesem Morgen fiel die erste, ernsthafte Meinungsverschiedenheit zwischen den hohen Brüdern, die sich gegenseitig stürmisch zu verehren pflegten. Aber Bulus trug nunmehr eine kleine Verachtung in seinem klaren, braunen Knabenauge offen zur Schau, die den Kaiser reizte. In einem goldenen Mantel saß Der auf dem Throne zu Theben wie in Seiner letzten Haut, die Mondsichel und den Stern in Rotfarben auf der Wange gemalt. Die bunte Stadt Theben hatte sich im Hause Jussuf Abigails um Ihn versammelt; den Kaiser beschäftigten gegenwärtig nur Seine Häuptlinge. Stambul Ruben Sein milder Bruderhäuptling fehlte und Er gedachte seiner so stark, daß Ihm das Szepter entschwand oben auf dem Prunkhügel des Riesengemachs. In derselben Stunde an der sich plötzlich Jussufs Wesen weich verlor, traf der Fürst Marc von Cana in der Heimat ein. Der zweite Großhäuptling Morderscheï Theodorio bemerkte die seelische Abwesenheit seines Kaiserlichen Freundes und gab dem säumenden Malik ein freundschaftliches Zeichen, indem er die zum Throne geneigte Stirne, Sein Morderscheïherz und die Lippen grüßend betastete. Da traten die Ritter in den Maliksaal. Zwi ben Zwi, der Sohn des Tamm und der Miëne, der seinen abendländischen Gästen vorausgeeilt war, erwartete unerkannt zwischen den feierlichen Menschen Tibas auf dem Riesenfuß einer überlebensgroßen Figur sitzend mit dem Schiefer und dem Griffel, die arischen Soldaten. »Beim Anblick des großen Bumrangwerfers«, schrieb der Geschichtsschreiber, »schneiten die blühenden Wangen der Ritter«.

Dem erschütternden Denkmal aus Stern und Blutstein näherte sich in der Rolle des Rolands von Berlin und als Anführer der

Botschaft: Wieland Herzfelde. Sein Bruder Wetterscheid versuchte betroffen den voreiligen Entschluß seines kecken Bruders zu vereiteln, indem er den Zipfel seines Mantels ergriff und abriß. Diesen Vorgang gewahrte Abigail und lächelte. Und Sein Lächeln glich immer einem holden Beet im finsteren Garten. Nicht wie bei öffentlichen Empfängen sonst üblich, erwartete der Malik das Zeichen des Schellenstocks; rührend klang Sein Anliegen auf lallender arischer Sprache, die Lage des ernsten Augenblicks verachtend: Kann Mir einer von Euch sagen, Ihr lieben Ritter, wo Giselheer Mein Nibelunge weilt? In der Mitte des Vorraums tanzte ein Tänzer wie eine Schlange beweglich nach der eintönigen Musik der Holzinstrumente. »Aber ich,« schrieb Zwi, »hörte verhärtete Stirnrunzeln einiger Thebetaner knarren.« Und Jussuf Abigails spielerische Menschen erröteten im Angedenken der Schande, die ihnen ihr damaliger Prinz Jussuf bereitet hatte, da Sein selig Herz den feindlichen Arierfürsten umgaukelte während des Krieges Ernst. Aber den grauuniformierten Fremdlingen entging die gefährliche Lage, die des Kaisers Ansehn bedrohte, die waren durch Seine Menschlichkeit aus ihrem Bann erlöst und beantworteten aus einem Munde die leidenschaftliche Frage Jussufs nach Seinem Herzgefährten, der immer als Nibelunge in Seinem Gedächtnis maiblühte. Schill, der pflichtgetreue Kürassier, der seiner Schüchternheit wegen von seinen Kameraden verspottet wurde, trat beherzten Schritts aus der Mitte der Soldaten dicht vor den Thron, wiederholte noch einmal, daß Giselheer der Nibelungenfürst in Flandern stehe und – setzte er bedeutungsvoll hinzu, sich verzweifelt gegen die Indierstämme behaupte. Aber Calmus Jezowa, der weise Wildjude um Abigail Jussuf, konnte sich ein Lächeln nicht ersparen; Asser und Gad und Memêd-Laurencis fürchteten um ihren Liebeskaiser und schonend um Jussufs Schulter legte Salomein seinen Arm. Nur Morderchei der Riese vertraute der Klugheit und dem Hochgefühl seines stolzen Spielgefährten. Auf dem Fuß des Saales entfiel der Hand des Malikschreibers der Griffel. Abigail, der den Knaben längst bemerkt und wiedererkannt hatte von seiner Wallfahrt her zum heiligen Freunde, rief dem jungen Manne aus Irsahab zu: »Hebe deinen Griffel auf, Sohn des gottesfürchtigen Tamm und der guten Miëne und schreibe nieder, daß der Kaiser Abigail Jussuf Seines Levkojenherzens Liebe, Seines Liebesherzens Levkoje opfere, denn er habe beschlossen, Seine teuren Brüder nicht zu führen in den abendländischen Krieg.« Viele der Thebetaner weinten, fielen vor ihrem Jussuf nieder, streichelten Sein Gewand und die, welche sich näherten Seine Hände und Seine Füße zu liebkosen, hob Er zu Sich empor und küßte den Schlichtesten auf den Mund, so daß der zu Seinem Ansehn wurde.

Nur des Kürassiers Schills Unzufriedenheit bemerkte der Malik mit vornehmer Zurückhaltung und billigte dessen Kaisertreue, die den Soldaten zu einer List verführte gegen – Ihn – Abigail. Und Er betonte, daß Er an die Zwangslage seines Kaiserlichen, arischen Herrn mit ganzem Herzen glaube, wie Ihm Zebaoth gebiete, dem blutenden Länderhandel fern zu verharren. Abigails weiche Stimme wuchs dunkel in den Urwald, »aber mir«, berichtete der Schreiber, »entging kein Wort des Throns.«

Einige von den Rittern baten den Kaiser Sich über den Weltkrieg zu äußern. Aber der hellseherische Malik ahnte; wen der Tod von den stürmisch Fragenden bald brechen würde, und er vermochte Sich nicht gleich zu sammeln; betrachtete schmerzlich den goldlockigen Tristan, richtete zarte Worte an Caspar Hauser, erkundigte Sich bei Roller ernsthaft nach dem von Ihm so hochgeschätzten Carl von Moor, den er wahrhaft in Sein Herz geschlossen habe. Und ob Schiller mit Goethe noch befreundet sei. Der Roller konnte ein Auflachen nicht verkneifen, ebenso erging es von Hutten, der mit dem Geschichtsschreiber, welcher diesen Maskenstreich auf dem Gewissen hatte, verständnisvolle Blicke wechselte. Aber auch sehr viel herzliches Interesse zeigte Jussuf Abigail für Friedemann Bach und den grünen Heinrich. Grimms Bäuerlein beguckten Sich der betrogene Malik und Sein Brüderchen wie zwei kleine, neugierige Buben.

»Ihr habt das von Gott Euch anvertraute Abendland nicht liebevoll genug gepflegt, wie wäre sonst aus seiner Eiche eine Formel geworden.«

»Das Erdbild habe sich verschoben und verdunkele die Gehirne der Länder.«

Der Malik erzählte von dem fürchterlichen Gesicht, das Er einige Tage vor dem Kriege gehabt habe. Ihm habe geträumt, Er

⟨Briefe und Bilder⟩ 353

Bulus I
von neben

wäre der Kaiser Wilhelm gewesen und drei Riesenschlangen seien seinem Lager entstiegen, die Gescheckte neigte sich Ihn zu beißen, als Er jäh erwachte und gerettet war. Seinem Halbbruder, dem klugen Fürsten Marc Ruben von Cana habe er damals Seinen Traum berichtet, worauf der große Häuptling den Krieg prophezeite. Als Bulus, des Maliks Bruder, den Namen Ruben Stambul vernahm, klatschte er in die Hände, so liebte der Knabe ihn. Jussuf ließ gerührt den kleinen Bulus von Oßman vor den Thron holen, stellte ihn, der von Beginn der Ceremonie an, die Züge der Soldatengesichter befriedigt beobachtet hatte, den Rittern mit den Worten vor: »Seht diesen süßen Schelm, Sittis, er ist mein kleiner Bruder Bulus der Mïrmêmêd, mit diesem hättet Ihr sicher keine Enttäuschung erlebt.« Seine steingeschmückte Waffe zeigte er jedem der Krieger und dem Roland von Berlin, der sich mit dem jungen Fürsten sofort verständigte, zog er das

Schwert aus der Seite und prüfte seine Schärfe und Wetterscheid bettelte er um Patronen an für seine Sammlung, aber der friedliebende Bruder Rolands legte Böses abwehrend seine Hand über des kleinen Emïrs Haupt.

Aber auch der Lederstrumpf, der abseits, für sich alleine während der Festlichkeit, menschenfeindlich in bittern Gedanken an einer Säule des Malikssaals knurrend gestanden hatte, erhellte sich plötzlich im leuchtenden Anblick des Kaiserlichen Knaben. Manchmal schimmerte Seine Haut wie Goldperlmutter. Und Lederstrumpf äußerte sich später zu Mordercheï Theodorio, nie habe er im Leben einen schöneren Menschen gesehn wie den kleinen Mir. Theodos und Bûl aber mieden sich, wenn auch in höflichen Katzensprüngen, und Abigail, der diese Feindschaft nicht ernst nehmen wollte, belustigte Sich über die unbegründete Abneigung der Beiden, aus der sich unerwartet der Schmetterling, die versöhnende, glückliche Begegnung entpuppen würde. Im Begriff die letzte Stufe des Thrones herabzusteigen, stolperte der Malik und noch ehe Oßman, Sein Knecht, Ihm Hilfe leisten konnte, fing Ihn einer der fremden Ritter in seinen Armen auf, »der Tristan«, und entbrannte vor Liebe zu Jussuf. Am selben Abend nach dem bewillkommenen Mahle, an dem des Basileus Herz berauschender süßte, als der Most, den Er pressen ließ für seine abendländischen Gäste aus den schweren Trauben der Berge, glitt der Gralprinz wie ein Lichtstrahl an der blauumgürteten Leibwache des Maliks vorbei, überwältigte Oßman und drang in Jussufs Gemach. Der war gerade damit beschäftigt dem Herzog von Leipzig die Eindrücke zu schildern, die Seine uniformierten Gäste auf Ihn hinterlassen hatten. Und in seiner Vertiefung und Sehnsucht nach Seinem unersetzlichen Ratgeber, dem Vicemalik, gewahrte er den Liebesritter erst, als der Ihn, den Jussuf, schon mit seinen starken Soldatenhänden gepackt hatte.

Und der Malik, der von jedem noch rein erhaltenen, ursprünglichen Gefühl überwältigt wurde, suchte nicht allein den unerhörten Vorgang zu vertuschen, »er habe sogar versucht aus Bewunderung vor diesem ehrlichen Augenblick die Liebe des heiligen Ritters zu schüren«. Der brach dem Jussuf vor Liebe eine Rippe in der Brust, wie einen der Äste des Elfenbeinbaums. Noch in der Nacht aber rief man von den Dächern die Stadt wach, den

⟨Briefe und Bilder⟩

Unfall der den Malik betroffen habe beim Handwettkampf mit Mêmêd Laurencis, mit dem Sich der Kaiser so gerne der Stärke übte. Doch Laurencis saß mit den anderen Häuptlingen friedlich um ihren Angstabigail, wie sie Ihn zärtlich zu nennen pflegten und sie verhätschelten Ihn. Ein paar alte Weibchen hatten sich in Theben eingeschmuggelt, schwätzten den Leuten die Ohren schmutzig, boten den edlen Töchtern Thebens Liebesharz feil und drängten sich an die abendländischen Ritter. Doch das dreiköpfige, glatte Gezücht wurde ergriffen und gehängt an einen ranzigen Ölbaum auf. Aber Zwi ben Zwi der Sohn des Tamm und der Miëne schrieb vom Malik von Theben, »immer wieder von neuem sammelte Jussuf die Liebe aus dem Kelch der Herzen; um die der abendländischen Ritter gauckelte das Silberseine«. Noch tiefer wie es Sich Abigail der Kaiser gestehen wollte, schmeichelte Ihm der Antrag der hohen Fraue von Hohenhof, der Reichsgräfin Gertrude zu Osthaus von Westfalen. Ihre Tochter Seinem geliebten Bruder zum Weibe zu geben, war Abigails Herzenswunsch. Immer wieder ließen Sich der Malik und der jugendliche Mïr das Bild der lieblichen Prinzessin Helga von dem Liebesboten repräsentieren und hatten lange schon die holden Grübchen, goldene Bäcklein ihrer Wange entdeckt. Noch zwei Frauen des Abendlandes sandten dem Malik ihre Liebe und Verehrung; Frau Paula Engeline, die sanfte, dichtende Lebensgefährtin des von Jussuf so bewunderten Dichterfürsten Richard Dehmels, dessen Dichtungen Er einst mit dem Kalifenstern ausgezeichnet hatte. Paula Engeline beschützte das Flackerlicht von Horeb – so nannte sie den fernen, ungestümen Malikprinzen – mit ihrem Flügel. Ähnlich wie diese hohe Frau empfand Hellene die Herrmannin den goldverbrämten Kaiser, jeder Gedanke an Ihn trug Seine Lieblingsblume im Haar.

Die Ritter, welche sich wieder um Abigail versammelt hatten, baten Ihn, sie nicht unverrichteter Dinge ziehen zu lassen. Und sie erzürnten den Kaiser mit dieser aufs neu aufgeworfenen Frage. Ob sie den Entschluß eines ägyptischen Kaisers von einer willkürlichen Laune abhängig glaubten oder man Ihn nicht ernst nehme? Und Abigail, dessen Vorhaben es gewesen war, Sich würdevoll und gleichmäßig den arischen Kriegern gegenüber zu verhalten, bäumte Sich wie eine Welle, wurde wildes Wasser, rasender Ozean, und seine erschrockenen Gäste mußten sich gestehen, nie einen wilderen Gemütssturz je erlebt zu haben und sie nannten Ihn heimlich unter sich den Tagâr, wie die thebetanischen Uferleute das reißende Wassertier nennen, den Wasserjaguar. Thron, Ceremonie und Krone schwammen auf der Hochflut Seines Blutes. Mordercheï war stolz über solche unbedachten Augenblicke, sehr stolz auf Seinen Kaiser; ein Dichter war Theodorio, seine politischen Erkenntnisse gingen wie seine Verse mondrot in seinem Herzen auf, und beleuchteten horizontisch die Vorgänge. Calmus aber meinte sein geliebter Prinz und Kaiser habe Sich wieder undiplomatisch hinreißen lassen, aber das gezieme Jussuf. Calmus Jezowa vertrat im thebetanischen Zebaothtempel das Amt eines der hohen Priester; Jussuf hing an seiner wohltuenden Milde wie im Mittag. Gad Jonata mit dem der Kaiser gern Zeit verscherzte, vertrat die Ansicht, daß ein Basileus Sich in jeder Lage des Lebens beherrschen müsse, aber Mêmêd Laurencis trug triumphierend den verblüfften, bekrittel-

ten Kaiserlichen Spielgefährten in seinen Armen von dannen über die Pfade der Rosengärten; ihnen folgte Asser im neuen Prunkmantel, er hatte sich in die Schwestern eines der Ritter verliebt, die ihren Bruder nach Theben begleitet hatten, den Jussuf ihrer Träume zu schauen.

Urägypter, Goldmorgenländer war des Maliks treuster Häuptling Salomein. Er galt für hochmütig und verschlossen. Über Theben blickte er auf zum Himmel der Stadt durch seine Farben seinen Jussuf, dessen Bild er trug in dem Stern seiner Stirnmitten. Als ihn einmal Thebetaner nach den arischen Soldaten fragten, sagte er ihnen zur Antwort, er habe nie einen arischen Soldaten gesehn. –

Der Malik hielt sich nach der kleinen Mißstimmung zwischen Ihm und den abendländischen Gästen eine Weile vor ihnen verborgen; aber Er beauftragte Oßman den Rittern Sehenswürdigkeiten der Stadt zu zeigen. Und der Somali führte die Krieger in den großen Malikturm. Die kleine Karawane kletterte unzählige Stufen der Treppen in die Himmelshöhe, als Letzter, Ismael, der greise Oheim Oßmans mit dem kleinen Mïr auf den Schultern; diesem folgte die vornehme Leibwache des Maliks. Über Weizenfelder und Zitronenwälder flogen die Augen der Angelangten. Des Somalis spitzgeschliffene Zähne lachten. Sitti Ismaël, wie der Kaiser den Oheim des Lieblingsnegers seines hohen Alters wegen ehrerbietig von jedermann genannt wünschte, hatte vom Maltzaner Herzog etwas abendländisch gelernt, erzählte den Soldaten die Vorgeschichte aus jedem Hause der unvergleichlich blauen Stadt. Nicht wenig waren die Arier überrascht, als sie plötzlich auf dem weiten Spielplatz Jussuf Abigail erblickten im Kriegerschmuck; alle farben Perlen sangen um Seinen Leib, Ihn umgaben Thebetaner ebenfalls in Kampftracht. Der Malik schien keinen der Zuschauer oben auf dem Turm Seiner Stadt zu bemerken, und Oßman riet schalkhaft den Soldaten sich ja unauffällig zu verhalten. Der hohe Bumrangkrieger schleuderte Seine hölzerne Mondsichel leicht, fast virtuosenhaft durch die Luft und fing sie wieder auf im großen Kreis, jedesmal mit hellem Kriegsgeschrei, das von Seinen Getreuen begleitet wurde. Beim Mondaufgang begegneten dem wilden Kaiser Seine abendländischen Gäste im lebhaften Gespräch, erröteten noch vor Entzücken in der Erinnerung des erlebten Schauspiels. Der Roller meinte derb zu Hutten gewandt: »Bei Dem wär kein Indier übrig geblieben.« Abigail vernahm diese Schmeichelei und es hob seine Eitelkeit. Schloß sich den uniformierten Gästen bei ihrem Spaziergang an, schüchtern lächelnd, die stritten sich um den Gang an seiner Seite. Die beiden Brüder Roland und Wetterscheid und deren Freund Maria von Aachen, Karls Sohn, hatten schon ganz vergessen, warum sie in Jussufs Stadt gesandt wurden, so überaus glücklich befanden sie sich hinter den sieben singenden Säulen, darum sie Schill rügte aus diensteifriger Gewohnheit. Der Roland von Berlin und Heinrich Maria stiegen beherzt über den Zaun in den Garten, hinter dem das Prunkgemach des Maliks lag. Der säumte in Gedanken der Morgenfrühe nach, hing wie eine schwermütige Dolde am Traum der heißen Welt. Roland, der aus seidigen Papieren Monde und Sternlein zu schneiden verstand, reichte zärtlich dem erwachten Kaiser diese kindlichen Gaben mit lieben Verschen beschrieben und Maria, Karls Sohn, schenkte dem Jussuf einige Heiligenbildchen, die er gemalt hatte im geschnitzten Rahmen; und der Kaiser ließ Sich von ihm diese Ihm fremde Malerei erklären, bewunderte seinen Mahagonikopf; fast blau wirkte auf Ihn die glänzende Dunkelheit seiner Haare, ebenso blau wie Rolands glückliche Augen waren. Und er sprach diesen neuen Freunden von Seines Herzens Alleinsein, von Seiner unerlaubten Liebe zu Gisel dem Arierfürsten. Und Roland mit seinem guten Kindergemüt vergaß jede Schranke, patschte mit seinen Händen liebkosend über Jussufs Wange und so trösteten die beiden fremden Soldaten Ihn, den mächtigen, hilflosen Malik. Von ferne sahen sie die Häuptlinge scherzen mit den Abendländern, Mordercheï und Lederstrumpf schlenderten herzlich befreundet an die Menschen Thebens vorbei, hielten sie an und Lederstrumpf erzählte ihnen von Wild West und seinen Rothäuten; seine Abenteuer schlichen um aller jungen Thebetaner Köpfe. Ihm dem Kaiser war Lederstrumpf im Begriff die kleinen bunten Häuser Thebens in miniatur als Spielzeug aufzubauen und zu bemalen. Aber dennoch mißstimmte Abigail der Erfolg, den Lederstrumpf sich in Seiner Stadt erwarb; auch seine Verbrüderung mit einem Seiner Häuptlinge ärgerte den eifersüchtigen Kaiser und Seine Eitelkeit litt unter der

Vernachlässigung Mordercheïs. Abigail beanspruchte Seine Freunde für Sich. Wenn Er nicht selbst eine Vorliebe für den bitter-phantastischen Wildwestabenteurer empfunden, hätte er Theben geschlossen, wie Er mal kurz und kindlich zu Theodorio vorwurfsvoll Sich äußerte. Einmal begegnete Oßman dem Kaiser in der Nacht, als er in Begriff war ins Gebäude der fremden Krieger zu dringen. Der Somali fühlte instinktiv was Jussuf Abigail veranlaßte. Er hatte Sich in diese neuen Menschen verliebt, und sein Vorhaben war, sie zu verführen in Theben zu bleiben. Ich warne Dich Jussuf Abigail, so sagt der Neger!

Das seltene Abenteuer das Roland von Berlin und sein Freund Maria mit dem Malik erlebt hatten, zu verschweigen, riet ihnen der zartfühlende Wetterscheid. Aber schon am selben Tage wußten es alle die Kameraden und drängten sich an Oßman heran, ihnen Gelegenheit zu geben, seinen Malik irgend bei einer unverhofften Gelegenheit zu begegnen. Das erfuhr der empfindsame Kaiser und ließ den Roland ins unterirdische Gewölbe zu den Mumien sperren, daß er von diesen das Schweigen lerne. Aber Heinrich Maria sein Freund durfte ihm stumme Gesellschaft leisten. Einigemale zur Tageszeit aber ließ der Kaiser den beiden gefangenen Scheintoten ihre Lieblingsspeisen in den Tartaros reichen, wünschte Ihnen guten Appetit.

Von dem plötzlichen Tode Pitters des Herrn von Elberfeld auf dem Schlachtfeld im Frankenlande durchfuhr den Malik ebenso jäh, wie den abendländischen Soldaten. Der Malik und dieser große Dichter hatten Briefe und Wünsche gewechselt von ihrer ersten Knabenzeit an und waren gute Kameraden geblieben. Abigail eilte selbst ins Gewölbe der Mumien und teilte die Trauerbotschaft Seinen lieben Gefangenen mit, und holte sie wieder ans Licht und sprach zu ihnen: am liebsten würde Er Pitters Leib im Morgenlande einbalsamieren und erhalten lassen wie die Mumien in Sarkophagen an beiden Seiten der Kaiserstätte.

# Prosa 1913 bis 1914

## Richard Dehmel

Ich schrieb über ihn in meinem Essaybuch Gesichte:

> Aderlaß und Transfusion zugleich;
> Blutgabe deinem Herzen geschenkt.
>
> Ein finsterer Pflanzer er,
> Dunkel fällt sein Korn und brüllt auf.
>
> Immer Zickzack durch sein Gesicht,
> Schwarzer Blitz.
>
> Über ihm steht der Mond doppelt vergrößert.

Ich will noch mehr über Richard Dehmel sagen: Aus ihm kann man einen Urwald formen und aus einem Urwald, Himmel, Blitz und Donner einen Richard Dehmel haun. Er ist kieferngrün, er hat Augen, unergründliche Waldbäche. Forst tritt in den Raum, und wir verirren uns zwischen den wurzelverschlungenen Pfaden seiner Dichtungen. Manchmal schreit ein Hirsch auf; buntes Licht leuchtet dort aus seinem Vaterhaus, das der Sturm umbraust:

> Der Sturm behorcht mein Vaterhaus,
> mein Herz klopft in die Nacht hinaus,
> laut; so erwacht ich vom Gebraus
> des Forstes schon als Kind.
> Mein junger Sohn, hör zu, hör zu:
> in deine ferne Wiegenruh
> stöhnt meine Worte dir im Traum der Wind.

Einst hab ich auch im Schlaf gelacht,
mein Sohn, und bin nicht aufgewacht
vom Sturm; bis eine graue Nacht
wie heute kam.
Dumpf brandet heut im Forst der Föhn,
wie damals, als ich sein Getön
vor Furcht wie meines Vaters Wort vernahm.

Horch, wie der knospige Wipfelsaum
sich sträubt, sich beugt, von Baum zu Baum;
mein Sohn, in deinen Wiegentraum
zornlacht der Sturm – hör zu, hör zu!
Er hat sich nie vor Furcht gebeugt!
Horch, wie er durch die Kronen keucht:
sei du! sei du!

Und wenn dir einst von Sohnespflicht,
mein Sohn, dein alter Vater spricht,
gehorch ihm nicht, gehorch ihm nicht:
horch, wie der Föhn im Forst den Frühling braut!
Horch, er bestürmt mein Vaterhaus,
mein Herz tönt in die Nacht hinaus,
laut...

Dieses sich losbäumende Gedicht! Ein Edelbüffel er, der es herausbrüllt durch die Spalten der Stämme in die Welt. – Ich zeichnete ihn, wie ich ihn in der Erinnerung mit mir nach Hause nahm, vor einigen Jahren aus seinem Vortrag: »Dichtender Waldmensch, unbändiger Forstfürst!« Vorsintflutliche Verstiere sind seine Gedichte aus Harz und Mark und Rinde.

## Ein »Schulheim«.

Vom Bahnhof Dresden-Neustadt fährt man noch zwanzig Minuten mit der Elektrischen nach Hellerau, in das einzige Dorf, das von Städtern bewohnt ist. Jede Familie besitzt ihr eigenes Häuschen, vor jedem Häuschen blüht ein Garten aus allerlei bunten Farben. Ueberall spielen Kinder, und die Hügel sind da für die Purzelbäume. Schlanke Mädchen in griechischen Gewändern steigen herab ins Thal aus ihrem kleinen Griechenland, das Dalcroze oben auf dem Gipfel des städtischen Dörfchens erschuf. Unten liegt das Schulheim an der Soldatenwiese und inmitten vieler, vieler Nadelbäume. Frische Luft und Waldesdüfte dringen durch seine Fenster und färben die Backen der Kinder rot.

Am Morgen mit dem ersten Kikeriki kommt die Dresdener Jugend herauf in die junge Schule, und manches von den Kindern kehrt erst abends wieder heim. Am liebsten möchten sie alle ganz dort bleiben, wie die Kinder aus Berlin. Und sie beneiden die Kameraden und Kameradinnen. Freilich, eine solch schöne Schule sollte man sich zu Weihnachten wünschen, mit so einem guten, freimütigen Direktor und seinen lustigen Lehrern und Lehrerinnen. Die Kinder nehmen die Unterrichtsstunden wie Geschenke mit heim. Die Knaben und Mädchen brauchen nicht zu zittern, ob sie das Rechenexempel können oder nicht; darum lernen sie eben das Doppelte, weil ihre Aufnahmefähigkeit nicht durch Furcht geschwächt wird. In den Pausen wird der Schulgarten lebendig, an den Turngeräten üben sich die Kinder, und ihr Lachen schallt bis zum weißen Hirsch herüber. Viel Obst und Milch, aber auch Fleisch und gemischte Kost bekommen die Kleinen zu den Mahlzeiten, und ihre Schlaf- und Wohnräume sind warm, weiß und gold. Ueberall Fröhlichkeit und Gemütlichkeit, wie es sich Kinder wünschen.

Nicht weit vom Schulheim liegt verwunschen zwischen lauter Holz und Brombeeren das Waldhaus. Von der Großstadt geschwächte oder nervöse Kinder finden dort bei einem Arzt und seiner Frau, die ebenfalls Aerztin ist, Aufnahme. Die haben selbst einen kleinen Sohn und wissen mit Kindern umzugehen. Ein

Knabe sagte: »Der Doktor weiß, wie es ist, wenn man selbst noch ein Kind ist.« Kann ein Erwachsener etwas aussprechen, das mehr Elternsorgen zu beruhigen vermag?

## Aus dem Buch der drei Melochim

### I. Abigail

Er wurde Meloch, als er noch im Mutterleibe war. Die Melochmutter klagte, denn Abigail weigerte sich zur Welt zu kommen. Der lag in seiner Mutter Prachtleib wohl geborgen und schnarchte so laut, daß man seinen Schlummer vom Palaste aus bis über den Fluß, im Osten der Stadt vernahm. Der junge Meloch wollte nicht zur Welt kommen. Und Diwagâtme seine Mutter gewann einen Umfang, der über das Königskissen hinauswuchs und man polsterte für ihren hohen Leib ein Gemach des Palastes aus, darin sie sich ausdehnte von Tag zu Tag. Der junge Meloch lebte nun in ihrem Leibe zwanzig Jahre und weigerte sich zur Welt zu kommen. Da berief die Melochmutter von jeder Vereinigung ihrer Stadt einen Mann, der ihr raten sollte. Von den Johovanitern den vornehmsten Priester, von den roten und gelben Adames je einen der Viehzüchter, auch den liebwertesten Zobaothknaben, der der Gespiele ihres Sohnes Abigail hätte werden sollen. Und der Marktplatz wurde gehöhlt und mit weichen Schafsfellhaaren ausgestopft, denn Diwagâtme, die Mutter des eigensinnigen Abigail, konnte ihres Leibes wegen nicht mehr im Palast bleiben und also geschah auf Raten ihres aerztlichen Beistands, daß sie behutsam trugen eines Mittags unzählige Sklavenhände begleitet von der Musik der Dudelsackpfeifer und Schellen und Trommeln auf ihren neuen Sitz mitten auf dem Marktplatz in Theben. Abigail weigerte sich zur Welt zu kommen. Aber einmal hörte ihn seine Mutter eine himmlische Melodie sagen und sie dachte an das hohe Lied Salomos. Sie verschwieg der Stadt und sogar den Nächsten ihrer Umgebung das neue Geheimnis ihres Leibes. Abigail ihr Sohn war ein Dichter und kein Regent; ihr sein Beharren in der dunklen, sorglosen Nacht ihres Leibes wohl verständlich, den anderen ein immer mehr zunehmendes Rätsel. Von dem Bewahren des Geheimnisses wurde Diwagâtme krank: Schatten bedeckten ihre strahlenden Augen, und stumm wurde sie vor Furcht einmal einzuflechten den Dichtgeist ihres Sohnes in ein Gespräch, zumal sie keine andere Freude empfand, als die beim Vernehmen des hohen Liedes ihres Lieblings. Sie mochte sich auch nicht mehr betasten lassen von dem kleinen Staate, der sich um ihren Leib wie um eine Insel bildete, Umschau hielt und Messungen anstellte. Der beharrende Meloch aber, lebte weiter vom Fleisch und Blut seiner Mutter und sie fühlte ganz genau, daß er eine Vorliebe für einige Gerichte hatte; daß er nur dichtete beim Genusse süßen Blutes wenn seine Mutter verzuckerte Rosen verzehrte. Aber immer wenn sich die ungeduldigen Bürger der Stadt seiner Mutter näherten, verkroch er sich ganz tief in seiner einsamen, pochenden Heimat bis er eines Tages das Herz seiner Mutter gewaltig mit seinem Fuß in die Rippen stieß und Diwagâtme tötete. Da weigerte sich der Muttermörder nicht mehr aus der erstarrten Nacht zur Welt zu kommen. Diwagâtme wurde begraben, aber ihn den Sohn setzte man auf den Thron im Palast. Abigail der Erste saß nackt auf dem Thron in seiner letzten Haut, die war zart und neu und unberührt. Und er fürchtete sich in der offenen Welt – seine Hände suchten immer Wände und der Tag tat seinem Auge weh. Aber seine Bürger trugen ihn auf ihren Schultern durch die Stadt, durch die Lande – ihren Wundermeloch! Schön war Abigail, jedes seiner Glieder ausgeruht; nicht eine Farbe an ihm nur hingeworfen! Die Töchter Thebens gehörten alle ihm; die hatten durch die lange Erwartung in der die Stadt lebte, fragende Augen und geöffnete, lächelnde Lippen, und trugen eine Blume im Haar mit offenem Kelch für den Schmetterling. Abigail aber kroch in jeder Jungfrau Leib und er sehnte sich nur noch nach dem Mond, wenn er rund und weich am Himmel pochte. Da einmal in der Frühe brannte sein Palast; nun starb Abigail der Erste, der Sohn Diwagâtmes, die das Geheimnis mit ins Grab nahm, daß ihr Sohn ein Dichter war. Er stand und schritt und lief zum ersten Mal auf seinen Füßen, die sonst, ein verwöhnter König auf den Schultern seiner Bürger ruhten. Der Palast stand in wilden Flammen, als Abigail es bemerkte, sich an der Säule des Gebäudes herabließ, ohnmächtig zusammenbrach und von einer Karawane, die im Morgendunkel noch träumte, überritten wurde. So endete Abigail, der Spätgeborene von Theben.

## Plumm-Pascha

### Morgenländische Komödie.

Personenverzeichnis:
Plumm-Pascha, Großvezier von Oberägypten
Sichem, sein tauber Diener
Ptah, der alte Stiergott
Seine Stierpriester
Fürstin Diwagâtme
Hassan, ihr Sohn
Prinzessin Tino, seine Herzallerliebste
Tinos Negersklavinnen
Dr. Eisenbart aus dem Abendland
Die häßliche Prinzessin Bâhbâh
Ärzte, Weise, Gesandte, Flöten- und Dudelsackspieler, Gaukler, Bauchtänzerinnen, Krieger, Stierkrieger, schwarze Diener und Dienerinnen, Sklaven.

Auf Befehl Plumm-Paschas, des Großveziers von Oberägypten, werden die letzten Stierpriester einer Sekte des Gottes Ptah auf Scheiterhaufen verbrannt. Viel Volk verhöhnt die Opfer, bewirft sie mit Steinen, aber die Märtyrer halten, bis sie zu Asche verbrannt sind, gläubig ihre kleinen stierköpfigen Götzen aus den Flammen aufrecht.

Plumm-Pascha kommt aus seinem Reichspalast, begleitet von seinem Gefolge, Gesandte in Fez und ernsten, langen Gewändern. Der Großvezier steigt aus seiner Sänfte. Es wird dunkel, es blitzt, und der Gott Ptah steht plötzlich vor Plumm-Pascha und verflucht ihn und verwandelt seinen Kopf in einen übergroßen Stierkopf. (Der im Verhältnis zu seinem jetzigen Stierkopf lächerlich klein wirkende Turban bleibt ihm unverändert sitzen.) Scheußliche Stierfratzen tanzen um den verzauberten Plumm-

Pascha, bis es wieder hell wird und Ptah verschwunden ist. Die Gesandten sind geflohen, die schwarzen Diener ließen die Reichsbullen fallen und große Verwirrung entsteht. Nur der taube Diener behält seine Fassung, trägt den erschrockenen Großvezier auf ein Mooskissen, darauf er sich mit gekreuzten Beinen niederläßt. Es kommen Weise mit Instrumenten, Mikroskopen, großen Schädelmeßapparaten, aber sie beraten ohne Erfolg; beginnen sich zu streiten, reißen sich an den Bärten und gestikulieren heftig mit allen Gliedern. Der sich langsam erholende Plumm-Pascha brüllt seinen tauben Diener an, der aus einem Futteral, das er bei sich trägt, ein Riesenrohr nimmt und es anlegt. Nun glaubt er zu verstehen, seinen Herrn quäle der Hunger. Und er rennt fort und bringt seinem Herrn einen Karren voll Heu zum Fressen. Indessen die Weisen beraten, Diwagâtme zu holen, die kluge Kalifin der Stadt.

Im Rosengarten treffen die Weisen Hassan und Tino umarmt auf einem Zweig sitzend inmitten der Rosen. Diwagâtme, die Mutter Hassans, tritt zu ihnen. Die beiden Liebenden bitten sie um den Segen, aber sie verweigert ihren Segen und wendet ihren großen Beutel um, weil sie geizig ist, und macht den beiden begreiflich, sie habe kein Geld überflüssig, ihnen einen Palast zu bauen.

Es hören dieses die Weisen und erzählen den drei Verwunderten von dem Schicksal Plumm-Paschas. Diwagâtme erklärt, nur der Kuß eines reinen Weibes könne den bestraften Großvezier erlösen. Sie wendet sich schlau an die Prinzessin Tino und sucht sie zur Tat zu gewinnen: sie sei dann keine arme Prinzessin mehr – denn der Großvezier würde sie mit Gold und Edelsteinen überschütten, und der Heirat mit ihrem Sohne stände dann nichts mehr im Wege. Diwagâtme begleitet die Weisen aus dem Garten. Tinos Gespielinnen nahen und tanzen einen Schleiertanz um das Paar.

Der Großvezier liegt brüllend auf seinem Dach; auf einmal kommt ein Luftballon, darauf steht »Abendland«. Aus dem Luftballon steigt aufs Dach Doktor Eisenbart, hinter ihm schreiten lebendige Flaschen mit der Aufschrift »Kuhlymphe«. Die Diener wollen den wißbegierigen Doktor abhalten, den wütigen Pascha zu untersuchen. Aber Dr. Eisenbart läßt sich nicht hindern, dem Stier Lymphe zu entziehen, bis der Großvezier ihm den Kopf abbeißt; der wird zur Warnung an einer langen Stange aufgespießt. Unterdessen nahen die Weisen und berichten Diwagâtmes weises Wort. Der Vezier stößt ein Freudengebrüll aus, taumelt sich einige Male über den Teppich seines Dachs und die Weisen mit ihm. Negerknaben schreien auf den Straßen und Marktplätzen aus nach einem reinen Weibe, das den Großvezier erlösen will für Gold und Edelsteine. Auf großen Fahnen, die sie herumtragen, steht es geschrieben.

Der Großvezier eilt von seinen Leuten umgeben auf den Marktplatz. Es nahen zehn Stiere mit zehn Prinzessinnen, sie sehen den Großvezier brüllen und fliehen. Nur eine von ihnen ist bereit, den verzauberten Herrn der Stadt zu küssen. Man entschleiert sie; sie ist aber von so scheußlicher Häßlichkeit, daß der Großvezier sich entschieden weigert, sich von ihr küssen zu lassen. Sie ist lang und dürr. Friseure kommen mit großen Grasscheeren und beschneiden ihr Haar. Eimer voll Schminke werden herbeigetragen und man schminkt die Prinzessin, färbt ihre Lippen und ihre Wangen mit großen Anstreicherpinseln. Aber Plumm-Pascha winkt ab, trotzdem alles Volk zurät. Die häßliche Prinzessin Bâhbâh spitzt ihren Mund, drängt sich zu ihm, immer wieder, bis der taube Diener sich ihrer erbarmt, sie küßt und mit ihr davon reitet.

Endlich naht Tino auf einer weißen Kuh, herrlich gekleidet, begleitet von Hassan und ihren treuen Gespielinnen. Der Stierkopf auf dem Thron bewegt sich, entzückt von der großen Schönheit der Prinzessin, mit furchtbar komischen Bewegungen. Man zeigt Tino in den Säcken all das Gold und die Edelsteine, und sie bringt es über sich, aus Liebe für Hassan den Stierkopf aufs Maul zu küssen. Wieder große Dunkelheit, Blitze, Feuerfratzen. Als es wieder Licht wird, trägt Plumm-Pascha seinen ehemaligen umbarteten Kopf wieder und belohnt die Prinzessin nicht allein mit Schätzen, erhebt sie neben sich auf seinen Thron – und überreicht ihr sein großes Rubinherz. Aber Tino weint sehr, denn sie liebt Hassan, der ihr zuwinkt, zu schweigen. Aber einer im Volk drängt sich zum Pascha, verrät ihm, daß seine Erlöserin den Hassan, den Sohn der Kalifin Diwagâtme, liebe. Der Großvezier läßt nun Kriegskleider und einen Speer kommen und sendet den überraschten Jüngling in den Krieg.

Aber der Mond kommt ganz groß an den Himmel herauf, und die Prinzessin tut, als ob sie müde sei, schläft ein... und neben ihr der Großvezier und das Volk all schläft auch. Und wie die Prinzessin alles fest schlafen hört, öffnet sie die Augen; Ptah, der Gott, bringt einen Spaßmacher. Der muß seine Kleidung mit der der Prinzessin wechseln, auf daß sie glücklich entkomme. Der Großvezier erwacht, sieht den Spaßmacher neben sich, der ihm immer zunickt, und er glaubt, er habe überhaupt alles nur geträumt. Drum gibt er ein großes Fest, darauf sich Tino und Hassan vermählen. Rosenreigen, Wasserspiele. Zuletzt kommt der Gott Ptah und segnet die beiden: Hassan und Tino.

## Heinrich F. Bachmair. ⟨Offener Brief⟩

Lieber, guter Heinrich F. Bachmair! Sie druckten in ein kleines Reklameheftchen einen der Briefe aus meinem Roman, mein Herz, ab. Dieser Brief gibt mit den vielen Briefen eine künstlerische Korrespondenz, wirkt aber herausgenommen seines Inhalts wegen leicht gehässig und auffallend. Glaubten Sie, durch den Druck dieses Briefes mir einen Gefallen zu tun, da er sich gegen eine Person richtet, die sich anders entpuppte, als zu erwarten war? Diese Taktlosigkeit verdanke ich wahrscheinlich ihrem Ratgeber, dem Literaturherrgottschnitzler, dem Bua mit der Schwalbe in der treuen Brust. »Obba es steht jo do oach no oan Briefle donäben.« – »Das seh ich auch, lieber Heinrich Bachmair, aber – der steht auf einer anderen Seite – und in so einem kleinen Reklameheftchen blättert man doch höchstens nur.« Aber leben Sie recht wohl und schicken Sie mir Yoghurtpastillen aus Ihrer Apotheke in Pasing, damit ich seh, daß Sie mir ahn lang Leben wünschen.

Ihre Else Lasker-Schüler

## Kleine Skizze.

Ein Dorf mit Stadtbewohnern ist Hellerau. Oben auf dem höchsten Gipfel liegt Jung-Athen, von griechischen Girls und Masters bewohnt. Die studieren bei Dalcroze Tanz und Rhythmus und sind lauter stud. dancing und lovely, american-Studentinnen, alle in griechischen Gewändern, das Reifband um die Stirnen geschlungen. Von diesem Athenerhügel sieht man das eigentliche Dörfchen liegen in Blume und Frucht. Eine ganze Straße Spielhäuschen; Girlanden verbinden wie zum Fest Dach mit Dach. Am Ende des Dorfes steht das Schulheim. Jeden Tag kommen die Kinder aus Dresden und verbringen dort in den weiten, frischen Räumen den Lehrmorgen. Den Mädchen und Knaben aus Berlin und aus der Dresdener Umgegend ist das Schulheim ein Elternhaus geworden. Goldblonde Haare und braune Locken flattern durcheinander und Bubenköpfe, frisiert wie ihr Herr Direktor. Die Mädchen mit der liebreichen Stimme ihrer Fürsorgerin eilen mir entgegen. Dogessa versteht Geschichten zu erzählen und Schwänke von ihrem Ahn, dem Baron v. Münchhausen. Vor dem Schulheim blüht eine grüne, grüne, grüne Wiese. Die Soldaten exerzieren dort in der Frühe und blasen in die Trompete. Aber nach der Essenszeit spielen die Kinder des Schulheims Fußball, Reifen und Federball in dieser ungehemmten Freiheit. Hell ist es im Schulheim, ein Haus für die Mädchen, ein Haus für die Knaben; zwei weiße Häuser mit zitronenfarbenen Türen, aus denen die Kinder wie Schmetterlinge ein- und ausschweben. Gemeinsames Mahl, Zusammenspiel im Garten, und im Winter in den gemütlichen Stuben. »Der Direktor ist schrecklich streng,« erzählen die Kleinen scherzend. Eben balgt er sich mit dem Günther herum, und seine blauen Augen sind zwei lustige Streiche. Und die Baronin-Großmutter ist eine Großmutter und ein Kind zugleich und immer in Sorge für jedes einzelne Kind. Heute wird bei Tische überlegt, wohin die Wanderung gehen soll. Nach Böhmen!!! Der Direktor Koehler selbst marschiert voran, den Rucksack auf dem Rücken. Hinter ihm die kleinen Bergsteiger. Ich möchte wahrhaftig noch einmal in die Schule müssen. Die Stunden im Schulheim sind nicht anstrengend, man wünscht sie sich nicht zum Kuckuck. Und doch kommen die Kinder ordnungsgemäß vorwärts; die Jungens werden Einjährige und den Mädchen bleibt die Anmut. Milch und allerlei Säfte trinken die Kinder zu den Mahlzeiten. Wenn ich dort zwischen ihnen sitze, meine ich, ich bin auch noch ein Schulkind. Ich liebe dieses Haus, als ob es mir mitgehört.

# Der Prinz von Theben

Ein Geschichtenbuch

Meinem Vater Mohamed Pascha
und seinem Enkel Pull

## Der Scheik
### Meiner
### teuren Mutter

Mein Vater hat mir schon oft die Geschichte aus dem Leben meines Urgroßvaters erzählt, ich glaube nun, ich habe sie selbst erlebt ... Nicht einmal der Insektenabwehrer durfte hinter dem großen Straußenwedel dem Gespräche lauschen, das mein Urgroßvater, der Scheik, allabendlich führte mit seinem Freund, dem jüdischen Sultan Mschattre-Zimt. Vom schlichten Dach des jüdischen Sultans führt eine Wolke herüber zum gastlichen Dach meines Urgroßvaters des Scheiks, des obersten Priesters aller Moscheen. Oft vergaß der Scheik sein Abendgebet zu sprechen vor Ungeduld nach seinem Freund. Der schritt nicht verspätet, nicht verfrüht über die göttliche Brücke. Sie spielten: Enti. Durch kleine Kanäle liefen die Kugeln und fielen in die Rinnen des goldenen Spiels; oder gewannen bei geschicktem Wurfe, indem sie vorher Halt machten in dem ersten, zweiten oder dritten Kreis des Bretts. Das Haften der Kugel im dritten Kreis gehörte zum Ausnahmeglück; wenn es also geschah, wußte es der ganze Palast. Die Überraschung meines Urgroßvaters machte sich in einem Lachen Luft (namentlich wenn er der Gewinnende war), welches die Wände der Säle unter ihnen erschüttern ließ. Um Mondaufstieg brachten zwei Sudanneger den beiden königlichen Freunden Getränke und übliches Rauchwerk. Der Scheik rauchte den Opium unverdünnt und Mschattre-Zimt rügte immer schärfer den Schaden des Giftes auf seines Freundes Leib.

Mschattre-Zimt besaß in seiner Sammlung außer den Blöcken der Gesetztafel des Sinaï, auch unter andern eines der Bücher Mose, ein medizinisches, naturwissenschaftliches Werk in althebräischer Schrift. Diesem verdankte er seine medizinischen Kenntnisse, mit denen er aber nur im äußersten Falle hervortrat. Denn der jüdische Sultan war kein Menschenfreund. Und selbst über seinen Freund den Scheik äußerte er sich in gleichgültigster Weise, was aber nur aus übergroßer Vorsicht geschah.

Mein Urgroßvater hatte dreiundzwanzig Söhne, unter ihnen ein Zwilling. Der jüngste der dreiundzwanzig Söhne war mein

Großvater und hieß: Schû. Der setzte sich heimlich vor dem Eingang des Daches; er war Geschichtsschreiber und erhielt der Nachwelt in Bildern und Sternen, was die zwei Bärtigen miteinander sprachen. Ob Allah oder Jehovah der einzige Gott der Erde sei – wurde zum streitenden Amen ihres Abends. Wie die Kugeln des goldenen Spiels überstürzten sich schließlich ihre Worte und Gebärden. Der Scheik vergaß sich in seiner Würde so weit, daß er die Krüge der Getränke wie ein unerzogener Knabe über die Zinnen seines Daches warf, bis die Tränen vor Erschöpfung aus seinen Augen rannen. Aber Mschattre-Zimt stand aufgerichtet auf meines Großvaters Dach, seine großen, braunen Augen lächelten schüchtern. Mit einem Schweigen, über das mein Urgroßvater das Ende der Dunkelheit mit Kümmernissen sann, verließ der jüdische Sultan vor Mitternacht das Dach. Und wenn Schû am Morgen, von seinem Vater bewogen, den jüdischen Sultan schon bei der ersten Waschung überraschte, kam es nicht selten vor, daß dieser sich verschwor, niemals wieder seinen Vater zu besuchen; heimlich aber dachte er: In ganz Bagdad findet Jehovah keinen jüdischen Knecht, auf den er mit größerem Wohlgefallen blicken würde wie auf den mohammedischen Priester aller Moscheen. Denn Mschattre-Zimt bewunderte heimlich den ungezähmten Eifer seines Freundes. – An einem Feiertage der Juden zerriß mein Urgroßvater, der Scheik, der oberste Priester aller Moscheen, seine Kleider; schüttete Asche auf sein glänzendes Haar ... Mschattre-Zimt war am Morgen gestorben. Der Scheik folgte zu Fuß, inmitten seiner dreiundzwanzig Söhne, dem schlichten Sarge seines Freundes, der zur Ruh bestattet wurde nach seines Gesetzes Gerechtigkeit wie der ärmste der Gemeinde. Der Scheik sprach dreiundzwanzig Gebete und eins, dreiundzwanzig am Grabe des jüdischen Sultans nach seiner Söhne Zahl und eins in hebräischer Sprache zu Ehren seines Freundes. Dann wurde er schweigsam und blickte trübe wie der Himmel zur Regenzeit. Und Schû, der jüngste seiner dreiundzwanzig Söhne, saß an seines Vaters Seite, vor seiner Lippe, wie vor einem verschlossenen Tor. – – Es war ein Jahr nach Mschattre-Zimts Tod, als es ganz geheimnisvoll an die Wand des Palastes klopfte. Mein Urgroßvater saß an der Tafel, um ihn seine dreiundzwanzig Söhne, und speiste. Die schwarzen Diener, die gegangen waren, den Gast einzulassen, sahen niemand, der Einlaß begehrte; es klopfte unaufhörlich – aber sie brachten denselben Bescheid. Da erhob sich Babel, er war der älteste Sohn der Dreiundzwanzig, aber er brachte den späten Gast nicht, der die Ruhe seines Vaters störte. Und es gingen alle die dreiundzwanzig Söhne, einer nach dem andern, durchsuchten den Palast, zerstörten das dichte Laub der Sträucher und lauerten vor der Mauer des Gartens wie Spürhunde. Aber der Scheik, mein Urgroßvater, legte sein Feierkleid an und er ließ seine Füße mit dem Öle des Tigris beträufeln. Seine Söhne folgten ihm in die unterirdischen Gewölbe der Stadt; aber die Königsmumien schliefen. Und in den Moscheen opferten ahnungslos die Priester und weihten Allah ihre Nacht. Und sie beugten sich vor dem Scheik und küßten seine geheiligten Füße. Durch die Straßen von Bagdad wehte ein klagender Wind, der kam von der Richtung des jüdischen Friedhofs her; aber die Söhne weigerten sich, auf ihres Vaters Wunsch ihm zu folgen. Er zwang sie. Denn der Pförtner des Friedhofs war ein Schläfer und die dreiundzwanzig Söhne meines Urgroßvaters mußten eine Leiter bilden von der äußeren bis herab zur Erde der inneren Friedhofmauer und über die lebendigen Stufen seiner Söhne: Babel, Mohammed, Ingwer, Bey, Nessel, Hassan, Bôr, Abdul, Hafid, Schâl, Neu, Ismael, Jildiz, Amre, Säuel, Nachod, Asra, Gyl und Gabel, Abel, Bab, Haman, Schû, gelangte der Scheik in den stillen Garten. Mschattre-Zimt war aus seinem Grabe gestiegen, um seine feinblitzende Stirne den Turban Mose – und die Hand hatte er erhoben wie er sie erhob gläubig zu seinem Gotte, wenn er den Freund vor Mitternacht erzürnt zu verlassen pflegte. Seine braunen schüchternen Augen waren aus den Höhlen getreten, verwitterte Kuppeln, rissige Synagogen. Ein Schauer ergriff den Leib des Scheiks. Versöhnend legte er den Freund zurück in seine Gruft.

In dem Tore von Bagdad ruhen eingeschnitten die Bilder meines Urgroßvaters, des Scheiks, des obersten Priesters aller Moscheen, und seines Freundes, des jüdischen Sultans Mschattre-Zimt.

## Der Amokläufer

Auguste Ichenhäuser
in lauter Kameradschaft

Tschandragupta ist siebenzig Jahre alt. Am frühen Morgen wird ihn sein Sohn erschlagen. So ist es Sitte im Stamm. Und vor ihren Zelten schreien die Weiber und ihre Söhne klatschen mit ihren Händen einen wilden Freudentaumel. Der neue Häuptling zerbeißt das Genick eines Elefantenkalbes, springt dreimal über seinen Stamm, der steht aufgerichtet, ein Haupt, da er trägt seines Königs Dach. Und Tschandragupta, des erschlagenen greisen Tschandraguptas Sohn, liebt des Melechs Tochter. Sie lockt ihn übers Meer. Und an einem Gebettag des Jehovavolkes nimmt der junge Häuptling heimlich sein Weib, bringt es in sein heidnisches Land. Und die Tochter des Melechs schenkt ihm einen Sohn, den nennt Tschandragupta: Tschandragupta und nach seines Weibes Vater, dem Melech. Und Tschandragupta, der Abtrünnigen Sohn, hat Sehnsucht nach den Juden. Die Heidenmädchen lieben ihn, eine opfert ihm ihr Federkleid. Er fliegt an allen Sternen vorbei zu den Juden. Und die Leute von Jericho glauben, ein Engel sitze vor dem Tor und bringen den Schlafenden auf ihren Händen in die Stadt. Gehen in das Haus des obersten Priesters und holen ihn nach dem Hügel, worauf Jehovas Tempel steht. Denn sie haben den heiligen Fremdling unter der Balsamstaude auf weichem Moos gebettet, und die Tochter des obersten Priesters wäscht seine Füße mit der Quelle. Da spaltet der Wind des Fremdlings Federkleid, – er erwacht – und die Leute sehen, daß er kein Gottgesandter ist und sie höhnen ihn. Aber ein Deuter ängstigt die Enttäuschten: Der dort ist Schaitân. Der Oberpriester nimmt den verhöhnten Gast in sein Haus. Der sehnt sich nach den Juden, beschenkt die Männer auf den Plätzen und schlichtet ihren Streit und gewinnt so der Juden Herz. Und den Frauen hilft er die Rosen pflücken. Nur Schlôme, seines gastlichen Hauses Tochter, gewahrt er nie, und doch ist sie die früheste an den Hecken. Und Tschandragupta schnitzt Räucherbecken aus Elefantenzahn für den Altar Jehovas. Aber der oberste Priester verschmäht sie sanft. Da wird Tschandragupta traurig und mit ihm Schlôme, des obersten Priesters einziges Kind. Und sie bittet ihren Vater, die fromme Gabe seines Gastes nicht zu verachten; der ehrwürdige Knecht Jehovas aber wendet sein Angesicht. Da geht Tschandragupta und fällt die Stämme der schwarzen Rosen, Jehova einen Altar zu bauen, aber der oberste Priester wehrt ihm schmerzlich. Nun weint des Häuptlings Tschandraguptas Sohn und heimlich in ihren Schleiern Schlôme, des treuen Knecht Jehovas einzige Tochter. Und sie schilt ihren Vater seines Hochmuts. In der Dämmerung bestieg sie den Hügel, auf dem der Tempel Gottes steht, entfaltete ihr Angesicht und ließ ihre Haare spielen wie Eva vor dem Schöpfer. Und weil des Oberpriesters Tochter den Sternenvorhang, der die heiligen Gerätschaften bewahrt, leuchten sah, begann sie ihrem Gotte zu schmeicheln, erinnerte ihn an den Schmerz der Liebe, da er noch Zebaoth hieß und das blinde Weib im Paradies ihn herrscheging und da Schlômes Stirne brannte, sahen ihre Augen nicht, daß die Sterne des Vorhangs sich verfinsterten und ihre Gebete wurden Liebkosungen, und so versündigte sich des obersten Priesters einziges Kind. Den Hügel herab stieg sie, stolperte über ihres Hauses Gast, der saß unter der Balsamstaude und sehnte sich nach den Juden. Glieder waren aus seiner Glieder Glieder gewachsen, die sich sehnsüchtig verschlungen hielten, wie die vielarmigen Götzen seiner Heimat. Seitdem Tschandragupta in der Stadt weilt, bieten alte, fratzenhafte Weibchen in den Winkeln der Straße oder in den Gruben hinter ihren Häusern heimlich verbotene Spielereien den stillen Mädchen von Jericho feil. In Urnen halten die Freundinnen Schlômes die kleinen Heidenliebesgötter gefangen und lächeln so eigen im Schlaf mit ihnen. Aber Tschandragupta sinnt, das hartherzige Herz des Priesters zu gewinnen. Mühsam gräbt er nach Gold in den Wäldern der Oase und belegt den Hügel, auf dem der ersehnte Gottestempel steht, mit seinem Fleiß. Prägt ein Stück Leben seines Nackens nach der edelsten Münze des Judenlandes und legt das atmende Gold zu dem verglommenen. Und die Leute der Stadt sehen von ihren Dächern den strahlenden Hügel. Eilen in des Oberpriesters Haus: »Die Sonne ist vom Himmel gefallen!« Aber der weiß, wer alles die Pracht gesäet, verbirgt sein Angesicht; denn er hat den Fremdling lieb. Und Schlôme hängt sich an ihres Vaters Schoß, bittet ihn, den frommen Wunsch des Jünglings zu erfüllen. Aber er sendet ungeduldig von den ehrlichen Hirten zwei zu dem Hügel, daß sie sammeln sollen das Gold in Säcken und nicht ein Stäubchen verloren gehe. Ist doch die lebendige Münze aus goldenem Fleisch und Blut schon abhanden gekommen. Da pocht der Deuter an das Haus des fürsorglichen Priesters, warnt ihn des beleidigten Volkes wegen: Der Enkel des Melechs wird dein einziges Kind töten. Aber der zuversichtliche Priester erinnert ihn an den Morgen, da er den sanften Heiden seines Hauses beschimpfte und die Leute beängstigte. Die sammeln sich auf den Plätzen in murrenden Scharen und ziehen vor ihres Oberpriesters Haus. Die Männer reißen an seinen starken Wurzeln und die Weiber springen wie Katzen um seine Balken. Und sie fordern von ihm, daß er den friedfertigen Fremdling zu Jehova führe. Beschimpfen ihren obersten Priester einen Dieb an Jehovas Gaben. Und Schlôme steht auf dem Dach, die Stadt sieht zum erstenmal ihr nacktes Angesicht. Wie eine lechzende Flamme seufzt ihre Stimme und schürt das Volk gegen ihren Vater auf. Vor seines ehrwürdigen Raumes Pforte lauscht Tschandragupta, seine Augen sind eingesunken und sein Atem hungert. Da kommt über ihn das Fieber seines Stammes nach verlorener Schlacht. Mit geöffnetem Rachen irrt der Fremdling an die Wände der Häuser vorbei. Die verscheuchten Rosen der Hecken flattern auf, sein Atem peitscht die Bäume und Sträucher um. Über die tobende Menge setzt er, wer wagt Schaitân zu bezwingen! Bis zu den Knieen waten die bebenden Hirten heimwärts ihren Lämmern voraus, die sind von Menschensaft bespritzt. Um den Hügel, worauf der Tempel steht, kreist Tschandragupta, ein böser Stern, ihm rinnt das Blut schwarz aus den Poren. Und die Leute gedenken des Deuters und kriechen auf Knieen, auf dem Leibe kriechen sie über die Dächer und dringen so in des Oberpriesters Haus. Fordern sein Opfer, hat er doch soviel Unglück gebracht über die blühende Stadt. Und Schlôme salbt ihre Glieder wie zur Hochzeit, sie hatte des Deuters Warnung vernommen. Und sie schwingt sich herab, eine zarte Wolke von der Höhe ihres Hauses und wandelt lächelnd immer näher dem tödlichen Kuß. Es finstern die Sterne wie das Haupt des Häuptlings; das drohte ihr unzählige Male auf dem Vorhang der heiligen Gerätschaften. Über die Namen der Wildväter, die in heidnischen Zeichen und Bildern geprägt sind in Tschandraguptas Fleisch, fließt Schlômes geweihte Süßigkeit, über seine goldenen Lenden hinab, wie rosenfarbener Honigseim. Zwischen seinen Zähnen trägt er verzückt sein letztes Opfer, ihren Leib hin über Jericho. Die schmeichelnde Dunkelheit beleckt die Straßen und Plätze, die Brunnen bluten nicht mehr. Und aus des Oberpriesters Haus, in den Schleiern Schlômes tritt Tschandragupta wie die Frauen der Stadt. O und sein Wesen so liebevoll tastend, wie ein kindtragendes Weib. Zwischen den schaudernden Frauen, hinter den Gittern setzt er sich in den Tempel und seine Gebete tönen zwischen seinen Lippen, sanftes Gurren der Taube. Niemand hemmt den Wandel des Melech's Enkel. Auch im ergrauten Feierkleid der tempelalte Knecht nicht.

## Der Derwisch

Franz Marc
und Mareia

Die englischen Damen reiten jeden Abend auf ihren Eseln die heiße Gräberstraße entlang, die heiligen Katzen hinter den Gittern der Gräber blicken schon weltlich. Der Derwisch tanzt. Die Ladies mit den hellen Augen like the spring hören auf zu zwitschern, aber die blauen Schleier ihrer Hüte zittern. Mein Herz wird täglich magerer in der Brust, wie die Mondhälfte in den Wolken. Die zarten Hälse der Abendländerinnen heben sich aus dem Rand ihrer durchsichtigen Kleider, darinnen ihre Leiber wie in gläsernen Vasen stehen. Ich aber trage den lammblutenden Hirtenrock Jussufs, wie ihn seine Brüder dem Vater brachten. Und die jungen Dromedare und Kamele weide ich, tränke sie mit dem Wasser der Brunnen. Und abends, wenn der Derwisch tanzt vor der kleinen rissigen Moschee, schenke ich den jungen Hökkertieren meine Datteln und Feigen, daß sie nicht nach mir schreien. Nie hat ein Sohn oder eine Tochter der Stadt in die Augen des Derwischs gesehen, es warteten heimlich die Prinzessinnen Kairos vor seiner Wimper finsterer Sonne. Alle goldenen

Bilder küßten die Moschee, da sie den Derwisch gebar. Ich reiche ihm Labung im Kelch der Derwischlilie und blase den aufgewirbelten Sand Ismael Hamed zu, der lehnt am Dorn der Oase und hat das Jenseits verloren. In einer Sänfte tragen Priesterknaben den erschöpften Priester schaumgeronnen in das Priestertum. Auf ihren Eseln reiten die englischen Damen die heiße Gräberstraße bergab am glänzenden Pupillengitter vorbei, der buntbetenden Nacht zu. Kostbare, allahgeweihte Teppiche fallen von den Dächern der Häuser bis auf die Steine der Straße und erwarten die roten Füße des Feiertags Jom 'âschûrâs. Der treibt am 10. des Monats Muharram das Blut der Stadt; den Enkel Mohammeds, der an diesem Tage bei Kerbela getötet wurde, lebendig zu halten. Ich jage meine Dromedare hintereinander und Kamele nach Karawanenart. Durch die Straßen springen schon in tollen Sprüngen Männer, ihre Schultern schaukeln auf und ab, wie die irdenen Krüge des Brunnens. Christenhunde flüchten vor Steinwürfen, den Juden ist das Menschvergießen ein Greuel. Vornehme Araber, Staatsleute, Priester in gestickten Satteln ziehen auf hochmütigen Pferden vorbei. Unter die Hufe unzähliger Tierbeine werfen sich unzählige Leiber. Mir klebt das Blut schon schwarz auf den Lippen. Blutweihrauch entströmt den Poren der Stadt. An die geöffneten Haremsfenster drängen sich die Frauen. Sichelaugen, mandelgoldene, zimtfarbene, Schwärme von schillernden Nilaugen, schweben über den tödlichen Zug. Mit Peitschenhieben züchtigen sich die jungen Heiligen, andere wetzen Waffen an der Säule ihres Rückens. Waghalsig über die Gelände des Daches beugen sich die englischen Ladies, werfen halbaufgeblühte Nachtschleierknospen und Mondschatten über den Derwisch. Der sitzt auf einem Kamel, allahtrunken und trägt die weiße Taube Mohammeds, das Licht des Jenseits auf dem goldenen Ast seines beringten Fingers. Ich schreie. Der Derwisch winkt. Ein junger Edelmohammedaner wirft sich unter seinen frommen Reiterschritt; aber ich besteige den hinteren Buckelteil seines Tieres und halte mich am Schwanze fest, da es zu stolpern droht über zermalmte Leichen. Manchmal wendet der Derwisch seine goldene Stirne leise gegen meine. Von Gold sind die feinen Flügel seiner Nase. Meine Glieder halten den Odem ein und lauschen Melodieen nach: Am Tigris steht ein Palast, der gehört meinem Vater und meiner Mutter, die schlummern schon sieben Jahre im Gewölbe. Meiner Mutter Hände sind zwei einbalsamierte Sterne, und der Bart des weißbärtigen Paschas fiel: ein silberner Vorhang über stolze Vorfahren. Und ich vertauschte den Prinzessinnenschleier mit dem armseligen Rock der Weide. Nun bindet Ismael-Hamed die jungen Lasttiere. »Bocknäsig ist Abba sein langhaariges Kamel, und Rebb wirft mit dem Schwanzwedel meinen Fez vom Kopf, und meine Kamelin liebt Amm, ein Dromedar aus Ismael-Hameds Herde.« Der lächelnde Derwisch beugt den Oberkörper feierlich im Wandel: Nacht und Tag – die glitzernden Perlenquasten des königlichen Sattels klingen über Beduinenhände, wie über braune Teppichfransen. Unser Tier sinkt in eine Blutlache, warm tröpfelt es von meinem Gesicht, es sind lebendige Regentropfen, bald naht die Zeit des segnenden Himmels: Allah begießt die Welt mit seinem Saft. Aber Ismael-Hamed wird die duftenden Wunder, die wachsen werden, nicht sehen, er hält den Kopf in seinem Nacken versteckt. Schmächtige Knaben wetteifern um den schnellen Weg ins funkelnde Jenseits, aber unser Kamel will nicht über ihre verhungerten Körper traben. Der Kinder Lockrufe übertönen die wilden Gebete der Halbpriester. Mich beschnüffelt schon die Plattnase eines Einhöckers und drängt mit seiner Gurgel ungeduldig nach meinem Rücken. Der Derwisch gibt den kleinen Bettlern ein Zeichen, sich zu entfernen. »Herr, warum verschließt du ihnen das Tor zum goldenen Garten? Und weißt doch, daß ihre Väter sich auflehnen wider den Koran. Sollen sie büßen wie Ismael-Hamed der Hirte? Er trägt statt des Lichtes das finstere Bild seines ungläubigen, geschlagenen Vaters in der Brust und schämt sich, mich anzublicken, weil er so arm ist. Und ich verträumte, ein verklärter Grund hinter deiner frommen Schönheit, ihm ein Jenseits zu suchen im Damast des reichen Zuges. Herr, verzeih' mir den bösen Gedanken, ich hoffte, daß einer der Geweihten verlöre seine Seligkeit vor der dämmernden Stufe des Todes!« Nach der Richtung der zerlumpten Kinder tastet fürsorglich der erschrockene Derwisch. Die bauen ihr Leben auf, Kopf auf Kopf, und spielen Pyramide. Ich hänge über den Rücken des Tieres allem Blute nach, aber die Wimper des Priesters ergreift mich; der Schatten seiner leeren Augenhöhlen fällt über die blutende Stadt. In Allah ruht sein frommsüchtiger Vater, der ihm die runden Lichte ausgestochen hat. Wir waten rot über aufspritzendes Grellrot. Wir reiten in einem Gemälde. Der Nil ist rot gemalt. Ich zerschlage mir die Stirne an den harten Säulen der Häuser, ich bin im Finstern, meine Augen frieren. Ich habe im Grauen seiner heimlichen Gräber mein Jenseits verloren, es fiel in Ismael-Hameds des Hirten Schoß. In der warmen Milch einer Kamelkuh badet er meine erstarrten Füße, aber mein Gesicht legt sich schon im Wind zur Seite. Blumen blühen; in Wasserfalten gehüllt schwemmt der Nil die verwesten Leiber jenseits weilender Seelen ans Ufer. Ich erkenne die drei Beduinen an ihrer Schlankheit und den Edelmohammedaner an seinem Gürtel wieder. Die armseligen, spielenden Kinder zerstampfte ein tanzender Pferdehuf; es fehlen ihnen die bettelnden Händchen. – Über Kairo schwebt der Gebetschein des Korans.

## Ein Brief meiner Base Schalôme

Im Hafen von Konstantinopel liegen goldene Boote – Sterne . . . . . Ich bin im Palaste meines Großoheims; wir Basen aus Bagdad duften nach altem Gemäuer, wir Prinzessinnen vom Tigris tanzen mit stummen Gliedern. Und ich verstehe die Sprache der Frauen des Harems nicht. Weiß nicht, was sie veranlaßt, sich zu freuen oder sich gegenseitig zu überwerfen. Sie sprechen nicht ihre Sultanssprache: »Wir sprechen parisisch«, erklärt mir die Kleinste; ihre Haare sind rot, »chik«. Manchmal summt sie hüpfende Lieder. Ich hungere, schwebe über die bunten Mosaikbilder der Böden; ich fürchte mich vor den bösen Speisen und Getränken, die heimlich in die Frauengemächer geschafft werden. Verbotene Fleische essen sie und rote und gelbe murmelnde Getränke trinken wir, unsere Köpfe schaukeln immerzu. Auch schäme ich mich vor dem Eunuchen, seine Augen stehen vornüber, kranke Greise. Wenn ich an unsern Eunuchen denke – runde Mannakuchen sind seine Backen und seine Stimme dudelt lustig wie Gauklerflöten. Ich wollte, ich wäre wieder in Bagdad.

Hier sitzt auf dem schönsten Kissen der Eunuche. Meine Tante und ihre Töchter knieen um ihn, ein Kranz von bunten Farben, sie tragen alle weite Hosen und meine älteste Tante eine weite weite aus geblümtem Brokat. Mich langweilt ihr Lachen und ihre entblößten Gebärden, ich möchte ins Bad steigen, aber ich schäme mich, vor der kriechenden Stimme des Eunuchen, meinen Schleier vom Antlitz zu heben. Meine älteste Tante in der überweiten Brokathose beginnt sich zu entkleiden; neugierig folgen die anderen Frauen den Belehrungen des Eunuchen. Ein großes Buch mit grausamen Bildern breitet er auf dem Teppich hin. Seine Stimme schlängelt sich ein lüsterner Bach um die fiebernden Sinne der Frauen. Hinter dem Vorhang unter der Taube des Mohammeds, die sanfte Behüterin des Harems, stehen scharfe und zackige Gestelle, Peitschen und Pechfackeln. Meine Tanten und Basen haben mich heute Abend ganz vergessen; ich weiß nur, daß sie so spitz wie Dolchstiche durch meine Träume schreien wie Mütter, deren tote Kinder ihre Leiber zerfleischen. Ich bebe, der Eunuche ergreift eine der vielfältigen Peitschen; in Bleikugeln endet jeder Riemen; er wetzt sie einige Male wagerecht in der Luft, läßt sie dann langsam herab auf den weiten überweiten allerwertesten Vollmond meiner ältesten Tante prallen, die ihn, ich schwöre es bei Allah, nach allen Seiten hin ihm zuwendet, mörderisch aufschreiend, kokett die Zähne zeigend. Auf dem Divan sitzen ihre Töchter; neidisch entblößen sie ihre Brüste, die blühen in gesprenkelten Goldnelken. Der Eunuche entnimmt dem Vorhang kleine spitze Nadeln. Ich schleiche leise auf Vieren über den Teppich aus dem Frauengemach und stehe hinter dem Fenster des Vorraums. Ich möchte in eins der kleinen Sternbote steigen, auf dem Bosporus – der Himmel ist ein einziger großer Stern.

## Der Fakir

Dem Prinzen von Moskau
Senna Hoy in Unvergeßlichkeit

Die drei Lieblingstöchter des Emirs von Afghanistan heißen Schalôme, Singâle, Lilâme. Ihre Gesichter sind wie Milch; Sklaven verscheuchen die Sonne vom Dach der Frauen wie einen lästigen Vogel. Um die Abendstunde wandeln die drei Emirstöchter unter Tamarisken und Maulbeerbäumen, oder sie werden in geschnitzten Sänften zum Zeitvertreib an Goldbasaren vorübergetragen; der Emir könnte reiche Schwiegersöhne gebrauchen. Er ist ein Vetter meiner Mutter, aber ich bin zum ersten Male an seinen Hof geladen. Wir Träumerinnen aus Bagdad haben von altersher schlimmen Einfluß gehabt auf die Töchter fremder Paläste. Wir schleifen einen bösen Stern hinter uns; meint mein Großoheim, und seine Edeltöchter weisen die gläsernen Spielereien zurück, die ich ihnen mitbrachte. Aber ich weiß mich zu rächen. »Wo ist euer Oheim, Schalômesingâlelilâme?« Denn sie schämen sich seiner Verkommenheit; ein Flecken liegt er auf dem milchweißen Hals ihrer Mutter, der Emirsgattin. Die alte Sklavin meldet ihr vertraulich, daß der Fakir wieder auf dem Hofe stehe; ob sie ihren Bruder dudeln höre? Aus seinem Schlangensack kriecht eine junge Viper, schleichender Schleim um seinen schmutzigen Oberkörper. Aber Singâle wirft ihm einen Königinnentropfen, ein kleines Ehrengoldstück, mit dem Kopfe ihrer Mutter geprägt, in den Schuh, den sich der bettelnde Oheim von seinem eitrigen Fuß gezogen hat. Singâle ärgert gerne ihre Mutter, sie hat ihre altsyrische Nase geerbt, die schon einen der jüdischen Stämme verunglimpfte. Beschnüffeltes, übergelassenes Futter, setzt man dem dudelnden Fakir in einem irdenen Becken der Hunde vor. Manchmal übernachtet er gesättigt zwischen den Säulen des Haremshofes auf seinem lebendigen Sack, dessen Schlangen aufständig werden, sich zu einem Hügel bäumen, um von der Last ihres Schläfers wieder einzusinken in nachgiebiges Dehnen. Schalôme fleht am Fenster im Mond, wie auf rundem Goldgrund. Und ihre Schwestern fallen: angerufene Schlafwandlerinnen in ihre Kissen zurück. Der Geruch, der aus den Poren des Fakirs dringt, weckt das Blut auf, wie die pochende Beere, das verbotene Getränk des Korans. Die Eingeweide der Jünglinge quälen sich und die Töchter der Stadt nippen heimlich an seinem Geruch; ihre Leiber gehen auf wie braune und gelbe Rosen. Lilâme, die zweite Tochter des Emirs von Afghanistan, trägt seit Monden in ihrem Schoß ein atmendes Spielzeug, der türkische Prinz vergaß heute seinen Turban unter dem Lebensbaum im Frauengarten. Und Singâle liebt Hascha-Nid, der ist der Sohn des Chân, des Weißbarts eines wilden Stammes; seine Haut schimmert in süßerlei Farben. Aber seine Tracht ist herb, er vergißt jeden Schmuck anzulegen, wie es sonst Sitte ist beim Kriegstanz oder bei den Zeremonien ihrer Götzenfeste. Ich habe meine Augen, seitdem Singâle ihn mir gezeigt hat, noch nicht geschlossen. Immer starren sie herüber über die Zukkerfelder weiter nach der Richtung der wilden Waffengesänge. Und ich erschrak, als ich beim Schminken in meinem Spiegel den Fakir sah; er saß auf der Mauer des Hofes und küßte seine Schlangen. Die eine, die sich ihm wild ergab, steckte er zur Hälfte in seinen grauen, kriechenden Mund. Seitdem blicke ich mich in der Nacht ängstlich zu den drei Schwestern um, ob sie mein Brüllen nicht erschrecke. Manchmal schreit Schalôme auf; Lilâme tändelt mit ihrem Kissen, das ist silbern, wie der Turban des Prinzen. Und Singâle blickt eifersüchtig auf meine Lippen, sie stehen krampfhaft geöffnet. Ich höre die wilden Kriegsweiber heulen – Hascha-Nid, der Sohn des Chân, liegt im Sterben. Über die Abendwege der lächelnden Pflanzungen schlängelt sich der Fakir, er soll ein Wunder verrichten an des Weißbarts Sohn. Schalôme steht am Fenster im Mond, sie streichelt sanft meine Haare, der Wind reißt sie aus ihren Händen und weht sie über die süßen Äcker. Ich möchte ihre Hände küssen, aber meine Lippen färbt noch ein Tropfen Blut meiner nächtlichen Speise. Immer warte ich zwischen den hohen Rohren und halte seine Glieder in meinem Rachen versteckt, und bald feiert Schalôme Hochzeit; eine Karawane von indischen Elefanten bringt ihre Geschenke, und auf dem Rüssel des Riesen sitzt der Gekrönte, der sie holen wird in sein Haus. »Schalôme, wie träumst du von ihm in der Nacht?« »Immer kommen die Schlangen meines Oheims und erwürgen meinen Traum.« Und wenn Lilâme den Oheim gewahrt, versteckt sie ängstlich ihr weißes, aufgeblühtes Paradies unter den Lebensbäumen. Nur Singâlens wolkige Seide hebt sich von ihren weißen Hängen, der sterbende Häuptlingssohn aber verschmäht ihre gesprenkelten rosa Nelken. Ich darf nicht mehr im selben Gemach mit Schalôme, Singâle, Lilâme schlafen; meine Großtante, die Emirsgattin hat mein Freudengebrüll gehört. Schalômens sanfte Hände zittern, sie lassen alles auf den Teppich fallen, was sie ergreifen, sie hat den Veitstanz. Jeden Abend dudelt der Fakir auf dem Hof. Schalômens Mienen tanzen nach seinen Tönen. Ich irre, nur von Spinnengeweben der alten Wände behangen, durch die Erdgewölbe des Palastes. Von dort, erzählt mir Singâle, entkommt ihr Prinz. Und ich habe über mein Kinn einen glühenden Streif gezogen, mein Spiegel dudelte dazu Hochzeitsmusik. Auch trage ich die langen goldenen Ohrgehänge, die mir Schalôme geschenkt hat. Die Schwestern sagen, ich habe einen goldenen Körper, und sie wollen die verschüchterte Sonne wieder anlocken. Hascha-Nid hat auch einen goldenen Körper, wenn wir uns kreuzten, würden wir ein goldener Palmenbaum sein. Ich bin müde, ich möchte mich begraben lassen, wie der verkommene Oheim es tut, einige Male im Jahr. Der Vater der Würmer sehnt sich nach seiner Erde zurück. Dann atmet die Emirsgattin bis zum anderen Ende der Ufer auf, und ihr Atem hält das Flüstern der jungen Lippen an, und bringt Nüchternheit über die Söhne und Töchter der Stadt. Ich stolpere über aufgeworfene Erde und greife in ein bereitgehaltenes Grab. Kleine, blitzende Gerätschaften liegen auf dem geöffneten Erddeckel, die dienen zur Ablösung des Häutchens, das die Zunge mit dem Unterkiefer verbindet. Ich sah es im Spiegel: man steckte sie ihm zum Luftabschluß wie einen Pfropfen in den Schlund. Ich muß so traurig summen: Schalôme kriecht ihm nach ins Grab. Und kann mich gar nicht mehr finden. Der Streif über meinem Kinn zieht sich durch meinen ganzen Körper, teilt ihn in zwei Hälften. Hascha-Nid ist tot. Ich höre die wilden Weiber wie Besessene toben, ihre Stimmen vermehren sich ungeheuerlich, im wuchernden Widerhall des Gewölbes. Ich wollte, mein Vater wäre da, ich schwebte auf seinem langen Bart in den Palast zurück in Schalômes Schoß, der wiegt sich wie eine tanzende Schlange. Und ihre ruhelosen, sanften Hände kriechen über den

Staub der Böden. Unser Gemach mit den vier seidenen Kissen dudelt und ist angefüllt vom lockenden Narden des Fakirs. Schalôme erhebt sich eine Stunde vor Mitternacht und lächelt wieder im Mond. Dann sah die alte Sklavin sie über die letzten Stufen der Haremstreppe schnellen. Ich schneide meine Adern auf mit meinen gläsernen Spielereien. Der Palast ist taubstumm, Lilâme und Singâle sind wie zwei alte Götzenbilder. Der Emir von Afghanistan läßt alle Wälle in den Gegenden der Stadt aufgraben. Leichen liegen ihrer Erdhemden entblößt auf den Steinen des Friedhofs. Die Luft ist schauerlich. Unter den Wassern des Flusses schaufeln die Taucher. Manchmal streift mich forschend des Emirs Blick. Wir Mädchen aus Bagdad schleifen einen bösen Stern hinter uns; aber ich werde Schalôme nicht verraten; und ich wollte, mein Vater wäre da, sein langer Bart wehte der Gassenmäuler leichtfertige Melodie aus der Stadt. Ich habe sie an ihrem dunkelbereiteten Palast schwermütig erdacht.. Schalôme kriecht ihm nach ins Grab.

## Das Buch der drei Abigails

### Abigail I.

#### Kete Parsenow
#### der Venus

Er wurde Melech, als er noch im Mutterleibe war. Die Melechmutter klagte, denn Abigail weigerte sich zur Welt zu kommen. Der lag in seiner Mutter Prachtleib wohl geborgen und schnarchte so laut, daß man seinen Schlummer vom Palaste aus bis über den Fluß, im Osten der Stadt vernahm. Der junge Melech wollte nicht zur Welt kommen. Und Diwagâtme, seine Mutter, gewann einen Umfang, der über das Königskissen hinauswuchs, und man polsterte für ihren hohen Leib ein Gemach des Palastes aus, darin sie sich ausdehnte von Tag zu Tag. Der junge Melech lebte nun in ihrem Leibe zwanzig Jahre und weigerte sich zur Welt zu kommen. Da berief die Melechmutter von jeder Vereinigung ihrer Stadt einen Mann, der ihr raten sollte.

Von den Jehovanitern den vornehmsten Priester, von den roten und gelben Adames je einen der Viehzüchter, auch den liebwertesten Zebaothknaben, der der Gespiele ihres Sohnes Abigail hätte werden sollen. Und der Marktplatz wurde gehöhlt und mit weichen Schafsfellhaaren ausgestopft, denn Diwagâtme, die Mutter des eigensinnigen Abigail, konnte ihres Leibes wegen nicht mehr im Palast bleiben, und also geschah auf Raten ihres ärztlichen Beistands, daß sie behutsam trugen eines Mittags unzählige Sklavenhände, begleitet von der Musik der Dudelsackpfeifer und Schellen und Trommeln auf ihren neuen Sitz mitten auf dem Marktplatz in Theben. Abigail weigerte sich zur Welt zu kommen. Aber einmal hörte ihn seine Mutter eine himmlische Melodie sagen und sie dachte an das hohe Lied Salomos, doch sie verschwieg der Stadt und sogar den Nächsten ihrer Umgebung das neue Geheimnis ihres Leibes. Abigail, ihr Sohn war ein Dichter und kein Regent; ihr sein Beharren in der dunklen, sorglosen Nacht wohl verständlich, den anderen ein immermehr zunehmendes Rätsel. Von dem Bewahren des Geheimnisses wurde Diwagâtme krank; Schatten bedeckten ihre strahlenden Augen, und stumm wurde sie vor Furcht, doch einmal einzuflechten den Dichtgeist ihres Sohnes in ein gleichgültiges Gespräch, zumal sie keine andere Freude empfand als die beim Vernehmen des hohen Liedes ihres Sohnes. Sie mochte sich auch nicht mehr betasten lassen von dem kleinen Staate, der sich um ihren Leib wie um eine Insel bildete, Umschau hielt und Messungen anstellte. Der beharrende Melech aber lebte weiter vom Fleisch und Blut seiner Mutter, und sie fühlte ganz genau, daß er eine Vorliebe für einige Gerichte hatte; daß er nur dichtete beim Genusse süßen Blutes, wenn seine Mutter verzuckerte Rosen verzehrte. Aber immer, wenn sich die ungeduldigen Bürger der Stadt seiner Mutter näherten, verkroch er sich ganz tief in seiner einsamen, pochenden Heimat, bis er eines Tages das Herz seiner Mutter gewaltig mit seinem Fuß in die Rippen stieß und Diwagâtme tötete. Da weigerte sich der Muttermörder nicht mehr – zur Welt zu kommen aus der erstarrten Nacht. Diwagâtme wurde begraben, aber ihn, den Sohn, setzte man auf den Thron im Palast. Abigail der Erste saß nackt auf dem Thron in seiner letzten Haut, die war zart und neu und unberührt. Und er fürchtete sich in der offenen Welt – seine Hände suchten immer Wände und der Tag tat seinem Auge weh. Aber seine Bürger trugen ihn auf ihren Schultern durch die Stadt, durch die Lande – ihren Wundermelech! Schön war Abigail, jedes seiner Glieder ausgeruht; nicht eine Farbe an ihm nur hingeworfen! Die Töchter Thebens gehörten alle ihm, die hatten durch die lange Erwartung, in der die Stadt lebte, fragende Augen und geöffnete, lächelnde Lippen, und trugen eine Blume im Haar mit offenem Kelch für den Schmetterling. Abigail aber kroch in jeder Jungfrau Leib und er sehnte sich nur noch nach dem Mond, wenn er rund und weich am Himmel pochte. Da, einmal in der Frühe brannte sein Palast; nun starb Abigail der Erste, der Sohn Diwagâtmes, die das Geheimnis mit ins Grab nahm, daß ihr Sohn ein Dichter war. Er stand und schritt und lief zum erstenmal auf seinen Füßen, die sonst, ein verwöhnter König, auf den Schultern seiner Bürger ruhten. Der Palast stand in wilden Flammen, als Abigail es bemerkte, sich an der Säule des Gebäudes herabließ, ohnmächtig zusammenbrach und von einer Karawane, die im Morgendunkel noch träumte, überritten wurde. So endete Abigail, der Spätgeborene von Theben.

## Abigail II.

### Karl Kraus
### dem Cardinal

Abigail des Spätgeborenen ältester Vetter Simonis saß auf dem Thron zu Theben nur einen Tag und langweilte sich und verzichtete auf die Krone zu Gunsten seines Bruders Arion-Ichtiosaur. Der nannte sich Abigail der Zweite – wie er vorgab, – zum Angedenken seines vetterlichen, spätgeborenen Vorgängers. Dieser Zweite ähnelte kaum entfernt nur noch dem Ersten. Denn der neue Melech war sechzig Jahre alt, als er den Thron der Stadt bestieg, seine ursprüngliche Wesenheit hatte geglättete, wohlweise ganz in sich ruhende, feste Form angenommen. Er bestieg am zehnten des Monats Jisroël den Thron und hielt sein träumerisch Volk wach und in Spannung. Er lud die ältesten Bürger der oberen Stadt zu sich in den Palast ein, erging sich an sie in einer

stummen Ansprache in Kopfnicken und Gebärden, legte einige
Male die erlauchte Stirn in Falten, nahm den zartesten der reichen Kaufleute, küßte ihn mit einer Wucht, die den so vor allen
seinen Mitbürgern ausgezeichneten Mann aufschreien ließ und
ihn wie die verwunderten Zuschauer ebenso verblüffte wie ergötzte. Darauf die kleine Gesandtschaft entlassen wurde, stumm
und mit dem huldvollsten Lächeln ihres Melechs. Sie zerstreuten
sich hinter dem Tore des Palastgartens über die gepflegten Wege,
durch die morschen Straßen und lächelten verlegen. Auf Befragen der neugierigen Menge vermochten sie nur die Schultern zu
zucken und erklärten sich heimlich untereinander das Verhalten
ihres neuen Melechs als ein Symbol der Gnade; neigten die alten
Köpfe mit den Turbanen und taten nach ihres wunderlichen
Königs Geheiß. Der stellte Männer an, die meisten waren überernährt und kugelrund gespeist, die auf den Marktplätzen von
der Enthaltsamkeit predigten, die dem verwöhnten Volke im
Namen ihres besorgten Melechs einigemale im Monat den Genuß der Früchte, des Brotes, der Fische und jegliches Vieh
verbaten, so, daß keine Speise übrig blieb und die Leute den Tag
über hungern mußten. Aber der Melech gestattete jedem Bürger
der Stadt Thebens, seinem eigenen Mahle zuzusehen, sich an den
Melonen seines Tisches zu freuen. Und er säete Haß, Gier und
Mißgunst unter die zärtlichen Menschen, daß sie sich der Dattel
mißgönnten. Einmal fragte ihn dann sein Lieblingssklave: Herr,
warum befiehlst du solches? Da sagte der Melech: Haß und Gier
und Mißgunst halten ein Volk wach. Abigail der Zweite ließ sich
auf die Backe den Wendekreis des Affen tätowieren; er beschäftigte sich mit Astronomie und Mathematik und die Gemächer
seiner Arbeit waren mit Karten dieser Wissenschaften behangen.
Abigail der Zweite besaß seine Lachweiber und seine Tränenweiber; außer dieser Schar begleitete ihn sein Grüßer, ein edler
Jüngling mit freundlichem Wuchs, an dem sich der Melech des
Grüßens Anstrengung jedem Vorbeischreitenden immer wieder
höflich enthob. Ihm zur Seite aber kam sein Erklärer, der ihm die
Würzen der Humoresken deuten mußte, die seiner Hochlaunigkeit vorgetragen wurden. Mit einer Anekdote durfte sich jeder
Bürger der Stadt auf der Straße oder im Palaste ungehindert dem
Melech nähern; der wanderte oft zur Abendstunde gemächlich

durch die erfrischenden Lüfte. Oder er stand auf dem Dache seines Palastes und stritt mit Gott. Oder er unterrichtete seine Diener und Dienerinnen in der Schöpfungsgeschichte. Da er kinderlos war, nahm er sich der beiden toten Söhne Adam und Evas an; glaubte nimmermehr an die Bruderbluttat Kains. Vom Sohne des obersten Priesters ließ er sich das Brüderpaar an die Wand seines Festsaals malen. Jussuf, der Sohn des Tempels, der in engste Berührung mit dem Palaste trat, wohnte einmal einem Gespräche bei, das der Melech mit seinem roten Hausgeschöpf Bisam-Ö führte. Dieser riet dem sehr bewegten König, sich zu vermählen. Das Murren, das sich nach und nach in seinem Volke, namentlich unter der Jugend bemerkbar machte, bezog sein Ratgeber auf das Nichtvorhandensein eines Thronerben. Abigail hatte sich mit seiner ganzen erhabenen Person seinen geliebten Bürgern gewidmet und es schmerzten ihn diese leisen Aufrührungen. Er hatte versucht, die säumenden Leute seiner Stadt aufzurütteln, er hatte versucht, jeden einzelnen von ihnen auf eigenen Fuß zu stellen, darum begann er schon bei Beginn seiner Regentschaft alle die Vereine zu lösen, die sich schon zu Abigail des Ersten Zeiten gebildet hatten. Nur die Zebaothknaben, die jüngsten Bürger Thebens, hielten trotz des Melechs Verbot ihre heimlichen Zusammenkünfte, deren Oberhaupt der begabte Sohn des obersten Priesters war. Jussuf warf sich schon unter seinen jugendlichen Anhängern zu ihrem Prinzen auf. Einem der Zebaothknaben, dessen Vater des Melechs Gunst erworben hatte, geschah es, daß er vom König in den Palast gerufen und mit allerlei Geschmeide, Nasenknöpfe, goldenen Gurtschellen und Ketten beschert wurde, aber sich der Sitte fügen mußte, einige Male im Mond den Melech aufzusuchen und in tiefster Dankbarkeit den heiligen Zeh seines Fußes zu küssen. Diese Handlung, die die unerfahrenen Knaben für eine demütigende empfanden, entfachte ihren Zorn zu einer Feuersäule, die ihrer Schar voranschritt. Jussuf, des Oberpriesters Sohn, liebte die junge Königin Marjam, seines verhaßten Melechs ausersehene Braut, und sein Herz eifersüchtete giftig nach seinem gekrönten, alten Nebenbuhler. Hinter der Liebeshecke ihrer Stadt trafen sie sich einmal als junge Kinder und liebten sich. Das Land Marjam, hatte dann der Oberpriester gesagt zu seinem Sohn, dufte nach Brod – –. Wie die Hochzeit des Melechs zu verhindern sei, besprachen die Knaben untereinander, bis sie von einem Plan überrascht und durchläutert wurden und begeistert. Ihr Prinz Jussuf, der schon lange Entzücken bei den Tränenweibern und Lachweibern erregt hatte, gewann zur Ausführung der Tat die armen Faulenzerinnen. Die Lachweiber begannen ihre roten Herzen schwermütig an die Wolken zu hängen und der Tränenweiber Lachen machte den Tag toll. Aber der Melech traf schon Vorbereitungen für den Einzug seiner jungen Braut. Zwei Paviane ließ er zähmen, die saßen zwischen seiner Dienerschaft am Eingang seines Palastes. Auf ihre Häßlichkeit war die Sonne bunt gestolpert und ihre Hinterorangen bewegten sich mit ihren jähen Sprüngen. Dann kam die Königin. In allerlei höflichen Zeremonien übte sich Abigails Grüßer und der Melech selbst zwischen seinen Lachweibern und Tränenweibern, die lederne Stirn lieblich von der Schminke gerötet, den Kinnbart jung gefärbt. »Seht Abigail, unseren Melech!« Auf Tanzschritten seinem Glücke entgegen. Und hinter den lachenden und weinenden Weibern hielten sich eine Anzahl der Zebaothknaben verborgen und kitzelten den Tränenfrauen in die Hüften, so daß die ein Lachen bei der Zeremonie des Empfanges ansetzten, welches dem Melech höchste Verlegenheit bereitete. Marjam, die junge Königin war kühl und selbstsüchtig und ehrgeizig. Dem königlichen Gastgeber zu gefallen, hatte sie ihren Geist mit Anekdoten, herzhaftesten, aus allen Ländern bereichert. Die Flötenspieler bliesen Tanzmelodien und die Dudelsäcke dehnten sich wie lustige Lachbäuche. Und wenn Marjam in Begleitung der Musik dem lauschenden Melech ihre Anekdoten erzählte, begannen die Lachweiber zu heulen, daß auf ihren Tränen die Speisen des Tisches fortschwammen. Am tiefsten aber berührte es die Königin, als sie von der Tiefe ihres Herzens sprach und dazu die Tränenweiber an zu pusten anfingen und vor Lachlust platzten und den König verwirrten, da er in Frauenempfindungen sehr wenig Erfahrungen gesammelt hatte, und er schließlich den Gefühlen seiner Sklavinnen vertrauend, selbst eine Lachflut losließ und nach ihm die Königin sich zu einem Lächeln zwang, das wie ein Granat blutig auf dem tobenden Ozean schimmerte. Nach der Tafel führte der Melech seine

hohe Braut durch die Menge der Gäste, aber sie verließ mit
gnädigem Nicken ihres ernsten, hochmütigen Kopfes gekränkt
den verblüfften Hof, die Stadt Abigail des Wunderlichen, der,
wie sich seine Bürger erzählten, gestorben sei, weil seine Erklärer
ihm nicht den Kernpunkt seiner Tafel seltsamer Anekdote deuten
konnten. In Wirklichkeit hatte ihn aber in derselben Nacht
Jussuf, der Sohn des Oberpriesters, durch einen Dolchstoß ins
Zwerchfell getötet. Jussuf, der Prinz von Theben, ließ sich zum
König Abigail den Dritten ausrufen von seinem kleinen Heer,
das zählte 1000 Zebaothknaben; mit ihnen sammelte er die
aufatmenden Bürger der Stadt.

Abigail III.

Professor Walter Otto
dem großen Jüngling

Der ehemalige Zebaothknabe Jussuf, der Sohn des verstorbenen
Oberpriesters und seiner schönen Mutter Singa, war jetzt in
Theben Melech. Er bekleidete außer der Königswürde auch das
Oberamt des Tempels. Sein siebzehnjähriges Gesicht und seine
Glieder blühten und sein Herz war ein Oleanderstrauch. Seine
Mutter Singa, die als Jungfrau eine zärtliche Schwärmerei mit
ihren Freundinnen gemeinsam für den spätgeborenen Melech
teilte, schürte den Haß ihres Sohnes gegen den zweiten Abigail
zur Tat auf. Er, der die Stadt wach hielt, ermüdete und ent-
täuschte, lag endlich im Gewölbe und schlief. Aber Theben
atmete hoch im Festkleid auf der Hochzeit, die der Melech mit
der Stadt feierte. Die Nachbarorte sandten ihm und seinem Hof,
freundschaftliche Beziehungen anzuknüpfen, Prachtgeschenke;
der Fürst Marc ben Ruben von Cana bot dem Siebzehnjährigen
den Bruderbund an. Für seine Ställe schenkte er ihm unvergleichliche Pferde, für seine Haine heilige Kühe und Kälbchen und
langhaarige Ziegen. Unter den vielen Gästen, die aus allen Erdteilen dem König ihre Aufwartung machten, befand sich ein alter
freundlicher Siouxindianer, der in Verehrung für den ersten
Judenmelech Saul entbrannt war. Mit dem kupferroten Manne
plauderte Abigail der Dritte gerne von den Menschen der Bun-

deslade, auch entdeckte er in dem fremden Freund bedeutendes Geschick für die Herstellung der Farben, die er aus den verschiedenen Rinden der Bäume, aus bunten Kräutern zu ziehen wußte. Und es entstanden Bildnisse von Abigail des Dritten Hand, die seine Vorhöfe zu Sehenswürdigkeiten aller Zeiten erhoben. Vor seinem Palaste aber schuf er das steinerne Bildnis seiner Mutter Singa. Abigail sammelte um sich Harfenspieler, die die Tafelstunden versüßten; und Tänzer und Tänzerinnen schlängelten sich über die Mosaikblumen der Böden – es kam nicht selten vor, daß sie sich die Adern anstechen ließen und den Trank ihrer roten Beeren ihrem Liebesherrn in Schalen reichten. Und Abigail der Melech baute prunkvolle Paläste und Gotteshäuser und diente seinem jungen Gotte Zebaoth. Einmal sagte er seinen Knaben: »Ich möchte ›Ihn‹ einmal sehen oder auch nur seinen Finger, an dem der Mond leuchtet.« Und er salbte sechs der wilden Juden zu Häuptlingen und gab ihnen Königsnamen. Einem unter ihnen, den er besonders lieb hatte, hing er dem neuen Namen eine Zärtlichkeit an sondergleichen. Salomein trug einen Stern in der Schläfe und in einem Teppich zur Rechten seines Melechs wurde er verewigt. Dieser geliebte Gespiele liebte den König sein Leben lang. Und Abigail und seine Häuptlinge drangen in die Häuser der alten Bürger ein, die noch festhielten an den wunderlichen Gesetzen des zweiten Machthabers; zwangen die Väter zur Herausgabe ihrer gefangenen Söhne. Und 25 000 Jünglinge zogen unter ihrem Melech in eine heilige Schlacht, um die Landschaft Eden. In der Dämmerung schlichen sich betrügerische Weibchen in ihre müden Zelte und boten den Kriegern Liebesharz feil aus den Ästen des verbotenen Baumes. In der Zeit, als Abigail der Dritte mit seinem begeisterten Heer die Fluten des Pison durchschritt und östlich vom Flusse siegreich wurde, brachen Unruhen in den vornehmen Vierteln seiner Stadt aus, aber Singa die Mutter des Melechs verstand den Zorn der ihrer Söhne beraubten Eltern zu beschwichtigen. Viele gefangene Heiden zogen dem glücklichen Siegeszug voran; ihre Göttin ließ Abigail verhüllt auf den Schultern seiner Kriegssklaven in den Tempel tragen. Er vergaß, daß er Gott mit dem Kultus beleidigte. Aber die Zebaothknaben bauten eine goldene Mauer aus ihren leuchtenden Leibern um ihren Melech und schützten seinen Odem, und lauschten den Worten seiner sprechenden Träume, und sie bereicherten ihre Sprache, daß jeder Fremde, der die Zebaothknaben sprechen hörte, sich der Schönheit ihrer Rede kaum entziehen konnte. Manchmal sahen die Freunde ihren Abigail einsam oder von seinem Liebling Salomein begleitet oder von der Zahl seiner Häuptlinge den Berg der Stadt besteigen. Wenn der Komet unter den Sternen war, saß er, ein goldener Vogel, unentwegt auf dem Gipfel. Einmal aber weinte er so wild, daß seine Tränen fruchtbar auf Thebens Felder fielen. Hinter den bunten Brotblumen fanden ihn oft die Suchenden mit Salomein in frommen Liebesschwüren. Oder er saß in seinem Liebesgemach und warf seinen Bürgern Kußhände zu. Im Überschwang seiner Liebe bestieg er die Pyramide auf dem Platz der Stadt, riß sich die Seide von seiner Brust und blutete wie ein junger Löwe für sein Volk. Und es war kein Haus in Theben, das nicht das Bild, wider Verbot des Gesetzes, seines Melechs schmückte, im Sternenmantel, im Kriegshut. Ein reicher Jude besaß ihn eingetäfelt zwischen Lapis in der Wand. Zum erstenmal sah Abigail der Liebende blondes Haupthaar und blaue Augen bei den abendländischen Feinden in der Nähe seiner Stadt. Von seinem Dache aus bewunderte er die hellen Locken der Schlafenden und versäumte, seinen überfallenen Freundesstämmen zur Hilfe zu kommen. Als er aus seinem blonden Rausch erwachte, verurteilte er sich und unterschrieb sein eigenes Todesurteil. Aber die Zebaothknaben wandten sich an den Balkan und der Sultan, der von der Gerechtigkeit des königlichen Kriegers eingenommen war, entkräftigte den heldenhaften Todesspruch, indem er den Melech an seinen Hof einlud und ihm seine Tochter Leila zum Weibe gab. Aber als der blonde Feind nun vor Thebens Tor lag, die alte Stadt einzunehmen, des Königs Herz von neuem zu entflammen, geschah es, als die Zebaothknaben die Tiefen und Breiten des Flusses maßen, Abigail im kostbaren Kriegsschmuck, um die Lenden den Muschelgurt, auf sie zutrat – die Freunde in Überraschung aufschrien: »O seht, wie der Krieg unseres Melechs Angesicht schmückt!« – er sich dann übte vor ihnen in der Schönheit des Speeres als zöge er zum Feste. Hinter einer Garbe sah, während seine Krieger mit den Feinden ihr Blut tauschten, Salomein – wie sich die beiden herrlichen

Herrscher der feindlichen Heere liebend umarmten. Aber durch Theben eilte die Kunde, der Melech habe ohne Blut zu vergießen den Feind in die Flucht getrieben, und er genoß eine Ehrfurcht von seinem Volk fortan, die sich bis auf seine nächsten Gespielen erstreckte, und selbst Salomein berührte aus Zartheit seine Fingerspitzen ehrerbietig mit seinen Lippen und seine Augen wichen scheu dem sehnsüchtigen Lächeln seines königlichen Freundes aus. So wurde Abigail der Liebende ein einsamer Fürst und er gedachte schmerzhaft der Nächte, in denen er sich in die Häute süßer Leiber hüllte. Von einer Wanderung heimkehrend, sah er seine verscheuchten Freunde am Fuß eines Zitronenwaldes mit den Prinzessinnen Thebens spielen, auch Leila, sein Weib, war unter ihnen, lief ihm entgegen und reichte ihm betroffen die Rosen ihres Spiels. Daß man ihn so verkannte, erfüllte den liebenden König mit tödlichem Durst. Er überfiel den Kuckuck der Zebaothknaben und fraß ihm das Herz aus der Brust. Aber die treuen verwirrten Jünglinge würfelten untereinander, wer von ihnen die grausige Tat ihres Königs auf sich nehmen solle. Die verhängnisvolle Zahl traf seinen Liebling. Als Abigail vom Tode seines Salomein wußte, ergriff ihn eine wilde Ohnmacht. Nachts stand er vor dem Tore und drohte seiner unschuldigen Stadt. Oder er wälzte sich in seinem eigenen Blute und wurde der gefürchtetste Feind des Kriegs. Auf einer Tigerjagd verwundet, starb er früh am Morgen, ohne die Besinnung wieder erlangt zu haben. Die Zebaothknaben forderten von der Mutter ihres Melechs den Freund; aus seinem Gebein erschufen sie einen Tempel.

## Singa die Mutter des toten Melechs Abigail III.

### Erik-Ernst Schwabach
### und seinem Gemahl

Singa, die Mutter des toten Melechs, saß in ihrem Gemach wie eine Mumie verhüllt, und das Volk trauerte mit ihr drei Jahre lang. Bis sie die trüben Schleier von ihrem Angesicht riß, dem heißen Psalm der Liebe zu lauschen, der die Erde aller Straßen aufwühlte, das Rauschen des Flusses dämpfte, sich in die Herzen der Menschen schlich und ihre Heimlichkeiten offenbarte. Dann kamen die erregten Zebaothknaben zu der Melechmutter in den Palast, ihre Gesichter trugen die Züge ihres Sohnes und in ganz Theben war keine Prinzessin, deren Mund sich nicht in die feinen Lippen des Melechs verwandelt hatte. Und Singa selbst entdeckte mit Verwunderung, daß ihre Hände dem Spielzeug ähnelten, mit dem der noch kleine Abigail auf ihrem Schoß zu spielen pflegte. Und die Sklavinnen lächelten um Abigails Mutter, wie ihr holder Liebling so eigen. Und gesteinigt wurde derjenige, welcher fallen ließ einen störenden Laut von seinen Lippen, denn die Melechmutter sandte ihre schwarzen Diener, die des Hörens kundig waren, die Quelle des Zauberpsalms zu suchen, sie brachten keinen Bescheid; und eine Händlerin, die den Mägden in den unteren Palasträumen Tücher und Glasperlen verkaufte und zur Mutter Singa verlangte, wurde nicht vorgelassen. Aber sie versteckte sich hinter einem Muskatbusch und rief in der Dunkelheit: »Melechmutter, Melechmutter, ich habe einen Sohn, der ist Viehknecht und er hat ein Ohr, das geht ihm bis zur Lende!« An jeder Wand jedes Hauses legte er es an, bis es abgenutzt und nicht größer war, wie das der Dienerschaft im Palast. Und er wußte, von wo der sehnsüchtige Gesang kam. Da ließ die Mutter des liebenden Abigail des Dritten alle die Edeltöchter der Stadt zu sich in den Palast kommen, wählte die anmutigste, sie mit dem königlichen Tempel zu vermählen. Die Braut aber erhängte sich vor der schauerlichen Hochzeit. Auch die übrigen Töchter der Stadt weigerten sich, in den Tempel zu gehen und Singa bot ihr Geschmeide jeder Tänzerin und jedem Freudenmädchen hin für den Liebesgang, bedrängte die Hütten der armseligsten Hirtinnen und küßte die Mägde. Auf dem Acker die Ähren und die Stöcke der Weinberge begannen zu brennen und die Herzen der Menschen in Theben waren zu Asche verfallen und die Flügelgestalten an den Brunnen der Gärten flogen auf. Und Singa, die Mutter des Melechs, ließ ihre Wangen jung malen, ihre Lippen schminken wie zur Liebesnacht, und sie trug goldene Ringe an den Zehen und Düfte im Haar und all Volk stand um den Tempel, bis sie ihn zerzaust verließ; ihre Glieder waren zerfressen, die Fetzen ihrer jungen Kleider hingen ihr um den Leib und ihre zerdrückten Augen tränten. Seitdem schlichen alle Bürger der Stadt über die Pfade wie auf dem Weg zum Friedhof und ihre Wohnungen wurden leise wie Gotteshäuser. So endet die Geschichte des dritten Abigail, dessen Liebe so viele Opfer forderte.

## Eine Begebenheit aus dem Leben Abigail des Liebenden

### Eine Geschichte der Maria von Nazareth

Dem Venuskind
als Kete Parsenow
fünf Jahre alt war

Als Abigail der Dritte noch ein Zebaothknabe war und viel, viel Sehnsucht hatte, ritt er auf seinem weißen Kamel in Begleitung seines Spielgefährten Salomein durch die Orte von Palästina und kam nach Nazareth. Dort saßen die Kinder der Reichen und Armen zusammen, alle auf den rissigen Steinstufen der Spieltreppe der Stadt und sangen ein wundersüßes Liedchen auf altnazarenisch-hebräisch. Und Jussuf setzte das kleinste der Kinder auf sein groß Tier und Salomein mußte das Versen auf einen Schiefer schreiben von den lallenden Lippen des Kindes. So klang es:

| | |
|---|---|
| Abba ta Marjam | Träume, säume, Marienmädchen – |
| Abba min Salihï. | Überall löscht der Rosenwind Die schwarzen Sterne aus. |
| Gad mâra aleijâ Assâma anadir – Binassre wa wa. | Wiege im Arme dein Seelchen. |
| Lala, Marjam | Alle Kinder kommen auf Lämmern |
| Schû gabinahû, | Zottehotte geritten |
| Melêchim hadû-ja. | Gottlingchen sehen – |
| Lahû Marjam | Und die vielen Schimmerblumen |
| alkahane fi sijab. | An den Hecken – Und den großen Himmel da Im kurzen Blaukleide! |

## Der Kreuzfahrer

Hans Adalbert
v. Maltzahn zum
Angedenken

Die Kreuzfahrer bringen Geläut in die Stadt Jerusalem und die Sünde überwuchert die stolzen Muselblumen der Wege. Ich zerblättere die Sünde wo ich sie finde, die heimlichen Knospen des Christen, der mich einlud zu seinen Töchtern in den Garten. Die haben blaue Augen und gelbe Haare und sie sagen, der Schnee ist auch gelb. Und es wird schneien in ihrem Garten, denn Bäume mit kühlem Laub stehen darin: wie nennen doch die Schwestern die Blumen auf den Beeten? Es läutet wieder, immer wenn neue Kreuzfahrer durch das Tor in die Stadt ziehen. Schön sind die und groß, wie Türme aufgerichtet. Auf ihren Helmhauben steht das Kreuz. Ich trage, seitdem ich in Jerusalem im Garten des reichen Kaufmanns bin, das heilige Kriegskleid meiner Heimat, im Gürtel den Dolch, der ist gebogen und unentwendbar, wie die Mondsichel. Die Schwestern meinen, so sei es Sitte bei uns in der Stadt. Sie schwärmen für mich und bedauern, daß ich kein Prinz bin; streuen Vergißmeinnicht den Kreuzfahrern über den Pfad, die sehen die kleinen himmlischen Tropfen nicht; manchmal jedoch streifen ihre Blicke die Engelsgesichter mit tapferer Andacht. In Betten schlafen die beiden Blauäugigen in der Nacht und sie lachten über mich, als ich sie fragte, zu was die wären. Über ihren Betten schwebt ein Vergißmeinnichthimmel – – – unser Jenseits ist verschleiert. Wenn ich eine der Töchter des Christen wäre, ich schenkte dem Kreuzfahrer, der am Morgen durch das Tor in die Stadt zog, ein Bett aus atmendem Holz, wie ihre Haut so weiß, denn er fror in der milden Frühsonne. Ich drohe mir mit meiner blitzenden Sichel, seitdem er über den Zaun in den Garten blickte, und mähe das süße Gegold meines Herzens. Seinen Namen weiß ich zu nennen, die Schwestern lasen ihn im Kirchenbuch über seiner Schulter hinweg – getürmt und steil ist seine Schrift – ich folge den Ungläubigen in die Kirche. Seitdem dämpfen Wölbungen der Moscheen meine aufgerichteten Träume. Es sind nun zehntausend Christen in Jerusalem, wollen die Sünde ausrotten – – es kann nicht soviel wachsen. Und Kreuze sticken des Kaufmanns Töchter auf zarten Liebesbändern, die keimen auf, wie die glatten Wege der Heimlichkeit. Aber die Kreuzfahrer küssen der Engelhände Kreuzarbeit mit siegreichem Lächeln. Ihn sehe ich nie unter den Beschenkten; sucht er doch meinen Mund im Frühstern. Das heilige Kriegskleid meiner Heimat trägt nun mein Vetter Ichneumon von Uesküb, aber seine Arme zittern vor Liebe und können sich nicht gegen den Feind halten. Sein ganzes Heer rauscht, wie ein Herz, wie mein Herz und sie alle sind geliefert den Christenhunden. Ich liege unter dem Himmel der beiden Schwestern, ich habe die asiatische Distel; Stacheln sitzen in meinen Gliedern, und die unbarmherzigste bohrt sich in mein Herz. Engel, zwei – – sehen blau über mein Angesicht und kämpfen mit der Taube Mohammeds, die will meinen Schleier zerpflücken. Ich mag aber die Engelguten nicht leiden, weil sie Christinnen sind. Und steige doch in der Nacht heimlich über den Zaun des Gartens in das

Kirchenschiff. Dort auf dem Balkon sitzt der Ritter und spielt die Orgel, im langen, feierlichen Hemd, Choräle, Totenbalsam dringt aus den sterbenden Tönen. »Ritter, die Könige von Sinai ließen Klageweiber für ihre Toten heulen und zu den Freudenfesten ihrer Harfen färbten sich die Lippen der Greise rot und ungeborene Knaben pochten an leibgoldene Tore. Als ich vor dem Kirchenaltar anhub nach deinem Choral zu tanzen, sank mein Leib ein: grämige Mondscheibe, der eben noch der spielendste Stern war inmitten der Sterne«. Da fiel Schnee auf die Wangen des Ritters und ich sah, daß der Schnee weiß war, nicht der Schwestern Haarfarbe gleich. Stehn immer am Zaun mit ihren gefärbten Schneehaaren und bescheren die Kreuzfahrer mit süßer Frömmigkeit. Und sie möchten ihnen ein Bett bereiten aus atmendem Holz, wie ihre Haut geglättet. Du aber, Ritter, sollst auf einem tanzenden Stern schlafen in der Nacht! Und ich kletterte mühsam über den Zaun des Gartens, aus meinem Zeh wächst ein kleiner Distelstrauch. Und der Krieg wütet in Bagdad. Die Wüste ist unserer Krieger Schild. Aber mein Vetter verliert jede Schlacht. Eine Abtrünnige ist das heilige Gewand der Stadt, sein Kriegskleid dem Feinde zugetan. Ich werde halbgenesen in meine Heimat getragen, Bagdad des heiligen Kleides wegen Rede zu stehen. Mein Vater hält meine beiden Hände umschmeichelt, ihre Finger sind wie müde Strahlen. Aber Kriegslust blendet meine Augen. Ichneumon von Ueskūb steht schon vor unserem Palast. Ich ziehe den letzten Distelsplitter aus meinem Zeh – – abbarebbi, lachajare, lachajare! Begeisterte Kriegsmusik trägt mich auf ihren Schultern durch die Straßen. Ich schlage die Christenhunde noch in derselben Nacht. Mein Vater hütet meinen Mut und meine Tapferkeit, wie zwei Enkelkinder. Nie zog eine Prinzessin von Bagdad in die Schlacht. Nur der Vetter läßt seine schnüffelnde Lippe hängen: er habe sich im Zitronenwald aufgehangen und konnte nur morgens den Baum nicht wiederfinden. Wenn der Mond rund ist, wollen wir nach Jerusalem. Aber die hohen Krieger im Kriegsgebäude sind nicht einverstanden mit den Aufzeichnungen meiner Feldpläne. Ihre Sinne verwirren sich auf der Tafel; doch der Großwesir belehrt sie: Allah's Geist sei über mich gekommen. – Manchmal fühle ich, meine Blicke sind blau und fliehen meines Vaters Angesicht. In meinem Auge steht der junge Kaiser Conradin in der Helmhaube und dem Kreuz. Aber mein Vater prüft täglich meine Ausrüstung und die Fußgelenke meines Dromedars: alt ist er geworden. Ismael Hamed, der Sohn des Großwesirs, wird ihm in der Zeit, wo wir die Eindringlinge der Hauptstadt vertreiben werden, Gesellschaft leisten. Der versteht seine Sonderlichkeiten zu verzärteln. Und mein Vater wünscht, daß ich vor der großen Schlacht mit Ismael Hamed Hochzeit feiere. Ich erkläre aber meinem ehrwürdigen Pascha, die Mumien im Gewölbe seines jungen Freundes entsprächen nicht der Zahl, die einer Prinzessin von Bagdad zukämen. Meine Dienerin hatte einen Traum, ich saß hochzeitlich gekleidet in der Prachtsänfte Ismael-Hamed-Mordercheis, Ismael Hamed sein Sohn lag im Gewölbe. Der Großwesir wüßte schon meine ringende Seele um die Schulter zu tragen, aber meine Küsse schließen sich vor Spätsommerlichem. Er beschenkt mich mit den eigenartigsten Geschenken: Einen Ring, in seinem Stein spiegelt sich der Sinai und Ohrgeschmeide, in ihrem Gehang läutet eine winzige Uhr alle zwei Stunden zum Gebet. Und zwei Albinoneger, die mich in den Krieg begleiten sollen, daß mich die Schwermut nicht befalle. Immer, wenn mich die vier weißäugigen Augäpfel mit den roten Punkten anglotzen, lache ich, daß meines Dromedars Buckel wackelt. Abbarebbi, abbarebbi, lachajare! Mein Träger setzt mit mir über die weitesten Schluchten, trabt dem Heere voraus über frühbeschienene, üppige Pfade, über Lippen rotentlang. Schon sehen wir die Tore der Stadt. Meine Krieger fallen zur Erde und murmeln Sprüche des Korans. O, wie ich den schlichten Turm des Kreuzes hasse! Die frommen Muselmänner aus Mekka und Medina, die Leute aus Jemen, aus Tyrus, Beduinen, die Bewohner von Ninive und den anderen Eufratländern, die Egypter, die Philister, die Edomiter, Amoniter, Hethiter, die Stämme der Juden: Chaldäer, Saduccäer, Judäer, die Urenkel Davids, die Söhne der Leviten und ihre Väter, die hohen Jehovapriester, Talmudgelehrte aus Damaskus stehen auf mit mir wider das Christentum. Ich blicke über mein stolzes Heer, abbarebbi, lachajare – – – – – auch Ismael-Hamed-Morderchei folgt meinem Zuge – – – Lachajare!

Die beiden Töchter des reichen Kaufmanns werfen sich vor die

Füße meines Dromedars, beschwören mich um Christi willen. Ihre Vergißmeinnichthimmel bluten, wie die Wunden der Ritter. Hinter den Hügeln der Stadt kam es zum Kampf. Wir drangen in die lästigen Kirchen der Ungläubigen ein. Ich und meine Krieger zerschmetterten die Altare und Heiligtümer; oben auf des Turmes Kreuz spießte Ichneumon von Uesküb den Knappen des jungen Kaisers auf. Ließ dem Vetter zur Strafe für seine Grausamkeit den Turban nehmen. Ich träume des Nachts verborgen hinter der Wimper des Ritters; ich hörte ihn Choräle spielen in der Zeit seines Gottes Häuser starben, stand unermüdlich mit dem Rücken an der kleinen Pforte des Balkons gelehnt, hinter der er im langen feierlichen Hemde saß. Ich küßte ihm die Kniee, ich die Prinzessin von Bagdad – – – blutige Zeichen hinterließen meine Küsse. Ich muß so sanft weinen, ich, Allah's Kriegerin; auf toten Worten legte ich meine Hand zum Schwur. Ismael-Hamed-Morderchei tritt in mein prunkendes Zelt, er ist europäisch gekleidet wie die Herren des fremden Amtes unserer Stadt; streicht er über die erwägende Stirn, tritt eine höfliche Erkühlung zwischen ihm und dem Sprecher ein. Sein Bart ist keine Wolke, wie der meines Vaters; durch den Scheitel seines Kinnhaars leuchten Steine aus Edeltrunk. Mit wohlgepflegter Gebärde nimmt er aus meiner Hand das Schreiben des jungen Kaisers Conradin entgegen, der um Frieden bittet. Seine beiden Abgesandten halten sich staunend umschlungen. Sie glauben, ich bin aus Tausend und einer Nacht. Den Großwesir ergötzt es, ihre Vorstellungen zu bestärken. Auf das Gefunkel meiner Stirne weist er, auf meine Hände, die Bilder des Mondes sind, nichtsdestoweniger den Speer zu werfen verstehen. Mich überrascht sein Spott, mit dem er das königliche Schreiben durchfliegt, ich kann es nicht glauben, daß die hellockigen Boten von meinem Vetter bestochen sind, aber der Großwesir liefert sie nach abendländischer Sitte wieder dem feindlichen Heere aus. Vielleicht sind sie am Abend schon tot. Ichneumon von Uesküb meldet sich krank. Des Feindes Schwert zerspaltete an seinem eigensinnigen Gesäß; aber ich höre durch das Schreien des vergossenen Blutes seine Lockrufe und ich vermisse meine glotzäugigen Scheusäler; die lieben ihn, er läßt sie zur Belustigung wie zwei Hunde über seinen Arm springen. Er weiß, ohne sie kann ich das Herz des Kaisers nicht durchbohren. Der naht in der vordersten Reihe des Feindes. Das heilige Kriegskleid umhüllt mich, wie eine erstickende Sonne, meine Arme beginnen zu vertrocknen, und mein Atem qualmt in die Augen meiner Krieger .... Wie nie Dagewesenes öffnet sich mein Angesicht über späte Tanzleiber und Tempel. Meine beiden Neger trillern ihren gellenden Kriegsschrei, immer wenn mein Speer die Brust eines Ritters durchbohrt. Der Großwesir treibt die Spaßmacher vor meinem Dromedar her, sie schlagen mit ihren Zähnen harte betäubende Musik, und tanzen dazu: Abbarebbi, abbarebbi, abbarebbi, abbarebbi, lachajare! Hu hu u u u u u u u u

Als Conradin der junge Ritter und Kaiser begraben war, kam seine Mutter zur Pilgerfahrt nach Jerusalem, und wie sie meinen Negern begegnete, lachte sie über die Unnatur. Ich küßte ihr Gewand – – abbarebbi, lachajare, lachajare......... abbarebbi!!

Prosa 1915 bis 1919

## Senna Hoy †.

Senna Hoy ging vor zehn Jahren nach Rußland. Er war damals zwanzig Jahre alt. Während der Revolution wurde er in einem Garten gefangen genommen, ganz grundlos, wie damals solche Verhaftungen nach Gutdünken der Polizei stattfanden. Auf dem Termin wurden Zeugen, die Senna Hoy angab, nicht zugelassen und er kam vom Rathaus in die Warschauer Festung. Aber bald wurde er in das entsetzliche Gefängnis (Katorga) nach Moskau gebracht, wo er, da er sich stets gegen die Mißhandlungen der Mitgefangenen einsetzte, selbst fast zu Tode gepeinigt wurde. Durch die Hilfe des Leibarztes des Zaren gelang es Senna Hoy, nachdem er sieben Jahre im Kerker zu Moskau geschmachtet und zweimal versucht hatte, sich das Leben zu nehmen, in die Gefangenenabteilung des Krankenhauses nach Metscherskoje, fünf Stunden über die Ebene von Moskau entfernt, zu bringen, wo er, der schönste, blühendste Jüngling, der auszog, für die Befreiung gepeinigter Menschen zu kämpfen, selbst erlag zwischen totkranken, irrsinnigen Gefangenen. »Wohl ein heiliger Feldherr,« meinte selbst der Direktor der Anstalt.

Seit du begraben liegst auf dem Hügel
Ist die Erde süß.

Wo ich hingehe nun auf Zehen
Wandele ich über reine Wege.

O deines Blutes Rosen
Durchtränken sanft den Tod.

Ich habe keine Furcht mehr
Vor dem Sterben.

Auf diesem Hügel blühe ich schon
Mit den Blumen der Schlingpflanzen.

Deine Lippen haben mich immer gerufen,
Nun weiß mein Name nicht mehr zurück.

Jede Schaufel Erde, die dich barg,
Verschüttete auch mich.

Darum ist immer Nacht an mir
Und Sterne schon in der Dämmerung.

Und ich bin unbegreiflich unseren Freunden
Und ganz fremd geworden.

Aber du stehst am Tor der stillsten Stadt
Und wartest auf mich, du Großengel.


⟨Fritz Huf⟩

In Frankfurt am Main saßen wir uns gegenüber beim Maler Starke. Nach dem Abendschmaus boxten wir uns. Er trug, seiner holländischen Freundin zuliebe, Sackhosen wie die Fischer im Hafen von Rotterdam, ich meinen Arbeiterkittel. In der Frühe saß ich ihm zu meinem Tonbild, aus mir den thebetanischen Prinzen zu holen, steinhart, unentwegt, souverän, fromm, Sternsichel auf der Stirn. Wir sprachen nie, feierten diese Sitzungen. Doch einmal sagte einer von uns beiden: Kunst ist der Zustand nach dem Tode. Der andere von uns antwortete da: Oder vor dem Leben.

Dann kamen von Ober-Ursel ein paar große Kunstkenner, seine neuesten Werke zu betrachten und ihn, den Bildhauer selbst. Die Hände in den weiten Taschen. Braun glänzten seine Augen wie Herzkirschen. Und seine kindliche Freude über jedes Lob! »Herr Professor, essen Sie Mohrrüben, Mohrrüben; ganz Indien hat keinen Wurm mehr seitdem.« Jedem Abschiednehmenden reichte er mit auf den Weg ein Buch von seinem weisen Indier und Fakir Mazdaznan.

Nun wohnt Fritz Huf in Berlin schon zwei Jahre. In seinem

Atelier stehen, nicht mehr aus Ton oder Terrakotta, schlanke
Rosenweiber oder heilige Dreimädchengestalt und dazwischen
mein prinzliches Gebild. Hufs wundervolles Spiel wurde be-
wußte, starke Arbeit; er selbst ein Kind, wurde Geschöpf. Fritz
Huf ist ein Geschöpf, das nicht wandelbar ist, aber das sich
verwandeln kann. Seine Kunst ist ein Gorilla, der ist nicht heiter,
aber bösgreifend wie das Leben. Mitleidslos reißt er an dem
Stein, daß der Fleisch werde, und verzaubert den Menschen zu
Stein. Auf einem breiten Block steht Wegeners Kopf: kecke
Wucht, böser Fastnacht. Die blonde Frau mit den Tigeraugen
und den süßherben Brombeerlippen ist die dichtende Fürstin
Mechtild Lichnowsky. »Und hier«, erklärt mir Fritz Huf geheim-
nisvoll, »der ist ein großer Arzt.« Und da – der Kopf des Doktor
Blei hinter dem Vorhang wirkt: Reptil aus grausam grauem
Glas.

Gestern schrieb ich Fritz Huf: Gorilla vom Rütli (er ist nämlich Schweizer), kommen Sie hierher ans Meer, hauen Sie mir
ein steinernes Etui für dies unendliche, rauschende Perlenge-
schmeide.

Immer Ihr Prinz

## An Franz Marc.

Der blaue Reiter ist gefallen, ein Großbiblischer, an dem der Duft
Edens hing. Ueber die Landschaft warf er einen blauen Schatten.
Er war der, welcher die Tiere noch reden hörte; und er verklärte
ihre unverstandene Seelen. Immer erinnerte mich der blaue Reiter aus dem Kriege daran: es genügt nicht alleine, zu den
Menschen gütig zu sein und was du namentlich an den Pferden,
da sie unbeschreiblich auf dem Schlachtfeld leiden müssen, gutes
tust, tust du mir.

An den roten Strand ist er gekommen, seinen Riesenkörper
tragen große Engel zu Gott, der hält seine blaue Seele, eine
leuchtende Fahne, in seiner Hand. Ich denke an eine Geschichte
im Talmud, die mir ein Priester erzählte: wie Gott mit den
Menschen vor dem zerstörten Tempel stand und weinte. Denn

wo der blaue Reiter ging, schenkte er Himmel. So viele Vögel fliegen durch die Nacht, sie können noch Wind und Atem spielen, aber wir wissen nichts mehr hier unten davon, wir können uns nur noch zerhacken oder gleichgültig aneinander vorbeigehen. In dieser Nüchternheit erhebt sich drohend eine unermeßliche Blutmühle, und wir Völker alle werden bald zermahlen sein. Wir schreiten immerfort über wartende Erde. Der blaue Reiter ist angelangt; er war noch zu jung zu sterben.

Nie sah ich irgend einen Maler gotternster und sanfter malen wie ihn. »Zitronenochsen« und »Feuerbüffel« nannte er seine Tiere, und auf seiner Schläfe ging ein Stern auf. Aber auch die Tiere der Wildnis begannen pflanzlich zu werden in seiner tropischen Hand. Tigerinnen verzauberte er zu Anemonen, Leoparden legte er das Geschmeide der Levkoje um; er sprach vom reinen Totschlag, wenn auf seinem Bild sich der Panther die Gazelle vom Fels holte. Er fühlte wie der junge Erzvater in der Bibelzeit, ein herrlicher Jakob er, der Fürst von Kana. Um seine Schultern schlug er wild das Dickicht; sein schönes Angesicht spiegelte er im Quell und sein Wunderherz trug er oftmals in Fell gehüllt wie ein schlafendes Knäblein heim über die Wiesen, wenn es müde war.

»Grüße mir dein lieb Weib, blauer Reiter, deinen Knecht, deine Magd, deinen Esel im Stall, deine Rehe und Hirsche auf der Weide und vergiß nicht, mein süßer Halbbruder, den Russel, deinen treuen Hund.«

Das war alles vor dem Krieg.

Franz Marc, der blaue Reiter vom Ried,
Stieg auf sein Kriegspferd.
Ritt über Benediktbeuern herab nach Unterbayern,
Neben ihm sein besonnener, treuer Nubier
Hält ihm die Waffe.
Aber um seinen Hals trägt er ein silbergeprägtes Bild
Und den totverhütenden Stein seines blonden Weibes.
Durch die Straßen von München hebt er sein biblisches Haupt
Im hellen Rahmen des Himmels.
Trost im stillen Mandelauge,
Donner sein Herz.
Hinter ihm und zur Seite viele, viele Soldaten.

## Rudolf Schmied

In seinem Knabenbuch »Carlos und Nicolà« namentlich der Nicolà sieht ihm auf ein Haar ähnlich. Also ganz genau der Nicolà ist der Rudolf Schmied selbst. Ich höre ihn im alten Café des Westens und in München im Stephanie ebenso argentinisch sprechen wie in seinem Buch die beiden Knaben, die man herzen möchte, so lieb hat man die. Rudolf Schmied ist aus Argentinien, er spricht, wenn es auch Deutsch ist, immer spanisch, ganz wild spanisch. Und dazu raucht er eine Zigarette nach der anderen; seine Augen, seine Nase, sein feiner Mund spielen im Gesicht. Ein Zuruf – und Rudolf Schmied jagt auf seinen Gedanken, lauter Indianerpferde, losgelassen, über die Herzen der Freunde hinweg; frisch und frei ist er, seine Seele trägt einen bunten Federschmuck. Als Knabe nannte er sich, erzählte er mir, den roten Jaguar. Damals lebte er noch in seiner Heimat in Argentinien und war der kleine Nicolà, der er geblieben ist. Sein Buch ist ein Kunstwerk, das sich »ewig« erhalten wird, immer werden all die Süßigkeiten frisch bleiben. Er hat das Buch mit altem Wein geschrieben. Rudolf Schmied ist aus edlem Geschlecht, er ist ein aristokratischer Bohême, er hat Kultur und herrliche Laune, lauter erfrischende Sturzbäche überstürzen sich in seinem Roman »Carlos und Nicolà«. Die beiden kleinen Helden seines Buches sind selbst zwei helläugige Mississippis. Mein Junge, der ein Freund der Indianer ist, hat Rudolf Schmied gezeichnet, wie er so dasitzt und von sich wundervoll erzählt.


## Kinderzeit.

Nach der Schule trafen wir uns auf der Wiese und legten dort mühsam Balken quer übereinander. Zwei meiner Spielgefährten setzten sich auf das eine Ende der Schaukel. Willy Himmel und ich aber bestiegen das lange Steckenpferd hoch in der Luft. Die beiden gegenüber flogen dann plötzlich jauchzend in die Höhe, immer wieder, wenn wir zwei, der Willy und ich, Rücken an

Rücken gelehnt, den Balken mit unseren kleinen Körpergewichten herabdrückten. Sanken dann wie durch unsere eigenen Hüllen in das Gras des Sommers übergrünt hinein; immer wie ein warmer Faden zog's durch unsere Leiber. Wenn wir genug von diesem Spiel hatten, streckten wir alle die Zungen heraus, wer die längste habe, Alfred Baumann beteiligte sich sehr überlegen an solchem »Unsinn«. Er war gelehrt, las die »Mappe« und wollte Professor werden. Und Pülle Kaufmann hatte immer eine belegte Zunge, aß seine Suppe nie, denn er lutschte viel Süßholz. Aber oft streckte er seine Zunge schwarz aus dem Mund; das kam vom Lakritz. Willy Himmel aber hatte ein rosiges Zünglein wie ein Engelchen, auch blickte ich neugierig oft in seine goldenen Augen, die waren garnicht angestrichen wie die meinen und die der anderen Jungens.

In der Früh fielen vom Birnbaum eines fremden Gartens mächtige Birnen herunter in unsere kleine Gasse, in Schülers Gasse. Manchmal schlich ich leise auf bloßen Füßen über die Treppe durch den Hausflur an zwei Amoren vorbei und sammelte die dicken Birnen in mein Nachtkittelchen. Einmal traf ich den Pülle, dem ich im Vertrauen von unserer Schlaraffenlandgasse erzählt hatte. Der Pülle Kaufmann trug heute keine Watte in den Ohren wie sonst; er war nämlich auch heimlich von zu Hause ausgerückt, und ich bemerkte sofort seine leeren Ohren und machte ihm einen Vorschlag und betonte dann ganz ernstlich auf die weitabstehenden Löffel weisend:

»Heute mußt Du aber gehört haben, Pülle!«

»Wa?« antwortete Pülle genau wie mit den Wattebüscheln in den Höhlen. »Wa?«

»Pülle,« rief ich ungeduldig, »wenn Du mir sagst, was ich Dir eben anvertraute, schenk ich Dir meine Knopfsammlung.« Ich war nämlich müde, immer alles zu wiederholen.

»Wa?« Aber dann sich überstürzend fragte er: »Die ganzen Knöpfe?«

Ich nickte zögernd, mein Angebot reute mich schon. »Du, ich schenk Dir unsere große, rosa Muschel aus unserem Gartenzimmer, Pülle, wenn Du mir sagst, was ich Dir eben sagte.«

Als Bestätigung fiel jedesmal eine reife Birne vom Baum, wir jauchzten dann erschreckt auf. Da bekannte denn endlich der

Pülle, er habe genau gehört, daß ich gesagt habe, wir wollen uns zwei ein Häuschen bauen in der kleinen Gasse, darin wir uns verstecken könnten vor den Hunden und vor dem Gewitter.

Mein Vater guckte plötzlich aus dem Fenster, er konnte auch nicht schlafen, wenn die großen Birnen fielen. »Wollt Ihr wohl herauf kommen, Ihr ungezogenen Kinder, Ihr bekommt ja die Masern!« Ueberhaupt, er konnte furchtbar wettern, unsere niedlichen Körper drohten fast einzustürzen; im Grunde aber wollte er selbst ein paar Birnen verzehren, und wir brachten ihm die allerfettsten; dafür durften wir mit seinen bunten Manschettenknöpfen und allerhand Krimskrams in einer Holzschale spielen. Auch drehte er uns seine Kreisel und Blechenten auf, und wir mußten seine großen Stiefel anziehen. Der Pülle sah dann aus wie der Zwerg mit den Meilenstiefeln.

Am Sonnabend aber brachte mein Vater in seinen Tausendtaschen Knallbonbons mit nach Haus. Am Morgen schon mußte ich meinen sechsjährigen Kameraden holen und wir marschierten mit Herrn Schüler durch seine Marienstadt, die lag hoch auf einem Hügel. Aber bevor wir abzogen, ließen wir die Bonbons knallen; für jedes der Kinder lag in Seidenpapier behutsam eine Kopfbedeckung eingewickelt. Alle die armen Kinder an den Häuserecken beneideten uns; waren wir eigentlich doch nichts anderes als vier Hündchen in bunten Helmen, die Herrn Schüler die Waren tragen mußten für die armen Leute der Marienstadt.

Nachmittags spielten wir dann meist bei Kaufmanns im Garten Soldaten. Aber mit dem Alfred Baumann hatten wir fast jedes Mal unsere liebe Not. Er mußte zum Mitspielen gezwungen werden; namentlich zum Kriegsspiel, und gerade bei diesem Spiel ergötzten wir uns am meisten. Pülle und Willy besaßen wirkliche Ulanenmützen, aber der Willy lieh dem Alfred seine, den Freund zu interessieren, ihn anzuwerben. Wir fertigten uns aus Papier welche an, aber ich mußte Feind sein, weil ich ein Mädchen war, zur Strafe. Sonst bemerkte ich nie von seiten meiner Spielgefährten irgend eine Geringschätzung mir gegenüber und ich fügte mich drein, freiwillig ein französischer General zu werden, denn die Feinde behaupteten, sie könnten dann besser richtig schimpfen, da ich unter meinem Röckchen eine weite, rote Flanellhose trage »Franzos mit der roten Hos«. Nun war ich gereizt genug, den Angriff zu wagen.

Doch vorher rief uns Pülles Mutter, die Seraphine, zum Kaffee in die Stube zu kommen. Sie saß kerzengerade auf ihrem Sessel und strickte, und Kaufmann, Pülles Vater, saß ihr gegenüber und schlief im Sitzen. Wir staunten ihn alle an, bis ihn Seraphine girrend auf die hohe Wanduhr zeigend ermahnte: »Kaufmann wache auf«. Aber heute konnte Pülles Mutter nicht mit uns gemeinsam schmausen, sie müsse Pülle ein Ohrenspritzchen besorgen gehn. Wir beneideten ihn alle drei darum, aber die alte Köchin nickte mitleidig mit ihrem Warzengesicht, strich dann mein gesticktes Kleidchen zurecht und legte mir Zucker in die Tasse, weil ich ein Mädchen sei. Die Jungens aber konnten ihren Neid nicht mehr unterdrücken und da die Mutter Seraphine schon ihr Haus verlassen hatte, ließen sie ihre Wut an mir aus. Der Baumann vergaß seine Gelehrsamkeit so weit, daß er in meinen süßen Kaffee spuckte; Willys gelbe Augen zogen sich zusammen wie bei unserer Katze, und der Pülle trat die alte Köchin mit seinem Fuß gegen den Schwammbauch. Immer fielen große Regentropfen aus meinen Augen auf den Boden, und die greise Köchin schnäuzte mein Näschen, daß es aussah wie ein Radieschen. Aus meinem Taschentuch fiel der grüne Zuckerfrosch, den ich wie ein Heiligtum bei mir trug; den opferte ich den kleinen Barbaren, die waren dann bereit wieder Frieden zu schließen. Willy Himmel, der den Kopf des Frosches schon verzehrt hatte, und das Blättchen, worauf das Zuckertier gesessen hatte, erwischte, schlich dankbar an mich heran und küßte mich auf den Mund.

Wir spielten Domino mit Korintheneinsatz. Jedem Kind schüttete die gutmütige Alte ein Häufchen Korinthen auf den Tisch. Der Baumann hatte sich ganz dreist fast alle stibitzt. Das Murren richtete sich diesmal gegen ihn. Aber er imponierte uns doch im großen ganzen; leiden mochten wir ihn alle nicht; aber er trug eine Hornbrille. Er erklärte uns, die Affen der Urwälder, die hätten, – er habe es gerade in der Gartenlaube gelesen, – auch einen Nabel wie die Menschen, aber, – er hielt inne – an dem Nabel der Affen wüchsen die kleinen Affen wie Blättchen, dann wie Blüten, dann wie Früchte, bis sie einen Schwanz hätten zum

Abpflücken. Wir kreischten vor Vertraulichkeit, saßen plötzlich im Kreis, unsere Gesichter legten sich zusammen zu einem Bukett aus Rotbacken. Die einschlafende Köchin knurrte aus dem Schlaf: »Kenger, Oehr mößt Oenk nich so unanständig erzählen.« Wir rückten aber nur noch näher zusammen, und der Pülle fragte kichernd, ob Mädchen auch wohl einen Nabel hätten? Er habe einmal ein Märchen gelesen, er log, darin wäre vorgekommen, eine Königstochter habe einen Nabel gehabt wie ein Brunnen so hohl und tief in den Leib herab, und da hätten die Leute der Stadt ihre Wäsche drin gewaschen.

Die drei Ulanen machten viel Feinde zu Gefangenen; ich wurde in die Küche gesperrt und mußte so tun, als ob ich ein ganzes Regiment gefangener Franzosen wäre, die sich aus dem Turm zu befreien versuchten und die Deutschen verhöhnten. Alfred Baumann war am hitzigsten, der Sieg hatte ihn überwältigt, er war Feldmarschall geworden, damit er die Lust nicht verliere; er war furchtbar zu schauen; mein Herz sprang wie die Feinde, die von der Anhöhe des Gartens auf ihren Rossen ins Tal sprengten. Feldmarschall Baumann stand schon vor meinem Turmverließ; ich stemmte mit übermenschlicher Anstrengung verzehntausendfacht meinen kleinen Körper an das drohende Holz. Mein Röckchen wehte aufgehißt als Fahne im Wind am Fenster. Ich vergaß meinen militärischen Generalsrang und schrie »Mama, Mama!!« Ganz still wurde es von draußen, man hörte auch nicht mehr das leise Kichern; die Feinde hatten sich scheint's zurückgezogen. Aber das war eine List des Marschalls Baumann gewesen; sein Adjutant Himmel, der mußte verharren; vor der Turmtür leise Wache stehen. Zagend öffnete ich auf einmal mit einem Ruck meinen Küchenturm; ich sah die goldenen Augen Willys schmelzen vor Schmerz, an einem Fetzen baumelte sein Zeigefinger an der Hand und färbte dann die Steine der Hausflur dunkelrot. Den ohnmächtigen Verwundeten trugen die Kameraden auf Seraphinens Kanapee; in der Zeit nahm ich die Flucht.

Seit dieser Niederlage verfolgten mich die kleinen deutschen Spielsoldaten mit ihrem Haß, standen oft an der Ecke der Austraße noch mit einem Heer verbündeter Jungens, rissen mir den Schulranzen vom Rücken, warfen mich zur Erde und traten und

pufften mich: »Franzos mit der roten Hos! Franzos mit der roten
Hos!« Einmal kam Pülles Mutter gerade vorbei, im Sonnenschein und mit ihrem grünen Sonnenschirm; wie die Suppenkas-
parmutter sah sie aus, als sie den Mund ermahnend ganz rund
öffnete: »Pülle –!« Ich wagte garnicht mehr allein auszugehen,
auch hatte ich den Ziegenpeter bekommen und das deutsche
Heer geriet in große Scheu vor mir: ich sei verhext von einer
bösen Zauberin; aus den Nebengassen nur hörte ich noch
manchmal ganz leise das böse Liedchen: »Franzos mit der roten
Hos!«

## Max Herrmann

Er ist der grüne Heinrich, und alle glauben es, wenn ich das sage.
»O ja, er ist der grüne Heinrich.« Seine Augen sind grün, sein
Haar ein geschorener grüner Wiesenfleck; seine Eidechsennase –
immer schlängelt sie sich. Und sein grüner Primanermund
schwellt noch an vor Erwartung. Und seine Seele ist grün und
tief, ein heller Schilfteich, man kann daraus Schachtelhalme,
Leuchtkäfer, Jesusblumen und gesprenkelte Blätter fürs Herba-
rium sammeln. In seinem Dachzimmer, ich nehme an, er wohnt
mit seinem Lenlein schräg unterm Hutrand des Hauses, leben
sicher viel Kreaturen in Gläsern, Kröten, Fische, Quabben – und
in Spiritus die Paradiesschlange zu sehen! Und noch lauter Groß-
knabendinge. Lenlein, die Grünheinrichfrau ist eigentlich ein
Heiligenmädchen, betet den grünen Heinrich an. Der ist ganz
klein, trägt einen Hügel auf dem Rücken, so daß man ihn erst,
wenn man mit ihm reden will, besteigen muß und es viel schwieriger fällt, zu ihm zu gelangen wie zu Menschen, die alltäglich in
die Höhe, manche nach unten, aufgeschossen sind. Grünhein-
richs Mutter hat gerne Märchen gelesen, und ihr Sohn kam in
ihrer Traumwelt zur Welt; ihre Augen mögen wie bei Kindern
groß geglänzt haben, als auf einmal der grüne Heinrich in ihren
Händen lag mit einem Stern in der Schläfe, wie ihn nur Dichtern
von Gott selbst verliehen wird. Der grüne Heinrich ist ein Dichter, und seine Gedichte sind große pietätvolle Wanduhren,
schlagen herrlich, wenn er sie vorträgt.

## Fritz Wolff

Ich schrieb einmal aus der Ferne an den Zeichner: Sie und Ihre Frau behalten immer eine Silberquaste meiner blauen Seele in der Hand zurück und darum bin ich nie ganz und gar abwesend aus Berlin, wenn ich längst die Stadt verlassen habe. – Sonntags kommt manchmal auch der dänische Märchenerzähler zu Wolffs – nur seinen Namen kann ich nicht behalten. Aber über unserm Beisammensein hängt eine nickendtickende Uhrgroßmutter; zu jeder Stunde schenkt sie uns ihren tieftönenden einlullenden Segen. Ich bin dann plötzlich ganz klein, wir vier werden Kinder – lauschen ... und unsere Gedanken springen sorglos über die Geleise des Alltags. Wir spielen den Ulk aus Fritz Wolffs farbigen Bilderbogen, die hinter den Ladenfenstern auf die Straße lachen. Und wenn nicht »das Mädchen«, wie der Fritz Wolff seine Frau nennt, uns hinterrücks mit einem riesenrosinenknusperigen Kriegskuchen überfiel, den wir bewältigen müssen, so würden wir selbst nicht an diese »süße« Wirklichkeit erinnert werden. Die himmelhelle und die grassaftig angestrichene Stube tragen Schmachtlöckchen, und im dritten Stübchen, darin viel und weißgeblümter Battist rauscht, hängt sein Selbstbildnis im Rosenrahmen zwischen Fritz Wolffs lächelnder Ahnin und ihrem wohllöblichen Vetter aus Alt-Berlin im Bratenrock und steifem Vatermörder. Aber auf einem Wandtischchen stehen aus buntem Schaumzucker ein paar heilige Tiere: das Lamm trägt ein Glöckchen um den leckeren Hals und ist besonders fromm und altmodisch immer neu für meinen verehrten Fritz Wolff und seinem guten Mädchen gebacken. Auch meine Freude für allerlei Tand teilen meine beiden liebsten Menschen in Berlin und wir bringen uns auserlesene Spielereien mit von Reisen aus großäugigen Welten. Dieses Glück haben wir uns auch im Kriege zu bewahren gewußt, wenn auch unser Zeichner Fritz Wolff fern auf hartem Boden im Osten Soldatenbilder zeichnete und die Köpfe vieler Generäle und Obersten der Schlachten. Die Spitze seines Stifts taucht er in sein feines, künstlerisches Blut, so daß seine Zeichnungen wie auf Seide gezeichnet wirken. Irgendwo aber in seinem übervollen Herzen setzt ein Schelm auf einem schwanzausgerissenen Steckenpferdchen über alle steife Zeremonie hinweg wie die Maxmoritzschlingel, deren Streiche er so schön zu illustrieren versteht.

Bevor wir Abschied nehmen für diese Woche, muß der – Andersen der – Texiere noch die Geschichte der Eidechse und der Prinzessin vortragen. Und dann »hinaus mit uns zwei in die Nacht!«

## Doktor Magnus Hirschfeld.
### (Ein offener Brief an die Zürcher Studenten.)

Frischverehrte Herren Studenten!

Am Donnerstag, 11. Juli, werden Sie im Schwurgerichtssaal Herrn Sanitätsrat Dr. Magnus Hirschfeld in Zürich sprechen hören; Sie können sich auf den Abend freuen. Ich will Ihnen etwas von unserm Doktor in Berlin erzählen. Er ist nicht allein unser Arzt, er ist auch unser Gastgeber; seine Sprechstunden enden in beaux jours; die Kranken vergessen ihre Nerven und dem gesunden Patienten bedeutet der Nachmittag in den freudigen Wartezimmern angenehme Nervenanregung. – Mitten im Tiergarten zwischen starken Kastanienbäumen und hingehauchten Akazien wohnt Sanitätsrat Doktor Magnus Hirschfeld. Er mag nicht, daß wir ihn so titulieren. »Kinder, ich höre lieber einfach »Doktor«.« Trotzdem er mir gestand, daß ihn die Ernennung zum Sanitätsrat zu seinem fünfzigjährigen Geburtstag in Anbelang seiner Ausnahmestellung unter den Aerzten viel bekämpft und bestritten, doch erfreut habe. Er zeigte mir strahlend wie ein Kind alle Geschenke. Wir nennen ihn unsern Doktor. Am Vorabend seines Wiegenfestes brachten ich und meine Spielgefährten unserm Doktor ein auserlesenes Ständchen. Der Wiegenfestliche betrat gerührt seinen Balkon, ließ sich besingen von unsern Liedern zur Harmonika und Trommel. Schluß-Choral: »Ich schnitt es gern in alle Brotrinden ein« ... Unsere Ausgelassenheit amüsiert ihn, denn Doktor Hirschfeld versteht Ulk, da er ernst ist, kein ernsthafter Professor etwa im Eichenlaubbart. Nun muß ich, liebe Herren Studenten, Ihnen zu meiner Schande gestehen, daß ich von den vielen berühmten Büchern, die der Doktor geschrieben hat (ich lese prinzipiell nur meine), keines kenne, aber dennoch sie aus seinen unvergleichlichen interessanten Vorträgen beurteilen kann, spannende medizinische, historische Romane, die nie zu Schmöckern vergilben, als Maßgebenheiten bestehen bleiben. Doktor Hirschfeld ist der Bejaher jeder aufrichtigen Liebe, ein Abgewandter jeglichen Hasses. Ein milder Gerichtsarzt, der alles zu verstehen sucht. – Voll Mitleid opfert er seine Kraft, seine Zeit, sein gutes Herz dem scheidenden Soldaten. An den Bahnhöfen sieht man unsern Doktor oft, ganze Tabaksplantagen anpflanzend, aus etlichen Kisten Zigarren und Zigaretten an abschiednehmende Feldgraue verteilen. Er ist der Mensch, der wahrhaft in der Bereitwilligkeit keinen Klassenunterschied kennt. Wer ihn ruft, zu dem eilt er. Ich überfiel ihn selbst, mit Erfolg, mir zu einem verwundeten Freund in Pommern zu folgen, aus seiner großen Praxis. – Liebe Herren Studenten, mich freut es, unserm Doktor Hirschfeld Lob und Preis zu singen. Wenn er nicht in Berlin weilt, fehlt sozusagen unser Beichtvater. Wir sehnen uns alle nach seinem Trostwort, nach den gemütlichen gemütvollen grünen Zimmern, sie sind heilbringend wie er selbst.

## Hans Heinrich von Twardowsky

Hans Heinrich, der liebenswürdige Parodiendichter und Schauspieler, trug vor einigen Tagen zum wiederholten Male dem entzückten Publikum seine Verse vor; nun schenkt er sie in einem Buch aufbewahrt allen denen, die Freude an seinen Gedichten hatten. Bunte lachende Schelme, geschmückt mit Rittersporn und Rosmarin taumeln über seine Lippen liebentlang, keinem der Heimgesuchten und Versuchten verletzend auf die Nerven fallend aber sicher ihr Ziel erreichend. Ein schwärmender Prinz Carneval ist Hans Heinrich, ein gerüsteter Pierrot, begleitet von seinem Knappen, der ihm das Rosenblatt trägt.

Auf der Dühne, die weit ins Meer führt, begegnete ich dem entschlossenen siebzehnjährigen, abtrünnigen Hans Heinrich, er widersetzte sich standhaft seiner Familie und antwortete auf ihre Forderungen in Knittelversen, die er den einzelnen Mitgliedern in Knallbonbons übersandte. Nur seiner Mutter Zustimmung zum Schauspielerberuf gewann der hingebende Jüngling durch Küsse.

Wir gründeten am Strand des Ozeans eine Filiale des Deutschen Theaters; das heißt, wir trafen uns gemeinschaftlich mit noch einigen verlorenen Söhnen und Töchtern zur Tausendundeinernachtstunde und spielten Shakespeares »Richard«, den »Carl von Moor« und eigene Räuber. Aber auch Ibsens Gestalten wußte Hans Heinrich wundervoll zu beleben. In seiner Glanzrolle der »Hedda Gabler« bewunderte ich ihn allabendlich, er erinnerte mich an den japanischen Schauspieler des asiatischen, künstlerischsten Schauspielvolks, das, indem es die weibliche Hauptrolle vom »Schauspieler« darstellen läßt, mit doppelt kraftvollem Akkord das femine betont und zu gleicher Zeit entwirklicht. Den schlanken, weiblichen, jungen General, die Tochter Gablers spielt Hans Heinrich charmant, gebieterisch und voll Charme. Er kann die älteste Exzellenz seinen Vater im Grabhimmel doch nicht verleugnen.

Das Meer rauschte unaufhörlichen Beifall, wenn auch ohne Ovationen, es brachte keine Muscheln von der Reise mit, Seeteufelchen und Spuk, Wasserspielzeug, wie die Nordsee, wo ich dem Hans Heinrich schon einmal begegnete, in der Sonne gelähmt im Wagen sitzend. Alle Leute verwöhnten den schönen Jungen mit den traurigen feinen Augen, die blaue Spur lassen. Namentlich die Frauen, die er aber auch wie ein Süßweinkenner bis in den kleinsten Tropfen richtig beurteilt. Ich denke gern an unsere Streiche in Warnemünde, wenn wir die schlafenden Badegäste durch Scheinbrände in Panik versetzten. Am liebsten bestiegen wir die Kanzel der Dorfkirche, unsere Gedichte einem andächtigen Mütterchen vorzutragen, das mit frommem Besen und seligem Staubtuch den Altar und die Bänke säuberte. Sie glaubte an unsere frommen Verse wie an den heiligen Christophorus, der das Kind, »die Welt«, erklärte uns die liebe, armselige Frau, auf dem Rücken trage. Und sie lobte unsere Predigten, die so weich aus unserem Munde kämen.

## Brief an einen Schweizer Freund.

Vielleicht tun Sie mir den großen Gefallen, den Herrn Bundesrat so im Vorbeigehen zu fragen, ob ich wieder in die Schweiz kommen darf? Die Möven vom Zürchersee schreiben mir so sehnsüchtige Briefe, und ich sehne mich nach den weißen Vögeln, schreiendem Schnee, wilden Bräute der Nordsee, weichgefiederten Abenteurerinnen. »Wär' ich doch eine Möve! Ich brauchte nicht auf mein Visum zu warten.« Als ich diesen Seufzer in Berlin vor dem Fräulein Schweizergesandtschaft ausstieß, meinte sie argwöhnisch: »Wer weiß, ob nicht doch einem dieser weißen Vögel ein schwarzes Herz unter den Daunen lauert?« Doch der verantwortlichen Dame leuchtete es ein, daß die Vögelinnen, die alljährlich als Gäste ihre Stadt besuchen, das Edelweiß des Meeres sind und am Tintenklex ihres Busens sterben würden. Dennoch zeigte die gemilderte Beamtin betroffen in meinem alten Paß auf das Wort – »Schriftstellerin!?« Sie hat schon den richtigen Instinkt, denn Schriftstellerinnen sind immer tätig, und tätige Menschen sind gefährlich, oft sogar unzurechnungsfähig; aber ich sei nur erdentrückt, erklärte ich ihr, sozusagen eine Dichterin; das Blumige aller Aufsätze und Artikel hinge wohl mit den Blättern im Zusammenhang, aber nicht am Kopf. Seitdem wartet das belehrte Fräulein mit mir Tag und Nacht auf mein Visum. Mir ist, als ob ich schon wochenlang im Wartezimmer eines Nervenarztes warte. Der Sanitätsrat hat mir Fichtennadelbäder verschrieben; ich warte also scheinbar im Gehölz. Und ich bitte Sie nochmals, ein Wort an höchster Stelle für mich einzulegen, meine Wiederkehr in die Schweiz zu beschleunigen oder gar zu erwirken.

»Daß ich tot zur Welt kam,« erzählte ich Ihnen ja schon vertraulich. Von unerlaubten Umtrieben kann also doch keine Rede sein. Ich spukte höchstens mal um Mitternacht in den kleinen Gassen und Winkeln Ihrer Stadt umher, meist unter Aufsicht meiner beiden Zürcher Freunde; über die hohlen, rissigen Wege, unter dem priesterlichen Wintermond wandelten wir an niederen, bunten Häuschen vorbei wie durch Steinhecken. Sie merken, ich bin mit meinen Gedanken schon in Zürich; auf seinem weiten Bahnhof stehe ich und vernehme mit Entzücken, wie höflich sich aller Länder Sprachen begegnen, und ich glaube, man erzielt nur tolerante, taktvolle Menschen durch unbehindertes Sichmischenlassen. Und so hat von allem abgesehen: Brotkarten, Bolschewismus, die Einreise der Fremden in Ihr Land ein Gutes wenigstens gehabt. (Ich denke an mich...)

Ich liebe die Schweiz; über Zürichs interessante Bahnhofstraße schreiten oft Männer, breitschultrig, Gesicht und Bart aus Holz, sofort aus Hodlers Gemälde kommend. Der Meistermaler selbst hatte ein großes Holzherz in der Brust, an dem ein Edelspecht klopfte. Ich liebe ihr Land, die frischfreien Städte aus Kristall, seine lieblichen Täler, die Bäche lächeln wie Grübchen. Die Höhen sind Götter und tragen grünliche Gletscherbärte. Und die vielen Wiesen und Seen und Wälder; ihre blühenden Spielsachen bedeckt, wenn es kalt wird, der Schneestern. Und immer legt der Himmel dem Berg einen zartfarbenen Schleier um den Rücken, bis die Goldmutter ihn aufknüpft. Von dem großen Bogenfenster in meinem herrlichen Hotel bemerkte ich oft, wie mich die Gipfel der sich erhebenden Erden grüßten; einer der Bergkolosse – Sie glaubten mir ja nie etwas – kam tatsächlich ungehindert vom Kirchturm und den Häusern bis dicht vor meinem Balkon und grollte. Ein Berg muß grollen! Mein Gemach war überhaupt ein dreieckiger Waldfleck; ich lag morgens zwischen dem matten Grün der Gobelin-Tapeten, bis mich eine gestickte Nachtigall erweckte. Der junge Josefl, meines liebenswürdigen Hoteliers einziger Sohn, erwartet mich mit Schmerzen in jedem ankommenden Zug aus der Richtung Berlin. Ich bin nämlich die einzige Sterbliche, die mit ihm zu überlegen vermag, ob er Moissi oder Edison werden soll.

Aus der unabsehbaren Trübe möchten viele Menschen in die Schweiz kommen und daß die Tanzsucht ausbrach, epidemisch zunimmt gerade im lahmgelegtesten Land, ist weiter nichts anderes, als die natürliche Sehnsucht, eigener Bangigkeit zu entkommen – Flucht (ohne Visum). Denn selbst der Mond über der Hauptstadt von Deutschland ist nicht mehr der alleinige wohlbeleibte alte Herr; zusammengeschrumpft, gallenerkrankt murrt er griestrübe über ein Land, dessen Herz blutgenagelt an der Verzweiflung hängt. Von der maschinellen Bewegung des Krieges waren die Menschen eingeschläfert. Zu Maschinengewehren gehören Bleisoldaten. Die wilden Stämme der Wüste überfallen sich über Nacht, um sich in der Frühe schluchzend zu versöhnen. Solche Kämpfe sind mir verständlich, sie sind organisch und menschlich und sozusagen wild aufgewachsen. Aber da ich nie lernen konnte, bin ich vielleicht nicht maßgebend. Ich meine, je mehr Todesmaschinen gebaut werden, desto weniger seelische Kräfte können sich entfalten. Früher reiste man doch noch ab und zu in der Phantasie nach Vampur; wer tut das noch mit der Palme in der Hand? Jetzt steigen die Reisenden in den Flugapparat, da ihre Herzen entflügelt sind, und erzählen keineswegs, wohin sie geflogen sind, aber wieviele Kilometer weit. In der Schweiz haben die Menschen das Steigen zu Fuß noch nicht verlernt. Sie sind auch verwandt mit jedem Stein und jeder Alpenblume ihrer Heimat. Und von den Erbauern der Zahnradbahnen sind viele eine Gebärde mit ihren Bergrücken vom Tal zur Höhe. Bei einem Ausflug in den Tessin fuhr ich im Locarnos funicolare; Paole Pedrazzini hat sie gebaut, – ein schwindeliger Flug, eine, jedesmal wieder sicher verhinderte Luftkatastrophe, ein monumentaler abgeschossener Pfeil über wild wachsendem Felsengrund, schaurig und süß an Goldbüschen, Quellgeriesel und hohen Kamelienköniginnen vorbei erreicht die genialste Bahn ihr Heiligtum, den Gipfel des Klosters Madonna del Sasso, deren Mönche, Großgemsen, feierlich zur Maria emporkletterten, oder über des Erbauers heroischem Rücken die Himmelspforte erreichen. »Das Schweizerland ist noch ein besonderes Erdreich,« sagte Wedekind zu mir, wir warteten beide auf der Landungsbrücke des Züricher Sees auf unser Schiffchen. Er wollte nach Rüschlikon – wieder – Kuchen essen lernen zwischen Schlaraffenlandlaub.

Selbstlos ist es und üblich, seinen Gästen in Deutschland vom eigenen trockenen Brot zu reichen, also seinen Leib zu brechen. Ja, ein hungerndes Land übt heilige Gastfreundschaft und Abendmahl, schon der Jesuse zum Angedenk und Treue, die meist noch nicht einmal für ihr Ideal am Kreuz hangen oder gar in Massengräbern von Ratten angenagt verwesen. Ihre kleinen Geschwister jammern eng aneinandergeschmiegt nach ihren großen Brüdern, sie wollen sie wiederholen aus Rußland oder aus dem Westen. Meines Halbbruders, des blauen Reiters Franz Marces geheiligter Leib wurde vor einiger Zeit übergeführt von Frankreich nach Ried in Oberbayern.

Im grauen Morgenstern und Nachtlachen, Schüssen und wildem Elend trat der Gruppenirrsinn auf; es bildeten sich immer Gruppen auf den Straßen und Plätzen aus Spannung vor dem »Wie wird es werden«? Aber auch aus Furcht vor der Oede, aus Anschmiegungsdrang entstanden diese merkwürdigen Straßengesellschaften, in blinden Wirren gemeinschaftlich auszuruhen. Irgend jemand murmelte etwas zu den Zuhörern, meist ist der Redner freilich nur ein Häscher in seiner Grube, manchmal aber hörte ich auch einen Donnergott zürnen, ihn ebenfalls wie die Lauschenden stumpf anhimmelnd. Aber die Tage der Revolution vergesse ich nie im Leben; es waren Römerzeiten! Ein feierlicher Schwur, eine einzige Fackel war Berlin, die aufwärts lohte. Rührende Worte sprachen die einfachen Landwehrmänner an das Volk aus geschmückten Karren, die zu Siegeswagen wurden in der Hand des schlichten Rosselenkers. Ich glaube, daß sich alle Soldaten der Länder leise berühren, gehässig sind sich nur die, welche nie draußen im Kriege bluteten oder sich nie gegenüber in den Gräben lagen, Unzucht mit dem Krieg trieben oder sich mit ihm etablierten oder Luxusausgaben von ihm drucken ließen. Die wissen nichts von der schweigenden Treue der Feindschaft, die schließlich zusammenblutet und überraschend entwirrt. Nie hörte ich einen Soldaten, aus welchem Lande er auch stammte, anders als hochachtend von seinem Feinde reden.

Ich habe Ihnen nun alles geschrieben, was noch auf meinem Herzen zu entziffern möglich ist. Manchmal dichte ich auch wieder von Theben; ich bin alleine noch von allen Prinzen übrig geblieben; muß doch guter Wein sein, die Blume konnte man mir nicht nehmen. Mein Neger Oßman freut sich, daß man uns nicht stürzen konnte. Er fragt mich, ob sein Schwager, der Zuluhäuptling von den Karolineninseln, der interniert im Eispalast vier Jahre gefroren hätte, wenigstens auf meinem Balkon mit seiner Familie einstweilen wohnen könnte? Abends raubt er die Edamer- und Schweizerkäse-Attrappen (seligen Angedenkens) aus den Filialen Grohs. Ich pfeife durch die Querstraßen; an die Schüsse haben wir uns alle schon gewöhnt, und ich weiß wirklich

nicht, »warum ich so traurig bin«. (Uebrigens unter uns, die
Lorelei soll mächtig mit den Engländern flirten.) Nachts quält
mich Alpdrücken, alle Bonbons aus Zürich legen sich gereiht in
schweren Ketten um meinen Hals. Und der gefüllte Blätterteig
aus Sylt im Vegetarierheim gehört schon in das Sagenbereich.
Wir sterben alle an zu wenig Zucker, der ersetzte wenigstens
noch die Liebe. Aber die Liebenden sind aus den Wolken gefallen, nur ich feiere ab und zu noch Himmelfahrt in Versen.

Es lebe das Schweizerland und meine verbindlichsten Grüße
an den Herrn Bundesrat. In aller Verehrung
                              Ihr Prinz von Theben.

# Der Malik

Eine Kaisergeschichte mit Bildern
und Zeichnungen

Meinem unvergeßlichen Franz Marc
DEM BLAUEN REITER
in Ewigkeit

Erster Brief.

Mein lieber, lieber, lieber, lieber blauer Reiter Franz Marc.
Du willst wissen, wie ich alles zu Hause angetroffen habe? Durch die Fensterluke kann ich mir aus der Nacht ein schwarz Schäfchen greifen, das der Mond behütet; ich wär dann nicht mehr so allein, hätte etwas zum Spielen. Meine Spelunke ist eigentlich ein kleiner Korridor, eine Allee ohne Bäume. Ungefähr fünfzig Vögel besitz ich, zwar wohnen tun sie draußen, aber morgens sitzen sie alle vor meinem Fenster und warten auf mein täglich Brot. Sag mir mal einer was auf die Vögel, es sind die höchsten Menschen, sie leben zwischen Luft und Gott, wir leben zwischen Erde und Grab. Meine Spelunke ist ein langer, banger Sarg, ich habe jeden Abend ein Grauen, mich in den langen, bangen Sarg niederzulegen. Ich nehme schon seit Wochen Opium, dann werden Ratten Rosen und morgens fliegen die bunten Sonnenfleckchen wie Engelchen in meine Spelunke und tanzen über den Boden, über mein Sterbehemd herüber und färben es bunt; o ich bin lebensmüde. Feige und armselig sind die Kameraden, kein Fest, keine Schellen. Alle meine Girlanden hängen zerrissen von meinem Herzen herab. Ich bin allein auf der Welt lebendig, auf der Hochzeit des leichtlebigen Monats mit der Blume, und ich werde täglich allein begraben und ich weine und lache dazu – denn meine Traurigkeit ist weißer Burgunder, mein Frohsein roter Süßwein. Wenn man die Augen zumacht, weiß man nicht, ob man froh oder traurig ist, da irrt sich der beste Weinkenner. In der Nacht spiele ich mit mir Liebste und Liebster; eigentlich sind wir zwei Jungens. Das ist das keuscheste Liebesspiel auf der Welt; kein Hinweis auf den Unterschied, Liebe ohne Ziel und Zweck, holde Unzucht. Die vergilbte Photographie über meinem Bett grinst dann, sie weiß, daß ich wirklich einmal einen Liebsten hatte, der mit mir Katz und Maus spielte. Einmal aber schenkte er mir eine kleine Krone aus Elfenbein und Tribut für meine Stadt Theben: fünf blanke Markstücke in einem Kästchen auf hellblauer Watte. Ich habe nun keine Stadt mehr, ich will auch nicht mehr Kaiser werden, es gibt keinen Menschen, über den ich regieren möchte, keinen Menschen, den ich zur

Krönungsfeier einladen mag. Ich weine auch nicht mehr, damit das kichernde Hurenmonstrum über meinem Bett nicht mehr mitleidig sein kann. Ich wär der arme Heinrich – sie meint nicht den König Heinrich, aber ihren versoffenen Stiefbruder, der jedes Jahr die Krätze bekommt. Mir fehlt was anders; einer meiner Freunde lauert schon immer auf meine Leiche – meinen Nachlaß zu ordnen. Er grrratuliert sich schon den ganzen Tag und zur Übung geht er auf alle Geburtstage und gratuliert den Sonntagskindern. Morgen hab ich Geburtstag; die Tante Amalie im Krinolin im Rahmen über meinem Bett stopft mir meine Strümpfe und gibt mir einen heimlichen Rat – wie ich die Miete ihrer Nichte nicht bezahlen brauch. Die tut immer so aufgeblasen und kassiert dazu ein. Wenn sie naht, flattere ich von einer Ecke in die andere wie ein halberstarrter Nachtfalter – bis sie mich einfängt ... Früher war ich in meinen Träumen bei meinem Oheim in Vampur und trug einen Palmenzweig in der Hand. Auch besaß ich viele, viele Feierkleider, die trägt jetzt meine Wirtin immer; wenn ich keine Miete hatte, nahm sie sich eins dafür; die hängen nun in ihrem Schrank und sind alle grau geworden. Aber ich muß ihr dankbar sein, denn sie will mir einen Kuchen backen und einen Spruch für meine Spelunke schenken unter Glas, damit ich zufriedener werde. Und dabei bin ich viel zufriedener als früher, ich sehne mich wenigstens jetzt manchmal, wenn auch nur – nach einem – bösen – Menschen. Mein Liebster hat mich nie etwas gefragt, weil meine Lippen so gern tanzen wollten. Aber viel gehen mußte ich, weil ich so schwer vorwärts kam und wäre doch so gern einmal gefahren mit dem Auto oder in einer Sänfte. Ich kannte aber vor ihm noch einen böseren Menschen, der ließ mich immer barfuß über Nägel gehen; seitdem hängen viele Narben unter den Sohlen, die tun weh. Ich kann noch so manche traurige Geschichte erzählen (die Tante im Rahmen summt aber immer dazu ihr Lieblingslied: »Amalie was hat man dir gepufft!«). Hör nur die Geschichte von dem kleinen Knaben, der am fremden Tisch saß und sich nicht laut freuen durfte über die süßen Speisen. Oder die Geschichte von einem anderen fremden Kind – das von der Stiefmutter spazieren geführt wurde, ihr eigenes Kind aber unter dem Herzen trug. Lieber, lieber, lieber, lieber, blauer Reiter – Amen.

## Zweiter Brief.

Lieber, blauer Reiter, ich soll keinen so traurigen Brief mehr schreiben – wie sollt' ich es auch nur können, da die Sonne so lieblich und aufmunternd scheint und ich gehe doch mit dem Wetter parallel; auch liegt in allen Buchhandlungen mein neuestes Buch aus. Mein Herz glitzert; denn ich lächle wie Schimmer über meine eigene Winteridylle, bin sogar stellenweise grün gestimmt mit rosaroten Pfingstrosen. Dazu nehme ich seit einigen Tagen Neura-Lezithin, Ersatz fürs Gehirn (echt nur mit dem Rhinozeroskopf im Ring), immer trage ich davon bei mir und wenn ich stocke in der Unterhaltung, antwortet der Rhinozerosgehirnsauerstoff geradezu erstaunlich vernünftig, fast unangenehm intelligent – kein Mensch glaubt mehr, daß ich eine Dichterin bin und die Redaktionen geben mir Aufträge. Und Herr X. wird nicht mehr schreiben können, ich kreische hysterisch im Kaffee; zwar wisse er das vom Hörenhören. Ich gab ihm einen Rippenstoß, seitdem sind alle Teufel los, sie machen mir viel Freude, die Schäfchen auf der Heide. Wäre ich doch eine Drehorgel und mich drehe ein Krüppel, ihm wüchsen vor Tanzlust die Beine wieder an. Und Tummelskopf möchte ich schlagen, blauer Franz, weil wir »Du« sagen und weiß nicht, was ich noch alles tun möcht', wenn morgens Deine wunderherrlichen Postkarten ankommen!! Großkatzen sind die souveränen Bestien. Der Panther ist eine wilde Enziane, der Löwe ein gefährlicher Rittersporn, die Tigerin eine wütende, gelbschimmernde Ahornin. Aber Deine glückseligen, blauen Pferde sind lauter wiehernde Erzengel und galoppieren alle ins Paradies hinein, und Deine heiligen, geheiligten Lamas und Hirschkühe und – und Kälber – sie ruhen in geweihten Hainen. Viele Deiner Priestertiere riechen nach Milch. Du ziehst sie selbst im Rahmen groß. Ehrwürdiger, blauer Großgeistlicher!

Dritter Brief.

Mein sehr geliebter Halbbruder. Es ist kein Zweifel, Du warst Ruben und ich war Joseph, Dein Halbbruder zu Kanazeiten. Nun träumen wir nur noch Träume, die biblisch sind. Manchmal narrt mich so ein Traum, wie heute Nacht. O, ich hatte einen boshaften Traum; allerdings mein sehnlichster Wunsch erfüllte sich – ich war plötzlich König, in Theben – trug einen goldenen Mantel, einen Stern in Falten um meine Schulter gelegt, auf dem Kopf die Krone des Malik. Ich war Malik. Als unsere Muselkinder wie kleine Kamelkälber meinem großen Prachtkamel nachtrabten, und dazu kreischten in allerlei verzwickten Quietschtönen (es war eigentlich zum Totlachen)! »Rex-Klecks, Rex-Klecks, Rex-Klecks! Klecks!!!« Wenn ich daran denke! Ich bin überhaupt heute etwas unglücklich – ich weiß niemand, wodrin ich mich verlieben könnte. Weißt Du jemand? Dein verraten und verkaufter Jussuf.

Vierter Brief.

Mein blauer Reiter, ich möchte eine Brücke finden, darüber eine Seele zu meiner käme, so ganz unverhofft. Eine Seele so ganz allein ist doch was Schreckliches!!! O, ich könnte direkt meine Seele (meinetwegen) mit Syndetikon an eine zweite kleben. Syndetikon klebt auch Glas und Gold. Wenn doch jemand seine Lieblingsblume neben meinem Herzen pflanzen würde, oder einen Stern gießen würde in mein Herz oder – mich ein weltentrückter Blick träfe –. Sei nicht bös, blauer Reiter, daß ich wieder sentimental werde, ich brauch' mir ja jetzt nur Deine Karte ansehn mit dem Spielpferdchen; genau so eins wie dieses steht noch auf dem Krimskramsboden oben in meinem Palast in Theben: Aus drolliger Spielfarbe, aus Herzkarminrot.

    Aber ich habe nun auch eine Karte gezeichnet. Dich und Deine Mareia. Denk mal, Du bist ja selbst ein Pferd, ein braunes, mit langen Nüstern und Tränenrinnen, ein edles Pferd mit stolzem, gelassenen Kopfnicken, und Deine Mareia ist eine goldgelbe Löwin. Dein lieber Jussuf.

Fünfter Brief.

Blauer Reitersreiter. Die Redaktion: Sturm hat sich eine Filiale angeschafft von meinen Gedichten; Isidor Quanter oder Quantum liefert erstaunliche Nachahmungen. Wie kommt so was? Ich, die gar nichts von einer Lehrerin an mir habe, mache Schule. Mir graut davor! Außerdem hat die Jury der Ausstellung: Sturm, dieses Porträt abgewiesen, das seine vier Vorsitzenden in einem Trauakt darstellt. – O, blauer Reiter, wie die Liebe herabwürdigt,

wie die Liebe herabgewürdigt wird, wie die Liebe sich besaufen kann!! Ich bin doch auf die Idee gekommen, daß nur bedeutendes Blut sich vermischen darf mit Wein, mit Rausch, mit der Liebe. Nun ist es Nacht – überall – o, wir, wir wollen, Du, Mareia und ich, furchtbar zärtlich miteinander sein ... Wir haben nicht verlernt, unsere Haut herabzureißen wie ein Feierkleid. Was ist denn noch anders los als wie die Liebe; blauer Reiter, können wir von anderem leben wie von der Liebe, von Blut und Seele – ich will lieber ein Menschenfresser werden, als Nüchternheit wiederkauen.

Sechster Brief.

Blauer Reiter, ich bin alleine fromm in der fremden Stadt. Kein Mensch kommt hier in den Himmel. Bitte gehe einmal über den Kurfürstendamm, bieg in die Tauentzienstraße ein, kannst' Du Dir vorstellen, daß ein Dirbegegnender in den Himmel kommt? Sag' mir, blauer Reiter, komm ich in den Himmel?

Du, ich möcht' Dir noch privatim was erzählen, aber sag es niemand wieder, auch Mareien nicht. Ich hab mich doch wirklich wieder verliebt. Wenn ich mich tausendmal verliebte, ist es immer ein neues Wunder; eine alte Natur der Sache, wenn sich ein anderer verliebt. Du, er hatte gestern Geburtstag. Ich schickte ihm eine Schachtel voll Geschenke. Er heißt Giselheer. Sein Gehirn ist ein Leuchtturm. Er ist aus den Nibelungen. Meine Stadt Theben ist nicht erbaut davon. Meine Stadt Theben ist ein ehrwürdiger hoher Priester. Meine Stadt Theben ist die Knospe Zebaoths. Meine Stadt Theben ist mein Ur-Urgroßvater. Meine Stadt Theben begleitet mich bei jedem Schritt. Meine Stadt Theben ist ein hochmütiger Scheitan. – Ich schickte dem ungläubigen Ritter lauter Spielsachen, als ob er mein Brüderchen sei – weil er ein rot Kinderherz hat, weil er so ein Barbar ist, weil er noch ein heimatliches Spielzimmer haben möchte: einen Gralsoldaten aus Holz, eine Schokoladentrompete, eine Spielfahne meiner Stadt Theben, einen Becher, einen silbernen Federhalter, zwei Seidentücher, ein Petschaft aus Achat und viel, viel Siegellack. Ich schrieb dazu: Lieber König Giselheer, ich wollte, Du wärst aus Kristall, dann möchte ich Deine Eidechse sein, oder Dein Seestern, oder Deine Koralle oder Deine fleischfressende Blume.

Siebenter Brief.

Mein lieber, blauer Reiter.

Du freust Dich über meine »neue Liebe« – Du sagst das so leicht hin und ahnst nicht, daß Du eher mit mir weinen müßtest – denn – sie ist schon verloschen in seinem Herzen, wie ein bengalisches Feuer, ein brennendes Rad – es fuhr mal eben über mich. Ich erliege ohne Groll dieser schweren Brandwunde. Könnte ich mich doch in mich verlieben, ich liege mir doch so nah – man weiß dann, was man hat. Wie soll ich mich zerstreuen? Ich werde eine Zeitschrift gründen, die wilden Juden; eine kunstpolitische Zeitschrift und ich schreib' an Karl Kraus einen Brief, ungefähr so, hör': Lieber, verehrter, österreichischer Kardinal, ich bin wieder in Berlin, wo ich hingehör', ich setze mich immer wieder dorthin. Unbegreiflich! Von hier aus reist man in Gedanken oft nach anderen Städten, hier will man wenigstens fort; wo anders aber findet man Pendants, ich meine ähnliche Menschen, wie man selbst ist, wenn auch verkitschte im prunkenden Rahmen. Ich bin lebensmüde und will abenteuerlich sterben. Ich habe alles satt, selbst das Laub an den Bäumen. Immer grün und immer grün. Wenn mir doch einmal zaubernde Menschen begegneten, ich meine solche, die große Wünsche hätten, aber sie sind alle ernsthaft, nur ich bin ernst. Ich bin so einsam – wer mich lange ansieht, fällt in einen dunklen – Himmel. – Sie sind glücklich, Kardinal; alle Menschen mit blauen Augen sind glücklicher als die, welche unbegreiflich in sich sehen wie durch schwarz Seidenpapier. Ich wollt', jemand schenkte mir einen Stern, mit dem ich mich ab und zu sichtbar machen könnte. Ich bin ruhlos aus banger Langeweile geworden; was ich tue, wird zur Eigenschaft und gähnt. Sie verstehen mich und darum richte ich an Sie diesen Brief; vielleicht den letzten Brief, den ich überhaupt schreibe, mein endgültiges Abenteuer. Ich liebe keinen Menschen mehr auf der Welt, ich will auch von denen nichts wissen, die mir guttaten. Böstaten stacheln wenigstens an. Also wenn Sie mir meinen Wunsch nicht erfüllten, würde ich Ihnen im Grunde dankbarer sein; wohlwissend – Sie verschmähen die Dankbarkeit. Früher war ich Schauspielerin; nun sitz' ich in der Garderobe und verbrenne den Zuschauern die Mäntel und Strohhüte. Ich bin eben enttäuscht. Ich habe immer nach der Hand gesucht, und was lag in meiner Hand – wenn's gut ging – ein Handschuh. Mein Gesicht ist nun wie Stein, ich habe Mühe, es zu bewegen. Soll man stolz darauf sein; es braucht einem kein Denkmal mehr gesetzt werden. Wenn ich wenigstens an Festtagen geschmückt würde. Je mehr Angst ich habe, desto enormer wächst meine Furchtlosigkeit. Aber Angst habe ich immer; wo flattert ein Vogel in mir, kann nicht mehr aufsteigen. Wenn ich tot bin, wird eine Dame ihn am Hut tragen. Das tiefste und das schiefste Vermächtnis, das jemand hinterließ. Oder wollen Sie ihn haben im Glaskasten über Ihrem Schreibtisch? Vielleicht fängt er morgens zu singen an. Auf dies Lied wartete ich ein Leben lang. Also endlich mit der Sprache heraus, heil Dir im Siegerkranz – ich hatt' einen Kameraden – nun das österreichische Nationallied; den Marsch der Schellen und Dudelsäcke zu Theben – wollen Sie mein Journal, die wilden Juden, so unter der Hand mitdrucken lassen; die Fackel merkt's gar nicht und ich habe eine Existenz. Ihr

      Sie bewundernder Jussuf, Prinz.

Meinst Du, er tät's, Franzlaff?


     Achter Brief.

Mein einziger Bruder.

 Ich dachte mit Entzücken an Dich gestern und heute und schon den ganzen Tag. Die Zigeunerpferde, die Du meinem Kinde maltest, hat es mir zum Aufbewahren gegeben, und ich stellte die kostbare Karte neben das Bildnis des Königs von Montenegro; in seinem Stall sollen auch ein blaues, ein lila und ein brandrotes Pferd für zum so »Indiewelthinausreiten« sein. Unter seinen schwarzen Hämmeln ist ein grünes; Du Franz mal' mir einen grünen Hammel. So was Ausgefallenes gibt es gar nicht mehr, außer ich.

Botschaft: Grüße Deinen neuen Gaul, nenne ihn Saul.

### Neunter Brief.

Lieber Ruben aus der Bibel. Du meinst, meine tollen Briefe klängen etwas nach Galgenhumor. Giselheer meinte auch immer, ich könnte nicht so ganz traurig sein?! Wie schön war es, als wir am Gibon lebten, da war ich noch konzentriert und einfältig – Du holtest mich oft aus der Grube: um mein Herz lag ein Blutkranz. Der ist noch nicht verblüht. Ich bin immer schwermütig, keine Landschaft kann mich trösten, aber über die Linien einer Hand möchte ich wandeln, jede ihrer Wege müsse zum Himmel führen, hunderttausendmal würde ich entschlummern in einer solchen Hand. Kennst Du so eine ewige Hand? Deine ...
Dein frommer Bruder Jussuf.

### Zehnter Brief.

Lieber blauer Reiter. Ich denke jetzt nur noch an Euch und an mein Zimmer. Das weint, wenn ich abends ausgehen will, durch die Straßen willenlos irren muß. Ich übe mich in den Waffen, die überall bei mir an den Wänden hängen. Also ich versäum' nix, wenn ich zu Haus bleib' (so lang es dauert?). Ich denk' manches, matchiche pfeif' ich, Matche wett' ich; bin mit einem Wort ansässig geworden in meines Zimmers Ägypten, und warte auf das Kornfeld meiner flachen Hand. Zieht doch zu mir! Jussuf.

### Elfter Brief.

Allieber. Ich bin hier in Berlin der einzige vorsintflutliche Jude noch; mein Skelett fand man neben einem versteinerten Ichtiosaurusohr und einem Skarabäus in einer Felsspalte vor, für die Nachwelt. Ich hab' Geld nötig, ich wart' den ganzen Tag auf die Nachwelt. Dein Mammut.

Zwölfter Brief.

Mein guter Halbbruder, ich schenk' Dir Südgrönland zu Deinem Geburtstag. Denn, wenn ich so recht an Euch denke, ist Dein braunes Haar nur die Nacht zu Deines Weibes Blond. Herrlich bist Du zu schauen und Deine Mareia, trägt sie den pelzverbrämten Hut, seid Ihr beide von Kana ins Eis versetzt. Aber Kana war doch überwältigend, ich habe meine neue Stadt Theben ganz in ihrer Bauart errichtet. Ich habe immer vier Dinge im Leben geliebt, den Mond, den Kometen, Rosengärten und bunte Brunnen. Die dunklen Arbeiter sprachen, als sie das Fundament zu meiner Stadt legten, immerzu von diesen meinen vier Süßigkeiten.

Dreizehnter Brief.

Lieber blauer Reiter. Du meinst noch immer meine Lustigkeit sei eine erzwungene? Nicht doch, ich laß mich nur ungehindert strömen, frisch regnen, wilder Niederfall, Hagel und Schnee, ich bin gar kein Mensch, ich bin Wetter. Aber mein Herz tut mir weh, es ist rotgestreift, blutende Tigerhaut. Wer wühlt noch in meinen Wunden? Viel Leid macht Tiger. Und arm bin ich geworden, da ich ihn verlor. Ich starb an ihm, sterben ist verarmen vor Gott, sich ganz ausgeben vor Gott. Besitz kann der Himmel nicht gebrauchen, nicht eine Pore; wie würde er einem so leicht werden! Aber die Hölle tut weh, die Sünde ist fleischig und setzt sich fest an die Seele. Ich habe ihn fromm geliebt. Immer trug ich seine Augen im Ring, böse, verschleierte Steine; meine Gebärden wurden hart. Als ich ihn sah, bin ich zum erstenmal aus meinem Relief hervorgetreten; ich war hochmütig, ich hab' mich nie vor der Welt enthüllt. Nun lieg' ich wie geboren von einer Magd zum Verkauf auf dem Markt. Dein Tiger, Dein Bruder und König in Theben.

## Vierzehnter Brief.

Sieh nur, lieber, blauer Franz, ich hab unseren famosen Rechtsanwalt Caro gezeichnet. Den Ehescheidungsparagraphen trägt er auf der Wange und heitert uns mit seinem Maigesange. Er sitzt zwischen uns im Café und singt von der Liebe. Mit wertvollen Menschen soll man nur von der Liebe reden, damit das Gespräch nicht zum Fleißknäuel wird. Ich spreche nur noch von der Liebe, die meisten Engel aber sind zum Zynismus übergetreten. So wahr ich der Prinz bin, lieber Halbbruder, es gibt niemand in der Stadt hier, der mit mir über die Liebe reden kann. Ich küsse Dich, Deine Hand.

Fünfzehnter Brief.

Franz, Du! Gestern hatte ich eine große Freude, der Zyklop Dr. Gottfried Benn hat mir seine neuen Verse: Söhne, gewidmet, die sind mondrot, erdhart, wilder Dämmer, Gehämmer im Blut. Jussuf.

Sechzehnter Brief.

Lieber Ruben. Ich merke, Du hast mich bei der Treue ertappt! Seit ich Giselheer verlor, kann ich nicht mehr weinen und nicht mehr lachen. Er hat ein Loch in mein Herz gebohrt. Das blutet nicht, das steht offen wie der Grund eines ausgelaufenen Auges. Ich schrieb ihm: »Gisel, König, ich weiß nicht, ob ich schlafe oder wache, ich glaub', ich weiß gar nichts mehr.« Wenn er mich so sähe, er würde mich lieben, er mag alles, was tot ist, was er wegschaffen kann. So ein Barbar! Ich war der jähe Hügel der Weinreben, pochende Beeren trug ich im Haar, wenn er sich die Eber briet gar, gaukelte ich über sein Leben. Du lieber, blauer Reiter, ich schrieb Dir darum eine ganze Woche nicht, ich war krank. Den Doktor Benn rief ich, der meinte, das Loch in meinem Herzen könnte man mit einem einzigen Faden zunähen. Ich vertraute ihm die Geschichte meiner Liebe an, zeigte ihm Giselheers Briefe und sagte ihm alles. Er behauptet, ich habe meine Welt in G. hineingelegt, und der habe keine Ahnung von mir. Wenn ich daran denke, wie G. einen Strich zog unter meinem Mantel wie unter die Lackschuhe einer Puppe – Wenn das je meine Stadt erführe, meine verehrten Häuptlinge und mein glaubseliges Volk erst, – nie würde ich Kaiser werden. Hätte ich nur meine Geschenke wieder, die ich »Ihm« sandte: meine Mondsichel, den Rosenkometen, meinen lila Brunnen und meine silberne Levkoie. »Er« schenkte mir eine Enttäuschung. Ich bin morgens bleich, um Mittag schluchze ich, aber am Abend lodere ich in allen düsteren Farben. Ich habe dem Doktor Benn ehrenwörtlich versprochen, nicht mehr an den armen König zu denken, der noch nicht einmal ein Herz besitzt zum Verschwenden.

Dein treuer Bruder.

## Siebzehnter Brief.

Franz, ich war gestern im Synagogentempel, aber ich wandelte bald wieder heim. Man sollte nicht länger im Gottespalast bleiben, wie das Gebet des Herzens dauert. Ich liebe den Versöhnungstag, mich dünkt, ihn feierten schon die ersten Könige der Juden. Das Blut braucht keinen Trank an diesem Tag, es rauscht zu Gott. Mein Vater feierte und fastete das ausbleibende Mahl, er war der wilden Juden Tyll Eulenspiegel und sein Gebet zu der Hochzeit mit Gott riß sich von seinen Lippen los wie ein Trinkspruch. Er hatte nie an den Wassern zu Babel gesessen und geklagt, er war nie durch den Trauerregen der Straßen des Ghettos gebeugt geschlichen. Alles war hell in ihm und sprudel. Die Stadt gehörte ihm und jedes Haus, und jeder Mensch und jedes Vermögen zum Verschenken. Und er baute Türme, die bedrohten alle Dächer, wenn der Sturm kam. Die Uhr mochte er nicht, da sie die Zeit kontrollierte. Sein Motiv war sein ganzes Lebelang die Großschauergeschichte seines Großvaters, der Oberpriester war. Der saß am Abend des Versöhnungstages an der Tafel und speiste, um ihn seine dreiundzwanzig Söhne und deren unzählige Söhne und Töchter und Enkel und mein Vater, der der jüngste der zwölf Brüder des dreiundzwanzigsten Sohnes meines Urgroßvaters war. Als es leise an das Tor seines Hauses klopfte, da erhob sich Babel, der älteste Sohn meines Urgroßvaters, aber er brachte den späten Gast nicht, der Einlaß begehrte. Und erhoben sich hintereinander die dreiundzwanzig Söhne meines Urgroßvaters und die zwölf Söhne seines jüngsten Lieblingssohnes, mein Vater bewaffnet mit seiner Gabel und alle die anderen Enkel und Enkelinnen und alle die Knechte und Mägde und seine Hunde, und der graue Esel kam aus dem Stall, und meines Vaters rote Katze, die für ihn alles ausfressen mußte, und die zehn Ärmsten der Armen der Gemeinde, die am Abend des Festes an der Tafel ihres hohen Priesters speisten. Und mein Urgroßvater erhob sich selbst, aber sie fanden den Gast nicht, der die Feier des Festes störte. Und mein Urgroßvater ließ sich seine Füße waschen und eilte mit seinen Kindern und Kindeskindern und Kindeskindeskindern und seinem ganzen Hausstand und den auserlesenen Armen – auf den Friedhof; dort lag sein innigster Gefährte von den Christen ausgegraben, seinem letzten Hemde entblößt, die Augen aufgetan, wie er sie öffnete im Leben, wenn sein geweihter Freund ihn besuchte.

Dein tiefbewegter Jussuf.

Achtzehnter Brief.

Du goldblauer Reiter. Ich soll Dir auch von meiner Mutter erzählen. Sie ging immer verschleiert; niemand war ihrer Schönheit und Hoheit wert. Aber Dir will ich von ihr erzählen, bis sich mein Herz über ihr Angedenken schließt. Mein Herz blüht auf, wenn ich an meine Mutter denke. Ich habe kein Geheimnis vor ihr, sie nahm mich mit sich von der Erde fort, sie blieb in meinem Herzen hier auf der Welt; ich bin Leben und Grab; darum wechselt meine Stimmung vom Traurigsten bis zum Jubel so unvermutet oft.

Dein einsamer Jussuf.

Neunzehnter Brief.

Mein Halbbruder, Dein neues Bild, die alte Stadt Theben, steht in dem Vorraum Meines Palastes zum Anschaun für Mein ganzes Volk. Des Bildes Farben beleuchteten die abendliche Stadt, als Meine Somalis es durch die Straßen trugen. Morgen feiern wir Dein Fest, den Tag des blauen Reiters; prunkvolle Teppiche hängen schon von den Dächern herab, und die Plätze sind mit Rosenblättern bestreut.

Mein lieber, lieber, lieber, lieber, lieber, lieber, lieber, lieber, lieber, lieber Bruder, ich weiß heut' nichts anderes zu schreiben.

Dein treuer Jussuf.

## Zwanzigster Brief.

Franz. Ich sende Dir für Dein Museum wieder zwei abendländische Dichter, den Peter Baum, und den zweiten, den Albert Ehrenstein, der den Tubutsch schrieb. Ich grüße Dich.

Jussuf.

Einundzwanzigster Brief.

Ruben, erfreute Dich Mein liebender Brief? Dir zu huldigen, soll der Juwel Meines Lebens sein, und Ich ziehe in den Krieg gegen eines der wilden Stämme, werde Selbst Mein Heer anführen, in der vordersten Reihe kämpfen; man erschlafft – ich will wieder Ehrfurcht vor Mir bekommen. Gedenke Meiner! Unser Blut steht gleich hoch im Stern. Marei gib meine Liebe.
Dein Krieger.

Zweiundzwanzigster Brief.

Mein lieber blauer Reiter.
   Gestern hielt der Kampf an bis in die Nacht. Drei gefangene Menschenfresser spielen nun mit meinen Soldaten Würfel und sehnen sich nach ihrem jungen Fleisch. Ich habe offen gestanden Mitleid mit ihnen und beschenke sie mit allerlei Waffenzeug, Perlengurten und glitzernden Steinen. Dem Herausforderndsten steckte ich einen Meiner funkelnden Ringe an den Finger. Diese Menschen sind anspruchsvoller wie wir; wir begnügen uns mit Hasenfleisch und Lämmerkeulen, die aber hungern namentlich nach Meinem Herzen, Mein Herz in ihrer Bouillon zu kochen. Du würdest die drei Gourmées sofort malen, grün, gelb und lila. Du würdest sie verklären, frommer Halbbruder, sie fräßen dann nur noch Engel. Ich scherze und tauche den Schreibstift in Blut. Ich kämpfte wie im Gemälde; Meine Lippen sind noch schwarz vor Blutdunst. Ich lag dann den Rest der Nacht wach mitten unter Meinen schnarchenden, tapferen Soldaten; nur Mein Somali Oßman starrte geradeaus in mein Gesicht, das dichtete Rosen nach all dem Kriegsgräuel. Dein Jussuf.

Dreiundzwanzigster Brief.

Ruben, ich bin mitten in der Schlacht. Ruben, denke an mich; o liebe mich, daß ich nicht einsam bin.

### Vierundzwanzigster Brief.

Du, die Soldaten sind begeistert, wir nahmen Irsahab ein, die Goldstadt. Ich gab am selben Abend ein Fest, auf dem mußten sich meine Soldaten duzen mit den Einwohnern. Sie tanzen nun durch die Straßen und bringen mir Fackelzüge. Wer sich der Freimut meiner Befehle widersetzt, wird aufgespießt. Über uns geht ein neues Sternbild auf; es soll Ruben benamet werden. Dein beseligter Prinz.

Botschaft: Wenn der Mond rund ist, ziehen wir weiter nach Osten. Ich bin leicht an der Schläfe verwundet. Jussuf.

### Fünfundzwanzigster Brief.

O Ruben, ich liebe nur noch die Schlacht, die Kriegsdudelsäcke, Kokostrommeln, meine Krieger und mich im Schlachtschmuck. Ich kannte im Leben nur einen Neid – wenn Soldaten vorbeimarschierten, die Mir nicht gehörten. Dein Bruder.

### Sechsundzwanzigster Brief.

Denke Dir, in meinem Heer herrscht Schreck und Verrat; ein unzufriedener Soldat hat sich nachts in mein Zelt geschlichen und mir meuchlings diesen Brief entwendet, den ich auf meiner Brust seit meiner Kindheit trage: Lieber kleiner Gisel. Wir sitzen beide auf dem Spielboden im alten Palast in Theben und spielen zusammen mit Gerümpel, Holzbeinen und Wedeln der zertrümmerten Schaukelpferde. Verstaubte Fez und zerrissene Turbane und lauter Libanonhölzer liegen kreuz und quer überall bis zum Ausgang. Wir rennen uns nach über die Wendeltreppe, die kracht schon, morsch sind ihre Stufen und wackeln wie alte Zähne der Eunuchen. Du bist das Liebste, das ich kenne, Du bist aus lauter Honig; wenn nur kein Bär kommt und Dich aufleckt. Ich bin auch noch ganz klein, ich spiele immer verstecken mit meinen Händen oder schimmern mit den Fingern in der Sonne. Du haust immer, aber meistens sind wir zwei Igel und kugeln über die rissigen Steine – oder zwei Regenwürmer, wenn wir Stimmen hören und kriechen in einen Winkel. Du hast Augen gelb wie die Sonne, wer bist Du eigentlich? Und Zucker hast Du immer im Mund; einmal wolltest Du mir einen Deiner Zähne schenken zu meinem Geburtstag, aber der Barbier lachte Dich aus. Weißt Du's noch? Ich hätte ihn an einer Kette um den Hals getragen. O, ich möchte auch so helle Haare haben wie Du, so nichtsnutzige, nichtgläubige Augenwimpern wie Du, o, ich möchte auch eine Grube im Kinn haben wie Du – und auch mal in Deine Heimat fahren, wo der Schnee wächst; o, du lieber Giselfendi – Dein Memedjussuf.

Siebenundzwanzigster Brief.

Ruben, Ich hab' Mich lächerlich gemacht unter Meinen Soldaten, wenn sie auch nicht wagen, nur eine Miene in Meiner Gegenwart zu verziehen; ich habe Mich verraten; glaube manchmal die Hunde knurren zu hören: Ich sei kein treuer Thebetaner und bevorzuge alle Nichtgläubige und liebe den Erdteil im Norden. Oßman, Mein treuer Neger, bedeckt mich nachts mit seinen Kleidern, er fürchtet einen Überfall. Ich soll Kaiser werden. Mein Volk will Ehrfurcht vor Mir haben; denn solchen Liebesspielereien sind selbst die Leute aus Theben nicht gewachsen. Dein armer Spielprinz.

Achtundzwanzigster Brief.

Mein Halbbruder. Ich warf den Speer und fing des Feindes Waffe auf mit entblößter Brust. Wir bekriegten uns wie wahnsinnige Bestien. Ich führte meine Soldaten durch den Fluß Pison; die Wälder jenseits des Stroms sind blau und die Tiere im Dickicht sind zahm. Ich bringe Dir zwei lebendige Leoparden mit, die Dich und Dein Weib Mareia bewachen sollen. Wir durchschritten die Schluchten und Höhlen der Gebirge Gibon und nahmen die wilden Bergbewohner gefangen; die zeigten uns die Pfade durch die Landschaft Eden in die Ebene zurück. Wir bringen viel fremde Kräuter mit und harte Steine und Heldenherzen. Erschrick nicht, ich komme als Kaiser heim. Bis zum Lichtwerden schrieen meine Krieger und die gefangenen Feinde, mit denen meine Soldaten ihre Kleider teilten, durch die Straßen meiner neuen Hauptstadt Mareia: Es lebe unser großer Abigail der Erste!

### Neunundzwanzigster Brief.

Mein Ruben. Alle Liebe, alle Spielerei ist in Mir versunken. Oßman, Mein Neger, hat Meine schweren Tränen fallen sehn. Kaiser sein – heißt atmendes Denkmal sein; unter ihm liegt des Kaisers Persönlichkeit begraben. Ich bin zum Anschaun, Ich bin zum Geschmücktwerden mitten in anderer Leben; das Meine hab' ich dafür gegeben. (Aber so lang es dauern wird?!)
Abigail Jussuf Basileus.

### Dreißigster Brief.

Ruben, mein Halbbruder.
   Ich sitze fast den ganzen Tag auf dem Dach des Palastes. Mein Volk will immer seinen Kaiser sehn. Mein Volk blickt aus einem Aug zu Mir empor, ruft nach Mir aus einem Mund. Ich habe nicht das Recht, Mich in Meine Gemächer zurückzuziehn, da Mein Volk nach Mir hungert. Meine Verantwortung wuchs über Nacht vom Prinzsein zum Kaisertum grenzenlos. Dein Jussuf.

### Einunddreißigster Brief.

Mein fürstlicher Bruder. Du fürchtest, Ich erkranke von der vielen neuen Arbeit der Staatsgeschäfte und entziehe Mich der Rast. Wenn Ich erst krank bin, vermindert sich Mein Interesse an Mir, aber nun durch die neue Kaisersonne betrachte Ich die Erhaltung meiner jungerwärmten Kräfte als Mir anvertrautes

Reichsgut. Ich will Dirs allein gestehn, Ich freue Mich darüber, wenn Mein Volk sich vor Meinem Palast aufpflanzt. Die Stadt schenkte Mir eine Leibwache von hundert Soldaten, die tragen blaue Perlengurte um die Lenden und verstehen wie die wilden Stämme den Bumerang zu werfen. Sie standen zu Meiner rechten und zu Meiner linken Seite bei der ersten Kaisertafel, Ich saß auf einem goldenen Tafelthron, den Mir ein reicher Muskatplantagenbesitzer bei Theben schenken durfte. Höre, Ruben, noch eine Albernheit – Ich dichtete während der Speisengänge ein Liebesgedicht. – Ruben, höre, noch eine Unbesonnenheit. Ich habe Mich mit Meiner ganzen Leibwache geduzt. Dein taumelnder Kaiser und Bruder.

Botschaft: Meine Krönungsfeier findet am dritten Muharam, drei Tage nach der Broternte statt. Dich und Dein Weib Mareia erwarte Ich. Abigail Jussuf.

Zweiunddreißigster Brief.

Ruben, ich versammelte alle Kinder der Stadt um Mich in Meinem Palast. Mein Neger Oßman brachte Mir jedes einzelne herbei auf seinem blanken Rücken.

Ich trug einen langen Mantel voll Sterne und viel, viel Zacken um den Kopf und beschenkte die Kinder mit Spielzeug und Leckereien. Und jedes durfte sich zu seinem Namen noch einen wählen. Fast alle wollten sie Ruben heißen nach Dir, mein teurer Bruder, ich weine noch vor Ergriffenheit. Manche nur wünschten sich Abigail zu nennen, da ihnen der Name noch zu neu klang und sie nicht wußten, wie sie ihn sich nehmen sollten. Aber wie der Spielprinz von Theben heißen nun viele kleine Knaben und legen sich den Jussuf wie einen Federgürtel um den Leib. Und Mareia rufen sich alle kleinen Mädchen nun in Meiner Stadt. Einer der Knaben wollte nach Meinem Neger Oßmann benamet werden, seiner spitzgefeilten Zähne wegen.

Seltsam berührte es Mich, daß der Sohn des Soldaten, der Mir einst im Zelt heimlich den Kinderbrief entwand – Giselheer heißen wollte.

Dreiunddreißigster Brief.

Ruben, Ich habe vor, Dichter der verschiedenen Länder zum Fest Meiner Krönung einzuladen. Meinen wundervollen Freund, den König von Böhmen und den Prinzen von Prag, den dichtenden Waldfürsten Richard und Meinen jüngsten Briefgefährten Wieland Herzfelde. Was sagst Du zu Meinem Vorhaben? ... Die Krönungsrede habe Ich schon zu Zeiten Meiner Prinzenwürde gedichtet, geschrieben, gefühlt, gedacht. Sei ohne Besorgnis, Ruben. Ich – Ich – Ich zeige sie Dir vorher. Dein Abigail.

Vierunddreißigster Brief.

Lieber Ruben. Ich lud auch die großen Söhne und Töchter Thebens in Mein Haus. Sie hatten alle ein Lied auf den Lippen, als sie Mich verließen; draußen ertönte es durch die Nacht und seitdem ist Meine Stadt süß und jung. Ruben, Ich habe auch Meinen treuen Neger Oßman bedacht. Ich erfüllte damit den unerfüllbarsten Gedanken seines Lebens. Er soll einen Tag im Jahr Kaiser sein, Kaiser über Theben! Ich selbst werde des Dunkelhäutigen Untertan sein inmitten seines Eintagsvolks. Ich darf Mich dieser Demut und dieser Gnade erfreun.
                                            Abigail der Erste von Theben.

Fünfunddreißigster Brief.

Mein herzlieber Bruder.
    Ich konnte die ganze Nacht nicht schlafen. Ich wache, seitdem Ich Kaiser bin, oft mit dem Mond, manchmal zusammen mit den Häuptlingen für das Wohl meines Volkes. Du weißt, Ich habe immer die Nacht geliebt und sehnte Mich in der Sonne nach den Sternbildern. Gestern aber dachte Ich nur an Dich, mein herzlieber Ruben, und malte Dein Brudergesicht an die Decke zwischen Mosaik Meines Gemachs. Langhaariges, lichtes Fell um Deine Schulter – fern schweifen Deine braunen Augen und Deine Hand

greift nach dem ersten Morgenstreif des Himmels, sich einen Hirtenstock zu schnitzen. Du Großhirte unter den Fürsten, Du Emir, Du Messias aller Tiere der bräutlichen Haine, der finsteren Urwälder. Du blauer Rosselenker, Du goldbrauner Schakal, der sich die Gazell holt vom Fels. Du lehrtest Mich das Wort vom keuschen Totschlag. Du bist Ruben, der noch unberührte Mensch der Bibel. Dein Bruder Jussuf.

Sechsunddreißigster Brief.

Bruder. Die Modelle der Basileuskrone sind im Stadthaus aufgehängt, unter Glas, zum Anschaun für Meine Thebetaner.
Basileus.

Siebenunddreißigster Brief.

Höre Bruder, Mein Oßman verriet Mir, daß die Stadt Theben Mir zur Feier Meiner Krönung eine Privatsumme von dreißig Millionen Mammuttalern überweisen lassen wird. Ich werde Meinem Theben drei Tempel erbauen, den Tempel der Ehrfurcht, den Tempel des Gebets, den Tempel der Liebe. Ich werde die Venus von Siam bringen lassen in Meine Stadt; sieh, Ruben, und wenn Ich ganz Siam hinmorden müßte im Kampf. Was der Basileus begehrt, gehört ihm. Ich weiß, Du zweifelst nicht an Meinem reichen Worte, und nicht einmal der Ärmste der Ärmsten dürfte daran zweifeln. Und noch dieses mußt Du hören, Bruder, Mein Volk beschäftigt sich täglich stürmischer mit der Vermählung ihres Basileus und die verehrten Häuptlinge beraten sich im Gewölbe Meines Palastes mit der Werbung. Auf der Tafel treten in engere Wahl der junge Kaiser Lidj Jassu von Abessinien, der Prinz Sascha von Moskau, der neue türkische Kriegsminister Enver Bey. Ich habe gegen alle drei Fürsten nichts einzuwenden, hoffe aber, daß Mein teures Volk, dem ich die Wahl überlassen werde, sich für Enver Bey entscheidet. Abigail Jussuf.

Franz Werfel, Prinz von Prag.

Achtunddreißigster Brief.

Lieber Bruder, Ich sende Dir die Bilder der zwei abendländischen Dichter, die Mir wert sind. Dem Dichter Richard Dehmel werde ich zu Meiner Krönung den Kalifenstern, dem Dichter Franz Werfel die goldene Rose überreichen lassen. Der österreichische Kardinal Karl weilt seit einigen Tagen in meiner Stadt Theben. Seine milden, blauen Augen sind zwei Sehenswürdigkeiten.

Abigail.

Richard Dehmel, der Waldfürst.

Neununddreißigster Brief.

Mein Bruder, Ich und die ganze Stadt sind in außerordentlicher Festlaune. Du wunderst Dich, daß Ich Mir einen Kandidaten für die Ehe wählen lasse. Ich muß doch einigermaßen zuvorkommend meinem Volke gegenüber sein. Zur Kaiserheirat gehört weiser Beirat. Ich betrachte die Ehe eines Kaisers als eine politische Angelegenheit, die Verantwortung wäre ja sonst ungeheuer. Meine Würde als unfehlbarer Priester, die Ich am Tage Meiner Krönung bekleiden werde, erfüllt Mich mit Sternen und Sonnen. Du, wie denkst Du Dir das, Ruben – unter uns zwei – Ich darf nun tun, was ich will!!! Du siehst, Ich bin ausgelassen in Meiner doppelten Unfehlbarkeit wie einer der streichlustigsten, kleinen Mêmedsiddis auf dem Weg zum Flußbad. Von Meinem Dach aus sehe ich eine Anzahl brauner Beine durch die Wasser waten. Heiß ist es – 40 Grad Thebenhitze im Schatten. Aber ich liebe die goldene Rose des Himmels ganz in Üppigkeit entfaltet. Wenn nur die Brunnen nicht faulten und die Leute Mein Gebot hielten, sich vom Fels das Quellwasser zu schöpfen. Mein Volk ist lässig, lieber holt es sich die Augenkrankheit, als daß es sich aus der Stadt zu gehn bequemt. Es ist ja auch jetzt namentlich interessant um Mich und Ich kann nicht ernsthaft zürnen. Wenn nur mein Koch nicht rotentzündete Lider hätte, und mir der Genuß all der süßen Gerichte einigermaßen Widerwillen bereitete – indem ich mir vorstelle, seine blöden Wimpern blicken auf die Makronen oder streuen den Zimt oder den Anis auf die Speisen. Mein Neger Oßman ist weniger empfindlich. Dein Bruder.

Vierzigster Brief.

Mein frommer, starker Halbbruder, Ich war Dir gram, Ich will lieber sagen, Ich kann Dir nicht gram sein im Grunde Meines Malikherzens. Du stelltest Dich auf Seiten Meines Volkes, schürtest seinen Ungehorsam gegen Mich auf, in der Zeit Ich vor dem Tor Meiner Stadt Theben mit dem Huf stampfte, ein wildes, wiehernes Pferd. Aber Mein treu Volk ist voll Reu, ist ein einziger Malik mit Mir, Du!! Mein Volk ist süß wie die Himbeer, Mein Volk in Theben ist bunt und gesegnet, eine Feuerblüt. Sieh, Bruder, mit Siam stehts in Unterhandlung ihrer Venus wegen, die Du Mich hindertest, vor Meiner Krönung zu erkämpfen. Augenblicklich treiben sich Meine Thebetaner mit Goldlaub und Jubel geschmückt durch die Straßen und über die Plätze der Stadt und üben Lieder zu Meiner Krönungsfeier. Ruben, Du aber wolltest Mich zwingen. Auf Meiner Stirn beginnt sich ein Hieroglyph einzugraben, der Mir fremd ist. Jussuf.


Einundvierzigster Brief.

Geliebter Bruder! Mein hoher Freund Daniel Jesus Paul Leppin, der König von Böhmen, bezog gestern die Gemächer im ersten Vorraum Meines Palastes. Für sein schlankes Weib pressen Meine Negerinnen Öl aus Rosen. Ich bin dem böhmischen königlichen Dichter gut; uns verbindet die Freundesader. In Meiner zweiten Hauptstadt Mareia werden nur seine Bücher gelesen, unvergleichliche Begebenheiten, Thebens Menschen

sind fast alle des Lesens unkundig, Mir selbst macht jedes Studium Kopfschmerzen. **Man feiere Meine Unwissenheit!!** Dein Jussuf Abigail der Wildstämmige.

Botschaft: Ich ernannte den König von Böhmen, Daniel Jesus Paul, zum Statthalter Meiner hochbeglückten Stadt Mareia.

Zweiundvierzigster Brief.

Ruben, mit Meiner dritten Hauptstadt Irsahab kann ich keine Fühlung gewinnen. Diese vorsichtigen, leisen, gelehrten Hebräer erfüllen allerdings, wenn Ich, Ihr Melech, in Irsahab weile, die Mir zukommenden Zeremonien, aber der Wein ihrer Adern strömt Mir nicht entgegen, wie das kostbare Blut Meiner teuren Menschen aus Theben und Mareia-Ir. Argwohn und Verlegenheit, Erröten und Furcht empfangen Mich unter dem Bogen dieser goldreichen Stadt. Ich bin das Meer, gar die Sintflut, die ihre Geborgenheit verheert. Mein Wort ertönt diesen verscheuchten Menschen wie Jägerruf. (Ich bringe nie Hasen um; das traust Du Mir doch nicht zu?) Mit Kummer vernehmen die bebenden Leutchen das Rauschen der vielen Muscheln und Perlen um Meinem Hals und gewahren spöttisch lächelnd die Nasenknöpfe in Meinen beiden Flügeln, und gutmütig lispeln sie über die Sterne und Monde Meiner Wangen. Mir sind die Leute unsympathisch ihrer unangenehmen Überlegenheit wegen. (Sie wissen außerdem nichts von Meinen Gedichten und Balladen.) Mein Oßman ist viel elementarer als Ich, sein Kaiser. Er riß sein dunkel Maul auf, die Irsahabhälse mit seinen spitzgefeilten Zähnen zu zerreißen. Der Prophet gilt nichts in seinem Vaterlande!

Jussuf.

### Dreiundvierzigster Brief.

Ich habe Daniel Jesus neben Mareia-Ir die Statthalterei in Irsahab angeboten. Er soll versuchen, die Irsahabaner Meinem Herzen näher zu führen. Auch gab Ich einigen Malern den Auftrag, Mir für Meine Palastvorräume einige Landschaften und Städteschaften Irsahabs zu malen. Ich mag, so lang noch ein Mensch in der Stadt lebt, sie nur noch im Bild besitzen. Dein Bruder.

### Vierundvierzigster Brief.

Geliebter fürstlicher Bruder. Mein Dromedar Amm ist krank und Meine Kamelin Rebb hat ein ganz kleines Kamelchen zur Welt gebracht. Im Palastgarten dürfen die kleinsten Kinder darauf reiten. Und Ich hole es Mir zum Schrecken Meiner Dienerschaft in Mein Privatgemach und spiele mit ihm. Dein kleiner Spielkaiser Jussuf.

### Fünfundvierzigster Brief.

Ruben, denke Dir, es fehlen zwei Smaragden im Kaisermantel. Glaubst Du, das falle auf? Außerdem fleht Mich Mein Neger Oßmann an, daß Ich nicht barfuß auf den Hügel, nach alter Islamssitte, zur Krönungsfeier steige. Die Muschel Meines kleinen Zehs ist durch ein spitzes Steinchen beschädigt. Das Unglück geschah, als Ich zum Baden in den Fluß trat. Jussuf.

### Sechsundvierzigster Brief.

Bruder, ich träume grausam von Dir in der Dunkelheit. Du bist der Alb Meiner Nächte. Vor dem Hügel stehst Du zwischen Meinem Volk: Ich halte die Krönungsrede. Meine lauschenden Menschen versinken um Mich; Du aber wächst, eine Welt so groß und hoch, und erstickst Mein Wort. O, Ich weiß, wie Dich dieser Tag beunruhigt, aber darum sende Mir doch unbekümmerte Zeichen. Ich malte Dein stolzes, feines Rubenangesicht neben dem Meinen auf die Stadtfahne. Die weht von allen Dächern zum Willkommen. Mein Bruder Mein!

Siebenundvierzigster Brief.

Lieber. Unter den geladenen Gästen werden Mir die Maler der Modelle Meiner Kronen die Ehre schenken. Die Spielkrone, die Du Mir zeichnetest, ist bunt getrieben mit allerlei Steinen besäet. Ludwig Kainers Festkrone trage Ich zu den Palastfeierlichkeiten. Heinrich Campendonk, der älteste der fünf Haymondskinder, zeichnete Mir die Krone zur Jagd. John Höxter den Hebräischen Reif, Egon Adler die hohe Priesterkrone, Richter die Indianerfeder, Fritz Lederer die Krone seiner Berge. Ich möchte das Riesengebirge, wenn auch einmal nur von ferne schauen! Und weißt Du, wer Mir den Kriegshut für die wilden Stämme entwarf? Der Lederstrumpf. Dein vielfach reichgekrönter Bruder Jussuf.

Die Festkrone.

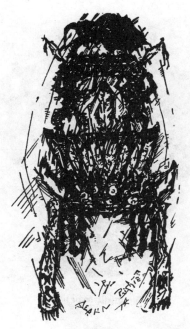

**Die Indianerkrone.**

Die Priesterkrone.

Die Jagdkrone.

Hebräischer Reif.

**Die Spielkrone.**

**Die Krone des Riesengebirges.**

Achtundvierzigster Brief.

Lieber Ruben, gestern beriet Ich Mich wieder mit dem österreich-venezianischen Kardinal Karl. Von seinem Gemach aus freute ich Mich über Mein begeistertes Volk und warf ihm Kußhände zu und jubelte mit ihm eine Weile. Der Kardinal sagte, Ich bin leutselig, er meinte, Ich bin zu allerleutselig. Meine Unerfahrenheit aber in Leutseligkeiten tat seinem gütigen Herzen wohl. Seine letzte Haut ist ein Ornat.

Neunundvierzigster Brief.

Ruben, am Abend sah Ich endlich Enver Bey (Enver Pascha). Wir gefielen uns, wir lachten unaufhörlich wie bürgerliche Verliebte; dann speisten wir zusammen im Palast. Du hör, wir speisten ganz allein, prüften unsere Arme nach der Tafel! seine sind eherner! Er war aber höflich genug, Mich nicht niedersinken zu lassen bei unserm Wetthandkampf! Er hat Augen aus Nacht. Mir erzählte Oßman, er habe zu seinem General gesagt von Mir: Tucktacktei umbrahallâh! Zu Mir hat er auch so was tucktacktürkisches zärtlich gesagt – »Malik, manchmal siehst Du aus wie ein Straßenjunge!« Sonst spricht er eigentlich nur vom Krieg; vielleicht wollte er Mir imponieren? In Friedenszeiten immer vom Krieg. Noch dazu wenn man sich mit ihm vermählen will. Ich hab' Mir da was eingebrockt! (Auch gefallen mir Schnurrbärte nicht.) O Dein gefesselter Jussuf Abigail I.

Fünfzigster Brief.

Ruben, die Venus von Siam trifft morgen verschleiert in Theben ein. Ich fürchte aber, ihre Schönheit vermag kein Gewebe zu verhüllen. Bewaffnete Soldaten erwarten sie am Eingang der Stadt. Den Jünglingen schlagen die Herzen andächtig; Ich höre sie alle wie ein einziges gegen Mich pochen hoch im Traum.

Einundfünfzigster Brief.

Ruben, ein schreckenerregender Zwischenfall, eine Kabale eines Eifersüchtigen Meiner Stadt. Ein bestochener Soldat ereilte Mich, als Ich auf Meinem Araberhengst der Sternenfrau entgegeneilte, stammelte Mir lieblich ins Ohr: Der Arier Giselheer halte sich versteckt in der Stadt. Ich zerriß vor unermeßlichem Glück den falschen Botenbringer in Fleisch und Knochen. So belohnte ihn tödlich die Freude und der Haß hätte ihn zerfetzen müssen. Also hat man Mir den Abendländer, der Mein Herz eroberte, noch nicht vergessen. Ich glaubte, Ich besäße keinen Feind in Meiner süßen Stadt. Dein armer Bruder.

### Zweiundfünfzigster Brief.

Mein Bruder. Die Feierlichkeiten sind vorbei, aber noch verbinden Girlanden die Häuser mit dem Palast. Meine Krönungsrede wird ausgegeben in den Straßen. Ich sah Dich am Fuße des Hügels stehen und weinen. Daniel Jesus Paul und Du küßtet Euch – Ich wußte, daß Ihr entbrennen würdet in Wohlgefallen. Bei der Tafel aber ärgertest Du Dich einigemale über Deinen gekrönten Bruder. Ich vernachlässigte Meine Thebetaner um der Künstler willen und gab den Frauen mutwillige Ratschläge. Sie sollten sich mit nichts anderem beschäftigen, als für ihren Malik zu schwärmen. Auch schien es Dir, Ich tanzte zu viel, und zu unbändig für einen Basileus. Aber Du kennst doch Meine Thebenmenschen noch nicht. Die freuen sich aller Ausgelassenheit und da nun Meine beiden Kaiseraugen auf »ernst« gestimmt sind, verbüße Ich keineswegs von ihrer Hochachtung. Volk darf nicht zum Nachsinnen kommen, Ruben. Dein Tiervolk sind eben andere Menschen ... Auch der Kardinal verließ die Stadt befriedigt, und kehrte nach Wien zurück. Grüße Mir Meinen neuerwählten Vizekaiser Daniel Jesus Paul, er möge Dich, Mein geliebter Bruder, und Dein lieb Weib noch lange in meiner Zweithauptstadt Mareia süß beherbergen. Dein Jussuf Abigail.

Botschaft: Ruben, morgen halte ich Gericht. Jussuf.

### Dreiundfünfzigster Brief.

Ruben, auf demselben Hügel, von dem Ich der Basileus die Krönungsrede hielt, richtete Ich die drei Verbrecher Meiner Stadt Theben. Ich fragte den Brudermörder, wie ihn sein erschlagener Bruder im Jenseits richten würde, worauf der arme Kerl so heftig mit seinem Arm ausholte, als ob er die Axt auch gegen sich erhöbe. Ich fragte ihn, wie mag dein Vater Naphtali, wär der der

Basileus, dich richten und deine arme Mutter Bekki dich?? Ich sprach, Ich will dich richten nach deiner Mutter Herz. Da entstand unermeßliche Freude in Meinem Volk; das mochte den erschlagenen, griesgrämigen, spielverderbenden Bruder nicht. (Du, Ich auch nicht.) Den zweiten armen Kerl richtete Ich nach dem ersten so mild; aber den dritten, Ruben, der war ein Stadtverräter, den ließ Ich in einen Turm sperren; an den Wänden rings herum überall hängt Mein Bild. Damit er immer in die ernsten, gläubigen Augen seines Kaisers sieht. Jussuf Abigail I.

Vierundfünfzigster Brief.

Einige Fragen legten Mir die Thebenältesten nach alter Islamsitte vor: Was Mich in der letzten Zeit beleidigt hätte, Ich sagte, die albanische Fürstenfrage, daß Ich nicht zu Meinen drei Städten noch die albanische Regierung anvertraut bekommen habe. Mit bunt Volk muß man gold und lila sein, nicht schwarz, weiß, ziegelrot, das sind zu harte Farben.

Sehr delikat berührte man Meine in Aussicht gestellte Vermählung mit Enver Pascha. Ich erörterte die Bedenken des verehrten Kardinals von Wien gegen die Heirat mit Bey, und wir einigten uns, indem wir Aussicht nahmen auf eine eventuelle Verbindung Meiner kaiserlichen Hoheit und der abessinischen Hoheit des Menelik unseres Vetters von Abessinien. Ich finde ihn, unter uns Zwein, traut, sanft kindlich, mausgrau und levkoienfarbig getönt und hinreißend verliebt in Mich. Dein Jussuf.

Fünfundfünfzigster Brief.

Ruben. Ich habe Meinem Volk die Erlaubnis zur Gründung dreier Verbrüderungen gegeben. »Die Jehovaniter«, die Väter der Stadt. »Die roten und gelben Adame«, die Viehhüter Thebens und seiner Umgebung. »Die Zebaothknaben« nennt sich der Bund der Söhne. Aus diesen wählte Ich sieben Häutlinge und setzte Mich über sie als ihr Oberhaupt. Wir acht wilde Juden bilden nun eine Altardecke, Ruben. Mit diesen Meinen wilden

Juden ziehe ich über die Alpen nach Rußland. Sascha, der Prinz von Moskau, liegt dort in Ketten.

Die Krönungsrede.
Mein süß Volk! Die großselige Mumie Meines Urgroßvaters, des Scheiks, liegt nun 100 Jahre im Gewölbe. Er konnte sein Herz in die Hand nehmen und es strömen lassen wie einen bunten Brunnen. Ich aber werfe es unter euch, Meine süßen, bunten Menschen und ihr werdet es pochen hören und ihr sollt euch spiegeln in seinem Glanz. Mein Herz wird euch ein Garten sein, ruht unter seiner Palme Schatten. Mein Herz ist ein Weinberg, ein Regenbogen eures Friedens nach dem Sturm. O, Mein Herz ist der Strand der Meere, Mein Herz ist der Ozean: Ich will den Gaukler tanzen fühlen über Mein rotes Rauschen und den Gestrandeten untergehn in Meiner Welle. Aber den Heimgekehrten wird Mein Herz einlassen durch sein Korallentor und dem Liebenden will es ein Mahl bereiten von seiner Beere. Mein Herz möchte sich aufrollen dem Frommen, ein Teppich der Gnade und Demut; dem Betsüchtigen soll Mein warmer Tempel eine Heimat sein. So lieb Ich euch, ihr Brüder und Schwestern Meiner Stadt Theben, und Ich bin euer Bruder und euer König und euer Knecht. Denn wer nicht gehorchen kann, kann nicht regieren, und wer nicht regieren kann, rühme sich der Demut nicht. Ich, der Malik, bin das Schloß zu der Kette, die ihr bilden sollt; daß ihr Mir den Malik ehrt! Und er das goldene Amen eurer Rede ist. Aber auch die Kriegszeiten soll »das Blutfließen einer Ader« bedeuten, den Schauer der Schlacht laßt uns einen Mantel um unsere Schultern legen. Wer seinen Freund verläßt, ist ein Fahnenflüchtiger, aber wehe dem, der sich dem Feinde des Sieges rühmt. Ich will Kaiser sein über Kaiser. Jeder von euch, und ist's der Ärmste, heißt Mein Kaiserlicher Bruder. Wir wollen uns küssen auf den Mund. Ich, der Malik, einen jeden, jeder von euch den zweiten. So pflegt Mir die Worte Meiner Liebe zart, daß sie zwischen dem Brot eurer Äcker blühen. Immer sah Ich auf zum Himmel, o, ihr müßt Mich liebhaben, und Ich bringe euch Mein Herz ganz sanft wie eine Großnarzisse. Abigail Jussuf I. Basileus.

Als der Malik hörte, daß sein verschollener Liebesfreund schon acht Jahre im Kerker von Metscherskoje im Lande des Pogroms schmachtete, strich er das Gold von seinem Augenlide. Er vergaß zu regieren in Theben, sann, den teuren Gefangenen zu befreien. Und er beschäftigte sich ausschließlich nur noch mit der Ausrüstung seines Heeres und nahm die von ihm zu Häuptlingen erwählten Jünglinge aus der Vereinigung der Zebaothknaben. Fußhoch lag der Schnee auf der Ebene nach dem Kerker bei Moskau. »Und in Schakalfellen gehüllt, werden wir den Bauern der weißen, unerbittlichen Gegenden Schreck einjagen.« So schrieb der Malik seinem fürstlichen Bruder, dem Ruben Marc von Cana. »Du müßtest Meinen Oßman sehen, der flößt Mir Selbst in seinem wilden Mantel Furcht ein. O, Mein Bruder Mein, Du und Ich und der Prinz Sascha von Moskau sind die einzigen Menschen in der Welt, die mit ihr Fangen spielen konnten. Nun ist sein Herz gebrochen vor Spielsehnsucht, nun lächelt es wie Greisenlachen und leidet Jugendnot.«

Der Fürst von Cana sandte seinem Bruder dem Basileus und seinem Heer, das aus der kleinen Zahl der Häuptlinge bestand, seine herzlichste, brüderliche Teilnahme. Ihn schmerzte, den kaiserlichen Bruder nicht vertreten zu können, in der Zeit seines kriegerischen Pilgerzuges. Auch der Kardinal Karl von Österreich sprach sich zwar gerührt über das Vertrauen des Maliks aus, aber empfahl seine gottalte Stadt der Obhut des jungen Herzogs Hans Adalbert von Leipzig. Und der Malik erklärte sich einverstanden mit dem abendländischen Vertreter aus wohlgerechten Gründen. Denn es war in ganz Theben kein Atmender, der nicht Malik war und der den Malik hätte vertreten können. – Die weltmännische, liebenswürdige Art des Herzogs von Leipzig gewann bald das Herz des Kaisers und die Laune seiner bunten Stadt. Seinem Bruder Ruben, dem blauen Reiter, teilte Jussuf wörtlich mit: »Ich bin dem Kardinal Karl im höchsten Maße für den Anteil, den er an Meiner Stadt liebevoll nahm, verpflichtet. Ich und Mein Volk sind des Lobes voll über Hans Adalbert, den Vizekönig von Theben. Er wird in der Zeit, in der Ich und Meine Häuptlinge den Schneeweg überschreiten, Meine Stadt würdig regieren, süß belustigen und sie bescheren mit Meinem Angedenken. Meinen treuen Somaliknecht Oßman habe ich im Verdacht

des ganz kindlichen Schachers. Er wollte dem Herzog heimlich seine Würde als Kaiser verkaufen, die Ich ihm einmal im Jahre abzutreten versprach. Siehst Du, so wichtig nimmt er es damit. Aber was man so täglich vor Augen hat! Und Du legtest Meiner Freigebigkeit so ernste Bedenken bei!«

Der Malik und der Herzog von Leipzig ritten alle Abende auf Kamelen durch die Straßen Thebens, und der Kaiser freute sich immer wieder über die zärtliche Art, mit der sein hoher Gast die Frauen seiner Stadt ehrerbietig begrüßte, die Männer in kunstvolle Gespräche zog und die Knaben mit Neckereien beglückte. Aber die Leute, die den Herzog von Leipzig begleiteten, lagen lange im Magen des Flusses. Sie rümpften ihre Nasen und höhnten über die Bilder, die sich die Menschen in Theben auf ihre Wangen zu malen pflegten. Am Abend wurden die abendländischen Fremdlinge im Wasser ersäuft. Der Malik und sein schöner Gast saßen auf dem Dach unter der Sichel und plauderten. Indem der Kaiser keinen Widerspruch erhob, nahmen die Leute Thebens an, daß ihre gerechte Handlung auch mit dem Einvernehmen ihres Vizekönigs geschehe. So rettete der Kaiser dem Herzog die Vizekrone.

Auch freute sich Jussuf Abigail sehr über die vornehme Klugheit seines feinen Stellvertreters. Nicht selten traf er ihn mitten auf dem Marktplatz, wo er von den großen Eigenschaften ihres großen Kaisers erzählte. »Ruben, Mein Volk liebt Mich, Ich bin sein Tor; nicht ein Spalt führt sonst zu ihm.« Tagsüber versicherte der edle Gast dem Malik, er freue sich, nun endlich Jussuf Abigail von Angesicht zu Angesicht zu sehen.

»Ruben, wenn der Mond rund ist, ziehen wir nach Rußland. Aber gestern feierten wir noch den Oßmanstag. Ich und der Herzog hatten unsere helle Freude an dem fressenden, braunen Basileus. Er saß auf Meinem Dach in Meinem Mantel mit der Spielkrone, die Du Mir schenktest, auf dem Oßmanhaupte, und fraß einen schwarzen Hammel mit der Wolle und dem Schwanz auf. Die Frauen Thebens sandten ihm alle zuckerfarbene Süßigkeiten, und in den glitzernden Läden der Basare ließ ich die überladensten Ringe auslegen, die sich Mein zum Kaiser erhobener schwarzer Diener erstand. Und die ganze Stadt und Meine Bürger werden diese Meine Laune Mir nie vergessen. Die

Schwermütigen wurden vor Lachen gesund, den Krüppeln wuchsen die Glieder wieder; alle wollten sie den schmausenden Basileus sehen.«

Dein ausgelassener Bruder
Jussuf Abigail von Theben.

Mein Ruben, lebe wohl! Der Rücken Meines Dromedars dient Mir als Pult, Dir noch einen frommen Abschiedsgruß zu senden. Oben am Himmel glüht gezückt der gebogene, goldene Monddolch. Wir werden den Prinzen von Moskau aus seiner Gefangenschaft befreien, so wahr Ich Jussuf Abigail der Malik bin.

Das waren die letzten Worte, die der Basileus von Theben seinem Halbbruder, dem blauen Reiter Marc von Cana schrieb. Seitdem schimmerten seine Augen bunt wie der Fluß, an dem seine Stadt lag. Nachts verbrachte er in seinem Lieblingsgarten, reihte die roten Beeren der Astranträucher auf Schnüre oder bog wie ein Kind die Stengel der Pusteblumen wilder Wiesen zu Ringen und fertigte Ketten an. Lauter Spielerei. Oßman holte dann den lächelnden Kaiser noch vor Sonnenaufgang in den Palast zurück, weil er einmal einen Stadtalten zu einem Stadtalten flüstern hörte von des Maliks plötzlicher Verblödung. Aber des Kaisers strahlendes Gesicht bürgte für seine Unbrüchigkeit. Für ihn regierte schon der Herzog von Leipzig, sich an das hohe Amt zu gewöhnen, das ihm der Basileus in seiner Abwesenheit, in der Zeit seiner großen Wallfahrt, übertrug. Daß kindliches Spiel »schlummern« bedeute, äußerte der hohe Freund seinem feinen Gast. Und er müsse viel, viel schlummern vor seiner Reise, deren Sonne nicht untergehen dürfe. Nicht oft genug konnte Jussuf seinen treuen Neger befragen, ob er wohl (der Malik) dem feinen Gast gefalle? Über das Wasser des Brunnens seines Schlafgemachs neigte sich Jussuf Abigail oft heimlich auf Zehen, um manchmal enttäuscht zu brüten. Aber gläubig hingen seine Gedanken an dem Pilgerzuge, den er noch im selbigen Monat am Siebenten des El Aschura zu unternehmen gedachte. Oßman, der unersetzliche schwarze Knecht, verkürzte dem Kaiser die Zeit, indem er ihn belustigte, einen Kosaken nach dem andern, die sich ihnen auf der Wanderung feindlich in den Weg stellen würden, auffraß. Jedesmal eilte dann der Kaiser durch die Vorräume und Gemächer seines Hauses, den Hans Adalbert zu holen; so, daß er ihn oft in seinen Regierungsgeschäften störte. Der Herzog von Leipzig schrieb dann von der Spiellust seines thebetanischen, kaiserlichen Freundes ganz ergriffen dem Kardinal von Österreich. Der Malik ist mir der liebste Freund, den ich je besessen habe, darum bitte ich Eure Eminenz, Ihren Einfluß geltend zu machen, den Malik an seiner todbringenden Expedition zu hindern. Der österreichische Kardinal warnte dann einige Male vergebens den Malik in seiner Sorge um ihn. Aber Abigail Jussuf antwortete dem Kardinal, indem er ihm die wundervolle Geschichte David und Jonathans in alttestamentarischen Buchstaben aufzeichnete, die aussahen wie lauter Harfen. Ergriffen von der Treue des asiatischen Herrschers, sandte Karl große Geldspenden für die fromme Reise. Damit war der Punkt erfüllt, den der junge, diplomatische Herzog, der Vizekaiser von Theben im Auge hielt; der hegte keinen Zweifel an Abigails Entschluß und er litt unsäglich unter der Tatsache, daß dem kaiserlichen Unternehmen ausreichende Barschaft fehle. Jussuf jedoch war heimlich enttäuscht, daß sich der Herzog mit der Reise nun über die kalte Schnee-Ebene zufrieden zeigte! Seinem teuren Halbbruder hätte er jeden Einspruch in diesem Kriegszuge als Unterschätzung seiner Kraft übel genommen, auch die Liebesvenus von Siam, die er einst den Siamesen raubte, vertraute dem goldnen Stern seiner Wallfahrt. Es versammelten sich die Häuptlinge Mordercheiï, Calmus, Gad, Asser, Mêmed und Salomein vor dem Palast und schlugen auf ihren Kriegstrommeln eine Musik, die die schlummernde Stadt aufweckte. Auf ihre Dächer stiegen die Einwohner Thebens, sangen des Kaisers Namen, daß er anschwoll zu einem Konzert. Der Kaiser bestieg mit verhülltem Angesicht sein mächtig Tier, das Oßman führte bis vor die Tore der Stadt. Aber als die sich schlossen, wandelte Jussuf Abigail, der kaiserliche Häuptling, barfuß zwischen seinen Häuptlingen, bis sie an den Fluß Abba kamen. Dort wusch sich die fromme Karawane den Staub von den Zehen. Marc von Cana, des Maliks teurer Halbbruder, traf gerade in Theben ein, als Jussuf die Stadt verlassen hatte. In des Basileus Gemach saßen die beiden Fürsten Ruben Marc, der blaue Reiter, und der Herzog am liebsten und sprachen von dem kleinen Kaiser, der das große Theben morgens aus einer Schachtel nahm und es abends von seinem Oßman wieder hineinlegen ließ. Ruben war gemessener und milder; und gleichmäßiger pochte sein Emirherz als das seines Bruders Jussuf. Auch äußerlich war Ruben von hohem Wuchs und stiller, zärtlicher Majestät und gewaltiger, sonniger Schönheit. Seine Augen vom Braunholz der süßen Baumrinde. Und jedesmal wieder erfreute es den Großemir, wie der junge Herzog das Spielherz seines Bruders verehrte. Die Leute im Palast erzählten Ruben, der Herzog sei immer um Abigail gewesen, als ob er ihn umspüle wie eine Insel. Solche Erzählungen trösteten den canaanitischen Fürsten, denn er glaubte, sein Bruder habe einsam vor seiner Wallfahrt gelebt. Eine ihm unerklärliche Ahnung weissagte ihm, daß er und sein Jussuf sich nie mehr wiedersehen würden.

Das kleine Pilgerheer unter Jussuf Abigail hatte fast das Tal von Irsahab erreicht, als die wilden Juden und ihr Kaiser ein Wolkengebild auf sich zukommen sahen von dem Gipfel der Berge herab. Es waren einige tausend Jünglinge der Althebräerstadt, die Jussuf ihrer eingebissenen Väter wegen haßte. Deren Söhne aber säumten ihres Maliks Bild mit ihren goldenen Träumen und liebten den Kaiserschelm, der einmal im Jahr seinem Neger die Krone aufs wollige Haar setzte, Sich Selbst zu einem Seiner Untertanen machte. Diese Freigebigkeit hatte das junge Herz von Irsahab erobert. Und in keinem Haus der Althebräerstadt wurde nicht einer der Brüder vom Vater gemieden. Es geschah, daß Väter ihren fanatischen Söhnen, und hatten sie zehn an der Zahl, den Einlaß ihres Hauses verschlossen. Davon hörte erst Abigail, als die Knaben sich von Ihm und den Häuptlingen getrennt hatten. Ihr Anführer schritt dem stürmenden Zuge voran und es berührte den Malik die Andacht seiner Redeweise wohltuend. Als der Kaiser ihn fragte, wie er heiße, nannte er sich Zwi ben Zwi, und der kaiserliche Häuptling betrachtete seinen Anstand mit Wohlgefallen. Und er ließ sich von den glücklichen Irsahabanern vom Rücken seines Kamels heben, das er wieder vom Flusse Abba aus bestiegen hatte, und beschenkte jeden der Knaben mit einem Schmetterling seiner bunten Augen und hinderte die Jubelnden nicht, Ihn ein Stück durch das Sandmeer zu begleiten.

Der edle Fürst Ruben Marc von Cana saß wieder in seinem Lande und der Herzog von Leipzig regierte in Jussufs Lieblingsstadt. Endlich empfing diese eine kurze Nachricht ihres Maliks:

Theben, meine süße Braut. Die Häuptlinge, mein Leib, meine Spielgefährten sind alle durch die Schmerzen der großen Kälte des Zarenreiches erkrankt. Nicht einen Gruß sendet die Goldmutter auf die frostigen Ebenen zum Willkomm zur Erde. Mir aber schlägt das Herz für den Freund und wärmt mein Blut. Einsam in Begleitung Meines treuen Oßmans, dem statt der spitzgefeilten Zähne Eiszapfen aus dem Maule hängen, ziehe ich weiter über Moskau nach Metscherskoje, den Prinzen Sascha aus seiner schweren, achtjährigen Haft zu überführen nach Tiba.

Der Malik wurde von der Zarewna in Audienz empfangen; in ihren ernsten Kaiserinnenhänden lagen Jussufs Liebesgedichte in weißem Brokat. Vom Glücksstern der Großfrau von Rußland geleitet, erreichte der Malik nach kurzen Gepflogenheiten mit der Justiz die Aushändigung seines unschuldigen, himmlischen Spielgefährten, aber der starb am Abend noch in seiner schmachvollen Zelle in den Armen des erschütterten Freundes. Abigail Jussuf sprach, so lange er lebte, nie seines Liebesgefährten Namen aus, ohne sich zu besternen. – Bewacht von einer Anzahl Kosaken im obersten Gewölbe des russischen Towers zu Metscherskoje fand der Malik den Freund. Der gefangene, heilige Feldherr richtete sich sterbend von seinem Lager auf, als er Jussuf erblickte und rügte ihn zärtlich besorgt seiner Unvernunft. Aber ein verblutendes Morgenrot überzog zum letzten Male das wundervolle Antlitz Saschas, und Jussuf Abigail, der weinende Malik, schämte sich über den kleinen Splitter Gefahr, der er sich ausgesetzt hatte neben der bedrohten ehernen Geduld seines liebsten Gespielen, dessen Glieder zum Gerippe abgemagert waren; in seinen Lungen fraß der Bazill.

In der Nacht noch ließ ihn der Malik einbalsamieren. »Tüsa goya min enti Tiba« waren die letzten Worte des sterbenden thebetanischen Kambyses, der einst nach Rußland zog, die Semitten zu befreien. Jussuf trug ihn Selbst mit dem schwarzen Knecht in einem Sarge auf den Schultern über die Ebene nach der alten Zarenstadt; von dort schlossen sich die aufgetauten wilden Juden dem frommen Totenzuge an. Als die Leute in Theben ihren Malik und seine Häuptlinge kommen sahen, hißten sie schmeichelnde Trauerfahnen auf ihren Dächern, warfen sich zu Boden und verhüllten ihre Gesichte; die Totenweiber klagten dreißig Tage und Nächte und Südraben flogen über die Stadt, die sangen die Melodien gottalter Psalme. Jussuf Abigail saß im Palast und weinte. Seine Häuptlinge vermochten ihn nicht zu trösten, auch schlug er launisch die Einladung des Ramsenith von Gibon aus, der eine Vorliebe für den spielerischen Jussuf empfand. Dieser schöne, eitle König fühlte sich persönlich von der kurzen Art der Absage getroffen und kündigte dem Malik die freundschaftlichen Beziehungen seines Landes, darin sich Abigail der künstlerischen Bestrebungen wegen gerne aufhielt. Diese kleine Ursache gab Anlaß zu einem späteren Kriege. Den Kaiser verlangte es nur nach Ruben, seinem teuren Halbbruder, der aber war in seiner Abwesenheit in die Schlacht gezogen, mit den Ariern gegen die Romanen und Slawen und Britten. Daß er Ihm, dem kaiserlichen Bruder das antun konnte! Jussuf nahm in seinem kaiserlichen Egoismus das Rüsten seines Bruders fast persönlich gegen Ihn gerichtet auf; darüber vermochte der verlassene Malik sich nicht zu trösten. Den heiligen Leib seines himmlischen Freundes bestattete er im Königsgewölbe bei Theben, und das thebetanische Volk fürchtete um die Gesundheit seines Kaisers, der sich selten noch unter sie auf den Straßen oder auf den Plätzen mischte, sich nicht einmal mehr beschauen ließ in seinen Gärten. Um die Abendzeit wandelte Jussuf manchmal dicht verschleiert durch die Gänge der Vorräume seiner Gemächer. Er war tief mit sich im Gespräch, oft hörten die Neger ihn fluchen wie die Baumfäller im Walde, und die Wände des Palastes wankten dann wie beim Erdbeben. Rubens Weib, die Mareia, beschuldete er ungerechterweise, eiferte wider ihre weiße Abstammung, die seinen stolzen, friedliebenden Bruder veranlaßte, mit den abendländischen Völkern zu kämpfen; vergaß, daß sein starkwilliger Ruben einen ebenso selbständigen wie edlen Eigenwillen besaß. Am vierten Tage nach der Broternte erhielt Jussuf Abigail eine rührende Botschaft seines fürstlichen Bruders aus dem Kriege. Seine Anschuldigungen vergessend,

Der Malik 479

entsandte der Malik Treiber nach Cana, die dem Weibe Rubens mit Geschenken beladene Kamele führen mußten und der Emirin die Kunde brachten, daß der Fürst sich auf dem Wege zur Heimat befände. Zu gleicher Zeit wurden aus dem arischen Heere Soldaten gewählt und ausgerüstet zur Reise nach dem ägyptischen Theben, den Malik Abigail Jussuf, der des Bumerangwerfens gefürchtetster Krieger war, gegen die Indier ins Feld zu werben.

Die Hirten, die Abigail zu seines Bruders Weibe gesandt hatte, ihr die Freudenbotschaft zu bringen, daß Ruben auf Cana zuschreite, erzählten bei ihrer Rückkehr den Leuten Thebens, daß sie abendländische Krieger gesehen hätten, an den Goldfeldern singend vorbeimarschieren auf Irsahab zu, und daß man ihre Helme sicher schon von der großen Kuppel des Palastes aus glitzern sehen müsse. Die älteren Leute gedachten des Kampfes, den sie unter der Anführung des noch damaligen Prinzen Jussuf gegen eine Arierschar erfahren mußten. Umschlungen auf einem Weizenfelde sah ein verwundeter Thebetaner die beiden Fürsten der feindlichen Heere im silbernen Brote stehn und sich inbrün-

stig küssen. Durch Theben aber tönte die Siegeskunde, der Prinz habe die Christenhunde in die Flucht geschlagen. In Wirklichkeit jedoch hatten sich die beiden verliebten Anführer: Giselheer und Jussuf ihrer Heere geeinigt. – Dem Herzog von Leipzig war schon in den ersten Tagen seiner Vizeregentschaft dieses Kriegsgeheimnis zu Ohren gekommen; nicht die ungeheure Begebenheit erboste ihn, aber die Leichtfertigkeit, mit der dieser Nibelunge, dessen Herz in Thebens Sonne süß geworden war, seinen schwärmerischen kaiserlichen Freund verlassen konnte. Der herzogliche Hans Adalbert, der es sich zur Aufgabe anheischte, alle Erdteile miteinander zu verbrüdern, eine internationale Welt schon im Interesse der Kunst zu schaffen, bemühte sich in seiner klugen, liebevollen Weise, die beträchtige Anzahl der älteren Menschen von der Vereinigung der Jehovaniter für den Malik wieder zu gewinnen. Die waren vermutlich von den Vätern der Irsahabaner aufgestachelt worden; es schien dem diplomatischen Stellvertreter des Throns von Theben gelungen zu sein, einen Aufruhr von Jussuf Abigail fern zu halten. Der hatte seinen kleinen Bruder Bulus nun bei sich in seiner Stadt und lehrte ihn jeden einzelnen Menschen seines blauen Theben lieben, die er mal regieren sollte nach seines Malikherzens frommer Fackel. Und befreundete ihn mit dem ältesten Sohn Hyne Carolon, eines Großhauses am Fluß in Theben, das Er so gern aufsuchte.

Abigail Jussufs zweite Stadt, die Er nach Rubens Weibe Mareia benamet hatte, beabsichtigte Abigail, nach Seinem Sterben selbständig zu der Kaiserstadt Seines treuen, hochverehrten Dichterfreundes Daniel Jesus zu erheben, der gegenwärtig schon dort Seines kaiserlichen Gefährten Thron vertrat, Jussuf Abigails dritte Stadt aber, die Goldstadt Irsahab, sollte, nach der Väter Aussterben, Tibas Tempelvorstadt werden, Zebaoth, geweiht dem Gottjüngling, den Jussuf inbrünstig anbetete. – Die Knaben von Irsahab, die die arischen Ritter auf ihre Tore zukommen sahen, bewaffneten sich und zogen ihnen entgegen, im Glauben, die hellen Krieger kämen feindlich wider Jussuf Abigail. Aber Zwi ben Zwi, der Oberbefehlshaber der jungen Irsahabaner, der schon einmal die Knaben durch die Wüste zu ihrem Malik gebracht hatte, erkannte, daß es sich um einen freundschaftlichen Besuch handele, die abendländische Regierung ein persönliches Anliegen durch seine Ritter an den thebetanischen Kaiser zu stellen gedenke und Männer der Kunst zu diesem Zwecke, Abigails Neigungen zu schmeicheln, wohlweislich erwählt hatte. Und die tapferen Juden von Irsahab verbargen ihre Waffen und bewillkommneten die fremden Krieger, die ihre Zeremonien erwiderten. Zwi lud sie ein in das Haus seines Vaters mitten in der Stadt im Interesse Abigails. Zwis Eltern beide, Tamm und

Miëne, waren fromme Leute; sein Vater hatte sein Herz mit dem Lesen der Tora bereichert, aber Miëne lehrte ihrem Sohne das feierliche Schreiten, daß er immer nur wandele, wohin auch, zum Altar. Es war das einzige Elternpaar in Irsahab, das den Bestrebungen ihres Sohnes kein Hindernis in den Weg stellte. Am Abend lagerten die müden Arier im kühlen Vorhof seines Elternhauses und tranken von dem Trunk, den Miëne aus Mais und Zimtstauden zu bereiten verstand. Zwi, der Gastgeber, mußte den abendländischen Soldaten von dem Malik erzählen, von seinen Taten, seinen Hoffnungen und seinen Lieblingsbeschäftigungen. Dieser feine Sohn Tamms und der Miëne hatte sein ganzes Leben hindurch nichts anderes getrieben, wie den Malik von Tiba studiert, und schon dem jugendlichen Prinzen Jussuf führte er, von Diesem geahnt, Sein blaues Tagebuch. Zwi kannte also Jussuf Abigail wie ein Astronom sein nächstes Sternbild. Später stellte sich auch der Urheber der rätselhaften Schreiben heraus, die immer dann an den Malik gelangten, wenn er der Warnung bedurfte. Diese zarten, aber willensstarken Äußerungen, die den jähen Basileus von einem unbedachten Schritt bewahren sollten, kamen also von dem Sohn des Tamm und der Miëne. – Welchen Zauber alte Heldensagen auf Abigail Jussuf ausübten, davon konnte Zwi der Irsahabaner einiges den lauschenden Soldaten erzählen. Ob sich der Malik aber wohl bewegen ließ, auf seiten der verbündeten Mächte gegen die anderen Länder zu ziehen, verweigerte Zwi, vielleicht aus Anstand, der thebetanischen Antwort nicht zuvorzukommen, seine Meinung. Auch die Ritter vermieden, an die strenge irsahabanische Anhängerschaft jede weitere Frage zu richten, wie sie auf Abigails günstigen Entschluß wirken könnten. Doch als die abendländische Botschaft sich wieder unterwegs befand, auf Theben zuschritt, einigten sich die künstlerischen Krieger untereinander, Abigail Jussuf einen Streich zu spielen, der Sein buntes Herz erobern würde. Wieland Herzfelde, dem jüngsten der dichtenden Kürassiere, der den Plan ausgeheckt, saßen zwei leuchtende blaue Schelme im Gesicht, denen man nie böse sein konnte; das wußte er. Dieser kecke Herzschelm pflegte den Kaiser von Theben kurzweg »der Jussuf« zu nennen. »Was meint ihr, wenn wir uns dem Jussuf als seine Lieblingsgestalten alter Sagen repräsentieren?« Daß es sich in Theben um einen gänzlich wilden Kaiser handele, der sogar seine Ungelehrsamkeit als besondere Bevorzugung feiern ließ, sie ab und zu als Vorbild der gelehrten Goldstadt Irsahab langbärtigen Vätern unter die schlaffen, ungeschmückten Nasen zur Beriechung hielt, hatten die Abendländer aus den begeisterten Erzählungen Zwis geschöpft. Und die Soldaten fürchteten in dem Wagnis ihrer launigen Krieglist keinerlei Gefahr. Ihren Kameraden Wieland, den auferstandenen Roland von Berlin, trugen sie abwechselnd auf ihren Schultern wie einen Sieger ungehindert durch die singenden sieben Säulen in die bekränzte Stadt Theben. Denn Zwi, der treue Anhänger aus Irsahab, hatte dem Malik verkünden lassen, daß die Ritter die Gastfreundschaft seines Elternhauses genossen hätten und in kriegsfreundlicher Absicht auf Theben zuschritten, Ihn, den großen Basileus, zum Kampf gegen die indischen Stämme zu gewinnen. Jussuf Abigail hatte sich schon in seiner frühesten Jugend geübt im Wurf des Bumerangs, und es bemächtigte sich in jedem Feindesheere eine Furcht, wenn man des Maliks sichelförmige Holzwaffe über die Köpfe sausen hörte, bis sie den Gehaßten traf. Oft flog der besiegte abgerissene Rumpf geschnellt vom stumpfgebogenen Holzmond durch die Lüfte vor Abigails Füße. Aber Er, der liebende, knabenhafte Kaiser litt unter der Sicherheit seiner Urwaffe, oft schluchzte er noch lange seinem siegreichen Wurfe nach. Die Häuptlinge wußten schon, wenn Oßman, der ewige Knecht, sie, die wilden Juden, beim Sonnenaufgang in das Gemach ihres Maliks rief, Ihn zu trösten. – Eine Weile, bevor die Arier die süße Stadt erreicht hatten, hing Bulus, des Kaisers zwölfjähriger Bruder, Sich schmeichelnd an Ismaël, des auserlesenen Negers greisen Oheim. Der ehrwürdige, alte Palastdiener hatte den kaiserlichen Großknaben wie einen Enkel lieb, und Bulus Herz schaukelte gern an der starken Rippe lauschiger Geborgenheit des Nachtsomalis, dessen Haupt fast die Breite der Palmenkrone überbot. Den jungen Mir plagten wieder nationale Fragen des Palastes. Ganze Tage hatte er in einer Kammer im Erdgeschoß zugebracht, in alten, eingebauten Schränken nach abendländischen Kleidungsstücken gekramt. Er fand dann endlich einen Ulanenhelm, der sein halbes Gesichtchen verschwinden ließ, und einen verrosteten Säbel, den er sich an seinem Perlgurt befestigte, und in ein Paar grauen Lederhandschuhen, die von dem Leipziger Herzog herrührten, ertranken nun seine Kinderhände. Inständig bat Bulus seinen alten Freund Ismaël, legte seinem Namen Koserei um den Hals. Ismaëlmemed versprach dem geliebten, kleinen Mir, auf seines Bruders Sohn, den Oßman zu wirken, wenn der am Morgen dem kaiserlichen Herren die Nasensmaragden einschraube und mit Perlen sein Haar schmücke, Abigail anzuraten, beim Empfang der abendländischen Krieger abendländische Tracht anzulegen. Bulus schämte sich aller weichen Zierde, und in den goldverbrämten Mänteln und Ohrgehang und Muschelgürteln seines regierenden Bruders und der Häuptlinge, und der Kleider aller Männer und Jünglinge des Morgenlandes empfand der kleine kaiserliche Auflehnende beschämende Schwäche. Der greise Ismaël teilte des Knaben Sympathie für die Sitten des Abendlandes, da er an seinen Weinen gerochen hatte in der Zeit, als der heitere Vizemalik, der Maltzahner von Leipzig, in Theben regierte. Der hatte sich in Fässern den Rebensaft aus dem Mosellande kommen lassen und betreute den friedvollen Ismaël mit dem Abzapfen des Weins. Die verbotene, pochende Beere war beider Privatgeheimnis und einzige Sünde gewesen wider die Gesetze des Morgens. Wenn nun alle schliefen im Palast, schlich sich der unverbesserliche Somalizecher in das unterirdische Gewölbe des großen Vorraums und zechte manchmal bis zum Morgen vom verbotenen Inhalt der noch lagernden Fässer. – Vor dem Fenster des Malikgemachs zwischen hohen, feinen Gräsern saß Bulus auf den gepolsterten Schultern des treuen, alten Freundes, das Erwachen des Basileus zu erwarten. Der lag gebogen wie die Mondsichel auf seiner Kissen schwerer Wolkenseide. Er war nach durchwachter Nacht im lebhaften Gespräch mit seinen wilden Juden fest eingeschlummert. Seines Bruders Ruben Rat vermißte Jussuf schwer in der Art der Ablehnung seiner Stellungnahme an dem Weltkrieg. Abigail Jussuf war fest entschlossen, unter keiner Bedingung sich an dieser Menschenschlacht zu beteiligen. Auch fühlte der Kaiser irgendeine spielerische Verwandtschaft mit dem König der schwarzen Berge, der den Frieden hatte herbeiführen wollen aus väterlicher Liebe für sein Volk und darum auch aus väterlichem Verständnis für die fremden Völker. Diese

Meinung teilte Mordercheï Theodorio, des Maliks erster Großhäuptling, der Sohn seines Turiner Vaters. Ein Weinberg auf Rollen bewegte sich dieser wilde Jude ungeheuer süß vor dem Thron Thebens und stark in der Blume. Abigail verehrte ihn unbändig. Dieser Mordercheï Theodorio und Calmus Jezowa, ein Mann mit gütigen Priesteraugen und milder Freudigkeit, waren die letzten der Häuptlinge, die den Malik in der Frühe

verließen. Gad, Asser, Mêmed und Salomein wandelten schon kurz nach Mitternacht auf Raten Jussuf Abigails heim. Asser trug eine Verwundung durch einen Dorn der Rose auf der Wange, die den Kaiser im Anblick der Anmut Assers störte. Den herrlichen Jüngling beschenkte der Malik mit Haarperlen und allergold Damast. Nur daß Assers Herz am Wesen der Frauen hing, verargte vielfach die Freude des Kaisers an seinem Häuptling. Denn Jussuf Abigail verbarg seine Abneigung gegen alles

Weib, schon als Prinz von Theben. Und die geraubte Venus von Siam betrachtete er nur wie ein unvergleichliches Kunstwerk. »An dem starren Kultus, den der Malik um seine Mondfrau baut,« so nannten die Menschen in Theben die siamesische Venus, »wird sie zu Alabaster werden.« Mêmed hatte Verständnis für des Kaisers Abneigung gegen Eva; trotzdem gerade das Himbeerträumerische in Jussuf, die Farbe der Prinzessinnenseele, ihn entzückte, aber er wagte nicht, die Beeren der Sträucher Seiner Seele zu pflücken. Manchmal begleitete er Ihn alleine auf den Hügel der Stadt; dort betete Jussuf Abigail so gern zu Gott. Die großen Vögel setzten sich dann zu Ihm. Sie verstanden die abgebrochenen, wilden Laute Seines Flehens. Er eine goldene Flügelgestalt unter ihnen. Am Abend aber begleiteten den Kaiser außer Mêmed noch seine beiden anderen jungen Gespielen, die Häuptlinge Gad und Salomein auf eine Wiese, die hinter dem Garten des Palastes lag. Mêmed legte sich immer einen Kranz ins Haar, und Salomein, Jussufs treuster Häuptling, trug in seinen dunklen Augen dem Malik ewig sein blaues Herz schwärmerisch entgegen. Seiner Stirne Mitten schmückte ein Stern. Die vier hohen Menschen spielten sorglos wieder Spiele ihrer Kindheit. Auf Brettern, kreuz und quer gelegt, schaukelten sie auf und nieder und übten sich im Bogen und Pfeil, die sie selbst aus Bambusrohren schnitzten.

Als der kleine Kaiserliche Bulus, Jussuf Abigail wieder mit Bitten bedrängte, Ihn an Seine hohe Gastfreundschaft erinnerte, die Ihn zwinge, die Farbe der fremden Soldaten bei ihrem Empfang anzulegen, befahl der erregte Malik Seinem Knecht, der auf den Augenblick gelauert hatte, da ihm das Grau des Abendlandes mißfiel, den jungen Mir gewaltsam zu entfernen. An diesem Morgen fiel die erste, ernsthafte Meinungsverschiedenheit zwischen den hohen Brüdern, die sich gegenseitig stürmisch zu verehren pflegten. Aber Bulus trug nunmehr eine kleine Verachtung in seinem klaren, braunen Knabenauge offen zur Schau, die den Kaiser reizte. In einem goldenen Mantel saß Der auf dem Thron zu Theben wie in Seiner letzten Haut, die Mondsichel und den Stern in Rotfarben auf der Wange gemalt. Die bunte Stadt Theben hatte sich im Hause Jussuf Abigails um Ihn versammelt; den Kaiser beschäftigten gegenwärtig nur Seine Häuptlinge und

Ruben, Sein milder Bruder, und gedachte seiner so stark, daß Ihm das Zepter entschwand oben auf dem Prunkhügel des Riesengemachs. In derselben Stunde, an der sich plötzlich Jussufs Wesen weich verlor, traf der Fürst Marc von Cana in der Heimat ein. Der Großhäuptling Mordercheï Theodorio bemerkte die seelische Abwesenheit seines Kaiserlichen Freundes und gab dem säumenden Malik ein freundschaftliches Zeichen, indem er die zum Throne geneigte Stirne, sein Mordercheiherz und seine Lippen grüßend betastete. Da traten die Ritter in den Maliksaal. Zwi ben Zwi, der Sohn des Tamm und der Miëne, der seinen abendländischen Gästen vorausgeeilt war, erwartete unerkannt zwischen den feierlichen Menschen Tibas auf dem Riesenfuß einer überlebensgroßen Figur sitzend mit dem Schiefer und dem Griffel, die arischen Soldaten. »Beim Anblick des großen Bumerangwerfers«, schrieb der Geschichtsschreiber, »schneiten die blühenden Wangen der Ritter.«

Dem erschütternden atmenden Denkmal aus Blutstein näherte sich in der Rolle des Rolands von Berlin und als Anführer der Botschaft: Wieland Herzfelde. Sein Bruder Wetterscheid versuchte betroffen, den voreiligen Entschluß seines kecken Bruders zu vereiteln, indem er den Zipfel seines Mantels ergriff und abriß. Diesen Vorgang gewahrte Abigail und lächelte. Und sein

Der Roland von Berlin
(Wieland Herzfelde)

Lächeln glich immer einem holden Bach im finsteren Garten. Nicht wie bei öffentlichen Empfängen sonst üblich, erwartete der Malik das Zeichen des Schellenstocks; rührend klang Sein Anliegen auf lallender arischer Sprache, die Lage des ernsten Augenblicks verachtend: »Kann Mir einer von euch sagen, ihr lieben Ritter, wo Giselheer Mein Nibelunge weilt?« In der Mitte des Vorraums tanzte ein Tänzer wie eine Schlange beweglich nach der eintönigen Musik der Holzinstrumente. »Aber ich«, schrieb Zwi, »hörte verhärtete Stirnrunzeln einiger Thebetaner knarren.« Und Jussuf Abigails spielerische Menschen erröteten im Angedenken der Schande, die ihnen einst ihr damaliger Prinz Jussuf bereitet hatte, da Sein selig Herz den feindlichen Arierfürsten umgaukelte während des Krieges Ernst. Aber den grauuniformierten Fremdlingen entging die gefährliche Lage, die des Kaisers Ansehn bedrohte, die waren durch Seine Menschlichkeit aus ihrem Bann erlöst und beantworteten aus einem Munde die leidenschaftliche Frage Jussufs nach Seinem Herzgefährten, der immer als Nibelunge in Seinem Gedächtnis maiblühte. Schill, der pflichtgetreue Kürassier, der seiner Schüchternheit wegen von seinen Kameraden verspottet wurde, trat beherzten Schritts aus der Mitte der Soldaten dicht vor den Thron, wiederholte noch einmal, daß Giselheer der Nibelungenfürst in Flandern stehe und – setzte er bedeutungsvoll hinzu, sich verzweifelt gegen die Indierstämme behaupte. Aber Calmus Jezowa, der weise Wildjude um Abigail Jussuf, konnte sich ein Lächeln nicht ersparen; Asser und Gad und Mêmed Laurencis fürchteten um ihren Liebeskaiser, und schonend um Jussufs Schulter legte Salomein seinen Arm. Nur Morderchei der Riese vertraute der Klugheit und dem Hochgefühl seines stolzen Spielgefährten. Auf dem Fuß des Saales entfiel der Hand des Malikschreibers der Griffel. Abigail, der den Knaben längst bemerkt und wiedererkannt hatte von seiner Wallfahrt her zum heiligen Freunde, rief dem jungen Manne aus Irsahab zu: »Hebe deinen Griffel auf, Sohn des gottesfürchtigen Tamm und der guten Miene und schreibe nieder, daß der Kaiser Abigail Jussuf Seines Levkoienherzens Liebe, Seines Liebesherzens Levkoie opfere, denn er habe beschlossen, Seine teuren Brüder nicht zu führen in den abendländischen Krieg.« Viele der Thebetaner weinten, fielen vor ihrem

Jussuf nieder, streichelten sein Gewand und die, welche sich näherten, Seine Hände und Seine Füße zu liebkosen, hob Er zu Sich empor und küßte den Schlichtesten auf den Mund, so daß der zu Seinem Ansehn wurde.

Nur des Kürassiers Schills Unzufriedenheit bemerkte der Malik mit vornehmer Zurückhaltung und billigte dessen Kaisertreue, die den Soldaten zu einer List verführte gegen – Ihn – Abigail. Und Er betonte, daß Er seinen Kaiserlichen Herrn mit ganzem Herzen bedaure, wie Ihm Zebaoth gebiete, dem blutenden Länderhandel fern zu verharren. Abigails weiche Stimme wuchs dunkel in den Urwald, »aber mir«, berichtete der Schreiber, »entging kein Wort des Throns«.

Einige von den Rittern baten den Kaiser, Sich über den Weltkrieg zu äußern. Aber der hellseherische Malik ahnte, wen der Tod von den stürmisch Fragenden bald brechen würde, und er vermochte Sich nicht gleich zu sammeln; betrachtete schmerzlich den goldlockigen Tristan, richtete zarte Worte an Caspar Hauser, erkundigte Sich bei Roller ernsthaft nach dem von Ihm so hochgeschätzten Carl von Moor, den er wahrhaft in Sein Herz geschlossen habe. Und ob Schiller mit Goethe noch befreundet sei? Der Roller konnte ein Auflachen nicht verkneifen, ebenso erging es von Hutten, der mit dem Geschichtsschreiber, welcher ahnungslos diesen Maskenstreich auf dem Gewissen hatte verständnisvolle Blicke wechselte. Aber auch sehr viel herzliches Interesse zeigte Jussuf Abigail für Friedemann Bach und den Grünen Heinrich. Grimms Bäuerlein beguckten Sich der betrogene Malik und Sein Brüderchen wie zwei kleine, neugierige Buben.

Grimms Bäuerlein.

»Ihr habt das von Gott Euch anvertraute Abendland nicht liebevoll genug gepflegt, wie wäre sonst aus seiner schattigen Eiche eine kühle Formel geworden.« Der Kopf des Erdbildes habe sich verschoben, meinte der Basileus, und verwirre die Gehirne der Menschen.

Der Malik erzählte von dem fürchterlichen Gesicht, das Er einige Tage vor dem Kriege gehabt habe. Ihm habe geträumt, Er wäre der Kaiser Wilhelm gewesen und drei Riesenschlangen seien seinem Lager entstiegen, die Gescheckte neigte sich, Ihn zu beißen, als Er jäh erwachte und gerettet war. Seinem Halbbruder, dem klugen Fürsten Marc Ruben von Cana habe er damals Seinen Traum berichtet, worauf der große Häuptling den Krieg prophezeite. Als Bulus, des Maliks Bruder, den Namen Ruben vernahm, klatschte er in die Hände, so liebte der Knabe ihn. Jussuf ließ gerührt den kleinen Bulus von Oßman vor den Thron holen, stellte ihn, der von Beginn der Zeremonie an, die Züge der Soldatengesichter befriedigt beobachtet hatte, den Rittern mit den Worten vor: »Seht diesen süßen Schelm, Sittis, er ist mein kleiner Bruder Bulus der Mirmêmed, mit diesem hättet Ihr sicher keine Enttäuschung erlebt.« Seine steingeschmückte Waffe zeigte er jedem der Krieger und dem Roland von Berlin, der sich mit dem jungen Fürsten sofort verständigte, zog er das Schwert aus der Seite und prüfte seine Schärfe und Wetterscheid bettelte er um Patronen an für seine Sammlung, doch der friedliebende Bruder Rolands legte Böses abwehrend seine Hand über des kleinen Emirs Haupt.

Aber auch der Lederstrumpf, der abseits, für sich alleine während der Festlichkeit, menschenfeindlich in bittern Gedanken an einer Säule des Maliksaals knurrend gestanden hatte, erhellte sich plötzlich im leuchtenden Anblick des Kaiserlichen Knaben. Manchmal schimmerte Seine Haut wie Goldperlmutter. Und Lederstrumpf äußerte sich später zu Mordercheï Theodorio, nie habe er im Leben einen schöneren Menschen gesehen wie den kleinen Mir. Theodos und Bûl aber mieden sich, wenn auch in höflichen Katzensprüngen; und Abigail, der diese Feindschaft nicht ernst nehmen wollte, belustigte Sich über die unbegründete Abneigung der beiden, aus der sich unerwartet der Schmetterling, die versöhnende, glückliche Begegnung, entpuppen würde.

Im Begriff, die letzte Stufe seines Thrones herabzusteigen, stolperte der Malik, und noch ehe Oßman, Sein Knecht, Ihm Hilfe leisten konnte, fing Ihn einer der fremden Ritter in seinen Armen auf, »der Tristan«, und entbrannte vor Liebe zu Jussuf. Am selben Abend nach dem bewillkommenden Mahle, an dem des Basileus Herz berauschender süßte als der Most, den Er pressen ließ für seine abendländischen Gäste aus den schweren Trauben der Berge, glitt der Gralprinz wie ein Lichtstrahl an der blauumgürteten Leibwache des Maliks vorbei, überwältigte Oßman und drang in Jussufs Gemach. Der war gerade damit beschäftigt, dem Herzog von Leipzig die Eindrücke zu schildern, die Seine uniformierten Gäste auf Ihn hinterlassen hatten. Und in Seiner Vertiefung und Sehnsucht nach Seinem unersetzlichen Ratgeber, dem Vizemalik, gewahrte er den Liebesritter erst, als der Ihn, den Jussuf, schon mit seinen starken Soldatenhänden gepackt hatte.

Und der Malik, der von jedem noch rein erhaltenen, ursprünglichen Gefühl überwältigt wurde, suchte nicht allein den unerhörten Vorgang zu vertuschen, »er habe sogar versucht, aus Bewunderung vor diesem ehrlichen Augenblick die Liebe des heiligen Ritters zu schüren«. Der brach dem Jussuf vor Liebe eine Rippe in der Brust, wie einen der Äste des Elfenbeinbaumes. Noch in der Nacht aber rief man von den Dächern die Stadt wach, erzählte den Unfall, der den Malik betroffen habe beim Handwettkampf mit Mêmed Laurencis, mit dem Sich der Kaiser so gerne der Stärke übte. Doch Laurencis saß mit den anderen Häuptlingen friedlich um ihren Angstabigail, wie sie Ihn zärtlich zu nennen pflegten, und sie verhätschelten Ihn. Ein paar alte Weibchen hatten sich in Theben eingeschmuggelt, schwätzten den Leuten die Ohren schmutzig, boten den edlen Töchtern Thebens Liebesharz feil und drängten sich an die abendländischen Ritter. Doch das dreiköpfige, glatte Gezücht wurde ergriffen und gehängt. Aber Zwi ben Zwi, der Sohn des Tamm und der Miëne, schrieb vom Malik von Theben, »immer wieder von neuem sammele Jussuf die Liebe aus dem Kelch der Herzen; um die der abendländischen Ritter gaukele das Silberseine«. Noch tiefer, wie es Sich Abigail, der Kaiser, gestehen wollte, schmeichelte Ihm der Antrag der hohen Fraue von Hohenhof, der Reichsgräfin Gertrude zu Osthaus von Westfalen. Ihre Tochter Seinem geliebten Bruder zum Weibe zu geben, war Abigails Herzenswunsch. Immer wieder ließen Sich der Malik und der jugendliche Mïr das Bild der lieblichen Prinzessin Helga von dem Liebesboten repräsentieren und hatten lange schon die holden Grübchen, goldene Bächlein ihrer Wange entdeckt. Noch zwei Frauen des Abendlandes sandten dem Malik ihre Liebe und Verehrung: Frau Paula Engeline, die sanfte, dichtende Lebensgefährtin des von Jussuf so bewunderten Dichterfürsten Richard Dehmel, dessen Dichtungen Er einst mit dem Kalifenstern ausgezeichnet hatte. Paula Engeline beschützte das Flackerlicht von Horeb – so nannte sie den fernen, ungestümen Malikprinzen – mit ihrem Flügel. Ähnlich wie diese hohe Frau empfand Hellene, die Herrmannin, den goldverbrämten Kaiser, jeder Gedanke an Ihn trug Seine Lieblingsblume im Haar.

Die Ritter, welche sich wieder um Abigail versammelt hatten, baten Ihn, sie nicht unverrichteter Dinge ziehen zu lassen. Und sie erzürnten den Kaiser mit dieser aufs Neue aufgeworfenen Frage. Ob sie den Entschluß eines ägyptischen Kaisers von einer willkürlichen Laune abhängig glaubten oder ob man Ihn nicht ernst nähme?!! Und Abigail, dessen Vorhaben es gewesen war, Sich würdevoll und gleichmäßig den arischen Kriegern gegenüber zu verhalten, bäumte Sich wie eine Welle, wurde wildes Wasser, rasender Ozean, und seine erschrockenen Gäste mußten sich gestehen, nie einen wilderen Gemütssturz je erlebt zu haben, und sie nannten Ihn heimlich unter sich den Tagâr, wie die thebetanischen Uferleute das reißende Wassertier nennen, den Wasserjaguar. Thron, Zeremonie und Krone schwammen auf der Hochflut Seines Blutes. Mordercheï war stolz über solche unbedachten Augenblicke, sehr stolz auf Seinen Kaiser; ein Dichter war Theodorio, seine politischen Erkenntnisse gingen wie seine Verse mondrot in seinem Herzen auf und beleuchteten horizontisch die Vorgänge. Calmus aber meinte, sein geliebter Prinz und Basileus habe Sich wieder undiplomatisch hinreißen lassen, aber das gezieme Jussuf. Calmus Jezowa vertrat im thebetanischen Zebaothtempel das Amt des hohen Priesters; Jussuf hing an seiner wohltuenden Milde wie im Mittag. Gad, mit dem der Kaiser oft über die gute Sitte plauderte, vertrat die Ansicht, daß ein Basileus Sich in jeder Lage des Lebens beherrschen müsse, aber Mêmed Laurencis trug triumphierend den verblüfften, bekrittelten Kaiserlichen Spielgefährten in seinen Armen von dannen über die Pfade der Rosengärten; ihnen folgte Asser im neuen Prunkmantel, er hatte sich in die Schwester eines der Ritter verliebt, die ihren Bruder nach Theben begleitet hatte, den Jussuf ihrer Träume zu schauen.

Urägypter, Goldmorgenländer war Sein treuester Häuptling Salomein. Er galt für hochmütig und verschlossen. Über Theben erblickte er am Himmel der Stadt durch seine Farben seinen Jussuf, dessen Bild er trug im Stern seiner Stirnmitten. Als ihn einmal Thebetaner nach den arischen Soldaten fragten, sagte er ihnen zur Antwort, er habe nie einen arischen Soldaten gesehn. –

Der Malik hielt sich nach der kleinen Mißstimmung zwischen Ihm und den abendländischen Gästen eine Weile vor ihnen verborgen; aber Er beauftragte Oßman, den Rittern die Sehenswürdigkeiten der Stadt zu zeigen. Und der Somali führte die Krieger in den großen Malikturm. Die kleine Karawane kletterte unzählige Stufen der Treppen in die Himmelshöhe; als Letzter Ismael, der greise Oheim Oßmans, mit dem kleinen Mir auf den Schultern; diesem folgte die vornehme Leibwache des Maliks. Über Weizenfelder und Zitronenwälder flogen die Augen der Angelangten. Des Somalis spitzgeschliffene Zähne lachten. Sitti Ismael, wie der Kaiser den Oheim des Lieblingsnegers seines hohen Alters wegen ehrerbietig von jedermann genannt wünschte, hatte vom Maltzaner Herzog etwas abendländisch gelernt, erzählte den Soldaten die Vorgeschichte aus jedem Hause der unvergleichlich blauen Stadt. Nicht wenig waren die Arier überrascht, als sie plötzlich auf dem weiten Spielplatz Jussuf Abigail erblickten im Kriegerschmuck; alle Farben Perlen sangen um Seinen Leib, Ihn umgaben Thebetaner in Kampftracht. Der Malik schien keinen der Zuschauer oben auf dem Turm Seiner Stadt zu bemerken, und Oßman riet schalkhaft den Soldaten, sich ja unauffällig zu verhalten. Der hohe Bumerangkrieger schleuderte Seine hölzerne Mondsichel leicht, fast virtuosenhaft durch die Luft und fing sie wieder auf im großen Kreis, jedesmal mit hellem Kriegsgeschrei, das von Seinen Getreuen begleitet wurde. Beim Mondaufgang begegneten dem wilden Kaiser Seine abendländischen Gäste im lebhaften Gespräch, erröteten noch vor Entzücken in der Erinnerung des erlebten Schauspiels. Der Roller meinte derb zu Hutten gewandt: »Bei Dem wär kein Indier übrig geblieben.« Abigail vernahm diese Schmeichelei und es hob Seine Eitelkeit. Schloß sich den uniformierten Gästen bei ihrem Spaziergang an, schüchtern lächelnd, die stritten sich um den Gang an seiner Seite. Die beiden Brüder Roland und Wetterscheid und deren Freund Maria von Aachen, »Karls Sohn«, hatten schon ganz vergessen, warum sie in Jussufs Stadt gesandt wurden, so überaus glücklich befanden sie sich hinter den sieben singenden Säulen, darum sie Schill rügte aus diensteifriger Gewohnheit. Der Roland von Berlin und Heinrich Maria stiegen beherzt über den Zaun in den Garten, hinter dem das Prunkgemach des Maliks lag. Der säumte in Gedanken der Morgenfrühe nach, hing wie eine schwermütige Dolde am Traum der heißen Welt. Roland, der aus seidigen Papieren Monde und Sternlein zu schneiden verstand, reichte zärtlich dem erwachten Kaiser diese kindlichen Gaben mit lieben Verschen beschrieben und Maria, Karls Sohn, schenkte dem Jussuf einige Heiligenbildchen, die er gemalt hatte im geschnitzten Rahmen; und der Kaiser ließ Sich von ihm diese Ihm fremde Malerei erklären, bewunderte seinen Mahagonikopf; fast blau wirkte auf Ihn die glänzende Dunkelheit seiner Haare, ebenso blau wie Rolands glückliche Augen waren. Und er sprach diesen neuen Freunden von Seines Herzens Alleinsein, von Seiner heimlichen Liebe zu Gisel, dem Arierfürsten. Und Roland mit seinem guten Kindergemüt vergaß jede Schranke, patschte mit seinen Händen liebkosend über Jussufs Wange und so trösteten die beiden fremden Soldaten Ihn, den mächtigen, hilflosen Malik. Von ferne sahen Ihn die Häuptlinge scherzen mit den Abendländern, Morderche̯i und Lederstrumpf schlenderten herzlich befreundet an den Menschen Thebens vorbei, hielten sie an und Lederstrumpf erzählte ihnen von Wild West und seinen Rothäuten; seine Abenteuer schlichen um aller jungen Thebetaner Köpfe. Ihm, dem Kaiser, war Lederstrumpf im Begriff, die kleinen bunten Häuser Thebens in miniatur als Spielzeug aufzubauen und zu bemalen. Aber dennoch mißstimmte Abigail der Erfolg, den Lederstrumpf

sich in Seiner Stadt erwarb; auch seine Verbrüderung mit einem Seiner Häuptlinge ärgerte den eifersüchtigen Kaiser und Seine Eitelkeit litt unter der Vernachlässigung Mordercheïs. Abigail beanspruchte Seine Freunde für Sich. Wenn Er nicht selbst eine Vorliebe für den bitter-phantastischen Wildwestabenteurer empfunden, hätte er Theben geschlossen, wie Er mal kurz und kindlich zu Theodorio vorwurfsvoll Sich äußerte. Einmal begegnete Oßman dem Kaiser in der Nacht, als er im Begriff war, ins Gebäude der fremden Krieger zu dringen. Der Somali fühlte instinktiv, was Jussuf Abigail veranlaßte. Er hatte Sich in diese neuen Menschen verliebt und beabsichtigte, sie zu verführen, in Theben zu bleiben. »Ich warne Dich, Jussuf Abigail!« so sagt der Neger.

Das seltene Abenteuer, das Roland von Berlin und sein Freund Maria mit dem Malik erlebt hatten, zu verschweigen, riet ihnen der zartfühlende Wetterscheid. Aber schon am selben Tage wußten es alle die Kameraden und drängten sich an Oßman heran, ihnen die Möglichkeit zu bieten, seinem Malik irgend bei einer unverhofften Gelegenheit zu begegnen. Das erfuhr der empfindsame Kaiser und ließ den Roland ins unterirdische Gewölbe zu den Mumien sperren, daß er von diesen das Schweigen lerne. Aber Heinrich Maria, sein Freund, durfte ihm stumme Gesellschaft leisten. Einige Male zur Tageszeit aber ließ der Kaiser den beiden gefangenen Scheintoten ihre Lieblingsspeisen in den Tartaros reichen, wünschte Ihnen guten Appetit.

Die Nachricht von dem plötzlichen Tode Pitters, des Herrn von Elberfeld, auf dem Schlachtfeld im Frankenlande durchfuhr den Malik ebenso jäh wie den abendländischen Soldaten. Der Malik und dieser große Dichter hatten Briefe und Wünsche gewechselt von ihrer ersten Knabenzeit an und waren gute Kameraden geblieben. Abigail eilte selbst ins Gewölbe der Mumien und teilte die Trauerbotschaft Seinen lieben Gefangenen mit und holte sie wieder ans Licht und sprach zu ihnen: am liebsten würde Er Pitters Leib im Morgenlande einbalsamieren und erhalten lassen wie die Mumien in Sarkophagen an beiden Seiten der Kaiserstätte.

Im Namen Seiner Herrlichkeit aber waren durch Zwi, den Jussuf Abigail zum thebetanischen Stadtschreiber erhoben hatte, schon Einladungen an die Nachbarhöfe der Malikstadt ergangen. Seinem inniggeliebten Freund Daniel Jesus sandte der Malik Seine Lieblingsdromedarin entgegen nach Mareia, der Stadt, die Er benamet hatte nach Seines Halbbruders Weib. Repps Sattel gehörte zu den Kostbarkeiten Tibas, ein Geschenk des Muskatplantagenbesitzers, der sich schon bei der Thronbesteigung des Prinzen Jussufs hervortat und Ihm den goldenen Thron spendete. Auch Ramsenit von Gibon wurde besonders geehrt. Im besten Einvernehmen begrüßten sich die beiden Edelägypter nach kleinen, überwundenen Streitigkeiten, die der schöne Pharao schlichtete, indem Er versöhnend Seinem thebetanischen Spielkaiser die Sommerelefantin, die grüne Diwagâtme, nach Tiba überführen ließ, (Jussufs heimlichen Wunsch erfüllte) und mit ihr als Symbol Seiner großen Opfergabe scherzhaft auf einer Bahre Sein zerstampftes Zuckerherz übersandte.

Ruben, des Maliks Bruder, war Ihm schon wieder, wie sich

Abigail Jussuf bitter äußerte, trotz inständigen Flehens, im Lande Cana zu bleiben, entkommen, von Führern in den ungläubigen Krieg der Christenhunde gezogen. Er hatte beschlossen, auf der großen Festlichkeit zu Ehren der Ritter Seinen teuren Bruder, den Emir, gefangen nehmen zu lassen und wenn Er Sein Leben dafür hätte geben müssen. Wieder richtete sich sein Zorn gegen des großen Bruders Weib. Nicht, daß Er irgend zu Vorwürfen berechtigt gewesen wäre, aber Er zerriß in Seiner unbändigen Art Mareias unschuldige Bildnisse. Knurrend sprach er von der milchweißen Sarah, die sich so viel Macht über Abraham erwarb. Die hörte von Abigails Ingrimm und sandte Ihm durch Boten ein vorwurfsvolles Schreiben – Abigail, daß du deinen Bruder nicht besser kennst! Die schlichten Worte beschämten den Malik; so gerne hätte Er irgendeinem Menschen die große Schuld aufgeladen, da Er sich in den Nächten um das Leben Seines teuren blauen Reiters bangte. Aber da Er – Sitti – war, kam Ihm die rücksichtslose Beschuldigung gegen eine Frau peinigend zur Besinnung. Wieder suchte der reuevolle Abigail Sein Vergehen gutzumachen; Sein Herz hatte Mareia lieb, und er schenkte Seines Bruders Weib Perlen, so rosazart wie das Fleisch junger Pfauen. Aber diese Liebesgabe griff tief in die Schale Seines Privatvermögens, das sich durch die Pracht Seiner Launen schon empfindlich verringert hatte. – Am Morgen der lächelnden Äcker erhob Abigail Jussuf Seinen Neger Oßman zum dritten Male zum Malik von Theben. Salbte ihm demütig die Ebenholzfüße und setzte die Spielkrone, die Ruben Ihm, Seinem Jussuf, gegossen hatte, dem schwarzen Knecht aufs edle Haupt. An diesem bedeutungsvollen Tage hatte der Basileus für Seine ritterlichen Gäste das Fest bestimmt, Seinem treuen Somali zu Ehren, aber auch im heimlichen Gedanken, Seine Sehnsucht als einfacher Thebetaner freier entfalten zu können. Oßman, der nun schon einige Male den Thron von Theben bestiegen hatte, trug in Wahrheit majestätische Gelassenheit, vergoldet in Blick und Gebärde. Er empfing nach Mitternacht schon eine kleine Gesandtschaft älterer Thebetaner und Irsahabaner, auch eine Frau aus Mareia in Mannstracht, die sich Milïla nannte und ein Anliegen an Abigail Jussuf, dem Somalimalik, unterbreitete. Der versprach der Verkleideten, die er mißtrauisch beschnüffelte, ihre

Wünsche zu übermitteln. Die heimlichen Männer aber aus Irsahab und die aufgereizten Väter Thebens versuchten, wie der Fürst von Cana prophezeit hatte, den zum Basileus erhobenen Knecht gegen seinen gnädigen Herrn zu empören. Einige dieser Verräter ließ Oßman bei lebendigem Leibe in den Küchenräumen braten; die dampfenden Gerichte durch die Straßen und über die Plätze Thebens tragen, daß die Hunde gierig heulten und die Katzen vor Grausamkeit schrien. Die Ritter waren gerührt über die Treue des großen Knechts und Sie feierten ihn wie den heiligen Mohrenkönig.

Da die abendländischen Soldaten aber ihren hohen Gastgeber unter den vielen frohen Menschen nicht gewahrten, bezogen sie Jussuf Abigails Abwesenheit beim Mahle auf Oßmans Krontag und des Kaisers Taktgefühl. Und sie erkannten Ihn nicht unter den Spaßmachern in Seiner grüngestrichenen Flachsperücke. Die siamesische, geraubte Venus saß statt Seiner auf dem Seidenkissen zwischen den Großhäuptlingen Mordercheï und Calmus Jezowa auf dem kaiserlichen Häuptlingsplatz, der stets für Jussuf bereit gelassen wurde. Der war es selbst, welcher die Heilige behutsam auf Zehen wie eine smaragdene Ampel aus ihrem Tempel getragen hatte, – »aus Gold und grünem Licht« – dachten die Ritter; Grimms Bäuerleins Sohn blieb der Bissen im Halse vor Überraschung stecken, als er die seltsame Gottfrau erblickte. Aber zwischen den Gauklern bewegte sich Abigail Jussuf in tollen Sprüngen nach den Eintönen einer Bambusflöte; dessen Zauber wohl die Ritter süß beträumte; doch tieferes Verständnis, meinte später Salomein hochmütig im Gespräch mit den abendländischen Soldaten, müsse ihnen abgehen für diese Musik, die wie die Sprache ein Gewächs des Landes sei. Nach dem Mahle bestürmten die abendländischen Offiziere die Häuptlinge, Jussuf Abigail zu holen. Um Oßman, der vom Trank des gelben Goya berauscht eingeschlafen war, hielt sich Sitti Ismaeloheim seinen ehrwürdigen Bauch vor Lachen, und Bulus weckte den müden Oßmanmalik mit der Spitze seines kleinen Monddolches auf, daß der arme, dunkle Kaiser begann, Stechfliegen im Traume auf seinen Schulterblättern zu erschlagen. Vor dem Palaste in den Wandelhallen bewegten sich die Frauen Thebens, manche ließen ihr Gesicht mit dem leisen Winde spielen, viele hatten Augen wie Mandeln oder wie Nachtschatten, oder sie schimmerten bunt und sanft wie der Fluß, an dem Thebens Wange lag. Um die Spaßmacher drängten sie sich, klatschten kindlich in ihre unschuldigen Hände, den unnahbaren Kaiser unter den Geringsten der Stadt nicht vermutend. Immer nur in Gala oder tief verschleiert hatte sich der Malik den Frauen Tibas gezeigt, und die glaubten an die Sage, daß Jussuf sie verachte noch seit Potiphars Weib. Schlangen ließen die Gaukler tanzen, aßen Glas und schluckten Steine wie die Strauße im Garten. Die Gäste zu ergötzen, schwang sich der Malik über die Geländer der Galerien der Pavillone, kletterte den Stamm einer Bambusstaude empor und schaukelte auf dem Gipfel reitend in weitem Bogen auf und nieder. Jedesmal, wenn das biegsame Rohr wie ein Pfeil wieder zur Höhe glitt, schrien die Ritter vor Entsetzen auf und die Häuptlinge befanden sich in banger Verzweiflung, aber da sie ihrem Spielgefährten nicht das Spiel verderben wollten, sein Inkognito nicht zu lüften wagten, schüttelten sie den schwarzen Kaiser Oßman gewaltsam aus seinem Schlaf, der brüllte jäh, ein Alp abwälzend, Jussuf Abigail am Himmelstor plötzlich erblickend, seinen Namen und fing den zur Erde schwingenden kaiserlichen Gaukler in seinem Prachtmantel auf.

Nun hatte Jussuf alles erreicht, was Er wollte, denn niemand war auf dem Feste, der Ihn nicht seines mutwilligen Streiches wegen liebte. Ramsenit von Gibon vor allem begeisterte sich wieder aufs Neu für seinen tollkühnen Spielgefährten, und die Ritter trugen Jussuf auf ihren Schultern in seine Privatgemächer, wo für Ihn die Festkleiderdamaste bereit lagen; mit ihnen schmückten sie den kaiserlichen Gaukler und wechselten Ihm zur Ehre ihre graue Soldatentracht mit den berauschenden Gewändern des Morgen. Die Huldigungen der abendländischen Offiziere, die den bangen Erwartungen des kleinen Mirs für Seinen älteren, phantastischen Bruder weit übertrafen, erreichten in der Umgewandung ihrer letzten Haut den Höhepunkt. Wie es auch den jugendlichen Bulus im Blute ehrte, so fühlte er doch, daß dieses unbedingte Verlieren in Abigails Seele und Sitte das erlaubte Maß der Höflichkeit und Treue zu ihrem Vaterlande überschreite. Jedesmal, wenn Brokatfäden haften blieben in den

Silberschuppen seiner Rüstung, die Er nur statt des Rolands von
Berlin angelegt hatte, traf den verlorenen abendländischen Ritter
eine schmerzende Blendung seiner durchsichtigen Augen. Er trat
als einziger in grauer Uniformierung fast hart und entschlossen
wie ein Widersacher des Maliks unter die Gäste. Aber Mordercheï Theodorio verstand es, den Ernst mit wohlwollender Ironie
abzuschwächen. Und an den sorglosen Jussuf, der für den heutigen Tag den Malik an Seinen Oßman abgeschüttelt hatte, freute
sich Methusalem, der Muskatplantagenbesitzer, der sich wie ein
breiter Gummiball leutselig und betreuend zwischen den bunten
Menschen bewegte. Ein Narr sei er an dem Jussuf geworden, er
möchte Ihn immer wie ein Spielzeug in seine Taschen stecken.
Und man vermutete in dem reichen Kaufmann den Geldspender
Thebens; aber dem war nicht so, seine Gaben waren immer nur
ein prahlerisches Ausheben seiner bazarhaften Seele. Das wußte
der Malik, und nur auf Raten Calmus Jezowas, des weisen
Häuptlings, der in Methusalem doch einmal den Retter der
Krone erblickte, überwand der Malik Seine Abneigung. Er trat
zum erstenmal in den Kreis einiger Prinzessinnen; Leila
schwärmte am tiefsten für den Kaiser; sie habe Ihn mal von ihrem
Dache aus weinen sehn im Sonnenschein unter den Rosen. Aber
daß Sein Körper nicht beben konnte, Sein Herz nicht tönen vor
all diesen Blumenwesen, schmerzte Ihn unaussprechlich. Laurencis beobachtete den Malik und holte Ihn aus seiner Verlegenheit. Aber Bulus, der kleine Mir, Abigails geliebter Feind, tanzte
mit den holden Mädchen der drei Abigailstädte, und der Malik
wandte sich fast drohend an Sitti Ismael, der auf den jungen Mir
gewissenhaft aufzupassen habe, auf den künftigen Thronerben
von Tiba, denn Er, Abigail, wünsche, daß Sein kleiner kaiserlicher Bruder nur mit den Töchtern der alten arabischen Häuser
Waly und Montejâre und aus den edlen Judenstämmen Abar-
banellâh, Davide und Awalis tanze. Er selbst, wenn auch mit
erkünstelter Höflichkeit, lächelte jeder der Frauen mit derselben
ehrerbietigen Zeremonie entgegen. – Als es Abend wurde, bat
Oßman, der schwarze Malik, den Goldhäutigen, ihm wieder die
Krone vom Haupte zu nehmen, denn er würde zu viel angebet-
telt, statt daß er Geschenke empfange. Und bis es wieder hell
wurde, mußte der aufs neu gekrönte Jussuf Abigail von Seiner

Wallfahrt nach Seinem gefangenen Freunde im Innern Rußlands den Rittern erzählen. Das tat dem Kaiser wohl, denn Sein Herz ging immer unter schwermütig im Schoß der Goldmutter und färbte sich abendrot. Dann dachte er meist an den toten, heiligen Feldherrn Sascha von Moskau. Und Salomein erhob sich, Jussufs treuester Häuptling, und las das Lied, das der Malik an den himmlischen Königssohn gedichtet hatte.

> Seit du begraben liegst auf dem Hügel
> Ist die Erde süß.
>
> Wo ich hingehe nun auf Zehen
> Wandele ich über reine Wege.
>
> O deines Blutes Rosen
> Durchtränken sanft den Tod.
>
> Ich habe keine Furcht mehr
> Vor dem Sterben.
>
> Auf deinem Grabe blühe ich schon
> Mit den Blumen der Schlingpflanzen.
>
> Deine Lippen haben mich immer gerufen,
> Nun weiß mein Name nicht mehr zurück.
>
> Jede Schaufel Erde, die dich barg,
> Verschüttete auch mich.
>
> Darum ist immer Nacht an mir
> Und Sterne schon in der Dämmerung.
>
> Und ich bin unbegreiflich unseren Freunden
> Und ganz fremd geworden.
>
> Aber du stehst am Tor der stillsten Stadt
> Und wartest auf mich, du Großengel.

Drei Tage nach dem Feste erwachten die Ritter und Jussufs bunte Menschen hinter silberbehangenen Balkonen und es lag ein glitzernder Hauch über der Stadt. Und einer nach dem anderen der abendländischen Offiziere fragte Oßman, was das zu bedeuten habe und jedem antwortete der edle Knecht: Der Malik dichtet –. Spät begab sich der Schwärmende in seinen Garten; die Melonen blühten schon und er dachte über sein Leben nach, das auch einmal süß schlummerte und dann sich gestaltete zu einem goldenen Ball, mit dem seine teuren Menschen spielen durften. Ein Geschenk war Er, das immer wieder dem Besitzer gestohlen wurde. Noch nie hatte ihn ein Geschöpf in sichere Obhut bringen können. So erklärte sich Jussuf Abigail die Untreue seiner Liebe. Über die zarten Gräser blickend, bemerkte Er wieder den Fremdling in Mönchtracht, der einige Tage nach der Ankunft der Ritter in seine Stadt Theben gekommen war. Manchmal sah er ihn mit Wetterscheid zusammen plaudern, dem Bruder des kleinen, strahlenden Rolands von Berlin. »Wer ist der schöne Pilger, verschlossene Himmel hinter schweren Lidern sind seine Augen.« »Der Kaiser von Mexiko, Majestät,« erklärte Wetterscheid bedeutungsvoll –.

Milîla, die Frau in Mannskleidern, schlich hinter den Kaiser auf ihren breiten Tatzen, der aber hatte schon von ihrer Anwesenheit in Theben gehört und teilte nicht seines Knechtes Mißtrauen. »Was wünschst du von mir, Milli Millus aus Mareia?« redete der Malik die Rotverblüffte an, »willst du etwa meiner Häuptlinge siebenter werden, sonst hast du keinen Wunsch«, meinte Er scherzend! Daß sie eben nur dieser Wunsch Tag und Nacht beseele, eiferte sich die Verkleidete, fiel vor den Basileus nieder, umschmeichelte sein Gewand und zeigte dem Kaiser die Bildnisse, die sie von Ihm in Marmorstein gehauen, und Jussuf Abigail in toller Geberlaune erhob die riesengroße Frau arglos zu seinem Häuptling.

Setzte ihn zwischen Mêmed Laurencis und Salomein, seinem liebsten Spielgefährten, damit er den Unvergleichlichen immer von seines Herzens Höhe aus auf gewohntem Gedankenpfade erreichen konnte als goldenes Amen.

Viele Freude bereitete es dem Malik, seinen abendländischen Gästen die Umgegenden Thebens zu zeigen, auch seine beiden

anderen Städte besuchte Er mit den Rittern. Mareia-Ir, die sein Freund Daniel Jesus statthaltete, bewillkommnete die Ritter wie eine geschmückte Braut. Aber in Sahab-Ir waren wieder Unruhen ausgebrochen, die Väterrabbis suchten ihre Söhne nochmals von der Unzuläßlichkeit der Regierung ihres schwärmerisch verehrten Malik auf den Thron von Theben zu überführen. In Wahrheit fürchteten sie den starken Einfluß, den Abigail auf ihre Erstgeborenen ausübte. »Diese Hebräer möchten Mir so gern den Ring aus der Unterlippe reißen, um sie dann zu verriegeln. Ihr seht,« meinte Abigail zu seinen Begleitern, »daß selbst das Gebot erstarrt vor ihrer Engherzigkeit. Bin ich nicht der Leuchtkäfer, der spielende Sonnenfleck, der bunte Odem, der mutwillig über die Tafel des Gesetzes taumelt, es lebendig erhält.« Und Calmus erklärte den fragenden Fremdlingen etwas verlegen das Tragen von Geschmeide im Angesicht, das Verletzen des zartesten Fleisches gehöre zu den Verboten Mosi. »Gott erhalte unsern Malik und Prinzen« riefen die Häuptlinge und die Ritter, aber dann kam ein Heuschreckenschwarm, eine finstere Wolke, die Reisenden warfen sich auf ihre Leiber, in Tücher gehüllt. – Antipathisch hatte sich Abigail der wilde Jude noch nie gegen einen der Stämme ausgesprochen wie hier gegen die alten achtbaren Väter seiner Goldstadt, die Ihm immer wieder durch ihn verleidet wurde.

Die kleine Karawane trabte einige Tage durch den Sand zurück auf Theben zu und die abendländischen Soldaten verstanden nun schon hoch von den Buckeln ihrer Tiere kleine arabische Wüstenlieder zu summen: Abbabâ ti taliât, abbabâ dufina abbabâ ta gâlam bey, naphta wa tahïre: Wolken hoch, wir fliegen mit euch, Wolken oben, wir fliegen frei heimwärts. – Abigail liebte die arabische Sprache, unbändig Vogellaute. – Zwi, der mit den Rittern von seinen Kamelen gestiegen war und sich an der Quelle einer kleinen Landschaft der Wüste erfrischte, erzählte ihnen, daß Abigail Jussuf oft mit seinem im Himmel weilenden Spielgefährten Sascha, dem Prinzen von Moskau, einsam dieses gelbe Meer durchzogen habe und oft seien die beiden Prinzen Hand in Hand durch die Straßen Thebens gegangen, in die Weinberge, und in diesen Zeiten hätte niemand außer ihnen lieben dürfen in der Stadt, daß durch die Abkühlung so vieler sehnenden Herzen das Wachsen der Blumen und Hecken und selbst das Brot auf dem Felde beeinträchtigt worden sei. – Es war am frühen Mittag und die Ritter wunderten sich, daß schon der Mond aufgegangen war, langsam und leise näher schwebte. Der Malik aber und seine Häuptlinge wußten, was das zu bedeuten habe und erklärten den Fremdlingen, daß es der Mondmann sei, ein Fakir, der verstoßene verarmte Bruder der Emirin von Afghanistan, den Jussuf in seinem Theben schon öfters besonders königlich aufgenommen hatte. Geschmäht am Hofe des Emirs flüchtete der seltsame Dudelsackpfeifer zum Malik, auch ließ er sich mit Vorliebe so gern einige Tage in der bunten Erde Tibas begraben. Und die Kinder der Stadt nannten ihn den Vater der Würmer. Das war ihm immer wie eine Kur gewesen, wenn er erfrischt aus dem Grabe auferstand und alle Unbill vergessen hatte, die ihm in der Heimat widerfahren war. Sein Körper leuchtete blutrot, er war aus Mondstoff erschaffen, schien durch die Menschen und konnte hellsehen. – Seine Mutter habe zu viel in den Mond geschaut. – Er mußte jedem der Reisenden weissagen und da kam ans Licht, daß die Ritter sich mit dem Kaiser den Soldatenstreich erlaubt haben, sie nicht die waren aus den Sagen und Dichtungen, die Jussuf Abigail verehrte und die sie vorgaben zu sein. Aber der betrogene kaiserliche Gastgeber konnte nicht anders, als diese Anekdote für eine ihnen gelungene Schelmerei billigen und bat die Ritter, ihre Maskerade nicht abzulegen. Daß Tristan sein junges Leben im Kriege lassen müsse, bestätigte den Basileus in seiner Ahnung, aber auch Casper Hauser sollte daran glauben. Und immer wenn der Fakir eine neue Hand ergriff, ihre Hieroglyphen durchstrahlte, dudelte er herzzerreißend in seinen verschlissenen Dudelsack, dessen eigentümliche Melodie der Malik liebte. Ihm weissagte der dankbare Mondmann mit besonderer Sorgfalt und es schmerzte ihn, daß er seinem guten Beschützer heute nichts Glücklicheres sagen konnte: »Vor dem holden Zauberer in Pilgertracht deiner Karawane hüte deinen Nibelungen, Abigail, der trachtet, sein Bild zu spalten auf dem Spiegel deines blauen Herzens. Auch vertraue den Menschen deiner Stadt nicht verschwenderisch, sie werden von dir abfallen, aber dein Häuptling unersetzlicher wird sein Leben für dich lassen. Deine Augen sind eingefallen Abigail, mache dich auf, da dich um Ruben, deinen teuren Bruder bangt, der Stern in seiner Schläfe bleicht. Doch vergiß nicht, vorher auf dem Hügel Thebens die Paradiesbirke fällen zu lassen, eh' ihre Blumen faulen. Abigail, Abigail, meine Nacht, mein Dach, der Herr lasse leuchten dein Angesicht über dich... «

Am Tore des Palastes erwartete den Kaiser seine perlgegürtete Leibwache, auch die männliche Frau aus Mareia-Ir eilte dem nachsinnenden Jussuf schmeichelnd entgegen, bat, ihm behilflich sein zu dürfen beim Absteigen seines Kamels, aber das edle Tier stieß die bereitwillige Frau eifersüchtig mit seinen stolzen Wüstennüstern in die Seiten; unter ihren langen Damastbeinkleidern ahnte niemand runde Waden. Vor Abigail Jussufs Aberglauben zogen sich die Ritter pietätvoll in ihre Wohnungen zurück, aber der Kaiser, der Sich gerne von schweren Gedanken befreite, – Wasser sei Er, äußerte er Sich oft, das strömen müsse, über finster Gestrüpp, aber auch über Muscheln, Seestern und Korallenbäume – ließ sich in froher Laune einige Abende nach dem Karawanenausflug in seiner Sänfte in das Stadthaus zu den Rittern tragen. Als er die ihm Liebgewordenen im Vorraum im betrunkenen Zustande erblickte, weinte er wirklich blutige Tränen, noch zumal er seinen kleinen Bruder Bulus auf dem Rücken Ismaëls, der wie ein Nashorn schnaubte, entdeckte, und zwischen den Ausgelassenen drei seiner jungen Häuptlinge. Der Mann in Pilgertracht aber, die mexikanische Majestät, versuchte unbeirrt, einen der Häuptlinge zu gewinnen, sich gegen den Malik zu erheben. Wie er später dem Kaiser liebenswürdig versicherte, nur deren Treue zu prüfen. Abigail aber sagte zu den Trinkenden, daß Weinvergießen unedler sei wie Blutvergießen, das wohl das Herz beschwere, aber selbst nicht vom Übermaß wie vom Genuß des Weines nur eine schwere Zunge hinterlasse, die kauderwelsch rede. Dem Kaiser von Mexiko gelang es aber immer wieder, den Jussuf für sich zu erobern, der sich dann zu Wetterscheid äußerte, sein Freund trage siegreich eine Fahne in der Hand; wie Bonaparte schön und glorreich sei und in seinem Malikherzen nach dem Feind suche. Und der Kaiser erwachte oft mit einem Todesschrei, daß Oßman die Häuptlinge an das Lager seines Träumenden holte. Lange stöhnte Jussuf, »der Nibelunge sei am Rande seines Herzens schlummernd tödlich getroffen worden«. Der aber stand in der Nähe Mareia-Irs, die friedliche Stadt für den Weltkrieg zu erobern. Daniel Jesus, ihr Statthalter, war im Begriff, ihm gewaffnet entgegenzuziehen. Am letzten Tag des grünenden Monats Gillre zogen die abendländischen Ritter, Jussuf geleitete sie, abschiednehmend durch die Straßen der trauernden Stadt Tiba und kamen an den singenden Säulen vorbei. Jeden einzelnen seiner hohen Gäste küßte und umarmte der Malik, erwiderte durch die Heimkehrenden die Grüße des Prinzen von Prag, des Tubutsch und des von Ihm mit dem Blutkalifenstern ausgezeichneten Richard dem Dichterfürsten, kehrte dann niedergeschlagen in den Palast zurück. Von ferne hörte er noch wehmütige Soldatenlieder. Nur Lederstrumpf und sein Freund Wetterscheid waren versteckt in Tiba geblieben, wurden gefunden hinter einer gebärenden Kamelin, hinter jedem ihrer zwei Buckel verborgen saß einer der beiden Schelme. Das rührte Abigail Jussufs Herz mächtig und erhob die beiden Treuen zu Emire von Theben und den kleinen zweijährigen Sohn Wetterscheids, Tom Tom, verlobte er mit dem jüngsten Zwillingsprinzessinnenpaar der Stadt. Des Maliks Laune war es gewesen, den Kaiser von Mexiko neben sich auf dem Throne Thebens zu erheben. Aber der war der sündhaften pochenden Rebe verfallen, und es geschah, als er sich einmal allein im Thronsaal mit Jussuf befand, er den gekrönten Stuhl bestieg, wie er dann drollig meinte, den Thron probierte, die goldenen Füße zu schwanken begannen. Der Malik erblich; eilte zu seinem frommen Priester Calmus Jezowa, reumütig, wie ein edler Rassehund und beichtete seinem freundlichen Herzen, das immer für den Kaiser offen lag. Als letzter im Zuge verließ der schöne Bonaparte die bunte Stadt, und die Häuptlinge litten große Besorgnis, wie der Abschied von den neuen Freunden ihrem geliebten kaiserlichen Spielgefährten bekommen würde. Klug und feinfühlig antwortete der Kaiser beherrscht: der Morgenländer sei mit festeren Fäden an seinem Herzen gewachsen, der Abschied jedes einzelnen Thebetaners würde ihn schmerzhafter zerrissen haben. Und schon in der Dämmerung tänzelte Abigail mit seinen zwei Spielgefährten Gad und Laurencis auf Irsahab zu im flatternden Tanzschritt und zarten herrlichen Gewändern, aber ausgerüstet mit langen Speeren, denn in seiner Goldstadt rügten wiederum die beißbärtigen Väter Jussuf Abigails unumschränkte Selbstherrlichkeit, aber sie erschraken heftig ihrer Dreißigtausend, als sie schon von ferne die Spitzen der Speere, die in Rinderblut getaucht waren, drohen sahen und sie verkrochen sich hinter ihren lachenden Söhnen vor dem wilden Judenkleeblatt. In der Wüste, als die Knaben von Irsahab unter der Führung Zwi ben Zwi Ihm bewillkommend entgegenzogen, versprach Jussuf ihnen, sie aus ihrer geistigen Gefangenschaft zu befreien und sie ließen sich gern in den Bisam einsperren, in den spitzen Turm von Irsahab. Von dort aus brachte er sie nach Theben in die freiatmende Welt. Jussuf genoß seine Freude über den ihm gelungenen Streich, als Laurencis erregt in sein Gemach trat, dem Kaiser verkündete, daß Mareia-Irs Söhne, von Giselheer gezwungen, in den Weltkrieg gezogen seien; der nordische Fürst vor Theben stände vor Tiba, dem dasselbe Geschick bedrohe. Aber Abigail zweifelte an des Jünglings Bericht, erhob sich, und beide Fürsten schritten über die Plätze Thebens, vom Hügel vor dem Tore Gewißheit zu gewinnen. Und der Malik begrüßte heimlich die Anwesenheit des Feindes, denn Er liebte Giselheer, den furchtbaren Nibelungen, der Ihn zwingen wollte, in die Schlacht gegen die Indier des Weltkampfes den Bumerang zu werfen. Der Statthalter von Mareia-Ir, Daniel Jesus, widerlegte die Aussage Laurencis, indem er dem Malik wortgemäß berichtete, der Nibelunge habe im Interesse seines Herrschers das Ultimatum gestellt, daß entweder Abigail sich freiwillig auf seiten der Verbündeten Mächte begäbe oder Er gezwungen würde, die Untertanen seiner drei Städte Tiba, Mareia-Ir und Irsahab ohne Ihn, ihr Oberhaupt, herauszugeben. –

Ramsenid von Gibon, der Nachbar Mareia-Irs, kläffte wie eine feige Hündin die Wege seines Palastgartens entlang, ohne aber dem Vizemalik Daniel zur Hilfe zu eilen. Um Mitternacht schlich der schwarze Knecht des Maliks mit einem Brief in hebräischer Harfenschrift über die golddurchäderten Steinstufen des kaiserlichen Hauses und erreichte auf Händen und Füßen das Zelt des Fürsten. Jussuf saß vor seiner Bogenaussicht und zählte die ergrauenden Dolden der Paradiesesbirke. Sie zu fällen, war er nicht im Stande gewesen, in ihrer Krone lag die Seele aufbewahrt seiner über alles geliebten schönen Mutter, hätte er

Der Malik

einen weißeren, weiteren Schoß gewußt für ihre Seligkeit, über den herrlichsten der Bäume wäre längst das Todesurteil verhängt worden. Abigail Jussuf war abergläubig und die Prophezeiungen des Mondmannes aus Afghanistan trübten seine klare Laune.

Mit Entsetzen vernahm er, daß sein kleiner Bruder Bulus sich mit den Rittern in der Wüste vereint habe in Begleitung seines jungen Freundes, des lieblichen Emirs Hyne Carolon, den Abigail besonders wegen seiner reinen Gesinnung liebte und mit Ehren auszeichnete. Doch die bunten Leben seiner Stadt waren

*Giselheer:* ג־זֶל הֶר:

אני בן־המלך מתיבן שולח לך את
המכתב הזה אשר נפקד מאתי
ונכתב בכתב־הכנורים הנעלה של
ע־רי העברית עיר־זהב:

והנני משיב לך את עצם הגלגלת
אשר בימים עברו כבשתה למעני
במלחמה:

אדום יפגע בך החסד כאשר נתן
לי לנשום עוד:

יבוא־נא דמי עליך:

(פני בן יהודה)

*Jussuf*

vom Feind bedroht und er konnte persönlichem Kummer nicht nachhängen. Sein Haß gegen die wunderlose kalte Welt begann zu lohen, deren Hauptsünde die Nüchternheit war, der tote Fisch ihrer Herzen. Wie ein Kind jammerte Abigail nach dem Fakir, daß er ihm noch einmal weissage vor der Schlacht, die er zu schlagen beabsichtige mit dem Nibelungen. Nie war der Malik ungestählteren Glaubens in den Krieg gezogen wie diesmal und er schützte sein Herz und seine Schläfen mit Wundersternen. Oßman trug des Kaisers Schild mit der kaiserlichen Sichel. Zum erstenmal, daß er seinen mutigen Abigail zittern sah vor des Feindes Waffe. Manchmal rief er angstvoll seinem Oßman im Kampfe zu, ob er irgend an einer edlen Stelle des Körpers getroffen sei, er fühle Blut über seine Haut fließen. Nach dreitägiger Schlacht begab sich Jussuf, wie er es in allen vorangegangenen Schlachten zu tun pflegte, aus dem Kampfe, sich in den heraufsteigenden schwärmerischen Wolken seines Herzens zu verlieren. Er suchte einsame Pfade auf, die von Hecken umrahmt waren. Auf diesen Augenblick harrten die Feinde. Giselheer, der Nibelunge, der seine Zelte genau nach der morgenländischen Buntheit aufschlagen ließ, von der schlechten Ortskenntnis des Maliks unterrichtet war, lauerte auf die kaiserliche, fremde, kostbare Beute. Am Ring seiner Unterlippe zog der Nibelunge den unerhörten Fang in sein Zelt.

Aber in Theben feierte man den Malik mit Triumphguirlanden und Süßigkeiten, selbst die altbärtigen Irsahabaner schlossen sich zum erstenmal der Begeisterung der bunten Menschen an, schätzten des Maliks Weisheit, die des Barbaren Herz zum Rückzug bewogen haben müsse. Nur die wilden Juden lächelten um den liebenden Kaiser und er feierte im Rausche seines Herzens zu dem Einen Einzigen, eine seelische Hochzeit mit seinen sechs Häuptlingen Morderscheï, Calmus, Asser, Gad, Mêmed Laurencis und Salomein. Solches Liebesgeschehen, so unantastbar es sich begab, rüttelte doch an dem Glauben der Leute Thebens, die jüngeren murrten aus heimlicher Eifersucht. So gerne hätte Abigail wieder die irsahabanischen Sündenböcke beschuldet an der Verdrossenheit seiner Thebetaner, deren Herzen Abigail so schwer entzündet hatte. Und noch ermüdet von dem Kampfe und dem holden Liebesvorabend im Zelte des Nibelungen, dem nachfolgenden hochzeitlichen Freundesfeste, wurde Abigail aufs neue aus seiner Rast erweckt durch die tobende Menge auf den Straßen und Plätzen Thebens. Männer und Frauen und Söhne und Töchter sammelten sich vor seinem Palast, zernagten das Rosenholz der Säulen mit ihren Zähnen und warfen Fackeln in die Vorräume. Die Häuptlinge, die in goldgestickten Prachtmänteln im anschließenden Gemach des Maliks zu ruhen pflegten in der Gestalt einer Pyramide oder seines Lieblingssternbilds, fielen aus ihren himmlischen Träumen. Calmus erhob sich als erster, das beleidigte Volk zu beruhigen, und nur Salomein blieb um Jussuf, der sein Kleid mit dem schlichten Rock des Ziegenknechts wechselte, mit struppigem Haar aus dem Seitenraum des bedrohten Kaiserhauses entkam, sich den wildgewordenen Menschen Thebens anschloß und sie wider den Malik aufhetzte.

... und seine wütenden Untertanen hoben den Ziegenknecht auf ihren Armen über die fluchende Menge, daß seine zündende Rede auch an allen Enden anbrenne. Niemand erkannte Jussuf Abigail, den Malik, im schlichten Kleide des Hirten, dem man nie so eine Wucht der Zunge zugetraut hätte. Aber Salomein saß im Mantel des Kaisers auf dem Thron, den Tod für seinen Spielgefährten erwartend, dessen übermütiger Plan es war, die Stadt von Aufrührern in seinen weiten Palast zu locken, Sich Selbst, den Kaiser, zur Verantwortung zu ziehen und die kleine Revolution in eine Festlichkeit endigen zu lassen. Er wußte aber nicht, daß es schon lange im Herzen Tibas glimmte, wenn man auch in der Stadt von dem Ereignis flüsterte, daß Abigail auf Zurede seines klugen Häuptlings und milden Priesters Calmus Jezowas den Wunsch des Muskatplantagenbesitzers Methusalem erfüllte und ihm vorgetanzt habe (allerdings mit verhülltem Angesicht), im Interesse seines Volkes. Abigail hatte die wichtigsten Angelegenheiten der Stadt vernachlässigt. Seines Halbbruders Einspruch, der aber schon lange fern von Kana weilte, benötigte er. Die Stadtgelder waren für luxuriöse Dinge verschwendet worden; die Kinder wuchsen meist unwissend in seiner Hauptstadt Theben auf; die sonntäglichen Leute satt aller Süßigkeiten und Guirlande. Während des Aufruhrs kehrte Bulus, des Kaisers Bruder und sein Freund, der Mïr Carolon nach Tiba zurück und erschraken, vom lärmenden Wirrwarr der Stadt überrascht, der Feind sei unerwartet eingekehrt, schossen Pfeile ab in die Menge; Bulus traf den Ziegenhirten am Fuß, so daß man sorglich den verkleideten Kaiser auf eine Wiese bettete, die Wunden mit weichen Gräsern stopfte, und da die Leute im Bluttaumel die heimgekehrten Attentäter nicht erkannten, die sich in den Palast flüchteten, verfolgte die aufgebrachte Schar die beiden arglosen Ankömmlinge, sie zur Rechenschaft zu ziehen. Im Thronraum, wo die empörten Menschen den Malik auf dem Thron vermuteten, erstachen sie Salomein, den Lieblingshäuptling des Maliks. Sein Blut rann über das Elfenbein des Gemachs und sang einen schwermütigen Psalm, der mit Grauen und Ehrfurcht die wildgewordenen Thebetaner erfüllte und aus den Gemächern vertrieb. Oßman holte den Ziegenhirten heimlich in den Palast auf seinem Arm zurück und beleckte seine Wunde, daß sie noch heilte in der Nacht. Und als der Malik von dem Tode seines Salomein erfuhr, stieg er aufs Dach seines Palastes, schrie mit den wilden Raben, die am Himmel in Scharen vorbeiflogen, so grenzenlos, daß jedes Haus in Theben in seiner starken Wurzel schwankte, wie beim Erdbeben, und tanzte den Trauertanz bis zum Morgen vor allem Volk, und keiner unter den stillgewordenen Menschen Thebens war, der nicht Erbarmen fühlte, reumütig mit ihrem gestraften Kaiser; waren sie doch alle nach seinem Angesicht geschnitten.

Auch wußte die Stadt schon von den heimkehrenden kaiserlichen Knaben, daß auch Ruben tot sei, gefallen des Maliks teurer Halbbruder, der blaue Reiter von Kana. Aber die Häuptlinge beschlossen, vereint mit den Thebetanern, dem erschöpften Kaiser diese neue furchtbare Kunde vorzuenthalten. Der bemerkte am Gurt seines kleinen heimgekehrten Bruders sein silbernes Bildnis, das Ruben als Talisman in den Krieg ziehend, sich um den Hals legte. Auch das Leid in den schönen Zügen seines kleinen so ernst gewordenen Bulus, das sein Antinousgesicht vertiefte, erweckte in ihm unerträglichen Verdacht. Allabendlich mußte ihm Oßman den Bulus holen mit seinem Freunde. Des kleinen, anmutigen Mirs Carolon liebreiche Stimme beruhigte den Malik. An einem Morgen zogen die sieben wilden Juden in langen Trauergewändern barfuß über den Sand der Wüste nach Jericho; dort stand der Tempel Jehovas, noch

# Der Malik

vom Erzvater gebaut aus Moosrinden, Muscheln und frommem Blatt. Als die Leute in Jericho erfuhren, daß die trauernden Pilger die Häuptlinge des Maliks von Tiba waren und Er Sich Selbst unter ihnen befand, brachten sie dem Sanftabwehrenden die Kleinodien ihrer Stadt und nur Milli Millus, die Frau in Mannestracht, bereicherte sich an den dargebrachten Gaben, und Abigail teilte zum ersten Male das Mißtrauen seines schwarzen Dieners, der schon längere Zeit zu kränkeln begann und seinen Kaiser auf der Wallfahrt des Gebets für seinen teuern Halbbruder nicht begleiten konnte. Auch mißfiel dem Malik, wie der ihnen zugewachsene Häuptling, dem er zum ersten Male die Ehre erwies, sich mit ihm und seinen Häuptlingen gemeinsam zu zeigen, sich um Mordercheï drängte, um seine Gunst warb, und zumal ihn dann einmal Abigail hinter einem Ölbaum auf seinen mächtigen Häuptling Theodorio einreden hörte, der schlaue Millus das schlechte Einvernehmen Theodos und Bulus in Betracht zog, und den erschrockenen Riesen verführen wollte, »den jungen Thronerben dem thebetanischen Volke zu entwerten«, um sich das bunte Erbe zu vergewissern. Aber ihre Rede wirkte so verfault auf Mordercheï wie die ranzig gewordenen Früchte des verwelkenden Ölbaums und mit Abscheu wandte er sich von dem ungetreuen Häuptling, was Jussuf tief und stolz berührte, und seine Verehrung und sein Vertrauen wuchsen für den edlen Fürsten vom Augenblick bis zur Sonne. Der eitle Wunsch Millis, nach Abigails Tode das Weib Mordercheïs, Thebens Kaiserin, zu werden, blieb ihr unerfüllter Ehrgeiz. – Mareia, Rubens Weib, erwartete Jussuf im Palaste in Tiba. Jeden Morgen sangen die Kinder der Jussufstadt kleine süße Lieder vor ihrem Balkone. In liebreicher Verschwisterung wandelten der Malik und seines Halbbruders Weib über die Wege des Palastgartens, die Knospen der Rosen brachen klingend auf, wenn Mareia und Jussuf Hand in Hand nebeneinander saßen und von ihrem blauem Reiter sprachen. Die Prophezeiungen des Mondmannes erfüllten sich unaufhaltbar. Der goldlockige Tristan und Caspar Hauser, zwei von den Rittern, die der Malik zögernd scheiden sah, waren nun auch die Opfer des Krieges geworden, schrieb der Herzog von Leipzig seinem morgenländischen Spielgefährten, doch am Schluß seines schwarzumrandeten Briefes kündigte er seine nahe Ankunft an. Sein liebenswürdiges Wesen brachte immer Freude in den Palast, und der war nicht wenig enttäuscht, als in einem zweiten Schreiben er bedauerte, seinen verantwortlichen Platz im Westen nicht verlassen zu können, selbst für seinen Lieblingsspielgefährten, den Prinzen von Theben nicht. Niemand mehr in der Welt erfreute sich eines unumstößlicheren Vertrauens des Maliks, als der zu diesem Freund gefaßt hatte. Das wußte der Herzog und es beglückte und verpflichtete ihn, doch Laurencis Mêmed war es wieder, der die Treue des charmanten Fürsten in den Augen des Kaisers zu mindern versuchte. Aber Abigail entzog diesem Häuptling, der ihm nichts Besseres berichten konnte, sein Vertrauen. Wandte sich dem philosophierenden Gad zu und unterhielt sich nun mit ihm fast täglich über die Welt und den himmlischen König; er dachte sich Gott in vielerlei Gestalt, die immer wieder auf Erden wandle. »Mein Bruder, der blaue Reiter, war Gott, wer ist es nun?« fragte er einmal Gad. Aber mit Kümmernissen bemerkten die Häuptlinge, daß der Kaiser das Lächeln verlernt habe, die Rose auf seiner Wange nicht mehr blühe. Sie überlegten, wie sie ihren teuren Spielgefährten beglücken könnten, verabredeten Zusammenkünfte verschwiegen in den Festräumen des Palastes. Aber Oßman entdeckte die kleine freudige Gesellligkeit, im Begriff, einen hochzeitlichen Brief an Giselheer, den Nibelungen, richtend.

Sitti,
 vieledler Fürst der Nibelungen.
Wir kaiserlichen Häuptlinge, die wilden Juden um Abigail Jussuf, dem Malik, und Prinzen von Tiba, erlauben Sich, Sich Ihnen, Sitti, in ehrerbietigster festlicher Laune und holder Feier mit einem delikaten Antrag zu nähern, dessen Annahme dem thebetanischen Hofe willkommen sein würde, Sorge tragend um das Herz ihres kaiserlichen Spielgefährten und mächtigen Kaisers Jussuf Abigails der drei Städte Tiba, Mareia-Ir und Irsahab und versichern Sie, Sitti, in gleicher vertrauenswürdiger Weise Ihre Erwiderung zu ehren, wie wir Unser an Sie gerichtetes goldenes Obliegen von Ihnen, Sitti, geachtet hoffen. Wir Häuptlinge um die Majestät des Maliks von Theben bieten Ihnen in aller Form die Mitherrschaft des thebetanischen Thrones an und hoffen, mit dieser eigenmächtigen Liebeshandlung den beschämenden Schmerz einer abschlägigen Antwort dem Kaiser zu ersparen. Indem wir Ihnen, Sitti, den thebetanischen Thron anbieten, entsagen wir dem langersehnten Wunsche, den Herzog von Leipzig als Mitregent zu gewinnen, aber wir hoffen, mit diesem Liebesschritte das Glück unseres teuren kaiserlichen Spielgefährten zu besiegeln. Wir übersenden Ihnen unsere freundschaftlichen Gefühle, Sitti.
                Mordercheï Theodorio, Calmus Jezowa, Gad,
                Asser, Mêmed Laurencis, Salomein †.

Der schwarze Knecht, der in seiner Hingebung von der Heimlichkeit der Zusammenkunft der wilden Juden, deren Ursache er nicht nachspürte, für seinen Malik betroffen war, hinterbrachte die Untreue seiner Spielgefährten dem schwer beleidigten Abigail. Schon als kleiner Knabe, erzählte mal seine Mutter, traf ihren kleinen Spieljussuf am tiefsten jedes Fernbleiben vom Spiel. Er, der bis zum Lebensende sich nicht zu beherrschen pflegte, seine Panther ungezähmt springen ließ, verabreichte mit Mühe nur noch bei öffentlichen Fragen zum Wohl seiner Menschen und seiner Stadt den Häuptlingen eine zureichende Höflichkeit. In seinem blauem Herzen bohrte eine finstere Höhle. Daß Oßman den Briefwechsel zwischen dem Malik und dem Nibelungenfürsten vermittelte, blieb ein Geheimnis zwischen Kaiser und Knecht. Aber täglich zerriß eine Glaubensfalte des Maliks, ihn befremdete das geflügelte Herz Giselheers mit seiner gezügelten Liebe, das sich vor willenloses, süßes Überströmen standhaft bewahrte. Und Mêmed Laurencis, der aus eitler Eifersucht jede Regung Jussufs bewachte, sich nicht enthalten konnte, wieder einmal den Kaiser zu wecken, daß Er doch zu schade für das Spielzeug, betonte er nachdrücklich, eines Ariers sei und Er nicht vollernst von dem Fürsten schließlich genommen würde...?

Aber sich dennoch bereit erklärte, auf seinem schnellen Araber dem nordischen Fürsten das Hochzeitsschreiben zu überbringen; und wie er dann versicherte, von Krämpfen in der Wüste überfallen worden zu sein und das anvertraute Gut ihm jäh vom aufsteigenden Sturmwind entrissen wurde. Da Laurencis in heftiges Weinen ausbrach, glaubten ihm die brüderlichen Emire. Aber der Malik, dem man von dem unbestellten Antrag und seinem Boten flüsterte, richtete seinen Zorn nun ganz besonders gegen den mit Auszeichnung verwöhnten Spielgefährten, dessen Herz seine Gaben nicht königlich zu tragen verstand. Nun war es zu spät, wie es der Traurige selbst am besten wußte durch den abschiednehmenden Brief seines heißgeliebten Gisels, den Ihm Oßman heimlich wieder übermittelte. Verblüffend und ernüchternd wirkte auf den romantischen Jussuf die grüßende Unterschrift Edithas vom Sachsenlande. »Wohl anzunehmen, die hohe Braut des Nibelungen.« Und dennoch trug er das wankelmütige Schreiben auf seinem Herzen oder legte es gefalten, ein zehnfach veredeltes weißes Rosenblatt, zwischen seine Lippen. Und er dachte daran, wie einmal Asser zu ihm sagte, die Liebe des Abendlandes sei eine Tätigkeit und nicht wie hier des Herzens goldene Eigenschaft. In der Zeit ließ Zwi ben Zwi die Bilder entfernen, die an den Wänden der Häuser angebracht waren und die Menschen Thebens aufregten. (Einen arischen Habicht, dessen Kralle das spielerische Herz eines Tagars grausam zerriß.)

Wie seine bunten Menschen doch unkindlich geworden waren! Am liebsten hätte er Mêmed Laurencis einem hungrigen Krokodil zur Speise vorgeworfen und es schützte den Verachtenden nur sein Häuptlingsrang. Auch war Abigail nicht in der Lage, nach seiner eigenen Bestimmung sich eines Häuptlings zu entledigen und so lebte der immer wieder aufs neue sich ereifernde Jüngling an seiner Seite. Mordercheï nahm sich des abgesetzten Spielgefährten beim Kaiser an, der aber lenkte das Gespräch auf Allgemeines; alles Wiederkäuende, meinte der Malik, sei ein Versäumen des Herzens, selbst die Schlacht, die länger wie die Tage der Woche dauere. Im Grunde feierte Jussuf Abigail immer nur Himmelfahrt; diese Steigerung des Lebens schaltete alles Versäumen aus. Auch an Gad erlebte der Kaiser kleine Enttäuschungen, da er sich Belehrungen erlaubte dem Kaiser gegenüber; und Asser hatte sich in eine Prinzessin verliebt, die dem Kaiser keine Augenfreude bereitete. Nur Calmus, sein hoher Priester, war sich getreu geblieben, und der Malik erfreute sich an ihm und an dessen Weib, die Jussuf Blumen sammelte von alttestamentarischen Gräbern. Was seinen kleinen Bruder Bulus anbetraf, die Thebetaner fürchteten sein herbes Wort ebenso, wie sie seine holde Schönheit belauschten und seine vornehme Haltung heimlich bewunderten. Wenn Abigail nicht nach seinem Tode Neidlinge fürchtete, hätte er gerne den beiden jungen Freunden, seinem Bruder Bulus und Hyne Carolon, gemeinsam den Thron Thebens hinterlassen. Der weiche besondere Einfluß des lieben Knaben auf seinen jungen Nachfolger empfand der Kaiser jedesmal wieder in den Morgenstunden, wenn er mit den beiden Freunden zu plaudern pflegte. »Mein Herz mußte zu viele Lasten tragen; oft bin ich böse den Menschen, da sie mir nicht Zeit ließen zu spielen mit des Feldes Beeren und goldenen Zitronen und Palmenfrüchten und den bunten Blumen der Wiesen; vor allem mit des Strandes Muscheln, all den lebendigen Spielsachen in dem weiten Haus der Welt.« Die Verlobung mit der Prinzessin von Hohenhof, der Tochter der hohen Fraue von Westfalen, löste Bulus hinterrücks auf Raten Lederstrumpfs, der mit der Schönheit des kaiserlichen Thronerben Kultus trieb, und den alles Gesicht beleidigte neben seiner Goldwange.

Der Malik, der gegen äußere Dinge täglich apathischer wurde, saß meist einsam hinter verhüllten Balkonen in der Zeit, wie er sagte, der blaue Reiter, sein Halbbruder, in fremder Erde schlafe. Seiner Schläfe Stern war nun geborsten. Manchmal begab sich Abigail mit seinem angstvoll nachschleichenden Oßman tief ins Gewölbe der Stadt, das Grabmal Saschas, des Prinzen von Moskau, zu schmücken. An einem Oßmanstag, da der schwarze Knecht die Krone in seinem ergrauten Haar trug, stieg Jussuf auf den Birkenhügel, der traurigste Mensch in Theben. In ihren Zweigen schlummerte die Seele der Königin mit den goldenen Flügeln, darum Er den holden Baum nicht fällen wollte. So nannten die Ägypter die angebetete Mutter Jussufs. In den Stamm des Baumes schnitt er ein blaues Herz und unter ihm seine geliebte Stadt Tiba. Und wanderte und schlief auf einer Wiese ein und träumte, es wäre eine abendländische Dichterin in einem kleinen Kämmerlein hoch in einem Turme und spiele mit dem Mond und seinen Sternen Zickzack. Erwachte und kam am Abend heim, ermüdet die Hand auf einen Hirtenstab gestützt. Wer dem Trauervollen begegnete, glaubte, er sei eine Flügelgestalt. Nach dieser Seelenwanderung fühlte sich Jussuf fremd seinen nächsten Menschen gegenüber. Er grollte seinen Häuptlingen, die sich hinter seinem Rücken, wie er allabendlich vermutete, zum Spiele trafen. Und Oßman, der seine Aussage schon tief bereute, vertraute sich Zwi ben Zwi, dem Tagebuchschreiber des Maliks an, zumal Jussuf Ungeheueres im Herzen gegen seine wilden Juden plante. Die aber schützten sich vor dem Vorhaben ihres Jussuf, bahrten ihre Prachtmäntel ohne ihre Körper wie allabendlich beim Schlafengehen in Form des Lieblingssternbildes im Nebengemache des Kaisers auf, sie aber verbargen sich hinter den Säulen des Vorraums, den mißtrauischen Kaiser zu beobachten, dem sie die große Reue einer unüberlegten Tat zu ersparen wünschten. Sie kannten sein weiches Herz. Um Mitternacht vernahmen sie Jussufs nicht allzu leise und vorsichtige Schritte nahen und betrachteten gerührt im Zwielicht ihres Gemaches seine Knabengestalt. Milli Millus, die Frau in Häuptlingskleidern, empfand ein unwiderstehliches Mitleid mit dem hilflosen Kaiser, wurde aber von den gespannten Häuptlingen verhindert, sich dem schmerzbewegten geliebten Feind zu nähern. Neugierde und Pietät lähmte die fürstlichen

Spielgefährten, ihren Streich zu enthüllen. Wenn sie auch große Lust verspürten, ihren Malik wie ein Kind zu umarmen, ihn eines Besseren zu belehren, ihre Liebe und Treue ihm zu versichern; waren doch seine Lippen Nachtigallen, die schlugen das süße todbringende Lied. Da nun Abigail Jussuf das Schweigen seiner Häuptlinge für die Folge ihrer Schuld ansah und den festen Entschluß seines Planes nicht mehr entrücken konnte, stieß ahnungslos in den Brokat den Dolch, hohl in den toten Mantel Milli Millus; vernahm die bewegten Schreie seiner Freunde, aber Er war einer Stufe, die nicht vorhanden, entgleitet, dumpf fuhr es Ihm durch die Eingeweide, und entriß die Wurzel Seines Blutes. Und in übermächtiger Scham über diese Fallgrube beleidigt, erhängte sich der schon seit langer Zeit schwermütige Kaiser noch in selbiger unglückseligen Stunde .... Von der Binse knüpfte ihn Oßman klagend ab. Des armen Maliks Wangen bluteten und seine Füße waren rot gefärbt. Der schwarze Knecht, der gestern noch Kaiser von Theben war, trug seinen geliebten Abigail Jussuf auf dienenden Armen in den Palast und er verendete dann im Schoße seines Oheims Ismaël. Die Fahnen zerrissen an den goldenen Stangen zwischen den Zinnen des Palastdaches, und alle Tore sprangen auf im Kaiserhause und allen Wohnungen Thebens und die Trauerkunde eilte von Tiba nach Mareia, von Mareia-Ir nach Sahab-Ir, an die Höfe aller ägyptischen Könige. Die Venus von Siam bewegte sich zum ersten Male goldfüßig aus der heiligen Nische ihres Tempels und weinte in ihren langen Traumhaaren. Ihres Kaisers Tiefsinn schob sie des Nibelungen kühlem Zauber zu und ihr rätselhafter Eidechsenkopf sann nach Rache. Wetterscheid und Lederstrumpf, die als Emire in Theben ansässig geworden waren, fluchten den Häuptlingen, die um Jussuf so schlechte Wache hielten. Mordercheï anklagte Calmus Jezowa, aber Calmus Jezowa verzieh Theodorio, Asser bezichtigte Gad und Gad höhnte Laurencis, der hochmütig auf die Frau in Manneskleidern blickte. Die zog betroffen in ihre Heimat, Mareia-Ir zurück. Aber alle Menschen der drei Malikstädte, verwaiste Geschwister, umkränzten den Palast, ihre Gesichter legten sich zur Seite im Abendwinde. Dreihundert Zebaothknaben folgten mit ihren Bambusflöten im Trauerzuge den Häuptlingen, die Jussuf einbalsamiert, umhüllt in Schleiern, durch die lieblichen Straßen Thebens über den Dromedarplatz am Zitronenwald vorbei auf ihren Schultern trugen. Zwischen den Zebaothgespielen beweinten Bulus, des Kaisers Bruder, und sein Freund Carolon ihren älteren Spielgefährten. Dann nahten die Jehovaniter in ehrwürdigen Priestergewändern, ihnen schlossen sich die Viehzüchter der drei Städte an, die roten und gelben Adames; und Kinder, die auf Trommeln schlugen, lauter Jussufs Lieblingswirbel, die der Herzog von Leipzig zärtlich belächelte, der aus dem Schrecken der Schlacht im Flugzeug, doch nicht mehr seinen Prinzen unter den Lebenden erreichte. Den letzten Wunsch Abigail Jussufs, des Liebenden, erfüllten die Häuptlinge noch am Tage seiner ewigen Ruhe; sie und die bunten Menschen der Jussufstadt erhoben des Maliks teuren jungen Bruder auf den goldenen Thron Thebens:

        Bulus Andromeid Alcibiad der Schöne.

Prosa 1920

⟨Ich bin in Theben (Ägypten) geboren⟩

Ich bin in Theben (Ägypten) geboren, wenn ich auch in Elberfeld zur Welt kam im Rheinland. Ich ging bis 11 Jahre zur Schule, wurde Robinson, lebte fünf Jahre im Morgenlande, und seitdem vegetiere ich.

## Unser Rechtsanwalt Hugo Caro

Er kam immer im letzten Augenblick, auch zum Termin, wie jemand, der noch in den sich fortbewegenden Zug springt. Wie oft gingen wir zur Verhandlung ins Kriminalgericht, den Rechtsanwalt Caro verteidigen zu hören. Unseren lieben, frohen Rechtsanwalt, der uns immer wieder durch seinen Frohsinn aufrichtete, abends im Café des Westens. Er gönnte sich dort Rast zwischen Künstlern, bis er von irgend einem Hilfesuchenden gefaßt, um Rat gefragt wurde. Für Jeden hatte unser Rechtsanwalt ein liebenswürdiges Verständnis. Er betrachtete das Café des Westens als den Garten unter den Straßen Berlins, darin man ausruhe, ohne den Zusammenhang mit der Uebrigkeit zu verlieren, mit all den Menschen, deren Geschicke er führe. Er war der, welcher ohne zu erschaffen, die Kunst hoch und liebend achtete; vielleicht erlangte er doch selbst das Glücksgefühl des Schaffenden in der Ausführung seines verantwortlichen Amtes: dem frischen Aufbau seiner Verteidigungsreden, oft in Berliner Dialekt gehalten, sicher anzunehmen. Er war der Fritz Reuter unter den Juristen.

In seinem Hause fiel von dem Eintretenden die Fremdnis der großen Hauptstadtangst. Wie oft plauderten der Rechtsanwalt, seine wunderschöne Frau und ich bis spät in die Mondnacht vertraulich dreieinander ... Der Krieg brach aus, Rechtsanwalt Caro meldete sich freiwillig; er liebte Berlin, es war seine Wiege, seine Primanerliebe, sein Berlin trug seine rote Studentenmütze. Er war eben der fahrende Schüler geblieben, sang seine Maienlieder, wenn er nach anstrengender Arbeit zwischen uns ausruhte:

»Und laßt uns wieder von der Liebe reden, wie einst im Mai«. Unser Rechtsanwalt war immer guter Laune, auch als er eines Abends in Uniform schwer ermattet vom Marsche unter uns Freunde trat; wir erkannten ihn nicht, seine straffen Haare waren abrasiert, vor seinen Augen trug er eine mächtige Hornbrille. Die jungen Soldaten seiner Kompagnie nannten ihn: Vater Justizrat. Weil er so gütig zu ihnen sprach, sie ermutigte. In seiner kleinen Bureauwohnung in der Nürnberger-Straße pflegte der Rechtsanwalt, bevor er in Herrgottsfrühe nach Döberitz zum Dienst eilte, sich seinen Tee zu brauen; Müdigkeit übermannte ihn, ein kleiner, listiger Zugwind löschte die Flamme unter dem brodelnden Wasser, und unser lebensfroher Rechtsanwalt erstickte.


## Unser Spielgefährte Theodorio Däubler

### Ein Wort an unseren hochverehrten Theodor Wolff

Herr Chefredakteur! Wir Freunde des riesengroßen Triestiners fühlen uns schwer angegriffen durch die fahrlässige Kritik des Doktor Kritikers L. im Feuilleton Ihrer Zeitung. Am Montag Abend saß Theodorio Däubler im Salon Cassirer vor einem Lesetisch, der unter seinem Ellenbogen zu zersplittern drohte, aber noch gewaltiger bebte unter seiner Welt. Der Dichter sprach das Wort, das allerdings auszusprechen in seiner Sternmilliardenart länger dauerte, wie die dahingemeinten Worte des Kritikers, die zusammengefügt, Verständnislosigkeit ergaben. Ich bedaure nur, hochverehrter Theodor Wolff, daß Sie sich nicht als Kritiker unter den Zuhörern befanden, in der festen Ueberzeugung, daß Sie den lesenden Cyklopen nicht nur durch den äußersten Anstand, aber auch durch große Anerkennung geehrt hätten, indes sich Herr Dr. L. sehr zeitig von seinem Platz erhob – aber uns nicht aus der Fassung brachte. Denn wir verwandeln uns zu edlen leuchtenden Steinen, wenn unser Cyklop spricht in seiner Meeressprache, heranbrausende, felshohe dunkle Wellen aus Burgunder. Wir verlassen ihn nicht »wenn der Hahn dreimal kräht«, wie Herr Dr. L. prophezeite, ein voreiliger, farbenblinder

Hellseher fürwahr, der uns Spielgefährten des Theodorios abtrünnige Krämerseelen andichtet. Wir wissen, wer zwischen uns ist und lassen ihn nicht ungestraft auch nur mit Kieselsteinchen bewerfen, die er in seiner großen reinen Arglosigkeit erst gewahrt, wenn sie ihm die Pore seines Herzens verstopfen. So traf ich gestern unseren treuen Freund, geschmäht vor der Menschheit, eine einsame Barlachfigur, ein drohender Holzmann aus Dickicht und schwerem Gewölk gebaut, dem ein Vorbeischlendernder in die Rinde ein Schmähwort einkratzte. Frevel!!

## Editorische Nachbemerkung

Bis 1920 veröffentlichte Else Lasker-Schüler sechs Bücher mit Prosaschriften: »Das Peter Hille-Buch« (1906; zweite und dritte Auflage 1919), »Die Nächte Tino von Bagdads« (1907; zweite Auflage 1919 unter dem Titel »Die Nächte der Tino von Bagdad«), »Mein Herz« (1912; zweite Auflage 1920), »Gesichte«, eine Sammlung von »Essays und anderen Geschichten« (1913; erweitert in zwei Bänden als »Gesichte« und »Essays« 1920 erneut veröffentlicht), »Der Prinz von Theben« (1914; zweite Auflage 1920) und »Der Malik« (1920). Den weitaus größeren Teil der Prosapublikationen aber nehmen gegenüber Else Lasker-Schülers Buchveröffentlichungen ihre unselbständigen Veröffentlichungen ein: Die meisten Prosatexte – Essays und Skizzen, Prosaporträts, Erzählungen und Romane – waren oft schon Jahre vor ihrer Buchpublikation ganz oder teilweise in Zeitungen und Zeitschriften veröffentlicht worden. Oftmals bestimmt oder prägt diese Publikationsform den Charakter der Prosa; zahlreiche Texte verdanken ihre Entstehung kulturellen Ereignissen wie Theater-, Zirkus- oder Kabarettbesuchen oder nehmen Bezug auf aktuelle Begebenheiten.

Vorliegender Band gibt sämtliche vor 1921 erstmals veröffentlichten Prosatexte Else Lasker-Schülers chronologisch in der Textgestalt und Reihenfolge der Erstdrucke wieder. Die Textwiedergabe folgt buchstabengetreu den Druckvorlagen ohne jegliche Vereinheitlichung. Schreibversehen und Druckfehler wurden im Text emendiert und in den Varianten verzeichnet. Im Zweifelsfall wurde nicht in den Wortstand eingegriffen.

Maßgeblich für die Bestimmung des Erstdrucks eines Textes ist die Frage nach seiner Einheit; der Abdruck eines einzelnen Kapitels oder eines Textausschnitts gilt als Teil- (oder Partial-)druck. In der Regel werden alle vom Erstdruck abweichenden Fassungen in den Varianten verzeichnet, nur in Ausnahmefällen, begründet durch die überlieferungsgeschichtliche Situation und in dem Bemühen, den Überlieferungs- und Variantenapparat möglichst knapp zu halten, werden verschiedene Fassungen als Lesetexte wiedergegeben.

1913 veröffentlichte Else Lasker-Schüler ihre Sammlung »Gesichte«, die 1920 neu zusammengestellt und erweitert als »Gesichte« und »Essays« erschienen. Weil die in ihnen enthaltenen Prosatexte jeweils völlig in sich abgeschlossen und entstehungsgeschichtlich eigenständig sind, erscheinen sie im vorliegenden Band in der Chronologie und Textgestalt ihrer ersten Veröffentlichung, welche, meist in Journalen, oft schon Jahre vor ihrer Veröffentlichung in den Sammlungen erfolgte. Das 1914 veröffentlichte »Geschichtenbuch« »Der Prinz von Theben« nimmt eine Zwitterstellung ein: Einerseits weist der Untertitel des Textes dessen elf Abschnitte als in sich geschlossene Erzählungen aus, von denen drei bereits im Jahr 1908 und weitere vier in den Jahren 1910-1913 veröffentlicht wurden, andererseits stellen sie als unter einem gemeinsamen Titel versammelte Erzählungen orientalischen Ambientes eine neue Geschlossenheit her. Hier werden sowohl die vorher in Zeitschriften erschienenen Erzählungen abgedruckt als auch der Prosatext »Der Prinz von Theben« als ganzer. Der 1912 als Buch unter dem Titel »Mein Herz« veröffentlichte Prosatext wurde vorher als »Briefe nach Norwegen« in Fortsetzungen in der literarischen Wochenschrift »Der Sturm« veröffentlicht. Als Erstdruck stellen sie also die Textgrundlage dar und werden gemäß dem Datum ihres Erstdrucks abgedruckt. »Briefe und Bilder« schließlich, erschienen in verschiedenen Zeitschriften der Jahre 1913-1917, wurde 1919 überarbeitet und erheblich erweitert als »Der Malik« publiziert. Beide, »Briefe und Bilder« und die Buchpublikation »Der Malik«, werden als Lesetext im Textteil wiedergegeben.

Die in vorliegendem Band vereinigte Prosa besteht aus oft nicht klar voneinander abzugrenzenden Textsorten: Erzählung und Roman rücken, sofern der Name Else Lasker-Schüler Autorin, Erzählerin und Ichfigur bezeichnet, in die Nähe zur Autobiographie oder nähern sich mit Elementen der rhythmischen Prosa und des Prosagedichts der lyrischen Gattung, und die »Essays« entsprechen oft eher Feuilletons oder Erzählungen. Generell wird in der Prosa Else Lasker-Schülers die kategorielle Unterscheidung von poetischen Texten und Gebrauchsliteratur unter-

*laufen und die Trennung von Fiktivem und Faktischem als nicht vollziehbar vorgeführt. Schon die Titel ihrer Texte – die Sammlung »Gesichte« trägt den Untertitel »Essays und andere Geschichten«, »Mein Herz« ist »Ein Liebesroman mit Bildern und wirklich lebenden Menschen« – postulieren die Grenzverwischung zwischen Poesie und Realität.*

*Die in der Prosa Else Lasker-Schülers dominierende autobiographische Form verheißt einen objektiven Gehalt, eine historische Glaubwürdigkeit, welche dazu verleitet, den Text auf seinen Wahrheitsgehalt hin zu rezipieren. Diese Lesehaltung wird unterstützt durch Referenzsignale, in den »Briefen nach Norwegen« und »Briefen und Bildern« etwa durch Anspielungen und Verweise auf das tagesaktuelle Kulturgeschehen im Berlin des Winters 1911/1912 und der Zeit kurz vor dem und im Ersten Weltkrieg. Je mehr Hinweise auf historische Fakten, Personen, Orte und Ereignisse in einem Text enthalten sind, als desto geringer wird sein fiktionaler Gehalt, als desto ‚glaubwürdiger' werden seine Aussagen eingeschätzt. Doch Else Lasker-Schüler greift in ihrer Prosa auf außerhalb der Texte liegende Realien zu, ohne damit eine mimetische Verpflichtung einzugehen, ohne im (Be-) Schreiben ihres Lebens der Abbildung einer ohnehin nicht objektivierbaren Wirklichkeit zu dienen. So läßt sich kein Konnex zwischen dem Vorhandensein von Realien und der Faktizität des sie umgebenden Textes ziehen.*

*Die Illustrationen der Erstdrucke wurden übernommen, sofern die Texte selbst auf die Illustrationen Bezug nehmen, diese also für das Textverständnis notwendig sind. Eine solche enge wechselseitige Beziehung von Text und Bild weisen die »Briefe nach Norwegen«, die »Briefe und Bilder« und »Der Malik. Eine Kaisergeschichte mit Bildern und Zeichnungen« auf. Hier finden sich die Illustrationen der Erstdrucke an den entsprechenden Stellen im Text; alle weiteren Illustrationen der Vorlagen, auch späterer Drucke, werden im Apparat ausgewiesen.*

## *Alphabetisches Titelverzeichnis*

Aber ich finde dich nicht mehr 82
Abigail I. 391
Abigail II. 393
Abigail III. 397
Ached Bey 72
Adolf Loos 123
Alfred Kerr 168
Am Abend 64
Am Kurfürstendamm 148
Am Mittag 63
Am Nachmittag vor der Geburtstagsfeier ereignete sich
    folgendes: 37
An Franz Marc 413
Apollotheater 122
Apollydes und Tino kommen in eine morsche Stadt 91
Apollydes und Tino sind Zagende und träumen unter
    der Mondscheibe 90
Arme Kinder reicher Leute 278
Auf der Mondscheibe s. Apollydes und Tino sind Zagende
    und träumen unter der Mondscheibe
Aus dem Buch der drei Melochim 366
Bei der Zauberin Hellmüte 45
Bei Guy de Maupassant 281
Bei Julius Lieban 23
Brief an einen Schweizer Freund 425
Brief an Korrodi s. Brief an einen Schweizer Freund
Briefe nach Norwegen 179
⟨Briefe und Bilder⟩ 297
Charlotte Berend: Die schwere Stunde 111
Coranna s. Coranna, Eine Indianergeschichte gestaltet
    von Slevogt
Coranna, Eine Indianergeschichte gestaltet von Slevogt 107
Daniel Jesus 106
Das blaue Gemach 70
Das Buch der drei Abigails 391

Das Lied meines Lebens  97
Das Peter Hille-Buch  27
Der Alpenkönig und der Menschenfeind  120
Der Amokläufer  129
Der Amokläufer  380
Der Derwisch  116
Der Derwisch  383
Der Dichter von Irsahab  95
Der Eisenbahnräuber  132
Der Fakir  112
Der Fakir  388
Der Fakir von Theben  77
Der Grossmogul von Philippopel  85
Der Häuptling Bugdahan besucht uns in der Kalkfelsenschlucht  39
Der Khedive  78
Der Kreuzfahrer  136
Der Kreuzfahrer  403
Der Magier  81
Der Malik  431
Der Prinz von Theben  375
Der Scheik s. auch Mschattre-Zimt, der jüdische Sultan  377
Der Sohn der Lîlame  92
Der Tempel Jehovah  74
Der tote Knabe  17
Die beiden weißen Bänke vom Kurfürstendamm  280
Die Jünglinge finden mich an der Hecke  61
Die Nächte der Tino von Bagdad s. Die Nächte Tino von Bagdads
Die Nächte Tino von Bagdads  67
Die Odenwaldschule  273
Die rotbäckige Schule  145
Die schwere Stunde s. Charlotte Berend: Die schwere Stunde
Die sechs Feierkleider  97
Die Zauberin Hellmüte sendet uns Geschenke  47
Doktor Benn  277
Doktor Magnus Hirschfeld  422
Du es ist Nacht –  89

## Alphabetisches Titelverzeichnis

Egon Adler   275
Ein »Schulheim«   365
Ein Amen   144
Ein Brief meiner Base Schalôme   169
Ein Brief meiner Base Schalôme   386
Eine Begebenheit aus dem Leben Abigail des Liebenden   402
Elberfeld s. Elberfeld im dreihundertjährigen Jubiläumsschmuck
Elberfeld im dreihundertjährigen Jubiläumsschmuck   151
Emmy Destinn   14
Er heisst wie die Welt heisst   66
Franz Marc s. An Franz Marc
Franziska Schultz   169
Frau Durieux   126
Friedrich von Schennis   174
Fritz Huf s. ⟨Fritz Huf⟩
⟨Fritz Huf⟩   412
Fritz Wolff   421
⟨Gab meine Menschengestalt...⟩   14
Goldwarth tröstet mich in der Schwermut   62
Handschrift   158
Hans Heinrich von Twardowsky   423
Heimlich zur Nacht   83
Heinrich F. Bachmair ⟨Offener Brief⟩   371
⟨Ich bin in Theben (Ägypten) geboren⟩   525
⟨Ich bin zwischen Europa und Asien geboren...⟩   156
Ich erschlage Tabak   64
Ich frage nicht mehr   82
Ich glaube wir......   84
Ich suche ihn   62
Ich tanze in der Moschee   69
Ich träume so leise von dir ---   84
Im Garten Amri Mbillre   91
Im neopathetischen Cabaret   157
Im neopathetischen Kabarett s. Im neopathetischen Cabaret
Im Zirkus   20
Im Zirkus Busch   119
In der Morgenfrühe   150

Johann Hansen und Ingeborg Coldstrup   135
Kabarett Nachtlicht – Wien   293
Karl Kraus   142
Kete Parsenow   290
Kinderzeit   415
Kleine Skizze   372
Künstler   104
Lasker-Schüler contra B. und Genossen   269
Loos *s.* Adolf Loos
Marie Böhm   154
Max Brod   161
Max Herrmann   420
Max Herrmann-Neiße *s.* Max Herrmann
Mein Herz *s.* Briefe nach Norwegen
Mein Liebesbrief   80
Mein Liebesbrief an Abdul Hassan *s.* Mein Liebesbrief
Mein Lied   69
Mein Traum   56
Meine Kinderzeit *s.* Kinderzeit
Minn, der Sohn des Sultans von Marokko   75
Mschattre-Zimt, der jüdische Sultan   108
〈Offener Brief an das »Berliner Tageblatt«〉   276
Oskar Kokoschka   147
Paul Leppin *s.* Daniel Jesus
Paul Leppins »Daniel Jesus« *s.* Daniel Jesus
Paul Lindau   288
Peter Baum   128
Peter Hille   9
Petrus der Felsen   29
Petrus erinnert mich   51
Petrus erprobt meine Leidenschaft   50
Petrus Grab   65
Petrus legt einen Bauernsohn in die Erde zurück   52
Petrus setzt Klein-Pull in die Sonne   38
Petrus und der Arzt   41
Petrus und der Mai   44
Petrus und der Mond   31
Petrus und der Nazarener   35

Petrus und der Schläfer  36
Petrus und der Smaragd  53
Petrus und die Jerusalemiter  56
Petrus und die Weide  43
Petrus und ich auf den Bergen II  57
Petrus und ich auf den Bergen III  58
Petrus und ich auf den Bergen IV  58
Petrus und ich auf den Bergen V  59
Petrus und ich auf den Bergen VI  60
Petrus und ich auf den Bergen VII  60
Petrus und ich auf der Wanderung I  29
Petrus und ich auf der Wanderung II  30
Petrus und ich auf der Wanderung III  30
Petrus und ich beim Prunkmahl Onits von Wetterwehe  32
Petrus und ich im Tempel Jehovas  40
Petrus und ich in der Höhle  40
Petrus und mein Kind  48
Petrus und meine Liebe  45
Petrus unter den Arbeitern  49
Petrus-Geburtstag  36
Petrus-Noah  42
Petrus-Poseidon  32
Petrussehnen  51
Plumm Pascha  71
Plumm-Pascha  368
Richard Dehmel  363
Rudolf Blümner  289
Rudolf Schmied  415
Rundfrage über Karl Kraus / Else Lasker-Schüler:
  s. Karl Kraus
Ruth  125
S. Lublinski  101
Senna Hoy †  411
Singa, die Mutter des toten Melechs des Dritten s. Singa die
  Mutter des toten Melechs Abigail III.
Singa die Mutter des toten Melechs Abigail III.  401
Sterndeuterei  162
Tigerin, Affe und Kuckuck  141

Tilla Durieux s. Frau Durieux
Tino an Apollydes   89
Tino und Apollydes   91
Tschandragupta s. Der Amokläufer
Unser Café   291
Unser Rechtsanwalt Hugo Caro   525
Unser Spielgefährte Theodorio Däubler   526
Vom Himmel s. Briefe nach Norwegen
Wauer via München, weiter und so weiter   171
Wauer-Walden via München und so weiter s. Wauer via München, weiter und so weiter
Wenn du kommst –   83
Wenn mein Herz gesund wär –   265
William Wauer   155
Wir feiern eichenmethgolden den Sonnenwendtag   54
Zirkus Busch s. Im Zirkus *und* Im Zirkus Busch
Zirkuspferde   133
Zwei grosse Engel tragen Petrus ins Tal   63

# Inhalt

## Prosa 1903 bis 1905

| | |
|---|---:|
| Peter Hille | 9 |
| ⟨Gab meine Menschengestalt…⟩ | 14 |
| Emmy Destinn | 14 |
| Der tote Knabe | 17 |
| Im Zirkus | 20 |
| Bei Julius Lieban | 23 |

## Das Peter Hille-Buch (1906)

| | |
|---|---:|
| Petrus der Felsen | 29 |
| Petrus und ich auf der Wanderung I | 29 |
| Petrus und ich auf der Wanderung II | 30 |
| Petrus und ich auf der Wanderung III | 30 |
| Petrus und der Mond | 31 |
| Petrus-Poseidon | 32 |
| Petrus und ich beim Prunkmahl Onits von Wetterwehe | 32 |
| Petrus und der Nazarener | 35 |
| Petrus und der Schläfer | 36 |
| Petrus-Geburtstag | 36 |
| Am Nachmittag vor der Geburtstagsfeier ereignete sich folgendes: | 37 |
| Petrus setzt Klein-Pull in die Sonne | 38 |
| Der Häuptling Bugdahan besucht uns in der Kalkfelsenschlucht | 39 |
| Petrus und ich im Tempel Jehovas | 40 |
| Petrus und ich in der Höhle | 40 |
| Petrus und der Arzt | 41 |
| Petrus-Noah | 42 |
| Petrus und die Weide | 43 |
| Petrus und der Mai | 44 |
| Petrus und meine Liebe | 45 |
| Bei der Zauberin Hellmüte | 45 |
| Die Zauberin Hellmüte sendet uns Geschenke | 47 |

| | |
|---|---|
| Petrus und mein Kind | 48 |
| Petrus unter den Arbeitern | 49 |
| Petrus erprobt meine Leidenschaft | 50 |
| Petrussehnen | 51 |
| Petrus erinnert mich | 51 |
| Petrus legt einen Bauernsohn in die Erde zurück | 52 |
| Petrus und der Smaragd | 53 |
| Wir feiern eichenmethgolden den Sonnenwendtag | 54 |
| Mein Traum | 56 |
| Petrus und die Jerusalemiter | 56 |
| Petrus und ich auf den Bergen II | 57 |
| Petrus und ich auf den Bergen III | 58 |
| Petrus und ich auf den Bergen IV | 58 |
| Petrus und ich auf den Bergen V | 59 |
| Petrus und ich auf den Bergen VI | 60 |
| Petrus und ich auf den Bergen VII | 60 |
| Die Jünglinge finden mich an der Hecke | 61 |
| Goldwarth tröstet mich in der Schwermut | 62 |
| Ich suche ihn | 62 |
| Zwei grosse Engel tragen Petrus ins Tal | 63 |
| Am Mittag | 63 |
| Am Abend | 64 |
| Ich erschlage Tabak | 64 |
| Petrus Grab | 65 |
| Er heisst wie die Welt heisst | 66 |

## Die Nächte Tino von Bagdads (1907)

| | |
|---|---|
| Mein Lied | 69 |
| Ich tanze in der Moschee | 69 |
| Das blaue Gemach | 70 |
| Plumm Pascha | 71 |
| Ached Bey | 72 |
| Der Tempel Jehovah | 74 |
| Minn, der Sohn des Sultans von Marokko | 75 |
| Der Fakir von Theben | 77 |
| Der Khedive | 78 |
| Mein Liebesbrief | 80 |

Der Magier .................................. 81
Ich frage nicht mehr ........................... 82
Aber ich finde dich nicht mehr .................. 82
Heimlich zur Nacht ............................ 83
Wenn du kommst – ........................... 83
Ich träume so leise von dir – – – ................ 84
Ich glaube wir...... ........................... 84
Der Grossmogul von Philippopel ................ 85
Tino an Apollydes ............................. 89
Du es ist Nacht – ............................. 89
Apollydes und Tino sind Zagende und träumen unter
   der Mondscheibe ........................... 90
Apollydes und Tino kommen in eine morsche Stadt ..... 91
Tino und Apollydes ........................... 91
Im Garten Amri Mbillre ....................... 91
Der Sohn der Lîlame .......................... 92
Der Dichter von Irsahab ....................... 95
Die sechs Feierkleider ......................... 97
Das Lied meines Lebens ....................... 97

## Prosa 1907 bis 1911

S. Lublinski .................................. 101
Künstler .................................... 104
Daniel Jesus ................................. 106
Coranna, Eine Indianergeschichte gestaltet von Slevogt .. 107
Mschattre-Zimt, der jüdische Sultan .............. 108
Charlotte Berend: Die schwere Stunde ............ 111
Der Fakir ................................... 112
Der Derwisch ................................ 116
Im Zirkus Busch ............................. 119
Der Alpenkönig und der Menschenfeind .......... 120
Apollotheater ................................ 122
Adolf Loos .................................. 123
Ruth ....................................... 125
Frau Durieux ................................ 126
Peter Baum ................................. 128
Der Amokläufer .............................. 129

Der Eisenbahnräuber .............................. 132
Zirkuspferde .................................... 133
Johann Hansen und Ingeborg Coldstrup .............. 135
Der Kreuzfahrer .................................. 136
Tigerin, Affe und Kuckuck ......................... 141
Karl Kraus ...................................... 142
Ein Amen ....................................... 144
Die rotbäckige Schule ............................. 145
Oskar Kokoschka ................................. 147
Am Kurfürstendamm .............................. 148
In der Morgenfrühe ............................... 150
Elberfeld im dreihundertjährigen Jubiläumsschmuck .... 151
Marie Böhm ..................................... 154
William Wauer ................................... 155
⟨Ich bin zwischen Europa und Asien geboren...⟩ ....... 156
Im neopathetischen Cabaret ........................ 157
Handschrift ..................................... 158
Max Brod ....................................... 161
Sterndeuterei .................................... 162
Alfred Kerr ...................................... 168
Franziska Schultz ................................. 169
Ein Brief meiner Base Schalôme .................... 169
Wauer via München, weiter und so weiter ............ 171
Friedrich von Schennis ............................ 174

Briefe nach Norwegen (1911/1912)

Briefe nach Norwegen ............................. 177

Prosa 1912 bis 1913

Wenn mein Herz gesund wär – ...................... 265
Lasker-Schüler contra B. und Genossen .............. 269
Die Odenwaldschule .............................. 273
Egon Adler ...................................... 275
⟨Offener Brief an das »Berliner Tageblatt«⟩ ........... 276
Doktor Benn .................................... 277
Arme Kinder reicher Leute ........................ 278

Die beiden weißen Bänke vom Kurfürstendamm ....... 280
Bei Guy de Maupassant .......................... 281
Paul Lindau .................................... 288
Rudolf Blümner ................................. 289
Kete Parsenow .................................. 290
Unser Café ..................................... 291
Kabarett Nachtlicht – Wien ...................... 293

⟨Briefe und Bilder⟩ (1913-1917)

⟨Briefe und Bilder⟩ ............................. 297

Prosa 1913 bis 1914

Richard Dehmel ................................. 363
Ein »Schulheim« ................................ 365
Aus dem Buch der drei Melochim ................. 366
Plumm-Pascha .................................. 368
Heinrich F. Bachmair ⟨Offener Brief⟩ ............ 371
Kleine Skizze .................................. 372

Der Prinz von Theben (1914)

Der Scheik .................................... 377
Der Amokläufer ................................ 380
Der Derwisch .................................. 383
Ein Brief meiner Base Schalôme ................. 386
Der Fakir ..................................... 388
Das Buch der drei Abigails ..................... 391
  Abigail I. .................................. 391
  Abigail II. ................................. 393
  Abigail III. ................................ 397
Singa die Mutter des toten Melechs Abigail III. ...... 401
Eine Begebenheit aus dem Leben Abigail des Liebenden . 402
Der Kreuzfahrer ............................... 403

## Prosa 1915 bis 1919

Senna Hoy † .................................... 411
⟨Fritz Huf⟩ ..................................... 412
An Franz Marc .................................. 413
Rudolf Schmied ................................. 415
Kinderzeit ...................................... 415
Max Herrmann .................................. 420
Fritz Wolff ..................................... 421
Doktor Magnus Hirschfeld ....................... 422
Hans Heinrich von Twardowsky .................. 423
Brief an einen Schweizer Freund ................. 425

## Der Malik

Der Malik ...................................... 431

## Prosa 1920

⟨Ich bin in Theben (Ägypten) geboren⟩ ........... 525
Unser Rechtsanwalt Hugo Caro ................... 525
Unser Spielgefährte Theodorio Däubler ........... 526

# Else Lasker-Schüler
# Werke und Briefe

*Kritische Ausgabe*

Im Auftrag
des Franz Rosenzweig-Zentrums
der Hebräischen Universität Jerusalem,
der Bergischen Universität Wuppertal und
des Deutschen Literaturarchivs
Marbach am Neckar
herausgegeben von Norbert Oellers,
Heinz Rölleke und
Itta Shedletzky

*Band 3.2*

Jüdischer Verlag

# Else Lasker-Schüler
# Prosa

*1903-1920*

*Anmerkungen*

Bearbeitet von
Ricarda Dick

Jüdischer Verlag

Erste Auflage 1998
© dieser Ausgabe
Jüdischer Verlag im Suhrkamp Verlag
Frankfurt am Main 1998
Alle Rechte vorbehalten
Satz: Hümmer GmbH, Waldbüttelbrunn
Druck: Wagner GmbH, Nördlingen
Printed in Germany
**978 3 633 541485**

## *Inhalt*

Abkürzungen und Siglen . . . . . . . . . . . . . . . . . . . . . . . . . . . 7

Verzeichnis der editorischen Zeichen . . . . . . . . . . . . . . . . . 9

Selbständige Buchveröffentlichungen 1906-1920 . . . . . . . 10

Unselbständige Drucke aller erstmals vor 1921
veröffentlichten Prosatexte . . . . . . . . . . . . . . . . . . . . . . . 25

Anmerkungen zur Prosa 1903-1920 . . . . . . . . . . . . . . . . . 35

Editorische Nachbemerkung . . . . . . . . . . . . . . . . . . . . . . . 332

Verzeichnis zu den Anmerkungen . . . . . . . . . . . . . . . . . . . 337

# Abkürzungen und Siglen

DLA: Deutsches Literaturarchiv Marbach am Neckar.
JNUL: The Jewish National and University Library Jerusalem.
JNUL, ELS: The Jewish National and University Library Jerusalem, Arc. Ms. Var. 501 (Else Lasker-Schüler-Archiv).
KBK: Königliche Bibliothek Kopenhagen.
StLB: Stadt- und Landesbibliothek.
ULL: University Library Leeds.
WStLB: Wiener Stadt- und Landesbibliothek.
YUL, KWA: Yale University Library, Kurt Wolff Archive.

H ($H^1$, $H^2$): Handschrift.
PH ($PH^A$, $PH^B$): Partialhandschrift.
h: Abschrift von fremder Hand.
T ($T^1$, $T^2$): Typoskript.
PT ($PT^A$, $PT^B$): Partialtyposkript.
t: Typoskript von fremder Hand.
F: Druckfahne.
E: Erstdruck.
$E^a$, $E^b$: Handexemplar Else Lasker-Schülers von E mit eigenhändigen Änderungen und Ergänzungen.
$E^I$, $E^{II}$: Erstdruck in Fortsetzungen.
D ($D^1$, $D^2$): späterer Druck zu Lebzeiten Else Lasker-Schülers.
$D^a$, $D^b$: Handexemplar Else Lasker-Schülers von D mit eigenhändigen Änderungen und Ergänzungen.
$PD^A$, $PD^B$: Partialdrucke in verschiedenen Überlieferungsträgern.
$PD^{AI}$, $PD^{AII}$: Partialdrucke in verschiedenen Folgen desselben Periodikums.
Ti, o. Ti: Titel, ohne Titel.
OTi: Obertitel.
UTi, o. UTi: Untertitel, ohne Untertitel.
W, o. W: Widmung, ohne Widmung.

Ess: Essays.
Ge: Gesichte.
GG: Gesammelte Gedichte.

M: *Der Malik.*
MH: *Mein Herz.*
NTB: *Die Nächte Tino von Bagdads / Die Nächte der Tino von Bagdad.*
PHB: *Das Peter Hille-Buch.*
PT: *Der Prinz von Theben.*

KA: *Else Lasker-Schüler: Werke und Briefe. Kritische Ausgabe. Im Auftrag des Franz Rosenzweig-Zentrums der Hebräischen Universität Jerusalem, der Bergischen Universität Wuppertal und des Deutschen Literaturarchivs Marbach am Neckar herausgegeben von Norbert Oellers, Heinz Röllecke und Itta Shedletzky. [Bisher erschienen:] Bd. 1: Gedichte. Bearbeitet von Karl Jürgen Skrodzki unter Mitarbeit von Norbert Oellers. Frankfurt am Main 1996. Bd. 2: Dramen. Bearbeitet von Georg-Michael Schulz. Frankfurt am Main 1997.*

## Verzeichnis der editorischen Zeichen

| | |
|---|---|
| *[?]* | unsichere Lesung |
| *x* | unlesbarer Buchstabe |
| *(1), (a), (a)* | Beginn einer Textstufe |
| + | Abbruch und Sofortänderung |
| \| | Ende einer Spätänderung |
| † | Ende einer chronologisch indifferenten Variante |
| {abc} | Spätaddition |
| [abc] | Spättilgung |
| [{abc}] | gestrichene Spätaddition |
| {[abc]} | rückgängig gemachte Streichung |

## Selbständige Buchveröffentlichungen
## 1906-1920

*PHB¹*: Else Lasker-Schüler / Das Peter Hille-Buch / Axel Juncker / Verlag / in Stuttgart / Berlin // (1906). *(Umschlag – ein Porträt Peter Hilles – nach einer Radierung von Franz Stassen.)*

*PHB²*: Das Peter Hille-Buch / von Else Lasker-Schüler / Zweite Auflage / Mit einer Einbandzeichnung / der Verfasserin / Verlegt bei Paul Cassirer in Berlin / 1919. – *(Teil der »Gesamtausgabe in zehn Bänden« 1919 und 1920.)*

*PHB³*: Das Peter Hille-Buch / von Else Lasker-Schüler / Dritte Auflage / Mit einer Einbandzeichnung / der Verfasserin / Verlegt bei Paul Cassirer in Berlin / 1919.

| Seiten | Kapitel | PHB¹ | PHB²⁻³ |
|---|---|---|---|
| 29 | Petrus der Felsen | 5 f. | 9 f. |
| 29 | Petrus und ich auf der Wanderung I | 6 f. | 11 f. |
| 30 | Petrus und ich auf der Wanderung II | 7-9 | 13 f. |
| 30 | Petrus und ich auf der Wanderung III | 9 f. | 15 f. |
| 31 | Petrus und der Mond | 11 | 17 f. |
| 32 | Petrus-Poseidon | 12 | 19 |
| 32 | Petrus und ich beim Prunkmahl Onits von Wetterwehe | 13-18 | 20-26 |
| 35 | Petrus und der Nazarener | 19 f. | 27-29 |
| 36 | Petrus und der Schäfer | 21 | 30 f. |
| 36 | Petrus-Geburtstag | 22 f. | 32 f. |
| 37 | Am Nachmittag vor der Geburtstagsfeier ereignete sich folgendes | 23-25 | 34 f. |
| 38 | Petrus setzt Klein-Pull in die Sonne | 25 f. | 36 f. |
| 39 | Der Häuptling Bugdahan besucht uns in der Kalkfelsenschlucht | 27 f. | 38 f. |

| 40 | Petrus und ich im Tempel Jehovas | 29 f. | 40 f. |
| 40 | Petrus in der Höhle | 30 f. | 42 f. |
| 41 | Petrus und der Arzt | 32 f. | 44-46 |
| 42 | Petrus-Noah | 34 f. | 47-49 |
| 43 | Petrus und die Weide | 36 | 50 |
| 44 | Petrus und der Mai | 37 f. | 51 f. |
| 45 | Petrus und meine Liebe | 39 f. | 53 f. |
| 45 | Bei der Zauberin Hellmüte | 40-42 | 55-57 |
| 47 | Die Zauberin Hellmüte sendet uns Geschenke | 43-45 | 58-61 |
| 48 | Petrus und mein Kind | 46 f. | 62 f. |
| 49 | Petrus unter den Arbeitern | 47-49 | 64-66 |
| 50 | Petrus erprobt meine Leidenschaft | 49-51 | 67-69 |
| 51 | Petrussehnen | 51 f. | 70 |
| 51 | Petrus erinnert mich | 52 f. | 71 |
| 52 | Petrus legt einen Bauernsohn in die Erde zurück | 53-56 | 72-75 |
| 53 | Petrus und der Smaragd | 57 f. | 76-78 |
| 54 | Wir feiern eichenmethgolden den Sonnenwendtag | 59-62 | 79-82 |
| 56 | Mein Traum | 62 f. | 83 |
| 56 | Petrus und die Jerusalemiter | 63-65 | 84 f. |
| 57 | Petrus und ich auf den Bergen II | 65 f. | 86 |
| 58 | Petrus und ich auf den Bergen III | 66 | 87 |
| 58 | Petrus und ich auf den Bergen IV | 67 f. | 88 f. |
| 59 | Petrus und ich auf den Bergen V | 68 f. | 90 f. |
| 60 | Petrus und ich auf den Bergen VI | 70 | 92 f. |
| 60 | Petrus und ich auf den Bergen VII | 71 f. | 94 f. |
| 61 | Die Jünglinge finden mich an der Hecke | 72-74 | 96 f. |
| 62 | Goldwarth tröstet mich in der Schwermut | 74 f. | 98 f. |
| 62 | Ich suche ihn | 76 | 100 f. |
| 63 | Zwei grosse Engel tragen Petrus ins Tal | 77 | 102 |
| 63 | Am Mittag | 78 | 103 |

| 64 | Am Abend | 79 | 104 |
| 64 | Ich erschlage Tabak | 79 f. | 105 |
| 65 | Petrus Grab | 80-82 | 106 f. |
| 66 | Er heisst wie die Welt heisst | 82-84 | 108 f. |

*NTB¹*: Else Lasker-Schüler: / Die Nächte / Tino von Bagdads / Axel Juncker Verlag / Berlin Stuttgart Leipzig // (1907). – *In das Buch ist folgendes Blatt eingelegt:* Druckfehler-Berichtigung: / Die Gedichte auf S. 43: Aber ich finde ... und auf S. 47: Ich glaube wir ... – sind selbständig und nur irrtümlich nicht durch den Druck und im Inhaltsverzeichnis als solche bezeichnet.

*NTB²*: Die Nächte / der Tino von Bagdad / von Else Lasker-Schüler / Mit einer Einbandzeichnung / der Verfasserin / Verlegt bei Paul Cassirer in Berlin / 1919 // (Zweite Auflage). – *(Teil der »Gesamtausgabe in zehn Bänden« 1919 und 1920.)*

| *Seiten* | *Kapitel* | *NTB¹* | *NTB²* |
|---|---|---|---|
| 69 | Mein Lied *(Gedicht)* | 7 | – |
| 69 | Ich tanze in der Moschee | 8 f. | 7 f. |
| 70 | Das blaue Gemach | 10-13 | 9-12 |
| 71 | Plumm Pascha | 14-17 | 13-15 |
| 72 | Ached Bey | 18-22 | 16-20 |
| 74 | Der Tempel Jehova | 23 | 21 |
| 75 | Minn, der Sohn des Sultans von Marokko | 24-28 | 22-26 |
| 77 | Der Fakir von Theben | 29-31 | 27-29 |
| 78 | Der Khedive | 32-36 | 30-34 |
| 80 | Mein Liebesbrief | 37-39 | 35 f. |
| 81 | Der Magier | 40 f. | 37 f. |
| 82 | Ich frage nicht mehr *(Gedicht)* | 42 | – |
| 82 | Aber ich finde dich nicht mehr ...... *(Gedicht)* | 43 | – |
| 83 | Heimlich zur Nacht *(Gedicht)* | 44 | – |
| 83 | Wenn du kommst – *(Gedicht)* | 45 | – |
| 84 | Ich träume so leise von dir – – – *(Gedicht)* | 46 | – |

| | | | |
|---|---|---|---|
| 84 | Ich glaube wir ...... *(Gedicht)* | 47 | – |
| 85 | Der Grossmogul von Philippopel | 48-57 | 39-48 |
| 89 | Tino an Apollydes | 58 | 49 |
| 89 | Du es ist Nacht – *(Gedicht)* | 59 f. | – |
| 90 | Apollydes und Tino sind Zagende und träumen unter der Mondscheibe | 61-63 | 50-52 |
| 91 | Apollydes und Tino kommen in eine morsche Stadt | 64 | 53 |
| 91 | Tino und Apollydes | 65 | 54 |
| 91 | Im Garten Amri Mbillre | 66 f. | 55 f. |
| 92 | Der Sohn der Lîlame | 68-75 | 57-64 |
| 95 | Der Dichter von Irsahab | 76-80 | 65-69 |
| 97 | Die sechs Feierkleider | 81 | 70 |
| 97 | Das Lied meines Lebens ⟨*Gedicht*⟩ | 82 | – |

*MH¹*: Else Lasker-Schüler / Mein Herz / Ein Liebesroman / mit Bildern und wirklich lebenden Menschen / MCMXII / Verlag Heinrich F. S. Bachmair / München und Berlin. – *Am 18. Oktober 1912 bat Else Lasker-Schüler Bachmair um 1 Exemplar Aushängebogen für Paul Zech (H: DLA [77.684/25]). Diese Bogen, die noch während des Fortdrucks aus der Maschine genommen werden, werden oft noch vor dem Erscheinen des Buches an Rezensenten gesandt, damit diese das Buch möglichst bald besprechen können. Das fertige Buch erschien Ende Oktober/Anfang November 1912: am 2. November 1912 sandte Bachmair die ersten Exemplare an Else Lasker-Schüler (vgl. Brief H. F. S. Bachmairs an Else Lasker-Schüler vom 2. November 1912; T [Durchschlag]: DLA [77.685/2]). Der Buchdruck zeigt als Frontispiz die Photographie der flöteblasenden Else Lasker-Schüler in orientalischer Kostümierung (Abbildung in: Marbacher Magazin 71/1995 [Else Lasker-Schüler 1869-1945. Bearbeitet von Erika Klüsener und Friedrich Pfäfflin]. S. 99). – Die erste Buchausgabe der »Briefe nach Norwegen« enthält neben sämtlichen darin enthaltenen Illustrationen noch vier weitere: S. 115: Der Prinz von Theben (Kreidezeichnung von Karl Schmidt-Rottluff; Abbildung in: Marbacher Magazin 71/1995*

[Else Lasker-Schüler 1869-1945. Bearbeitet von Erika Klüsener und Friedrich Pfäfflin]. S. 97); S. 131: ⟨Freimarke⟩ (vgl. Variante zu 246,18); S. 159: ⟨weiblicher Bildniskopf in Vorderansicht⟩; S. 167: Ich halte eine fromme Rede über Theben (zum nur in den Buchfassungen enthaltenen Schlußtext »UNGLÄUBIGE ⟨...⟩ Jussuf-Prinz« (vgl. Variante zu 261,23). Über die Position dieser letzten Illustration im Text schrieb Else Lasker-Schüler an Bachmair: »Ich halte eine fromme Rede über Theben möchte ich hinter d. Brief gesetzt haben am Schluß wo meine Neger mit mir Stadt und Volk spielen, da ich zu arm bin, kein Geld habe nach Theben zu reisen. (Brief vom 4. August 1912, H: DLA [77.684/18].) – Sämtliche Abbildungen des Buchdrucks von 1912 bis auf die Zeichnung Schmidt-Rottluffs in: Else Lasker-Schüler: Mein Herz. Ein Liebesroman mit Bildern und wirklich lebenden Menschen. Mit Zeichnungen der Autorin aus der Ausgabe von 1912. Frankfurt/Main 1976 (Bibliothek Suhrkamp 520).

MH[2]: Mein Herz / von Else Lasker-Schüler / Ein Liebesroman mit Bildern / und wirklich lebenden Menschen / Verlegt bei Paul Cassirer, Berlin / 1920 // (Zweite Auflage). – (Teil der »Gesamtausgabe in zehn Bänden« 1919 und 1920.)

MH[2] hat die Illustrationen der »Briefe nach Norwegen« bis auf sechs (vgl. Illustrationen S. 220, S. 240, S. 251, S. 252, S. 257 und S. 261) übernommen. Von den zusätzlichen Illustrationen aus MH[1] wurden zwei (MH[1] S. 159 und S. 167) übernommen.

| Folge | »Briefe nach Norwegen«/Sturm | MH[1] | MH[2] |
|---|---|---|---|
| 1 | Jg. 2, Nr. 77 vom September 1911. S. 615f. | S. 9-16 | S. 7-14 |
| 2 | – Nr. 78 vom September 1911. S. 622 | S. 16-20 | S. 15-19 |
| 3 | – Nr. 79 vom September 1911. S. 631 | S. 20-24 | S. 19-23 |
| 4 | – Nr. 80 vom Oktober 1911. S. 637-639 | S. 24-32 | S. 23-32 |
| 5 | – Nr. 81 vom Oktober 1911. S. 645f. | S. 33-36 | S. 32-36 |

| | | | |
|---|---|---|---|
| 6 | – Nr. 82 vom Oktober 1911.<br>S. 654 | S. 36-41 | S. 36-41 |
| 7 | – Nr. 83 vom Oktober 1991.<br>S. 662 f. | S. 41-46 | S. 41-47 |
| 8 | – Nr. 84 vom November 1911.<br>S. 671 | S. 47-54 | S. 47-53 |
| 9 | – Nr. 85 vom November 1911.<br>S. 677 | S. 54-59 | S. 54-56 |
| 10 | – Nr. 86 vom November 1911.<br>S. 685 | S. 59-61 | S. 57-59 |
| 11 | – Nr. 87 vom November 1911.<br>S. 693 | S. 61-66 | S. 59-64 |
| 12 | – Nr. 88 vom Dezember 1911.<br>S. 702 | S. 66-70 | S. 64-67 |
| 13 | – Nr. 89 vom Dezember 1911.<br>S. 710 f. | S. 70-83 | S. 67-76 |
| 14 | – Nr. 90 vom Dezember 1911.<br>S. 718 f. | S. 84-91 | S. 76-80 |
| 15 | – Nr. 91 vom Dezember 1911.<br>S. 725 f. | S. 91-94 | S. 80-83 |
| 16 | – Nr. 92 vom Januar 1912.<br>S. 733-734 | S. 94-101 | S. 84-89 |
| 17 | – Nr. 93 vom Januar 1912.<br>S. 743-744 | S. 101-109 | S. 89-97 |
| 18 | – Nr. 94 vom Januar 1912.<br>S. 751-752 | S. 109-122 | S. 97-106 |
| 19 | – Nr. 95 vom Januar 1912.<br>S. 758, 760 | S. 122-128 | S. 106-110 |
| 20 | – Nr. 96 vom Januar 1912.<br>S. 765 | S. 128-133 | S. 110-113 |
| 21 | – Nr. 97 vom Februar 1912.<br>S. 773-774 | S. 133-136 | S. 113-116 |
| 22 | – Nr. 98 vom Februar 1912<br>S. 782 | S. 136-146 | S. 117-122 |
| 23 | – Nr. 99 vom Februar 1912.<br>S. 788-789 | S. 146-161 | S. 122-130 |
| 24 | Jg. 3, Nr. 113/114 vom Juni<br>1912. S. 68 | S. 162-165 | S. 131-132 |

*Ge¹*: Gesichte / Essays und andere / Geschichten / von / Else / Lasker-Schüler / 1913 / Kurt Wolff Verlag / Leipzig. – *Ein Teil der Auflage wurde vom Verlag der Weißen Bücher übernommen, der ein neues Titelblatt einzog:* Gesichte / Essays und andere Geschichten / von / Else Lasker-Schüler / 1914 / Verlag der Weißen Bücher, Leipzig // (2. Auflage). *Die Restauflage übernahm der Verlag Paul Cassirer; auf dem Titelblatt wurden Verlag und Ort überklebt mit:* Verlegt bei Paul Cassirer, Berlin.

S. 7: Dieses Buch schenke ich Kurt Wolff

| Seiten | Titel | Ges¹ | Ges² | E |
|---|---|---|---|---|
| 162 | Sterndeuterei | 9-17 | 17-25 | – |
| 158 | Handschrift | 18-23 | 26-31 | – |
| 135 | Johann Hansen und Ingeborg Coldstrup | 24-26 | 32-34 | – |
| 104 | Künstler | 27-29 | 35-37 | – |
| 150 | In der Morgenfrühe | 30 f. | 38 f. | – |
| 151 | Elberfeld im dreihundertjährigen Jubiläumsschmuck | 32-36 | 40-44 | – |
| 278 | Arme Kinder reicher Leute | 37-39 | 45-47 | – |
| 148 | Am Kurfürstendamm | 40-42 | 48-50 | – |
| 280 | Die beiden weißen Bänke vom Kurfürstendamm | 43 f. | 55 f. | – |
| 273 | Die Odenwaldschule | 45-47 | – | – |
| 269 | Lasker-Schüler contra B. und Genossen | 48-54 | 57-63 | – |
| 107 | Coranna | 55 f. | 64 f. | – |
| 111 | Die schwere Stunde | 57 f. | 66-68 | – |
| 9 | Peter Hille | 59-65 | – | 11-17 |
| 142 | Karl Kraus | 66-68 | – | 18-20 |
| 123 | Loos | 69-71 | – | 32-34 |
| 147 | Oskar Kokoschka | 72 f. | – | 35 f. |
| 128 | Peter Baum | 74 f. | – | 37 f. |
| – | Franz Werfel *(Gedicht)* | 76 | – | – |
| 101 | S. Lublinski | 77-82 | – | 41-46 |
| 106 | Paul Leppin | 83 f. | – | 47 f. |

| | | | | |
|---|---|---|---|---|
| – | Richard Dehmel *(Gedicht)* | 85 | – | – |
| 161 | Max Brod | 86 | – | 49 f. |
| 168 | Alfred Kerr | 87 f. | – | 51 f. |
| 281 | Bei Guy de Maupassant | 89-99 | – | 53-63 |
| – | Albert Heine *(Gedicht)* | 100 | – | – |
| – | Karl Vogt *(Gedicht)* | 101 | – | – |
| 288 | Paul Lindau | 102 f. | – | 64 f. |
| 23 | Bei Julius Lieban | 104-106 | – | 66-68 |
| 174 | Friedrich von Schennis | 107 f. | – | 72 f. |
| 126 | Tilla Durieux | 109-111 | – | 69-71 |
| – | Paul Zech *(Gedicht)* | 112 | – | – |
| 289 | Rudolf Blümner | 113 f. | – | 99 f. |
| 155 | William Wauer | 115 f. | – | 74 f. |
| 171 | Wauer-Walden via München und so weiter | 117-121 | – | 76-80 |
| 14 | Emmy Destinn | 122-125 | – | 81-84 |
| 169 | Franziska Schultz | 126 | – | 85 |
| 290 | Kete Parsenow | 127 | – | 86 |
| 125 | Ruth | 128 f. | – | 87 f. |
| 291 | Unser Café | 130-132 | – | 89-91 |
| 154 | Marie Böhm | 133 f. | – | 92 f. |
| 120 | Der Alpenkönig und der Menschenfeind | 135-137 | 51-54 | – |
| 275 | Egon Adler | 138-140 | – | 96-98 |
| 144 | Ein Amen | 141 f. | – | 94 f. |
| 265 | Wenn mein Herz gesund wär – | 143-149 | 69-74 | – |
| 132 | Der Eisenbahnräuber | 150 f. | 75 f. | – |
| 157 | Im neopathetischen Kabarett | 152 f. | 77 f. | – |
| 293 | Kabarett Nachtlicht, Wien | 154-157 | 79-82 | – |
| 122 | Apollotheater | 158-160 | 83-85 | – |
| 141 | Tigerin, Affe und Kuckuck | 161 f. | 86 f. | – |
| 20 | Im Zirkus | 163-168 | 88-93 | – |
| 133 | Zirkuspferde | 169-171 | 94-96 | – |
| 119 | Zirkus Busch | 172 f. | 97 f. | – |

*Die erste Auflage der »Gesichte« erschien im Mai 1913. Else Lasker-Schüler hatte die Essays bereits Anfang 1911 Ernst Rowohlt, als dessen stiller Teilhaber Kurt Wolff zu dieser Zeit tätig war, angeboten:* Ich bin Else Lasker-Schüler und habe ein neues Manuskript Essays und dergleichen. Ich glaube es ist ein amusantes Manuscript. Die einzelnen Sachen sind fast alle in großen Zeitschriften erschienen. *(H: YUL, KWA. Undatiert.) Nachdem Ernst Rowohlt ausgeschieden und der Verlag umbenannt worden war, kam im Februar 1913 ein Vertrag zwischen Else Lasker-Schüler und dem Kurt Wolff Verlag über die Essay-Sammlung zustande. – Während der Drucklegung bat Else Lasker-Schüler in einem undatierten Brief an Kurt Wolff um die genaue Wahrung der von ihr eingerichteten Textgestalt:* Bitte lassen Sie ja alles so wie ich es schrieb, bitte lassen Sie genau so drucken wie es jetzt ist. Wenn ich schrieb ganz richtig – natürlich so hatte ich richtig geschrieben wie es künstlerisch ist. Wie kommt das alles so komisch? *(H: YUL, KWA.)*

*PT¹*: Else Lasker-Schüler / Der Prinz von Theben / Ein Geschichtenbuch / Mit 25 Abbildungen nach Zeich- / nungen der Verfasserin und 3 far- / bigen Bildern von Franz Marc. / 1914 / Verlag der weißen Bücher, Leipzig.

*PT²*: Der Prinz von Theben / Ein Geschichtenbuch von / Else Lasker-Schüler / Mit 13 Abbildungen nach / Zeichnungen der Verfasserin / Verlegt bei Paul Cassirer, Berlin / 1920 // (Zweite Auflage). – *(Teil der »Gesamtausgabe in zehn Bänden« 1919 und 1920.)*

*PT¹⁻² enthalten folgende Abbildungen Else Lasker-Schülers:* Abigail III. der oberste Priester empfängt sein Volk *(PT¹ Frontispiz);* Der Scheik und sein Freund Mschattre Zimt. *(PT¹⁻² vor S. 9);* (Dschandragupta.) *(PT¹⁻² vor S. 17);* Der Fakir *(PT¹ vor S. 41);* Abigail I. *(PT¹ vor S. 53);* Abigail II *(PT¹ vor S. 57, PT² vor S. 55);* Jussuf und einige der Zebaothknaben *(PT¹ vor S. 63, PT² vor S. 45);* Die ehrgeizige Königin Marjam *und* Jussuf der Zebaothknabe erwartet Marjam hinter der Liebeshecke *(PT¹ vor S. 65 [auf einem Blatt]);* Abigail III. ehemaliger Prinz von Theben. *(PT¹ vor S. 69, PT² vor S. 63);* Abigail Jussuf betet auf dem Berge *(PT¹ vor S. 73);* Der Prinz v. Theben läßt sich auf seinen Arm das Wappen Thebens taitowieren. *(PT¹ vor S. 81);* Der

Siouxindianer *(PT¹ vor S. 81);* Der erste Judenmelech Saul *(PT¹ vor S. 81);* Die jüdischen (Häuptlinge) (die wilden Juden) *(PT¹ vor S. 81);* Die Zebaothknaben belauschen den Schlummer Jussufs. *(PT¹ vor S. 81);* Abigail III. in der Schlacht *(PT¹ vor S. 81, PT² vor S. 77);* Jussufs Herz blutet für sein Volk *(PT¹ vor S. 81);* Leila. *(PT¹ vor S. 81, PT² vor S. 33);* Salomon tröstet Abigail. *(PT¹ vor S. 81, PT² vor S. 65);* Abigail III. Der Traum der Liebe *(PT¹ vor S. 81);* Abigail trauert um Salomein. *(PT¹ vor S. 81);* Abigails Jussufs Einsamkeit *(PT¹ vor S. 81, PT² vor S. 67);* (Jussuf opfert sein Herz.) dem blonden Fürsten »Immer sah ich in den Himmel / O, du mußt mich lieb haben. / Und ich bringe dir mein Herz / ganz sanft wie eine Großnarzisse.« *(PT¹ vor S. 81);* Marië von Nazareth und ihr Kindlein *(PT¹ vor S. 85, PT² vor S. 73);* Der Derwisch und Jussuf auf dem Muharam Fest *(PT² vor S. 25);* Die Töchter des Emirs von Aphganistan *(PT² vor S. 37). Außerdem in PT¹ vor S. 97 auf drei Blättern drei Aquarelle Franz Marcs:* ⟨Gelbes Pferd⟩; ⟨Blaue Pferde⟩; ⟨Das heilige Kälbchen⟩ *mit Zusatz Franz Marcs:* Dieses heilige Kälbchen wurde am Tage der Thronbesteigung des Königs Jussuf im Garten des Palastes schlafend gefunden. *PT². – Sämtliche Abbildungen von PT¹ bis auf das Frontispiz in: Else Lasker-Schüler: Der Prinz von Theben. Ein Geschichtenbuch mit sechsundzwanzig Zeichnungen der Autorin und farbigen Bildern von Franz Marc. Frankfurt/Main 1996 (Bibliothek Suhrkamp 1226). – Klischeeandrucke einiger Illustrationen befinden sich in den Staatlichen Museen zu Berlin – Preußischer Kulturbesitz, Zentralarchiv, Autographensammlung Else Lasker-Schüler.*

| Seiten | Titel | $PT^1$ | $PT^2$ |
|---|---|---|---|
| 377 | Der Scheik | 7-14 | 9-15 |
| 380 | Der Amokläufer | 15-23 | 17-23 |
| 383 | Der Derwisch | 25-32 | 25-31 |
| 386 | Ein Brief meiner Base Schalôme | 33-37 | 33-36 |
| 388 | Der Fakir | 39-47 | 37-44 |
| 391 | Das Buch der drei Abigails | 49-75 | 45-68 |
| 391 | Abigail I. | 51-56 | 47-51 |
| 393 | Abigail II. | 57-66 | 53-60 |

| 397 | Abigail III. | 67-75 | 61-68 |
| 401 | Singa die Mutter des toten Melechs Abigail III. | 77-81 | 69-72 |
| 402 | Eine Begebenheit aus dem Leben Abigails des Liebenden | 83-85 | 73-75 |
| 403 | Der Kreuzfahrer | 87-98 | 77-86 |

*GG¹:* Die gesammelten Gedichte / von / Else Lasker-Schüler / Leipzig / Verlag der Weißen Bücher / 1917.
*S. 5:* Die gesammelten Gedichte / schenke ich / meiner teuren Mutter und ihrem Enkel Paul // Das Umschlagbild, von mir gezeichnet, schenke ich / Gertrud Osthaus.

*GG²:* Die gesammelten Gedichte / von / Else Lasker-Schüler / Kurt Wolff Verlag / Leipzig // (Zweite Auflage). – *Zur Datierung vgl. KA, Bd. 1.2, S. 23.*
*GG³:* Die gesammelten Gedichte / von Else Lasker-Schüler / 1920 / Kurt Wolff Verlag München.
*S. 5 (GG²⁻³):* Die gesammelten Gedichte / schenke ich / meiner teuren Mutter und ihrem Enkel Paul // Das Umschlagbild, von mir gezeichnet, schenke ich / Franz Marc.
*Die »Gesammelten Gedichte« (GG¹⁻³) enthalten die Prosatexte »Meine Kinderzeit« (GG¹⁻³: S. 29-36), »Rudolf Schmied« (GG¹: S. 127f.; GG²⁻³: S. 129f.), »Fritz Wolff« (GG¹: S. 129f.; GG²⁻³: S. 131f.), »Senna Hoy †« (GG¹: S. 145f.; GG²⁻³: S. 147f.), »Doktor Benn« (GG¹: S. 169f.; GG²⁻³: S. 173f.), »Fritz Huf« (GG¹: S. 209f.; GG²⁻³: S. 213f.) und »Franz Marc« (GG¹: S. 215f.; GG²⁻³: S. 220f.)*

*M:* Der Malik / Eine Kaisergeschichte / mit Bildern und Zeichnungen / von der / Else Lasker-Schüler / Verlegt bei Paul Cassirer / Berlin 1919. – *(Teil der »Gesamtausgabe in zehn Bänden« 1919 und 1920.)*

Selbständige Buchveröffentlichungen 1906-1920    21

| Folge | ⟨»*Briefe und Bilder*«⟩ | M |
|---|---|---|
| 1 | Die Aktion. Jg. 3, Nr. 36 vom 6. September 1913. Sp. 854-859. | S. 9-15 |
| 2 | – Nr. 38 vom 20. September 1913. Sp. 906 f. | S. 15 f. |
| 3 | – Nr. 41 vom 11. Oktober 1913. Sp. 963 f. | S. 17 f. |
| 4 | – Nr. 42 vom 18. Oktober 1913. Sp. 992-994. | S. 18-20 |
| 5 | – Nr. 44 vom 1. November 1913. Sp. 1031-1033. | S. 20-22 |
| 6 | – Nr. 46 vom 15. November 1913. Sp. 1081 f. | S. 22-24 |
| 7 | – Nr. 52 vom 27. Dezember 1913. Sp. 1207-1209. | S. 24-27 |
| 8 | – Jg. 4, Nr. 4 vom 24. Januar 1914. Sp. 85 f. | S. 28-30 |
| 9 | – Nr. 7 vom 14. Februar 1914. Sp. 145. | S. 30 f. |
| 10 | – Nr. 8 vom 21. Februar 1914. Sp. 170 f. | S. 31-33 |
| 11 | Der Brenner. Jg. 4, H. 19 vom 1. Juli 1914. S. 852-862. | S. 33-47 |
| 12 | Die Aktion. Jg. 5, Nr. 31/32 vom 7. August 1915. Sp. 394-396. | S. 48-50 |
| 13 | Neue Jugend. Jg. 1, H. 7 vom Juli 1916. S. 130 f. | S. 50-52 |
| 14 | – H. 8 vom August 1916. S. 157-159. | S. 52-56 |
| 15 | – H. 9 vom September 1916. S. 176-179. | S. 57-62 |
| 16 | – H. 11/12 vom Februar/März 1917. S. 219-225. | S. 62-72 |

*Ge*$^2$: Gesichte / von Else Lasker-Schüler / Mit einer Umschlagzeichnung / der Verfasserin / Verlegt bei Paul Cassirer in Berlin / 1920 // (Zweite Auflage). – *(Teil der »Gesamtausgabe in zehn Bänden« 1919 und 1920.)*

| Seiten | Titel | Ges² | Ges¹ |
|---|---|---|---|
| 415 | Meine Kinderzeit | 9-16 | – |
| 162 | Sterndeuterei | 17-25 | 9-17 |
| 158 | Handschrift | 26-31 | 18-23 |
| 135 | Johann Hansen und Ingeborg Coldstrup | 32-34 | 24-26 |
| 104 | Künstler | 35-37 | 27-29 |
| 150 | In der Morgenfrühe | 38 f. | 30 f. |
| 151 | Elberfeld im dreihundertjährigen Jubiläumsschmuck | 40-44 | 32-36 |
| 278 | Arme Kinder reicher Leute | 45-47 | 37-39 |
| 148 | Am Kurfürstendamm | 48-50 | 40-42 |
| 120 | Der Alpenkönig und der Menschenfeind | 51-54 | 135-137 |
| 280 | Die beiden weißen Bänke vom Kurfürstendamm | 55 f. | 43 f. |
| 269 | Lasker-Schüler contra B. und Genossen | 57-63 | 48-54 |
| 107 | Coranna | 64 f. | 55 f. |
| 111 | Die schwere Stunde | 66-68 | 57 f. |
| 265 | Wenn mein Herz gesund wär – | 69-74 | 143-149 |
| 132 | Der Eisenbahnräuber | 75 f. | 150 f. |
| 157 | Im neopathetischen Kabarett | 77 f. | 152 f. |
| 293 | Kabarett Nachtlicht – Wien | 79-82 | 154-157 |
| 122 | Apollotheater | 83-85 | 158-160 |
| 141 | Tigerin, Affe und Kuckuck | 86 f. | 161 f. |
| 20 | Im Zirkus | 88-93 | 163-168 |
| 133 | Zirkuspferde | 94-96 | 169-171 |
| 119 | Zirkus Busch | 97 f. | 172 f. |
| 526 | Unser Spielgefährte Theodorio Däubler | 99 f. | – |
| 425 | Brief an Korrodi | 101-108 | – |

*Den Beitrag »Meine Kinderzeit« nahm Else Lasker-Schüler auch in »Die Gesammelten Gedichte« (GG¹⁻³) und in »Konzert« (1932) auf.*

*Ess:* Essays / von Else Lasker-Schüler / Mit einer Einbandzeichnung / der Verfasserin / Verlegt bei Paul Cassirer in Berlin / 1920 // (Zweite Auflage). – *(Teil der »Gesamtauflage in zehn Bänden« 1919 und 1920.)*

*S. 5:* Dem lieben Leo Kestenberg / schenke ich dieses Buch

| Seiten | Titel | E | Ges[1] |
|---|---|---|---|
| 420 | Max Herrmann | 9 f. | – |
| 9 | Peter Hille | 11-17 | 59-65 |
| 142 | Karl Kraus | 18-20 | 66-68 |
| 277 | Doktor Benn | 21 f. | – |
| 412 | Fritz Huf | 23 f. | – |
| 421 | Fritz Wolff | 25 f. | – |
| 415 | Rudolf Schmied | 27 f. | – |
| 422 | Doktor Magnus Hirschfeld | 29-31 | – |
| 123 | Loos | 32-34 | 69-71 |
| 147 | Oskar Kokoschka | 35 f. | 72 f. |
| 128 | Peter Baum | 37 f. | 74 f. |
| 525 | Unser Rechtsanwalt Hugo Caro | 39 f. | – |
| 101 | S. Lublinski | 41-46 | 77-82 |
| 106 | Paul Leppin | 47 f. | 83 f. |
| 161 | Max Brod | 49 f. | 86 |
| 168 | Alfred Kerr | 51 f. | 87 f. |
| 281 | Bei Guy de Maupassant | 53-63 | 89-99 |
| 288 | Paul Lindau | 64 f. | 102 f. |
| 23 | Bei Julius Lieban | 66-68 | 104-106 |
| 126 | Tilla Durieux | 69-71 | 109-111 |
| 174 | Friedrich von Schennis | 72 f. | 107 f. |
| 155 | William Wauer | 74 f. | 115 f. |
| 171 | Wauer-Walden via München usw. | 76-80 | 117-121 |
| 14 | Emmy Destinn | 81-84 | 122-125 |
| 169 | Franziska Schultz | 85 | 126 |
| 290 | Kete Parsenow | 86 | 127 |
| 125 | Ruth | 87 f. | 128 f. |
| 291 | Unser Café | 89-91 | 130-132 |
| 154 | Marie Böhm | 92 f. | 133 f. |

| 144 | Ein Amen | 94 f. | 141 f. |
| 275 | Egon Adler | 96-98 | 138-140 |
| 289 | Rudolf Blümner | 99 f. | 113 f. |
| 423 | Hans Heinrich von Twardowsky | 101-103 | – |

*Die Beiträge »Doktor Benn«, »Fritz Huf«, »Fritz Wolff« und »Rudolf Schmied« nahm Else Lasker-Schüler auch in »Die Gesammelten Gedichte« (GG$^{1-3}$) auf.*

Die Kuppel / Von / Else Lasker-Schüler / Der Gedichte zweiter Teil / Mit einer Einbandzeichnung der Verfasserin / Verlegt bei Paul Cassirer in Berlin / 1920. – *(Teil der »Gesamtausgabe in zehn Bänden« 1919 und 1920.) Zur Widmung vgl. KA, Bd. 1.2, S. 35.*

*»Die Kuppel« enthält den Prosatext mit Gedicht »Franz Marc« (S. 109-111).*

## Unselbständige Drucke
## aller erstmals vor 1921 veröffentlichten
## Prosatexte

### 1903

Der Zeitgeist (Beiblatt zum »Berliner Tageblatt«). Nr. 30 (Beiblatt zu Jg. 32, Nr. 375 [Montags-Ausgabe]) vom 27. Juli 1903: »*Peter Hille*«.
Katalog des Axel Juncker Verlags (Stuttgart). Etwa Herbst 1903: »⟨*Gab meine Menschengestalt ...*⟩«.

### 1904

Kampf. Zeitschrift für – gesunden Menschenverstand. N.F., Nr. 5 vom 5. März 1904. S. 148-151: »*Emmy Destinn*«.
– Nr. 13 vom 7. Mai 1904. S. 354-356: »*Der tote Knabe*«.

### 1905

Vossische Zeitung. Nr. 511 (Morgen-Ausgabe) vom 31. Oktober 1905: »*Im Zirkus*«.
Die Schaubühne. Jg. 1, Nr. 14 vom 7. Dezember 1905. S. 411f.: »*Bei Julius Lieban*«.

### 1906

Die Zukunft. Jg. 14, Bd. 56, Nr. 48 vom 1. September 1906. S. 344: »*Petrus und der Mond*«.

### 1907

Arena. Illustrierte Monatshefte für modernes Leben. Hg. von Rudolf Presber. Jg. 2, H. 3 vom Juni 1907. S. 295f.: »*Auf der Mondscheibe*«.
Kritik der Kritik. Zeitschrift für Künstler und Kunstfreunde. Hg. von A. Halbert und Leo Horwitz. Bd. 2, H. 10, 1907. S. 226-228: »*S. Lublinski*«.

*1908*

Das Magazin. Monatsschrift für Literatur, Musik, Kunst und Kultur. Jg. 77, H. 4 vom Januar 1908. S. 52: »*Künstler*«, S. 65: »*Paul Leppin*«, S. 67f.: »*Coranna, eine Indianergeschichte gestaltet von Slevogt*«.
– H. 6 vom März 1908. S. 99f.: »*Ached Bey*«.
Morgen. Wochenschrift für deutsche Kultur. Jg. 2, Nr. 28 vom 10. Juli 1908. S. 910f.: »*Mschattre-Zimt, der jüdische Sultan*«.
– Nr. 42 vom 16. Oktober 1908. S. 1407: »*Charlotte Berend: Die schwere Stunde*«.
– Nr. 45 vom 6. November 1908. S. 1495-1497: »*Der Fakir*«.
Prinzessin Sabbath. Erzählungen. Hg. von Julius Moses. (Jüdischer Novellenschatz I.) Berlin und Leipzig (Hermann Seemann Nachfolger) ⟨Herbst 1908⟩. S. 246-256: »*Die Nächte Tino von Bagdads*«: »*Ached Bey*« / »*Mein Liebesbrief an Abdul Hassan*« / »*Das blaue Gemach*« / »*Der Tempel Jehova*« / »*Mschattre-Zimt, der jüdische Sultan*«.
Morgen. Wochenschrift für deutsche Kultur. Jg. 2, Nr. 51/52 vom 18. Dezember 1908. S. 1683f.: »*Der Derwisch*«.

*1909*

Das Theater. Jg. 1, H. 2 vom September 1909. S. 33f.: »*Emmy Destinn*«.
– H. 4 vom Oktober 1909. S. 88: »*Im Zirkus Busch*«.
– H. 5 vom November 1909. S. 110f.: »*Der Alpenkönig und der Menschenfeind*«.
– H. 7 vom Dezember 1909. S. 158f.: »*Apollotheater*«.
– H. 8 vom Dezember 1909. S. 184: »*Loos*«.

*1910*

Das Theater. Jg. 1, H. 9 vom Januar 1910. S. 204: »*Ruth*«.
– H. 10 vom Januar 1910. S. 233f.: »*Frau Durieux*«.
Der Sturm. Jg.1, Nr. 1 vom 3. März 1910. S. 5f.: »*Peter Baum*«.
– Nr. 2 vom 10. März 1910. S. 10f.: »*Der Amokläufer*«.

- Nr. 3 vom 17. März 1910. S. 21 f.: »*Der Eisenbahnräuber*«.
- Nr. 6 vom 7. April 1910. S. 45: »*Zirkuspferde*«.
- Nr. 7 vom 14. April 1910. S. 49: »*Johann Hansen und Ingeborg Coldstrup*«.
- Nr. 10 vom 5. Mai 1910. S. 75 f.: »*Der Kreuzfahrer*«.
- Nr. 11 vom 12. Mai 1910. S. 86: »*Tigerin, Affe und Kuckuck*«.
- Nr. 12 vom 19. Mai 1910. S. 90: »*Karl Kraus*«.
- Nr. 18 vom 30. Juni 1910. S. 144: »*Ein Amen*«.

Vossische Zeitung. Nr. 303 (Morgen-Ausgabe) vom 1. Juli 1910: »*Die rotbäckige Schule*«.

Der Sturm. Jg. 1, Nr. 21 vom 21. Juli 1910. S. 166: »*Oskar Kokoschka*«.

- Nr. 23 vom 4. August 1910. S. 184: »*Am Kurfürstendamm*«.
- Nr. 26 vom 25. August 1910. S. 207: »*In der Morgenfrühe*«.
- Nr. 27 vom 1. September 1910. S. 214 f.: »*Elberfeld im dreihundertjährigen Jubiläumsschmuck*«.
- Nr. 29 vom 15. September 1910. S. 228 f.: »*Künstler*«.
- Nr. 30 vom 22. September 1910. S. 239: »*Marie Böhm*«.
- Nr. 32 vom 6. Oktober 1910. S. 254: »*Der Sohn der Lilâme*«.
- Nr. 34 vom 20. Oktober 1910. S. 271: »*William Wauer*«.

Die Fackel. Jg. 12, Nr. 309/310 vom 31. Oktober 1910. S. 5 f.: »*Johann Hansen und Ingeborg Coldstrup*«.

Freiheit und Arbeit. Kunst und Literatur. Sammlung. Hg. vom Internationalen Komitee zur Unterstützung der Arbeitslosen mit Vorwort von Eduard Bernstein. Selbstbiographien, Bildnisse und Faksimilen. Leipzig (Xenien-Verlag) 1910. S. 114 f.: »⟨*Ich bin zwischen Europa und Asien geboren ...*⟩« / »*Der Fakir von Theben*«. (*Text- und seitenidentisch mit der Ausgabe:* Freiheit und Arbeit. Ein Dichterbuch. Mit Selbstbiographien, 31 Bildnissen und Faksimiles, sowie einem Kunstbild von J. Répin. Zürich (Orell Füssli) ⟨1914⟩.)

*Der Sturm. Jg. 1, Nr. 37 vom 10. November 1910. S. 293:* »*Minn, der Sohn des Sultans von Marokko*«.

- Nr. 38 vom 17. November 1910. S. 304: »*Im neopathetischen Cabaret*«.
- Nr. 39 vom 24. November 1910. S. 309 f.: »*Handschrift*«.
- Nr. 40 vom 1. Dezember 1910. S. 319 f.: »*Max Brod*«.

Der Demokrat. Zeitschrift für freiheitliche Politik und Literatur.

Berlin, Leipzig 2/1910, Nr. 30, Beilage: »*Die Nächte Tino von Bagdads*«: »*Ached Bey*« / »*Mein Liebesbrief an Abdul Hassan*« / »*Mschattre-Zimt, der jüdische Sultan*«.

*1911*

Die Fackel. Jg. 12, Nr. 315/316 vom 26. Januar 1911. S. 20-26: »*Sterndeuterei*«.
Der Sturm. Jg. 1, Nr. 49 vom 4. Februar 1911. S. 391: »*Alfred Kerr*«.
- Nr. 51 vom 18. Februar 1911. S. 407: »*Franziska Schultz*«.
- Nr. 52 vom 25. Februar 1911. S. 414: »*Ich tanze in der Moschee*«.
- Jg. 2, Nr. 55 vom 18. März 1911. S. 438: »*Ein Brief meiner Base Schalôme*«.
- Nr. 72 vom August 1911. S. 575 f.: »*Wauer via München, weiter und so weiter*«.
- Nr. 74 vom August 1911. S. 590: »*Friedrich von Schennis*«.
- Nr. 77 vom September 1911. S. 615 f.: »*Briefe nach Norwegen*«.
- Nr. 78 vom September 1911. S 622: »*Briefe nach Norwegen*«.
- Nr. 79 vom September 1911. S. 631: »*Briefe nach Norwegen*«.
- Nr. 80 vom Oktober 1911. S. 637-639: »*Briefe nach Norwegen*«.
- Nr. 81 vom Oktober 1911. S. 645 f.: »*Briefe nach Norwegen*«.
- Nr. 82 vom Oktober 1911. S. 654: »*Briefe nach Norwegen*«.
- Nr. 83 vom Oktober 1911. S. 662 f.: »*Briefe nach Norwegen*«.
- Nr. 84 vom November 1911. S. 671: »*Briefe nach Norwegen*«.
- Nr. 85 vom November 1911. S. 677: »*Briefe nach Norwegen*«.
- Nr. 86 vom November 1911. S. 685: »*Briefe nach Norwegen*«.
- Nr. 87 vom November 1911. S. 693: »*Briefe nach Norwegen*«.
- Nr. 88 vom Dezember 1911. S. 702: »*Briefe nach Norwegen*«.
- Nr. 89 vom Dezember 1911. S. 710 f.: »*Briefe nach Norwegen*«.
- Nr. 90 vom Dezember 1911. S. 718 f.: »*Briefe nach Norwegen*«.
- Nr. 91 vom Dezember 1911. S. 725 f.: »*Briefe nach Norwegen*«.

*1912*

Der Sturm. Jg. 2, Nr. 92 vom Januar 1912. S. 733 f.: »*Briefe nach Norwegen*«.
- Nr. 93 vom Januar 1912. S. 743 f.: »*Briefe nach Norwegen*«.
- Nr. 94 vom Januar 1912. S. 751 f.: »*Briefe nach Norwegen*«.
- Nr. 95 vom Januar 1912. S. 758-760: »*Briefe nach Norwegen*«.
- Nr. 96 vom Januar 1912. S. 765: »*Briefe nach Norwegen*«.
- Nr. 97 vom Februar 1912. S. 773 f.: »*Briefe nach Norwegen*«.
- Nr. 98 vom Februar 1912. S. 782: »*Briefe nach Norwegen*«.
- Nr. 99 vom Februar 1912. S. 788 f.: »*Briefe nach Norwegen*«.
- Jg. 3, Nr. 107 vom April 1912. S. 18 f.: »*Wenn mein Herz gesund wär –*«.
- Nr. 111 vom Mai 1912. S. 51 f.: »*Lasker-Schüler contra B. und Genossen*«.
- Nr. 113/114 vom Juni 1912. S. 68: »*Briefe nach Norwegen. Nachtrag*«.

Saturn. Jg. 2, H. 11 vom November 1912. S. 232-236: »*Der Kreuzfahrer*«.

Berliner Tageblatt. Jg. 41, Nr. 641 (Morgen-Ausgabe) vom 17. Dezember 1912, 1. Beiblatt: »*Die Odenwaldschule*«.

Flut. Die Anthologie der jüngsten Belletristik. Hg. von Hermann Meister. Heidelberg (Saturn-Verlag Hermann Meister) 1912. S. 76-79: »*Mschattre-Zimt, der jüdische Sultan*«.

Ballhaus. Ein lyrisches Flugblatt von Ernst Blass u. a. Berlin-Wilmersdorf ⟨1912⟩: »*Ich tanze in der Moschee*«.

*1913*

Pan. Wochenschrift. Jg. 3, Nr. 17 vom 24. Januar 1913. S. 412 f.: »*Egon Adler*«.

Berliner Tageblatt. Jg. 42, Nr. 77 (Morgen-Ausgabe) vom 12. Februar 1913: »*⟨Offener Brief an das ›Berliner Tageblatt‹⟩*«.

Der Zeitgeist (Beiblatt zum »Berliner Tageblatt«). Nr. 7 (Beiblatt zu Jg. 42, Nr. 86 [Montags-Ausgabe] vom 17. Februar 1913: »*Petrus der Felsen*«.

Saturn. Jg. 3, H. 4 vom April 1913. S. 91-93: »*Aus meinem Peter Hille-Buch*«: »*Petrus und der Mond*« / »*Petrus-Noah*« / »*Petrus erinnert mich*«, S. 95-99: »*Der Amokläufer*«, S. 99-105: »*Der Derwisch*«, S. 107-112: »*Handschrift*«, S. 112-115: »*Friedrich von Schennis*«, S. 116-118: »*Karl Kraus*«.

Der Brenner. Jg. 3, H. 18 vom 15. Juni 1913. S. 837 f.: *Rundfrage über Karl Kraus / Else Lasker-Schüler.*

Die Aktion. Wochenschrift für Politik, Literatur und Kunst. Hg. von Franz Pfempfert. Jg. 3, Nr. 26 vom 25. Juni 1913. Sp. 639: »*Doktor Benn*«.

- Nr. 36 vom 6. September 1913. Sp. 854-859: »*Briefe und Bilder*«.
- Nr. 38 vom 20. September 1913. Sp. 906 f.: »*Briefe*«.
- Nr. 41 vom 11. Oktober 1913. Sp. 963 f.: »*Briefe*«.
- Nr. 42 vom 18. Oktober 1913. Sp. 992-994: »*Briefe und Bilder*«.
- Nr. 44 vom 1. November 1913. Sp. 1031-1033: »*Briefe*«.
- Nr. 46 vom 15. November 1913. Sp. 1081 f.: »*Briefe und Bilder*«.
- Nr. 52 vom 27. Dezember 1913. Sp. 1207-1209: »*Briefe und Bilder*«.

Neue Blätter (Berlin). Folge 3, H. 5, 1913. S. 5-9: »*Richard Dehmel*«.

Berliner Tageblatt. Jg. 42, Nr. 541 (Morgen-Ausgabe) vom 24. Oktober 1913: »*Ein Schulheim*«.

Revolution. Zweiwochenschrift, Nr. 5 vom 20. Dezember 1913 (Sondernummer für Otto Groß): »*Aus dem Buch der drei Melochim*«.

1914

Das Kinobuch. Leipzig (Kurt Wolff) 1914. *(Erschienen 1913, vordatiert 1914).* S. 37-41: »*Plumm-Pascha. Morgenländische Komödie*«.

Die Aktion. Jg. 4 vom 24. Januar 1914. Sp. 85 f.: »*Briefe*«.

- Jg. 4, Nr. 4 vom 24. Januar 1914. Sp. 87 f.: »*Heinrich F. Bachmair*«.
- Nr. 7 vom 14. Februar 1914. Sp. 145: »*Briefe und Bilder*«.

- Nr. 8 vom 21. Februar 1914. Sp. 170f.: »*Briefe und Bilder*«.
Der Brenner. Halbmonatsschrift für Kunst und Kultur. Hrsg. von Ludwig von Ficker. Jg. 4, H. 19 vom 1. Juli 1914. S. 852-862: »*Der Malik. Briefe an den blauen Reiter Franz Marc*«.
Der Zeitgeist (Beiblatt zum »Berliner Tageblatt«). Nr. 29 (Beiblatt zu Jg. 43, Nr. 362 [Montags-Ausgabe]) vom 20. Juli 1914: »*Kleine Skizze*«.
Das bunte Buch. Leipzig (Kurt Wolff) 1914. S. 45-47: »*Arme Kinder reicher Leute*«.

*1915*

Die Aktion. Wochenschrift für Politik, Literatur und Kunst. Hrsg. von Franz Pfemfert. Jg. 5, Nr. 31/32 vom 7. August 1915. Sp. 394-396: »*Briefe an den blauen Reiter*«.
Frankfurter Zeitung und Handelsblatt. Jg. 60, Nr. 283 (Zweites Morgenblatt) vom 12. Oktober 1915. S. 1: »*Senna Hoy †*«.
Prager Tagblatt. Jg. 40, Nr. 288 (Morgen-Ausgabe) vom 17. Oktober 1915, Unterhaltungs-Beilage Nr. 40: »*Senna Hoy †*«.
Zeit-Echo. H. 1 (1915/16). S. 9f.: »⟨*Fritz Huf*⟩«.

*1916*

Berliner Tageblatt. Jg. 45, Nr. 126 (Morgen-Ausgabe) vom 9. März 1916: »*An Franz Marc*«.
Prager Tagblatt. Jg. 41, Nr. 79 vom 19. März 1916, Unterhaltungsbeilage Nr. 12: »*An Franz Marc*«.
Das Reich. Vierteljahresschrift. 1. Jahr, Buch 2, Juli 1916. S. 253f.: »*Franz Marc*«.
Neue Jugend. Jg. 1, H. 7 vom Juli 1916. S. 130f.: »*Der Malik*«.
- H. 8 vom August 1916. S. 157-159: »*Der Malik*«.
- H. 9 vom September 1916. S. 176-179: »*Der Malik*«.
Die Aktion. Jg. 6, Nr. 39/40 vom 30. September 1916. Sp. 551: »*Rudolf Schmied*«.

## 1917

Neue Jugend. Jg. 1, H. 11/12 vom Februar/März 1917. S. 219-225: »*Der Malik*«.

Frankfurter Zeitung und Handelsblatt. Jg. 61, Nr. 90 (Zweites Morgenblatt) vom 1. April 1917. S. 1: »*Kinderzeit*«.

Die Aktion. Wochenschrift für Politik, Literatur, Kunst. Jg. 7, Nr. 33/34 vom 25. August 1917. Sp. 462 f.: »*Max Herrmann*«.

## 1918

Züricher Post und Handelszeitung. Jg. 40, Nr. 317 (Morgen-Ausgabe) vom 10. Juli 1918: »*Doktor Magnus Hirschfeld*«.

Berliner Börsen-Courier. Jg. 51, Nr. 603 (Morgen-Ausgabe) vom 25. Dezember 1918, 1. Beilage. S. 6: »*Hans Heinrich von Twardowsky*«.

Unser Weg 1919. Ein Jahrbuch des Verlags Paul Cassirer. Berlin 1918. S. 91 f.: »*Abigail I.*«.

## 1919

Frankfurter Zeitung und Handelsblatt. Jg. 63, Nr. 291 (Erstes Morgenblatt) vom 18. April 1919. S. 1 f.: »*Brief an einen Schweizer Freund*«.

Vossische Zeitung. Berlinische Zeitung von Staats- und gelehrten Sachen. Nr. 601 (Abend-Ausgabe) vom 25. November 1919. S. 2: »*Max Herrmann*«.

Das junge Deutschland. Monatsschrift für Theater und Literatur. Hrsg. vom Deutschen Theater zu Berlin. Jg. 2, Nr. 3, 1919, 5. Jg. der Blätter des Deutschen Theaters. S. 83-85: »*Briefe an Franz Marc*«.

Unser Weg 1920. Ein Jahrbuch des Verlags Paul Cassirer. Berlin 1919. S. 85 f.: »*Vom Himmel*«.

## 1920

Menschheitsdämmerung. Symphonie jüngster Lyrik (*ab 5. Tausend: jüngster Dichtung*). Hg. von Kurt Pinthus. Berlin (Ernst Rowohlt) 1920. S. 294: »‹*Ich bin in Theben [Ägypten] geboren*›«. (*Die Anthologie erschien Ende 1919; der Einband aller Drucke trägt den Titel:* Symphonie jüngster Dichtung.)

## 1921

Die Entfaltung. Novellen an die Zeit. Berlin (Ernst Rowohlt) 1921. S. 21-25: »*Wenn mein Herz gesund wär –*«.

## 1922

Triumph der Liebe. Ein Venusspiegel. Die schönsten Liebesnovellen der Weltliteratur. Gesammelt und mit einer Einleitung versehen von Curt Moreck. Berlin/Leipzig/Wien/Stuttgart (Deutsches Verlagshaus Bong & Co.) (1922). S. 349-353: »*Der Fakir*«.

## 1923

Der Mann am Kreuz. Geschichten zeitgenössischer Erzähler von Rhein und Ruhr. Berlin (Zentralverlag G. m. b. H) ‹1923›. S. 76-79: »*Elberfeld*«.

## 1927

Uhu. Monatsmagazin. Berlin (Ullstein) Jg. 3, H. 6 vom März 1927. S. 111-114: »*Handschrift*«.

## 1928

Das kleine Blatt (Wien). Nr. 71 vom 11. März 1928: »*Zirkus Busch*«.
Dichtung und Welt (Beilage zur »Prager Presse«). Nr. 48 (Beilage zu Jg. 8, Nr. 328) vom 25. November 1928. S. 1: »*Daniel Jesus*«.

*1930*

Adolf Loos. Zum 60. Geburtstag am 10. Dezember 1930. Wien 1930. S. 27-29: »*Loos*«.

## Anmerkungen zur Prosa 1903-1920

### Peter Hille

ÜBERLIEFERUNG. E: *Der Zeitgeist (Beiblatt zum »Berliner Tageblatt«). Nr. 30. (Beiblatt zu Jg. 32, Nr. 375 [Montags-Ausgabe]) vom 27. Juli 1903.* $D^1$: *$Ge^1$ (1913). S. 59-65.* $D^2$: *Ess (1920). S. 11-17.*

VARIANTEN und LESARTEN.
Ti: Peter Hille $D^{1-2}$  W: Meiner teuren Mutter in Liebe / und Ehrfurcht $D^1$  9,2 »Es] Es $D^2$  9,2 Peter!«] Peter!« *Absatz fehlt* $D^{1-2}$  9,10 Du] du $D^{1-2}$  9,11 Schreiben.] Schreiben. *Absatz fehlt* $D^2$  9,12 der] seiner $D^{1-2}$  9,17 erzählten, –] erzählten – – $D^{1-2}$  9,19 Erde. Ja] Erde; ja $D^{1-2}$  Peter ....] Peter ... $D^1$  Peter ... *Absatz fehlt* $D^2$  9,20 Du] du $D^{1-2}$  haben.] haben! $D^{1-2}$  9,21 herabgesenkt,] herabgesenkt $D^{1-2}$  dem] den $D^{1-2}$  9,22 olivfarbenen] olivenfarbigen $D^{1-2}$  9,23 wollte.] wollte. *Durchschuß fehlt* $D^2$  9,25 ähnlich.] ähnlich. *Absatz fehlt* $D^{1-2}$  9,27 hatten.] hatten. *Absatz fehlt* $D^{1-2}$  9,29 komm'] komm $D^{1-2}$  9,30 und seine] seine $D^{1-2}$  9,31 Alt-Athen.] Alt-Athen. *Absatz fehlt* $D^{1-2}$  9,32 sangen ⟨...⟩ fahrenden] sangen: fahrende $D^{1-2}$  9,33 Weines] Weins $D^{1-2}$  10,3 O] »O $D^{1-2}$  Du] du $D^{1-2}$  10,4 Du] du $D^{1-2}$  10,5 Hervor, Du] Hervor du $D^{1-2}$  10,6 Tonne!] Tonne. $D^{1-2}$  10,7 Du] du $D^{1-2}$  Du] du $D^{1-2}$  10,10 klopfen!«] klopfen! $D^{1-2}$  10,20 sein!] sein. $D^{1-2}$  10,23 nannte.] nannte. *Absatz fehlt* $D^{1-2}$  10,25 besuchen.«] besuchen.« *Absatz fehlt* $D^1$ besuchen.« *Absatz fehlt* $D^2$  10,27 ist?«] ist?« *Absatz fehlt* $D^2$  10,28 Ungläubige.] Ungläubige. *Absatz fehlt* $D^{1-2}$  10,31 Brettern.] Brettern. *Absatz fehlt* $D^{1-2}$  10,32 han –] han – – $D^{1-2}$  11,1-2 jeblieben!«] jeblieben!« *Absatz fehlt* $D^{1-2}$  11,6 Spalte.] Spalte. *Absatz fehlt* $D^{1-2}$  11,7 rin!« –] rin!« – – *Absatz fehlt* $D^{1-2}$  11,8-9 aufgerichtet wie] aufgerichtet: $D^{1-2}$  11,14 Herbststurm.] Herbststurm. *Absatz fehlt* $D^{1-2}$  11,15 Euch] euch $D^{1-2}$  Ihr] ihr $D^{1-2}$  Ihr] ihr $D^{1-2}$  Ihr] ihr $D^{1-2}$  11,16 Euch] euch $D^{1-2}$  11,17 Und wirklich,] Aber $D^{1-2}$  11,18 waren] war $D^2$  großen] großen, $D^{1-2}$  11,20 großen] gefüllten $D^2$  11,21 enthielten.] enthielten. *Absatz fehlt* $D^{1-2}$  11,22 Dir] dir $D^{1-2}$

11,23 besorgt.] besorgt. *Absatz fehlt D¹⁻²*  11,24 O] Oh *D¹⁻²*  »et] et *D¹⁻²*  11,25 ooch] och *D²*  er] »er *D¹⁻²*  nich.«] nich.« *Absatz fehlt D¹⁻²*  11,26 Maienregen] Mairegen *D¹⁻²*  11,29 reden.] reden: *Absatz fehlt D¹⁻²*  11,30 Abend] abend *D¹⁻²*  Theater.«] Theater.« *Absatz fehlt D¹⁻²*  11,32 Sofa.] Sofa. *Absatz fehlt D¹⁻²*  11,33 Sie?«] Sie?« *Absatz fehlt D¹⁻²*  11,35 fliegen.] fliegen. *Absatz fehlt D¹⁻²*  11,36 meinte:] meinte: *Absatz fehlt D¹⁻²*  11,38 is.«] is!« *Absatz fehlt D¹⁻²*  12,2 Zimmer.] Zimmer. *Absatz fehlt D¹⁻²*  12,3 sie:] sie: *Absatz fehlt D¹⁻²*  12,5 Heiligen.«] Heiligen.« *Durchschuß fehlt D²*  12,7 wie ein wohlbeleibter] ein wohlbeleibter *D¹⁻²*  12,8 Dukatenmillionär.] Dukatenmillionär. *Absatz fehlt D¹⁻²*  12,9 wanderten, wanderten] wanderten *D¹⁻²*  12,11-12 Tausenden] tausenden *D¹⁻²*  12,13 Mond.] Mond. *Absatz fehlt D¹⁻²*  12,15 garnicht] gar nicht *D¹⁻²*  Du] du *D¹⁻²*  12,16 bist.«] bist.« *Absatz fehlt D¹⁻²*  12,18 Dich] dich *D¹⁻²*  Dich] dich *D¹⁻²*  12,20 ist.«] ist.« *Absatz fehlt D¹⁻²*  12,21 Du Mutter!] du Fromme, *D¹⁻²*  mir.] mir. *Absatz fehlt D¹⁻²*  12,24 schrieb.] schrieb. *Absatz D¹⁻²*  12,25 weiter.] weiter. *Absatz fehlt D²*  12,28 Gärten] Gärten, *D¹⁻²*  12,30 Leibeigene.] Leibeigene. *Absatz fehlt D¹⁻²*  12,31 garnicht] gar nicht *D¹⁻²*  12,35 »Brautseele«] ›Brautseele‹ *D¹⁻²*  12,37-13,1 Spätherbstblume.« ⟨...⟩ schwiegen] Spätherbstblume.« *Absatz fehlt* Wir schwiegen *D¹⁻²*  13,2 läutete,] läutete *D¹⁻²*  13,4 vorübereilte:] vorübereilte: *Absatz fehlt D¹⁻²*  13,6 Straße?«] Straße?« *Absatz fehlt D²*  13,8 wiederfanden.] wiederfanden. *Absatz fehlt D¹⁻²*  13,9 Sieh'] Sieh *D¹⁻²*  13,10 O] Oh *D¹⁻²*  13,17 es.«] es.« *Absatz fehlt D¹⁻²*  13,18 Hauptmann! Ich] Hauptmann, ich *D¹⁻²*  13,19 hier,] hier; *D¹⁻²*  13,19-20 versäumt.«] versäumt.« *Absatz fehlt D¹⁻²*  13,21 Ja ⟨...⟩ ihn] Sah ihn schon *D¹⁻²*  antwortete] rief *D¹⁻²*  13,22 »und ⟨...⟩ heraufholen.«] er war nämlich schon unten, den Peter selbst heraufzuholen. *Absatz fehlt D¹* »und komme, den Peter selbst heraufzuholen.« *Absatz fehlt D²*  13,23-25 Zuvor ⟨...⟩ sagte] Als die beiden kamen, sagte der Herrliche *D¹* Und der Herrliche sagte *D²*  13,26 zunickend:] zunickend, *Absatz fehlt D¹* zunickend, *Absatz fehlt D²*  13,27 »Die] »Dies *D¹* »dies *D²*  Kamerad.] Kamerad, *D¹⁻²*  sie.«] sie. *Absatz fehlt* Es ist der Name ihres Blutes, die grünrote Ausstrahlung ihrer Seele.« *D¹⁻²*  13,29-14,3 Peters ⟨...⟩ andächtig .....] Peter Hilles Schulter genommen hatte. Auf den Tischen lagen überall Journale, die meines Propheten Dichtungen enthielten, auch des Platonikers Sohn fehlte nicht, das wundergroße Schauspiel. Hauptmann schwang es triumphierend in die Höhe. Und ich hörte lauter Melodien; der Dichter Worte wurden Lieder. Und Hauptmanns stolzes Gesicht neigte sich seinem hohen Gaste zu, die Quelle seines Herzens zu erreichen, denn wie aus Leben gehauen saß Peter Hille in dem weiten, klaren Raum, sein Bart wallte ungeheuer. $D^{1-2}$

*ERLÄUTERUNGEN. Vermutlich über den vorliegenden Prosatext, möglicherweise aber auch über »Das Peter Hille-Buch« (vgl. dort zur Entstehungsgeschichte das Kapitel »Erläuterungen«) schrieb Peter Hille an Else Lasker-Schüler:* Selbstverständlich kann in der Sache über mich das Fabulierte bleiben. Es ist sogar besser so. Vielleicht unter dem bezeichnenden Untertitel »Fabuliertes also Wahres«. Das zeigt den Ton, die freie künstlerische Sphäre. *(Briefe Peter Hilles an Else Lasker-Schüler. Mit einer Einbandzeichnung der Verfasserin⟨!⟩. Berlin 1921. S. 43.) An Gerhart Hauptmann schrieb Else Lasker-Schüler am 28. Januar 1904:* Ich erlaubte mir Ihnen damals die Skizzen über St. Petrus Hille zu senden und las dann bald darauf, daß Sie hier in Berlin wären, Herr Hauptmann. ⟨...⟩ Es macht Ihnen vielleicht eine ganz kleine Freude, Inliegendes zu lesen? (Über Peter Hille.) Damals war St. Petrus ganz glückselig, als er von Ihnen heimkehrte, er lächelte fortwährend. Als ich ihn später bat, Ihnen auf Ihr Geschenk, einige Worte zu schreiben, erwiederte er, das wäre trivial, mit einem Brief zu antworten. Er schrieb dann ganz wunderbar über Gerhart Hauptmanns Werke. *(H [Brief]: Staatsbibliothek zu Berlin, Preußischer Kulturbesitz, Nachlaß Gerhart Hauptmann.) – Peter Hille (1854-1904), eine zentrale Figur der Berliner Boheme um die Jahrhundertwende, arbeitete seit 1876 als freier Schriftsteller. 1878 ging er zu seinen Schulfreunden Heinrich und Julius Hart nach Bremen, wurde Mitarbeiter an den »Deutschen Montagsblättern« und 1879 Redakteur, später Verleger des freisinnigen »Bremer Tageblatts«. 1880-1891 lebte Hille in London, Amsterdam, Berlin, Bad Pyrmont und Italien; anschließend wohnte er bei seinem Bruder Philipp Hille in Hamm. Ab 1895 lebte er meist in und bei Berlin. Der Künstlergruppe »Die neue Gemeinschaft«, die sich um ihn herum etwa zur Zeit der Jahrhundertwende gruppiert hatte, gehörte zeitweilig auch*

*Else Lasker-Schüler an. Der größte Teil seiner Schriften blieb zu Lebzeiten ungedruckt, lediglich die Romane »Die Sozialisten« (1887), »Semiramis« (1902), »Cleopatra« (1902) und die Tragödie »Des Platonikers Sohn« (1896) wurden neben Aufsätzen, Novellen und Gedichten veröffentlicht. – Peter Hille war in den ersten Jahren Else Lasker-Schülers wichtigster Förderer; sie verehrte ihn zeitlebens, verklärte ihn zum »Propheten St. Peter Hille«, verfaßte das »Peter Hille-Buch« und die drei Essays »St. Peter Hille« (aufgenommen in »Konzert« [1932]) und widmete ihm Gedichte und Prosatexte.*

9,12-13 Myrdin ⟨...⟩ Viviane] *Myrddhin und Vivyan. Ein Welt- und Waldspiel. (Fragmente.) Erstdruck: Gesammelte Werke. Hg. von seinen Freunden. Berlin/Leipzig 1904. 1. Aufl. (nicht mehr in der 2. und 3. Aufl.), Bd 3. Teildrucke erschienen bereits 1901 in »Die Kommenden« (Myrddhin. Ein Weltspiel von Peter Hille. In: Die Kommenden. Erste Veröffentlichung aus den Darbietungen der »Kommenden« an den Donnerstag-Abenden im Nollendorf-Casino. Redigiert von Dr. A. N. Gotendorf, Dr. H. Lux, v. Méville, E. Rossius vom Rhyn, Dr. Rudolf Steiner, Dr. Franz Colmers. Umschlagzeichnung von Anna Costenoble. Berlin: im Selbstverlage der »Kommenden« 1901. S. 87-91) und 1902 in »Das Kunsttheater« (Berlin), Jg. 1, H. 4 vom August 1902. S. 117-120. – Myrddhin (Merlin, Gestalt aus der Artussage), ein elementar-vitaler Kraftmensch, läßt sich auch durch die Liebe der Zauberin Vivyan nicht aufhalten, gemeinsam mit Satan zum Höchsten, zu Gott, aufzustreben. – Von einer Aufführung des Stückes im Sommer 1903 durch die »Berliner Finkenschaft« auf dem Gelände der »Neuen Gemeinschaft«, bei der auch Else Lasker-Schüler zugegen war, berichtet Ludwig Rubiner. Vgl. Ludwig Rubiner: Waldspiele der Berliner Finkenschaft. (Selbstkritik eines Regieführenden.) In: Bühne und Brettl (Berlin). Jg. 3, Nr. 16 vom 19. August 1903. S. 1-4. (Auch in: Peter Hille: Gesammelte Werke. Bd. 6, Teil IV: Dokumente und Erinnerungen. Essen 1986. S. 276-280.)*

9,14 Papierrolle] *Anspielung auf die Tora, die Rolle der Lehre, des Gesetzes. Sie enthält, von Hand auf Pergament geschrieben, den Pentateuch, die fünf Bücher Mose. Die für den jeweiligen Sabbat oder Feiertag bestimmten Abschnitte werden im jüdischen Gottesdienst aus der Tora vorgelesen. Vgl. auch zu 108,27.*

**9,16-17 mit der am ersten Schöpfungstage sich Himmel und Erde erzählten]** Vgl. 1. Mose (Genesis) 1,1: »Am Anfang schuf Gott Himmel und Erde.« Der Mensch wurde am sechsten Tag geschaffen. Vgl. 1. Mose (Genesis) 1,26f.

**9,28 Tino]** Den Namen »Tino« gab Peter Hille Else Lasker-Schüler, welche ihn als Ich-Figuration übernahm. Tino heißt die Ich-Erzählerin im »Peter Hille-Buch« (vgl. hier besonders das erste Kapitel »Petrus der Felsen«) und in den »Nächten Tino von Bagdads«; auch Briefe unterzeichnete Else Lasker-Schüler mit diesem Namen, der gegen Ende 1911 in der Korrespondenz und als erzählendes Ich in den »Briefen nach Norwegen« durch »Prinz Jussuf von Theben« abgelöst wurde. Vgl. auch zu 101,12.

**9,30 Bacchus]** Der griechische Gott des Weines, Dionysos oder Bakchos; in latinisierter Form Bacchus.

**9,33-34 bacchantischen Szene seines Werkes »Des Platonikers Sohn«]** Vgl. 3. Vorgang, 5. Gruppe der Tragödie Hilles »Des Platonikers Sohn. Erziehungstragödie in 5 Vorgängen.« (Berlin [E. F. Conrad] 1896.), die das Zechgelage der fahrenden Schüler darstellt.

**9,34 Wir waren der Most]** Vgl. Johannes 15,5: »Ich bin der Weinstock, ihr seid die Reben.«

**10,3-10 O Wein ⟨...⟩ klopfen!]** Benno von Rüdesheim, einer der fahrenden Schüler aus Hilles Tragödie, gibt gegen Ende der 5. Gruppe, sich mit der Laute begleitend, das vierstrophige Trinklied zum besten, dessen erste beiden Strophen hier zitiert werden.

**10,13-14 Dionysinnen ⟨...⟩ Faunbuben]** Dionysos tritt in der antiken Mythologie stets in Gesellschaft von weiblichen Anhängerinnen, den Mänaden, und Satyrn oder Faunen, Waldgeistern in Menschengestalt mit verschiedenen Tierattributen, auf.

**10,21 Hugo]** Der Schriftsteller und Buchhändler Hugo Baum (1875-1967), Bruder des Dichters Peter Baum. Zufolge einer Niederschrift von Beatrix Beden nach dem Zeugnis Hugo Baums »Aus den Erinnerungen des Grimmer von Geierbogen⟨!⟩. Zur 100. Wiederkehr des Geburtsjahres von Else Lasker-Schüler und Peter Baum« (T: DLA [x 72.43]) erinnerte sich Hugo Baum an die Episode um Hilles Geburtstag. – Bearbeitet, vermutlich von den Herausgebern, finden sich die hinsichtlich ihres dokumentarischen Werts ohnehin fragwürdigen »Erinnerungen« als »Aus Lebenserin-

*nerungen und Briefen Hugo Baums« auch in: Peter Hille: Gesammelte Werke in sechs Bänden. Hg. von Friedrich und Michael Kienecker. Bd. 6: Texte – Briefe – Kommentare. IV. Teil: Dokumente und Erinnerungen. Essen 1986. S. 262f.*

**11,26-27** Der Doktor soll ⟨...⟩ verschreiben] *Vgl. die Episode »Petrus und der Arzt« des »Peter Hille-Buchs«.*

**12,15** Bebel] *August Bebel (1840-1913), Mitgründer und Vorsitzender der sozialdemokratischen Arbeiterpartei.*

**12,35** »Brautseele«] *Das Gedicht »Brautseele« wurde erstmals nach Peter Hilles Tod in der Ausgabe von 1904 veröffentlicht (Gesammelte Werke. Bd. 1. S. 44-49).*

**13,15-16** Gerhart Hauptmann] *Gerhart Hauptmann (1862-1946) gehörte in Berlin wie Peter Hille und Else Lasker-Schüler zeitweilig dem Umfeld des Friedrichshagener Dichterkreises an. – Im 26. Kapitel seines 1910 erschienenen Romans »Der Narr in Christo Emanuel Quint« verweist Hauptmann mit den lächerlich anmutenden Figuren Peter Hullenkamp und Annette von Rhyn satirisch auf Peter Hille und Else Lasker-Schüler.*

**14,2** Rautendelein] *Rautendelein, ein »elbisches Wesen« des Märchendramas »Die versunkene Glocke« von Gerhart Hauptmann (Uraufführung: 1896, Berlin). – Das mystisch-allegorische Märchendrama, dessen Künstlerproblematik an Nietzsche erinnert und das Bruchstücke der germanischen Mythologie mit religiösen Versatzstücken mischt, feierte um 1900 große Erfolge.*

⟨Gab meine Menschengestalt ...⟩

ÜBERLIEFERUNG. E: *Katalog des Axel Juncker Verlags (Stuttgart)* ⟨Herbst 1903⟩.

ERLÄUTERUNGEN. *Mit dem kurzen Prosatext und einer Photographie Else Lasker-Schülers wird in dem Verlagskatalog für ihre Lyriksammlung »Styx« (erschienen Ende 1901 mit der Jahreszahl 1902) geworben. Else Lasker-Schüler übersandte Axel Juncker wohl beides in einem Brief vom 18. April 1903 mit den Worten:* Inl. mein Bild und einige Momente meines Lebens. *(H: KBK.) – Die Datierung des Katalogs auf den Herbst 1903 ergibt sich aus einem*

*Brief Rainer Maria Rilkes an Axel Juncker vom 11. August 1903, in dem sich Rilke auf seinen – wohl erbetenen, aber nicht gelieferten – autobiographischen Beitrag für den Verlagskatalog und die darin abgebildete Büste bezieht. (Vgl. Rainer Maria Rilke: Briefe an Axel Juncker. Hg. von Renate Scharffenberg. Frankfurt/Main 1979. S. 103.)*
**14,14** Charon] *Der Fährmann der Unterwelt setzt nach der antiken Mythologie die Schatten der ordnungsgemäß bestatteten Toten über den Fluß Styx in den Hades über.*

# Emmy Destinn

ÜBERLIEFERUNG. E: *Kampf. N.F., Nr. 5 vom 5. März 1904. S. 148-151.* $D^1$: *Das Theater. Jg. 1, H. 2 vom September 1909. S. 33 f.* $D^2$: $Ge^1$ *(1913). S. 122-125.* $D^3$: *Ess (1920). S. 81-84.*

VARIANTEN und LESARTEN.
Ti: Emmy Destinn $D^{1-3}$   **14,19** Deines] deines $D^{1-3}$   **14,25** Loge, um] Loge, $D^{1-3}$   **14,26-29** rauschen ⟨...⟩ Ueberschreiten!] rauschen, tanzen zu hören über üppige Pfade heißer Lippen liebentlang. – $D^{1-3}$   **14,30** abseit] abseits $D^{1-3}$   **15,1** zerissene] zerrissene $D^{1-3}$ Säbelkette;] Säbelkette. $D^3$   **15,3-5** Provence ⟨...⟩ Carmen!!] Provence. *Absatz fehlt* $D^{1-3}$   **15,6** Da] Aber da $D^{1-3}$ **15,6-7** lauernd ⟨...⟩ hungrig] lauernd, hungrig $D^{1-3}$   **15,7** Du] du $D^{1-3}$ Carmenkatze] Carmen-Katze $D^{2-3}$   **15,8** gebeugt] gestreckt $D^{1-3}$   **15,9** führt. –] führt. $D^{1-3}$   **15,11** zittern ⟨...⟩ Angst.] zittern vor ängstlicher Wollust. *Absatz fehlt* $D^{1-3}$   **15,12** Du] du $D^{1-3}$ **15,12-13** roter ⟨...⟩ fallen] greller Rosen fällt $D^{1-3}$   **15,13-15** nieder ⟨...⟩ überschauern –] nieder. Die lockende Schwere ihres Liedes ergreift ihn, es berauscht ihn der singende Duft ihres Blutes. – $D^{1-3}$ **15,18** Entgegenziehen] Entgegenziehn $D^{1-3}$   **15,19** lieben wird] lieben $D^{1-3}$   **15,20** Dich] dich $D^{1-3}$   **15,21** Dich] dich $D^{1-3}$ ihr Spiel] Spiel $D^{1-3}$   **15,24** Carmen! Bravissimo,] Carmen – $D^{1-3}$ **15,26-28** die heranschleicht ⟨...⟩ wirft!] die sie betastet. *Absatz fehlt* $D^{1-3}$   **15,29** Hochzeitmusik] Hochzeitsmusik $D^{1-3}$   **15,29-30** beben ⟨...⟩ Zauberweisen] beben die Zaubertöne $D^{1-3}$   **15,31-33** Nun ⟨...⟩ Liebe.] Totwund heben sich die Lider ihrer bebenden

Pupillen – ihr Sprung mißglückt. *D¹* Todwund heben sich die Lider ihrer bebenden Pupillen – ihr Sprung mißglückt. *D²⁻³* 15,34 harrt] wartet *D¹⁻³* 15,34-36 Escamillo ⟨...⟩ Nacktheit:] Escamillo. *D¹⁻³* 15,36-37 die Hüllen ⟨...⟩ sie] ihre Haut aus Hochzeitsseide und veratmet *D¹⁻³* 15,38 Herz gefunden hat.] Katzenherz durchsticht. *Absatz fehlt D¹⁻³* 16,1 Töne] Klänge *D¹⁻³* Ferne .....] Ferne. *D¹⁻³* 16,2 Lieb'] Lieb *D¹⁻³* 16,3 Macht;] Macht. *D¹⁻³* 16,4 Du] du *D¹⁻³* 16,5 lieb'] lieb *D¹⁻³* Dich, nimm Dich] dich, nimm dich *D¹⁻³* 16,7 Seide] Gold *D¹⁻³* 16,8 der] einer *D¹⁻³* 16,9-10 Farben ⟨...⟩ trugen.] Farben der Gewänder assyrischer Königinnen. *D¹⁻³* 16,10 durchsichtigen] durchsichtigen, *D¹⁻³* 16,11 Steinen.] Steinen. *Absatz fehlt D¹⁻³* 16,13-14 leise ⟨...⟩ Duftes] leise an die Tür – mit einer Tasse süßen Duftes trat eine ältere Frau ins Gemach und *D¹⁻³* 16,16 Emmy Destinn] Semiramis *D¹⁻³* 16,17 immer noch] noch immer *D¹⁻³* 16,18 besorgnis.«] Besorgnis«. *D¹⁻³* 16,19 einen kleinen Rosenholztisch.] ein kleines Rosenholztischchen. *Absatz fehlt D¹⁻³* 16,20-25 Der monumentale ⟨...⟩ spielen.] Vor dem Fenster dämmert es schon, aber Emmy Destinn möchte vom Morgen trinken, immerzu spielen; in ihrem Gesicht scheinen plötzlich ganz hell die beiden großen, braunen Monde. »Komm, wir wollen um die Rosenholztische Fangen spielen!« *D¹⁻²* Vor dem Fenster dämmert es schon, in ihrem Gesicht scheinen plötzlich ganz hell die beiden großen, braunen Monde. »Komm, wir wollen um die Rosenholztische Fangen spielen!« *D³* 16,26 Wand] Wand, *D¹⁻³* gegenüber] gegenüber, *D¹⁻³* 16,27-28 Geigen ⟨...⟩ spielen.] Geigen. *Absatz fehlt D¹⁻³* 16,29 der kleine] der *D¹⁻³* dort] dort, *D¹⁻³* gewesen,«] gewesen«, *D¹* 16,30 Sehen Sie Sich] Und sehen Sie sich *D¹⁻³* Wand] Bildergalerie *D¹⁻³* 16,31 an. Wissen Sie,] an; *D¹⁻³* 16,31-32 Napoléon I.«] Napoleon den Ersten«. *Absatz fehlt D¹* Napoleon den Ersten.« *Absatz fehlt D²⁻³* 16,33 hingen die Bilder] hängen Bildnisse *D¹⁻³* 16,34 Frankreichs] von Frankreich *D¹⁻³* Briefe ⟨...⟩ hatte,] Briefe *D¹⁻³* 16,35 hatte] hat *D¹⁻³* 16,35-17,3 Lorbeeren ⟨...⟩ ruhen .....] Lorbeern. – *Absatz D¹* Lorbeeren. – *Absatz D²⁻³* 17,3 Enten] Puten *D¹⁻³* 17,4 Venetianische] venetianische *D¹⁻³* 17,5 Säulen, Elfenbeintischchen] Säulen und Elfenbeintischchen *D¹⁻³* 17,5-6 Plötzlich sah] Da seh *D¹* Da seh' *D²⁻³* 17,6 vier,] vier, fünf, *D¹⁻³* 17,7 hatte] hat *D¹⁻³* 17,8-11 der folgenden ⟨...⟩ Seiden. –] ihres weiten Paradieses geöffnet: blü-

hende Seltenheiten und Seide. $D^{1-3}$   17,12 wieder,«] wieder«, $D^1$
17,12-13 sie ⟨...⟩ ihrer] sie: ein Lächeln in den $D^1$ sie; ein Lächeln in
den $D^{2-3}$

ERLÄUTERUNGEN. *Der Erstdruck stellt den Anfang der Reihe
»Pastellbilder der Kunst« im »Kampf« dar, in der wenig später
Peter Hilles Essay »Else Lasker-Schüler« erschien (Kampf. N. F.,
Nr. 8 vom 26. März 1904. S. 238 f.; der Text ist auch abgedruckt in:
KA, Bd. 1.2, S. 24 f.). Ihm ist eine Photographie beigefügt, die
Emmy Destinn als »Carmen« zeigt; auf den Seiten 29-31 derselben
Nummer des »Theaters« befinden sich weitere, ganzseitige Photographien der Opernsängerin in verschiedenen Rollen. – Der Essay
in »Das Theater« war der erste einer Reihe von Veröffentlichungen
Else Lasker-Schülers in der Halbmonatsschrift, nachdem Herwarth
Walden im September 1909 deren Schriftleitung übernommen
hatte.*

*Die Sängerin Emmy Destinn (eigentlich: Emmy Kittl) (1878-1930)
nahm das Pseudonym ihrer Lehrerin Marie Loewe-Destinn zu
Ehren an. 1898-1908 hatte sie ein Engagement an der Berliner
Hofoper, 1908-1930 an der Metropolitan-Oper in New York, im
Sommer gab sie Gastspiele in fast allen europäischen Hauptstädten.
Emmy Destinn schrieb das Drama »Rahel«, zwei Opernlibretti,
Gedichte und Novellen.*

**14,18** Semiramis] *Semiramis, die sagenhafte Königin von Assyrien,
soll viele Länder unterworfen und zahlreiche Städte gegründet
haben. – Peter Hille veröffentlichte 1902 den Roman »Semiramis«.*

**14,19** hängende Gärten] *Der Semiramis zugeschriebene Dach- oder
Terrassengärten in Babylon, die nach griechischer Überlieferung
von Nebukadnezar II. für seine Gemahlin erbaut wurden. Im
Altertum wurden die »Hängenden Gärten« den sieben Weltwundern zugerechnet.*

**14,21-22** wilde, verschwiegene Schluchten] *Der dritte Akt der Oper
»Carmen« spielt in einer wilden Gegend in den Bergen.*

**14,22** Carmen] *Titelfigur der gleichnamigen Oper von Georges
Bizet (1838-1875) nach der Novelle von Prosper Mérimée. Der
Text stammt von Henri Meilhac und Ludovic Halévy. – Die Oper
fiel bei ihrer Uraufführung 1875 an der Pariser Opéra Comique*

*durch; seit der Wiener Aufführung im Oktober desselben Jahres ist sie eine der populärsten und meistgespielten Opern der Welt. – Die Geschichte um die stolze, leidenschaftliche und zügellose Zigeunerin Carmen und den Soldaten Don José sowie deren Gegenspieler, die redliche Micaëla und den Stierkämpfer Escamillo, dreht sich um Liebe, Leidenschaft und Eifersucht und endet mit dem Mord Don Josés an seiner untreuen Geliebten. – In der Rolle der Carmen war Emmy Destinn häufig zu hören.*

**15,23-24** Bravissimo ⟨...⟩ Emmy Destinn!] *Vgl. den Jubel des Chors im »Torerolied«: »Bravo! bravo! Escamillo! / Escamillo, bravo!« (»Carmen«, 4. Akt, 1. Szene.)*

**16,2-5** Die Lieb' ⟨...⟩ nimm Dich in acht!] *Zitat des Refrains der berühmten Habanera (lateinamerikanischer, nach der kubanischen Hauptstadt benannter Tanz) in »Carmen« (1. Akt, 5. Szene; vgl. auch 1. Akt, 11. Szene).*

**16,9** assyrischen] *Die Assyrer waren im Altertum ein semitisches Volk in Mesopotamien, zeitweise in Rivalität mit Babylon.*

**16,29** Webers] *Carl Maria von Weber (1786-1826), Komponist der musikalischen Romantik.*

**16,31-32** Napoléon I.] *Napoleon I. (eigentlich: Napoleone Buonaparte) (1769-1821), Kaiser der Franzosen 1804-1814/15.*

**16,36** meine Mutter] *Über ihre Mutter Jeanette Schüler, geb. Kissing (1838-1890), verfaßte Else Lasker-Schüler zahlreiche schwärmerische Gedichte. Vgl. z. B. KA, Bd. 1, Nrr. 36, 122, 231. Das Motiv der »teuren Mutter« findet sich in der Prosa vor allem in der Sammlung »Konzert« (1932), in der auch die Mutter als Napoleon-Verehrerin auftaucht (vgl. dort die Prosatexte »Elberfeld im Wuppertal« und »Im Rosenholzkästchen« sowie die Schrift »Ich räume auf!« [1925]).*

**17,10** tragische Burleske] *Die Burleske (ital. Scherz, Schwank), ein possenhaftes Spiel mit der Tendenz, menschliche Charakterzüge durch karikierende Verspottung der Lächerlichkeit preiszugeben, wird in Verbindung mit dem Begriff des Tragischen zur Contradictio in adjecto.*

**17,14** tausendjährigen] *Tausend Jahre umfassen einen Gottestag. Vgl. Psalm 90,4 und 2. Petrus 3,8.*

Anmerkungen zur Prosa 1903-1905

## Der tote Knabe

ÜBERLIEFERUNG. E: *Kampf.N.F.*, Nr. 13 vom 7. Mai 1904. S. 354-356.

## Im Zirkus

ÜBERLIEFERUNG. E: *Vossische Zeitung.* Nr. 511 *(Morgen-Ausgabe) vom 31. Oktober 1905.* $D^1$: $Ge^1$ *(1913).* S. 163-168. $D^2$: $Ge^2$ *(1920).* S. 88-93. $D^3$: ? DLA (Zeitungsausschnittsammlung). *Zeitungsausschnitt unbekannter Herkunft, vermutlich aus den zwanziger Jahren.* $D^4$: *Das kleine Blatt (Wien). Nr. 71 vom 11. März 1928.*

VARIANTEN und LESARTEN.
Ti: Im Zirkus $D^{1-2}$ Zirkus Busch $D^4$ o. UTi $D^{1-4}$ W: Meinem lieben blauen Reiter Franz Marc / und seiner blauen Reiterin $D^{1-2}$ 20,5 Gigerln] Gigerl $D^{1-4}$ 20,5-6 an einander] aneinander $D^{1-4}$ 20,7 Leonharderhunde] Leonahrder Hunde $D^{1-2}$ Leonharder Hunde $D^{3-4}$ braune] braune, $D^{1-4}$ 20,11 mir.] mir *Absatz fehlt* $D^{1-4}$ 20,13 Bruder«] Bruder,« $D^{1-4}$ 20,15-16 Erzieherin] Erzieherin, $D^4$ 20,18 Vergnügen.] Vergnügen. *Absatz fehlt* $D^{1-4}$ 20,20 heiße] weiße $D^3$ 20,21 erträglich«,] erträglich,« $D^{1-4}$ 20,22 Milieu.«] Milieu.« *Absatz fehlt* $D^{1-4}$ 20,24 gehüllt] gehüllt, $D^3$ 20,25 Immer heißer] Heißer $D^{1-4}$ 20,27 sausen,] sausen $D^{2-4}$ 20,28 Señores] Senores $D^{1-3}$ Senjores $D^4$ 20,29 Pferde,] Pferde $D^4$ 20,30-21,3 harren. ⟨...⟩ is!«] harren. *Absatz* $D^4$ 20,33 schlagen] schlagen, $D^3$ 20,35 Uffwehen«,] Uffwehen,« $D^{1-2}$ quietscht] quitscht $D^3$ 21,1 langsam,] langsam $D^{1-3}$ 21,2 Turm] Turm, $D^3$ 21,3 kleene] kleine $D^{1-3}$ 21,5 Seide ⟨...⟩ Drei] Seide; lovely Girls, drei $D^1$ Seide; lovely Girls, drei $D^2$ $D^4$ Seide; levely Girls, drei *(Druckfehler)* $D^3$ Mädchenenzianen!] Mädchenenzianen. $D^{1-2}$ $D^4$ Mädchenzianen. $D^3$ 21,6 herauf] bergauf $D^{2-4}$ 21,8 Gärten...] Gärten.... $D^3$ 21,10 Miss] Miß $D^{1-2}$ Miß $D^3$ here!] here! $D^3$ here $D^4$ catch it!] catch it! $D^3$ 21,11-16 Pause! ⟨...⟩ tragen.«] Pause! *Absatz fehlt* $D^3$ 21,12 Dir] dir $D^{1-2}$ 21,13 brausenden]

brausenden, $D^{1-2}$   trinke] trinke, $D^{1-2}$ $D^4$   alles,] alles $D^{1-2}$ $D^4$
21,15 Schoß] Schoß $D^{1-2}$ $D^4$   21,17-18 Papier-Maché] Papiermaché $D^{1-4}$   21,19 Silberfransen] Silberfransen, $D^{1-4}$   21,22-23 Seidenschweifen ⟨...⟩ Frühfrühlings.] Seidenschweifen. $D^3$   21,25 Elephanten] Elefanten $D^{1-4}$   21,31 Dorthin:] Dorthin! $D^{1-4}$   Vite ⟨...⟩ cher] Vite, vite! Ah, mon cher. $D^{1-2}$ $D^4$ Vite, vite! Ah, mon cher. $D^3$   21,33 Du] du $D^{1-4}$   21,35 Küsse] Süßigkeit $D^{1-4}$   21,36 Ah] Ah $D^{2-4}$   21,36-37 messieurs] messieurs! $D^{1-2}$ $D^4$ messieurs! $D^3$
21,37 Hektor ⟨...⟩ Kambyses] Hektor, Agamemnon, Kambyses $D^{1-4}$   dînez ⟨...⟩ plaît«.] dînez, s'il vous plaît.« $D^1$ dînez, s'il vous plaît.« $D^2$ $D^4$ dinez, s'il vous plait.« $D^3$   22,1-2 aufwachender] aufwachsender $D^{1-4}$   22,3 bringend] bringt er $D^{1-4}$   22,5 Genug] Genug, $D^{1-4}$
22,6 Seiltänzer] Seiltänzer, $D^3$   22,8 wieder gefangen] gefangen $D^{1-4}$   22,9 Wagenherberge] Wagenherberge, $D^{1-4}$   22,10 Wüste,] Wüste $D^{2-4}$   Nero] Nero, $D^{1-4}$   22,11 nicht,] nicht $D^3$   22,14 Siegerin] Siegerin, $D^3$   Eisentor.] Eisentor. – – $D^3$   22,17 ausholte] ausholte, $D^{3-4}$   22,21 springen wie] springen, $D^{1-4}$   22,23 Halt machen] haltmachen $D^{1-4}$   22,25 Und nun] Nun $D^3$   22,26-27 kanonartig] artig $D^{2-4}$   22,27 A B C] Abc $D^{1-4}$   singen.] sagen. *Absatz fehlt* $D^{2-4}$   22,32-33 Manegenraum] Manegeraum $D^{1-4}$
22,36 the ⟨...⟩ gentleman] the little gentleman, $D^1$ the little gentleman, $D^{2-4}$   22,37 kleinen,] kleinen $D^{1-4}$   Pferde .....] Pferde ... $D^{1-4}$   23,1 Plätzen] Plätzen. $D^{1-4}$   tuuht!] tuuht, $D^{1-4}$   23,2 Manege] Manege des Zirkus $D^{1-4}$   23,3 durchgebrannt!!] durchgebrannt!!! $D^3$   23,9 weiß und spitz] spitz $D^{2-4}$   23,13 juten] juten $D^{1-4}$

ERLÄUTERUNGEN. *Else Lasker-Schüler war eine begeisterte Zirkusbesucherin; vgl. auch ihre Essays »Im Zirkus Busch« »Zirkuspferde«, »Apollotheater« und »Tigerin, Affe und Kuckuck«. – $D^{1-2}$ sind dem Maler Franz Marc und seiner Frau Maria gewidmet; vgl. zum Essay »An Franz Marc«. – $D^4$ enthält folgenden redaktionellen Zusatz:* Dem prächtigen Buche »Gesichte« von Else Lasker-Schüler, verlegt bei Paul Cassirer in Berlin, mit Erlaubnis des Verlages entnommen. Von der lebendigen Darstellungskraft der großen Schriftstellerin kann diese kurze Skizze kein volles Bild geben, es seien deswegen die leider zu wenig gelesenen Bücher von Else Lasker-Schüler bestens empfehlen⟨!⟩.

20,3 Miß Ella] Als »Miß Ella« war 1854 der Kunstreiter Omar Kingsley in Frauenkleidern im Berliner Zirkus Renz debütiert.
20,5 Gigerln] (Wienerisch) Stutzer, Lebemänner.
20,7 Leonharderhunde] Leonberger hieß eine Rasse großer Hunde, die ab etwa 1875 als Repräsentationshund in Leonberg gezüchtet und fälschlich als Bernhardiner eingeführt wurde.
20,16-17 ringelrangelreihe] Anfang eines weitverbreiteten Kindertanzliedes. Vgl.: Deutsches Kinderlied und Kinderspiel. Volksüberlieferungen aus allen Landen deutscher Zunge, gesammelt, geordnet und mit Angabe der Quellen, erläuternden Anmerkungen und den zugehörigen Melodien herausgegeben von Franz Magnus Böhme. Leipzig 1897. S. 438-441.
20,20 Carmentöne] Vgl. zu 14,22.
20,26 bacchantischen] Vgl. zu 9,30.
21,2 maschuche] Jidd. »meschugge«: verrückt.
21,3 kleene Cohn] Der Familienname »Cohn« wurde häufig spottend zur Bezeichnung eines Juden verwendet und damit antisemitisch konnotiert. Der »kleine Cohn« wurde in Berlin sprichwörtlich, nachdem Julius Einödshöfer um 1900 ein vierstrophiges Spottlied mit dem Refrainbeginn Hab'n Sie denn nicht den kleinen Cohn geseh'n? geschrieben hatte, welches überaus populär wurde. Vgl. Dietz Bering: Der Name als Stigma. (Vgl. zu 173,10.) S. 206-209.

## Bei Julius Lieban

ÜBERLIEFERUNG. E: Die Schaubühne. Jg. 1, Nr. 14 vom 7. Dezember 1905. S. 411f. $D^1$: $Ge^1$ (1913). S. 104-106. $D^2$: Ess (1920). S. 66-68.

VARIANTEN und LESARTEN.
Ti: Bei Julius Lieban $D^{1-2}$   23,19 Lieban] Lieban, $D^{1-2}$   23,22 seinen Wanderzügen] Wanderzügen $D^{1-2}$   23,30 bleiben ....] bleiben ... $D^{1-2}$   24,1 kurzen Ringelrangellocken] kurzen, schwarzen Ringelrangelrosenlocken $D^{1-2}$   dunkeln] dunklen $D^2$   24,1-2 Schalkaugen – mutwillig] Schalkaugen. Mutwillig $D^{1-2}$   24,3 Hab] Hab' $D^{1-2}$   eignen] eigenen $D^{1-2}$   24,4 klingelts] klin-

gelt's $D^{1\text{-}2}$   Maëstro] Maestro $D^{1\text{-}2}$   10,13 garnicht] gar nicht $D^{1\text{-}2}$   Klein Eva] Klein-Eva $D^{1\text{-}2}$   24,14 klein Eva] Klein-Eva $D^{1\text{-}2}$ 24,19 einigemale] einige Male $D^{1\text{-}2}$   24,21 verwundet] verwundert $D^1$   kanns] kann's $D^{1\text{-}2}$   verschmerzen«,] verschmerzen,« $D^{1\text{-}2}$ 24,21 Herr] Her *(Druckfehler)* E   24,22 sinds] sind's $D^{1\text{-}2}$   24,23 berliner] Berliner $D^{1\text{-}2}$   24,27 ist das:] ist: $D^{1\text{-}2}$   24,30 unsre] unsere $D^{1\text{-}2}$   24,31 mir aber] mir $D^{1\text{-}2}$   24,32-33 »Sie ⟨...⟩ umgeschmissen«.] ›Sie ... umgeschmissen.‹ $D^{1\text{-}2}$   24,35 ist«.] ist.« $D^{1\text{-}2}$ hats] hat's $D^{1\text{-}2}$   25,1 Litfassäule] Litvassäule $D^1$   25,2 Abend] abend $D^1$   25,3 kann eben] eben $D^{1\text{-}2}$   andrer] anderer $D^2$   25,4 singen ⟨...⟩ offenbar] singen. $D^{1\text{-}2}$   25,5 die uns] die $D^{1\text{-}2}$   25,8 Er] Es $D^{1\text{-}2}$   25,9 Küssen« .....] Küssen« ... $D^{1\text{-}2}$   sagts] sagt's $D^{1\text{-}2}$

ERLÄUTERUNGEN. *Der Opernsänger Julius Lieban (1857-1940) war zunächst Violinist am Theater an der Wien, bevor er 1881 am Richard-Wagner-Theater in Leipzig als Sänger wirkte. Als solcher begleitete er 1881/82 die Tournee des Theaters und sang den »Mime« in einer berühmt gewordenen Erstaufführung des »Siegfried« 1881 am Berliner Viktoria-Theater. 1882-1912 war er an der Berliner Königlichen Oper engagiert, dann am Deutschen Opernhaus.*

23,28 »Dein ist mein Herz ⟨...⟩ ewig bleiben!!«] *Aus dem Lied »Ungeduld« (Ich schnitt' es gern in alle Rinden ein ...) von Franz Schubert (1797-1828) aus der »Schönen Müllerin«. Text von Wilhelm Müller.*

24,23-24 Mime in der Premiere des »Siegfried« ⟨...⟩ Viktoriatheater] *»Siegfried«, der »Zweite Tag« der Tetralogie »Der Ring des Nibelungen« von Richard Wagner (Uraufführung: 1876, Bayreuth) mit der Figur des Schmiedes Mime (Tenor). – Im Jahr 1881 gastierte der Leipziger Operndirektor Angelo Neumann im Berliner Viktoria-Theater, wo er in Anwesenheit Richard Wagners und mit Julius Lieban als Mime mit großem Erfolg seine Inszenierung des Bühnenfestspiels aufführte. – Im Oktober 1905 fand die Premiere einer »Rheingold«-Neuinszenierung im Berliner Königlichen Opernhaus unter der musikalischen Leitung Carl Mucks' statt, bei der Julius Lieban wieder den Mime sang. – Im prächtig ausgestatteten Viktoria-Theater hinter dem Alexanderplatz wurden vor allem Vaudevilles, Opern und Operetten gegeben.*

25,2-3 David, den finsterulkigen Schusterjungen] *David (Tenor), der Lehrjunge des Schusters Sachs, ist eine Figur aus Richard Wagners Oper »Die Meistersinger von Nürnberg« (Uraufführung: 1868, München).*

## Das Peter Hille-Buch

ÜBERLIEFERUNG. H: *StLB Dortmund (Hds 206). Tinte (wo nicht anders angegeben). Erhalten sind: Inhaltsverzeichnis, Kap. 6 (Blei), 7 (Blei; unvollständig: 1. Blatt fehlt; 13 (Blei), 18-20, 24-26, 29-31, 32 (Blei), 33, 35, 38-44, 46, 47.* h: *StLB Dortmund (Hds 206). Kap. 15, 34.* – E: $PHB^1$ *(1906).* $D^1$: $PHB^2$ *(1919).* $D^2$: $PHB^3$ *(1919).* $PD^A$: *Die Zukunft. Jg. 14, Bd. 56, Nr. 48 vom 1. September 1906. S. 344 (Petrus und der Mond).* $PD^B$: *Der Zeitgeist (Beiblatt zum »Berliner Tageblatt«). Nr. 7 (Beiblatt zu Jg. 42, Nr. 86 [Montags-Ausgabe]) vom 17. Februar 1913 (Petrus der Felsen).* $PD^C$: *Saturn. Jg. 3, H. 4 vom April 1913, S. 91-93 (Aus meinem Peter Hille-Buch: Petrus und der Mond / Petrus-Noah / Petrus erinnert mich).*

VARIANTEN *und* LESARTEN.
29,1 Felsen] Felsen. $PD^B$ 29,5 geizst] geizt $PD^B$ Dir!] dir? $PD^B$ 29,6 auf] auf, $D^{1-2}$ $PD^B$ 29,9 Hügel] Flügel $PD^B$ 29,11 herab] hinab, $D^{1-2}$ herab, $PD^B$ 29,12 Bart- und Haupthaar] Haupt- und Barthaar $PD^B$ 29,14 besinnen, heulende] besinnen. Heulende $PD^B$ 29,18 Wanderung I] Wanderung $D^{1-2}$ 29,20 kurzem] einem kurzen $D^{1-2}$ 29,27 nicht] nicht, $D^{1-2}$ 30,1 Wanderung II] Wanderung $D^{1-2}$ 30,9 Haidekraut«.] Haidekraut.« $D^{1-2}$ 30,12 Malvenblütenmund] Malvenblütenmund, $D^{1-2}$ 30,26 stehen,] stehen; $D^{1-2}$ aufgetan,] aufgetan; $D^{1-2}$ 30,27 unsern] unserm $D^{1-2}$ 30,28 Wanderung III] Wanderung $D^{1-2}$ 30,30 Wetterwehe«,] Wetterwehe,« $D^{1-2}$ 31,2 Possengespräche,] Possengespräche $D^{1-2}$ 31,10 wol] wohl $D^{1-2}$ 31,12 schlank] schlank, $D^{1-2}$ 31,14 Geyerbogen,] Geyerbogen $D^{1-2}$ 31,16 Mond] Mond. $PD^A$ 31,19 Er] Und er $PD^A$ 31,20 gekommen.«] gekommen«. $PD^A$ 31,21 Heimat] Heimath $PD^A$ 31,22 nicht,] nicht; $PD^A$ 31,23 wie] als $PD^A$ Mond –] Mond: $PD^A$ Mond $PD^C$ 31,24 rief.] rief: $PD^A$ 31,24

alle] all *PD^A* 31,25 ihn] ihn, *PD^A* 31,26 Urgestalt] Urgestalt, *PD^A* tanzten] tanzten, *PD^A* 31,27 glänzendsten] glühendsten *PD^A* 31,28 geworfen,] geworfen *PD^A* 31,29-30 andern] Anderen *PD^A* 31,30 fliehen ⟨...⟩ Stadt] zurück in die Stadt fliehen *PD^A* 32,1 Petrus-Poseidon] Petrus-Poseidon. *H* 32,1-13 Petrus-Poseidon ⟨...⟩ Hand.] *Blei H* 32,2 garnicht] gar nicht *H D^{1-2}* 32,3 trage] trüge *H* 32,4 liegt] läge *H* Spiegelgallerien] Spiegelgallerieen *H* Spiegelgalerien *D^{1-2}* 32,6 Prinzessin!] Prinzessin. *H* 32,7 mein ⟨...⟩ mich] *(1)* ich fühlte aus allen Poren + *(2)* mein Blut zeigte [verächtlich] aus allen meinen Poren auf mich und ich schämte mich, *H* 32,7 mich] mich, *D^{1-2}* 32,8 Herrlichkeit,] Herrlichkeit *H* 32,9 Und Petrus-Poseidons] Petrus-Poseidon *H* 32,10 du] Du *H D^{1-2}* 32,11 »manchmal] manchmal *H* 32,12 jung,] jung *H* fliessen.«] fließen. *H* 32,13 stürmisch] *(1)* angstvoll *(2)* (stürmisch) | *H* 32,14-33,2 Petrus und ich ⟨...⟩ »Er hat] hat *(Textverlust) H* 32,19 Prunksaal] Prunksaal, *D^{1-2}* 32,21 zwitschern] zwitscherten *D^{1-2}* 32,21-22 Zauberflöten] Zauberflöten, *D^{1-2}* 32,22 springen] sprangen *D^{1-2}* 32,23 verrenken] verrenkten *D^{1-2}* 32,24 Narr sitzt] Narr, saß *D^{1-2}* 32,27-28 wo ⟨...⟩ sich] wo sich die vielen fremden Fürstlichkeiten *D^{1-2}* 32,30 Seidenärmel] Seidenmäntel *D^{1-2}* 33,1 lächelnd] lächelnd, *D^{1-2}* 33,3-4 von ⟨...⟩ Najade] und Najade von Geyerbogen *H* 33,4 uns, und] *(1)* uns. Und *(2)* ┼ *H* uns und *D^{1-2}* 33,4-6 riefen ⟨...⟩ Atlashaaren] *(1)* ein + *(2)* Herzlinde und + *(3) (a)* einem süßem *(b)* dem süßen | Zwillingspaar {Treuwinde und Herzlinde} *(4)* Treuwinde und Herzlinde dem süßen Zwillingspaar ┼ *H* 33,8 blühten] blühten, *H* 33,11 Schwester,] Schwester *H* 33,12-13 Onit ⟨...⟩ Zebaoths.] (Onit [von Wetterwehe] liebte die dichtenden Söhne Zebaoths.) *H* 33,14 Lider] Lider, *D^{1-2}* 33,15 sass] *(1)* setzte sich *(2)* saß | *H* 33,16 gebärdete] gebährtete *H* 33,17 den] {den} *H* unbändig ⟨...⟩ erblickte] {als er Petrus erblickte} unbändig, er *H* sprang] {er [sprang]} sprang *H* 33,18 Vogelköpfe,] Vogelköpfe *H* Gelände ⟨...⟩ Gallerie] Geländer der Galerie *D^{1-2}* 33,19 Bratsche,] *(1)* Geige + *(2)* Bratsche *H* 33,21-34,2 reichen ⟨...⟩ der] *fehlt (Textverlust) H* 33,22 Wein] Wein, *D^{1-2}* 34,4 spazierte] sparzierte *H* Kieswege,] Kieswege; *D^{1-2}* 34,6 Kopf] Kopf, *D^{1-2}* und] *(1)* am + *(2) H* allem,] allem *H* 34,7 fragte,] fragte *H* 34,8 Hals] Hals, *D^{1-2}* 34,9 Kleid] Kleid und die Sternenpantoffel *H*

Anmerkungen zu »Das Peter Hille-Buch« (1906)

zurück] [wieder] zurück *H* 34,11 all] alle *H* Prinzessinnen,] Prinzessinnen *H* 34,12 Kavaliere kredenzten] Cavaliere credenzten *H* 34,13 einen] seinen *H* 34,16 Burg] Burg [am See] *H* begehrte,] begehrte $D^{1\text{-}2}$ – stolz 〈...〉 See –] {– stolz blickte der blaue See –} *H* 34,16-17 »und 〈...〉 Ungeduld.] *(1) xxx (ca. 7 radierte, unlesbare Wörter) (2)* {und} in der Schlinge ihres Halses erstickte meine sündige *(a)* Leidenschaft *(b)* Ungeduld. || *H* 34,19 aus,] aus *H* 34,20 pickten;] pickten, $D^{1\text{-}2}$ 34,20-21 pickten 〈...〉 Gunst.] *(1) xxx (ca. 7 radierte, unlesbare Wörter)* von weiße{n} Kameele. *(2)* pickten. Und wie ein mächtiger Palmenbaum umfing mich seine Gunst. – | *H* 34,21-24 Aus 〈...〉 gepriesen;] *(1)* Und + *(2)* Und eines Morgens holte mich ei+ *(3)* Auf einer Karawane weißer Kamele holten mich seine Sklaven *(a)* in fe+ *(b)* [{ *(a)* aus einem + *(β)* aus einem Morgenschlummer}] Brautschau + *(4)* Aus [m]einem Morgenschlummer holten mich seine Sklaven auf einer Karawane weißer Kamele Brautschau zu halten unter seinen zehn Töchtern. Ihre Schönheit wurde im Lande gepriesen *(5)* Aus einem Morgenschlummer holten mich seine Sklaven auf einer Karawane weißer Kameele, Brautschau zu halten unter seinen zehn Töchtern. Ihre Schönheit wurde im Lande gepriesen. + *H* 34,22 Kamele,] Kamele; $D^{1\text{-}2}$ 34,24-35,6 aber 〈...〉 hinweg] *fehlt (Textverlust?) H* 34,33 Prinzessinen] Prinzessinnen $D^{1\text{-}2}$ 34,34 Saales;] Saales, $D^{1\text{-}2}$ 34,34-35 beklommen] beklommen, $D^{1\text{-}2}$ 34,36 er ..] er .... $D^{1\text{-}2}$ 34,37 verlangte Busse] verlangte, Buße $D^{1\text{-}2}$ 35,1 dich] Dich $D^{1\text{-}2}$ 35,2 deiner kleinen,] Deiner kleinen $D^{1\text{-}2}$ 35,3 deines] Deines $D^{1\text{-}2}$ 35,4 Mund,] Mund; $D^{1\text{-}2}$ 35,5 Flammen] Flammen, $D^{1\text{-}2}$ 35,18 uns,] uns; $D^{1\text{-}2}$ 35,20 garnicht] gar nicht $D^{1\text{-}2}$ 35,32 ähnelten,] ähnelten; $D^{1\text{-}2}$ 35,34 Gipfel,] Gipfel $D^{1\text{-}2}$ 36,1 Nazarener,] Nazarener; $D^{1\text{-}2}$ 36,4 uns,] uns; $D^{1\text{-}2}$ 36,12 was] das $D^{1\text{-}2}$ 36,16 Petrus] Petrus, $D^{1\text{-}2}$ 36,25 Tage ..] Tage ... $D^{1\text{-}2}$ 36,30 heruntergeklettert] heruntergeklettert, $D^{1\text{-}2}$ 37,3 aus,] aus $D^{1\text{-}2}$ 37,4 sehn] sehen $D^{1\text{-}2}$ 37,5 sein] seinen $D^{1\text{-}2}$ 37,7 rote] rote, $D^{1\text{-}2}$ 37,12 darin] darin, $D^{1\text{-}2}$ ganz ..] ganz ... $D^{1\text{-}2}$ 37,14 süssen] süßen, $D^{1\text{-}2}$ 37,21 Guirlanden] Girlanden $D^{1\text{-}2}$ Epheupforte] Efeupforte $D^{1\text{-}2}$ 37,26 Schritte] Schritte, $D^{1\text{-}2}$ 37,27 dünkten] dünkten, $D^{1\text{-}2}$ 37,33 war] war, $D^{1\text{-}2}$ 38,8 Lieblinge;] Lieblinge, $D^{1\text{-}2}$ 38,18 erzählen,] erzählen $D^{1\text{-}2}$ 38,27 Chokoladen] Schokoladen $D^{1\text{-}2}$ 38,29 Hase Hase] Hase-Hase $D^{1\text{-}2}$

38,32 Blumenhügel] Blumenhügel, $D^{1-2}$   39,2 Kalkfelsenschlucht] *(1)* Felsschlucht. *(2)* Kalkfelsenschlucht. + *H*   39,3 Kalkfelsenschlucht,] Kalkfelsenschlucht $D^{1-2}$   39,4 Riesensessel] Riesenkessel $D^{1-2}$   39,5 entgegen,] entgegen *H*   quälte,] quälte *H*   39,6 »Willkommen,] »Willkommen *H*   39,6-7 unseren] unsern $D^{1-2}$   39,7 leicht,] leicht *H*   39,8 glänzten,] glänzten; $D^{1-2}$   39,9 getreten] getreten, $D^{1-2}$   Dichterstirn] Dichterstirne *H*   die Freude] *(1)* der Thau + *(2) H*   39,10 Urwäldern] [{australischen}] Urwäldern *H*   gegraben] gegraben, $D^{1-2}$   39,12 Petrus, er] *(1)* Petrus: Er *(2)* + *H*   39,13 Bumerang] Bumrang *H*   39,14 unserm Gast] *(1)* ihm + *(2)* unserem Gast *H*   39,15 Trunk, ihm] Trunk *(1)* aus + *(2)* ihm *H* Ehre in einem Becher] Ehre, {in einem Becher} *H*   39,16-17 »Unter ⟨...⟩ Bugdahan.«] *(1)* »Deine Väter haben Mens+ *(2)* »Unter seinem blühenden Schatten haben Deine Väter Menschenhühnerfleisch *(1)* gegessen. + *(2)* gegessen, *(1)* Häup+ *(2)* Häuptling Bugdahan.« *H*   39,18 kanibalischen] kannibalischen $D^{1-2}$   39,20 abzusehen] abzusehn *H*   du] Du *H* $D^{1-2}$   du] Du *H* $D^{1-2}$   39,22 heraus,] heraus *H*   röter,] röter *H*   39,23 sich ⟨...⟩ sehen,] so herzlich lachen hören *H*   zumal] *(1)* denn *(2)* noch dazu da | *(3)* zumal + *H*   39,24 Freudengötzen] *(1)* furchtbaren + *(2)* [mächtigen] Freudengötzen *H*   39,25 verstehen!«] [zu verstehn«! *Absatz fehlt H*   39,26 begann] begann, $D^{1-2}$   üben,] üben; $D^{1-2}$   39,28 ihn,] ihn *H*   40,9 sang] sang, $D^{1-2}$   40,12 Sprache,] Sprache; $D^{1-2}$ Schriftzeichen] Schriftzeichen, $D^{1-2}$   40,20 Höhle] Höhle. *h* 40,22 Wiesen,] Wiesen *h*   40,26 Tafelnarr] Tafelnarren *h*   40,27 kam] *(1)* kamen *(2)* | *Blei und Tinte h*   Bugdahan,] Bugdahan *h* 40,28 Häuptling,] Häuptling; $D^{1-2}$   entdeckt,] entdekt *h*   40,30 ich,] ich *h* ich; $D^{1-2}$   40,31 Freund,] Freund *h*   40,31-32 Jerusalemiter] Jerualem[m]iter *h*   40,32 Augen.] Augen [und Raba des Häuptlings Schwester]. *Blei und Tinte h*   41,1 uns,] uns *h*   41,4 Farren] Farrne *h*   losten] loosten *h*   41,4-5 unter einander,] unter einander *h* untereinander, $D^{1-2}$   41,5 tagsüber ⟨...⟩ werde.] *(1)* auf Raub ausgehen *(a)* solle *(b)* werde | tagsüber *(2)* tagsüber auf Raub ausgehen werde. | *Änderung (2) von Else Lasker-Schüler h*   41,6 Weizenbrode] *(1)* weitzenbrode *(2)* | *Änderung von Else Lasker-Schüler h* Weizenbrote $D^{1-2}$   heim, die] die *h*   den Türen] *(1)* der Türe + *(2) h*   41,7 fanden ⟨...⟩ Kaufläden] *(1)* fanden heim. Und Wein und Früchte aus grossen Kaufläden assen wir *(2)* fanden, heim. *(a)* Und grosse Kaufläden plünderten wir *(b)* plünderten grosse Kaufläden + | *Änderungen von Else Lasker-Schüler; Blei und Tinte h*   41,7 Kaufläden] Kaufläden, $D^{1-2}$   41,7-8 Grimmer] Gorgonos der Starre *h*   41,8 Pelz,] Pelz *h*   Zentner] Centner *h*   41,9 wurden gefeiert, wir] *(1)* feierten wir, *(2)* wurden gefeiert, wir | *Änderung von Else Lasker-Schüler h* wurden gefeiert; wir $D^{1-2}$   Feuer,] Feuer *h*   41,10 Weinen] Weinen, $D^{1-2}$   41,14 Waldes,] Waldes; $D^{1-2}$   41,17 Füssen] Füßen, $D^{1-2}$   41,22 schlief,] schlief. $D^{1-2}$   41,28 Weizensaat,] Weizensaat; $D^{1-2}$   41,33 versperrt,] versperrt; $D^{1-2}$   42,14 sie] die $PD^C$   42,15 alten,] alten $D^{1-2}$ $PD^C$   42,16 Flusses –] Flusses. – $PD^C$   42,19 Wasserkessel] Wasserkessel, $D^{1-2}$ $PD^C$   42,21 Teufelchen,«] Teufelchen« $PD^C$   42,22 haben, plumps,] haben plumps $PD^C$   42,24 die grossen] die $PD^C$   Erde] Erde, $D^{1-2}$   42,25 Wälder] Wälder, $D^{1-2}$   42,27 schäumte] schäumte, $D^{1-2}$   42,29 einzustürzen,] einzustürzen $PD^C$   42,32 Hand] Hand, $D^{1-2}$   wilde,] wilde $PD^C$   42,34 Und die] Die $PD^C$ vergingen] vergingen, $D^{1-2}$   43,2 zarte] zarten $PD^C$   43,4 wir;] wir, $PD^C$   43,6 hüllte] dann hüllte $PD^C$   43,8 Morgen,] Morgen $PD^C$   43,9 Demanttropfen] Demanttropfen, $D^{1-2}$   43,10 genas] genaß $PD^C$   wieder,] wieder $PD^C$   43,11 neue,] neue $D^{1-2}$ $PD^C$ 43,12 die] der $PD^C$   43,14 Weide] Weide. *H*   43,15 Er setzte sich] *(1)* Wir setzten uns *(2)* | *H*   43,16 bist –«] bist« – *H*   ihm] *(1)* Petrus *(2)* | *H*   betrachtete] *(1)* trat + *(2) H*   43,16-17 unter ⟨...⟩ Unaussprechlichen.] *(1)* ihn unter dem Gegrau der Baumhexe + *(2)* unter dem Gegrau der Baumhexe den Unaussprechlichen *H*   43,19 näher?«] näher«? *H*   43,20 Geschehenes] Geschehenen *(Schreibversehen) H*   43,21-23 und ⟨...⟩ Locken.] *(1)* und strich der *(a)* Blättergreisin *(b)* Stumpfgreisin + die langen Blättersträhnen zurück + *(2)* und weckte die schlafende *(a)* Stumpfgreisin *(b)* Wurzelgreisin + *(a)* , zwei ihrer [dünnen] knorpeligen Äste + *(b)* u. ihre zwei *(a)* [dünnen] knorpeligen Äste *(β)* behaarten + *(γ)* haarigen *(Blei)* Strähnen | hoben sich [mühsam] zuckend [über braunleuchtende Locken]. *(3)* und weckte die schlafende Wurzelgreisin und ihre zwei haarigen, knorpeligen Äste *(a)* sxxxten *(zwei bis drei Buchstaben unlesbar) (b)* legten | sich über braunleuchtende Locken. | *H* 43,21 Wurzelgreisin] Wurzelgreisin, $D^{1-2}$   43,23 Frühling, Frühling,] Frühling, {Frühling,} *H*   43,24 da!«] da! *H*   43,25 kamen] kamen, *H*   43,26 junge] junge, *H*   44,1 Mai] Mai. *H*   44,2 ist

⟨...⟩ blüht] *(1)* war Mai, da blühte *(2)* + *H*   Silberstrauch,] Silberstrauch *H*   44,3 Blüten,] Blüten *H*   44,4 vorangegangen] vorausgegangen *H*   44,5 ihm] *(1)* Petrus *(2)* | *H*   trennen,] *(1)* trennen? *(2)* trennen! + *H*   44,6 sagte] Sagte *H*   garnicht] gar nicht *H D*$^{1-2}$   44,7 Aber] Doch *D*$^{1-2}$   gehört,] gehört *H* gehört; *D*$^{1-2}$   44,8 Versteck] Verstecke *H*   44,11 mich,] mich – *H*   44,12 ich] ich [{und +}] *H*   44,13 Antinous,] Antinous *H*   44,14 ihn] ihn, *D*$^{1-2}$   44,15-16 O ⟨...⟩ Petrusbotin!«] *(1)* Mich hat *(a)* Petrus *(b)* er | *(c)* Petrus + am liebsten, {[am allerliebsten]}! *(a)* » + *(b)* Nicht wahr Du *(a)* herzige + *(b)* herzige *(a)* Petrusbotin.« + *(b)* Petrusbotin,« *(2)* O, Du herzige Petrusbotin,« *H*   44,16 Und] und *H*   unzählige Male] *(1)* tausendmal + *(2)* unzähligemale *H*   44,17 alle] Alle *H*   das frische Grün,] *(1)* das grüne Sch[?]+ *(2)* den grünen Teppich + *(3)* den frischen + *(4)* das frische Grün *H*   drangen] [baten mich und] drangen *H*   44,18 mich] mir *H*   zu] [Ihnen] zu *H*   gestehen] gestehn *H*   wen ⟨...⟩ ihnen] *(1)* wem ich von Ihnen *(2)* wen von ihnen | *(3)* + *H*   44,19 nach ⟨...⟩ ihnen] *(1)* auf Jeden + *(2)* nach der Reihe auf Jeden von ihnen *H*   ihnen.»Euer] ihnen – Euer *H*   44,20 Tönen] *(1)* Klängen *(2)* | *H*   hin] hin, *D*$^{1-2}$   Euer] *(1)* Euer *(2)* das | *(3)* Euer + *(4)* Euer + *H*   Lied,] Lied *D*$^{1-2}$   44,21 das ⟨...⟩ aufklingt.«] das *(1)* sich + *(2)* alle tausend Jahre wieder aufklingt. *H*   44,22 zu viel] zuviel *D*$^{1-2}$   grünen] *(1)* schweren *(2)* jungen, | grünen *H*   44,22-23 getrunken,« –] getrunken – *H*   44,23 bewegt,] bewegt *H*   44,24 salbungsvoll,] salbungsvoll *D*$^{1-2}$   44,25-26 Riesenbleistift] *(1)* Riesenblei+ *(2)* Riesenbleistift, *H*   44,26 über] [wie einen Stock] über *H*   Eure Freundin] *(1)* Tino *(2)* | *H*   44,27 Quelle,] Quelle *H*   Euch] *(1)* euch *(2)* + *H*   45,5 lächelnd ....] lächelnd ... *D*$^{1-2}$   45,5 Schöpfer] Schöpfer, *D*$^{1-2}$   45,20 Hellmüte] Hellmüte. *H*   45,21 gesehn] gesehen *D*$^{1-2}$   Meer] Meere *H*   45,22 gesehn] gesehen *D*$^{1-2}$   mir,] mir *H*   45,23 lange,] lange *H*   45,24 zarten] *(1)* zarten + *(2)* *H*   45,25 gehört;] gehört *H*   45,26-27 herab zu] *(1)* zu + *(2)* *H*   45,28 Kameraden,] Kameraden; *H*   sie,] sie; *D*$^{1-2}$   45,30 sagen] *(1)* z+ *(2)* *H*   45,30-31 Wangen,] Wangen *H*   46,2 klein Pulls] Klein-Pulls *D*$^{1-2}$   Petrus'] Petrus *H*   46,4 Versteck] *(1)* Versteck + *(2)* *H*   46,6 erwartet und glücklicherweise] erwartet. Glücklicherweise *H* erwartet, und glücklicherweise *D*$^{1-2}$   46,7 indessen] unterdessen *H*   46,8 anfreundeten] anbefreundeten *H*   46,8 Blätterrock] Fellrock *H*

46,9 weissen] weißem $D^{1-2}$   46,10 gerichtet,] gerichtet H gerichtet; $D^{1-2}$   46,10-11 er 〈...〉 abgewendet,] *(1)* er saß abgewandt, den Kopf in die Hand gesenkt, *(2)* er hielt den Kopf abgewandt, | H   46,13 Pull; und] Pull. Und H Pull, und $D^{1-2}$   46,14 dem putzigen] seinem H   46,15-16 Und 〈...〉 Sonne] *(1)* Und als es du+ *(2)* Und als die Sonne mit den Füßen au+ *(3)* Und als auch die *(a)* Mittagssonne durch + *(b)* Sonne H   46,19 tausendkantig geschliffenen Fenstern] tausendkantiggeschliffenen Fenstern H tausendkantig geschliffene Fenster $D^{1-2}$   46,21 er] {er} H   sich,] sich H $D^{1-2}$ 46,22 Als 〈...〉 waren] *(1) Absatz fehlt* Als wir war+[?] *(2)* Als er wieder auf der Landstraße war *(3)* Als wir wieder auf der Landstraße waren | H   46,25 Sprache,] Sprache H   46,25-26 erzählen 〈...〉 Felder,] erzählen und dann kamen wir an ein Feld, das war H 46,26 überschwemmt! Und] überschwemmt und H   46,27 gleichen] {gleichen} H   zogen] und wir zogen H   47,4 buntes] buntes, $D^{1-2}$   schelmischen] schelmischem $D^{1-2}$   47,6 deines] Deines $D^{1-2}$   47,7 dich] Dich $D^{1-2}$   47,9 Bank] Bank, $D^{1-2}$   47,13 dichtete,] dichtete; $D^{1-2}$   47,17 uns,] uns; $D^{1-2}$   47,20 nieder] nieder, $D^{1-2}$   ihn] ihn in *(Druckfehler)* E   47,21 Hurrare] Hurraren $D^{1-2}$   47,23 dir] Dir $D^{1-2}$   47,29 du] Du $D^{1-2}$   47,30 dir] Dir $D^{1-2}$   47,33 entgegen] entgegen, $D^{1-2}$   48,2 fliegen] fliegen, $D^{1-2}$ 48,3 Papierdrachen] Papierdrachen, $D^{1-2}$   48,4 sonderbaren,] sonderbaren $D^{1-2}$   48,7 getreuste] getreueste $D^{1-2}$   48,8 lachte] lachte, $D^{1-2}$   48,21 Luft] Luft, $D^{1-2}$   48,27 Chokolade] Schokolade $D^{1-2}$   48,31 flockigen Wolkenbart,] flockigem Wolkenbart; $D^{1-2}$   48,33 Wolkendüte] Wolkentüte $D^{1-2}$   48,34 rund,] rund $D^{1-2}$   49,1 Arbeitern] Arbeitern. H   49,2 Stadt,] Stadt H   49,3 Häuserengen] *(1)* Häuserstätten *(2)* | H   49,6-7 übereinander gelegt,] übereinandergelegt; H übereinander gelegt; $D^{1-2}$   49,7 Quietschvergnügen] Quitschvergnügen H Quietschvergnügen, $D^{1-2}$   49,8 hoppsasa] hoppzaza H   fliegen.] *(1)* fliegen; einige Ungeduldige freilich fallen unsanft zurück auf den harten Asphalt. Indessen tanzen Lottchen und Lieschen um den blinden Leiermann. *(2)* + H   Petrus] *(1)* Petrus *(2)* ihn | *(3)* Petrus + *Blei* H   49,9 plumpsten sie] *(1)* fielen *(a)* einige von ihnen *(b)* die jungen Schaukeln+ | *(2)* plumsten *(a)* die Kleinen *(b)* sie | 2 b mit *Blei* H   auf 〈...〉 zurück] *(1)* zurück auf den harten Asphalt *(2)* auf den harten Asphalt zurück *Blei* H   49,10 heulten] *(1)* hielten *(a)* erschreckt ihr

+ *(b)* vor Schreck + *(2)* hörten vor Schreck zu tanzen auf um den *(a)* Leierm+ *(b)* {blinden} Leiermann *(3)* fingen an zu heulen | *(4)* | *H* 49,11 Petrus.] *(1)* Petrus für das Nachtgespenst ihrer Träume + *(2)* *H* 49,12-13 Sennulf,] Sennulf *H* 49,13 Kämpfer,] Kämpfer; *D¹⁻²* 49,14 murrten,] murrten *H* 49,17 Toten, wir] Toten Wir *H* Toten; wir *D¹⁻²* 49,18 Petrus,] Petrus *H* 49,19 derben] *(1)* schwi+ *(2) H* 49,20 Heimlichen und die] *(1)* Heimlichen – und die + *(2)* Heimlichen und die – *H* 49,21 Und] *(1)* Aber + *(2) H* die] *(1)* ihre *(2)* | *H* 49,23 Birke,« –] *(1)* Birke,« + *(2)* Birke« – *H* 49,24 wirbelten] fielen *H* freiheitshungrige] hungerige *H* 49,24-25 Frühfrühlingslaub vor dem Gewitter] junges, schwüles Laub *H* Frühlingslaub vor dem Gewitter *D¹⁻²* 49,26 einzelne ⟨...⟩ dichtender] *(1)* einzelne Männer *(a)* und Jünglinge an uns + *(b)* von den Versammelten an Petrus heran und Jünglinge, die gewußt haben ihm hier zu begegnen *(2)* Einzelne von den Männern an Petrus heran [und Jünglingen, die gewußt haben ihm hier zu begegnen.] ┼ *(1)* Der dichtende *(2)* unter ihnen ein dichtender | *H* 49,26-27 Handwerker,] Handwerker – *H* 49,27 Damm. Und] *(1)* Damm und *(2)* ┼ *H* viele] {viele} *H* 49,27-28 waren ⟨...⟩ gekommen:] *(1)* waren gekommen die von + *(2)* waren um seinetwegen gekommen: *H* 49,28 Ludwill,] Ludwill *H* 49,29 Veilchenaugen] Veilchenaugen, *D¹⁻²* 49,29-30 sein ⟨...⟩ Glockenherzen] *(1)* seinem *(2)* sein ┼ Freund ein *(1)* langaufgeschossener *(2)* dürraufgeschossener | Arabeskenzeichner mit einer Faunsnase. *H* 49,30 und Gorgonos] Und Gorgonos *H* und Gorgonos, *D¹⁻²* 49,31 Starre. Der] Starre; er *H* Vipermund,] Vipermund *D¹⁻²* 49,32-33 und neben ⟨...⟩ Armband] *(1)* und *(a)* neben ihm stand sein Tänzer und lachte. *(b)* (ich ahnte dumpf) + | *(c)* er zögerte, sich dem Herrlichen zu nähern + *(2)* – er zögerte, sich dem Herrlichen zu nähern – und neben ihm stand sein Tänzer und spielte mit *(a)* seinen Ringen. *(b)* seinem Armband. ┼ | *1 c-2 b mit Blei H* 50,1 Leidenschaft] Leidenschaft. *H* 50,3 eines] *(1)* des persischen *(2)* | *H* 50,3 Propheten] Propheten. *H D¹⁻²* 50,4 Ochsen] *(1)* Stiere *(2)* | *H* unseren Karren,] unsere Karre *H* 50,5 mitgenommen.] mitgenommen: *H* 50,6 Fisematenten!«] Fisematenten«! *H* 50,7-8 knarrenden,] knarrenden *D¹⁻²* 50,9 eine] seine *H* Cognacflasche] Cognacflasche *H* Kognakflasche *D¹⁻²* Tu] *(1)* Tue + *(2)* Tue + *(3) H* 50,10 woll] *(1)* wohl + *(2) H* 50,11 Pankratius] Pankratius, *H*   den] *(1)* den + *(2)* die *H*   eener?] *(1)* ei+ *(2)* ener?« + *(3)* ener? *H*   seen] *(1)* seinem *(2)* sin | *H*   50,12 im] *(1)* üb+ *(2) H*   de] die *D¹⁻²*   uffschiessende] *(1)* aufschießende *(2)* uffschießende + *H*   50,12-13 Streng ⟨...⟩ und] *(1)* Ich nickte bedeutungsvoll – streng genug sah Petrus aus. Und *(2)* Streng genug sah Petrus aus; und *H*   50,13 aus; und] aus, und *D¹⁻²*   50,13-14 Garten ⟨...⟩ Tragantsträucher] *(1)* Garten. Unzählige *(2)* Garten {des Propheten}; unzählige + Büsche *H*   50,15 Kuppeltempel,] *(1)* Tempel, *(2)* Kuppeltempel, | *H* Kuppeltempel *D¹⁻²*   50,15-16 »Die ⟨...⟩ durchstreiften] »Perser waren *H*   50,17 »und er] und sein Herz *H*   in den Wolken] {in den Wolken} *H*   50,18 lachenden ⟨...⟩ Heimat.] *(1)* {*(a)* heimatguten + *(b)* heimatlachenden} Abendsonne in den Wolken + *(2)* lachenden Heimatsonne + *(3)* heimatlichen Mittagsonne + *(4)* lachenden Mittagsonne seiner Heimat. *H*   50,21 Petrus] Petrus' *D¹⁻²*   klangen,] klangen *D¹⁻²*   50,22 Arm,] Arm *H* Arm; *D¹⁻²*   wir] (wir *H*   50,23 Wege,] Wege) *H*   50,25 nicht,] nicht *H*   50,26 goldne] goldene *H*   kam] trat *H*   50,27 entgegen,] entgegen *H*   50,28 Katzen,] [{heilige}] Katzen, *(Streichung vermutlich versehentlich im Zuge anderer Änderungen) H* Katzen *D¹⁻²*   50,29 Schlummer.] *(1)* Schlummer – aber *(a)* auf seinem toten *(b)* das + | *(c)* auf seinem toten | Haupt kauerte des Meisters wache Schwester, behaglich wie auf einem Seidenkissen und schnurrte. Sie war *(a)* d+ *(b)* seiner müden Füße Schemel gewesen. *(2)* + *H*   Ekel] Eckel *H*   Zorn,] Zorn *H*   50,30 Katzin] *(1)* {alte} Katzin *(2)* | *H*   sah,] sah; *D¹⁻²*   Herzen,] Herzen *H*   50,31-32 war seiner müden] *(1)* war der m+ *(2) H*   50,32-33 zurückkehrte,] zurückkehrte *H*   50,33 Leib] Leib, *D¹⁻²*   50,34-35 Und ⟨...⟩ bereiten.«] *(1)* Und da meine Hände keine Spuren zeigten, sagte er: Deine *(a)* Ehrfurcht ist tief *(b)* Leidenschaft ist ehrfürchtig | genug mein Andenken nach meiner Erdenzeit zu bewahren. + *(2)* Und da meine Hände keine Spuren zeigten, sagte er *(a)* Dein + *(b)* Du wirst meinem Andenken einen Tron bereiten. *H*   51,1 Petrussehnen] Petrussehnen. *H*   51,2 Wie] [»]Wie *H*   51,3 breiten] breiten, *D¹⁻²*   51,5 leertest] lehrtest *H*   51,6 schäumendes] *(1)* das *(2)* | *H*   Himmeln – ich] *(1)* Himmeln. Ich *(2)* + *H*   51,7 Gärten,] Gärten *H*   51,8 Wildvögel] Wildvögel, *D¹⁻²*   Seele riss] *(1)* Arme rissen + *(2)* Glieder rissen *(3)* | *H*   alles Lahme] *(1)* alle Stummheit *(2)* | *H*   51,8-9 ich schnellte hin,] ich [ich] schnellte *(1)* aufwärts, + *(2)* hin, *H*

51,9 Ehrfurcht] Ehrfurcht, $D^{1-2}$   51,10 Milde,] *(1)* Seele *(2)* S*xxx* *(3-4 Buchstaben unlesbar)* | *(3)* Milde $+$ *H*   51,11 Herzens Gipfel] *(1)* Herzensgip[?]+ *(2) H*   Gotttrinker,] *(1)* Gottk+ *(2)* Gotttrinker *H* Gottrinker, $D^{1-2}$   51,14 zusammen gewandert,] zusammengewandert *PD*$^C$   51,15 Du] du *PD*$^C$   51,17 Deinen] deinen *PD*$^C$ genannt] genannt, $D^{1-2}$   51,19 Deinen] deinen *PD*$^C$   51,20 heisst,] heißt $D^{1-2}$ *PD*$^C$   51,22-23 grenzenlos, und ich] grenzenlos; ich *PD*$^C$   51,25 mich,] mich *PD*$^C$   52,3 glitzert,] glitzert $D^{1-2}$ 52,6 mich,] mich $D^{1-2}$   52,11 geschritten,] geschritten; $D^{1-2}$ 52,12 Buckel] Buckel, $D^{1-2}$   52,13 ihr] Ihr $D^{1-2}$   52,20 nämmlich] nämlich $D^{1-2}$   52,23 jewollt] jewollt, $D^{1-2}$   52,26 Justav is dot] ›Justav is dot‹ $D^{1-2}$   52,27 jeseggt] jeseggt, $D^{1-2}$   52,28 de] die $D^{1-2}$   52,34 sprechen,] sprechen $D^{1-2}$   53,2-3 beschnüffelte] beschnüffelten *(Druckfehler) E*   53,6 Petrus] Petrus, $D^{1-2}$   53,11 den] zu den $D^{1-2}$   53,13 hews] hew's $D^{1-2}$   53,15 Knaben,] Knaben; $D^{1-2}$   53,19 Abend] Abend, $D^{1-2}$   53,23 Strahlensplittern] Strahlesplittern *H*   53,24 niederen] *(1)* niedern + *(2) H*   kleinen] kleine *(Schreibversehen) H*   53,25 Dinger] *(1)* Glitzerdinger *(2)* $+$ *H*   hier] da *H*   53,26 habe] haben *(Schreibversehen) H*   rief] Rief *H*   Petrus] Petrus, $D^{1-2}$   durchsichtigen] [kleinen,] durchsichtigen *H*   53,27 Reine] *(1)* klare Grüne *(2)* | *H*   53,28 Du] *(1)* [Tino], *(2)* Tino, | Du *H*   glücklicher,] glücklicher $D^{1-2}$   Schelm] Kerl *H*   53,29 fassen.] *(1)* fassen! *(2)* $+$ *H*   53,29-30 Vorschlag ⟨...⟩ feiern.] Vorschlag *(1)* ihn zu verkaufen und den Sonnenwendtag goldenmeth+ *(2)(a)* dafür *(b)* lieber dafür $+$ *(c)* für *(a)* den *(β)* seinen | Ertrag $+$ den Sonnenwendtag *(1)* Eichen+ *(2)* eichenmethgolden zu feiern. *H*   53,30 eichenmethgolden] eichenmetgolden $D^{1-2}$   Und wir] *(1)* Ich dachte heimlich + *(2)* Wir *(3)* $+$ *H*   53,32 sorglich,] sorglich *H*   53,33 Im] *(1)* Vor uns im *(2)* $+$ *H*   53,33-34 und ⟨...⟩ Lichtern] *(1)* von Diamanten und Ketten aus bunten Lichtern + *(2)* aus bunten Lichtern, und Ketten von Diamanten *H* 53,34 liebliche,] liebliche $D^{1-2}$   Perlenringe] Perlenringe, $D^{1-2}$   zagend] *(1)* verlegen *(2)* | *H*   54,1 hinter] {[hinter]} *H*   ihm] *(1)* Petrus *(2)* | *H*   54,1-2 Juwelenladen ⟨...⟩ fragten.] *(1)(a)* Juwelenladen. Aber *(b)* Juwelenladen – und | die *(a)* jungen *(b)* galanten | Verkäufer umringten uns und fragten neugierig nach unseren Wünschen *(2)* Juwelenladen – und *(a)* rot *(b)* rot | *(c)* befangen | wurde ich als die Verkäufer uns neugierig nach unseren Wünschen fragten. | 2c *mit Blei H* 54,3 aber] {[aber]} *H* 54,4 seiner] {s}einer *H* 54,5 in der] *(1)* auf der + *(2) H* 54,6 Königin.] *(1)* Königin.« *(2)* Königin. *H* fragen,] fragen *H* 54,7 Der ⟨...⟩ sehen] *(1)* Er kam+ *(2)* Der legte ihn+ *(3)* Der hatte *(a)* unser Gespräch belauscht + *(b)* lau+ *(c)* ihn schon von Ferne *(4)* Der hatte ihn schon von Ferne leuchten sehn, | *H* 54,8 stellte] *(1)* beta+ *(2) H* an. Von] *(1)* an, au+[?] *(2)* an. *(a)* Auf *(b)* Von | *H* 54,9 Samt] Sammt *H* 54,10 Meister,] Meister; $D^{1-2}$ 54,11 Hinter] *(1)* In der entferntesten Ecke des Ladens standen + *(2) H* Glasschränken] [Säulen und] Glasschränken *H* 54,12 hinter ⟨...⟩ gebückt] *(1)* gebückt hinter den Ladentischen *(2)* hinter den Ladentischen gebückt | *H* 54,12- 13 versuchten ⟨...⟩ verbergen,] *(1)* standen die Verkäufer [{versteckt}] und versuchten *(2)* versuchten die Verkäufer | ihr Lachen zu verbergen *H* 54,13-14 von neuem freute] wieder *(1)* erstaunte *(2)* ergr+ *(3)* erfreute | *H* 54,14 Smaragds] Smaragden *H* Und als] Als *H* 54,15 vor ⟨...⟩ standen] *(1)* auf der Straße waren *(2)* | *H* 54,16 Hände,] Hände *H* eichenmethgoldenen] eichenmetgoldenen $D^{1-2}$ 54,18 galanten] {galanten} *H* Goldschmidt] Goldschmied *H* Goldschmied, $D^{1-2}$ 54,19 heiteren Gesichtern] heitern Gesichtern, $D^{1-2}$ Goldladens] *(1)* Ladens *(2)* | *H* stehen] stehn *H* 54,20 eichenmethgolden] eichenmetgolden $D^{1-2}$ 54,21 Sonnenwendtag] Sonnenwendtag. *H* 54,22 Moosteppich,] Moosteppich *H* 54,23 bestickt,] bestickt *H* 54,24 nordische Frühlingssprößling] *(1)* Fr+ *(2) H* Männer,] Männer *H* 54,25 Nacken] Nacken, *H* 54,26 Meth] Met $D^{1-2}$ an] an den $D^{1-2}$ 54,27 beflanzen] *(1)* befl+ *(2)* bepfl+ *(3)* bepflanzen *H* bepflanzen $D^{1-2}$ 54,28 unsern] unseren *H* 54,29 Fee,] Fee *H* 54,30 Farren] *(1)* Farnen *(2)* $+$ *H* Farnen $D^{1-2}$ Gräsern] Gräsern, *H* 54,31 Rosen] Rosen, *H* Guirlanden] Girlanden $D^{1-2}$ 54,34 Klein-Pull] *(1)* P+ *(2)* Klein Pull *H* ruft] *(1)* winkt *(2)* | *H* bunte Einfälle] *(1)* bunten Einfällen *(2)* $+$ *H* 55,1 sie] sie, $D^{1-2}$ 55,2 aus:] aus, wie *H* 55,3 Bruders] Bruders, $D^{1-2}$ 55,4 Schar] Schaar *H* 55,5 Goldwarth] Goldwarth, $D^{1-2}$ 55,6 Waldschrats] [die] Waldschrats *H* 55,7 Arme] Arm $D^{1-2}$ tragend,] tragend *H* Tabak] Taback *H* ihnen,] ihnen; $D^{1-2}$ 55,8 Umarmung,] Umarmung; $D^{1-2}$ unrein] unrein, $D^{1-2}$ 55,9 alle] Alle *H* teilnahmlos] teilnahmslos *H* $D^{1-2}$ 55,10 blickt] auf einer schwarzen Eselin sitzt *H* Zitronenfalteratlas] Citronenfalteratlas *H* 55,11 umtänzelt ⟨...⟩ Ringe.] führt sie tänzelnd am *(1)* Zügel. {[In seinen Ohren glitzern kostbare Ringe.]} *(2)* Zügel, in seinen Ohren glitzern kostbare Ringe. † *H* 55,12 die Adalinge, Ritter] Ritter *H* 55,13 das rubinenäugige] Herzlinde, Treuwinde, das *H* 55,13-14 singend nebeneinander] nebeneinander *H* 55,14 Silbersattel.] Silbersattel und *H* Weissgertens] Weißgerte die Fürstin auf ihrem Schimmel – ihre *H* geheimnisgross] *(1)* geheim+ *(2)* geheimnißweit *H* 55,15 Doch] Und *H* 55,16 buckligen] buckeligen *H* Baumwurzeln] Baumwurzeln, *D¹⁻²* neben ihm] {neben ihm} *H* dem] *(1)* einem *(2)* | *H* reitet] *(1)* sitzt + *(2) H* 55,17 Vater,] Vater *H* 55,18 dem] den *H* hielten] *(1)* hielten + *(2)* [be]hielten *H* 55,18-19 den gefürchteten Krieger] ihn *H* 55,19 Geissel] Geisel *D¹⁻²* zurück,] zurück *H* Kokusbaum] Cokusbaum *H* 55,22 die] sie *H* 55,23 Anmut] Anmut, *D¹⁻²* 55,23-24 »Frouwe ⟨...⟩ gelegen.«] *(1)* »Din Son hat *(a)* woll + *(b)* wol neben Dir in der Wiegen gelegen?« – *(fünffach verlängerter Gedankenstrich) (2)* »Frouwe Emmelei du bist so vil jung ich wähn du seist mit deim son in der wiegen gelegen. | *H* 55,25 immer,] immer *H* 55,26-28 Und ⟨...⟩ aufsteigen.] Und *(1)* die Elfe+ *(2)* wir *(1)* tanzten + *(2)* tanzten und ich mußte mit dem Tänzer im Schmetterlingsgelb [{und den glitzernden Ringen}] tanzen – wir waren nur Atem. *H* 55,28 Ringelkranz] Rosenkranz *H* 55,29-30 Neckereien ⟨...⟩ Atem.] Neckereien. *H* 55,31 in ⟨...⟩ goldträufelnde] wir tranken aus mächtigen Humpen den goldträufelnden *H* 55,31-32 Honigtrank] *H* Honigtrank, *D¹⁻²* 55,32 und wir assen] *(1)* und wir aßen + *(2)* und Petrus-Wotan mußte mit allen anstoßen und wir aßen *(3)* und aßen † *H* 55,33 Brom,] Brom *H* Jerusalemiter,] Jerusalemiter *H* 55,34 Raba] Raba, *D¹⁻²* Häuptlingsschwester,] Häuptlingsschwester *H* bitterlich an] *(1)* an bitterlich *(2)* | *H* 55,35 bleichen Wangen] *(1)* zarten Wangenkno+ *(2)(a)* zarten *(b)* blassen † *(c)* bleichen † Wangen *H* 55,36 seine Väter] *(1)* er + *(2) H* 55,38 Heiterkeit] Heiterkeit, laute Eicheln fielen von den Bäumen, dicke, glänzende *(1)* Tropfen *(2)* Tränen | *H* Heiterkeit, *D¹⁻²* lachte] wälzte sich vor Lachen *H* 55,39 Schelmereien] *(1)* Späße *(2)* | *H* vermocht] vollbracht *H* 56,2 weissagte] weissagte, *D¹⁻²* geschah:] geschah, *H* 56,3 eines seiner] *(1)* [sich eines sei+ *(2)* das eine seiner *H* ausgelöscht wurde,] *(1)* beschattet wurde + *(2)* ausgelöscht wurde *H* 56,3-4 sich das andere] *(1)* das andere *(a)* z+ *(b)* sich *(2)* † *H* 56,5

Anmerkungen zu »Das Peter Hille-Buch« (1906) 61

alle] Alle *H*   56,7 Traum] Traum. *H*   56,8 Morgen,] Morgen *H* und die Edeldamen] und Edeldamen *H*   56,9 in tiefem] im tiefen *H* 56,9-10 Methschlummer] Metschlummer $D^{1-2}$   56,10 zu] zu, $D^{1-2}$ 56,11 Grüngold] *(1)* Grüne + *(2) H*   56,13 und] {und} *H*   56,14 seinem] seinen *H*   Strahlenbart] Strahlenbart [und lachten] *H* Strahlenbart, $D^{1-2}$   Horde] *(1)* Heerde *(2)* + *H*   56,15 auf] auf, $D^{1-2}$   56,19 Jerusalemiter] Jerusalemiter. *H*   56,20-57,14 Tage ⟨...⟩ Wundern.] *Blei H*   56,21 andern] anderen *H*   Jerusalemiter,] Jerusalemiter; $D^{1-2}$   56,24 Cedernholz] Zedernholz $D^{1-2}$ 56,26 her] her, *H*   56,26-27 eilten die] *(1)* näherten [sich] eilend + *(2)* eilten die | *H*   56,27 Juden] jungen Juden *H*   56,28 fürchteten,] fürchteten *H*   57,1 jüngste] Jüngste *H*   57,2 auf] auf, $D^{1-2}$ Trauer] Rauschetrauer *H*   57,2-3 mein Leben] *(1)* mich + *(2) H* 57,3 Goldhimmel,] Goldhimmel *H*   57,4 sich,] sich *H*   57,5-6 Osten,« ⟨...⟩ Lieblinge] *(1)* Osten.« xxx *(ca. 9 Wörter radiert) (2)* Osten.« {Riefen die Jerusalemiter!} – *(dreifach verlängerter Gedankenstrich)* Und Petrus *(a)* schwankte. Aber *(b)* schwankte, aber + seine Lieblinge | *H*   57,7 heimlich] {heimlich} *H*   57,8 lieblicher] *(1)* der flüs[?]+ *(2) H*   57,9 beide] *(1)* trennten uns von *(a)* beiden + *(b)* den streitenden Jünglingen + *(2) H*   Berge] Berge [dort] *H* 57,10 Gipfeln,] Gipfeln $D^{1-2}$   dem Buckel] *(1)* die Buckel *(2)* den Buckeln | *H*   57,11 wehte – eine] *(1)* wehte wie eine *(2)* wehte: Eine + *H*   Königsfahne. Und] *(1)* Königsfahne und *(2)* + *H*   57,12 Hauptes] *(1)* Herzens + *(2) H*   heimwärts] {heimwärts} *H*   ziehen,] ziehen; $D^{1-2}$   57,14 Gebärden] Gebährden *H*   von] Von *H* 57,15 Bergen II] Bergen II. *H* Bergen $D^{1-2}$   57,16 andern] anderen *H*   Wolken] *(1)* M+ *(2)* [{kostbaren}] Rothen *(3)* Himmelröten | *(4)* Rubinenröten + *(5)* Wolken + *H*   gehüllt.] gehüllt *H*   57,18 Mädchen] *(1)* Zw+ *(2) H*   Raba und Najade] {Raba und Najade} *H*   57,19 Tautröpfchen] *(1)* Goldtröpfchen *(2)* Thautröpfchen | *H* Tautröpfchen; $D^{1-2}$   57,20 Zeushand,] Zeushand $D^{1-2}$   Perlmutter; wie] Perlmutter. Wie *H* Perlmutter, wie $D^{1-2}$   57,21 eine] [wie] eine *H*   traumleise ...] *(1)* traumleise, *(2)* | *H* traumweise .... $D^{1-2}$ 57,22 »So] So $D^{1-2}$   hat's] hats *H*   57,23 fürchtete] *(1)* gefürchtet hat *(2)* + *H*   57,24 Hand,«] Hand« *H*   Petrus,] Petrus *H*   57,24-25 lag ⟨...⟩ Steinen] *(1)* war auf den harten Steinen gefallen *(2)* + *H* 57,25 Aber im] *(1)* Und au+ *(2) H*   donnerte] *(1)* le+ *(2) H*   57,27-28 die beiden Edelmädchen] *(1)* ihre {beiden} Freundinnen + *(2)* die beiden {seltenen} Mädchen *(3)* + *H*  57,28 Göttinnen] *(1)* Liebes+ *(2) H*  58,1 Bergen III] Bergen III. *h* Bergen $D^{1-2}$  58,3 Geige,] Geige; $D^{1-2}$  anderen] andern $D^{1-2}$  58,4 »Er] Er *h* Dich,«] Dich« *h*  58,5 trotzen] *(1)* se+ *(2) h*  58,6 auf,] auf $D^{1-2}$  Ring] Ring, $D^{1-2}$  58,7 des treuen Geigers] *(1)* sein *(2)* | *Änderung von Else Lasker-Schüler h*  57,8 es,] es *h*  58,10 Bergen IV] Bergen IV. *H* Bergen $D^{1-2}$  58,11 Abendröte] Abendweite *H*  58,12 Kämpfer,] Kämpfer *H* Kämpfer; $D^{1-2}$  tröstend] {tröstend} *H*  58,13 Wolken] Wolken, $D^{1-2}$  58,14 Damit er] *(1)* Daß er *(2)* | *H*  58,15 nicht] {nicht} *H*  58,16 hinan] *(1)* empor + *(2) H* hinan, $D^{1-2}$  58,17 Petrus] *(1)* er *(2)* | *H*  58,19 unbändig,] unbändig *H*  58,20 mit ⟨...⟩ Erde] *(1)* ins + *(2)* mit mir *(a)* zurück + *(b)* zur Erde *H*  58,21 gehen] gehn *H*  er] *(1)* Petrus *(2)* | *H*  58,21-22 Antinous ⟨...⟩ Liebe] *(1)* die [Ple*[?]*+] *(2)* die fromme Liebe Antinous *(3)* Antinous und an seine fromme Liebe | *H*  58,23 fürstliche] herrliche *H*  58,24 Gastgeber] *(1)* Onit + *(2) H*  Geigenspiel] *(1)* Geg+ *(2) H*  58,24-27 Tausend ⟨...⟩ einmal] *(1)* Tausend Hände müßt Ihr Euch noch reichen, *(a)* und Kreise *(b)* [und] {Rosen} Reigen | um *(a)* die Tage *(b)* den Tag | tanzen und *(a)(a)* Nächte *(β)* in den Nächten | *(γ)* über*[?]* den Nächten | *(a)* wachen *(β)* die Augen öffnen | *(γ)* wachsen*[?]* + *(b)* in den Nächten *(a)* Euch seh+ *(β)* Euch wie Frühlenze nach *(a) xxx (ein Wort unlesbar) (β) xxx (ein Wort unlesbar)* | sehnen |. Nichts soll an Dir ungeblüht bleiben – dann wirst Du wie ich *(2)* Tausend Hände müßt Ihr Euch noch reichen, Rosenreigen um den Tag tanzen, Euch in den Nächten nach den Fluren sehnen. Nichts soll an Dir ungeblüht bleiben, dann wirst Du wie ich einmal | *H*  58,25 reichen,] reichen $D^{1-2}$  58,27 gestillt] gestillt, $D^{1-2}$  58,28-29 erfasste ⟨...⟩ Gesicht] *(1)* versteckte mich + *(2)* erfaßte *(a)* die Hand von Petrus *(b)* seine Hand | und versteckte mein Gesicht *H*  58,29 Knaben,] Knaben *H* $D^{1-2}$  58,30 Ewigkeit.] Ewigkeit. – *H*  Die Auen] *(1)* Mit den *(a)* Aug+ *(b)* Auen + *(2) H*  58,31 Grüne,] Grüne *H*  58,32 spitzgetürmten,] *(1)* spitzen goldbetürmten, *(2)* spit+ + *(3)* spitzbetürmten, *H* spitzgetürmten $D^{1-2}$  59,2 meinetwillen] meinetwegen *H*  59,3 Bergen V] Bergen $D^{1-2}$  59,11 abgewandter] abgewandter, $D^{1-2}$  59,15 Stimme,] Stimme; $D^{1-2}$  59,16 gebannt] gebannt, $D^{1-2}$  59,21 Erde] Erde! $D^{1-2}$  59,26 Erdton ....] Erdton ... $D^{1-2}$  60,1 Bergen VI] Bergen $D^{1-2}$  60,2 oben] oben, $D^{1-2}$  60,6 Haut] Haut, $D^{1-2}$  60,7 herab]

## Anmerkungen zu »Das Peter Hille-Buch« (1906)

herab, $D^{1-2}$  60,9 ab] ab, $D^{1-2}$  sah] sah, $D^{1-2}$  60,17 Bergen VII]
Bergen VII. *H* Bergen $D^{1-2}$  60,19 Mutter,] Mutter *H* Mutter; $D^{1-2}$
60,20 dem Zeichen Davids] den Turbanen *H*  60,21 mich«,]
mich,« *H* $D^{1-2}$  60,23 stand] *(1)* stand *(2)* steht | *(3)* | *H*  60,24
Mutter und] Mutter. Und *H* Mutter, und $D^{1-2}$  ihn] ihn heute noch
$D^{1-2}$  60,25 Marcusplatz] Markusplatz *H* $D^{1-2}$  Vor] *(1)* Die
Glocken läuteten und vor *(2)* + *H*  60,26 steht] *(1)* steht + *(2)* stand
*(3)* | *H*  Marco. Die] *(1)* Marco, die *(2)* + *H*  60,27 Füssen] Füßen,
*H*  60,28 Signora] [{ *xxx (1-2 Wörter unlesbar)*}] Signora *H*
segnete.] segnete. *(1)* Der Küster hat es vom Glockenturm[e] *(a)* aus
gesehn + *(b)* aus, während der Andacht, gesehn. *(2)* Vom Glockenturm aus + ⊦ *(3)* Der Küster hat es während der Andacht, vom
Glockenturm aus, gesehn. *H*  60,29 Samtbaldachin] Sammtbalda-
chin *H*  dem] den *H*  60,30-31 »Und ⟨...⟩ Petrus,] *(1)* Und *(a)* nur
*(b)* weiter | über die Köpfe der Lauschenden auf dem Canal – Deine
Seele, {sagte Petrus} *(2)* »Die Seele ist deiner Mutter + | *(3)* »Und die
Sterne haben es sich am Abend erzählt.« sagte Petrus, *H*  60,30
erzählt«,] erzählt,« $D^{1-2}$  60,31 per ⟨...⟩ saeculorum] per omnia
saecula saeculorum $D^{1-2}$  60,32 Tausendtiefen ⟨...⟩ Leib] *(1)* in
harten Falten hüllte ihn sein Mantel *(2)* aber sein Mantel hüllte *(a)*
ihn *(b)* seinen Leib | in harten Falten. | *H*  Leib] Leib, $D^{1-2}$  61,2
gesehen] gesehn *H*  61,4 mich,] mich; $D^{1-2}$  Zauberer] Zauberer,
$D^{1-2}$  61,5 Herz,] Herz *H*  61,5-6 über ⟨...⟩ Hecken,] {über die
Wiesen und Hecken} *H*  61,6 war mein] *(1)* wuchs aus meinem +
*(2)* war mein *H*  Kopf,] Kopf *H* Kopf; $D^{1-2}$  61,6-7 ich ⟨...⟩
wiederfinden – – –] *(1)* in dem ich mich nicht wieder + *(2)* ich konnte
mich nicht wiederfinden. – *(fünffach verlängerter Gedankenstrich
bis zum Zeilenende) ... (Punkte über eine Zeile) H*  61,9 Spätfrühmonat 1903,] Spätblühmonat 1903 *H*  61,12 Hecke] Hecke. *H*
ich] ich, $D^{1-2}$  61,16 zerrissen?« Und] *(1)* zerrissen« und *(2)* ⊦ *H*
61,17 Samtrock] Sammtrock *H*  61,19 Räuber,] Räuber *H*
61,20 gefallen] verfallen *H*  61,23 furchtbarste Schlucht] *(1)*
furchtbare, dunkle Schlucht der Schwermut *(2)* ⊦ *H*  61,24 Tee]
Thee *H*  61,27 Antinous] Antinous' $D^{1-2}$  Schwester,] Schwester
*H*  61,29 Erde,] Erde *H*  61,30 waren,] waren *H*  61,31 holen,]
holen *H* holen; $D^{1-2}$  nicht] nicht, $D^{1-2}$  62,1 Schwermut] Schwer-
mut. *H*  62,2 hat] *(1)* hatte + *(2) H*  Und ich] *(1)* Ich *(2)* | *H*
Petrus,] Petrus *H* Petrus; $D^{1-2}$  62,3 über ⟨...⟩ Welt.] *(1)* der Welt

*(2)* über den Rücken + | *(3) H*   62,4 jauchzten,] jauchzten *H*   62,5 hing,] hing *D¹⁻²*   gebreitet] gebreitet, *D¹⁻²*   62,7 kühl!] kühl. *H* 62,8 uns] uns, *D¹⁻²*   62,10 könne,] könne *H*   62,11 Glockenlied] Silberlied *H*   62,11-12 Fahnenarme] Fahnenarme, *H*   62,13 Tor] Thor *H*   62,14 Leuchtenden!«] Leuchtenden«! *H*   62,15 andern] anderen *H*   Räuber] Räuber, *D¹⁻²*   62,18 Niemanden,] Niemanden *H*   ruft?«] ruft«? *H*   62,21 O,] O *D¹⁻²*   62,22 Dich!«] Dich.« *H*   62,24 ihn] Ihn. *H*   62,25 einen] einem *H*   62,27 flüchtete] *(1)* lief + *(2) H*   nicht,] nicht *H*   62,29 dumpf] *(1)* dumpf zur+ *(2)* dumpfer Donner *(3)* dumpfes + *H*   zurück,] zurück *H*   nie mehr] niemehr *H*   62,31 Tal,] Thal *H*   62,31-32 Tal wandle um ihn,] Thal wandele um ihn *H*   63,4 tiefster] Tiefster *H* 63,5 zur] zu *D¹⁻²*   63,6 Stern.«] Stern. *H*   lange,] lange *H*   63,8 Tal] Thal. *H*   63,9 Gesicht] [wundes] Gesicht *H* Gesicht, *D¹⁻²* 63,11 gesehen] gesehn *H* gesehen, *D¹⁻²*   63,13 Stadt,] Stadt; *D¹⁻²* 63,14 ahnte,] wußte wohl *H*   trugen,] trugen *H*   63,15 und] und ich *H*   dem] *(1)* einem *(2) | H*   Verhüllten] *(1)* verhüllten *(2) + H* 63,16 still,] still; *D¹⁻²*   63,17 erstarrten] erstarrten, *D¹⁻²*   63,20 Mittag] Mittag. *H*   63,21 war] war, *H*   Sarg,] Sarg *H*   63,23 Felsen] Felsen, *D¹⁻²*   63,25 tröstend um] *(1)* um + *(2) H*   63,26 mich,] mich; *D¹⁻²*   63,28 sehen] sehn *H*   64,1 Alle] alle *D¹⁻²* 64,4 rotbäckige] *(1)* pau+ *(2) H*   64,7 beides,] beides *H*   64,10 Tabak] Tabak, *D¹⁻²*   Narr,] Narr; *D¹⁻²*   64,11 grinste,] grinste, *D¹⁻²*   64,12 Kranz] Kranz, *D¹⁻²*   64,19 ihn,] ihn; *D¹⁻²*   64,20 Laub] Laub, *D¹⁻²*   65,1 Petrus Grab] Petrusgrab. *H*   65,2 Männer,] Männer *H*   65,3 kannten,] kannten *H*   gesehen hatten,] gesehn hatten *H*   65,5 angelegt,] angelegt *H*   65,8 ihnen] ihnen: *H*   Kraft] Kraft, *D¹⁻²*   Leibarzt] Leibarzt, *D¹⁻²*   65,9 Knieen] Knien *D¹⁻²*   65,11 getanzt] *(1)* tanzten *(2)* getanzt haben | *H* Kavaliere] Cavaliere *H*   65,14 vom Ozean] *(1)* von Bagdad + *(2) H* vom Ozean; *D¹⁻²*   65,15 sehen] sehn *H*   seinem] seinen *H*   65,16 Tänzer] Tänzer; *D¹⁻²*   andern] anderen *H*   65,17 den ⟨...⟩ Einfalt] der Zeichner *H*   65,18 Damm] Damm, *D¹⁻²*   Handwerker] Handwerker, *D¹⁻²*   65,20 haben,] haben *H*   65,23 Stämmen,] Stämmen *H*   65,24 mag,] mag *H*   65,25 leuchtendem Leben] leuchtenden Lebens *H*   65,26 geschlossen,] geschlossen *H*   65,27 Hellmüte] Hellmüte, *D¹⁻²*   65,27-28 Zauberin] Zauberin, *D¹⁻²* 65,29 Garten,] Garten *H*   66,1 Er heisst] Er heißt, *H*   heisst]

heißt. *H*   66,2 letzten] *(1)* letzten *(2)* Letzten + *H*   66,4 Einer] einer *D¹⁻²*   66,5 Thron] Tron *H*   66,7 seligen] *(1)* funkelnden *(2)* seeligen | *H*   66,7-8 Tempel,] Tempel *H*   66,9 einer] Einer *H* (ich ⟨...⟩ nicht),] {(ich kannte ihn nicht)} *H*   nicht),] nicht); *D¹⁻²* aber] *(1)* und *(2)* | *H*   66,10 er,] er *H*   sein] *(1)* sein *(2)* Sein + *H* 66,11 Höhe,] Höhe *H*   66,14 nach] {nach} *H*   schwer] *(1)* schweres *(2)* + *H*   Geröll] Geröll, *D¹⁻²*   66,16 Frühe] Frühe, *H*   66,17 Grab] Grab, *D¹⁻²*   versuchten] versuchten, *D¹⁻²*   verbergen,] verbergen *H*   66,18 Aber ich] *(1)* Und ich + *(2) H*   ihnen,] ihnen *H* 66,19 beenden,] beenden; *D¹⁻²*   es ⟨...⟩ treuen] denn es waren {ja} die *H*   66,20 Trauernden] Trauernden, *D¹⁻²*   66,21 voll] *(1)* noch + *(2)* [noch] voll *H*   Tränen] Tränen, *D¹⁻²*   66,25 heisst] heißt, *H* heisst.] heißt. *H*

*ERLÄUTERUNGEN. Über Peter Hille vgl. zum Essay »Peter Hille«. – Ein Handexemplar Else Lasker-Schülers der zweiten Auflage (1919) trägt auf dem Vorsatzblatt den handschriftlichen Vermerk:* Die Geschichte von St. Petron aus der noch heiteren Zeit *(JNUL, ELS [11:13]). – PDᴬ erschien in der »Zukunft« unter der Rubrik »Selbstanzeigen« und ist mit* Wilmersdorf. Else Lasker-Schüler. *unterzeichnet. PDᴮ wurde als Anhang eines Aufsatzes von Paul Zech über Else Lasker-Schüler veröffentlicht (vgl. zu 276,23). – Bezüglich der Entstehungszeit des »Peter Hille-Buchs« gibt es Hinweise darauf, daß bereits Pläne für das Buch, vielleicht auch Teile des Prosatextes selbst, schon vor Peter Hilles Tod bestanden haben. So war der Bohemien und Freund Else Lasker-Schülers bereits im Frühling 1903 ein Thema der Korrespondenz zwischen der Schriftstellerin und Axel Juncker, dem Verleger ihres bis dahin einzigen Buches, der Gedichtsammlung »Styx« (1902). Am 18. April 1903 teilte ihm Else Lasker-Schüler mit:* Peter Hille habe ich geschrieben – ich bekam noch immer keine Antwort. ⟨...⟩ Meine Skizzen über Peter Hille kommen noch April. Zeitgeist. Bitte lesen Sie sie, Sire. *(H: KBK.) Es ist zu vermuten, daß Else Lasker-Schüler, die Axel Juncker hier auf ihren tatsächlich erst im Juni 1903 im »Zeitgeist« erschienenen Essay über Peter Hille aufmerksam macht (vgl. zum Essay »Peter Hille«), sich wegen des Frontispizes für das »Peter Hille-Buch«, das Holzschnittporträt Hilles von Franz Stassen, an Peter Hille gewandt hatte; eine Notiz Else Lasker-Schülers für Axel Juncker, wohl bei einem Besuch in dessen Verlagsbuchhandlung in der Potsdamer Straße auf das Verlagsbriefpapier geschrieben, lautet:* Sire. / Das Bild von Peter Hille. / Herzlichen Gruß / Else L-Sch. *(H: KBK.) In den von Else Lasker-Schüler herausgegebenen »Briefen Peter Hilles an Else Lasker-Schüler. Mit einer Einbandzeichnung der Verfasserin⟨!⟩« (1921) heißt es:* Kommst Du mal in die Potsdamerstraße zu einer Zeit, da? da ist, was wohl am besten kartlich ginge, zeig' ihm mal den Wotan (von Stassen). Mit dem Corinthschen Bilde von mir anzufangen, hat er keine Lust. Dann soll mit Wotan die Sache eingelenkt werden. Stassen kann ja noch Abzüge machen lassen ⟨...⟩; auch ich würde einen Abzug nehmen und einen zur Vervielfältigung auf Buchkosten, doch das später. *(S. 43 f.) Eine andere Textstelle aus den »Briefen Peter Hilles« erwähnt Else Lasker-Schülers* Sache über mich *(S. 43), doch könnte es sich hierbei auch um den Essay »Peter Hille« (vgl. dort) handeln. Else Lasker-Schülers Schrift »Ich räume auf!« (1925) enthält folgende Passage, welche zumindest den Plan für das Buch in die Zeit vor Peter Hilles Tod legt:* Mein zweites Buch war mein Peter-Hille-Buch. Vor seinem Tode wünschte der Prophet: »Tino«, so nannte er mich, sollte es dichten. *– Über ihre Arbeit am »Peter Hille-Buch« schrieb Else Lasker-Schüler am 16. Februar 1905 an Salomo Friedländer:* ⟨...⟩ ich sammele jede freie Minute mir und schenke sie dem Peter-Hillebuch, es wird die Grundlage meines Lebens sein, die Centrale, die ich mir selbst aufbaue, der Glaube, daß ich nötig dem Leben war. *(H: Stadtbibliothek Wuppertal, Lasker-Schüler-Archiv [F 11], Kopie.) – Das »Peter Hille-Buch« erschien Ende Mai/Anfang Juni 1906; am 16. Juni 1906 schrieb Else Lasker-Schüler eine Postkarte an Richard Dehmel:* Schwager Eichenbaum, dunkles Gewitter, Waldfürst! Da lachen Sie schon und ich schreibs hin mit dem Gedanken, daß mein Peter Hille-Buch raus ist bei Axel Juncker (Verlag) Berlin W. Pfalzburgerstraße 12 aber der gestrenge Herr will das Buch nur der Kritik senden dabei kostet es nur 1,50 Pfg. Ich sitze auf dem Tron meines Ruins. Und lesen müssen Sie es, schon der befreiten Bergluft und der vielen Rauschewälder darin. – Es ist ein Buch für große und kleine Kinder. – Ich mag erwachsene gebildete, entbildete nicht. Wenn Sie das Buch gelesen haben, werden Sies nicht bereuen. *(H: Staats-und Universitätsbibliothek Hamburg, Dehmel-Archiv [L166].) – In Texten und*

Briefen Else Lasker-Schülers findet sich mehrfach die Formulierung, das »Peter Hille-Buch« sei eine »Bibel« (so in »Ich räume auf!« [1925]), und tatsächlich erinnern die siebenundvierzig kurzen Kapitel von Petrus in Begleitung Tinos und seiner Gefolgschaft an die Berichte der Evangelien über das Leben und Wirken Jesu. Im ersten Kapitel des »Peter Hille-Buchs« wird Petrus mit der Apostelfigur aus dem Evangelium identifiziert; weitere Kapitel berichten, Heiligenlegenden ähnlich, von Petrus' Taten. Die neutestamentlichen Bezüge, sowohl stilistischer als auch motivlicher und inhaltlicher Natur, stellen zugleich eine Reminiszenz an Peter Hilles Prosatext »Das Mysterium Jesu« dar. Dessen vierunddreißig meist kürzere Kapitel, die das Leben Jesu zum Inhalt haben, erschienen erst 1910 vollständig (in Herwarth Waldens Wochenschrift »Der Sturm«); schon 1893 aber wurden wohl in der Zeitschrift »Sphinx. Monatsschrift für Seelen- und Geistesleben« die Kapitel »Die Verklärung« und »Judas Ischarioth« abgedruckt. (Vgl. Peter Hille: Das Mysterium Jesu. Hg. und mit einem Nachwort versehen von Emerich Reeck. Wiesbaden [Limes] 1952. S. 83-86.) Vor allem der kurze Prosatext »Die Verklärung«, in dessen Mittelpunkt die Auszeichnung des Petrus durch Jesus steht (vgl. zu 29,1), muß Else Lasker-Schüler als Folie für ihre Mythen über meinen Gottkameraden (»St. Peter Hille«, aufgenommen in »Konzert« [1932]) gedient haben. Weiterhin weist »Das Peter Hille-Buch« deutliche Parallelen zu Friedrich Nietzsches »Buch für Alle und Keinen« »Also sprach Zarathustra« (1883-1885) auf. Der Einfluß dieses um die Jahrhundertwende nicht zuletzt im Kreis der »Neuen Gemeinschaft« überaus populären, wenn auch kontrovers diskutierten Textes, der sich ebenfalls der Lutherschen Bibelsprache bedient, äußert sich auch inhaltlich – neben der expliziten Bezugnahme im Kapitel »Petrus erforscht meine Leidenschaft« (vgl. zu 50,3) –, etwa indem der Petrus des »Peter Hille-Buchs« nicht als Apostel, sondern als Prophet bezeichnet wird, der sich wie der iranische Prophet in Nietzsches philosophischer Dichtung gerne vor den Menschen in die Berge zurückzieht. Dieses Muster findet sich zudem wieder in dem Kapitel »Die Verklärung« aus Peter Hilles »Das Mysterium Jesu«: Der Sohn des Menschen stieg gern die ernsten Wege des Berges hinan zu den Höhen. ⟨...⟩ Da war er näher dem Vater, der Heimat. Und auch seinen Jüngern fühlte er sich näher, hier, wo ihre

Gedanken nicht im Irdischen wurzelten. ⟨...⟩ Hier war er der Mann der Einsamkeit, der Sammlung ⟨...⟩. *(Der Sturm. Jg. 1, H. 36 vom 3. November 1910. S. 284.).* – *Der Motivbereich des »Peter Hille-Buchs« beschränkt sich keinesfalls auf die biblische Geschichte. So wird die zentrale Gestalt des Petrus im Textverlauf nicht nur mit dem neutestamentlichen Apostel und dem alttestamentlichen Noah, sondern auch mit Zeus, Wotan oder Baldur konnotiert. Neben Gestalten der griechischen und nordischen Mythologie werden Figuren aus der abendländischen und orientalischen Märchen- und Sagenwelt zitiert; auch evozieren märchenhafte Phantasienamen, Ding- und Zahlensymbole eine allgemein-mythische Atmosphäre. Der aus biblischen, mythologischen und märchenhaften Elementen bunt zusammengesetzte Handlungsrahmen wird schließlich noch erweitert um reale Personen aus dem Umfeld der »Neuen Gemeinschaft«, welche, mehr oder weniger leicht erkennbar, hinter einigen Figuren aufscheinen. Diese Bezüge auf reale Personen, wie sie sich am deutlichsten im Falle Peter Hilles und Else Lasker-Schülers selbst in den Figuren Petrus' und Tinos zeigen, dienen aber nicht schlicht der Abbildung von Wirklichkeit; nicht aus Schlüsselfiguren besteht das Personal des »Peter Hille-Buchs«, sondern es ist, gemäß einem immer wieder, vor allem in den »Briefen nach Norwegen« (vgl. dort) wiederanzutreffenden poetologischen Prinzip, Teil des Lasker-Schülerschen Spiels mit Fiktion und Wirklichkeit.*

**29,1** Petrus der Felsen] *Der Ehrenname Petrus (griech.: Fels) wurde Simon, einem der zwölf Jünger Jesu, von diesem verliehen; vgl. Matthäus 16,18. – Vgl. auch aus Peter Hilles erstmals 1893 erschienenem Prosatext »Die Verklärung«:* Und nun forschte der Meister: »Wer sagt denn ihr, daß ich sei?« Und es antwortete nicht Johannes, dessen sanftes Antlitz mit innigem Glanze sich zu durchschimmern begann, nein, der ältliche Petrus, dessen kindlich ungestümes, mehr entfahrenes als bewilligtes Zutagetreten dem Herrn immer so ergreifend war: »Du bist Christus, des lebendigen Gottes Sohn.« / Und erschrocken, als hätt' er in seinem heiligen Eifer Einfältiges begangen, hielt Simon Bar Jona inne und erschrak fast noch mehr, als sein oft so rügestrenger Meister ihn über alles lobte und sprach: »Selig bist du, Simon Bar Jona, denn nicht Fleisch und Blut hat dir das geoffenbart, sondern mein Vater im Himmel.« Dein erdhaftes

Vertrauen faßt den Himmel. »Und ich sage dir, du bist der Felsen, und auf diesen Felsen werde ich meine Kirche bauen.« *(Aus der »Heiligen Zeit«. In: Die Sphinx. Monatsschrift für Seelen- und Geistesleben, 1893. Zitiert nach: Peter Hille: Das Mysterium Jesu. Hg. und mit einem Nachwort versehen von Emerich Reeck. Wiesbaden 1952. S. 83f. [Anhang]. Als Kapitel des nachgelassenen Textes »Das Mysterium Jesu« wurde der Text mit zahlreichen Varianten erneut im »Sturm« [Jg. 1, H. 36 vom 3. November 1910. S. 284, 286] veröffentlicht.)*

**29,4** tausend Jahre] *Vgl. zu 17,14.*

**29,9** Kobolde] *Im deutschen Volksglauben zwerghaft kleine Hausgeister. – Gestalten und Motive aus dem Volksgut verschiedener Kulturkreise stehen im »Peter Hille-Buch« nebeneinander: Elemente aus der nordischen und keltischen Mythologie begegnen solchen aus deutschen Volksmärchen und -sagen sowie aus der arabischen Sammlung »Tausendundeine Nacht«.*

**29,16** nannte mich Tino] *Vgl. zu 9,28.*

**30,9** »Sage und Haidekraut«] *Edda und Erika heißen die Töchter Anna Lindwurms, geb. Schüler (1863-1912), der Schwester Else Lasker-Schülers.*

**30,21** wandte sein Antlitz] *Biblische Wendung; vgl. z. B. 1. Könige (Regum I) 21,4 und 2. Könige (Regum II) 20,2.*

**30,29-30** Onit von Wetterwehe] *»Onit« stellt ein Anagramm von »Tino« (vgl. zu 9,28) dar; beide verbergen sich auch in dem Namen »Antinous« (vgl. zu 31,13-14). Eine andere Buchstabenumstellung führt zu »Odin«, dem auch »Wotan« (vgl. zu 54,32) genannten germanischen Gott. – Mit der Unterschrift »Prinz Onit« unterzeichnete Else Lasker-Schüler einen Brief an die Schriftstellerin Elsa Asenijeff vom 2. Juli 1902 (H: DLA [57.2809]), auf einer Postkarte an Irmgard von Scholz vom 12. Oktober 1912 spricht sie von meinem (des Fürsten Onit) Peter Hille-Buch (H: DLA [68.235/1].) – Die sich in der Forschung etablierende Identifikation der Figur Onits von Wetterwehe mit dem Schriftsteller Gerhart Hauptmann geht auf Erika Klüsener zurück, welche ihr eine nur in den späteren Fassungen enthaltene Textstelle aus dem Essay »Peter Hille« zugrunde legt (vgl. Variante zu 13,27). In ihr, so Klüsener, »enthüllt die Autorin die Identität Onit von Wetterwehes; es handelt sich um Gerhart Hauptmann, denn hier ist die gleiche Szene geschildert wie* *im dritten Kapitel des Peter Hille-Buches* ⟨...⟩. *In beiden Fällen stellt Hille die junge Freundin als Dichterin vor, jeweils mit dem Hinweis auf ihr Judentum* ⟨...⟩.« *(Erika Klüsener: Else Lasker-Schüler. Mit Selbstzeugnissen und Bilddokumenten dargestellt von Erika Klüsener. Rowohlts Monographien 283. Reinbek [6. Auflage] 1992. S. 45.) Die Ähnlichkeit der Textstellen beruht also auf der Installation der Ich-Erzählerin Tino durch die Figur Peter Hille bzw. Petrus, nicht auf der Charakterisierung Hauptmanns bzw. Onits, und kann daher kaum als Beleg für außertextuelle Referenz der Onit-Figur gelten. Das zentrale Motiv der Zuweisung der Tino-Identität durch Petrus findet sich – ohne jeden Bezug zu Onit – noch ein weiteres Mal im* »*Peter Hille-Buch*« *(vgl. 45,27-30). – Lediglich gestützt auf die nicht zu widerlegende, aber eben auch nicht zu belegende Prämisse, hinter der Figur Onits von Wetterwehe verberge sich Gerhart Hauptmann, identifiziert Markus Hallensleben weitere Figuren des Peter Hille-Buchs: Er erschließt den Personenkreis um Gerhart Hauptmann und überführt diesen in das fiktionale Personal des Peter-Hille-Buchs. Vgl. Markus Hallensleben:* »*Warum sind die Dichter meist nur in Worten gut?*« *Literarisierung des Privaten und Revolution auf der Bühne: Else Lasker-Schüler und Gerhart Hauptmann. In: Leben – Werk – Lebenswerk. Ein Gerhart-Hauptmann-Gedenkband. Hg. von E. Bialek, E. Tomiczek und M. Zybura. (Orbis Linguarum.) Legnica 1997. S. 99-125.*

31,13-14 Antinous ⟨...⟩ Najade] *Der schöne Jüngling Antinous (110-130) war der Geliebte des Kaisers Hadrian; er ertrank im Nil. Antinoos, in der griechischen Mythologie ein junger Adliger aus Ithaka, ist einer der unverschämtesten unter den Freiern der Penelope und wird von Odysseus bei seiner Rückkehr nach Ithaka als erster getötet. Zum Namen Antinous vgl. auch zu 30,29-30. – Naiaden sind in der griechischen Mythologie Nymphen von Quellen, Seen und Bächen. – Die drei Figuren sind durch die Geschwister Baum aus dem Freundeskreis Else Lasker-Schülers und Peter Hilles angeregt: In einem undatierten Brief an Jethro Bithell spricht Else Lasker-Schüler von Peter Baum und seinem Bruder Grimmer (Hugo). (H: ULL.) Zu Peter Baum vgl. zum Essay* »*Peter Baum*«*, zu Hugo Baum vgl. zu 10,21. Beider Schwester war die Malerin Julie Baum; für sie veranstaltete* »*Der Sturm*« *nach ihrem Tod eine Gedächtnisausstellung im Februar/März 1913.*

**31,24 goldenen Reichsapfel]** *Der Reichsapfel gehört mit der Krone und dem Zepter zu den Reichskleinodien, den symbolischen Schmuckstücken bei der Krönung der Herrscher im alten Deutschen Reich. Der Reichsapfel besteht aus einer goldenen Kugel, auf der ein Kreuz als Sinnbild christlicher Weltherrschaft steht.*

**32,1 Petrus-Poseidon]** *Poseidon, der Meeresgott der griechischen Mythologie.*

**32,5 tausend und ein]** *Anspielung auf die arabische Sammlung »Tausendundeine Nacht« (»Alf Laila Wa-Laila«), die Märchen, Anekdoten, Fabeln, Parabeln und Liebesgeschichten verschiedener Verfasser aus dem achten bis sechzehnten Jahrhundert vereinigt und in den zwanziger Jahren des 19. Jahrhunderts erstmalig auch ins Deutsche übersetzt wurde. Die Rahmenerzählung um Scheherazade, die sich in 1001 Nächten durch Erzählungen ihr Leben erkauft, hält die einzelnen Texte zusammen.*

**32,12 ins Meer zu fliessen]** *Zu diesem Bild vgl. auch das Gedicht »Mein Volk« (KA, Bd. 1, Nr. 123).*

**32,18 letzten Haut]** *Vom Apostel Petrus berichten die »Legenda aurea« des Jacobus de Voragine, er habe an Kleidung lediglich eine Tunika und einen Mantel besessen.*

**33,9 Häuptling Bugdahan]** *Die Figur des Häuptlings Sam Bugdahan trägt die Züge des in dem Essay »S. Lublinski« (vgl. dort) charakterisierten Samuel Lublinski. – Als »Bogdahan« wird in Else Lasker-Schülers Essay »Die Lamas« (aufgenommen in »Konzert« [1932]) der oberste Priester buddhistischer Mönche bezeichnet. »Bogdo Gegen« (mongolisch: Heiliger Erleuchter) ist der vom Dalai Lama verliehene Ehrenname der acht lamaistischen geistlichen Oberhäupter der Mongolen der Äußeren Mongolei. Die Inkarnationsreihe war von 1650 bis 1924 wirksam und trug den Titel Jebcundamba Khutukhtu. Der siebte Jebcundamba Khutukhtu, dessen Periode als eine der moralischen Ausschweifungen bekannt wurde, starb 1868; der achte und letzte wurde 1911 eingesetzt und starb 1924.*

**33,10 Raba]** *Mit »Raba« spricht Else Lasker-Schüler in Briefen Ida Lublinski (1862-1942) an, die Schwester Samuel Lublinskis. Die Ethnologin und Religionsforscherin lebte ebenfalls in Berlin. Nach dem Tod ihres Bruders besorgte sie die Herausgabe seiner »Nachgelassenen Schriften« (München [Georg Müller] 1914).*

**33,13** Zebaoths] »*Zebaoth*« *(hebr.): Heerscharen; im Alten Testament wird mit »Herr Zebaoth« Jahwe bezeichnet, der Gott der (israelitischen oder himmlischen) Heerscharen.*

**33,14** Ben] *(Hebr.): Sohn.*

**34,2-3** Hecke, hinter der Dornröschen ⟨...⟩ im Zauberschlaf gelegen hatte] *Anspielung auf das Grimmsche Märchen um die Königstochter Dornröschen (»Kinder- und Hausmärchen« Nr. 50), die hinter einer Dornenhecke in einen Zauberschlaf fällt und nach hundert Jahren von einem Prinzen durch einen Kuß erlöst wird.*

**34,5** Schneewittchen] *Anspielung auf das Grimmsche Märchen von dem Mädchen Sneewittchen (»Kinder- und Hausmärchen« Nr. 53), das bei sieben Zwergen Zuflucht vor seiner eifersüchtigen königlichen Stiefmutter findet.*

**34,9** Scheherezadens] *Scheherazade, die Tochter des Wesirs in der Sammlung »Tausendundeine Nacht«, erzählt dem ihr vermählten König, der sie nach der Hochzeitsnacht töten lassen will, eine Geschichte, die bei der Morgendämmerung noch nicht zu Ende ist. Der König, der immer die Fortsetzung hören will und sie deshalb vorläufig am Leben läßt, schenkt es ihr nach 1001 Nächten, während deren sie ihm Geschichten erzählt und drei Söhne geboren hat. – Die Figur der Scheherazade vertritt das Stereotyp der orientalischen erotisch-exotischen Frau.*

**34,25** vierzigtägige] *Für Zahlen, von altersher als Spiegelbild kosmischer und menschlicher Ordnungen angesehen, haben vor allem Volksmärchen eine Vorliebe. Auch im »Peter Hille-Buch« wird durch die wiederholte Nennung von Zahlen ein märchenhafter Ton evoziert. – Die Zahl 40, im Vorderen Orient allgemein von großer Symbolkraft, spielt im volkstümlichen Islam eine besondere Rolle: vierzig Tage beträgt die Wartezeit einer geschiedenen Frau nach einer Niederkunft bis zur Wiederverheiratung, vierzigtägig ist die Trauerfrist nach einem Todesfall, vierzig Tage umfaßt die Meditations- und Fastenperiode des Derwischs.*

**34,36** Satan] »*Satan*« *(hebr.): Widersacher.*

**35,3-6** Und dann ⟨...⟩ über die Kronen der Gäste hinweg] »*Petrus-Satan*« *(vgl. 18,45) trägt hier mephistophelische Züge: Mephisto verwandelt den Wein, den er für die Gesellschaft in Auerbachs Keller herbeigezaubert hat, in Feuer (vgl. Goethes »Faust. Der Tragödie erster Teil« [1808]. V. 2292-2336) und entfernt sich dann* *mit Faust auf gewohnte Weise mittels seines Zaubermantels.* (Wir breiten nur den Mantel aus, / Der soll uns durch die Lüfte tragen. V. 2065 f.)

35,7 Nazarener] *Jesus von Nazareth.*

35,12 Goldwarth] *»Goldwarth« nennt Else Lasker-Schüler in einem undatierten Brief an Richard Dehmel (H: Staats- und Universitätsbibliothek Hamburg, Dehmel-Archiv [L 156]) Herwarth Walden (1878-1941), mit dem sie von 1903 bis 1912 verheiratet war. Vgl. auch zu 148,10.*

35,27 Palmsonntagaugen] *Palmsonntag, der die Karwoche eröffnende Sonntag vor Ostern, wird in der katholischen Kirche mit der Palmprozession zur Erinnerung an den vom Volk mit Palmzweigen gefeierten Einzug Jesu in Jerusalem begangen.*

35,32 Männer aus Stein] *Die zwölf Apostel, die Jünger Jesu, zu denen auch Petrus zählt, werden in der christlichen Ikonographie vom Mittelalter bis in das 19. Jahrhundert an Portalen, Pfeilern und Chorschranken von Kirchen dargestellt.*

36,6 Groteske] *Hier ein aus Arabesken bestehendes Ornamentmotiv, in das menschliche und tierische Wesen, Pflanzen u. ä. eingefügt sind.*

36,17 Knecht Ruprecht] *Begleiter des heiligen Nikolaus am Vorabend des 6. Dezembers; erscheint im christlichen Brauchtum den Kindern mit Rute, Kette und Sack, ermahnt oder lobt sie und verteilt Rutenstreiche oder Gaben.*

36,29 Klein-Pull] *Zu Else Lasker-Schülers Sohn Paul, der als Anregung für die Figur des Klein-Pull gedient hat, vgl. zum Essay »Die rotbäckige Schule«.*

37,21 Epheupforte] *Der immergrüne Efeu gilt als Symbol des Lebens und der Unsterblichkeit.*

38,22-30 Schlafe ⟨...⟩ Sachen.] *Vgl. KA, Bd. 1, Nr. 136.*

39,10 Gold ⟨...⟩ in den Urwäldern gegraben] *Dasselbe Motiv enthält der Essay »S. Lublinski«; vgl. 101,33-34.*

40,4 Versöhnungstag] *Jom Kippur, der höchste Tag des jüdischreligiösen Jahres am 10. Tischri (Mitte September – Anfang Oktober), stellt den Abschluß der zehn Bußtage dar, die am 1. und 2. Tischri mit dem Neujahrsfest, das auch als »Tag des (göttlichen) Gerichts« bezeichnet wird, beginnen. Der Versöhnungstag wird als strenger Fast- und Bettag feierlich in der Synagoge begangen. – Else*

*Lasker-Schüler verfaßte ein Prosastück »Der Versöhnungstag«, das in die Sammlung »Konzert« (1932) aufgenommen wurde.*

**40,10** Flüsse Babylons] *Babylon, der Ort der Gefangenschaft der Juden 586-538 nach der Zerstörung Jerusalems 587 v. Chr. Die Klage über das durch Sünde verursachte Leid der Verbannung ist auch in den Gebeten des Versöhnungsfestes enthalten. – Vgl. auch zu 313,18.*

**40,11** hebräischen Gesänge der Bibel] *Im engeren Sinne die Psalmen des Alten Testaments; vgl. zu 81,11. Im weiteren Sinne das gesamte Alte Testament.*

**40,12** Harfen] *Das Bild der wie Harfen geformten hebräischen Schriftzeichen findet sich häufig in Lyrik und Prosa Else Lasker-Schülers. Vgl. 256,8; 338,36-37; 508,32-33 und KA, Bd. 1, Nrr. 168, 297 und 304.*

**40,15** Allerheiligstes] *Von 2. Mose (Exodus) 26,33 ausgehende Bezeichnung des allerheiligsten Ortes im Stiftszelt (der »Wohnung«), der durch einen Vorhang vom »Heiligen« getrennt ist. Dort stand die Bundeslade mit den Gesetzestafeln. Nach der Überlieferung durfte dieser Ort nur einmal im Jahr, am Versöhnungstag vor der Opferhandlung, durch den Hohepriester betreten werden. Nach dem Muster des Stiftszelts wurde auch im Tempel Salomos die Bundeslade im Allerheiligsten aufbewahrt (1. Könige [Regum I] 8,6). Dementsprechend werden die Torarollen in den Synagogen in einem Heiligen Schrein (»Aron Hakodesch«) hinter einem Vorhang (»Parochet«) aufbewahrt.*

**41,31** Perle meiner Kette] *Anspielung auf den von Katholiken verwendeten Rosenkranz, jene Gebetsschnur, an der die einzelnen Gebete an einem Kreuz (Glaubensbekenntnis), sechs großen (die Vaterunser) und 53 kleinen Perlen (die Ave Maria) abgezählt werden. – Der muslimische Rosenkranz besteht aus 99 Perlen, welche die sogenannten ›Schönsten Namen‹ Allahs symbolisieren.*

**42,6-7** Mairegen ⟨...⟩ Sonne] *Dieses Motiv findet sich auch in Else Lasker-Schülers Essay »Peter Hille«; vgl. 11,26-27.*

**42,13** Petrus-Noah] *Der alttestamentliche Noah überlebt die Sintflut mit Familie und Tieren in einer Arche (vgl. 24,11), weil er Gnade vor Gott fand. Vgl. 1. Mose (Genesis) 7-8. – Noah schickt von seiner Arche aus eine weiße Taube los, um zu erkunden, wie weit die Wasser der Sintflut zurückgegangen seien; sie kehrt mit* *einem grünenden Ölzweig im Schnabel zurück. Vgl.* 1. *Mose (Genesis) 8,10 f.*

**42,14** Fleissige Engeljungfrauen ⟨...⟩ Seidenregen] *Vgl. das in Achim von Arnims und Clemens Brentanos Liedersammlung »Des Knaben Wunderhorn« (1805/1808) enthaltene Kinderlied »Kling, kling Glöckchen«, in dem die Liebfrau Maria aus Sonne ein* Röcklein für ihr Kindelein *spinnt.*

**43,17** Unaussprechlichen] *Vgl. »Jahwe«, den Namen Gottes im Alten Testament, den die Juden seiner Heiligkeit wegen nicht aussprechen, sondern durch »Adonai« (»Herr«) ersetzen.*

**43,17** Baldur ⟨...⟩ jubelnden Hellen] *Der altgermanische Lichtgott Baldur, Sohn des Wotan (Odin) und der Frigg, ist so schön und hell, daß ein Leuchten von ihm ausgeht.*

**44,21** hohe Lied] *Das Buch des Alten Testaments »Hohelied« stellt eine Sammlung von Liebes- und Hochzeitsliedern dar, in jüdischer Allegorese eine Darstellung des Verhältnisses zwischen Jahwe und Israel. Der Titel und die Salomo zugeschriebene Verfasserschaft entsprechen dem Wortlaut des ersten Verses. Vgl. Hohelied (Canticum) 1,1. Vgl. auch zu 128,23.*

**44,21** tausend Jahre] *Vgl. zu 17,14.*

**45,18-19** sie ist ein Kind und will spielen] *Vgl. aus Friedrich Nietzsches (1844-1900) philosophischer Dichtung »Also sprach Zarathustra« (1883-1885):* Im ächten Manne ist ein Kind versteckt: das will spielen.

**45,20** Zauberin Hellmüte] *Vgl. aus den »Briefen nach Norwegen«:* Martha Hellmuth, die Zauberin Hellmüthe in meinem St. Peter-Hille-Buch *(189,16-17). – Die Schriftstellerin Martha Hellmuth (eigentlich: Schlesinger) (1854-?), die Frau des Berliner Bankiers Emil Schlesinger, gehörte zum Kreis der »Kommenden« und schrieb vor allem Gedichte – 1882 trat sie mit einem Lyrikband in die Öffentlichkeit – und Dramen.*

**45,27-30** »Hier bringe ich Dir meinen Kameraden ⟨...⟩ Zauberin?«] *Vgl. zu 30,29-30.*

**47,32** Froschsirenen] *Die Sirenen sind der griechischen Mythologie zufolge geflügelte Frauen, welche die Seefahrer mit ihren Liedern betören.*

**48,13-16** Lampe ⟨...⟩ Du.] *Vgl. KA, Bd. 1, Nr. 137.*

**49,10** schwarzen Mann] *Kinderspielschreckgestalt.*

**49,12-13** Sennulf, der Kämpfer] *Wohl in Anspielung auf Senna Hoy (eigentlich: Johannes Holzmann) (1882-1914), den Herausgeber der Zeitschrift »Kampf«. Vgl. zum Essay »Senna Hoy †«.*

**49,16-17** »Wir wollen uns nicht vertrösten ⟨...⟩ auf Erden haben!«] *Vgl. aus Heinrich Heines (1797-1856) Verssatire »Deutschland. Ein Wintermährchen« (1844):* Ein neues Lied, ein besseres Lied, / O Freunde, will ich Euch dichten! / Wir wollen hier auf Erden schon / Das Himmelreich errichten. *(Caput I.)*

**49,30** Gorgonos] *Die Gorgonen, drei Ungeheuer mit Schlangenhaaren und heraushängenden roten Zungen, sind der griechischen Mythologie nach so grauenerregend, daß ihr Anblick Mensch und Vieh in Stein verwandelt.*

**50,3** Propheten] *Anspielung auf Friedrich Nietzsche und seine Dichtung »Also sprach Zarathustra« mit der historischen Gestalt des altiranischen Religionsstifters und Propheten Zarathustra. Nietzsche und seiner Schwester Elisabeth Förster-Nietzsche (1846-1935) gilt die gesamte Episode »Petrus erprobt meine Leidenschaft«. Vgl. auch die Variante in H zu 50,29. – Der Arzt Paul Goldscheider berichtet, Else Lasker-Schüler habe ihm erzählt, daß sie einst mit einer Gruppe junger Künstler in das Heim Nietzsches eingeladen wurde, wo die Schwester Nietzsches – Elisabeth Förster-Nietzsche – ihnen den damals schon irrsinnigen Nietzsche zeigte. Sie haßte Elisabeth F. N. seither. (Paul Goldscheider: »Wo ich bin, ist es grün«. In: Lasker-Schüler. Ein Buch zum 100. Geburtstag der Dichterin. Hg. v. Michael Schmid. Wuppertal 1969. S. 50-69.) – Von einem einmaligen Besuch bei Elisabeth Förster-Nietzsche spricht auch Else Lasker-Schüler in einem Brief an Nietzsches Schwester von Anfang August 1916; aus ihren Worten geht nicht eindeutig hervor, ob der Besuch vor oder nach dem Tode Nietzsches stattgefunden hat:* Ich bin die Dichterin Else Lasker-Schüler; einmal war ich bei Ihnen und wir sprachen über Ihren anbetungswürdigen Bruder. Erinnern Sie Sich, gnädige Frau? Ich denke oft daran. *(H: Goethe- und Schiller-Archiv Weimar. [72/135p].)*

**50,6** Fisematenten] *Umgangssprachlich für Ausflüchte, Faxen.*

**50,11** Pankratius von den gestrengen Herren] *Neben Servatius und Bonifatius einer der drei Eisheiligen. Der Festtag des Pankratius ist der 12. Mai.*

**50,17** neuen Menschen] *»Der neue Mensch« lautete der Titel eines*

*Vortrags, den Julius Hart vor der »Neuen Gemeinschaft« hielt und 1901 in »Das Reich der Erfüllung. Flugschriften« (H. 2. S. 15-28) abdruckte. – Vgl. auch den von Nietzsche geprägten Begriff des »Übermenschen«.*

**51,20-21** Du heisst, wie die Welt heisst!] *Vgl. den Essay »St. Peter Hille« aus Else Lasker-Schülers Sammlung »Konzert« (1932), wo diese Formel dem Begriff der Ewigkeit gleichgesetzt wird. – Das All-Einheitsgefühl von Mensch und Welt erinnert an Nietzsches dionysisches Prinzip und an das Postulat der »Neuen Gemeinschaft« eines »Welt-Ichs«. Vgl. Heinrich und Julius Hart: Vom höchsten Wissen. In: Das Reich der Erfüllung. Flugschriften, 1901, H. 1. S. 8-64.*

**52,6** Erntefest] *Das christliche Erntedankfest wird in der katholischen Kirche an keinem festgelegten Tag, in der evangelischen Kirche am 29. September oder am ersten Sonntag im Oktober begangen. – Im Judentum wird ebenfalls im September/Oktober zum Abschluß der gesamten Ernte das »Fest des Einsammelns«, das Laubhüttenfest (»Sukkot«), gefeiert.*

**52,16** Mang] *Mitten dazwischen.*

**52,24** sachteken] *Langsam.*

**52,30** Garben] *Die Episode vom verschwundenen Bauernjungen erinnert hier an die alttestamentliche Josefsgeschichte: Josef träumt, die Garbenbündel seiner Brüder verneigten sich vor seiner Garbe; er erzählt seinen Brüdern von seiner Vorzugsstellung und verärgert sie damit. Vgl. 1. Mose (Genesis) 37,5-8.*

**52,32** Krösus] *Der Reichtum des im fünften Jahrhundert v. Chr. lebenden letzten Königs von Lydien wurde sprichwörtlich.*

**53,16** nahm er ihn auf die Schulter] *Vgl. die alttestamentliche Erzählung vom Propheten Elia, der den toten Sohn seiner Wirtin wieder zum Leben erweckt. Vgl. 1. Könige (Regum I) 17,17-24.*

**53,30** Sonnenwendtag] *Die Wintersonnenwende mit ihrer ursprünglichen rituellen Auferstehungssymbolik wurde von den Germanen mit Julfeiern begangen. Die Sommersonnenwende war bei den Germanen wahrscheinlich Baldur heilig.*

**53,30** eichenmethgolden] *Kulmination nordischer Heldensymbolik: Die Eiche, bei vielen indogermanischen Völkern heiliger Baum, wurde im 18. Jahrhundert in Deutschland zum Symbol für Heldentum. Met, ein weinähnliches Getränk aus Honig und Wasser, ist in* *der germanischen Mythologie Trank der Götter und Helden in Walhall. Seine berauschende Kraft wurde als Übergang göttlicher Kraft auf den Menschen gedeutet.*

54,32 Petrus-Wotans] *Der germanische Gott Wotan oder Odin, nach der Edda oberster Gott der Asen; als Gott der intellektuellen und magisch-mantischen Fähigkeiten brachte er Göttern und Menschen den Dichtermet. – Schutzumschlag und Broschur des Peter Hille-Buchs von 1906 zeigen eine Radierung von Franz Stassen, welche zeitgenössischen Erinnerungen zufolge Peter Hille als Wo*tan mit einem Auge *darstellt. (Hugo Baum: Aus Briefen und Lebenserinnerungen. In: Peter Hille: Gesammelte Werke in sechs Bänden. Hg. von Friedrich und Michael Kienecker. Bd. 6: Texte – Briefe – Kommentare. Paderborn 1986. S. 259-265; hier S. 262.) – Vgl. auch zu 30,29-30.*

55,6 Waldschrats] »*Scrato« (ahd.): Waldgeist.*

55,12 Adalinge] *Edelinge, Adelige (ahd. »adal«: adelig).*

55,23-24 Frouwe Emmelei ⟨...⟩ gelegen.] *Ans Mittelhochdeutsche angelehnt.*

55,27 Opferrauch] *Räucherungen zu Ehren der Götter waren auch im heidnischen Brauchtum üblich.*

55,36 damals in Jerusalem] *Anspielung auf die Eroberung und Zerstörung Jerusalems 587 v. Chr. und die Babylonische Gefangenschaft (586-538) sowie das hier sich begründende Schicksal der Juden, die Diaspora.*

56,2 Sagen des Nordens] *Die heidnischen altgermanischen und germanischen Volksdichtungen.*

56,3 eines seiner Augen ⟨...⟩ ausgelöscht] *Nach altgermanischer Vorstellung ist Wotan einäugig, seit er eines seiner Augen verpfändet hat.*

56,4 Mitternachtssonne] *In den Polargebieten bleibt die Sonne auch um Mitternacht über dem Horizont, an den Polarkreisen nur am Tag der Sommersonnenwende.*

56,29 verlorene Land] *Das Gelobte Land: Palästina. Vgl. zu 55,36.*

56,30-57,1 »Wer seine Heimat ⟨...⟩ fort.«] *Vgl. die Worte des Wunderrabbiners Eleasar in* »Der Wunderrabbiner von Barcelona« *(1921):* Wer das gelobte Land nicht im Herzen trägt, der wird es nie erreichen *und die Jesu Christi in* »St. Laurentius« *(aufgenom-*

*men in »Konzert« 1932):* Jerusalem ist nicht verloren, da es in deinem Herzen wohnt.

**57,5 gen Osten]** *Gen Osten, in Richtung des Heiligen Landes Jerusalems, steht man gemäß der jüdischen Überlieferung beim Beten, ebenso befindet sich der »Heilige Schrein« an der Ostwand der Synagoge, und die Sitzordnung der betenden Gemeinde ist nach Osten ausgerichtet.*

**57,20 Zeushand]** *Zeus, höchster Gott und Herrscher über die olympischen Götter.*

**58,14 gestaltlos]** *Vgl. 1. Mose (Genesis) 20 und 5. Mose (Deuteronomium) 5,8 sowie Römer 1,20.*

**59,14 Petrus redete]** *Die Situation des vom Berg aus zum Volk sprechenden Petrus erinnert an die Bergpredigt Jesu. Vgl. Matthäus 5-7.*

**59,18-27 Der Abend ⟨...⟩ Stirne.]** *Vgl. KA, Bd. 1, Nr. 138.*

**60,12 gegen Westen]** *Der Westen, die Sonnenuntergangsseite, trägt Todessymbolik: Die alten Ägypter bezeichneten die Toten als »die Westlichen«, im Westen liegt Avalon, das Totenreich der Kelten.*

**60,18-19 Lagunenstadt ⟨...⟩ meiner Mutter]** *Dieses Motiv findet sich wieder im Titel eines Gedichtzyklus von Else Lasker-Schüler: »Meine schöne Mutter / blickte immer auf Venedig«. Vgl. KA, Bd. 1.2. S. 26. Vgl. auch zu 16,36.*

**60,20 Zeichen Davids]** *Der Davidstern, ein Symbol in Form eines Hexagramms zunächst auf einzelnen antiken jüdischen Siegeln und Grabsteinen, ist seit dem 15. Jahrhundert unter der Bezeichnung »Magen David« (hebr.: Schild Davids) kennzeichnendes jüdisches Symbol.*

**60,21 Dogen]** *Dogen hießen 697-1797 die Inhaber der höchsten ausführenden Gewalt in Venedig.*

**60,25-28 St. Marcusplatz ⟨...⟩ Nische trat]** *Eine Statue von San Marco, dem Schutzpatron der Inselrepublik Venedig, befindet sich an exponierter Stelle über der Piazza San Marco, auf dem Giebelscheitel über dem Hauptportal der Basilika San Marco, deren Fassaden reich mit Skulpturen und Statuen aus verschiedenen Jahrhunderten und verschiedener Herkunft ausgestattet sind. Die spätgotische Marmorstatue des Evangelisten Markus wird von zu ihm aufsehenden Engelfiguren, die auf den Giebelschrägen zwischen Rankenwerk umhersteigen, flankiert. – Der Palmzweig als*

*Zeichen des Sieges über den Tod und des Einzugs in das Paradies dient als generelles Attribut der heiligen Märtyrer, zu denen auch Markus gehört.*
**60,31** »per omnia saecula saeculorum«] *»Von Ewigkeit zu Ewigkeit«, christliche Gebetsformel.*
**61,9** Spätfrühmonat] *Vgl. die Variante in H Spätblühmonat, die auf einen Lesefehler in den Drucken hinweisen könnte. Im Gegensatz zum »Frühblüher« gibt es den Begriff »Spätblüher« nicht, doch könnte er in Analogie zu jenem Pflanzen bezeichnen, die erst spät, also Anfang September, blühen. Autobiographische Deutungen (vgl. Marbacher Magazin 71/1995 [Else Lasker-Schüler 1869-1945. Bearbeitet von Erika Klüsener und Friedrich Pfäfflin]. S. 45) müßten demnach die Trennung Else Lasker-Schülers von Peter Hille nicht wie bisher auf den März, sondern den September 1903, etwa sieben Monate vor Peter Hilles Tod am 7. Mai 1904, datieren.*
**62,2** Es hat eingeschlagen!] *Vgl. Zarathustras Vorrede in Nietzsches »Also sprach Zarathustra«: Seht, ich bin ein Verkündiger des Blitzes, und ein schwerer Tropfen aus der Wolke: dieser Blitz aber heißt Übermensch. –*
**63,18** zerriss mein Gewand] *Die jüdische Kerija, der Riß in der Kleidung als Zeichen der Trauer nach dem Tod nächster Angehöriger, geht wie das muslimische Trauerritual auf die alttestamentliche Josefserzählung zurück: Ruben und Jakob zerreißen ihre Kleider in Trauer um den vermeintlich toten Josef. Vgl. 1. Mose (Genesis) 37,29 und 34.*

## Die Nächte Tino von Bagdads

ÜBERLIEFERUNG. PH^A: *Berliner Stadtbibliothek, Sondersammlungen (EH 354). 1 Blatt, 1 S. beschrieben (Tinte). (Mein Tanz.)* PH^B: *Stadtbibliothek Wuppertal, ELS-Archiv (A 88). 4 Blätter, 4 Seiten beschrieben. (Ached Bey.)* PH^C: *KBK. 2 Blätter, 3 Seiten beschrieben. Die Handschrift liegt als Teildruckvorlage für E einem undatierten Brief Else Lasker-Schülers an Axel Juncker (H: KBK; vgl. zu 90,1-2) bei. Das erste Blatt besteht aus zwei aneinandergeklebten Papieren; auf der Rückseite dieses Blattes befindet sich*

*eine gestrichene Fassung des Kapitels »Im Garten Amri Mbillre«*
*[PH^(C*)]. Auf der Vorderseite des zweiten Blatts befindet sich eine ungestrichene Fassung dieses Kapitels. (Apollydes und Tino kommen in eine morsche Stadt / Tino und Apollydes / Im Garten Amri Mbillre.) PT^A: DLA (60.102). 2 Blätter, 2 Seiten beschrieben. Typoskript mit handschriftlichen Korrekturen, der handschriftlichen Widmung:* Für Paul Zech *sowie dem handschriftlichen Zusatz:* Erschienen: In meinem Buche: Die Nächte Tino von Bagdads / Verlag Axel Juncker. Berlin – Stuttgart. *(Der Fakir von Theben.) PT^B: ULL (Ms. 199). 2 Blätter, 2 Seiten beschrieben. Das Typoskript lag einem Brief Else Lasker-Schülers an Jethro Bithell vom 28. Juli 1910 bei. (Der Fakir von Theben.) – E: NTB¹ (1907). D: NTB² (1919). D^a: JNUL, ELS (11:1). Mit Blei bearbeitetes Vortragsexemplar Else Lasker-Schülers von D mit Varianten, den Vortrag akzentuierenden Unter- und Anstreichungen und den am Rand beigefügten Onomatopoetika* Rab *(bei 96,13-14);* Rab-Rab-Rab *(radiert; bei 97,1-2). PD^A: Arena. Jg. 2, H. 3 vom Juni 1907. S. 295f. (Auf der Mondscheibe.) PD^B: Das Magazin, Jg. 77, H. 6 vom März 1908. S. 99f. (Ached Bey.) PD^C: Prinzessin Sabbath (1908). S. 246-248. (Die Nächte Tino von Bagdads [OTi] / Ached Bey / Mein Liebesbrief an Abdul Hassan / Das blaue Gemach / Der Tempel Jehova.) PD^D: Der Demokrat 2/1910, Nr. 30, Beilage. (Die Nächte Tino von Bagdads [OTi] / Ached Bey / Mein Liebesbrief an Abdul Hassan.) PD^(EI): Der Sturm. Jg. 1, Nr. 32 vom 6. Oktober 1910. S. 254. (Der Sohn der Lilâme.) PD^(EII): Der Sturm. Jg. 1, Nr. 37 vom 10. November 1910. S. 293. (Minn, der Sohn des Sultans von Marokko.) PD^(EIII): Der Sturm. Jg. 1, Nr. 52 vom 25. Februar 1911. S. 414. (Ich tanze in der Moschee.) PD^F: Ballhaus (1912). (Ich tanze in der Moschee.) PD^G: Freiheit und Arbeit (1910). S. 114f. (Der Fakir von Theben.)*

*VARIANTEN und LESARTEN.*
*Ti:* Die Nächte der Tino von Bagdad *D* **W:** Dieses Buch schenke ich meinem / geliebten Spielgefährten Sascha (Senna Hoy) *D* **69,1-10** Mein Lied ⟨...⟩ Wälder.] *fehlt D* **69,11** Ich tanze in der Moschee] Mein Tanz. *PH^A* Ich tanze in der Moschee *Absatz* {Ein egyptischer Tanz.} *D^a* **69,12** Regenzeit] Regenszeit *PH^A* **69,13** zurückgetreten] zurückgetreten, *D* **69,14** Gärten] Gärten, *D*

69,16 steht mein Auge] stehen meine Augen *PH^A*    hebt sich mein Arm] heben sich meine Arme *PH^A*    69,19 vielen] vielen, *PH^A* Hals ..... o] Hals .... o *PH^A* Hals .... oh *D* Hals ...... o *PD^EIII PD^F* 69,19-20 machmêde macheiï .....] machmêde macheiï .... *PH^A* machmêde macheiï ..... *D* machmêde macheï ...... *PD^EIII PD^F* 69,21 leise –] leise *PD^F*    machmêde macheiï] machmêde macheiï *D* machmêde macheï *PD^EIII PD^F*    69,23-24 Leib ⟨...⟩ Leib ....] Leib. *D* Leib! .... *PD^EIII PD^F*    69,24 Machmêde macheiï,] Machmêde macheiï *PH^A* Machmêde, macheiï, *D* machmêde macheï, *PD^EIII PD^F* mehr ....] mehr ... *D PD^EIII PD^F*    69,25 rauschesüss] rausche süß *D* rausche – süss *PD^EIII*    Blut ⟨...⟩ Düfte] Blut, und meine Schultern beben [wie] Düfte *PH^A* Blut, *D* Blut *PD^F*    69,26 Finger – geheimnisvoll] Finger geheimnißvoll *PH^A*    69,27 Allahblume .....] Allahblume .... *PH^A D* Allahblume. *PD^EIII PD^F*    Machmêde macheiï,] Machmêde macheiï *PH^A* Machmêde, macheiï, *D* machmêde macheï *PD^EIII PD^F*    69,28 viperschnell] viperschnell, *PH^A D*    69,29-30 Machmêde ⟨...⟩ machmêde ...] Machmêde macheiï, machmêde, machmêde ..... *PH^A* Machmêde macheiï, machmêde machmêde ... *(Punkte bis zum Zeilenende) D* Machmêde macheï, machmêde machmêde ....... *PD^EIII PD^F* 70,1 Das blaue Gemach] Das blaue Gemach. *PD^C*    70,2 Und] ... Und *PD^C*    70,3 Stirn,] Stirn *PD^C*    70,5 überschütte] überschütte, *D PD^C*    70,7 mich] mich, *D PD^C*    70,8 Seele,] Seele *PD^C*    70,9 Freudenfeste ...] Freudenfeste. *PD^C*    70,10 Musik,] Musik. *D* 70,11 Flachsperücken] Flachsperücken *D PD^C*    70,13 Die Weinschänken und] Der Weinschenk und die *D* Die Weinschenken und *PD^C*    70,14 Speiseträger] Speisenträger *PD^C*    Krokodilmasken] Krokodilmasken, *D* Krokodilsmasken *PD^C*    70,16 weiten] weiten, *D PD^C*    70,17 geschlossen] geschlossen, *D PD^C*    70,18 wie] um mich wie *PD^C*    70,20 Du] du *D PD^C*    70,21 Du] du *D PD^C* 70,22 lesen.] lesen. *Absatz fehlt PD^C*    70,23 Pascha – – –] Pascha – *PD^C*    70,24 hinüber – –] hinüber – *PD^C*    70,25 Pharaonenbäumen ... – –] Pharaonenbäumen ... *PD^C*    70,29 Botschafters,] Botschafters *D*    70,30 traurig – –] traurig – *PD^C*    ist] ist, *D PD^C* 70,32 geliebt,] geliebt *D*    70,34 umschlungen] umschlungen, *D* tiefere,] tiefere *D*    70,35 Abend] Abends *PD^C*    gehabt,] gehabt *D* mein,] mein *D PD^C*    70,36 gleitete – –] gleitete – *PD^C*    71,1 Gemach – –] Gemach – *PD^C*    71,2 seidenen,] seidenen *D*    71,4 geschlungen] geschlungen, *D*  Du] du *D PD^C*  71,4-5 gesehn] gesehen *PD^C*  71,5 O] Oh *D*  71,7 Schlaf ] Schlaf *PD^C*  71,8 tötlichen] tödlichen *D PD^C*  71,9 Gesicht ...... ] Gesicht .... *D* Gesicht. *PD^C*  71,10 O,] O *D*  71,11 O,] O *D* Nacht ...] Nacht ... *Absatz fehlt PD^C*  71,13 Deinem] deinem *D PD^C*  Herzen ...] Herzen. *D PD^C*  71,19 sprangen] sprangen, *D* 71,22 Egyptens] Ägyptens *D*  71,26 ihm] ihn *D*  71,31 Borde] Borte, *D*  71,33 Elfenbein] Elfenbein, *D*  71,34 Segelschiffe] Segelschiffe, *D*  72,2 entgegen] entgegen, *D*  72,10 sind] sind, *D* 72,12 nicht] nicht, *D*  72,14 Rubinenauge] Rubinenauge, *D* 72,15 Alle] alle *D*  72,20 buntbemalte und befranste] bemalte und bunte befranste *D*  Dächern] Dächern, *D*  72,21 Guirlanden] Girlanden *D*  72,22 schwermütiger] schwermütiger, *D*  72,24 werden ...] werden .... *D*  72,26 Ached ⟨...⟩ ist] *(1)* Ached Bey. + *(2)* Ached Bey, *Absatz ist PH^B* Ached Bey ist *PD^C-D*  Kalif] Kalif vom Roten Meere *PH^B* Kalif, *D*  Tino Prinzessin ] Tino *D* 72,27 Palaste] Palast *PD^D*  72,30 Stern] Stern, *D PD^C-D*  Himmel] Himmel, *PH^B D PD^C-D*  72,32 cha machalâa!! ... im] chá machálâa!! ... Im *PH^B* cha machalâa!! ... im *D* chá machálâa! ... Im *PD^C* cha machalaa! .:.. Im *PD^D*  72,33 Oheim] Oheim, *D PD^C-D* Kalif] Kalif *PH^B* Kalif, *D PD^C-D*  73,1 schleiche] schleiche, *PD^C-D* Götzengebilden] Götzenbildern *PD^C-D*  73,2 Krallen,] Krallen *PH^B*  73,3 Naëmirose] Naëmirosen *PH^B* Naemirose *PD^D*  73,4 Naëmi .... es] *(1)* Naëmi es *(2)* Naëmi .... es *PH^B* Naëmi ... Es *PD^C* Naemi ... Es *PD^D*  alle] Alle *PH^B*  73,5 Jugend. ] Jugend. *Absatz PD^B*  Oheim] Oheim, *D PD^C-D*  Kalif] Kalif, *D PD^C-D* Hand:] Hand *PH^B* Hand, *PD^C-D*  73,5-6 die schwarzen] *(1)* der schwarze + *(2) PH^B*  gehorchen,] gehorchen *PH^B*  73,8 unverschleiert)] unverschleiert), *D PD^B-D*  Oheim] Oheim, *D PD^C-D* Kalif] Kalif, *D PD^C-D*  73,10 Diamantkrügen] Diamantkrügen, *D* 73,12 andern] anderen *PH^B PD^B*  meine] *(1)* die + *(2) PH^B* 73,13 anlegen] anlegen, *D PD^C-D*  seinen] *(1)* seinen *(2)* Seinen *PH^B*  smaragdbesetzten] smaragdbelegten *D PD^C-D*  73,14 Gürtel] Gürtel, *D PD^C-D*  73,15 Vorhöfen,] Vorhöfen *PH^B* enthauptet .....] enthauptet. *PH^B, PD^C-D* enthauptet ...... *D*  73,16 Oheim] Oheim, *D PD^C-D*  Kalif] Kalif, *D PD^C-D*  ruht ⟨...⟩ Marmorsäulen] ruht *(1)* auf+ *(2)* zwischen zwei schwarzen Marmorsäulen *PH^B* sitzt *PD^C-D*  73,17 Kissen,] Kissen *PH^B*  Mal] Mal, *D*

*PD*^(C-D)   er] *(1)* es *(2)* + *PH*^B   73,19 Mohamedanergeschlechter] Mohammedanergeschlechter *D PD*^(C-D)   Ungläubige,] ungläubige *PH*^B ungläubige, *PD*^(C-D)   73,20 sitzt] steht *PD*^(C-D)   73,23 meinen] meinem *PD*^D   73,25 Er] Der Kalif *PH*^B *PD*^(C-D)   73,26 rauhen,] rauhen *PH*^B *PD*^(C-D)   73,28 Er singt,] Es singt *PH*^B *PD*^(C-D)   Jehovahpriester] Jehovapriester *PH*^B *D PD*^(C-D)   73,29 Mosegipfel] Mosigipfel *PH*^B   Mosi-Gipfel *PD*^(C-D)   73,30 Oheim] Oheim, *D PD*^(C-D)   Kalif] Kalif, *D PD*^(C-D)   Palast] Palaste *PH*^B *PD*^(C-D)   73,31 Hand.] Hand. *PH*^B   73,32 In den] *(1)* In den+ *(2)* *Absatz* In den *PH*^B   73,33 seine] Seine *PH*^B   73,34 morgens] morgen *PD*^(C-D) heulen] heulen, *D PD*^(C-D)   73,35 stehen] schleichen *PD*^(C-D)   73,36 Ware] Waare *PH*^B   Fellen] Fellen, *PH*^B   73,37 Kalifen),] Kalifen) *PH*^B   73,37 schläfrigen ⟨...⟩ Tiere] *(1)* Augen der schläfrigen Tiere *(2)* schläfrigen Augen der Tiere | *PH*^B   73,38 Naëmirose] Naemirose *PD*^D   74,1 wilde] wilde, *PH*^B *PD*^(C-D)   74,4 Oheims] Oheims, *D PD*^(C-D)   Allah] Allah, *D PD*^(C-D)   74,5 wandeln ......] wandeln ... *PH*^B *PD*^(C-D) wandeln ..... *D* wandeln .... *PD*^B   Schritt,] Schritt *PH*^B   74,6 rosige] *(1)* P+ *(2)* *PH*^B   74,7 Lippen,] Lippen *PH*^B   Naëmi] Naemi *PD*^D   74,8 dachte,] dachte *PH*^B   74,9 eingesunken] eingesunken, *PH*^B   74,11 tot,] tot *PH*^B   seinem singenden] *(1)* meinem singenden + *(2)* *PH*^B   74,12-13 finstre] finstere *PH*^B *D PD*^B   74,15 wirble] wirbele *PH*^B   auf] auf, *D* 74,17 verstummen...] verstummen. *PH*^B *PD*^(C-D) verstummen .. *D* 74,18 Der Tempel Jehovah] Der Tempel Jehovah. *PD*^C   74,19 Füssen] Füßen, *D PD*^C   74,20 bestieg] stieg auf *PD*^C   74,23 Tempel] Tempel, *PD*^C   Himmelslicht.] Himmelslicht überflutet. *PD*^C 74,24 Flügelgestalten] Flügelgestalten, *D PD*^C   74,26 Pforte ...] Pforte ...... *D* Pforte. *PD*^C   75,6 sechszehn] sechzehn *D*   75,7 Mohamed] Mohammed *D*   75,7-8 er ist] ist *PD*^EII   75,9 Frauenzähne] Frauenzähne, *D PD*^EII   er belächelt] belächelt *PD*^EII 75,13 Hofleute] Hofleute, *D*   sitzen] sitzen, *D*   Dache sein] Dach. Sein *PD*^EII   75,17 Vater] Vater, *D PD*^EII   Pascha] Pascha, *D PD*^EII   75,18 in] im *PD*^EII   75,19 Sohne] Sohn *PD*^EII   75,22 eilen«,] eilen,« *D*   75,23 wollen.«] wollen«. *PD*^EII   ärgerlich. Er] ärgerlich, er *D* ärgerlich: Er *PD*^EII   75,24 an so] unter *PD*^EII   er?] er, *D*   75,26 Du] du *D PD*^EII   75,26-27 Deine Tänzerin«?] deine Tänzerin?« *D PD*^EII   75,27 Ich] »Ich *D*   75,28 Du] du *D* er *PD*^EII Deinem] deinem *D*   seinen *PD*^EII   75,29 versteckst,] versteckt

## Anmerkungen zu »Die Nächte Tino von Bagdads« (1907)

*PD$^{EII}$* Deine] deine *D* seine *PD$^{EII}$* 75,30 vermögen?] vermögen?« *D* O] Oh *D* 75,31 Deine] deine *D PD$^{EII}$* Dirs] dir's *D* dirs *PD$^{EII}$* 75,32 meine stolze Prinzessin] Tochter meines Oheims *PD$^{EII}$* 75,34 die zottige] der zottigen *PD$^{EII}$* 76,1 Du] du *D PD$^{EII}$* 76,2 Horch, Flötentöne] Horchflötentöne *PD$^{EII}$* 76,3 Feier.«] Feier. – *PD$^{EII}$* 76,4 zaudern] zaudern; *PD$^{EII}$* 76,5 Gesichte] Gesichter *PD$^{EII}$* gestreckt] gestreckt, *D PD$^{EII}$* 76,6 Ali Mohamed] Ali Mohammed *D* Mohamed Pascha] Mohammed Pascha, *D* Mohamed Pascha, *PD$^{EII}$* 76,7 tanzen] tanzen, *D PD$^{EII}$* 76,8 Dienern] Dienern, *D PD$^{EII}$* 76,9 nackten] nächsten *PD$^{EII}$* 76,11 durchbohren] durchbohren, *D* 76,12 Palastes; den] Palastes. Den *PD$^{EII}$* übles] Übles *D* Uebles *PD$^{EII}$* 76,14 Gürtel] Gürtel, *D* Gürtel; *PD$^{EII}$* 76,15 Träume] Nächte *PD$^{EII}$* 76,20 jener Nacht] der Tanznacht *PD$^{EII}$* 76,23-24 die ⟨...⟩ wegen] seines Sohnes wegen die Eunuchen *D* 76,26 Rosengarten,] Rosengarten. *PD$^{EII}$* hat] hatte *PD$^{EII}$* 76,31 geworden. Zerbissen unter] geworden, zerbissen unter seinen *PD$^{EII}$* 76,32 Aber die] Die *PD$^{EII}$* meinen] meinen, *D PD$^{EII}$* »nur] nur *PD$^{EII}$* 76,32-33 eifersüchtige Prinzessin konnte] eifersüchtige Prinzessin konnte *D* Prinzessin könne *PD$^{EII}$* 76,33 sein.« ⟨...⟩ wer] sein«. Ich weiß, wer *D* sein – ich weiß aber, was *PD$^{EII}$* zerrissen hat – mein] zerbissen hat ... Mein *PD$^{EII}$* 76,35 Seidenmantels –] Seidenmantels *PD$^{EII}$* 76,36 Vaters] Vaters, *D PD$^{EII}$* Marokko ...] Marokko. *D PD$^{EII}$* 77,1 Der Fakir von Theben] Der Fakir von Theben. *PD$^{G}$* 77,2 Priester] »Innahu gad marâh alleija alkahane fi sijab .....« Priester *D* Landstrasse] Landstraße, *D PD$^{G}$* 77,4 ihrer] ihre *D PD$^{G}$* 77,5 gütig] gütig, *PT$^{A}$ D PD$^{G}$* gütig; *PT$^{B}$* 77,7 Stirn] Stirn, *PT$^{B}$ D PD$^{G}$* 77,8 vertilgen] vertilgen, *D* 77,10 Er] *(1)* Er *(2)* Der | *Tinte PT$^{B}$* Der *D* Schatze] Schatz *PT$^{B}$* 77,13 Lilaschwermutsüsse] Lilaschwermutssüsse *PT$^{B}$* Lilaschwermutsüße, *D* 77,15 meinen Ring] meine Hand *PT$^{A}$* 77,19 ihre] *(1)* die *(2)* | *PT$^{B}$* 77,21 war wie] war *PT$^{A}$* Seuche,] Seuche *PT$^{A}$* 77,22 liess;] liess, *PT$^{A}$* 77,24 Heilige –] *(1)* Heilige. *(2)* | *hs. Änderung PT$^{A}$* Heilige. *PD$^{G}$* er] Er *PD$^{G}$* 77,25 Ring] Ring, *D* er glänzte] erglaenzte *PT$^{B}$* 77,27 Stadt] Stadt, *D PD$^{G}$* 77,29 kalten Fuss] Fuß *PD$^{G}$* 77,30 Werke] Werk *PT$^{B}$* blicke] blickte *PT$^{A-B}$ D PD$^{G}$* auf] in *PD$^{G}$* 77,32 Kopf] Kopf, *D* 77,33 war wie] war *PT$^{B}$* 77,35 Und] *(1) Absatz* Und *(2)* ✝ *PT$^{A}$* 77,36 von] *(1)* von *(2)* vom |

*hs. Änderung PT*^(A-B) vom *D PD*^G   78,3 flehentlich] flehentlich, *D PD*^G   78,5 Moderhauch,] Moderhauch; *PD*^G   78,7 Werkes ...] Werkes. *PT*^(A-B) *PD*^G Werkes. *Absatz* »Muktagirân!« »Silika Unu geivuh....« *Absatz* »Gadivatin« »biwila jati hi!!!« *D*   78,9 Indessen] Indeszeit *D*   78,12 Mohamed] Mohammed *D*   78,15 weckt] weckte *D*   78,16 Mohamed] Mohammed *D*   78,17 sitzt] saß *D* reitet] ritt *D*   78,18 sollen] sollte *D*   78,25 duftenden] duftendem *D*   78,30 vergessen] vergessen, *D*   78,33 Egypten] Ägypten *D* 79,1 Und] Aber *D*   79,4 Stirne zog sich] Stirne *D*   79,7 immer] immer, *D*   79,9 ihres] des *D*   79,14 Sorgen] Sorgen, *D*   ihr] ihr, *D*   79,17 roten] Roten *D*   79,19-20 Mohamed] Mohammed *D* 79,27 Prinzessinnen] Prinzessinnen, *D*   Alle] alle *D*   79,29 drehen] drehen, *D*   79,35 Märchen] Märchen, *D*   Niemand] niemand *D*   80,1 Mein Liebesbrief] Mein Liebesbrief an Abdul Hassan. *PD*^(C-D)   80,6 verzuckerten,] verzuckerten *PD*^D   80,10 Sultanssaal] Sultansaals *D PD*^(C-D)   80,12 Marmortisch] Marmortische *PD*^(C-D)   80,13 O,] O *D*   Deine] deine *D PD*^(C-D)   80,14 Dämmerung] Dämmerung, *D PD*^(C-D)   80,15 Balkons] Balkans *D PD*^(C-D)   80,16 Dich herannahn] dich herannahen *D PD*^(C-D)   80,17 Dich] dich, *D PD*^(C-D)   rauschender] rauschender, *D PD*^(C-D)   80,18 Dich] dich *D PD*^(C-D)   es] es, *D PD*^(C-D)   sein .....] sein ...... *D* sein ... *PD*^(C-D)   80,22 Wiedersehn] Wiedersehen *PD*^(C-D)   80,23 reden Abdul ....] reden, Abdul ... *D PD*^C reden Abdul .. *PD*^D 80,24 nichts] nicht *PD*^(C-D)   80,25 Lippen] Linnen *PD*^(C-D)   80,26 Deiner] deiner *D PD*^(C-D)   80,29 gemalt] gemalt, *D*   80,30 Abdul ...] Abdul. *PD*^(C-D)   81,2 Städte] Städte, *D*   81,15 O,] O *D* Mitternachtssonne] Mitternachtssonne, *D*   81,16 Herz] Herz, *D* 81,17 sind] sind – *D*   81,19 nah] nah, *D*   81,25 Du] Du, *D* 82,1-16 Ich frage ⟨...⟩ vorbei.] *fehlt D*   82,17-83,3 Aber ich ⟨...⟩ füllen.] *fehlt D*   83,4-14 Heimlich ⟨...⟩ Sternen.] *fehlt D*   83,15-84,3 Wenn du ⟨...⟩ küssen.] *fehlt D*   84,4-16 Ich träume ⟨...⟩ sage? ......] *fehlt D*   84,17-85,3 Ich glaube ⟨...⟩ wiedersehn.] *fehlt D*   85,15 Knieen] Knien *D*   85,16 Ihr] ihr *D*   85,22 nackte Knaben] Knaben *D*   85,32 giebt] gibt *D*   86,2 abendländischen] abendländischem *D*   86,11 Lippen] Lippen, *D*   86,14 zerreisst] zerreißt, *D*   86,17 Schnellläufers] Schnelläufers *D*   86,30 Und] Und, *D*   Dir] dir *D*   86,32 orangegelbes,] orangegelbes *D* 86,33 Mantel] Mantel, *D*   86,34 Begriff] Begriff, *D*   86,35 gold]

gold, *D* 87,4 wegen] wegen, *D* 87,9 Muscatnus] Muskatnuß *D* 87,12 küssen] küssen, *D* 87,13 Gaben] Gaben, *D* 87,15 gestiegen] gestiegen, *D* 87,21 Ehren] Ehren, *D* mich] mich, *D* 87,28 Stil,] Stil *D* 87,34-35 heruntergekommenen] heruntergekommenen *D* 88,5 O, Hassan] O Hassan, *D* 88,8 Schnellläufers] Schnelläufers *D* 88,18 flüchten] flüchten, *D* 88,19 Schnellläufers] Schnelläufers *D* 88,23 ab] ab, *D* 88,28 spreitzt] spreizt *D* 88,31 mein geschorener] meinen geschorenen *D* 88,32 Fez, ich] Fezich, *(Druckfehler) D* 88,35 Haut! ...] Haut! ...... *D* 89,2-3 nicht ⟨...⟩ gesehn] die Erde nicht unverschleiert gesehen, *D* 89,7 Liebe ...] Liebe. *D* 89,8-26 Du es ⟨...⟩ Wundern!!] *fehlt D* 90,1-2 Apollydes ⟨...⟩ Mondscheibe] Auf der Mondscheibe *PD*^A 90,5 singen.] singen. *Absatz PD*^A 90,10 Sommernächte.] Sommernächte. *Absatz PD*^A 90,11 nicht] nicht, *D* 90,11 es] es, *D* 90,14 unseren] unsern *PD*^A 90,15 küssen] berühren *PD*^A 90,16 Wunsch.] Wunsch. *Absatz PD*^A 90,18 unseren] unsere *(Druckfehler) E* unsern *PD*^A 90,18-19 Kindern.] Kindern. *Absatz PD*^A 90,20 stehen] stehn *PD*^A 90,21 schmerzen.] schmerzen. *Absatz PD*^A 90,22-23 graufahle] graufahle, *D* 90,24-25 Morgenwinde und] Morgenwinde. *Absatz* Wir *PD*^A 90,27 Gewitteräther.] Gewitteräther. *Absatz PD*^A 90,30 verschimmernde] schimmernde *PD*^A 90,31 goldblasse] goldene *D* 90,32 küssen!] küssen! *Absatz PD*^A 90,33 unseren] unsern *PD*^A 90,34 Unendliche ...] Unendliche, und die weißen Teppiche stöhnen nach unseren Blüten. *PD*^A 91,1-2 Apollydes ⟨...⟩ Stadt] Apollydes und Tino kommen in eine morsche Stadt. *PH*^C 91,4 zeigte] zeigte, *D* 91,5 Stadt,] Stadt *PH*^C 91,7 Torhüterinnen] Torhüterinnen, *D* elephantenhäutige] elefantenhäutige *D* 91,8 Geistergrimassen] *(1)* Grimassen *(2)* Geistergrimassen | *PH*^C »Chabâah! Bâah!!«] »Chabâah! Bâah!! *PH*^C »Chabâah! Bâah!!« *D* 91,12 chabâah ... bâah .....] chabâah .... Bâah ...... *PH*^C chabâah ... bâah ... *D* 91,13 wurzelliebesverschlungene] wurzelliebesverschlungene, *D* blickt ...] blickt. *PH*^C 91,15 bat] Bat *PH*^C küssen,] küssen *PH*^C 91,16 böse,] böse *PH*^C 91,17 Ich] *(1)* Tino *(2)* | *PH*^C mich] *(1)* sich *(2)* | *PH*^C sagte:] *(1)* sagte zu + *(2)* sagte: *PH*^C 91,18 von der] von *D* Du] du, *D* 91,19 Ich] *(1)* Sie *(2)* | *PH*^C »Immer] Immer *PH*^C 91,20 Deinem] deinem *D* flatternden] [rosigen,] flatternden *PH*^C Taubenmund« ...] Taubenmund. *PH*^C 91,21 Im ⟨...⟩ Mbillre] Im

Garten Amri Mbillre. *PH$^C$ PH$^{C*}$*   91,22 Und] Und Tino *(1)* dachte an die *(2)* erzählte von den | *(3)* erz+ + *(4)* gedachte + *(5)* dachte an die Sagen der + blonden Prinzessinnenherzen des Nordens die von der Kühle der *xxxx*luft *(ca. 4 Buchstaben unlesbar)* entblumten. Und *PH$^{C*}$* dunkel] Abendlila *PH$^{C*}$* wurde,] wurde *PH$^C$*   wir uns] sich beide *PH$^{C*}$*   91,23 Amri ⟨...⟩ Stadt] des Königs der namenlosen Stadt {Amri Mbillre} *PH$^{C*}$*   Mbillres] Mbillres, *D*   91,24 meine] Tinos *PH$^{C*}$*   singen,] singen *PH$^{C*}$*   Tränen] *(1)* Träume + *(2)* Thränen *PH$^C$*   91,24-25 Liebeslieder,] Liebeslieder *PH$^{C*}$*   91,25 wir uns küssten.] sie *(1)* sein+ *(2)* Apollydes küßte. Aber seines Mundes Hauch wurde stilles Kühlweiß und seine Schulter hing herab in schwerem Faltengestein. – *PH$^{C*}$* wandelt] wandelte *D*   91,26 nach; wie] *(1)* nach. Wie *(2)* + *PH$^{C*}$* schweben] schwebten *D*   91,27 Füsse] Füße verzückt *PH$^C$ PH$^{C*}$*   das ⟨...⟩ Liebe.] die kalte Verzauberung Apollydens. *PH$^{C*}$*   91,27-92,4 Ich ⟨...⟩ geweiht.] *(1)(a)* Aber *(b)* Und | Tino irrte *(2)* Da irrte Tino + einsam zurück in die *(1)* Heimat, *(2)* Heimat. Aber | *(3)* Heimat. Aber + durch die *(1)* Straßen {{in} ihrer Heimat} *(2)* Nächte ihrer Heimat + klagt die Prinzessin *(1)* die *(2)* von der | Rache {[der Liebesgöttin]} der Ungläubigen. *PH$^{C*}$*   91,27 warne] warnte *D*   91,28 geöffnete] geöffnete{n} *PH$^C$* angerufen.] *(1)* angerufen – {Amri} Mbillre *(a)* der *(b)* den + König der namenlosen Stadt. *(2)* angerufen und er war aus seiner [{Seele}] goldenen *(a) xxx (1 Wort unlesbar) (b) xxx (1 Wort unlesbar)* | *(a)* gesunken *(b)* gefallen + | *(3)* Amri Mbillre {den} König der namenlosen Stadt. *(4)* + *PH$^C$*   92,1 bindet] bindete *D*   der König] er selbst *PH$^C$*   Griechenknaben] schönen Griechenknaben, [*(1)* d+ *(2)* [xxx] *(4 Wörter unlesbar)* Apollydens] *PH$^C$*   und] *(1)* und *(a)* der König *(b)* er | *(2)* + *PH$^C$*   92,2 schwelgt] schwelgte *D*   habe] werde *D*   92,3 sie] [um] sie *PH$^C$*   92,4 geweiht. Und] weihen, denn *D*   Plätzen ⟨...⟩ Heimat,] Plätzen *PH$^{C*}$*   Heimat,] Heimat *PH$^C$*   schöne] {schöne} *PH$^{C*}$*   92,5 pries] *(1)* besang *(2)* | *PH$^{C*}$*   Sterndeuter,] Sterndeuter *PH$^C$ PH$^{C*}$*   92,6 Niemand weiss] niemand weiß, *D*   ist,] *(1)* ist, *(2)* ist; + *PH$^{C*}$*   namenlose morsche] namenlose *PH$^C$ PH$^{C*}$*   92,7 Keiner] keiner *D*   nennen;] *(1)* nennen. + *(2) PH$^C$*   nennen; ich habe] nennen. Und Tino hat *PH$^{C*}$*   des Weges] *(1)* der Wege *(2)* + *PH$^{C*}$*   92,7-8 dorthin verstreut] {{dorthin} versträut} *PH$^{C*}$*   92,8 meinem] ihrem *PH$^{C*}$*   bangen] *(1)* bangem *(2)* + *PH$^C$*

Atem ...] Atem. *PH^C PH^{C*}*   92,10 Lîlame] Lîlame, *D PD^{EI}*
Grossveziers] Großwesirs, *D* Großveziers, *PD^{EI}*   92,11 Mehmed]
Mêhmêd *D*   92,12 Flachsperrücken] Flachsperücken *D PD^{EI}*
92,13 trieben] trieb *D*   Mehmed] Mêhmêd *D*   92,16 Vater] Vater,
*D PD^{EI}*   Grossvezier] Großwesir, *D* Großvezier, *PD^{EI}*   92,17-18
hellblaukeimenden] hellblau keimenden *PD^{EI}*   92,18 Mehmed]
Mêhmêd *D*   92,23-24 Mehmed] Mêhmêd *D*   92,24 Reiz] Reiz, *D*
92,28 alle] alle, *D PD^{EI}*   92,30 Grossveziers] Großwesirs *D*   steinernen] eisernen *D*   92,31 Opfer] Opfer, *D PD^{EI}*   92,32 sichs]
sich's *D*   92,33 haben zu Schulden] hatten zuschulden *D PD^{EI}*
92,34 Nöten] Nöten, *D PD^{EI}*   93,2 Grösse,] Größe *PD^{EI}*   93,3
Mehmed] Mêhmêd *D*   93,4 vor der] vor ihrer *PD^{EI}*   93,6 Grossveziers] Großwesirs *D*   93,10 Mehmed] Mêhmêd *D*   93,12 weissen] verkleistern *PD^{EI}*   93,14 das] was *PD^{EI}*   93,15 Mehmed]
Mêhmêd *D*   93,16 ihn] ihn, *D PD^{EI}*   93,17 Allahs Willen im]
jedesmal eine Prophezeiung beim *PD^{EI}*   93,18 Mehmed, Du] Mêhmêd, du *D* Memed, du *PD^{EI}*   Du] du *D PD^{EI}*   93,19 Du] du *D
PD^{EI}*   Deines] deines *D PD^{EI}*   93,20 goldbraunen] braunen *PD^{EI}*
Lîlames Deiner Mutter] Lîlames, deiner Mutter, *D PD^{EI}*   93,21
Dich] dich *D PD^{EI}*   93,22 Deine] deine *D PD^{EI}*   93,23 Deine]
deine *D PD^{EI}*   93,24 am] am selben *PD^{EI}*   93,25 Turban] Turban, *PD^{EI}*   93,28 Mehmed wandelt] Mêhmêd wandelte *D*   93,30
trete] trat *D* trete: *PD^{EI}*   liess] läßt *PD^{EI}*   93,31 hatten] haben
*PD^{EI}*   seine Lenden] die Länge seines Rückens *PD^{EI}*   93,32 erreicht] erreicht, *D* erreicht; *PD^{EI}*   93,38-94,1 liefe ⟨...⟩ parallel]
vertrüge sich nicht mit seiner Weisheit *PD^{EI}*   94,1 lässt] ließ *D*
94,2 sollen] sollten *D*   94,3 geht] ging *D*   94,4 gewinnt] gewann
*D*   ist] war *D*   94,5 Pyramide] Pyramiden *D*   hat] hatte *D*
94,7 ist] war *D*   94,8 Vater] Vater, *D PD^{EI}*   Grossvezier, erbaut]
Großwesir, erbaute *D*   94,11 werde] wurde *D*   schwermütiger]
schwermütiger, *D PD^{EI}*   Lîlame] Lîlame, *D PD^{EI}*   94,13 Mehmeds] Mêhmêds *D*   94,14 höre; er] höre. Er *PD^{EI}*   schwenkt]
schwenkte *D PD^{EI}*   94,15 lässt] ließ *D PD^{EI}*   Zeit] Zeit, *D PD^{EI}*
94,16-17 Elephantenriesenmonstrum] Elefantenriesenmonstrum
*D PD^{EI}*   94,17 Ost-Indien] Ostindien *D*   94,19 Schwarze ⟨...⟩
Haut] schwarze und fünfundzwanzig Diener seiner Haut *D*
schwarze Mehmed-Diener *PD^{EI}*   müssen] mußten *D*   94,21 Palaste,] Palaste *D*   ich] ich, *D PD^{EI}*   94,22 habe] hatte *D*   Mehmed]

Mêhmêd D   94,23 steigt] stieg D   94,24 verklärt] verklärte D   94,25 Umzäunt] Umzäumt $PD^{EI}$   94,26 Goliathofoles] Goliathofoles, D $PD^{EI}$   Riesenmonstrum] Riesenmonstrum, D $PD^{EI}$   94,27 Elephanten] Elefanten D $PD^{EI}$   begaffen] begafften D   94,28 Begriff] Begriff, D $PD^{EI}$   94,29 hat] hatte D   94,34 entschieden] entschieden, D $PD^{EI}$   94,35 vorzutragen, trotz] vorzutragen. Trotz $PD^{EI}$   94,37 Mehmeds] Mêhmêds D   Ungeduld] Ungeduld, D   94,38-95,1 Schwarzen ⟨...⟩ Diener] schwarzen und die fünfundzwanzig Diener D Diener $PD^{EI}$   95,1 an] an, D $PD^{EI}$   95,2 verhindern] verhindern, D $PD^{EI}$   95,4 Bisquitkrümel] Biskuitkrümel D   95,8 Kiehnd ........!«] Kiehnd ...!« D Kiehnd ....!« $PD^{EI}$   95,9 hat ⟨...⟩ seiner] hatten die Menschen der fremden D   95,11 Herz...] Herz. $PD^{EI}$   95,12 Der ⟨...⟩ Irsahab] Der Dichter von Irsahab *Absatz* {Groteske} $D^a$   95,13 alt] alt, D   95,18 küssten] küßten, D   95,24 war,] war D   95,27 Mellkabe] Mellkabe, D   95,28 worden] worden, D   95,33 Welt;] Welt, D   Wischnu] Wischnu, D   95,34 Nachbarvolkes] Nachbarvolkes, D   96,4 himmliche] himmlische D   96,11 lasse] lasse, D   96,13 ihn] ihm D   96,14 Schulter] Schulter, D   96,15 Lockenkopf] Lockenkopf, D   96,16 Blutsverwandschaft] Blutsverwandtschaft D   96,23 ihr Eigentum] ihrem Eigentum, D   96,27 andern] anderen D   96,29 ihnen] sie D   Eines] eines D   96,30 Andere] andere D   96,31 Kindeskindeskindeskind] Kindeskindeskindeskind, D   96,33 verwandt] verwandt, D   96,35 Zieglein] Zieglein, D   96,36 irgend eines] irgendeines D   96,36-37 Sohnes Sohn] SohnesSohnesSohn D   96,37 ihm] ihm, D   96,38 auszurotten] auszurotten, D   Stadt] Stadt, D   97,1 Säule] Säule, D   97,3 Schulter] Schultern D   97,4-6 sass ⟨...⟩ è!!] *(1) xxx (radierter unlesbarer Text) (2)* saß an seinem feuersicheren unzerstörbaren Schreibtisch und sang: / Was kommt dort von der Höh – / Was kommt dort von der Höh? / Was kommt dort von der ledern Höh / Zieh zah ledern Höh / Was kommt dort von der Höh? // Es ist Methusalem / Es ist Methusalem / Der lederne Herr Herr Papa / Zieh zah Herr Papa / Papa Methusalem!! | $D^a$   97,8 Feierkleider] Feierkleider, D   97,12 Vollstern] Mondstern D   97,13 schlummern] schlummer D   97,14-22 Das Lied ⟨...⟩ Gesicht.] *fehlt* D

ERLÄUTERUNGEN. »*Die Nächte Tino von Bagdads*« *erschien – nach der Gedichtsammlung* »*Styx*« *(1902) und dem* »*Peter Hille-Buch*« *(1906) als dritte Veröffentlichung Else Lasker-Schülers bei Axel Juncker – vor dem 11. Juli 1907: in einem Brief dieses Datums bittet Else Lasker-Schüler Axel Juncker um* die Abrechnung meiner drei Bücher, ich möchte gerne genau wissen, wieviel von den Büchern verkauft sind. *(T: KBK.) Vor der Veröffentlichung drang Else Lasker-Schüler in mehreren undatierten Briefen an Axel Juncker darauf, an den Druckfahnen gründliche Korrekturen vornehmen zu können, auf eine schnellere Drucklegung und auf Einflußnahme bezüglich der Buchgestaltung. (Vgl. die Briefe Else Lasker-Schülers an Axel Juncker. H: KBK.) – Das Frontispiz zeigt einen Holzschnitt von Max Fröhlich (Abbildung in: Marbacher Magazin 71/1995 [Else Lasker-Schüler 1869-1945. Bearbeitet von Erika Klüsener und Friedrich Pfäfflin]. S. 54). – Die Entstehung der Erzählung* »*Ached Bey*« *läßt sich auf vor 1906 datieren: Aus einem Brief Alfred Döblins an Herwarth Walden vom 8. Januar 1906 geht hervor, daß er die Erzählung bereits vom Hören kannte. (Alfred Döblin: Briefe. Olten und Freiburg/Breisgau 1970. S. 37.) – In PD*$^{C-D}$ *sind, ebenfalls unter dem Obertitel* »*Die Nächte Tino von Bagdads*«*, auch die dort nicht enthaltene Erzählung* »*Mschattre-Zimt, der jüdische Sultan*« *(vgl. dort), die später in* »*Der Prinz von Theben*« *aufgenommen wurde, abgedruckt. – Der Veröffentlichung in PD*$^G$ *geht eine autobiographische Skizze Else Lasker-Schülers voraus; vgl. zu* »⟨*Ich bin zwischen Europa und Asien geboren . . .*⟩«*. – Mit* »*Die Nächte Tino von Bagdads*« *(zum Namen der Titelfigur vgl. zu 9,28) veröffentlichte Else Lasker-Schüler ihren ersten* ›*orientalischen*‹ *Prosatext. Der Orient, ein dem Begriff nach nicht genau umrissener, aber von Vorstellungen des Fremdartigen besetzter Raum, war um die Jahrhundertwende Gegenstand zahlreicher exotistischer Texte, etwa von Gustave Flaubert und Karl May, aber auch, im engeren Umfeld Else Lasker-Schülers, von Paul Scheerbart, Albert Ehrenstein oder Martha Hellmuth. Wie später in* »*Der Prinz von Theben*« *sowie in Teilen der* »*Briefe und Bilder*« *und des* »*Maliks*« *ist der Schauplatz von* »*Die Nächte Tino von Bagdads*« ›*der Orient*‹*: die Handlungen der einzelnen Kapitel vollziehen sich in Ägypten und Marokko, in Bagdad, Theben, Konstantinopel, in Städten namens Irsahab (vgl. zu 95,12) und Philippopel* *sowie in der* namenlosen Stadt *und einem Land, von dem Tino sagt:* wir wissen nicht, in welchem Lande wir sind. *Die vermeintlichen Bezüge zur außerliterarischen Welt erweisen sich in den allermeisten Fällen als topographisch belanglos: sie weisen keine andere Referenz als die Namensidentität mit realen Orten auf. Die topographischen Angaben sind Dekor, sie sind untereinander austauschbar und dienen der Evokation des ›Orientalischen‹ schlechthin. Denselben Zweck erfüllen die zahlreichen arabischen, osmanischen, muslimischen und ägyptischen Titel, deren Träger – Scheiks, Sultane, Großwesire, Emire, Khediven – »Die Nächte Tino von Bagdads« bevölkern. Das orientalische Ambiente wird vervollständigt durch Kulissen wie Moscheen, Harems, Sultanspaläste und Pyramiden sowie durch zahllose entsprechende Requisiten: Opium, Mumien, Spezereien und Kräuter, Turbane und Feze, Datteln, Feigen, Zedern, Palmenwedel, Bambusrohre. Auch orientalisch Verbrämtes findet Platz, wie der Pharaobaum, die Naëmirose, die Derwischlilie, der Khedivenfisch. Alle diese Exotismen dienen nicht der Beschreibung eines realen Raumes, sondern der Evokation des Fremdartigen, und so verhält es sich auch mit den ›arabischen‹ Einsprengseln, die, obwohl einige Worte und Satzteile dem Arabischen zuzuordnen sind, keine inhaltliche Bedeutung für den Text haben, sondern die ästhetische Textur klangmalend mitprägen. – Zur Widmung vgl. zu 16,36.*

**69,1-10** Mein Lied] *Vgl. KA, Bd. 1, Nr. 139.*

**69,19** machmêde] *Vgl. jiddisch »machmed«: Mohammed.*

**69,23** Derwisch] *Derwische (pers. »darwish«, arab. »faqir«: arm) sind fromme islamische Mystiker, welche die geistige Vereinigung mit Allah anstreben. Wegen ihrer bis zur Ekstase gesteigerten religiösen Tänze wurde in Europa die orthodoxe türkische Derwischbruderschaft der Mevleviyye als Orden der »tanzenden Derwische« bekannt. Bei diesem den Gestirnenlauf symbolisierenden Tanz drehen sich die Derwische um ihre eigene Achse.*

**70,9** Khedive] *Khedive (aus pers. »khidiw«: Fürst) war 1867-1914 der Titel des Vizekönigs von Ägypten.*

**70.19-20** tausendjährigen] *Vgl. zu 17,14.*

**70,21** Senna Pascha] *Vgl. zum Essay »Senna Hoy †«.*

**70,22** Hieroglyphen] *»Hieroglyphen« (griech.): heilige Einmeißelungen. Schriftzeichen mit erkennbar bildhaftem Charakter, insbe-*

sondere der altägyptischen Schrift. Obwohl die Hieroglyphen Gegenstände darstellen, bezeichnen sie in der Regel nicht dieselben, sondern nur die Lautgestalt der entsprechenden Wörter. Auf der für das Funktionieren der Schrift entbehrlichen Bildhaftigkeit der Zeichen scheint ihre ›Heiligkeit‹ zu beruhen. Vgl. auch zu 159,29.

71,15 Pull] Vgl. zu 36,29.

71,28 Katarakten] »Katarakt« (griech.:) Wasserfall, Stromschnelle.

72,25 Ached Bey] »Bey« (türk.:) Herr; türkischer Ehrentitel. Vgl. auch Heinrich Heines Gedicht »Ali Bey« aus den 1839 erschienen »Romanzen« über den muslimischen Held des Glaubens Ali Bey, der noch im Kampf gegen die Christen, während er diese enthauptet, an die gerade genossenen Freuden der Liebe denkt.

73,1 Götzengebilden] Der Verehrung vorislamischer Gottheiten trat der Prophet Mohammed mit dem Verbot von Vielgötterei und Götzenkult sowie dem Bilderverbot entgegen. Vgl. z. B. die Suren 2,165 und 46,4-6 des Korans.

73,4 Naëmi] Im Alten Testament die Schwiegermutter Ruths. Vgl. Ruth 3,1.

73,8 unverschleiert] Der Koran gebietet den gläubigen Frauen, ihre Reize nicht zur Schau zu tragen. Vgl. Sure 24,31.

73,29 Mosegipfel des Sinai] Als Mose das Volk Israel zum Berg Sinai geführt hat, wird er von Jahwe auf den Gipfel des Berges gerufen, wo dieser seinen Bund mit Israel schließt und Mose die Gesetze gibt. Vgl. 2. Mose (Exodus) 19,18-25.

73,34 Totenweiber] Die Totenklage im Islam wird von Angehörigen, aber auch von berufsmäßigen Klageweibern verrichtet.

73,36 Katzen] Im Nilland wurde die im Deltadickicht wildlebende Rohrkatze als heiliges Tier des Sonnengottes verehrt.

74,2 werfen Steine] Hier wird wohl sowohl auf den jüdischen Brauch Bezug genommen, beim Besuch eines Grabes kleine Steine auf den Grabstein zu legen, als auch auf das Steinigen.

74,19 ich zog meine goldenen Schuhe von den Füssen] Anspielung auf das Ausziehen der Schuhe vor dem Betreten einer Moschee, das auf die alttestamentliche Geschichte von der Berufung Moses zurückgeht; vgl. 2. Mose (Exodus) 3,5.

74,22 fiel in meinen Schoss das Gold der Sterne] Vgl. das »Kinder- und Hausmärchen« Nr. 153 »Die Sterntaler« der Grimmschen

*Sammlung, in dem einem armen Mädchen, das seine letzten Habe verschenkt hat, vom nächtlichen Himmel die Sterne vor die Füße fallen und zu Talern werden.*

76,16 durchsichtiges Feigenblatt] *Mit einem Feigenblatt bedecken Adam und Eva nach dem Sündenfall ihre Scham. Vgl. 1. Mose (Genesis) 3,7. Das Attribut der Durchsichtigkeit verkehrt die Symbolik der Sünd- und Schamhaftigkeit in ihr Gegenteil.*

77,9 Caelumstein] *Lat. »caelum«: Himmel.*

77,21 vierzig Tage] *Vgl. zu 34,25.*

81,10 Antinous] *Vgl. zu 31,13-14.*

81,7-8 an den Bächen vorbei, darin sich die Königskinder spiegeln] *Vgl. das Volkslied mit der Eingangsstrophe: Es waren zwei Königskinder, / die hatten einander so lieb, / sie konnten zusammen nicht kommen, / das Wasser war viel zu tief. Der Königssohn ertrinkt beim Versuch, zu seiner Liebsten zu gelangen, welche sich aus Kummer darüber ertränkt.*

81,11 Psalme] *Das alttestamentliche Buch der Psalmen, welches 150 einzelne Dichtungen enthält. Die Psalmen behandeln Grundhaltungen des Menschen vor Gott: Klage, Bitte, Vertrauen, Anbetung, Dank, Lobpreis.*

81,14-25 Deine Schlankheit ⟨...⟩ dich.] *Vgl. KA, Bd. 1, Nr. 140.*

82,1-16 Ich frage ⟨...⟩ vorbei.] *Vgl. KA, Bd. 1, Nr. 141.*

82,17-83,3 Aber ich ⟨...⟩ füllen.] *Vgl. KA, Bd. 1, Nr. 142.*

83,4-14 Heimlich ⟨...⟩ Sternen.] *Vgl. KA, Bd. 1, Nr. 143.*

83,15-84,3 Wenn du ⟨...⟩ küssen.] *Vgl. KA, Bd. 1, Nr. 144.*

84,4-16 Ich träume ⟨...⟩ sage? ......] *Vgl. KA, Bd. 1, Nr. 145.*

84,17-85,3 Ich glaube ⟨...⟩ wiedersehn.] *Vgl. KA, Bd. 1, Nr. 146.*

85,4 Der Grossmogul von Philippopel] *Die Erzählung von der zur Beraterin und Vertrauten des Großmoguls aufgestiegenen Heldin erinnert an die alttestamentliche Geschichte Josefs, nach der Josef vom ägyptischen Pharao zum Großwesir erhoben wird. Vgl. 1. Mose (Genesis) 41,37-46. – Vgl. auch Else Lasker-Schülers »Kinostück« »Plumm-Pascha. Eine morgenländische Komödie«, das in Handlung und Personal einige Übereinstimmungen aufweist. – Als Großmogul wurden die Herrscher der muslimischen Dynastie, die bis 1858 in Indien regierte, bezeichnet. – Philippopolis ist der griechische Name für Plowdiw, einer Stadt im heutigen Südbulgarien, die 342/341 v. Chr. von Makedonien erobert worden war.*

**85,14** Konstantinopels] *Von 330 bis 1930 der Name der heutigen Stadt Istanbul, die beiderseits des Bosporus liegt und somit Europa und Vorderasien verbindet.*

**85,18-19** Könige mit spitzen Krummschnäbeln ⟨...⟩ den Balkan aufzufressen] *Seit 1875 herrschten auf dem Balkan ständig Unruhen, die 1912 den ersten Balkankrieg zwischen der Türkei und den Staaten des Balkanbunds – Bulgarien, Serbien und Griechenland – auslösten.*

**87,26** Reichstagsgebäude] *Das Berliner Reichstagsgebäude am Königsplatz (1925 umbenannt in »Platz der Republik«) im Bezirk Tiergarten, erbaut 1884-1894 von Paul Wallot, war im Kaiserreich ab 1894 und in der Weimarer Republik ab Herbst 1919 Sitz des Deutschen Parlaments.*

**87,27** Korans] *Die dem Propheten Mohammed von Allah zwischen 610 und 632 n. Chr. offenbarte letzte Botschaft an die Menschheit: das Heilige Buch des Islam in arabischer Sprache, unterteilt in 114 Kapitel, die Suren.*

**87,28** byzantinischen Stil] *Die byzantinische Baukunst, die ihre Blüte unter Kaiser Justinian (527-565) erlebte, zeichnet sich durch äußerlich nüchterne, im Inneren aber prächtig durch Mosaiken und Inkrustation geschmückte Bauten aus.*

**88,6** Mondsichel ⟨...⟩ Stern] *Der Halbmond mit Stern ist seit Ende des 18. Jahrhunderts offizielles Symbol des Osmanischen Reichs und wichtigstes heraldisches Element auf den nationalen Emblemen der islamischen Staaten. Zahlreiche Illustrationen Else Lasker-Schülers zeigen die Jussuf-Figur mit Halbmond und Stern auf der Schläfe; im Gegensatz zum fünfzackigen islamischen Symbol handelt es sich dabei aber um den sechszackigen Davidstern.*

**89,1** Tino an Apollydes] *Der Name Apollydes klingt an Apollon an, den griechischen Gott der Jugend, der Musik, der Weissagung, des Bogenschießens und der Heilkunst; als Führer der Musen geehrt.*

**89,8-26** Du es ist ⟨...⟩ Wundern!!] *Vgl. KA, Bd. 1, Nr. 147.*

**90,1-2** Apollydes und Tino ⟨...⟩ Mondscheibe] *Wohl über diesen Text, der 1907 in der »Arena« unter dem Titel »Auf der Mondscheibe« erschien, schrieb Else Lasker-Schüler in einem undatierten Brief an Axel Juncker:* Inl. Dichtung gehört noch zum arab. Buch. Ich vergaß sie. Ich bekam nämlich gestern die Correktur für die Arena. Da kommt sie 'rein. Diese Sache kommt nach dem Gedicht:

»Du es ist Nacht, wir wollen in die Goldgebilde blicken⟨«⟩. Also nach der Apollydes Geschichte. Inl. Dichtung ist ein Accent ein anderes Licht mal. Nicht wahr? *(H: KBK.) Handschriftliche Fassungen nicht dieses Kapitels, sondern der drei darauffolgenden Kapitel (vgl. »Überlieferung«) liegen indes heute dem Brief bei; ob Else Lasker-Schüler also nur diese, alle vier Kapitel oder nur das in der »Arena« veröffentlichte mit dem Brief an Axel Juncker sandte, ist unklar.*

**91,16** Rosengöttin in Hellas] *Die Rose ist das Attribut der Aphrodite, der griechischen Göttin der Liebe.*

**91,17** Kriegerin] *(Pallas) Athene, die jungfräuliche Göttin der Künste, der Handwerke und des Krieges.*

**94,1** Geometer] *Landvermesser.*

**94,18** Kaiserstadt der Deutschen] *Das zweite deutsche Kaiserreich mit seiner Reichshauptstadt Berlin bestand von 1871 bis 1918.*

**94,26** Goliathofoles] *Vgl. Goliath, ein riesenhafter Philister, der von David besiegt wird. Vgl. 1. Samuel 17.*

**95,12** Irsahab] *»Irsahav« (hebr.): Goldstadt.*

**95,13** Methusalem] *Das Alter Methuschelachs, des Sohns Henochs, wird im alttestamentlichen Geschlechtsregister mit 969 Jahren angegeben. Er ist einer der zehn Urväter. Vgl. 1. Mose (Genesis) 5,25-27.*

**95,20** Grammaton] *»Gramma« (griech.): Buchstabe.*

**95,31** Rabe] *Der Rabe gilt zahlreichen Völkern als Bote Gottes; er wird aber auch mit dem Tod assoziiert und dient in der christlichen Ikonographie zuweilen als Symbol des sündhaften Menschen.*

**95,31** Henoch] *Henoch, der Vater Methuschelachs. Vgl. 1. Mose (Genesis) 5,21-24. Der Sohn Kains heißt ebenfalls Henoch. Vgl. 1. Mose (Genesis) 4,17.*

**95,33** Wischnu] *Vishnu (»der Alldurchdringende«); altindische Gottheit, einer der Hauptgötter des Hinduismus.*

**96,5** Sternbild Pegasus] *Sternbild des nördlichen Himmels: Das geflügelte Pferd Pegasus wird nach der griechischen Mythologie als Sternbild an den Himmel versetzt, nachdem es seinen Reiter Bellerophon abgeworfen hat. Es ist auch das Musenroß der Dichter und läßt durch einen Huftritt die Quelle Hippokrene auf dem Berg Helikon entspringen.*

**96,27** bis einer den andern erschlug, wie Kain den Abel] *Kain*

*erschlägt seinen Bruder Abel aus Eifersucht. Vgl. 1. Mose (Genesis) 4.*
**97,4** steinernen Affen] *Der Affe galt im alten Orient als heiliges Tier.*
**97,14-22** Das Lied ⟨...⟩ Gesicht.] *Vgl. KA, Bd. 1, Nr. 148.*

### S. Lublinski

ÜBERLIEFERUNG. *H: Stadtbibliothek Wuppertal, ELS-Archiv (A 91). 9 Bl. – E: Kritik der Kritik. Bd. 2, H. 10 (1907). S. 226-228. $D^1$: $Ge^1$ (1913). S. 77-82. $D^2$: Ess (1920). S. 41-46.*

VARIANTEN *und* LESARTEN.
Ti: S. Lublinski. *H* 101,2 von Geburt Ostpreusse] weiland in Ost Preußen *H* 101,3 erzählt:] erzählt, *H* 101,3-4 verwachsen] verwachsen, *H* 101,5 Nest;] Nest – *H* 101,8 Pflanzenkübel,] Pflanzenkübel *H* 101,10 nicht ...] nicht. – *H* 101,11 bei schweigender] bis schweigende *H* 101,12 Kaffeehauses gesessen. Die] Caféhauses gesessen – ich liebe die Nacht und will ihr ins goldverklärte Gesicht sehen.»Die Sterne des Südhimmels liegen Prinzessin noch im Blut und früher war Prinzessin Jussuf, der von seinen Brüdern verkauft wurde und Pharao die Träume deutete.« S. Lublinski kann mir nicht genug von meiner biblischen Sagenhaftigkeit erzählen, er sieht so ernst dabei aus, daß ich an der Wahrheit nicht zweifle. Aber alle *H* 101,13 unsers] unseres *$D^2$* Tisches und] Tisches, sie *H* 101,14 Kellner,] Kellner *H* 101,15 Groom,] Groom *H* 101,16 sie] aber sie *H* 101,17 Wink] Winke *H* 101,18 Zeitschriften] Zeitungen *H* 101,19 Literat] Litterat *H* 101,21 Tisch] Tische *H* aussergewöhnlicher,] außergewöhnlicher *H* 101,21-22 Handgebärde] Handgebährde – Glanz auf den Wangen – *H* 101,23 unsrer] unserer *H* weiss:] weiß *H* 101,24 tagüber] tagüber *H $D^2$* müssen] müssen, *$D^{1-2}$* 101,26 geringfügige] *(1)* gering+ *(2) H* 101,27 Kobolz] Koboltz *H* 101,31 Kugeln, Bomben] Kukeln, Blomben *H* ernst.] ernst – *H* 101,32 den Tisch;] dem Tisch – *H* 101,33 bluten ...] bluten. – *Absatz H* Kanadas] Canadas *H* 101,34 gegraben ...] gegraben *H* 101,35 Zelt;] Zelte, ihm, dem er sich in einer stillen Stunde weiht, *H*

101,36 Stirn gesehen] Stirne gesehn *H* 102,1 Und] So gerne *D²* Lublinski! –] Lublinski, *H* selten] Selten *D¹⁻²* 102,2 Zweiter] zweiter *D¹⁻²* 102,2-4 Lenztag ⟨...⟩ er.] *(1)* Lenztag, nach dem fröhlichen Ringelrangelspiel wie er, *(a)* herrlich*[?] (b)* sorglos | hinter dem Horizont auf der blauen Wiese. *(2)* Lenztag hinter dem Horizont auf der blauen Wiese, nach dem fröhlichen Ringelrangelspiel wie er. | *H* 102,3 Wiese,] Wiese *D¹⁻²* 102,4 fürchtet,] fürchtet *H* stolpern;] stolpern *H* 102,5 es] *(1)* er + *(2) H* 102,7 Kinderkrankheit...] Kinderkrankheit..... *H* gerosteten Geleisen] eingerosteten Rollen *H* 102,8 vorwärts;] vorwärts, *H* schleudern] lallen *H* 102,9 So] Aber so *H* Rhythmus] Rhytmus *H* 102,10 andre] andere *H* 102,11 betrachten...] betrachten. – *(fünffach verlängerter Gedankenstrich) H* betrachten ... Aber da steht kein Tor, daran er nicht rüttelt. *D¹⁻²* 102,12 ›Gescheitert‹ mitgebracht«...] »Gescheitert« mitgebracht.« *H* 102,14 Dichtungen;] Dichtungen, *H* 102,22 folgenden] morgigen *H* 102,23 auf, allein,] auf allein mit sich *H* 102,24 Glied] Glied, *H* Soldaten–:»Vorwärts] Soldaten –»vorwärts *H* 102,25 als] der *H* als Feldherr!] der Feldherr. *H* 102,26 Heer...] Heer. – *Absatz fehlt H* 102,27 im Sofapolster] *(1)* am *(2)* im | Sophapolster *H* 102,28 Lublinski] Lublinski, *D²* cynischster] allercynischster *H* zynischster *D¹⁻²* 102,30 Liebe] Liebe, *H* 102,30-31 da ... Hannibal (eines] da. – Hanibal, eines *H* 102,31 Dramen),] Dramen, *H* 102,33 Hille] Hille, *H* 102,34 Hannibal] Hanibal *H* 102,35 Königindramas] Königin[nen]dramas *H* Königinnendramas *D¹⁻²* 102,36 Essex.] Essex. Sie ist das Schloß Westminster, sie ist London der Schoß Englands. *(1) (a)* Und *(b)* Aber | heimlich in der verschleierten Abendstunde *(a)*, ein schwärmerisches Mädchen + *(b)* im trauten Beisammensein mit der Freundin Nottingham – *(a)* Elisabeth ein schwärmerisches Mädchen *xxx (zwei Wörter unlesbar) (a)* die den bunten Edelsteinen + *(β)* das durch die bunten Edelsteine ihrer Ringe {alle} ihre strahlenden Lande *(a)* betrachtet *(β)* belauscht. + *(b)* mit Entzücken betrachtet diese ihre {spielende} Königin. | *(2)* Aber heimlich im trauten Beisammensein {mit der alten Nottingham}, wandelt sich Elisabeth – mit Entzücken betrachtet die Freundin Nottingham ihre spielende Königin. + *(3)* Aber heimlich im trauten Beisammensein mit der alten Nottingham, wandelt sich Elisabeth – mit Entzücken betrachtet die Freundin

[Nottingham] ihre spielende Königin; ein schwärmendes Mädchen ist Elisabeth, das durch die bunten Edelsteine ihrer Ringe alle ihre strahlenden Lande *(a)* betrachtet *(b)* belauscht. ┼ *H*   103,1 knaxen] knacksen *H* knaxen, *D¹⁻²*   103,2 Schreibtisch,] Schreibtisch – *H*   Stirn] Stirne *H*   103,3 Seiden –,] Seiden – *H* Weinen –, *D¹⁻²* 103,4 auch] ebenfalls *H*   weine ...] weint. *H*   gibt] giebt *H* 103,6 Thormann,] Tormann *H*   103,7 Regen?« ...] Regen?« *H* Regen?« .. *D²*   103,8 bange;] bange *(1)* vo+ *(2)* vor, *H*   fürchte,] fürchte *H*   103,9 jejangen« ...] jejangen.« ... *H*   Thormann] Tormann *H*   103,10 Wirtin,] Wirtin *H*   103,11 alle;] Alle, *H* 103,13 dass ihr] daß *(1)* ich + *(2)* ihr *H*   103,14 Sphinx,] Sphinx *H* 103,15 Cafés,] Cafés *H*   Vorübergehenden,] Vorübergehenden *H* 103,16 jubelnden] jubelndsten *H*   Pathos,] Pathos *H*   deklamierte] deklamiert hat *H*   103,17 erbarmen!«] erbarmen«!!! *H* 103,18 ihm;] ihm: *D¹⁻²*   103,18-19 ihm ⟨...⟩ Buchstaben] ihm *(1)* seine gotische, getürmte H+ *(2)* die gotischen, getürmten Buchstaben *H*   103,21 Freund] Freunde *H*   103,21-22 abend verabschiedet hatten] Abend verabschiedeten *H*   103,23 Schwätzer] *(1)* plebei+ *(2)* plebejischen Kaukasier *(3)* | *H*   103,25 zurückziehen] [entschieden] zurückziehen *H*   103,26 Acquisition] Akquisition *D¹⁻²*   leidet.] leidet. *Absatz H*   103,28 Tag] Morgen *H*   begegnen] begegneten *D²*   uns.] uns – *H*   103,29 zierlichem] zierlichen *H*   Bogen] Borgen *(Schreibversehen) H*   vorbeischlürfen] vorbei schlürfen *D²*   103,29-30 bemühe mich,] *(1)* mache *(2)* gebe | ihm + *(3)* bemühe mich *H*   103,30 ihm die Schweigsamkeit] {ihm} *(1)* die aristokratischen Gesinnungen *(2)* die Schweigsamkeit | *H*   beweisen: »Ich] beweisen; »ich *H*   103,31 Lublinski;] *(1)* Lublinski« *(2)* Lublinski – + *H*   103,32 nichtsdestoweniger ⟨...⟩ Ihren] *(1)* ich liebe Ihren *(2)* nichtsdestoweniger liebe ich Ihren ┼ *H*   103,32-33 den prinzlichen Tondichter; –] *(1) xxx (2-3 Wörter unlesbar)* + *(2)* den prinzlichen Tondichter, *H*   103,33 Verehrung.« –] Verehrung«. *Absatz H*   103,34 »Scheusal!!« –] »Lausejunge!!« *Absatz H*   103,36 Strassenjungen] Straßenbengels *H*   sterben! ..] sterben! *H* sterben! ... *D¹⁻²*   103,38 versteckt,] versteckt *H*   104,1 Buffet] Bufett *D¹⁻²*   104,2 Moloch,] Moloch *H*   104,2-3 Götzen (seine] Götzen, seine *H*   104,3 Taler)] Thaler *H*   S.] S., *D¹⁻²* Lublinski?!«] Lublinski«!! *H*   104,5 hinterlassen ...« Und,] hinterlassen!« Und *H* hinterlassen.« Und *D¹⁻²*   104,7 pflegt: etliche] pflegt. Etliche *H* schwimmen,] schwimmen *H* zerbrochen,] zerbrochen *H D¹⁻²* 104,7-8 Wasserbad] Wasserbade *H* 104,8 dem Silbertablett. *Absatz* ... »Sehr] den Silbertabelettes. *Absatz* Sehr *H* dem Silbertablett ... *Absatz fehlt* »Sehr *D¹* dem Silbertablett .. *Absatz fehlt* Sehr *D²* 104,9 Frau, ich] Frau. Ich *H* 104,10 morgen] Morgen *H* hinreissen liess,] *(1)* übernommen [?] habe *(2)* hinreißen ließ | *H* 104,11 gern] gerne *H* Entschuldigung;] Entschuldigung *H* 104,12 Tatsache] Thatsache *H* bestehen.] bestehn. *Absatz H* 104,12-13 Lublinski.«] Lublinski *H* Lublinski. *D²* 104,14 sinds] sind's *D¹⁻²* Riesenfenster] *(1)* g+ *(2) H* 104,15 Kaffeehauses] Cafés *H* 104,17 unsre] unsere *H D¹⁻²* 104,18 aufgehoben ...] aufgehoben. *H*

ERLÄUTERUNGEN. *Der Erstdruck in der »Kritik der Kritik« wurde unter der Überschrift »Wahrheiten« abgedruckt. Zum Essay entstand eine Zeichnung, wie aus einem Brief Else Lasker-Schülers an einen unbekannten Empfänger (vermutlich Rudolf Presber, den Hg. der Zeitschrift »Arena«) hervorgeht:* Zum S. Lublinskis Essay, was ich Ihnen hoffend in die Hände lege, habe ich ein Bild gezeichnet. Es soll sehr gut getroffen sein, drollig wie er ist. (er hat es natürlich gesehn) Wollen Sie es event. dazu nehmen? *(H: Stadt- und Universitätsbibliothek Frankfurt am Main [Autographensammlung Rudolf Presber]. Ohne Datum.) Ein Porträt Samuel Lublinskis – vermutlich das hier genannte – wurde erst in den »Briefen nach Norwegen« abgedruckt; vgl. Illustration S. 240 und 240,20-22. – Der aus Johannisberg (Ostpreußen) stammende Samuel Lublinski (1868-1910), zunächst Buchhändler in Florenz und Heidelberg, war seit 1895 als Kritiker und freier Schriftsteller (vorwiegend neuklassischer Dramen und literarischer Essays) in Berlin tätig. In seinen Büchern »Die Bilanz der Moderne« (1904) und »Der Ausgang der Moderne« (1908) kritisierte er Naturalismus und Neuromantik. – Else Lasker-Schüler hatte Ida Lublinski und deren Bruder Samuel, der ihre Dichtung schätzte und zwei Kritiken über sie verfaßte, im Jahr 1900 in dem literarischen Klub Ludwig Jacobowskis »Die Kommenden« kennengelernt.*

101,12 Kaffeehauses gesessen. Die] *Die undatierte, aber vom Schriftbild her frühe Handschrift weist hier eine Variante auf, die Samuel Lublinski als Verleiher des Namens »Jussuf« (die arabische*

*Form von Josef) an Else Lasker-Schüler benennt.* »Prinz Jussuf von Theben« *war die dominierende Ich-Figuration in den Texten und in der Selbstinszenierung Else Lasker-Schülers. Ihr Palästinabuch* »Das Hebräerland« *(1937) berichtet eine Anekdote, nach der die Erzählerin schon als Kind von ihren Mitschülern als* »Joseph von Ägypten« *bezeichnet wurde. Die Figur des Jussuf taucht dann 1908 in der Erzählung* »Der Derwisch« *auf. – Die alttestamentliche Geschichte Josefs im 1. Buch Mose (Genesis) 37-50 stimmt weitgehend mit der muslimischen Überlieferung in der 12. Sure des Korans überein; die Jussuf-Figur ist somit Teil jüdischer, muslimischer und christlicher Tradition. Vgl. auch zu 9,28.*

101,15 Groom] *Engl.; hier: Page, Diener.*

101,33-34 Gold ⟨...⟩ gegraben] *Vgl. 39,10.*

102,12 ›Gescheitert‹] *Gescheitert. Ein Novellenbuch. Dresden und Leipzig (Carl Reissner) 1901.*

102,16 Geschichte des gehänselten Knaben] »*Hanswurst der Klasse*« *(in: Gescheitert. S. 1-65), nach einer Rezension von Stefan Zweig die Geschichte eines Kindes, das an einem überreizten Zwiespalt zwischen Phantasie und Wirklichkeit, Traum und Milieu zugrunde geht. (Stefan Zweig: S. Lublinski, Gescheitert. In: Stimmen der Gegenwart, Jg. 3, Nr. 2 vom Februar 1902. S. 58-60.)*

102,31 Hannibal] *Hannibal. Tragödie. Dresden und Leipzig (Carl Reissner) 1902.*

102,36 Elisabeth und Essex] *Elisabeth und Essex. Tragödie. Berlin (Siegfried Cronbach) 1903.*

103,3 fällt vom Himmel ⟨...⟩ Seiden] *Vgl. zu 42,14.*

103,8 des Zaren] *Peter von Rußland. Tragödie in fünf Akten und einem Vorspiel mit einer Einleitung* »Der Weg zur Tragödie«. *München und Leipzig (Georg Müller) 1906.*

103,16-17 Schiller deklamierte: »Der See ⟨...⟩ nicht erbarmen!«] *Zitat aus Schillers Drama* »Wilhelm Tell«. *(Tell zu Ruodi, 1. Aufzug, 1. Szene, Verse 143 f.)*

104,2-3 Moloch ⟨...⟩ den unersättlichen Götzen] *Ammonitischer Gott, dem Menschen geopfert wurden; im Alten Testament Inbegriff des Greuels. Vgl. 3. Mose (Leviticus) 20,1-5. Vgl. auch zu 116,35.*

## Künstler

ÜBERLIEFERUNG. E: *Das Magazin. Jg. 77, H. 4 vom Januar 1908. S. 52. D¹: Der Sturm. Jg. 1, Nr. 29 vom 15. September 1910. S. 228f. D²: Ge¹ (1913). S. 27-29. D³: Ge² (1920). S. 35-37.*

VARIANTEN *und* LESARTEN.
104,21 tottraurigen] todtraurigen $D^{1-3}$ 104,22 blieben] blieben, $D^{1-3}$ 104,23 Tottrauer] Todtrauer $D^{1-3}$ 104,26 ausstehn] ausstehen $D^{2-3}$ dir«.] dir.« $D^{1-3}$ 104,27 Hofnarr] Hofnarren $D^1$ uraltes] uraltes, $D^{2-3}$ 104,28 hin – auf] hin. Auf $D^1$ 104,31 Erbsen. –] Erbsen. $D^1$ Erbsen – – $D^2$ Erbsen – $D^3$ Pantoffel] Pantoffel, $D^{1-2}$ 104,34 Prinzessinnen] Prinzessinnen, $D^{1-3}$ 105,1 kochen und scheuern] scheuern $D^3$ müssen] müssen, $D^1$ 105,2 reiben] reiben, $D^1$ 105,6 Pracht] Pracht, $D^{1-3}$ 105,7 dasselbe] dasselbe, $D^{1-3}$ 105,8 gestaltet«,] gestaltet,« $D^{2-3}$ 105,9-10 kochen«.] zu kochen.« $D^{2-3}$ 105,10 feierlich,] feierlich; $D^1$ 105,11 lila] lila, $D^{1-3}$ ihm] ihn $D^{1-3}$ 105,12 Eine] eine $D^{1-3}$ graden] geraden $D^1$ geraden, $D^{2-3}$ 105,15 Mann] Mann, $D^1$ 105,17 Zigarette] Zigarette, $D^{1-3}$ 105,19 klopfte] klopft $D^{1-3}$ 105,24 immer] immer, $D^{1-3}$ kommt] kommt, $D^{1-3}$ 105,25 Leib –] Leib, $D^1$ 105,26-27 ladudelludelli] Ladudel ludelli $D^{2-3}$ 105,27 lii ..!!!!] liii ...! $D^1$ liiii!!!! $D^{2-3}$ 105,34 den] dem $D^{1-3}$ 105,35 Pancratius] Pankratius, $D^{1-3}$ Herren] Herren, $D^{1-3}$ 105,36 Budget] Budget, $D^1$ 106,1 bist] bis *(Druckfehler)* E

ERLÄUTERUNGEN.
104,34-105,3 Prinzessinnen ⟨...⟩ schulde] *Das Motiv der – verkannten oder bestraften – Prinzessin, die hart arbeiten muß, ist im Märchen häufig anzutreffen; zum Bild der Sterne als ›Zahlungsmittel‹ vgl. zu 74,22.*
105,17-18 Zigarette ⟨...⟩ Zimmer] *Vgl. die Worte, in die Faust seine nächtliche Geistererscheinung faßt: Die Lampe schwindet! / Es dampft! – (Goethe: »Faust. Der Tragödie erster Teil«, V. 470f.)*
105,35 Pancratius einer der gestrengen drei Herren] *Vgl. zu 50,11.*

## Daniel Jesus

*ÜBERLIEFERUNG. E: Das Magazin. Jg. 77, H. 4 vom Januar 1908. S. 65. $D^1$: $Ge^1$ (1913). S. 83f. $D^2$: Ess (1920). S. 47f. $D^3$: Dichtung und Welt (Beilage zur »Prager Presse«). Nr. 48 (Beilage zu Jg. 8, Nr. 328) vom 25. November 1928. S. 1.*

*VARIANTEN und LESARTEN.*

Ti: Paul Leppin $D^{1-2}$ Paul Leppins »Daniel Jesus« $D^3$ 106,6 Roman:] Roman $D^{1-2}$ 106,7 Füssen] Füßen, $D^{1-2}$ 106,9 schöpfen Atem] schöpfen $D^{1-2}$ 106,11 grossen,] großen $D^{1-2}$ 106,13 Linde] Linde, $D^{1-2}$ 106,14 Buckel] Buckel, $D^{1-2}$ 106,16 Martha Bianca] Marta Bianka $D^3$ 106,18 goldbedrängt] goldbedrängt, $D^1$ holdbedrängt, $D^2$ 106,21 Daniel] Daniels $D^{1-2}$ Rücken ... –] Rücken ... $D^1$ Rücken .. $D^2$ 106,22 Prinzessin«,] Prinzessin,« $D^{1-3}$ 106,23 aber wir] wir $D^{1-2}$ 106,25 dreht] drehte $D^{1-2}$ 106,26 dann auf] auf $D^{1-2}$ Satan Daniel Jesus] Daniel Jesus Paul $D^{1-2}$ Daniel Jesus $D^3$ 106,29 verwickeln] verwickelten $D^2$ Scepter] Szepter $D^{1-3}$ 107,2 Kruzifix«.] Kruzifix.« $D^{1-3}$

*ERLÄUTERUNGEN. Paul Leppins Roman »Daniel Jesus« (Berlin und Leipzig 1905) wurde in Fortsetzungen im »Sturm« (Jg. 1, Nr. 10-20 vom 5. Mai bis 14. Juli 1910. S. 74f., 82f., 90-92, 98f., 107, 117f., 125, 133f., 143, 149f., 156f.) abgedruckt. Der als Anti-Christ konzipierte Daniel Jesus verführt den im fanatischen Ringen um sein asketisches Ideal einer pervertierten Heiligkeit frönenden Schustermeister Anton und dessen Kreis. Selbst die reine Gestalt der Marta Bianca, der Frau des Schusters, verfällt dem morbid-dekadenten Eros des Daniel Jesus. – Der Prager Schriftsteller Paul Leppin (1878-1945), »der ungekrönte König der Prager Boheme«, gehörte dem Kreis »Jung Prag« um Oskar Wiener und Gustav Meyrink an. Else Lasker-Schüler lernte Paul Leppin im März 1907 bei einer Lesung im Berliner »Salon Cassirer« kennen. 1909 rezensierte Paul Leppin Else Lasker-Schülers »Peter Hille-Buch« in der Zeitschrift »Deutsche Arbeit« (Prag) (Jg. 8, H. 6 vom März 1909. S. 460) und schrieb Besprechungen über »Gesichte« und »Das Hebräerland«. 1936 verfaßte er einen Rundfunkvortrag zu ihrem vermeintlichen 60. Geburtstag. – Vgl. auch Else Lasker-Schülers Gedichte »Dem König von Böhmen« (KA, Bd. 1, Nr. 141), »Dem Daniel Jesus Paul« (Nr. 147) und »⟨Paul Leppin⟩« (Nr. 265).*

**107,1-2** »Andächtig küsst ⟨...⟩ wie ein Kruzifix«] *Vgl. »Daniel Jesus«: Und bevor er noch fragen konnte, sagte sie ihm alles in ein paar Worten, von denen jedes wie ein zersprungenes Glas war: / Schuster Anton, Dein Weib ist in der Villa Jesus, im Bette des reichen Daniel, und sie küßt seinen Buckel wie ein Kruzifix. (S. 101.)*

## Coranna, eine Indianergeschichte gestaltet von Slevogt

ÜBERLIEFERUNG. E: *Das Magazin. Jg. 77, H. 4 vom Januar 1908. S. 67 f.* $D^1$: $Ge^1$ *(1913). S. 55 f.* $D^2$: $Ge^2$ *(1920). S. 64 f.*

VARIANTEN *und* LESARTEN.
Ti: Coranna $D^{1-2}$   UTi: Eine Indianergeschichte gestaltet von Slevogt $D^{1-2}$   W: Dem hochverehrten, feinen Professor / Walther Otto $D^{1-2}$   107,9 Drüben] drüben $D^{1-2}$   109,10 kupferne] kupferrote $D^{1-2}$   109,12 stählern; grüngelbblaulilarot] stählern. Grüngelbblaulilarot $D^{1-2}$   109,15 Taback] Tabak $D^{1-2}$   109,16 am Lande] Drüben $D^2$   109,28 Prairie] Prärie $D^{1-2}$   109,30 Wild-Westmenschen] Wildwestmenschen $D^{1-2}$

ERLÄUTERUNGEN. $D^{1-2}$ *ist dem Professor für klassische Philologie Walter F. Otto (1874-1958) gewidmet. Er war 1911 in Wien, 1913 in Basel und ab 1914 in Frankfurt tätig. Otto heiratete Else Lasker-Schülers Freundin Kete Parsenow (vgl. zum Essay »Kete Parsenow«). – Max Slevogts »Coranna. Eine Indiandergeschichte. Zeichnungen zu einer Erzählung von W. Claire« erschien 1909 in Berlin (Paul Cassirer). – Der Maler, Illustrator und Bühnenbildner Max Slevogt (1868-1932), als Realist und Impressionist in der Tradition von Eugène Delacroix und Adolph Menzel, war seit 1902 ordentliches Mitglied der Berliner »Sezession«.*

## Mschattre-Zimt, der jüdische Sultan

ÜBERLIEFERUNG. t: ULL, Special Collections (Ms. 199). Typoskript (Abschrift) mit handschriftlichen Korrekturen Else Lasker-Schülers. Das Typoskript liegt wie die Typoskripte der Erzählungen »Der Fakir« und »Der Derwisch« (beide 1908) einem Brief Else Lasker-Schülers an Jethro Bithell vom 17 Dezember 1940 bei, muß aber etwa 1909, ungefähr gleichzeitig mit dem Typoskript »Der Amokläufer« (vgl. das Kapitel »Überlieferung« zu »Der Amokläufer«), von Else Lasker-Schüler an Bithell geschickt worden sein. – E: Morgen. Jg. 2, Nr. 28 vom 10. Juli 1908. S. 910f. $D^1$: Prinzessin Sabbath (1908). S. 252-255. $D^2$: Der Demokrat. Jg. 2 (1910), Nr. 30, Beilage. $D^3$: Flut (1912). S. 76-79. – Auch enthalten in $PT^{1-2}$ (1914 und 1920) unter dem Titel »Der Scheik«.

VARIANTEN und LESARTEN.
Alle Änderungen in t wurden, soweit nicht anders vermerkt, handschriftlich vorgenommen.

Ti: Der Scheik $D^3$   108,2 oft] {so} oft t so oft $D^3$   108,4 erlebt ...] erlebt. .... t   108,5 daß] das $D^{1-3}$   105,7 türkischen] jüdischen $D^{1-3}$   Mschattre-Zimmt] (1) Mschattre-Zimt + (2) maschinenschriftliche Änderung t Mschattre-Zimt $D^{1-2}$   108,8 führt] führt{e} t führte $D^2$   erzählte] erzählt{e} t erzählt $D^{1-2}$   108,9 Urgroßvaters] Urgroßvaters, $D^{1-2}$   108,10 Scheik] Scheik, t   108,12 verspätet,] verspaetet t   108,13 Ente] Enti $D^3$   108,14 Spieles] Spiel[e]s t   108,16 Bretts] Brettes t $D^{1-2}$   108,17 Kugel] Kugeln t   108,19 namentlich] namentlich, $D^3$   108,20 war),] war) t   Seele] Saele t   108,21 Mondaufstieg] Mondaufgang $D^3$   108,21-22 Sudanneger] Sudaneger t   108,23 Rauchwerk.] Rauchwerk. Absatz $D^3$   unverdünnt] unverdünnt, $D^3$   108,24 Mschattre-Zimt] Mschattre-Zim[m]t t Mschattre-Zimmt $D^3$   108,25 Mschattre-Zimt] Mschattre-Zim[m]t t Mschattre-Zimmt $D^3$   108,26 Sinaï,] Sinai t $D^{1-2}$ Sinai, $D^3$   108,27 andern eines] anderen eines t anderen eins $D^{1-2}$   108,28 verdankte] verdankt $D^2$   108,31 Freund dem Scheik] Freund den Scheik t Freund, den Scheik, $D^{1-3}$   108,33 geschah. –] geschah. – – t   108,35 hieß:] hieß $D^3$   Schû] Schu $D^2$   108,36 dem] den $D^{1-3}$   108,36-109,1 Geschichtsschreiber] Geschichtschreiber $D^{1-2}$   109,5 sich] sie $D^3$   109,6 der] seiner *t*   109,7 unerzogener Knabe] ungezogener Junge *t*   109,8 vor] der $D^{1-2}$   109,9 Mschattre-Zimt] Mschattre-Zimmt *t* $D^3$   109,10 großen,] grossen *t* großen $D^3$   109,13 Schû] Schuh $D^2$   109,19 würde] würde, *t*   mohamedischen] mohammedanischen *t* $D^3$ mohammedischen $D^{1-2}$   109,20 Mschattre-Zimt] Mschattre-Zim[m]t *t* Mschattre-Zimmt $D^3$   109,21 Freundes. –] Freundes. – – *t*   Feiertage] Feiertag $D^3$   109,22 Urgroßvater,] Urgrossvater *t*   109,23 Kleider;] Kleider, *t*   109,24 Haar ...] Haar ....... *t*   Mschattre-Zimt] Mschattre-Zim[m]t *t* Mschattre-Zimmt $D^3$ 109,25 Fuß,] Fuss *t*   Söhne,] Söhne *t* $D^3$   109,27 ärmste] Ärmste $D^3$   109,29 Sultans] Sultans, $D^3$   109,30 Zahl] Zahl, $D^3$ 109,32 Schû] Schu $D^2$   109,33 Seite,] Seite $D^3$   Lippe,] Lippe $D^3$ 109,34-35 Mschattre-Zimts] Mschattre-Zimmts *t* $D^3$   109,37 Söhne,] Söhne *t*   109,38 waren] waren, $D^{2-3}$   Gast] *(1)* schwarzen *(2)* späten | Gast *t*   Niemand] niemand $D^{1-3}$   110,1 unaufhörlich – aber] unaufhörlich – – aber *t* unaufhörlich; $D^3$   110,3 Dreiundzwanzig] dreiundzwanzig *t* $D^{1-3}$   späten Gast] *(1)* spaeten Gast *(2)* Ungeladenen | *t*   110,5 Söhne,] Söhne $D^2$   110,6 Sträucher] Straeucher, *t*   110,7 der Mauer] den Mauern *t*   110,8 an] an, *t*   110,9 Oele] Oel *t*   110,10 Stadt;] Stadt, *t*   110,13 Scheik] Schenik *(Druckfehler)* $D^2$   110,16 Wunsch] Wunsch, $D^3$   110,17 Schläfer] Schläfer, $D^3$   110,18 bilden] bilden, $D^3$   110,19 äußeren] aeussersten *t*   inneren] innern *t*   Friedhofmauer] Friedhofsmauer $D^{1-2}$   110,20 Mohamed] Mohammed *t* $D^{1-2}$   Ingwer] Jngwer *t*   110,21 Bôr] Bor *t* $D^2$   Schâl] Schal $D^2$   110,22 Säuel] Saeul *t*   110,23 Schû,] Schû *t* Schu, $D^2$   110,23-24 Mschattre-Zimt] Mschattre-Zim[m]t *t* Mschattre-Zimmt $D^3$   110,25 erhoben] erhoben, $D^3$   110,26 erhob gläubig] erhob $D^3$   110,27 braunen] brauen *(Druckfehler)* E   10,27-28 schüchternen] verschüchterten $D^2$   110,29 Kuppeln, rissige] *(1)* Kuppeln rissiger *(2)* | *t* Kuppeln, rißige $D^3$   110,30 seine] *(1)* die *(2)* | *maschinenschriftliche Änderung t*   110,33-34 Sultans Mschattre-Zimt] Sultans Mschattre-Zimmt *t* Sultans, Mschattre-Zimmt $D^3$

*ERLÄUTERUNGEN. Mit einer Variation des Motivs vom Urgroßvater und seinen dreiundzwanzig Söhnen beginnt die Erzählung »Arthur Aronymus. Die Geschichte meines Vaters« (1932). In*

»*Das Hebräerland*« *(1937) ist von der* sich in Wirklichkeit zugetragene⟨n⟩ Gespenstergeschichte, morgenländisch verkleidet, *die Rede. In den* »*Briefen und Bildern*« *und in* »*Der Malik*« *bezeichnet Jussuf als Motiv seines Vaters die Großschauergeschichte seines Großvaters, die dort auch abgewandelt berichtet wird. Vgl.* 313,24-25. – D$^{1-2}$ *veröffentlichten die Erzählung neben anderen, die aus* »*Die Nächte Tino von Bagdads*« *(vgl. dort) stammen, unter dem Obertitel* »*Die Nächte Tino von Bagdads*«.

108,13 Ente] *Ein Spiel dieses Namens konnte nicht ermittelt werden. Ähnlich verläuft das altägyptische Spiel* »*mehen*«, *das auf einem runden Spielbrett mit einer Spirale oder konzentrischen Kreisen, vermutlich mit kleinen Kugeln, gespielt wurde.*

108,26 Gesetztafel des Sinaï] *Auf dem Berg Sinai beschrieb Mose zum Zeichen des Alten Bundes auf Gottes Geheiß zwei Steintafeln mit den Zehn Geboten. Vgl.* 2. *Mose (Exodus)* 34,28.

108,27 Bücher Mose] *Die Tora oder das Pentateuch. Die fünf Bücher Mose – Genesis, Exodus, Leviticus, Numeri und Deuteronomium – enthalten die Geschichte des Volkes Israel von der Schöpfung bis zum Tod Moses. – Mose, nach dem Alten Testament Stifter der jüdischen Religion und Gesetzgeber Israels, gilt im Koran wie Jesus Christus als Prophet und als ein Vorläufer Mohammeds. Vgl. z.B. die Suren* 2,136; 2,246-248 *und* 7,145 *des Korans.*

108,27-28 medizinisches, naturwissenschaftliches Werk] *Wohl in Anspielung auf die medizinischen Schriften des Philosophen und Arztes Moses Maimonides (eigentlich: Mose ben Maimon) (*1135-1204*).*

108,28 in althebräischer Schrift] *Die althebräische Schrift ist seit dem* 11.-10. *Jahrhundert v.Chr. nachweisbar; seit etwa* 400 *v.Chr. wurde sie durch eine aramäische Schrift verdrängt.*

109,3 einzige Gott] *Der Islam ist wie die jüdische Religion monotheistisch: beide Religionen vertreten den Anspruch eines alleinigen, personalen Gottes – hier Allah, dort Jehovah.*

109,15 ersten Waschung] *Wer im kultischen Sinne unrein ist, darf den jüdischen – und allgemein orientalischen – Reinheitsgesetzen zufolge nicht vor Gott treten oder an kultischen Handlungen teilnehmen. Zu den rituellen Verunreinigungen zählt auch der Schlaf. Zur Wiedererlangung der Reinheit wird eine rituelle Waschung vorgenommen. Die islamischen Reinigungsvorschriften sind weitgehend durch das jüdische Reinigungsgesetz bestimmt.*

**109,22-23** zerriß mein Urgroßvater ⟨...⟩ seine Kleider] *Vgl. zu 63,18.*

**109,23-24** schüttete Asche ⟨...⟩ Haar] *Asche, im Alten Testament häufig Bild des Vergänglichen, streut man sich bei Trauer und Buße sowie beim Bittgebet aufs Haupt. – Vgl. Jesaja 61,3; Hiob (Ijob) 2,8; Hesekiel (Ezechiel) 27,30; Jona 3,6. – Auch im Islam ist Asche ein Symbol des Schmerzes und der Trauer.*

**109,27-28** ärmste der Gemeinde] *Bei jüdischen Beerdigungen bestehen seit 1800 Jahren die Särge aus ungehobeltem weißen Holz und die Tachrichim, die Totenkleider, aus schlichtem Leinen, um Prunksucht der Reichen und Scham der Armen entgegenzuwirken.*

**110,20-23** Söhne ⟨...⟩ Schû] *Die Aufzählung erinnert an die der zehn Söhne Hamans im Alten Testament (Esther 9,7-9) in der Schilderung des Racheakts der Juden an ihren Feinden: Haman, der Großwesir des persischen Königs Ahasveros, will alle Juden im persischen Reich umbringen lassen. Der Plan wird durch Esther vereitelt, Haman gehenkt. Auch seine Söhne werden getötet.*

**110,20** Babel] *Hebräischer Name der Stadt Babylon.*

**110,20** Mohamed] *Name des Propheten und Stifter des Islams (um 570-632).*

**110,21** Bey] *Vgl. zu 72,25.*

**110,21** Hassan] *Name eines arabischen Herrschers und Enkel Mohammeds (625-669).*

**110,21** Bôr] *Name eines nordischen Gottes.*

**110,21** Ismael] *Name des Sohns Abrahams und Hagars. In islamischer Tradition gilt Ismael als Gesandter und Prophet; in nachkoranischen Stammbäumen wird er als Ahnherr der nordarabischen und der arabisierten Stämme genannt.*

**110,22** Säuel] *Saul hieß der erste König von Israel (Regierungszeit etwa 1020-1000 v.Chr.). Vgl. 1. Samuel 13,1.*

**110,22** Nachod] *Name einer Stadt in Ostböhmen.*

**110,22** Asra] *Vgl. Heinrich Heines Gedicht »Der Asra« (1846) von der Sultanstochter und dem jemenitischen Sklaven vom Stamm der Asra (eigentlich: »Banu ʿUdhra«), welche der Sage nach sterben, wenn sie lieben.*

110,22 Gyl] »*Gil Blas*« heißt der Held des französischen Schelmenromans »*Histoire de Gil Blas de Santillane*« *(1715-1735) von Alain-René Lesage (1668-1747).*
110,22 Abel] *Name des jüngeren Sohns von Adam und Eva.*

## Charlotte Berend: Die schwere Stunde

ÜBERLIEFERUNG. E: *Morgen. Jg. 2, Nr. 42 vom 16. Oktober 1908. S. 1407.* $D^1$: $Ge^1$ *(1913). S. 57f.* $D^2$: $Ge^2$ *(1920). S. 66-68.*

VARIANTEN und LESARTEN.
Ti: Die schwere Stunde $D^{1-2}$  111,22 Ehegattin,] Ehegattin. $D^{1-2}$
111,34 gleich] gleich, $D^2$  er seine] sie ihre $D^2$

ERLÄUTERUNGEN. *Die Malerin, Zeichnerin und Lithographin Charlotte Berend-Corinth (1880-1967) studierte Malerei in Berlin, wurde 1906 Mitglied der Berliner* »*Sezession*« *und gründete 1927 eine eigene Malschule. 1932-1937 war sie in Italien ansässig, ab 1937 in der Schweiz; 1939 siedelte sie in die USA über. Ihr Malstil orientierte sich zunächst an dem ihres Mannes Lovis Corinth (1858-1925), dessen Malschule sie unter anderen auch besucht hatte; nach dessen Tod ging sie einen unabhängigen Weg und griff Anregungen der Neuen Sachlichkeit, der japanischen Kunst, des Expressionismus und des Surrealismus auf. – Unter ihrem Mädchennamen Berend zeigte sie 1908 bei der 15. Ausstellung der Berliner* »*Sezession*« *(eröffnet am 14. April 1908) ihr Ölgemälde* »*Schwere Stunde*« *(auch unter dem Titel* »*Die Gebärende*«; *120×150 cm), das allgemein große Anerkennung erfuhr. Nach der Ausstellung hing das Bild in der Berliner gynäkologischen Klinik Paul Straßmanns; im Zweiten Weltkrieg ging es vermutlich verloren. Eine Reproduktion findet sich in* »*Lovis Corinth. Eine Dokumentation*« *(hg. von Thomas Corinth. Tübingen 1979. S. 471). Vgl. auch Marie Luise Wandruszka: Meine Mutter hatte goldene Flügel. Zu Else Lasker-Schülers weiblichem Gesetz. In: Andrea Günter und Veronika Mariaux (Hg.): Papierne Mädchen – dichtende Mütter. Lesen in der weiblichen Genealogie. Frankfurt/ Main 1994. S. 221-239.*

111,2-7 Ich ⟨...⟩ Mutterbrust.] *Diese Verse bilden die vierte Strophe des Gedichtes »Chaos« von Else Lasker-Schüler (vgl. KA, Bd. 1, Nr. 22).*

111,16 Namen fälschte] *Vgl. dazu Thomas Corinth: »Um sich aber nicht von Lovis' Namen tragen zu lassen, hatte Charlotte das Bild unter ihrem Mädchennamen eingesandt. Auch Lovis sagte es niemand, daß dies Werk von seiner Frau gemalt war. So erntete dies Gemälde unter den Männern der Jury Lob und wurde für die Ausstellung angenommen.« (Lovis Corinth [s. o.]. S. 391.)*

111,21 weise Frau] *Weise Frau, Weisfrau: Hebamme.*

111,34 Seraph] *»Seraph« (hebr.): Brennender. Himmlische Wesen, vorgestellt mit Angesicht, Händen und sechs Flügeln, die lobpreisend den Thron Jahwes umgeben und zwischen Gott und Mensch mitteln. Vgl. Jesaja 6,2-7.*

112,12 Michelangelos Moses] *Von Michelangelo (eigentlich: M. Buonarotti) (1475-1564), ital. Bildhauer, Maler und Architekt, gibt es lediglich eine Mose-Statue auf dem Juliusgrabmal in Rom, in der Kirche S. Pietro in Vincoli (um 1515).*

## Der Fakir

ÜBERLIEFERUNG. t: *ULL, Special Collections (Ms. 199). Typoskript (Abschrift) mit handschriftlichen Korrekturen Else Lasker-Schülers. Das Typoskript trägt den handschriftlichen Zusatz:* Die Geschichte ist wirklich auf Ehrenwort war⟨!⟩ *– selbst erlebt. Vgl. auch das Kapitel »Überlieferung« zu »Mschattre-Zimt, der jüdische Sultan«. – E: Morgen. Jg. 2, Nr. 45 vom 6. November 1908. S. 1495-1497. – Auch enthalten in PT$^{1-2}$ (1914 und 1920).*

*VARIANTEN und LESARTEN.*
*Alle Änderungen in t wurden, soweit nicht anders vermerkt, handschriftlich vorgenommen.*
Ti: Der Fakir. *t* 112,15 Afghanistan] Afganistan *t* 112,19 Maulbeerbäumen,] Maulbeerbaeumen; *t* 112,26 uns;] uns, *t* Schalôme ⟨...⟩ Lilâme] *(1)* Schalôme, Singâle, Lilâme *(2)* die drei*[?]* Edelmädchen | *(3)* seine drei Edeltöchter + *t* 112,27 Spielereien] Spielerein *t* 112,29-30 Verkommenheit] *(1)* Verwandtschaft + *(2)*

*maschinenschriftliche Änderung t* 112,32 Hofe] Hof *t* 113,2 Ehrengoldstück,] Ehrengoldstück *t* 113,4 gerne] gern *t* 113,6 Futter,] Futter *t* 113,11 ihres] des *t* 113,13-14 Und ⟨...⟩ zurück.] {Und ihre Schwestern fallen: angerufene Schlafwandlerinnen in ihre Kissen zurück.} *t* 113,18 Geruch;] Geruch, *t* 113,27 Augen,] Augen *t* 113,29 Waffengesaenge] *(1)* Wassergesaenge *(2)* | *t* 113,35 auf;] auf, *t* 113,36 silbern,] silbern *t* 114,2 Fakir,] Fakir; *t* 114,5 ihren] *(1)* meinen *(2)* | *maschinenschriftliche Änderung t* 114,9 versteckt,] *(1)* versteckt – *(2)* | *t* 114,14 meinen] *(1)* den *(2)* | *t* 114,15 weißes,] weisses *t* 114,16 Singâlens] Singâles *t* 114,17-18 aber verschmäht] {aber} verschmaeht *t* 114,19 im selben] *(1)* im selben *(2)* imselben | *t* Schalôme ⟨...⟩ Lilâme] *(1)* Schalôme, Singâle, Lilâme *(2)* den drei Emirstöchtern | *t* 114,20 Emirsgattin] Emirsgattin, *t* 114,21 Schalômens] Schalôme[n]s *t* Schâlomens *(Druckfehler) E* 114,22 fallen,] fallen *t* 114,23 Schalômens] *(1)* Schalômes *(2)* | *t* 114,25 behangen,] behangen *t* 114,28 langen] langen{,} *t* 115,2 Kleine,] Kleine *t* geöffneten] *(1)* blitzenden + *(2) maschinenschriftliche Änderung t* 115,4 Spiegel:] Spiegel, *t* steckte] steckt{[e]} *t* 115,7 gar nicht] garnicht *t* 115,10 ungeheuerlich,] ungeheuerlich *t* 115,11 wollte,] wollte *t* 115,13 Schoß, der] Schoss, *(1)* die + *(2)* der *maschinenschriftliche Änderung t* 115,14 ruhelosen,] ruhelosen{,} *t* 115,15 der Böden] am Boden *t* 115,20 Spielereien] Spielerein *t* 115,30 erdacht ..] erdacht .... *t*

*ERLÄUTERUNGEN.*

112,16 Schalôme] *Vgl. Salome, die Tochter der Herodias, die nach ihrem Tanz vor der Hofgesellschaft das Haupt Johannes des Täufers erbittet. Vgl. Markus 6,21-28. Seit dem Mittelalter gibt es um die Figur der Salome eine rege Legendenbildung, die in der zweiten Hälfte des 19. Jahrhunderts den Asketismus des Täufers in erotische Spannung zu den orientalischen, sinnlich-dekadenten Frauengestalten am Hof des Herodes setzte.*

113,4-5 altsyrische Nase ⟨...⟩ jüdischen Stämme verunglimpfte] *Die Aramäer, die im Altertum die wichtigste Gruppe der semitischen Stämme repräsentierten.*

113,16 verbotene Getränk des Korans] *Obwohl der Weingenuß nach dem Koran nicht ausdrücklich verboten ist, wurden die War-*

*nungen davor (vgl. z. B. Sure 2,219) von islamischen Rechtsgelehrten als generelles strenges Alkoholverbot gedeutet. – Zum Koran vgl. zu 87,27.*

113,23 Chân] *Khan, türkisch-mongolischer Titel ursprünglich für Stammesfürsten; im 16. Jahrhundert in Persien Bezeichnung für Statthalter.*

114,15-16 Paradies unter den Lebensbäumen] *Erotische Anspielung unter Verwendung des alttestamentlichen Lebensbaum-Motivs der Paradies-Erzählung. Vgl. 1. Mose (Genesis) 2,9 und 3,22.*

114,22 Veitstanz] *Das Motiv des Veitstanzes, einer Gruppe von Krankheiten, die mit Bewegungsstörungen einhergehen, spielt in den Texten Else Lasker-Schülers immer wieder eine Rolle, so in den Erzählungen »Der letzte Schultag« (aufgenommen in »Konzert« 1932) und »Arthur Aronymus« (1932) sowie im gleichnamigen Schauspiel (1932; vgl. KA, Bd. 2).*

115,3-4 Ablösung des Häutchens 〈...〉 verbindet] *Möglicherweise ein historischer oder fiktiver Initiationsritus. Islamische Initiationsriten sind häufig mit körperlichen Eingriffen wie der Anbringung von Narben und Tatauierungen, mit Amputationen und anderen körperlichen Manipulationen verbunden. Auch Bestattungen können als Initiation verstanden werden.*

115,16 Narden] *Altind.; Bezeichnung für wohlriechende Pflanzen und Pflanzenteile, die zum Teil seit dem Altertum für Salben und ähnliches verwendet werden.*

## Der Derwisch

ÜBERLIEFERUNG. t: *ULL, Special Collections (Ms. 199). Typoskript (Abschrift) mit handschriftlichen Korrekturen Else Lasker-Schülers. Vgl. das Kapitel »Überlieferung« zu »Mschattre-Zimt, der jüdische Sultan«.* F: *DLA, A: Zech (66.578). Druckfahne von E mit handschriftlichen Änderungen (Tinte).* – E: *Morgen. Jg. 2, Nr. 51/52 vom 18. Dezember 1908. S. 1683 f.* D: *Saturn. Jg. 3, H. 4 vom April 1913. S. 99-105. – Auch enthalten in PT[1-2] (1914 und 1920).*

*VARIANTEN und LESARTEN.*
*Alle Änderungen in t wurden, soweit nicht anders vermerkt, handschriftlich vorgenommen.*
116,5 like the spring] like the spring *t*   116,5-6 zwitschern,] zwitschern{,} *t*   116,9 Rand] *(1)* Rad *(2)* | *(Schreibversehen) hs. Korrektur von fremder Hand t*   116,12 Kamele] Kameele *t*   116,13 der Brunnen] des Brunnens *t*   abends,] abends *t*   tanzt] tanzt, *t*   116,14 kleinen] kleinen{,} *t*   116,17 gesehn] gesehen *t D*   116,18 Cairos] Kairos *D*   116,21 Sand,] Sand *t D*   Ismael Hamed] Ismael Hamed, *t (1)* Ismael Haman *(2)* Ismaël Hamed | *F* Ismael Haman *D*   116,28 Jom 'âschûrâs] Jom âschûrâs *D*   116,29 Stadt;] Stadt, *t*   116,36 Satteln] Saetteln *t*   117,5 zimmtfarbene,] zimmtfarbene{,} *t*   117,6 den] dem *t*   117,7 Andere] andere *D*   117,14 Edelmohamedaner] Edelmohammedaner *t D*   117,20 Melodieen] Melodien *t*   Tigris] Tiegris *t*   117,26 Ismael-Hamed] Ismael Hamid *t (1)* Ismael-Haman *(2)* | *F* Ismael-Haman *D*   117,29 Ismael-Hameds] Ismael Hamids *t (1)* Ismael-Hamans *(2)* | *F* Ismael-Hamans *D*   Herde] Heerde *t*   117,31 Tag –] Tag *F*   117,35 Saft] Blut *F D*   117,36 Ismael-Hamed] *(1)* Ismael-Haman *(2)* | *F* Ismael-Haman *D*   117,38 schnellen Weg] Weg *D*   118,6 Zeichen,] Zeichen *t*   118,8 wider] *(1)* gegen *(2)* | *t*   118,8-9 Ismael-Hamed] *(1)* Ismael-Haman *(2)* | *F* Ismael-Haman *D*   118,10 unglaübigen,] unglaeubigen{,} *t*   118,11 ist.] ist. *(1)* Auch *(2)* Und | die Bekeidung seiner Füße ist nackt, die Seidenschnüre ihrer Sandalen verglänzen nunmehr kreuz und quer über plumpe Sklavenzehe. *(von fremder Hand das schwer lesbare* Und *unter und vor dem Wort noch einmal geschrieben) F* ist. Auch die Bekleidung seiner Füße ist nackt, die Seidenschnüre ihre Sandalen verglänzen nunmehr kreuz und quer über plumpe Sklavenzehe. *D*   118,12 Schönheit,] Schönheit *D*   118,13 verzeih'] verzeih *t*   118,15 Seligkeit] Seeligkeit *t*   Todes!«] Todes!{«} *F*   118,16 Kinder] Kleinen *D*   118,17 auf,] auf{,} *t*   Kopf,] Kopf *t*   118,18 den] dem *t D*   118,26-27 Ismael-Hameds] Jsmael-Hamed, *t (1)* Ismael-Hamans, *(2)* Ismael-Hameds, | *F* Ismael-Haman, *D*   118,27 Schoß.] Schoß. – *F*   118,28 legt] [f]legt *F*   118,29 blühn;] blühn, *t*   118,30 schwemmt] schwellt *t*   118,32-33 armseligen,] armseligen *t*   118,34 bettelnden] *(1)* rettenden + *(2) maschinenschriftliche Änderung t*   Cairo] Kairo *t D*

*ERLÄUTERUNGEN. Zum Titel vgl. zu 69,23.*

**116,2** englischen Damen] *Hinweis auf den europäischen Kolonialismus im Nahen Osten: 1882 wurde Ägypten britisch besetzt und erst 1956 ganz geräumt.*

**116,3** Gräberstraße] *Vgl. Georg Ebers' zweibändige Ausgabe von 1879 f. »Aegypten in Bild und Wort«:* Da erheben sich links und rechts von der Citadelle jene prachtvollen Kuppelbauten ⟨...⟩, und zu Füssen der Mausoleen der Grossen unermesslich lange Reihen von Gräbern mit einfachen Grabsteinen ⟨...⟩. »Karâfe« heisst in dem von den Aegyptern gesprochenen arabischen Dialekt ein Friedhof; aber dieser Name eignet ursprünglich nur den Todtenfeldern, die sich zu Füssen der sogenannten Chalîfen- und Mamlukengräber ausdehnen. Diese Karâfe, seit vielen Jahrhunderten die Begräbnisstätte der mohammedanischen Bewohner Kairos, ist denn auch eines der beliebtesten Wallfahrtsziele der gottesfürchtigen Eingeborenen und der Fremden, die nach Kairo kommen, um dort die Gräber der Heiligen und Frommen aufzusuchen und vor ihnen inbrünstige Gebete zu verrichten. *(Bd. 1. Stuttgart und Leipzig 1879. S. 367.)*

**116,3** heiligen Katzen] *Vgl. zu 73,16.*

**116,10-11** lammblutenden Hirtenrock ⟨...⟩ brachten] *Anspielung auf die Josefsgeschichte des Alten Testaments: nachdem der Schafhirte Josef von seinen Brüdern verkauft worden war, tauchten diese seinen Rock in das Blut eines Ziegenbocks und brachten ihn ihrem Vater Jakob, der annehmen mußte, Josef sei von einem wilden Tier getötet worden. Vgl. 1. Mose (Genesis) 37,31-33. – Lammblut ist auch das Kennzeichen der Gläubigen, welche sich beim Pessachmahl zusammenfinden. Vgl. zu 421,24. – Als »Prinz Jussuf von Theben« figurierte Else Lasker-Schüler in Briefen und Selbstdarstellungen; vgl. auch zu 9,28 und 101,12.*

**116,21** Ismael] *Vgl. zu 110,21.*

**116,23** schaumgeronnen] *Auch von den ekstatischen Tänzen der Derwische gibt Georg Ebers (s. o.) eine Darstellung:* ⟨...⟩ die ins Masslose ausgedehnten Drehungen und Schwingungen des Körpers ⟨boten⟩ ein sehr geeignetes Hülfsmittel, denn sie betäubten den Geist, erregten Schwindel, nervöse Zustände, selbst Krämpfe; und wenn einer der ⟨...⟩ Gläubigen mit Schaum vor dem Munde unter heftigen Zuckungen zusammenbricht, so sagt man bewundernd, er sei »melbûs«, d.i. bekleidet mit der Gottheit. *(Bd. 2. Stuttgart und Leipzig 1880. S. 126.)*

**116,28-29** Jom 'âschûrâs ⟨...⟩ des Monats Muharram] *»Jom« (hebr.): Tag. Die arabische Wiedergabe »Aschura« des aramäischen Wortes »assor« (zehn) bezeichnet einen mohammedanischen Festtag, der dem jüdischen Jom Kippur entspricht und dem Datum nach (dem 10. Tag des ersten mohammedanischen bzw. jüdischen Monats) mit ihm zusammenfällt. Den 10. des ersten mohammedanischen Monats Muharram begehen die Schiiten als Jahrestag der Alidenherrschaft und als Tag des Märtyrertodes der Enkel des Propheten Mohammed mit Trauerzeremonien.*

**116,29** Blut der Stadt] *Die »Dôsa« ist ein religiöses Ritual, welches die Reihe der Feiertage zum Geburtsfest des Propheten beschließt. Die Gläubigen legen sich nebeneinander auf die Straße und lassen sich vom Scheik auf seinem Pferd im Glauben an ein an ihnen vollzogenes Wunder überreiten. – Eine Schilderung einer solchen Zeremonie in Kairo gibt Georg Ebers (s.o.), Bd. 2, S. 128-132.*

**116,29-30** Enkel Mohammeds ⟨...⟩ Kerbela getötet wurde] *In Kerbela am Rande der syrischen Wüste befindet sich die Grabmoschee Husains, des Enkels Mohammeds, der dort im Jahr 680 den Tod fand.*

**116,35** Juden ist das Menschvergießen ein Greuel] *Jahwe verabscheut und verbietet Menschenopfer; vgl. 3. Mose (Leviticus) 18,21 und 20,2-5. Vgl. auch zu 104,2-3.*

**117,11-12** weiße Taube Mohammeds] *Das Bild der »Taube Mohammeds« taucht in Else Lasker-Schülers Prosa wiederholt auf. In der islamischen Überlieferung finden sich zu diesem Motiv lediglich zwei lose Bezüge: Zum einen ließ Muhamed eine hölzerne Taube, die sich noch aus vorislamischer Zeit als heidnischer Götze in der Kaaba befand, zertrümmern. Zum andern soll er die schönste Frau seines Harems als »Taube« bezeichnet haben. – Die in vielen Religionen mit hohem Symbolwert behaftete Taube besitzt in der islamischen Tradition keine symbolische Bedeutung; in der jüdischen Tradition gelten weiße Tauben als Zeichen der Reinheit und waren Opfergaben im Tempel zur Reinigung.*

**117,24-25** vertauschte den Prinzessinnenschleier ⟨...⟩ Rock der Weide] *Zum erzählenden Ich und den Ich-Figurationen »Tino von Bagdad« und »Jussuf von Theben« vgl. zu 9,28 und 101,12.*

117,27 Abba] *Hebr.-aramäisch und arab.: Vater.*
117,27 Rebb] *»Reb« (jidd.): Herr; als »Rebbe« (jidd.) wird ein chassidischer Rabbi bezeichnet; »Rabb« (arab.): Herr.*
117,29 Amm] *Hebr.: Volk; arab.: Onkel.*
117,34-35 Zeit des segnenden Himmels] *Der Regen gilt als Segen Allahs, um den die Muslime im öffentlichen gemeinsamen Regenbittgebet (»Istisqa«) bitten.*
118,8 Koran] *Vgl. zu 87,27.*

## Im Zirkus Busch

ÜBERLIEFERUNG. *E: Das Theater. Jg. 1, H. 4 vom Oktober 1909. S. 88. $D^1$: $Ge^1$ (1913). S. 172f. $D^2$: $Ge^2$ (1920). S. 97f.*

VARIANTEN und LESARTEN.
Ti: Zirkus Busch $D^{1-2}$   119,2 an?] an?« $D^{1-2}$   sind!«] sind! $D^{1-2}$   119,5-6 Zirkus] Zirkus, $D^{1-2}$   119,7 zukucken] zugucken $D^{1-2}$   Zukucken] Zugucken $D^{1-2}$   119,9 Steppenritt] Steppenritt – $D^{1-2}$   119,20 Bankzaun 〈...〉 Zirkus] Bankzaun $D^{1-2}$   119,23 Abdul, Abdul] Abdul $D^{1-2}$   119,24 vertont. –] vertont. – – – $D^1$   Krystallkronen] Kristallkronen $D^{1-2}$   119,32 Häuptlingspantomime] Häuptlingsfamilie $D^2$   119,34 Hand. –] Hand. – – $D^{1-2}$   Mittwoch,] Mittwoch $D^{1-2}$   Große] große $D^{1-2}$

ERLÄUTERUNGEN. *Paul Busch (1850-1927) ließ sich mit seinem Zirkus 1892 in Berlin nieder. 1895 zog der Zirkus Busch in ein Gebäude am Spreeufer beim Bahnhof Börse. – Vgl. auch die Essays »Im Zirkus«, »Zirkuspferde«, »Apollotheater« und »Tigerin, Affe und Kuckuck«.*
119,11 Beim Müller 〈...〉 Ofen] *Anspielung auf die beiden letzten Streiche von Max und Moritz aus Wilhelm Buschs »Bubengeschichte in sieben Streichen« (1865): Nachdem die beiden beim Bäcker in den Teig gefallen und in ihm gebacken worden sind, geraten sie beim Müller in die Kornmühle und werden an das Federvieh verfüttert.*
119,19 Tausendundeiner Nacht] *Vgl. zu 32,5.*
119,21-22 Halbmond mit dem Stern] *Vgl. zu 88,6.*

119,23 Bosporus] *Meeresenge zwischen Europa und Asien, zwischen Okzident und Orient.*
119,23-24 Abdul Hamids] *Osmanischer Sultan war von 1876 bis 1909 der despotisch regierende Abd ul-Hamid II. (1842-1918).*
119,32 Häuptlingspantomime] *Mit der Entwicklung spezieller Zirkuspantomimen wurde der Zirkus Busch berühmt. Die Pantomimen wurden mit durchgängigen Handlungen versehen und damit dramatisiert; andere Programmnummern wurden integriert. Für die Konzeption solcher Pantomimen engagierte Busch namhafte Schriftsteller und Ballettmeister wie Hans Heinz Ewers und Richard Riegel. Die hier genannte Pantomime ist wahrscheinlich identisch mit einer damals unter dem Titel »Farmerleben« dargebotenen. Vgl. Gerhard Krause: Die Schönheit in der Zirkuskunst. Berlin 1969. S. 139.*

## Der Alpenkönig und der Menschenfeind

ÜBERLIEFERUNG. E: *Das Theater.* Jg. 1, H. 5 vom November 1909. S. 110f. $D^1$: $Ge^1$ (1913). S. 135-137. $D^2$: $Ge^2$ (1920). S. 51-54.

VARIANTEN und LESARTEN.
120,5 Säule] Säule, $D^2$   dieser] diesen $D^1$   120,15 achtzehnjähriger] Achtzehnjähriger $D^{1-2}$   120,30 denkt .....] denkt ... $D^{1-2}$
121,26 wers] wer's $D^{1-2}$   selig.] selig. *Absatz* $D^2$   Himmelswillen] Himmels willen $D^{1-2}$   121,33 denkt ......] denkt ... $D^{1-2}$

ERLÄUTERUNGEN. *Der Erstdruck im »Theater« bildet den ersten Teil einer dreiteiligen Darstellung »Aus Berliner Theatern« (II: »Hamlet der Däne« von R. K.; III: »Tantris der Narr« von R. K. und Ludwig Rubiner). – Die Komödie »Der Alpenkönig und der Menschenfeind. Romantisch-Komisches Original-Zauberspiel in zwei Aufzügen« von Ferdinand Raimund (1790-1836) mit Musik von Wenzel Müller (1767-1835) wurde am 17. Oktober 1828 am Theater in der Leopoldstadt in Wien uraufgeführt. – Die Besprechung Else Lasker-Schülers bezieht sich auf eine Inszenierung am Berliner Theater unter der Regie Rudolf Bernauers, deren Erstauf-*

*führung im Herbst 1909 stattfand. Vgl. auch die Kritik der Inszenierung durch Siegfried Jacobsohn in der »Schaubühne« (Jg. 5, Nr. 44 vom 28. Oktober 1909. S. 450f.).*

**120,3** Albert Heine] *Der Schauspieler Albert Heine (1867-1949) wirkte 1891-1900 und 1905-1906 am Königlichen Schauspielhaus in Berlin und 1906-1908 am Hoftheater in München. In der Rolle des Herodes aus Friedrich Hebbels Drama »Herodes und Mariamne« war Albert Heine am Berliner Theater Mitte November 1908 zu sehen. – Vgl. auch das Gedicht »Albert Heine – Herodes V. Aufzug« (KA, Bd. 1, Nr. 150).*

**120,13** Carl Meinhard] *Carl Meinhard (1886-1949), Schauspieler am Berliner Lessingtheater; 1907-1924 Leiter des Berliner Theaters und (ab 1911) des Theaters in der Königgrätzer Straße (des späteren Hebbel-Theaters); Emigration nach Amerika. – Zwei Photographien von Carl Meinhard als »Menschenfeind« wurden im Dezember 1909 in »Das Theater« (Jg. 1, H. 8. S. 175) abgedruckt.*

**120,15** Café des Westens] *Vgl. den Essay »Unser Café«.*

**120,28** Oskar Sabo] *Der Wiener Oscar Sabo (1881-1964) kam mit neun Jahren nach Berlin, wo er zunächst das »Stern'sche Konservatorium« besuchte. Als Max Reinhardt 1901 Sabos dramatische Begabung entdeckte, gab dieser das Violinspiel zugunsten der Schauspielerei auf, debütierte am Schillertheater und trat dann in zahlreichen Operetten und Lustspielen am Schillertheater, an den Reinhardt-Bühnen und am Berliner Theater auf, 1917-1919 auch in Wien.*

**121,24** »Konstantinopel«] *Vgl. zu 85,14. – Ironische Anspielung auf die bei Else Lasker-Schüler immer wieder anzutreffende orientalische Motivik in vermeintlich autobiographischen Texten; vgl. auch die Selbststilisierung zu »Tino von Bagdad« und »Prinz Jussuf von Theben«. Vgl. zu 9,28 und 101,12.*

**121,26** wers glaubt wird selig] *Sprichwörtlich nach Markus 16,16.*

**121,27** Josephine Dora] *Die Wiener Schauspielerin und Soubrette Josefine Dora (eigentlich: Josefine Dora Friese) (1868-1944) kam 1887 nach Berlin, wo sie am Zentral-Theater, am Adolf-Ernst-Theater und am Thomas-Theater engagiert war; im Wintergarten sang sie Lieder und Couplets.*

121,31-32 Lied ⟨...⟩ »aber er denkt«] *Ein solches Lied kommt in der Textfassung nicht vor; in der Inszenierung Bernauers wurde eine Arie durch ein von ihm verfaßtes Couplet ersetzt, gesungen von Josefine Dora als »Liesl«, wie Siegfried Jacobsohns Besprechung der Inszenierung (s. o.) belegt.*

## Apollotheater

*ÜBERLIEFERUNG. E: Das Theater. Jg. 1, H. 7 vom Dezember 1909. S. 158f. $D^1$: $Ge^1$ (1913). S. 158-160. $D^2$: $Ge^2$ (1920). S. 83-85.*

*VARIANTEN und LESARTEN.*

122,6 eckisch] eckig $D^{1-2}$   122,7 very fine] very fine $D^{1-2}$   122,7-8 the english artist] the english artist $D^{1-2}$   122,12 gestehn] gestehen $D^{1-2}$   122,14 hab] hab' $D^{1-2}$   122,18 Demi Monde] Demi-Monde $D^{1-2}$   122,28 Romane –] Romane – – $D^{1-2}$   122,33 Schleier-Eiertänzen;] Schleier-Eiertänzen, $D^{1-2}$   122,34 Asra,«] Asra«, $D^{1-2}$   122,35 Turban –] Turban – – $D^{1-2}$   123,1 Was] »Was $D^{1-2}$   123,2 Hund! »Der] Hund!« Der $D^1$ Hund!« »Der $D^2$   123,3 befohlen.«] befohlen. $D^1$   sterben ..] sterben ... $D^{1-2}$   123,5 Tod] Tod, $D^{1-2}$   123,11 chicke] schicke $D^{1-2}$   123,13 sind –] sind – – $D^{1-2}$   123,16 zunehmenden,] zunehmenden $D^{1-2}$   123,17 Halbkugeln –] Halbkugeln – – $D^{1-2}$   123,17-18 »Sultana« ....] »Sultana« ... $D^{1-2}$   123,20-21 lovely, sweet] lovely, sweet $D^1$   123,24 ihn, –] ihn, – – – $D^{1-2}$   123,26 Señora] Senora $D^{1-2}$

*ERLÄUTERUNGEN. Unter dem Obertitel »Berliner Variété« schließt sich im Erstdruck an den Text Else Lasker-Schülers der Essay »Wintergarten« von Minimax an. – Das Berliner Apollotheater in der südlichen Friedrichstraße bot eine Mischung aus Akrobatik, Clownerien und Gesangstheater. – Vgl. auch die Essays »Im Zirkus«, »Im Zirkus Busch«, »Zirkuspferde« und »Tigerin, Affe und Kuckuck«.*

122,2 Kohinoor] *Persisch: »Berg des Lichts«; eigentlich Bezeichnung für einen großen Diamanten im britischen Kronschatz; hier Bezeichnung eines Bleistiftes der Firma Koh-i-Noor Hardtmuth AG, Wien.*

**122,10 englische Krankheit]** *Charakteristisch für die auch Englische Krankheit genannte Rachitis, eine Vitamin-D-Mangelkrankheit, ist eine verzögerte Verkalkung des Knochens, die sich zuerst an den dünnen Schädelknochen manifestiert und dort zum sogenannten »rachitischen Weichschädel« führt.*

**122,34 »Asra,«]** *Vgl. zu 110,22.*

**123,8 Gebrüder Herrnfeld]** *Die Brüder Anton (1866-1929) und Donat Herrnfeld (gest. 1916) gingen, nachdem sie die »Orpheumsgesellschaft« gegründet hatten, 1891 nach Berlin, wo sie zunächst im Alexanderplatz-Hotel und später im Kaufmanns-Varieté das Budapester Possen-Theater leiteten. Im Jahre 1906 eröffneten sie das Gebrüder-Herrnfeld-Theater, in dem mehr als 100 Stücke aufgeführt wurden, die sie selbst verfaßt hatten und in denen Donat Herrnfeld die verschiedensten Typen aus dem jüdischen Milieu zur Darstellung brachte.*

**123,26-27 Señora Fornarina]** *Eine Photographie Fornarinas ist im Erstdruck dem Text beigestellt; sie zeigt eine dunkelhaarige Frau in Flamencopositur, spanischem Fransenkleid und mit Kopftuch.*

## Adolf Loos

ÜBERLIEFERUNG. E: *Das Theater. Jg. 1, H. 8 vom Dezember 1909. S. 184.* $D^1$: $Ge^1$ *(1913). S. 69-71.* $D^2$: *Ess (1920). S. 32-34.* $D^3$ *(nach $D^1$): Adolf Loos. Zum 60. Geburtstag am 10. Dezember 1930. Wien 1930. S. 27-29.*

*VARIANTEN und LESARTEN.*
Ti: Loos $D^{1-3}$   124,5 o] oh $D^3$   124,14 das] den $D^{1-3}$   124,15 rücksichtlos] rücksichtslos $D^{1-3}$   124,26 nicht] nicht, $D^{1-3}$   125,3 Väter,] Väter. $D^{1-3}$   125,5 Mesallianzen.] Mesallianzen, Sessel, deren Lehne sich beugte immer tiefer ihrem Sitz zu. Ich denke an einen wie ein Melancholischer. $D^{1-2}$ Mesalliancen, Sessel, deren Lehne sich beugte immer tiefer ihrem Sitz zu. Ich denke an einen wie ein Melancholischer. $D^3$   125,7 sitzst] sitzt $D^{1-3}$   125,8 tausendgittrig.] tausendgitterig. $D^{1-2}$ tausendgitterig. *Absatz ⟨ein Asterisk⟩ Absatz* Das eine Haus, das Adolf Loos vor Zeiten in Wien erbaute, bedeutet den Grundedelstein zu einem neuen Wien. $D^3$

ERLÄUTERUNGEN. *Dem durch einen Absatz und einen Asterisk vom Haupttext getrennten Nachsatz Else Lasker-Schülers in D³ ist die redaktionelle Bemerkung* »1930« *beigefügt; unter dem Haupttext steht die Erläuterung* »Gesichte, 1913«. – *Über den Erstdruck und die Varianz im Titel (mit und ohne Vornamen) schreibt Else Lasker-Schüler am 8. Dezember 1909 an Karl Kraus:* In dieser Theaternummer kommt der Essay über »Loos«. Er sollte eigentlich gar keinen Vornamen haben und ich wunderte mich überhaupt, daß er eine Frau habe, die wird ja außer sich werden über diese Urwalddichtung. Aber das schadet nichts. *(H: WStLB [157.925].)* – *Der Wiener Architekt Adolf Loos (1870-1933) bekämpfte als entschiedener Gegner der Wiener* »Sezession« *vehement den Jugendstil. In seiner Schrift* »Ornament und Verbrechen« *von 1908 stellt Loos die These auf, daß Architektur und Kunstgewerbe ohne jegliches Ornament auskommen müßten. Demgemäß sind seine Bauten ornamentfrei und geometrisch vereinfacht.* – *1909 begann Adolf Loos mit der Planung des* »Hauses am Michaelerplatz« *(vgl. Variante zu 125,8 in D³), einem Wohn- und Geschäftshaus in Wien, das – gegen große Widerstände wegen seiner glatten, schmucklosen Fassade – im Jahr 1911 fertiggestellt wurde. Vgl. Für Adolf Loos. Gästebuch des Hauses am Michaelerplatz. Festschrift zum 60. Geburtstag. (Nachdruck von 1930.) Hg. und eingeleitet von Burkhardt Rukschcio. Wien 1985.* – *Das Gästebuch enthält auch eine Eintragung Else Lasker-Schülers.*

**124,26** aufsteigende Kurve] *Der belgische Architekt, Designer und Schriftsteller Henry van de Velde (1863-1957) wirkte als Inhaber der* »Werkstätten für angewandte Kunst« *bestimmend auf die Bewegung des Jugendstils. In Texten wie* »Das Ornament als Symbol« *und* »Die Linie« *äußert er seine künstlerischen Vorstellungen. Er bezieht sich dabei immer wieder auf Seurats Linientheorie, die besagt, daß eine horizontale Linie Ausgeglichenheit, eine steigende Freude und eine fallende Trauer ausdrücke.*

**124,27-28** Klassikerlinie weimarer Spätgeburt] *Anspielung auf die als* »Weimarer Klassik« *bezeichnete Zeit enger Zusammenarbeit Goethes und Schillers zwischen 1794 und 1805.* – *1902 wurde Henry van de Velde zur Gründung der Kunstgewerbeschule nach Weimar berufen, deren Leiter er bis 1914 war. Er kam gemeinsam mit seinem Freund, dem Schriftsteller und Diplomaten Harry Graf*

*Kessler (1868-1937) dorthin; ihnen schwebte vor, dort die Klassik wiederzubeleben und zugleich die Moderne fortzuführen.*
**124,36** Rhodopes] *Rhodope heißt eigentlich die Gattin des Kandaules in der Tragödie »Gyges und sein Ring« (1856) von Friedrich Hebbel (1813-1863) (Uraufführung: 1889, Wien).*


# Ruth

ÜBERLIEFERUNG. E: *Das Theater. Jg. 1, H. 9 vom Januar 1910. S. 204.* $D^1$: *Ge$^1$ (1913). S. 128f.* $D^2$: *Ess (1920). S. 87f.*

VARIANTEN und LESARTEN.
**125,17** Ruth] Ruth, $D^{1-2}$   **125,18** Weile] Weile, $D^2$   **125,20** Schokoladencakes] Schokoladenkakes $D^{1-2}$   **125,24** glänzendem] glänzenden $D^2$   **125,29** tinkt Er] tinkt ›Er‹ $D^1$ trinkt ›Er‹ $D^2$   **125,30** Bess] Beß $D^{1-2}$   **126,12** einem] mit einem $D^{1-2}$

ERLÄUTERUNGEN. *Der Erstdruck enthält Photographien Ruths in ihren Rollen. – Am 25. Dezember 1909 schrieb Else Lasker-Schüler an Jethro Bithell:* Meine Essays bekommst Du am 6. Januar gesandt, dann kommt nämlich der allerletzte dazu über Ruth, die ist 3 Jahre und einen Monat alt, eine großartige Schauspielerin schon. *(H: ULL.) – Ruth ist die Tochter der Schauspielerin, Rezitatorin und Schriftstellerin Bess Brenck-Kalischer (1878-1933), die auch eine Kritik der »Wupper«-Uraufführung (vgl. KA, Bd. 2) schrieb (Der Einzige. Jg. 1, H. 15/16 vom 4. Mai 1919. S. 177f.).*
**125,10** Patronesse] *Hier im Sinne einer ›Schutzherrin‹.*
**125,11-12** Inger auf Östrot] *Historische Figur einer norwegischen Adeligen des 16. Jahrhunderts, die Henrik Ibsen als Vorlage für sein wenig erfolgreiches historisches Drama »Fru Inger til Østråt« (»Frau Inger auf Östrot«; Uraufführung: 1855, Bergen) diente.*
**125,23** Café des Westens] *Vgl. zum Essay »Unser Café«.*
**125,33** Puppenheim] *»Et dukkehjem« (»Ein Puppenheim«), Schauspiel in drei Akten von Henrik Ibsen (Uraufführung: 1879, Kopenhagen), das in Deutschland unter dem Titel »Nora« bekannt wurde.*

## Frau Durieux

ÜBERLIEFERUNG. E: *Das Theater. Jg. 1, H. 10 vom Januar 1910. S. 233 f. D¹: Ge¹ (1913). S. 109-111. D²: Ess (1920). S. 69-71.*

VARIANTEN und LESARTEN.
Ti: Tilla Durieux $D^{1-2}$   126,22 Bouquet] Bukett $D^{1-2}$   126,24 umgiebt] umgibt $D^{1-2}$   127,18 aufheben] aufzuheben $D^{1-2}$   127,24 Bohèmin] Bohemin $D^2$

ERLÄUTERUNGEN. *Die Schauspielerin Tilla Durieux (eigentlich: Ottilie Godeffroy) (1880-1971) trat 1903-1911 an den von Max Reinhardt geleiteten Berliner Theatern auf. 1912 ging sie an das Berliner Neue Schauspielhaus; 1920-1923 spielte sie unter Leopold Jessner, 1927 unter Erwin Piscator. Sie gab Gastspiele in vielen europäischen Ländern und in den USA. 1910 heiratete sie den Verleger und Kunsthändler Paul Cassirer (1871-1926), mit dem sie bis zu dessen Freitod zusammenlebte. 1933 suchte sie Exil in der Schweiz, Italien und Jugoslawien, 1955 kehrte Tilla Durieux nach Berlin zurück, wo sie Theater-, Film- und Fernsehrollen übernahm. Auch als Schriftstellerin betätigte sich Tilla Durieux; zu ihren Buchveröffentlichungen gehören ihre »Erinnerungen« »Eine Tür steht offen« (Berlin: Herbig 1954), in denen auch Else Lasker-Schüler Erwähnung findet, und das Drama »Zagreb 1945« (Uraufführung: 1946, Luzern). – Am 6. November 1909 berichtete Else Lasker-Schüler Jethro Bithell in einem Brief:* Auch war ich eigentlich nicht verreist aber immer unterwegs – ich schreibe nun viele Essays und Kritiken, und heute machte ich einer Schauspielerin vom Deutschen Theater einen Besuch, die glaubte ich wollte sie anpumpen. ⟨...⟩ Aber ich werde bald im Luftballon fahren gerade mit der Dame, bei der ich heute eingeladen war, denken Sie, sie hat einen Luftballon. Sie trägt ein ausgeschnittenes Kleid. *(H: ULL.)*
**126,21** Eboligewand] *Die Rolle der lautespielenden Prinzessin Eboli in Schillers Drama »Don Karlos, Infant von Spanien« (Uraufführung: 1787, Hamburg) zeigte Tilla Durieux am Berliner Deutschen Theater unter der Regie Max Reinhardts. (Erstaufführung: 10. November 1909.) – In dem Kostüm, das Tilla Durieux für*

*diese Inszenierung trug, ist sie auf einem Photo zu sehen in ihren » Erinnerungen« »Eine Tür steht offen« (S. 33).*

**126,24** Reinhardts] *Max Reinhardt (eigentlich: Goldmann) (1873-1943), Regisseur und einer der einflußreichsten Theaterleiter des Jahrhunderts: 1894-1902 Schauspieler am Deutschen Theater unter Otto Brahm, 1901 Gründung des Künstlerkabaretts Schall und Rauch, 1902 erstes eigenes Theater, das Kleine Theater; 1905 Übernahme des Deutschen Theaters, 1906 Eröffnung der Kammerspiele, 1919 des Großen Schauspielhauses. 1905-1918 auch Direktor der Volksbühne. 1920-1924 in Wien, dann wieder in Berlin. 1933 emigrierte Max Reinhardt nach Österreich, 1938 in die USA. – Unter seiner Intendanz wurde am 27. April 1927 am Deutschen Theater in Berlin Else Lasker-Schülers Drama »Die Wupper« (vgl. KA, Bd. 2) uraufgeführt.*

**126,34** Gemälde der büßenden Magdalene] *In der christlichen Tradition hat sich seit dem 10. Jahrhundert die neutestamentliche Figur der Maria Magdalena mit der Legende der Maria von Ägypten verknüpft. Diese soll eine Prostituierte gewesen sein und nach ihrer Bekehrung siebenundvierzig Jahre lang als Einsiedlerin in strengster Buße gelebt haben. – Das Motiv der büßenden Maria Magdalena entstand aus der Vermischung mit der Legende der Maria von Ägypten. Einzeldarstellungen der Maria Magdalena als Büßerin wurden im 15.-18. Jahrhundert zu einem beliebten Bildmotiv.*

**127,2** Rhodope] *Vgl. zu 124,36. – Tilla Durieux spielte die Rolle der Königin Rhodope in den Kammerspielen des Deutschen Theaters in Berlin unter der Regie Emil Milans (Erstaufführung: 2. Mai 1907).*

**127,3** Myrthen] *Die Myrte, ein Strauch mit immergrünen Blättern, war in der Antike ein Bild jungfräulicher Anmut; als Symbol der Liebe und des Brautstandes trugen Juden und Griechen einen Myrtenkranz.*

**127,9** Friedensfest] *»Das Friedensfest. Eine Familienkatastrophe in drei Akten« von Gerhart Hauptmann (1862-1946) wurde 1890 in Berlin uraufgeführt. – Die Rolle der Auguste spielte Tilla Durieux 1907 unter der Regie Max Reinhardts in den Kammerspielen des Deutschen Theaters (Erstaufführung: 7. Januar 1907).*

**127,11-12** »Gott der Rache« von Schalom Asch] *Schalom (Sholem)*

Aschs (1880-1957) Schauspiel »*Der Gott der Rache*«, im jiddischen Original »*Got fun Nekome*«, wurde 1907 in Petersburg uraufgeführt; die deutsche Übertragung brachte Efraim Frisch, mit Tilla Durieux in der Rolle der Hindl, im Deutschen Theater am 19. März 1907 erstmals zur Aufführung.

**127,28-29** »d' or-jour«] »*Jour d'or*« bedeutet, wörtlich übersetzt, »Goldtag«; »*du jour*«: an der Tagesordnung. Der »*jour (fixe)*« bezeichnet den Empfangstag, einen Wochentag, an dem regelmäßig Gäste empfangen werden.

**127,29** Sezessionsfest] Der Begriff »Sezession« (lat. »*seccessio*«: Abspaltung, Trennung) bezeichnet Künstlergruppen in Deutschland und Österreich, die sich am Ende des 19. Jahrhunderts mit dem Aufbruch zur Moderne bildeten. Die »Berliner Sezession« wurde 1898 unter der Leitung Max Liebermanns (1847-1935) gegründet. 1906 spalteten sich von ihr die »Neue Sezession« und die »Freie Sezession« ab.

**127,32** Rektor in »Frühlingserwachen«] »*Frühlings Erwachen. Eine Kindertragödie*« von Frank Wedekind (1864-1918), geschrieben 1891, wurde 1906 in den Berliner Kammerspielen unter Max Reinhardt uraufgeführt. – In der Rolle des Rektors Sonnenstich, der möglicherweise in der Reinhardtschen Inszenierung einen anderen Namen trug, waren verschiedene Schauspieler zu sehen. Vgl. die Dokumentation von Heinrich Huesmann: Welttheater Reinhardt. Bauten, Spielstätten, Inszenierungen. München 1983. Vgl. zu 289,26.

**128,2** Luftballon] Von einer Ballonfahrt, während der Maschen des Netzes um Ballon und Gondel rissen, berichtet Tilla Durieux in ihren »Erinnerungen« (S. 146f.).

**128,5** »Ein Punkt in der Ewigkeit«] *Vgl. dazu die* »Erinnerungen« *von Tilla Durieux:* Mit großem Herzklopfen stieg ich in die Gondel ⟨...⟩. Ein leichter Wind trieb uns, aber wir merkten ihn nicht; nur die Erde rollte unter uns vorbei. ⟨...⟩ »Ein Tropfen in der Ewigkeit«, dachte ich immer wieder. *(Eine Tür steht offen. S. 144.)*

# Peter Baum

ÜBERLIEFERUNG. E: *Der Sturm. Jg. 1, Nr. 1 vom 3. März 1910. S. 5 f. D¹: Ge¹ (1913). S. 74 f. D²: Ess (1920). S. 37 f.*

VARIANTEN und LESARTEN.
**128,16** Zer–fahrenheit] Zerfahrenheit $D^{1\text{-}2}$   **128,34** Abends,] Abends; $D^{1\text{-}2}$

ERLÄUTERUNGEN. *Der in Elberfeld geborene und seit 1897 in Berlin lebende Dichter und Schriftsteller Johann Peter Baum (1869-1916) brach eine kaufmännische Lehre ab und wurde Teilhaber einer Leipziger Buchhandlung, bevor er nach Berlin übersiedelte und dort als freier Schriftsteller lebte. 1898 lernte er Peter Hille und durch ihn Else Lasker-Schüler kennen, mit der er zeitlebens befreundet blieb. Zeitweilig gehörte er den Vereinigungen »Die Kommenden« und »Die Neue Gemeinschaft« an. Als »Sturm«-Mitarbeiter war er auch Herwarth Walden freundschaftlich verbunden. Peter Baum fand im Ersten Weltkrieg den Tod. – Die Zerstreutheit Peter Baums wird auch im Nachwort seiner 1920 erschienenen, von seinem Vetter Hans Schlieper herausgegebenen »Gesammelten Werke« (Berlin: Ernst Rowohlt) als Charakteristikum hervorgehoben (Bd. 2. S. 197-209).*
**128,20** St. Peter Hille] *Vgl. zum Essay »Peter Hille« und zu »Das Peter Hille-Buch«.*
**128,22** Sternenpsalme] *Im »Sturm« (Jg. 1, Nr. 35 vom 27. Oktober 1910. S. 278) veröffentlichte Baum Verse unter dem Titel »Liebespsalme«. Peter Baums 1902 erschienenes Werk »Gott. – Und die Träume« (Berlin: Axel Juncker), eine Sammlung von Lyrik und Prosagedichten, ist geprägt von seinem protestantischen Glauben. Vgl. auch zu 81,11.*
**128,23** Harfe Davids] *David, der biblische König Israels, gilt auch als Dichter der Psalmen des Alten Testaments. Als Musikant am Hofe Sauls wird er in der bildenden Kunst häufig mit Harfe dargestellt.*
**128,23** Salomos] *Salomo, dem Sohn Davids und der Bathseba, werden im Alten Testament das Hohe Lied, die beiden Bücher*

*Sprüche und Prediger sowie die apokryphen Psalmen und Oden Salomos zugeschrieben.*

**128,25** Erbe des Evangeliums] *Unter den Vorfahren Peter Baums sind einige Pfarrer. — Die bergische Bevölkerung ist mehrheitlich evangelischen Glaubens.*

**128,26** Wupper-Muckertale] *»Mucker«: Pietisten. Das protestantische Wuppertal wurde in Anspielung auf den damals dort verbreiteten Pietismus auch als »Muckertal« bezeichnet.*

**128,29-30** Romans »Spuk«] *Roman. Berlin (Concordia) 1905. — Über eine von Jethro Bithell festgestellte Ähnlichkeit der Figur der Komponistin Marga Stöber (vgl. Peter Baum, Gesammelte Werke, Bd. I, S. 148 f. und 165-182) mit Else Lasker-Schüler erwiderte ihm diese am 19. Januar 1910: Der Earl of Manchester hat den Spuk gelesen und glaubt die Reden der Marga sind meine Reden, die Augen der Marga sind meine Augen, die Lippen der Marga sind die meinen. Und doch trägt sie kaum meine Haut; in der Hieroglyphen eingeschnitten sind bis ins Mark. (H: ULL.)*

**128,33** Novellen »Im alten Schloss«] *Novellen. Berlin (Paul Cassirer) 1908.*

**129,1** Graf seines Buches] *Graf Ariman, der Protagonist des Romans »Kammermusik« von Peter Baum.*

**129,3** Wochenschrift »Sturm« ⟨...⟩ Werk bringen] *Unter dem Titel »Aus einem neuen Roman. Das erste Kapitel« veröffentlichte »Der Sturm« (Jg. 1, Nr. 6 vom 7. April 1910. S. 42-44) eine längere Textpassage aus Peter Baums »Kammermusik. Ein Rokokoroman«, der erst 1914 als Buch erschien (Berlin: Hyperion-Verlag). Peter Baum arbeitete seinen Roman mehrfach um und stellte die abgedruckte Passage schließlich nicht an den Anfang, sondern ins letzte Drittel des Textes.*

## Der Amokläufer

ÜBERLIEFERUNG. t: *ULL, Special Collections (Ms. 199). Typoskript (Abschrift) mit handschriftlichen Korrekturen Else Lasker-Schülers. Die Abschrift lag einem Brief Else Lasker-Schülers an Jethro Bithell vom 15. Dezember 1909 bei (vgl. »Erläuterungen«). — E: Der Sturm. Jg. 1, Nr. 2 vom 10. März 1910. S. 10f.* D:

*Saturn. Jg. 3, H. 4 vom April 1913. S. 95-99. – Auch enthalten in PT¹⁻² (1914 und 1920; hier unter dem Titel »Tschandragupta«).*

*VARIANTEN und LESARTEN.*
*Alle Änderungen in t wurden, soweit nicht anders vermerkt, handschriftlich vorgenommen.*
129,8 ist] *(1)* war *(2)* | *maschinenschriftliche Änderung t* 129,11 Der neue] Ihr neuer *t* 129,13 aufgerichtet,] aufgerichtet{,} *t* Haupt,] Haupt{,} *t* 129,14 erschlagen] erschlagenen *D* 129,14-15 greisen] *(1)* Greisen *(2)* | *t* 129,15 Tschandraguptas Sohn,] Tschandragupta's Sohn *t* Tochter.] Tochter.[..] *t* 129,17 Weib,] Weib{,} *t* 129,20 Vater, dem] Vater {dem} *t* Tschandragupta,] Tschandragupta *t* 129,21 Sohn,] Sohn *t* 129,24 glauben,] glauben *t* bringen] bringe{n} *t* 129,28 gebettet,] gebettet; *t* 129,30 Federkleid, –] Federkleid – *t* 129,31 daß] das{s} *t* 129,33 Schaitân] Schaitan *D* 130,1 Plätzen] Plaetzen. *t* 130,2 Schlôme] Schlome *D* 130,3 Tochter,] Tochter *t* 130,4 früheste] frühste *t* Tschandragupta] Tschandraguptas *(Druckfehler) E* 130,7 Schlôme,] Schlôme *t* Schlome, *D* 130,13 Tschandraguptas] Tschandragupta's *t* 130,14 Schlôme] Schlome *D* Tochter. Und] *(1)* Tochter. Und *(2)* Tochter; und + *t* 130,19 bewahrt,] bewahrt{,} *t* 130,21 Zebaoth hieß] Zebaooth hiess, *t* 130,22 hinterging und] hinterging. Doch *t* hinterging. Und *D* Schlômes] Schlomes *D* brannte,] brannte{,} *t* 130,27-28 seiner Glieder Glieder] seinen Gliedern *D* 130,28 hielten,] hielten *t* 130,30 alte,] alte{,} *t* alte *D* 130,31 Straße] Strassen *t* 130,33 Schlômes] Schlomes *D* 130,35 sinnt,] sinnt *t* 130,35-36 hartherzige ⟨...⟩ Priesters] *(1) (a)* hartherzige *(b)* hart+ Herz des Priesters *(2)* Herz des hartnäckigen Priesters | *t* 130,36-37 in den Wäldern] *(1)* in den *(2)* um die | Waelder *t* 130,37 Hügel,] Hügel *t* 130,38 steht,] steht *t* Fleiß] Fleiss[e] *t* Fleiße *D* 131,4 »Die] Die *t* gefallen!«] gefallen. *t* gefallen.« *D* 131,5 alles] all *t* gesäet] gesaet *T* 131,5-6 Angesicht;] Angesicht, *D* 131,6 Schlôme] Schlome *(Druckfehler) E* Schlome *D* 131,9 sammeln] sammelten *D* 131,16 beschimpfte] beschimpfte, *t* 131,17 sammeln] sammelten *t* sich] sich {schon in der Frühe} *t* 131,20 Balken] *(1)* Saeulen + *(2) maschinenschriftliche Änderung t* ihm,] ihm *t* 131,22 Schlôme] Schlome *D* 131,23 erstenmal] ersten Mal *t* 131,25 Raumes] Hauses *D*

131,26 eingesunken] eingesunken, *t*   131,28 geöffnetem] geöffneten *t*   131,29-31 Die ⟨...⟩ um.] *(1)* Die verscheuchten Rosen der Hecken flattern auf, sein Atem peitscht die Baeume und Straeucher um. *(2)* Sein Atem peitscht die Baeume und Straeucher um, die verscheuchten Rosen der Hecken flattern auf. +*t*   peitscht] peischt *(Druckfehler) D*   131,31 Schaitân] Schaitan *D*   131,32 Knieen] Knien *D*   131,34 steht,] steht{,} *t*   131,35 Tschandragupta,] Tschandragupta *t*   131,36 Deuters] Deuters, *t*   132,1 die] ihre *t* Schlôme] Schlome *D*   132,2 Hochzeit,] Hochzeit *t*   132,3 herab,] herab *t*   132,4 lächelnd] *(1)* laechelnd *(2)* feierlich | *t*   132,5 tödlichen] *(1)* tödlichen *(2)* tötlichen | *t*   132,6 Häuptlings; das] *(1)* Haeuptlings. *(2)* Haeuptlings, | Es *t*   132,7 Namen der Wildväter] Haeuptlingsnamen *t* Häuptlingsnamen *D*   132,9 Schlômes] Schlomes *D*   Süßigkeit,] Süssigkeit *t*   132,11 letztes] letzts *(Druckfehler) E*   Opfer,] Opfer *t*   132,13 Und aus] Aus *t* – Aus *D*   132,14 Schlômes] Schlomes *D*   tritt] *(1)* trifft + *(2) maschinenschriftliche Änderung t*   132,18 Lippen,] Lippen wie *t*   132,19 Melech's] Melechs *D*   Enkel.] *(1)* Enkel. *(2)* Enkel, | *t*   132,20 tempelalte] *(1)* Tempel alte *(2) t*

ERLÄUTERUNGEN. *Else Lasker-Schüler schrieb in einem undatierten Brief an Jethro Bithell:* Den Fakir und Derwisch werden Ihnen vielleicht gefallen auch schrieb ich neu, ganz neu eine uralte Geschichte vom Amokläufer dessen Mutter die entflohene Tochter des Melechs von Palästine war. Ich glaube es wenigstens. *(H: ULL.) Am 6. November 1909 schrieb sie an Bithell:* Und meine neuen Geschichten send ich Ihnen fein gedruckt in diesen Tagen. Der Amokläufer und der Emir von Aphganistan. Die Fortsetzung des »Fakirs«. *(H: ULL.) Am 15. Dezember 1909:* Gestern war ein schöner Tag, ich las vor vielen, vielen Studenten und es war wie ein Chor, es war geradezu feierlich 8 Kerzen brannten nur im Raum und ich las lauter arabisch, es klang gewiß so, wenn es auch in deutscher Sprache geschrieben ist. Und das allerneuste: Der Amokläufer hättest Du hören müssen, lieber König von Manchester. *(H: ULL.)*
129,8 Tschandragupta] *Tschandragupta hieß ein indischer König, der 322 bis 298 v. Chr. regierte, die Dynastie der Maurja gründete und große Teile Nordindiens eroberte.*

**129,15** Melechs] »*Melech*« *(hebr.): König.*

**129,17-18** heidnisches Land] *Als Heiden werden nach kirchlichem Sprachgebrauch Anhänger von Religionen bezeichnet, welche, wie die Hindu in Indien, keinen monotheistischen Religionsbegriff haben, also nicht den ›wahren Gott‹ verehren.*

**129,22** Federkleid] *In der hinduistischen Mythologie gibt es zwar weibliche fliegende Wesen, die Asparas, doch diese himmlischen Nymphen besitzen keine Flügel. Flügel sind fast ausnahmslos im Westen und im Vorderen Orient Darstellungen von Göttern und übernatürlichen Wesen eigen.*

**129,23** Jericho] *Jericho gehört zu den Städten des »Lieblings Jahwes«, des Stammes Benjamin. Vgl. Josua 18,21 und 5. Mose (Deuteronomium) 33,12.*

**129,24** Engel] *Nach der jüdischen Tradition haben Erzengel und Engel, Seraphim und Cherubim, Flügel.*

**129,33** Schaitân] »*Shaitan*« *(arab.): Satan. Der islamischen Tradition zufolge ist Satan, von Allah aus Rauch geschaffen, Teufel und Fürst der bösen Geister. Der babylonische Talmud berichtet von Satan als einem Todesboten: mit einem Flügelschlag sei er bei einer Seuche zur Stelle.*

**130,14** Schlôme] *Vgl. zu 112,16.*

**130,18-19** Sternenvorhang, der die heiligen Gerätschaften bewahrt] *Vgl. zu 40,15.*

**130,21** Zebaoth] *Vgl. zu 33,13.*

**130,21** Weib im Paradies] *Anspielung auf den Sündenfall. Vgl. 1. Mose (Genesis) 3.*

**130,29** vielarmigen Götzen] *Als Götzen bezeichnen monotheistische Religionen fremde Götter und ihre Bilder. – Die Vervielfältigung göttlicher Gliedmaßen in der hinduistischen Ikonographie dient der Veranschaulichung der supranormalen Macht der Götter und verweist auf verschiedene Aspekte ihrer Aktivität.*

**131,23** die Stadt sieht ⟨...⟩ ihr nacktes Angesicht] *Vgl. zu 73,8.*

**131,29** verscheuchten Rosen] *Die sogenannte Jericho-Rose des östlichen Mittelmeergebiets kugelt sich beim Vertrocknen ihrer Äste ein; vom Wind entwurzelt und davongerollt, breitet sie sich in Wasser oder feuchter Luft wieder aus.*

**132,2** salbt ihre Glieder wie zur Hochzeit] *Die Salbung des Körpers steht in der Bibel im Zeichen der Pflege, aber auch der Freude und des Überflusses. Vgl. Ruth 3,3; Sprüche (Proverbia) 27,9.*

**132,17** hinter den Gittern] *Ursprünglich war der Synagogenbesuch nur für Männer vorgesehen, und noch heute werden Frauen in der Synagoge von Männern räumlich getrennt. Im 15. Jahrhundert begannen einige Gemeinden, separate Beträume für Frauen mit Gucklöchern oder Gittern zum Hauptraum zu bauen.*

## Der Eisenbahnräuber

ÜBERLIEFERUNG. E: *Der Sturm. Jg. 1, Nr. 3 vom 17. März 1910. S. 21 f.* $D^1$: $Ge^1$ *(1913). S. 150 f.* $D^2$: $Ge^2$ *(1920). S. 75 f.*

VARIANTEN und LESARTEN.

**132,22** ich selbst] ich $D^2$   **132,26** den] dem $D^{1-2}$   **133,1** Berliner] berlinisch $D^{1-2}$

ERLÄUTERUNGEN. *E enthält den redaktionellen Nachsatz:* Aufführung im Bernhard Rose-Theater. *Die Premiere des Schwanks von Fritz Gräbert (1854-1931) fand am 14. Februar 1910 im Berliner Rose-Theater statt. – Der Schauspieler und Spielleiter Fritz Gräbert trat seit 1871 auf den Bühnen zahlreicher Städte auf, bevor er 1894 nach Erfurt ging und dort über dreißig Jahre lang in Schauspiel und Operette wirkte. Als Autor des Schwanks wird er auch in der Dokumentation »Das Rose Theater. Ein volkstümliches Theater in Berlin von 1906 bis 1944« von Heinz-Dietrich Heinrichs (Berlin 1965. S. 111) angeführt.*

**132,27** Arthur Winckler] *Artur Winckler, Schauspieler am Rose-Theater, stammte aus Berlin und wirkte an zahlreichen Bühnen als Naturbursche und Gesangskomiker; im Dezember 1912 feierte er sein 40jähriges Künstlerjubiläum.*

**132,29** Emmy Dittmar] *Als Schauspielerin des Rose-Theaters im »Neuen Theater-Almanach« von 1911 aufgeführt.*

**132,31** Rosa Schäffel] *Als Schauspielerin des Rose-Theaters im »Neuen Theater-Almanach« von 1911 aufgeführt.*

**132,33** Walzer: An der blauen Donau] *Johann Strauß der Jüngere (1825-1899) schrieb den Walzer »An der schönen blauen Donau« (Opus 314).*

**133,7** »Skool!«] *»Skål« (in den skandinavischen Sprachen):* Prosit.

**133,12 Carl Wessel]** *Der Schauspieler Karl Wessel (gest. 1932 im Alter von 50 Jahren), der unter anderen am Berliner National-Theater und am Neuen Volkstheater (Köpenicker Straße) wirkte, mußte später wegen eines Beinleidens seine Bühnenlaufbahn aufgeben und arbeitete seit 1924 als Rundfunksprecher.*
**133,15 Grete Kroll]** *Als Schauspielerin des Rose-Theaters im »Neuen Theater-Almanach« von 1911 aufgeführt.*

## Zirkuspferde

*ÜBERLIEFERUNG.* E: *Der Sturm. Jg. 1, Nr. 6 vom 7. April 1910. S. 45.* $D^1$: $Ge^1$ *(1913). S. 169-171.* $D^2$: $Ge^2$ *(1920). S. 94-96.*

*VARIANTEN und LESARTEN.*
W: *Der lieblichen Fürstin Helle von Soutzo* $D^{1-2}$  133,19 spielen] spielen, $D^{1-2}$  133,22 Heilige;] Heilige. $D^{1-2}$  133,23 fromme] frommen $D^{1-2}$  133,31 Rhytus] Rhythmus $D^{1-2}$  133,32 Filis] Fillis $D^{1-2}$  134,3 zu] zu, $D^{1-2}$  134,11 Sandtempel,] Sandtempel $D^2$  der] den $D^{1-2}$  134,25 spielte] spiele $D^2$  134,35 fest] fest, $D^{1-2}$  134,36 alle] alle, $D^{1-2}$

*ERLÄUTERUNGEN. Vgl. auch die Essays »Im Zirkus«, »Im Zirkus Busch«, »Apollotheater« und »Tigerin, Affe und Kuckuck«. – Widmung in* $D^{1-2}$ *für Hella von Soutzo, die Hofdame der Fürstin Pauline zu Wied (1877-1965).*
**133,22 Santa Anna]** *Der Sage zufolge soll Johanna, ein Mädchen aus Mainz, im 9. Jahrhundert oder um 1100 den päpstlichen Stuhl innegehabt haben, dann aber durch die Geburt eines Kindes während einer Prozession entlarvt worden sein.*
**133,22 Leo]** *Den Namen Leo trugen 13 Päpste; der letzte – Leo XIII. – hatte sein Amt von 1878 bis 1903 inne.*
**133,31 Rhytus]** *Obwohl in späteren Drucken durch »Rhythmus« ersetzt, legt die sakrale Wortwahl des Kontextes nahe, daß es sich hier um ein Spiel mit den Worten »Rhythmus« und »Ritus« handelt.*
**134,7-8 buntgebenedeit]** *Benedeien (lat. »benedicere«): segnen.*
**134,25 Zeck]** *Fangspiel, bei dem das fangende dem verfolgten Kind einen leichten Schlag (»Zeck«) zu geben hat.*

134,37 Gullivers Zwergenlande] *Von Jonathan Swifts 1726 erschienenem utopisch-satirischen Reiseroman »Travels into Several Remote Nations of the World. By Lemuel Gulliver, First a Surgeon, and then a Captain of Several Ships« erschien 1909 eine neue deutsche Übersetzung im Reiß-Verlag, Berlin. – Der Protagonist des Romans, der Arzt und Seefahrer Lemuel Gulliver, gelangt auf seinen vier Seereisen auch in das Zwergenland Lilliput.*

## Johann Hansen und Ingeborg Coldstrup

*ÜBERLIEFERUNG. E: Der Sturm. Jg. 1, Nr. 7 vom 14. April 1910. S. 49. $D^1$: Die Fackel. Jg. 12, Nr. 309/310 vom 31. Oktober 1910. S. 5 f. $D^2$: $Ge^1$ (1913). S. 24-26. $D^3$: $Ge^2$ (1920). S. 32-34.*

*VARIANTEN und LESARTEN.*
135,5 arme,] arme $D^1$ $D^3$   135,8 Beiden] beiden $D^{2-3}$   135,9 besitzt] besitzt, $D^{1-3}$   135,12 Türen] Türen, $D^{1-3}$   135,20 möchte] möchte, $D^{1-3}$   135,22 wollen] wollen, $D^{1-3}$   135,31 verschwunden] verschwunden, $D^1$   fortgezaubert] fortgezaubert, $D^{1-3}$   135,33 wie] als $D^1$   135,35 sein] zu sein $D^1$   135,36-136,1 ersetzen!!?] ersetzen!? $D^1$   136,5 Kinder] Kinder, $D^3$   136,7 Lazarus] Christus $D^{2-3}$   136,14 keineswegs] nicht $D^1$

*ERLÄUTERUNGEN. Über den Doppelfreitodversuch von Edward Hansen und Ingeborg Colstrup am 5. April 1910 in Kopenhagen berichtete das »Berliner Tageblatt« am 7. und 8. April 1910 (Jg. 39, Nr. 173 [Morgen-Ausgabe] und Nr. 176 [Abend-Ausgabe]). Die beiden Vierzehnjährigen, welche ein Liebesverhältnis hatten, wollten durch den gemeinsamen Freitod durch Erschießen ihre Eltern bestrafen, die ihnen den Umgang miteinander verboten und das Mädchen geschlagen hatten. Nach den Angaben des überlebenden Edward Hansen starb Ingeborg Colstrup durch ihre eigene Hand; dem schwerverletzten Jungen wurde die Kugel aus dem Kopf entfernt. Er wurde in eine Besserungsanstalt überwiesen.*
135,20 Engel aus Andersens Märchen] *Vgl. Hans Christian Andersens (1805-1875) Märchen »Der Engel« aus seinen »Märchen, für Kinder erzählt« (1835-1848): Jedesmal, wenn ein Kind stirbt, kommt ein Engel auf die Erde und trägt das Kind zu Gott hinauf.*

**136,7** Lazarus] *Der Bruder Marias und Marthas von Bethanien wird von Jesus nach drei Tagen Grabesruhe wieder zum Leben erweckt (vgl. Johannes 11,1-45); die Auferweckung des Lazarus dient als Symbol der christlichen Auferstehungshoffnung.*

**136,10** Selma Lagerlöf] *Die schwedische Schriftstellerin Selma Lagerlöf (1858-1940) verbindet in ihren Romanen, Erzählungen und Legenden Märchenhaftes mit realistischen Elementen. Ihr Buch »Wunderbare Reise des kleinen Nils Holgersson mit den Wildgänsen« von 1906/07, ein Lesebuch für Volksschulen, wurde ein Welterfolg.*

**136,11** Karin Michaelis] *Die dänische Schriftstellerin und Journalistin Karin Michaelis, geb. Bach (1872-1950), schrieb neben Gedichten, Novellen und Romanen auch Kinderbücher (so die Mädchenbücher der 1929-1939 entstandenen »Bibi«-Reihe, die der Autorin internationale Anerkennung brachte). Sie hielt sich abwechselnd in Europa und den USA auf, bis sie sich 1930 auf eine dänische Insel zurückzog. 1933-1939 versorgte sie dort deutsche politische Flüchtlinge, darunter auch Bertolt Brecht; den Zweiten Weltkrieg verbrachte sie in den USA, von wo sie 1946 nach Dänemark zurückkehrte.*

## Der Kreuzfahrer

ÜBERLIEFERUNG. E: *Der Sturm. Jg. 1, Nr. 10 vom 5. Mai 1910. S. 75 f.* D: *Saturn. Jg. 2, H. 11 vom November 1912. S. 232-236. – Auch enthalten in PT$^{1-2}$ (1914 und 1920).*

*VARIANTEN und LESARTEN.*
o. *UTi D* 136,22 Sünde] Sünde, *D* 136,27 darin: wie] darin. Wie *D* 137,7 Vergißmeinnichthimmel] Vergissmeinichthimmel *D* 137,21 die] die die *(Druckfehler) D* auf,] auf *D* 137,24 sucht er doch] er sucht *D* 138,13 Gartens, aus] Gartens. Aus *D* 138,26 Tapferkeit,] Tapferkeit *D* 138,33 Großwesier] Grossvesier *D* 139,17 befalle.] befalle, *D* 139,24 schlichten] ärmlichen *D* 139,32-33 lachajare – – – – – –] lachajare – – – – – – – *D* 140,2 Altare] Altäre *D* 140,10 Kniee] Knie *D* 140,14 gekleidet] gekleidet, *D* 140,18 Kinnhaars] Kinnhaar *D* 140,24 weist] weisst *D*

141,6 seine] die *D*   141,11 Großvesier] Grosswesier *D*   141,18 lachajare.........] lachajare...... *D*

ERLÄUTERUNGEN. *Unter dem Abdruck in D findet sich eine kleine Vignette, ein Kopf im Halbprofil, der Else Lasker-Schüler ähnelt. In dem darauffolgenden Heft des »Saturn« wurde folgende Notiz veröffentlicht: Else Lasker-Schüler bittet uns festzustellen, dass die Vignette unter dem »Kreuzfahrer« nicht von ihr war. / Die Herausgeber. (Jg. 2, H. 12 vom Dezember 1912. S. 276.) – Die Erzählung bezieht sich bereits im Titel explizit auf die Kreuzzüge der abendländischen Christen zur Eroberung des Heiligen Landes vom Ende des 11. bis zum Ende des 13. Jahrhunderts, die blutigste Auseinandersetzung zwischen Christentum und Islam in der Geschichte.*

136,22 Muselblumen] *Vgl. zu 139,25.*

137,25-26 Ichneumon von Uesküb] *Ichneumons (griech. »Spürer«) heißt eine Unterfamilie der Schleichkatzen. – Uesküb ist der türkische Name der makedonischen Stadt Skopje. Nach dem Ende der türkischen Herrschaft 1912 kam Skopje 1913 zu Serbien, 1914 zu Jugoslawien. – Eine Stadt im europäischen Teil der Türkei heißt Uesküp; der mit Else Lasker-Schüler bekannte Paul Lindau buchstabiert den Ort in seinen Reisebeschreibungen »Aus dem Orient« (Breslau 1890) allerdings ebenfalls »Uesküb«.*

137,32-33 Taube Mohameds] *Vgl. zu 117,11-12.*

137,38 Sinai] *Vgl. zu 73,29.*

138,1 Klageweiber] *Vgl. zu 73,34.*

138,23 abbarebbi] *Vgl. zu 117,27 zu »Abba« und »Rebb«.*

138,29-30 aufgehangen ⟨...⟩ Baum nicht wiederfinden] *Diese Formel findet sich noch einmal in den »Briefen nach Norwegen«; vgl. 234,20-21.*

138,36 Kaiser Conradin] *Konradin (1252-1268), Herzog von Schwaben, gegen dessen Wahl zum König Papst Alexander IV. 1256 Einspruch erhob, war an keinem Kreuzzug beteiligt. Anders König Konrad III. (1093 oder 1094-1152), welcher am mißglückten zweiten Kreuzzug (1147-1149) teilnahm.*

139,9-10 Hamed-Mordercheis] *Der alttestamentliche Mordechai kann zusammen mit seiner Pflegetochter Esther den Plan des Großwesirs Haman, alle Juden im persischen Reich unter König Ahasveros auszurotten, verhindern. Vgl. Esther 2-8.*

**139,24** Sprüche des Korans] *Die Suren; vgl. zu 87,27.*

**139,25** Muselmänner] *Vgl. »Muselmann«, das eingedeutschte »Muselman« (veraltet für »Moslem«).*

**139,25-26** Mekka und Medina] *Mekka und Medina sind die wichtigsten Wallfahrtsorte der Muslime: In Mekka wurde der Prophet Mohammed um 570 geboren, in Medina befindet sich sein Grab.*

**139,26** Jemen] *Großlandschaft im Südwesten der Halbinsel Arabien.*

**139,26** Tyrus] *In der Antike mächtige Handelsstadt in Phönizien; heute Sur (Libanon). Die Bewohner von Tyros verehrten ihren Stadtgott Melkart (phönik. »König der Stadt«).*

**139,26** Beduinen] *Die Nomadenstämme des arabischen Sprachraums. Nominell sunnitische Muslime, halten die Beduinen an vorislamischen religiösen Elementen fest.*

**139,27** Ninive] *Altmesopotamische Stadt am Tigris mit ihrem der Göttin Ischtar gewidmeten Hauptheiligtum Emeschmesch.*

**139,28** Philister] *Nichtsemitisches Kulturvolk unbekannter Herkunft an der Südwestküste des nach ihm benannten Palästina (kurz nach 1200 v. Chr.).*

**139,28** Edominiter] *Die Edomiter, Semiten aus der syrisch-arabischen Wüste, die Saul bekämpfte und David unterwarf. Vgl. 1. Samuel 14,27 und 2. Samuel 8,13 f. – Um 125 v. Chr. wurden den Edomitern, nach ihrer Unterwerfung durch Johannes Hyrkanus, Beschneidung und das jüdische Kultgesetz aufgezwungen.*

**139,28** Amoniter] *Die Amoriter sind semitische Nomaden, die im 2. Jahrtausend v. Chr. nach Mesopotamien eindrangen. Das Alte Testament bezeichnet häufig die gesamte vorisraelitische Bevölkerung Palästinas als Amoriter.*

**139,28** Hethiter] *Ein um 2000 v. Chr. in Kleinasien eingedrungenes Volk. Wie die Amoriter werden auch die Hethiter im Alten Testament oft synonym für die gesamte vorisraelitische Bevölkerung Israels gebraucht.*

**139,28-29** Stämme der Juden] *Die zwölf Stämme Israels, abgeleitet vom gemeinsamen Stammvater Jakob, seinen Frauen und deren Mägden: Ruben, Simeon, Levi, Juda, Sebulon, Isaschar, Dan, Gad, Asser, Naphthali, Josef und Benjamin. Vgl. 1. Mose (Genesis) 49.*

**139,29** Chaldäer] *Aramäische Stammesgruppe in Südbabylonien.*

**139,29** Saduccäer] *Anhänger einer konservativen Religionspartei*

*unter den Gebildeten und Priestern des jüdischen Volkes in der Zeit
des Zweiten Tempels in Jerusalem (200 v. Chr.-70 n. Chr.).*
**139,29** Judäer] *Gemeint sind wohl die Stämme Juda und Benjamin,
die einst das Gebiet Judäa besiedelten.*
**139,29** Davids] *Nach Saul zweiter König Israels (etwa 1004-965
v. Chr.). Vgl. 2. Samuel 2,1-11.*
**139,30** Leviten] *Nachkommen von Levi, dem Sohn Jakobs; neben
den Priestern sind die Leviten für den Tempeldienst designiert,
unter anderem zum Lesen und Singen der Gebete.*
**139,30** hohen Jehovapriester] *Priester, welche als Nachkommen
des ersten Hohepriesters Aaron den Tempeldienst versehen.*
**139,31** Talmudgelehrte] *Der Talmud (hebr.: Lehre, Studium) entstand in mehrhundertjähriger mündlicher und schriftlicher Überlieferung und besteht aus der hebräischen Rechtssammlung
Mischna und der auf ihr aufbauenden aramäischen Diskussion und
Kommentierung, der Gemara. Der Talmud liegt in zwei Formen,
als palästinensischer (Jerusalemer; etwa 400 v. Chr. abgeschlossen)
und als babylonischer Talmud (beendet etwa 500 v. Chr.) vor.
Beide Talmude enthalten die Halacha, das jüdische Religionsgesetz, und die Aggada (Haggada), alle nichthalachische Schriftauslegung. Besonders der umfangreichere babylonische Talmud erlangte
im Judentum hohe Geltung. Der Talmud diente dem Judentum bis
in neuere Zeit als Enzyklopädie allen Wissens und als Fundament
jüdischer Erziehung und Bildung.*
**139,31** Damaskus] *Die Stadt vorsemitischen Ursprungs war 1000
v. Chr. Zentrum des Aramäerreiches, über dessen Kämpfe mit Israel
das Alte Testament berichtet. Nach einer wechselvollen Geschichte
fiel die Stadt 1516 den Osmanen in die Hände und blieb bis 1918
türkisch; seit 1920 ist Damaskus die Hauptstadt Syriens.*
**140,22** aus Tausend und einer Nacht] *Vgl. zu 32,5.*


## Tigerin, Affe und Kuckuck

ÜBERLIEFERUNG. E: *Der Sturm. Jg. 1, Nr. 11 vom 12. Mai 1910.
S. 86.* $D^1$: $Ge^1$ *(1913). S. 161f.* $D^2$: $Ge^2$ *(1920). S. 86f.*

VARIANTEN und LESARTEN.
**141,26** Elephantin] Elefantin $D^{1-2}$    **142,10** Variété] Varieté $D^{1-2}$

ERLÄUTERUNGEN. *Vgl. die Essays »Im Zirkus«, »Im Zirkus Busch«, »Zirkuspferde« und »Apollotheater«.*

**141,22** Zirkus Busch] *Vgl. zum Essay »Im Zirkus Busch«.*

**142,6** »Ulk«] *»Illustriertes Wochenblatt für Humor und Satire«, Beilage zum »Berliner Tageblatt« und zur »Berliner Volkszeitung«.*

**142,8** Wintergarten] *Der 1887 eröffnete »Wintergarten« des Central-Hotels in der Friedrichstraße war Berlins vornehmstes Varieté, das eine Mischung aus Kabarett und Zirkus bot.*

**142,9** Darwin, der Enkel des großen Zoologen] *Der Hinweis auf den Enkel des Naturforschers und Begründers der modernen Evolutionstheorie Charles Darwin (1809-1882) ist hier im übertragenen Sinne gemeint und bezieht sich wohl nicht persönlich auf Charles Galton Darwin (1887-1962), Physiker und während des Zweiten Weltkriegs Hauptorganisator der britischen Atombombenforschung.*

**142,14** Dressel] *Rudolf Dressel führte Unter den Linden eines der ältesten Berliner Lokale, berühmt für seinen Rotwein.*

**142,15** regalierte sich] *»Se régaler« (franz.): sich gütlich tun.*

**142,15** Heidsieck-Monopol] *Schaumwein der Champagnerkellerei Charles Heidsieck, Reims.*

**142,19** Kolonie Grunewald] *Grunewald wurde in den Jahren nach 1889 als Berliner Villenkolonie im gleichnamigen Kiefernforst angelegt; seit 1920 ist es Ortsteil von Berlin. – Am 7. Mai 1910 schrieb Else Lasker-Schüler an Jethro Bithell:* Nun hab ich vier Nächte nicht geschlafen, vorgestern Nacht ging ich durch die Colonie Grunewald, verirrte mich, konnte erst früh morgens nach Haus finden. ⟨...⟩ Aber den Kuckuk hab ich rufen hören – denk mal, ich hab nie, nie so einen Wortkünstler gehört je. Ich dachte immer, das wär Sage, aber in der Colonie vorgestern – immer runder rief der Kuckuck und so drollig – wenn mich Jemand fragen würde: Du ich gebe Dir hundert Mark, aber Du darfst den Kuckuck nicht gehört haben, Ich verzichtete! Ein herrliches Tier. *(H: ULL.)*

**142,22** Kuckuck] *Im Volksglauben hat die Anzahl der Kuckucksrufe Bedeutung für Lebensdauer, Geld, Heirat und Wetter. Seit dem 16. Jahrhundert dient die Bezeichnung »Kuckuck« als Euphemismus für den Teufel. Als Gegenbild des Adlers ist der Kuckuck Symbol für Minderwertiges.*

## Karl Kraus

*ÜBERLIEFERUNG. H: DLA (59.1170). 3 Blätter mit Tinte beschrieben. Blatt 1 einseitig mit einer Widmung (s. u.) beschrieben, 2 Blätter einseitig beschrieben bis auf den abgebrochenen Schreibansatz auf der Rückseite von Blatt 2:* Karl Kraus. Im Zimmer meiner Mutter hängt an der Wand ein Bild. *Auf Blatt 3 unter dem Text die Unterschrift:* Else Lasker-Schüler *sowie der Zusatz:* Im Mai des ⟨eine Sternschnuppe mit langem, durch den Text laufenden Schweif⟩ 1910 Berlin. *– E: Der Sturm. Jg. 1, Nr. 12 vom 19. Mai 1910. S. 90. $D^1$: Saturn. Jg. 3, H. 4 vom April 1913. S. 116-118. $D^2$: $Ge^1$ (1913). S. 66-68. $D^3$: Der Brenner. Jg. 3, H. 18 vom 15. Juni 1913. S. 837f. $D^4$: Ess (1920). S. 18-20.*

*VARIANTEN und LESARTEN.*
*Ti:* Karl Kraus. *H* Rundfrage über Karl Kraus / Else Lasker-Schüler: $D^3$ W: Unserm lieben und wunderlieben Karl Kraus von der Dichterin – Sein Leben etwas – *(1)* in Original lebendigen *(2)* in originallebendigen + *(3)* im Original in lebendigen + Buchstaben. *Absatz* Für sein Dichtzimmer. *H* 142,29 feinen] feinen, *H* 143,1-2 Bischof ⟨...⟩ Dichter.] Bischof, ein Dichter geschrieben an meiner Mutter Mutter. *H* Bischof geschrieben an meine Mutter, ein Dichter. $D^1$ $D^3$ Bischof geschrieben an meiner Mutter Mutter, ein Dichter. $D^2$ $D^4$ 143,1 Mutter Mutter] Mutter *(Druckfehler) E* 143,2 Augen,] Augen *H* 143,7 Kraus'] Kraus $D^1$ 143,12 Lady] lady *H* 143,17 wahre] ware *H* 143,18 die Frauen] Frauen $D^2$ $D^4$ 143,19 aber nur] aber *H* Eine] eine $D^1$ 143,20 »kriegsberatenen Männern«] »kriegsberatenen« Männern *H* 143,27 o] o, $D^2$ $D^4$ 143,28 Vorgangs.] *(1)* Vorgangs, der die Schäden + *(2) H* 143,33 Unlustseuche.] Unlustseuche. *Absatz fehlt H* 143,36 Schaar] Schar $D^1$ Schar, $D^{2-4}$ 143,37 Beichtstuhl,] Beichtstuhl *H* $D^2$ $D^4$ 143,38 Cynismusschädel] Zynismusschädel $D^{1-4}$ 144,1 Unentwendbar] *(1)* Unb + *(2) H* 144,2 Kraus] Kraus, $D^3$ 144,4 Schnelläufer] Schnellläufer *H* 144,5 schwarzen] *(1)* schwar + *(2) H* 144,6 Neuem] neuem $D^{1-4}$

ERLÄUTERUNGEN. *Auf der dem Essay gegenüberliegenden Seite in E befindet sich eine ganzseitige Federzeichnung » Karl Kraus « von Oskar Kokoschka, das erste Blatt seiner im » Sturm « veröffentlichten Reihe » Menschenköpfe «. – D³ erschien als Teil einer » Rundfrage über Karl Kraus «, einer Reaktion auf den Kommentar der Münchner Wochenschrift » Zeit im Bild « zu einem vom » Brenner « am 29. März 1913 veranstalteten Kraus-Abend. Abgedruckt wurden Stellungnahmen Else Lasker-Schülers, Richard Dehmels, Frank Wedekinds, Thomas Manns und Stefan Zweigs, flankiert von Vor- und Nachworten des Herausgebers Ludwig von Ficker. – Karl Kraus (1874-1936), Journalist, Schriftsteller und Dichter, gründete 1899 die literarisch-polemische Zeitschrift » Die Fackel «, deren Herausgeber und ab 1912 alleiniger Verfasser er war und die er bis zu seinem Tode herausgab. – Über den Essay schrieb Else Lasker-Schüler am 27. März 1910 an Karl Kraus:* Ich bin so aufgeregt, nun hab ich über Dich so wunderbar geschrieben. Ich hatte ja noch **nicht** geschrieben, ich **konnte** noch nicht, ich schämte mich und sagte es Dir! So prachtvoll, ich bin nur bang, Du könntest beleidigt sein, aber großartig! Beleidigenderer wie Ad. Loos ein Essay ist es **nicht**. Es muß so bleiben, ich kann ja nicht für, ich bin ja immer ganz besoffen wenn ich schreibe. Du wirst dennoch entzückt sein. Ich habe plötzlich den Griff gekriegt, ich konnte Dich nicht schleudern, Dich muß man schleudern, nicht werfen. *(H [Postkarte]: WStLB [158.169].)*

**143,17** Don Juan] *Gestalt der europäischen Dichtung: Frauenverführer und Sinnbild erotischer Leidenschaft.*

**143,23-24** Dalai-Lama] *» Dalai Lama « (mongolisch-tibetisch): weltumfassender Geistlicher. Das politische und religiöse Oberhaupt des tibetischen Lamaismus. – Mit dem Titel des religiösen Oberhauptes des tibetanischen Lamaismus sprach Else Lasker-Schüler Karl Kraus auch in Briefen an.*

**143,25** chinesische Mauer] *Die Chinesische Mauer. Essays von Karl Kraus (1910). – Am 13., 17. und 20. Januar 1910 war Karl Kraus zum erstenmal in Berlin öffentlich aufgetreten und hatte aus seinen Schriften » Sprüche und Widersprüche « und » Die Chinesische Mauer « im von Herwarth Walden gegründeten » Verein für Kunst « vorgetragen.*

**144,1** heute rot – – morgen tot] *Sprichwort biblischen Ursprungs; vgl. Sirach 10,10.*

## Ein Amen

ÜBERLIEFERUNG. E: *Der Sturm. Jg. 1, Nr. 18 vom 30. Juni 1910. S. 144.* $D^1$: *Ge¹ (1913). S. 141 f.* $D^2$: *Ess (1920). S. 94 f.*

VARIANTEN und LESARTEN.
**144,14** Farbe] Farbe, $D^{1\text{-}2}$   **144,22** straft] segnet $D^2$   **144,23** Stahl] Strahl $D^2$   **144,31** erzengel] Erzengel $D^{1\text{-}2}$

ERLÄUTERUNGEN. *Der Erstdruck im »Sturm« enthält den Zusatz* Bei Gelegenheit einer Aufführung des Schauspiels Liebeswalzer in den Kammerspielen zu Berlin. – *Das Schauspiel in vier Aufzügen »Liebeswalzer« (»La marche nuptiale«) von Henry Bataille wurde in den Kammerspielen des Deutschen Theaters unter der Sommer-Direktion Emil Geyers vom 15. Juni bis zum 31. August 1910 unter der Regie von Adolf Lantz aufgeführt.*
**144,10** Ellen Neustädter] *Ellen Geyer, geb. Neustädter (1881-1926), war im »Liebeswalzer« in der Rolle der »Grâce de Plessans« zu sehen. Als Schauspielerin im Charakterfach spielte sie zuletzt am Berliner Residenztheater, mit dessen Direktor Emil Geyer sie verheiratet war. 1926 nahm sie sich in Berlin das Leben.*
**144,17-18** Oskar Sauer] *Oskar Sauer (1856-1918) war ab 1890 Schauspieler am Lessing-Theater, ab 1897 am Deutschen Theater und ab 1904 wieder am Lessing-Theater in Berlin. Vor allem in Rollen Ibsenscher Dramen machte er sich einen Namen.*
**144,18-19** Klein Eyolfs Eltern] *Klein Eyolf (Lille Eyolf) ist der Titelheld des gleichnamigen Dramas von Henrik Ibsen. (Schauspiel in drei Akten; Uraufführung: 1894, London.) – Eyolf, durch die Unachtsamkeit seiner Eltern, der schönen und reichen Rita und des introvertierten ehemaligen Lehrers Alfred Allmers, zum Krüppel geworden, ertrinkt. Das Drama entwickelt sich im Spannungsfeld zwischen Schuldgefühlen, Leidenschaft und Sinnlichkeit und beschreibt den Prozeß seelischer Reifung des Ehepaares.*
**144,26** »Nora«] *Vgl. Erläuterung zu 125,33.*

## Die rotbäckige Schule

ÜBERLIEFERUNG. *E: Vossische Zeitung. Nr. 303 (Morgen-Ausgabe) vom 1. Juli 1910.*

ERLÄUTERUNGEN. *Das Landerziehungsheim Schloß Drebkau Niederlausitz, in dem die Berliner Pädagogin Frida Winkelmann tätig war, besuchte Else Lasker-Schülers Sohn Paul von 1909 bis spätestens 1912. Über das Heim schrieb Else Lasker-Schüler am 7. Mai 1910 an Jethro Bithell:* Jethro Bithell, willst Du mir einen Gefallen tun? Wenn Du Eltern weißt, die ihre Mädchen oder Knaben in ein gesundes Landerziehungsheim schicken möchten nach Deutschland – so bitte sie sollen sich an mich wenden. Nämlich ich kenne eins 2 Stunden von Berlin im Spreewald »Drebkau« bei Cottbus. Schloß Drebkau. Landerziehungsheim von Frida Winckelmann. Die erste Pädagogin im hiesigen Pestalozzifröbelhaus war sie. Sie ist großartig. Die Kinder groß und klein, (Jungen und Mädchen sind zusammen dort) nennen Frida Winckelmann einfach »Frida« und die Lehrerinnen »Du«. Sie stehen zusammen wie die allerbesten Freunde. Ich habe einen Essay darüber geschrieben aus Dankbarkeit. Sie tat mir und tut mir das beste was Jemand mir tat. Auch ist die rotbäckige Schule nicht teuer, monatlich 90-100 Mk – und keine Nebenkosten wie vielleicht 10 Mk. Und dafür ist alles; auch die Räume sind groß und weit – im Park liegt das Schloß – ein uraltes Raubritterschloß umgeben von Wäldern – Park, Teichen. Das letzte Gebäude im Städtchen ist es. Sehr gesund, die Kinder werden Stämme sind alle glücklich. Im Freien immer Stunde im Sommer. Alle so intim zusammen, frei erzogen nach Pestalozzisystem. Sie machen nichts wie Ulk und lernen ohne daß sie es wissen. O, bitte, wenn Du Leute weißt, so sollen sie sich an mich wenden, ich schicke Ihnen Prospekt etc. schreib Ihnen Genaues. Nun kannst Du meinen ich bekäme etwa Geld dafür – o, Jethro Bithell, boy, es giebt in ganz Berlin kein feinerer Vagabund wie ich. *(H: ULL.) – Vgl. auch die Essays »Die Odenwaldschule«, »Ein Schulheim« und »Kleine Skizze«. – Paul Lasker-Schüler (1899-1927), das einzige Kind Else Lasker-Schülers, bewies schon sehr früh zeichnerisches Talent. Nach-*

*dem er mehrere Internate besucht hatte, versuchte er vergeblich, eine Anstellung, etwa als Werbezeichner, zu finden. Auch die unermüdlichen Bemühungen seiner Mutter, sich bei Freunden und Bekannten für ihn zu verwenden, blieben zumeist erfolglos. 1925 erkrankte Paul Lasker-Schüler an Lungentuberkulose, an der er im Dezember 1927 starb. Else Lasker-Schüler, die die Identität des Vaters ihres Sohnes nie preisgegeben hat, behandelte seinen Tod in Dichtungen und widmete ihm zahlreiche Gedichte (vgl. KA, Bd. 1.2, zu Nr. 78); in der Prosa schuf sie ihm mit dem in die Sammlung »Konzert« (1932) aufgenommenen Text »Mein Junge« ein Denkmal.*

**145,12** Pestalozzihaus] *Johann Heinrich Pestalozzi (1746-1827), Erzieher und Sozialreformer, der in seinen Bemühungen um die Verbesserung des Elementarunterrichts zum geistigen Gründer der modernen Volksschule wurde. – Das Pestalozzi-Fröbel-Haus in Berlin wurde 1874 von Henriette Schrader als Verein für Volkserziehung gegründet.*

**145,31-32** Fidusalbum] *Wahrscheinlich in Anspielung auf den um die Jahrhundertwende bekannten Künstler Fidus (eigentlich: Hugo Höppener) (1868-1948), der auch das Titelblatt von Else Lasker-Schülers erstem Gedichtband »Styx« (1902) mit einer Zeichnung ausgestattet hatte. Fidus, Anhänger der Reformbewegung, der Freikörperkultur und des Vegetarismus, entwickelte eine idealistisch-monumentale Tempelkunst; ab 1907 wandte er sich mit Verlags- und Bundgründungen mehr und mehr der Propagandatätigkeit von Lebensreform und völkischen Gemeinschaftsidealen zu; ab 1912 brach seine schöpferische Tätigkeit ganz ab. 1932 trat er in die NSDAP ein. – Vielleicht aber auch ein dem Stammbuch oder Poesiealbum entsprechendes Freundschafts- und Erinnerungsbuch (lat. »fidus«: treu). »Fiduz« war ein Ausdruck in der Studentensprache für »Vertrauen«.*

Oskar Kokoschka

ÜBERLIEFERUNG. E: *Der Sturm. Jg. 1, Nr. 21 vom 21. Juli 1910. S. 166.* $D^1$: *$Ge^1$ (1913). S. 72f.* $D^2$: *Ess (1920). S. 35f.*

VARIANTEN und LESARTEN.
**147,18** Meth] Met $D^{1-2}$   **147,20** Montesqiou] Montesquio $D^2$   **147,25** Duft] Duft, $D^{1-2}$   **147,31** Greisenmundes,] Greisenmundes; $D^2$   **148,5** Dalai Lamas] Dalai-Lamas $D^{1-2}$   **148,5** Wiener bekannten] bekannten Wiener $D^{1-2}$   **148,17** Kokoschka] Kokoschkas Malerei *(Druckfehler)* E. *In der nächsten Nummer des »Sturms« findet sich folgende redaktionelle Erklärung:* Berichtigung // In der Arbeit von Else Lasker-Schüler: Oskar Kokoschka heisst der erste Satz des letzten Abschnitts: Oskar Kokoschka ist eine Priestergestalt, himmelnd seine blauerfüllten Augen und zögernd und hochmütig. *(Der Sturm. Jg. 1, Nr. 22 vom 28. Juli 1910. S. 176.)*

ERLÄUTERUNGEN. *Paul Cassirer veranstaltete vom 21. Juni bis zum 11. Juli 1910 die erste Ausstellung von Gemälden Kokoschkas in Deutschland (zusammen mit Bildern des damals in Paris lebenden Malers Hans Hofmann [1880-1966]). Gezeigt wurden im »Salon Cassirer« 27 Ölgemälde, acht Illustrationen zu Kokoschkas »Der weiße Tier-Töter« (später »Der gefesselte Kolumbus«) sowie Aktzeichnungen. Die Ausstellung blieb weitgehend ohne öffentliche Resonanz; vgl. auch die am 7. Juli im »Sturm« (Jg. 1, Nr. 19. S. 150f.) erschienene Besprechung der Ausstellung durch Kurt Hiller und den sich anschließenden Pressespiegel. Zu den bei der »X. Ausstellung Paul Cassirer« ausgestellten Gemälden Kokoschkas vgl. auch den umfassenden Katalog von Johann Winkler und Katharina Erling: Oskar Kokoschka. Die Gemälde. 1906-1929. Salzburg 1995. – Der österreichische Maler und Graphiker Oskar Kokoschka (1886-1980) kam 1910 von Wien nach Berlin, wo er sich dem Sturm-Kreis anschloß. 1938 siedelte er nach London über.*
**147,20** Troubadour] *Als Troubadoure werden provenzalische Dichter des 12. und 13. Jahrhunderts bezeichnet, die ihre Lieder meist selbst vertonten und vortrugen.*

## Anmerkungen zur Prosa 1907-1911

**147,20** Herzogin von Montesqiou Rohan] *Das lange als »Bildnis der Herzogin von Rohan-Montesquieu« bezeichnete und bei der Berliner Ausstellung unter dem Titel »Eine preciöse Frau« (Nr. 14) gezeigte Gemälde stellt neueren Forschungen zufolge Victoria de Montesquiou-Fezensac, geb. Massena d' Essling (1888-1918) dar. Öl auf Leinwand, Cincinnati Art Museum, Cincinnati. (Abbildung: Winkler/Erling [s. o.], Nr. 42.)*

**147,26** Klimt] *Gustav Klimt (1862-1918), der Hauptvertreter der Wiener Jugendstilmalerei.*

**147,30-31** rissig ⟨...⟩ Fleisch des Greisenmundes] *Vermutlich das bei Cassirer als Nr. 18 unter dem Titel »Ein brutaler Egoist« ausgestellte Gemälde, das auch unter dem Titel »Alter Mann« gezeigt wurde. Öl auf Leinwand, Neue Galerie der Stadt Linz / Wolfgang Gurlitt Museum. (Abbildung: Winkler/Erling [s. o.], Nr. 14.)*

**147,32** lachende Italiener] *Conte Verona. Öl auf Leinwand, Privatbesitz, USA. (Bei Cassirer als Nr. 8 unter dem Titel »Signor Verona«. Abbildung: Winkler/Erling [s. o.], Nr. 41.) Es ist das Bildnis eines tuberkulösen italienischen Aristokraten.*

**148,5** Dalai Lamas] *Karl Kraus. Öl auf Leinwand, Staatsgalerie Stuttgart. (Bei Cassirer Nr. 2; Abbildung: Winkler/Erling [s. o.], Nr. 49.) – Vgl. zu 143,23-24 und zum Essay »Karl Kraus«.*

**148,5-6** Wiener bekannten Architekten] *Adolf Loos. Öl auf Leinwand, Staatliche Museen Preußischer Kulturbesitz, Neue Nationalgalerie, Berlin. (Abbildung: Winkler/Erling [s. o.], Nr. 28.) – Oskar Kokoschka und Adolf Loos (vgl. zum Essay »Loos«) waren seit 1908 miteinander befreundet; Adolf Loos förderte Kokoschka als Künstler entschieden.*

**148,8-10** Mein Begleiter ⟨...⟩ Geist.] *Spiel mit der Vervielfachung von Identitäten und somit der Ambiguisierung möglicher nichtfiktionaler Bezüge. Mehrere Figuren ›repräsentieren‹ eine außerliterarische Person: Der Begleiter, vorher schon durch den Beinamen »Troubadour« mit Referenzcharakter auf den Komponisten Walden versehen, zeigt auf das Bild »Hamlets«, das wiederum Herwarth Walden darstellt.*

**148,9** Hamlet] *Titelfigur von Shakespeares Tragödie »The Tragicall Historie of Hamlet, Prince of Denmarke« (erste belegte Aufführung: 1602, London). Hamlet, dem Typus des Melancholikers verwandt, verbirgt sein von Zweifeln bestimmtes Bewußtsein hinter der Maske des Wahnsinns.*

**148,10** Herwarth Walden] *1910, Öl auf Leinwand, Staatsgalerie Stuttgart. (Bei Cassirer Nr. 24; Abbildung: Winkler/Erling [s.o.], Nr. 49.) – Herwarth Walden hatte sich im Juni 1910 von Oskar Kokoschka porträtieren lassen. – Der Komponist und Schriftsteller Herwarth Walden (eigentlich: Georg Levin) (1878-1941) studierte bei Conrad Ansorge Klavier, Komposition und Musikgeschichte. Seit 1903 war er für den Berliner »Verein für Kunst« und als Redakteur verschiedener literarischer Zeitschriften tätig. Als Herausgeber, Verleger und Autor zahlreicher Beiträge der literarischen Wochenschrift »Der Sturm«, die 1910-1932 erschien und zum Podium der künstlerischen Avantgarde wurde, förderte er den französischen Kubismus, den italienischen Futurismus und den russischen Konstruktivismus. Die »Sturm«-Redaktion wurde im Laufe der Zeit um »Sturm«-Ausstellungen, den »Sturm«-Verlag, eine »Sturm«-Bühne erweitert. Nach seiner Hinwendung zum Kommunismus ging Walden nach Rußland, wo er 1941 in einem stalinistischen Lager interniert wurde, in dem er ein halbes Jahr darauf starb. – Mit Else Lasker-Schüler war er vom 30. November 1903 bis zum 1. November 1912 verheiratet. Die Ehe mit Nell Walden, geb. Roslund (1887-1975), Herwarth Waldens zweiter Frau, währte von 1912 bis 1924.*

**148,11-13** Aus der Schwermutfarbe ⟨...⟩ Kind.] *»Kind mit den Händen der Eltern«, Öl auf Leinwand, Österreichische Galerie, Wien. (Bei Cassirer als Nr. 10 unter dem Titel »Ein neugeborenes Kind«. Abbildung: Winkler/Erling [s.o.], Nr. 25.) Zu sehen ist ein Kind (Porträt des Kindes des Wiener Kaufmanns Leopold Goldmann), gehalten von einer weiblichen und einer männlichen Hand.*

**148,14** Schneelandschaft] *»Dent-du-Midi«, Öl auf Leinwand, Marianne Feilchenfeldt, Zürich. (Bei Cassirer als Nr. 16 unter dem Titel »Eislandschaft«. Abbildung: Winkler/Erling [s.o.], Nr. 37.)*

**148,15** Dürer] *Albrecht Dürer (1471-1528).*

**148,15-16** Grünewald] *Mathis Gothart Nithart, gen. Matthias Grünewald (1460/70-1528), war einer der führenden Meister seiner Zeit; sein Hauptwerk ist der Isenheimer Altar.*

**148,23** Hindu] *Anhänger des Hinduismus, dessen Weg zum Heil in der gnostisch-meditativen Einsicht in das wahre Wesen des menschlichen Daseins besteht.*

## Am Kurfürstendamm

ÜBERLIEFERUNG. E: *Der Sturm. Jg. 1, Nr. 23 vom 4. August 1910. S. 184. $D^1$: $Ge^1$ (1913). S. 40-42. $D^2$: $Ge^2$ (1920). S. 48-50.*

VARIANTEN und LESARTEN.
UTi: Was mich im vorigen Winter traurig machte ... $D^2$ W: Georg Fuchs in Freundschaft $D^{1-2}$   148,29 vorbeigaloppieren werden] vorbeigaloppieren $D^2$   148,33 geplagten] geplagten, $D^{1-2}$   149,1 Hufen] Hufe $D^{1-2}$   149,13 wolle] wollte $D^{1-2}$ schlimm,] schlimm $D^{1-2}$   149,14 Angestellten] Angestellten, $D^{1-2}$ 149,15 Pferde] der Pferde $D^2$   149,22 verteidigt] Verteidigt $D^{1-2}$ 149,23 ihm] ihn $D^{1-2}$   150,2 gedacht«,] gedacht,« $D^{1-2}$

ERLÄUTERUNGEN. *Widmung in $D^{1-2}$ für Georg Fuchs, einen Mitarbeiter der Zeitschriften »Die Aktion«, »Die Erde« und »Die weißen Blätter«, der in Berlin lebte und um die Jahrhundertwende beim »Berliner Tageblatt« und um 1910 bei der »Vossischen Zeitung« tätig war. (Es handelt sich nicht um den nationalistischen Schriftsteller und Theaterleiter Johann Peter Georg Fuchs [1868-1949], der häufig fälschlich mit dem Berliner identifiziert wird.) Else Lasker-Schüler setzte sich etwa Mitte 1913 in einem Brief für ihn bei Kurt Wolff ein, welcher Georg Fuchs, der so ungefähr 27 Jahre alt sei, eine Anstellung verschaffen sollte. (T: YUL, KWA.)*
148,32 Landauer] *Vierrädriger, viersitziger Kutschwagen mit aufklappbarem Verdeck.*

## In der Morgenfrühe

ÜBERLIEFERUNG. *H: Stadtbibliothek Wuppertal, ELS-Archiv (A 90) Tinte. Unterschrift: Else Lasker-Schüler. – E: Der Sturm. Jg. 1, Nr. 26 vom 25. August 1910. S. 207. $D^1$: $Ge^1$ (1913). S. 30f. $D^2$: $Ge^2$ (1920). S. 38f.*

*VARIANTEN und LESARTEN.*
W: Meinem Freund, dem Bildhauer Georg Koch $D^{1-2}$   *Ti:* In der Morgenfrühe. *H*   150,9 vorbei,] vorbei *H*   in den] *(1)* vor *(2)* | *H* 150,10 Häuser] Häuser, $D^{1-2}$   159,12 es] es, $D^{1-2}$   159,13 gehen,] gehen *H*   150,16 Dünkel] Hochmut *H*   aus] aus, $D^{1-2}$   brauchte] brauche $D^{1-2}$   150,17 abzulegen,] ablegen *H*   150,18 glaube] *(1)* bin + *(2) H*   150,19 auf,] auf *H*   150,20 liegt,] liegt *H*   150,21 tötliche] tödliche $D^{1-2}$   150,23 es] er *H*   150,24 am] im *H* 150,25 für ihn doch] doch *H*   150,26 gäbe] gebe *H*   150,28 daliege] dalege *H*   Strolch –] Strolch *H*   150,30 weißen Sportschuhen] weißen, tänzelnden Schuhen – *H*   hastig] mit hastigen Schritten *H*   150,32 Philisterinnen] *(1)* Phis+ *(2) H*   150,33 Bubenbluse,] Bubenblouse *H*   150,34 zertreten] *(1)* zertreten, + *(2) H* 151,3 mich,] mich *H*   151,4 so] so – *H*   151,5 an] vor *H*   151,6 Mandelbäume:] Mandelbäume, *H*   vergaß] vergaß, $D^{1-2}$

*ERLÄUTERUNGEN. Widmung in* $D^{1-2}$ *für den Bildhauer Georg Moritz Koch (1885-?). Er erhielt seinen ersten Zeichenunterricht bei Bruno Wiese, besuchte die Charlottenburger Hochschule der bildenden Künste (J. Ehrentraut, G. Janensch) und die Kunstgewerbeschule in Berlin. Er nahm an der Berliner »Sezessions«-Ausstellung von 1915 und an der »Freien Sezession« 1920 teil. Georg Koch schuf typisierte Porträtbüsten (von ihm selbst als »Masken« bezeichnet), die in fester Steinmasse gegossen und zum Teil farbig getönt waren. – Else Lasker-Schüler schrieb ihm auch das Widmungsgedicht »Georg Koch« (vgl. KA, Bd. 1, Nr. 281).*
150,32 Philisterinnen] *Im Sinne der Romantik: Spießbürgerinnen.*


Elberfeld im dreihundertjährigen Jubiläumsschmuck

*ÜBERLIEFERUNG. E: Der Sturm. Jg. 1, Nr. 27 vom 1. September 1910. S. 214 f.* $D^1$: $Ge^1$ *(1913). S. 32-36.* $D^2$: $Ge^2$ *(1920). S. 40-44.* $D^3$ *(nach* $D^2$*): Der Mann am Kreuz (1923). S. 76-79.*

*VARIANTEN und LESARTEN.*
*Ti:* Elberfeld $D^3$   W: Paul Zech, meinem Wupperfreund $D^{1-2}$ 151,10-11 es god, dat es] et god, dat et $D^2$   151,11-16 erwen!«

⟨...⟩ hereinkommen.] erwen!« $D^3$  151,14-15 Rotschwarzweiß-arme] Rotschwarzweiß-Arme $D^{1-2}$  151,20 Arzeneien] Arzneien $D^2$  151,27-28 Friederizianischen] friderizianischen $D^{1-3}$  151,31 Portiersleute] Portierleute $D^3$  151,32 frechgewordne] frech gewordene $D^1$ frechgewordene $D^{2-3}$  151,32-33 heraus lassen] herauslassen $D^{1-3}$  151,34 Pumpe,] Pumpe; $D^3$  152,1 Krampfadern] Kampfadern $D^3$  152,3 gelallt] gelallt, $D^{1-3}$  Sohn] Sohne $D^3$  152,4 anvertraut] anvertraut, $D^{1-3}$  152,6 vor; –] vor; – – – $D^3$  152,12 gewäsen«.] gewäsen.« $D^{1-3}$  152,19 Schwebebahn,] Schwebebahn; $D^3$  152,24-25 Sonnborn-Rittershausen] Sonnborn $D^3$  152,29 denken] denken, $D^3$  152,31 fall] fall' $D^{1-3}$  152,38-153,1 Blick wie] Blick, $D^2$  153,3 Doochter.«] Doochter«. $D^3$  153,12 Karussel] Karussell $D^{1-3}$  153,14 und] unud *(Druckfehler)* $D^2$  153,16 Caaroline] Caaroline, $D^{1-3}$  153,17 Stadt,] Stadt; $D^3$  153,18 schrei] schrei' $D^{1-3}$  153,20 Häusern. –] Häusern. – Absatz $D^3$  153,21 »dreihundert« Jahren] »dreihundert Jahren« $D^3$  153,27 zuguterletzt] zu guter Letzt $D^{1-2}$ zu guterletzt $D^3$  153,29 Paris.«] Paris«. $D^3$  153,31 werden] werden, $D^{1-3}$  153,33 anderen] andern $D^2$  153,35 würden] würden, $D^{1-3}$  153,37 Metzgersmutter] Metzgermutter $D^3$  153,38 Här] Här $D^2$  mödd ....] mödd ... $D^{1-2}$  154,5-9 aßen ⟨...⟩ Wuppertals.] aßen. $D^3$

ERLÄUTERUNGEN. *$D^{1-2}$ ist Paul Robert Zech (1881-1946) gewidmet. Der in Elberfeld aufgewachsene Schriftsteller arbeitete nach dem Studium zunächst zwei Jahre aus sozialem Engagement als Bergmann und Metallarbeiter im Ruhrgebiet, in Belgien und Frankreich. In Berlin ließ er sich 1912 als Kommunalbeamter nieder, betätigte sich aber in erster Linie als Herausgeber und Mitarbeiter zahlreicher Zeitschriften, als Verfasser und Übersetzer französischer Literatur. Er war auch als Bibliothekar und Werbeleiter tätig. 1933 emigrierte er über Prag und Paris nach Buenos Aires. Der etwa ab 1906 mit ihm befreundeten Else Lasker-Schüler widmete Paul Zech einige Gedichte, schrieb einen Essay über sie und Rezensionen über ihr Werk. Else Lasker-Schüler schrieb das Gedicht »Paul Zech« (vgl. KA, Bd. 1, Nr. 202) und widmete ihm das Gedicht »Heimweh« (vgl. KA, Bd. 1, Nr. 155). – Die Stadt Elberfeld feierte 1910 ihr dreihundertjähriges Jubiläum. – Else Lasker-*

*Schüler schrieb am 30. Juli 1910 an Paul Zech:* Wir kommen dieser Tage nach Elberfeld, ich komm plötzlich zu Ihnen – passen Sie nur auf. ⟨...⟩ Wahrscheinlich kommt O. Kokoschka mit. *(H: Stadtbibliothek Wuppertal, Else Lasker-Schüler-Archiv). – Oskar Kokoschka schreibt in seinen Memoiren über die mit Else Lasker-Schüler und Herwarth Walden unternommene Reise nach Elberfeld, auf die sich vermutlich der Essay bezieht. (Vgl. Oskar Kokoschka: Mein Leben. München 1971. S. 110.) – Vgl. auch die kryptische Bemerkung von Karl Kraus auf einer Postkarte an Herwarth Walden vom 10. September 1910:* Aber »Elberfeld« ist ganz außerordentlich schön. Bitte sagen sie das – Kokoschka. *(H: Staatsbibliothek zu Berlin, Stiftung Preußischer Kulturbesitz, Sturm-Archiv [Karl Kraus].)*

**151,10-11** »Lott es doot ⟨...⟩ erwen!«] *Um 1800 entstandenes Tanzliedchen. Vgl.: Deutsches Kinderlied und Kinderspiel. Volksüberlieferungen aus allen Landen deutscher Zunge, gesammelt, geordnet und mit Angaben der Quellen, erläuternden Anmerkungen und den dazugehörigen Melodien herausgegeben von Franz Magnus Böhme. Leipzig 1897. Nr. 619. S. 135.*

**151,21-23** nach Neviges zu ⟨...⟩ fließt die Wupper] *Neviges; Wallfahrtsort nordwestlich von Wuppertal. – Die Wupper fließt in ost-westlicher Richtung durch Barmen und Elberfeld, nicht Richtung Neviges.*

**151,34** grünen Pumpe] *Im ehemaligen Elberfelder Viertel Island gab es bis 1882 eine Brunnenanlage, die sogenannte »Dicke Pumpe«, das Wahrzeichen des Islandes. Else Lasker-Schüler bezeichnete aber auch die einfache Wasserpumpe als »grüne Pumpe«. (Vgl. Postkarte an Axel Juncker vom 19. Juli 1906. H: KBK.) Vgl. auch die Verwendung des Begriffs in 205,10.*

**152,2** Cholera] *Von Herbst 1849 bis April 1850 litt Elberfeld unter einer Cholera-Epidemie.*

**152,7** Au] *Die »Aue«, Straße im Südwesten Elberfelds längs der Wupper.*

**152,9-10** schauerliche Männer ⟨...⟩ loser Nacktheit] *Vgl. die »drei Herumtreiber« aus Else Lasker-Schülers Schauspiel »Die Wupper« (1908; vgl. KA, Bd. 2).*

**152,10** Ziethens] *Der Barbier Albert Ziethen war vom Landgericht Elberfeld des Mordes an seiner Frau schuldig gesprochen und zum*

*Tode verurteilt worden. Dem Verdächtigen konnte eine Schuld nie einwandfrei nachgewiesen werden, er selbst bestritt, den Mord begangen zu haben. Außer ihm wurde noch der Lehrjunge der Tat verdächtigt; dieser gestand im Jahr 1887, widerrief seine Aussage jedoch wieder. Nachdem das Todesurteil in eine lebenslängliche Zuchthausstrafe umgewandelt worden war, blieb Albert Ziethen bis zu seinem Lebensende in Haft. Der aufsehenerregende Fall stellte ein großes Faszinosum für die Elberfelder Bevölkerung dar. Paul Lindau (vgl. zum Essay »Paul Lindau«) veröffentlichte 1892 die Schrift »Der Mörder der Frau Ziethen. Ziethen oder Wilhelm?«, in der er die Schuld Ziethens massiv anzweifelt. Vgl. den Aufsatz von Volkmar Wittmütz: »Du verdammte Sau, ich schneide Dir den Hals ab.« Der Ziethen-Prozeß vor dem Landgericht Elberfeld 1884. In: Romerike Berge, Jg. 46, H. 2 (1996). S. 2-7.*

**152,17** Direktor Schornstein] *Richard Schornstein (1817-1893), von 1845 bis 1892 Direktor der Städtischen höheren Töchterschule »Lyzeum West« (genannt »Schornsteinschule«) im Westen Elberfelds, die auch Else Schüler besucht hatte. Unter Richard Schornstein erlangte die größte und teuerste Lehranstalt Elberfelds eine Vorbildfunktion für das damalige deutsche Mädchenbildungswesen.*

**152,19** Schwebebahn] *Die Barmen, Elberfeld und Vohwinkel miteinander verbindende Schwebebahn wurde 1901 mit dem ersten Streckenabschnitt in Betrieb genommen; die Gesamtstrecke wurde zwei Jahre später fertiggestellt. Der weitaus größte Teil der Strecke, die am Zoologischen Garten und an Sonnborn vorbeiführt, verläuft über der Wupper.*

**152,30** Elternhaus; unser langer Turm] *Das Motiv des Turms am Elternhaus taucht verschiedentlich in Else Lasker-Schülers Prosa auf (so in »Unser Gärtchen«, »Der letzte Schultag«, beide aufgenommen in »Konzert« [1932], und »Ich räume auf!« [1925]) und hat immer wieder zu Spekulationen über die Architektur des Hauses in der Sadowastraße 7, das nachweislich keinen Turm besitzt, und über die kindliche Perspektive geführt. Vgl. auch zu 313,22.*

**153,16** Amanda] *Vgl. Amanda Pius aus Else Lasker-Schülers Schauspiel »Die Wupper« (1908; vgl. KA, Bd. 2).*

**153,24** Chantant] *»Chantant« (franz.): Tingeltangel, Bordell.*

**153,29** Kölner Hännesken] *Das nach einer seiner Hauptfiguren benannte Kölner »Hänneschen« ist ein 1802 gegründetes volkstümliches Stockpuppentheater.*
**154,3** Weidenhof] *Von einer im Elberfelder Gasthaus »Weidenhof« mit seinem Wirt August Bloem handelnden Anekdote über Else Lasker-Schülers Vater Aron Schüler und den mit ihm befreundeten Theaterdirektor Abraham Küpper berichtet Adolf Dorp. Vgl. Adolf Dorp: Aus alter Zeit. Erinnerungen aus dem bergischen Volksleben. Bd. 1.1: Abraham Küpper. Elberfeld 1921.*

## Marie Böhm

ÜBERLIEFERUNG. E: Der Sturm. Jg. 1, Nr. 30 vom 22. September 1910. S. 239. $D^1$: $Ge^1$ (1913). S. 133 f. $D^2$: Ess (1920). S. 92 f.

VARIANTEN und LESARTEN.
**154,11** Charlottenstraße] Charlotten-Straße $D^{1-2}$   **154,27** um aus meiner Froschperspektive] um $D^2$   **155,4** hören!] hören aus meiner Froschperspektive? $D^2$   **155,9** drehten,] drehten. $D^{1-2}$   **155,10** zugebunden,] zugebunden $D^{1-2}$   **155,11** Stehen] stehen $D^{1-2}$

ERLÄUTERUNGEN. *Die Photographin Marie Böhm arbeitete bei »Otto Becker und Maass« in der Charlottenstraße 50/51; »Becker und Maass« porträtierten photographisch viele Berliner Berühmtheiten, vor allem aus der Theaterwelt. Auch Else Lasker-Schüler ließ sich dort photographieren.*
**155,6** Silberoxyd] *Nicht Silberoxyd, sondern die Silberhalogenide Silberbromid, Silberchlorid und Silberjodid spielen wegen ihrer hohen Lichtempfindlichkeit die wichtigste Rolle für die photographische Entwicklung.*
**155,6** Krinolin] *Die Krinoline, ein weiter Frauenunterrock aus Fischbeinstäben mit Roßhaarbindung, wurde um 1840-1865 getragen.*

## William Wauer

*ÜBERLIEFERUNG. E: Der Sturm. Jg. 1, Nr. 34 vom 20. Oktober 1910. S. 271. D¹: Ge¹ (1913). S. 115f. D²: Ess (1920). S. 74f.*

*VARIANTEN und LESARTEN.*
**155,21** »Secession«] Sezession $D^{1-2}$   **156,7** Dilettanten] Dilletanten $D^2$   **156,10** einatmen ⟨...⟩ »Ueber] einatmen. Über $D^1$ einatmen. Ueber $D^2$   **156,11** Bogen«] Bogen $D^{1-2}$

*ERLÄUTERUNGEN. William Wauer (Pseudonym: Wilhelm Pförtner) (1866-1962), Bildhauer, Maler, Theaterreformer, -regisseur und -kritiker, Mitarbeiter des »Sturms«. Seit 1906 war er als Theaterregisseur am Berliner Deutschen Theater unter Max Reinhardt, ab 1911 auch als Filmregisseur tätig. Seine Veröffentlichung »Die Kunst im Theater« (1909; 1919 wiederveröffentlicht als »Theater als Kunstwerk«) vereinigt seine Aufsätze zur Theaterkunst, mit denen er das Theater reformieren wollte. Theater soll demnach Ausdruckskunst, nicht illusionistische Täuschung sein; für die praktische Umsetzung steht dabei die Forderung nach der zentralen Stellung des »Künstler-Regisseurs« im Mittelpunkt. – Als praktische Umsetzung seiner Reformideen, zu der William Wauer im Schatten Max Reinhardts kaum Gelegenheit hatte, betrachtete er seine zusammen mit Herwarth Walden, welcher die Musik schrieb, erarbeitete Pantomime »Die Vier Toten der Fiametta«, die am 15. Juni 1911 am Kleinen Theater in Berlin zur Uraufführung gelangte. (Vgl. auch Volker Pirsich: Der Sturm. Eine Monographie. Herzberg 1985. S. 453-470.) – Vgl. auch zum Essay »Wauer via München, weiter und so weiter«.*

**155,21** Café Kutschera] *Das Berliner »Café Kutschera«, vorher »Café Sezession«, war ein Künstlertreffpunkt; Ende 1911 fanden zwei Veranstaltungen des »Neopathetischen Cabarets« dort statt.*

**156,1-4** Als das künstlerische Theater ⟨...⟩ Idealgeschöpfen.] *Im Jahr 1906 hatte das Moskauer Künstlertheater unter der Leitung Konstantin Sergejewitsch Stanislawskijs im Berliner Theater gastiert. In dreißig Vorstellungen wurden unter anderen Aleksej K. Tolstojs »Zar Fjodor« und Anton P. Tschechows »Onkel Wanja«*

*gezeigt. Das Gastspiel in russischer Sprache, bei dem während einer Vorstellung auch Kaiser Wilhelm anwesend war, wurde zum großen Erfolg.*
**156,6** Kotillongeschäften] *»Kotillon« (franz.): Gesellschaftsspiel in Tanzform.*

⟨Ich bin zwischen Europa und Asien geboren ...⟩

ÜBERLIEFERUNG. *E: Freiheit und Arbeit (1910). S. 114.*

ERLÄUTERUNGEN. *Der kurze Prosatext ist in einem kleineren Schriftgrad Else Lasker-Schülers Erzählung »Der Fakir von Theben« vorangestellt.*
**156,31** Türe] *Möglicherweise im Druck fälschlich für »Tino« gesetzt.*

Im neopathetischen Cabaret

ÜBERLIEFERUNG. *E: Der Sturm. Jg. 1, Nr. 38 vom 17. November 1910. S. 304. $D^1$: $Ge^1$ (1913). S. 152f. $D^2$: $Ge^2$ (1920). S. 77f.*

VARIANTEN *und* LESARTEN.
*Ti:* Im neopathetischen Kabarett $D^{1-2}$    **157,3** Arnim] Armin $D^{1-2}$
**157,8** Zobeïde] Zobeide $D^2$    **157,9** Cabaret] Kabarett $D^{1-2}$
**157,19** Jakob van?] Jakob van Hoddis. $D^{1-2}$    **157,23** Zobeïde] Zobeide $D^2$    **157,24** ich] ich doch $D^2$    **157,25** ein Glas] kein Glas $D^2$    **157,27-28** wiederlegen] widerlegen $D^{1-2}$    **157,31** himmelhohen] himmelblauen $D^2$    **157,33** Wars] War's $D^{1-2}$    **157,34** Cabarets] Kabaretts $D^{1-2}$    **157,36** Zobeïde] Zobeide $D^2$

ERLÄUTERUNGEN. *Das Berliner »Neopathetische Cabaret« unter der Leitung des Publizisten Kurt Hiller (1885-1972) war 1910 aus den Diskussions- und Vortragsabenden des »Neuen Clubs« hervorgegangen, als dieser seine Lesungen öffentlich zugänglich machte. In Verbindung mit den avantgardistischen Zeitschriften »Der Sturm« und »Die Aktion« verstand es sich als Gegenbewe-*

*gung zur* »*l'art-pour-l'art-Bewegung*« *Rilkes, Georges und Hofmannsthals. Pathos solle, so Hiller in der Eröffnungsrede, im Sinne Nietzsches als universale Heiterkeit, als panisches Lachen verstanden werden. – Der Essay bezieht sich auf das dritte* »*Neopathetische Cabaret*«*, das der* »*Neue Club*« *am 9. November 1910 veranstaltet hatte. Vgl. Richard Sheppard (Hg.): Die Schriften des Neuen Clubs. 1908-1914. 2 Bde. Hildesheim 1980-1983. Wiedergabe des Programms: Bd. 1. S. 410.*
**157,2** Tausend und Einer] *Vgl. zu 32,5.*
**157,3** Arnim Wassermann] *Der Schauspieler und Rezitator Armin Wassermann (1887-1915) gehörte dem Kreis um den* »*Neuen Club*« *an; der jüngere Bruder des Schriftstellers Jakob Wassermann (1873-1934) war vermutlich auch als Mitarbeiter der* »*Aktion*« *mit dem Kürzel* »*A. W.*« *tätig. – Armin Wassermann las an jenem Abend Verse von Georg Heym, Jakob van Hoddis, Kurt Hiller und Rainer Maria Rilke.*
**157,8** Meine Tänzerin Zobeïde] *Das Gedicht* »*Liebesflug*« *trägt in einigen Fassungen die Widmung* Meiner lieben Zobeïde: Wally Schramm *(vgl. KA, Bd. 1, Nr. 99; vgl. dort auch Nr. 383* »*Die Tänzerin Wally*«*). Wally Schramm war Tänzerin und Schauspielerin. – Die* »*Erinnerungen*« *John Höxters* »*So lebten wir*« *(1929. S 19; vgl. zu 189,30) enthalten eine Anekdote, nach der Else Lasker-Schülers Dienstmagd von jener als ihre* erste *Tänzerin Zobeïde ausgegeben worden sei.*
**157,12** Tasso] *Der italienische Dichter Torquato Tasso (1544-1595) wurde durch das gleichnamige Schauspiel Goethes (1790) zum Prototyp des Künstlers im Spannungsfeld zwischen Kunst und Gesellschaft.*
**157,13** Oelberg] *Auf dem Ölberg bei Jerusalem hält Jesus seine eschatologische Rede (vgl. Markus 13,3-37); das Alte Testament erwähnt den Ölberg nur in der Davidsgeschichte (vgl. 2. Samuel 15,30).*
**157,16** keine Gedichte von mir] *Wenig später, am 9. Dezember 1910, las Else Lasker-Schüler Gedichte und Prosa im* »*Neopathetischen Cabaret*«*, Café Kerkau, Behrenstr. 48. Außer ihr trugen Ernst Blass, Golo Gangi, Georg Heym, Kurt Hiller und Jakob van Hoddis vor; Paul Marx vom Lessingtheater las aus* »*Rabbi Esra*« *von Frank Wedekind.*

**157,19** Jakob van?] *Jakob van Hoddis (eigentlich: Hans Davidsohn) (1887-1942), frühexpressionistischer Lyriker. Aus einer jüdischen Heilanstalt, wo er seit dem Ausbruch einer Schizophrenie 1914 lebte, wurde er 1942 deportiert und ermordet. – Jakob van Hoddis gründete mit Kurt Hiller 1909 den »Neuen Club«.*

**157,26** Stefan Georges] *Der Dichter Stefan George (1868-1933) glaubte an die sakrale Erneuerung der Kunst und eine dadurch zu vollziehende Begründung eines neuen Menschentums. Für sich selbst beanspruchte er in diesem Prozeß eine Führerrolle. Den Naturalisten, welche sich auf die gesellschaftliche Wirklichkeit bezogen, stellte George das »L'art pour l'art«-Credo entgegen; der Geschmack der Menschen sollte durch autonome Kunst erzogen werden. Else Lasker-Schüler stand George ambivalent gegenüber: einerseits bewunderte sie seine Dichtung, andererseits kritisierte sie deren Intention.*

**157,34** Kurt Hiller] *Der promovierte Rechtswissenschaftler lebte seit 1908 als freier Schriftsteller in Berlin. 1909 gründete er zusammen mit Ernst Blass und Georg Heym den aus der »Freien Wissenschaftlichen Vereinigung«, einer nichtschlagenden studentischen Verbindung, entstandenen »Neuen Club«, der ab 1910 das »Neopathetische Cabaret« veranstaltete. 1913 war er Mitgründer des literarischen Kabaretts »Gnu«. Er gab die Anthologie »Kondor« (1912) heraus und war Mitarbeiter bei verschiedenen literarischen Zeitschriften, so 1910/11 bei »Der Sturm«. Ab 1911 Mitarbeit an der Zeitschrift »Die Aktion«. Im Frühjahr 1912 kam es zum Zerwürfnis zwischen Kurt Hiller und Herwarth Walden; Anlaß war die »Kraus-Kerr-Affäre« (vgl. die Polemiken von Karl Kraus gegen Alfred Kerr vom März bis Juni 1911 in der »Fackel«). Die Kreise um den »Sturm« und die »Aktion« grenzten sich in der Folge voneinander ab. Ab 1913 vertrat Kurt Hiller den Aktivismus, eine dem Expressionismus nahestehende geistig-politische Bewegung; 1926-1933 war er Präsident der von ihm gegründeten Gruppe Revolutionärer Pazifisten. Nachdem Hiller 1933/34 in das Konzentrationslager Oranienburg interniert worden war, floh er 1934 nach Prag und 1938 nach London. 1955 kehrte er nach Deutschland zurück.*

## Handschrift

*ÜBERLIEFERUNG. E: Der Sturm. Jg. 1, Nr. 39 vom 24. November 1910. S. 309f. D¹: Saturn. Jg. 3, H. 4 vom April 1913. S. 107-112. D²: Ge¹ (1913). S. 18-23. D³: Ge² (1920). S. 26-31. D⁴: Uhu. Jg. 3, H. 6 vom März 1927. S. 111-114.*

*VARIANTEN und LESARTEN.*
W: Dr. Otto Jahnke mit dem seltenen Handschriftsbild D² Dr. Otto Jahnke mit dem seltenen Handschriftsbild D³   158,4 Vorwand,] Vorwand D⁴   158,6 Große] Große, D⁴   158,13 dem] den D¹ D³⁻⁴   xbeliebiges] x-beliebiges D⁴   158,15 Ansehn] Ansehen D¹⁻⁴   158,23 hörte] höre D²⁻³   158,24 Handschrift.] Handschrift. D³   Handschrift?   D⁴   158,25-26 graphologischem Grunde;] graphologischen Gründen, D⁴   158,26 künstlerisch] künstlerisch D³   158,28 alltäglichen] bornierten D³   158,30 sinds] sind's D¹⁻³   sind es D⁴   158,31 Klaue] Klaue D³   158,32 Talent. –] Talent. D⁴   159,1 Jeder] Jeder D³   159,4 Epigonen,] Epigonen D³   159,6 verstehn] verstehen D¹⁻² D⁴   159,7 Die ⟨...⟩ sind] Epigonen sind viele D¹   Die alltäglichsten Epigonen sind D²   Die alltäglichen Epigonen sind D³   159,8 reichgewordene] reich gewordene D⁴   bemühen] bemühen, D¹⁻⁴   159,9-10 heraufzuschrauben] heraufzuschrauben, D⁴   159,12 Geistigüberlegenen] geistig Ueberlegenen D⁴   159,13 Knaben] Knaben, D¹⁻⁴   159,14 schreiben.] schreiben. – D³   159,19 kein Handschriftkünstler] aber ein Handschriftenkünstler D²   aber ein Handschriftenkünstler D³   159,20 Freund] Freund, D⁴   Faun.] Faun. – D³   spitzauslaufenden] spitz auslaufenden D²⁻³   159,21 Wolfsgebiß. Und doch] Wolfsgebiß. Und doch D³   Wolfsgebiß; und doch D⁴   159,22 wirkte] wirkt D²⁻³   159,23 Kunst,] Kunst D⁴   159,23-24 Karl ⟨...⟩ Walden] K. u. W. D³   Karl Kraus und R. R. D⁴   159,25 Pietät] Kunst D²⁻³   Kraus] Kraus' D²⁻³   159,26 Buchstaben ⟨...⟩ Dürergemälde.] Buchstaben. D³   159,30 auf. Der] auf, der D²⁻³   Zwischenduft] Zwischenduft, D²⁻⁴   159,31 Handschrift mit Zeichenmalkunst] sie mit der Malkunst D⁴   159,32 ein.] ein. – D²⁻³   159,33 Ruh] Ruh' D²⁻³   159,34 Geisterschrift] Geisterschrift D³   159,34-35 Gäste ⟨...⟩ wegen,] Gäste, nicht der Inhalt; D³   159,35

Schriftbild] Schriftbild $D^3$   159,35-36 erblickten] erblickten $D^3$   159,37 Seltenes und Erhabenes] seltenes und erhabenes $D^1$   159,38 aus. –] aus. $D^4$   160,4 vergnügt] zerstreut $D^{2\text{-}3}$   160,5 blendet.] blendet. – $D^3$   160,9 vom] von einem $D^3$   sind] sind, $D^3$   160,11 Handschrifttalent] Handschriftstalent $D^4$   160,13 schreiben können.] schreiben. $D^1$   160,14 Cypressenwälder] Zypressenwälder $D^{1\text{-}4}$   160,15 Struwelpeter] Struwwelpeter $D^4$   160,16 Nicolas] Nikolas $D^{1\text{-}4}$   160,17 Jungens] Jungen $D^1$   Tintenfaß. Gelungene] Tintenfaß; gelungene $D^3$   160,18 Tinte ⟨...⟩ Vaters. –] Tinte. – $D^3$   Tinte waren die Briefe meines Vaters. $D^4$   160,22 erinnern,] erinnern, meine Mutter schrieb, um zu träumen, $D^3$   erinnern; $D^4$   Vater] Vater, $D^{1\text{-}4}$   160,23 zweierlei: die] zweierlei. Die $D^4$   älteste:] älteste $D^1$   andere:] andere $D^1$   160,25 Petrus] Petron $D^4$   Rodins] Michelangelos $D^3$   160,25-27 Wie ⟨...⟩ kann] Nicht anders ist das mystische Bildnis, als die ausgeschriebene Handschrift zu verstehen, doch die kann wie das Gemälde $D^3$   Wieviel deutlicher gemalt als das tiefsinnigste Bildnis ist die ausgeschriebene Handschrift (rein künstlerisch verstanden). Aber auch die kann $D^4$   160,29 ist.] ist. – $D^3$   160,30 allzudeutlich] allzu deutlich $D^{2\text{-}4}$   160,31 Schatz,] Schatz $D^{1\text{-}4}$   160,32 gibts] gibt's $D^{2\text{-}4}$   160,37 liebkosend] kühl $D^4$   160,37 wie] nie *(Druckfehler)* E   160,38 Fessel] Fesseln $D^{2\text{-}3}$   161,1 belecken] zu belecken $D^{2\text{-}4}$   161,2 zehnseitenlange] zehn Seiten lange $D^{2\text{-}4}$   161,3 sprudeln] sprudelt $D^4$   Handschriftkünstler] Handschriftkünstler $D^3$   161,5 neugierig ⟨...⟩ wo] neugierig. Gewissenhafte Schriften sind die, bei denen $D^1$   neugierig. Gewissenhafte Schriften: Wie $D^2$ neugierig. – Gewissenhafte Handschriften: Wie $D^3$ neugierig. Gewissenhafte Schriften, wo $D^4$   161,6 Er war] Der Doktor war vermutlich $D^3$   161,7-8 aufgelegt. Hochbeglückt,] aufgelegt. – Hochbeglückt, $D^3$ aufgelegt. Hochbeglückt $D^4$   161,8 glückliche Handschrift.] Lachende Handschrift, Sonne! $D^3$   161,11-13 Sturmleser ⟨...⟩ gelangt.] Saturnleser; es tut mir unendlich leid, daß mein Manuskript dieses Aufsatzes nicht in Ihre Hände gelangt. $D^1$ Zuhörer. $D^3$ Leser; es tut mir unendlich leid, daß mein Manuskript dieses Aufsatzes nicht in Ihre Hände gelangt. $D^4$   161,13 es] das Manuskript dieses Aufsatzes $D^3$   161,19 wohnt.] wohnt: $D^1$   161,20 guten] süßen $D^{1\text{-}3}$   161,22 Kevlaar] Kevelaer $D^4$   161,23 am] im $D^4$   161,27 in der Direktion.] im Verlag Cassirer. $D^3$ in der Redaktion. $D^4$

*ERLÄUTERUNGEN.*

**159,22-24** Korrespondenz ⟨...⟩ zwischen Karl Kraus und Herwarth Walden] *Karl Kraus (vgl. zum Essay »Karl Kraus«) und Herwarth Walden (vgl. zu 148,10) lernten sich 1909 kennen. Herwarth Walden übernahm das Berliner Büro der »Fackel«, die bis 1911 mit dem Verlagsort »Wien-Berlin« erschien. Karl Kraus unterstützte Herwarth Walden als Schriftleiter der Zeitschrift »Das Theater« und vor allem bei der Gründung der Wochenschrift »Der Sturm«. Die enge Zusammenarbeit, die sich in einem regen Briefwechsel niederschlug, währte bis Ende 1911. Vgl. auch zu 216,20-21.*

**159,25** in meinem Essay] *Dem Essay »Karl Kraus«.*

**159,29** der späten Aegypter Fetischkultur] *Die Hieroglyphen der alten Ägypter besitzen bildhaften Charakter: Im Unterschied zu arbiträren Zeichen stellen sie materielle Objekte dar, weswegen hier der Bezug zum Fetischismus, zum Glauben an die Macht oder Kraft bestimmter Gegenstände, hergestellt wird. Vgl. auch zu 70,22.*

**159,30** ging aus dem Buchstaben schon die Blüte auf] *Vgl. den kurzen Prosatext »Wie ich zum Zeichnen kam«, den Else Lasker-Schüler 1932 in »Konzert« aufnahm.*

**159,32-33** »Die Mitternacht ⟨...⟩ Babylon«] *Anfang der Ballade »Belsazar« von Heinrich Heine aus dem Zyklus »Junge Leiden« des »Buches der Lieder« (1827), die auf dem biblischen Stoff der Schrift an der Wand »Meneh meneh tekel upharsin« (vgl. Daniel 5) beruht. Die im Alten Testament zentrale Deutung der Schrift durch David ist nicht Thema der Ballade.*

**160,2** Peter Baum] *Vgl. zum Essay »Peter Baum«.*

**160,15-17** Struwelpeter ⟨...⟩ Tintenfaß] *Vgl. »Der Struwwelpeter« von Heinrich Hoffmann (1809-1894), zunächst unter dem Titel »Lustige Geschichten und drollige Bilder« (1845) erschienen, mit der »Geschichte von den schwarzen Buben«. Das Kinderbuch wurde in kürzester Zeit weltberühmt.*

**160,25** St. Peter Hille, Petrus] *Vgl. zum Essay »Peter Hille« und zu »Das Peter Hille-Buch«.*

**160,25** Rodins] *Auguste Rodin (1840-1917), französischer Bildhauer, von Michelangelo (eigentlich: M. Buonarotti) (1475-1564), ital. Bildhauer, Maler und Architekt, dem Hauptmeister der Hochrenaissance, beeinflußt (vgl. Variante in $D^3$).*

**160,30** Sichel] *Der Maler Nathanael Sichel (1843-1907) war besonders populär aufgrund seiner idealisierten orientalischen Frauengestalten, die in illustrierten Unterhaltungszeitschriften reproduziert wurden.*

**160,36** Demimonde] *»Demimonde« (franz.:) Halbwelt, eine durch das gleichnamige Drama des jüngeren Alexandre Dumas (1855) aufgekommene Bezeichnung für Abenteurer, welche die Lebensweise der vornehmen Stände nachahmten; insbesondere war es eine Bezeichnung für in aller Eleganz auftretende käufliche Frauen.*

**161,18-19** Zeuxis ⟨...⟩ der nun in Berlin wohnt] *Von Zeuxis, dem griechischen Maler aus der Zeit des Peloponnesischen Krieges (431-404 v. Chr.), haben sich keine Werke erhalten, doch soll er besonderen Wert auf Illusion gelegt haben. Vgl. 194,34.*

**161,21** Prinzen von Afghanistan] *Emir von Afghanistan war 1901-1919 Habib Ullah Khan.*

**161,22** Wilhelm von Kevlaar] *Vgl. die Figur »Wilhelm« in Heinrich Heines Ballade »Die Wallfahrt nach Kevlaar« aus dem »Buch der Lieder«. Wilhelm läßt sich von seinem Liebesschmerz um das tote Gretchen heilen, indem er sein Herz durch ein Wachsherz ersetzen läßt und stirbt. – Ihr Gedicht »Weltende« (vgl. KA, Bd. 1, Nr. 97) widmete Else Lasker-Schüler 1917 Herwarth Walden mit den Worten:* H.W. Wilhelm von Kevlaar zur Erinnerung an viele Jahre.


## Max Brod

*ÜBERLIEFERUNG. E: Der Sturm. Jg. 1, Nr. 40 vom 1. Dezember 1910. S. 319f. D¹: Ge¹ (1913). S. 86. D²: Ess (1920). S. 49f.*

*VARIANTEN und LESARTEN.*
**161,29** schrein] schreien D¹⁻²   **162,2** habe] hatte D¹⁻²   **162,3** kam] kam, D¹⁻²   **162,15** Brod] Brod und meinem Paul Leppin D²   seiner] ihrer D²   **162,16** stehn] stehen D²

*ERLÄUTERUNGEN. Der Erstdruck enthält den redaktionellen Zusatz:* Bei Gelegenheit einer Vorlesung von Max Brod im Neuen Klub. – *Eine Anzeige im »Sturm« kündigt die Veranstaltung im Salon Cassirer für den 19. November 1910 an (Jg. 1, Nr. 38 vom*

*17. November 1910. S. 306).* Der Prager Schriftsteller Max Brod (1884-1968) las aus seinem Drama »Die Höhe des Gefühls« und aus dem »Tagebuch in Versen«. Vgl. Richard Sheppard (Hg.): Die Schriften des Neuen Clubs. 1908-1914. 2 Bde. Hildesheim 1980-1983. Bd. 1. S. 424f.
**162,1-2** Grimms Märchen ⟨...⟩ Hänsel und Gretel] »Kinder- und Hausmärchen« Nr. 15: »Hänsel und Gretel«.
**162,5** Van Gogh] Im Salon Cassirer, dem Ort der Veranstaltung, fand vom 25. Oktober bis zum 20. November 1910 eine Ausstellung des holländischen Malers Vincent van Gogh (1853-1890) statt.

## Sterndeuterei

ÜBERLIEFERUNG. T: WStLB *(158.181)*. 8 Blätter, 8 Seiten Maschinenschrift mit handschriftlichen Korrekturen. – E: Die Fackel. Jg. 12, Nr. 315/316 vom 26. Januar 1911. S. 20-26. $D^1$: $Ge^1$ *(1913)*. S. 9-17. $D^2$: $Ge^2$ *(1920)*. S. 17-25.

VARIANTEN und LESARTEN.
Alle Änderungen in T wurden, soweit nicht anders vermerkt, handschriftlich durchgeführt.
Ti: Sterndeuterei [und Diagnose] *T* W: St. Peter Hille in Ehrfurcht $D^{1-2}$ **162,18** Ihr] *(1)* ihr *(2)* | *T* Leib] Leid $D^2$ Ihres] *(1)* ihres *(2)* | *T* **162,19** liegen] liegen, $D^{1-2}$ Sie] *(1)* sie *(2)* | *T* Ihren] *(1)* ihren *(2)* | *T* **162,20** Sie] *(1)* sie *(2)* | *T* **162,21** Ihrem] *(1)* ihrem *(2)* | *T* hat.] *(1)* hat? *(2)* | *T* Sie sich] *(1)* sie sich *(2)* Sie Sich | *T* **162,23** des] *(1)* der *(2)* | *T* **162,24** Scheidewege,] Scheidewege{,} *T* **162,27-28** Sternensystem ⟨...⟩ Chaos] Chaos $D^{1-2}$ **162,28** sind Ihre Leiden] *(1)* ist ihr xxx *(1 Wort nicht lesbar) (2)* | *T* **162,29** all zu] allzu $D^{1-2}$ **162,30** Senkte ⟨...⟩ Sonne] *(1)* Ihre Sonne senkt sich plötzlich unerwartet *(2)* $+T$ eins] eines *T* Ihrer] *(1)* ihrer *(2)* | *T* **162,31** Ihres] *(1)* ihres *(2)* | *T* **162,32** Ihres] *(1)* ihres *(2)* | *T* Vergehen.] *(1)* Vergehen gegen den Paragraphen. – *(2)* Vergehen. | *T* **162,33** es,] es{,} *T* und] und [der,] *T* **162,34** verwandtschaftlichen] verwandtschaftlichen *T* **163,1** Schwächezustand,] Schwächezustand{,} *T* **163,4** krankhafter,] krankhaf-

ter, [wie mir der Arzt versichern würde,] *T* 163,6 schwermütigen] schwermütige{n} *T* 163,7 Sie ⟨...⟩ nicht] *(1)* Sie nicht die Erde leide *(2)* Sie *(a)* nicht etwa *(b)* etwa nicht + die Erde leide | *(3)* + *T* 163,8 erlittene] {[erlittene]} *T* Kometkraft] Komet[en]kraft *T* 163,8 Sie] *(1)* sie *(2)* | *T* 163,10 ewigkeitsmal] ewigkeitsmal[e] *T* 163,10-11 wendet ⟨...⟩ Maria] *(1)* kehrt[?] durch Maria zurück *(2)* | *T* 163,14 nicht] *(1)* keineswegs *(2)* | *T* 163,15 obschon] *(1)* trotzdem *(2)* | *T* Schatten] Häute $D^2$ 163,16 sind ⟨...⟩ übersteigt.] sind. $D^2$ sind. *(1)* {Ihre} Milderungsgründe. Wenn *(2)* | etwas *(1)* ihren *(2)* | Horizont *(1)* übersteigt *(2)* übersteigt, | *(3)* *T* 163,17 allzuklare] *(1)* {allzu helle} *(2)* *T* allzu klare $D^{1\text{-}2}$ gern] gern[e] *T* 163,18 Ihnen] *(1)* ihnen *(2)* | *T* 163,19 Sie] *(1)* sie *(2)* | *T* 163,19-20 Raketensterne ⟨...⟩ Gelehrte.] *(1)* Raketensterne. *(2)* Raketensterne![!] | Ich bin ja keine *(1)* Gelehrte, habe auch keine Hochschulkentnisse; *(a)* ihnen *(b)* Ihnen | einen wissenschaftlichen Aufsatz zu schreiben, gebricht es mir an Weisheit. *(2)* Gelehrte. | *T* Raketensterne! $D^2$ 163,21-22 Luft ⟨...⟩ lassen.] *(1)* »Luft in weiten Kreisen atmen lassen.« *(2)* | *T* 163,24 irgend einem] irgendeinem $D^{1\text{-}2}$ 163,25 namentlich,] namentlich *T* 163,27 gröberen,] {gröberen,} *T* impfen.] impfen. [Darüber liesse sich *(1)* einen noch grösseren, ausführlicheren *(2)* ein noch grösserer, ausführlicher | Essay dichten, wie dieser allgemeine wohl werden wird.] *T* 163,29 ihrer Welt.] ihres Leibes. $D^2$ 163,30 dieser Folge] {dieser Folge} *T* 163,31 Sie] *(1)* sie *(2)* | *T* nicht,] nicht{,} sich] *(1)* sich *(2)* Sich | *T* 163,32 Sie] *(1)* sie *(2)* | *T* Ihre] *(1)* ihre *(2)* | *T* Sie] sie *T* 163,34 Sie] *(1)* sie *(2)* | *T* 163,36 kann,] kann $D^2$ 163,37 den Sternen der Menschen] *(1)* seine Sterne *(2)(a)* die Sterne *(b)* den Sternen + der Menschen + *T* 163,38 ihnen] *(1)* {ihnen gerade} *(2)* + *T* Sie] *(1)* sie *(2)* | *T* Sie] *(1)* sie *(2)* | *T* Ich] *(1)* Natürlich es wäre witzig, wenn ich *(a)* ihnen *(b)* Ihnen | sagen würde, *(a)* ihr *(b)* Ihr | Allerwertester ist der Halbmond oder der Vollmond und *(a)* ihr *(b)* Ihr | Herz die Sonne. Aber ich *(2)* | *T* 164,1 Ihrem] *(1)* ihrem *(2)* | *T* Unsichtbarsten,] Unsichtbarstem{,} *T* Ihrem] *(1)* ihrem *(2)* | *T* Sie] *(1)* sie *(2)* | *T* 164,2 Ihnen] *(1)* ihnen *(2)* | *T* Sie] *(1)* sie *(2)* | *T* 164,3 als] *(1)* wie *(2)* | *T* Sie] *(1)* sie *(2)* | *T* Sie] *(1)* sie *(2)* | *T* 164,4-5 greifen,] *(1)* greifen *(2)* genießen | *(3)* greifen + *T* Ihr] *(1)* ihr *(2)* | *T* keinen] [auch] keinen *T* 164,6 überführt,] überführt{,} *T* 164,7 sezierte:] *(1)*

sezierte. *(2)* | T   164,7-8 »Der ⟨...⟩ Lunge«] *(1)(a)* Dieser *(b)* Der | Tote ist an Schwindsucht gestorben, [allerdings] am Zerbersten der Lunge *(2)* Der Tote ist an Schwindsucht gestorben, am *(a)* Zerbersten der »Lunge« + *(b)* »Zerbersten der Lunge« + | *(3)* T   164,12 Massenmenschsternensystem] *(1)* [{*xxx (1 Wort unlesbar)*}] Massensternenmenschsystem *(2)* | T   164,13 ein] ein[e] T   Bacchanale] Bacchanal $D^{1-2}$   Sterne,] *(1)* Sterne und Planetkörner, *(2)* | T 164,13-14 ungeordneten, unberufenen Fleischchaosse] ungeordnete{n}, unberufene{n} [Massen] Fleischchaosse ✝ T   164,17 faulen,] faulen $D^{1-2}$   164,18 Erblaßten] *(1)* erblassten *(2)* Erblassten | T   ihrer] *(1)* einer *(2)* | T   Der] *(1)* Der Arzt muss in den Patienten einkriechen *(a)* können, der *(b)* können. Der | *(2)* ✝ T   164,24 konnte] konnte[,] T   164,27 erschaffen,] erschaffen T   164,28 leben ...] leben ... *Absatz fehlt* $D^2$   164,29 Ureigentum] [*xxx (1 Wort unlesbar)*] Ureigentum T   begegnen,] begegnen{,} T   erlebe] erleb[t]e T   164,30 oft] {oft} T   164,34 Merkwürdig] Merkwürdig[erweise] T   164,35 erblickt] erblickt[,] T   164,38 Gallerien] Galerien $D^{1-2}$   165,1 Gesichte. Etwa] *(1)* Gesichte, etwa *(2)* | T   165,2-3 Angstgefühle!] Angstgefühle{!} T   165,3 andern] übrigen T   165,4 ungestörten] ungestörten $D^2$   165,5 wegen.] *(1)* wegen? *(2)* | T   geschehn] geschehen $D^{1-2}$   Wunder] [noch] Wunder T   165,7 gesprochen ⟨...⟩ ihnen,] *(1)* gesprochen, er erzählte von ihnen, auch von Buddha, *(2)* gesprochen {[{und mit Buddha}]}, und erzählte von ihnen, | T   165,9 Beweis] Beweis[,] T   165,10 Spiritisten;] *(1)* Spiritisten, *(2)* | T   165,12-13 in ⟨...⟩ sein] *(1)* sein in der ersten Leuchtkraft Gottes *(2)* | T   165,14 seh] seh' $D^{1-2}$   165,15-16 Einverständnis] Einverständnis[s] T   165,17 hungrige] hung[e]rige T   165,18 Menschen,] Menschen{,} T   165,19 in ⟨...⟩ zehn] *(1)* mit *(a)* acht *(b)* vielen | *(2)* in *(a)* den *(b)* meinen | ersten zehn ✝ T   165,25 Wieviele] Wie viele $D^{1-2}$   gibt] giebt T   165,31 irrige] {irrige} T   das »Lamm«] *(1)* {»}das Lamm{«} *(2)* ✝ T   165,32 Chaosunschuld] Chaosunschuld, $D^{1-2}$ 165,33-34 der ⟨...⟩ entledigt.] *(1)* die vollende{t}ste Welt aus der Hand reissen lassen: den »Himmel« *(2)* der vollendetsten Welt *(a)* *xxx (ca. 7 Wörter unlesbar) (b)* entledigt. ✝ | T   165,34 der Sonntägliche] *(1)* »er« *(2)* | T   einem der Mörder] *(1)* dem Verbrecher [{*xxx (1 Wort unlesbar)*}] *(2)* | T   165,35-166,1 Kreuztag ⟨...⟩ Wort.] Kreuztag *(der folgende Text wurde vom Blatt abgeschnitten)*

*T* 165,35 Dir] dir *D*$^{1-2}$ Du] du *D*$^{1-2}$ 165,37 um nichts weniger] genau wie *D*$^2$ 166,2-3 Fleischsehnsucht;] Fleischsehnsucht, *T* 166,3 aber] {aber} *T* und breitet] *(1)* darum breitet er *(2)* | *T* 166,6 einmal] *(1) xxx (1 Wort unlesbar) (2) | maschinenschriftliche Korrektur T* kein] *(1)* keinen + *(2)* kein *T* 166,9-15 Demut ⟨...⟩ Kalb.] *(1) xxx Textverlust durch ein ausgeschnittenes rechteckiges Stück Papier am rechten Rand. (2)* Demut war*[?] (Textverlust) |* Gott fähig {vom Stern zum Chaos}. *(1)* Die Welt lag *(2)* Nie war solche Dunkelheit auf Erden wie | in der Zeit des Gottbesuchs {*xxx (ein Wort unlesbar)*} *(1) xxx (Textverlust, dann ca.* 4 *Wörter unlesbar)* Aber Moses zerbrach die Heils*[?]*gestalt *xxx (Textverlust) (2) xxx (Textverlust)* {glaubten an Jesus *(a) xxx (ein Wort unlesbar) (b)* als Götzen} aus Fleisch und Blut, den Pharisäern {war er} ein sich überschätzender Götze*[?]*. | *T* 166,11 Menschen] Menschen, *D*$^2$ 166,13 Götzen] »Götzen« *D*$^2$ 166,17 als] *(1)* wie *(2)* | *T* sechzig] 60 *T* ist] *(1)* ist *(2)* wurde | *(3)* war + *(4)* + *T* 166,17-18 gottalt wie die Ewigkeit] *(1)* gottalt. *(2)* gottalt *(a) xxx (ein Wort unlesbar) (b)* wie die Ewigkeit. + | *T* 166,18 war] *(1)* wurde *(2)* | *T* zehntausend] *(1)* einige 1,000 *(2)* 10,000 | *T* 166,18-19 Jahre ⟨...⟩ fand.] Jahre {als die Tochter Pharaos ihn im Korbe fand.} *T* 166,20 Niemand ⟨...⟩ Geburtstag.] *(1)* er wurde 100,000*[?]* Jahre und 10*[?]* alt. *(2)* Niemand wußte *(a)* von*[?] (b)* um | seinen Geburtstag. | *T* 166,21 sechzehn] 16 *T* 166,22 Knabenstreiche.] Knabenstreich[e]. *T* Sie] *(1)* sie *(2)* | *T* 166,23-24 die ⟨...⟩ Ähren.] *(1)* Träume. *(2)* die Träume *(a)* Thebens. *(b)* der Kühe und Ähren. + | *T* 166,24-25 (Oder ⟨...⟩ Bürgermillion!)] {(}Oder zweifeln *(1)* sie *(2)* Sie | daran, *(1)* das *(2)* dass | mich meine Brüder verkauft *(1)* haben, das Bürgermillion! *(2)* haben? | *(3)* haben, dass Bürgermillion!) + *T* haben, das Bürgermillion! *D*$^{1-2}$ 166,25 So] So [aber] *T* 166,27 Dichterin] Dichterin, *D*$^{1-2}$ Sie,] *(1)* sie, *(2)* Sie | *T* 166,32 Auch] Selbst *T* Chaos,] Chaos{,} *T* 166,32-33 das Chaos] *(1)* die e+ *(2) T* 166,33-34 Bewandtnis] Bewandniss *T* 166,35 Ihnen] *(1)* ihnen *(2)* | *T* 166,35-36 bis ⟨...⟩ sind] {[bis ins tiefste Mark und Bein Aristokraten.]} [Das stillt eine zeitlang den Durst.] {[Wir sind]} *T* 166,37 Marien] Marieen *T* aller] *(1)* der *(2)* | *T* 166,38 seinem] *(1)* seinen *(2)* | *T* 166,38-167,1 Morgen ⟨...⟩ Abend.] *(1)* Morgen, seinen blausten Wolken *(2)* Morgen und goldenen Abend. | *T* 167,1 Bürger ⟨...⟩ Stiefsohn] Spießbürger ist ein Schwerphilister $D^2$   167,1-2 vernünftiger] *(1) xxx (1 Wort unlesbar) (2)* | *T*   167,2 Störenfried] [Moralist der] Störenfried *T* 167,5 Sternenmädchen] *(1)* Gottes*[?]*mädchen *(2)* | *T*   167,6 tanzt! --] tanzt! --- *T*   167,8 Ihren] *(1)* ihren *(2)* | *T*   167,9 im Stande,] im Stande *T* imstande, $D^{1-2}$   Ihnen] *(1)* ihnen *(2)* | *T* 167,10 Ihres] *(1)* ihres *(2)* | *T*   167,11 Ihre Kanäle, Ihre] *(1)* ihre Kanäle, ihre *(2)* Ihre [Kanäle, Ihre] | *T*   auf Ihren] auf *(1)* ihren *(2)* | *T*   Ihren] *(1)* ihren *(2)* | *T*   167,12 Ihrer] *(1)* ihrer *(2)* | *T*   167,12- 13 Jeder ⟨...⟩ Erhebung] *(1)* Jeder *(a)* Veränderung, *xxx (4 Wörter unlesbar)* Schmerzes, Freudegefühls, der Vernichtung und*[?]* Erhebung *(b)* Veränderung *(a)* ist*[?] (β)* welche*[?]* + | *(2)* Jeder Schmerz u. {jedes} Freudegefühl, Vernichtung oder Erhebung, + *T*   167,13 Ihres] *(1)* ihres *(2)* | *T*   167,15 Ihrer] ihrer *T*   Sonne] Sonne[,] *T* Finsternis] Finsternis[s] *T*   Ihr] *(1)* ihr *(2)* | *T*   167,16 Ihres] *(1)* ihres *(2)* | *T*   167,17 Ihnen] *(1)* ihnen *(2)* | *T*   167,18 einzugehen] einzugehn *T*   167,27 ihm] [{»}]ihm[{«}] *T*   167,28 Hascha-Nid] Hascha-Nid *T*   Häuptlings.] *(1)* Häuptlings meiner Dichtungen, dem verlorenen Sohn seiner *xxx (1 Wort unlesbar)* ganz aus dem ge*xxx (ca. 7 Buchstaben unlesbar)* Sternensystem*[?]*. *(2)* | *T* 167,29 die] *(1)* seine *(2)* | *T*   Grenzen] *(1) xxx (1 Wort unlesbar) (2)* | *T*   167,30 Spiel ⟨...⟩ Wüstenwind] Spiel{,} [ein] Wirbelwind*[?] (Textverlust durch Riß im Papier)*, [ein] Wüstenwind. *T* ihn] [{»}]ihn[{«}] *T*   167,31 und rein] {und rein} *T*   ist] ist, $D^{1-2}$ vor] {vor} *(Ergänzung wohl um Textverlust durch Riß im Papier zu ersetzen) T*   solch'] *(1)* solchen *(2)* | *T* solch $D^{1-2}$   167,32 Launen ...] *(1)* Sternenlaunen .... *(2)* Launen .... | *T*   Gern hätte] Ger{n hätte} *(Ergänzung wohl um Textverlust durch Riß im Papier zu ersetzen) T*   167,33-34 Später ⟨...⟩ Gott -] *(1) xxx (ca. 17 Wörter unlesbar) (2)* Bald*[?]* habe ich ihn erreicht und Gott: | *(3)* [Später wenn ich ihn erreiche und Gott:] + *T*   167,35 Gott] [Du wehrst den *(1)* guten und den *(a)* bösen *(b)* bösen(?) | *(2)* vielen | Sternen nicht / All ihre Launen strömen. / In meiner Stirne schmerzt die Furche / Die tiefe Krone mit dem düsteren Licht. / Und meine Welt ist still / Du wehrtest meiner Laune nicht] / Gott *T*   167,36 lauschen] lauschen, $D^{1-2}$   167,37 vertauschen,] vertauschen{,} *T* 168,3 frühen] *(1)* guten *(2)* | *T*   späten] *(1)* bösen *(2)* | *T*   rauschen.] rauschen. *Absatz* [Else Lasker-Schüler] *T*

*ERLÄUTERUNGEN. T stellt die Druckvorlage für den Erstdruck in der »Fackel« dar. – D$^{1-2}$ ist Peter Hille gewidmet; vgl. zum Essay »Peter Hille« und zu »Das Peter Hille-Buch«. – An Karl Kraus schreibt Else Lasker-Schüler am 15. Januar 1911:* Ich habe einen großen Essay: »Sterndeuterei und Diagnose« geschrieben. Wollen Sie ihn haben zur Ansicht für die Fackel? Sollte er Ihnen nicht für die Fackel passen, so kommt er in den Sturm. Es schadet nichts. Ich glaube nur er gefällt Ihnen. *(H: WStLB [157.922].) Über den Titel und die Verse am Schluß des Essays bemerkt sie in einem undatierten späteren Brief (Mitte/Ende Januar 1911):* Als »Ruf« wäre es schön das halbe Gedicht – den Anfang so mit Gott, aber ich muß Ihnen sagen, daß das Gedicht schon zweimal gedruckt wurde – und nun als Abschluß wie ein Sternenbouquet ein Rauschen von Sternenpflanzen wirkt – nicht? – Nur Sterndeuterei – den Essay zu nennen ginge, ich glaube noch besser sogar als Diagnose dazu – das hört sich vielleicht zu wissenschaftlich an zu studiert als ob man dichterisch was verlernt hat. 〈...〉 Und nicht abschließen: Das geht Sie nichts an! Das ist zu eintönig für den Rausch und zu kühl. »Gerne hätte ich Ihnen noch vom Himmel erzählt« – ist voller »Chor« – süßer Stimmen – lauter Engelköpfchen. Dann könnte das halbe Gedicht angesetzt werden, aber nicht alleine halb. Dalai Lama, süßer Herzog, nicht bös sein. Ich sage wie ich wirklich empfinde. Aber wie Sie wollen – wenn Sie glauben es ist besser für den Sturm senden Sie es Herwarth, ja? *(H [Kopie; Original verschollen]: Michael Guttenbrunner, Wien [Privatbesitz].)*

**162,24-25** wo sich der Stern vom Chaos trennt] *Nach der antiken Mythologie ist das Chaos der leere Raum, der bei der Entstehung des Universums als erstes auftauchte. Aus dem Chaos oder mit ihm zusammen entstanden Ge (Erde), Tartaros (Unterwelt) und Eros (Liebe). – Nach dem jüngeren alttestamentlichen Schöpfungsbericht schuf Gott die Welt aus dem Chaos der Urzeit, indem er zunächst Licht von der Finsternis trennte und dann den Raum mit Leben erfüllte. Die Sterne sind Werk des vierten Schöpfungstages. Vgl. 1. Mose (Genesis) 1,1-2,4.*

**162,25** Eisenbärte] *Anspielung auf Johannes Andreas Eysenbarth (1663-1727), der ein erfolgreicher Arzt war, aufgrund seiner Marktschreierei aber zum Typus des Quacksalbers gemacht wurde.*

**163,8** kürzlich 〈...〉 Kometkraft] *Der Halleysche Komet hatte am*

19. Mai 1910 gemäß seiner 76jährigen Umlaufzeit wieder das Planetensystem der Sonne in Erdnähe durchquert. Viele befürchteten den Weltuntergang während des Durchgangs der Erde durch den Schweif des Kometen, welcher aber völlig unbemerkt die Erdumlaufbahn passierte.

163,9 Maria, durch die Gott schritt] *Bezug auf die Verkündigung an Maria, nach der sie das Jesuskind durch den Heiligen Geist empfangen werde; vgl. Matthäus 1,18 und Lukas 1,35.*

163,11 höchste Fest] *Christi Geburt, das Weihnachtsfest.*

163,12 sieben Schwerter] *Die sieben Schmerzen der Maria – die Beschneidung Jesu, die Flucht nach Ägypten, die Suche nach Jesus im Tempel, die Gefangennahme Christi und dessen Kreuztragung, die Kreuzigung und die Grablegung Christi – werden ikonographisch oft durch sieben das Herz der Schmerzensmutter durchbohrende Schwerter dargestellt.*

163,19-20 Ich bin ja keine Gelehrte] *Die in Else Lasker-Schülers Texten und Briefen immer wieder anzutreffende Beteuerung, sie habe keine Bildung, sei bereits mit elf Jahren von der Schule gegangen und lese keine anderen Bücher als die eigenen, wurde wie viele andere Topoi als authentische Selbstaussage der Dichterin begriffen. Johannes Abresch konnte dagegen in seinem Aufsatz »Schülerin Else« (Romerike Berge. Jg. 45 [1995], H. 1. S. 12-17) glaubhaft machen, daß die Schullaufbahn Else Lasker-Schülers einen anderen Verlauf genommen haben muß.*

164,13 Bacchanale] *Nach dem griechisch-römischen Weingott Bacchus benanntes ausschweifendes Trinkgelage.*

164,16 Jesus von Nazareth tat Wunder] *Zu den in den Evangelien mitgeteilten Wundertaten Jesu gehören z. B. die Brotvermehrung (Matthäus 14,13-21), die Erweckung des Jünglings zu Nain (Lukas 7,11-17), die Erweckung des Lazarus (Johannes 11,1-45), die Hochzeit zu Kana (Johannes 2,1-11).*

164,22 Moses ⟨...⟩ erkannte den Gott seines Volkes] *Durch die Gotteserscheinung des brennenden Dornbusches zum Führer der Israeliten berufen, führte Mose das Volk Gottes aus der Knechtschaft. Vgl. 2. Mose (Exodus) 2-10.*

164,23-25 Eine Sage meiner Bücher ⟨...⟩ Sterne] *In der auch in »Der Prinz von Theben« enthaltenen Erzählung »Der Derwisch« findet sich ein solches Motiv nicht. Mit einem ähnlichen Bild be-*

*schreibt der Malik seinen Urgroßvater, den Scheik, in der sowohl in* »*Briefe und Bilder*« *als auch in* »*Der Malik*« *enthaltenen* »*Krönungsrede*« *(vgl. 333,6-334,5 und 470,3-35).*

**164,25-27** Wir sind das glühendste Werk ⟨...⟩ erschaffen] *Die Idee der Strukturgleichheit von Mensch (Mikrokosmos) und All (Makrokosmos).*

**164,34** Zwiebelasketen] *Von barfußlaufenden Zwiebelasketen spricht Else Lasker-Schüler in ihrem Essay* »*St. Peter Hille*«, *den sie 1932 in* »*Konzert*« *aufnahm.*

**165,7** Buddha] *Buddha (altindisch* »*der Erwachte*«, »*der Erleuchtete*«)*, Ehrentitel von Siddharta (um 560-um 480 v.Chr.), des Stifters der nach ihm benannten Religion.*

**165,10** Spiritismus] *Lehre, nach der die Geister Verstorbener in Verbindung mit Lebenden treten können.*

**165,14** Isaaks] *Isaak, der Sohn Abrahams und Saras, ist einer der Erzväter Israels, denen Gott Verheißungen gegeben hat.*

**165,24** sechs Schöpfungstage] *Vgl. 1. Mose (Genesis) 1,1-2,4.*

**165,27** Wenn Jesus von Nazareth die Kinder rief] *Vgl. Markus 10,13-16.*

**165,31** »Lamm« Gottes] *Zahlreiche Stellen in der Offenbarung (auch Johannes 1,29) weisen Christus als* »*Lamm Gottes*« *aus.*

**165,32-33** der Nazarener war der Sonntag der Schöpfung] *Der Sonntag ist der Tag der Auferstehung Jesu. Vgl. Markus 16,2 und Johannes 20,1. Auf den siebten Schöpfungstag, an dem Gott ruhte, wird der jüdische Sabbat zurückgeführt. Vgl. 1. Mose (Genesis) 2,2 f.*

**165,35-36** »Wahrlich ⟨...⟩ im Paradiese sein.«] *Lukas 23,43.*

**166,12** Pharisäer] *Die Pharisäer (hebr.* »*Peruschim*«: *Abgesonderte), eine führende Gruppe jüdischer Schriftgelehrter, deren Anfänge in die Zeit des zweiten Tempels zurückgehen, werden vom Neuen Testament, aber auch von den rabbinischen Schriften, als die eigentlichen Gegner Jesu geschildert. Vor allem in der abendländischen christlichen Kultur wird der Pharisäer zum Prototypen der Selbstgerechtigkeit und Heuchelei stilisiert.*

**166,14** wie einst am Fuß des Mosesberges das goldene Kalb] *Anspielung auf den Götzendienst, den das Volk dem von Moses Bruder Aaron gebildeten Idol leistete. Vgl. 2. Mose (Exodus) 32.*

**166,18-19** als die Tochter Pharaos ihn im Korbe fand] *Als in*

*Ägypten alle männlichen Nachkommen des israelitischen Volkes getötet werden sollen, setzt die Mutter Moses diesen in einem Schilfkorb auf dem Nil aus; die Tochter des Pharao findet ihn und nimmt ihn später als Sohn an. Vgl. 2. Mose (Exodus) 2.*

**166,23** David] *David, der spätere König Israels, besiegt den riesenhaften Philister Goliath im Zweikampf. Vgl. 1. Samuel 17,1-51.*

**166,23** Simsontaten] *Der übernatürlich starke, selbstlose und zugleich ungehemmt sinnliche Simson begeht Streiche, Händel und Kämpfe gegen die Philister. Vgl. Richter (Judicum) 13-16.*

**166,23-24** ich bin Jakob und deute die Träume der Kühe und Ähren] *Nicht Jakob, sondern dessen Sohn Josef deutet die Träume des Pharao. Vgl. 1. Mose (Genesis) 41.*

**166,24-25** mich meine Brüder verkauft haben] *Josef wird von seinen neidischen Brüdern nach Ägypten verkauft. Vgl. 1. Mose (Genesis) 37.*

**166,26-29** Heute bin ich eine Dichterin ⟨...⟩ gefärbt.] *Über diese Passage schrieb Else Lasker-Schüler an Karl Kraus in einem undatierten Brief:* Durch Ihre Depesche fällt mir ein, verehrter Dalai-Lama, ich wollte noch anstatt: / (ich glaube so schrieb ich) / »Nun bin ich eine Dichterin und ich bitte zu verzeihn daß ich nicht eine Gehirnkarte« etc – (beinahe am Schluß) so schreiben: »Ich bin die Prinzessin von Bagdad und dichte wie Else Lasker-Schüler.« und ich bitte Sie mir zu verzeihen etc. etc. (So steht es doch weiter?). Mit den Simsonthaten – Joseph etc. vorher bleibt natürlich. *(H: WStLB [158.149].)*

**167,28** Hascha-Nid] *Figur aus Else Lasker-Schülers auch in »Der Prinz von Theben« enthaltener Erzählung »Der Fakir«.*

**167,33** vom Himmel] *Vgl. die Passage »Vom Himmel« (209,1-210,19) in den »Briefen nach Norwegen«.*

**167,35-168,3** Gott, wo bist du? ⟨...⟩ rauschen.] *Die Verse entstammen dem Gedicht »An Gott« (vgl. KA, Bd. 1, Nr. 149).*

## Alfred Kerr

*ÜBERLIEFERUNG. E: Der Sturm. Jg. 1, Nr. 49 vom 4. Februar 1911. S. 391. $D^1$: $Ge^1$ (1913). S. 87f. $D^2$: Ess (1920). S. 51f.*

*VARIANTEN und LESARTEN.*
168,5 Sylvester] Silvester $D^{1\text{-}2}$  168,7 fezbedeckten Häuptern] fezbedeckter Häupter $D^{1\text{-}2}$  168,9 Reissen] Reisen $D^1$  168,10 Illusionen«,] Illusionen,« $D^1$  Illusionen.« $D^2$  168,14 spanischer] spanisches $D^{1\text{-}2}$  168,16 Sennora] Senora $D^{1\text{-}2}$  168,21-22 Kritiken] Kritik $D^{1\text{-}2}$  168,23 beide] beiden $D^2$  168,27 Heine.] Heine *(Druckfehler) E*  168,28 Paris] von Paris $D^{1\text{-}2}$  168,31 Première] Premiere $D^{1\text{-}2}$

*ERLÄUTERUNGEN. Alfred Kerr (eigentlich: Alfred Kempner) (1867-1948), Kritiker und Schriftsteller; von 1901 bis 1919 ständiger Mitarbeiter der Berliner Zeitung »Der Tag«, dann des »Berliner Tageblatts«. 1933 emigrierte er nach Paris, 1935 nach London.*

168,14-15 spanischer Essay] *Alfred Kerr reiste seit 1905 mehrere Male nach Spanien; Essays und Reiseberichte darüber finden sich in seinen Sammlungen »Die Welt im Licht II«, Berlin 1920, S. 68-75, und »O Spanien! Eine Reise«, Berlin 1924.*

168,18 Kolonie] *Alfred Kerr wohnte in der Berliner Villenkolonie Grunewald; vgl. zu 142,19.*

168,26-27 Er träumt immer von ⟨...⟩ Heinrich Heine] *Der als Kritiker bekanntgewordene Alfred Kerr verfaßte auch Gedichte vor allem satirisch-polemischen Inhalts. Ein von Kerr durchaus provozierter Vergleich mit Heinrich Heine (1797-1856) könnte sich weiterhin auf beider Reisefeuilletons beziehen. – Heinrich Heine lebte von 1831 bis zu seinem Tod in Paris.*

168,30 im Tag] *»Der Tag« veröffentlichte am 15. Januar 1911 (Nr. 13) von Alfred Kerr eine Besprechung der Uraufführung von Gerhart Hauptmanns »Die Ratten« am 13. Januar 1911 im Berliner Lessingtheater.*

## Franziska Schultz

ÜBERLIEFERUNG. E: *Der Sturm. Jg. 1, Nr. 51 vom 18. Februar 1911. S. 407. D¹: Ge¹ (1913). S. 126. D²: Ess (1920). S. 85.*

VARIANTEN und LESARTEN.
169,5 ein] ihr $D^{1-2}$  169,7 seie] sei $D^{1-2}$  169,7-9 ohne ⟨...⟩ Altar.] ohne ihr meine Andacht zu bringen. $D^{1-2}$  169,22 solche] solche, $D^{1-2}$

ERLÄUTERUNGEN. *Zu Beginn des Jahres 1911 eröffnete der »Deutsche Bund für Mutterschutz« ein Mutterschutzhaus im Berliner Stadtteil Pankow unter der Leitung von Franziska Schultz. Das Organ des »Deutschen Bundes für Mutterschutz« »Die neue Generation« (bis 1908 unter dem Titel »Mutterschutz«) berichtet am 14. März 1911 über das* kürzlich eröffnete Haus: Die Entbindung der Mütter soll nicht im Mutterschutzhaus stattfinden ⟨...⟩. Wohl aber sollen die Mütter nach der Entbindung mit ihrem Kinde zurückkehren, um dasselbe möglichst lange zu stillen. *(Die neue Generation. Jg. 7, Nr. 3 vom 14. März 1911. S. 129.) – Der »Bund für Mutterschutz und Sexualreform« wurde 1905 in Berlin von Helene Stöcker (1869-1943) gegründet; im April 1908 wurde er in »Deutscher Bund für Mutterschutz« umbenannt. Der Verein kümmerte sich um unverheiratete Mütter und deren Kinder. – Im »Deutschen Bund für Mutterschutz« war Franziska Schultz für die Ortsgruppe Berlin ab 1909 als Leiterin der Berliner Mütterberatungsstelle und um 1911 als Leiterin der praktischen Arbeit des Bundes tätig. Sie beteiligte sich an einer Rundfrage zu einem Gesetzentwurf »zur Bekämpfung der Kurpfuscherei« gegen Verhütung und Abtreibung, deren Ergebnis »Der Sturm« am 4. März 1911 zu veröffentlichen begann. Franziska Schultz erklärt zu dieser Frage, es solle durch die Erziehung des Volkes zur Selbstzucht ein besseres und reineres Familienleben angebahnt werden. (Der Sturm. Jg. 2, Nr. 56 vom 25. März 1911. S. 444.)*
169,3 sieben Schwerter im Herzen] *Zum Bild der Schmerzensmutter vgl. zu 163,12.*
169,9 verirrte Magdalenen] *Vgl. zu 126,34.*

169,22-23 Tragende und Beladene] *Mühselige und Beladene ruft Jesus zu sich, um sie zu erquicken. Vgl. Matthäus 11, 28-30.*

## Ein Brief meiner Base Schalôme

ÜBERLIEFERUNG. E: *Der Sturm. Jg. 2, Nr. 55 vom 18. März 1911. S. 438. – Auch enthalten in* PT$^{1-2}$ *(1914 und 1920).*

ERLÄUTERUNGEN. *Zum Namen der Titelfigur vgl. zu 112,16.*
170,6 Verbotene Fleische] *Der Genuß von Schweinefleisch sowie von Fleisch verendeter, nicht geschlachteter oder zum Opfer bestimmter Tiere ist nach dem Koran (Sure 5,3) verboten. Dem Judentum ist nach der Tora der Genuß unreiner Fleische verboten; vgl. 3. Mose (Leviticus) 11 und 5. Mose (Deuteronomium) 14,3-21.*
170,6-7 rote und gelbe murmelnde Getränke] *Vgl. zu 113,16.*
170,10 Mannakuchen] *Manna, die wunderbare Speise der Israeliten auf der Wüstenwanderung (vgl. 2. Mose [Exodus] 16), stammt wohl von der sogenannten Manna-Tamariske auf der Sinai-Halbinsel; von ihren Blättern tropft das von Schildläusen abgesonderte, zuckerhaltige Manna zu Boden.*
170,23-24 Taube Mohammeds] *Vgl. zu 117,11-12.*

## Wauer via München, weiter und so weiter

ÜBERLIEFERUNG. E: *Der Sturm. Jg. 2, Nr. 72 vom August 1911. S. 575f.* D$^1$: Ge$^1$ *(1913). S. 117-121.* D$^2$: Ess *(1920). S. 76-80.*

VARIANTEN *und* LESARTEN.
Ti: Wauer-Walden via München und so weiter D$^1$ Wauer-Walden via München usw. D$^2$   171,12 wir kennen] kennen D$^2$   171,19 Königludwigaugen] König-Ludwig-Augen D$^{1-2}$   171,20 München] München, D$^{1-2}$   bayerischen] bayrischen D$^1$   171,25 Obersendlings,] Obersendlings D$^{1-2}$   171,29 ihn] ihm *(Druckfehler)* E   171,31 Giebt's] Gibt's D$^{1-2}$   171,32 Ferne] ferne D$^{1-2}$   171,33 dich] dich, D$^{1-2}$   171,34 vorbeiwandelnden] Vorbeiwandelnden

$D^{1-2}$  172,2 Caféhaus] Kaffeehaus $D^{1-2}$  172,9 Rhytmus] Rhythmus $D^{1-2}$  172,10 Kochäen] Trochäen $D^{1-2}$  172,12 liest mir] liest $D^{1-2}$  172,19 und der] und $D^2$  172,25 Lagerstatt«.] Lagerstatt.« $D^{1-2}$  172,29-30 Kobus ihrer berühmten] Kobus' berühmte $D^{1-2}$  172,34 Guitarrenspielers] Gitarrespielers $D^{1-2}$  173,5 Helene«] Helene *(Druckfehler) E $D^{1-2}$*  173,6 es] »es $D^{1-2}$  173,7 sein!!!] sein!!!« $D^{1-2}$  173,9-10 Fiametta ⟨...⟩ wiedersehen!] Fiametta. $D^2$  173,11 Direkter] Direktor $D^{1-2}$  Fusstapfen] Fußtapfen $D^1$  Fußstapfen $D^2$  173,11-12 er ⟨...⟩ Spielenden.] er legt so das Schreiten und die Gebärden der Spielenden fest. $D^{1-2}$  173,15 Zureichen. Allerlei Grauen] Zureichen allerleigrauen $D^{1-2}$  173,25 Bewunderers] Bewunderes *(Druckfehler) E*  173,27 verdutzter] verdutzer *(Druckfehler) E*  173,28 süssliche] Süßliche $D^{1-2}$  173,29 Première] Premiere $D^{1-2}$  173,29-31 Fiametta ⟨...⟩ Café?«] Fiametta. $D^2$

ERLÄUTERUNGEN. *Vgl. auch zum Essay »William Wauer«.*

**171,9** fahrenden Schüler ⟨...⟩ Platonikers Sohn] *Vgl. zu 9,33-34.*

**171,20-21** aus einem bayerischen Alpenknochen gehauen] *Vgl. den Untertitel des Gedichts »Jerusalem«: Gott baute aus Seinem Rückgrat: Palästina / aus einem einzigen Knochen: Jerusalem. (KA, Bd. 1, Nr. 375).*

**171,33** Café Bauer] *Münchner Künstlercafé (später »Café Glasl«), das in der Amalienstraße 79, Ecke Theresienstraße, lag.*

**171,34** Altan] *Im Gegensatz zum frei auskragenden Balkon vom Boden aus gestützter offener Austritt mit Brüstung am Obergeschoß eines Gebäudes.*

**172,3** Café des Westens] *Vgl. zum Essay »Unser Café«.*

**172,9-10** Herr Rattke] *In einem undatierten Brief an Karl Kraus erwähnt Else Lasker-Schüler Herr[n] Rattke Ober im Café (des Westens). (H: WStLB [158.149].)*

**172,10** Kochäen] *Wortspiel; der Trochäus (Plural Trochäen) ist ein antiker Versfuß. Vgl. aber Variante in $D^{1-2}$.*

**172,11** Richard] *Richard Frankewitz (gestorben 1932 im Alter von 43 Jahren), der von den Stammgästen wegen seines roten Haares »roter Richard« genannte Zeitungskellner des Cafés des Westens, war legendär; Joseph Roth schrieb einen Essay über ihn (Joseph Roth: Richard ohne Königreich. In: Neue Berliner Zeitung – 12*

*Uhr-Blatt, 9. Januar 1923). Ein Nachruf auf Richard Frankewitz von Balder Olden mit dem Titel* »Das war unser Richard« *erschien in der Berliner Morgenpost vom 29. Mai 1932.*

**172,11-12** Journaltruchsess] *Ein Truchseß (ahd.* »truhtsazzo«*) war im Mittelalter ein Hofbeamter, der die Aufsicht über die fürstliche Tafel führte.*

**172,12-13** mein Gedicht im Sturm vor über München] *Ein Gedicht über München von Else Lasker-Schüler ist nicht überliefert; möglicherweise selbstreferentiell auf den schwärmerischen Essay (als Prosagedicht) bezogen.*

**172,16** der unvergleichliche Doktor Arthur Ludwig] *In einem Brief an Edda Lindner vom 19. November 1964 berichtet Hans Ludwig, sein Onkel, der Münchner Arzt Arthur Ludwig, habe* ein ärztliches Familienheim, ein kleines Sanatorium, untergebracht in einer Achtzimmer-Wohnung, also mit etwa 5 Patienten *unterhalten. Dort habe auch Hans Ludwig Else Lasker-Schüler kennengelernt. (T: Robert Asher, Washington.)*

**172,27** Max Nassauer] *Der Gynäkologe und Schriftsteller Max Nassauer (1869-1931) schrieb, teilweise unter dem Pseudonym Dr. Harmlos, Novellen und Romane.*

**172,29-30** Simplizissimus ⟨...⟩ Künstlerkneipe] *Als* »Neue Dichtelei«*, bald nach der gleichnamigen Zeitschrift in* »Simplicissimus« *umbenannt, wurde das Schwabinger Kabarett 1903 in der Münchner Türkenstraße von der Kabarettistin Kati Kobus (1854-1929) eröffnet.*

**172,31** Ludwig Scharf] *Der Dichter Ludwig Scharf (1864-1939) war einer der ersten beim* »Simplicissimus« *fest engagierten Künstler.*

**172,35** Max Halbes] *Der Schriftsteller Max Halbe (1865-1944) verfaßte naturalistische Dramen, so zum Beispiel die erfolgreichen Stücke* »Jugend« *(1893) und* »Mutter Erde« *(1897).*

**173,6-7** es muss geschieden sein] *Vgl. Justinus Kerners Wanderlied von 1812* »Wohlauf noch« *mit den Versen* Ade nun, ihr Lieben! / Geschieden muß sein.

**173,8-9** Vier Toten der Fiametta] *Pantomime von William Wauer nach einer Vorlage von Pordes Milo; die Musik schrieb Herwarth Walden. Uraufführung: 15. Juni 1911 im Berliner Kleinen Theater. – Giovanni Boccaccios Roman* »Elegia di Madonna Fiammetta« (1343), von Sophie Mereau-Brentano 1806 ins Deutsche übersetzt, veranlaßte zahlreiche Autoren, Mädchen- und Frauenfiguren mit dem Namen Fiametta (oder dessen Übersetzung »Flämmchen«) in ihren Romanen zu verarbeiten. Vgl. Brentanos »Godwi« (1801/1802) und »Ponce de Leon« (1804), Arnims »Armut, Reichtum, Schuld und Buße der Gräfin Dolores« (1810), Eichendorffs »Ahnung und Gegenwart« (1815), Fouqués »Erdmann und Fiametta« (1825) und Immermanns »Epigonen« (1836). – Vgl. auch zum Essay »William Wauer«.

**173,9** Jacobsohn] *Der Publizist und Theaterkritiker Siegfried Jacobsohn (1881-1926), Gründer der Theaterzeitschrift »Die Schaubühne« (1905; ab 1918 als politisch-literarische Wochenschrift mit dem Titel »Die Weltbühne« erschienen), in der am 6. Juli 1911 eine Polemik von Walter Steinthal gegen die Inszenierung veröffentlicht wurde (Jg. 7, Nr. 26/27, S. 29). Antipode Alfred Kerrs. – Über die Uraufführung der »Wupper« (vgl. KA, Bd. 2) schrieb er eine Kritik (Die Weltbühne. Jg. 15, Nr. 20 vom 8. Mai 1919. S. 544-546).*

**173,10** ich werde Jacobsohn wiedersehen] *Else Lasker-Schüler spielt hier – an anderer Stelle ist auch von dem »kleinen Jakobsohn« die Rede (vgl. 190,28) – wohl auf ein damals populäres antisemitisches Spottlied an; vgl. zu 21,3. Der Familienname Jacobsohn gehörte 1919-1932 zu den Namen, die laut einer Liste des Preußischen Justizministeriums wegen ihres Spottcharakters geändert werden konnten. Vgl. Dietz Bering: Der Name als Stigma. Antisemitismus im deutschen Alltag. 1812-1933. Stuttgart 1987. S. 222.*

**173,11** Direktor Wauer] *Vgl. zum Essay »William Wauer«.*

**173,20** Rosa Valetti] *Die Kabarettdirektorin, -künstlerin und Schauspielerin Rosa Valetti (1876-1937) wirkte als Charakterschauspielerin an verschiedenen Berliner Theatern, bevor sie ab 1919 bei »Schall und Rauch« und anderen, auch eigenen, Kabaretts auftrat. 1933 emigrierte sie nach Wien. – In der Pantomime »Die vier Toten der Fiametta« spielte sie die Fiametta, die Frau des Schneiders.*

**173,22** Guido Herzfeld] *Guido Herzfeld (1865-1923) war unter anderem 1911/12 Mitglied der Münchner Kammerspiele; zuletzt gehörte er der Volksbühne in Berlin an.*

**173,27** Herwarth Walden] *Vgl. zu 148,10.*

**173,27-28** Hodler] *Ferdinand Hodler (1853-1918), der wichtigste Vertreter der Jugendstilmalerei in der Schweiz.*

## Friedrich von Schennis

ÜBERLIEFERUNG. E: *Der Sturm. Jg. 2, Nr. 74 vom August 1911. S. 590. D¹: Saturn. Jg. 3, H. 4 vom April 1913. S. 112-115. D²: Ge¹ (1913). S. 107f. D³: Ess (1920). S. 72f.*

*VARIANTEN und LESARTEN.*
174,5 sehn] sehen $D^3$   174,6 Sammtrock] Samtrock $D^{2-3}$   174,18 Alltagsphilister,] Alltagsphilister; $D^{1-3}$   174,29 Luxus,] Luxus; $D^3$
175,6 gehn] gehen $D^3$   175,9 Werke] Werke, $D^{2-3}$

*ERLÄUTERUNGEN. Der Landschaftsmaler und Radierer Hans Friedrich Emanuel von Schennis (1852-1918), gebürtig aus Elberfeld, studierte an den Akademien Düsseldorf und Weimar und lebte 1888/89 in Rom. Die Jahre 1892-1904 verbrachte er wieder in Düsseldorf; dann lebte er in Berlin, wo er der Boheme angehörte. Sein künstlerisches Hauptinteresse galt der französischen Renaissance. Friedrich von Schennis findet Erwähnung in Leonhard Franks Roman »Links wo das Herz ist« (München: Nymphenburger 1952. S. 115f.) und in John Höxters »Erinnerungen« (1929; vgl. zu 189,30), die ihm ein eigenes Kapitel widmen (S. 22-26). – Das Treffen Else Lasker-Schülers mit dem Maler kam vermutlich durch dessen Einladung zustande; Herwarth Walden schrieb am 19. März 1911 an Karl Kraus:* Meine Frau hatte auf der Gesellschaft des Barons riesigen Erfolg. *(H: WStLB 147.985.)*
**174,7** Sanssouci] *Sommerschloß mit Park in Potsdam, von Friedrich dem Großen (1740-1786) zum Teil nach eigenen Entwürfen gebaut.*
**174,8** Bild in der Nationalgalerie] *Das 1886 von der Berliner Nationalgalerie erworbene Gemälde »Park von Versailles« zeigt den Blick auf einen Teich im Parke mit einer von Genien gekrönten Vase und einer Gruppe: Neptun und Amphitrite nebst einem Nilpferd.* ⟨...⟩ *Regnerische Spätherbststimmung. – (Katalog der Königlichen National-Galerie zu Berlin. Von Dr. Max Jordan. Berlin 1903. S. 208.)*
**174,36** Merveillieuxseide] *Als Merveilleux (franz.: wunderbar, vortrefflich) wurde Seidensatinstoff bezeichnet.*

175,8 Grossherzog von Weimar] *Der Großherzog Karl Alexander (1853-1901) setzte durch seine Förderung von Kunst, Musik und Literatur die Tradition der Weimarer Goethezeit fort; auch Friedrich von Schennis hatte seine Unterstützung erfahren.*

Briefe nach Norwegen

ÜBERLIEFERUNG. $E^{I\text{-}XXIII}$: *Der Sturm.* $E^I$: Jg. 2, September 1911: Nr. 77. S. 615f. *(mit der redaktionellen Nachbemerkung »Fortsetzung folgt«);* $E^{II}$: *Nr. 78. S. 622 (mit der redaktionellen Nachbemerkung »Schluss folgt«);* $E^{III}$: *Nr. 79. S. 631 (mit der redaktionellen Nachbemerkung »Schluss folgt«).* $E^{IV}$: *Oktober 1911: Nr. 80. S. 637-639 (mit der redaktionellen Vorbemerkung »Schluss«);* $E^V$: *Nr. 81. S. 645f.;* $E^{VI}$: *Nr. 82. S. 654;* $E^{VII}$: *Nr. 83. S. 662f.;* $E^{VIII}$: *November 1911: Nr. 84. S. 671;* $E^{IX}$: *Nr. 85. S. 677;* $E^X$: *Nr. 86. S. 685;* $E^{XI}$: *Nr. 87. S. 693;* $E^{XII}$: *Dezember 1911: Nr. 88. S. 702;* $E^{XIII}$: *Nr. 89. S. 710f.;* $E^{XIV}$: *Nr. 90. S. 718f.;* $E^{XV}$: *Nr. 91. S. 725f.;* $E^{XVI}$: *Januar 1912: Nr. 92. S. 733f.;* $E^{XVII}$: *Nr. 93. S. 743f.;* $E^{XVIII}$: *Nr. 94. S. 751f.;* $E^{XIX}$: *Nr. 95. S. 758-760;* $E^{XX}$: *Nr. 96. S. 765;* $E^{XXI}$: *Februar 1912: Nr. 97. S. 773f.;* $E^{XXII}$: *Nr. 98. S. 782;* $E^{XXIII}$: *Nr. 99. S. 788f. (mit der redaktionellen Nachbemerkung »Ende«);* $E^{XXIV}$: *Jg. 3, Juni 1912: Nr. 113/114. S. 68 (mit der redaktionellen Vorbemerkung »Nachtrag«).* $D^1$: $MH^1$ *(1912).* $D^2$: $MH^2$ *(1920).* $PD^A$: *Das zweite Jahr des Verlages Heinrich F.S. Bachmair in München und Berlin. München (H.F.S. Bachmair) 1913. (S. 5f.) (Zwei Abschnitte; vgl. 257,1-6 und Variante zu 256,19)* $PD^B$: *Unser Weg 1920 (1919). S. 85f. (Vom Himmel).* – *Klischeeandrucke der meisten Illustrationen befinden sich in den Staatlichen Museen zu Berlin – Preußischer Kulturbesitz, Zentralarchiv, Autographensammlung Else Lasker-Schüler (E 140).*

*VARIANTEN und LESARTEN.*
Ti: Mein Herz $D^{1\text{-}2}$  UTi: Ein Liebesroman mit Bildern und wirklich lebenden Menschen $D^{1\text{-}2}$  W: Adolf Loos in Verehrung $D^1$  Mein Herz – Niemandem. $D^2$  179,2 Liebe Jungens] LIEBE JUNGENS $D^1$ Liebe Jungens! $D^2$  179,6 Niemand] niemand $D^2$  179,15 süsses] Süßes $D^2$  179,26 Bändigers] Bändigers, $D^{1\text{-}2}$

179,28 muselhaft,] muselhaft $D^2$   179,30 Minn] er $D^{1\text{-}2}$   179,31 sanft] sanft, $D^{1\text{-}2}$   179,35 hat,] hat $D^2$   180,8 Kokusnussbonbons] Kokosnußbonbons $D^{1\text{-}2}$   180,9 hätte!] hätte? $D^{1\text{-}2}$   180,10-11 angetanene] angetane $D^{1\text{-}2}$   180,16-17 Ausstellung] Ausstellung, $D^{1\text{-}2}$   180,19 Sklaven] Sklaven, $D^{1\text{-}2}$   meinem griechischen] meinem $D^{1\text{-}2}$   180,21-22 ben ⟨...⟩ ben,] ben, ben, ben, ben, $D^{1\text{-}2}$   180,22 jugendlichsten] jugendlichster *(Druckfehler)* $E^1$   180,27 gehn,] gehn; $D^{1\text{-}2}$   180,29 haben!] haben? $D^{1\text{-}2}$   180,35 dir] Dir $D^{1\text{-}2}$   180,36 Dir] Dir, $D^{1\text{-}2}$   180,37 wahrhaftig] wahrhaftig, $D^{1\text{-}2}$   Cafe giebts] Café gibts $D^{1\text{-}2}$   Mond,] Mond; $D^{1\text{-}2}$   181,2 so] So $D^{1\text{-}2}$   181,6 Goldopasschmetterling] Goldopas-Schmetterling $D^1$   181,18 Dich und nur] an Dich und nur an $D^{1\text{-}2}$   181,19 gestern Abend] gestern $D^2$   181,21 dir] Dir $D^{1\text{-}2}$   181,22 du] Du $D^{1\text{-}2}$   181,26 zu] so *(Druckfehler)* $E^1$   181,27 Du] Du $D^2$   181,30 begegnet,] begegnet $D^{1\text{-}2}$   181,31 wolltet.] wolltet. *Durchschuß fehlt* $D^2$   181,32 habe,] habe! $D^{1\text{-}2}$   181,34 Cafe] Café $D^{1\text{-}2}$   181,35 giebt] gibt $D^{1\text{-}2}$   181,36 was noch.] noch? $D^{1\text{-}2}$   schick] schickt $D^{1\text{-}2}$   182,4 nachäffe.] nachäffe! $D^{1\text{-}2}$   182,9 ihn] ihn, $D^{1\text{-}2}$   182,11 hab] habe $D^2$   182,13 spricht] spricht, $D^{1\text{-}2}$   182,25 Bischof] Slawe $D^{1\text{-}2}$   182,26 Cafe] Café $D^{1\text{-}2}$   sans facon] sans façon $D^1$   sans façon $D^2$   182,27 Cafe] Café $D^{1\text{-}2}$   182,28 sagen!] sagen!!? $D^2$   182,30 redete.] redete! $D^{1\text{-}2}$   182,32 Dante und Aristophanes] Aristophanes $D^2$   182,33 holen.] holen! $D^{1\text{-}2}$   182,34 fragte] fragte, $D^{1\text{-}2}$   182,36 genier] geniere $D^{1\text{-}2}$   mich] mich, $D^{1\text{-}2}$   182,38 Cafe] Café $D^{1\text{-}2}$   183,1 Freundin] Freundin, $D^{1\text{-}2}$   183,2 reizend.] reizend! $D^{1\text{-}2}$   183,8 der] nur der $D^{1\text{-}2}$   183,10 Sprecherin,] Sprecherin; $D^{1\text{-}2}$   183,19 Uhr,] Uhr; $D^{1\text{-}2}$   bange] bange, $D^{1\text{-}2}$   183,22-23 Halenseeer] Halenseer $D^{1\text{-}2}$   183,25 Nacht] Nacht, $D^{1\text{-}2}$   Kurtchen.] Kurtchen! $D^{1\text{-}2}$   183,26 Cafe] Café $D^{1\text{-}2}$   fühlte] fühle $D^{1\text{-}2}$   183,33 hab ihm] hab $D^2$   183,37 bezahlen, auch] bezahlen. Auch $D^{1\text{-}2}$   184,2 Cafe] Café $D^{1\text{-}2}$   184,4 du] Du $D^{1\text{-}2}$   184,6 Liebe Jungens] Liebe Jungens $D^{1\text{-}2}$   184,7 Rat] Ratet $D^2$   gar nicht] garnicht $D^{1\text{-}2}$   184,11 darin] darin, $D^{1\text{-}2}$   184,17 Cafe] Café $D^{1\text{-}2}$   184,18 Cafe] Café $D^{1\text{-}2}$   184,22 anranzt,] anranzt; $D^{1\text{-}2}$   184,24 sie auch] sie $D^2$   184,28 Zeit,] Zeit $D^{1\text{-}2}$   184,30 Zeitungen,] Zeitungen; $D^{1\text{-}2}$   184,31 W.] Wauer $D^{1\text{-}2}$   gerne] gern $D^{1\text{-}2}$   Scene] Szene $D^{1\text{-}2}$   184,34 Cafes vorbei,] Cafés vorbei; $D^{1\text{-}2}$   185,1 Hassan] Minn

$D^{1-2}$ 185,4 Uhr,] Uhr; $D^{1-2}$ 185,5 W.] Wauer $D^{1-2}$ 185,7 Kurtchen, bleibt] Kurtchen! Bleibt $D^{1-2}$ 185,8 gefällt,] gefällt; $D^{1-2}$ 185,15 angetanenen] angetanen $D^{1-2}$ 185,20 den] dem $D^{1-2}$ 185,23-24 kindische] Kindische $D^{1-2}$ 185,26 giebt] gibt $D^{1-2}$ 185,27 grüssen,] grüßen; $D^{1-2}$ 185,29 Kameraden.] Kameraden! $D^{1-2}$ 186,2 gestellt.] gestellt *(Druckfehler)* $E^{II}$ 186,12 macht.] macht! $D^{1-2}$ 186,21 Wallfisch] Walfisch $D^{1-2}$ Springbrunn] Springbrunnen $D^{1-2}$ 186,24 deine] Deine $D^2$ 186,25 fife o clock] fife o glock $D^2$ 186,26 Lieber ⟨...⟩ ich] Lieber Cook und Lieber Peary! *Durchschuß* Ich $D^{1-2}$ 186,30 Glass] Glas $D^{1-2}$ 186,34 mich,] mich $D^{1-2}$ Weins,] Weins $D^{1-2}$ 187,7 küssen,] küssen; $D^{1-2}$ sagt] sagt, $D^{1-2}$ 187,9 Liebe Jungens] Liebe Jungens! $D^{1-2}$ 187,13 anderen] andern $D^1$ 187,17 Herwarth,] Herwarth; $D^{1-2}$ 187,18 dein] Dein $D^{1-2}$ 187,20 deine] Deine $D^{1-2}$ 187,22 was] wenn $D^{1-2}$ 187,23 gewartet,] gewartet; $D^{1-2}$ 187,25 neue] zweite $D^{1-2}$ 187,26 Platt.] Platt: $D^2$ 187,29 wees] weeß $D^1$ 187,29-30 wees ⟨...⟩ weess] weeß $D^2$ 187,30 liewe,] liewe: $D^2$ Frederech] Frederick $D^{1-2}$ 187,35 Pastor Kraatz] »Die Wupper« $D^2$ opgeföhrt] opgeföhrd $D^{1-2}$ 188,1 Derektör] Derektör Reenhardt $D^2$ 188,3 weest] weeßt $D^{1-2}$ 188,3-4 Döktor Rodolf Blömner] Grätz $D^2$ 188,4 dütschen] Dütschen $D^2$ 188,4-6 speelen ⟨...⟩ sinn.] speelen. $D^2$ 188,7 Peias ⟨...⟩ nu] Peias? Kömmste nu $D^2$ 188,8 Amanda«.] Amanda.« $D^1$ Amanda!« $D^2$ 188,9-10 Hiddensee, am] Hiddensee. Am $D^{1-2}$ 188,11 Jenni, in] Jenni. In $D^2$ 188,14 an.] an! $D^{1-2}$ 188,15 Kristiania] Christiania $D^{1-2}$ 188,17 seitdem, ich,] seitdem: Ich $D^{1-2}$ 188,19 Liebe Kinder, ich] Liebe Kinder! *Durchschuß* Ich $D^{1-2}$ schmerzliches] Schmerzliches $D^{1-2}$ 188,20 sagen,] sagen: $D^{1-2}$ Marrokaner] Marokkaner $D^{1-2}$ 188,22 Herwarth, gestern] Herwarth! *Durchschuß* Gestern $D^{1-2}$ Cafe] Café $D^{1-2}$ 188,24 Dich] dich $D^1$ 188,30 Verhältnisse.] Verhältnisse! $D^{1-2}$ 188,34 wollt] wollte $D^{1-2}$ sagen,] sagen: $D^{1-2}$ 188,35 Wohnung,] Wohnung; $D^{1-2}$ 189,2 natürlich] natürlich, $D^{1-2}$ 189,3 eins, Niemand] noch eins: niemand $D^{1-2}$ 189,4 Pantomime] Pantomime, $D^1$ 189,7 Lieber ⟨...⟩ gestern] Lieber Herwarth! Zum Wohlsein, Kurtchen! *Durchschuß* $D^1$ Lieber Herwarth! *Absatz* Zum Wohlsein, Kurtchen! *Durchschuß* Gestern $D^{1-2}$ 189,8 Grete] Rosa $D^{1-2}$ 189,9 Willy] Fritze $D^{1-2}$

189,12 durchmachen, auch] durchmachen! Auch $D^{1-2}$   189,15-16 Vanilleneis] Vanilleeis $D^{1-2}$   189,20 Caro,] Caro; $D^{1-2}$   dich] Dich $D^{1-2}$   189,23 geht, zwar] geht! Zwar $D^2$   189,24 en miniature] en miniature $D^2$   189,25 noch,] noch $D^{1-2}$   189,26 Mobilmachung,] Mobilmachung $D^{1-2}$   189,29 Liebe Jungens] Liebe Jungens! *Durchschuß* $D^{1-2}$   189,30 Hassan] Minn $D^{1-2}$   189,32 Kamel] Kameel $D^1$   der einen] der $D^{1-2}$   190,4 Sturm).] Sturm.) $D^{1-2}$ 190,5 Cafés,] Cafés; $D^{1-2}$   190,7 edlem] edlen $D^{1-2}$   190,12 war ⟨...⟩ Eugenie.] war? Die Exkönigin Eugenie! $D^{1-2}$   190,14 Tante] Cousine $D^{1-2}$   190,16 Lieber ⟨...⟩ ich] Lieber Herwarth, edles Kurtchen! *Durchschuß* Ich $D^{1-2}$   190,17 soll] soll außerdem $D^{1-2}$ 190,21 Apanage?] Apanage. $D^2$   190,23-24 Leute wie gesagt] Leute, wie gesagt, $D^{1-2}$   190,28 dreiundzwanzig] zweiundzwanzig $D^{1-2}$   190,29 bestellt,] bestellt; $D^{1-2}$   191,1 schreiben,] schreiben; $D^{1-2}$   191,3 wollen?] wollen. $D^{1-2}$   191,9 französisch] Französisch $D^2$   191,11 Gefühle] Gedanken $D^1$   191,17 würde; ich] würde! Ich $D^{1-2}$   191,21 hin dann blau] dann hin blau $D^1$ dann hin, blau $D^2$   191,25 Lippen] Lippen, $D^2$   191,29 Liebe Jungens, als] Liebe Jungens! *Durchschuß* Als $D^{1-2}$   191,34 satt,] satt; $D^{1-2}$   191,37 Hassan] Minn $D^{1-2}$   192,6 Typus] Typus, $D^2$ 192,6 vor] von $D^2$   192,20 Abschied,] Abschied; $D^2$   Sie] sie $D^2$ 192,23-24 Porzellangänschen] Pozellangänschen *(Druckfehler)* $E^{IV}$   192,25 Herwarth, heute] Herwarth! *Durchschuß* Heute $D^{1-2}$   mir,] mir; $D^2$   192,26 mit] und $D^{1-2}$   192,30 bist] hist *(Druckfehler)* $E^{IV}$   192,31 sassen] aßen $D^2$   193,4 Jemand] jemand $D^2$   193,6 Glas,] Glas $D^{1-2}$   193,7 Und] Du $D^2$   193,15 Ihrer] ihrer $D^{1-2}$   193,20 kleinen] kleiner *(Druckfehler)* $E^{IV}$ dein] Dein $D^{1-2}$   193,20-21 Doktor] Doktor, $D^{1-2}$   193,23 giebt] gibt $D^{1-2}$   193,28 Liebe Nordpolforscher,] Liebe Nordpolforscher! *Durchschuß* $D^{1-2}$   193,30 Wupperthalergesangverein] Wupperthaler Gesangverein $D^{1-2}$   193,31 Stöcksken] Stöksken $D^2$ 194,1 Liebe Beide.] Liebe Beide! *Durchschuß* $D^{1-2}$   Weiss] Weiß in Wien $D^{1-2}$   194,3-4 In ⟨...⟩ in] In $D^{1-2}$   194,7 Jemand] jemand $D^{1-2}$   194,13 Lieber ⟨...⟩ ach] Lieber Herwarth und lieber Kurt! *Durchschuß* Ach $D^{1-2}$   hab] habe $D^{1-2}$   194,25 Abendrot,] Abendrot $D^1$   Ruth] Ruth, $D^1$ Jephta, $D^2$   194,26 Rechtsanwalt] Rechtsanwalts $D^{1-2}$   194,30 Ich weinte, ich] Ich $D^2$   194,31 fürchtete] fürchtete, $D^{1-2}$   194,35 Loos] Loos, $D^{1-2}$   Händen,]

Händen $D^{1-2}$  195,12 Liebe Renntiere.] Liebe Renntiere! *Durchschuß* $D^{1-2}$  195,14 zu früh] früh $D^2$  195,16 deswegen,] deswegen; $D^{1-2}$  bischen] bißchen $D^2$  195,19 Gesetzl. gesch.«] gesetzlich geschützt« $D^{1-2}$  gesch.«] gesch. *(Druckfehler)* $E^V$  195,20 Stellen] Liebesbriefsteller $D^{1-2}$  195,22 Zwiebelmustern] Blumenmustern $D^{1-2}$  195,28 Namen.«] Namen«. $D^{1-2}$  195,29 Wauer] Wauer, Paul Lindau, Friedrich von Schemis $D^1$  Wauer, Paul Lindau, Friedrich von Schennis $D^{1-2}$  195,31 Alfred] Adolf $D^{1-2}$  nicht zu] nicht $D^2$  195,33-34 Müller] Müller $D^{1-2}$  195,34 Müller.] Müller. *Absatz fehlt* $D^{1-2}$  195,35 Pechvogel] Pechvogel. $D^{1-2}$  196,1 Herwarth und Kurt!] Herwarth und Kurt! *Durchschuß* $D^{1-2}$  196,7 Lieber ⟨...⟩ ich] Lieber Herwarth und Kurt! *Durchschuß* Ich $D^{1-2}$  196,8 Ewig] ewig $D^{1-2}$  196,20 Kinder,] Kinder, $D^2$  196,22 Slaven] Slawen $D^{1-2}$  196,26 Undamen,] Undamen; $D^{1-2}$  196,27 allein,] allein; $D^{1-2}$  196,31 machen.] machen! $D^{1-2}$  196,32 lieben Postkarten.] Postkarten! $D^{1-2}$  196,34 bitte.] bitte! $D^{1-2}$  197,2 Varietés] Variétés $D^2$  197,10 Ja] Ja, $D^{1-2}$  197,21 Varietés] Variétés $D^2$  197,22 Herwarth.] Herwarth? $D^{1-2}$  197,24 Liebe Skiläufer.] Liebe Skiläufer! *Durchschuß* $D^{1-2}$  läuft] lauft $D^{1-2}$  197,31 Wünsche,] Wünsche; $D^{1-2}$  197,35 recht! Auch] recht, auch $D^{1-2}$  198,2 ein] sein $D^{1-2}$  198,4 hab'] hab $D^{1-2}$  198,9 Liebe Jungens.] Liebe Jungens! *Durchschuß* $D^{1-2}$  198,10 die] den $D^{1-2}$  198,14 einmal] mal $D^{1-2}$  198,16 drückt;] drückt, $D^{1-2}$  198,18 heute] heut $D^{1-2}$  sagen,] sagen: $D^{1-2}$  198,22 Nacht.] Nacht! $D^{1-2}$  198,23 Liebe Brüder.] Liebe Brüder! *Durchschuß* $D^{1-2}$  198,24 habe,] habe, – $D^2$  198,25 Tino ⟨...⟩ auch] Tino! Herwarth hat recht. Wenn ich $D^1$  Tino, wenn ich auch $D^2$  198,28-30 lese ⟨...⟩ wunderschön] las im Sturm den plattdeutschen Brief $D^2$  198,30 wunderschön.] wunderschön, $D^1$  198,31 Baum.] Baum. *Durchschuß* $D^1$  199,5 neugierig?] neugierig? *Durchschuß* $D^{1-2}$  199,6 Liebe Kameraden.] Liebe Kameraden! *Durchschuß* $D^{1-2}$  199,8 heute] heut $D^{1-2}$  199,14 einen] aber keinen $D^2$  199,27 gefrorenen] gefrorenes *(Druckfehler)* $E^{VI}$  199,33 wer] Wer $D^2$  199,35 Mamuth] Mammuth $D^2$  200,1 mal,] mal $D^2$  200,7 ihre] ihr *(Druckfehler)* $E^{VI}$  200,8 Thee] Tee $D^{1-2}$  200,13 Depesche.] Depesche. *Durchschuß* $D^{1-2}$  Walden-Neimann] Walden-Neimaun *(Druckfehler)* $E^{VI}$  200,15 Liebe Kinder.] Liebe Kinder! *Durchschuß*

$D^{1-2}$ 200,17 versammelten] versammelte *(Druckfehler)* $E^{VI}$ 200,24 habe?] habe. $D^{1-2}$ 200,26 Grabe] Grab $D^2$ 200,27 Magdalene] Magdalena $D^{1-2}$ 200,28 ehrfürchtig] ehrfürchtig, $D^{1-2}$ 200,30 Kometen.] Kometen. *Durchschuß fehlt* $D^{1-2}$ 201,4 erzählte.] erzählte. *Durchschuß fehlt* $D^{1-2}$ 201,5-6 du ⟨...⟩ hast] Du seinen Gedichten weihtest $D^{1-2}$ 201,7 Peter Hille-Buch] Peter-Hille-Buch $D^2$ 201,8 und immer] und $D^2$ 201,12 Tempelerbauerin] Tempelbauerin $D^{1-2}$ 201,25 bösen,] bösen $D^{1-2}$ 201,30 etc., etc.] etc. etc. $D^1$ usw. usw. $D^2$ 201,34 Versöhnungs-Depesche] Versöhnungsdepesche $D^{1-2}$ 201,35 malt] malt, $D^{1-2}$ 202,2-3 mannigfaltigen] mannigfachen $D^{1-2}$ 202,7 eine] ein *(Druckfehler)* $E^{VII}$ 202,9 tanzte,] tanzte? $D^{1-2}$ 202,9-10 nicht, wie ich,] nicht, wie ich; $D^1$ wie ich nicht; $D^2$ 202,11 Barrison] Barrisons $D^{1-2}$ 202,15 beglückt,] beglückt; $D^{1-2}$ 202,19 beruhigen oder zu beunruhigen] beunruhigen $D^2$ besitzt] besitz *(Druckfehler)* $E^{VII}$ 202,23 Hilflosigkeit.] Hilflosigkeit? $D^{1-2}$ 202,34 weiß] weis *(Druckfehler)* E beantwortete ich] beantwortete $D^2$ 202,35 Rauhheiten] Rauheiten $D^{1-2}$ augenblicklich] augenblich *(Druckfehler)* $E^{VII}$ 203,2 Kittel] Kittel, $D^{1-2}$ 203,5 habe] hab $D^{1-2}$ 203,6 süßer] »süßer $D^2$ 203,7 Eselstreibers-Kind.] Eselstreibers-Kind.« $D^2$ 203,8 einen] ein $D^{1-2}$ ließ] lies *(Druckfehler)* E 203,10 sie] sie zie *(Druckfehler)* $E^{VII}$ 203,11 findst] findest $D^{1-2}$ 203,17 zwar,] zwar $D^{1-2}$ 203,20 fürchtet] fürchtete $D^2$ 203,22 dir.] Dir *Durchschuß* $D^{1-2}$ 203,34 ähnliches] Aehnliches $D^2$ mag.] mag? $D^{1-2}$ 204,2 überrascht] überrascht $D^{1-2}$ 204,4 dem] einen $D^2$ 204,7 Liebe Beide.] Liebe Beide! *Durchschuß* $D^{1-2}$ 204,13 abhält?] abhält. $D^{1-2}$ 204,22 Lieber Herwarth, ich] Lieber Herwarth! *Durchschuß* Ich $D^{1-2}$ 204,25 wie ich] wie $D^1$ 204,26 sich] sich, $D^2$ 204,27 Cliché] Clisché $D^1$ 204,28 du] Du $D^2$ 204,30 Todesfälle.] Todesfälle. *Durchschuß* $D^{1-2}$ 204,32 Kusin] Kuseng $D^2$ 205,2 Kliche] Klische $D^1$ Cliché $D^2$ Cusins] Cusengs $D^2$ 205,11 Lieber Junge, den] Lieber Junge! *Durchschuß* Den $D^{1-2}$ 205,12 den zwei] den $D^{1-2}$ 205,14 Slaven] Slawen $D^{1-2}$ 206,1 Herwarth, denk] Herwarth! *Durchschuß* Denk $D^{1-2}$ 206,2 du] Du $D^{1-2}$ 206,7 »Pitter, dat] Pitter! *Durchschuß* Dat $D^{1-2}$ 206,10 on] an $D^2$ 206,111-12 brengen ⟨...⟩ Settlechkeetsverbrechen.] brengen. $D^{1-2}$ 206,20 nüe Bochse] nüe Hohse $D^1$ nue Hohse $D^2$ Schabbesdeckel] Schabbesdeckes $D^{1-2}$ 206,21 een] en $D^{1-2}$ 206,22 Groschenskarte] Groschenkarte $D^{1-2}$ 206,25 Amanda.«] Amanda. $D^{1-2}$ 206,26 Liebe Jungens.] **Liebe Jungens!** *Durchschuß* $D^{1-2}$ 206,26-27 Wilhelm Haas] Willy Himmel $D^{1-2}$ 206,27 Prag] Regensburg $D^{1-2}$ 206,28 Haas] Himmel $D^{1-2}$ 206,32 Prager] Regensburger $D^{1-2}$ 207,4 Finger,] Finger $D^{1-2}$ 207,8 Herwarth, Kurtchen,] **Herwarth, Kurtchen!** *Durchschuß* $D^{1-2}$ 207,13 Wallfisch] Walfisch $D^{1-2}$ 207,14 gemächlich] gemählich $D^2$ 207,15 Wiese.] Wiese. *Absatz fehlt* $D^{1-2}$ 207,16 Else] Else. $D^{1-2}$ 207,17 Neuigkeiten!] Neuigkeiten! *Durchschuß* $D^{1-2}$ 207,21 Reklame!] Reklame! *Durchschuß* $D^1$ 207,23-24 Satanerie.] Satanerie! *Durchschuß* $D^1$ Satanerie! *Absatz* $D^2$ 207,26 Bey im Krieg.] Bey im Krieg. *Durchschuß* $D^1$ Bey. *Absatz* $D^2$ 207,28 Café.] Café. *Durchschuß* $D^1$ 207,34 kam.] kam. *Durchschuß* $D^1$ 208,4 aus dem] aus $D^2$ 208,7 sechszehnten] sechzehnten $D^2$ 208,13 gepflegt] verpflegt $D^{1-2}$ 208,15 Lieber ⟨...⟩ ich] **Lieber Herwarth!** *Durchschuß* Ich $D^{1-2}$ 208,16 Abschrift.] Abschrift. *Durchschuß* $D^{1-2}$ 208,17 Wertester ⟨...⟩ ich] **Wertester Dalai-Lama, sehr geehrter Minister!** Ich $D^{1-2}$ 208,19 widme.] widme. *Durchschuß* $D^{1-2}$ 209,1 Vom Himmel] Vom Himmel *Durchschuß* $D^{1-2}$ Lieber Karl Kraus! Etwas vom Himmel! *Durchschuß* $PD^B$ 209,3 zart noch,] zart noch $D^{1-2}$ zart, noch $PD^B$ 209,10 Rundeilen] Rund eilen $PD^B$ 209,14 immer wieder] immer $D^{1-2}$ $PD^B$ Herztapfen] Herzstapfen $D^{1-2}$ $PD^B$ 209,20 Weg] Wege $PD^B$ 209,22 blühen] Blühen $PD^B$ 209,23-24 Himmels ⟨...⟩ sprach] Himmels *(Druckfehler)* $PD^B$ 209,27 Königssohn] Königsohn $D^{1-2}$ $PD^B$ 209,28 Mannichfaltigkeit] Mannigfaltigkeit $D^{1-2}$ Mannifaltigkeit $PD^B$ 209,29 reden] Reden $D^{1-2}$ $PD^B$ Gott)] Gott), $PD^B$ 209,29-30 Aufblickende] Aufblickenden $D^2$ $PD^B$ 209,30 Himmelbegnadete] Himmelbegnadete, $PD^B$ 209,32 fahrläßig] fahrlässig $D^{1-2}$ $PD^B$ 210,17 Gottheit] Gottheit im $D^2$ $PD^B$ 210,24 Aufblicken,] Aufblicken. $D^{1-2}$ $PD^B$ 210,28 Herwarth ⟨...⟩ habt] **Herwarth, Kurtchen, Kameraden, Brüder!** *Durchschuß* Habt $D^{1-2}$ 210,32-33 ich meinem] mein $D^{1-2}$ 210,33 lieh] trägt $D^{1-2}$ 211,1 Biene)] Biene, $D^1$ 211,6 ab.] ab. *Durchschuß* $D^{1-2}$ 211,7 Sehr ⟨...⟩ Kokoschka.] **Sehr geehrter Herr Kokoschka!** *Durchschuß* $D^{1-2}$ 211,20 Ruth] Jephta $D^2$ Caro] Caro. $D^{1-2}$ 211,21 Internationale Postkarte]

Internationale Postkarte. $D^{1-2}$ 211,23 Liebe Eiskühler.] Liebe Eiskühler! *Durchschuß* $D^{1-2}$ 211,24 Jemand] jemand $D^2$ 211,25 gern] gerne $D^{1-2}$ 212,1 gegenüber,] gegenüber $D^2$ 212,2 du] Du $D^2$ 212,5 Cafe] Café $D^{1-2}$ 212,6-9 Theaterheimkehrenden ⟨...⟩ Dämonie.] Theaterheimkehrenden. $D^{1-2}$ 212,10 noch heute] heute noch $D^{1-2}$ 212,21 Cajus Majus] Cajus-Majus $D^{1-2}$ 212,27 Internationale Postkarte] Internationale Postkarte $D^{1-2}$ 212,29 Lieber ⟨...⟩ Kurtchen.] Lieber Herwarth und Kurtchen! $D^{1-2}$ 212,32 schrieb es] schrieb $D^{1-2}$ 213,1 Sehr edle Gesandte] Sehr edle Gesandte $D^1$ Sehr edle Gesandte! $D^2$ 213,3 Aegypten] Egypten $D^2$ 213,13-14 Trotzdem ⟨...⟩ jedenfalls] Jedenfalls $D^2$ 213,35 Schnapspulle] Schnapsbulle $D^{1-2}$ 214,8 Hurrah ⟨...⟩ Hurrah!] Hurrah, lieber Herwarth, liebes Kurtchen!!! Hurrah! *Durchschuß* $D^2$ 214,9-10 Zwillingskusinen-Theresen ⟨...⟩ Mattäikirchplatz] Zwillingskusinen-Theresen, $D^2$ 214,10 schenken] schenkten $D^2$ 214,11 werde] werd $D^{1-2}$ 214,15 Postdamerstraße 21,] Potsdamerstraße 21 $D^2$ 214,19 Herwarth, ich] Herwarth! *Durchschuß* Ich $D^{1-2}$ dir] Dir $D^2$ 214,30 ich] ich mich $D^{1-2}$ 215,7 ihm] uns $D^2$ 215,12 Sterne] Stern $D^{1-2}$ 215,13 ohne Erde] Erde $D^2$ 216,1 Liebe ⟨...⟩ heut] Liebe Jungens! *Durchschuß* Heut $D^{1-2}$ 216,2 Berlin:] Berlin: *Durchschuß* $D^{1-2}$ Liebe, beste Frau L.-Sch.,] Liebe, beste Frau L.-Sch.! *Absatz* $D^{1-2}$ 216,4 Liebe, unbekannte Frau!] Liebe, unbekannte Frau! *Absatz* $D^{1-2}$ 216,5 Lobdudeleien] Lobhudeleien $D^2$ 216,10 Michaelis.] Michaelis. *Absatz fehlt* $D^2$ 216,11 Kainer.] Kainer. *Durchschuß* $D^{1-2}$ 216,19 Else] Else. $D^2$ 216,20 Dalai Lama] Dalai-Lama $D^2$ 216,29 Lieber Herwarth, willst] Lieber Herwarth! *Durchschuß* Willst $D^{1-2}$ 217,2 Lieber ⟨...⟩ Kurt.] Lieber Herwarth und lieber Kurt! *Durchschuß* $D^{1-2}$ 217,18 Antonius] Franziskus $D^{1-2}$ 217,21 Lieber Kurt.] Lieber Kurt! *Durchschuß* $D^{1-2}$ 217,22 einwandsfrei?] einwandfrei? *Durchschuß* $D^{1-2}$ Mein Herr.] Mein Herr! *Absatz* $D^{1-2}$ 217,28 Karikatur] Karrikatur $D^{1-2}$ 217,29 gelungen] gelingen, $D^2$ 217,31 Herwarth,] Herwarth! *Durchschuß* $D^{1-2}$ Gorilla] Gorilla, $D^{1-2}$ 217,33 du] Du $D^2$ 218,7 Liebe Kinder, ich] Liebe Kinder! *Durchschuß* Ich $D^{1-2}$ geantwortet:] geantwortet: *Absatz* $D^{1-2}$ Karin.] Karin. *Absatz* $D^{1-2}$ 218,8 deines] Deines $D^2$ 218,9 dich] Dich $D^2$ 218,10 weiße] weiße, $D^{1-2}$ 218,14

Herwarth, du] Herwarth! *Durchschuß* Du $D^{1-2}$ veröffentlichen:] veröffentlichen: *Durchschuß* $D^{1-2}$   218,19 haben:] haben: *Durchschuß* $D^{1-2}$   Lieber Max Oppenheimer.] Lieber Max Oppenheimer! *Durchschuß* $D^{1-2}$   218,20 mir] mir immer $D^{1-2}$   218,22 nach] in $D^{1-2}$   218,27 sie] Sie $D^{1-2}$   218,29 Wurzel.] Wurzel. Dabei besitzen Sie doch einen eigenen Garten. $D^2$   218,31 Rhythmen ⟨...⟩ auch] Rhythmen $D^2$   219,4 Abbé] Abbé. $D^{1-2}$   219,6 Lasker-Schüler] Lasker-Schüler. $D^2$   220,1 seiner] seinen *(Druckfehler)* $E^{XIII}$   220,12-17 Schatz ⟨...⟩ einige] Schatz. Manche $D^2$   220,14 Himmlichsten] Himmlischsten $D^{1-2}$   Peter Hille] Peter $D^1$   221,1 Roheit] Rohheit $D^2$   221,13 Liebe Kinder, heute] Liebe Kinder! *Durchschuß* Heute $D^{1-2}$   221,20 Hundertmark] Hundertmarck $D^{1-2}$   221,26 Manège] Manége $D^{1-2}$   klatschen] klaschen *(Druckfehler)* $E^{XIII}$   221,26-27 Hundertmark] Hundertmarck $D^{1-2}$   221,28 seinen] seinem $D^{1-2}$   221,30 Weihnachtskerze] Weihnachtskerze, $D^2$   221,33 silbergrünen] silbergrünem $D^2$   221,35 du] Du $D^2$   222,4 Lieber Herwarth, ich] Lieber Herwarth! *Durchschuß* Ich $D^{1-2}$   222,11 obdachlos] obdachslos $D^1$   222,16 Herwarth, Kurtchen, ich] Herwarth, Kurtchen! *Durchschuß* Ich $D^{1-2}$   222,17 schrieb] er schrieb $D^2$   223,5 Liebe Jungens, warum] Liebe Jungens! *Durchschuß* Warum $D^{1-2}$   223,11 Grete] Rosa $D^{1-2}$   223,17 Willy] Fritz $D^2$   224,1 Peter] Liebe Beide! *Durchschuß* Peter $D^2$   224,6 Liebe Reisende, ich] Liebe Reisende! *Durchschuß* Ich $D^{1-2}$   224,11 gerne] gern $D^2$   224,15 Ihr] Ihr, $D^2$   224,21 Lieber Herwarth.] Lieber Herwarth! *Durchschuß* $D^{1-2}$   225,1 abend] Abend $D^{1-2}$   225,5 du] Du $D^2$   25,7 alter] beruhigender $D^{1-2}$   225,7-8 ist ⟨...⟩ trinkt] ist $D^2$   225,8 Doktor,] Doktor, alter Baldrian $D^{1-2}$   225,13 Internationale Postkarte] Internationale Postkarte *Durchschuß* $D^{1-2}$   225,17 Gute Kinder, ich] Gute Kinder! *Durchschuß* Ich $D^{1-2}$   225,22 Zitadelle:] Zitadelle: *Absatz* $D^2$   Königssohn] Königssohn – $D^2$   225,23-24 keines bewahren] keins verwahren $D^{1-2}$   225,27 du] Du $D^2$   226,2 Lieber ⟨...⟩ sollte] Lieber Herwarth, liebes Kurtchen! *Durchschuß* Sollte $D^{1-2}$   226,6 an.] an. *Durchschuß* $D^{1-2}$   226,7 Pitter, wenn] Pitter! *Absatz* Wenn $D^1$   Pitter! *Durchschuß* Wenn $D^2$   226,15 Liebesschmerzen] Liebeschmerzen $D^{1-2}$   226,22 Deck dann] Deck $D^{1-2}$   226,24 ham] han $D^{1-2}$   226,25 dat] det $D^{1-2}$   226,26 hülen] hühlen $D^{1-2}$

226,30 Amanda] Amanda. $D^{1-2}$  227,5 Else] Else. $D^{1-2}$  227,6 Herwarth, wo] Herwarth! *Absatz* Wo $D^1$ Herwarth! *Durchschuß* Wo $D^2$  Ruth-Elfriede] Jephta-Elfriede $D^2$  227,19 Ungläubiger. Aber] Ungläubiger, aber $D^{1-2}$  227,25 Du] du $D^2$  227,29 Bagdad] Bagdad. $D^{1-2}$  227,30 Lieber ⟨...⟩ daß] Lieber Herwarth und liebes Kurtchen! *Durchschuß* Daß $D^{1-2}$  227,35 Handschriftsbild] Handschriftbild $D^{1-2}$  228,5 Else] Else. $D^{1-2}$  228,7 Lieber, Herwarth,] Lieber Herwarth! *Durchschuß* $D^{1-2}$  228,18 Herwarth, bitte] Herwarth! *Durchschuß* Bitte $D^{1-2}$  228,19 er's] er $D^{1-2}$  229,2 Nacht.] Nacht $D^2$  230,5 Herwarth,] Herwarth! *Durchschuß* $D^{1-2}$  230,10 Jemand] jemand $D^2$  230,11 such nun] such $D^2$  230,13-15 Bahnhof ⟨...⟩ Schwermut.] Bahnhof. $D^2$  230,26 steinerne] steinerne, $D^{1-2}$  231,4 Midgesstown] Midgesstown $D^2$  231,6 Unglück,] Unglück; $D^{1-2}$  231,7 Mornau] Murnau $D^{1-2}$  231,12 Ehrenbaum-Degele] Ehrenbaum-Tegele $D^{1-2}$  231,15 Herwarth und Kurtchen,] Herwarth und Kurtchen! *Durchschuß* $D^{1-2}$  231,23 führte.] führte. *Absatz* $D^{1-2}$  231,27 Ströme] Ströme. $D^{1-2}$  231,31 du;] du, $D^{1-2}$  232,2 Lieber ⟨...⟩ meine] Lieber Herwarth und liebes Kurtchen! *Durchschuß* Meine $D^{1-2}$  232,8 Sinthflut] Sintflut $D^{1-2}$  232,15 Gottdilettant] Gottdilettant $D^2$  232,21 Hurrah] Hurra $D^{1-2}$  232,22 Liebe Nordländer.] Liebe Nordländer! *Durchschuß* $D^{1-2}$  plötzlich,] plötzlich; $D^{1-2}$  233,1 Herwarth,] Herwarth! *Durchschuß* $D^{1-2}$  233,6 eine] ein *(Druckfehler)* $E^{XVII}$  233,13 seiner] seine $D^{1-2}$  233,15 Lieber Herwarth, was] Lieber Herwarth! *Durchschuß* Was $D^{1-2}$  233,18 Eindunklung] Eindunkelung $D^{1-2}$  233,28 Jeder] jeder $D^2$  233,31 Herwarth, vorher] Herwarth! *Durchschuß* Vorher $D^{1-2}$  233,32 Jemand] jemand $D^2$  233,33 kann] kann $D^2$  234,10 haschst] hascht $D^1$  234,17 Gedicht] Gedicht: $D^{1-2}$  Jemand] Jemand – $D^{1-2}$  234,18 Flugblatt] Flugbatt *(Druckfehler)* $E^{XVII}$  geschickt:] geschickt: *Durchschuß* $D^{1-2}$  234,19 Lieber ⟨...⟩ Ullmann.] Lieber Ludwig Ullmann! *Absatz* $D^1$ Lieber Ludwig Ullmann! *Durchschuß* $D^2$  234,23 Sie die] Sie $D^2$  235,1 Liebe Jungens, ich] Liebe Jungens! *Durchschuß* Ich $D^{1-2}$  regierender] regierenden $D^1$  235,2 zahlen?] zahlen? *Absatz* $D^{1-2}$  235,2-3 Dr. Ernst R.W. Frank] Dr. med. F. $D^2$  235,3 geschrieben:] leider vergebens geschrieben: *Durchschuß* $D^{1-2}$  Sire.] Sire! *Absatz* $D^1$ Sire! *Durchschuß* $D^2$  235,7 ihrem] Ihrem

Anmerkungen zu »Briefe nach Norwegen« (1911/1912) 187

$D^{1-2}$ 235,8 kann.] kann. *Durchschuß* $D^{1-2}$ Kann] Konnte $D^{1-2}$ traue] traute $D^{1-2}$ 235,9 wird] würde $D^{1-2}$ 235,10 Bohémiens] Bohemiens $D^2$ 235,22 Herwarth,] Herwarth! *Durchschuß* $D^{1-2}$ 235,22-27 illustrieren ⟨...⟩ bei] illustrieren. Bei $D^2$ 235,25 Kalifen,] Kalifen $D^1$ 235,27 keinen Menschen mehr] ihn nicht $D^2$ 235,29 wir reisen] ich reise $D^2$ 235,30-31 Antoni ⟨...⟩ Polen] Antoni, der Prinz von Polen, aus München geschrieben $D^{1-2}$ 235,31 wär] wäre $D^{1-2}$ 236,9 Urahn ⟨...⟩ Ahne] Ahne $D^2$ 236,10 gen] gegen $D^1$ 236,17 probiert] gegessen $D^2$ 236,20 Herwarth, weißt] Herwarth! *Durchschuß* Weißt $D^{1-2}$ Lukas] Ludwig $D^{1-2}$ 236,23 Thränen] Tränen $D^{1-2}$ 236,24 Ich, ich,] Ich, ich $D^2$ 236,25 Ehrfurcht] Süße $D^{1-2}$ 236,27 Lieber Herwarth,] Lieber Herwarth! *Durchschuß* $D^{1-2}$ 236,31 Mann] Mann, $D^2$ 236,32 Marius] Marius, $D^2$ 236,33 Marius] Marius, $D^{1-2}$ 236,34 zeigen] zeigen, $D^{1-2}$ 237,2 Russel] Russel, $D^2$ 237,7-8 Fenster flattern] Fenster $D^1$ Fenster, $D^2$ 237,8 aber] aber er $D^2$ rein] rein und $D^{1-2}$ 237,10 Wand] Wand, $D^2$ 237,11 ganz tot] ganz tot, $D^2$ 237,12 Wärter] Wärter, $D^2$ rumgeht] rumgeht, $D^2$ 237,13 Zimmer] Zimmer, $D^2$ 237,15 Liebes ⟨...⟩ morgen] Liebes Kurtchen! *Durchschuß* Morgen $D^{1-2}$ 238,1 Nota:] Nota: *Absatz* $D^1$ Nota: *Durchschuß* $D^2$ 238,6-7 Garderobe] Garberobe *(Druckfehler)* $E^{XVIII}$ 238,7 Lachsbrödchen] Lachsbrötchen $D^{1-2}$ 238,8 dich] Dich $D^{1-2}$ 238,11 nicht nicht] nicht $D^{1-2}$ 238,15 Lieber ⟨...⟩ ich] Lieber Herwarth, liebes Kurtchen! *Durchschuß* Ich $D^{1-2}$ 238,35-36 Ich ⟨...⟩ ich] Ich $D^2$ 238,36 Ich] Ich $D^1$ 239,5 vorbeimachen!] vorbeimachen. *Durchschuß* $D^{1-2}$ 239,12 ja alle] ja $D^{1-2}$ 239,13 du] Du $D^2$ 239,14 dir] Dir $D^2$ 239,17 Lieber Herwarth, ich] Lieber Herwarth! *Durchschuß* Ich $D^{1-2}$ 239,18 Cabaret] Cabarett $D^{1-2}$ 239,20 deine] Deine $D^2$ 239,26 Lieber Herwarth, ich] Lieber Herwarth! *Durchschuß* Ich $D^{1-2}$ Cabaret] Cabarett $D^{1-2}$ 239,30-31 Choralionsaal] Choralionssaal $D^{1-2}$ 240,4 Tecofi] Tecoff $D^1$ 240,9 Lieber ⟨...⟩ ich] Lieber Herwarth, liebes Kurtchen! *Durchschuß* Ich $D^{1-2}$ 240,20 Herwarth, ich] Herwarth! *Durchschuß* Ich $D^{1-2}$ 241,1 Herwarth, ich] Herwarth! *Durchschuß* Ich $D^{1-2}$ 241,1-2 Cassirer.] Cassirer. *Durchschuß* $D^{1-2}$ 241,3 Sir, es] Sir! *Absatz* Es $D^{1-2}$ ihrem] Ihrem $D^{1-2}$ 241,4 Oscar] Oskar $D^{1-2}$ 241,10 sie] Sie $D^{1-2}$ 241,14 Kopieen] Kopien $D^{1-2}$

241,15-16 schwachbefähigte] schwach befähigte $D^{1\text{-}2}$   241,22-23
Max Oppenheimer] Herr Jemand $D^2$   241,25 Lasker-Schüler]
Lasker-Schüler. $D^2$   241,27 hängen.] hängen. *Durchschuß* $D^{1\text{-}2}$
Max Oppenheimer, Abbé.] Max Oppenheimer, Abbé! *Absatz*
$D^{1\text{-}2}$   241,28 Niemand] niemand $D^2$   241,30 Kokoschkas.] Kokoschkas. *Durchschuß* $D^1$ Kokoschkas. Warum? Da Sie doch selbst
malen können. $D^2$   241,31 le prince de Theben] le Prince de Thebe
$D^2$   242,2 Ich schrieb:] Lieber Herwarth! *Durchschuß* Ich
schrieb an Dr. Hiller: $D^{1\text{-}2}$   242,5 Antlitz,] Antlitz $D^2$   242,6
Sich] sich $D^2$   242,12 Herwarth, gestern] Herwarth! *Durchschuß* Gestern $D^{1\text{-}2}$   242,13 sofort mit] mit $D^{1\text{-}2}$   Ballet] Ballett
$D^2$   242,30 unsichtsbarsten] unsichtbarsten $D^{1\text{-}2}$   242,32 ist] ist,
$D^2$   243,1 Lieber Herwarth, außerdem] Lieber Herwarth!
*Durchschuß* Außerdem $D^{1\text{-}2}$   Direktor] den Gnudirektor $D^{1\text{-}2}$
143,3-4 Mondgnukalb –] Mondgnukalb – versteh vor Lärm nur
alles halb – $D^{1\text{-}2}$   244,1 O ⟨...⟩ wie] O, Herwarth, o, Kurtchen! *Durchschuß* Wie $D^{1\text{-}2}$   244,3 Liebes Kurtchen, weißt]
Liebes Kurtchen! *Durchschuß* Weißt $D^{1\text{-}2}$   244,4 aufgekauft
und] aufgekauft $D^1$ aufgekauft, $D^2$   244,5 tapezieren:] tapezieren!
$D^{1\text{-}2}$   244,7 Jungens, nun] Jungens! *Durchschuß* Nun $D^{1\text{-}2}$
244,10 Musik,] Musik $D^{1\text{-}2}$   244,14 Operettenlieder;] Operettenlieder: $D^{1\text{-}2}$   244,17 Frühlenz] Frühling $D^{1\text{-}2}$   244,20 Thee] Tee
$D^2$   244,25 werden.] werden. *Durchschuß* $D^{1\text{-}2}$   244,26 Altenberg] Altenberger $D^{1\text{-}2}$   244,27 Lieber Herwarth, wenn] Lieber
Herwarth! *Durchschuß* Wenn $D^{1\text{-}2}$   Professor] Frau Professor
Helene $D^2$   244,29 Max] Helene $D^2$   245,2 Lieber ⟨...⟩ ich]
Lieber Herwarth, liebes Kurtchen! *Durchschuß* Ich $D^{1\text{-}2}$
245,8 Herwarth, wir] Herwarth! *Durchschuß* Wir $D^{1\text{-}2}$   245,14
luxuriöses] luxuliöses $D^{1\text{-}2}$   245,15 Meine Lieben, ich] Meine
Lieben! *Durchschuß* Ich $D^{1\text{-}2}$   245,20 Meer] Meere $D^2$   245,28
Herwarth, ich] Herwarth! *Durchschuß* Ich $D^{1\text{-}2}$   246,1 Lieber
Herwarth, ich] Lieber Herwarth! *Durchschuß* Ich $D^{1\text{-}2}$   246,5
gehn] gehen $D^{1\text{-}2}$   246,6 Kurtchen, steht] Kurtchen! *Durchschuß*
Steht $D^{1\text{-}2}$   246,12 inselte] uminselte $D^2$   246,15 Alt] Alt- $D^{1\text{-}2}$
246,18 mek.] mek. *Durchschuß* Herwarth, Kurth! *Durchschuß*
Wie findet Ihr mich getroffen auf der neuen Freimarke meiner Stadt
Theben? Ich werde mein Volk lieben bis in den Tod. $D^{1\text{-}2}$   246,20
Lieber Herwarth.] Lieber Herwarth! *Durchschuß* $D^{1\text{-}2}$   246,22

Dir oft] Dir $D^{1-2}$   Zeilen] diese Zeilen $D^{1-2}$   246,24-25 anderen ⟨...⟩ bändigen,] Dir. In meinem Interesse würdest Du hier gerne Deine Löwen bändigen – $D^1$   Dir. In meinem Interesse mußt Du Eisbären bändigen – $D^2$   246,26 wüsten] meisten $D^{1-2}$   246,27-31 nur ⟨...⟩ Tag.] oder kläffen nur. *Absatz* $D^{1-2}$   247,5-6 Doppelkinn ⟨...⟩ gerettet!?] Doppelkinn. $D^{1-2}$   247,7 der] des *(Druckfehler)* $E^{XXI}$   247,8 an zu] zu $D^{1-2}$   247,8-9 Jedermann, hier Jedermann] Jedermann hier $D^{1-2}$   247,11-12 Heinerkentheater] Hänneskentheater $D^{1-2}$   247,12 Dichter Reinhard] Direktor Reinhardt $D^{1-2}$   247,13-14 Hoffmannsthaler] Hofmannsthaler $D^{1-2}$   247,14 Styl] Stil $D^{1-2}$   247,19 Aermel] Arme $D^{1-2}$   hätte!] hätte! *Durchschuß fehlt* $D^{1-2}$   247,20 Litterarische] Literarische $D^{1-2}$   247,26 Tizian] Tizians $D^{1-2}$   allerdings] allerdings, $D^{1-2}$   247,27 in] im $D^2$   Goethes oder Georges] Goethes $D^2$   247,28 usw] usw. $D^{1-2}$   247,32 geschmückt] geschmückt, $D^{1-2}$   247,35 mundet.] mundet. *Absatz* $D^2$   248,9 Ehrgeiz] »Ehrgeiz« $D^{1-2}$   248,9-10 Denke, der] Der $D^{1-2}$   248,10 sich.] sich *Absatz* $D^1$   sich. *Durchschuß* $D^2$   248,10-12 Ich ⟨...⟩ sage:] *Absatz* Mit einer goldenen Schaufel will ich der Sage meiner Stadt einen Weg ebnen oder sie begraben, indem ich Direktor Reinhardt die Wahrheit sage. $D^{1-2}$   248,13-18 zumal ⟨...⟩ Diebstähle.] zumal, der im Publikum für unfehlbar gilt und in Wahrheit mit Bewußtsein nicht fehlgreifen **kann. Wie soll man sich diesen Zynismus erklären! Hat Reinhardt Geld nötig? Warum rauben es nicht seine Leute für ihn: Sie sollen den Westen der Stadt plündern für ihren Kaiser!!** Kassenschränke sind nicht zu unterbilden, wohl aber eine Zuhörerschaft (es sind talentvolle Zuhörer darunter) wackelköpfig durch ein Irrspiel zu machen. Solche Geschenke darf sich Reinhardt nicht erlauben. *Absatz fehlt* $D^{1-2}$   248,22 der ⟨...⟩ die] dem Können Reinhardt, das $D^{1-2}$   248,23 Buch] Brief $D^{1-2}$   248,23-24 Nummer] Arbeitersage, die Wupper, $D^{1-2}$   248,24 muß] muß $D^{1-2}$   ihm] ihn *(Druckfehler)* $E^{XXI}$   248,27 Liebe Beide.] **Liebe Beide!** *Durchschuß* $D^{1-2}$   248,32 es] das $D^2$   249,1 machâh] machâh. $D^2$   249,3 aus] zwischen $D^2$   Früchte,] Früchte $D^2$   249,5 Herwarth Kurtchen, er] **Kurtchen, Herwarth!** *Durchschuß* Er $D^{1-2}$   249,9 anderen,] anderen $D^{1-2}$   249,23 genaueres] Genaueres $D^2$   249,29 etwas merkwürdiges] was Merkwürdiges $D^2$   249,29-30 drängte ⟨...⟩ so] drängte $D^2$   250,1 dumpf] dumpf, $D^2$   250,2-3 objektiveres,] Objektiveres *D²* 250,8 ihm] – »ihm« – *D¹⁻²* 250,17 dich] Dich *D¹⁻²* 250,18 du] Du *D¹⁻²* 250,19 wir] wir *D¹⁻²* 250,28 Ort] Ort, *D¹⁻²* 250,29-31 Café ⟨...⟩ Odysseus] Café? *D²* 250,30 Wirtin?] Wirtin? *Absatz fehlt D¹* 250,31 Odysseus] Odysseus. *D¹* 250,32 Lieber ⟨...⟩ wißt] L i e b e r  H e r w a r t h,  K u r t h!  *Durchschuß* Wißt *D¹⁻²* 251,7 Herwarth, ich] Herwarth! *Durchschuß* Ich *D¹⁻²* 251,11 kariert] karriert *D¹⁻²* 251,12 Gallienhumor] Galgenhumor *D¹⁻²* 251,17 Herzens] Herzens, *D¹⁻²* 252,6 schreiben.] schreiben. *Absatz fehlt D²* 252,21 sprechen?] sprechen. *D²* 253,3 nicht] nicht, *D²* 253,8-255,7 Lieber ⟨...⟩ glaub] Unglaublich, H e r w a r t h!  *Durchschuß* Glaub *D¹⁻²* 255,10-11 der Arzt van't Hoff] ein Quaksalber *D²* 255,17 Lieber Herwarth, ich] L i e b e r  H e r w a r t h!  *Durchschuß* Ich *D¹⁻²* 256,14 Herwarth, wie] H e r w a r t h!  *Durchschuß* Wie *D¹⁻²* 256,16 Luzifers] Lucifers *D¹⁻²* 256,19 Bravo!] Bravo! *Durchschuß* Lieber Herwarth! *Durchschuß* Ich saß heute Nacht auf dem Dach und blickte mit dem Mond über Theben; schlief aber ein und träumte, mein stärkstes Kriegsschiff hätte Wasser gefaßt und sei untergegangen. Da dachte ich an Dich – wenn Dich einmal ein loses Weib erfassen könne! Denn das Wasser, ob es ein Bach oder ein Teich ist, ein Fluß oder ein Meer ist, es verbirgt die lockeren, lockenden Eingeweide des Weibes in sich. Kein Schiff ist ihrer sicher. – I c h  m a g  D i c h  n i c h t  m e h r  l e i d e n. *D¹⁻²* Bravo! *fehlt, sonst wie D¹⁻² PDᴬ* 257,1 Lieber Herwarth, ich] L i e b e r  H e r w a r t h!  *Durchschuß* Ich *D¹⁻² PDᴬ* 257,7 Ihr ⟨...⟩ was] I h r  b e i d e n  F r e u n d e!  *Durchschuß* Was *D¹⁻²* 258,3 lebendiggewordene] lebendig gewordene *D¹⁻²* 258,7 Herwarth, Kurtchen, ich] Herwarth, Kurtchen! *Durchschuß* Ich *D¹⁻²* 258,10 Telegramm.] Telegramm: *D¹⁻²* 258,14 hernieder] hernieder. *D²* 258,26 Wunder.] Wunder. *Absatz D²* 258,28 einen Damastmantel] eine Damasthaut mehr *D²* Schuhe] Füße *D²* 258,31 hier schon] schon hier *D¹⁻²* 259,1 machâh] maschâh *D²* Und ⟨...⟩ und] Und *D²* 259,2 mit meiner Hand,] und *D²* 259,18 nicht einmal] nicht *D¹⁻²* 260,4-6 verachteten ⟨...⟩ begnadigt] verachteten *D¹⁻²* 260,11 zweifelte] zweifle *D¹⁻²* 260,12 aussprechen] aussprechen, *D²* 260,13 eine Heuschrecke] ein Heuschreck *D¹⁻²* 260,25 L.H.] L.H.! *Durchschuß D¹* L.H.! *Absatz D²* 261,1 klichieren] klischieren *D¹⁻²* 261,4 hast] habest *D¹⁻²* 261,9

E] E. $D^{1-2}$  261,10 Liebe Gesandte!] Liebe Gesandte! *Durchschuß* $D^{1-2}$  261,20 Oßmann] Oßman $D^2$  261,22 Mich] mich $D^{1-2}$  261,23 Euer ⟨...⟩ Theben] Euer Prinz von Theben. *Durchschuß* UNGLÄUBIGE *Durchschuß* Mein Volk will immer mein Gesicht sehn, meine Stimme hören. *Durchschuß* Unter dem Frühstern, der nach mir benamet wurde, spreche ich zu meiner Stadt und öffne ihren Menschen meine Seele wie einen Palmenhain, den sie betreten dürfen. *Durchschuß* Der Himmel ist mein Spiegel. *Durchschuß* Mein Bildnis wird verteilt in Theben. *Durchschuß* Jussuf-Prinz *(auf einer Extraseite und in einem größeren Schriftgrad)* $D^{1-2}$

*ERLÄUTERUNGEN. $D^1$ ist Adolf Loos gewidmet; vgl. zum Essay »Adolf Loos«. – Die »Briefe nach Norwegen« erschienen zwischen September 1911 und Juni 1912 in Fortsetzungen im »Sturm«; Adressaten der Briefe sind Herwarth Walden (vgl. zu 148,10) und sein Freund, der Rechtsanwalt Curt Neimann. Ursprünglicher Anlaß für die Brieffolge war eine Reise Waldens und Neimanns nach Dänemark und Norwegen, die sich anhand der Briefe Herwarth Waldens an Karl Kraus auf Ende August/Anfang September 1911 datieren läßt. In einem undatierten Brief schrieb Herwarth Walden an Karl Kraus:* Dr. Neimann will mich auf seine Nordlandsreise mitnehmen. Vielleicht tue ich es, wenn ich genügend Geld für meine Frau zurücklassen kann. Auf zehn Tage. Ich möchte ja sehr gern hinaus, bin sehr abgespannt und Geld zum selbständigen Reisen werde ich wol noch eine ganze Weile nicht haben. *(H: WStLB [149.103].) Am 26. August 1911 berichtete er auf einer Postkarte:* Ich habe mich entschlossen, die Einladung von Dr. Neimann anzunehmen: ich fahre morgen früh nach Kopenhagen und Christiania. Briefe bitte über Halensee. In eiligen Fällen: Christiania hauptpostlagernd. Ich bin jedenfalls Mittwoch dort. Wohin wir weiter fahren, weiß ich noch nicht. Bergen wahrscheinlich. Am 6. September in Berlin. *(H: WStLB [149.095].) Doch am 7. September 1911 meldete er aus Kopenhagen:* Ich bin ziemlich am Ende der Reise, Sonnabend, Sonntag früh allerspätestens in Berlin. ⟨...⟩ Dr. Neimann kann nicht lange hintereinander Eisenbahn fahren, ich bin auf diese Weise frühestens Sonnabend in Berlin. *(H: WStLB [149.091].) – Doch auch lange nachdem Herwarth Walden und*

*Curt Neimann ihre Reise beendigt haben, verfaßt Else Lasker-Schüler noch »Briefe nach Norwegen« und veröffentlicht sie im »Sturm«. Im Unterschied zu ihrem zuletzt veröffentlichten längeren Prosatext, »Die Nächte Tino von Bagdads«, stehen die literarischen Briefe im engen Konnex zum Berlin der Jahre 1911/12 und enthalten zahllose Bezüge auf die zeitgenössische Kulturszene, auf Ausstellungen, Ereignisse und Veranstaltungen. Ohnehin scheinen die »Briefe nach Norwegen«, die sich durch die Identität von Autorin, Erzählerin und handelnder Ich-Figur als autobiographisch darstellen und Authentizität versprechen, nicht-fiktionalen Charakters zu sein. Doch die äußeren Begebenheiten dienen auch als Folie für Inszenierungen, reale Orte als Kulissen und die in den »Briefen« angesprochenen und dargestellten Zeitgenossen als Material für ein literarisches Spiel mit Fiktionalität und Authentizität. Die Poetisierung realen Materials, die bereits im »Peter Hille-Buch« (1906) zu beobachten ist und sich als poetologisches Prinzip durch das Gesamtwerk Else Lasker-Schülers zieht, wird hier noch weitergeführt: Die dargestellten Personen tragen meist reale Namen oder sind eindeutig identifizierbar, gleichzeitig stellen sie aber das Personal eines Textes dar, der sich seinerseits in einer Grauzone zwischen der Sachprosa von Briefen und der Literarizität eines Briefromans befindet. Diese Uneindeutigkeit wie auch die Verwirrung, die jene bei seinen Lesern auslöst oder auslösen könnte, sind nicht zuletzt immer wieder Thema des Textes selbst, etwa indem die Briefschreiberin über Beschwerden bei Fehlinformationen berichtet oder das Rätselraten um die ›wahre Identität‹ der einen oder anderen Figur zum Teil der Handlung macht. Der Grenzaufhebung zwischen Kunstfiguren und ›wirklichen Menschen‹, zwischen Kunst und Leben, entspricht das häufige Motiv des ›lebendigen Bildes‹. Immer wieder geht es um ›Glaubwürdigkeit‹, doch durch die Unentscheidbarkeit der Frage nach der Glaubwürdigkeit der Briefe oder der Briefschreiberin wird die Relevanz dieser Frage selbst in Frage gestellt. Indem sie die konstruierte Trennung zwischen Fiktionalem und Nicht-Fiktionalem aufhebt, bricht Else Lasker-Schüler mit poetologischen Konventionen, wie sich in einigen Reaktionen nicht nur der Rezensenten, sondern auch von Freunden und Bekannten widerspiegelt. Zwischen Herwarth Walden und Karl Kraus entspinnt sich ein regelrechter Disput über die literarische Qualität der »Briefe nach Norwegen«. So schreibt Karl Kraus an Herwarth Walden (undatiert):* Noch eins: Sie stellen die Briefe nach Norwegen so hoch, und es ist gewiß viel Dichterisches darin, dort wo die Informationen aus dem Café des Westens (Verhöhnung des Herrn K. etc.) aufhören. *(H: Staatsbibliothek zu Berlin, Stiftung Preußischer Kulturbesitz, Sturm-Archiv [Karl Kraus].) Herwarth Walden antwortet darauf am 5. November 1911:* Die Informationen über das C. d. W. sind natürlich keine, sie sind ebenso frei erfunden wie alles andere. Ob man Kurtz oder Lang Hiller oder Müller schreibt, ist doch für die Literatur wol gleichgültig. Wenn dem Autor die Namen passen für seinen Zweck, mögen ja schließlich Personen dazu existieren. Wo auf die Persönlichkeit Wert gelegt wird, das spricht sich noch in den Briefen sehr deutlich aus. *(H: WStLB [149.086].) Karl Kraus an Herwarth Walden (undatiert):* Aber, mein lieber Freund, »wem sagen Sie das«: »ob Kurtz oder Lang, Hiller oder Müller ist gleichgiltig.« Am Kunstwerk; nicht in der Zeile: »apropos die Herren .... haben sich versöhnt.« Das ist Information aus dem C. d. W. Und wenns frei erfunden ist, so ist es eben eine falsche Information aus dem C. d. W. *(H: Staatsbibliothek zu Berlin, Stiftung Preußischer Kulturbesitz, Sturm-Archiv [Karl Kraus].) Vgl. dazu auch zu 216,20-21. Als die »Briefe nach Norwegen« noch im Jahr 1912 als »Mein Herz« in Buchform erscheinen, wird auf die scheinbare Dichotomie von Dichtung und Authentizität schon im Untertitel:* »Ein Liebesroman mit Bildern und wirklich lebenden Menschen« *hingewiesen. – Über den Rechtsanwalt Curt Neimann (1879-1944) lernten sich Alfred Döblin und Herwarth Walden kennen. Curt Neimann gehörte unter dem Namen Kurt Neander auch dem Direktorium des von Herwarth Walden ins Leben gerufenen Kabaretts »Teloplasma« an.*

**179,7 Peter Baum]** *Vgl. zum Essay »Peter Baum«.*

**179,9 Matja]** *Die Pianistin Matja Stivarius (eigentlich: Johanna Mathilde) war von 1906 bis 1913 mit Peter Baum verheiratet. Sie gehörte um 1900 wie Peter Baum der »Neuen Gemeinschaft« an.*

**179,13-14 Gertrude Barrison]** *Tänzerin und Rezitatorin; eine der damals populären anglo-dänischen Tanzsoubretten »Five Sisters Barrison«, befreundet mit dem Maler Karl Hollitzer. Gertrude Barrison trat häufig im »Verein für Kunst« auf. Als Vortragskünstlerin war sie besonders bekannt für ihre Rezitationen Peter Alten-*

bergs. – *Für einen »Peter Altenberg-Abend zu Gunsten des Dichters«, an dem neben Gertrude Barrison auch Else Lasker-Schüler, Herwarth Walden, Karl Kraus, Adolf Loos und Alfred Döblin mitwirkten, warb der »Sturm« in derselben Nummer, in der auch die erste Folge der »Briefe nach Norwegen« erschien. (Vgl. Der Sturm. Jg. 2, Nr. 77 vom September 1911. S. 618.)*

**179,14** Lunapark] *Der aus den 1904 eröffneten »Halensee-Terrassen« entstandene Lunapark am Berliner Halensee war zu Beginn des 20. Jahrhunderts einer der größten Vergnügungsparks Europas. Er bot zahlreiche populäre Attraktionen, darunter wechselnde Menschen- und Völkerschauen wie »Das Somalidorf« und »Die Straße von Cairo«. 1910 wurde der millionste Besucher gezählt; 1933 ging die Betreibergesellschaft in Konkurs, ein Jahr später wurde der Park geschlossen und später abgerissen.*

**179,22** meines arabischen Buches] *»Die Nächte Tino von Bagdads« (1907).*

**179,23** Minn] *Figur aus der gleichnamigen Erzählung der »Nächte Tino von Bagdads«, in welcher der Tanz Minns und der Erzählerin Tino im Vordergrund steht.*

**179,28** muselhaft] *Vgl. zu 139,25.*

**179,29** Craquette] *Wohl von franz. »craquer«: knacken, krachen, klappern.*

**179,30** Tanger] *Hafenstadt im Norden Marokkos.*

**180,11** der Voss] *In der »Vossischen Zeitung. Berlinische Zeitung von Staats- und gelehrten Sachen« veröffentlichte auch Else Lasker-Schüler gelegentlich.*

**180,12** dem Khediven] *Vgl. zu 70,9.*

**180,15** Zulus] *Bantu-Volk in Südafrika, das sich der britischen Kolonialmacht widersetzte, ihr jedoch 1879 unterlag. Nach der Annexion ihrer Gebiete 1887 wies Großbritannien den Zulu Landstücke als Reservate zu.*

**180,21** ben] *Hebr.: Sohn.*

**180,30-31** Weidendammerbrücke] *Brücke über die Spree an der Friedrichstraße.*

**181,1-2** Dr. Caros] *Vgl. zum Essay »Unser Rechtsanwalt Hugo Caro«.*

**181,2-3** »so lasst ⟨...⟩ im Mai«] *Zitat aus dem von Richard Strauß vertonten Gedicht »Allerseelen« von Hermann Gilm zu Rosenegg*

(1812-1864), dessen erste Strophe lautet: Stell auf den Tisch die duftenden Reseden, / die letzten roten Astern trag herbei / und laß uns wieder von der Liebe reden / wie einst im Mai. – *1913 wurde die Operette »Wie einst im Mai« des Komponisten Walter Kollo im Berliner Theater uraufgeführt und feierte Triumphe.*

**181,6** Goldopasschmetterling] *Vgl. die Falschbezeichnung »Goldtopas« für gebrannte Amethyste, die wie die Topas Minerale sind.*

**181,13** Mona Lisa gestohlen] *Am 22. August 1911 war Leonardo da Vincis Gemälde »Mona Lisa« aus dem Pariser Louvre gestohlen worden, eine Sensation, die in Presse und Öffentlichkeit mit großem Interesse verfolgt und kommentiert wurde. Ende 1913 tauchte das Porträt in Florenz wieder auf; der Täter wurde gefaßt. Der Diebstahl diente Georg Heym als Vorlage für seine Novelle »Der Dieb« (1913).*

**181,15** ich würde mir einen Turm bauen lassen, ohne Türe] *Vgl. das Märchen »Rapunzel« aus der Grimmschen Sammlung der »Kinder- und Hausmärchen« (Nr. 12), in dem das wunderschöne Mädchen Rapunzel von einer Zauberin in einen Turm ohne Tür gesperrt wird.*

**181,33** Hedda Gabler] *Die exzentrische und verwöhnte Hedda Gabler aus dem gleichnamigen Drama (1891) von Henrik Ibsen (1828-1906) stürzt nach ihrer Heirat angesichts ihrer Rolle als Hausfrau und Mutter in eine psychische Krise, die mit ihrem Freitod endet.*

**182,26** das Cafe] *Zum Berliner »Café des Westens« vgl. zum Essay »Unser Café«.*

**182,29** Cajus-Majus] *»Gaius maius«, der Gaius (altrömischer Vorname) »des Monats Mai«, in Anspielung auf Gaius Julius (Caesar), den, wörtlich übersetzt, »Gaius des Juli«. Vgl. auch zu 231,10-11.*

**182,32** Aristophanes] *Aristophanes (um 445-um 385), der Vollender der altattischen Komödie.*

**182,32-33** Dantes Hölle] *Dante Alighieris (1265-1321) »Göttliche Kommödie« (»La Divina Commedia«), entstanden um 1307-1321, Erstdruck 1472, gliedert sich in die Teile »Hölle«, »Fegefeuer« und »Paradies«.*

**182,33** Lucrezia Borgia] *Lucrezia Borgia (1480-1519), die Tochter des Papstes Alexander VI. (1430?-1503), gilt mit ihrem Vater und ihrem Bruder Cesare als Prototyp renaissancehafter Verruchtheit* *und ungehemmten Lebensgenusses;* sie ist historisches Vorbild zahlreicher literarischer Bearbeitungen.

**182,38 Dein Freund, der Doktor]** *Die meist als »Dein Doktor« bezeichnete Figur trägt die »gemmenhaften« (vgl. 204,1 und 290,2) Züge des mit Herwarth Walden eng befreundeten Schauspielers Rudolf Blümners; vgl. zum Essay »Rudolf Blümner«.*

**182,38-183,1 Marie Borchardt]** *Schauspielerin, die 1910-1911 an den Kammerspielen des Deutschen Theaters in Berlin auftrat.*

**183,27 Dr. Döblin vom Urban]** *Den Schriftsteller und Nervenarzt Alfred Döblin (1878-1957) lernte Else Lasker-Schüler über Herwarth Walden, der mit diesem gut befreundet war, kennen. – Im Städtischen Krankenhaus »Am Urban« arbeitete Alfred Döblin vom Juni 1908 bis zum September 1911 als Assistenzarzt.*

**184,1 Bolle]** *Der Molkereibetrieb C. Bolle in Berlin.*

**184,11 dröhnen kann sie wie Zeuswort]** *Zeus, der Herrscher über die olympischen Götter, war als Meister über die Elementargewalten auch der ›Hochdonnernde‹.*

**184,13-14 Fridolin Guhlke]** *Eduard Plietzsch erwähnt in seinen Erinnerungen (vgl. zu 222,18) den jungen Sturm-Zeichner Guhlke (S. 16); dieser müßte allerdings unter einem Pseudonym aufgetreten sein, denn der Name läßt sich weder im »Sturm« noch sonst nachweisen.*

**184,26 galizischen Sadduzäern und Chaldäern]** *Galizien, eine historische Landschaft auf dem nördlichen Abhang und im Vorland der Karpaten. – Die Sadduzäer (hebr. »Zadukim«), Anhänger des Priestergeschlechts des Zadok, einer jüdischen Partei zur Zeit des Zweiten Tempels, lehnten jede von außen in das Judentum gedrungene Lehre ab. Diesen religiösen Konservatismus verbanden sie jedoch mit politischer Aufgeschlossenheit, was sie in gutes Einvernehmen mit dem jeweiligen Herrscherhaus setzte. Zeitweise standen sie in Opposition zu den Pharisäern. – Die Chaldäer gehörten zur großen semitischen Gruppe der Aramäer. Im Alten Testament sind die Chaldäer gleichbedeutend mit Babyloniern. Vgl. 1. Mose (Genesis) 11,28 und 2. Könige (Regum II) 24,2. Da in persischer und hellenistischer Zeit Babylonien Zentrum der Astrologie war, wurden Sterndeuter, Wahrsager und Magier als Chaldäer bezeichnet.*

**184,29 Richard]** *Vgl. zu 172,11.*

**184,31** Direktor W.] *Zu William Wauer (vgl. Variante in $D^{1-2}$) vgl. zum Essay »William Wauer«.*

**185,1** Hassan] *Wie Minn, dessen Rolle Hassan übernommen hat, ist dieser eine Figur aus den »Nächten Tino von Bagdads«. Hassan ist der Geliebte Tinos in »Der Großmogul von Philipoppel« und »Mein Liebesbrief an Abdul Hassan«. – In $D^{1-2}$ (vgl. die Variante) ist durchgängig von »Minn« die Rede.*

**185,10-11** Ibsens Grabmal ⟨...⟩ nordische Pyramide] *Henrik Ibsen, der am 23. Mai 1906 starb, wurde in Christiania (heute Oslo) auf dem Vår Frelsers Gravlund (Erlöserfriedhof) begraben. Sein Grabmal besteht aus einem großen Obelisken.*

**185,22-23** Jahreszeit des Herzens] *Vgl. zu 204,4 und zu 204,2-3.*

**185,27-28** sein Roman aus der Rokokozeit sei fast fertig] *»Kammermusik. Ein Rokokoroman« von Peter Baum erschien erst 1914 (Berlin: Hyperion-Verlag). Vgl. auch zu 129,3.*

**186,9** Bacchant im Bacchantenzug] *Bacchus oder Dionysos, der griechische Gott des Weines, führte stets einen Zug Bacchanten mit sich, die, in fließende Gewänder und Tierfelle gekleidet, mit Efeu und Weinranken umwundene Stäbe trugen und an seinen orgiastischen Feiern teilnahmen.*

**186,23** Dalai Lama] *Vgl. zu 143,23-24 und zum Essay »Karl Kraus«. – Am 22. Januar 1912 schrieb Karl Kraus an Herwarth Walden über die Figur des »Dalai Lama« in den »Briefen nach Norwegen«:* Nebenbei: Könnten Sie nicht wenigstens dafür wirken, daß dieses Motiv – mir wächst die Würde zum Hals heraus – aus dem Sturm entschwindet? *(H: Staatsbibliothek zu Berlin, Stiftung Preußischer Kulturbesitz, Sturm-Archiv [Karl Kraus].)*

**186,26** Cook] *Der englische Weltumsegler James Cook (1728-1779), der letzte große maritime Entdecker, versuchte 1776-1779 vergeblich, eine nördliche Durchfahrt vom Pazifik zum Atlantik zu finden.*

**186,26** Peary] *Robert Edwin Peary (1856-1920), amerikanischer Nordpolarforscher, erkannte die Inselnatur Grönlands; umstritten ist, ob er 1909 als erster den Nordpol erreichte.*

**186,29** Mommsenstrasse] *Straße in Charlottenburg.*

**187,1** Goldwasser] *Danziger Goldwasser, ein süßer, aus verschiedenen Substanzen in Danzig destillierter Likör, dem eine geringe Menge verriebenen Blattgolds zugefügt wurde.*

187,13 Hans] *Hans Schlieper, ein Cousin Peter Baums, brachte 1920 dessen »Gesammelte Werke« heraus. Vgl. auch zum Essay »Peter Baum«.*

187,30-31 den Frederech oder den Willem] *Vgl. den »Pendelfrederech« und den ehemaligen Färber Willem aus Else Lasker-Schülers Schauspiel »Die Wupper« (1908; Uraufführung 1919; vgl. KA, Bd. 2).*

187,33 Kastemännecken] *Kleine Silbermünze im Wert von zweieinhalb Groschen.*

187,33 verdeck] *Fluch.*

187,35 Gelägenheetstrauerspeel, Pastor Kraatz] *In D² wurde der Name durch »Die Wupper« ersetzt (vgl. Variante). Zu einem Alternativtitel »Pastor Kraatz« für Else Lasker-Schülers Schauspiel »Die Wupper« (vgl. KA, Bd. 2) ist nichts überliefert; eine Figur dieses Namens gibt es weder in diesem noch in einem anderen Drama Else Lasker-Schülers.*

188,1 Derektör] *Unter der Intendanz Max Reinhardts, der in D² namentlich genannt wird (vgl. Variante), wurde schließlich am 27. April 1919 »Die Wupper« uraufgeführt. Zu Max Reinhardt vgl. auch zu 126,24.*

188,2 Grossvatter] *»Großvatter Wallbrecker« aus dem Dramenpersonal der »Wupper« (KA, Bd. 2).*

188,3-4 Rodolf Blömner] *Vgl. zum Essay »Rudolf Blümner«. – D² weist hier die Variante de Grätz auf. Paul Graetz (1890-1937), Schauspieler und Kabarettist, emigrierte 1933 in die USA. Er war bei der Uraufführung der »Wupper« 1919 in der Rolle des Großvaters zu sehen.*

188,7 fiser Peias] *Fies: ekelhaft; Peias (franz. »paillasse«): Hampelmann, Hanswurst.*

188,9 Julie] *Vgl. zu 31,13-14.*

188,11 Ringbahnstrasse] *Peter Baum hatte in der Ringbahnstraße 109 in Halensee gewohnt, unweit der Wohnung Else Lasker-Schülers und Herwarth Waldens in der Katharinenstraße 5.*

188,15 Kristiania] *1624-1924 Name der norwegischen Hauptstadt (heute Oslo), die Herwarth Walden und Curt Neimann auf ihrer Reise besuchten.*

188,16 Deine Pantomime] *»Die vier Toten der Fiametta«; vgl. zum Essay »William Wauer«.*

188,17-18 ich bin der Graf von Luxemburg und hab mein Geld verjuxt] *Der Graf von Luxemburg. Operette in drei Akten von A. M. Willner und Robert Bodanzky, komponiert von Franz Lehár (1870-1948). Uraufführung: 1909, Wien. – René, der lebenslustige Graf von Luxemburg, hat sein Vermögen verjuxt, verputzt, verspielt, vertan – wie's nur ein Luxemburger kann.*

189,16-17 Martha Hellmuth ⟨...⟩ St. Peter-Hille-Buch] *Vgl. zu 45,20.*

189,26-27 Krösus] *Der Reichtum des letzten Königs von Lydien (um 560-546 v. Chr.) wurde sprichwörtlich.*

189,30 Höxter] *Der Maler und Schriftsteller John Höxter (1884-1938) schrieb Gedichte, Glossen und Essays; unter anderem schrieb und zeichnete er für die »Aktion« und rief die von George Grosz weitergeführte dadaistische Zeitschrift »Der blutige Ernst« ins Leben. Als Mitglied des »Neopathetischen Cabarets« und der Berliner Caféhausszene war er fester Bestandteil der Berliner Künstlerszene, die er in seinen »Erinnerungen« »So lebten wir. 25 Jahre Berliner Boheme« (Berlin: Biko 1929) beschreibt. Auch Else Lasker-Schüler findet hier Erwähnung in Wort und Bild. – Nach den Pogromen im November 1938 nahm er sich das Leben.*

189,33-190,2 Hast Du übrigens von der Zeichnung ⟨...⟩ Sturm?] *John Höxter veröffentlichte keine Zeichnungen im »Sturm«; auch in der »Aktion«, die Zeichnungen Höxters enthält, findet sich kein Porträt Else Lasker-Schülers, hingegen in Höxters »Erinnerungen« »So lebten wir« (1929. S. 17).*

190,1 Cliché] *Klischee heißt der Druckträger zur Wiedergabe von Bildern im Hochdruckverfahren, bei dem die druckenden Teile gegenüber den nichtdruckenden Teilen erhaben sind.*

190,8 Melechs] *»Melech« (hebr.): König.*

190,11 Schlôme] *Figur aus Else Lasker-Schülers Erzählung »Der Amokläufer«.*

190,12 Exkaiserin Eugenie] *Eugénie (1826-1920), die Gemahlin Napoleons III., war 1853-1870 die Kaiserin der Franzosen.*

190,21 Apanage] *Franz.; Zuwendung an die nichtregierenden Angehörigen regierender Häuser.*

190,28 kleine Jakobsohn] *Vgl. zu 173,9 und zu 173,10.*

190,28 Fackel] *Vgl. zum Essay »Karl Kraus«.*

191,3 Lützowerplatz] *Der Lützowplatz am Landwehrkanal im*

*Bezirk Tiergarten war 1903 von dem Berliner Gartenbaudirektor Hermann Mächtig neu angelegt worden und wurde mit seinen spätklassizistischen Wohnhäusern zur begehrten Wohngegend, in der unter anderen der Warenhausbesitzer Georg Tietz, der Polizeipräsident Traugott von Jagow und der Chefredakteur des »Berliner Tageblatts« Theodor Wolff lebten.*

**191,20** Wintergartens dumpfer Sternenhimmel] *Die Decke des Wintergartens (vgl. zu 142,8) zierte ein künstlicher Sternenhimmel.*

**191,24** Siemens-Fabrik] *Ab 1897 entstanden in Berlin-Spandau die Werksanlagen der Firma Siemens & Halske AG, die sich zur ab 1913 so genannten »Siemensstadt« ausweiteten.*

**192,5** Talismanphotographie] *Ein Talisman, ursprünglich als Amulett, ist ein zauberkräftiger Schutz, den man am Körper trägt. Bilder und Inschriften auf Talismanen sollen die Effizienz der Glücksbringer erhöhen.*

**192,27** Kempinski] *Berühmtes, von dem Gastronom Berthold Kempinski (1843-1910) 1889 eröffnetes Weinrestaurant in der Leipziger Str. 25; 1912 um eine Delikatessenhandlung erweitert.*

**193,16** Galiläerstirn] *Galiläa, das dem Volk Israel nie lange und sicher gehörte, wurde 135 n. Chr., nach der Vertreibung der Juden aus Jerusalem, zum Hauptsitz des Judentums.*

**193,25-26** schuss für ewig] *Der berlinerische Schulausdruck »Schuß auf ewig!« bedeutet, von jemandem nichts mehr wissen zu wollen.*

**193,33** Suttaschdreher] *Suttasch (franz. »soutache«): schmale Besatzschnur.*

**194,1** Richard Weiss] *Der Wiener Dichter Richard Weiß; als Mitarbeiter der »Fackel« hatte er eine Besprechung der Gedichtsammlung »Meine Wunder« veröffentlicht. (Jg. 13, Nr. 321/322 vom 29. April 1911. S. 42-50.)*

**194,23** Venus von Siam] *Else Lasker-Schüler nannte ihre Freundin Kete Parsenow »Venus von Siam«; vgl. zum Essay »Kete Parsenow«.*

**194,28** Absalon] *Absalom, der dritte Sohn Davids, rächt die Ehre seiner Schwester Tamar durch die Tötung seines Bruders Amnon. Vgl. 2. Samuel 13-19.*

**194,34** Zeuxis Kokoschka] *Vgl. zu 161,18-19 und zum Essay »Oskar Kokoschka«.*

**194,37-195,1 schlicht, aber zu reich für den eitlen Geschmack der Leute]** *Anspielung auf den Streit um das von Adolf Loos entworfene Haus am Michaelerplatz in Wien; vgl. zum Essay »Adolf Loos«.*

**195,5-6 Myrrhen balsamierten mich ein]** *Die Äste des Myrrhenstrauches aus der Gattung der Balsambaumgewächse liefern das Myrrhe genannte Harz, das als Tinktur in der Medizin und als Öl in der Parfümerie verwendet wird. Myrrhe ist neben Gold und Weihrauch eine der drei Gaben der drei Weisen aus dem Morgenland an Jesus. Vgl. Matthäus 2,10 f.*

**195,14 Schluss mit meinen Briefen]** *Die letzte Folge trug die Nachbemerkung »Schluß«; siehe Überlieferung.*

**195,22-23 Oesterheld und Cohn]** *Im Verlag Oesterheld & Co, Berlin, war 1909 Else Lasker-Schülers »Die Wupper. Schauspiel in 5 Aufzügen« (KA, Bd. 2) erschienen. In ihrer »Anklage gegen meine Verleger« »Ich räume auf!« (1925) äußert sich Else Lasker-Schüler zu den ersten Verlegern ihres Dramas Erich Oesterheld (1883-1920) und Siegbert Cohn. – Erich Oesterheld schrieb eine Rezension über Else Lasker-Schülers »Die Nächte Tino von Bagdads« im »Magazin« (Jg. 77, Nr. 5 vom Februar 1908. S. 93 f.) mit dem Titel »Die Prinzessin von Bagdad«.*

**195,24 Lektor Knoblauch]** *Adolf Knoblauch (1882-1951), Schriftsteller, Übersetzer, z.B. der Dichtungen William Blakes, und Herausgeber, so von Peter Hilles »Mysterium Jesu« (Leipzig: Insel 1921).*

**195,26 Müller]** *Im Verlag Georg Müller (München) hat Else Lasker-Schüler nichts publiziert.*

**195,26 Manuskript Essays]** *»Gesichte. Essays und andere Geschichten« erschien 1913 bei Kurt Wolff, Leipzig.*

**195,29-31 Julius Lieban ⟨...⟩ Maupassant]** *Titel von essayistischen Porträts und einer Erzählung, die Else Lasker-Schüler als Sammlung in »Gesichte« (1913) und später in »Essays« (1920; vgl. Varianten zu 195,29) veröffentlichte.*

**196,2 Stefan George]** *Vgl. zu 157,26.*

**196,12 Similigedanken]** *Als Simili wird eine Imitation, besonders von Edelsteinen, bezeichnet.*

**197,1 Maler Gangolf]** *Der Maler, Graphiker und Kunstschriftsteller Paul Gangolf (1879-1939?) gehörte dem Kreis um Peter Hille* *an. 1922 erschien im Malik-Verlag seine Kunstmappe »Metropolis«; 1923 veröffentlichte er zwei Mappen mit Illustrationen zu »Tausendundeiner Nacht« und zu Charles Sealsfields Erzählungen. 1931 beteiligte sich Paul Gangolf an einer Kollektivausstellung der Kestnergesellschaft in Hannover.*

**197,8** Kubeiks] *Anklang an den tschechischen Violinisten Jan Kubelik (1880-1940).*

**197,9** Rubinstein] *Anton Grigorjewitsch Rubinstein (1829-1894), russischer Pianist und Komponist.*

**197,13** meinen Fakir] *Else Lasker-Schülers auch in »Der Prinz von Theben« enthaltene Erzählung »Der Fakir«.*

**197,13-14** meinen Ached-Bey] *Else Lasker-Schülers Erzählung »Ached Bey« aus »Die Nächte Tino von Bagdads«.*

**197,33** Edison] *Thomas Alva Edison (1847-1931), amerikanischer Elektrotechniker und Erfinder.*

**198,7** Hüne Caro] *Siegfried Caro, der Sohn des mit Else Lasker-Schüler befreundeten Ehepaares Hugo und Elfriede Caro, wird in Briefen Else Lasker-Schülers als »Hyne Caro« angesprochen. Die Figur »Hyne Carolon« spielt auch in »Der Malik« eine Rolle; vgl. zu 480,14-15.*

**198,9** Franziska Schultz] *Vgl. zum Essay »Franziska Schultz«.*

**199,8-9** am Spittelmarkt ⟨...⟩ wo der Krögel ist] *Der Spittelmarkt liegt südlich, der Molkenmarkt nördlich des Spreebogens. Die Straße »Am Krögel« führte vom Molkenmarkt in südlicher Richtung zur Spree. Sie war eine der ältesten Gassen Berlins und beherbergte mit ihren baufälligen Häusern und dunklen Höfen vor allem Arbeiterfamilien. 1935/36 wurde »der Krögel« abgerissen.*

**199,13** Meine Kusine Therese] *Die Tochter von Else Lasker-Schülers Onkel, dem Bankier, Kaufmann, Politiker und Verleger der »Frankfurter Zeitung« Leopold Sonnemann (1831-1909), hieß Therese Simon, geb. Sonnemann (1855-?). Ihr Sohn, der Verleger und Redakteur Heinrich Simon (1880-1941), übernahm nach dem Tod seines Großvaters die Leitung der »Frankfurter Zeitung«.*

**199,28** Wenn Ihr eine Rose seht ⟨...⟩ grüßen.] *Zitat aus einem Gedicht mit dem Anfang:* Leise zieht durch mein Gemüt ... *von Heinrich Heine. Vgl. Nr. 6 der Gedichte unter dem Titel »Neuer Frühling« von 1831, das als Parodie auf das Volkslied »An einen Boten« entstand. Besonders bekannt wurde das Gedicht durch Mendelssohn-Bartholdys Vertonung.*

200,1 Plakat der Neuen Sezession] *Die Künstlervereinigung »Neue Sezession« wurde im Frühjahr 1910 in Berlin unter Leitung Max Pechsteins gegründet. Sie war eine Abspaltung der 1898 gegründeten Berliner »Sezession«, welche die Werke von 27 Künstlern für die 20. Sommerausstellung zurückgewiesen hatte. Die erste Ausstellung der »Neuen Sezession« fand im Mai 1910 in der Galerie Maximilian Macht in der Rankestraße statt. – Die Plakate zu allen Ausstellungen der »Neuen Sezession«, Lithographien von Max Pechstein, zeigen dasselbe Motiv: eine nackte, kniende Bogenschützin. Das immer wieder verwandte kämpferische Motiv wurde zum Signum der neuen Vereinigung. Für die Präsentation der vierten Ausstellung vom 18. November 1911 bis zum 1. Februar 1912 wurde, mit überklebtem Aufdruck, das gleiche Plakat wie zur dritten Ausstellung der »Neuen Sezession« im Februar/März 1911 verwandt. – Der Maler, Bildhauer und Graphiker Hermann Max Pechstein (1881-1955) besuchte ab 1900 die Kunstgewerbeschule und die Kunstakademie Dresden (Otto Gußmann); 1906 wurde er Mitglied der Künstlervereinigung »Brücke«. 1908 ging er nach Berlin, wurde 1923 Mitglied der Preußischen Akademie der Künste. 1933 wurde er aus seinem Lehramt an der Berliner Akademie entlassen.*

200,2 Pechsteins Frau] *Mit Charlotte Pechstein, geb. Kaproleit, war Max Pechstein vom Frühjahr 1911 bis 1923 verheiratet.*

200,5 Berneis] *Der Maler Benno Berneis (1884-1916) war in Berlin Schüler von Max Slevogt und Lovis Corinth. Er stellte mit den Künstlern der Berliner »Sezession« aus und war Mitglied der »Freien Sezession« Berlin.*

200,5 Ali Hubert] *Der in Berlin lebende Landschaftsmaler Albert Hubert (1878-?) unternahm zahlreiche Reisen nach Italien, Spanien, Skandinavien und Westindien.*

200,6 Fritz Lederer ⟨...⟩ Rübezahl] *Fritz Lederer (1878-1949), deutsch-böhmischer Landschafts- und Porträtmaler sowie Graphiker, besuchte Kunstschulen in Weimar und Paris, bevor er 1908 nach Berlin kam. Er schuf Schauspielerporträts, Landschaftsradierungen, Holzschnitte u.a. Nach seiner Emigration nach Prag im Jahr 1938 fertigte er vor allem Landschaftsaquarelle und -federzeichnungen. Für Else Lasker-Schülers »Kaisergeschichte« »Der Malik« (1919) zeichnete er die »Krone des Riesengebirges«. –*

*Rübezahl heißt eine Sagengestalt schlesischen Ursprungs; zunächst Bergwerksgeist, dann Gebirgsdämon. Als »Sohn Rübezahls« apostrophiert Else Lasker-Schüler Fritz Lederer auch in dem Gedicht »Fritz Lederer« (vgl. KA, Bd. 1, Nr. 459).*

200,16 Blaß] *Der Schriftsteller Ernst Blass (1890-1939) studierte an den Universitäten Berlin, Freiburg im Breisgau und Heidelberg Rechtswissenschaften und wurde 1915 promoviert. Bis 1920 arbeitete er dann im Archiv einer Bank, bevor er 1921-1923 als Theaterkritiker des »Berliner Börsen-Couriers«, als Mitarbeiter des »Berliner Tageblatts« und 1924-1933 als Lektor des Verlages Paul Cassirer tätig war. Mit Kurt Hiller zusammen gründete er den »Neuen Club«; er arbeitete an Herwarth Waldens Wochenschrift »Der Sturm« mit und trat mit expressionistischer Lyrik hervor. – Erblindung und Knochentuberkulose bewahrten ihn vor der Deportation.*

200,17 Golo Ganges] *Der Schriftsteller und Philosoph Erwin Loewenson (Pseudonym: Golo Gangi) (1888-1963) gehörte dem »Neuen Club« an; mit Kurt Pinthus zusammen gab er die Werke Georg Heyms heraus. 1933 emigrierte er nach Palästina.*

200,18 Rudi Kurtz] *Rudolf Kurtz (1884-1960), Schriftsteller, Essayist und Filmdirektor. 1909 gründete er mit Max Reinhardt das Kabarett »Schall und Rauch«. 1910-1913 schrieb er für den »Sturm«. Ab 1913 war er Dramaturg bei der Film-Union-AG (UFA), 1916 wurde er deren Direktor. Vgl. auch zu 210,28.*

200,23 St. Peter Hilles Namenstag] *Der 29. Juni ist der Kalendertag des heiligen Petrus.*

200,27 Maria oder Magdalene] *Nach dem Bericht des Markusevangeliums besuchten Maria und Maria Magdalena nach Jesu Kreuzigung dessen Grab, um den Leichnam zu salben, und erfuhren so von Jesu Auferstehung. (Vgl. Markus 16,1.)*

200,31-32 Engel ⟨...⟩ Felde] *Vgl. Lukas 2,8-15: Ein Engel verkündet den Hirten auf dem Feld die Geburt des Heilands.*

201,5-6 Melodie, die du zu seinen Gedichten geschrieben hast] *Von der Vertonung des Gedichtes »Brautseele« von Peter Hille durch Herwarth Walden gibt das Programm des zweiten und letzten »Teloplasma«-Abends am 31. Oktober 1901 Zeugnis. Vgl. Peter Sprengel: Institutionalisierung der Moderne: Herwarth Walden und »Der Sturm«. In: Ders.: Literatur im Kaiserreich. Studien zur*

*Moderne. (Philologische Studien und Quellen 125.) Berlin 1993. S. 147-178, hier S. 153.*
**201,7** Peter Hille-Buch] *Else Lasker-Schülers erste selbständige Prosaveröffentlichung, »Das Peter Hille-Buch«.*
**201,14** Sezessionsmaler Hernstein] *Adolf Eduard Herstein (1869-1932), polnischer Maler in Berlin, der bei zahlreichen Ausstellungen der Berliner »Sezession« vertreten war.*
**201,32** Aufsatz (ich glaube in der Gegenwart)] *Rudolf Kurtz hatte in der Berliner »Wochenschrift für Literatur, Kunst und öffentliches Leben« »Die Gegenwart« den Aufsatz »Journalismus und Weltanschauung« veröffentlicht, der am Beispiel von Karl Kraus darlegen will, daß ein Journalist in seinen Erzeugnissen immer seine Persönlichkeit darstellt. (Jg. 40, Bd. 79, Nr. 3 vom 14. Januar 1911.) Im November folgte sein Essay »Kleist und die Literaturgeschichte« (Jg. 40, Bd. 80, Nr. 47 vom 18. November 1911).*
**201,34** Max Fröhlich] *Max Fröhlich fertigte als Frontispiz für »Die Nächte Tino von Bagdads« ein Holzstichporträt Else Lasker-Schülers.*
**202,6** Kete Parsenow] *Vgl. zum gleichnamigen Essay.*
**202,8-9** Gertrude Barrison tanzte] *Am 28. Oktober 1911 gab der »Verein für Kunst« im Architektenhaus, Wilhelmstraße 92/93 einen Abend, auf dem Gertrude Barrison Tänze vorführte. (Vgl. Der Sturm. Jg. 2, Nr. 80 vom Oktober 1911. S. 642.)*
**203,37** Geist, der verneint] *Vgl. Mephistopheles in Goethes »Faust«: Ich bin der Geist, der stets verneint! (Der Tragödie erster Teil, Studierzimmer-Szene, V. 1338.)*
**203,38** Samiel] *Engelname in den Apokalypsen; im Judentum Hauptname des Satan. Als Verkörperung des Bösen tritt Samiel, der geheimnisvolle »schwarze Jäger«, in der romantischen Oper »Der Freischütz« von Carl Maria von Weber (Text von Johann Friedrich Kind) auf.*
**204,2-3** einer der ermordeten Könige Richards im Traum] *Anspielung auf Shakespeares Geschichtsdrama »The Tragedy of King Richard III.« (erste bezeugte Aufführung: 1593, London), in dessen fünftem Akt (dritte Szene) dem Bösewicht im Traum die Geister der von ihm Ermordeten, darunter die Könige Heinrich VI. und Eduard V., erscheinen.*
**204,4** Bluthund] *Vgl. den Ausruf des Grafen von Richmond über*

*den Tod Richards III. in Shakespeares Tragödie:* Das Feld ist unser und der Bluthund tot! *(V. Akt, IV. Szene.)*
204,4 Winter meines Mißvergnügens] *Mit den Worten Richards:* Nun ward der Winter unsers Mißvergnügens *beginnt Shakespeares Tragödie.*
204,7 Restaurant der Friedrichstraße] *Die Friedrichstraße führt vom Oranienburger Tor über die Weidendammer Brücke bis zum Mehringplatz und war seit etwa 1900 in ihrem südlichen Teil Einkaufs- und Amüsierstraße mit zahlreichen Bars, Cafés und Nobelrestaurants.*
204,17 Wüllners Töne] *Der Konzertsänger und Schauspieler Ludwig Wüllner (1858-1938) war 1884-1887 Privatdozent für germanische Philologie in Berlin. 1886 wandte er sich der Musik und 1889 dem Schauspiel zu. Ab 1896 war er als Liedersänger (Bariton) tätig, ab 1914 wieder mehr als Schauspieler und Rezitator. – In einem Brief an Ida Dehmel vom 17. Februar 1904 (H: Staats- und Universitätsbibliothek Hamburg, Dehmel-Archiv [L 179]) erwähnt Else Lasker-Schüler Wüllner noch als möglichen Sänger einiger von Herwarth Walden vertonter Gedichte Richard Dehmels; später äußert sie sich wesentlich kritischer über ihn. (Vgl. Brief Else Lasker-Schülers an Karl Kraus vom 5. März 1924. H: WStLb [158.152].)*
204,25 als Langohr] *Oskar Kokoschka bemerkt über Peter Baum in seinen Memoiren:* Er litt immer an Zahnschmerzen und trug ums Gesicht ein großes Taschentuch, dessen Zipfel hoch über seinen Kopf ragten; deshalb sah ich ihn immer als Kaninchen; so habe ich ihn auch gemalt. *(Oskar Kokoschka: Mein Leben. München 1971. S. 113.)*
205,10 Grüne Pumpe] *Vgl. zu 151,34.*
205,10 Klotzbahn] *Straße im Norden Elberfelds, in der sich 1893 Else Lasker-Schülers erster Mann Berthold Lasker als praktischer Arzt niedergelassen hatte.*
206,11 Vorwärts] *Das 1876 in Leipzig gegründete Zentralorgan der Sozialdemokratischen Partei Deutschlands erschien 1884-1890 als »Berliner Volksblatt« und ab 1891 als Tageszeitung in Berlin.*
206,13 Bruder Hugo] *Vgl. zu 10,21.*
206,20 Bochse] *Hose.*

**206,20 Schabbesdeckel]** *Scherzhaft für Sonntagshut, Zylinder; im eigentlichen Sinne bezeichnet »Schabbesdeckel« (jiddisch »Schabbes«: Sabbat) das jüdische Gebetbuch mit Lederriemen.*
**206,22** Groschenskarte] *Hier: Postkarte für zehn Pfennig.*
**206,24** Eölsharfe] *Die Äolsharfe ist ein schon in der Antike bekanntes Musikinstrument, dessen Saiten im Wind fremdartige Klänge hervorbringen. Die Harfe gilt als Symbol der Welterlösung, ihre Deltaform als Sinnbild der Trinität.*
**206,26-27** Wilhelm Haas] *Der in Prag geborene Kritiker und Essayist Willy Haas (1891-1973) leitete 1911/12 die Prager »Herder-Blätter« und 1925-1933 die Wochenschrift »Die literarische Welt«; 1933 emigrierte er nach Prag, 1939 nach Indien und schließlich nach England; nach seiner Rückkehr 1947 wurde er Kritiker für »Die Welt«. Dort veröffentlichte Willy Haas 1952 »Verwirrung am Meer. Erinnerungen an die Dichterin Else Lasker-Schüler« (Jg. 7, Nr. 207 vom 6. September 1952. S. 1). – Zu der Variante* Willy Himmel *in* $D^{1-2}$ *vgl. zu 415,29.*
**206,27** »Gnu« ⟨...⟩ im Café Austria] *Am 2. November 1911 fand der erste Abend des von Kurt Hiller und Ernst Blass gegründeten literarischen Kabaretts im Café Austria, Potsdamer Straße 28, »Zur Entkafferung, Entpolarisierung der Menschheit« statt. Eine Anzeige im »Sturm« (Jg. 2, Nr. 82 vom Oktober 1911. S. 658) kündigt ihn wie folgt an:* Es lesen Glossen und Verse: Ernst Blass, Kurt Hiller, Armin Wassermann. Rudolf Blümner liest aus seinem Grotesk-Drama »Homunculus«.– *Das literarische Kabarett bestand bis zum Juni 1914. Eine Dokumentation seiner Geschichte und seines Programms findet sich bei Richard W. Sheppard:* The Expressionist Cabaret GNU (1911-1914): An Analysis and Documentation. *In:* Deutsche Vierteljahrsschrift für Literaturwissenschaft und Geistesgeschichte. *Jg. 56 (1982), H. 3. S. 431-446.*
**207,5-6** Leo den Siebenundzwanzigsten] *Vgl. zu 133,22.*
**207,18-19** Dr. Alfred Döblin ⟨...⟩ niedergelassen] *Im Oktober 1911 eröffnete Alfred Döblin nach seiner Assistententätigkeit am Städtischen Krankenhaus »Am Urban« eine eigene Praxis in der Blücherstraße 18 in Kreuzberg als praktischer Arzt. Später arbeitete er als Neurologe und Internist.*
**207,22-23** Leonhard Frank ⟨...⟩ gemalt] *Der Schriftsteller Leonhard Frank (1882-1961) versuchte sich zunächst als Maler. 1912*

*erschien im »Pan« seine erste literarische Veröffentlichung, »Der Hut« (Jg. 2, 1911/12, Hbbd. 2. S. 920-924). 1910 kam er von München nach Berlin. Überzeugter Pazifist, lebte er während des Ersten Weltkrieges in der Schweiz; 1933 emigrierte er über Zürich, London und Paris nach New York. Nach seiner Rückkehr 1950 lebte Frank in München. – Einziges erhaltenes Zeugnis seiner Tätigkeit als Maler ist das 1913 in München herausgegebene Mappenwerk farbiger Lithographien »Fremde Mädchen am Meer und eine Kreuzigung«; zwei Blätter daraus werden im Bildteil von Franks Roman »Links wo das Herz ist« (München: Nymphenburger 1952) wiedergegeben. Dessen Protagonist Michael, dem Geleitwort des Herausgebers zufolge »weitgehend identisch« mit dem Autor, versucht sich ebenfalls zunächst als Maler:* Er hatte versucht, mit sparsamsten Mitteln und unter Weglassung jeder nicht unbedingt nötigen Einzelheit, Visionen zu gestalten, die ohne sein Zutun ⟨...⟩ in ihm entstanden waren. Es waren fremdartige Mädchen, von innen her beschattet und verloren. *(S. 11f.)*

**207,25-26** Scherl will mich für die Verbreitung der Gartenlaube ⟨...⟩ anstellen] *In dem 1883 von August Hugo Friedrich Scherl (1849-1921) gegründeten Berliner Presse- und Buchverlag erschien seit 1904 die illustrierte Wochenschrift »Die Gartenlaube«, welche 1853 in Leipzig als liberales Unterhaltungsblatt gegründet worden war und (ab 1938 als »Die neue Gartenlaube«) bis 1944 bestand.*

**207,26** Enver Bey im Krieg] *Der türkische General und Politiker Enver Pascha (1881-1922) nahm 1911/12 am italienisch-türkischen Krieg in Libyen und 1913 am zweiten Balkankrieg teil. Als Kriegsminister erwirkte er 1914 das Zusammengehen der Türkei mit Deutschland und leitete bis Kriegsende die türkischen Operationen. Aufgrund seiner grundsätzlich deutsch-freundlichen Einstellung – er war 1909-1911 Militärattaché in Berlin – gilt Enver Pascha als Wegbereiter des deutschen Einflusses im Osmanischen Reich. – »Bey«: türkischer Ehrentitel.*

**207,27** Baron von Schennis] *Vgl. zum Essay »Friedrich von Schennis«.*

**207,29-30** Alle Jungfrauen ⟨...⟩ Ausstellung bei Gerson] *Der französische Couturier Paul Poiret (1879-1944) entwarf orientalisch inspirierte Gewänder, wie 1911 eine »Haremshose« für Damen.*

*Bereits 1910 hatte Poiret für eine Modenschau bei Herrmann Gerson seine Mannequins mitgebracht und damit in Berlin eine Sensation ausgelöst: Kleider von ›Probierdamen‹ vorführen zu lassen war in Deutschland bis dahin unbekannt. – 1931 veröffentlichte Paul Poiret seine Memoiren »En habillant l'époche«. – Herrmann Gerson (eigentlich: Hirsch Gerson Levin) (1813-1861) eröffnete 1836 sein erstes Mode- und Pelzhaus in Berlin.*

208,1 steckbrieflich verfolgt] *Else Lasker-Schüler auf einer Postkarte an Karl Kraus vom 21. Oktober 1911:* Ekelhafter Oskar Kokoschka. Senden Sie mir sofort 6 Mk für Ihr Klischee Sie werden steckbrieflich Ehrenwort verfolgt werden im Sturm. E. L. Sch. / Rasend getroffen ist O. K. auf seinem Bild für den Sturm. *(H [Postkarte vom 21. Oktober 1911?]: ? Zitiert nach: Else Lasker-Schüler: Briefe an Karl Kraus. Hg. von Astrid Gehlhoff-Claes. Köln 1959. S. 38.)*

208,1-2 neuen, freien Presse] *Die Wiener Tageszeitung »Neue Freie Presse«, für die von 1892 bis 1899 Karl Kraus Rezensionen, Theaterkritiken und satirische Skizzen schrieb, erschien von 1864 bis 1939.*

208,15-16 ich habe dem Dalai-Lama für die Fackel ein Manuskript geschickt] *Der Text erschien nicht in der »Fackel«. Ab dem 6. Dezember 1911 (Nr. 331) nahm Karl Kraus keinerlei Beiträge für die »Fackel« mehr an, sondern wurde alleiniger Verfasser. In einem undatierten Brief an Herwarth Walden monierte er:* Außerordentlich schön ist diesmal E. L.-Sch. Wozu aber diese Einleitung? Ich habe das Ms. nie bekommen ⟨...⟩. Der Leser aber muß es glauben ⟨...⟩. *(H: Staatsbibliothek zu Berlin, Stiftung Preußischer Kulturbesitz, Sturm-Archiv [Karl Kraus].)*

209,1 Vom Himmel] *Dieser Text schließt thematisch an den zuerst in der »Fackel« erschienenen Essay »Sterndeuterei« an, der mit den Worten schließt:* Gern hätte ich Ihnen noch vom Himmel erzählt; *vgl. auch zu diesem Essay. – An den Rowohlt-Verlag schrieb Else Lasker-Schüler am 21. März 1911:* Ich habe noch einen Essay noch über Herwarth Walden hier, und noch unfertig »Vom Himmel« den Karl Kraus wieder in der Fackel drucken wird. Fortsetzung eigentlich von Sterndeuterei, die auch in der Fackel erschien. *(H: YUL, KWA.)*

209,24 Nazarener] *Jesus von Nazareth.*

209,27 Buddha] *Buddha (altindisch »der Erwachte«, »der Erleuchtete«), Ehrentitel von Siddharta (um 560-um 480 v. Chr.), des Stifters der nach ihm benannten Religion.*

209,29 Nietzsche (Kunst ist reden mit Gott)] *Kein Zitat Nietzsches (1844-1900), in dessen Aphorismensammlung »Menschliches, Allzumenschliches« (1878, auf zwei Bände erweitert 1886) sich die Bemerkung findet:* Die Kunst erhebt ihr Haupt, wo die Religionen nachlassen. *(Bd. 1, IV. Hauptstück: »Aus der Seele der Künstler und Schriftsteller«, Nr. 150.) Der Aphorismus des rationalistischen, antimetaphysischen Werkes zielt aber auf eine kritische Kunstbetrachtung zugunsten der Naturwissenschaft und schließt mit den Worten:* Ueberall, wo man an menschlichen Bestrebungen eine höhere düstere Färbung wahrnimmt, darf man vermuthen, dass Geistergrauen, Weihrauchduft und Kirchenschatten daran hängengeblieben sind.

209,33 Hauptmanns] *Vgl. zu 13,15-16.*

209,37-210,1 Der Nazarener am Kreuz ⟨...⟩ schenken.] *Jesus bittet für die beiden Schächer rechts und links von ihm am Kreuz um Vergebung, »denn sie wissen nicht, was sie tun«. Vgl. Lukas 23,34.*

210,29 im Pan den Kriegsaufruf von Rudolf Kurtz] *Rudolf Kurtz hatte in der von Wilhelm Herzog und Paul Cassirer herausgegebenen politisch-literarischen Zeitschrift »Pan« einen »Appell an ehrliebende Theaterdirektoren« veröffentlicht, in der er zur Aufführung von Else Lasker-Schülers Drama »Die Wupper« aufrief. (Pan. Jg. 2, Nr. 4 vom 16. November 1911. S. 126-128.)*

211,20 Ruth Elfriede Caro] *Elfriede Caro, die Frau des Rechtsanwalts Hugo Caro; vgl. zum Essay »Unser Rechtsanwalt Hugo Caro«. – Der Beiname »Ruth« verweist auf die Stammutter Davids im Buch Ruth des Alten Testaments. Den männlichen Namen Jephta (Variante in D²) trägt einer der großen Richter Israels. Vgl. Richter (Judicum) 10,17-12,7.*

211,22 »Schweigt mir von Rom –«] *Zitat aus Richard Wagners Romantischer Oper in drei Aufzügen »Tannhäuser und der Sängerkrieg auf Wartburg« (Uraufführung: 1845, Dresden). – In der Verschmelzung zweier Stoffbereiche, der Tannhäusersage und der Geschehnisse des Sängerkrieges, erzählt die Oper von der sinnlichen Liebe Tannhäusers zur Liebesgöttin Venus, einer Erfahrung, die er beim Sängerwettstreit vor schockiertem Publikum wider das überlieferte Kunstideal vertritt. Zu einer Bußfahrt zum Papst verurteilt, pilgert Tannhäuser nach Rom; der Papst aber verbannt ihn und spricht ihm die Erlösung ab. Wolfram, dem er widerwillig davon erzählt* (Schweig mir von Rom!, *3. Aufzug, 3. Auftritt), hält ihn davon ab, zum Venusberg zurückzukehren; durch die Fürbitten der ihn liebenden heiligen Elisabeth wird er im Tode erlöst. Vgl. auch zu 223,7.*

211,27 Hildebrandstraße] *Die auf den Berliner Tiergarten zulaufende Hildebrandstraße war mit ihren Villen damals durch Gitter von der Öffentlichkeit abgesperrt; sie ist Schauplatz von Heinrich Manns satirischem Berlin-Roman »Im Schlaraffenland« (1900).*

211,30 Syphon] *Eigentlich Bezeichnung für das Gefäß zur Herstellung und Aufbewahrung von unter Kohlendioxiddruck stehenden Getränken wie zum Beispiel Sodawasser, das hier vermutlich gemeint ist.*

212,7 Doktor Loeb] *Vielleicht der in Elberfeld geborene Dr. phil. Walther Loeb (1872-1916), der seit 1907 der chemischen Abteilung des Berliner Rudolf Virchow-Krankenhauses vorstand.*

212,14 Frau Spela] *Die deutschrussische Bohemienne Spela Albrecht, eine vor allem in der Münchner Boheme bekannte Chansonette, beschreibt John Höxter in seinen »Erinnerungen« »So lebten wir!« (1929. S. 20f.; vgl. zu 189,30). Höxter verweist auf das Gemälde »Bohème-Café« von Leo von König, das außer ihm Spela Albrecht darstelle; eine Abbildung findet sich bei Felix Henseleit (Hg.): Berliner Bohème. Berlin 1961. S. 27 neben Textauszügen aus Höxters »Erinnerungen«.*

212,18 Otto Freundlich] *Der aus Pommern gebürtige Maler und Bildhauer Otto Freundlich (1878-1943) gilt als einer der Mitbegründer der abstrakten Kunst. Nach einem Aufenthalt in Italien 1905/06 kam er 1907 nach Berlin, wo er bei Lewin-Funke Bildhauerei studierte. 1908 bezog er ein Atelier in Paris und lebte bis 1914 abwechselnd in Paris, München und Berlin. Zwischen 1914 und 1924 war er vorwiegend in Berlin und Köln ansässig. Er beteiligte sich an den »Sturm«-Ausstellungen, den Ausstellungen der »Neuen Sezession« 1911 und 1912 und an der Sonderbundausstellung in Köln 1912. 1917 begann seine Bekanntschaft mit Franz Pfemfert, dem Herausgeber der »Aktion«, in der fortan zahlreiche*

*Beiträge von Otto Freundlich veröffentlicht wurden. 1924 ging er nach Paris. 1939 wurde er von den Franzosen interniert; nach seiner Flucht wurde er 1943 erneut verhaftet und kam vermutlich im KZ Lublin-Maidanek ums Leben.*

212,23 M. Richter] *Vielleicht Max Richter (1860-?), Landschafts-, Stillebenmaler und Illustrator in Berlin.*

212,24 Direktor Wauer] *Vgl. zum Essay »William Wauer«.*

212,30-31 Daniel Jesus ⟨...⟩ Paul Leppin] *Zu Paul Leppin und seinem Roman »Daniel Jesus« vgl. zum Essay »Daniel Jesus«.*

212,31 neuen Roman] *1914 erschien von Paul Leppin »Severins Gang in die Finsternis. Ein Prager Gespensterroman« (München). Der Roman enthält keine Widmung.*

213,3-4 Jussuf von Aegypten ⟨...⟩ Liebling Pharaos] *Der alttestamentliche Josef deutet unter den Träumen des Pharao auch den von den sieben vollen und den sieben leeren Ähren; dieser ernennt ihn dankbar zum Großwesir und läßt ihn das Korn verwalten. Vgl. 1. Mose (Genesis) 41,5-49.*

213,21-22 Mäuseturm bei Bingen] *Der Sage nach soll der Mainzer Erzbischof Hatto I. (891-913) oder Hatto II. (968-70) wegen seiner Hartherzigkeit gegen die Armen von Mäusen in den Turm bei Bingen verfolgt und aufgefressen worden sein.*

213,26-27 Romane und Schloßnovellen] *Vgl. zum Essay »Peter Baum«.*

214,13 Jakob van Hoddis] *Vgl. zu 157,19.*

214,15 Friedländer] *Regina Friedländer, Besitzerin des damals in Berlin bekanntesten Hutmacher-Ateliers.*

214,23-24 Karl von Moor] *Die Figur des genialischen Kraftmenschen Karl von Moor aus Friedrich Schillers Sturm-und-Drang-Schauspiel »Die Räuber« vertritt den Typus des ›erhabenen Verbrechers‹ und Rebellen.*

215,10 Kohinoor] *Vgl. zu 122,2.*

216,1 Massenpostkarte] *Ob Else Lasker-Schüler eine solche Postkarte bekommen hat, wie Erika Klüsener und Friedrich Pfäfflin im »Marbacher Magazin« behaupten, ist nicht nachweisbar. Sie berufen sich dabei auf die Monographie Hans Heinrich Stuckenschmidts über Arnold Schönberg, die wiederum als Referenz die Textstelle der Buchausgabe der »Briefe nach Norwegen«, »Mein Herz«, angibt. (Vgl. Marbacher Magazin 71/1995 [Else Lasker-*

*Schüler 1869-1945. Bearbeitet von Erika Klüsener und Friedrich Pfäfflin] S. 89f. und Hans Heinrich Stuckenschmidt: Schönberg. Zürich/Freiburg i. Br. 1974. S. 140.)*

**215,3** Loos] *Der Wiener Adolf Loos (vgl. zum Essay »Loos«) hatte im Berliner Architektenhaus vom 24.-26. November 1911 Vorträge zum Thema »Gehen, sitzen, schlafen, essen und trinken« gehalten.*

**215,8** Tibet-Teppich] *Das Gedicht »Ein alter Tibetteppich« von Else Lasker-Schüler, welches im Dezember 1910 in der »Fackel« mit einer Würdigung von Karl Kraus erschienen war. Vgl. KA, Bd. 1, Nr. 172. – Bei einer Lesung in Wien am 15. Mai 1911, deren Erlös Else Lasker-Schüler und Peter Altenberg zufiel, hatte Karl Kraus unter anderen auch dieses Gedicht vorgetragen.*

**216,10** Karin Michaelis] *Vgl. zu 136,11.*

**216,11** Webern] *Anton Webern (1883-1945); Wiener Komponist und Schüler Arnold Schönbergs (1874-1951).*

**216,11** Ludwig Kainer] *Der Maler, Graphiker, Bühnenbildner und Modezeichner Ludwig Kainer (1885-1967) wandte sich ab 1909 von der Medizin der Malerei zu. Der Autodidakt war als Mitarbeiter des »Simplicissimus«, als Maler für Ballett- und Theaterdekorationen und ab etwa 1913 auch als Plakatkünstler, vor allem für Kinoreklame, tätig. Er unternahm Reisen nach Ägypten, Indien und Ceylon und war mit der Malerin Lene Schneider-Kainer verheiratet (vgl. zu 216,14-15).*

**216,11-12** Ada und Emil Nolde] *Der Maler und Graphiker Emil Nolde (eigentlich: Hansen) (1867-1956), Mitglied der »Neuen Sezession«, und die Dänin Ada Nolde, geb. Vilstrup (gest. 1946), die 1902 geheiratet hatten.*

**216,12** Albert Ehrenstein] *Der Schriftsteller und Literaturkritiker Albert Ehrenstein (1886-1950) bekam über Oskar Kokoschka Kontakt mit dem »Sturm«-Kreis und siedelte von Wien nach Berlin über. 1932 ging er in die Schweiz; 1941 emigrierte er nach New York.*

**216,13** Erna Reiß] *Die Medizinstudentin und wohlhabende Fabrikantentochter Erna Charlotte Reiss (1888-1957) heiratete Alfred Döblin im Januar 1912, Trauzeuge war Herwarth Walden.*

**216,14** Hede von Trapp] *Hede von Trapp (1877-nach 1930), österreichische Malerin und Schriftstellerin. Sie absolvierte eine kurze* *zeichnerische Ausbildung an der Berliner Privatschule Erich Ludwig Stahl; 1911 veranstaltete die Galerie Miethke in Wien eine Ausstellung ihrer Werke, die phantastische Darstellungen, religiöse Motive und Märchenillustrationen umfassen.*

**216,14** William Wauer] *Vgl. zum Essay »William Wauer«.*

**216,14-15** Lene Kainer] *Die Malerin und Graphikerin Lene Schneider-Kainer (1885-1971) studierte in Wien, München, Paris und Holland und unternahm eine mehrjährige Reise durch Persien, Indien, Siam, Tibet und China. Sie war die Ehefrau des Malers Ludwig Kainer. Lene Kainer schuf ein Porträt von Else Lasker-Schüler (Öl auf Leinwand, Berlin, Privatbesitz). Vgl. Sabine Dahmen: Leben und Werk der jüdischen Künstlerin Lene Schneider-Kainer im Berlin der zwanziger Jahre. Diss. (erscheint 1999). Die Monographie enthält auch eine Reproduktion des Porträts.*

**216,20-21** Modelle haben nicht den Anspruch auf meine Kunst] *Zu diesem und dem folgenden Absatz vgl. einen undatierten Brief Else Lasker-Schülers an Karl Kraus:* Minister, vielleicht wissen Sie, daß ich sehr krank bin und abwechselnd zur Ärztin gehe und wieder im Bett liege. So kam es, daß Herwarth eine Correspondenz von allen Orten vor einigen Tagen hier oben in meiner Bettschaft erbrach und ich sah auf einem Couvert Ihre Schrift. Ich fragte ihn sofort ob Sie etwas Schlimmes geschrieben hätten in [?] Ungeduld [?] etwa, doch er war ganz merkwürdig ergriffen wollte mir den Brief nicht zeigen. Nachher riet er mir (wenn es nicht künstlerisch nötig sei) Sie in meinem Buch: Briefe nach Norwegen nicht mehr zu erwähnen. Wie kommt das alles, werter Minister? Das Buch ist fast fertig – zwei Briefe mehr habe ich dann noch geschrieben die wertvoll sind. Ich kann mir ja nur denken, daß Sie nicht gegen meine Dichtung etwa schrieben, nur, daß ich allerlei Figur mitspielen lasse. Allerdings wie in einem Schauspiel wo der Herr neben dem Knecht geht der König seine Untertanen küßt, der Prophet das Volk segnet. Ich schwöre Ihnen bei meiner Krone, ich habe Ihren Brief nicht gelesen. Aber ich kann mir alles denken. Haben Sie über St. Peter Hille gelesen. Sterne leuchten über Erden und fragen nicht ob Menschen darauf leben die minderwertig oder wertvoll sind. Jedenfalls liebe ich nach meiner Sehnsucht die Leute alle zu kleiden, damit ein Spiel zu Stande kommt. Ich bin überzeugt daß Friedrich von Schennis (ein König) darüber Freude hat, liest er sich in der jetzigen Nummer des Sturms. Und Peter Baum hat laut aufgelacht, als er sein Bild im Manuskript sah mit den Eselsohren! Spielen ist alles. Sie, Minister, der am aller Entzücktesten wären, würden Sie wirklich mal die Spiele erleben, die ich noch spielen könnte, beklagen sich über endlich, endlichen Frühling in der Dichtung. ⟨...⟩ Und ich werde die beiden Briefe dennoch nicht zurückziehen und Herwarth ist verpflichtet Sich, Ihnen und mir, die Briefe weiter zu drucken. Ich hoffe, Minister, Sie freuen Sich darüber, daß Sie so anständige nicht aus ihrer Empfindung aus ihrer Kunstrichtung sich bringen lassende Freunde haben, Sie können auf uns bauen wie wir auf Sie. Ich hoffe, daß ich nach Beendigung des Buches so hergestellt sein werde, den italienisch türkischen Krieg mitzumachen – auf Seiten des Islam. *(H: WStLB [158.191].)*

**217,18** heiligen Antonius] *Als Fluß vorgestellt wird hier der heilige Antonius von Padua (1195-1231), welcher in der christlichen Ikonographie zuweilen mit einem Fisch dargestellt wird, der auf die Fischpredigt, eine seiner Wundertaten, verweist. – Die Variante in* $D^{1-2}$ *Franziskus verweist auf den heiligen Franz von Assisi (1182-1226).*

**218,15-17** Unter blinder Bedeckung Heinrich Manns ⟨...⟩ Kokoschkas] *Max Oppenheimer (»Mopp«) (1885-1954) lernte schon mit fünfzehn Jahren als Gastschüler an der Wiener Akademie; 1903 studierte er an der Akademie in Prag, 1908 schloß er sich in Wien dem Kreis um Kokoschka, Schiele und Gütersloh an. Ende 1911 ging er nach Berlin, 1915-1924 lebte er in der Schweiz und kam dann über Wien wieder nach Berlin. 1938 emigrierte er in die Schweiz, 1939 nach New York. Am 3. September 1938 veröffentlichte Else Lasker-Schüler in der »Pariser Tageszeitung« ein Porträt des Malers mit dem Titel »Mopp, ein ›musikalischer‹ Maler«. – Den mit Max Oppenheimer befreundeten Schriftsteller Heinrich Mann (1871-1950) porträtierte der Maler zwischen 1907 und 1930 fünfmal. – Am 19. Mai 1911 hatte Max Oppenheimer in der »Modernen Galerie Thannhauser« in München eine Ausstellung eröffnet, was Oskar Kokoschka erfolglos zu verhindern versucht hatte, ebenso wie eine Ausstellung Oppenheimers im Berliner Salon Cassirer im Januar und Februar 1912. Else Lasker-Schüler, Karl Kraus und Herwarth Walden teilten die Ansicht Oskar Kokoschkas, Max Oppenheimer plagiiere ihn. Vgl. auch Werner J. Schweiger: Der »Nachahmer«.*

*Oskar Kokoschka und Max Oppenheimer. In: Ders.: Der junge Kokoschka. Leben und Werk 1904-1914. Wien-München 1983. S. 202-208 und: G. Tobias Natter: Max Oppenheimer – Haben wir ihn jetzt wieder? In: MOPP. Max Oppenheimer 1885-1954. Katalog zur Ausstellung im Jüdischen Museum der Stadt Wien, 23. Juni bis 18. September 1994. Wien 1994. S. 11-27.*

**218,18 meine Zeilen]** *Mit dem »Brief« an Max Oppenheimer entspricht Else Lasker-Schüler der Bitte Oskar Kokoschkas in einem Brief an Herwarth Walden:* Bitte trommeln Sie alle unsere Bekannten zusammen, und lassen Sie recht viel herumreden ⟨...⟩. *(Brief vom 4. Dezember 1911.) – Am 18. Dezember schrieb Kokoschka an Walden:* Der Brief Ihrer Frau enthielt genau das Wichtige, das in dem bewußten Fall zu unterscheiden ist von den Konsequenzen, die die Salonkassierer am Gewissen haben. / Bitte, verschicken Sie diese Nummer recht zahlreich unterstrichen an alle Kunstvereine und Galerien und an Zeitungen und Kunstkritiker ⟨...⟩. *(Oskar Kokoschka: Briefe I. 1905-1919. Hg. von Olda Kokoschka und Heinz Spielmann. Düsseldorf 1984. S. 27f.)*

**218,19-219,2 Ihre ostentative Kleidung ⟨...⟩ der Zeit gegenüber sein.]** *Dieser ›offene Brief‹ an Max Oppenheimer wurde in der »Fackel« (Jg. 13, Nr. 339/340 vom 30. Dezember 1911. S. 22) unter der Überschrift »Kokoschka und der andere« mit folgenden begleitenden Worten von Karl Kraus abgedruckt:* Der deutsche Kunstverstand wird jetzt, wie sichs gebührt, von einem hineingelegt, der das Talent hat, sich mit dem Blute eines Genies die Finger zu bemalen. Das ist immer so. Hier hockt eine Persönlichkeit und draußen bildet sich sofort die Konjunktur, die der andere ausnützt, der laufen kann: die Cassierer der Kunst können es nicht erwarten, dem unrechten Mann die Quittung auszustellen. Das Talent weiß, daß es durch eben das anzieht, wodurch das Genie abstößt. Dieses ist der Schwindler, jenem glaubt mans. Und es versteht sich fast von selbst, daß über einen, der nicht Hand und Fuß hat, aber gestikulieren und laufen kann, eine Monographie geschrieben wird, in der der Satz steht: »Die farbige Ausdeutung der Erscheinung ist von erlauchter Nachdenklichkeit.« Das war immer so. Den Künstler beirrt es nicht, daß von eben dem Haß und dem Unverstand, der seines Wertes Spur verrät, der Nachmacher sich bezahlt macht. Aber freuen darf es ihn, daß Else Lasker-Schüler – der man auch noch lange die vielen vorziehen wird, die's von ihr haben werden – den folgenden Brief, an den andern, veröffentlicht hat: / *(Es folgt der Brief)* / Das sehe ich nicht ein. Die Zeit, die die Originale verschmäht, hat es nicht besser verdient, als von den Kopisten beschlafen zu werden. Ich verstehe wahrscheinlich von Malerei weniger als jeder einzelne von jenen, die das Zeug haben, sich von berufswegen täuschen zu lassen; aber von der Kunst sicher mehr als sie alle zusammen. Hier fühle ich, sehe, was geboren ist, und kenne meine Oppenheimer.

**220,4** Friedrichsruherpeterbaumstraße] *Die Friedrichsruher Straße in Halensee liegt unmittelbar neben dem Halenseer Güterbahnhof. Ob Peter Baum dort wohnte, wurde nicht ermittelt.*

**221,4** Hirtenbrief] *Der Hirtenbrief der katholischen Kirche ist ein zur Verlesung während der Messe bestimmtes Rundschreiben des Bischofs an seine Diözese.*

**221,5-6** Tristan und Isolde] *Liebespaar der keltischen Sage; ihre klassische Form erhielt die Tristan-Sage in dem fast verlorenen Gedicht des Thomas von Bretagne (zwischen 1155 und 1190) und in Gottfrieds von Straßburg (um 1200) unvollendetem Versroman. Der Stoff wurde immer wieder aufgegriffen, unter anderem von Richard Wagner, der ihn als Musikdrama gestaltete (Uraufführung: 1865, München).*

**221,6** Carmen und Escamillo] *Liebespaar der Novelle »Carmen« von Prosper Mérimée und der aus diesem Stoff entstandenen Oper von Georges Bizet (1838-1875). Vgl. zu 14,22.*

**221,6** Ratcliff und Marie] *Liebespaar der Tragödie »William Ratcliff« (1823) von Heinrich Heine.*

**221,6-7** Sappho und Aphrodite] *Die griechische Dichterin Sappho (um 600 v. Chr.) sammelte im Kult der Liebesgöttin Aphrodite und im Dienst der Musen junge Mädchen um sich. – Peter Hille verfaßte das Prosafragment »Sappho, die Dichterin von Lesbos. Roman der Schönheit« (Erstdruck in: »Gesammelte Werke in vier Bänden, hg. von seinen Freunden. Berlin, Leipzig 1904. Bd. 2. S. 7-39) und widmete das erste Kapitel »Das Kind« Else Lasker-Schüler. Vgl. auch zu 260,19-20.*

**221,7** Mohr von Venedig und Desdemona] *Liebespaar der »Tragœdy of Othello, the Moore of Venice« (erste bezeugte Aufführung: 1604, Whitehall) von Shakespeare.*

221,7-8 Wilhelm von Kevlaar ⟨...⟩ Gretchen] *Vgl. zu 161,22.*

221,8-9 Romeo und Julia] *Liebespaar aus Shakespeares 1597 veröffentlichter »Excellent Conceited Tragedie of Romeo and Juliet«.*

221,9 Faust und Margarete, Mephisto] *Faust, Gretchen und Mephistopheles, die Hauptfiguren des Goetheschen »Faust. Der Tragödie erster Teil« (1808).*

221,10-11 Sascha der gefangene Prinz] *Vgl. zum Essay »Senna Hoy †«.*

221,11 Scheheresade] *Aus »Tausendundeiner Nacht«; vgl. zu 32,5.*

221,13 Georg Koch] *Vgl. zum Essay »In der Morgenfrühe«.*

221,24 Joy Hodgini] *Von dem bezaubernden Jockei Joy Hodgini des Zirkus Renz ist in Else Lasker-Schülers Prosatext »Das erleuchtete Fenster« (aufgenommen 1932 in »Konzert«) die Rede.*

221,35-36 daß Paul Zech ⟨...⟩ nach Berlin zieht] *Paul Zech (vgl. zum Essay »Elberfeld im dreihundertjährigen Jubiläumsschmuck«) zog im Juli 1912 nach Berlin.*

222,1-2 Aus seinem letzten Gedicht ⟨...⟩ Wort.] *Von Paul Zech waren im »Sturm« (Jg. 1, Nr. 85 vom November 1911. S. 677) die Gedichte »Die Einfahrt«, »Der Hauer« und »Im Dämmer« unter dem gemeinsamen Titel »Zwischen Russ und Rauch« erschienen.*

222,11 Henriettenplatz] *Platz in Halensee zwischen Ringbahnstraße und Kurfürstendamm.*

222,18 angehender Direktor der Museen hier] *Vgl. Eduard Plietzschs Memoiren »... heiter ist die Kunst. Erlebnisse mit Künstlern und Kennern« (1955): Sie ⟨Else Lasker-Schüler⟩ winkte mir lachend zu und fragte laut über den halben Saal hinweg, ob ich »es« übelgenommen habe. ⟨...⟩ Gemeint war ein Abschnitt aus ihrem Roman »Mein Herz«, der unter dem Titel »Briefe nach Norwegen« fortsetzungsweise im »Sturm« erschien und in dem an diesem Tag eine nicht unbedingt schmeichelhafte, aber desto treffendere Charakterisierung meiner Person und eine ebenso treffende Karikatur erschienen waren. ⟨...⟩ Da Else Lasker-Schüler meinen Namen, angeblich, nicht behalten konnte, verdrehte sie ihn auf so lustige und phantasievolle Weise, daß ich bedaure, diesen mir nicht eingeprägt zu haben. ⟨...⟩ Bei den »gemalten Irdenkochtöpfen« handelte es sich immerhin um Bilder des Delfter Vermeer. ⟨...⟩ Um 1910 war* ich noch winzig kleiner freiwilliger Hilfsarbeiter am Berliner Kupferstichkabinett. *(S. 44 f.) – Der Kunsthistoriker Eduard Plietzsch (Pseudonym: Jan Altenburg) (1886-1961) wurde 1910 promoviert und lebte in Berlin, Den Haag und ab 1945 in Köln. 1911 veröffentlichte er eine Untersuchung über den holländischen Maler Vermeer van Delft.*

**223,7** Wahrsagesalon] *Tannhäuser (vgl. zu 211,22) rebelliert gegen das traditionelle, nicht der wirklichen Liebeserfahrung verpflichtete Minnekonzept und fordert, nicht von einer idealisierten, sondern von der wahren Liebe zu singen – entsprechend erwägt die Briefschreiberin, einen Wahrsage-Salon zu eröffnen.*

**224,6** Hieroglyphen-Schrift] *Vgl. zu 70,22.*

**224,15** Ramsenith] *»Ramses« hießen elf ägyptische Könige der 19. und 20. Dynastie; Ramses III., der von 1184 bis zu seiner Ermordung 1153 v. Chr. regierte, ist bei Herodot gräzisiert als »Rampsinitos« überliefert. – Als »Ramsenith, Pharao von Gibon«, eine Figur, die auch in den »Briefen und Bildern« und in »Der Malik« auftaucht, bezeichnet Else Lasker-Schüler Karl Wolfskehl (1869-1948) in Briefen. (Vgl. zu 496,30-35.) Der in München lebende Schriftsteller war eng mit Stefan George befreundet, den er 1893 kennengelernt hatte. Er glaubte an die Idee einer deutsch-jüdischen Kultursymbiose und teilte mit George die Vorstellung der Weimarer Klassik von einer in der Antike verwurzelten deutschen Kultur. 1933 emigrierte er in die Schweiz und nach Italien, 1938 nach Neuseeland.*

**224,16** seit dem Testament] *Dem Bund Jahwes mit Israel. Vgl. 2. Mose (Exodus) 19,18-25.*

**225,8** Berncastle Doctor] *»Bernkasteler Doktor«, eine Weinlage an der Mosel.*

**225,10** Tyll Eulenspiegel] *Held des Volksbuches eines unbekannten Verfassers »Ein kurtzweilig Lesen von Dil Ulenspiegel geboren uss dem Land zu Brunsswick« von 1515. Der bäuerliche Schalk Till Eulenspiegel wurde eine Gestalt der Weltliteratur; ob er als geschichtliche Person existierte, ist ungewiß.*

**226,5-6** Postbeamte ⟨...⟩ guckt mich so faunisch immer an] *Faune sind in der römischen Mythologie Waldgeister in Menschengestalt mit einigen Tierattributen, wie Pferdeschwänzen, spitzen Ohren, kleinen Hörnern oder Bocksfüßen. Wenn sie nicht gerade mit Dio-*

*nysos ausschwärmen, verfolgen sie meist Nymphen durch die Wälder.*

**226,19-20** trö gebliewen en Früd on Leed] *Die alte Formel »in Freud und Leid zusammenstehen« ist auch Teil des christlichen Treuegelöbnis der Eheschließung.*

**226,22** »Arbeet macht dat Lewen sös«] *»Arbeit macht das Leben süß« lautet der erste Vers eines Spruchs von Gottlob Wilhelm Burmann (1737-1805) aus den »Kleinen Liedern für kleine Jünglinge«.*

**226,22-23** Pastor Krummacher] *Friedrich Wilhelm Krummacher (1796-1868), reformierter Pfarrer 1825-1835 in Barmen, 1835-1847 in Elberfeld mit umstrittenem Ruf; einer seiner entschiedensten Gegner war der Barmer Friedrich Engels.*

**227,2** himmelhochjauchzend zu Tode betrübt] *Verse aus dem Lied, das Klärchen, Egmonts Geliebte, in Goethes »Egmont« singt (3. Aufzug):* Himmelhoch jauchzend, / Zum Tode betrübt – / Glücklich allein / Ist die Seele, die liebt.

**227,14** Tristan] *Die Figur des Tristan (vgl. zu 221,5-6) bleibt in den »Briefen« ausdrücklich ohne außerliterarische Referenz. Vgl. aber zu 228,21-230,4.*

**227,20** Koran] *Vgl. zu 87,27.*

**227,27** brennende Dornenstrauch des heiligen Berges] *In einem brennenden Dornbusch offenbart sich Gott Mose auf dem Berg Sinai. Vgl. 2. Mose (Exodus) 3,1-6.*

**228,9-10** Geschichte von dem Wolf] *Die von Samuel Richardson (1689-1761) bearbeitete und von Gotthold Ephraim Lessing (1729-1781) übersetzte Sammlung aesopscher Fabeln berichtet in der »62. Fabel: Der Knabe und der blinde Lärm« von dem Schäferjungen, dem in der Not niemand mehr glaubt, nachdem er vorher mehrmals zum Spaß um Hilfe gerufen hatte. – Die angefügte »Lehre« vermerkt dazu:* Diese Fabel zeigt uns die gefährlichen Folgen einer unüberlegten und unzeitigen Narrensposse. Die alte Moral merkt dieses an, daß man einem Lügner auch da nicht zu glauben pflegt, wenn er die Wahrheit redet.

**228,14** Menagerie] *Tiergehege.*

**228,21-230,4** Wenn wir uns ansehn ⟨...⟩ Ja ..] *Vgl. KA, Bd. 1, Nr. 184-187. – Nach dem Tod Hans Ehrenbaum-Degeles (vgl. zu 231,12) im Jahr 1915 widmete ihm Else Lasker-Schüler in den*

»Gesammelten Gedichten« (1917) die zuerst in den »Briefen nach Norwegen« abgedruckten (und 1913 mit einem weiteren als »Fünf Lieder an fünf Prinzen« veröffentlichten) Liebesgedichte: Meinem reinen Liebesfreund / Hans Ehrenbaum-Degele // Tristan kämpfte im Feindesland; / Viel Lieder hat er heimgesandt / Bis der Feind brach seinen Leib.

230,13 Knie-Görlitzer Bahnhof] *Diese Strecke entspricht fast dem gesamten Verlauf der ersten Untergrundbahn-Strecke, die 1896-1902 zwischen Knie und Warschauer Brücke (heute Bezirk Friedrichshain an der Spree) mit einem Abzweig zum Potsdamer Platz entstand. Die Bahn verlief allerdings hauptsächlich als Hochbahn und nur westlich des Nollendorfplatzes als Unterpflasterbahn. – Der Name »Knie« für den 1953 umbenannten Ernst-Reuter-Platz in Berlin-Charlottenburg geht auf den einzigen Knick der Verbindungsstraße zwischen Schloß Charlottenburg und dem kurfürstlichen Stadtschloß zurück. Der Görlitzer Bahnhof in Berlin-Kreuzberg wurde 1952 stillgelegt und in dem Zeitraum von 1962 bis 1976 abgerissen.*

230,33-34 Offenbarung] *Die Offenbarung, die auf Gott zurückgeführte Enthüllung einer religiösen, ihrem Wesen nach verborgenen Wirklichkeit, mithin die Selbstbekundung Gottes, gibt es sowohl im Judentum als auch im Christentum und Islam.*

231,1-2 Gulliver hat hier eine Stadt gebaut. 〈...〉 Adolf Loos] *Vgl. Jonathan Swifts 1726 erschienenen utopisch-satirischen Reiseroman »Travels into Several Remote Nations of the World. By Lemuel Gulliver, First a Surgeon, and then a Captain of Several Ships«. In der fingierten Autobiographie berichtet Gulliver von seinen Erlebnissen auf seinen vier Seereisen. – Zur Umdichtung des Arztes und Kapitäns Gulliver zum Architekten, hier verbunden mit einem rhetorischen Beglaubigungstopos – das erzählte mir schon Adolf Loos –, vgl. auch zu 313,22.*

231,4 Midgesstown] *Vgl. engl. »midget«: Zwerg. – »Midgets Town – Hauptstadt von Liliput mit ihren 70 Bewohnern« nannte sich eine Belustigung »in den Räumen von Castans Panoptikum«, für die im Januar 1912 in Berliner Tageszeitungen geworben wurde.*

231,7 Schauspieler Mornau] *Der Filmregisseur Friedrich Wilhelm Murnau (eigentlich: Friedrich Wilhelm Plumpe) (1888-1931) kam*

1907 nach Berlin, wo er Hans Ehrenbaum-Degele kennenlernte. Gemeinsam gingen sie zum Studium der Kunstgeschichte und Literatur nach Heidelberg. 1909 kehrte Wilhelm Murnau nach Berlin zurück, um sich in der Schauspielschule Max Reinhardts ausbilden zu lassen. Über Hans Ehrenbaum-Degele lernte er auch Else Lasker-Schüler kennen, die ihn in Briefen »Ulrich von Hutten« nennt.

231,10-11 Cajus Majus, der Doktor Hiller] *Zu Kurt Hiller vgl. zu 157,34.*

231,12 Hans Ehrenbaum-Degele] *Der Dichter und Dramatiker Hans Ehrenbaum-Degele (1889-1915) studierte in Berlin Philologie und in Heidelberg Literatur- und Kunstgeschichte. Der Mitherausgeber des »Neuen Pathos« lebte dann in Berlin und war mit Wilhelm Murnau, Paul Zech und Else Lasker-Schüler befreundet. 1912/13 las er in Kurt Hillers Kabarett »Gnu«. Er wurde im Ersten Weltkrieg getötet. Else Lasker-Schüler widmete ihm den »Tristan«-Gedichtzyklus; vgl. zu 228,21-230,4.*

231,15 Chamay Pinsky] *Dichter, der auch im »Sturm« veröffentlichte.*

231,19 Matzen] *Die hebräische Mazza (Plural Mazzoth, vulgär Mazzen), ungesäuertes Brot, wird an den sieben Tagen des Pessachfestes, zum Chag Hamatzot, dem Fest der ungesäuerten Brote, zur Erinnerung an den Auszug des Volkes Israel aus Ägypten gegessen. Vgl. 2. Mose (Exodus) 12,15-20.*

231,20 Fleischbrühen] *Die Fleischbrühe oder Hühnersuppe gehört zum traditionellen Festmahl am Sabbat und an den jüdischen Feiertagen.*

231,20 Vierzig Jahre lehrte Moses] *Mose hält seine Mahnrede an Israel, die Gebote Jahwes zu halten, im vierzigsten Jahr. Vgl. 5. Mose (Deuteronomium) 1,3. – Der jüdischen Schriftauslegung zufolge soll sich Mose vor dem Auszug aus Ägypten vierzig Jahre lang mit kleinen Aufgaben bewähren.*

231,30 Allerheiligste] *Vgl. zu 40,15.*

231,31 Ich sage zu Gott: du] *Diese Vorstellung ähnelt der des Religionsphilosophen Martin Buber (1878-1965) (vgl. zu 327,5), welcher die göttliche Offenbarung als personenhafte Beziehung und Gott als »ewiges Du« begreift.*

232,5 Fegefeuer] *Nach der katholischen Glaubenslehre der Ort und Zustand zeitweiliger Läuterungsleiden der Verstorbenen, die noch läßliche Sünden und zeitliche Sündenstrafen abzubüßen haben, bevor sie ins Himmelreich kommen.*

**232,5** Schlange] *Anspielung auf den Sündenfall. Vgl. 1. Mose (Genesis) 3.*

**232,8** Sinthflut] *Vgl. 1. Mose (Genesis) 6,5-8,19.*

**232,25** Hadrian] *Name von drei Päpsten und einem römischen Kaiser.*

**232,26** Pharao] *Die alttestamentliche Benennung der Könige Ägyptens.*

**233,2** seine Hand in Marmor] *Möglicherweise Bezug auf das Karl Kraus-Porträt Oskar Kokoschkas, welches im »Sturm« abgedruckt wurde und das Karl Kraus mit einer nach oben gerichteten und einer nach unten weisenden Hand zeigt. (Der Sturm. Jg. 1, Nr. 12 vom 19. Mai 1910. S. 91.)*

**233,14** ziellosen Hand aus Spiel und Blut] *Diese Worte zitierend, widmete Gottfried Benn 1913 Else Lasker-Schüler seinen Gedichtband »Morgue«. Vgl. den Essay »Gottfried Benn« sowie zu 311,31.*

**233,34-234,16** Du bist alles ⟨...⟩ Seele.] *Vgl. KA, Bd. 1, Nr. 188.*

**234,17** Ludwig Ullmann] *Der Theaterfachmann, Feuilletonist, Herausgeber und Schriftsteller Ludwig Ullmann (1887-1959) arbeitete 1910-1912 als Sekretär von Karl Kraus für die »Fackel«. In der gleichen Zeit war er Vorsitzender des »Akademischen Verbands für Literatur und Musik in Wien«, welcher auch die unregelmäßige Herausgabe der Zeitschrift »Der Ruf. Ein Flugblatt an junge Menschen« besorgte. 1913-1934 war Ullmann als Theaterreferent und Redakteur der »Wiener Allgemeinen Zeitung« tätig, 1917-1922 als Dramaturg der Neuen Wiener Bühne. Außerdem war er Redakteur und Herausgeber verschiedener literarischer Zeitschriften. 1938 emigrierte er, lebte in Paris und ab 1942 in New York. – Vgl. Heinz Lunzer: Ludwig Ullmann und die literarische Avantgarde in Wien 1912 bis 1914. In: Expressionismus in Österreich. Die Literatur und die Künste. Wien/Köln/Weimar 1991. S. 567-588.*

**234,17** Gedicht An Jemand] *Unter dem Titel »Unser Liebeslied« in Heft 2 von »Der Ruf« im März 1912 erschienen; das Heft mit dem Sondertitel »Frühling« redigierte Ludwig Ullmann. Vgl. KA, Bd. 1, Nr. 188.*

234,20-21 aufgehängt 〈...〉 nicht wiederfinden] *Diese Formel findet sich so auch in der Erzählung »Der Kreuzfahrer«; vgl. 138,29-30.*

234,30 Prater] *Wiener Naturpark und Auengebiet mit berühmtem Vergnügungspark.*

235,2-3 Dr. Ernst R.W. Frank] *Ernst Richard Wilhelm Frank (1867-?), Facharzt für Urologie in Berlin.*

235,6 Silberlinge] *Silberlinge spielen im Alten wie im Neuen Testament eine Rolle: dreißig Silberlinge gab das ungetreue Israel dem gerechten Propheten zum Abschied; ebensoviel erhielt Judas für seinen Verrat an Jesus. Vgl. Sacharja (Sacharia) 11,12 und Matthäus 26,15.*

235,12 Dame aus Prag] *Ihren Besuch bei Else Lasker-Schüler schildert die Pragerin Ida Freund (1868-1931) süffisant als »Mein Erlebnis mit Else Lasker-Schüler« (Bohemia. Jg. 86, Nr. 81 vom 23. März 1913. S. 17). Sie war im Auftrag von Willy Haas nach Berlin gekommen, um Else Lasker-Schüler für einen Vortrag beim »Klub deutscher Künstlerinnen in Prag« zu gewinnen. Über die Passage in den »Briefen nach Norwegen« bemerkte Ida Freund: Wir gehen auseinander, ohne uns über den Vortrag geeinigt zu haben, weil die gewiß bescheiden zu nennende Summe, welche die Dichterin verlangte, doch mit meinem Präliminare nicht stimmen wollte. Da lese ich nach Wochen im »Sturm«, wie Lasker-Schüler unsere Unterredung schildert: Ich hätte ihr eine fabelhafte Summe geboten (für jedes Liebesgedicht noch 200 M. extra), sie hätte sich aber stolz in ihren blauen Königsmantel gehüllt usw. Zitiert nach Hartmut Binder: Else Lasker-Schüler in Prag. Zur Vorgeschichte von Kafkas »Josefine«-Erzählung. (Wirkendes Wort. Jg. 44, 1994, Nr. 3. S. 405-438. Zitat S. 408.) Vgl. dort auch zu den näheren Umständen der im Jahr 1913 unternommenen Reise Else Lasker-Schülers nach Prag.*

235,22-23 Ludwig Kainer will meine Kalifengeschichte illustrieren] *Die in »Die Nächte Tino von Bagdads«, die erst 1919 unter dem Titel »Die Nächte der Tino von Bagdad« mit einer Einbandzeichnung der Verfasserin erneut aufgelegt wurden, enthaltene Erzählung »Ached Bey«. Ludwig Kainer steuerte für »Der Malik« (1919) die Illustration einer Krone bei (s. S. 462); weitere Illustrationen Kainers zu Texten Else Lasker-Schülers sind nicht bekannt.*

235,24-25 Mohamed Pascha ⟨...⟩ Fakir] *Figuren aus »Die Nächte der Tino von Bagdad«.*
235,30-31 Freund Antoni ⟨...⟩ Prinz von Polen] *Vgl. aus einem undatierten Brief Else Lasker-Schülers an Heinrich F. S. Bachmair:* Sehe überall nach meinem polnischen Freund Antoni aus, traf Sie mein Blick – bin unschuldig. Antoni ist aber in Lodz und feiert morgen Hochzeit. Ich guck immer aus Langeweile überall – zwar nun auch nicht mehr. *(H: DLA [77.684/3].)*
235,33 Astralleib] *Nach Paracelsus ein im grobstofflichen Körper verborgener unangreifbarer Leib als bewegende seelische Kraft. Die Vorstellung vom Astralleib teilen auch Theosophie und Anthroposophie.*
236,1 Schmidt-Rottluff] *Der Maler und Graphiker Karl Schmidt-Rottluff (1884-1976), 1904 Mitbegründer der Künstlervereinigung »Brücke«, war im Oktober 1911 nach Berlin-Friedenau gezogen. Schon kurz darauf scheint er Kontakt zu Else Lasker-Schüler, von der drei Postkarten und zwei Briefe vom Januar/Februar 1912 an ihn erhalten sind, aufgenommen zu haben. Über eine bevorstehende Sitzung bei dem Maler schreibt Else Lasker-Schüler an diesen am 5. Januar 1912 (Poststempel 6. Januar):* Prophet, ich kann Sonntag um 12 Uhr bei Ihnen sein, bringe meinen Neger Hassan mit, der mir die Klingen reicht; ich sitze im Lehnsessel aus Gold mit den Augen seitwärts gewandt. Ist Ihnen Tag und Zeit recht? *(H: Hermann Gerlinger, Würzburg.) Karl Schmidt-Rottluff fertigte ein Gemälde Else Lasker-Schülers an (vgl. zu 239,1-11); zur gleichen Zeit porträtierte er sie als »Prinz von Theben« in einer schwarzen Kreidezeichnung, die, eingebettet in die neunzehnte Folge der »Briefe nach Norwegen«, als ganzseitige Reproduktion unter eigenem Titel in der Wochenschrift erschien (vgl. »Der Sturm«. Jg. 2, Nr. 95 vom Januar 1912. S. 759). Das Porträt wurde als Illustration in die Buchfassung »Mein Herz« von 1912 aufgenommen.*
236,2 Ossmann] *Die Figur des farbigen Dieners Ossmann (auch »Osmann«, »Oßmann«, »Ossman« oder »Oßman«), die hier eingeführt wird und ironischerweise den Namen des türkischen Herrschers und Begründers des Osmanischen Reiches Osman I. trägt, taucht später in dem Essay »Wenn mein Herz gesund wär –«, in den »Briefen und Bildern« und in »Der Malik« wieder auf.*
236,7 Richard Dehmel] *Mit Richard Dehmel (vgl. zum Essay »Richard Dehmel«) war Karl Schmidt-Rottluff befreundet.*

236,20-21 daß Lukas Cranach ⟨...⟩ Kete Parsenow gemalt hat] *Wohl der Maler Wilhelm Lucas Cranach (1861-1918), ein Abkomme der berühmten Malerfamilie. Er kam 1893 nach Berlin, nachdem er 1886 nach Weimar auf die Kunstschule und 1892 nach Paris gegangen war. Er malte zunächst hauptsächlich Porträts; später beschäftigte er sich auch mit Landschaftsmalerei und Architektur. An der Großen Berliner Kunstausstellung von 1900 war er mit einem Gemälde beteiligt. Ob er die von Else Lasker-Schüler als »Venus von Siam« bezeichnete Kete Parsenow (vgl. zum Essay »Kete Parsenow«) porträtiert hat, ist unbekannt. – Lukas Cranach der Ältere (1472-1553) hat auf zahlreichen Gemälden die Venus, häufig auch zusammen mit Amor, dargestellt.*

236,26 Paulchen] *Zu Else Lasker-Schülers Sohn Paul vgl. zum Essay »Die rotbäckige Schule«.*

236,28-237,14 ein Mensch sei irrsinnig ⟨...⟩ poussiert] *Möglicherweise handelt es sich um den Film »Der Irrsinnige«, welcher in einer Zensurliste der »für Kinder verbotenen Kinematographenbilder« im »Königlich-Preußischen-Zentral-Polizei-Blatt« vom 15. November 1911 mit folgendem Zensurhinweis zu finden ist: Kampf mit dem Irrsinnigen, die Szene, in welcher der Irrsinnige den Bräutigam mit dem Messer verfolgt und wo er mit dem Bräutigam ringt, darf nicht vorgeführt werden. (Verzeichnis in Deutschland gelaufener Filme. Entscheidungen der Filmzensur 1911-1920. Berlin, Hamburg, München, Stuttgart. Hg. von Herbert Birett. München/New York/London/Paris 1980. S. 23.)*

238,3 Fachinger] *Kohlesäurearmes Mineralwasser aus Fachingen, seit etwa 1740 gegen Gicht-, Blasen- und Nierenleiden.*

238,3 Kranzler] *Café Unter den Linden in Berlin.*

238,6 großen Rosinen] *Am 31. Dezember 1911 fand im Berliner Theater die Uraufführung von Rudolf Bernauers und Rudolf Schanzers »Große Rosinen. Originalposse mit Gesang und Tanz in drei Akten« statt. Regie führte ebenfalls Rudolf Bernauer.*

238,6 Meinhard] *Carl Meinhard (1875-1949) war 1911 Direktor des Berliner Theaters und des Theaters in der Königgrätzer Straße. In der Posse »Große Rosinen« spielte er die Rolle des Grafen »hochdeutsch, hochtrottelig und hochkomisch« (Berliner Tageblatt. Jg. 41, Nr. 1 vom 2. Januar 1912 [Morgen-Ausgabe]).*

238,15 Adolf Lantz] *Der Wiener Adolf Lantz (1882-?) war Mitar-*

*beiter der »Frankfurter Zeitung«, des »Berliner Tageblatts« und der »BZ am Mittag«, wirkte als Dramaturg des Kleinen Theaters in Berlin und des Berliner Theaters und war Direktor des Neuen Königlichen Opernhauses sowie des im September 1912 eröffneten, aus der Komischen Oper hervorgegangenen Deutschen Schauspielhauses in Berlin. Im Januar 1914 verlor er zahlungsunfähig die Konzession; unter neuer Leitung wurde das Unternehmen als Theater an der Weidendammer Brücke weitergeführt. Adolf Lantz wandte sich daraufhin als Autor und Produktionsleiter dem Film zu.*

238,31-35 Ich bin nun ganz auf meine Seele ⟨...⟩ Schenkeln] *Anspielung auf den Roman »The Life and Strange Surprizing Adventures of Robinson Crusoe, of York, Mariner« (1719) von Daniel Defoe. Der Roman, der nicht als Fiktion, sondern als Tatsachenbericht dargestellt wird, erzählt die Geschichte eines Schiffbrüchigen, der auf einer einsamen Insel im Kampf gegen die Wildnis und die Kannibalen zum christlichen Glauben findet und die Vollkommenheit der göttlichen Seinsordnung erkennt.*

239,1-11 Schmidt-Rottluff hat mich im Zelt sitzen ⟨...⟩ Speer.] *In einem undatierten Brief erkundigt sich Else Lasker-Schüler bei Karl Schmidt-Rottluff offenbar über den Fortgang der begonnenen Arbeit an dem Porträt:* Moses, Sohn der Tochter Pharaos, edler Königssohn. / Wie geht es mir im Zelt? Werden meine blauen Augen nicht dunkel werden und wird meine Stirne nicht auslöschen? Ich bin bange. Wann kommen Sie wieder? Damit wir wieder malen? *(H: Hermann Gerlinger, Würzburg.) Am 16. Januar 1912 schrieb sie an den Maler:* Ich habe mich in mein übergroßes Gemälde sterblich verliebt und das werden Sie lesen Mittwoch oder Donnerstag im Sturm. Ich faßte die Mandrillität erst ganz unten auf der ernüchternden Straße von Friedenau. Ihre Zeichnung kommt auch Donnerstag. – Nun liege ich noch mit Fieber im Zelt auf einem Schakalfell, aber morgen muß ich hergestellt sein für den Kampf. Ich denke nur noch an mich, ich bin verliebt in das hohe Bild meiner Prinzlichkeit. Man sollte sich überhaupt nur in Sich verlieben, das kann man übersehn. Auf Sich eifersüchtig zu sein ist entzückend. *(H: Hermann Gerlinger, Würzburg.) – Bei dem hier angesprochenen von Karl Schmidt-Rottluff angefertigten Porträt Else Lasker-Schülers handelt es sich um das Gemälde »Lesende« (Öl auf Lein-*

*wand, 102×76 cm). Es wurde lange Zeit für ein Porträt Rosa Schapires gehalten, nachdem Schmidt-Rottluff selbst es 1957 für eine Ausstellung als solches zur Verfügung gestellt hatte. Erst 1989 identifizierte Hermann Gerlinger die Porträtierte als Else Lasker-Schüler; als Grundlage dafür diente ihm vor allem die Beschreibung des Gemäldes in den »Briefen nach Norwegen«. Es zeigt die Halbfigur einer lesenden Frau in Vorderansicht. Ihre Stirn und Lider sind gelbbraun und ihre Lippen rot; in ihrer linken Hand hält sie ein blaues Buch. Das kubistische Figurenbild, das aufgrund der Erwähnung im Briefroman genauer datiert werden konnte, stellt das erste Zeugnis der Beschäftigung Schmidt-Rottluffs mit dem Kubismus dar. Vgl. Hermann Gerlinger: Schmidt-Rottluff und ›Der Prinz von Theben‹ (s. o.). In dem Katalog findet sich auch eine ganzseitige Reproduktion des Gemäldes (Abb. 43, Kat.-Nr. 104).*

**239,12** hohes Lied] *Vgl. zu 44,21.*

**239,15** Darwin] *Charles Robert Darwin (1809-1882), Naturforscher, Begründer der Selektionstheorie.*

**239,17-18** musikalischen Vortrag] *Bei dem vierten »Gnu«-Abend am 15. Januar 1912 trat Herwarth Walden mit dem Vortrag »Gegen die Musik – Warnung mit Musik« auf. Vgl. Richard W. Sheppard: The Expressionist Cabaret GNU (1911-1914). (Vgl. zu 206,27).*

**239,30** Ludwig Hardt] *Ludwig Hardt (1886-1947) war zunächst als Schauspieler tätig, bevor er sich ab 1905 als Rezitator einen Namen machte. 1935 emigrierte er über Österreich, die Tschechoslowakei und Frankreich nach New York, wo er von 1938 bis zu seinem Tod lebte.*

**239,31** Liliencron-Interpret] *Gedichte des Schriftstellers Detlev von Liliencron (eigentlich: Friedrich Adolf Axel Freiherr von Liliencron) (1844-1909) finden sich als Bestandteil des festen Repertoires Ludwig Hardts im »Vortragsbuch Ludwig Hardt. Die Hauptstücke aus seinen Programmen nebst Darstellungen seiner Vortragskunst sowie etlichen Glossen von ihm selbst.« Hamburg (Gebrüder Enoch) 1924.*

**240,3** kommt Ludwig Kainer und zeichnet mich für den Sturm] *Von Ludwig Kainer erschienen keine Zeichnungen im »Sturm«. Auch sind keine Porträts Else Lasker-Schülers von ihm bekannt.*

**240,12** Auguste Fürst-Foerster] *Auguste Fürst-Förster (gest. 1914),* *eine Bekannte Else Lasker-Schülers; an ihren Sohn Walter Fürst sind drei Briefe von Else Lasker-Schüler erhalten.* (H: Stiftung Preußischer Kulturbesitz Berlin, »Sturm«-Archiv.)

240,20-21 Zeichnung von S. Lublinski ⟨...⟩ im Café] *Vgl. den Essay »S. Lublinski«, der auch einen ›Streit‹ im Café erwähnt.*

241,1 Paul Cassirer] *Der Kunsthändler und Verleger Paul Cassirer (1871-1926), in zweiter Ehe verheiratet mit Tilla Durieux (1880-1971), gründete 1898 gemeinsam mit seinem Cousin Bruno Cassirer (1872-1941) den Kunstsalon Cassirer in der Victoriastraße 35, dem auch ein Verlag angeschlossen war. 1901 übernahm Bruno Cassirer den Verlag, während Paul Cassirer den Kunstsalon weiterbetrieb. 1908 gründete er wieder einen Verlag. 1926 nahm er sich das Leben. – Der Salon Cassirer entwickelte sich zu einem künstlerischen Zentrum Berlins und machte sich vor allem dadurch verdient, daß er den französischen Impressionismus in Deutschland bekannt machte. In den von Henry van de Velde eingerichteten Räumen fanden neben Ausstellungen auch Lesungen und sonstige Veranstaltungen statt, häufig in Zusammenarbeit mit anderen Verlegern oder Vereinen.*

242,3 Erstgeburt] *Für ein Linsengericht verkauft Esau seinem Bruder Jakob das Erstgeburtsrecht. Vgl. 1. Mose (Genesis) 25,29-34.*

242,12 mein Onkel, der süddeutsche Minister] *Else Lasker-Schülers Onkel Leopold Sonnemann (vgl. zu 199,13) war, seit Jahren altersschwach und krank, am 30. Oktober 1909 gestorben.*

242,13 russische Ballett] *Zwischen dem 8. Januar und dem 2. Februar 1912 gab das von Sergei Diaghilew geleitete »Ballets Russes« im ausverkauften Theater des Westens ein Gastspiel mit durchschlagendem Erfolg.*

242,14 Barchan] *Der Übersetzer aus dem Russischen und Essayist Paul (Pawel) Barchan (1876-?) schrieb unter anderem für die Zeitschriften »Kunst und Künstler«, »Die Schaubühne«, »Die Neue Rundschau« und »Das junge Deutschland«. – 1909 hatte er den Aufsatz »Balletenthusiasmus« zur Situation des Balletts in Petersburg und Berlin verfaßt. (Die Schaubühne. Jg. 5, Bd. 1, Nr. 21 vom 27. Mai 1909. S. 591-593.) 1910 erschienen seine »Petersburger Nächte« (Berlin: S. Fischer).*

244,5-6 »Ich hab dein Bild im Sturm gesehn!«] *Abwandlung des Gedichts eines unbekannten Verfassers mit dem Refrain:* Hast du mich lieb. Ich hab dein Bild im Traum gesehn, *das vor 1885 mehrmals vertont wurde.*

**244,13-14** Deutschland, Deutschland über alles] *Das 1841 von August Heinrich Hoffmann von Fallersleben (1798-1874) nach einer Hymne von Franz Joseph Haydn (1732-1809) mit dem Titel »Gott! erhalte den Kaiser« geschriebene Lied »Deutschland, Deutschland über alles« wurde 1922 erstmals zur deutschen Nationalhymne.*

**244,15** Wagners heiliger Gral] *Richard Wagners Oper »Parsifal« (Uraufführung: 1882, Bayreuth), die auf Wolfram von Eschenbachs Epos basiert.*

**244,22** Peter Altenberg] *Der Wiener Schriftsteller und Kleinkünstler Peter Altenberg (eigentlich: Richard Engländer) (1859-1919) war mit Karl Kraus und Kete Parsenow befreundet. Er schrieb für das Feuilleton der »Wiener Rundschau« und später der »Wiener Allgemeinen Zeitung« und war unter anderem als Mitarbeiter der Zeitschriften »Simplicissimus« und »Jugend« tätig.*

**244,23** Fortsetzung seines Buches Prodromus] *Peter Altenberg hatte 1906 sein Buch »Prodromos« (griech.: Vorbote, Vorläufer) veröffentlicht, eine Aphorismensammlung zu diätetischer und hygienischer Lebensführung.*

**244,23-24** Ich hörte, er spucke auf ⟨...⟩ Tibetteppich] *In einem Brief an Karl Kraus vom 7. Dezember 1911 erwähnt Peter Altenberg das Gedicht »Der Smyrna-Teppich« von der edlen Hochstaplerin und Nichtskönnerin Else Lasker-Schüler. (Zitiert nach: Andrew Barker / Leo A. Lensing: Peter Altenberg: Rezept die Welt zu sehen. [Untersuchungen zur Österreichischen Literatur des 20. Jahrhunderts. Bd. 11.] Wien 1995. S. 247.) (Der Smyrnateppich wird im Gegensatz zum kostbaren Tibetteppich als Meterware verkauft.) Peter Altenberg verballhornt damit Else Lasker-Schülers Gedicht »Ein alter Tibetteppich« (vgl. zu 215,8). Über Altenbergs Ablehnung des Gedichts amüsiert sich Else Lasker-Schüler auch in dem Essay »Mopp, ein ›musikalischer‹ Maler«, der am 3. September 1938 in der »Pariser Tageszeitung« erschien.*

**244,27** Professor Herrmann] *Max Herrmann (1865-1942), Literaturhistoriker und Theaterwissenschaftler, war ab 1919 als Professor für deutsche Philologie an der Berliner Universität tätig, wo er die Theaterwissenschaften begründete und 1923 das Theaterwis-*

*senschaftliche Institut eröffnete. 1933 wurde er zwangsemeritiert, 1942 nach Theresienstadt deportiert. Seine Frau, die Literaturwissenschaftlerin Helene Herrmann (vgl. Variante in D²), geb. Schlesinger (1877-1944), studierte ab 1898, dem Jahr, in dem sie auch heiratete, Germanistik, Kunstgeschichte und Philosophie in Berlin. Nach ihrer Promotion 1904 arbeitete sie als Lehrerin und veröffentlichte literaturwissenschaftliche Aufsätze. 1942 wurde sie mit ihrem Mann nach Theresienstadt deportiert, 1944 nach Auschwitz.*

**244,29-30** Julius Hart] *Julius Hart (1859-1930), Lyriker und Kritiker sowie sozialreformerischer Kopf der »Neuen Gemeinschaft«.*

**245,20** Land vom Meer getrennt] *Am dritten Tag der Schöpfungsgeschichte trennt Gott das Land vom Meer. Vgl. 1. Mose (Genesis) 1,9 f.*

**245,21-22** Werde ich meinen Schöpfer lieben ⟨...⟩ Ehrfurcht?] *Die Vorstellung vom liebenden und rächenden Gott, den die Menschen lieben und fürchten, ist im Alten Testament allgegenwärtig.*

**245,28** meine medizinische Arbeit] *Selbstbezug auf die »Briefe nach Norwegen«, von denen die Briefschreiberin an anderer Stelle als von* meiner medizinischen Dichtung *(vgl. 252,4-5) spricht.*

**246,1** Berliner Tageblatt] *Von Rudolf Mosse seit 1872 herausgegebene Tageszeitung, in der auch Else Lasker-Schüler von Zeit zu Zeit veröffentlichte.*

**246,20-248,10** Lieber Herwarth. Es hilft Dir nichts ⟨...⟩. Fessel von sich] *Vgl. 253,8-254,26.*

**246,28** Die Sonne bringt es an den Tag] *Redensart biblischen Ursprungs; vgl. Lukas 12,2 f.; vgl. auch das Märchen der Brüder Grimm »Die klare Sonne bringt's an den Tag« (»Kinder- und Hausmärchen«, Nr. 115) und die auf dieser Quelle beruhende Ballade Adelbert von Chamissos (1781-1838) »Die Sonne bringt es an den Tag«.*

**246,31** Jedermann] *Am 1. Dezember 1911 wurde unter der Regie Max Reinhardts Hugo von Hofmannsthals Spiel »Jedermann« im rund 5000 Zuschauer fassenden Berliner Zirkus Schumann am Schiffbauerdamm uraufgeführt. In den Hauptrollen spielten Alexander Moissi, Paul Wegener, Gertrud Eysoldt und Mary Dietrich. Das »Spiel vom Sterben des reichen Mannes« handelt vom Schicksal des Menschen, der keine göttliche Autorität anerkennt und nur* *seinem eigenen Willen folgt. Das Allegorienspiel endet, nachdem »Glaube« und ihre Schwester »Werke« Jedermann dem Zugriff des Teufels kraft des Opfertodes Christi entziehen konnten: Unter dem Gesang der Engel steigt Jedermann ins Grab. – Den Stoff der Volkssage vom »Jedermann« entnahm Hofmannsthal einer englischen Bearbeitung, der anonym überlieferten Moralität »The Somonynge of Everyman« (Erstdruck 1509). – Zur Inszenierung vgl. Stefan Janson: Hugo von Hofmannsthals »Jedermann« in der Regiebearbeitung durch Max Reinhardt. Frankfurt/Main, Bern, Las Vegas 1978. (Würzburger Hochschulschriften zur neueren deutschen Literaturgeschichte. Bd. 4). Einige der kontroversen zeitgenössischen Rezensionen der Aufführung sind nachzulesen in: Norbert Jaron/Renate Möhrmann/Hedwig Müller: Berlin – Theater der Jahrhundertwende. Bühnengeschichte der Reichshauptstadt im Spiegel der Kritik (1889-1914). Tübingen 1986. S. 709-719.*

**246,33** Riesenkasperle] *Der Vergleich des Allegorienspiels mit einem Kasperletheater beruht auf der im Stück angelegten Holzschnittartigkeit der Figuren, der Max Reinhardt Rechnung trug, indem er die Schauspieler sich wie Gliederpuppen bewegen ließ. Vgl. Janson (s. o.) S. 51-59.*

**247,1** Hännesken] *Vgl. zu 153,29.*

**247,1** evangelisch Stück] *Hofmannsthal rückt bei seiner Bearbeitung des Stoffes die allegorische Figur des Mammon in den Mittelpunkt und fokussiert so den Blick auf die von Jedermann nicht wahrgenommene persönliche Verantwortung für den Mitmenschen. Die Nächstenliebe ist im Neuen Testament Grundprinzip des sittlichen Verhaltens und Summe der göttlichen Gebote.*

**247,2** »getauften« Juden] *Hugo von Hofmannsthal war Katholik jüdischer Abstammung; bereits sein Großvater war zum katholischen Glauben übergetreten.*

**247,2** erbaulich] *Anspielung auf die seit der Reformation verbreitete, der Erweckung religiöser Gefühle dienende Erbauungsliteratur.*

**247,5** Germaniaengel in Blau] *Die Schauspielerin Mary Dietrich, als »Glaube« in einem blauen Gewand auftretend, wurde von der Kritik mit viel Lob bedacht. Vgl. Janson (s. o.) S. 60.*

**247,6** Moissis-Jedermann] *Der Schauspieler Alexander Moissi (1880-1935) spielte seit 1905 am Deutschen Theater; im Zirkus Schumann trat er 1911 als »Jedermann« auf.*

247,14 Wiener Styl] *Anspielung auf die im Geist des (in Österreich »Sezessionsstil« genannten) fin de siècle verfaßten frühen Gedichte und Dramen des Wieners Hofmannsthal.*

247,18-19 der Venus von Milo die beiden Aermel angesetzt] *Die Venus von Milo, eine nur noch als Torso erhaltene Statue aus dem 1. Jahrhundert v. Chr.*

247,20-21 Oedipus von Sophokles] *»König Ödipus.« Tragödie von Sophokles. Übersetzt und für die neuere Bühne eingerichtet von Hugo von Hofmannsthal. (Uraufführung: 1910, München)*

247,21 Wiener Blut] *Anspielung auf eine gleichnamige Operette von Johann Strauß (Uraufführung: 1899, Wien).*

247,21 Elektra] *Tragödie in einem Aufzug. Frei nach Sophokles. Uraufführung: 1903, Berlin; Uraufführung der Opernfassung (Musik von Richard Strauss, 1864-1949): 1909, Dresden. Hofmannsthals Tragödie weicht nicht nur am Ende, an dem Elektra im Triumph ihrer Rache tot zusammenbricht, deutlich von seiner antiken Vorlage ab.*

247,24-25 Kinder mit großen Augen] *Hofmannsthals Terzinen »Ballade des äußeren Lebens« (1896) beginnen mit den Versen: Und Kinder wachsen auf mit tiefen Augen, / Die von nichts wissen, wachsen auf und sterben, / Und alle Menschen gehen ihre Wege. – Vgl. auch die Terzinen »⟨Die Stunden! wo wir auf das helle Blauen ...⟩« (1895) mit den Versen: Wie kleine Mädchen, die sehr blass aussehn, / Mit grossen Augen, und die immer frieren / An einem Abend stumm vor sich hinsehn.*

247,25 Tor und Tod] *»Der Thor und der Tod. Lyrisches Drama in einem Akt.« Uraufführung: 1898, München.*

247,25-26 Tod des Tizian] *»Der Tod des Tizian. Dramatisches Fragment.« Unter Hofmannsthals Jugendpseudonym »Loris« in Stefan Georges »Blättern für die Kunst« 1892 veröffentlicht. Uraufführung (mit neuem Prolog): 1901, München.*

247,27-28 Wenn Jedermann wüßte ⟨...⟩ wär] *Abwandlung des Sprichworts »Wenn mancher Mann wüßte, wer mancher Mann wär', tät' mancher Mann manchem Mann manchmal mehr Ehr'«.*

248,7-8 keine Rührung noch Sentimentalität] *Das produktionsästhetische Element des Sentimentalischen wie auch das rezeptionsästhetische Moment der Rührung sind zentrale Begriffe der Dichtungs- und Tragödientheorie Schillers. Er unterscheidet vom naiven den sentimentalischen Dichter, der reflektierend dichtet; die Reflexion aber begründet das Empfinden der Rührung, welche wiederum der Zweck der Tragödie ist. Vgl. Friedrich Schillers Abhandlungen »Ueber die tragische Kunst« (1792) und »Ueber naive und sentimentalische Dichtung« (1795).*

**248,9** Dichtung opfern der Wahrheit] *Anspielung auf das Begriffspaar »Dichtung und Wahrheit« aus dem Titel von Goethes Selbstbiographie »Aus meinem Leben« (erschienen in vier Teilen 1811-1833), die Fiktives mit Faktischem verknüpft.*

**248,19-20** tobten die Sozialdemokraten ⟨...⟩ Wahl] *Bei der Reichstagswahl am 12. Januar 1912 errangen die Sozialdemokraten den Wahlsieg und bildeten somit die stärkste Fraktion im Deutschen Reichstag.*

**249,10-11** Geschichte meines Urgroßvaters] *Vgl. Else Lasker-Schülers Erzählung »Mschattre-Zimt, der jüdische Sultan«.*

**249,12** Sage des Fakirs] *Vgl. Else Lasker-Schülers auch in »Der Prinz von Theben« enthaltene Erzählung »Der Fakir«.*

**249,15-16** Konstantins des Kreuzritters ⟨...⟩ Jerusalem] *Vgl. Else Lasker-Schülers Erzählung »Der Kreuzfahrer«, in der Conradin, der Kaiser und Kreuzritter, von der Heldin und Ich-Erzählerin in der Schlacht getötet wird.*

**250,29** Circe] *Die Zauberin Circe der griechischen Mythologie, manchmal als Göttin, manchmal als Nymphe bezeichnet, lebt auf der Insel Aiaia und verwandelt Männer und Frauen in Tiere.*

**250,31** Odysseus] *Auf seinen Irrfahrten kam Odysseus auch zu Circe, welche die Hälfte seiner Männer in Schweine verwandelte. Sie wollte auch Odysseus verwandeln; dann verliebte sie sich in ihn und gab den Männern ihre ursprüngliche Gestalt zurück. Odysseus blieb ein Jahr bei ihr. Vgl. Homers Epos »Odysseia« (entstanden spätestens 700 v.Chr.), Buch 10.*

**251,2** Hag] *Durch Hecken und Gehölze eingegrenzter Teil einer Flur; auch die Hecken selbst.*

**252,1** die Bilder] *Die im »Sturm« erschienenen ›Herzensbilder‹ (s. Illustration S. 251) wurden für den Druck 1912 in »Mein Herz« auseinandergeschnitten und auf unterschiedlichen, weder gegenüberliegenden noch aufeinanderfolgenden Seiten veröffentlicht. Vgl. aus einem Brief Heinrich F.S. Bachmairs an Else Lasker-Schüler vom 18. Juli 1912: Das Klichee mit den vielen Herzen muß* ich auseinanderschneiden lassen, aber wenn ich die Zeichnung auf zwei gegenüberstehenden Seiten abdrucke, wird das wohl nicht viel ausmachen. *(T (Durchschlag): DLA [77.685/1].)*

**252,7** rote Tor Ihrer Fackel] *Karl Kraus' Zeitschrift »Die Fackel« hat eine rote Broschur.*

**252,21** Prinz Antoni von Polen] *Vgl. zu 235,30-31.*

**253,8-254,26** Lieber Herwarth, es hilft Dir nichts ⟨...⟩ Fessel von sich] *Vgl. 246,20-248,10.*

**255,11** Arzt van't Hoff] *Möglicherweise eines der vier Kinder des Chemieprofessors und Arztsohns Jacobus Henricus van't Hoff (1852-1911), der ab 1896 in Berlin lebte und 1901 den Nobelpreis erhielt.*

**255,16** Rapier] *Der Rapier ist eine Sonderform des Degens.*

**256,8** wie Harfen eingeschnitten] *Vgl. zu 40,12.*

**256,19** Bravo!] *Hier folgt in der Buchausgabe »Mein Herz« ($D^{1-2}$; vgl. Variante) eine Passage, zu der sich Else Lasker-Schüler gegenüber Richard Moritz Meyer am 12. Juni 1913 äußert:* Was die Leute von dem Satz in meinem Roman mein ⟨ein Herz⟩ sagen –: »Ich mag dich nicht mehr leiden!« Also sonst haben die nichts gelesen es nicht in Strömen bluten sehn, überlaufen, schreien und lachen? Briefe sind doch immer an den Einzelnen gerichtet ganz p e r s ö n l i c h. Mag sie doch Niemand lesen. Ich mußte Geld haben! *(H: DLA, A: Lasker-Schüler [74.335/3].) Auch der Verlagsalmanach Bachmairs ($PD^A$) zitiert neben dem nachfolgenden Brief (in umgekehrter Reihenfolge) ausgerechnet den später eingefügten Brief; vgl. auch den offenen Brief »Heinrich F. Bachmair«. – Mit der in der varianten Passage enthaltenen Äußerung wird die Symbolik von Wasser, das meistens als weibliches Element aufgefaßt wird, expliziert. Die Erwähnung des Traums knüpft zusätzlich eine Verbindung zu Sigmund Freuds »Traumdeutung« (1900): im Traum kann das Wasser als schöpferische, dem Weiblich-Mütterlichen verbundene Kraft, aber auch als bedrohliche, zerstörerische Macht erscheinen.*

**257,1** Richard Dehmel] *Vgl. zum Essay »Richard Dehmel«.*

**257,5** Aderlaß und eine Transfusion] *Vgl. die erste Strophe von Else Lasker-Schülers 1913 in »Gesichte« zuerst veröffentlichtem Gedicht »Richard Dehmel« (KA, Bd. 1, Nr. 200):* Aderlaß und Transfusion zugleich; / Blutgabe deinem Herzen geschenkt.

**258,3** Lucian Bernhards] *Der Innenarchitekt, Graphiker, Plakat-, Schrift- und Buchkünstler Lucian Bernhard (eigentlich: Emil Kahn) (1883-1972) ließ sich 1901 nach dem Studium an der Akademie München in Berlin nieder. 1903 gründete er den »Bund der Plakatfreunde« und die Zeitschrift »Plakat«. Lucian Bernhard war künstlerischer Leiter der Deutschen Werkstätten für Handwerkskunst und Mitglied des »Deutschen Werkbunds«. 1915-1917 fertigte er Entwürfe für Kriegsgraphik. Als Professor für Reklamekunst lehrte er ab 1920 an der Berliner Akademie und, nach seiner Übersiedlung nach Amerika, an der New Yorker Universität.*

**258,9** Myrtenbrief] *Als Symbol der Liebe und des Brautstandes trugen Juden einen Myrtenkranz zur Erinnerung an die schöne und tugendhafte Königin Esther des Alten Testaments, deren jüdischer Name Hadassa »Myrte« bedeutet. – Der nicht zu veröffentlichende »Myrtenbrief« steht im Kontrast zum bischöflichen »Hirtenbrief«, der zur Verlesung von der Kanzel während der Messe bestimmt ist.*

**259,8-9** Lies noch einmal meinen Brief ⟨...⟩ ich bin das Leben] *Einen solchen Brief gibt es unter den »Briefen nach Norwegen« nicht.*

**259,18** Arche] *Vgl. zu 42,13.*

**259,32** Medici] *Das florentinische Geschlecht der Medici gelangte zu großem Reichtum und politischem Ansehen; es beherrschte Florenz vom 15. bis zur Mitte des 18. Jahrhunderts.*

**259,37** wie vor einem Fels] *Vgl. das Kapitel »Petrus der Felsen« aus Else Lasker-Schülers »Das Peter Hille-Buch«.*

**260,19-20** mir brach die Welt in Splitter] *Vgl. Peter Hilles berühmt gewordene Wendung über Else Lasker-Schüler als eine Sappho, der die Welt entzwei gegangen ist. Else Lasker-Schüler stellte den Essay Peter Hilles, dem diese Worte entstammen, ihren »Gesammelten Gedichten« voran. Vgl. zum Essay »Emmy Destinn«.*

**260,22** Hier und nicht weiter!] *Vgl. Hiob (Ijob) 38,8-11.*

**261,5** Richard Fuchs und Otto Fuchs] *Richard Fuchs war 1911-1913 Mitarbeiter des »Sturm«. Der zweite Teil seines dort erschienenen Essays »Wien« beginnt mit den Worten:* Lieber Otto! *(Jg. 2, Nr. 97 vom Februar 1912. S. 774 und 776; Nr. 98 vom Februar 1912. S. 783 f.)*

## Wenn mein Herz gesund wär –

ÜBERLIEFERUNG. E: *Der Sturm. Jg. 3, Nr. 107 vom April 1912. S. 18f. D¹: Ge¹ (1913). S. 143-149. D²: Ge² (1920). S. 69-74. D³ (nach D¹): Die Entfaltung (1921). S. 21-25.*

VARIANTEN und LESARTEN.
Ti: Wenn mein Herz gesund wär $D^3$   W: In Verehrung für L u d w i g
Kainer $D^{1-2}$   265,5 hab] hab' $D^{1-3}$   265,7 hab] hab' $D^{1-3}$
265,14 Lateinisch] Lateinisch, $D^3$   265,24 ziehts] zieht's $D^{1-3}$
265,27 hab] hab' $D^{1-3}$   265,30-31 englischen Krankheit,] Krankheit $D^{1-3}$   265,34 Jemand] jemand $D^{1-3}$   265,35 gibt wirklich] gibt $D^2$   265,35-36 sympatische] sympathische $D^{1-3}$   265,36
Weißgesichter] Weilgesichter *(Druckfehler)* E   266,6 auf dem Balkon wohnen] in der Badewanne schlafen $D^2$   hab] hab' $D^{1-3}$
266,7 königlicherer] königlicher $D^2$   266,8 Hammelheerden] Hammelherden $D^{1-3}$   266,10 Osmann] Oßmann $D^2$   266,10
aus,] aus $D^3$   266,12 pfeif] pfeif' $D^{1-2}$   266,18 fürchte] fürchte,
$D^{1-3}$   266,19 Leidfaden] Leitfaden $D^2$   266,21 tät ich] tät' ich,
$D^{1-3}$   266,22 wär] wär' $D^3$   so was ähnliches] sowas Ähnliches
$D^1 D^3$   266,22-25 wär? ⟨...⟩ Holzschächtelchen.] wär? $D^2$
266,24 Pfeffermünz] Pfefferminz $D^1 D^3$   266,29 35,24] 45,24 $D^2$
266,30 Doktor Nikito Ambrosia] Pharao & Fils, Theaterdirektion
$D^2$   266,31 nicht ⟨...⟩ nicht] nicht $D^3$   266,32 an] an, $D^{1-3}$
266,37 Aber] Aber, $D^1 D^3$   daran] daran, $D^{1-3}$   267,1 Dr.] Dr. $D^1$
Doktor $D^3$   Ambrosius] Pharao $D^2$   267,2 Herr] Herr, $D^{1-2}$
267,3-4 Varieté ⟨...⟩ Hohenzollerndämmer.] Varieté. $D^2$   267,5
liebe] l i e b e $D^2$   267,8 bischen] bißchen $D^{1-3}$   267,11 tät] tät'
$D^{1-3}$   267,15-16 ein ⟨...⟩ setzen.] ein. $D^2$   267,17 gerade] g e r a d e $D^2$   267,17-18 stehen zum Trotz] stehen, zum T r o t z $D^2$
267,25 Vögel] Vögel, $D^{1-3}$   Schnäbel] Schnäbel, $D^1 D^3$   267 26-32 Menschengeschlecht ⟨...⟩ schreiben.] Menschengeschlecht. $D^2$
267,29 Armignac] Armagnac $D^3$   267,32 hab] hab' $D^{1-3}$
267,33-34 abschließen ⟨...⟩ übernehmen,] abschließen, zumal ich ganz allein umsonst in den Himmel gehen kann. Außerdem bot man mir die Regierung in Theben an; $D^2$   267,34-35 pro forma] pro forma $D^1$   267,35-37 Fixe ⟨...⟩ macht.] Das heißt, im Grunde eine

Beschäftigung. $D^2$   267,36 Natur] Natur, $D^1 D^3$   267,37-38 Wilhelm ⟨...⟩ Deutschland] Nikita kann mir $D^2$   268,1 dabei] wie er $D^2$   Dach] Dach, $D^{1-3}$   268,3 meint] meint, $D^{1-3}$   268,5 nur] nur einige $D^2$   268,11 nah] nahe $D^2$   268,13 Babieren] Barbieren $D^{1-3}$   268,14 Malern] Malern, $D^{1-3}$   268,26 hab] hab' $D^{1-3}$   268,28 führt] führt, $D^{1-3}$   268,30 en face] en face $D^1$   268,31 Posten] Postämtern $D^2$

ERLÄUTERUNGEN. *$D^{1-2}$ ist Ludwig Kainer gewidmet; vgl. zu 216,11.*

265,11-12 machte ich einen ⟨...⟩ Jux] *Vgl. Johann Nestroys Posse »Einen Jux will er sich machen« (Uraufführung: 1842, Wien).*

265,31 englischen Krankheit] *Vgl. zu 122,10.*

265,31 Kleesalz] *In Sauerklee enthaltenes giftiges, in Wasser und Alkohol lösliches Kalziumoxalat. Es wurde bei Rachitis zur Kalziumsubstitution verabreicht.*

266,4 Chât noir] *Berliner Kabarett in der Friedrichstraße unter der Leitung Rudolf Nelsons (1878-1960), das seinen Namen von dem berühmten Pariser Vorbild, dem ersten Varieté, entlehnt hat.*

266,9 Hautgoutragout] *»Haut-goût« (franz.): Wildbretgeschmack.*

266,33 Wintergarten] *Vgl. zu 142,8.*

267,3-4 letzte Hohenzollerndämmer] *Der Berliner Hohenzollerndamm verläuft südlich des Kurfürstendamms. – Das deutsche Fürstengeschlecht der Hohenzollern erlangte 1701 die preußische Königskrone und 1871 die deutsche Kaiserwürde; mit der erzwungenen Abdankung Wilhelms II. 1918 endete die deutsche Dynastie der Hohenzollern.*

267,5 Adrianopel] *Früherer Name der türkischen Stadt Edirne.*

267,22 Aviatiker] *Flugtechniker, Kenner des Flugwesens.*

267,28-29 Karl Vollmöllers herrlicher Katharine von Armignac] *Der Schriftsteller Karl Gustav Vollmoeller (1878-1948) stand zunächst dem George-Kreis nahe; dann schrieb er neuromantische Stücke, die häufig von Max Reinhardt aufgeführt wurden. – Das Drama »Catherina, Graefin von Armagnac und ihre beiden Liebhaber« (Berlin: S. Fischer 1903) behandelt die tragische Liebe der unglücklich verheirateten Gräfin zu einem Prinzen.*

267,29-30 die erste Aviatikerin der Welt] *Anspielung auf Karl Gustav Vollmoellers Essay »Aviatica« in den »Süddeutschen Mo-*

*natsheften« (Jg. 6, H. 10 vom Dezember 1909. S. 472-479), den dieser anläßlich der Kanalüberfliegung Blériots verfaßt hatte. (Vgl. auch: Ders.: »Aviatica II«. In: Süddeutsche Monatshefte. Jg. 6, H. 12 vom Dezember 1909. S. 688-693.) − Zugleich Anspielung auf das Drama Vollmoellers: Catherina, die Heldin, stürzt sich nach dem Tod ihres Geliebten in einen Fluß.*
**267,30** Luftschiffahrtausstellung] *Am 3. April 1912 wurde in Berlin durch Kronprinz Heinrich eine Luftfahrzeugausstellung eröffnet.*
**267,37** Kaiser Wilhelm] *Wilhelm II. (1859-1941), von 1888 bis 1918 Deutscher Kaiser. − Vgl. auch Variante in $D^2$ Kaiser Nikita: Nikolaus I., genannt Nikita (1841-1921), von 1910 bis 1918 autokratisch regierender König Montenegros.*

## Lasker-Schüler contra B. und Genossen

ÜBERLIEFERUNG. E: *Der Sturm, Jg. 3, Nr. 111 vom Mai 1912. S. 51 f.* $D^1$: $Ge^1$ *(1913). S. 48-54.* $D^2$: $Ge^2$ *(1920). S. 57-63.*

VARIANTEN *und* LESARTEN.
W: Dem lieben Rechtsanwalt Hugo Caro in Verehrung $D^{1-2}$
**269,7** ist:] ist − $D^2$   **269,19** Indier] Inder $D^2$   **269,28** fahr] fahr' $D^{1-2}$   **270,6** Kehlkopfs] Kehlkopfes $D^2$   **270,12** stehn] stehen $D^{1-2}$   **270,21** grau meliert] graumeliert $D^{1-2}$   Dr.] Dr. $D^1$   **271,1** zweite Mal] zweitemal $D^{1-2}$   **271,11** zuhaus] zu Haus $D^{1-2}$   **271,26** ironische] psychologische $D^2$   **271,27** sympathisch] sympatisch $D^2$   **272,15** 10] zehn $D^{1-2}$   **272,26** glaubt] glaubt $D^2$   **272,33-37** Ich ⟨...⟩ Goldregen.] Wenn ich nun meinen Angebeteten nicht mehr interessiere − ohne Gehirnerweichung −? $D^2$   **272,36** gerade] gerade, $D^1$

ERLÄUTERUNGEN. $D^{1-2}$ *sind dem mit Else Lasker-Schüler befreundeten Rechtsanwalt Hugo Caro gewidmet; vgl. zum Essay* »Unser Rechtsanwalt Hugo Caro«. − *Herwarth Walden veröffentlichte einige Wochen nach dem Erstdruck des Essays in seiner Wochenschrift den selbstverfaßten Artikel* »Deutsche Dichter und deutsche Richter« *(Der Sturm. Jg. 3, Nr. 119/120 vom Juli*

*1912. S. 102–104 und Nr. 121/122 vom August 1912. S. 114f.). Er schildert darin den Verlauf der gerichtlichen Klagen Else Lasker-Schülers, die diese auf Veranlassung Waldens gegen drei Redaktionen wegen Verletzung des Urheberrechtes angestrengt hatte. Das Gedicht »Leise sagen« (vgl. KA, Bd. 1, Nr. 167) war am 6. Juli 1910 in der »Rheinisch-Westfälischen Zeitung« als nicht autorisierter Vorabdruck aus dem »Sturm« mit folgender redaktionellen Nachbemerkung erschienen: – Vollständige Gehirnerweichung, hören wir den Leser – leise sagen. Ebenso hatte Walden zufolge die Berliner Zeitschrift »Wahrheit« Else Lasker-Schülers Gedicht »Abel« (vgl. KA, Bd. 1, Nr. 181) unautorisiert (und ohne Honorar zu zahlen) abgedruckt. Erst nach zwei abgewiesenen Klagen (als Beispiel »sogenannter unfreiwilliger Komik« unterliege das Gedicht nicht dem Urheberrecht und erfordere kein Abdruckshonorar) wurde der Prozeß zugunsten Else Lasker-Schülers entschieden. Die Initiale im Titel des Essays von Else Lasker-Schüler kann sich sowohl auf den Redakteur der »Wahrheit« Wilhelm Bruhn als auch auf den Berliner Amtsrichter Braun beziehen, der die Klage abgewiesen hatte. – Mit der Figur des Psychiaters Dr. Ziegenbart wird eine Karikatur des Arztes und Schriftstellers Alfred Döblin gezeichnet (vgl. zu 183,27), der 1905 bei dem Freiburger Professor Alfred Erich Hoche mit der medizinischen Dissertation »Gedächtnisstörungen bei der Korsakoffschen Psychose« promoviert wurde.*

**269,10-11** Namen meines Urgroßvaters, der Scheik in Bagdad war] *(Namenlose) Figur aus Else Lasker-Schülers Erzählung »Mschatre-Zimt, der jüdische Sultan«.*

**269,17-18** Muselmänner] *Vgl. zu 139,25.*

**269,18** Vampur] *In den Texten Else Lasker-Schülers einige Male auftauchender, geographisch nicht nachweisbarer Ort indischen Anklangs.*

**269,20** Talmudisten] *Vgl. zu 139,31.*

**269,20** Zionisten] *Der Zionismus, die jüdische Nationalbewegung zur Rückkehr der Juden in das Land Israel, entstand in der zweiten Hälfte des 19. Jahrhunderts. Infolge der Initiative des Wiener Journalisten und Autors Theodor Herzl (1860-1904) tagte 1897 in Basel der erste Zionistenkongreß, an dem die Zionistische Weltorganisation gegründet wurde.*

Anmerkungen zur Prosa 1912-1913   241

269,21 Kaffernfamilie] *Kaffer (arab.* »*kafir*«: *Ungläubiger) ist eine alte, abwertende Bezeichnung für Bantu-Völker im südlichen Afrika.*
269,26 hinter dem Rubikon] *Julius Cäsar hatte im Jahr 49 v. Chr. den Fluß Rubikon überschritten, um seine Stellung gegen Pompejus zu behaupten, und damit einen Bürgerkrieg heraufbeschworen. Die Wendung* »*den Rubikon überschreiten*« *ist sprichwörtlich geworden für die Bezeichnung einer folgenschweren Entscheidung.*
269,31-32 mit Knöpfen gespielt] *Dasselbe Motiv findet sich auch in Else Lasker-Schülers Schrift* »*Ich räume auf!*« *(1925).*
270,14 zukünftigen Sohne] *Alfred Döblin war vor kurzem Vater geworden: Aus seiner Beziehung zu der Krankenschwester Frieda Kunke (1891-1918) war im Oktober 1911 der uneheliche Sohn Bodo hervorgegangen. Am 27. Oktober 1912 wurde der älteste Sohn von Erna und Alfred Döblin, Peter Döblin, geboren. Es folgten drei weitere Söhne.*
270,32 Robinson] *Der Held des Romans von Daniel Defoe stellt den Urtyp des Zivilisationsmenschen dar, der durch einen Schiffbruch auf eine unbewohnte Insel verschlagen und dadurch in einen vorzivilisatorischen Zustand versetzt wird. Vgl. auch die kurze* ›*biographische*‹ *Skizze* »‹*Ich bin in Theben (Ägypten) geboren ...*›« *und zu 238,31-35.*
272,23 Psalm] *Vgl. zu 81,11.*

## Die Odenwaldschule

ÜBERLIEFERUNG. E: *Berliner Tageblatt. Jg. 41, Nr. 641 (Morgen-Ausgabe) vom 17. Dezember 1912, 1. Beiblatt.* D: *Ge¹ (1913). S. 45-47.*

VARIANTEN *und* LESARTEN.
Ti: Die Odenwaldschule D   W: Edith Geheeb-Cassirer D   273,13 Waldschlößchen;] Waldschlößchen: D   273,23 Müden] Mädchen D   273,29 bringen;] bringen: D   274,1 Künstler;] Künstler: D   274,5 Kindertracht;] Kindertracht: D   274,12 Geheebs;] Geheebs: D   274,20 Junge.] Junge. Auch das Burgfräulein Irmgard und der kleine Landwirt Bubi, die Kinder von Wilhelm von

Scholz, sind Zöglinge der Odenwaldschule. D 274,30 versteht] verstehen D

ERLÄUTERUNGEN. *Die Widmung in D gilt Edith Johanna Geheeb, geb. Cassirer (1885-1982), der Frau des Pädagogen Paul Geheeb (1870-1961), einer Kusine Paul Cassirers. – Das Landerziehungsheim Odenwaldschule in Oberhambach bei Heppenheim an der Bergstraße war 1910 von Paul Geheeb, einem der fortschrittlichsten Pädagogen seiner Zeit, gegründet worden. 1934 emigrierten die Geheebs in die Schweiz und führten die Schule zunächst in Versoix bei Genf und ab 1946 im Berner Oberland weiter. Else Lasker-Schülers Sohn Paul (1899-1927) besuchte sie 1912/13; auch Klaus Mann, der Sohn Thomas Manns, war Zögling der Odenwaldschule. – Vgl. auch die Essays »Kleine Skizze«, »Ein Schulheim« und »Die rotbäckige Schule«.*

**273,21** Rübezahl] *Vgl. zu 200,6.*

**274,19** Torquato Tasso] *Vgl. zu 157,12.*

**274,20** mein Junge] *Zur Variante in D: Der Schriftsteller und Dramaturg Wilhelm Franz Johannes von Scholz (1874-1969) war von 1926 bis 1928 Präsident der Preußischen Akademie der Dichtung. Er begann als Lyriker und schrieb über Mystik und Übersinnlich-Okkultes. Von Scholz war Vater zweier Kinder, Irmgard (1897-?) und Wilhelm (1899-1917).*

**274,21** Bildhauer Gaul] *Der Bildhauer und Graphiker August Gaul (1869-1921) besuchte nach der Zeichenakademie in Hanau die Berliner Kunstgewerbeschule und die Berliner Akademie, deren Mitglied er seit 1904 war. Nach der Ausstellung der Berliner »Sezession« von 1899, die eine von Gaul geschaffene Bronze-Löwin zeigte, galt er bald als der bedeutendste deutsche Tierplastiker. Neben seinen Plastiken schuf August Gaul auch zahlreiche Graphiken, deren Hauptgegenstand ebenfalls das Tier war. Der enge Freund des Kunsthändlers Paul Cassirer (1871-1926) veröffentlichte zahlreiche Zeichnungen in den von diesem verlegten patriotischen »Künstlerflugblättern« »Kriegszeit« und deren Nachfolger »Der Bildermann«.*

## Egon Adler

ÜBERLIEFERUNG. E: *Pan. Jg. 3, Nr. 17 vom 24. Januar 1913. S. 412f. D¹: Ge¹ (1913). S. 138-140. D²: Ess (1920). S. 96-98.*

VARIANTEN und LESARTEN.

o. Wi D² 275,4 Zigarretten] Zigaretten D¹⁻² 275,7 Hamed] Hamid D¹⁻² 275,11 ›Sie] »Sie D¹⁻² 275,12 malen.‹] malen.« D¹ malen«. D² 275,22 ›Träume] »Träume D¹⁻² 275,24-25 zottehotte] hottehotte D² 275,26 Blaukleide.‹] Blaukleide.« D¹ Blaukleide.« *Durchschuß fehlt* D² 276,2-3 Mohamedherzens] Mohammedherzens D¹⁻²

ERLÄUTERUNGEN. *Der Erstdruck im »Pan« wurde mit folgender redaktioneller Vorbemerkung veröffentlicht:* Die Dichterin sendet an den Pan diese schwärmenden Worte, die von einem Maler sprechen. Sie fügt hinzu: Ich mußte von Berlin fort. Der blaue Reiter Franz Marc und seine Frau Marcia ⟨!⟩ haben mich mit nach München genommen, dort soll ich eine Kur machen. Ich bin krank ... – *Der Maler Egon Adler (1892-1963) war in München mit Franz Marc, August Macke und Alexej Jawlensky befreundet und in Berlin den Malern des »Sturm«-Kreises verbunden. Am Herbstsalon 1913 beteiligte er sich mit zwei Bildern (»Anbetung des Kindes« und »Christus am Oelberg«). 1941 emigrierte er nach Amerika.*

275,7 Abdul Hamed] *Vgl. zu* 119,23-24.

275,22-25 ›Träume ⟨...⟩ Blaukleide.‹] *Vgl. das Gedicht »Maria« (KA, Bd. 1, Nr. 101).*

275,27 drei Könige] *Die Heiligen Drei Könige Caspar, Melchior und Balthasar sind Magier aus dem Morgenland, denen der Stern die Geburt eines neuen Königs der Juden angezeigt hatte. Vgl. Matthäus 2,1-12.*

⟨Offener Brief an das »Berliner Tageblatt«⟩

ÜBERLIEFERUNG. E: *Berliner Tageblatt. Jg. 42, Nr. 77 (Morgen-Ausgabe) vom 12. Februar 1913.*

ERLÄUTERUNGEN. *Dem Brief geht folgende redaktionelle Erklärung voran:* »Der Prinz von Theben«, im Leben des Alltags. Else Lasker-Schüler, über deren Kunst Paul Zech im letzten »Zeitgeist« mit liebevollem Verständnis sich aussprach, bittet uns um den Abdruck einiger Worte über die Sammlung, die gute Freunde für die Dichterin eingeleitet haben. Wir wollen der tapferen Frau, die gegen Verständnislosigkeit und Elend seit Jahren gekämpft hat, die Erfüllung ihres Wunsches nicht versagen, obwohl wir voraussehen, daß mancher, der nichts von Else Lasker-Schüler weiß, über ihren gesteigerten Stil lächeln wird. Mag es so sein. Es werden neben den Lächelnden auch andere aufstehen, die für stolze Armut Achtung haben. / Der Brief der Else Lasker-Schüler lautet: *(Text folgt).*

276,19 Aufruf in der Fackel] *Karl Kraus hatte in der* »Fackel« *einen Spendenaufruf für Else Lasker-Schüler veröffentlicht, der von Pauline Fürstin zu Wied, Selma Lagerlöf, Richard Dehmel, Karl Kraus, Adolf Loos, Helene Fürstin Loutzo, Karin Michaelis, Peter Nansen, Walter Otto und Arnold Schönberg unterzeichnet worden war. Vgl. Die Fackel. Jg. 14, Nr. 366/367 vom 11. Januar und Nr. 368/369 vom Februar 1913. (Jeweils auf der Vorderseite des hinteren Umschlagblatts.)*

276,23 Wie man mich ⟨...⟩ zu Markte trägt] *Das* »Berliner Tageblatt« *hatte sich dem Spendenaufruf angeschlossen und Listen der Spender und der eingegangenen Geldbeträge veröffentlicht. In seinem Beiblatt* »Der Zeitgeist« *publizierte die Zeitung außerdem ohne Wissen Else Lasker-Schülers eine zweiteilige* »Einführung in ihr dichterisches Werk« *von Paul Zech mit der redaktionellen Bemerkung:* Männer und Frauen von geistigem Rang sind zusammengetreten, um die Literaturfreunde auf die Dichterin Else Lasker-Schüler hinzuweisen, die »in schwerer materieller Bedrängnis« lebt. ⟨...⟩ Der »Zeitgeist« bringt hier ein von Liebe und Verständnis gezeichnetes Porträt der Dichterin. Möge es die gute Sache fördern. *(Nr. 6 [Beiblatt zu Jg. 42, Nr. 73] vom 10. Februar 1913 und Nr. 7*

*[Beiblatt zu Jg. 42, Nr. 86] vom 17. Februar 1913.)* – Vgl. auch zu
*301,33-35.*
**276,27** Kete Parsenow] Vgl. zum Essay »Kete Parsenow«.

## Doktor Benn

ÜBERLIEFERUNG. T: YUL, KWA. 1 Blatt Maschinenschrift mit handschriftlichen Korrekturen. Das Typoskript liegt einem Brief von Else Lasker-Schüler an Kurt Wolff bei. Die Rückseite trägt die handschriftlichen Vermerke: Bitte König, lesen Sie die Copie des Essays alleine und bitte sofort retour, ja? und: Genaues Bild von Dr. Benn. Sie müssen Sich um ihn weiter bekümmern. Ein Zeichen was ich von Ihnen halte. Unter Discretion bitte gen Dr B. –
E: Die Aktion. Jg. 3, Nr. 26 vom 25. Juni 1913. Sp. 639. $D^1$: $GG^1$ (1917). S. 169f. $D^2$: $GG^2$ (1919). S. 173f. $D^3$: $GG^3$ (1920). S. 173f. $D^4$: Ess (1920). S. 21f.

*VARIANTEN und LESARTEN.*
*Alle Änderungen in T wurden, soweit nicht anders vermerkt, handschriftlich durchgeführt.*
Ti: Doktor Benn. T  **277,4** Geheimnis] Geheimniss T  sagt: »Tot ist tot«.] sagt, {»}tot ist tot.{«}  T  **277,5** Gebete,] Gebete{,} T  Altäre,] Altäre{,} T  Augen,] Augen T  **277,6** Heide] Haide T  **277,7** Götzenhaupt,] *(1)* eines Götzen *(2)* | T  **277,8** fellgefleckt] fellge[p]fleckt T  **277,9** Böcke,] Böcke[,] T  **277,10** ihm, sie] ihm, Sie T $D^1$ $D^4$ ihm: »Sie $D^{2-3}$  allerlei herb] allerleiherb T $D^{1-4}$ Fels,] Fels{,} T  **277,11** rauhe] [wilde,] rauhe T  Waldfrieden,] Waldfrieden T  Buchäckern] Bucheckern $D^{1-4}$  **277,12** Goldlaub,] Goldlaub{,} T  **277,13** sind,] sind $D^4$  **277,15** Donner.] Donner.« $D^{2-3}$  **277,16** habe,] habe{,} T  weiß] weiß ich $D^4$ nicht,] nicht T  **277,17** soll,] soll – T  ich,] ich{,} T  **277,18** würfe] *(1)* verg+ *(2) maschinenschriftliche Änderung* T  **277,19** ich] *(1)* ich manchmal *(2)* ich[,] | T  Gesicht] Angesicht $D^{1-4}$  **277,20** möcht] möchte T  **277,21** kannte,] kannte{,} T  Leserin,] Leserin{,} T Leserin; $D^{1-4}$  **277,22** – Morgue –] Morgue T  meiner Decke] *(1)* meinem Bett *(2)* meiner Decke; | T  Grauenvolle] grauenvolle T $D^{2-3}$  **277,23** Kontur] Contur T  annahm] *(1)*

beka+ *(2) maschinenschriftliche Änderung T* 277,26 an] *(1)* auf + *(2) maschinenschriftliche Änderung T* 277,27-28 Welt ⟨...⟩ Kokoschka.] Welt. *(1)* [Gottfried Benn ist das als Dichter was Kokoschka uns im Bild schenkt.] Gottfried Benn ist der *(a)* ma+ *(b)* dichtende Kokoschka, er schreibt die[?] + *(2)* Gottfried Benn ist der dichtende Kokoschka, *T* Welt. *D*$^{1-4}$ 277,28 Jeder] *(1)* jedes *(2)* | *T* Leopardenbiß,] Leopardenbiss{,} *T* 277,29 Der] der *(Schreibversehen) T* 277,29-30 Griffel ⟨...⟩ auferweckt.] Griffel *(1) xxx (1 Wort unlesbar)* das Blut sein + *(2) xxx (1 Wort unlesbar)* läuft mit + *(b)* mit dem er das Wort + *(3)* Fleisch und Blut + *(4)* mit dem er das Wort *(a)* lebendig + *(b)* auferweckt. *T*

ERLÄUTERUNGEN. *Der Erstdruck in der »Aktion« erschien mit einer von Else Lasker-Schüler gefertigten Porträtzeichnung Gottfried Benns, die in »Der Malik« mit dem Titel »Giselheer« erneut abgedruckt wurde (vgl. Illustration S. 479). In der gegenüberliegenden Spalte 640 beginnt mit »VIII Drohungen« der Abdruck mehrerer Gedichte Benns aus seinem Zyklus »Alaska« (bis Spalte 642). – Gottfried Benn (1886-1956) studierte zunächst Theologie und Philosophie, dann Medizin. In beiden Weltkriegen Militärarzt, betrieb er 1918-1935 und ab 1945 eine Praxis als Facharzt für Haut- und Geschlechtskrankheiten in Berlin. Als Schriftsteller trat Benn 1912 mit dem Gedichtband »Morgue und andere Gedichte« an die Öffentlichkeit. Der Zyklus erschien als »21. Flugblatt des Verlages Alfred Richard Meyer« und löste, vor allem wegen seiner provokanten Stoffwahl aus dem Leichenschauhaus, einen Sturm der Entrüstung aus. 1933 sympathisierte Gottfried Benn als Mitglied der Preußischen Akademie der Künste zunächst mit dem nationalsozialistischen Regime; 1938 erhielt er Schreibverbot. – In die Zeit um 1911/12 fällt die poetisch sehr fruchtbare Bekanntschaft mit Else Lasker-Schüler. Sie schrieb zahlreiche Liebes- und Widmungsgedichte für ihn und setzte sich bei ihrem damaligen Verleger Kurt Wolff vehement, aber erfolglos für Benn ein. Benns 1913 erschienener zweiter Gedichtband »Söhne« trägt eine Widmung für Else Lasker-Schüler mit einem Zitat aus den »Briefen nach Norwegen« (vgl. zu 233,14). In den zwanziger Jahren bestand zwischen den beiden nur noch eine flüchtige Verbindung. – Die Beziehung zwischen Gottfried Benn und Else Lasker-Schüler be-*

schäftigt die Literaturwissenschaft nachhaltig. *Gottfried Benn äußerte einmal F. W. Oelze gegenüber:* die Lasker-Schüler ⟨...⟩ war ja mal meine Freundin, 1912, – ach wie Sie mich verachten wegen meiner Affären! *(Brief vom 16. Februar 1952. Gottfried Benn, Briefe an F. W. Oelze 1950-1956. Hg. von Harald Steinhagen und Jürgen Schröder. Wiesbaden und München 1980.) Doch die Annahme, die beiden Dichter hätten eine leidenschaftliche Affäre geführt, bis der junge Benn die wesentlich Ältere zurückgewiesen habe, stützt sich lediglich auf die Liebes- und Widmungsgedichte Else Lasker-Schülers, die lyrischen Erwiderungen Gottfried Benns sowie auf die auch in der Prosa Else Lasker-Schülers auftauchende »Giselheer«-Figur. Das scheinbar paradoxe Neben- und Ineinander realer Personen und aus ihnen entstehender fiktionaler Figuren ist ein Leitthema der »Briefe nach Norwegen«; die Gottfried Benn-Figuration wird expliziert in den »Briefen und Bildern« (vgl. 312,15-313,8).*

277,6-7 evangelischer Heide, ein Christ mit dem Götzenhaupt] *Mit diesen beiden Oxymora werden die einander widersprechenden Auffassungen von Mono- und Polytheismus zusammengezwungen. Vgl. auch zu 129,17-18 und 130,29.*

277,10 allerlei herb] *Vgl. das Grimmsche Märchen »Allerleirauh« (»Kinder- und Hausmärchen« Nr. 65): Allerleirauh, die geflohene Königstochter, trägt einen Mantel aus* allerlei Rauhwerk, *hinter dem sie sich und ihre Schönheit verbirgt.*

277,28 Kokoschka] *Vgl. zum Essay* »Oskar Kokoschka«.

## Arme Kinder reicher Leute

ÜBERLIEFERUNG. *E: Ge¹ (1913). S. 37-39. D¹ (nach E): Das bunte Buch (1914). S. 45-47. D²: Ge² (1920). S. 45-47.*

VARIANTEN und LESARTEN.

o. W D¹   279,2 Das] Daß D¹⁻²   279,7 von] vom D²   279,10 ungezüchtigt] ungestraft D²   279,14 heimlich] heimlich, D²   279,25 Maße] Maße, D²   279,32 Natur] Natur, D²

ERLÄUTERUNGEN. *Die Widmung gilt Hedwig Grieger, dem Kindermädchen Paul Lasker-Schülers.*

278,17 Caltha] *(Lat.: gelbe Blume) Ringelblume, Goldlack.*
278,18 Emile Zola] *Der französische Schriftsteller Emile Zola (1840-1902), der Hauptvertreter des französischen Naturalismus, beschrieb die Schicksale seiner Romanfiguren in sozialreformerischer Absicht.*
279,27 »Bonnen«] *Kindermädchen, Erzieherinnen.*

## Die beiden weißen Bänke vom Kurfürstendamm

ÜBERLIEFERUNG. E: *Ge¹ (1913). S. 43 f.* D: *Ge² (1920). S. 55 f.*

VARIANTEN und LESARTEN.
280,12 Hochbahn –,] Hochbahn – D

ERLÄUTERUNGEN. *Die Widmung gilt dem Juristen und Schriftsteller Friedrich Andreas (André) Meyer (1888-1978), der bereits seit 1908 Mitglied der Zionistischen Organisation war. 1913/14 arbeitete er als Redakteur der »Alljüdischen Revue« der »Freistatt«. 1914 ging er als Rechtsreferendar nach Köln, 1919 als Rechtsanwalt nach Görlitz. Bald nach seiner ersten Palästinareise 1924 ließ sich der engagierte Zionist in Tel Aviv nieder. Seine Schrift »Die geistigen Voraussetzungen des künstlerischen Schaffens. Das Schöpferische im Banne von Entfaltung, Blühen und Verblühen der Kulturkreise« (hg. von Hannah Meyer. Bern, Frankfurt/Main, New York, Paris 1990) erwähnt auch Else Lasker-Schüler, mit der er seit seiner Berliner Studienzeit ab 1909 befreundet war.*
280,5-6 Friedrich-Wilhelm-Gedächtniskirche] *Die neuromanische Kaiser-Wilhelm-Gedächtniskirche am Breitscheidplatz wurde 1895 fertiggestellt und 1943 durch Bomben zerstört. 1959-1961 wurde die neue Gedächtniskirche als Anbau der Ruine von Egon Eiermann erbaut. Der Breitscheidplatz befindet sich unweit der Kreuzung Kurfürstendamm/Joachimstaler Straße mit dem Café des Westens.*
280,12 Hochbahn] *Vgl. zu 230,13.*
280,14-15 Café des Westens] *Vgl. zum Essay »Unser Café«.*
280,29 Kolonie] *Vgl. zu 142,19.*
280,30 Torquato Tasso] *Vgl. zu 157,12.*

## Bei Guy de Maupassant

ÜBERLIEFERUNG. E: Ge¹ (1913). S. 89-99. D: Ess (1920). S. 53-63.

VARIANTEN und LESARTEN. 281,10 stehe] stand D weine] weinte D 281,11 wollte] wolle D 281,24 hielt ich dafür] glaubte ich D 282,3 Pardonnez, Mademoiselle, pardonnez] Pardonnez, Mademoiselle, pardonnez D 282,6 unsrer] unserer D 282,34 ich ⟨...⟩ Apollos] ich D 283,16 unklaren] sicheren D 283,24 Allons] Allons D 285,11 Napoleon III.] Napoleon der Dritte D 285,24 einzutreten] einzutreten, D 286,10 drôle] drole D 286,30 so,] so D 286,37 beiden] Beiden D 287,12 machen] machen, D 287,15 Weise] Weise, D 287,25 Entschluß] Entschluß mit D 287,27 L.T.] L.T's. D

ERLÄUTERUNGEN. *Zwischen dem französischen Schriftsteller Guy de Maupassant (1850-1893) und Else Lasker-Schüler läßt sich lediglich durch eine kurze Briefstelle aus den »Briefen Peter Hilles an Else Lasker-Schüler« (vgl. zum Essay »Peter Hille«) ein Bezug herstellen:* Wenn ich mit Maupassant (behext?) (Übertragung) zu Dir komme, werden wir Deine Sachen lesen und Du magst schon aufschreiben, wann und wo geben. *(S. 41f.) – Diese (kryptische) Bemerkung, vor allem aber der Stil der Erzählung lassen eine größere Zeitspanne zwischen der Entstehungszeit und der Veröffentlichung in »Gesichte« vermuten; ein früherer Abdruck ließ sich aber nicht ermitteln.*

282,34 an der Hand Apollos] *Der griechische Gott Apollon, Gott der Jugend, wurde als Führer der Musen verehrt.*

282,35-36 Robinson] *Vgl. zu 238,31-35 und 270,32.*

283,7 Direktrice] *Leitende Angestellte, besonders in der Bekleidungsindustrie.*

285,1 Petöfi] *Sandor Petöfi (1823-1849), ungarischer Dichter und Freiheitskämpfer. – Peter Hille hatte im »Deutschen Musenalmanach für das Jahr 1897« (Wien und Leipzig 1896. S. 282f.) eine dramatische Szene mit dem Titel »Petöfi Sandor, der Sängerheld« veröffentlicht.*

285,30 Danse de ventre] *Orientalischer Tanz, bei dem sich die Tänzerin mit ausgestreckten Armen, gespreizten Füßen und erotischen Gesten darstellt.*
286,34 une belle fille] *Sowohl »schönes Mädchen« als auch »Stief-« oder »Schwiegertochter«.*
287,4 Boudoir] *Elegantes Privatzimmer einer Dame.*
287,6 Renkontre] *Zusammentreffen, feindliche Begegnung.*


## Paul Lindau

ÜBERLIEFERUNG. E: *Ge¹ (1913). S. 102f.* D: *Ess (1920). S. 64f.*

VARIANTEN und LESARTEN.
288,6 Elberfelder] elberfelder D     288,23 leegen] legen D

ERLÄUTERUNGEN. *Der Schriftsteller, Journalist, Theaterdirektor und Dramaturg Paul Lindau (1839-1919) war 1899-1903 Direktor des Berliner Theaters, 1904/05 Direktor des Deutschen Theaters, 1909-1918 Dramaturg des Königlichen Schauspielhauses. Er lebte einige Jahre in Wuppertal und arbeitete 1866-1869 in der Redaktion der »Elberfelder Zeitung«.*
288,1 Café des Westens] *Vgl. zum Essay »Unser Café«.*
288,20 Barmer-Roman] *In seiner damals erfolgreichen »Berlin«-Trilogie »Der Zug nach Westen« (1886), »Arme Mädchen« (1887) und »Spitzen« (1888) schildert Paul Lindau die Gesellschaft der Reichshauptstadt. Neben Berlin ist auch Elberfeld Schauplatz der Handlung.*


## Rudolf Blümner

ÜBERLIEFERUNG. E: *Ge¹ (1913). S. 113f.* D: *Ess (1920). S. 99f.*

VARIANTEN und LESARTEN.
289,34 ich die drei bis] ich, die drei D

*ERLÄUTERUNGEN. Der Essay »Rudolf Blümner« ist wahrscheinlich schon einige Jahre vor 1913 entstanden; Else Lasker-Schüler schrieb bereits am 8. Dezember 1909 an Karl Kraus: Ich habe Dr. Blümner wo anders untergebracht, er liegt nun im Fach auf einer Redaktion und harrt der Druckerschwärze. (H: WStLB [157.925].) Ein älterer Druck konnte nicht ermittelt werden. – Der Schauspieler und Publizist Rudolf Blümner (1873-1945), promovierter und habilitierter Jurist, wurde bekannt durch seine Rezitationen expressionistischer Dichtungen. Als enger Freund Herwarth Waldens hielt er »Sturm«-Vortragsabende; er gab Sprechunterricht an der Schauspielschule Berlin, wirkte als Schauspieler unter Max Reinhardt und verfaßte kunsttheoretische Abhandlungen. Über Else Lasker-Schülers »Peter Hille-Buch« (Berliner Tageblatt. Jg. 35, Nr. 632 [Morgen-Ausgabe] vom 13. Dezember 1906) und ihr Drama »Die Wupper« (Das Theater [Berlin]. Jg. 1, H. 6 vom November 1909. S. 128f.; Der Demokrat. Jg. 2 [1910], Nr. 18, Beilage) schrieb er Besprechungen.*

**289,2** Mephisto] *Vgl. zu 221,9.*

**289,17** seines Panamas] *Breitkrempiger, elastischer Hut aus den Blättern der Panamapalme.*

**289,26** Frühlingserwachen] *»Frühlings Erwachen« (vgl. zu 127,32) wurde am 20. November 1906 in den Berliner Kammerspielen von Max Reinhardt mit Rudolf Blümner in der Rolle des »Morgenrot« uraufgeführt. Bei späteren Aufführungen des Stücks, das in dieser Inszenierung bis zum 29. Mai 1914 gezeigt wurde, war Blümner als Zweitbesetzung in verschiedenen Rollen zu sehen.*

**289,27** Ricco in Minna von Barnhelm] *Den französischen Leutnant Riccaut de la Marlinière in Lessings Lustspiel »Minna von Barnhelm« spielte Blümner am 5. März 1907 als Zweitbesetzung in einer Inszenierung des Deutschen Theaters unter der Regie Max Reinhardts. (Erstaufführung: 20. November 1905.)*

**289,33-34** Geschichte der Schneider von Keller] *Vgl. Gottfried Kellers (1819-1890) Erzählung »Die drei gerechten Kammacher« von 1856.*

### Kete Parsenow

ÜBERLIEFERUNG. E: Ge¹ (1913). S. 127. D: Ess (1920). S. 86.

VARIANTEN und LESARTEN.
290,4 Siam,] Siam D

ERLÄUTERUNGEN. *Die Schauspielerin Kete Parsenow (1880-1960), die »Venus von Siam«, wie Else Lasker-Schüler ihre Freundin auch nannte, war in der Spielzeit 1901/02 am Deutschen Theater unter der Leitung von Otto Brahm als Volontärin tätig. Vom 1. September 1902 bis zum 31. August 1904 wirkte sie am Kleinen Theater (»Schall und Rauch«) unter der offiziellen Direktion von Hans Oberländer unter der Leitung Max Reinhardts. Dokumentiert sind in dieser Zeit nur Auftritte in Neben- und Komparsenrollen sowie einzelne Auftritte als Zweit- oder Drittbesetzung. Nach einem Brief Else Lasker-Schülers an Jethro Bithell vom 22. März 1910 lebte Kete Parsenow zeitweilig in New York: Weißt Du wer das ist: Kete Parsenow – / Mrs. Fox aus New-York. / 2 Gedichte habe ich für sie gedichtet, die wurden in der Fackel gedruckt. Ihr Sohn heißt Douglas. (H: ULL.) Im Jahr 1910 (26. April bis 16. Dezember) wurde in den Kammerspielen des Deutschen Theaters »Sumurûn. Eine Pantomime nach orientalischen Märchenmotiven« von Friedrich Freksa inszeniert; Kete Parsenow war hier in der Rolle einer Tänzerin zu sehen. (Vgl. Heinrich Huesmann: Welttheater Reinhardt: Bauten, Spielstätten, Inszenierungen. München 1983.) Ab Juni 1910 war in Berlin auch eine kinematographische Aufnahme der Aufführung zu sehen. Kete Parsenow heiratete den Professor für klassische Philologie Walter Friedrich Otto (1874-1958), der 1911 in Wien, 1913 in Basel und 1914 in Frankfurt am Main lehrte. Alfred Döblin erwähnt im »Prager Tagblatt« vom 30. März 1924 die vornehme, delikatschöne Käte Parsenow, die jetzt in Frankfurt lebt. (Alfred Döblin: Chesterton und Karl Kraus. In: Ders.: Ein Kerl muß eine Meinung haben. Berichte und Kritiken 1921-24. Berlin 1976. S. 243.) – Um 1903 war Kete Parsenow eng mit Karl Kraus befreundet; aus dieser Zeit rührt auch ihre Freundschaft zu Peter Altenberg her (vgl. zu 244,22).*

290,7-8 Altenberg gab ⟨...⟩ eine Zeitschrift heraus, auf jeder Seite stand »sie«] *Das erste Heft der von Peter Altenberg redigierten Zeitschrift »Kunst. Halbmonatsschrift für Kunst und alles andere« (Wien) erschien im Oktober 1903; lediglich in diesem Heft (Seite IV) findet sich eine Photographie von Kete Parsenow (Kopf im Profil). – Ab Heft 2 vom November 1903 lautet der Untertitel »Monatsschrift für Kunst und alles andere«. Mit dem Doppelheft 10/11 Ende 1904 wurde das Erscheinen eingestellt. – Über Kete Parsenow wird in den Heften nicht weiter berichtet.*
290,12 Ophelia] *Weibliche Figur in Shakespeares »Hamlet«.*
290,12-13 Blutschwarz sank Hamlets ⟨...⟩ Schoßes.] *Vgl. »Hamlet«, 3. Aufzug, 2. Szene.*
290,18 Frau vom Meere] *Ellida, die Protagonistin von Henrik Ibsens (1828-1906) Schauspiel in fünf Akten »Fruen fra Havet« (»Die Frau vom Meere«) (Uraufführung: 1888, Christiania).*
290,20 Hedda Gabler] *Vgl. zu 181,33.*

## Unser Café

*ÜBERLIEFERUNG. E: Ge¹ (1913). S. 130-132. D: Ess (1920). S. 89-91.*

*VARIANTEN und LESARTEN.*
**291,7** Sie,] Sie *D*   **291,32** Paschas,] Häuptlinge *D*   **292,1** »Blümmner«] »Blümner« *D*   **292,15** im Café] Konditorei *D*   **292,22** scheint's,] scheint's *D*   **292,25** Stamms] Stammes *D*   des Cafés] der Konditorei *D*

*ERLÄUTERUNGEN. Paul Block (1862-1934), Journalist und Schriftsteller; seit 1899 Feuilleton-Redakteur des »Berliner Tageblatts«, 1911-1920 Leiter des Feuilletons, ab 1920 Korrespondent in Paris. – Auf einer Postkarte an Heinrich F. Bachmair vom 22. September 1912 schrieb Else Lasker-Schüler:* Ich schicke heute meinen zweiten Essay ans Berliner Tageblatt soll dann noch 4 senden. Einen über das Café d. W. worin Sie, lieber Ceremonienmeister, und Ihr Freund vorkommen; ich kann Sie beide gut leiden, Ehrenwort! *(H: DLA [77.684/24].) – Ein Druck des Essays im*

»Berliner Tageblatt« konnte nicht ermittelt werden. – Das Berliner »Café des Westens«, 1893 am Kurfürstendamm/Ecke Joachimstaler Straße eröffnet, wurde bald zum Treffpunkt der Berliner Boheme. Neben Else Lasker-Schüler und Herwarth Walden gehörten viele Vertreter der Literatur-, Theater- und Kunstszene zu den Stammgästen des auch »Café Größenwahn« genannten Cafés. Ernst Pauly hatte 1904 die Geschäftsführung übernommen. Im September 1913 eröffnete er ein neues Café des Westens am Kurfürstendamm 26; das alte Café blieb bis 1915 daneben bestehen. Nach und nach verlagerte sich der Künstlertreffpunkt wohl ins Café Josty am Potsdamer Platz und ab etwa 1917/18 ins Romanische Café.

291,35 Lublinskis] *Vgl. zum Essay »S. Lublinski«.*

292,1 »Blümmner«] *Vgl. zum Essay »Rudolf Blümner«.*

292,5 Rocco] *Der Italiener Rocco war 1895-1904 Besitzer des Cafés des Westens; unter seiner Leitung erlebte es seinen ersten und eigentlichen Aufschwung.*

292,16 Kaffern] *Vgl. zu 269,21.*

292,26 den Tubutsch im Gewande] *Anspielung auf Albert Ehrenstein (vgl. zu 216,12) nach dem Held seiner 1911 erschienenen Erzählung »Tubutsch«; zugleich verfremdetes Zitat des zweiten Verses von Friedrich Schillers Ballade »Die Bürgschaft«. – Kurt Wolff, den Verleger des Sammelbandes »Gesichte« (1913), in dem der Text veröffentlicht wurde, bat Else Lasker-Schüler:* Nur eins – bitte, bitte streichen Sie Selbst, im Caféhausartikel (Ich sandte doch den Cafehausessay) Unten stand eine Anmerkung: ähnlich) Tubutsch heisst ein feines Buch von Albert Ehrenstein. Ich bitte diese Anmerkung zu streichen. Ich begeistere mich nicht für Sclaverei. *(T: YUL, KWA.)*

292,28 Franz Lindner] *Der Opernsänger Franz Lindner (eigentlich: Franz Lindwurm) (1857-1937) zog nach seiner Hochzeit mit Else Lasker-Schülers Schwester Anna (1863-1912) im Jahr 1883 nach Berlin.*

292,28 Liedertafel] *»Liedertafel« nannte sich der erste, 1809 in Berlin von Carl Friedrich Zelter gegründete Männergesangsverein.*

292,29 Paul Zech] *Zu Paul Zech vgl. zum Essay »Elberfeld im dreihundertjährigen Jubiläumsschmuck«.*

## Kabarett Nachtlicht – Wien

ÜBERLIEFERUNG. E: *Ge¹ (1913). S. 154-157.* D: *Ge² (1920). S. 79-82.*

VARIANTEN *und* LESARTEN.
293,4 wandeln wie] wandeln *D*   293,15 aus,] aus *D*   293,26 anderen] andern *D*   294,8 Sie spricht] spricht sie *D*   294,22 nickt] nickte *D*

ERLÄUTERUNGEN. *Das Wiener literarische Kabarett »Cabaret Nachtlicht« wurde 1906 von Marya Delvard, ihrem Lebensgefährten Marc Henry und Hannes Ruch nach der Auflösung der »Elf Scharfrichter« 1904 eröffnet. Das Programm schöpfte teils aus deren Repertoire (Bierbaum, Dehmel, Gumppenberg, Liliencron), teils aus Texten von Felix Dörmann, Peter Altenberg, Hermann Bahr und Franz Blei. Erich Mühsam und Roda Roda trugen dort vor; Karl Kraus führte in einem Einakter Regie. Nach unautorisierten Auftritten mit Texten Frank Wedekinds und dem Skandal einer öffentlichen Tätlichkeit gegenüber Karl Kraus schloß das Kabarett schon nach einem Jahr wieder. – Zur Widmung für Lene Kainer vgl. zu 216,14-15.*
293,8-9 blauen Donauklängen] *Vgl. zu 132,33.*
293,13-14 Erich Mühsam] *(1878-1934) Anarchistischer und sozialistischer Schriftsteller; Herausgeber und Redakteur literarisch-politischer Zeitschriften. Um die Jahrhundertwende kam er von Lübeck nach Berlin und bewegte sich dort in den Kreisen der »Neuen Gemeinschaft« und der »Kommenden«. 1934 wurde Erich Mühsam im Konzentrationslager Oranienburg ermordet. – In seinen Tagebüchern findet auch Else Lasker-Schüler Erwähnung; vgl. zu 380,2.*
293,14 »Amanda«] *Das Spottlied »Amanda« von Erich Mühsam erschien erstmals gedruckt in den »Liedern aus dem Rinnstein«. (Bd. 1. Hg. von Hans Ostwald. Berlin ⟨1903⟩. S. 142-147.) Hier wie auch in ähnlichen Liedern Mühsams wird der Fall besungen,* wenn unverehelicht / eine Jungfrau Kinder kriegt. *– Auch Else Lasker-Schüler lieferte zu jener Anthologie einen Beitrag. Vgl. KA, Bd. 1, Nr. 79.*

293,22-23 Peter Altenberg] *Vgl. zu 244,22.*

293,30 Roda Roda] *Alexander Roda Roda (eigentlich: Sandor Friedrich Rosenfeld) (1872-1945); humoristischer Erzähler und Essayist.*

294,6 Madame Delvard, der Scharfrichterin] *Marya Delvard war Diseuse der »Elf Scharfrichter«.*

294,11 Klimtblume] *Vgl. Gustav Klimt (1862-1918), den Hauptvertreter der Wiener Jugendstilmalerei.*

294,15 Wedekinds] *Frank Wedekind (1864-1918), Dramatiker, Lyriker und Erzähler, der vom April 1901 bis zum Dezember 1902 den »Elf Scharfrichtern« angehört hatte.*

294,17-18 »Der ⟨...⟩ Heu!«] *Wohl das seit dem 16. Jahrhundert überlieferte, in Achim von Arnims und Clemens Brentanos Liedersammlung »Des Knaben Wunderhorn« (1805/1808) enthaltene Volkslied »Es hatte ein Bauer ein schönes Weib«, in dem jede Strophe mit einer Variation des letzten Verses der ersten Strophe* Er sollte doch fahren ins Heu *schließt.*

294,23 Monsieur Henry] *Der Schriftsteller, Journalist und Kabarettist Marc Henry (eigentlich: Achille Georges d'Ailly-Vaucheret) kam zum Studium von Paris nach München, wo er 1900 die »Elf Scharfrichter« gründete, deren Organisator und Conférencier er war. Nach der Schließung des »Cabaret Nachtlicht« eröffnete er 1907 mit Marya Delvard das »Cabaret Fledermaus«. Vor dem Ausbruch des Ersten Weltkrieges kehrte er nach Frankreich zurück; 1915 soll er im Krieg getötet worden sein.*

295,3 Enveloppe] *Umschlag, Futteral.*

295,9 Carmen] *Titelfigur der gleichnamigen Oper von Georges Bizet nach der Novelle von Prosper Mérimée; vgl. zu 14,22.*


⟨Briefe und Bilder⟩


ÜBERLIEFERUNG. *PT (Druckvorlage von $E^{XI}$): Universität Innsbruck, Forschungsinstitut »Brenner-Archiv«. 9 Seiten Maschinenschrift mit handschriftlichen Korrekturen. – $E^{I-X}$: Die Aktion. $E^I$: Jg. 3, Nr. 36 vom 6. September 1913. Sp. 854-859. $E^{II}$: Nr. 38 vom 20. September 1913. Sp. 906f. $E^{III}$: Nr. 41 vom 11. Oktober 1913. Sp. 963f. $E^{IV}$: Nr. 42 vom 18. Oktober 1913. Sp. 992-994. $E^V$:*

Nr. 44 vom 1. November 1913. Sp. 1031-1033. $E^{VI}$: Nr. 46 vom 15. November 1913. Sp. 1081f. $E^{VII}$: Nr. 52 vom 27. Dezember 1913. Sp. 1207-1209. $E^{VIII}$: Jg. 4, Nr. 4 vom 24. Januar 1914. Sp. 85f. $E^{IX}$: Nr. 7 vom 14. Februar 1914. Sp. 145. $E^X$: Nr. 8 vom 21. Februar 1914. Sp. 170f. $E^{XI}$: Der Brenner. Jg. 4, H. 19 vom 1. Juli 1914. S. 852-862. (Mit dem redaktionellen Zusatz: »Die vorhergehenden Kapitel dieser Brieffolge erschienen in der Berliner Wochenschrift ›Die Aktion‹.«) $E^{XII}$: Die Aktion. Jg. 5, Nr. 31/32 vom 7. August 1915. Sp. 394-396. $E^{XIII-XVI}$: Neue Jugend. $E^{XIII}$: Jg. 1, H. 7 vom Juli 1916. S. 130f. (Mit der redaktionellen Vorbemerkung: »Fortsetzung / Jede Fortsetzung ist in sich geschlossen. ›Der Malik‹ erschien bisher in der ›Aktion‹«.) $E^{XIV}$: H. 8 vom August 1916. S. 157-159. (Mit der redaktionellen Vorbemerkung: »Fortsetzung / ›Der Malik‹ erschien vor 1. Juli 1916 in der ›Aktion‹« und der Nachbemerkung: »Fortsetzung folgt«.) $E^{XV}$: H. 9 vom September 1916. S. 176-179. (Mit der redaktionellen Vorbemerkung: »Fortsetzung / ›Der Malik‹ erschien vor 1. Juli 1916 in der ›Aktion‹« und der Nachbemerkung: »Fortsetzung folgt«.) $E^{XVI}$: H. 11/12 vom Februar/März 1917. S. 219-225. (Mit der redaktionellen Vorbemerkung »Fortsetzung« und der Nachbemerkung »Fortsetzung folgt«.)

VARIANTEN und LESARTEN. Alle Änderungen in PT wurden, soweit nicht anders vermerkt, handschriftlich durchgeführt.
303,8-9 weltentrückter] weltentruckter (Druckfehler) $E^I$ 309,5 Hand.] Hand (Druckfehler) $E^{III}$ 313,32 meines] meine (Druckfehler) $E^V$ 325,6 Der Malik] Der Malik. Durchschuß (Fortsetzung) Absatz {()}Briefe an den blauen Reiter Franz Marc{)} PT 325,10 Zeit,] (1) Zeit. (2) +PT 325,11 stampfte,] (1) stampfte. (2) +PT 325,12-13 Aber ⟨...⟩ Du!!] (1) Du! Aber mein treu Volk ist voll Reue, ist ein einziger Malik mit Mir. (2) Aber mein treu Volk ist voll Reue, ist ein einziger Malik mit Mir, Du!! +PT 325,17 Meine] meine PT 325,20 Mich] mich PT 325,22 Paul Leppin] Paul PT 325,25 Meine] meine PT 325,29 machte] macht[e] PT 326,2 Statthalter] Stadthalter PT 326,5 Ich,] (1) ich (2) Ich | PT Melech,] Melech PT 326,7 entgegen,] entgegen. PT 326,9 Mich] mich PT 326,14 Muscheln] Muscheln, PT 326,16 Meinen] meinen PT 326,19 Balladen.)] Balladen). PT 327,1 Ich] (1) ich (2) |

*PT* 327,4 Jussuf.] Jussuf *PT* 327,5 Statthalterei] Stadthalterei *PT* 327,8 senor ⟨...⟩ Montejar,] senor ben Levy Abarbanello Montejar *PT* 327,10 mag,] mag{,} *PT* 327,13 Rebb] Rabb *PT* 327,15 Ich] ich *PT* Mir] mir *PT* 327,16 mit ihm.] mit {ihm}. *PT* 327,16-17 kleiner Spielkaiser] *(1)* Kleiner *(2)* kleiner | *(1)* Kaiser + *(2)* Spielkaiser *(Sofortänderung maschinenschriftlich) PT* 327,18 Dir,] Dir{,} *PT* 327,19 Du] Du{,} *PT* Mich] mich *PT* 327,20 barfuß] barfus *PT* 327,23 Ich] ich *PT* 327,24 Bruder,] Bruder{,} *PT* 327,26 Volk:] Volk; *PT* 327,28 Mein] mein *PT* 327,30 stolzes,] stolzes{,} *PT* 328,2 Kronen] Kronen, *PT* 328,3 Mir] mir *PT* 328,4 Ich] ich *PT* 328,6 Höxter] Höxter{,} *PT* Adler die] *(1)* Adler: Die *(2)* Adler, die † *PT* 328,7 Lederer] Lederer{,} *PT* 328,8 schauen] *(1)* sehen + *(2) maschinenschriftliche Änderung PT* 328,8-9 Und ⟨...⟩ Indianerkrone.] {Und Richter sandte mir die Indianerkrone} *PT* 328,9 Mir] mir *PT* 328,13 Mich] mich *PT* 328,13-14 österreich-venezianischen] *(1)* österreichischen + *(2) PT* 328,14 Kardinal] Cardinal *PT* 328,14 Kraus.] Kraus, *PT* 328,14 aus] aus, *PT* 328,15 Volk] Volk[.] *PT* 328,16 Kardinal] Cardinal *PT* 328,17 Ich] ich *PT* Ich] ich *PT* 329,1 Ich] ich *PT* Pascha).] Pascha) *PT* 329,3 Du hör,] Du, hör *PT* 329,4 allein, prüften] *(1)* allein! Prüften *(2)* † *PT* 329,7 gesagt von Mir:] *(1)* gesagt: + *(2) PT* 329,8 Mir] mir *PT* 329,11 Krieg.] Krieg *PT* 329,13 nicht).] nicht) *PT* 329,16 aber,] aber *PT* 329,18-19 Ich ⟨...⟩ Traum.] *(1)* Ich höre *(a)* sie *(b)* die † alle wie ein einziges + *(2)* Ich höre sie *(a)* alle gegen mich + *(b)* pochen *(a)* noch *(β)* hoch † im Traum + *(3)* ich höre sie alle wie ein einziges gegen mein + *(4) PT* 330,1 eine] ein *PT* 330,2 Eifersüchtigen] eifersüchtigen *PT* Ein] *(1)* Sein *(2)* † *PT* 330,3 Ich] ich *PT* Sternenfrau] Götterfrau *PT* 330,4 Mir] mir *PT* Der] {»}Der *PT* 330,5 sich] *(1)* mich *(2)* † *PT* versteckt] versteckt, *PT* 330,7 tödlich] tötlich *PT* 330,8 Abendländer,] Abendländer *PT* 330,9 glaubte, Ich] glaubte{,} ich *PT* 330,10 Meiner] *(1)* meiner *(2)* | *PT* Stadt.] Stadt. – *PT* 330,14 küßtetest] küssest *PT* 331,2 aber] aber, *PT* 331,3 Meine] meine *PT* 331,6 Dir,] Dir{,} *PT* Ich] *(1)* ich *(2)* | *PT* 331,7 Meine] meine *PT* 331,10 Ich] ich *PT* von ihrer] {von ihrer} *PT* 331,12 Menschen ...] Menschen .... *PT* Kardinal] Cardinal *PT* 331,15 Zweithauptstadt Mareia] Zweihauptstadt {Mareia} *PT* 331,16 beherbergen.] beherbergen. *Ab-*

Anmerkungen zu ‹Briefe und Bilder› (1913-1917)

*satz PT*  332,2 Hügel,] Hügel *PT*  332,5 so] *(1)* die + *(2) maschinen- und handschriftliche Änderung PT*  332,6-7 mit ⟨...⟩ Rache] {mit seines Opfers Rache} *PT*  332,7 ihn,] ihn{,} *PT*  332,8 wär der] wär *(1)* er + *(2) maschinen- und handschriftliche Änderung PT*  Basileus,] Basileus{,} *PT*  Dich] *(1)* dich *(2)* | *PT*  332,9 Dich??] Dich?{?} *PT*  sprach,] sprach{,} *PT*  332,10 Da] *(1)* Es + *(2) maschinen- und handschriftliche Änderung PT*  332,11 Volk;] Volk{;} *PT*  das mochte den] *(1)* sie + *(2)* das *(a)* mag den + *(b)* mochte den *maschinen- und handschriftliche Änderungen PT*  332,12 (Du] {(}Du *PT*  nicht.)] nicht.{)} *PT*  332,13 Ich] ich *PT*  332,14 Ich] ich *PT*  332,15 an] [und] an *PT*  332,16 Damit] damit *PT*  332,17 sieht ⟨...⟩ Abigail I.] sieht. *Absatz (1)* Abigail *(2)* Jussuf Abigail I. | *PT*  332,18 Mir] mir *PT*  332,19 Mich] mich *PT*  332,20 Ich] ich *PT*  Meinen] meinen *PT*  332,24-26 Sehr ⟨...⟩ Bey,] *(1)* Sehr delikat berührte man Meine in Aussicht gestellte Vermählung. Ich erörterte die Bedenken des verehrten Kardinals von Wien gegen die Heirat mit dem Pascha Enver Bey, *(2)* ┼ *PT*  332,27 uns,] uns{,} *PT*  332,28 der] {der} *PT*  332,29 ihn,] ihn *PT*  332,30 Zwein,] *(1)* zwein *(2)* Zwein: | *(3)* ┼ *PT*  332,32 Ruben.] {Ruben.} *Absatz PT*  Meinem] meinem *PT*  332,34 Adame«,] *(1)* Damme« *(2)* Adame« | *(3)* Adame« *(3) von fremder Hand PT*  332,35 nennt] *(1)* nennen *(2)* ┼ *PT*  333,1 Söhne.] *(1)* Söhne ihrer Väter. *(2)* ┼ *PT*  Ich] ich *PT*  333,2 Mich] mich *PT*  Oberhaupt.] Oberhäupt *PT*  333,3 Vereinigung,] Vereinigung. *PT*  333,6-7 Die ⟨...⟩ Verehrung] {Karl Kraus dieses kaiserliche Schreiben in Verehrung.} *Durchschuß* Die Krönungsrede. *PT*  333,8 großselige] *(1)* grossheilige *(2)* grossselige | *PT*  Urgroßvaters,] Urgrossvaters *PT*  333,11 Meine] meine *PT*  333,16 Ich] ich *PT*  333,17 Mein] mein *PT*  333,18 den] dem *PT*  333,22 Demut;] Demuth, *PT*  Mein] mein *PT*  Tempel] *(1)* Teppich + *(2) maschinenschriftliche Änderung PT*  333,23 Ich] ich *PT*  Schwestern] Schwestern, *PT*  333,24 Ich] ich *PT*  333,27 Malik,] Malik *PT*  333,28 sollt;] *(1)* sollt, *(2)* ┼ *PT*  Mir] mir *PT*  333,29 »das] {»}das *PT*  333,30 Ader«] Ader{«} *PT*  bedeuten,] bedeuten{,} *PT*  333,34 Euch,] Euch *PT*  333,35 Malik,] Malik *PT*  334,1 Mir] mir *PT*  334,2 Meiner] meiner *PT*  Liebe ⟨...⟩ sie] *(1)* Liebe, dass sie Euch + *(2)* Liebe {zart}, dass sie *maschinen- und handschriftliche Änderungen PT*  Aecker] *(1)* Acker *(2)* Äcker ┼

PT 334,3 Mich] mich PT 334,3-4 lieb haben] *(1)* lieben + *(2)* lieb haben *maschinen- und handschriftliche Änderung* PT 334,4 Ich] ich *PT* Mein] mein *PT* 334,5 Großnarzisse.] Grossnarzisse *Absatz PT* Jussuf I. Basileus.] Abigail Jussuf *(1)* {I} rex *(2)* Basileus. + *PT* 335,4 Pogroms] Progroms *(Druckfehler)* $E^{XII}$ 351,30 Gad und] Gadund *(Druckfehler)* $E^{XVI}$ 353,13 erlebt.«] erlebt. *(Druckfehler)* $E^{XVI}$ 354,8 Anblick] Anblicks *(Druckfehler)* $E^{XVI}$ 358,16 verstand] vorstand *(Druckfehler)* $E^{XVI}$

ERLÄUTERUNGEN. *Die sukzessive Publikation der »Briefe und Bilder« in literarischen Zeitschriften nach dem Muster der »Briefe nach Norwegen« (vgl. dort) war geplant, kam aber so nicht zustande: Die literarischen Briefe erschienen mit drei großen Unterbrechungen in drei verschiedenen Organen über einen Zeitraum von dreieinhalb Jahren. Unter den Titeln »Briefe und Bilder«, »Briefe« und »Bilder« erschienen die ersten Folgen in der »Aktion«, die weiteren Folgen erschienen als »Der Malik« mit Ausnahme der zwölften Folge, die den Titel »Briefe an den blauen Reiter« trug. Dennoch stellen die Briefe einen zusammengehörigen Text dar. Als solcher wird er hier dargeboten. Um aber der Form seiner verwickelten Publikationsgeschichte Rechnung zu tragen, wurden die jeweiligen Titel der einzelnen Folgen in den Text übernommen. – Die »Briefe und Bilder« entwickelten sich aus der Korrespondenz, die Else Lasker-Schüler seit November 1912 mit dem Maler Franz Marc und seiner Frau Maria führte. Else Lasker-Schüler apostrophiert Franz Marc darin nach der Künstlervereinigung, welcher er angehörte, als den »Blauen Reiter«; Franz Marc übernahm diesen Namen für sich und schrieb Briefe und Postkarten an den »Prinzen Jussuf«, die er mit Zeichnungen, meist Aquarellen mit Tiermotiven, illustrierte. (Vgl. die Dokumentation: »Franz Marc – Else Lasker-Schüler. Der Blaue Reiter präsentiert Eurer Hoheit sein Blaues Pferd«. Karten und Briefe. Hg. und kommentiert von Peter-Klaus Schuster. München 1987.) Der Plan zur Veröffentlichung literarischer Briefe an Franz Marc nach dem Muster der »Briefe nach Norwegen« entstand wohl schon zu Beginn des Jahres 1913. Am 25. Januar 1913 schrieb Else Lasker-Schüler an Franz und Maria Marc sowie Heinrich Campendonk:* Aber zwei Gedichte habe ich gemacht, die kommen in den März.

Der Chefredakteur hat mir einen Roman bestellt – wieder (in Briefen) da kann ich hausen und Kleckse machen und Gesichter schneiden und Euch immer wieder zeigen meine Seele, die sich wie eine Wolke hebt und um Euch ist in allerlei Bildern. Ich liebe Euch! *(H: DLA [81.195/4]); und etwa zur gleichen Zeit an Kurt Wolff:* Vorgestern hat der März Journal hier wieder Briefe von mir bestellt wie die norwegischen und die schreib ich mit Bildern. *(H: YUL, KWA. Undatiert.) Doch die geplante Veröffentlichung der »Briefe und Bilder« in der von Albert Langen und Ludwig Thoma herausgegebenen Münchner Wochenschrift »März« kam nicht zustande. Else Lasker-Schüler äußerte gegenüber Franz Marc die Vermutung, es läge daran, daß jemand aus der Redaktion des »Simplicissimus«, der wie der »März« im Münchner Langen-Verlag erschien, die Richtung des Künstlerkreises »Blauer Reiter« ablehne. Im gleichen Brief noch kündigte sie an, sie werde versuchen, die Briefe in der von Alfred Kerr herausgegebenen Wochenschrift »Pan« unterzubringen. Doch auch dazu kam es nicht.* Es will nicht Mai werden im »März« – ich kann nicht dafür. Ich sage dir im Vertrauen, denn ich muß ja verdienen, (das Geld soll für Paulchen bleiben) du hast Jemand am Simpli, der Eure Richtung nicht mag – und – da ?? ich dich verherrlichte .... Ich muß es dir endlich sagen. Nun bin ich Montag zu Dr. Kerr (Pan) bestellt, der wird sicher die Briefe bringen. Es lag nicht an mir. In Prag schwärmt man für dich! O, hättest du nie einen der Kandinskis je sehn, zumal du ja fast nichts mit denen zu tun hast. Farbe ist ja nur wie Laut und Ton, Material und du bist ja gerade der, der formt lauter heilige Tiere, die meine Haine nun bewohnen; – dem kleinen Muhkälbchen, ein süßes dickes *[?]* Tierchen, hab ich extra einen Stall aus Gold bauen lassen. Also verherrliche ich deine Tiere. Der *[?]* Herzog hätte gern alle Briefe gebracht, er hat deine Kunst gern – er ist Ehrenwort unschuldig und sagte mir unter Discretion. Ich habe nun gestern eine Novelle hingesandt: Meine Spelunke. Ich soll regelmäßig erscheinen. Bist du böse? Ich bitte dich zu schweigen. – Ich würde nie einen anderen Namen, für alles Gold der Erde nicht, über meine bunten Briefe an dich gesetzt haben, das wäre Diebstahl. *(Brief vom 10. April 1913, H: DLA [81.195/12].) – Nach wiederholten Bemerkungen, Alfred Kerr habe ihr versprochen, einige der Briefe in der nächsten Nummer des »Pan« zu veröffentlichen, schrieb Else Lasker-Schüler am 12. oder 22. August 1913 an Franz Marc:* Lieber Halbbruder Ruben von Cana. Am Sonnabend kommen die Briefe, aber leider nicht im Pan, da er eingeht, aber in der Aktion. Wo ist ja eigentlich piepe wenns nur gut ist. *(H: DLA [81.195/21].) Am 6. September 1913 schließlich erschien die erste von zehn Folgen der »Briefe und Bilder« in der »Aktion«. Der parallel zu den Zeitschriftenveröffentlichungen verlaufende private Brief- und Postkartenwechsel zwischen Else Lasker-Schüler und Franz Marc nimmt häufig Bezug auf die öffentlichen Briefe; in einem undatierten Brief an Franz Marc etwa äußerte Else Lasker-Schüler:* Du tust mir doch so leid trotz Speer und Helm. Ich schreibe im Roman weiter. *(H: DLA [81.197/1].) Die elfte Folge der »Briefe und Bilder« erschien im Juli 1914 als »Der Malik. Briefe an den blauen Reiter Franz Marc« in der Halbmonatsschrift »Der Brenner«, möglicherweise wegen finanzieller Nöte des Herausgebers der »Aktion«, Franz Pfemfert, denn in einem undatierten Brief an Franz Marc klagte Else Lasker-Schüler:* Ich krieg bei Gott keinen Pfennig für meine Briefe bei Pfemfert. Er kann nicht. *(H: DLA [81.197/10].) Als der Erste Weltkrieg ausbrach, wurde mit der allgemeinen Mobilmachung Anfang August 1914 auch Franz Marc in den Krieg eingezogen. Erst gut ein Jahr später erschien eine neue Folge der »Briefe und Bilder«, diesmal wieder in der »Aktion«. Nach dem Tod Franz Marcs am 4. März 1916 veröffentlichte Else Lasker-Schüler weitere Folgen als »Briefe an den blauen Reiter«, jetzt in Wieland Herzfeldes Monatsschrift »Neue Jugend«. Die Folgen wurden als Fortsetzung der bisher veröffentlichten literarischen Briefe ausgewiesen (vgl. »Überlieferung«); die erste Folge nach Marcs Tod schafft den Übergang von der Ich- zur Er-Form, vom dialogischen Briefcharakter zum personalen Erzählen. Als die Zeitschrift nach Heft 11/12 vom Februar/März 1917 verboten wurde, brach die Zeitschriftenveröffentlichung der »Briefe an den Blauen Reiter« endgültig ab; die letzte, sechzehnte Folge trägt noch die redaktionelle Nachbemerkung »Fortsetzung folgt«.*

*Bereits im Sommer 1913 bestand der Plan, die »Briefe und Bilder« auch als Buch zu publizieren: an Heinrich F.S. Bachmair schrieb Else Lasker-Schüler von einem* Buch Briefe mit Bildern *(Postkarte vom 10. Juni 1913. H: DLA [77.684/40]). Sie bot es dem Verleger ihres Romans »Mein Herz« mehrmals an, betonte aber gleichzeitig,*

## Anmerkungen zu ‹Briefe und Bilder› (1913-1917)

*daß Kurt Wolff es ebenfalls nähme:* Von Kurt Wolff bekam ich immer Vorschuß, auch bin ich nicht in Verlegenheit ob meine Bücher unterkommen, da mein neues wieder mit 45 Bildern von mir drei von Marc bei Wolff erscheint. Aber wenn Sie auch diese Briefe haben möchten an Marc, ich geb sie Ihnen – falls Sie mir 300 Mk. vorher bezahlen. *(Postkarte vom 5. Oktober 1913. H: DLA [77.684/42].) Weder mit Bachmair noch mit Wolff kam aber ein Vertrag über die literarischen Briefe zustande. Vermutlich in der zweiten Maihälfte 1916 schrieb Else Lasker-Schüler in einem undatierten Brief an Alexander von Bernus:* Was ich sonst noch habe ist ein begonnener ‹Roman› (schrecklich Wort) an Franz Marc dem blauen Reiter: Der Malik! Heißt die Kaisergeschichte. *(H: Badische Landesbibliothek Karlsruhe [K 2893].) In einem Brief an den als* Ramsenith *angesprochenen Karl Wolfskehl vom 22. Oktober 1916 spricht* Jussuf *dann von* Seinem neuen Buch: Der Malik, das Meinem teueren Halbbruder Ruben Stambul dem Fürsten Marc von Cana geweiht ist *(H: Joseph Kollhöfer, Endingen-Kiechlinsbergen. Vgl. zu 496,30-35) mit der Ankündigung, Ramsenith würde in dem Buch gepriesen werden. Die entsprechende Textstelle, die auch einen ebenfalls im Brief erwähnten Elefanten mit einbezieht, ist nicht in den »Briefen und Bildern«, sondern nur in »Der Malik« zu finden. Dieser Befund läßt den Schluß zu, daß zumindest Teile des nur in der Buchfassung »Der Malik« enthaltenen Textes bereits im Entstehungsprozeß der »Briefe und Bilder« entstanden und als solche wohl auch zur Veröffentlichung in Zeitschriften vorgesehen waren. Der »Kaiserroman« erschien schließlich im Jahr 1919 als Band der »Gesamtausgabe in zehn Bänden« bei Paul Cassirer. – Zur Figur des Prinzen Jussuf, der zum »Malik« (arab.: »König«) gekrönt wird, vgl. zu 101,12.*

**299,8** Meine Spelunke] *Von einem Prosatext »Meine Spelunke« ist im Zuge der Drucklegung der Essaysammlung »Gesichte« in Briefen Else Lasker-Schülers an Kurt Wolff einige Male die Rede (vgl. auch die allgemeinen Erläuterungen zu »Briefe und Bilder«). Else Lasker-Schüler wollte den Text in »Gesichte« veröffentlichen, konnte ihn aber dem Verlag nicht schicken, weil er noch bei der Redaktion des »Simplizissimus« läge:* Unser Café und meine Spelunke die muss mir der Simpli senden, ich schrieb hin. Meine Spelunke ist meine Spelunke am Mond. Sonst nichts. ‹...› Ihr

Prinz. / Grunewald-Berlin. Humboldtstr. 13 *(T: YUL, KWA). Möglicherweise handelt es sich bei dem Essay, dessen Drucklegung nicht nachgewiesen werden kann, um die Beschreibung der* Spelunke *im ersten Brief der »Briefe und Bilder«.*
299,12 täglich Brot] *Formel des Vaterunser; vgl. Matthäus 6,11.*
300,15-18 Ich habe nun keine Stadt ⟨...⟩ mag.] *Anknüpfung an die »Briefe nach Norwegen«, die mit der Ernennung der Briefschreiberin zum regierenden Prinzen von Theben enden.*
300,20 arme Heinrich] *Heinrich aus Hartmanns von Aue Versepos »Der arme Heinrich« (entstanden um 1195), vergleichbar der alttestamentlichen Gestalt Hiob, vergißt über den Weltfreuden Gott und wird durch Aussatz zur rechten Rangordnung der Werte zurückgeführt. – Gerhart Hauptmann (1862-1946) griff den Stoff 1902 in einem gleichnamigen neuromantischen Erlösungsdrama auf.*
300,21 König Heinrich] *Den Namen Heinrich trugen zahlreiche (deutsche, französische und englische) Könige.*
300,27 Krinolin] *Die Krinoline, ein weiter Frauenunterrock aus Fischbeinstäben mit Roßhaarbindung, wurde um 1840-1865 getragen.*
300,34 Vampur] *Vgl. zu 269,18.*
300,34 Palmenzweig] *Wohl in Anspielung auf Sukkot, das Laubhüttenfest, das an den vierzigjährigen Aufenthalt der Kinder Israels in der Wüste erinnert. Sie wohnten auf ihrer Wanderung ins gelobte Land in primitiven Hütten. Nach 3. Mose (Leviticus) 23,40 wird das Fest mit einem Feststrauß aus Palmzweigen, einem Etrog, Myrtenzweigen und Bachweiden begangen, der in die Synagoge mitgenommen wird. Einen Palmenzweig in der Hand zu halten bedeutet demnach, sich symbolisch an einen anderen Ort zu versetzen.*
301,23-24 mein neuestes Buch ⟨...⟩ Gesichte] *Die erste Auflage von Else Lasker-Schülers »Gesichte. Essays und andere Geschichten« war im Mai 1913 beim Kurt Wolff Verlag in Leipzig erschienen.*
301,27 Neura-Lecithin] *Damaliges Lecithinpräparat; dieses soll aufbauende Wirkung zeigen und dient besonders als Nervennährmittel.*
301,33-35 Höllriegel aus der Kiebitzzeit ⟨...⟩ vom Hörenhören.] *Im »Berliner Tageblatt« (Jg. 42, Nr. 40 vom 23. Januar 1913*

[Morgen-Ausgabe], 1. Beiblatt) hatte Arnold Höllriegel anläßlich des Spendenaufrufs in der »Fackel« (vgl. zu 276,19) satirisch den Blick des Spießers im Café des Westens auf die Erscheinung der bizarren Frau Lasker-Schüler eingenommen. Nachdem er Else Lasker-Schülers Erscheinung im Café des Westens aus der Perspektive des am Nebentisch Sitzenden (und ›Kiebitzenden‹) geschildert hat, schließt er mit den Worten: Wer einen Band der Lasker-Schüler in die Hand nimmt, wird ein Gedicht, eine Seite Prosa, eine kleine Zeichnung finden, die diese seltsame Frau als eine Künstlerin seltenster Art voll legitimieren. Aus einem atemlosen Hasten der Bilder, Quellen der Träume, Kreischen der Hysterien kommt nimmer und nimmer wieder so viel Edles und Weltvergessenes und nochmals Edles an die Oberfläche – daß es dieser Frau in diesem Berlin unter allen Umständen materiell schlecht gehen muß. / Sonst pflegen schreibende Damen ja reich zu werden. Aber sie pflegen sich auch viel normaler aufzuführen. Der Nebentisch sagt »Ach, wie nett!«, und es muß nicht erst eingesammelt werden. / Aber sitzt denn wirklich alle Welt an diesem unappetitlichen Nebentisch? – *An Kurt Wolff schrieb Else Lasker-Schüler (wohl deswegen) in einem undatierten Brief:* Höllriegel den Bermann aus der Zeit der Leibnitzcacese hab ich vor einigen Tagen geohrfeigt; nun will er mich verklagen. *(T: YUL, KWA.) Vgl. auch zu 276,23. – Arnold Höllriegel (eigentlich: Richard A. Bermann) (1883-1939), Mitarbeiter der Zeitschrift* »Der Friede« *(Wien), trug auch zu dem von Kurt Pinthus herausgegebenen* »Kinobuch« *bei, für das Else Lasker-Schüler den Text* »Plumm-Pascha« *schrieb.*

302,6 Großkatzen] *Am 6. Februar 1913 hatte Franz Marc eine Postkarte an Else Lasker-Schüler geschickt mit einem Aquarell* »Die drei Panther des Königs Jussuf«. *Vgl.* »Franz Marc – Else Lasker-Schüler. Der Blaue Reiter präsentiert Eurer Hoheit sein Blaues Pferd«. Karten und Briefe. Hg. und kommentiert von Peter-Klaus Schuster. München 1987. Tafel 6.

302,16-17 Du warst Ruben und ich war Joseph] *Ruben, der älteste Sohn Jakobs und Leas, hält seine Brüder vom Mord an seinem Halbbruder Josef ab. Er schlägt vor, Josef statt dessen in eine Grube zu werfen, und plant, ihn später dem Vater zurückzubringen; die anderen Brüder aber verkaufen Josef nach Ägypten. Vgl. 1. Mose (Genesis) 37,12-28. – In einem undatierten Brief an Franz und*

*Maria Marc schreibt Else Lasker-Schüler:* Die Bibel ist falsch übersetzt – es heißt so: als Ruben sah, daß seine Brüder den Liebling Jakobs, den Sohn Rahels, ihren Halbbruder in die Grube werfen wollten, erschrack er sehr, aber ließ so geschehn. Am Abend jedoch, als die Brüder schliefen, ging er heimlich an den Ort, darin sein armer Halbbruder Jussuf schmachtete und holte ihn aus dem Graben, tauchte seinen Rock in Lammblut, daß seine Brüder Glaubens waren, ein wildes Tier habe Jussuf zerrissen. In Wirklichkeit aber verkaufte Ruben seinen Halbbruder Jussuf an die Händler. / Also geschah. *(H: DLA [81.197/5].)*

302,17 Kanazeiten] *Kana, der Ort, an dem sich das Weinwunder vollzog (vgl. Johannes 2,1-11), wird hier synonym verwendet mit dem im Alten Testament als Kanaan bezeichneten vorisraelitischen Gesamtpalästina.*

302,23-24 Muselkinder] *Vgl. zu 139,25.*

302,26 Rex–Klecks] *»Rex« (lat.): König; als »Gekleckse« wird Geschriebenes pejorativ bezeichnet.*

302,30 verraten und verkaufter] *Die Wendung »verraten und verkauft« bezieht sich ursprünglich auf den Verrat Jesu durch Judas. Vgl. z. B. Matthäus 26,14-16.*

303,4-6 O, ich könnte direkt meine Seele ⟨...⟩ Metall.] *Damaliger Markenname eines durchsichtigen Glas- und Porzellankitts, für den mit dem Spruch geworben wurde: »Otto Ring's Syndetikon klebt, leimt, kittet Alles«.*

303,21-22 Isidor Quanter oder Quantum liefert erstaunliche Nachahmungen] *Von dem Wiener Isidor Quartner (1891-1915) waren in drei »Sturm«-Nummern Gedichte veröffentlicht worden. (Vgl. Der Sturm. Jg. 4, Nr. 156/157 vom April 1913. S. 10; Nr. 158/159 vom Mai 1913. S. 20; Nr. 168/169 vom Juli 1913. S. 59.) Auf die Nähe der Gedichte zur Lyrik Else Lasker-Schülers zielt das Wortspiel (»quantum« lat.: so groß wie) mit dem Nachnamen des den Ton Else Lasker-Schülers nachahmenden Isidor Quartner. Der Abdruck der Gedichte im »Sturm« ärgerte auch Franz Marc, der Herwarth Walden erbost fragte:* Warum thun Sie auch solche Dinge, daß Sie Isidor Quartner im Sturm herumzu»laskern« gestatten ⟨...⟩! *(Brief vom 29. Mai 1913. H: Staatsbibliothek zu Berlin, Stiftung Preußischer Kulturbesitz, Sturm-Archiv [Franz und Maria Marc].)*

303,24 Ausstellung: Sturm] *1912 wurde die Zeitschrift »Der Sturm« von Herwarth Walden um eine Galerie erweitert; im März des Jahres fand die erste »Sturm«-Ausstellung statt.*

304,5-6 gehe einmal über den Kurfürstendamm, bieg in die Tauentzienstraße] *Der belebte Kurfürstendamm geht an seinem östlichen Ende mit einem Knick in die Tauentzienstraße über. Die zunächst stille Wohnstraße änderte schlagartig ihren Charakter, als dort 1907 das Kaufhaus des Westens errichtet wurde und sich zahlreiche weitere Geschäfte in der Tauentzienstraße ansiedelten.*

304,14-305,1 Giselheer] *Giselher, der jüngste der drei burgundischen Könige des Nibelungenliedes. – Else Lasker-Schüler apostrophierte Gottfried Benn als »Giselheer«; in den »Briefen und Bildern« wird mit dem ›eindeutig uneindeutigen‹ Referenzcharakter der Figur Giselheers gespielt; vgl. die Textstelle 312,15-313,8 und zum Essay »Doktor Benn«.*

305,8-9 Gralsoldaten] *Der Gral (altfranz. »graal«, »greal«: Schlüssel) ist in der mittelalterlichen Dichtung ein geheimnisvoller, heiliger Gegenstand, der seinem vorherbestimmten Besitzer irdisches wie himmlisches Glück verleiht, den aber nur der dazu Vorherbestimmte finden kann. Brereits die ältesten Fassungen der Gralssage zeigen sie in Verbindung mit der Artus- und Parzivalsage: Bei Chrétien de Troyes (»Perceval le Gallois ou le Conte de Gral«, um 1180) hat der Gral die Gestalt eines eine Hostie enthaltenden Gefäßes, in Wolframs von Eschenbach mittelhochdeutschem Versroman »Parzival« (um 1200-1210) begegnet der Gral in Gestalt eines Steins, welcher von den Templeisen, den Gralsrittern, bewacht wird.*

305,11 Pettschaft aus Achad] *Ein Petschaft ist ein aus Stiel und Platte bestehendes Siegel aus Metall oder Stein; Achat ist ein Mineral.*

305,16 Gnutheater] *Anfang Dezember 1913 fanden zwei »Gnu«-Abende mit identischem Programm statt; wer Vorträge und Lesungen hielt, ist nicht bekannt. Vgl. zu 206,27.*

305,16 St. Peter Hille] *Vgl. zu »Peter Hille« und »Das Peter Hille-Buch«.*

305,17 Paul Leppin] *Zu Paul Leppin vgl. zum Essay »Daniel Jesus«.*

305,17 Otto Pick] *Der Lyriker Otto Pick (1887-1940) gehörte dem*

*Prager Kreis um Franz Kafka, Max Brod und Franz Werfel an. Der Übersetzer deutscher und tschechischer Dichtung war ab 1921 Feuilletonredakteur und Theaterkritiker der »Prager Presse«; 1933/34 gab er gemeinsam mit Willy Haas die literarisch-kulturelle Wochenschrift »Die Welt im Wort« heraus. 1939 emigrierte er nach England.*

305,18 Franz Werfel] *Der Schriftsteller Franz Werfel (1890-1945) kam 1912 von Prag nach Leipzig, wo er als Lektor beim Kurt Wolff Verlag tätig war. Hier erschien auch 1913-1923 Werfels eigenes umfangreiches Werk. Nach dem Ersten Weltkrieg heiratete er Alma Mahler, emigrierte 1938 nach Frankreich, 1940 über Spanien nach New York und lebte zuletzt in Kalifornien.*

305,18 Richard Weiß] *Vgl. zu 194,1.*

305,19 Gnudirektor, Kurt ⟨...⟩ Hiller] *Vgl. zu 157,34 und zu 182,29.*

305,20 Peter Baum] *Vgl. zum Essay »Peter Baum«.*

305,20 Ernst Blaß] *Vgl. zu 200,16.*

305,20 Albert Ehrenstein] *Vgl. zu 216,12.*

305,20 Paul Zech] *Vgl. zum Essay »Elberfeld im dreihundertjährigen Jubiläumsschmuck«.*

305,20-21 Hans Ehrenbaum-Degele] *Vgl. zu 231,12.*

305,21 Rudolf Kurtz] *Vgl. zu 200,18.*

305,21-22 Richard Dehmel] *Vgl. zum Essay »Richard Dehmel«.*

305,22 Gottfried Benn] *Vgl. zum Essay »Doktor Benn«.*

305,23 zehn Musen] *Die griechische Mythologie nennt neun Göttinnen der Künste. Solche Abwandlungen dienen dem Spiel mit dem traditionellen Bildungsgut und der Selbstinszenierung Else Lasker-Schülers als einer Ungebildeten. Vgl. auch zu 163,19-20 und 306,1.*

305,23 Ritter Boom] *Abwandlung von »Pitter Boom«, wie Else Lasker-Schüler Peter Baum in Elberfelder Platt auch nennt.*

305,29-30 kann Franz Pfemfert ⟨...⟩ AKTION] *Der Publizist Franz Pfemfert (1879-1954) gründete 1911 die Zeitschrift »Die Aktion«, die bis 1932 erschien. Sie war eine der wichtigsten Zeitungen des Expressionismus und trat mit Herwarth Waldens Zeitschrift »Der Sturm« wöchentlich in Konkurrenz und gelegentlich auch in die Kontroverse.*

305,31 Neurosenpathetiker] *Anspielung auf das »Neopathetische*

*Cabaret«* Kurt Hillers; vgl. zum Essay »*Im neopathetischen Cabaret«.*

305,33 Cassirer will meine Illustrationen ausstellen] *Eine Ausstellung von 90 Bildern und Zeichnungen Else Lasker-Schülers im Salon Cassirer hat es erst im Dezember 1919 gegeben; vgl. die Ankündigung im »Berliner Tageblatt« (Jg. 48, Nr. 601 vom 16. Dezember 1919 [Morgen-Ausgabe]).*

305,34 Oppenheimer] *Vgl. zu 218,15-17.*

305,35-36 ist er von seinem Schaukelpferd gestürzt ⟨...⟩ vor dem Café] *Diese Schilderung des Kokoschka-›Nachahmers‹ Oppenheimer erinnert an die von Goethe überlieferte Anekdote, daß sein Bewunderer und ›Schüler‹ Karl Philipp Moritz sich beim Nähern des Künstlerkreises um Goethe in Rom herein reitend den Arm brach, indem sein Pferd auf dem glatten römischen Pflaster ausglitschte. (Johann Wolfgang Goethe, »Italienische Reise«, »Den 8. December 1786«.)*

305,38 Campendonk] *Heinrich Campendonk (1889-1957) besuchte die Kunstgewerbeschule Krefeld und arbeitete anschließend als Dekorationsmaler in Osnabrück. Über August Macke lernte er 1911 Kandinsky und Marc kennen, worauf er sich dem Kreis anschloß und bis 1914 in Sindelsdorf lebte. Im gleichen Jahr nahm er an der Ausstellung »Der Blaue Reiter« in der Münchner Galerie Thannhauser teil. 1933 emigrierte der Lehrer für Kunstgewerbe nach Belgien, bevor er Professor an der Rijksakademie Amsterdam wurde. – Heinrich Campendonk beschäftigte sich neben der Gestaltung flächiger, dekorativer Bildmuster vor allem mit Hinterglasmalerei; in späteren Arbeiten wird der Einfluß Chagalls deutlich.*

306,1 fünf Heimonskinder] *Die vier Kinder des Grafen Haimon (Aymon) von Dordogne sind die Helden einer Erzählung des karolingischen Sagenkreises (Französisches Volksbuch 1493; deutsch 1531) um die Auseinandersetzungen des Königs mit den unerschrockenen Kindern seines Vasallen. Vgl. auch zu 305,23.*

306,1 Listle] *Wohl der schweizerische Tiermaler Jean Bloé Niestlé (1884-1942), der 1904 mit Franz Marc zusammentraf und mit ihm nach Sindelsdorf ging. Er war Mitglied des »Blauen Reiters«. Franz Marc engagierte sich im Sommer 1914 für eine Ausstellung von Niestlés Werken, wie dem Brief eines Dresdner Galeristen an Franz Marc auf der Rückseite eines Briefes Marcs an Herwarth Walden*

(H: Staatsbibliothek zu Berlin, Stiftung Preußischer Kulturbesitz, Sturm-Archiv [Franz und Maria Marc]) zu entnehmen ist.

306,2 adeligen Straßenjungen] *Vgl. die Verse aus zwei Gedichten mit dem Titel »Marianne von Wereffkin«:* Marianne kleidet sich so ungezwungen / Und ihr Temperament macht Ehre allen Straßenjungen. *(KA, Bd. 1, Nr. 454) und:* Marianne von Wereffkin – Ich nannte sie den adeligen Strassenjungen *(KA, Bd. 1, Nr. 455).*

306,3-4 Marianne von Werefken und ihrem Pfalstaff von Jablenky] *Die russische Malerin Marianne Werefkin (eigentlich: Marianna Wladimirowna Werefkina) (1860-1938) und ihr Lebensgefährte, der russische Maler Alexej Jawlensky (1864-1941), waren 1896 nach München gezogen. Marianne Werefkin war 1909 Gründungsmitglied des »Blauen Reiters«; auch Jawlensky gehörte diesem Kreis an. – Die Bezeichnung »Pfalstaff« in Anspielung auf die Shakespearsche Figur Falstaff aus »Heinrich IV.« und »Die lustigen Weiber von Windsor«, den genialen, auf seine Art ehrlichen Lügner und geistreichen Clown.*

306,15-16 bengalisches Feuer] *Brennender Feuerwerkskörper.*

306,19-20 Zeitschrift gründen, die wilden Juden] *Vgl. von einer Postkarte Else Lasker-Schülers an Heinrich F. S. Bachmair vom 12. November 1913 über die von diesem herausgegebenen Zeitschriften »Neue Kunst« und »Revolution« sowie das Projekt einer Zeitschrift »Die wilden Juden«:* Bitte schreiben Sie sofort, ob neue Kunst noch kommt oder nicht. Ich sende sonst, da 20 Gedichte bestellt, die Gedichte wo anders hin. Für die Revolution gebe ich sie nicht. Warum machten Sie nicht die wilden Juden mit mir? *(H: DLA [77.684/45].) – Das Motiv der »wilden Juden« wird im Werk Else Lasker-Schülers im Sinne des biblischen heroischen Judentums verwendet, so in »Ich räume auf! (1925), wo von Saul als dem königlichen Wildjuden die Rede ist, und in dem Gedicht »Moses und Josua«, das den* wilden Juden Josua *nennt (KA, Bd. 1, Nr. 197). Auch zeichnerisch stellte Else Lasker-Schüler die wilden Juden dar.*

306,21 Karl Kraus] *Vgl. zum Essay »Karl Kraus«.*

307,17-18 schwedischer Handschuh] *Herwarth Walden hatte im November 1912, noch im Jahr der Scheidung von Else Lasker-Schüler, die Schwedin Nell Roslund geheiratet. Vgl. zu 148,10.*

307,28-29 heil Dir im Siegerkranz] *Das »Lied für den dänischen*

*Unterthan, an seines Königs Geburtstag zu singen«* wurde 1790 von Heinrich Harries (1762-1802) geschrieben; Balthasar Gerhard Schumacher (1755-?) verkürzte und änderte es zum »Berliner Volksgesang« mit dem ersten Vers »Heil dir im Siegerkranz«. Das Lied steht im betonten Gegensatz zur Marseillaise und huldigt dem Königtum und der autoritären Staatsgewalt. Nach 1870 wurde es mit zeitbedingten geringfügigen Veränderungen zur deutschen Nationalhymne.

307,29 ich hat einen Kameraden] Text im Volksliedton von Ludwig Uhland (1787-1862), komponiert von Philipp Friedrich Silcher (1789-1860).

307,32 Fackel] Vgl. zum Essay »Karl Kraus«.

307,35 Franzlaff] In Anspielung auf »Falstaff«; vgl. zu 306,3-4.

308,5-6 Zigeunerpferde, die du meinem Kinde maltest] Am 9. September 1913 hatte Franz Marc an Paul Lasker-Schüler eine Postkarte mit einem Aquarell »Indianerpferde« nach Hellerau geschickt. Vgl. »Franz Marc – Else Lasker-Schüler. Der Blaue Reiter präsentiert Eurer Hoheit sein Blaues Pferd«. Karten und Briefe. Hg. und kommentiert von Peter-Klaus Schuster. München 1987. Tafel 21.

308,13 Saul] Vgl. zu 110,22.

308,22 Gibon] *Gibeon hieß ein Ort im alten Palästina, der als Kultstätte mit Traumorakel auch bei den Israeliten hoch geachtet war. Er lag auf einer Anhöhe (»Gibea« hebr.: Höhe), auf die vermutlich hier Bezug genommen wird. Vgl. z. B. Josua 10,12 und 1. Könige (Regum I) 3,4.*

308,23 du holtest mich oft aus der Grube] Vgl. 1. Mose (Genesis) 37,21-30. Vgl. auch zu 302,16-17.

308,32 coffeinfreien Haag] *Der koffeinfreie Kaffee Hag trägt seinen Namen nach der Bremer HAG-AG, die 1906 von dem Erfinder des koffeinfreien Kaffees L. Roselius gegründet worden war. – 1913 wurde in Den Haag der Friedenspalast, Sitz des Völkerrechtsparlaments, vollendet. In Den Haag fanden 1899 und 1907 die Haager Friedenskonferenzen statt, auf denen die Haager Landkriegsordnung verabschiedet wurde. Eine Glosse über die »Haager Komödie« hatte Franz Pfemfert angesichts der blutigen Bilanz der Balkankriege wenige Wochen vor der Veröffentlichung der dritten Folge der »Briefe und Bilder« in der »Aktion« veröffentlicht (Jg. 3, Nr. 35 vom 30. August 1913. Sp. 821 f.).*

**309,5 Kornfeld meiner flachen Hand]** *Zitat aus Schillers »Die Jungfrau von Orleans«, 1. Aufzug, 3. Auftritt. Karl VII., der König von Frankreich, klagt:* Kann ich Armeen aus der Erde stampfen? / Wächst mir ein Kornfeld in der flachen Hand? *(V. 596f.)*

**309,10 Ichtiosaurusohr]** *Der Ichthyosaurus, ein ausgestorbener Fischsaurier, bewohnte vor allem im Jura die Meere.*

**309,10 Skarrabäus]** *Der Blatthornkäfer symbolisiert bei den alten Ägyptern das aus dem Tod entstehende Leben.*

**310,11-12 Rechtsanwalt Caro]** *Vgl. zum Essay »Unser Rechtsanwalt Hugo Caro«.*

**310,13 Maigesange]** *Vgl. zu 181,2-3.*

**311,4 Revolution]** *Die Zweiwochenschrift »Revolution« erschien bei Heinrich F. S. Bachmair in München nach dem Vorbild und im Format der »Aktion« vom Oktober bis zum Dezember 1913.*

**311,4 Verlag Heinrich F. Bachmair]** *Vgl. zum offenen Brief »Heinrich F. Bachmair«.*

**311,6-7 Kriminalroman: Renate und ihre zehn Liebhaber]** *In einem undatierten Brief schrieb Else Lasker-Schüler an Heinrich F. S. Bachmair:* Ich habe einen Criminalroman in Arbeit – ihn will ich geben für die Revolution (mit Bildern dazu wenn Sie Bilder drucken wollen) es ist interessant, das einzige Buch, wenn auch ungedruckt, das ich nun lese. Senden Sie mir aus der Hofapotheke unsers lieben guten Heinrich Bachmair, den ich so gut leiden mag 300 M – ich send ihn. Aber für den Buchdruck muß ich viel, viel mehr haben, da Criminalromane wie Hintertreppen gehen. *(H: DLA [77.684/3].) – Das Projekt, von dem Else Lasker-Schüler in Briefen verschiedentlich sprach, kam nicht zustande; ein Kriminalroman Else Lasker-Schülers erschien weder bei Bachmair noch bei einem anderen Verleger.*

**311,7-8 Herrn Leibold]** *Der in München lebende Hans Leybold (1892-1914), Lyriker und Herausgeber der »Revolution«, publizierte zusammen mit dem ihm befreundeten Hugo Ball frühe dadaistische Texte in der »Aktion«. Nachdem er bei Kriegsausbruch eingezogen und verwundet worden war, nahm er sich das Leben.*

**311,8 Robespierre]** *Maximilien de Robespierre (1758-1794), Vertreter des dritten Standes in der französischen Konstituierenden Nationalversammlung, bekannte sich zur Schreckensherrschaft* *und sicherte sich allmählich eine nahezu unumschränkte Machtposition, wurde aber nach der Verschärfung des Terrors selbst hingerichtet.*

311,9-10 geplündert] *Vgl. aus einem undatierten Brief Else Lasker-Schülers an Heinrich F. S. Bachmair:* Lieber Ceremonienmeister, ich muß Ihnen gewiß was sehr trauriges sagen, zumal Sie so geplündert werden, ich möchte das Honorar für mein Essaybuch Gesichte. Machen Sie mir den Preis. *(H: DLA [77.684 / 10].)*

311,30 Cyklop] *Kyklopen sind einäugige Gestalten der griechischen Mythologie: bei Hesiod halbgöttliche Ungeheuer, die drei Söhne von Uranos und Ge, bei Homer unzivilisierte Hirten.*

311,31 mir seine neuen Verse: Söhne, gewidmet] *Der 1913 bei A. R. Meyer in der Reihe »Lyrische Flugblätter« erschienene Gedichtband Gottfried Benns trägt die gedruckte Widmung:* Ich grüße Else Lasker-Schüler: ziellose Hand aus Spiel und Blut. *Benn zitiert damit aus den später in Buchform als »Mein Herz« erschienenen »Briefen nach Norwegen«. Vgl. auch zu 233,14.*

312,15-313,8 Ich vertraute ihm die Geschichte ⟨...⟩ zum Verschwenden.] *Vgl. zum Essay »Doktor Benn«.*

313,12-13 Versöhnungstag] *Vgl. zu 40,4.*

313,16 Tyll Eulenspiegel] *Vgl. zu 225,10. – Die motivische Verknüpfung des Vaters mit der Figur Till Eulenspiegels findet sich auch in Else Lasker-Schülers Schrift »Ich räume auf!« (1925); die dort erwähnte Todesanzeige – der Till Eulenspiegel von Elberfeld ist früh am Morgen gestorben – ist Fiktion.*

313,18 an den Wassern zu Babel ⟨...⟩ geklagt] *Vgl. Psalm 137,1, der an die babylonische Gefangenschaft der Juden 587-538 erinnert. Gebete über das Leid der Verbannung als Strafe für die Sünden gegen Gott und Menschen sind Teil der Jom Kippur-Liturgie. – Aus Klageliedern besteht die Liturgie des Fasttages am 9. Ab (Juli-August), dem Gedenktag der Zerstörung des ersten (587 v. Chr.) und des zweiten Tempels (70 n. Chr.).*

313,22 baute Türme] *Das Motiv des Türme und Häuser bauenden Vaters findet sich auch in »Das Hebräerland« (1937); in »Ich räume auf!« (1925) wird vom Vater berichtet, daß er seine Türme wegen der Sturmgefahr köpfen mußte. Beides führte in der Forschung zu der Annahme, daß der Vater Else Lasker-Schülers, der Bankier Aron Schüler, Architekt gewesen sei. Zum Motiv des Turms vgl. auch zu 152,30.*

313,24-25 Großschauergeschichte] *Diese Fabel findet sich in Variationen einige Male in Else Lasker-Schülers Prosa; vgl. zur Erzählung* »*Mschattre-Zimt, der jüdische Sultan*«.

314,2 10 ärmsten der Armen] *Zehn Männer bilden eine Betgemeinde (Minyan). – Nicht zum Jom Kippur, sondern zum Sederabend am Anfang des Pessachfestes werden der Tradition nach Alleinstehende und Arme eingeladen. In der Pessach-Aggada heißt es:* »*Dies ist das armselige Brot, das unsere Väter aßen, als sie aus Ägypten auszogen. Jeder Bedürftige komme und esse davon.*« *Auch Else Lasker-Schülers Erzählung* »*Arthur Aronymus*« *(1932) berichtet von einem Sederabend, an dem* die Ärmsten der jüdischen Gemeinde, sieben Israeliten geladen waren, am Ostermahle teilzunehmen.

314,6 Füße waschen] *Vgl. zu 109,15.*

314,28 Tubutsch] *Vgl. zu 292,26.*

314,31 neues Bild, die alte Stadt Theben] *Franz Marc hatte am 29. Oktober 1913 eine Postkarte an Else Lasker-Schüler mit einem Aquarell* »*Aus der alten Königstadt Theben*« *geschickt. Vgl.* »*Franz Marc – Else Lasker-Schüler. Der Blaue Reiter präsentiert Eurer Hoheit sein Blaues Pferd*«. *Karten und Briefe. Hg. und kommentiert von Peter-Klaus Schuster. München 1987. Tafel 24.*

316,13 Gourmées] »*Les gourmets*« *(franz.):* die Feinschmecker; »*les gourmés (franz.):* Die Beschränkten, Hochnäsigen.

317,2 mein Somali Oßman] *Figur aus den* »*Briefen nach Norwegen*«; *vgl. zu 236,2.*

317,7-8 Irsahab ⟨...⟩ Goldstadt] *Vgl. zu 95,12.*

318,25 Giselfendi] *Vgl.* »*Efendi*« *(griech.-türk.):* Herr.

319,3 Pison] *Einer der vier Paradiesflüsse. Vgl. 1. Mose (Genesis) 2,11.*

319,9 Eden] *Die Landschaft, in der nach dem jahwistischen Schöpfungsbericht das Paradies liegt. Vgl. 1. Mose (Genesis) 2,8-15.*

319,14 Abigail] *Abigail, eigentlich ein weiblicher Name, heißt im Alten Testament die Frau Nabals und später Davids. Vgl. 1. Samuel 25,30 und 2. Samuel 3,3. Vgl. auch das gleichnamige Gedicht Else Lasker-Schülers (KA, Bd. 1, Nr. 300).*

319,22 Basileus] »*Basileus*« *(griech.):* König.

320,27 Muharam] »*Al-Muharram*« *(arab.): der heilige Monat; der erste Monat des islamischen Mondjahres, nach dem Gregorianischen Kalender September/Oktober.*

**321,17 König von Böhmen]** *Vgl. zu 325,22.*

**321,17 Prinzen Benjamin]** *Die Illustration »Prinz Benjamin« (S. 323) trägt in Klammern den Zusatz »Franz Werfel« (vgl. zu 305,18).*

**321,18 Waldfürsten Richard]** *Vgl. zum Essay »Richard Dehmel«.*

**321,18-19 Wieland Herzfelde]** *Wieland Herzfelde (eigentlich: Herzfeld) (1896-1988), Sohn des aus Deutschland ausgewiesenen Schriftstellers Franz Held (eigentlich: Herzfeld) (1862-1908) und Bruder von John Heartfield (eigentlich: Helmut Herzfeld) (1891-1968). Seit 1917 Leiter des mit seinem Bruder gegründeten und nach Else Lasker-Schülers gleichnamigem Roman benannten Malik-Verlags in Berlin, den er in der Emigration 1933-1939 in Prag weiterführte. 1918 wurde Wieland Herzfelde Mitglied der KPD, später des »Bundes Proletarischer Revolutionärer Schriftsteller«. 1939-1948 war er als Buchhändler in den USA tätig; 1944 gründete er in New York den Aurora-Verlag, den »Gemeinschaftsverlag elf antifaschistischer Autoren«. 1949 wurde Herzfelde Professor für Soziologie der neueren Literatur in Leipzig. – Der junge Wieland Herzfelde hatte Else Lasker-Schüler am 24. März bei einer Dichterlesung in der »Frankfurter Loge« kennengelernt.*

**322,15-16 der sich die Gazell holt vom Fels]** *Anspielung auf das Aquarell »Der Traumfelsen«, welches Franz Marc am 21. September 1913 auf einer Postkarte an Else Lasker-Schüler geschickt hatte. Das Aquarell zeigt ein auf einem blauen Felsen kauerndes Tier mit Hörnern. Vgl. »Franz Marc – Else Lasker-Schüler. Der Blaue Reiter präsentiert Eurer Hoheit sein Blaues Pferd«. Karten und Briefe. Hg. und kommentiert von Peter-Klaus Schuster. München 1987. Tafel 22.*

**322,17 keuschen Totschlag]** *Vgl. zum Essay »An Franz Marc«.*

**322,27 Venus von Siam]** *Name, den Else Lasker-Schüler ihrer Freundin Kete Parsenow gab; vgl. zum Essay »Kete Parsenow«.*

**322,35 Kaiser Lidj Jassu von Abessinien]** *Lidsch Ijasu, der Enkel des Kaisers Menelik II., regierte von 1913 bis zu seinem Sturz 1917 das Land Abessinien (heute Äthiopien).*

**323,1 Prinz Sascha von Moskau]** *Als »Senna Hoy«, »Senna Pascha« oder »Sascha« wird Johannes Holzmann in Briefen und Prosatexten Else Lasker-Schülers apostrophiert; vgl. zum Essay »Senna Hoy†«.*

323,1-2 neue, türkische Kriegsminister Enver Bey] *Am 2. Januar 1914 war der 32jährige General Enver Pascha (vgl. zu 207,26) als Nachfolger Ahmed Izzet Paschas zum neuen Kriegsminister des Osmanischen Reiches ernannt worden.*
324,12 Memedsiddis] *»Sidi« (arab.): Mein Herr.*
324,18 Augenkrankheit] *Das auch Ägyptische Augenkrankheit genannte Trachom, in warmen Ländern verbreitet, geht auf eine bakterielle Infektion zurück und führt allmählich zur Erblindung.*
325,20-21 Hieroglyph] *Vgl. zu 70,22.*
325,22-24 Daniel Jesus Paul Leppin ⟨...⟩ Palastes.] *Else Lasker-Schüler erwähnt in einem Brief an Paul Goldscheider vom 3. Juli 1927 Paul Leppin in Prag, der Stadthalter meiner dritten Stadt: Mareia-Ir ist in meinem Buch: Der Malik. (H: ? Zitiert nach: Lieber gestreifter Tiger. Briefe an Else Lasker-Schüler. Erster Band. Hg. von Margarete Kupper. S. 170-172.) An Paul Leppin schrieb sie am 9. März 1914:* Nun hab ich Dich so gemalt wie ich wollte ein Doppeltbildniß: Du und ich – so: Unterschrift Der König von Böhmen und sein treuster Kamerad Jussuf Abigail Malik von Theben. Ist Dir das so recht? Aber ich weiß, es ist nicht ganz ä u ß e r l i c h getroffen, aber so vornehm und hochmütig ist es w i e  D u  b i s t. ⟨...⟩ Kommst Du nach hier mit Deiner Frau Prinzessin wenn meine Wupper aufgeführt wird – A n f a n g April. Ich schrieb in der Extranummer, die Aktion herausgiebt – daß Du und Dein Gemahl in meinem Palast wohnst und ich ein Gemach ganz in Gold für Dich ausschlagen ließ. Ich hoffe Ihr werdet zufrieden sein! Eben malte ich mich die Krönungsrede haltend. Nun es wird fein werden. *(H: Paul Leppin Archiv Prag.) – Zu Paul Leppin vgl. zum Essay »Daniel Jesus«.*
326,10 Sinthflut] *Die Flutkatastrophe, die Gott wegen der Bosheit der Menschen zu ihrer Vernichtung schickte. Vgl. 1. Mose (Genesis) 6,5-9,17. Vgl. auch zu 42,13.*
327,3-4 Der Prophet ⟨...⟩ Vaterlande!] *Sprichwort biblischen Ursprungs; vgl. Matthäus 13,57.*
327,5 Martin Buber] *Der Religionsphilosoph Martin Buber (1878-1965) kämpfte für die Erneuerung des Judentums aus dem Geist des Chassidismus. Buber war Mitarbeiter der ersten Jahrgänge von »Ost und West. Illustrierte Monatsschrift für Modernes Judentum« (1901-1922), in der 1901 Else Lasker-Schülers Gedichte »Das Lied*

Anmerkungen zu ⟨Briefe und Bilder⟩ (1913-1917)   277

*des Gesalbten« und »Sulamith« (vgl. KA, Bd. 1, Nr. 27 f.) erschienen. Ab 1916 gab er die Zeitschrift »Der Jude« heraus; 1924 bis 1933 war er Professor für jüdische Religionswissenschaft und Ethik in Frankfurt am Main und 1938 bis 1951 Professor für Sozialphilosophie in Jerusalem. Mit Franz Rosenzweig arbeitete er bis zu dessen Tod 1930, dann alleine, an einer deutschen Bibelübersetzung (1925-1937), welche die deutsche Sprachformung mit jüdischer Bibelexegese verband. – Else Lasker-Schüler hatte Martin Buber im Januar 1914 besucht; dabei muß es, einem undatierten Brief Else Lasker-Schülers an Martin Buber und seiner Antwort vom 17. Januar 1914 zufolge, zu einer Auseinandersetzung über ihre unterschiedlichen Auffassungen vom Judentum gekommen sein. (H: JNUL, Martin Buber Archive [Ms. Var. 350/403].)*

**327,7** John Höxter] *Vgl. zu 189,30. – Ein Bild John Höxters mit entsprechendem Motiv ist nicht bekannt.*

**327,8** Abarbanello] *Vgl. das Geschlecht der Abarbanels, einer der ältesten und vornehmsten Familien Spaniens mit dem Staatsmann, Bibelkommentator und philosophischen Schriftsteller Isaak Abarbanel (1437-1508), dem Arzt und Philosophen Juda Abarbanel (1460-1535), bekannt unter dem Namen Leo Hebräus, und dem Staatskämmerer und bedeutenden Verfechter der jüdischen Religion Samuel Abarbanel (1473-1551). – Die Figur eines Neffen Isaak Abarbanels taucht im dritten Kapitel von Heines Erzählfragment »Der Rabbi von Bacherach« auf.*

**327,12** Amm] *Vgl. zu 117,29.*

**327,13** Rebb] *Vgl. zu 117,27.*

**327,20-21** barfuß ⟨...⟩ nach alter Islamsitte] *Vgl. zu 74,19.*

**328,4** Ludwig Kainers] *Vgl. zu 216,11.*

**328,6** Egon Adler] *Vgl. zum Essay »Egon Adler«.*

**328,7** Fritz Lederer] *Vgl. zu 200,6.*

**328,9** Richter] *Heinrich Richter-Berlin (1884-?) war Mitbegründer der am 21. April 1910 ins Leben gerufenen Berliner »Neuen Sezession« (vgl. zu 200,1). Später war er als Mitarbeiter der »Aktion« tätig. 1918 begründete er mit anderen die »Novembergruppe«; 1919 beteiligte er sich an einer kämpferischen Broschüre »An alle Künstler!« mit einem Titelblatt Max Pechsteins.*

**332,8** Naphtali] *Vgl. den alttestamentlichen Naphtali, Sohn von Jakob und von Rahels Leibsklavin Bilha.*

**332,9** Bekki] *Vgl. die alttestamentliche Rebekka, Tochter des Aramäers Betuel und Frau Isaaks.*

**332,20** albanische Fürstenfrage] *Albanien stand bis 1912 unter türkischer Herrschaft. Nach dem Ende des Zweiten Balkankrieges im August 1913 wurde es unter dem deutschen Prinzen Wilhelm zu Wied selbständiges Fürstentum.*

**332,34** Adame] *»Adam« (hebr.): Mensch.*

**332,35** Zebaothknaben] *Vgl. zu 33,13.*

**333,5** in Ketten] *Seit 1907 lebte Johannes Holzmann in russischer Haft. Vgl. zum Essay »Senna Hoy†«.*

**333,15** Regenbogen Eures Friedens] *Nach dem Strafgericht der Sintflut erscheint ein Regenbogen als Zeichen des Friedens zwischen Gott und den Menschen. Vgl. 1. Mose (Genesis) 9,13.*

**335,4** im Lande des Pogroms] *Der Begriff des Pogroms (russ. »Zerstörung«) fand bis zur Zeit des Nationalsozialismus fast ausschließlich zur Bezeichnung der Judenverfolgungen in Rußland Verwendung.*

**335,26-27** Hans Adalbert von Leipzig] *Hans Adalbert von Maltzahn (vgl. zu 403,15-16) wird im gleichnamigen Gedicht Else Lasker-Schülers vom lyrischen Ich als* Vicemalik ⟨...⟩ meiner bunten Thebenstadt *bezeichnet (KA, Bd. 1, Nr. 274).*

**338,20-21** am Siebten des El Aschura] *Die arabische Wiedergabe »Aschura« des aramaisierten hebräischen Wortes assor (»zehn«) bezeichnet einen mohammedanischen Festtag, der dem jüdischen Jom Kippur entspricht und auf den zehnten Tag des ersten mohammedanischen Monats Muharram (im Jüdischen der Monat Tischri) fällt. Nur der Monat Muharram, nicht der Feiertag Aschura kann einen siebten Tag haben.*

**338,35-36** Geschichte David und Jonathans] *Die Geschichte der in der jüdischen Tradition als beispielhaft betrachteten Freundschaft zwischen dem jungen Schafhirten David und Jonathan, dem Sohn des Königs Saul (vgl. 1. Samuel 18-20 und 23,16-18 sowie 2. Samuel 1), behandelt Else Lasker-Schüler auch in mehreren Gedichten (vgl. KA, Bd. 1, Nr. 159, Nr. 276 und Nr. 452).*

**338,36-37** Buchstaben ⟨...⟩ Harfen] *Vgl. zu 40,12.*

**339,12** Asser] *Wie Gad Sohn Jakobs und Silpas, der Magd Leas; beide sind Halbbrüder von Ruben und Josef.*

**339,12** Calmus] *Aus dem Rohrgewächs Kalmus bereitet Mose nach*

*Gottes Weisung zusammen mit anderen Zutaten ein Salböl zur Weihe der Heiligtümer. Vgl. 2. Mose (Exodus) 30,23.*

**339,12** Mordercheii] *Vgl. zu 139,9-10. – Zu der auch Morderchëi Theodorio genannten Figur vgl. zum Essay »Unser Spielgefährte Theodorio Däubler«.*

**339,12** Gâd] *Vgl. zu 339,12.*

**339,20** Abba] *Vgl. zu 117,27.*

**340,20-21** Zwi ben Zwi] *»Zwi« (hebr.): Glanz, Decorum; Hirsch; biblisches Symbol der Schönheit, des Volkes und Landes Israel (vgl. 2. Samuel 1,19 und Daniel 11,16). »Ben« (hebr.): Sohn.*

**341,4** Tiba] *Arab.: Theben.*

**341,26** Kambyses] *Persischer Großkönig (gest. 522 v. Chr.), der 525 Ägypten und Libyen unterwarf.*

**341,33** Totenweiber] *Vgl. zu 73,34.*

**341,33** dreißig Tage und Nächte] *Die jüdische Tradition unterscheidet in der Trauerzeit die ersten sieben, genannt »die Sieben« (Schiwa), und die ersten dreißig, genannt »die Dreißig« (Schloschim), Trauertage nach dem Tod der Nächstverwandten.*

**341,33** Südraben] *Vgl. zu 95,31.*

**341,37** Ramsenith von Gibon] *Vgl. zu 224,25 und 496,30-35.*

**342,6-8** in die Schlacht gezogen ‹...› Britten] *Deutschland hatte am 1. August 1914 Rußland und am 3. August Frankreich den Krieg erklärt; England trat am 4. August gegen Deutschland in den Krieg ein. – Franz Marc war am 6. August 1914 mit der allgemeinen Mobilmachung zum Kriegsdienst eingezogen und an die französische Front geschickt worden.*

**343,27** Bulus] *»Bulus« ist die arabische Form von »Paul«. – Von ihrem Sohn Paul (vgl. zum Essay »Die rotbäckige Schule«) spricht Else Lasker-Schüler als »Bulus« in einem Brief vom 15. Januar 1920 (H: JNUL, ELS [4:3]) an Siegfried Caro, hier apostrophiert als »Hyne Carolon«, eine Figur, die ebenfalls in den »Briefen und Bildern« und in »Der Malik« vorkommt. Vgl. zu 480,14-15.*

**344,25** Tamm] *»Tam«, »tamim« (hebr.): brav, rechtschaffen; auch: naiv, einfältig. Die Eigenschaft wird Noah zugeschrieben. Vgl. 1. Mose (Genesis) 6,9.*

**344,27** Tora] *(Hebr.:) Lehre; Bezeichnung für den Pentateuch, die fünf Bücher Mose. Sie enthalten die Geschichte des Volkes Israel von der Schöpfung bis zum Tod Moses.*

**346,2** Kürassiere] *Kürassiere sind schwer ausgerüstete Kavalleristen.*

**346,15** Roland von Berlin] *»Der Roland von Berlin« heißt ein historischer Roman (Berlin: Globus Verlag o. J.) von Willibald Alexis (eigentlich: Wilhelm Häring) (1798-1871). Der Roman, der im Zeitraum zwischen 1442 und 1449 spielt, trägt den Namen eines Berliner Denkmals, das, Wahrzeichen städtischer Macht und Freiheit, nach dem Sieg des Kurfürsten Friedrich II. über die freien Städte von seinem Sockel gestürzt und in die Spree geworfen wird. Eine gleichnamige Oper von Ruggero Leoncavallo (1857-1919), ein Auftragswerk des deutschen Kaisers, wurde 1904 in Berlin uraufgeführt. »Roland von Berlin« war auch der Name eines Berliner Kabaretts in der Postdamer Straße, das 1904 von Paul Schneider-Duncker und Rudolf Nelson gegründet worden war. Als Nelson 1907 andere Wege ging, führte Schneider-Duncker die Unterhaltungsbühne zusammen mit dem Komponisten Walter Kollo noch einige Zeit weiter. – Roland ist eine Gestalt aus dem Sagenkreis um Karl den Großen, historisch ein Graf Hruotlant aus der bretonischen Mark, der Sage nach ein Neffe Karls und Hauptheld des »Rolandsliedes«.*

**346,16** singenden sieben Säulen] *Die sieben Säulen des Hauses der Weisheit galten als Zeichen für die sieben Sakramente oder die sieben Gaben des Heiligen Geistes. Vgl. Sprüche (Proverbia) 9,1.– Eine der beiden Memnonsäulen im ägyptischen Theben wird auch als singende Säule bezeichnet, weil sie (damals unerklärliche) Geräusche von sich gegeben habe. – Auch Allusion auf das siebentorige Theben in Griechenland.*

**347,5** Ulanenhelm] *Ulanen, Lanzenreiter, gab es zuerst im 16. Jahrhundert in Polen; im deutschen Heer gehörten sie mit den Kürassieren zur schweren Kavallerie. Die Tschapka (poln. »Mütze«), ursprünglich die Kopfbedeckung mit viereckigem Deckel der polnischen Ulanen, wurde von anderen Heeren übernommen.*

**347,11** Mir] *Arab.: Kleiner Prinz.*

**348,8** verbotene, pochende Beere] *Vgl. zu 113,16.*

**351,1** Wetterscheid] *Den Maler und Graphiker John Heartfield (eigentlich: Helmut Herzfeld) (1891-1968), Bruder von Wieland Herzfelde, nannte Else Lasker-Schüler in Briefen »Wetterscheid«. Nach einer Anekdote Wieland Herzfeldes hatte Else Lasker-Schüler* *wesentlichen Anteil daran, daß John Heartfield 1915 nicht zum Krieg eingezogen wurde. (Vgl. Wieland Herzfelde: John Heartfield. Leben und Werk. Dargestellt von seinem Bruder. Leipzig 1962. S. 16 f.) – John Heartfield war Mitbegründer und Illustrator der Zeitschriften der Berliner Dada-Gruppe und Entwickler der Photomontage zum Mittel der politischen Karikatur.*

351,23 Schill] *Ferdinand von Schill (1776-1809) hieß ein preußischer Offizier, der vergeblich versucht hatte, den preußischen König zu zwingen, in den Krieg Österreichs gegen Napoleon I. einzutreten.*

352,21 Tristan] *Vgl. zu 228,21-230,4.*

352,21-22 Caspar Hauser] *Kaspar Hauser (wohl 1812-1833), ein Findelkind rätselhafter Herkunft, tauchte 1828 in Nürnberg auf und gab an, in aller Verborgenheit in einem dunklen Raum aufgewachsen zu sein. Nach zwei nie aufgeklärten Attentatsversuchen starb er an einer ihm zugefügten Schnittwunde. Schon frühzeitig gab es die Hypothese, er sei ein beiseite geschaffter Erbprinz von Baden. Dichterisch wurde der Stoff unter anderem in Jakob Wassermanns Roman »Kaspar Hauser oder die Trägheit des Herzens« von 1907/08 und in Georg Trakls »Kaspar Hauser Lied« aus dem Zyklus »Sebastian im Traum« (1915) bearbeitet.*

352,22 Roller] *Der edle Räuber Roller aus Schillers Drama »Die Räuber« opfert sein Leben der Räuberbande in absoluter Ergebenheit zu seinem Hauptmann Karl von Moor.*

352,22 Carl von Moor] *Vgl. zu 214,23-24.*

352,26 von Hutten] *Ulrich von Hutten (1488-1523), Reichsritter, Humanist und Dichter, verband seine Kampfansagen gegen das Papsttum im Dienste der kirchlichen Reform mit nationalen Forderungen. Im 19. Jahrhundert wurde er ein Leitbild der studentischen deutschen Jugend. – In Briefen nannte Else Lasker-Schüler Friedrich Wilhelm Murnau »Ulrich von Hutten«. Vgl. zu 231,7.*

352,29 Friedemann Bach] *Wilhelm Friedemann Bach (1710-1784), Organist und Komponist; ältester Sohn Johann Sebastian Bachs (1685-1750).*

352,29 grünen Heinrich] *Vgl. Gottfried Kellers Roman »Der grüne Heinrich« von 1854/55 (Neufassung 1879/89), der das Streben und Scheitern des »Grüner Heinrich« genannten Künstlers Heinrich Lee darstellt. – Der Schriftsteller Max Herrmann-Neisse (vgl. zum*

Essay »Max Herrmann«) *wurde von Else Lasker-Schüler auch* »Grüner Heinrich« *genannt.*

**352,30** Grimms Bäuerlein] *Vgl. das* »Kinder- und Hausmärchen« *Nr. 189:* »Der Bauer und der Teufel« *der Grimmschen Sammlung. – Die ersten beiden Verse des Gedichts* »Paul Zech« *von Else Lasker-Schüler lauten:* Sing Groatvatter woar dat verwunschene Bäuerlein / Aus Grimm sinne Märchens *(vgl. KA, Bd. 1, Nr. 202); die Zeichnung* »Grimms Bäuerlein« *im* »Malik« *zeigt ein Porträt Paul Zechs. Zu Paul Zech vgl. zum Essay* »Elberfeld im dreihundertjährigen Jubiläumsschmuck«.

**352,33-34** wie wäre sonst ⟨...⟩ geworden] *Die Eiche war ein Kultsymbol der Germanen und wurde im 18. Jahrhundert in Deutschland zum Symbol für Heldentum; zum Gedächtnis im Krieg getöteter Soldaten werden Eichen gepflanzt.*

**353,1** Kaiser Wilhelm] *Vgl. zu 267,37.*

**353,4-5** dem klugen Fürsten ⟨...⟩ Seinen Traum berichtet] *An Franz Marc schrieb Else Lasker-Schüler um den 12. August 1915:* Du lieber, armer Ruben, aber bald alles zu Ende glaube ich. Weißt Du noch meinen Traum von den Schlangen? Das ging auch gut aus. *(H: DLA [81.196/7].)*

**353,11** Sittis] »Sidi« *(arab.): Mein Herr.*

**354,5** Lederstrumpf] *Lederstrumpf, der Protagonist des Romanzyklus* »Leatherstocking Tales« *(1823-1841) von James Fenimore Cooper, entwickelt sich in dessen Verlauf zum archetypischen amerikanischen Helden. – Als* »Lederstrumpf« *wird der Graphiker und Zeichner George Grosz (eigentlich: Georg Ehrenfried) (1893 bis 1959) in dem Gedicht* »Georg Grosz« *(KA, Bd. 1, Nr. 250) bezeichnet. George Grosz wurde nach dem Ende des Ersten Weltkrieges zu einem der führenden Berliner Dadaisten; seine Karikaturen führten die gesellschaftlichen Zustände der zwanziger Jahre vor. 1932 ging George Grosz in die USA und kehrte erst 1959 zurück. In seiner Autobiographie* »Ein kleines Ja und ein großes Nein« *schreibt Grosz von Else Lasker-Schüler:* ⟨...⟩ mich zum Beispiel nannte sie Lederstrumpf wegen meiner damaligen Amerikaschwärmerei. *(Hamburg [Rowohlt] 1955. S. 107.)*

**355,16** Gertrude zu Osthaus] *Gertrud Osthaus, die Frau des Begründers und Leiters des Hagener* »Folkwang Museums« *und Mäzens Karl Ernst Osthaus (1874-1921). Else Lasker-Schüler war* *im März 1913 anläßlich einer Lesung im Hagener Folkwang Museum mit ihrem Sohn Paul zu Gast auf dem Hohenhof, der Villa der Familie in Hohenhagen. Im April/Mai 1916 zeigte das Folkwang Museum eine Doppelausstellung mit Bildern von Jacoba von Heemskerck und Else Lasker-Schüler. – In einem auf Februar 1917 zu datierenden Brief an Gertrud Osthaus schrieb Else Lasker-Schüler:* In diesen Tagen kommt Fortsetzung Neue Jugend mit Malik, so herrlich habe ich da Ihre und Meine freundschaftlichen und diplomatischen Beziehungen geschildert. Prinzessin Helgas Bild Bulus Braut erscheint danach Nummer; vorerst Bulus Bild und noch eins von mir. *(H: Manfred Osthaus, Bremen.)*

**355,19** Helga] *Helga Osthaus (1905-1986), die Tochter von Gertrud und Karl Ernst Osthaus. In einem undatierten Brief an Gertrud Osthaus von etwa Anfang Juni 1916 schrieb Else Lasker-Schüler:* Gestern kamen meine Bilder an – wie soll ich Ihnen danken, liebes, gutes Kindlein und wie oft muß Jussuf an Ihre Kinder denken, Helga muß Pauls Frau werden. Nie sah ich so ein Mädchen – eine Wiese mit lauter Vögel, die singen. Ich liebe das Kind. *(H: Manfred Osthaus, Bremen.)*

**355,23** Paula Engeline] *»Engeline« nennt Else Lasker-Schüler in Briefen Paula Dehmel, geb. Oppenheimer (1862-1918). Die Verfasserin von Kindermärchen war die erste Frau des Dichters Richard Dehmel. Else Lasker-Schüler widmete ihr in den »Gesammelten Gedichten« das Gedicht »Wir Beide«. (Vgl. KA, Bd. 1, Nr. 98.)*

**355,26-27** Flackerlicht von Horeb] *»Horeb« ist die im 5. Buch Mose (Deuteronomium) übliche, sonst nur seltene Bezeichnung für den Berg Sinai, auf dem Jahwe sich Mose in einem Feuer offenbart. Vgl. 5. Mose (Deuteronomium) 4.*

**355,28-29** Hellene die Herrmannin] *Zur Literaturwissenschaftlerin Helene Herrmann vgl. zu 244,27. – Hellenen hießen ursprünglich die Angehörigen eines in Südthessalien wohnhaften griechischen Stammes, dessen Name im 7. Jahrhundert v. Chr. auf alle Griechen überging. – Herrmannin in Anspielung auf Hermann, seit dem 17. Jahrhundert der Name des falsch verdeutschten Cheruskerfürsten Arminius (zwischen 18 und 16 v. Chr. - um 21 n. Chr.), der als Held des germanischen Freiheitskampfes seit Ulrich von Huttens Dialog »Arminius« (1529) zum nationalen Symbol wurde.*

**356,3** Tagâr] *Das hebräische Wort »Tagar« bedeutet in etwa »Kampfgeist« und wurde spätestens seit 1923 explizit zum Schlagwort des Zionismus, als der zionistische Politiker Wladimir Jabotinsky (1880-1940) die Jugendorganisation Betar gründete und den Begriff in seiner »Hymne auf Betar« verwendete.*

**358,7** Maria von Aachen] *Anspielung auf den mit Wieland Herzfelde und George Grosz befreundeten, aus Aachen gebürtigen Maler Heinrich Maria Davringhausen (ab 1939 Henri Davring; 1894-1970). Ursprünglich Bildhauer, kam er 1911 als Autodidakt zur Malerei. 1913/14 besuchte er die Düsseldorfer Kunstakademie, 1915-1918 lebte er in Berlin. Als Mitarbeiter an Wieland Herzfeldes Zeitschrift »Neue Jugend« wurde er 1916 tätig. Ab 1918 lebte er abwechselnd in München, Berlin und Köln. 1933 emigrierte er nach Spanien, 1939 nach Frankreich. Dort wurde er bis zu seiner Flucht vor 1943 im KZ Les Milles interniert. – Else Lasker-Schüler schrieb ein Gedicht auf ihn. (Vgl. KA, Bd. 1, Nr. 252.)*

**359,21-22** Tartaros] *In der griechischen Mythologie jenes sonnenlose Gebiet unter der Erde, das so weit unterhalb des Hades liegt wie der Himmel über der Erde. Der Tartaros bildet das Gefängnis der Titanen, die gegen die Götter gekämpft hatten.*

**359,23-24** Tode Pitters ⟨...⟩ Elberfeld] *Peter Baum wurde im Ersten Weltkrieg am 6. Juni 1916 getötet.*

## Richard Dehmel

ÜBERLIEFERUNG. E: *Neue Blätter (Berlin). Folge 3, H. 5, 1913. S. 5-9.*

ERLÄUTERUNGEN. *Das Gedicht war bereits in* Ge$^1$ *(1913), S. 85, abgedruckt worden; vgl. KA, Bd. 1, Nr. 200. – Richard Fedor Leopold Dehmel (1863-1920), Lyriker und Dramatiker, Herausgeber der Zeitschrift »Pan«; galt zu Beginn des 20. Jahrhunderts als wichtiger Repräsentant der deutschsprachigen Lyrik. Else Lasker-Schüler, die seine Lyrik sehr bewunderte, trat 1901 mit ihm in Briefkontakt.*

**363,18-364,21** Der Sturm behorcht ⟨...⟩ laut...] *Das von Else*

*Lasker-Schüler zitierte Gedicht ist unter dem Titel »Lied an meinen Sohn« erschienen in: Gesammelte Werke von Richard Dehmel. Bd. 2 (Aber die Liebe. Zwei Folgen Gedichte). (2., völlig veränderte Ausgabe.) Berlin (S. Fischer) 1907. S. 106f.*

364,23-24 Ich zeichnete ihn] *»Richard Dehmel, der Waldfürst« untertitelte Else Lasker-Schüler ein bereits in den »Briefen und Bildern« veröffentlichtes Porträt des Förstersohns im »Malik« (s. Illustration S. 456).*

364,25-26 Vortrag: »Dichtender ⟨...⟩ Forstfürst«] *Einen Vortrag dieses Titels hat Richard Dehmel wohl nicht gehalten. Als »Ansprachen« erschienen Dehmels Vorträge in: Richard Dehmel: Bekenntnisse (Gesammelte Werke in Einzelausgaben). (1. und 2. Aufl.) Berlin (S. Fischer) 1926. S. 157-172. Die dort enthaltenen titellosen Vorträge stellen meist Einführungen zu Lesungen dar.*

## Ein »Schulheim«

ÜBERLIEFERUNG. *E: Berliner Tageblatt. Jg. 42, Nr. 541 (Morgen-Ausgabe) vom 24. Oktober 1913.*

ERLÄUTERUNGEN. *Der Essay ist mit den Initialen E.L. gezeichnet und wird mit der redaktionellen Bemerkung:* Ueber das Schulheim in Hellerau schreibt uns ein Mitarbeiter: *eingeleitet. – An Karl Kraus schreibt Else Lasker-Schüler am 1. November 1913 über den Artikel:* Im Berliner-Tageblatt den Essay über Hellerau (unterzeichnet E.L.) hatte ich geschrieben. Ich geb mir Müh, aber ich kann nur spielen, auch in der Schreiberei. *(H: WStLB [157.934, 158.201].) – Else Lasker-Schülers Sohn Paul besuchte das Schulheim Hellerau von August 1913 bis Frühjahr 1915. – Vgl. auch die Essays »Die Odenwaldschule«, »Die rotbäckige Schule« und »Kleine Skizze«.*

365,9 Dalcroze] *Der Komponist und Musikpädagoge Emile Jaques-Dalcroze (1865-1950) entwickelte ein System der »rhythmischen Gymnastik«, für dessen Verbreitung 1911 die »Bildungsanstalt für Musik und Rhythmus« in Hellerau bei Dresden eingerichtet wurde. Nach kriegsbedingter Unterbrechung übersiedelte das Institut 1925 ohne seinen Gründer nach Laxemburg bei Wien.*

365,27 weißen Hirsch] »*Dr. Lahmanns Sanatorium Weißer Hirsch*« *bei Dresden, eine naturheilkundliche Kuranstalt. Dorthin ging Else Lasker-Schülers Sohn Paul 1922 zur Kur.*
365,34 bei einem Arzt] *Dr. Jollowicz aus Hellerau behandelte auch Else Lasker-Schülers Sohn Paul.*

## Aus dem Buch der drei Melochim

ÜBERLIEFERUNG. *E: Revolution. Nr. 5 vom 20. Dezember 1913 (Sondernummer für Otto Groß). – Auch enthalten in PT$^{1-2}$ (1914 [unter dem Titel* »*Das Buch der drei Abigails*«: »*Abigail I.*«*] und 1920 [unter dem Titel* »*Aus dem Buch der drei Abigails*«: »*Abigail der Erste*«*]).*

ERLÄUTERUNGEN. *Der Erstdruck in der* »*Revolution*« *ist, als Beitrag der* »*Sondernummer für Otto Groß*«*, der Befreiung von Otto Gross gewidmet. Auf der Titelseite veröffentlichte der Herausgeber der Zeitschrift, Franz Jung, folgende Erklärung:* Die Autoren dieses Heftes widmen ihre Beiträge Otto Groß und erheben gleichzeitig damit gegen dessen Internierung Protest. Dieses Heft, sowie das Otto Groß-Heft der »Aktion«, sind Manifeste der Eroberung. Dieses Unternehmen, ins Leben gerufen von Simon Guttmann und Franz Jung, wird zunächst auch in weiteren Publikationen die Befreiung von Otto Groß zur Aufgabe haben. *– Der Arzt und Psychoanalytiker Otto Gross (1877-1919), Sohn des damals bekannten Kriminologen Hans Gross, war von diesem mit Gewalt, angeblich wegen seiner Morphinsucht, in die Landesirrenanstalt Troppau eingeliefert worden. Eigentlicher Anlaß war wohl eine Studie über das Phänomen des Sadismus als dominantes Moment der familiären Struktur, die Otto Gross zu verfassen begonnen hatte. Durch die Proteste – auch die* »*Aktion*« *widmete dem Fall eine Nummer – kam Gross wieder frei. – Neben Else Lasker-Schüler beteiligten sich unter anderen auch Peter Baum, Erich Mühsam, Johannes R. Becher, Jakob van Hoddis und René Schikkele an der Sondernummer. – Auf einer Postkarte vom 28. Januar 1915 an Ida Lublinski betont Else Lasker-Schüler die Originalität der Fabel:* Ich muß dringend bitten mir sofort die mythologische

Stelle zu zeigen darin ein Dichter 20 Jahre oder auch nur ähnliches im Versteck seiner Mutter liegt. Ich erzählte Ihnen dann Pinskys Gespräch von der Emirstochter, die sich begraben ließ. Ich erfand das Gespräch, allerdings Sie reinzulegen. Auch das aber wußten Sie gelesen zu haben. Männer der alten Sprache und Literatur und Wissenschaften wie Prof. Otto in Frankfurt – fanden die Dinge so unbeschreiblich originell und gedichtet, daß ich damals für Abigail I 200 Mk Preis bekam von Wien. Lassen Sie so etwas daran ändern Sie und Herr Lublinsky nichts daß ich die Dichterin bin. *(H: DLA [90.36 ... /5].)* – »Melochim« *(hebr., in der mitteleuropäisch-aschkenasischen Aussprache): Könige. (In der neuhebr. Aussprache »Melachim«.)*

366,19 Adames] *Vgl. zu 332,34.*
366,20 Zebaothknaben] *Vgl. zu 33,13.*
366,30 hohe Lied Salomos] *Vgl. zu 128,23 und zu 44,21.*

## Plumm-Pascha

*ÜBERLIEFERUNG. E: Das Kinobuch (1914). S. 37-41.*

*VARIANTEN und LESARTEN.*
370,7 den] dem *(Druckfehler) E*

*ERLÄUTERUNGEN. Das Kinobuch enthält »Kinodramen« von Walter Hasenclever, Max Brod, Kurt Pinthus, Albert Ehrenstein, Paul Zech, Franz Blei und anderen. Im Vorwort zur Neuausgabe des Kinobuchs schreibt der Herausgeber Kurt Pinthus 1963 über die Entstehungsgeschichte:* Unter Führung der in mehrfacher Bedeutung gewaltigen Gestalt des zeusköpfig haar- und bartumwallten Dichters Theodor Däubler fuhren Franz Werfel, Walter Hasenclever, Albert Ehrenstein, Paul Zech, Else Lasker-Schüler, ich und einige mehr, ohne daß irgend etwas Besonderes dorthin lockte, nach Dessau, wo wir, durch die Straßen streifend, entdeckten, daß in einem jener kleinen Kinos, die man damals Ladenkinos, Flohkisten oder Schlauchkinos nannte (weil in leerstehende dunkle, lange Läden eingebaut) die Verfilmung eines bei Rowohlt erschienenen Romans von Otto Pietsch »Das Abenteuer der Lady Glane«

gezeigt wurde. Es war ein kurzer, billig und schlecht hergestellter Streifen; aber wir gewahrten hier eine Besonderheit, die wir für längst ausgestorben hielten: das kümmerlich untermalende Klaviergeklimper wurde durch die Stimme eines im prächtigsten Sächsisch die Handlung kommentierenden Erklärers übertönt: »Hier sähn mir Lahdy Glahne bei Nacht un Näbel ...« Mehr noch: der Mann hielt einen Zeigestock in der Hand, mit dem er gegen die Leinwand hin auf den Gang der Personen und der Ereignisse wies. / Dies kuriose Erlebnis verursachte lange und weitgreifende Diskussionen über den falschen Ehrgeiz des damaligen jungen Stummfilms, das ans Wort und die statische Bühne gebundene Theaterdrama oder den mit dem Wort schildernden Roman nachahmen zu wollen, statt die neuen, unendlichen Möglichkeiten der nur dem Film eigenen Technik sich bewegender Bilder zu nützen, und ich warf die Frage auf, was wohl jeder von uns, aufgefordert, ein Kinostück zu verfassen, produzieren würde.« *(Das Kinobuch. Hg. und eingeleitet von Kurt Pinthus. Dokumentarische Neu-Ausgabe des ›Kinobuchs‹ von 1913/14. Zürich 1963. S. 9f.) – In einem Brief vom 26. August 1913 unterrichtete Kurt Pinthus Else Lasker-Schüler: Das Kinobuch ist fertig und wird in etwa 2 Wochen erscheinen. Bitte sprechen Sie recht viel davon, damit es recht viel gekauft wird. (T: YUL, KWA.) – Vgl. auch »Der Grossmogul von Philippopel« aus »Die Nächte Tino von Bagdads« mit motivischen und inhaltlichen Ähnlichkeiten.*

**368,9** Ptah ⟨...⟩ Stiergott] *Ptah, in der ägyptischen Mythologie der universale Schöpfergott und Bildner der Welt, ist auch der Berufsgott der Handwerker und Künstler. Der die Sonnenscheibe auf dem Kopf tragende Stier Apis galt den Ägyptern als ›herrliche Seele‹ Ptahs. Der Stier wurde im alten Orient als Symbol der Stärke und Zeugungskraft allgemein verehrt. Im Alten Testament wird die Errichtung eines Stierbildes als Götzendienst und Abfall von Jahwe gebrandmarkt. Vgl. Hosea 8,4-6 und 10,5-15.*

**368,15** Dr. Eisenbart] *Vgl. zu 162,25.*

## Heinrich F. Bachmair ⟨Offener Brief⟩

*ÜBERLIEFERUNG. E: Die Aktion. Jg. 4 vom 24. Januar 1914. Sp. 87 f.*

*ERLÄUTERUNGEN. Der offene Brief erschien unter der Rubrik »Kleiner Briefkasten« als Reaktion auf den Abdruck zweier Briefe aus »Mein Herz« in dem 16seitigen Verlagsalmanach »Das zweite Jahr des Verlages Heinrich F. S. Bachmair in München und Berlin« (München: H. F. S. Bachmair 1913). Vgl. das Kapitel »Überlieferung« der »Briefe nach Norwegen«. Abgedruckt war hinter dem Brief über Richard Dehmel (257,1-6) der nur in der Buchfassung enthaltene und dort dem jenem Brief vorangehende Text, der mit den Worten endet:* Ich mag dich nicht mehr leiden. *(Vgl. Variante zu 256,19.) – Auf den offenen Brief reagierte Heinrich Bachmair in einem Brief an Else Lasker-Schüler vom 16. Februar 1914:* Dann möchte ich Sie noch bitten, an mich gerichtete Briefe, wenn Sie wirklich für mich bestimmt sind, auch an meine Adresse zu senden, und nicht an die Redaktion einer Zeitschrift. Erstens erreichen mich solche Briefe nur zufällig und sehr verspätet, mitunter, wie sich leider schon feststellen liess, überhaupt nicht. Und zweitens gibt so etwas leicht zu Missdeutungen Anlass. Z. B.: Wer sollte »eine Schwalbe in der Brust« haben??? Usw. *(T: [Durchschlag]: DLA [77.685/9].) Wahrscheinlich dazu äußerte sich Else Lasker-Schüler in einem undatierten Brief an Bachmair und beschwerte sich erneut über den Werbeabdruck:* Lieber Herr Bachmair, ich kann mir nicht vorstellen, daß Sie die Sachen, gerade diese letzte Sache aus mein Herz ausgesucht haben zur Reclame. Ich habe mich noch nie gemein geräcnt – und das sieht so aus gegen Herwarth Walden. Ich bin ihm absolut nicht feindlich, ich bedaure ihn nur. Ich muß es aber betonen und verzeihen Sie daß es Ihnen Unangenehmes bringen wird. Sie sind so ein feiner, lieber und guter Mensch, ich glaube niemals, daß Sie die Taktlosigkeit besitzen. *(H: DLA [77.684/2].) Vgl. auch zu 256,19. – Der Verleger Heinrich Franz Seraphikus Bachmair (1889-1960) gab in dem von 1911 bis 1914 unter seiner Leitung stehenden Verlag »Heinrich F. S. Bachmair« die erste Auflage von Else Lasker-Schülers »Mein Herz« und die Zeitschriften*

»Die Neue Kunst« und »Revolution« heraus, für die auch Else Lasker-Schüler Beiträge lieferte. 1951 siedelte Bachmair nach Ostberlin über, wo er später im Johannes R. Becher-Archiv tätig war.

371,21 Ratgeber] *Gemeint ist hier wohl Bachmairs Freund, der Schriftsteller Johannes R. Becher (1891-1958), welcher ihm beim Aufbau und bei der Führung des Verlags half. Mit der Herausgabe von Bechers* »Der Ringende. Eine Kleist-Hymne« *hatte Bachmair 1911 seinen Verlag gegründet. – Else Lasker-Schüler ließ Becher in ihrer Korrespondenz mit Bachmair häufig grüßen.*

371,27 Apotheke in Pasing] *Die Eltern Joseph und Elisabeth Bachmair betrieben in Pasing eine Apotheke. In einem Brief an Heinrich F. S. Bachmair vom 4. August 1912 schrieb Else Lasker-Schüler:* Ich werde Lakritz weißes und schwarzes in Ihrer Apotheke rauben. *(H: DLA [77.684/18]), und am 4. September 1912:* O, ist München schön! Ich komme dann in Ihre Apotheke und kaufe Lakritz. Ich komme als Araber verkleidet hin. *(H: DLA [77.684/23].)*


## Kleine Skizze

ÜBERLIEFERUNG. E: *Der Zeitgeist (Beiblatt zum* »Berliner Tageblatt«*). Nr. 29 (Beiblatt zu Jg. 43, Nr. 362 [Montags-Ausgabe]) vom 20. Juli 1914.*

ERLÄUTERUNGEN. *Das Schulheim Hellerau besuchte Else Lasker-Schülers Sohn Paul vom August 1913 bis zum Frühjahr 1915. – Vgl. auch die Essays* »Die Odenwaldschule«, »Ein Schulheim« *und* »Die rotbäckige Schule«.

372,4 Dalcroze] *Emile Jaques-Dalcroze; vgl. zu 365,9.*

372,18-19 Baron v. Münchhausen] *Karl Friedrich Hieronymus Freiherr von Münchhausen (1720-1797), der nach einem abenteuerlichen Leben gern die unglaublichsten Jagd-, Kriegs- und Reiseabenteuer erzählt haben soll, diente weiteren Schwankerzählungen um den ›Lügenbaron‹, sogenannten Münchhauseniaden, in zahlreichen Bearbeitungen als Vorbild.*

## Der Prinz von Theben

*ÜBERLIEFERUNG. E: PT¹ (1914). Eᵃ: JNUL, ELS (11:8). Vortragsexemplar Else Lasker-Schülers mit Varianten und folgenden eigenhändigen Leseanweisungen und -zusätzen:* Mugdagirem *(bei 377,19; 378,5; 378,17; 379,28);* klopfen *(bei 378,12);* leiernd *(bei 378,25);* knurren *(bei 382,11; 382,14);* nur flüstern *(bei 382,19-21);* singend *(bei 383,6). Blei. Eᵇ: JNUL, ELS (11:8). Vortragsexemplar Else Lasker-Schülers mit eigenhändigen Änderungen und folgenden Vortragszusätzen:* Min sali hihi, walli ki nahu hawa hatiman fi is hahi lalu fassun, [abelal] / Mugdagirem *(über 377,4);* Muktagirem *(bei 377,27; 378,5);* pochen! *(bei 377,32);* pochen *(bei 378,10-11);* leise *(bei 378,18-19);* Pause pochen *(bei 378,22);* schnell leiernd *(bei 378,25);* [pochen] *(bei 378,34)* Pause *(bei 378,35);* Mugtagiran *(bei 379,28);* Pause *(bei 379,30);* Muktagiran –/ lili ka uno geiru / gadivatin // biwila ja ti hi i i i *(nach 379,35);* hu u – [abbarebbi lachajare] *(über 380,4);* [laut!] *(bei 381,32-33);* abwehrend *(bei 382,2);* huhu *(bei 382,6; 382,7);* tö-ten *(bei 382,8);* heftig! leise *(bei 382,32);* hu!! *(bei 382,19)* hu u *(bei 382,21);* laut *(bei 382,31);* Boruch ato – hu *(unter 383,14);* affektierter *(394,32-34);* leise / Huuu – abbarebbi lajachare *(über 403,18);* Trillern *(bei 408,5-6). Blei, Tinte, roter Buntstift. D: PT² (1920). Dᵃ: JNUL, ELS (11:12). Handexemplar Else Lasker-Schülers mit eigenhändigen Änderungen (Blei) und Leseakzentuierungen (Blei und roter Buntstift). PDᴬ: Unser Weg 1919 (1918). S. 91 f. (Abigail I.). PDᴮ: Triumph der Liebe (1922). S. 349-353 (Der Fakir).*

*VARIANTEN und LESARTEN.*
W: Meinem Vater Mohammed Pascha / und seinem Onkel Pull *D* Meinem Vater Mohammed Pascha / und seinem *(1)* Onkel *(2)* Enkel | Pull *Blei Dᵃ* 377,2-3 Meiner / teuren Mutter] Meiner teuren Mutter *D* 377,4 oft] so oft *D* 377,10 führt] führt{e} *Eᵇ* 377,29 medizinisches,] [medizinisches,] *Eᵇ* 377,31 er] er sich *D* hervortrat] hervortat *D* 378,1 dem] den *D* 378,26 Söhne,] Söhne *D* 379,22 Ismael,] Ismaël *D* 379,31 Scheiks.] *(1)* Scheiks. *(2)* Scheiks und | *Eᵇ* 380,1 Der Amokläufer] Tschandragupta *D* 380,2-3 Auguste Ichenhäuser ⟨...⟩ Kameradschaft] Meinem Sohn

Paul *D* 380,10 Und] *(1)* Und *(2)* Doch | *E*$^b$ 380,11 Tschandraguptas] Tschandragruptas *(Druckfehler) E* 380,28 Aber] *(1)* Aber *(2)* Und | *E*$^b$ 380,29 Schaitân] Schaitan *D* 381,10 entfaltete] entfaltet *D* 381,11 ließ] läßt *D* 381,11-13 Schöpfer ⟨...⟩ sie] Schöpfer und beginnt *D* 381,12 weil] *(1)* weil *(2)* da | *E*$^b$ 381,13 bewahrt] bewahrt{e} *E*$^b$ 381,14 erinnerte] erinnert *D* 381,16 hinterging] *(1)* hinterging *(2)* enttäuschte, | *E*$^b$ hinterging und] *(1)* hinterging und *(2)* hinterging. Und | *E*$^a$ 381,16-17 hinterging ⟨...⟩ verfinsterten] hinterging, *D* 381,18 wurden] werden *D* versündigte] versündigt *D* 381,19 stieg] steigt *D* stolperte] stolpert *D* 381,20 saß] sitzt *D* 381,21 sehnte] sehnt *D* 382,25 wer] »wer *D* Schaitân] Schaitan *D* 382,26 bezwingen!] bezwingen!« *D* 382,33 Und] *(1)* Und *(2)* Doch | *E*$^b$ 383,16-17 Franz Marc / und Mareia] Franz Marc und Mareia *D* 383,28-29 mit dem] mit *D* 384,10 'aschûrâs] 'aschuras *D* 385,7 Lasttiere.] Lasttiere. Ich erzähle: *D* 386,18 Sterne .....] Sterne .... *D* 386,34 wäre] wär *D* 387,3 älteste] alte *D* 387,7 älteste] besessene *D* 387,21 ältesten] fiebernden *D* 388,1 Der Fakir] Der Fakir *Durchschuß* {Der Fakir von Aphganistan} *Tinte E*$^b$ 388,4-5 Die ⟨...⟩ Gesichter] *(1)* Die drei Lieblingstöchter des Emirs von Afghanistan heißen Schalôme, Singâle, Lilâme. Ihre Gesichter *(2)* Die Gesichter der drei Lieblingstöchter des Emirs von Afghanistan | *Tinte E*$^b$ 388,5 Schalôme ⟨...⟩ Lilâme.] *(1)* Schalôme, Singâle, Lilâme. *(2)* ? | *D*$^a$ 388,10 der] {....} der *Tinte E*$^b$ 388,10-11 gebrauchen.] gebrauchen. {....} *Tinte E*$^b$ 388,13 altersher] alters her *PD*$^B$ 388,15 uns;] uns, *D* 388,19 liegt] klebt *D* 388,29 Futter,] Futter *PD*$^B$ 388,31 lebendigen] [lebendigen] *D*$^a$ 388,34 fleht] steht *PD*$^B$ 388,35 Goldgrund.] Goldgrund. [–] *D*$^a$ 388,36 Schlafwandlerinnen] Schlafwandlerinnen, *PD*$^B$ 389,3 sich] sich, *PD*$^B$ 389,8 Singâle] Singâle {die jüngste der drei Schwestern} *Tinte E*$^b$ 389,11 vergißt] vergißt, *PD*$^B$ 389,32 seine] *(1)* seine *(2)* des Weißbarts Sohnes | *D*$^a$ 389,36 von ihm] [von ihm] *D*$^a$ 390,5 Singâle, Lilâme schlafen] *(1)* Singâle, Lilâme schlafen *(2)* u. ihren Schwestern schlafen | *Tinte E*$^b$ {mit} Singâle, {mit} Lilâme schlafen *D*$^a$ 390,6 Emirsgattin] Emirsgattin, *PD*$^B$ 390,7 Schalômens] Schalômes *D* 390,15 hat.] hat. {–} *D*$^a$ 390,20 Jahr] Jahre *D* 390,23 an,] an *PD*$^B$ 390,33 Hälften.] *(1)* Hälften. *(2)* Hälften! | *Tinte E*$^b$ tot.] *(1)* tot. *(2)* tot! | *Tinte E*$^b$ tot? *D* 391,2 vom] von *D*

391,7 wie zwei] zwei *D* 391,12 Blick.] Blick *(Druckfehler) E* 391,16 erdacht ..] erdacht ... *PD^B* 391,19 Abigail I.] Abigail I. *Durchschuß* {Karawanengeschichte *Absatz* Groteske *Absatz;* gezeichnet: ein Stern und eine Mondsichel} *Tinte E^b* Abigail der Erste *D* 391,20-21 Kete Parsenow / der Venus] Kete Parsenow der Venus *D o. W. PD^A* 391,28-29 hinauswuchs,] hinauswuchs *PD^A* 392,13 hohe] Hohe *PD^A* 392,15 Sohn] Sohn, *PD^A* 392,22 empfand] empfand, *D* 392,25 bildete,] bildete; *PD^A* 393,21 Abigail II.] Abigail der Zweite *D* 393,22-23 Karl Kraus / dem Cardinal] Karl Kraus dem Cardinal *D* 394,6 Gesandtschaft] Gesellschaft *D* 395,12 machte] mache *D* 395,27 Geschmeide, Nasenknöpfe] Geschmeiden, Nasenknöpfen *D* 396,18 Glücke] Glück *D* 396,19 Anzahl der] Anzahl *D* 396,38 Ozean] Ozean {des Tisches} *Tinte E^b* 397,3 Abigail] Abigails *D* 397,12 Abigail III.] Abigail der Dritte *D* 397,13-14 Professor ⟨...⟩ Jüngling] Professor Walter Otto dem großen Jüngling *D* 399,23 zur] zu *D* 399,27 entkräftigte] entkräftete *D* 400,23 Kriegs] Krieges *D* 401,1 Singa ⟨...⟩ Abigail III.] Singa, die Mutter des toten Melechs des Dritten *D* 401,2-3 Erik-Ernst ⟨...⟩ Gemahl] Erik-Ernst Schwabach und seinem Gemahl *D* 401,17 Und gesteinigt] Gesteinigt *D* 401,20 waren, die] waren die, *(Druckfehler) E* 402,18-20 Dem Venuskind ⟨...⟩ war] Dem Venuskind / als Kete Parsenow fünf Jahre alt war *D* 403,15-17 Hans ⟨...⟩ Angedenken] Hans Adalbert von Maltzahn / zum Angedenken *D* 403,21 Christen] *(1)* Christen *(2)* Ungläubigen | *Tinte E^b* 403,24 wie nennen doch] *(1)* wie nennen doch *(2)* Vergißmeinnicht | *Tinte E^b* 403,25 immer] immer, *D* 404,1 reichen] *(1)* reichen *(2)* abendländischen | *Tinte E^b* 404,9 lachten] lachen *D* 406,35 lachajare – – – – –] lachajare – – – – – – *D* 407,18 Erkühlung] Kühlung *D* 408,4 Krieger ....] Krieger ... *D* 408,9 harte] harte, *D* 408,11 u u u u u u u u] u u u u u u u u u *D* 408,15 lachajare .........] lachajare ....... *D*

*ERLÄUTERUNGEN. D widmet die Erzählerin Tino aus »Die Nächte Tino von Bagdads« ihrem Vater Mohamed Pascha (aus »Der Khedive«) und ihrem Sohn Pull (aus »Plumm Pascha«). – PD^B gibt unter »Quellenangabe und Nachbemerkungen« D als Quelle an. – In einem Brief vom 30. April 1913 an Franz und Maria*

*Marc schrieb Else Lasker-Schüler:* Mein arabisch Buch schick ich bald mit meinen Bildern an Wolff. Ich weiß nicht ob es nicht eine Frechheit ist, daß ich zu meinen Malbuchstaben solche Prachten deiner bunten Tierkönige mitsende als Geschenke meines Hofs. *(H: DLA [81.195/14].) – An Kurt Wolff am 5. August 1913:* Ich habe nun mein arabisch Buch fertig – Name: Der Prinz von Theben. Marc zeigte ich die Illustrationen; er ist nicht wenig entzückt. Wollen Sie es erwerben oder nicht? *(H: YUL, KWA.) – Wieder an Franz und Maria Marc in einem Brief vom 12. oder 22. August 1913:* Das Manuscript geht heute nach Leipzig ab – große Arbeit gehabt – bin nun leer und arm 〈...〉. 〈...〉 Dir und Mareia widme ich den Derwisch im neuen Buch. Ich nahm drei Karten, die blauen Pferde, das Zwergkälbchen und das Kriegspferd für mein Buch. Ist es dir auch recht? *(H: DLA [81.195/21].) Und am 10. Oktober 1913 an dieselben:* Aber Wolff hat mein neu Buch mit deinen Bildern, blauer Reiter und meinen Überhieroglyphen genommen, schon Vorschuß gemacht. Ich aß seit gestern früh so unmenschlich, als ob ich einen Wolff im Magen habe nun. *(H: DLA [81.195/22].) Doch nicht Wolff selbst, sondern sein Freund Erik Ernst Schwabach, dessen Verlag der Weißen Bücher dem Kurt Wolff Verlag eng verbunden war, verlegte schließlich das »Geschichtenbuch«, was Else Lasker-Schüler gegenüber Kurt Wolff mit den Worten beklagte:* Sire, wie Sie mich so schnell verkaufen konnten und liebten meine Verse doch? O, Welt! Und ich verehrte Sie ehrlich. *(Postkarte vom 25. Februar 1914. H: YUL, KWA.) »Der Prinz von Theben« erschien wohl noch im Sommer 1914, wie aus den Zeilen Else Lasker-Schülers an Karl Kraus vom 6. Juli 1914 hervorgeht:* Dieser Tage kommt der Prinz von Theben im Verlag die weißen Bücher Leipzig heraus. *(H: WStLB [157.912].) – »Der Prinz von Theben« vereinigt zwölf Erzählungen, von denen sieben bereits in Zeitschriften veröffentlicht wurden, bevor das »Geschichtenbuch« erschien. Die einzelnen Texte verklammert untereinander, abgesehen von dem »Buch der drei Abigails«, das drei zusammengehörige Episoden umfaßt, lediglich ihr orientalisches Ambiente. Die Handlungen finden in Bagdad, Jericho, Kairo, Konstantinopel, Afghanistan und Jerusalem statt, zur biblischen Zeit der Maria von Nazareth ebenso wie zur mittelalterlichen der Kreuzritter oder zur Zeit des europäischen Kolonialismus. Doch die historischen, geographischen und sonstigen vermeintlichen Fixpunkte haben, wie schon in dem Prosatext »Die Nächte Tino von Bagdads« (vgl. dort zum Kapitel »Erläuterungen«), meist keinen über die Textlogik hinausgehenden Bezug zu einer außertextuellen Realität, sondern dienen auch hier wieder in erster Linie der Evokation des Orientalischen als Geheimnisvoll-Fremden.*

377,1 Der Scheik] *Vgl. zur Erzählung »Mschattre-Zimt, der jüdische Sultan«.*

377,2-3 Meiner / teuren Mutter] *Vgl. zu 16,36.*

377,14 Enti] *Vgl. zu 108,13.*

377,28 Gesetztafel des Sinaï] *Vgl. zu 108,26.*

377,28-29 Bücher Mose] *Vgl. zu 108,27.*

377,29 medizinisches, naturwissenschaftliches Werk] *Vgl. zu 108,27-28.*

377,29-30 althebräischer Schrift] *Vgl. zu 108,28.*

378,4 einzige Gott] *Vgl. zu 109,3.*

378,16 Waschung] *Vgl. zu 109,15.*

378,23-24 zerriß mein Urgroßvater ⟨...⟩ seine Kleider] *Vgl. zu 63,18.*

378,24-25 schüttete Asche ⟨...⟩ Haar] *Vgl. zu 109,23-24.*

378,28-29 ärmste der Gemeinde] *Vgl. zu 109,27-28.*

380,1 Der Amokläufer] *Vgl. zur Erzählung »Der Amokläufer«.*

380,2 Auguste Ichenhäuser] *Auguste Ichenhäuser, eine Freundin Else Lasker-Schülers, hatte in München ein Atelier, in dem Else Lasker-Schüler während mindestens eines München-Aufenthalts wohnte. Von gemeinsamen ›Auftritten‹ Else Lasker-Schülers und »der Ichenhaeuser« im Mai 1911 in der Münchner Künstlerszene berichtet Erich Mühsam in seinen Tagebüchern; wahrscheinlich beziehen sich diese Passagen ebenfalls auf Auguste Ichenhäuser, nicht – wie in den Anmerkungen zu den Tagebüchern angegeben – auf die Berliner Frauenrechtlerin Eliza Ichenhaeuser. Vgl. Erich Mühsam, Tagebücher 1910-1924. Hg. und mit einem Nachwort von Chris Hirte. München 1994. – In D ist die Erzählung Else Lasker-Schülers Sohn Paul (vgl. zum Essay »Die rotbäckige Schule«) gewidmet.*

380,4 Tschandragupta] *Vgl. zu 129,8.*

380,11 Melechs] *»Melech« (hebr.): König.*

380,14 heidnisches Land] *Vgl. zu 129,17-18.*

380,18 Federkleid] *Vgl. zu 129,22.*

380,19 Jericho] *Vgl. zu 129,23.*

380,20 Engel] *Vgl. zu 129,24.*

380,29 Schaitân] *Vgl. zu 129,33.*

380,32 Schlôme] *Vgl. zu 112,16.*

381,12-13 Sternenvorhang, der die heiligen Gerätschaften bewahrt] *Vgl. zu 40,15.*

381,15 Zebaoth] *Vgl. zu 33,13.*

381,15 Weib im Paradies] *Vgl. zu 130,21.*

381,23 vielarmigen Götzen] *Vgl. zu 130,29.*

382,17 die Stadt sieht ⟨...⟩ ihr nacktes Angesicht] *Vgl. zu 73,8.*

382,23 verscheuchten Rosen] *Vgl. zu 131,29.*

382,34 salbt ihre Glieder wie zur Hochzeit] *Vgl. zu 132,2.*

383,11 hinter den Gittern] *Vgl. zu 132,17.*

383,15 Der Derwisch] *Vgl. zu »Der Derwisch« und zu 69,23.*

383,16-17 Franz Marc / und Mareia] *Zu Franz Marc und seiner Frau Maria Marc, geb. Franck, vgl. zum Essay »An Franz Marc«.*

383,18 englischen Damen] *Vgl. zu 116,2.*

383,19 Gräberstraße] *Vgl. zu 116,3.*

383,19 heiligen Katzen] *Vgl. zu 73,36.*

383,26-27 lammblutenden Hirtenrock ⟨...⟩ brachten] *Vgl. zu 116,10-11.*

384,3 Ismael] *Vgl. zu 110,21.*

384,5 schaumgeronnen] *Vgl. zu 116,23.*

384,10-11 Jom 'âschûrâs ⟨...⟩ des Monats Muharram] *Vgl. zu 116,28-29.*

384,11 Blut der Stadt] *Vgl. zu 116,29.*

384,11-12 Enkel Mohammeds ⟨...⟩ Kerbela getötet wurde] *Vgl. zu 116,29-30.*

384,17-18 Juden ist das Menschvergießen ein Greuel] *Vgl. zu 116,35.*

384,30 weiße Taube Mohammeds] *Vgl. zu 117,11-12.*

385,5-6 vertauschte den Prinzessinnenschleier ⟨...⟩ Rock der Weide] *Vgl. zu 117,24-25.*

385,7 Abba] *Vgl. zu 117,27.*

385,8 Rebb] *Vgl. zu 117,27.*

385,9 Amm] *Vgl. zu 117,29.*

385,15 Zeit des segnenden Himmels] *Vgl. zu 117,34-35.*

385,27 Koran] *Vgl. zu 87,27.*

386,17 Ein Brief meiner Base Schalôme] *Vgl. die Erzählung »Ein Brief meiner Base Schalôme« und zu 112,16.*

386,29 Verbotene Fleische] *Vgl. zu 170,6.*

386,29-30 murmelnde Getränke] *Vgl. zu 113,16.*

386,33 Mannakuchen] *Vgl. zu 170,10.*

388,1 Der Fakir] *Vgl. die Erzählung »Der Fakir«.*

388,2-3 Dem Prinzen von Moskau / Senna Hoy] *Vgl. zum Essay »Senna Hoy †«.*

388,27-28 altsyrische Nase ⟨...⟩ jüdischen Stämme verunglimpfte] *Vgl. zu 113,4-5.*

389,9 Chân] *Vgl. zu 113,23.*

390,1-2 Paradies unter den Lebensbäumen] *Vgl. zu 114,15-16.*

390,8 Veitstanz] *Vgl. zu 114,22.*

390,27-28 Ablösung des Häutchens ⟨...⟩ verbindet] *Vgl. zu 115,3-4.*

391,2 Narden] *Vgl. zu 115,16.*

391,18-19 Das Buch ⟨...⟩ Abigail I.] *Vgl. zu der Erzählung »Aus dem Buch der drei Melochim / I. Abigail«.*

391,20 Kete Parsenow] *Vgl. zum Essay »Kete Parsenow«.*

392,2 Adames] *»Adam« (hebr.): Mensch.*

392,3 Zebaothknaben] *Vgl. zu 33,13.*

392,13 hohe Lied Salomos] *Vgl. zu 128,23 und zu 44,21.*

393,22 Karl Kraus] *Vgl. zum Essay »Karl Kraus«.*

393,26 Arion-Ichtiosaur] *Vgl. zu 309,10.*

393,33 Monats Jisroël] *Einen arabischen Monatsnamen Jisroel, der mitteleuropäisch-aschkenasischen Form von »Israel« (hebr.: Gottstreiter, der Ehrenname für Jakob nach seinem Kampf mit dem Engel; vgl. 1. Mose [Genesis] 32,29) gibt es nicht.*

394,27 Wendekreis des Affen] *Die beiden Wendekreise, der des Krebses und der des Steinbocks, sind die beiden nördlich und südlich vom Äquator gelegenen äußersten Parallelkreise an der Sphäre, an der die Sonne ihre scheinbare Bewegungsrichtung umkehrt.*

395,3 Schöpfungsgeschichte] *Mit den beiden Schöpfungsberichten (vgl. 1. Mose [Genesis] 1,1-2,24) beginnt das Alte Testament.*

395,4-5 Söhne Adam und Evas] *Kain und Abel; dieser wird von jenem erschlagen. Vgl. 1. Mose (Genesis) 4.*

395,32-33 Feuersäule, die ihrer Schar voranschritt] *In Gestalt einer*

Feuersäule führt Jahwe sein Volk beim Auszug aus Ägypten durch die Wüste. Vgl. 2 Mose (Exodus) 13,21.

395,34 Marjam] *Mirjam (hebr.: Seherin, Herrin), in der griechisch/ lateinischen Form Maria, die Mutter Jesu.*

397,12 Abigail III.] *Die Geschichte um Jussuf, den Melech von Theben, und seinen Lieblingshäuptling Salomein weist inhaltlich und motivisch zahlreiche Parallelen zu »Briefe und Bilder« und zu »Der Malik« auf.*

397,13 Walter Otto] *Der Professor der alten Geschichte Walter Gustav Albrecht Otto (1878-1958) war in zweiter Ehe mit Else Lasker-Schülers Freundin Kete Parsenow verheiratet.*

397,28-31 Fürst Marc ⟨...⟩ Ziegen] *Der »Blaue Reiter Franz Marc« oder »Ruben von Cana« fungierte in den »Briefen und Bildern« als Adressat des Erzählers Jussuf, welcher im Verlauf der Erzählung zum Malik gekrönt wird. Der kurze Hinweis auf »Fürst Marc ben Ruben von Cana« stellt einen Zusammenhang zu den drei in der Erstausgabe des »Prinz von Theben« erschienenen Aquarellen Franz Marcs her (vgl. das Kapitel »Selbständige Buchveröffentlichungen 1906-1920«). Die Aquarelle sind Teil der Postkartenkorrespondenz zwischen Else Lasker-Schüler und Franz Marc; auch für ihren Sohn Paul schrieb und malte Franz Marc einige Postkarten. Vgl. auch zu »Briefe und Bilder«.*

397,33 Siouxindianer] *Das Porträt »Der Siouxindianer« aus der Buchveröffentlichung des »Prinz von Theben« von 1914 (vgl. das Kapitel »Selbständige Buchveröffentlichungen 1906-1920) trägt die Züge des lieben Sioux Marsden Hartley, dem Else Lasker-Schüler in den Gesammelten Gedichten von 1919 und 1920 das Gedicht »Sterne des Tartaros« (vgl. KA, Bd. 1, Nr. 31) widmete. – Der amerikanische Maler Marsden Hartley (1877-1943) unternahm seine erste Reise nach Deutschland im Januar 1912; im Mai desselben Jahres kehrte er wieder, um in Deutschland zu malen, und blieb bis zum November 1913. In dieser Zeit lernte er Gabriele Münter, Wassily Kandinsky und Franz Marc kennen, mit denen er 1913 am »Ersten Deutschen Herbstsalon« in Berlin teilnahm. Marsden Hartleys Deutschlandimpressionen schlugen sich künstlerisch unter anderem in Abstraktionen nieder, die in leuchtenden Farben Symbole für den militärischen Pomp des Deutschland vor dem Ersten Weltkrieg mit nordamerikanischer Indianermotivik verknüpften*. – *Else Lasker-Schüler hatte Marsden Hartley über Franz Marc kennengelernt.*

**397,33-34** ersten Judenmelech Saul] *Vgl. zu 110,22.*

**397,35-398,1** Bundeslade] *Das zentrale Heiligtum des israelitischen Stämmebundes gelangte nach wechselhaftem Schicksal durch David nach Jerusalem und wurde von Salomo in den Tempel eingestellt, bei dessen Zerstörung 586 v. Chr. sie vermutlich verlorenging. Vgl. auch zu 40,15.*

**398,14** Ich möchte ›Ihn‹ einmal sehen] *Obwohl das Alte Testament vermittelt, der Mensch könne Gott nicht schauen, ohne zu sterben (vgl. Jesaja [Jesaia] 6,5), berichtet es, daß Jahwe seinen Erwählten erschien, um ihnen seine Gunst zu bezeugen; seine (menschliche) Gestalt aber wird nicht beschrieben (vgl. z. B. 1. Mose [Genesis] 12,7 und 2. Mose [Exodus] 13,21 f.). Lediglich von Jakob heißt es, er habe Jahwe von Angesicht gesehen. Vgl. 1. Mose (Genesis) 32,31.*

**398,15-16** salbte sechs der wilden Juden zu Häuptlingen] *Das Alte Testament erwähnt Salbungen zu Priestern, Königen und Propheten; vgl. z. B. 1. Könige (Regum I) 19,16. Der Messias ist der Gesalbte des Herrn.*

**398,26** Eden] *Vgl. zu 319,9.*

**398,27-28** boten den Kriegern Liebesharz feil] *Bei Morgenländern beliebte Harze zum Räuchern im Gottesdienst und zum Salben und Parfümieren im Haushalt wurden meist aus Arabien oder durch Vermittlung arabischer Händler aus Indien oder Afrika eingeführt.*

**398,30** Pison] *Einer der vier Paradiesflüsse. Vgl. 1. Mose (Genesis) 2,11.*

**398,34** Heiden] *Vgl. zu 129,17-18.*

**399,16** Verbot des Gesetzes] *Das zweite Verbot im Dekalog, die Bilderanbetung, umfaßte in der nachexilischen Zeit neben der Anfertigung von Jahwebildern und der Verehrung fremder Gottheiten auch jede Abbildung von Menschen und Tieren.*

**399,18** Lapis] *(Lat.): Stein.*

**399,29** Leila] *»Prinzessin Leila« nennt Else Lasker-Schüler Lucie Georgine Leontine von Goldschmidt-Rothschild (1891-1977) in der dieser gewidmeten Handschrift der »Hebräischen Balladen« (vgl. KA, Bd. 1.2, S. 8 f.).*

401,2 Erik-Ernst Schwabach] *Der Schriftsteller, Verleger, Redakteur und Mäzen Erik-Ernst Schwabach (1891-1938), dem »Das Buch der drei Melochim« gewidmet ist, leitete zusammen mit Kurt Wolff den »Verlag der weißen Bücher« und war Redakteur der »Weißen Blätter«. Er verfaßte, meist unter dem Pseudonym »Sylvester«, Dramen, Romane und Novellen. Vgl. auch Else Lasker-Schülers Schrift »Ich räume auf! Meine Anklage gegen meine Verleger« (1925). – Auf einer Postkarte an Franz und Maria Marc vom 14. November 1913 schreibt Else Lasker-Schüler über »Der Prinz von Theben«:* Buch mit Deinen Bildern kommt bald raus. Erik Schwabach ist so entzückt davon. *(H: DLA [81.195/26].)*

402,17 Maria von Nazareth] *Maria, die Mutter Jesu, stammt aus Nazareth in Galiläa.*

402,27 altnazarenisch-hebräisch] *Eine solche Sprache gibt es nicht.*

403,1-11 Abba ta Marjam ⟨...⟩ sijab.] *Als* klein altaramäisches Kinderliedchen *wird das lautmalende Gedicht mit deutscher ›Übersetzung‹ im »Hebräerland« (1932) zitiert.*

403,1-13 Träume, säume ⟨...⟩ Blaukleide] *Vgl. das Gedicht »Maria« (KA, Bd. 1, Nr. 101).*

403,14 Der Kreuzfahrer] *Vgl. die Erzählung »Der Kreuzfahrer«.*

403,15-16 Hans Adalbert / von Maltzahn] *Hans Adalbert Freiherr von Maltzahn (1894-1934), Sohn eines kaiserlichen Generals, distanzierte sich nach dem Ersten Weltkrieg, aus dem er als Offizier zurückgekehrt war, von seiner Familie. Er betätigte sich als Schriftsteller und Journalist; nach dem Ersten Weltkrieg lebte er zunächst in Südamerika, später in Paris, wo er als Korrespondent für die »Vossische Zeitung« und den »Vorwärts« bis zu seinem frühen Tod lebte. Er war ein guter Freund Else Lasker-Schülers. Sie schrieb ein Gedicht über ihn und widmete ihm weitere Gedichte. Vgl. KA, Bd. 1, Nr. 274.*

403,19 Muselblumen] *Vgl. zu 139,25.*

404,28-29 Ichneumon von Ueskü b] *Vgl. zu 137,25-26.*

404,35-36 Taube Mohammeds] *Vgl. zu 117,11-12.*

405,3 Sinai] *Vgl. zu 73,29.*

405,4 Klageweiber] *Vgl. zu 73,34.*

405,32-33 aufgehangen ⟨...⟩ Baum nicht wiederfinden] *Vgl. zu 138,29-30.*

406,1 Kaiser Conradin] *Vgl. zu 138,36.*
406,12-13 Ismael-Hamed-Mordercheis] *Vgl. zu 139,9-10.*
406,26-27 Sprüche des Korans] *Die Suren; vgl. zu 87,27.*
406,28 Mekka und Medina] *Vgl. zu 139,25-26.*
406,29 Jemen] *Großlandschaft im Südwesten der Halbinsel Arabien.*
406,29 Tyrus] *Vgl. zu 139,26.*
406,29 Beduinen] *Vgl. zu 139,26.*
406,29 Ninive] *Vgl. zu 139,27.*
406,30 Philister] *Vgl. zu 139,28.*
406,30-31 Edomiter] *Vgl. zu 139,28.*
406,31 Amoniter] *Vgl. zu 139,28.*
406,31 Hethiter] *Vgl. zu 139,28.*
406,31 Stämme der Juden] *Vgl. zu 139,28-29.*
406,31 Chaldäer] *Aramäische Stammesgruppe in Südbabylonien.*
406,32 Sadduccäer] *Vgl. zu 139,29.*
406,32 Judäer] *Vgl. zu 139,29.*
406,32 Davids]*Vgl. zu 139,29.*
406,32 Leviten] *Vgl. zu 139,30.*
406,33 hohen Jehovapriester] *Vgl. zu 139,30.*
406,33 Talmudgelehrte] *Vgl. zu 139,31.*
406,34 Damaskus] *Vgl. zu 139,31.*
407,25 aus Tausend und einer Nacht] *Vgl. zu 32,5.*

## Senna Hoy †

ÜBERLIEFERUNG. E: *Frankfurter Zeitung und Handelsblatt. Jg. 60, Nr. 283 (Zweites Morgenblatt) vom 12. Oktober 1915. S. 1. D¹: Prager Tagblatt. Jg. 40, Nr. 288 (Morgen-Ausgabe) vom 17. Oktober 1915 (Unterhaltungs-Beilage Nr. 40). D²: GG¹ (1917). S. 145f. D³: GG² (1919). S. 147f. D⁴: GG³ (1920). S. 147f.*

VARIANTEN *und* LESARTEN.
*Ti:* Senna Hoy †. *D¹* 411,2 Rußland] Rußland *D²⁻⁴* 411,11 es] es, *D²⁻⁴* 411,17 erlag] erlag, *D³⁻⁴* 411,18 totkranken] todkranken *D²* 411,19 Feldherr,«] Feldherr«, *D³⁻⁴* 411,20 Hügel] Hü-

gel, $D^{2-4}$   411,22 Zehen] Zehen, $D^{2-4}$   412,28 diesem Hügel] deinem Grabe $D^{2-4}$   412,5 mir] mir, $D^{2-4}$

ERLÄUTERUNGEN. Die »Gesammelten Gedichte« lassen dem Prosatext das Gedicht »Senna Hoy« unter einem eigenen Titel als selbständigen Text folgen; zur weiteren Überlieferung dieses Gedichts vgl. KA, Bd 1.2, Nr. 239. – Senna Hoy (eigentlich: Johannes Holzmann) (1882-1914), dem Else Lasker-Schüler sein anagrammatisches Pseudonym verliehen hatte, knüpfte schon als Zwanzigjähriger nach einer abgebrochenen Lehrerausbildung Kontakte zur Berliner Boheme. 1903 gründete er einen »Bund für Menschenrechte«, dem er 1904 mit der von ihm herausgegebenen Zeitschrift »Kampf« eine publizistische Plattform schuf. Um 1905 schloß er sich der »Anarchistischen Föderation Deutschlands« an; im gleichen Jahr noch floh er in die Schweiz, um sich einem Gerichtsurteil zu viermonatiger Haft wegen »Nötigung einer Amtsperson« zu entziehen. 1907 reiste er nach Rußland, wo er nach zwei Monaten verhaftet und bis zu seinem Tod im Zuchthaus gefangengehalten wurde. Als der inhaftierte Senna Hoy 1913 schwer erkrankte, bemühte sich Else Lasker-Schüler vergeblich um seine Befreiung und besuchte ihn im November des Jahres im Moskauer Gefängnis, was ihr durch die verwandtschaftlichen Beziehungen ihrer Freundin Marianne von Werefkin zum Petersburger Hof gelang. Der schwerkranke Senna Hoy starb am 28. April 1914; am 11. Mai 1914 wurde er in Berlin-Weißensee in Anwesenheit von Else Lasker-Schüler beigesetzt.


⟨Fritz Huf⟩

ÜBERLIEFERUNG. E: Zeit-Echo. H. 1 (1915/16). S. 9f. $D^1$: $GG^1$ (1917) S. 209f. $D^2$: $GG^2$ (1919). S. 213f. $D^3$: $GG^3$ (1920). S. 213f. $D^4$: Ess (1920). S. 23f.

VARIANTEN und LESARTEN.
Ti: Fritz Huf $D^{1-4}$   Wi: (Seiner lieben Mutter und seinem Vater Hans Sachs) $D^{1-3}$   413,8 der] er $D^{2-3}$   413,10 böser] Böser $D^4$ 413,12 Mechtild] Mechthild $D^4$   413,20 Prinz] Prinz. *Absatz* Fritz

Huf entpuppte sich nach einer reichen Heirat als ein Emporkömmling. *D*²⁻³

ERLÄUTERUNGEN. *Der Erstdruck im »Zeit-Echo« erschien mit der redaktionellen Vorbemerkung:* Kaum über den Bildhauer Huf, aber in der Erinnerung an ihn schrieb Frau Lasker-Schüler diese Phantasie, – die vielleicht doch eine Kritik ist. *– Gegenüber Hanns Hirt äußerte sich Else Lasker-Schüler etwa Ende Mai 1915 brieflich über Fritz Huf und ihren Essay:* Ich les Ihnen dann den Essay vor, der künstlerisch stimmt, aber menschlich nicht. Ich glaube nun immer mehr, daß der Mensch nur der Tunel zu seiner Kunst ist – was außen wächst, das merkt oft der Künstler selbst nicht. Butterblumen, Rhabarber; Schlingpflanzen wäre schon edlere Spezie. *(H: Harvard University Cambridge [Mass.], The Houghton Library [Ms Ger 166].) – Die Widmung an seinen Vater Hans Sachs bezieht sich vielleicht tatsächlich auf den deutschen Meistersinger und Dichter (1494-1576). – Der Schweizer Bildhauer, Maler und Zeichner Fritz Huf (1888-1970) lebte 1912-1914 in Frankfurt am Main und 1914-1923 in Berlin. 1918 heiratete er Natalie Fürstenberg. Zu Beginn der 30er Jahre lernte er Picasso kennen. 1940 kehrte er in die Schweiz zurück; ab 1952 lebte er in Italien. – Einen Namen machte sich Fritz Huf vor allem mit Bildnisbüsten, so von Rainer Maria Rilke, Theodor Däubler, Walther Rathenau, Franz Werfel u. a. Die Bronzebüste Else Lasker-Schülers, auch Gegenstand einer Postkarte Paul und Else Lasker-Schülers an Fritz Huf vom 30. Mai 1914 (H: DLA [92. 51. 441]), ist verschollen. 1913 wurde im Frankfurter Kunstverein eine Ausstellung mit Werken Fritz Hufs veranstaltet, die auch die Büste Else Lasker-Schülers zeigte. Kasimir Edschmid erwähnt sie 1916 in seinem Aufsatz »Der Bildhauer Fritz Huf« (in: Die Rheinlande. Jg. 16 [Bd. 26], H. 5 vom Mai 1916. S. 157-164).*

**412,12-13** Maler Starke] *Der Bühnenbildner, Graphiker und Schriftsteller Ottomar Starke (1886-1962) studierte 1905/06 als Schüler M. Dasios in München und arbeitete 1911/12 als Bühnenmaler am Hof- und Nationaltheater in Mannheim, dann in Frankfurt und Düsseldorf. Ab 1922 war er als künstlerischer Berater am Landestheater in Darmstadt tätig. Viele seiner Zeichnungen wurden in Paul Cassirers Zeitschrift »Der Bildermann« veröffent-*

licht. – *Über einen Abend mit Franz Pollak, Hans Arp, Franz Werfel, Fritz Huf und Else Lasker-Schüler berichtet Starke in seinen Erinnerungen »Was mein Leben anlangt« (Berlin: Herbig 1956. S. 53). – Fritz Huf fertigte von ihm eine Porträtbüste an.*

412,29 Mazdaznan] *Der Name Mazdaznan (nach der iranischen Sprache Pehlewi »mazdah«: Gedächtnis) bezeichnet ein System der Lebensführung, das universales Heil durch planmäßige Evolution verkündet. Die arische Rasse, der auch die Semiten angehörten, habe das Friedensreich auf Erden mittels vegetarischer Ernährung, Selbsterkenntnis und -beherrschung, Körperpflege und rhythmischer Atemkultur zu errichten.*

413,9 Wegeners] *Der Schauspieler Paul Wegener (1874-1948) war 1906-1920 Charakterdarsteller an Max Reinhardts Deutschem Theater und 1938-1945 am Schillertheater. Als Filmschauspieler und -regisseur wirkte er an der künstlerischen Entwicklung des deutschen Stummfilms mit.*

413,12 Mechtild Lichnowsky] *Die Schriftstellerin Mechtilde Fürstin Lichnowsky (1879-1958) schrieb Romane, Erzählungen, Essays und Aphorismen.*

413,13-14 Doktor Blei] *Der promovierte Schriftsteller Franz Blei (1871-1942) machte sich als Übersetzer und als Herausgeber erlesener Zeitschriften einen Namen. Mit seinem »Großen Bestiarium der modernen Literatur« (1920) gab er eine satirische Darstellung der Gegenwartsliteratur. 1933 emigrierte er und lebte die letzten Jahre in New York.*

413,16 Rütli] *Bergwiese auf einer Terrasse am Ufer des Vierwaldstätter Sees im Schweizer Kanton Uri, wo 1291 der »Rütli-Schwur« gesprochen worden sein soll. Das Ereignis wurde durch Schillers Schauspiel »Wilhelm Tell« populär.*

## An Franz Marc

ÜBERLIEFERUNG. E: *Berliner Tageblatt.* Jg. 45, Nr. 126 (Morgen-Ausgabe) vom 9. März 1916. D$^1$: *Prager Tagblatt.* Jg. 41, Nr. 79 vom 19. März 1916, Unterhaltungsbeilage Nr. 12. D$^2$: *Das Reich. Vierteljahresschrift.* 1. Jahr, Buch 2, Juli 1916. S. 253f. D$^3$: GG$^1$ (1917). S. 215f. D$^4$: GG$^2$ (1919). S. 220f. D$^5$: GG$^3$ (1920). S. 220f. D$^6$: *Die Kuppel* (1920). S. 109-111.

*VARIANTEN und LESARTEN.*
Ti: Franz Marc $D^{2-6}$   413,25 unverstandene] unverstandenen $D^{2-6}$
413,27 sein] sein, $D^{4-5}$   413,28 gutes] Gutes $D^{4-5}$   413,29 tust
du mir.] tust du mir. $D^{2-6}$   413,30 An ⟨...⟩ seinen] Er ist gefallen.
Seinen $D^{2-6}$   414,1 Himmel] Himmel $D^{2-6}$   414,7 Wir schreiten]
Schreiten $D^{2-6}$   414,9 irgend einen] irgendeinen $D^{4-6}$   414,15 reinen] reinen $D^{2-6}$   414,16 Gazelle] Gazell $D^{2-6}$   414,20 gehüllt]
gehüllt, $D^{2-6}$   heim] heim, $D^{2-6}$   414,22-25 »Grüße ⟨...⟩ Hund.«]
*fehlt* $D^{2-6}$   414,32 ein] mein $D^{2-6}$   414,33 totverhütenden] todverhütenden $D^{4-6}$   blonden] teuren $D^{2-6}$   Weibes.] Weibes $D^6$
414,36 stillen] stillenden $D^{2-6}$

*ERLÄUTERUNGEN. Den Maler Franz Marc (1880-1916) lernte
Else Lasker-Schüler im Dezember 1912 in Berlin kennen, nachdem
dieser im »Sturm« (Jg. 3, Nr. 125/126 vom September 1912.
S. 133) einen Holzschnitt zu ihrem Gedicht »Versöhnung« (vgl.
KA, Bd. 1, Nr. 168) veröffentlicht hatte. Schon im Januar 1913
besuchte Else Lasker-Schüler Franz Marc und Maria Franck (geb.
1876), die im Juni 1913 heirateten, in Sindelsdorf. – Im Dezember
1911 hatten Franz Marc und Wassily Kandinski eine Ausstellung
»Der Blaue Reiter« veranstaltet, aus der die gleichnamige Münchner Künstlergruppe hervorging. Aus der Freundschaft und der
Korrespondenz Else Lasker-Schülers mit Franz und Maria Marc
entstanden die »Briefe und Bilder«. – Am 4. März 1916 fand Franz
Marc bei Verdun den Tod. Vgl. auch das Kapitel »Erläuterungen«
der »Briefe und Bilder«.*

413,24 der, welcher die Tiere noch reden hörte] *Adam und Eva im
Paradiesgarten Eden konnten die Sprache der Tiere verstehen. Vgl.
1. Mose (Genesis) 3,1-5.*

413,27-29 was du ⟨...⟩ gutes tust, tust du mir] *Vgl. Matthäus
25,40.*

413,32-33 Geschichte im Talmud ⟨...⟩ weinte] *Möglicherweise in
bezug auf die Talmudstelle Brachot 3a: »Raw Jizchak, Schmuels
Sohn, sagte im Namen Raws: Drei Wachen hat die Nacht, und um
jede einzelne Wache sitzt der Heilige, gelobt sei er, und brüllt wie ein
Löwe und spricht: Wehe den Söhnen, daß ich um ihrer Verschuldung willen mein Haus zerstöre, meinen Tempel verbrannte und sie
unter die Völker der Welt verbannte.« Vielleicht auch bezogen auf*

*die Talmudstelle Taanit 29 a: »Gott klagt wie der Prophet«, die sich wiederum auf Jesaja 22,4 bezieht: »Darum sage ich: ›Blicket weg von mir, ich muß bitterlich weinen; bemüht euch nicht, mich zu trösten ob dem Untergang der Tochter meines Volkes!‹« – Vgl. auch »Die Sagen der Juden«. Gesammelt von Micha Josef Bin Gorion. Frankfurt a. M. 1962 (1. Auflage 1913). S. 718:* In der Stunde, da Israel vertrieben, der Tempel verwüstet und der Hohe Rat vernichtet wurden, saß auch der Herr weinend und betrübt da; er stimmte ein Klagelied an und jammerte über sie. Er sprach: Mein Zelt ist zerstört, und die Feinde sitzen darinnen. Mein Heiligtum ist zuschanden, und ich sitze da und schweige! Aber was kann ich tun? Das Maß der Strenge ist mächtiger als ich. *Zum Begriff des Talmuds vgl. zu 139,31.*

**414,27-38** Franz Marc ⟨...⟩ Soldaten.] *Vgl. KA, Bd. 1, Nr. 248.*

## Rudolf Schmied

ÜBERLIEFERUNG. *E: Die Aktion. Jg. 6, Nr. 39/40 vom 30. September 1916. Sp. 551. D¹: GG¹ (1917). S. 127 f. D²: GG² (1919). S. 129 f. D³: GG³ (1920). S. 129 f. D⁴: Ess (1920). S. 27 f.*

VARIANTEN *und* LESARTEN.
**415,3** genau] genaue *D⁴*   **415,11** jagt] jagd *D⁴*   **415,19** Bohême] Boheme *D⁴*

ERLÄUTERUNGEN. *Dem Erstdruck in der »Aktion« ist eine Zeichnung Paul Lasker-Schülers beigefügt. Sie steht über dem Text und zeigt das Porträt Rudolf Schmieds im Profil. – Der deutschargentinische Schriftsteller Rudolf Johannes Schmied (1878-1926) war ein Original der Berliner Künstlerszene. Sein Jugendbuch »Carlos und Nicolàs' Kinderjahre in Argentinien« (Berlin 1912) handelt von den Abenteuern zweier in Argentinien geborener und aufwachsender Kinder deutscher Kolonisten. – Herwarth Walden bescheinigt ihm im »Sturm« (Jg. 2, Nr. 59 vom 15. April 1911. S. 472) wenig literarisches Talent, aber menschliche Qualitäten. – Erich Mühsam bemerkt in seinen »Unpolitischen Erinnerungen« (Berlin 1958):* Er hat nur zwei kleine Bücher geschrieben, seine

Kindheitserlebnisse, und hinter diesen feinen, klugen, zarten und humorvollen Geschichten von Carlos und Nikolas vermutet niemand als Verfasser einen ewig besoffenen, immer glücklichen und doch stets seinem Glück mißtrauenden, die Realität des Lebens aufs tiefste verachtenden Künstlermenschen. *(S. 134 f.)* – *Ausführliche Erwähnung findet Rudolf Johannes Schmied in Leonhard Franks Roman »Links wo das Herz ist« (München: Nymphenburger 1952. S. 82-84, S. 100-105, S. 116-118) und in John Höxters »Erinnerungen« »So lebten wir« (1929. S. 27-32; vgl. zu 189,30).*
415,4-5 alten Café des Westens] Vgl. zum Essay »Unser Café«.
415,5 Stephanie] *»Wiener Café Stefanie«; Künstlercafé in München-Schwabing.*

## Kinderzeit

ÜBERLIEFERUNG. E: *Frankfurter Zeitung und Handelsblatt. Jg. 61, Nr. 90 (Zweites Morgenblatt) vom 1. April 1917. S. 1.* $D^1$: *GG$^1$ (1917). S. 29-36.* $D^2$: *GG$^2$ (1919). S. 29-36.* $D^3$: *GG$^3$ (1920). S. 29-36.* $D^4$: *Ge$^2$ (1920). S. 9-16.* $D^5$: *Konzert. Berlin 1932. S. 27-35.*

VARIANTEN und LESARTEN.
Ti: Meine Kinderzeit $D^{1-5}$   W: Hänschen Schickele in Liebe $D^{1-3}$ (Hänschen Schickele in Liebe) $D^4$   415,29 Schaukel.] Schaukel, $D^4$   416,6 Alfred Baumann] Walter Kaufmann $D^5$   416,7 »Unsinn«.] »Unsinn«! $D^5$   416,13 garnicht] gar nicht $D^{2-3}$   416,26 Du] du $D^{2-3}$ $D^5$   416,27 »Wa?«] »Was?« $D^{1-3}$ $D^5$   416,29 »Pülle,«] »Pülle«, $D^5$   Du] du $D^{2-3}$ $D^5$   Dir] dir $D^{2-3}$ $D^5$   416,20 Dir] dir $D^{2-3}$ $D^5$   416,32 überstürzend] überstürzend, $D^4$   416,35 Dir] dir $D^{2-3}$ $D^5$   416,36 Du] du $D^{2-3}$ $D^5$   Dir] dir $D^{2-3}$ $D^5$   417,5 Ihr] ihr $D^{2-3}$ $D^5$   417,6 herauf kommen] heraufkommen $D^4$   Ihr] ihr $D^{2-3}$ $D^5$   Ihr] ihr $D^{2-3}$ $D^5$   417,7 Masern] Windpocken $D^{2-4}$   417,19 abzogen] abgezogen $D^{1-5}$   417,27 Alfred Baumann] Walter $D^5$   417,27-28 jedes Mal] jedesmal $D^{2-3}$   417,31 Alfred] Walter $D^5$   417,35 irgend eine] irgendeine $D^{2-3}$   417,38 meinem] meinen $D^{1-5}$   418,3 Seraphine] Seraphine, $D^{2-3}$   418,7 zeigend] zeigend, $D^{2-3}$   Kaufmann] Kaufmann, $D^{2-3}$ $D^5$   418,8 auf«.] auf.« $D^5$

418,12 legte] steckte $D^5$    418,13 Tasse] Tasche $D^{1-3}$ $D^5$    418,14 unterdrücken] unterdrücken, $D^{2-3}$    418,16 Baumann] Walter $D^5$    418,24 bereit] bereit, $D^{2-4}$    418,28 Mund.] Mund *(Druckfehler)* E    418,31 Baumann] Walter $D^5$    418,35 hätten,] hätten $D^{2-4}$    gelesen,] gelesen $D^{2-5}$    418,36 aber,] aber $D^{1-5}$    418,38 hätten] hätten, $D^{2-3}$    419,4 Oehr mößt Oenk] $D^5$ öhr mößt önk $D^{2-3}$    419,7 gelesen, er log,] gelesen – er log –, $D^{2-3}$    419,8 habe] haben *(Druckfehler)* E    419,15 Alfred Baumann] Der Walter $D^5$    419,19 Baumann] Walter $D^5$    419,21 drohende] drohnende $D^1$ $D^5$ dröhnende $D^{2-4}$    419,23 Generalsrang] Generalsrang, $D^{1-5}$    419,25-26 sich scheint's] sich, scheint's, $D^{2-3}$    419,27 Baumann] Walter $D^5$    419,28 Zagend] Zögernd $D^{1-5}$    419,30 vor] von $D^{1-3}$    Schmerz,] Schmerz – $D^5$    419,32 der] des $D^4$    419,36-37 Austraße noch] Austraße, noch dazu $D^5$    420,5 öffnete:] öffnete; $D^{4-5}$    garnicht] gar nicht $D^{2-3}$    420,6 bekommen] bekommen, $D^4$    420,8 Zauberin; aus] Zauberin. Aus $D^4$

ERLÄUTERUNGEN. *Die Widmung in $D^{1-4}$ gilt Hans Schickele (geb. 1914), dem zweiten und jüngsten Sohn des Schriftstellers René Schickele (1883-1940). Hans Schickele studierte Architektur und lebt seit 1933 in Berkeley, USA.*

415,29 Willy Himmel] *Die Figur des Willy Himmel taucht auch in dem Schauspiel »Arthur Aronymus und seine Väter« (1932; vgl. KA, Bd. 2) als Spielkamerad des Arthur Aronymus und in »Mein Herz« (vgl. zu 206,26-27) auf.*

416,7 »Mappe«] *Vermutlich sind hier jene Mappen gemeint, in denen Zeitschriften in Lesezirkeln an einen festen Bezieherkreis im Abonnement verbreitet werden. Als Zweitmappen gehen sie an weitere Abonnenten.*

417,14 Zwerg mit den Meilenstiefeln] *Die Figur des Zwerges gehört wie das Motiv der Zauberschuhe zum Märcheninventar vieler Märchen verschiedener Kulturen; vereinigt finden sie sich zum Beispiel in Wilhelm Hauffs Kunstmärchen »Der kleine Muck« (1825).*

417,31 Ulanenmützen] *Vgl. zu 347,5.*

418,35 Gartenlaube] *»Die Gartenlaube«, illustrierte Wochenschrift, die 1853 in Leipzig als liberales Unterhaltungsblatt gegründet wurde und (ab 1938 als »Die neue Gartenlaube«) bis 1944 erschien.*

420,3-4 Suppenkasparmutter] *Vgl. »Die Geschichte vom Suppen-Kaspar« aus Heinrich Hoffmanns »Struwwelpeter« (vgl. zu 160,15-17). Anders als bei der darauffolgenden »Geschichte vom Zappel-Philipp« taucht die Mutter weder im Text noch in den Illustrationen auf.*

## Max Herrmann

ÜBERLIEFERUNG. *E: Die Aktion. Jg. 7, Nr. 33/34 vom 25. August 1917. Sp. 462f. $D^1$: Vossische Zeitung. Nr. 601 (Abend-Ausgabe) vom 25. November 1919. S. 2. $D^2$: Ess (1920). S. 9f.*

VARIANTEN und LESARTEN.
Ti: Max Herrmann-Neiße. $D^1$ 420,22 Spiritus] Spiritus ist $D^1$ 420,23 Grünheinrichfrau] Grünheinrichfrau, $D^1$ 420,26 muß] muß, $D^1$ 420,27 gelangen] gelangen, $D^1$ 420,28 aufgeschossen] geschossen $D^1$

ERLÄUTERUNGEN. *E erschien mit einer Zeichnung Else Lasker-Schülers* Der grüne Heinrich und sein Lenlein., *die später als Umschlagbild für die »Essays« wiederverwendet wurde. – Dem Abdruck in der »Vossischen Zeitung« geht folgende redaktionelle Bemerkung voran:* Ueber den Dichter der Komödie »Albine und Aujust« sendet uns Else Lasker-Schüler diese schwärmerische Glosse: *(es folgt der Text). – Der Schriftsteller und Kritiker Max Herrmann-Neiße (eigentlich: Max Herrmann, Zusatz nach seinem Geburtsort, um eine Verwechslung mit dem gleichnamigen Literatur- und Theaterwissenschaftler zu vermeiden) (1886-1941) kam 1917 von Neisse nach Berlin. Der Eichendorff- und Gerhart-Hauptmann-Preisträger war 1925-1929 Kabarettkritiker des »Berliner Tageblatts«. 1933 emigrierte er in die Schweiz, dann über Holland nach England. Spätestens seit 1913, als bei einem Autorenabend A. R. Meyers beide aus ihren Werken vortrugen, war er mit Else Lasker-Schüler bekannt. Max Herrmann-Neisse besprach ihren Essayband »Gesichte« im »Wiecker Boten« (Jg. 1, H. 10 vom Juni 1914. S. 15).*
420,12 grüne Heinrich] *Vgl. zu 352,29.*

420,20 Lenlein] *Leni Herrmann, geb. Gebek (1894?- vor 1941).*
420,25 trägt einen Hügel auf dem Rücken] *Herrmann-Neisse litt unter einem versteiften Rundrücken.*


## Fritz Wolff

ÜBERLIEFERUNG. E: *GG¹ (1917). S. 129 f. D¹: GG² (1919). S. 131 f. D²: GG³ (1920). S. 131 f. D³: Ess (1920). S. 25 f.*

VARIANTEN und LESARTEN.
**421,2** Ihre] ihre *D³* **421,4** zurück] zurück, *D¹⁻²* **421,9** tieftönenden] tieftönenden, *D¹⁻²* **421,20** Battist] Batist *D¹⁻²* **421,27** seinem guten] sein gutes *D³* **421,28** Berlin] Berlin, *D¹⁻³* **421,36** setzt] sitzt *D³* **422,5** Texiere] Texière *D³*

ERLÄUTERUNGEN. *Der Graphiker und Verleger Fritz Wolff (1897-1946) war Mitglied der »Assoziation Revolutionärer Bildender Künstler Deutschlands« in Berlin. 1917 wurde er Mitglied der USPD, 1920 der KPD. 1933 emigrierte er nach Paris. Er zeichnete unter anderem für das »Pariser Tageblatt« und die »Pariser Tageszeitung«. 1942 emigrierte er nach Großbritannien.*
**421,5** dänische Märchenerzähler] *In Anspielung auf den Märchenautor Hans Christian Andersen und vielleicht auf dessen Namensvetter, den dänischen Autor gesellschaftskritischer Romane und Erzählungen Martin Andersen Nexø (1869-1954), der 1910/11 in Deutschland lebte, danach, auch während des Ersten Weltkriegs, häufig dort war und der wohl mit Fritz Wolff, dem er politisch nahestand (Anderson Nexø war bis 1918 Sozialdemokrat, dann Kommunist), bekannt war.*
**421,13** Bilderbogen] *Populäre Druckgraphik mit Bildfolgen und kurzen gereimten Texten, hervorgegangen aus dem Einblattdruck des 15./16. Jahrhunderts und dem illustrierten Flugblatt.*
**421,24** heilige Tiere: das Lamm] *Das Lamm ist ein Symbol Christi (vgl. Johannes 1,29), Attribut von Adam und Eva sowie Kain und Abel. Es ist das gebräuchlichste Opfertier des Alten Testaments; für das Pessachfest wird ein einjähriges männliches, fehlerloses Lamm vorgeschrieben. – Else Lasker-Schüler prägt mit Blick auf die bibli-*

sche Josefsgeschichte das Attribut »lammblutend« (vgl. zu 116,10-11); das Alte Testament berichtet aber, daß es das Blut eines Ziegenbocks sei, in den Josefs Brüder seinen Rock tauchen, um ihrem Vater Jakob vortäuschen zu können, Josef sei umgekommen. Vgl. 1. Mose (Genesis) 37,31-33.
422,2 Maxmoritzschlingel] *Max und Moritz* aus der bebilderten Verserzählung von Wilhelm Busch (1832-1908) wurden zu Prototypen des Lausbuben.
422,5 Andersen] *Der dänische Dichter Hans Christian Andersen (1805-1875) wurde mit seinen »Märchen« (1835-1848) berühmt.*
422,5 Texiere] *Vielleicht nach dänisch »tegner«: Zeichner.*

## Doktor Magnus Hirschfeld

ÜBERLIEFERUNG. E: *Züricher Post und Handelszeitung. Jg. 40, Nr. 317 (Morgen-Ausgabe) vom 10. Juli 1918.* D: *Ess (1920). S. 29-31.*

VARIANTEN und LESARTEN.
Ti: Doktor Magnus Hirschfeld D   UTi: (Ein offener Brief an die Züricher Studenten) D   422,14 unserm] unserem D   422,16 beaux jours;] heaux jours; *(Druckfehler)* E beaux jours, D   422,22 »Doktor«.«] Doktor«. *(Druckfehler)* E D   422,23 Geburtstag] Geburtstag, D   422,31 »Ich] Ich *(Druckfehler)* E D

ERLÄUTERUNGEN. *E trägt den redaktionellen Zusatz:* Else Lasker-Schüler, die deutsche Dichterin, die Märchenerzählerin, sendet uns den folgenden Brief an die »frischverehrten Studenten«. Man wird diesen originellen Lobgesang auf den bekannten Arzt mit Vergnügen lesen, ist er doch wie jedes Wort des »Prinzen von Theben« (so heißt Else Lasker-Schüler bei ihren Freunden) gut und schön. Und auch die Aufforderung, die er enthält, verdient befolgt zu werden, denn ein Vortrag von Dr. Magnus Hirschfeld verdient auch in Zürich weitgehendstes Interesse. – *Sanitätsrat Magnus Hirschfeld (1868-1935), Mediziner und Sexualforscher, Spezialarzt für seelische Sexualleiden; 1889-1923 Herausgeber des »Jahrbuchs für sexuelle Zwischenstufen«; 1908-1914 Herausgeber der*

»Zeitschrift für Sexualwissenschaft«. Er setzte besonders mit seinen Forschungen über Abweichungen von sexuellen Normen Akzente für die homosexuelle Emanzipation. Das von ihm 1919 in Berlin eingerichtete Institut für Sexualwissenschaften in der Beethovenstraße 3 wurde 1933 geschlossen; Hirschfeld emigrierte nach Frankreich. – In der um 1900 bestehenden Dichtervereinigung »Die neue Gemeinschaft«, der auch Else Lasker-Schüler zeitweilig angehörte, sprach Magnus Hirschfeld über Fragen der Sexualität.
422,11 11. Juli] Am 11. Juli 1918 hielt Magnus Hirschfeld in Zürich einen Vortrag über »Liebe und Wissenschaft«. – Vom 12. Juni bis 17. Juli 1918 war Else Lasker-Schüler in Zürich.
422,16 beaux jours] Der Begriff »Les beaux jours« (wörtlich: die schönen Tage) bezeichnet im Französischen eigentlich die schöne Jahreszeit.
422,31 »Ich schnitt ⟨...⟩ ein«] Parodie auf den Liedanfang: Ich schnitt' es gern in alle Rinden ein ... des Liedes »Ungeduld« aus Schuberts »Schöner Müllerin«; vgl. auch zu 23,28.
423,15-16 Freund in Pommern] Möglicherweise Hans Adalbert von Maltzahn (vgl. zu 403,15-16), der, einem Brief Else Lasker-Schülers an Karl Kraus vom April 1915 zufolge, in Pommern stationiert war.

## Hans Heinrich von Twardowsky

ÜBERLIEFERUNG. E: Berliner Börsen-Courier. Jg. 51, Nr. 603 (Morgen-Ausgabe) vom 25. Dezember 1918, 1. Beilage. S. 6. D: Ess (1920). S. 101-103.

VARIANTEN und LESARTEN.
W: (Seinem treuen Freund Moritz Seeler) D   423,30 fallend] fallend, D   423,30 schwärmender] schärmender (Druckfehler) E
423,33 Dühne] Düne D   424,10 Carl von Moor] Carl Moor D
424,14 künstlerischsten] künstlerischten (Druckfehler) E

ERLÄUTERUNGEN. Der Schauspieler, Bühnenschriftsteller und Rezitator Hans Heinrich von Twardowski (1898-1958; Pseudonym: Paul Bernhardt) ging 1930 von Berlin in die USA, wo er in

*Hollywood als Filmschauspieler und -regisseur tätig war.* – *Von einem Vortrag seiner Dichterparodien am 7. April 1918* – darunter auch auf Else Lasker-Schüler – berichtete der »Berliner Börsen-Courier«, der dann auch zwischen dem 19. Mai und dem 14. Juli 1918 in fünf Folgen Twardowskis »Jüngste Dichtung im Spiegel der Parodie« mit Parodien auf Dichtungen Else Lasker-Schülers, Franz Werfels, Christian Morgensterns, Stefan Georges und anderer veröffentlichte. (Berliner Börsen-Courier, Jg. 50, Nr. 231 [Morgen-Ausgabe] vom 19. Mai 1918, 1. Beilage. S. 5; Nr. 241 [Morgen-Ausgabe] vom 20. Mai 1918, 1. Beilage. S. 5; Nr. 265 [Morgen-Ausgabe] vom 9. Juni 1918, 1. Beilage. S. 5; Nr. 289 [Morgen-Ausgabe] vom 23. Juni 1918, 1. Beilage. S. 5; Nr. 325 [Morgen-Ausgabe] vom 14. Juli 1918, Beilage. S. 5.)

**423,26** Buch] *»Der rasende Pegasus« von Hans Heinrich von Twardowski erschien erst 1920 in Berlin; ein darin enthaltener offener Brief an Moritz Seeler ist auf den September 1918 datiert, ein Nachtrag dazu vom November 1919 beklagt die Verzögerung der Veröffentlichung:* heute erst kann das Buch erscheinen *(S. 11).*

**423,33** Auf der Dühne] *Die »Warnemünder Dünen« dienen als Kulisse für Gedichtdeklamationen in einem ›Traum‹, den Twardowski, der gebürtige Stettiner, in seinem offenen Brief an Moritz Seeler entfaltet.*

**424,2** Knittelverschen] *Knittelverse sind meist paarweise reimende, vierhebige deutsche Verse mit freier Versfüllung.*

**424,6-7** Deutschen Theaters] *Das Berliner Deutsche Theater in der Schumannstraße wurde 1883 von Adolph L'Arronge gegründet und 1894 von Otto Brahm übernommen. 1905 wurde Max Reinhardt Direktor des Theaters mit klassischem Repertoire und führte es zu dem Ruhm eines Nationaltheaters.*

**424,8-9** Tausendundeinernachtstunde] *Vgl. zu 32,5.*

**424,9** Shakespeares »Richard«] *Vgl. zu 204,2-3.*

**424,10** »Carl von Moor«] *Vgl. zu 214,23-24.*

**424,12** »Hedda Gabler«] *Vgl. zu 181,33.*

**424,22** keine Muscheln] *Der Zusammenhang legt die Lesart »kleine Muscheln« nahe, die jedoch auch in D nicht überliefert ist.*

**424,34-36** Christophorus, der das Kind ⟨...⟩ auf dem Rücken trage] *Der Märtyrer Christophorus (griech.: »Christusträger«) hat,* *der Legende zufolge, Christus auf seinem Rücken über den Fluß getragen; als er sich über das hohe Gewicht wundert, offenbart sich ihm Christus mit der Bemerkung, er habe nicht nur die ganze Welt auf seinen Schultern getragen, sondern auch den, der die Welt erschaffen habe.*

## Brief an einen Schweizer Freund

ÜBERLIEFERUNG. *H: JNUL, ELS (Arc. Ms. Var. 501, 2:11). 12 einseitig mit schwarzer Tinte beschriebene Blätter (rautiertes Papier). Die erste Seite trägt oben rechts den handschriftlichen Zusatz Else Lasker-Schülers:* Original-Manuscript der lieben Mama von Dr. Eduard Korrodi, der so gut zu mir ist. *sowie links oben:* Berlin 10. Jan. 19 *und darunter die Worte:* Frankfurter Zeitung *– E: Frankfurter Zeitung und Handelsblatt. Jg. 63, Nr. 291 (Erstes Morgenblatt) vom 18. April 1919. S. 1f. D: Ge² (1920). S. 101-108.*

*VARIANTEN und LESARTEN.*
Ti: *(1)* Ein offener *(2)* Einen offenen | Brief {von Else Lasker Schüler} an Dr. Eduard Korrodi {in Zürich}; *H* Brief an Korrodi *D*   425,2 Vielleicht] Hochzuverehrender Herr Doktor. *Absatz* Vielleicht *H* Hochzuverehrender Herr Doktor! *Absatz* Vielleicht *D*   Gefallen,] Gefallen *H*   425,3 Vorbeigehen] Vorbeigehn *H D*   425,4 Möven] Möwen *H*   Zürchersee] Zürcher See *H*   425,5 Briefe,] Briefe *H D*   425,6 schreiendem] schreiender *H D*   wilden] wilde *H D*   425,6-7 weichgefiederten] weichgefiederte *H D*   425,7 Abenteurerinnen] Abenteuerrinnen *H* Abenteuerinnen *D*   Wär'] Wär *H D*   Möve! Ich] *(1)* Möve, ich *(2)* Möwe! Ich ┼ *H*   425,8 zu warten] warten *H D*   425,10 argwöhnisch: »Wer] argwöhnisch, »wer *H D*   weiß,] weiß *H*   425,11 lauert?«] lauert? *H*   425,12 Vögelinnen] Vögelinen *H D*   425,13 ihre] Ihre *H D*   besuchen,] besuchen *H*   425,14 Tintenklex] Tintenklecks *H D*   sterben] sterben *H D*   425,16 »Schriftstellerin!?«] »Schriftstellerin!?« *H D*   425,17 Instinkt,] Instinkt *H*   tätig,] tätig *H D*   425,18 gefährlich,] gefährlich *H*   unzurechnungsfähig;] unzurechntnungsfähig; *H*   425,20 Dichterin;] Dichterin, *H D*   Artikel]

Artikel, *H D* 425,21 im] in *H* nicht am Kopf.] *(1)* in himmelweiter Entfernung. *(2)* | *H* 425,24 Der Sanitätsrat] Sanitätsrat Magnus Hirschfeld *H D* 425,25 verschrieben;] *(1)* verschrieben und *(2)* + *H* Gehölz] Gehölz. *Absatz H* 425,26 nochmals,] nochmals, Herr Doktor, *H D* 425,28 erwirken.] erwirken. – *Absatz fehlt H D* 425,31 um] *(1)* in + *(2) H* 425,33 Freunde;] Freunden; *H* 425,33-35 über ⟨...⟩ vorbei] *(1)(a)* über *(b)* auf | die hohlen, rissigen Wege blickt der priesterliche Wintermond auf *(a)* die {niederen} bunten *(b)* niedere bunte + Häuschen *(2)* über die hohlen, rissigen Wege unter dem priesterlichen Wintermond wandelten wir an niederen bunten Häuschen vorbei | *H* 425,35 Steinhecken.] Steinhecken. Max Gubler der große Züricher Maler, die Schafgarbe *(1)* der *(2)* unter den | Hirten malte seine schlafende Stadt in allen ihren Schneemänteln. Ich in der Mitte, steigen wir die hohen Treppen wieder thalab. Gubler bestätigte immer sanft meinen Überschwang, aber Melchior Knecht alias Walter Meier der Dichter sprach den Sopran zu meiner Begeisterung. *H* Steinhecken. Max Gubler, der große Zürcher Maler, die Schafgarbe unter den Hirten, malte seine schlafende Stadt in allen ihren Schneemänteln. Ich in der Mitte, steigen wir die hohen Treppen wieder talab. Gubler bestätigte immer sanft meinen Ueberschwang, aber Melchior Knecht alias Walter Meier, der Dichter, sprach den Sopran zu meiner Begeisterung. *D* 425,36 merken,] merken, Herr Doktor, *H D* 426,1 Entzücken,] Entzücken *H* 426,2 begegnen,] begegnen *H D* glaube,] glaube *H* 426,3 erzielt] *(1)* erzihlt + *(2) H* 426,4 Sichmischenlassen] *(1)* bu+ *(2) H* abgesehen:] *(1)* abgesehn, *(2)* abgesehn: + *H* 426,4-5 Brotkarten,] Brotkarten, grasso od olio, *H D* 426,6 denke] denk *H* mich ...)] mich ...) *Absatz fehlt H D* 426,7 Schweiz;] {Schweiz,} *H* Schweiz, *D* 426,7-11 über ⟨...⟩ klopfte.] {Über Zürichs interessante Bahnhofstraße schreiten Männer breitschulterig, Gesicht und Bart aus Holz sofort aus Hodlers Gemälden kommend. Der Meistermaler hatte selbst ein großes Holzherz in der Brust an dem ein Edelspecht klopfte.} *H* 426,7 Bahnhofstraße] Bahnhofstraße, die zu den Cafés, Terrasse und Odéon führt, durch die frischfreien Städte aus Kristall, *D* 426,8 Männer,] Männer *D* Holz,] Holz *D* 426,9 Gemälde] Gemälden *D* 426,11 Ich liebe ihr Land,] {Ich liebe Ihr Land} *H* Ich liebe Ihr Land, *D* Kristall,] Crystall, [ich liebe] Ihr Land, *H* 426,12 Täler,] Thäler, *H* 426,13 Und] *(1)* Ich liebe *(2)* | *H* 426,14 Seen] Seeen *H* 426,15 bedeckt,] bedeckt *H D* wird,] wird *H D* 426,16 Rücken,] Rücken *H* 426,17 dem] meinem *H D* 426,17-18 Bogenfenster ⟨...⟩ Hotel] Bogenfenster im *(1)* H+ *(2)* herrlichen Elitehôtel *H* Bogenfenster im herrlichen Elitehotel *D* 426,18 oft,] oft *H* Gipfel] Gipfeln *H* 426,19 der sich erhebenden] der sich erhobenen *H* der erhobenen *D* Bergkolosse –] Bergcollosse, *H* Bergkolosse, *D* 426,20 glaubten] glauben *H* etwas –] etwas, Herr Doktor, *H D* 426,20-21 vom ⟨...⟩ Häusern] des *(1)* Kirchturms + *(2)* Kirchturms und der Häuser *H* des Kirchturms und der Häuser *D* meinem] meinen *D* Balkon] Balcon *H* 426,24 Gobelin-Tapeten] Gobelintapeten *H D* Nachtigall] Nachtigal *H* 426,25 Josefl,] Josefl *H* 426,26 Sohn,] Sohn *H* 426,27 einzige] einzig *H* zu überlegen vermag,] *(1)* überlegen kann, *(2)* zu überlegen vermag, | *H* 426,29 soll.] soll. – *H D* 426,30 viele] *(1)* [{[alle]}] *(2)* | *H* 426,31 ausbrach,] {ausbrach} *H* ausbrach und in Berlin und Umgebung, *D* 426,32 zunimmt] zunimmt, *D* Land,] Land *H* 426,33 Sehnsucht,] Sehnsucht *H* eigener Bangigkeit] {eigener Bangigkeit} *H* 426,35-36 wohlbeleibte] wohlbeleibte, *D* 426,36 Herr;] Herr, *H* 426,37 griestrübe] grießtrübe *D* Land,] Land *H* 426,38 Krieges] Kriegs *H* 427,1-2 Zu ⟨...⟩ Bleisoldaten.] Zu Maschinengewehren gehören Bleisoldaten. *H D* 427,3 Nacht,] Nacht, Herr Dokotor, *H D* 427,6 maßgebend.] masgebend, Herr Doktor. *H* maßgebend, Herr Doktor. *D* meine,] meine *H D* 427,6-7 je mehr] jemehr *H* 427,7 Todesmaschinen] *(1)* Maschinen *(2)* ╪ *H* werden,] werden *H* 427,8 man doch] man *D* 427,11 keineswegs,] keineswegs *H* 427,12 wohin] wohin *H D* wieviele] wieviele *H D* Kilometer weit] *(1)* Kilometer. *(2)* | *H* 427,15 von den Erbauern] die Erbauer *H D* 427,16 eine Gebärde] *(1)* eins *(2)* eines Geistes | *H* einer Gebärde *D* Bergrükken vom Tal] Bergbrücken vom Thal *H* 427,17 Höhe.] Höhe. {Die Dolderbahn in Zürich etc.} *H* Die Dolderbahn in Zürich usw. *D* Bei ⟨...⟩ im] *(1)* Ich denke an *(2)* Bei einem Ausflug in den Tessin fuhr ich in | *H* 427,18 funicolare] Funicolare *D* Paole] Paolo *H D* gebaut, –] gebaut; *H* gebaut, *D* 427,19 eine,] eine *H D* sicher] *(1)* sicher *(2)* aber | *H* 427,20 monumentaler abgeschossener] *(1)* monumentaler *(2)* abgeschossener | *H* wild wachsendem] *(1)* wildwachsender *(2)* wildwachsenden *H* wildwachsendem *D* 427,21 Felsengrund,] Felsabgrund *H* Felsgrund, *D* schaurig] schauerig *H*   Quellgeriesel] Quellengeriesel *H*   427,22 Kamelienköniginnen] blühenden Camelienköniginnen *D*   427,23 Heiligtum,] Heiligtum *H*   del] des *(Druckfehler) E*   427,24 Großgemsen,] Grossgemsen *H*   427,24-25 emporkletterten,] emporklettern, *H* emporkletterten *D*   heroischem Rücken] *(1)* Rücken heroisch *(2)* heroischen Rücken + *H*   427,26 erreichen.] erreichen. – *H D*   noch] doch *H D*   427,27 Erdreich,«] Erdreich«, *H D* wir] *(1)* er + *(2) H*   427,28 Landungsbrücke] Landungsbrücke [am Bellevue] *H*   427,29 Rüschlikon] *(1)* Rüs + *(2)* Küs + *(3)* Rüschlikon zu Dr. Guggenbühl ich nach Kilchberg in *(1)* s + *(2)* Dr. Hubers {großes} Sanatorium, *H* Rüschlikon zu Dr. Guggenbühl, ich nach Kilchberg in Dr. Hubers großes Sanatorium, *D*   427,30 Schlaraffenlandlaub.] *(1)* Paradieslaub. *(2)* Schlaraffenlandlaub. | *Absatz fehlt H* Schlaraffenlandlaub. *Absatz fehlt D*   427,31 üblich,] üblich *H*   427,33 Ja,] Ja *H D*   übt] wird *H*   427,34 Abendmahl,] Abendmahl *H*   Angedenk] Angedenken *D*   427,37 eng aneinandergeschmiegt] enganeinander schmiegt *H*   427,38 wiederholen] wiederhaben *D*   428,1-16 dem Westen ⟨...⟩ sprachen] *fehlt (Textverlust; 1 Blatt?) H*   428,1 Halbbruders,] Halbbruders *D* 428,2 Marces] Marcs *H D*   übergeführt] überführt *D*   428,3 Oberbayern.] Oberbayern. – *Absatz fehlt D*   428,4 Nachtlachen, Schüssen] Nachtklingen, Schüsse *D*   428,5 auf;] auf, Herr Doktor; *D*   428,7 werden«?] werden?« *D*   428,8 Anschmiegungsdrang] Anschmiedungsdrang *D*   428,10 Zuhörern,] Zuhörern; *D* 428,13-14 Revolution] Revolution, hochzuverehrender Doktor, *D*   428,18 in] *(1)* in *(2)* an + *H*   Hand des] Hand der *H*   Rosselenkers] Rosselenker *H*   428,19 die,] *(1)* die, *(2)* von denen, | *H* von denen, *D*   428,20 Kriege] Krieg *H*   428,21 lagen,] *(1)* lagen. Die wissen + *(2) H*   dem Krieg] der *(1)* Schlacht *(2)* Krieg | *H*   sich] *(1)* ihn + *(2) H*   428,25 Soldaten,] Soldaten *H*   428,26 als] wie *H D* hochachtend] hochachtend *D*   428,27 geschrieben,] geschrieben, Herr Doktor, *H D*   428,29 Theben] *darüber gezeichneter Stern mit Schweif H*   428,31 nehmen.] brechen. *D*   Oßman] Ossman *H D*   428,32 fragt] fragte *H D*   Schwager,] Schwager *H* 428,35 einstweilen] einstweiligen *H*   Abends] *(1)* Er frißt *xxx (2 Wörter unlesbar)* + *(2) H*   428,35-36 Edamer-] Edamer *H* Edamer – *D*   428,36 Schweizerkäse-Attrappen] Schweizerkäseatrappen *H D*   428,37 pfeife] *(1)* singe + *(2) H*   429,1 nicht,] nicht *H* (Uebrigens] (Überings *H*   uns,] uns, Herr Doktor, *H D*   429,2 Lorelei] Loreley *H D*   quält] *(1)* quälen *(2)* + *H*   429,3 Alpdrükken] [ja] Alpdrücken *H*   429,3-5 legen ⟨...⟩ Sagenbereich.] *(1)* legen sich auf meine Zunge doch ich kann sie nicht aufessen es kommen*[?]* mir + *(2)* legen sich gereiht in schweren Ketten um meinen *(a)* Hals und *xxx (1 Wort unlesbar)* die*[?]* gefüllten Blätterteige aus Sylt im Vegetarierheim, gehören *(b)* Hals. Und der gefüllte Blätterteig aus Sylt im Vegetarierheim, gehört + schon | *(1)* ins *(2)* in das | Sagenbereich. *H*   429,7-8 gefallen,] gefallen *H*   429,8 feiere] feire *D*   Versen.] Versen. Theodor Wolff würde so gern wieder *(1)* eins *(2)* ein Gedicht von mir | ins Feuilleton bringen, aber er fürchtet die litterarischen Karl von Moore der Bolschewisten könnten mein Manuscript im Fach seines Schreibtischs *(1)* falls sie + *(2)* bei einer etwaigen zweiten Einnahme: *(1)* Jerusalemerstraße + *(2)* (es handelte sich nicht um Jerusalem *(1)* aber+ *(2)* nur um die Jerusalemerstraße,) vorfinden und auf dem Dach seines Hauses einen *(1)* Lyrischen + *(2)* lyrischen Abend veranstalten. Über den würde man nicht Herr werden. Sie, *(1)* H + *(2)* hochzuverehrender Herr Doktor, möchten ihm doch Beiträge senden, Theodor Wolff hielt sie für einen der feinsinnigsten Essayisten der Literatur. *Absatz H* Versen. Theodor Wolff würde so gern wieder die Gedichte von mir ins Feuilleton bringen, aber er fürchtet, die literarischen Karl von Moore der Bolschewisten könnten mein Manuskript im Fach seines Schreibtisches bei einer etwaigen zweiten Einnahme: (es handelte sich nicht um Jerusalem, nur um die Jerusalemerstraße) vorfinden und auf dem Dach seines Hauses einen lyrischen Abend veranstalten. Ueber den würde man nicht Herr werden. Sie, hochzuverehrender Herr Doktor, möchten ihm doch Beiträge senden, Theodor Wolff hielt Sie für einen der feinsinnigsten Essaysten der Literatur. *Absatz D*   429,9 Schweizerland] Switzerland *H* Schwitzerland *D*   429,10 Bundesrat.] Bundesrat [*xxx*] *(1 Wort am Seitenende herausgeschnitten) H*

*ERLÄUTERUNGEN. Eduard Korrodi (1885-1955), Schweizer Literaturkritiker und 1914-1951 Feuilletonredakteur der »Neuen Zürcher Zeitung«. 1918 veröffentlichte er die »Schweizer Literatur-Briefe«. – Else Lasker-Schüler besuchte zwischen 1916/17 und*

*1927 mehrmals die Schweiz; von 1933 bis 1939 lebte sie als Emigrantin dort.*

**425,2** Bundesrat] *Der Schweizer Bundesrat besteht aus sieben Mitgliedern, darunter war 1919 der freisinnige Bundespräsident Gustave Ador. – Der freisinnig-demokratische Politiker Albert Meyer (1870-1953), dem Else Lasker-Schüler mindestens einen Brief schrieb und der 1915-1929 als Hauptschriftleiter der »Neuen Zürcher Zeitung« wirkte, war in derselben Zeit Mitglied des schweizerischen Nationalrats; erst 1929 wurde er zum Bundesrat gewählt.*

**425,35** Steinhecken.] *Varianten in H und D erwähnen hier Max Gubler und Walter Meier. – Der Schweizer Max Paul Gubler (1898-1973) trat 1914 in ein Lehrerseminar in Küsnacht ein, das er 1918 verließ, um Maler zu werden, nachdem der Kunsthändler Paul Cassirer durch Else Lasker-Schüler auf Gubler aufmerksam geworden war. 1921 besuchte Gubler Berlin; später folgten Aufenthalte in Italien und Paris. 1952/53 wurden seine Werke im Kunsthaus Zürich ausgestellt. Die Jahre 1957 und 1958 verbrachte er aufgrund seelischer Störungen in einer Heilanstalt. Ab 1965 mit verschlechtertem Gesundheitszustand keine Malerei mehr. – Mit Else Lasker-Schüler und ihrem Sohn Paul war Max Gubler etwa seit 1917/18 befreundet; in Briefen nennt Else Lasker-Schüler ihn »Hirte«. – Der Schweizer Herausgeber, Kritiker und Essayist Walther Meier (1898-1982) war zuerst Lektor im Zürcher Verlag Fretz & Wasmuth und leitete später den Manesse-Verlag. 1933-1953 war er Leiter der »Neuen Schweizer Rundschau«.*

**426,4-5** Brotkarten] *»Grasso e olio« (vgl. Variante in H) (ital.): Fett und Öl.*

**426,9** Hodlers] *Vgl. zu 173,27-28.*

**426,28** Moissi] *Alexander Moissi (1880-1935), Schauspieler italienischer Herkunft, wirkte in Berlin an Max Reinhardts Deutschem Theater besonders als Darsteller brüchiger Charaktere.*

**426,29** Edison] *Thomas Alva Edison (1847-1931), amerikanischer Elektrotechniker und Erfinder, unter anderem der Glühlampe.*

**427,9** Vampur] *Vgl. zu 269,18.*

**427,10** Palme] *Vgl. zu 300,34.*

**427,17** Höhe] *Vgl. die Varianten in H und D: Mit einer hoteleigenen Zahnradbahn, welche die Gäste im Vestibül des Hauses absetzte,* *war das Zürcher Grand Hotel Dolder bereits zu seiner Eröffnung 1899 ausgestattet.*

**427,18** funicolare] *Ital.: Zahnradbahn.*

**427,18** Paole Pedrazzini] *Nicht Paolo Pedrazzini (1889-1956), der allerdings den Bau einer weiterführenden Seilbahn initiiert hatte, sondern sein Vater Giovanni (1852-1922) hatte 1906 die Zahnradbahn erbaut. Paolo Pedrazzini übernahm den Silberminenbetrieb seines Vaters; außerdem betätigte er sich politisch. Else Lasker-Schüler hatte den damaligen Locarnoer Kommunalrat im Frühling 1918 kennengelernt; 1923 widmete sie ihm ihren Gedichtband »Theben«. Vgl. Manfred Escherig: Der Doge von Locarno. Eine biographische Notiz. In: Deine Sehnsucht war die Schlange. Else Lasker-Schüler Almanach. Hg. von Anne Linsel und Peter von Matt. Wuppertal 1997. S. 231-243.*

**427,23** Klosters Madonna del Sasso] *Madonna del Sasso, eine auf hohen Felsen über Locarno gelegene mit der Seilbahn zu erreichende Wallfahrtskirche.*

**427,27** Wedekind] *Frank Wedekind (vgl. zu 294,15) war häufig in der Schweiz, zuletzt von Anfang November bis zum 8. Dezember 1917; am 9. März 1918 starb er.*

**427,29** Rüschlikon] *Rüschlikon und Kilchberg (vgl. die Varianten in H und D) liegen nebeneinander am Südwestufer des Zürichsees.*

**427,34** Abendmahl] *Die als Gedächtnismahl bei den Christen gefeierte Wiederholung des letzten Abendmahls Jesu (vgl. z. B. Matthäus 26,20-29), bei dem Brot und Wein als Leib und Blut Christi betrachtet werden.*

**428,1-2** Franz Marces] *Vgl. zum Essay »An Franz Marc« und zu »Briefe und Bilder«.*

**428,13-14** Tage der Revolution] *In der durch einen Aufstand der Kieler Matrosen Ende Oktober 1918 ausgelösten Novemberrevolution hatten sich überall im Reich Arbeiter- und Soldatenräte gebildet und die Macht übernommen. Wenige Stunden nachdem am 9. November 1918 Kaiser Wilhelm II. abgedankt hatte, Friedrich Ebert zum neuen Reichskanzler ernannt worden war und Philipp Scheidemann die Deutsche Republik proklamiert hatte, rief Karl Liebknecht vor dem Berliner Schloß die freie sozialistische Republik aus und erklärte, der Tag der Revolution sei gekommen.*

Anmerkungen zu »Der Malik« (1919) 321

**428,32-33** Zuluhäuptling von den Karolineninseln] *Die Zulus (vgl. zu 180,15) stammen aus Südafrika;* »Karolinen« *heißen die Inseln, die nördlich des Äquators im westlichen Pazifischen Ozean eine Kette bilden.*

**428,37** Filialen Grohs] *Die 1882 gegründete Berliner Lebensmittel-Großhandlung der* »Gebrüder Groh« *wies in Anzeigen auf ihre zahlreichen Filialen in allen Stadtteilen Berlins hin.*

**428,38-429,2** ich weiß wirklich nicht ⟨...⟩ flirten.)] *Anspielung auf Heinrich Heines Gedicht auf die Lorelei mit den Anfangsversen:* Ich weiß nicht, was soll es bedeuten, / Daß ich so traurig bin *(1824). Die deutsche Sagengestalt der Lorelei, einer zauberhaft schönen weiblichen Gestalt, die den Schiffern auf dem Rhein zum Verderben wird, geht auf eine Ballade Clemens Brentanos zurück.*

**429,8** Himmelfahrt] *Die religionsgeschichtliche Vorstellung eines Aufstiegs der Seele in den Himmel.*

**429,8** Versen] *Der Publizist Theodor Wolff (1868-1943) (siehe Varianten in H und D) gehörte 1889 zu den Mitgliedern des Vereins* »Freie Bühne« *und war 1906-1933 Chefredakteur des* »Berliner Tageblatts«. *1933 emigrierte er nach Frankreich; 1934 wurde er verhaftet, an die Gestapo ausgeliefert und im KZ Oranienburg bei Berlin inhaftiert. – In der Jerusalemerstraße (siehe Varianten in H und D) befand sich das Verlagshaus Mosse, welches seit 1872 das* »Berliner Tageblatt« *verlegte.*

## Der Malik

*ÜBERLIEFERUNG. E: M (1919). E$^a$: JNUL, ELS (11:9). Handexemplar Else Lasker-Schülers mit einer Variante (Blei). Auf dem Vorsatzblatt unter der Verfasserangabe* Else Lasker-Schüler *(blauer Buntstift) die Worte:* Da schämte ich mich noch nicht – *(Blei). PD: Das junge Deutschland. Jg. 2, Nr. 3, 1919, 5. Jg. der Blätter des Deutschen Theaters. S. 83-85. (Briefe an Franz Marc ⟨1.-4. Brief⟩.)*

*VARIANTEN und LESARTEN.*
**433,1** Erster Brief.] 1. Brief *PD*   **433,8** besitzt] besitze *PD*
**433,15** Rosen] Rosen, *PD*   **433,19** Girlanden] Guirlanden *PD*

434,12 aufgeblasen] aufgeblasen, *PD*    434,14 andere] andere, *PD* 434,32 »Amalie] »Amalie, *PD* gepufft!«] gepufft« *PD* 434,38 trug.] trug. *PD* Amen.] amen. *PD*    435,1 Zweiter Brief.] 2. Brief *PD*    435,3 sollt'] sollt *PD*    435,7 Winteridylle,] Winteridylle; *PD*    435,9 Neura-Lezithin] Neura-Lecithin *PD*    435,10 mir] mir, *PD*    435,11-12 Rhinozerosgehirnsauerstoff] Rhinozerossauerstoff *PD*    435,14 bin] bin – *PD*    435,15 Herr X.] Herr Y *PD*    435,16 Kaffee] Café *PD*    435,18 Wäre] Wär *PD*    435,21 »Du«] »du« *PD*    435,22 möcht'] möcht *PD*    435,25 wütende,] wütende *PD*    436,1 Dritter Brief.] 3. Brief *PD*    436,2 Halbbruder.] Halbbruder! *PD*    436,11-12 Quietschtönen] Quitschtönen *PD*    436,17 Vierter Brief.] 4. Brief *PD*    436,26 brauch'] brauch *PD*    436,27 Spielpferdchen;] Spielpferdchen, *PD*    eins] eins, *PD*    436,28 Krimskramsboden] Krimmskrammsboden *PD*    436,29 Theben: Aus] Theben; aus *PD*    436,30 gezeichnet.] gezeichnet, *PD* 436,32 Nüstern und Tränenrinnen] Nüstern und {sagte mein Bulus einmal} {»}Tränenrinnen{«}, *E^a*    459,25 Irsahabhälse] Irsahabhäse *(Druckfehler)* *E*    498,32 hielt] hielten *(Druckfehler)* *E* 507,21 pochenden] pochende *(Druckfehler)* *E*

ERLÄUTERUNGEN. *E enthält als Frontispiz das Aquarell »Schloß Ried« von Franz Marc. Zu Franz Marc vgl. zu »An Franz Marc«. – »Der Malik« (»Malik« arab.: König) stellt die Buchveröffentlichung der bearbeiteten und erweiterten »Briefe und Bilder« dar; zur Entstehungs- und Veröffentlichungsgeschichte siehe dort.*
433,6 Meine Spelunke] *Vgl. zu 299,8.*
433,10 täglich Brot] *Vgl. zu 299,12.*
433,34-434,1 Ich habe nun keine Stadt ⟨...⟩ mag.] *Vgl. zu 300,15-18.*
434,3 arme Heinrich] *Vgl. zu 300,20.*
434,4 König Heinrich] *Vgl. zu 300,21.*
434,10 Krinolin] *Vgl. zu 300,27.*
434,16 Vampur] *Vgl. zu 269,18.*
434,16 Palmenzweig] *Vgl. zu 300,34.*
435,5-6 mein neuestes Buch ⟨...⟩ Mein Herz] *Die zweite Auflage von »Mein Herz. Ein Liebesroman mit Bildern und wirklich lebenden Menschen« (Erstausgabe 1912) erschien 1920 als Band der bei Paul Cassirer verlegten Gesamtausgabe der Werke Else Lasker-Schülers.*

435,9 Neura-Lezithin] *Vgl. zu 301,27.*
435,15 Herr X.] *Vgl. dagegen zu 301,33-35.*
435,23 Großkatzen] *Vgl. zu 302,6.*
436,2-3 Du warst Ruben und ich war Joseph] *Vgl. zu 302,16-17.*
436,3 Kanazeiten] *Vgl. zu 302,17.*
436,9-10 Muselkinder] *Vgl. zu 139,25.*
436,12 Rex–Klecks] *Vgl. zu 302,26.*
436,16 verraten und verkaufter] *Vgl. zu 302,30.*
436,20-22 O, ich könnte direkt meine Seele ⟨...⟩ Gold.] *Vgl. zu 303,4-6.*
437,3-4 Isidor Quanter oder Quantum liefert erstaunliche Nachahmungen] *Vgl. zu 303,21-22.*
437,6 Ausstellung: Sturm] *Vgl. zu 303,24.*
438,9-10 gehe einmal über den Kurfürstendamm, bieg in die Tauentzienstraße] *Vgl. zu 304,-5-6.*
438,18 Giselheer] *Vgl. zu 304,14-305,1.*
438,24 Scheitan]*Vgl. zu 129,33.*
438,27 Gralsoldaten] *Vgl. zu 305,8-9.*
438,30 Petschaft aus Achat] *Vgl. zu 305,11.*
439,5-6 bengalisches Feuer] *Brennender Feuerwerkskörper.*
439,10 Zeitschrift gründen, die wilden Juden] *Vgl. zu 306,19-20.*
439,11 Karl Kraus] *Vgl. zum Essay »Karl Kraus«.*
440,14 heil Dir im Siegerkranz] *Vgl. zu 307,28-29.*
440,14-15 ich hatt' einen Kameraden] *Vgl. zu 307,29.*
440,18 Fackel] *Vgl. zum Essay »Karl Kraus«.*
440,21 Franzlaff] *Vgl. zu 307,35.*
440,25-26 Zigeunerpferde, die Du meinem Kinde maltest] *Vgl. zu 308,5-6.*
440,33 Saul] *Vgl. zu 110,22.*
442,5 Gibon] *Vgl. zu 308,22.*
442,6 Du holtest mich oft aus der Grube] *Vgl. zu 308,23.*
442,21 Kornfeld meiner flachen Hand] *Vgl. zu 309,5.*
442,24-25 Ichtiosaurusohr] *Vgl. zu 309,10.*
442,25 Skarabäus] *Vgl. zu 309,10.*
444,2-3 Rechtsanwalt Caro] *Vgl. zum Essay »Unser Rechtsanwalt Hugo Caro«.*
444,4 Maigesange] *Vgl. zu 181,2-3.*
445,2 Zyklop] *Vgl. zu 311,30.*

445,3 mir seine neuen Verse: Söhne, gewidmet] *Vgl. zu 311,31.*

445,19-33 Ich vertraute ihm die Geschichte ⟨...⟩ zum Verschwenden.] *Vgl. zum Essay »Doktor Benn«.*

446,4-5 Versöhnungstag] *Vgl. zu 40,4.*

446,8 Tyll Eulenspiegel] *Vgl. zu 313,16.*

446,10-11 an den Wassern zu Babel ⟨...⟩ geklagt] *Vgl. zu 313,18.*

446,14 baute Türme] *Vgl. zu 313,22.*

446,17 Großschauergeschichte] *Vgl. zu 313,24-25.*

446,31 zehn Ärmsten der Armen] *Vgl. zu 314,2.*

446,35 Füße waschen] *Vgl. zu 109,15.*

447,18 neues Bild, die alte Stadt Theben] *Vgl. zu 314,31.*

448,3 Peter Baum] *Vgl. zum Essay »Peter Baum«.*

448,3-4 Albert Ehrenstein] *Vgl. zu 216,12.*

448,4 Tubutsch] *Vgl. zu 292,26.*

449,20 Gourmées] *Vgl. zu 316,13.*

449,25-26 Mein Somali Oßman] *Vgl. zu 317,2.*

450,2-3 Irsahab ⟨...⟩ Goldstadt] *Vgl. zu 95,12.*

451,11 Giselfendi] *Vgl. »Efendi« (griech.-türk.): Herr.*

451,27 Pison] *Einer der vier Paradiesflüsse. Vgl. 1. Mose (Genesis) 2,11.*

452,1 Eden] *Vgl. zu 319,9.*

452,6 Abigail] *Vgl. zu 319,14.*

452,15 Basileus] *»Basileus« (griech.): König.*

453,13 Muharam] *Vgl. zu 320,27.*

454,4 König von Böhmen] *Vgl. zu 325,22.*

454,4 Prinzen von Prag] *Vgl. zu 321,17.*

454,5 Waldfürsten Richard] *Vgl. zum Essay »Richard Dehmel«.*

454,5-6 Wieland Herzfelde] *Vgl. zu 321,18-19.*

455,4-5 der sich die Gazell holt vom Fels] *Vgl. zu 322,15-16.*

455,6 keuschen Totschlag] *Vgl. zum Essay »An Franz Marc«.*

455,18 Venus von Siam] *Vgl. zu 322,27.*

455,26 Kaiser Lidj Jassu von Abessinien] *Vgl. zu 322,35.*

455,27 Prinz Sascha von Moskau] *Vgl. zu 323,1.*

455,27-28 neue türkische Kriegsminister Enver Bey] *Vgl. zu 323,1-2.*

457,13 Mêmedsiddis] *»Sidi«: (arab.): Mein Herr.*

457,19 Augenkrankheit] *Vgl. zu 324,18.*

458,8 Hieroglyph] *Vgl. zu 70,22.*

458,11-13 Daniel Jesus Paul Leppin ⟨...⟩ Palastes.] *Vgl. zu 325,22-24.*
459,14 Sintflut] *Vgl. zu 326,10.*
459,26 Der Prophet ⟨...⟩ Vaterlande!] *Vgl. zu 327,3-4.*
460,9 Amm] *Vgl. zu 117,29.*
460,10 Rebb] *Vgl. zu 117,27.*
460,18-19 barfuß ⟨...⟩ nach alter Islamssitte] *Vgl. zu 327,20-21.*
461,9 Ludwig Kainers] *Vgl. zu 216,11.*
461,10 Heinrich Campendonk] *Vgl. zu 305,38.*
461,10 fünf Haymondskinder] *Vgl. zu 306,1.*
461,11 John Höxter] *Vgl. zu 189,30.*
461,12 Egon Adler] *Vgl. zum Essay »Egon Adler«.*
461,12 Richter] *Vgl. zu 328,9.*
461,13 Fritz Lederer] *Vgl. zu 200,6.*
461,16 Lederstrumpf] *Vgl. zu 354,5.*
468,31 Naphtali] *Vgl. zu 332,8.*
469,1 Bekki] *Vgl. zu 332,9.*
469,13 albanische Fürstenfrage] *Vgl. zu 332,20.*
469,28 Adame] *»Adam« (hebr.): Mensch.*
469,29 Zebaothknaben] *Vgl. zu 33,13.*
470,2 in Ketten] *Vgl. zu 333,5.*
470,10-11 Regenbogen eures Friedens] *Vgl. zu 333,15.*
471,2 im Lande des Pogroms] *Vgl. zu 335,4.*
471,25 Hans Adalbert von Leipzig] *Vgl. zu 335,26-27.*
474,32-33 am Siebenten des El Aschura] *Vgl. zu 338,20-21.*
475,11-12 Geschichte David und Jonathans] *Vgl. zu 338,35-36.*
475,12-13 Buchstaben ⟨...⟩ Harfen] *Vgl. zu 40,12.*
475,26 Mordercheiï] *Vgl. zu 339,12.*
475,26 Calmus] *Vgl. zu 339,12.*
475,26 Gad, Asser] *Vgl. zu 339,12.*
475,34 Abba] *Vgl. zu 117,27.*
476,33 Zwi ben Zwi] *Vgl. zu 340,20-21.*
477,14 Tiba] *Arab.: Theben.*
477,36 Kambyses] *Vgl. zu 341,26.*
477,36-37 Semitten] *Die Semiten, eine auf Grund der Völkertafel (vgl. 1. Mose [Genesis] 10) so benannte Gruppe von Völkern, bilden eine sprachliche Gemeinschaft und bestehen in der Hauptsache aus Armeniden und Orientaliden.*

478,5 Totenweiber] *Vgl. zu 73,34.*

478,6 Südraben] *Vgl. zu 95,31.*

478,9 Ramsenith von Gibon] *Vgl. zu 224,15 und 496,30-35.*

478,17-18 in die Schlacht ⟨...⟩ Britten] *Vgl. zu 342,6-8.*

480,11 Bulus] *Vgl. zu 343,27.*

480,14-15 Hyne Carolon] *Aus einem Brief Else Lasker-Schülers an Siegfried Caro vom 15. Januar 1920, der mit der Anrede* Lieber guter Mïr Hÿne Carolon *beginnt:* Und hast Du auch den Malik? Wo Du und Deine lieben Eltern darin vorkommen? *(H: JNUL, ELS [4:3]) – Siegfried Caro ist der Sohn des mit Else Lasker-Schüler befreundeten Ehepaares Hugo und Elfriede Caro; vgl. zum Essay »Unser Rechtsanwalt Hugo Caro«.*

480,38 Tamm] *Vgl. zu 344,25.*

481,2 Tora] *Vgl. zu 344,27.*

481,34 Kürassiere] *Kürassiere sind schwer ausgerüstete Kavalleristen.*

482,8-9 Roland von Berlin] *Vgl. zu 346,15.*

482,10 singenden sieben Säulen] *Vgl. zu 346,16.*

482,37 Ulanenhelm] *Vgl. zu 347,5.*

483,5 Mïr] *Arab.: Kleiner Prinz.*

483,20 verbotene, pochende Beere] *Vgl. zu 113,16.*

486,19 Wetterscheid] *Vgl. zu 351,1.*

487,18 Schill] *Vgl. zu 351,23.*

489,17 Tristan] *Vgl. zu 228,21-230,4.*

489,17-18 Caspar Hauser] *Vgl. zu 352,21-22.*

489,18 Roller] *Vgl. zu 352,22.*

489,19 Carl von Moor] *Vgl. zu 214,23-24.*

489,22 von Hutten] *Vgl. zu 352,26.*

489,25 Friedemann Bach] *Vgl. zu 352,29.*

489,26 Grünen Heinrich] *Vgl. zu 352,29.*

489,26 Grimms Bäuerlein] *Vgl. zu 352,30.*

490,2-3 wie wäre sonst ⟨...⟩ geworden] *Vgl. zu 352,33-34.*

490,8 Kaiser Wilhelm] *Vgl. zu 267,37.*

490,11-12 dem klugen Fürsten ⟨...⟩ Seinen Traum berichtet] *Vgl. zu 353,4-5.*

490,18 Sittis] *»Sidi« (arab.): Mein Herr.*

492,1 Gertrude zu Osthaus] *Vgl. zu 355,16.*

492,4 Helga] *Vgl. zu 355,19.*

492,8 Paula Engeline] *Vgl. zu 355,23.*
492,11-12 Flackerlicht von Horeb] *Vgl. zu 355,26-27.*
492,13-14 Hellene, die Herrmannin] *Vgl. zu 355,28-29.*
492,26 Tagâr] *Vgl. zu 356,3.*
494,9 Maria von Aachen] *Vgl. zu 358,7.*
496,8-9 Tartaros] *Vgl. zu 359,21-22.*
496,10 Tode Pitters ⟨...⟩ Elberfeld] *Vgl. zu 359,23-24.*
496,30-35 Im besten Einvernehmen ⟨...⟩ ließ] *An Karl Wolfskehl schrieb Else Lasker-Schüler am 10. Oktober 1916:* Ramsenith hochwerter Pharao von Gibon. / Wir Häuptlinge des Prinzen Jussuf, der sich erhob zum Malik von Theben, rütteln an Deine Vornehmheit, da Du selbst Ihn nicht zu begegnen trachtest, ihm, unsern edlen Basileus den kleinen grünen Glaselephanten zum Geschenk zu übersenden, da unser Jussuf Tag und Nacht von dem ⟨*ein gezeichneter Elefant*⟩ ⟨...⟩ geträumt hat; so also den Verlust Deiner Gespielkameradenschaft leichter oder ganz ertragen wird. Hörst Du! Oder wir Räuberhäuptlinge dringen bei Dir ein und rauben ihn. ⟨...⟩ Verneigend, / Mordercheï, Calmus, Memed, Gad, Asser, Mâr und Salomein. / (Neue Jugend stehts.) I. II. III. Heft. *(H: Joseph Kollhöfer, Endingen-Kiechlinsbergen.) – Am 22. Oktober 1916:* Wie freue Ich mich, daß Wir Uns wieder so gut sind denn nun kann Dich Abigail Jussuf preisen in Seinem neuen Buch: Der Malik, der Meinem teueren Halbbruder Ruben Stambul dem Fürsten Marc von Cana geweiht ist. Ich will Dir darin Gutes tun, weil ich Dich besonders lieb habe mit wenigen in Meiner Stadt Theben und seinen Nebenstädten und den Königen Asiens und Egyptens. ⟨...⟩ Reden wollen wir hörbar nie mehr miteinander, wie es in Meinem Buche stehn wird, aus Pietät vor der Stunde, da Du Unsere Spielgefährtenschaft schmerzlich begrubest. Erhieltest Du Meinen Dank? Der herrliche Elephant!! / Dein Jussuf. *(H: Joseph Kollhöfer, Endingen-Kiechlinsbergen.)*
497,10-11 Sarah ⟨...⟩ Macht über Abraham erwarb] *Trotz der göttlichen Verheißung eines Nachkommens läßt sich Abraham von Sara dazu überreden, mit ihrer Magd Hagar einen Sohn zu zeugen. Diesen aber jagt Abraham, ebenfalls auf Saras Geheiß, mit Hagar aus dem Hause, nachdem Sara selbst in hohem Alter noch einen Sohn, Isaak, geboren hat. Vgl. 1. Mose (Genesis) 16 und 21.*
497,35-36 Frau aus Mareia ⟨...⟩ Milïla nannte] *Anspielung auf die*

*Bildhauerin und Graphikerin Milly Steger (1881-1948), die kurzes Haar und Männerkleidung – Hemden, Anzüge und Krawatten – trug.* (Vgl. Magdalena Bushart: Der Formsinn des Weibes. Bildhauerinnen in den zwanziger und dreißiger Jahren. In: Profession ohne Tradition. 125 Jahre Verein der Berliner Künstlerinnen. Hg. von der Berlinischen Galerie. Berlin 1992. S. 135-150.) *Milly Steger besuchte die Kunstgewerbeschule in Elberfeld, studierte dann in Düsseldorf und unternahm anschließend Studienreisen nach Frankreich, Belgien, Holland und Italien, bevor sie nach Berlin ging. Else Lasker-Schüler schrieb das Gedicht »Milly Steger« auf sie.* (Vgl. KA, Bd. 1, Nr. 249.)

**499,8** Potiphars Weib] *Vgl.* 1. *Mose (Genesis) 39,7-20: Die Frau des Potifar rächt sich für Josefs Zurückweisung bei dem Versuch, ihn zu verführen, indem sie ihn des versuchten Ehebruchs beschuldigt. Josef wird darauf ins Gefängnis geworfen. – Nach dem Koran verfallen Potifars Frau und ihre Freundinnen der Schönheit Josefs* (vgl. Sure 12,31).

**500,9** Methusalem] *Vgl. zu 95,13.*

**500,19** Leila] *Vgl. zu 399,29.*

**500,31-32** Abarbanellâh] *Vgl. zu 327,8.*

**501,8-27** Seit du begraben liegst ⟨...⟩ Großengel.] *Vgl. den Essay »Senna Hoy †« und KA, Bd. 1, Nr. 239.*

**502,22** Tatzen] *Anspielung auf die von Milly Steger 1914 entworfenen sechs kolossalen Pantherfiguren am Dachgesims der Hagener Stadthalle, die im Zweiten Weltkrieg zerstört wurde.*

**504,13** Tafel des Gesetzes] *Vgl. zu 108,26.*

**504,18** Heuschreckenschwarm] *Der Heuschreckenschwarm, alttestamentliches Symbol für Zerstörung und göttliche Heimsuchung, wird als achte ägyptische Plage genannt. Vgl.* 2. *Mose (Exodus) 10,1-20; vgl. auch Joel 1-2 und Apokalypse 9,1-12.*

**506,34** Bonaparte] *Name der korsischen Patrizierfamilie, der Napoleon I. angehörte. – Als »Bonaparte« apostrophierte Else Lasker-Schüler Franz Jung in einem undatierten Brief.* (H: ? Xerokopie DLA.) *Franz Jung (1888-1963) ging nach dem Studium der Rechte und der Volkswirtschaft als freier Schriftsteller nach Berlin. Er war Mitarbeiter verschiedener literarischer Zeitschriften, darunter des »Sturm« und der »Aktion«. 1937 emigrierte er über Prag, Wien und Ungarn nach Amerika.*

**507,4** Monats Gillre] *Einen Monat dieses Namens gibt es weder in der hebräischen noch in der arabischen oder türkischen Sprache.*

**508,32-33** Brief in hebräischer Harfenschrift] *Dieser in hebräischer Handschrift verfaßte, zwischen die deutschen handschriftlichen Worte* Giselheer *und* Jussuf *gesetzte Brief (s. Illustration S. 509) lautet nach einer Übersetzung von Itta Shedletzky, Jerusalem:* Giselheer. / Ich der Königssohn von Theben schicke dir / diesen Brief der mir abhanden gekommen / und in der erhabenen Harfenschrift geschrieben / meiner hebräischen Stadt Irsahav (Goldstadt). // Und ich gebe dir den Schädelknochen zurück / den du in vergangenen Tagen für mich erobert hast / im Krieg. // Rot wird dich treffen die Gnade wie sie (es) / mich noch atmen ließ. // Möge mein Blut über dich kommen. / (Zwi Ben Jehuda) – *Der eroberte Schädelknochen läßt die Assoziation an die Kreuzigungsstätte Jesu, Golgatha, zu. Vgl. Markus 15,22. – Der Name des Unterzeichners erinnert an Elieser Ben Jehuda (eigentlich: Perlmann) (1857-1922), den Vorkämpfer für die Wiedererstehung des Hebräischen als gesprochener Sprache und Gründer des »Thesaurus totius Hebraitatis«, des bedeutendsten hebräischen Wörterbuchs. – Vgl. auch zu 40,12.*

**512,29-30** sein silbernes Bildnis] *Vgl. das Gedicht im Essay »An Franz Marc« und die Variante zu 414,32.*

**512,30** Talisman] *Vgl. zu 192,27.*

**512,32-33** Antinousgesicht] *Vgl. zu 31,13-14.*

**512,38** Jericho] *Vgl. zu 129,23.*

**514,17** Opfer des Krieges] *Hans Ehrenbaum-Degele war am 28. Juli 1915 dem Ersten Weltkrieg zum Opfer gefallen.*

**516,29** Edithas vom Sachsenlande] *Am 1. August 1914 heiratete Gottfried Benn die acht Jahre ältere Schauspielerin und Witwe Edith Brosin, geb. Osterloh (Ps. Eva Brandt) (gest. 1922), bevor er als Militärarzt in den Krieg ging. Edith Benn stammte aus Dresden.*

**517,12** Himmelfahrt] *Vgl. zu 429,8.*

**520,19** Fahnen zerrissen] *Die Schilderung der Begebenheiten nach des Maliks Tod erinnert an die Darstellung der Zeichen und Wunder nach Christi Tod im Matthäusevangelium. Vgl. Matthäus 27,51-53.*

**521,16** Alcibiad] *Alkibiades heißt jener schöne Jüngling aus Platons »Symposion« (entstanden 347 v. Chr.), der am Ende eines*

*Gastmahls, bei dem sich die Unterhaltung um den Gott Eros dreht, im Rausch eine Lobrede auf Sokrates' innere Schönheit hält (212c-223a). – Vgl. auch die in einem Brief Else Lasker-Schülers an Karl Kraus vom 19. Mai 1917 geäußerte Bemerkung, der Vater ihres Sohnes Paul heiße »Alcibiades de Rouan«. (H: WStLB [157.914].)*

⟨Ich bin in Theben (Ägypten) geboren⟩

ÜBERLIEFERUNG. *E: Menschheitsdämmerung. (1920). S. 294.*

ERLÄUTERUNGEN. *Der kurze Text befindet sich in dem Anhang »Dichter und Werke. Biographisches und Bibliographisches« der Anthologie.*
**525,4** Robinson] *Vgl. zu 270,32 und 238,31-35.*

Unser Rechtsanwalt Hugo Caro

ÜBERLIEFERUNG. *E: Ess (1920). S. 39f.*

ERLÄUTERUNGEN. *Der Rechtsanwalt Hugo Caro engagierte sich in Rechtsangelegenheiten für Berliner Künstler, darunter Erich Mühsam, Else Lasker-Schüler und Herwarth Walden. Über ihn schreibt Oskar Kokoschka in seinen Memoiren: Im »Sturm«-Kreis lernte ich den Rechtsanwalt Hugo Caro kennen und schätzen. Er lebte in einem Armenviertel in Berlin und widmete sein Leben den Mittellosesten, Häftlingen und Gestrandeten. Er sah aus wie eine Figur aus einem Dickensroman. Ich malte ihn. Er endete durch Selbstmord. (Oskar Kokoschka: Mein Leben. München 1971. S. 113.) – Else Lasker-Schüler war mit dem Ehepaar Hugo und Elfriede Caro sowie mit beider Sohn Siegfried befreundet.*
**525,12** Café des Westens] *Vgl. zum Essay »Unser Café«.*
**525,24** Fritz Reuter] *Fritz Reuter (1810-1874), niederdeutscher Dialektdichter, schuf die Gestalt des »Onkel Bräsig«.*
**526,1** »Und laßt uns ⟨...⟩ Mai«] *Vgl. zu 181,2-3.*

## Unser Spielgefährte Theodorio Däubler

*ÜBERLIEFERUNG. E: Ge² (1920). S. 99f.*

ERLÄUTERUNGEN. *Der Schriftsteller Theodor Däubler (1876-1934), in Triest geboren, hatte ein Wanderleben zwischen Italien, Deutschland, Frankreich, Griechenland und dem Orient geführt, bevor er von 1916 bis 1921 in Berlin lebte. 1927 wurde er Präsident der deutschen Sektion des PEN-Clubs, 1928 wurde er in die Preußische Akademie der Künste gewählt. Von September 1916 bis Oktober 1918 schrieb Däubler als Kunstreferent für den »Berliner Börsen-Courier«. – Zu Theodor Wolff vgl. zu 429,8. – Auf welche Lesung Theodor Däublers und auf welche Kritik darauf sich Else Lasker-Schüler bezieht, konnte nicht ermittelt werden.*

526,19 Salon Cassirer] *In seinem Kunstsalon veranstaltete Paul Cassirer in loser Folge Lesungen aus Werken, die er verlegte. Vgl. auch zu 241,1.*

526,33-34 »wenn der Hahn dreimal kräht«] *Vgl. Matthäus 26,34: Jesus prophezeit Petrus, daß dieser ihn dreimal verleugnen werde, bevor der Hahn gekräht habe.*

527,7 Barlachfigur] *Der Bildhauer, Graphiker und Schriftsteller Ernst Barlach (1870-1938) war seit 1909 mit Däubler befreundet und dessen häufigster Porträtist; es existieren rund 50 Zeichnungen und Plastiken Barlachs, die Däubler darstellen. – Däubler hatte im »Zeit-Echo« (H. 14. [1915/16.] S. 220f.) ein Prosaporträt über Barlach veröffentlicht.*

## *Editorische Nachbemerkung*

*Den Anmerkungen zu Else Lasker-Schülers Prosa bis 1920 geht eine Übersicht aller für diesen Zeitraum relevanten Prosadrucke voraus. Hier werden zunächst alle selbständigen Buchveröffentlichungen, beginnend mit »Das Peter Hille-Buch« (1906), aufgeführt und synoptisch dargestellt. Die Synopsen, die unterschiedliche Ausgaben eines Textes einander vergleichend gegenüberstellen, erlauben einen Überblick über die jeweiligen Kapitelanordnungen und Textzusammenstellungen. Auch werden die Buchausgaben »Mein Herz« und »Der Malik« den Zeitschriftenpublikationen der Texte »Briefe nach Norwegen« und »Briefe und Bilder« gegenübergestellt. Es folgt die chronologische Bibliographie der unselbständig erschienenen Drucke. Sie beginnt mit der frühesten Veröffentlichung eines Prosatextes Else Lasker-Schülers aus dem Jahr 1903 und endet mit dem letzten zu Lebzeiten Else Lasker-Schülers veröffentlichten Druck von 1930 eines zuerst in dem Zeitraum zwischen 1903 und 1920 erschienenen Prosatextes, dem erstmals 1909 veröffentlichten Essay »Loos«. Häufig liegt ein größerer Zeitraum zwischen dem Erstdruck eines Textes und seinem ersten Druck in einer unselbständigen Buchveröffentlichung oder seinem letzten selbständigen Druck; über die Publikationsgeschichte der frühen Prosatexte läßt sich anhand der Synopse der Buchveröffentlichungen und der chronologischen Bibliographie aller Einzeldrucke ein Überblick gewinnen. Hier finden sich auch die vollständigen bibliographischen Angaben aller mit Kurztitel oder Siglen verzeichneten Drucke.*

*Die Anmerkungen zu den einzelnen Prosatexten gliedern sich jeweils in die drei Abschnitte »Überlieferung«, »Varianten und Lesarten« und »Erläuterungen«.*

*Die Überlieferungsgeschichte (»Überlieferung«) führt alle ermittelten Überlieferungsträger: Handschriften, Typoskripte und Drucke in dieser Folge auf.*

*Das Kapitel »Varianten und Lesarten« verzeichnet zum einen Unterschiede im Wortlaut, in der Interpunktion und Orthographie*

## Editorische Nachbemerkung

*zwischen verschiedenen Fassungen, zum anderen gibt es Änderungen innerhalb eines Textzeugen wieder, dokumentiert also Entstehungs- und Bearbeitungsprozesse von Handschriften und Typoskripten. Nicht verzeichnet wurden ß/ss-Variationen und die unterschiedliche Schreibweise der Umlaute in einem oder zwei Buchstaben (ä/ae, ö/oe, ü/ue). Um bei der Verzeichnung vor allem handschriftlicher Prozesse auch komplexere textgenetische Befunde mitteilen und gleichzeitig den Variantenapparat so knapp wie möglich halten zu können, werden die Varianten mittels diakritischer Zeichen in einem Stufenmodell dargestellt. So werden über die Änderung eines einzelnen Wortes hinaus auch zusammengehörige Korrektur- und Änderungsschichten als solche erkennbar. Bei dem Stufenmodell konstituiert jede Textvariation, sei es die Sofortänderung eines angefangenen und abgebrochenen Wortes oder die über mehrere Zeilen verlaufende Umstellung oder Neuformulierung mehrerer Sätze, neben der Grundstufe (1) mindestens eine weitere Stufe (2), (3) etc. Bei weiterer Differenzierung – Varianten innerhalb einer Stufe – tragen die Stufensymbole lateinische, dann griechische Kleinbuchstaben in alphabetischer Folge (a), (b); (α), (β). Generell gilt, daß eine spätere Stufe eine frühere ersetzt, so daß die letzte Stufe auch die letzte Überarbeitung darstellt. Über die Art der Änderung geben weitere diakritische Zeichen Auskunft: Eine Sofortänderung – der Abbruch eines Ansatzes ohne nachfolgenden Text – wird durch ein + hinter dem abgebrochenen Schreibansatz gekennzeichnet; eine Spätänderung, definiert durch Folgetext auf der Grundstufe, wird durch ein | beendet; das Ende einer chronologisch indifferenten Änderung wird durch ein ┤ gekennzeichnet. Ersatzlose Spättilgungen stehen in eckigen Klammern [abc], Spätadditionen in geschweiften Klammern {abc}. Dementsprechend stehen getilgte Späthinzufügungen in eckigen und geschweiften Klammern [{abc}], rückgängig gemachte Tilgungen in geschweiften und eckigen Klammern {[abc]}.*

*Diese Darstellung ermöglicht die Einsicht in die Textchronologie, das heißt in die Entstehung und Veränderung eines Textes. Sie enthält keine deskriptiven Angaben, sondern teilt aufgrund räumlicher und graphischer Befunde getroffene textgenetische Aussagen mit.*

*Beispiel:*
(1) Mich hat *(a)* Petrus *(b)* er | *(c)* Petrus † am liebsten, {[am allerliebsten]}! *(a)* » + *(b)* Nicht wahr Du *(a)* herzige + *(b)* herzige *(a)* Petrusbotin.« + *(b)* Petrusbotin,« *(2)* O, Du herzige Petrusbotin,« †
*Lesehilfe:*
Mich hat Petrus → Mich hat er (Petrus *gestrichen,* er *über der Zeile ergänzt*) → Mich hat Petrus (er *gestrichen,* Petrus *unterpungiert*) → Mich hat Petrus am liebsten, am allerliebsten! → Mich hat Petrus am liebsten! (am allerliebsten *gestrichen*) → Mich hat Petrus am liebsten, am allerliebsten! (am allerliebsten *unterpungiert*) → Mich hat Petrus am liebsten, am allerliebsten!« *(Anführungszeichen gesetzt und sofort wieder gestrichen)* → Mich hat Petrus am liebsten, am allerliebsten! Nicht wahr Du herzige (herzige *sofort gestrichen*) → Mich hat Petrus am liebsten, am allerliebsten! Nicht wahr Du herzige Petrusbotin.« *(Punkt sofort in Komma geändert)* → Mich hat Petrus am liebsten, am allerliebsten! Nicht wahr Du herzige Petrusbotin,« → O, Du herzige Petrusbotin,« *(*Mich ⟨...⟩ allerliebsten! *gestrichen,* O, *über gestrichen* Nicht wahr*)*

*Enden mehrere Stufen verschiedener Varianzzugehörigkeit, zum Beispiel (2) und (b), an der gleichen Stelle, stehen die Grenzzeichen unmittelbar hintereinander. Dabei gilt, daß die jeweils äußeren und die jeweils inneren Stufenziffern und Grenzzeichen korrespondieren.*

*Beispiel:*
*(1)(a)* Dieser *(b)* Der | Tote ist an Schwindsucht gestorben, [allerdings] am Zerbersten der Lunge *(2)* Der Tote ist an Schwindsucht gestorben, am *(a)* Zerbersten der »Lunge« + *(b)* »Zerbersten der Lunge« + | *(3)*
*Stufe (2)(b) endet mit dem Sofortkorrekturzeichen, weil diese Stufe sofort durch eine weitere, (3), ersetzt wurde. Das darauffolgende Grenzzeichen bezeichnet das Ende der (2)(a) und (b) umfassenden Spätänderung (2) gegenüber (1).*

*Ist die letzte Stufe eines Änderungsvorgangs identisch mit dem Lemma, wird die Stufe nur noch aufgeführt, der Text aber nicht mehr genannt:*

*Beispiel:*
unserem Gast] *(1)* ihm + *(2) H*
*Lesehilfe:*
*(1)* ihm + *(2)* unserem Gast *H*

*Schreibversehen und Druckfehler wurden im Text emendiert und in den Varianten verzeichnet. Im Zweifelsfall wurde nicht in den Wortstand eingegriffen.*

*Die »Erläuterungen« schließlich machen zunächst gegebenenfalls allgemeine Angaben über den jeweiligen Prosatext wie über entstehungsgeschichtliche Befunde, über den Titel und über im Titel enthaltene Personennamen. Auch Widmungen werden hier erläutert. Dann folgen die Einzelstellenerläuterungen. Sie enthalten vor allem Angaben zu historischen Personen und Fakten und verweisen auf Zitate, Anspielungen und literarische Referenzen. Ein zu erläuternder Begriff wird nur bei seiner ersten Nennung im Text erläutert. Gibt es bereits ein entsprechendes Lemma in den Erläuterungen zu einem anderen, früheren Text, wird meist darauf verwiesen. Querverweise können auch intertextuelle Parallelen und Differenzen offenlegen.*
*Eine besonders vorsichtige Behandlung erfordern alle – im weitesten Sinne – ›biographischen‹ Referenzen. Der Umstand, daß Else Lasker-Schülers Texte eine Fülle lebensgeschichtlicher und nichtfiktionaler Elemente enthalten, hat oft zu einer einseitigen Rezeption geführt, die vor allem die Prosa, aber auch die Lyrik als autobiographische Bekenntnisdichtung begriff (vgl. auch die »Editorische Nachbemerkung« zum Textteil). Die Texte Else Lasker-Schülers dienten dabei als Quellen und Zeugnisse ihrer Biographie, welche wiederum als Bestätigung der Authentizität ihrer Texte herangezogen wurde. Voraussetzung für ein solches Vorgehen ist die Annahme, daß autobiographisches Schreiben Fiktionalität weitgehend ausschließt, indem es sich – mehr oder weniger verpflichtend – auf Wirklichkeit bezieht und diese repräsentiert. Gerade aber in dem untrennbaren Ineinander von ästhetischer Fiktionalität und historischer Faktizität besteht die Eigenart der Prosa Else Lasker-Schülers. Die Frage nach deren ›Wahrheit‹ wird irrelevant, wenn autobiographisches Schreiben als rhetorische Fi-*

*gur fungiert. – Mit den Erläuterungen des vorliegenden Bandes soll der Blick auf den Text selbst nicht verstellt werden. Bezüge und Anspielungen sollen offengelegt werden, ohne damit die poetische Prosa Else Lasker-Schülers auf Dichtung oder Authentizität hin zu sezieren. In den zahlreichen Fällen, in denen historische Figuren, Zeitgenossen Else Lasker-Schülers, Romane und Erzählungen bevölkern, werden diese selbstverständlich erläutert. Die Namensidentität verspricht aber kein mimetisches Verhältnis von historischer Gestalt und literarischer Figur: Der »Peter Baum« aus den »Briefen nach Norwegen« etwa ist eben nicht identisch mit dem gleichnamigen Schriftsteller, sondern nur durch ihn angeregt. Allgemein sollen Referenzbefunde nicht als Zeugnisse der Wirklichkeit den Texten berichtigend oder affirmativ unterlegt, sondern ihrerseits möglichst als textuelle Befunde dargeboten werden. Die Nachweisbarkeit eines ›Wirklichkeitsbezugs‹ der meisten dieser Motive beruht meistens lediglich auf der Tatsache, daß sie so oder ähnlich auch in anderen Texten anzutreffen sind: Figuren aus Romanen tauchen als Angesprochene in der Korrespondenz Else Lasker-Schülers auf, Schilderungen bestimmter Ereignisse und Begebenheiten finden sich ähnlich in zeitgenössischer Memoirenliteratur etc. Verwandte Textstellen inner- und außerhalb der Literatur Else Lasker-Schülers oder Namensidentitäten zu fiktiven Figuren (etwa in Briefen) werden zitiert oder angeführt, ohne damit die Frage nach vermeintlicher oder tatsächlicher Authentizität zu stellen, geschweige denn zu beantworten.*

*Frau Dr. Itta Shedletzky (Jerusalem) und Herrn Prof. Dr. Heinz Rölleke (Wuppertal) sei für die kritische Lektüre des Typoskripts und zahlreiche Anregungen gedankt. Herrn Prof. Dr. Norbert Oellers, der diese Arbeit als Dissertation annahm und betreute, möchte ich für seine langjährige Unterstützung und seine stete Gesprächsbereitschaft danken. Herrn Gregor Ackermann (Aachen) danke ich für die Ermittlung von Drucken und für einige hilfreiche Hinweise. Besonders herzlichen Dank aber schulde ich Herrn Dr. Karl Jürgen Skrodzki (Bonn), der mir immer mit überaus großer Hilfsbereitschaft und Kompetenz zur Seite stand. – Der Deutschen Schillergesellschaft danke ich für die Bewilligung eines Marbach-Stipendiums.*

## Verzeichnis zu den Anmerkungen

| | |
|---|---|
| Peter Hille | 35 |
| ⟨Gab meine Menschengestalt ...⟩ | 40 |
| Emmy Destinn | 41 |
| Der tote Knabe | 45 |
| Im Zirkus | 45 |
| Bei Julius Lieban | 47 |
| | |
| Das Peter Hille-Buch | 49 |
| | |
| Die Nächte Tino von Bagdads | 80 |
| | |
| S. Lublinski | 97 |
| Künstler | 102 |
| Daniel Jesus | 103 |
| Coranna, eine Indianergeschichte gestaltet von Slevogt | 104 |
| Mschattre-Zimt, der jüdische Sultan | 105 |
| Charlotte Berend: Die schwere Stunde | 109 |
| Der Fakir | 110 |
| Der Derwisch | 112 |
| Im Zirkus Busch | 116 |
| Der Alpenkönig und der Menschenfeind | 117 |
| Apollotheater | 119 |
| Adolf Loos | 120 |
| Ruth | 122 |
| Frau Durieux | 123 |
| Peter Baum | 126 |
| Der Amokläufer | 127 |
| Der Eisenbahnräuber | 131 |
| Zirkuspferde | 132 |
| Johann Hansen und Ingeborg Coldstrup | 133 |
| Der Kreuzfahrer | 134 |
| Tigerin, Affe und Kuckuck | 137 |
| Karl Kraus | 139 |
| Ein Amen | 141 |
| Die rotbäckige Schule | 142 |

| | |
|---|---|
| Oskar Kokoschka | 144 |
| Am Kurfürstendamm | 147 |
| In der Morgenfrühe | 147 |
| Elberfeld im dreihundertjährigen Jubiläumsschmuck | 148 |
| Marie Böhm | 152 |
| William Wauer | 153 |
| ⟨Ich bin zwischen Europa und Asien geboren ...⟩ | 154 |
| Im neopathetischen Cabaret | 154 |
| Handschrift | 157 |
| Max Brod | 160 |
| Sterndeuterei | 161 |
| Alfred Kerr | 170 |
| Franziska Schultz | 171 |
| Ein Brief meiner Base Schalôme | 172 |
| Wauer via München, weiter und so weiter | 172 |
| Friedrich von Schennis | 176 |
| Briefe nach Norwegen | 177 |
| Wenn mein Herz gesund wär – | 237 |
| Lasker-Schüler contra B. und Genossen | 239 |
| Die Odenwaldschule | 241 |
| Egon Adler | 243 |
| ⟨Offener Brief an das »Berliner Tageblatt«⟩ | 244 |
| Doktor Benn | 245 |
| Arme Kinder reicher Leute | 247 |
| Die beiden weißen Bänke vom Kurfürstendamm | 248 |
| Bei Guy de Maupassant | 249 |
| Paul Lindau | 250 |
| Rudolf Blümner | 250 |
| Kete Parsenow | 252 |
| Unser Café | 253 |
| Kabarett Nachtlicht – Wien | 255 |
| ⟨Briefe und Bilder⟩ | 256 |
| Richard Dehmel | 284 |
| Ein »Schulheim« | 285 |

## Verzeichnis der Anmerkungen

Aus dem Buch der drei Melochim .............................. 286
Plumm-Pascha .................................................. 287
Heinrich F. Bachmair ⟨Offener Brief⟩ .......................... 289
Kleine Skizze ................................................. 290

Der Prinz von Theben .......................................... 291

Senna Hoy † ................................................... 301
⟨Fritz Huf⟩ ................................................... 302
An Franz Marc ................................................. 304
Rudolf Schmied ................................................ 306
Kinderzeit .................................................... 307
Max Herrmann .................................................. 309
Fritz Wolff ................................................... 310
Doktor Magnus Hirschfeld ...................................... 311
Hans Heinrich von Twardowsky .................................. 312
Brief an einen Schweizer Freund ............................... 314

Der Malik ..................................................... 321

⟨Ich bin in Theben (Ägypten) geboren⟩ ......................... 330
Unser Rechtsanwalt Hugo Caro .................................. 330
Unser Spielgefährte Theodorio Däubler ......................... 331